Hella Kothmann und Wolf-Eckart Bühler
Vietnam

*Nichts ist in der Fremde exotisch
als der Fremde selbst.*
(Ernst Bloch)

Impressum

Hella Kothmann und Wolf-Eckart Bühler
Vietnam

erschienen im
REISE KNOW-HOW Verlag Peter Rump GmbH
Osnabrücker Str. 79
33649 Bielefeld

© Peter Rump 1992, 1994, 1996, 1998, 2000, 2002,
    2004, 2006, 2008
10., neu bearbeitete und komplett aktualisierte Auflage 2010

Alle Rechte vorbehalten.

Gestaltung
    Umschlag: G. Pawlak, P. Rump (Layout),
        André Pentzien (Realisierung)
    Inhalt: Günter Pawlak (Layout),
        Kordula Röckenhaus (Realisierung)
    Fotos: Christian Oster (CO), Phan Van Thong (PVT),
        die Autoren
    Titelfoto: www.fotolia.de © Psop
    Karten: der Verlag

Lektorat (Aktualisierung): André Pentzien

Druck und Bindung: Wilhelm & Adam, Heusenstamm

ISBN 978-3-8317-1978-5
Printed in Germany

Dieses Buch ist erhältlich in jeder Buchhandlung
Deutschlands, der Schweiz, Österreichs, Belgiens
und der Niederlande.
Bitte informieren Sie Ihren Buchhändler
über folgende Bezugsadressen:

Deutschland
Prolit GmbH, Postfach 9,
    D-35461 Fernwald (Annerod);
    sowie alle Barsortimente
Schweiz
AVA-buch 2000, Postfach,
    CH-8910 Affoltern
Österreich
Mohr Morawa Buchvertrieb GmbH
    Sulzengasse 2, A-1230 Wien
Niederlande, Belgien
Willems Adventure,
    www.willemsadventure.nl

Wer im Buchhandel trotzdem kein Glück hat,
bekommt unsere Bücher auch direkt über unseren
Büchershop im Internet:
www.reise-know-how.de

*Wir freuen uns über Kritik, Kommentare
und Verbesserungsvorschläge, gern auch per
E-Mail an info@reise-know-how.de.*

*Alle Informationen in diesem Buch sind von der
Autoren mit größter Sorgfalt gesammelt
und vom Lektorat des Verlages gewissenhaft
bearbeitet und überprüft worden.*

*Da inhaltliche und sachliche Fehler nicht aus-
geschlossen werden können, erklärt der Verlag,
dass alle Angaben im Sinne der Produkthaftung
ohne Garantie erfolgen und dass Verlag
wie Autoren keinerlei Verantwortung und
Haftung für inhaltliche und sachliche Fehler
übernehmen.*

*Die Nennung von Firmen und ihren Produkten
und ihre Reihenfolge sind als Beispiel ohne Wer-
tung gegenüber anderen anzusehen. Qualitäts-
und Quantitätsangaben sind rein subjektive Ein-
schätzungen der Autoren und dienen keinesfalls
der Bewerbung von Firmen oder Produkten.*

305vi Foto: kb

Praktische Tipps A–Z

Hanoi

Die Südliche Zentralküste

Land und Leute

Umgebung von Hanoi

Das Zentrale Hochland

Vietnam im Brennpunkt

Die Nordküste

Saigon

Das Bergland des Nordens

Umgebung von Saigon

Delta des Roten Flusses und
Nördliche Zentralküste

Das Mekong-Delta

Hue

Anhang

Da Nang / Hoi An

Atlas-Indochina

Hella Kothmann und Wolf-Eckart Bühler

Vietnam

Reise Know-How im Internet

Vorwort

Als 1992 unsere erste Auflage erschien, war Vietnam noch eines der ärmsten und isoliertesten Länder der Welt. Und von Tourismus konnte keine Rede sein.

Durch die breiten, nach Einbruch der Dämmerung nur mehr von Ölfunzeln erleuchteten Avenuen von Millionenstädten wie Saigon und Hanoi schoben sich geräuschlos Pulks von Fahrradfahrern und Cyclos. Nicht nur Ausländer, auch Einheimische benötigten schriftliche Reisegenehmigungen, um sich von einem Ort zum anderen bewegen. Die 1700 km lange Nationalstraße zwischen Nord und Süd: eine pockennarbige Buckelpiste, auf der Bauern ihren Reis zum Trocknen auslegten. Die wenigen Autos und Überlandbusse stammten noch aus der Kolonialzeit oder alten Heeresbeständen (russisch, amerikanisch, chinesisch, made in DDR) und brachen zuverlässig alle paar Kilometer zusammen. Und die einzige Klimaanlage weit und breit verrichtete ihr Werk in einem Mausoleum.

Kaum konnte man sich des Eindrucks erwehren, die amerikanischen Generäle hätten doch noch ihr Ziel erreicht. Nämlich Vietnam „in die Steinzeit zurückzubomben".

Lang ist's her. Und zwar gründlich. Für die einen schon fast zu viel, und für die anderen noch nicht genug. Wie seit Jahrzehnten scheidet Vietnam noch immer die Geister. *Nie mehr*, murren die einen, *immer wieder*, jubeln die anderen.

Vietnam ist anders, lautete unser erster Satz, damals, 1992. Und zumindest das hat sich nicht geändert. Auch wenn seitdem kaum mehr ein Stein auf dem anderen geblieben ist.

„Vietnam ist fantastisch", strahlte einer der ersten US-Traveller im Land, „im Süden wie Thailand und im Norden wie Südchina", ehe er innehielt und fast verwundert hinzufügte: „und trotzdem so verschieden wie Tag und Nacht."

Vietnam ist anders. Anders als irgendein anderes Land Südostasiens, aber auch anders als China. Und auch die Vietnamesen sind anders. Und die im Süden noch einmal anders als die im Norden.

Geografisch wie klimatisch und historisch wie kulturell genau im Schnittpunkt der Einflusssphären Indiens und Chinas gelegen, präsentiert sich das wahre Indochina als ein Schmelztiegel der unterschiedlichsten Sitten, Religionen und Gebräuche – und gleichzeitig auch als eines der eigenständigsten und homogensten Länder, die man sich nur vorstellen kann. 90 % seiner Bevölkerung sind ethnische Vietnamesen, die auf eine lange und gemeinsame Geschichte zurückblicken. Offen, angenehm zurückhaltend, nur sehr selten aufdringlich, schroff oder gar fremdenfeindlich und beneidenswert frei von jeder (zumindest nach außen gewendeten) Hysterie – wer sich auf den Märkten und Busbahnhöfen zwischen Bombay und Bali auskennt, wird unter den besonnenen, gesitteten Vietnamesen seinen Sinnen nicht trauen.

Von der Außenwelt jahrzehntelang abgeschnitten aufgrund des erst 1994 aufgehobenen US-Boykotts, hat das neue, nur mehr nominell sozialistische, dafür ganz dem Wirtschaftswachstum verpflichtete Vietnam sich zu einem der am raschesten verändernden Länder der Welt entwickelt. Nicht nur Saigon und Hanoi, auch Zentren wie Nha Trang, Da Nang oder Haiphong wandeln sich in einem Tempo, dass der Besucher sich dort binnen weniger Jahre wie auf einem fremden Planeten vorkommt. Den neuen Gegebenheiten tragen wir Rechnung, indem ab dieser Auflage auch Vietnam endlich im Reiseteil wie jedes „normale" Land im Norden beginnt.

Bis 1989 praktisch ein „weißer Fleck" auf der Landkarte der Globetrotter, hatten wir noch 1990/91 das Land beinahe „ganz für uns allein" und begrüßten jede andere „Langnase" unterwegs ebenso verblüfft wie neugierig per Handschlag. Schon in den Jahren darauf hätten wir uns die Finger ausgerenkt, und mittlerweile ertappen wir uns schon manchmal dabei, den „Charme der frühen Jahre" zu vermissen, und wagen uns kaum vorzustellen, was sein wird, wenn all die ehrgeizigen Pläne wahr werden: Saigon und der Mekong von einer Subway unterhöhlt; Hanois Altstadt zu einer pflegeleichten Fußgängerzone für Besserverdienende saniert, Phu Quoc exklusiv für Clubdorf- und Casino-Urlauber reserviert; und Halong City ein einziges Disneyworld. Mittlerweise reisen mehr Besucher ein als im Karibikparadies und einstigen „Bruderstaat" Cuba.

Und trotzdem ist das wirkliche Vietnam immer noch anders. Ein Alltag, eine Realität, die sich oft nur zwei, drei Blocks vom Touristenhotel abspielt, oder jenseits der asphaltierten Landstraße, und dem Reisenden, der sehen und erfahren will (und kann), auf Schritt und Tritt begegnen wird. Denn noch nimmt man sich Zeit, Tee zu trinken, um den Preis der Ananas zu feilschen und einen mühsamen Schwatz mit einem Fremden anzufangen. Und das Lachen und die Freundlichkeit der Menschen ist offener und unbefangener geworden, weil sie selbstbewusster geworden sind.

Vietnam ist anders, und das macht es liebenswert.

Chúc vui vẻ và hẹn gặp lại. – Viel Spaß und Auf Wiedersehen in Vietnam!

Wolf-Eckart Bühler und Hella Kothmann, München/Prata, Juni 2010

Dank

Ein herzliches Dankeschön an alle, die uns geholfen und unterstützt haben, und nicht zuletzt an alle Leser, die uns mit aktuellen Tipps und guten Ratschlägen versorgen.

Unser ganz besonderer Dank gilt Vo Phat Tai und Thomas Weigelt sowie Vo Thi Cuc, Kim Tran, Ralf Dittko und Anh Minh Vu in Saigon, Peter Zinoman, Le Thi Hoi, Christian Oster, Nguyen Hoang Lan in Hanoi und Tran Dinh Son in Da Lat.

Für zusätzliche Fotografien danken wir Phan Van Thong.

Inhalt

Vorwort   7
Hinweise zur Benutzung   12

Praktische Tipps A–Z

Alles auf einen Blick   16
Adressen   19
Anreise, Ein- und Weiterreise   21
Ausrüstung   27
Ein- und Ausreisebestimmungen   28
Essen und Trinken   32
Feiertage und Öffnungszeiten   42
Frauen allein unterwegs   42
Geld   43
Gesundheit   46
Hygiene   49
Klagen und Plagen   50
Kommunikation   51
Medien   53
Nachtleben   53
Notfälle   55
Orientierung und Routenplanung   55
Reisen in Vietnam   66
Schwule und Lesben   72
Sicherheit   72
Souvenirs und Einkäufe   74
Sport und Aktivitäten   76
Sprache und Verständigung   77
Stromversorgung   81
Unterkunft   81
Verhaltenstipps   87
Verkehr   89
Versicherungen   101
Wäsche   101
Zeit und Zeitverschiebung   101

Land und Leute

Geografie   104
Die Regionen   105

Klima   112
Flora   118
Fauna   121
Bevölkerung   124
Geschichte   134
Staat und Verwaltung   157
Aktuelle Politik   163
Wirtschaft   168
Gesellschaft   176
Religion   180
Schrift und Literatur   190
Musik und Theater   193
Kunsthandwerk und Malerei   195
Architektur   198
Kleidung   201
Feste   202

Vietnam im Brennpunkt

Visit Beautiful Vietnam!   208
Entwicklung des Tourismus
  in Vietnam   211
Second Hand:
  der Vietnamfilm   215
Frauen in Vietnam   218
Notizen zum Alltag   221

Hanoi

Überblick   228
Geschichte   230
Sehenswertes   233
Praktische Informationen   254

Umgebung von Hanoi

Überblick   276
Co Loa   277

002w Foto: kb

Chua Huong	278
Chua Tay Phuong	279
Chua Thay	279
Ba Vi Nationalpark	281
Mong Phu	281
Cu Da	282
Tam Dao	284
Thai Nguyen	285

Die Nordküste

Überblick	292
Haiphong	294
Cat Ba	299
Ha Long (Halong-Bucht)	303
Bai Tu Long	311

Das Bergland des Nordens

Überblick	318
Der Nordwesten	320
Hoa Binh	321
Mai Chau	324
Moc Chau	325
Son La	325
Tuan Giao	327
Dien Bien Phu	327
Muong Lay	330
Sin Ho	330
Phong Tho	331
Lai Chau	331
Deo Tram Ton	332
Sa Pa	333

Lao Cai	341
Bac Ha	341
Nordwest-Alternativroute über das Hoang-Lien-Son-Massiv	345
Son Tay	345
Nghia Lo	345
Tu Le	346
Mu Cang Chai	346
Than Uyen	346
Tam Duong	347
Der Nordosten	347
Lang Son	348
Cao Bang	350
Pac Bo	352
Ban Gioc	352
Ba-Be-See	353
Thac-Ba-See	354
Ha Giang	355
Dong Van	356
Hoang Su Phi	357

Das Delta des Roten Flusses/ Nördliche Zentralküste

Delta des Roten Flusses	360
Überblick	360
Thai Binh	361
Nam Dinh	363
Ninh Binh	364
Thanh Hoa	375
Nördliche Zentralküste	377
Überblick	377
Vinh	378
Dong Hoi	380
Dong Ha	385

Hue

Überblick	390
Geschichte	392
Sehenswertes	396
Praktische Informationen	414
Umgebung	420
Lang Co	421
Wolkenpass	423

Da Nang, Hoi An

Da Nang	426
Hoi An	436

Die Südliche Zentralküste

Überblick	456
Chu Lai	457
Quang Ngai	457
My Lai	458
Ly Son Insel	460
Sa Huynh	460
Qui Nhon	460
Song Cau	465
Tuy Hoa	466
Dai Lanh	466
Dam Mon	467
Ba Ho	467
Doc Let	467
Nha Trang	468
Cam Ranh	480
Phan Rang	481
Ca Na	484
Phan Tiet	484
Mui Ne	485

Das Zentrale Hochland

Überblick	496
Cat-Tien-Nationalpark	497
Da Lat	500
Buon Ma Thuot	510
Pleiku	515
Kon Tum	516

Saigon

Überblick	522
Sehenswertes	529
Praktische Informationen	549

Umgebung von Saigon

Überblick	570
Cu Chi	570
Tay Ninh	573
Can Gio	576
Vung Tau	576
Long Hai	578
Ho Coc	578
Con Dao	579

Das Mekong-Delta

Überblick	584
My Tho	588
Ben Tre	589
Vinh Long	591
Cai Be	593
Tra Vinh	594
Sa Dec	595
Cao Lanh	597
Can Tho	599
Soc Trang	604
Long Xuyen	605
Chau Doc	606
Ha Tien	611
Rach Gia	615
Phu Quoc	619
Ca Mau	628
Bac Lieu	629

Anhang

Literatur und Multimedia	632
Kleine vietnamesische Sprachhilfe	637
Reise-Gesundheits-Informationen	642
Register	652
Die Autoren	659
Kartenverzeichnis	660
Atlas	**I–XXIV**

Hinweise zur Benutzung

Kartenverweise

Die Kartenverweise hinter den Überschriften geben die Seite im Atlas am Ende des Buches an, auf der der jeweilige Ort zu finden ist. Die römischen Ziffern bezeichnen dabei die Seitenzahl, die Buchstaben und arabischen Ziffern verweisen auf das Planquadrat der Karte.

Beispiel:

Chu Lai ↗ **XIII/D2**

bedeutet Seite XIII, Planquadrat D2.

Abkürzungen

BF	Frühstück
KW	Kaltes Wasser
WW	Warmes Wasser
Fan	Ventilator
AC	Air Condition
++	zuzüglich zum Zimmerpreis **10 % Steuer** und **5 % Service**

'Exkurse

●Vietnam im Überblick 17
●Vietnam / Deutschland – ein Vergleich 18
●Mini-Flug-Know-how 24
●Speisekarte 36
●Drogen 47
●Doc Holiday oder persönliche Ratschläge der Autoren 48
●Straßennamen in Vietnam 80
●Die außergewöhnlichsten Unterkünfte 82
●Der Ökozid der USA 119
●Die Schattenseiten des Sonnenkaffees 120
●Seltene und bedrohte Tierarten 122
●„Indochina" 142
●Ho Chi Minh 146
●GI Joe in Nam 152
●Daten zur vietnamesischen Geschichte 154
●Doi Moi 164
●Das Embargo 166
●Wasser und Reis 173
●Die Legende der Quan Am 185
●Mua Roi Nuoc (Wasserpuppentheater) 195
●Champa – das Königreich der Cham 200
●Festkalender 204
●Examina im Zeichen des Konfuzius 249
●Ethnische Minoritäten des Nordens 322
●Georg W. Alsheimer 398
●Tay Son 465
●Ethnische Minoritäten des Südens 498
●Grabrituale des Hochlands 514
●Der Fall Saigons 526
●Die Bauwerke Saigons – eine Chronologie 529
●Gefangenschaft im Tigerkäfig 545
●Der Mekong 584
●Kanäle 609
●Nuoc Mam 623

Praktische Tipps A–Z

004vi Foto: kb

253vi Foto: kb

Xin chao – Willkommen in Vietnam

Die Kids blicken durch

An jeder Ecke: Frische Baguettes

Alles auf einen Blick

Vietnam? Vietnam! Bei einem Land, das sich in Rekordzeit vom weißen Fleck auf der Landkarte (1990) zum populären Reiseziel für alle (spätestens 2000) entwickelt hat, kann naturgemäß nicht alles Gold sein, was glänzt. „Einmal reicht!", bilanzieren ernüchtert die einen. „Immer wieder!", jubeln die anderen. An Vietnam scheiden sich, wie seit je her, die Geister. Und das ist auch gut so.

Anreise. Saigon und Hanoi sowie Da Nang sind auf dem Luftweg von Europa aus entweder direkt oder über praktisch alle Länder Ost- und Südostasiens zu erreichen. Die Landesgrenzen Vietnams mit Laos, Kambodscha (Anreise auf dem Mekong möglich) und China (Anreise mit der Transsib möglich) sind an bestimmten Übergängen für Ausländer geöffnet.

Organisiert oder auf eigene Faust? Es spricht nicht das Geringste dagegen, Vietnam auf eigene Faust und mit öffentlichen Verkehrsmitteln (Bus, Zug, Flug, Schiff) zu bereisen. Über zuverlässige Reisebüros in Vietnam oder übers Internet kann man aber auch bereits im Vorhinein Teilstrecken, individuelle Touren, Unterkünfte etc. buchen, ohne sich gleich auf eine Pauschalreise einlassen zu müssen.

Visa. Die Botschaften der SR Vietnam in Berlin und Frankfurt (Außenstelle) erteilen Touristenvisa für Individualreisen (64 €) oder in Kombination mit Tourbuchungen (33 €). Bearbeitungszeit 5 Werktage. Gültig 1 Monat, Verlängerung vor Ort möglich. Ohne Probleme erhält man Visa auch in Ländern wie Thailand, Kambodscha, Laos oder China oder direkt (per e-mail) über Reisebüros in Vietnam.

Reisebestimmungen. Seit 1993 gibt es keinerlei Reisebeschränkungen mehr, und man kann sich, von einigen wenigen Grenzregionen abgesehen, überall im Land frei bewegen.

Sicherheit. Vietnam gilt als das momentan sicherste (Reise-)Land Asiens. Innenpolitische Krisenherde sind nahezu unbekannt (stabiles, wenngleich autoritäres System; keine militante Opposition, praktisch keine Moslems), die Kriminalitätsrate ist im Vergleich zu anderen Ländern Asiens äußerst niedrig und beschränkt sich, zumindest gegen Ausländer, in der Regel auf Eigentumsdelikte wie Diebstahl, Betrug etc.

Gesundheit. Impfungen sind nicht vorgeschrieben, Vorsorge ist aber dennoch ratsam (insbesondere Malaria und Hepatitis A und B). Todesursache Nummer 1 ist seit Einführung des sozialistischen Kapitalismus der gemeine Verkehrsunfall.

Kommunikation. In allen größeren Orten gibt es Internet-Cafés – es ist ratsam, schon zu Hause eine e-mail-Adresse einzurichten (am gebräuchlichsten sind Hotmail und Yahoo). Mit vietnamesischen Telefonkarten funktioniert sogar das eigene Handy.

Reisezeit. Vietnam kann im Prinzip ganzjährig bereist werden. Da im Norden subtropisches, im Süden tropisches Klima herrscht, sind die regionalen Unterschiede allerdings groß. Generell ist das Winterhalbjahr und zumal die Zeit zwischen November und

Praktische Tipps A-Z

März vorzuziehen, da die feuchtheißen Sommermonsune das Reisen in einigen Regionen erschweren können.

Routenplanung. Vietnams geografische Nord-Süd-Ausrichtung macht Entscheidungen leicht. Fast alle größeren Städte sowie Strände und Sehenswürdigkeiten reihen sich entlang der 1700 km langen Nationalstraße 1 zwischen Hanoi und Saigon. Lokale Reisebüros und Tourcafés sorgen für preisgünstige Exkursionen ins Mekong-Delta, ins Bergland des Nordens (Sa Pa) oder an die Ha Long-Bucht.

Transportmittel. Man kann Vietnam per Flugzeug, Eisenbahn, Mietwagen, Taxi, Bus, Boot und sogar per Fahrrad und Motorrad erkunden. Einmalig sind die preisgünstigen *Open Tours* zwischen Saigon und Hanoi (feste Routen, Reisedauer und -unterbrechung nach Belieben).

Unterkunft. Von Luxusherbergen bis zu preiswerten Minihotels und Guesthouses verfügt Vietnam über eine äußerst große und vielfältige Auswahl an Unterkünften aller Art. Das Preis-/ Leistungs-Verhältnis ist nahezu konkurrenzlos. Saubere, geräumige Doppelzimmer mit Aircondition, Bad, WC, TV, Minibar, Telefon usf. sind schon ab 10 $ zu haben.

⸿Vietnam im ⸿Überblick

Offizieller Name:
   Sozialistische Republik Vietnam (SRV)
   Internationale Abkürzung: VN
Staatspräsident:
   Nguyen Minh Triet (seit 2006)
Ministerpräsident:
   Nguyen Tan Dung (seit 2006)
*Generalsekretär der
Kommunistischen Partei:*
   Nong Duc Manh (seit 2001)
Unabhängigkeit:
   1945/1954 (DRV), 1975 (SRV)
Nationalflagge:
   Rot, in der Mitte ein gelber
   fünfzackiger Stern
Nationalemblem:
   Reisähren und halbes Zahnrad,
   gelb auf rot
Hauptstadt:
   Hanoi
Bevölkerung:
   86 Mio., davon 90 % Vietnamesen,
   10 % Minderheiten
Größte Städte:
   Saigon, Hanoi, Haiphong, Da Nang,
   Hue, Nha Trang

Bruttosozialprodukt (GDP):
   1035 US$ pro Kopf
   2850 US$ in Saigon
Sprache/Schrift:
   Vietnamesisch/Romanische Lettern
Fläche:
   329.241 km²
Nord-Süd-Ausdehnung:
   1700 km
Grenzen:
   4567 km (China, Laos, Kambodscha)
Küsten:
   3260 km (Südchinesisches Meer,
   Golf von Siam)
Klima:
   tropisch im Süden, subtropisch im
   Norden
Flüsse:
   Song Hong (Roter Fluss), Cuu Long
   (Mekong)
Höchster Berg:
   Phan Si Pan, 3143 m
Währung:
   Dong (1 US$ = rd. 19.000 d,
   Stand Juni 2010)

Vietnam / Deutschland – ein Vergleich

	Vietnam	Deutschland
Größe (km²)	329.241	375.000
Einwohner (Mio.)	86	82
unter 14 Jahre (%)	34	12
über 65 Jahre (%)	5	19
pro km²	256	231

Größe, Einwohnerzahl und Bevölkerungsdichte Deutschlands und Vietnam sind in etwa identisch. Und doch sind die Unterschiede gewaltig.

Die **Bevölkerungspyramide** ist nahezu umgedreht. In Vietnam ist über ein Drittel der Bevölkerung unter 14 Jahre alt (und über die Hälfte unter 20) – in Deutschland ist es gerade mal jeder Zwölfte. Umgekehrt leben in Deutschland fast viermal so viele über 65-jährige wie in Vietnam. Das heißt: Das schon jetzt überalterte Deutschland wird immer älter, das bereits jetzt junge Vietnam immer jünger werden.

Die **Bevölkerungsdichte** täuscht Paritäten vor, die tatsächlich nicht existieren. Dazu folgende Vergleichszahlen (jeweils Einwohner pro km²): Berlin 3800, Hanoi 3400; Ruhrgebiet 1200, Delta des Roten Flusses 1200. Nur: Das Delta ist im Gegensatz zum Ruhrgebiet eine agrarische Region ohne nennenswerte Städte. Und in der Flächenstadt Hanoi leben anders als in Berlin vorwiegend Großfamilien dichtgedrängt in kleinen, schmalen Einfamilienhäusern. Selbst in den bevölkerungsärmsten Berg- und Dschungelregionen (wie Lai Chau oder Kontum) leben noch annähernd halb so viele Menschen wie beispielsweise in Mecklenburg-Vorpommern. Fazit: Vietnam sucht händeringend (noch unbesiedeltes) Land für seine stetig wachsende Bevölkerung. In Deutschland entleeren sich immer mehr Regionen.

Essen und Trinken. Die vietnamesische Küche ist zu Recht berühmt und wird in Asien allenfalls noch von der thailändischen übertroffen. Exotisch, aber nicht „zu sehr", gut gewürzt, aber nie „zu scharf". In Großstädten und Touristenzentren hat bereits die global-kosmopolitische Ernährung (Pizzapastamüsliburger) Einzug gehalten.

Geld. Von Ausnahmen abgesehen kann man in ganz Vietnam in einheimischer Währung (Dong) bezahlen. US-Dollars werden überall, Euro und Traveller Cheques in allen größeren Orten gewechselt. Kreditkarten (Visa, MasterCard) sind voll etabliert und werden selbst von vielen Minihotels, Reisebüros und Geschäften akzeptiert.

Bankomaten (ATMs) sind überall vertreten und funktionieren meist auch mit preisgünstigen maestro-Karten.

Kosten und **Preise.** Vietnam ist allein schon aufgrund des hohen Konkurrenzdrucks innerhalb des Landes ein sehr kostengünstiges und preiswertes Reiseland. Spezielle „Ausländerpreise", lange Jahre ein Ärgernis vieler Reisender, sind bis auf wenige Ausnahmen mittlerweile abgeschafft.

Armut. Vietnam zählt statistisch gesehen nach wie vor zu den ärmsten Ländern der Welt, doch im Allgemeinen schlägt sich die Armut weniger in deutlich sichtbarem Elend als in einer einfachen und spartanischen Lebensweise speziell auf dem Land nieder.

Die Menschen. Die französischen Kolonisten bedachten die Vietnamesen wegen ihres geradezu „unasiatischen" Gespürs für Ordnung, Pünktlichkeit und Sauberkeit mit dem fragwürdigen Etikett „die Preußen Asiens". Tatsächlich sind sie außergewöhnlich diszipliniert, selbstbewusst (dabei aber nie anbiedernd) und unaggressiv (außer wenn sie auf dem Motorrad sitzen). Im traditionalistischen Norden sind die Menschen spürbar zurückhaltender, wenn auch um keinen Deut weniger zuvorkommend als im lebhafteren Süden.

Verständigung. Vietnamesen sind ausgesprochen sprachbegabt. In kaum einem Land Asiens, speziell im Gastgewerbe (Hotellerie, Gastronomie, Transportwesen), beherrschen so viele Menschen so gut Englisch. Zahlreiche Vietnamesen, die in Deutschland gelebt haben, sprechen Deutsch. Einige Grundbegriffe des Vietnamesischen wie Zahlen, Grußworte u.Ä. sollte man nach Möglichkeit (nicht zuletzt zum eigenen Vorteil!) dennoch beherrschen.

Ärgernisse. Wer den Vietnamesen zu viel Pragmatismus und Geschäftstüchtigkeit vorwirft, vergisst, dass es ohne sie auch keine „Errungenschaften" wie wohlfeile Cafés, Guesthouses, Open Tours – sprich eine im Großen und Ganzen bestens funktionierende Travellerversorgung – geben würde. „Permanente Anmache" ist ohne Frage ein Ärgernis – die man durch sein eigenes Verhalten allerdings auch provozieren (bzw. reduzieren!) kann.

Adressen

Wer sich intensiver mit Vietnam beschäftigen will oder spezielle Fragen hat, kann sich an die folgenden Informationsstellen wenden.

Staatliche Einrichtungen

- **Botschaften** s. Kapitel „Ein- und Ausreisebestimmungen"
- **Vietnam Administration of Tourism** www.vietnamtourism.com
- **Vietnam Airlines** Rossmarkt 5, 60311 Frankfurt, Tel. 069/2972560, www.vietnamairlines.com
- **Auswärtiges Amt (Deutschland)** www.auswaertiges-amt.de
- **Außenministerium (Österreich)** www.bmeia.gv.at
- **Eidgenössisches Department für auswärtige Angelegenheiten (Schweiz)** www.eda.admin.ch
- **Deutsche Botschaft Hanoi** www.hanoi.diplo.de
- **Goethe Institut Hanoi** www.goethe.de/hanoi
- **Deutscher Akademischer Austauschdienst** www.daadvn.org
- **Deutscher Entwicklungsdienst** www.vietnam.ded.de
- **Deutsche Gesellschaft für Technische Zusammenarbeit** www.gtz.de/vietnam
- **Friedrich Ebert Stiftung** www.fesvietnam.org

Wissenschaftliche Institutionen

- **Institut für Asienkunde** Rothenbaumchaussee 32, 20148 Hamburg, www.giga-hamburg.de/ias

Webseiten (www.)

Aktuelle Infos und Leserbriefe zur Er-
gänzung dieser Auflage regelmäßig
auf den **Latest News** unserer Homepage **www.reise-know-how.de**
  Weitere Webseiten unter den Spezi-
alkapiteln **Flug, Zug, Unterkunft** etc.

- **vietnamtourism.com**
  Organ des Tourismusministeriums
  (Fremdenverkehrsamt)
- **en.vietnamplus.vn** Vietnam News Agency
- **vietnamnews.vnagency.com.vn**
- **english.thesaigontimes.vn**
  Tageszeitungen
- **news.vneconomy.vn**
  Vietnam Economic Times
- **vir.com.vn** Vietnam Investment Review
- **english.vietnamnet.vn** News
- **nhandan.com.vn/english**
  Zentralorgan der KP
- **mofa.gov.vn/en** Außenministerium
- **vietnamembassy-usa.org** Botschaft USA
- **vietnamonline.com/vnypg** Yellow Pages
- **viettouch.com** Kultur, Kunst, Geschichte
- **earth.google.com**
- **vinacarta.com** Maps etc.
- **vietnamairlines.com**
  Vietnam Airlines
- **elephantguide.com** Bester Online Guide
- **thingsasian.com/vietnam**
  Internet Travel Guide
- **pathfinder.com.vn**
- **virtualtourist.com/travel/asia**
- **livinginvietnam.com**
- **wikitravel.org/de/Vietnam**
- **travelfish.org**
- **vietnam-freunde.net** Forum, Chats
- **vietnam-forum-vn.de**
- **cms.vietnam-infothek.de**
- **www.go2vietnam.eu**
- **vietnam-guide.de**
- **forum-vietnam.de**
- **utopia-asia.com** Infos für Schwule
- **weather.yahoo.com** Wetter
- **wunderground.com** Wetter
- **wetteronline.de/vietnam.htm**

- **Institut für Asienwissenschaften
  der Humboldt-Universität Berlin**
  Invalidenstr. 118, 10115 Berlin,
  www.clio-online.de
- **Südostasien-Institut
  der Universität Passau**
  Innstr. 53, 94032 Passau,
  www.phil.uni-passau.de/suedostasien
- **Asienhaus Essen**
  www.asienhaus.org
- **Haus der Kulturen der Welt, Berlin**
  www.hkw.de

Private Organisationen

- **Freundschaftsgesellschaft Vietnam e.V.,**
  Duisburger Str. 46, 40477 Düsseldorf,
  Tel. 0211/490111, Fax 0211/4986343,
  www.fg-vietnam.de
- **Deutsch-Vietnamesische
  Gesellschaft e. V.,**
  Marienstr. 19/20, 10117 Berlin,
  Tel. 030/28040990,
  www.vietnam-dvg.de
- **Projekthilfe Vietnam,**
  Hilfsorganisation,
  www.projekthilfe-vietnam.de
- **SOS Kinderdorf,**
  die vielleicht verdienstvollste deutsche
  Hilfsorganisation in Vietnam,
  www.sos-kinderdorf.de
- **Delegation der Deutschen Wirtschaft,**
  Landes-, Wirtschafts-,
  und Kontaktinformationen zu Vietnam,
  www.vietnam.ahk.de
- **Mierke Investment & Development
  Consulting,**
  langjähriger Vietnamkenner, www.mierke.de
- **Ostasiatischer Verein,**
  www.oav.de
- **Viethaus AG,** Vietnamesisches Zentrum
  für Handel, Investition, Kultur und Tourismus,
  www.viethaus-berlin.de

Anreise, Ein- und Weiterreise

Vietnam ist außer auf dem **Luftweg** über die **Landesgrenzen** von China, Kambodscha und Laos zu erreichen. Nachdem die lange Zeit unterbrochene Eisenbahnlinie Nanning – Lang Son wiederhergestellt ist, kann man von Berlin mit dem Zug bis Saigon reisen.

Luftweg

Internationale Flughäfen sind **Saigon** (SGN), **Hanoi** (HAN) und **Da Nang** (DAD), der wichtigste Airport Zentralvietnams.

Nonstop von Europa nach Vietnam – d.h. ohne Zwischenlandung, Flugzeit 11–12 Std. – fliegen lediglich *Air France* (ab Paris) und *Vietnam Airlines* (ab Paris und Frankfurt).

Direkte Anschlussflüge (Flugzeit 14–16 Std.) bieten *Lufthansa* (ab Frankfurt und München, mit Umsteigen und evtl. Wartezeit in Bangkok) und *Vietnam Airlines* (ab Frankfurt, mit Umsteigen in Moskau).

Außerdem gibt es zahllose Verbindungen mit mindestens einem Zwischenstopp im Heimathafen der jeweiligen Airline, die zwar billiger sein können als Nonstop- oder Direktflüge, bei denen man aber auch eine längere Reisedauer einkalkulieren muss. Die *Air France* fliegt von Deutschland aus erst einmal „zurück" nach Paris, *Asiana*, *Cathey Pacific*, *China Airlines* steuern zunächst Seoul, Hongkong, Taipeh an etc. Manche Airlines legen mehrere Zwischenstopps ein; im unglücklichsten Fall landet man nicht nur drei- oder viermal zwischen und wechselt ebenso oft die Maschine, sondern muss man eine – planmäßige oder außerplanmäßige – Übernachtung einplanen.

Flugpreise

Je nach Fluggesellschaft, Jahreszeit und Aufenthaltsdauer bekommt man ein Economy-Ticket von Deutschland, Österreich und der Schweiz hin und zurück nach Hanoi oder Saigon ab etwa **800 €** (inkl. aller Steuern und Gebühren).

Gabelflüge (unterschiedliche An-/ Abflughäfen, z.B. Frankfurt–Saigon, Hanoi–Frankfurt) sind in der Regel etwas teurer (Ausnahme: *Vietnam Airlines*), bieten sich aber gerade im Falle Vietnams an (ersparen Zusatzflüge oder ermüdende Bus- und Zugfahrten innerhalb des Landes).

Frühzeitige Reservierungen sind dringend angeraten. Engpässe entstehen vor allem um Weihnachten und Neujahr sowie während des Tet-Festes zwischen Mitte Januar und Mitte Februar, wenn Exil-Vietnamesen aus aller Welt ihre Verwandten besuchen.

Vietnam ist aufgrund der rigiden staatlichen (Preis-)Kontrolle **kein Markt für Billigflüge,** auch wenn sich die Lage zuletzt entspannt hat. Die ersten Billigfluglinien der Region verkehren bereits mit Vietnam, und auch in Viet-

Buchtipp
● *Erich Witschi:* **Clever buchen – besser fliegen,** Praxis-Reihe, REISE KNOW-HOW Verlag

nam selbst entstehen neue *Low Cost Carriers*. Nach wie vor gilt aber: In Vietnam gekaufte Tickets sind meist teurer als außerhalb erworbene. (Genau das Gegenteil gilt für vietnamesische Inlandsflüge.)

Preiswertere Flüge sind mit **Jugend- und Studententickets** (je nach Airline bis 29 Jahre und Studenten bis 34 Jahre) möglich.

Fluggesellschaften

Die wichtigsten Fluggesellschaften auf den Strecken von Mitteleuropa nach Vietnam mit ihrem Heimatflughafen und ihrer Website.

- **Aeroflot** (Moskau), www.aeroflot.com
- **Air France** (Paris), www.airfrance.com
- **Asiana** (Taipeh), www.flyasiana.com
- **Austrian** (Wien), www.aua.com
- **Cathay Pacific** (Hongkong), www.cathaypacific.com
- **China Airlines** (Taipeh), www.china-airlines.com/en
- **China Southern Airlines** (Guangzhou), www.cs-air.com/en
- **Eva Air** (Taipeh), www.evaair.com
- **Garuda Indonesia** (Jakarta), www.garuda-indonesia.com
- **Japan Airlines** (Tokyo), www.jal.com
- **KLM** (Amsterdam), www.klm.com
- **Korean Air** (Seoul), www.koreanair.com
- **Lufthansa** (Frankfurt), www.lufthansa.de
- **Malaysia Airlines** (Kuala Lumpur), www.malaysiaairlines.com
- **Qatar Airways** (Doha), www.qatarairways.com
- **Singapore Airlines** (Singapur), www.singaporeair.com/de
- **Thai Airways** (Bangkok), www.thaiair.com
- **Vietnam Airlines** (Saigon), www.vietnam-air.de

Regionalflüge

Innerhalb Ost- und Südostasiens sind Saigon und Hanoi direkt oder nonstop mit allen wichtigen Destinationen der Nachbarländer verbunden.

- **Vietnam Airlines** fliegt innerhalb der Region u.a. von/nach Bangkok, Kuala Lumpur, Singapore, Vientiane, Luang Prabang, Phnom Penh, Siem Reap, Yangon, Manila, Hongkong, Shanghai, Guangzhou, Khaosiung, Kunming, Beijing, Seoul, Taipeh, Osaka, Tokio, Fukuoka, Melbourne und Sydney. **Achtung:** VNA bietet zuweilen in Verbindung mit einem Langstreckenflug Frankfurt – Vietnam für Inlands- und Regionalflüge (z.B. Laos, Kambodscha) kräftige Rabatte an.
- **Bangkok:** Von/nach Saigon (740 km, Flugzeit 01.30) mit *Thai Airways*, *Vietnam Airlines*, *Air Asia*. Von/nach Hanoi (970 km, Flugzeit 01.50) mit *Vietnam Airlines*, *Thai Airways*, *Air Asia*.
- **Phnom Penh:** Von/nach Saigon (215 km, Flugzeit 01.50) mit *Vietnam Airlines*.
- **Siem Reap:** Von/nach Saigon (420 km, Flugzeit 01:20) und Hanoi mit *Vietnam Airlines*.
- **Vientiane:** Von/nach Hanoi (485 km, 1:15) mit *Vietnam Airlines* und *Lao Airlines*.
- **Luang Prabang:** Von/nach Hanoi mit *Vietnam Airlines* und *Lao Airlines*.
- **Hongkong:** Mit *Cathay Pacific*, *Vietnam Airlines*, *Silk Air* und *Hongkong Airlines* (www.hkairlines.com) von/nach Saigon (1500 km, 2:30) und Hanoi (870 km, 1:45).
- **Macau:** Von/nach Saigon und Hanoi mit *Viva Macau*.
- **Guangzhou** *(Kanton):* Von/nach Hanoi (780 km) und Saigon (1960 km) mit *China Southern Airlines* und *Vietnam Airlines*.
- **Taipei:** Von/nach Saigon und Hanoi mit *China Airlines*, *Vietnam Airlines* und *Eva Air* (nur Saigon). Außerdem von/nach Khaosiung.
- **Seoul:** Von/nach Saigon und Hanoi mit *Korean Air* und *Vietnam Airlines*.

Buchtipp

- *Frank Littek:* **Fliegen ohne Angst,** Praxis-Reihe, REISE KNOW-HOW Verlag

260/v Foto: kb

● **Singapur:** Von/nach Saigon mit *Singapore Airlines, Vietnam Airlines, Tiger Airways, Jetstar, Garuda.* Von/nach Hanoi mit *Singapore Airlines, Vietnam Airlines, Tiger Airways.*

● **Kuala Lumpur:** Von/nach Saigon und Hanoi mit *Malaysian Airlines, Vietnam Airlines* und *Air Asia.*

● **Jakarta:** Von/nach Saigon mit *Vietnam-Airlines/Air Asia* via Singapur mit *Garuda.*

● **Manila:** Von/nach Saigon mit *Philippine Airlines* und *Vietnam Airlines* (1600 km, 02:30).

● **Sydney:** Von/nach Saigon mit *Qantas* und *Vietnam Airlines.* Außerdem von/nach Melbourne.

Billigflieger

In den letzten Jahren sind in Südostasien mehrere Billigfluglinien entstanden. **Tiger Airways** verkehrt zwischen Singapur und Hanoi sowie Saigon; je nach Saison und Verfügbarkeit ab 20 \$. **Air Asia** verbindet Bangkok, Phuket, Kuala Lumpur und Jakarta mit Saigon sowie Bangkok und Kuala Lumpur mit Hanoi. **Jetstar,** ein Ableger von Qantas, verkehrt außer innerhalb Vietnams zwischen Saigon und Australien, Neuseeland, Singapur,

(Platz-) Not macht erfinderisch

Mini-"Flug-Know-how"

Check-in

Nicht vergessen: Ohne **gültigen Reisepass** und **Visum** kommt man nicht an Bord des Flugzeuges.

Bei internationalen Flügen muss man **zwei bis drei Stunden vor Abflug** einchecken.

Wenn ein **vorheriges Reservieren** der Sitzplätze nicht möglich war, hat man die Chance, einen Wunsch bezüglich des Sitzplatzes zu äußern.

Das Gepäck

In der Economy-Class darf man in der Regel nur **Gepäck bis zu 20 kg pro Person** einchecken (steht auf dem Flugticket) und zusätzlich ein Handgepäck von 7 kg in die Kabine mitnehmen, welches eine bestimmte Größe von 55 x 40 x 23 cm nicht überschreiten darf. Man sollte sich bei der Bu-chung über die Bestimmungen der Airline informieren.

Aus Sicherheitsgründen dürfen **Taschenmesser, Nagelfeilen, Scheren** und Ähnliches nicht im Handgepäck untergebracht werden. Auch **Flüssigkeiten** aller Art (Parfüms, Sprays, Lotions) dürfen nur in geringen Mengen (bis max. 100 ml Inhalt), verpackt in transparentem Plastikbeutel, mit an Bord genommen werden. Medikamente oder z.B. Babynahrung müssen separat an den Sicherheitskontrollen vorgelegt werden. Achtung: Dies gilt auch bei Inlandsflügen in Vietnam! Darüber hinaus gilt, dass Feuerwerke, leicht entzündliche Gase (in Sprühdosen, Campinggas), entflammbare Stoffe (in Benzinfeuerzeugen) etc. nichts im Passagiergepäck zu suchen haben.

Rückbestätigung

Bei den meisten Airlines ist die **Bestätigung des Rückfluges** nicht mehr notwendig. Allerdings empfehlen alle Airlines, sich dennoch telefonisch zu erkundigen, ob sich an der Flugzeit nichts geändert hat.

Siem Reap sowie zwischen Hanoi, Danang und Singapur. **Viva Macau** fliegt von Macau nach Saigon und Hanoi. **Silkair** verbindet Singapur und Danang (via Siem Reap). Auf dem Sprung ist **VietJet Air,** Vietnams erster privater Carrier (in Kooperation mit Air Asia).

- www.airasia.com
- www.tigerairways.com
- www.jetstar.com
- www.flyvivamacau.com
- www.silkair.com
- www.vietjetair.com

Rückflug / Weiterflug

Die vietnamesischen Behörden machen für die Einreise kein gültiges Aus-reiseticket zur Bedingung. Trotzdem ist ein solches zu empfehlen – in Vietnam erworbene Tickets sind vergleichsweise teuer und Flüge häufig ausgebucht.

Buchung

Die Preise für Tickets ein und derselben Airline können in den verschiedenen Reisebüros stark variieren. Ein Vergleich (auch über das Internet oder als Anfrage per Telefon) lohnt sich also.

Folgende **zuverlässigen Reisebüros** haben oft günstigere Preise als andere:

- **Jet-Travel,** Buchholzstr. 35, 53127 Bonn, Tel. 0228/284315, www.jet-travel.de.

Wenn die Airline allerdings eine Rückbestätigung *(reconfirmation)* **bis 72 oder 48 Stunden vor dem Rückflug** verlangt, sollte man auf jeden Fall die Airline anrufen, sonst kann es passieren, dass die Buchung im Computer der Airline gestrichen wird; der Flugtermin ist dahin. Das Ticket verfällt aber deshalb nicht, es sei denn, die Gültigkeitsdauer wird überschritten, aber u.U. ist in der Hochsaison nicht sofort ein Platz auf einem anderen Flieger frei.

Jet Lag – Probleme mit der Zeitverschiebung

Ärzte definieren Jet Lag als „die Summe sämtlicher subjektiver **Befindlichkeitsstörungen,** die durch Zeitverschiebung eintreten", stellen aber auch fest, dass es keine Krankheit ist.

Die **Umstellung der inneren Uhr** dauert einige Tage, und es ist dementsprechend ganz normal, wenn man nach einem langen Flug nicht oder nur schlecht schlafen kann. Die Anpassung der inneren Uhr an die Ortszeit verläuft mit einer Geschwindigkeit von ein bis drei Stunden pro Tag.

Bei Beachtung einiger Regeln treten die Symptome des Jet Lags weniger stark auf:

So früh wie möglich an die **Zeit im Zielland** anpassen. Die **Schlafzeiten** in den ersten drei Nächten nach der Zeitumstellung auf etwa 8 Stunden beschränken. Sonst besteht die Gefahr, dass man nach einem „erholsamen" Schlaf von vielleicht 10 oder 12 Stunden in der nächsten Nacht partout nicht einschlafen kann.

Nach der Zeitumstellung in der ersten Woche tagsüber nicht schlafen und möglichst viel im Freien aufhalten, denn **Sonnenlicht** erleichtert das Wachbleiben und die Zeit-Kompensation.

Im Flugzeug wenig oder besser gar keinen **Alkohol** trinken, stattdessen Fruchtsäfte oder Wasser. **Schlaf- und Aufputschmittel** meiden.

Oft kommt die **Verdauung** nach einer Zeitverschiebung schwer in Gang. Wer im Flugzeug vegetarisches Essen bestellt und im Zielland ballaststoffreiche Kost zu sich nimmt, tut sich da erheblich leichter.

- **Travel Overland,** Barer Str. 73, 80799 München, Tel. Buchung 0180/5822258, www.travel-overland.de.
- **Explorer Fernreisen,** Düsseldorf, Hüttenstr. 17, Tel. 0211/9949-203, www.explorer-fernreisen.com.
- **German Travel Network,** Bahnhofstr. 22, 91126 Schwabach, Tel. 09122/634525, www.g-t-n.de.
- **Globetrotter Travel Service,** Löwenstr. 61, CH-8023 Zürich, Tel. 01/2286666, www.globetrotter.ch.

Landweg

Touristenvisa sind seit dem Jahr 2000 generell für **alle internationalen Grenzübergänge** *(cua khau quoc te)* gültig, dies schließt auch die Einreise auf dem Landweg über Laos, Kambodscha und China ein.

- **Achtung:** Visa-Erteilung und -Preise sind wie die Zahl der internationalen Grenzübergänge in allen betroffenen Ländern Schwankungen unterworfen. Es ist ratsam, vor Reiseantritt Auskünfte nach dem aktuellen Stand der Visa- und Reiseformalitäten einzuholen.
- Manche **Grenzübergänge** schieben Bürozeiten und sind nachts und über Mittag geschlossen.

Per Zug

- Die Reise mit der **Transsibirischen Eisenbahn** von Moskau nach Beijing (via Mongolei) muss wg. nötiger Visabeschaffung *mindestens* 9–10 Wochen im Voraus gebucht werden. Von Beijing nach Hanoi 2-mal wöchentl., ca. 46 Std.

Von/nach Kambodscha

●**Moc Bai** (Kambodscha: *Bavet*). An der Direktroute Saigon–**Phnom Penh** (235 km) unweit von Tay Ninh. Es verkehren tgl. öffentliche Busse in beiden Richtungen, günstig sind Tourbusse von Veranstaltern wie *Delta Adventure Tours*, *SinhTourist* oder *Mai Linh* in Saigon und *Mekong Delta Tours* in PP. Fahrzeit ca. 6 Std.

●**Vinh Xuong** (Kambod.: *Kaoam Samnor*). Grenzübergang für **Mekong-Boote** bei **Chau Doc** (30 km nördl.). Zwischen Chau Doc und Phnom Penh verkehren Anbieter beider Seiten. Besonders empfehlenswert und variantenreich ist *Delta Adventure Tours*, Saigon.

●**Tinh Bien** (Kambodscha: *Phnom Den*). Zwischen **Chau Doc** (30 km) und Takeo (43 km). Per Xe Om (Motorradtaxi) und Lokalbus *(xe buyt)* nach Chau Doc.

●**Xa Xia** *(Prek Chak)*. Zwischen Ha Tien und Kampot. (55) km; offen 7–18 Uhr; Direktbusse (nur kambodschanische) zwischen Kep, Kampot, Sihanoukville, Phnom Penh und Ha Tien.

●**Xa Mat** (Kamb.: *Trapeang Phlong*). 45 km nördl. Tay Ninh an der N 22 B; nach Kampong Cham 80 km. Direktbusse ab Saigon.

●**Dinh Ba** (Kamb.: *Bontia Chak Cray*). Von Cao Lanh (Mekong Delta) 100 km über die N 30 bis Sa Rai, von dort 7 km bis zur Grenze, weiter bis Prey Veng (75 km) und Kampong Cham (80 km).

●**Le Thanh** (Kamb.: *O Yadao*). 80 km westl. Pleiku, mit Lokalbus bis Duc Co (60 km), bis zur Grenze *xe om*, von dort bis Ban Lung (70 km).

●**Visa.** Visa-on-Arrival werden nur auf kambodschanischer Seite ausgegeben. *E-Visa* (elektronische Visa; 25 \$) sind vorläufig auf die Flughäfen Phnom Penh, Siem Reap und den Übergang *Bavet-Moc Bai* beschränkt (siehe www.mfaic. gov.kh). Botschaften und Konsulate befinden sich in Saigon und Hanoi bzw. in Phnom Penh und Sihanoukville. Einmonats-Visa für Kambodscha kosteten zuletzt ab 25 \$.

●In keinem Land erhält man unkomplizierter **vietnamesische Visa** als in Kambodscha. Gute Adressen sind u.a. *Capitol Guesthouse*, Phnom Penh, und das Konsulat in Sihanoukville.

●Wer **per Flugzeug nach Kambodscha** einreist, bekommt ein Visum auf den Flughäfen Phnom Penh und Siem Reap eingestempelt (25 \$, 1 Passbild).

●Wer **nach Vietnam wieder einreisen** will, sollte von Anfang an ein Visum für eine **mehrmalige Einreise** nach Vietnam beantragen (multiple entry).

Von/nach Laos

●**Lao Bao** 80 km westl. von **Dong Ha** an der N 9 nach Savannakhet bzw. Mukdahan auf dem thailändischen Ufer des Mekong (250 km). Die Hauptgrenze zwischen beiden Ländern. Zu empfehlen sind Direktbussse zwischen Savannakhet und Dong Ha oder Hue (410 km), da ansonsten Wartezeiten, mehrmaliges Umsteigen oder gar Zwangsübernachtungen fast garantiert sind. Zwischen Dong Ha und Lao Bao verkehren Lokalbusse.

●**Cau Treo** (Laos: *Keo Nua*). 100 km südwestl. von **Vinh** (380 km von Hanoi) an der N 8 nach Paksan und Vientiane (376 km). Landschaftlich reizvolle Strecke, der Grenzposten liegt auf dem *Keo Nua*-Pass (734 m), 34 km von *Lak Xao*. Zwischen Hanoi und Vientiane verkehren tgl. Charterbusse (Fahrzeit 20–24 Std.).

●**Nam Can** (Laos: *Nong Het*). 200 km nordwestl. von **Vinh** an der N 7 nach Phonesavan (130 km) und Luang Prabang (330 km). Reizvolle, aber beschwerliche, zeitaufwendige Route (Vinh-Luang Prabang ist an einem Tag nicht zu schaffen). 4 x pro Woche Busse von Phonesavan nach Vinh und umgekehrt, 10 \$.

●**Na Meo** (Laos: *Nam Soi*). An der N 217, 230 km westl. von **Thanh Hoa;** geöffnet 7.30–11.30, 13.30–16.30 Uhr. Gute Straße von/nach *Xam Neua* (90 km), weiter bis Luang Prabang. Von der Grenze bis *Quan Son* keine öffentlichen Verkehrsmittel (50 km per Xe Om oder Pickup), ab dort 2–3-mal tgl. Bus von/bis Thanh Hoa oder Ninh Binh (ca. 6 Std.).

●**Tay Trang** (Laos: *Sop Hun*). 35 km südwestl. von **Dien Bien Phu** an der N 279 nach Muang Khoua (*Meng Khuo*, 100 km); von dort per Bus über *Udomxi* (Umsteigen) oder per Boot (8–9 Std.) nach Luang Prabang. Zwischen Muong Khoua und DBP 3x/Woche Busverbindung.

● **Cha Lo** (Laos: *Na Phao*). 170 km nordwestl. von **Dong Hoi** bis Ba Don an der N 12A nach Thakhek (142 km) und *Nakhon Phanom*, Thailand.
● **Bo Y.** 90 km nordwestl. von **Kontum** an der N 14 nach Attapeu (120 km). Tgl. Busse Attapeu – Ngoc Hoi (20 km, an der N 14), von dort weiter nach Kontum (69 km) oder Da Nang (260 km). Direktbusse nach Pakse siehe *Qui Nhon*.

Noch nicht für Ausländer offen:
● **Ta Vang** (Laos: *A Dot*) an der N 14 (HCM Highway) zw. Sekong u. Thua-Thien Hue.
● **Visa.** Visa-on-Arrival sind nur für Laos erhältlich. Die laotischen Konsulate in Saigon, Da Nang und Hanoi erteilen Monats-Visa für 32–36 $ binnen 2 Tagen.

Von/nach China

● **Huu Nghi** (Freundschaftstor). Bei *Dong Dang* 18 km nördl. von **Lang Son** an der Route nach Pingxiang (20 km) und weiter nach Nanning (260 km).
● **Lao Cai** (China: *Hekou*). 340 km nordwestl. von Hanoi. Mit dem Bus nach *Kunming* s.u.
● **Mong Cai** (China: *Dong Xing*) 350 km nordöstl. von Hanoi. Ausländer erhalten auch Tagespässe (5 $) für einen Kurzbesuch in China.
● **Achtung.** Grenzöffnungszeiten sind in der Regel 7–12, 13.30–18 Uhr. Lao Cai – Hekou 7–22 Uhr. Aufgrund der Zeitverschiebung schließt die chinesische Grenze z.B. bereits um 17 Uhr.

Noch nicht für Ausländer offen:
● **Thanh Thuy** an der N2 nördl. von Ha Giang.
● **Visa** für China sind an der Grenze nicht erhältlich. Die chinesische Botschaft in Hanoi erteilt Monatsvisa für 45 $ (binnen 4 Tagen).
● **Zwei Eisenbahnlinien** verbinden **Hanoi** seit der Kolonialzeit mit **Kunming** in Yunnan (z.Zt. nicht befahrbar) und **Nanning** in Guangxi. Die im Grenzkrieg von 1979 zerstörten Schienenwege, über die wenige Jahre zuvor noch Kriegsmaterial aus China und der Sowjetunion nach Nordvietnam gelangt war, sind zum Teil befahrbar.
● **Beijing** (vn. *Bac Kinh*, 2950 km). 2-mal die Woche (Di, Fr) ab Hanoi über Dong Dang (Zusteigen nicht möglich!) und Nanning. Fahrzeit rund 46 Std. Soft sleeper ca. 182 $. In knapp 14 Tagen könnte man in Berlin sein.

● **Nanning.** Tgl. 2 Nachtzüge ab Hanoi (ca. 13 Std.).
● **Kunming** (vn. *Con Minh*, 765 km). Die Strecke ist auf chinesischer Seite seit 2 Jahren unterbrochen. Von Hanoi nach Lao Cai, ab der Grenzstadt *Hekou* mehrmals tgl. per Nachtbus.

Ausrüstung

Kleidung

Wer mit öffentlichen Verkehrsmitteln reisen will, sollte so wenig wie möglich mit sich herumschleppen, denn es geht überall eng zu. Gepäck wie Kleidung sollten robust und nach Möglichkeit leicht zu reinigen und trocknen sein. Da Wäsche für wenig Geld überall gewaschen werden kann, ist man mit ein paar Hemden und leichten T-Shirts, einem Sweater, weiten, bequemen Hosen, Badesachen, Unterwäsche, Socken, Sandalen und festen Schuhen bereits so gut wie ausgerüstet. Entsprechend Reisezeit und Region (Bergland) empfehlen sich allenfalls zusätzliche warme und wetterfeste Sachen. Fehlt etwas oder geht etwas kaputt, findet man in Vietnam fast immer einen Ersatz, zumindest in den Städten.

Was man mitbringen sollte

Spezialbatterien, Stromadapter, Kurzwellenradios, Passfotos, Reiselektüre, Tampons, Verhütungsmittel, alles Wichtige für die Reiseapotheke. Das bedeutet nicht, dass es diese Dinge nicht gäbe. Sondern dass deren Qualität manchmal zweifelhaft ist. Wie im Übrigen in ganz Asien, handelt es sich oft um Plagiate, denen nur bedingt vertraut werden kann. Medikamente enthalten oft zu wenig (oder keinen) Wirkstoff, Batterien erhitzen sich und fliegen einem mitsamt dem Camcorder um die Ohren, Kondome platzen etc.

Achtung: Dinge, die in den größeren Städten ohne Weiteres und ausreichend erhältlich sind, kann man in der Provinz oft vergeblich suchen.

Film und Foto

Dia- und **Negativ-Filme** sind noch erhältlich, man sollte sich die Verkaufsstände allerdings gut anschauen (mancherorts schmoren die Filme monatelang in der Sonnenglut) und auf das **Verfallsdatum** achten. Auch das Entwickeln ist kein Problem. Passfotos und Fotokopien kann man in jedem größeren Ort herstellen lassen.

Fotografierverbote sind eine Rarität, sollte man allerdings im eigenen Interesse unbedingt beachten. Bei manchen Museen und Sehenswürdigkeiten wird neben dem Eintritt eine Extragebühr für Foto- oder Videoaufnahmen erhoben. Ist der Preis nicht eigens angeschlagen und/oder wird eine Quittung verweigert, kann es sich aber auch nur um eine kleine Extraeinnahme des Personals handeln.

Buchtipps

- *Helmut Hermann:* **Reisefotografie**, Praxis-Reihe, REISE KNOW-HOW Verlag
- *Volker Heinrich:* **Reisefotografie digital**, Praxis-Reihe, REISE KNOW-HOW Verlag

Ein- und Ausreisebestimmungen

(Stand Juni 2010)

Visa

Für die Einreise nach Vietnam besteht **Visum-Pflicht.** Der Pass muss noch mindestens 6 Monate ab Einreisedatum gültig sein. Das Visum gilt für alle internationalen Grenzübergänge.

Einige Länder der Region sind von der Erteilung von zwei- bis vierwöchigen Touristenvisa befreit (u.a. Thailand, Singapur, Malaysia, Laos, Indonesien, Japan). Auch Visaerleichterungen für einige europäische Länder (Frankreich, Skandinavien) sind im Gespräch.

Touristenvisa erhält man über diplomatische Vertretungen der SR Vietnam oder über Reiseveranstalter. Das Visum ist 1 Monat gültig und kann in Vietnam ohne Umstände um die gleiche Zeit verlängert werden. Bei kombinierten Reisen (Weiterreise nach Laos/Kambodscha und Wiedereinreise nach Vietnam) kann ein zwei oder mehrmaliges Einreisevisum beantragt werden. Als Bearbeitungszeit sind 5–7 Werktage zu veranschlagen. Express-Visa, die noch am gleichen Tag ausgestellt werden, kosten Aufpreis (24 €).

In den meisten Ländern **Asiens** – wie auch in Vietnam – ist es weitaus einfacher, schneller und bequemer, Visa über Reiseagenturen als über offizielle Stellen zu beantragen. Vietnamesische Visa sind in allen Ländern Ost- und Südostasiens problemlos erhältlich, allerdings sind Konditionen, Gebühren und Bearbeitungszeiten **von Land zu Land verschieden** und können überdies jederzeit kurzfristigen Änderungen unterworfen sein.

Anmerkung: Wie sehr das lästige Visa-Prozedere dem Tourismus in Vietnam schadet, zeigt das Beispiel, dass nach der Ankündigung, japanische Staatsbürger könnten visafrei einreisen, sich die Zahl der Buchungen aus Japan schlagartig um 55 % erhöhte. Das Problem ist im Übrigen nicht nur das Visum allein (Anträge anfordern, ausfüllen, warten etc.), sondern ebenso die nach wie vor undurchsichtigen Konditionen und Gebühren. Selbst auf der Website der Botschaft in Berlin sind Preise *nicht* vermerkt!

Achtung: Da sich die Einreisebedingungen kurzfristig ändern können, raten wir, sich kurz vor Abreise beim **Auswärtigen Amt** (www.auswaertiges-amt.de bzw. www.bmeia.gv.at oder www.eda.admin.ch) oder der jeweiligen Botschaft zu informieren!

In Deutschland, Österreich, Schweiz

sind Visa direkt bei den jeweiligen **Botschaften** der SR Vietnam zu beantragen:

● **Deutschland:** Botschaft der SR Vietnam, Elsenstr. 3, 12435 Berlin, Tel. 030/53630-108-102 (Visastelle), Fax 53630-200, www.vietnambotschaft.org
● **Generalkonsulat der SR Vietnam,** Siesmayerstr. 10, 60323 Frankfurt/Main, Tel. 069/795336513, Fax 759336511, www.vietnamconsulate-frankfurt.org/en
Voraussichtlich ab Sommer 2010 **neue Adresse:** Kennedy-Allee 49, 60596 Frankfurt/M.

● **Österreich:** Felix-Mottl-Str. 20, 1190 Wien, Tel. 01/3680754, Fax 3680754, embassy.vietnam@aon.at
● **Schweiz:** Schlösslistr. 26, 3008 Bern, Tel. 031/3887872, Fax 3887879, www.vietnamembassy-switzerland.org.vi

Die Unterlagen können persönlich oder per Post eingereicht werden. **Tipp:** Das Generalkonsulat in Frankfurt ist in der Regel deutlich auskunftsfreudiger und bei Sonderwünschen kulanter; zuständige Mitarbeiter in Berlin auch nur an die Strippe zu bekommen ist oft schon eine Qual.

● **Visa-Antrag**
Für den Visa-Antrag benötigt man:
– **Reisepass**
– 1 ausgefüllter **Visaantrag**
– 1 **Passbild**
– **Visagebühr** (Verrechnungsscheck oder Überweisungsbeleg)
– frankierter Rückumschlag für 1 Einschreiben. Visaanträge kann man bei der Botschaft anfordern oder, einfacher, über das Internet herunterladen. www.vietnambotschaft.org.

● **Gebühren**

Einmalige Einreise 15 Tage	55 €
Einmalige Einreise 1 Monat	64 €
Mehrmalige Einreise 1 Monat	88 €
Einmalige Einreise 3 Monate	70 €
Mehrmalige Einreise 3 Monate	100 €
Kinder unter 14 J.	25/30 €
Expressvisa (3 Tage) Aufpreis	24 €

Mit Registriernummer (s.u.)

Einmalige Einreise 1 Monat	33 €
Mehrmalige Einreise 1 Monat	48 €
Expressvisa (3 Tage) Aufpreis	8 €

● **Achtung:** Die Entscheidung über die letztgültige Aufenthaltsdauer (Einreisestempel) liegt bei der Einreisebehörde! Ein Dreimonatsvisum berechtigt nicht automatisch zu einem Aufenthalt von 3 Monaten!
● **Änderungen.** Vietnam hat die Bestimmungen seit 2009 verschärft – eine Reaktion auf unerwünschte Ausländer, die in Vietnam im-

mer häufiger sesshaft zu werden versuchen und mit den Gesetzen in Konflikt geraten (z.B. Chinesen im Norden, Schwarze und Araber im Süden etc.). 3-Monats-Visa werden seitdem nur mehr eingeschränkt und 6-Monats-Visa gar nicht mehr erteilt; auch das 15-Tage-Visum steht vor dem Abschuss.

Weitere Informationsquellen:
- www.vietnam-destination.de
- www.visum-centrale.de
- www.myvietnamvisa.com
- www.vietnamvisa.org

Visa mit Approval-Nummer

Visa mit **Registrierungsnummer** aus Hanoi sind deutlich günstiger und können direkt über Reiseveranstalter – und z.T. Visa-Dienste – beantragt werden. Ursprünglich beinhaltete dies eine obligatorische Tour-Buchung – etwa eine Übernachtung mit Flughafentransfer –, aber dieser Vorwand ist heute nicht mehr nötig. Die Bearbeitungsgebühren sind von Veranstalter zu Veranstalter verschieden, bei Agenturen in Vietnam betragen sie in der Regel um 20 $ (single entry) oder 25 $ (multiple entry) p.P. (abhängig auch von der Personenzahl).

Über Veranstalter in Vietnam

● **Verfahren.** Das Visum sollte spätestens 10–14 Tage vor Abflug per e-mail bei dem Veranstalter beantragt werden. Benötigt werden Name, Vorname, Geschlecht, Geburtsdatum, Nationalität, Passnummer mit Ausstellungsort, -datum und Gültigkeitsdauer, Ein- und Ausreiseort sowie die Daten der Ein- und Ausreise. Das Innenministerium in Hanoi übermittelt die **Approval-Nr.** des Antragstellers sowohl an die jeweilige Botschaft (z.B. Berlin) wie an den Veranstalter, der sie dem An-

tragsteller mitteilt. Im Normalfall sollte das max. 1 Woche in Anspruch nehmen. Die Approval-Nr. legt man den üblichen Unterlagen an die Botschaft bei zzgl. einem Verrechnungsscheck über 33 € (oder 48 €). Den Pass mit eingeklebtem Visum erhält man im Normalfall nach 3 Werktagen zurück.

Visa on Arrival

Das Verfahren ist im Prinzip das gleiche, nur dass die Prozedur abgekürzt wird. Die Approval-Nr. des Innenministeriums gilt beim Check-In am Abflughafen als Visumsersatz. Bei der Ankunft ist das Einreiseformular auszufüllen und mit einem Passfoto zu versehen (kann man schon zu Hause machen), das Visum erhält man für 25 $ (einmalige Einreise) oder 50 $ (mehrfache Einreise) in bar. Visa on Arrival werden auf den Websites von Veranstaltern angeboten und sind an den internationalen Flughäfen Saigon, Danang, Hanoi erhältlich.

Business Visa

für Geschäftsreisen, Studienaufenthalte usf. werden auf offizielle Einladung eines vietnamesischen Partners hin erteilt (mit Referenz-Nummer aus Hanoi). Angesichts der günstigen Konditionen (single/double entry 30/45 €) kann es sich lohnen, etwaige „Beziehungen" auszuspielen.

In der Region

● Günstige Orte für die Visabeschaffung sind außer **Bangkok** vor allem **Phnom Penh** (und überhaupt Kambodscha). Preise und Bearbeitungs-

Praktische Tipps A–Z

zeiten können von Land zu Land und Reisebüro zu Reisebüro erheblich schwanken, sodass sich Vergleiche lohnen. Expressvisa (1–2 Tage) sind deutlich teurer. Zumal in Kambodscha kann man u.U. selbst 3- Monatsvisa mit mehrfacher Einreise günstig ergattern. Andererseits, wie oft in Asien: Was heute ist, kann morgen schon Makulatur sein.

● Etwas höhere Preise, aber das gleiche Vorgehen (Touristenvisa nur über Reisebüros) gelten für Vientiane, Jakarta, Manila, Kuala Lumpur usf. In Hong Kong, Taipeh, Seoul und speziell in China muss man mit bis zu 10 Tagen Wartezeit rechnen oder orbitante Gebühren für Expressvisa zahlen.

Diplomatische
Vertretungen Vietnams in Asien

● Kuala Lumpur: 4 Persiaran Stonor, Tel. 21484036, dalsevn1@putra.net.my
● Singapur: 10 Leedon Park, Tel. 4625938, vnemb@singnet.com.sg
● Tokio: 50-11 Motoyoyogi-cho Shibuya, Tel. 34663313, Fax 34663312
● Jakarta: Jalan Teuku Umar 25, Tel. 3100358, embvnam@uninet.net.id
● Manila: 670 Pablo Ocampo, Tel. 5240364, sqvnplp@qinet.net
● Vientiane: Thanon That Luang, Tel. 413409, dsqvn@laotel.net
● Savannakhet *(Konsulat):* 118 Sisavang-vong, Tel. 212418, Fax 211182
● Pakse *(Konsulat):* 31 Ban Pha Bat, Tel. 212058, ksvnps@laotel.com
● Phnom Penh: 436 Monivong, Tel. 362531, embvnpp@camnet.com.kh
● Sihanoukville *(Konsulat):* 310 Ekareach St., Tel. 45361, consul@camintel.com
● Peking: 32 Guang Hua Lu, Tel. 65325415, vinaemba@mailhost.cinet.com.cn
● Guangzhou *(Konsulat):* Landmark Hotel, Building North, Qiaoguang Rd., Tel. 83305911, tisqvn@mx2.gd.cel.gov.cn

● Kunming *(Konsulat):* Tel. 3515889, hang42hh@hotmail.com
● Hongkong *(Konsulat):* Great Smart Tower, 15th floor, 230 Wan Chai Road, Tel. 25914517, vnconsnl@netvigator.com
● Bangkok: 83/1 Wireless Road, Tel. 2513551, vn.embassy@bkk.a.net-net.th
● Khon Kaen *(Konsulat):* 65/6 Chatapadung, Tel. 242190, khue@kkaen.loxinfo.co.th
● Yangon: 317, 319 U Wizara Road, Tel. 524656, vnembmyr@cybertech.net.mm
● New Delhi: 17 Kautilya Marg, Chanakya Puri, Tel. 23019818, sqdelhi@del3.vsnl.net.in
● Mumbai *(Konsulat):* Wajeda House, Gulmohat Cross Road 7, Tel. 26208589, vietnam@mtnl.net.in.

● www.vn.embassyinformation.com

Visaverlängerung in Vietnam

Die Verlängerung eines Monatsvisums ist über alle Reiseagenturen möglich; die Gebühr sollte 25 $ nicht übersteigen, die Bearbeitungszeit beträgt 3–5 Tage. Eine weitere Verlängerung war zuletzt – nicht mehr! – möglich.

Ein- und Ausreise

Bei der Ankunft ist eine ausgefüllte **Ein- und Ausreiseerklärung** *(Arrival Departure Declaration)* vorzulegen, die gewöhnlich bereits während des Fluges verteilt wird. Sie wird bei der Ankunft abgestempelt und muss (normalerweise) bei der Ausreise wieder vorgelegt werden; daher sorgfältig aufbewahren!

Wichtig: Beim Verlassen des Flughafens Gepäckscheine (am Flugticket angeheftet) bereithalten. Die Übereinstimmung mit den Gepäckstücken wird zuweilen kontrolliert.

Kopien

Da man den Pass täglich aus der Hand gibt – in allen Hotels z.B. –, ist dringend angeraten, **Fotokopien von Pass und Visum** anzufertigen. Man kann auch wichtige Reisedokumente zu Hause einscannen und diese geschützt ins Netz stellen; auf diese Weise hat man bei Diebstahl oder Verlust immer Zugriff auf seine Unterlagen.

Wird man unterwegs von der Polizei angehalten, sollte man grundsätzlich die Passkopie vorzeigen und erklären, das Original befinde sich im Hotel.

Zollbestimmungen

Es besteht ein **Einfuhrverbot** für Waffen, Munition, Rauschgift und Pornografie. Erlaubt ist die Einfuhr von 400 Zigaretten und 1½ l Alkohol über 22 Vol.-%. **Deklarierungspflichtig** sind Devisen im Wert von über 7000 $, ebenso Gold und Schmuck, der diesen Wert übersteigt, sowie Kameras, Camcorder, CD-Player und alle elektronischen Geräte, die nicht für den Eigenbedarf bestimmt sind. Ein Ausfuhrverbot besteht außerdem für Antiquitäten.

● Auch auf europäischer Seite gibt es **Freigrenzen, Verbote und Einschränkungen,** die man beachten sollte, um böse Überraschungen am Zoll zu vermeiden.

Wird der Warenwert von 175 € bzw. 300 SFr überschritten, sind **Einfuhrabgaben** auf den Gesamtwert der Ware zu zahlen.

Einfuhrbeschränkungen bestehen z.B. für Tiere, Pflanzen, Betäubungsmittel, Feuerwerkskörper, Lebensmittel, Raubkopien, Pornografie, Waffen und Munition; in Österreich auch für Rohgold, in der Schweiz für CB-Funkgeräte. Nähere Informationen:

● **Deutschland:** www.zoll.de oder beim Zoll-Infocenter, Tel. 0351/44834510
● **Österreich:** www.bmf.gv.at oder beim Zollamt Villach, Tel. 01/51433564053
● **Schweiz:** www.ezv.admin.ch oder bei der Zollkreisdirektion in Basel, Tel. 061/2871111

Essen und Trinken

Schaut ein unbedarfter Beobachter Vietnamesen beim Essen zu, könnte er glauben, Essen sei ein **Wettbewerb im Reisschaufeln.** Erst nach längerer Beobachtung und vielen gemeinschaftlichen Mahlzeiten wird er zu der Erkenntnis gelangen: Essen in Vietnam ist mehr als nur Nahrungsaufnahme, Essen ist eine **Weltanschauung.** Ein kulturelles Erlebnis, ein Vergnügen, eine Wissenschaft für sich.

Jedem Fleisch, jedem Gemüse, jeder Flüssigkeit werden bestimmte Eigenschaften zugesprochen. Das eine ist gut für die Verdauung, das andere für die Leber, wieder ein anderes regt den Kreislauf an, stärkt das Herz oder erhöht die Potenz; die eine Frucht macht warm, die andere kühlt die Körpertemperatur. Essen sollte immer ausgewogen sein, die Dualität von *yin* und *yang* ausgleichen. Salzige Fischsauce. Süßes Fleisch. Saure Gemüse. Bittere Kräuter. Scharfe Chilis. Sie alle sind dazu da, das **Gleichgewicht im Körper** auszuloten, **Gleichklang und Harmonie** zu erzeugen. Noch die einfachste

Garküche wird diesem Anspruch gerecht (oder genauer: gerade diese), und der Beobachter fängt allmählich an zu begreifen: Vietnamesen sind keine Reis-Schaufler, sondern **Ess-Philosophen** – nur würden sie sich selber niemals als solche bezeichnen.

Die **Grundpfeiler** der vietnamesischen Küche sind Reis, die Fischsauce *nuoc mam* und frische Kräuter. Von Spitzengastronomie, Touristenzentren und der großen Ausnahme Thailand einmal abgesehen, isst man in Vietnam wahrscheinlich besser als in allen anderen Ländern Asiens.

Die starken, wenn auch niemals dominierenden Einflüsse chinesischer und französischer Kochkunst führten zu einer originellen, unverwechselbaren Küche, die für europäische Gaumen weder allzu scharf gewürzt noch allzu fremd und „exotisch" erscheint. Die Verwendung von *nuoc mam* (die in etwa der thailändischen *nam pla* entspricht) anstelle von Sojasauce und Glutamat und die ausgeprägte Vorliebe für frische Kräuter machen vietnamesische Speisen leichter und differenzierter als chinesische Gerichte. Es fehlt allenfalls die Schärfe und Raffinesse der thailändischen Küche.

Eine absolute Topgastronomie, die auf die Modernisierung und Neuinterpretation alter, überlieferter Traditionen setzen könnte, findet man aufgrund der jahrzehntelangen Kriegswirtschaft allerdings nur selten. In ihrem nicht unberechtigten, aber weit über das Ziel hinausschießenden Kampf gegen „Wollust und Dekadenz" der alten Bourgeoisie hatten die kommunistischen Kader 1975 nahezu alle privaten Restaurants schließen lassen und ihr Wiederaufleben lange Zeit durch „Luxussteuern" von 90 % und mehr boykottiert.

Als Resultat davon isst man in **Garküchen** und **Essständen** „auf der Straße" oft ebenso gut – und oft sogar besser, zumindest authentischer – als in so manchem gestyltem Restaurant, das mehr Wert auf Präsentation und Ambiente als auf gute Küchenprodukte setzt, die ohne Fantasie und Selbstbewusstsein „entvietnamisiert" und globalen Kau- und Geschmacksnormen angepasst werden.

Restaurants und Garküchen, *nha hang* und *quan an*, gibt es an jeder Straßenecke, Schilder wie *com pho (com* heißt Reis, *pho* ist Suppe) oder *com binh dan* (wörtl. Reis für kleine Leute) machen auf bodenständige einheimische Küche aufmerksam. Man sollte immer dort speisen, wo Vietnamesen essen, auch wenn das Restaurant eher schlicht aussieht. In Vietnam wird in der Regel frühzeitig gegessen. Mittags füllen sich ab 11.30 Uhr die Lokale, am Abend geht man traditionell bereits nach Einbruch der Dunkelheit, gegen 18 Uhr, zum Essen. Restaurants in Großstädten und für Touristen passen sich aber mittlerweile mehr und mehr den international üblichen Essgewohnheiten und -zeiten an.

Gewürze, je nach bestelltem Gericht salzig oder sauer, süß oder scharf, sowie Zahnstocher gehören auf jeden Tisch, anfangs werden üblicherweise Erfrischungstücher gereicht, der Tee zum Abschluss entfällt immer häufiger.

Die Tücher werden meist extra berechnet, ebenso kleine Extras wie Erdnüsse. **Englische Speisekarten** findet man fast überall, sie haben allerdings oft den Nachteil, dass nicht alle verfügbaren Gerichte aufgeführt werden, sondern nur, was Ausländer „gerne mögen", oder keine Preise verzeichnet sind. Zur Vorbeugung etwaiger Dispute ist es in jedem Fall ratsam, stets vorab die Preise zu klären. Gerichte, die mehr als 3–4 $ kosten, sind in normalen Lokalen selten. „Spezialitäten" wie Prawns, ganze Fische usf. haben natürlich andere Preise. Die Rechnung ist fast immer korrekt und wird mit lobenswerter Geschwindigkeit präsentiert.

Vietnamesen essen wie Chinesen mit **Stäbchen** *(dua)*, d.h. man bedient sich aus den Servierschüsseln und isst aus seinem eigenen Reisschälchen. Ein Sprichwort lautet: „Wer mit Schale und Essstäbchen umzugehen weiß, versteht auch mit Worten umzugehen". Erstaunlicherweise ist die französische Tradition, mit Messer und Gabel zu essen, im Norden erheblich verbreiteter als im Süden.

Nuoc Mam

Wenn Reis der Körper der vietnamesischen Küche ist, dann ist das „Wasser vom Salzfisch" seine Seele. Die würzige, extrem eiweiß- und vitaminhaltige Fischsauce wird aus einer Art Sardinen gewonnen, die wenigstens 9 Monate in Holzfässern fermentiert werden, bei besonders wertvollen Saucen sogar jahrelang. Hochprozentige Fischsauce (bis zu 60°) kann we aceto balsamico genussvoll gelöffelt oder als Medizin benutzt werden, 40 %ige Fischsauce gilt als beste Qualität für die Küche. Als Würze wird Nuoc Mam pur verwendet, als Sauce mit Zitronensaft und/oder Essig verdünnt und mit Zucker, Chilis, Knoblauch, Schalotten usf. angereichert.

281vi Foto: kb

Ähnlich abwertend wie bei uns Italiener einst als „Spaghetti", werden in Vietnam die Chinesen als „Sojasauce" bezeichnet.

Gerichte und Beilagen

muối	Salz
tiêu	Pfeffer
tỏi	Knoblauch
ớt	Chili
chanh	Zitrone
gừng	Ingwer
ngò rí, mùi	Koriander

Tellergerichte

● Die einfachste Mahlzeit besteht aus einem Teller Reis oder Nudeln mit Beilage(n). Dieses Gericht kostet je nach Lokalität 20.000 đ, umgerechnet ab 1 $.

● **Reis** heißt *com. Com dia* ist ein Teller Reis mit Sauce, Gemüse und Kräutern sowie Fleisch oder Fisch (was gerade da ist).

● *Com phan* ist im Grunde das gleiche, nur dass die Beigaben separat gereicht werden, sodass Com Phan immer eine Spur teurer ist.

● Sehr populär ist *com suon*, Reisteller mit Schweinerippchen.

● **Fried Rice** dagegen ist meistens eine Enttäuschung und längst nicht so gut wie sonst in Südostasien, im Süden heißt er *com chien*, im Norden *com rang*.

● **Mi** sind gelbe, aus Mehl und Eiern bereitete Nudeln, **bun** sind weiße Reisnudeln. Glasnudeln, **mien**, finden nur in Suppen oder als Füllung Verwendung.

Einfache Suppen

● Zu Recht eines der beliebtesten Gerichte Vietnams ist die bei uns meist als **Hanoi-Suppe** bezeichnete *pho*, eine heiße, kräftige Brühe aus Rind *(pho bo)* oder Huhn *(pho ga)* mit einer reichlichen Einlage Bandnudeln, Fleisch, Sojasprossen und frischen Kräutern. Pho wird vom frühen Morgen bis zum späten Abend serviert und kostet je nach Qualität bzw. Lokalität ab 25.000 đ. Einige Restaurants und Suppenküchen verstehen es, aus der Pho ein richtiges Kunstwerk zu machen, mit verquirltem Eigelb, Limonensaft, Bergen frischer Minze, Kresse, Koriander, Wasser-

Es ist angerichtet … *xin moi!*

winde, Frühlingszwiebeln und Basilikum und hauchdünnen Rinderscheiben, die nur sekundenlang gegart werden.

● Eine **sup** ist meistens, wenngleich nicht immer, eine chinesische Suppe, die auch in Vietnam so undefinierbar schmeckt wie in deutschen China-Restaurants.

Suppen-Spezialitäten

● **Canh chua** ist eine mittels Tamarinde und grünem Rhabarber leicht gesäuerte dünnflüssige Suppe, die mit Einlagen wie Pilzen, Gurken, Tomaten, Zwiebeln usf. meist als *canh chua ca* (mit Fisch) oder *canh chua tom* (mit Shrimps) serviert wird.

● **Lau** ist die Bezeichnung für einen Feuertopf und meint eine Art von vietnamesischem Fondue. In einem aus Fischgräten, Hühner- oder Rindsknochen, der im Feuertopf immer auf dem Siedepunkt gehalten wird, gart man sich am Tisch rohe Shrimps, Fischstücke oder hauchdünne Rinderscheiben zusammen mit Gemüsen, Kräutern usf.

Während die *sup* immer als Vorsuppe gegessen wird, kommen *canh* und *lau* stets als Abschluss auf den Tisch.

Fleisch

● Fleisch ist nicht nur verbreitet und preiswert (für Vietnamesen freilich ein relativer Begriff), sondern auch ausgesprochen gut.

● Mit Abstand am liebsten wird **Rindfleisch** *(bo)* gegessen. Ein Beefsteak *(bittet)* ist naturgemäß von unterschiedlicher Qualität, wird jedoch nur selten zäh oder ungenießbar sein.

● Preiswerter als Rind ist nur noch **Schwein** *(heo)*, das in Restaurants und Garküchen allerdings eher selten serviert wird, da es als „Alltagsfleisch" gilt.

Speisekarte (thực đơn)

Tellergerichte

cơm	(gekochter) Reis
cơm đĩa	Tellergericht mit Reis
cơm phần	dito, Beilagen separat
cơm chiên	Fried Rice (Süd)
cơm rang	Fried Rice (Nord)
mì	Nudeln (Mehl)
bún	Reisnudeln
miến	Glasnudeln

Suppen

phở bò	Rindersuppe
phở gà	Hühnersuppe
súp/soup	Chinesische Suppe

Gerichte, die weder als Tellergerichte noch Suppen fungieren, sind auf Speisekarten gewöhnlich nach dem jeweiligen Hauptbestandteil des Gerichts aufgelistet, in der Regel Fleisch, Fisch oder Geflügel. Reine Gemüsegerichte sind selten, wenn man schon essen geht, dann auch „richtig".

Fleisch (thịt)

bò	Rind
heo	Schwein
sườn	Rippchen
dê	Ziege
bê	Kalb
thỏ	Kaninchen
tim	Herz/Innereien

Geflügel

gà	Huhn
vịt	Ente
chim bồ câu	Taube
cút	Wachtel

Fische und Meeresfrüchte

cá	Fisch
lươn	Aal
tôm	Shrimps
cua	Taschenkrebs
ếch	Frosch
ốc	Schnecken
mực	Tintenfisch
sò	Muscheln
baba, rùa	Schildkröte
rắn	Schlange

Zubereitungsarten

Zubereitungen wie gekocht, gegrillt, gebraten, gedämpft usf. sind in der Regel aus den nachgestellten Adjektiven ersichtlich. *Cá nướng* ist gegrillter Fisch, *mì chiên* (oder *rang*) sind gebratene Nudeln, *bò xào thập cẩm* ist pfannengerührtes Rind mit verschiedenen Beilagen usf.

thức đơn	Speisekarte
nướng	gegrillt
nâú/luộc	gekocht
hấp	gedämpft
xào	pfannengerührt
chiên/rang	frittiert/gebraten
sốt	mit Sauce
bao	paniert
chua ngọt	süßsauer
lúc lắc	geschnetzelt
thập cẩm	mit Beilagen
vỷ	vom Rost
ăn chay	vegetarisch

● Eine Ausnahme sind die beliebten **Rippchen** *(suon)*, die erst gebeizt, dann gegrillt oder gebraten und mit Sesamkörnern bestreut werden.
● Als einfach und billig gelten auch **Eingeweide** wie Herz, Leber und Nieren *(tim)*, die speziell bei Nudelgerichten Verwendung finden.
● **Ziege** *(de)* vom Holzkohlengrill ist die Spezialität mancher Essstände und kleiner „Biergärten" vor allem im Norden.

● **Hackfleisch** (vom Rind oder Schwein) findet fast nur als Füllung Verwendung.

Rinds-Spezialitäten

● **Bo nhung dam** wird auf Speisekarten als „Vinegar Beef" bezeichnet und ist eines der besten vietnamesischen Gerichte. In einer mittels Tamarinde und Essig leicht gesäuerten und durch den Feuertopf auf dem Siedepunkt gehaltenen Rindsbouillon gart man rohe Scheiben vom Rind, die man zusammen mit Gemüsen und Kräutern nach Wahl in Reispapier wickelt.

● **Bo nuong vy** (Rind vom Rost) wird auch als „mongolischer Feuertopf" bezeichnet: Dünne Scheiben vom Rind und Gemüse werden auf dem Rost des Feuertopfs gegrillt.

● **Bo tai chanh** ist die vietnamesische Variante des *Carpaccio:* Dünne Scheiben vom Rind werden in Limonensaft mit Gewürzen und Kräutern „gegart"; entsprechende Zubereitungsarten gibt es auch für Kalb *(be)* oder Ziege *(de)*.

● **Bo la lot** dagegen erinnern an *Cevapcici:* Kräftig abgeschmecktes Rinderhack wird in würzige Lot-Blätter gewickelt und scharf angebraten.

Cobra & Co.

● **Schlangen** gibt es in Vietnam wie Sand am Meer, und sie werden verspeist wie Hühnchen im Wienerwald. Andere Länder, andere Sitten. Kaum ein Lokal in manchen Regionen, das nicht Schlange, Frosch, Hund oder Schildkröte auf der Speisekarte hat.

Armeleuteessen, kein Schickeriakitzel! Dass der „Spaß" spätestens bei artengeschützten Tieren aufhören und „man" Fledermäuse, Schildkröten und Warane nicht verspeisen sollte, wird der pragmatische Vietnamese lediglich mit Kopfschütteln registrieren. Und der Versuch der Regierung, „Wildgerichte" von den Speisekarten zu verbannen, hatte lediglich zur Folge, dass die Preise für die im Hinterzimmer servierten Raritäten gestiegen sind.

Geflügel

● **Huhn** *(gà)* gilt in Vietnam überraschenderweise nicht als Billiggericht und kann sogar teurer sein als Rind.

● **Enten** *(vit)* werden weniger wegen ihres Fleisches, sondern wegen ihrer Eier und Federn, ansonsten sind sie billiger als Hühner.

● Beliebt und häufig zu finden sind **Tauben** *(chim bồ câu)*, die meistens gegrillt serviert werden.

● Regional und eher auf Märkten findet man **Wachteln** *(cut)*, Reis- und andere Vögel.

Fisch

● Fisch wird meist ohne weitere Differenzierung als **ca** aufgeführt. Die in Restaurants gebräuchlichsten Meeresfische sind Thunfisch, Schwertfisch und diverse Makrelenarten; Edelfische wie **Pomfret** *(Butterfish)* werden genau wie Schwalbennester und Langusten *(tom cang)* eher für Devisen exportiert als im Lande selbst verzehrt.

● Gute Süßwasserfische wie **ca loc,** eine Graskarpfenart, oder **ca tre,** Wels bzw. Catfish, werden oft im Ganzen zubereitet und sind absolute Delikatessen.

● **Ca kho** ist Fisch, der mit Nuoc Mam und Rohrzucker im Tontopf geschmort wird; der karamelisierte Zucker und die salzige Fischsauce zusammen ergeben mit gestoßenem schwarzen Pfeffer einen dickflüssigen Sud, den man am liebsten auslöffeln möchte. Am besten schmeckt Ca Kho mit Catfish *(ca tre)*.

● Will man einen Fisch im Ganzen haben, verlangt man einen **mot con ca.** Besonders gut ist der **ca loc nuong,** ein ganzer, gegrillter Graskarpfen mit zahlreichen Beilagen.

Meeresfrüchte

● Angesichts der zahlreichen Wasserwege, Flüsse, Kanäle und Teiche bis zu der mehr als 3000 km langen Meeresküste, ist es kein Wunder, dass viele Gerichte auf Wassertieren aller Art und Herkunft beruhen (Süßwasser, Salzwasser oder Lagune). **Shrimps** *(tom)*, **Aal** *(luon)*, **Tintenfisch** *(muc)* und **Frösche** *(ech)* findet man auf fast jeder Speisekarte, **Muscheln** *(so)* und **Schnecken** *(oc)* gelten als Snacks und sind eher an Essständen zu finden.

Eier

● **Eier** heißen *trung*; außer Hühnereiern *(trung ga)* finden auch häufig Enteneier *(trung vit)* Verwendung.

● Zum Frühstück eignen sich gekochte Eier *(trung luoc)*, Rühreier *(trung chien* oder *trung rang)* und Spiegeleier, die *trung op la* heißen oder einfach *op la*, die Vietnamisierung des französischen „oeufs plats".

Nem

● **Frühlingsrollen** sind eine der bekanntesten Spezialitäten der vietnamesischen Küche; der

286vi Foto: kb

nordvietnamesische Name *nem* verdrängt zunehmend das südvietnamesische *cha gio* und wird inzwischen sogar als Oberbegriff für Glücksrollen oder *goi cuon* verwendet.

● **Nem rang** bestehen aus einer Füllung aus Hackfleisch, Garnelen, Sojasprossen, Glasnudeln, Eigelb, Morcheln, Frühlingszwiebeln und speziellen Kräutern, die in Reispapier eingeschlagen und knusprig frittiert werden. Man wickelt die Nem in ein Salatblatt, füllt ganz nach Geschmack mit Minze, Koriander, Gurken- und Karottenscheiben, Knoblauch, Chili, Sojasprossen, Sternfrucht oder grünen Bananen auf und tunkt die so präparierten Röllchen in eine Sauce aus Nuoc Mam, Limonensaft, Zucker, gestoßenem Pfeffer und Knoblauch.

Meeresfrüchte en gros

● **Glücksrollen,** *goi cuon*, bestehen aus den gleichen Zutaten, werden aber nicht frittiert; man wickelt sich selbst die gewünschten Zutaten in die rohen, fast durchsichtigen Reispapierblätter ein. Anstelle von Hackfleisch werden bei Glücksrollen oft marinierte Streifen Schweinefleisch verwendet.

Banh

● **Banh** ist der Oberbegriff für Mehl, *banh my* z.B. ist Brot, das es in Form französischer Baguettes fast überall in Vietnam zu kaufen gibt, im Norden allerdings erheblich besser gebacken als im Süden.

● **Banh trang** nennt man das Reispapier, in das nicht nur die Glücksrollen, sondern auch viele andere Gerichte gewickelt werden.

● **Banh xeo** sind knusprig gebratene Crêpes aus Reismehl und Eiern und einer Füllung aus Schweinefleisch, Garnelen, Zwiebeln, Sojasprossen und Kräutern.

● **Banh cuan** ist eine Spezialität des Nordens und lässt sich als eine Art Ravioli beschreiben, nur dass der Teig aus Reismehl besteht;

die Füllung setzt sich aus Hackfleisch, Morcheln, Karotten, Gurken, Frühlingszwiebeln, Sojasprossen, Kräutern und manchmal auch Garnelen, Krebsfleisch usf. zusammen. Banh cuan werden nicht selten („schwäbisch") mit gerösteten Zwiebeln serviert.

Hund

Nicht wenige Vietnamesen schüttelt es genauso wie wohl die meisten Leser bei dem Gedanken, den „treuesten Freund des Menschen" zu verzehren, für viele andere aber ist es ein unverzichtbares Leibgericht. Das Fleisch junger, etwa einjähriger Hunde schmeckt wie Pferdefleisch leicht süßlich und ist dank seiner Proteine sehr sättigend: Es „macht warm", wie die Liebhaber sagen, weshalb es vor allem in der kühlen Jahreszeit gern gegessen wird. Hundefleisch ist teuer und wird ausschließlich (man braucht also keine Angst zu haben, dass es einem „untergeschoben" wird) in speziellen Restaurants angeboten, die ihre Spezialität als *thit cho* oder *thit cay* anpreisen.

Western Food

Gerichte wie Steak mit Fritten und Salat kann man fast überall bekommen und haben nichts mit dem neuerwachten Tourismus zu tun, sondern sind eine Hinterlassenschaft der Franzosen.
- **Steak** heißt *bittet*, Pommes frites sind *khoai tay chien* oder (im Norden) *khoai tay rang*, Salat heißt *xa lach*.
- An Straßenständen kann man sich für wenig Geld **Sandwiches** mit *paté* (Pastete), Wurst, Schweinebraten oder kaltem Huhn zurecht machen lassen.

Gemüse und Kräuter

- **Gemüse** *(rau)* findet in Restaurants und Garküchen meist nur als Beilage Verwendung, rein vegetarische Gerichte sind selten. Fried vegetables heißen *rau xao*.
- **Rau thom**, ein Teller mit Kräutern wie Kresse, Koriander, Minze, Zitronenmelisse, Wasserwinde, Basilikum usf. gehört zu vielen Gerichten normalerweise dazu, wird in Restau-

rants aber häufig Ausländern vorenthalten oder durch langweiligen *Xa lach* ersetzt.

Da die Kräuter wohl kaum mit abgekochtem Wasser gewaschen worden sind, verzichten viele Reisende lieber auf sie. Wir selbst konnten niemals widerstehen und sind lange „unvorsichtig" gewesen, ohne jemals Ärger oder auch nur die leiseste Magenverstimmung gehabt zu haben.

Gewürze

Vietnamesische Gerichte sind gut, aber nie scharf gewürzt. Außer kleinen Schälchen mit (je nach Gericht) süßen, sauren, scharfen oder salzigen Saucen, deren Grundbestandteil meist aus *nuoc mam* (s.o.), Zitronensaft oder Essig besteht, erhält man oft Schälchen mit Salz, Pfeffer und einer Limone; man mischt Salz und Pfeffer und drückt die Limone darüber aus. Knoblauch, Chilis, Ingwer und Zitrone kann man extra bestellen.

Eiscreme und Süßspeisen

- **Speiseeis** *(kem)* hatten die Franzosen eingeführt, ehe es durch die Amerikaner noch populärer wurde. Die mit Abstand beste „Marke" ist Kem Bach Dang. *Kem dua*, Kokosnusseis, wird häufig in kleinen ausgehöhlten Kokosnüssen serviert.
- In Restaurants bekommt man ausgezeichneten **Karamelpudding** *(kem keramen)*.
- Sehr schmackhaft ist der **Joghurt** *(yaourt)*, der in Eiscafés und an Straßenständen angeboten wird.

Früchte

- Zumindest in Saigon und im Mekong-Delta kann man alle exotischen Früchte finden, die einem vielleicht schon anderswo in Südostasien ans Herz gewachsen sind, wie Mangos, Rambutan, Drachenfrucht, Guaven, Jackfruit, Durian oder Mangosteen, daneben findet man aber auch Äpfel, Weintrauben, Ananas, Bananen, Wassermelonen usf. Neben Mangos, deren Hauptsaison in der ersten Jahreshälfte liegt, und die im Delta besonders günstig und gut sind, gehört die *mang cau* aus der Familie der Annonen (wie Zimt- und Rahmapfel), zu unseren Lieblingsfrüchten.

Mango	*xoài*
Ananas	*dứa, thơm*
Papaya	*đu đủ*
Rambutan	*chôm chôm*
Lychee	*vải*
Drachenfrucht	*thanh long*
Banane	*chuôí*
Orange	*cam*
Zitrone	*chanh*
Kokosnuss	*dừa*
Zuckerrohr	*miá*
Durian	*sâu riêng*
Jackfruit	*mít*
Zimtapfel	*mãng câù*

Buchtipp

● *Roland Hanewald:* **Essbare Früchte Asiens,** Praxis-Reihe, REISE KNOW-HOW Verlag

Getränke

Tee, Kaffee, Erfrischungsgetränke, Bier und Spirituosen sind überall erhältlich und sehr preiswert. Wie in den meisten Ländern der Dritten Welt kann es auch in Vietnam vorkommen, dass der Inhalt der Flaschen nicht immer hält, was das Etikett verspricht. Das ist zwar unangenehm, wenn man einen russischen Wodka erstanden hat, der mit einheimischem Fusel gestreckt wurde, aber nichts im Vergleich zu dem, wenn etwa Mineralwasser durch Leitungswasser ersetzt wurde und womöglich Ruhr oder Schlimmeres verursacht. Das gilt auch für Getränke in Dosen.

Oft werden Getränke (ungefragt und ohne Aufpreis) mit Eis serviert. Wer sein Getränk ohne Eis haben will, sagt *khong co ca* („nicht haben Eis"). Wir wollen nicht behaupten, vietnamesisches Eis sei „ungefährlich", aber auf all unseren Reisen hatten wir nicht ein einziges Mal Probleme. Ohnehin „erwischt" es meist diejenigen am ehesten, die stets am übervorsichtigsten sind (und ihren Darmtrakt am wenigsten an fremde Bakterien „gewöhnen"), aber selbstverständlich kann man sich nicht gegen akute Krankheitserreger „immunisieren" und sollte sich des Risikos daher immer bewusst bleiben. Ein 100-prozentiges

Auf-Nummer-Sicher-Gehen ist in tropischen Ländern ohnehin unmöglich.

Tee

Grüner Tee (*tra*, meist wie „tscha" gesprochen) verliert als Nationalgetränk an Popularität. Es scheint, als schaue der sozialistische Kapitalismus von heute ein bisschen auf die Teetrinker von gestern herab. Einst durfte Tee nirgendwo fehlen: Er wurde dem Gast in jedem Heim serviert, in Cafés und Restaurants zum Abschluss eines Mahls, zum Kaffee oder Eisbecher gereicht und gehörte zumindest in Form einer Thermoskanne mit heißem Wasser zum Inventar jedes Hotelzimmers. Es ist immer noch so, aber unaufgefordert kommt das Teekännchen nicht.

Tee wird in Vietnam grundsätzlich **ungezuckert** getrunken und ist ein relativ „sicheres" Getränk, da das Wasser in der Regel abgekocht ist. Im Gegensatz zum Süden, wo er meist absolut unaufdringlich schmeckt und selbst für passionierte Nicht-Teetrinker ein Genuss sein kann, ist er im Norden oft leicht parfümiert. Gegen Durst und zum Mittagessen empfiehlt sich Eis-Tee *(tra da)*.

Kaffee

Vietnam ist der größte Kaffee-Exporteur Asiens. *Ca phe* wird leidenschaftlich gern getrunken, gilt aber eher als Genussmittel denn als Getränk und wird wie Espresso in kleinen Dosen genossen. Im Norden ist er erheblich besser und wird auch nicht bloß als lauwarme Pfütze serviert, wie das im Süden oft der Fall ist.

● Kaffee, teils gezuckert, teils nicht, kostet schwarz *(ca phe den)*, mit Milch *(ca phe sua)* oder als Eiskaffee *(ca phe da)* ab 10.000 đ.
● Ohne Zucker heißt *khong co duong.*
● Sehr gut schmeckt Kaffee mit Eiscreme *(ca phe kem)*.
● Eine Spezialität von Hanoi, die süchtig machen kann, ist *nau trung sua* oder einfach *ca phe trung:* Heißer starker Kaffee wird mit Zucker und Eigelb (!) schaumig aufgeschlagen.
● Zumindest in Saigon und Hanoi kann man auf Märkten **Nescafé** kaufen, ein großes Glas (200 g) kostet um 3,50 €.

Kalte Getränke	
Erfrischungs-	
getränk allg.	*giải khát*
Eis	*(nước) đá*
Mineralwasser	*nước suối*
Kaltes Wasser	*nước lạnh*
Sodawasser	*nước soda*
Zitronensaft	*nước chanh*
Zitronensoda	*soda chanh*
Orangensaft	*nước cam*
Zuckerrohrsaft	*nước miá*
Kokosnussmilch	*nước dừa*
Pürierter Fruchtsaft	*sinh tố*
Eiskaffee	*cà phê đá*
Eistee	*trà đá*
Alkohol	*rượu*
Bier	*bia*
ohne Eis	*không có đá*
ein Glas	*một ly*
eine Flasche	*một chai*
Heiße Getränke	
Tee	*trà*
Kaffee schwarz	*cà phê đen*
Kaffee mit Milch	*cà phê sữa*
Schokolade	*sô cô la*
Zucker	*đường*
ohne Zucker	*không có đường*

Erfrischungsgetränke

„We are happy to be back!", jubelten Coke und Pepsi im Frühjahr 1994 nach der Aufhebung des US-Embargo. Tatsache ist, dass es Coke schon seit Jahren an jeder Straßenecke gegeben hatte (nur eben nicht „original" abgefüllt), und Pepsi zuvor noch nie in Vietnam vertreten war (so viel zum „Comeback"). Ganz Vietnam lachte sich halb tot.

● Der Sammelname für Erfrischungsgetränke ist *giai khat*. Einheimische Limonaden sind spottbillig (6000 đ) und durchaus genießbar, Markenware wie Coke oder Seven Up kostet rund doppelt so viel.

● Kaum teurer als Limonade und nahezu überall zu bekommen sind frischgepresste Zitronen- und Orangensäfte (**nuoc chanh** und *nuoc cam);* unbedingt versuchen sollte man auch einmal den Durstlöscher **nuoc mia** frisch aus der Zuckerrohr-Presse.

● **Nuoc Suoi,** Mineralwasser, ist in Mode und wird u.a. in preisgünstigen 1½-l-Plastikflaschen angeboten *(Aquafine* oder *La Vie)*, in einigen Läden und Restaurants bekommt man sogar Evian und Perrier.

● Viele Cafés servieren köstliche **Kokosnussmilch** *(nuoc dua)* oder geeiste Kokosnuss *(dua lanh)*.

● Die Säfte aus pürierten Früchten, **sinh to**, gehören mit zum schönsten, was man in Vietnam trinken kann; auch ohne ihre vietnamesischen Namen zu kennen, kann man sie sich in der Auslage selber aussuchen: Mangos, Papaya, Bananen, Avocados usf.; unbedingt einen Versuch wert ist die köstliche *Mang-Cau*-Frucht.

● **Rau ma** ist eine Besonderheit für Freunde des Vegetarischen, ein pürierter und leicht gezuckerter Saft aus grünen Wasserwinden, der den Körper angeblich „kühl" halten soll.

● **Che** ist ein Sammelbegriff für Getränke auf der Basis von gezuckerter Kokosnussmilch mit einer „Einlage", die aus Trockenfrüchten, Bohnen, Lotossamen, Wasserkastanien, Reismehlklößen und anderem bestehen kann. Die Einlage ist vorgefertigt, man kann sie sich aus Gläsern oder Schüsseln selber aussuchen.

Bier

● Einheimisches **Bia** ist gut und billig. Rein vietnamesische Sorten wie *333* (sprich: *ba ba ba), Saigon, Hanoi* oder *Halida* sind etwas günstiger, aber kaum schlechter als in Lizenz hergestellte Marken wie *Heineken, Carlsberg* oder *Tiger Beer*, die man vielerorts auch vom Fass *(draft)* bekommt. Deutlich teurer sind Importe wie *Schneider Weisse, Diebels Alt* oder *Hofbräu*, die hie und da zu bekommen sind.

● **Bia Hoi.** Das offene Bier, das man speziell in Hanoi gerne trinkt, ist deutlich schwächer, aber durchaus trinkbar (es sei denn vielleicht für Urbayern). Leider sind nur die dazugehörigen Biergärten seit einigen Jahren nahezu verschwunden.

Zigaretten

Gängige ausländische Marken wie Marlboro, Dunhill oder Ho Chi Minhs Lieblingszigarette *555* werden in Lizenz in Vietnam hergestellt und sind sehr preiswert. Fixpreise sind freilich unbekannt, sodass man sich erst einmal über die gängigen Preise informieren sollte. Einheimische Zigaretten wie *Jet* oder *Vinataba* sind alles andere als Rachenputzer und halten den Vergleich mit bekannten Marken durchaus stand (15–20.000 d). Filterlose Zigaretten sind schwer zu finden. Tabak zum Selberdrehen (und für die Wasserpfeife) findet man auf allen Märkten.

Feiertage und Öffnungszeiten

Gesetzliche Feiertage

1. Januar	Neujahr
3. Februar	Gründungstag der KPV 1930
Januar/Februar	Tet
April	Gedenktag der Hung-Könige
30. April	Befreiung Saigons 1975
1. Mai	Tag der Arbeit
2. September	Unabhängigkeitserklärung 1945

● Am **Tet-Fest,** das sich nach dem Mondkalender richtet und daher jedes Jahr zu einem anderen Zeitpunkt gefeiert wird (Termine s. Kapitel „Feste – Tet-Termine"), sind drei Tage „offiziell", in der Regel aber dauert es bei vielen Geschäften, Restaurants usf. oft eine Woche und mehr, bis wieder geöffnet wird.
● Der neu eingerichtete **Gedenktag für die legendären Hung-Könige** (s. Kapitel „Geschichte – Am Anfang war ... der Reis") ist am 10. Tag des 3. Mondmonats, d.h. meist im April.
● Fällt ein gesetzlicher Feiertag auf einen Sa/So, dann ist der folgende Arbeitstag frei.
● **Traditionelle Feste** s. Kapitel „Feste"

Öffnungszeiten

● **Banken.** In der Regel Mo bis Fr 8–11.30, 13–16.30 Uhr. Es gibt jedoch, speziell in den Großstädten, Ausnahmen. Zudem verfügen immer mehr Banken über ATMs (Bankomaten). Bargeld lässt sich außerdem in Wechselstuben (meist Juweliere) und Hotels wechseln. US-Dollar in bar werden nahezu überall akzeptiert.
● **Behörden.** Mo bis Fr 7.30–16.30 Uhr. Behörden machen lange Mittag und gewähren am Nachmittag oft nur noch beschränkten Besucherverkehr, sodass die günstigste Besuchszeit zwischen 8 und 11 Uhr liegt.
● **Geschäfte.** Es gibt keine einheitliche Regelung. Viele Geschäfte öffnen gegen 8 Uhr und schließen gegen 20 Uhr. Ausnahmen sind freilich häufig, zahlreiche Geschäfte und Kaufhäuser haben auch am Sonntag offen.
● **Museen.** Von Ausnahmen abgesehen 8–11.30 Uhr, 13.30–16.30 Uhr. Montags ist in der Regel geschlossen.
● **Postämter.** Tgl., auch sonntags, durchgehend geöffnet. Die Hauptpost in Saigon z.B. von 6.30 bis 20, für manche Dienste (Telefon, Fax) auch bis 22 Uhr oder länger.

Frauen allein unterwegs

Alleinreisende Frauen werden viel Spass in Vietnam haben, das ein außergewöhnlich unproblematisch zu bereisendes Land ist. „Tradition und gute Sitten" sehen zwar auch in Vietnam Frauen theoretisch als Menschen zweiter Klasse an, aber sowohl die offene wie die versteckte Diskriminierung sind deutlich weniger ausgeprägt als in den weitaus stärker (oder „reiner") konfuzianisch oder buddhistisch (geschweige denn islamisch) geprägten Nachbarländern. Vietnamesische Frauen sind vergleichsweise selbstbewusst, und vietnamesische Männer von Natur aus keine Machos.

Alleinreisende Frauen geraten von den Zuständen in Vietnam oft geradezu ins Schwärmen – **keine Anmache,** viel Entgegenkommen und Hilfsbereitschaft. Frauen und ganze Familien entwickeln **Beschützerinstinkte,** lästiges Aufreißgehabe ist fast unbekannt, unkompliziert und frei kann man sich als Frau überall bewegen. Um Risiken zu vermindern, sollten Alleinreisende trotzdem auf ein paar Dinge achten: keine enge aufreizende Kleidung, auf eindeutige Angebote schlagfertig und entschieden reagieren, notfalls auch mal Schimpfen (die Sprache spielt dabei keine Rolle, Mimik und Tonfall sind wichtig). In ländlichen Gegenden werden Frauen (von Frauen) gerne angefasst und taxiert, das ist weder respektlos noch böse gemeint, sondern nur Ausdruck großer Neugierde – und kann der Anfang einer großen Freundschaft sein.

Buchtipp

● *Birgit Adam:* **Als Frau allein unterwegs,** Praxis-Reihe, REISE KNOW-HOW Verlag

Geld

Die – mehr oder minder – fest an den US-Dollar gekoppelte Währung ist international zwar nicht viel wert, aber landesweit ein **stabiles** und frei konvertierbares Zahlungsmittel. Sichtbares Zeichen dafür ist, dass man überall im Land in **einheimischer Währung** bezahlen kann, selbst dann, wenn Preise oder Tarife ausdrücklich in US$ ausgewiesen sind. Rein theoretisch machen sich Unternehmen sogar strafbar, die eine Zahlung in Dollars fordern.

Da das staatliche **Bankenwesen** unflexibel und aufgrund der vielen faulen Kredite marode ist – noch immer sind die Banken Geldesel und letzte Retter für verlustbringende Staatsbetriebe, die Millionen von Menschen beschäftigen, die man nicht auf die Straße setzen will – horten viele Einheimische **Gold** statt Devisen. Insider schätzen, dass die privaten Goldreserven Vietnams diejenigen fast aller anderen Länder Asiens übersteigen.

Währung

Die vietnamesische Währung ist der **Dong** (VND, đ). Bis 2004 gab es ausnahmslos Banknoten, seitdem sind im Zuge der Automatisierung auch Münzen im Umlauf. **Münzen:** 200, 500, 1000, 2000, 5000 Dong. **Banknoten:** 500, 1000, 2000, 5000, 10.000, 20.000, 50.000, 100.000, 500.000, 1.000.000 *(mot trieu)* Dong.

Banken

Banken sind in der Regel über Mittag sowie Samstag/Sonntag geschlossen. Speziell in Saigon und Hanoi sowie in einigen Touristenorten findet man allerdings immer häufiger Banken mit großzügigeren Öffnungszeiten, zudem installieren immer mehr Geldhäuser, Hotels und Shopping Centers **ATMs** (Bankomaten), die 24 Stunden am Tag bedient werden können. **Wechselstuben,** die oft in Juwelierläden untergebracht sind, berechnen zuweilen einen (geringfügig) besseren Kurs und sind meist auch an Wochenenden geöffnet. Kurse in **Hotels,** Tourcafés etc. sind normalerweise immer deutlich schlechter.

Die wenigen vorhandenen ausländischen Banken wickeln meist nur Geschäfts-Transaktionen ab, d.h. betreuen die Konten ausländischer Firmen etc. Seit Jahren eine Ausnahme ist die neuseeländische *ANZ-Bank* mit Filialen in Hanoi und Saigon.

Geldwechsel

In größeren Städten und Touristenzentren wechseln insbesondere die Filialen der Außenhandelsbank **Vietcombank** alle Währungen der Region sowie Euro oder Schweizer Franken zu guten Raten, wobei der Wechsel von **Euro** z.T. sogar günstiger kommt als der von Dollar. Auf dem Land bleibt nach wie vor der US-Dollar das einzig verlässliche Tauschmittel. Außerhalb von Saigon und Hanoi sind die Kurse meist geringfügig niedriger als in den beiden Metropolen.

Große Wechselbeträge (50 und 100 $/€) erzielen bessere Kurse als kleine. Unbedingt zu achten ist auf die **Unversehrtheit** der Scheine; die Annahme eingerissener oder bekritzelter Banknoten wird oft verweigert.

Der Rücktausch von Dong in Dollar (oder eine andere Währung) ist möglich, die Kurse z.B. am Flughafen akzeptabel.

Reisekasse

Traveller Cheques

Auf Euro oder US$ ausgestellte Reiseschecks werden problemlos in allen größeren Städten gegen Dong eingetauscht, machen aber nicht mehr allzu viel Sinn. Auf dem Land wird man sie nicht oder nur schwer los, und in Städten gibt es bessere Alternativen.

Wechselkurse

1 €	=	ca. 22.810 Dong
1 SFr	=	ca. 16.313 Dong
1 US$	=	ca. 18.870 Dong
(Stand Juni 2010)		

Aktuelle Tageskurse siehe:
www.oanda.com/convert/classic

Im Falle eines Falles sind Traveller Cheques von *American Express* die beste Lösung, da sie entweder ohne oder mit der geringsten Kommission (0,5–1 %) eingelöst werden. Bei einer Auszahlung in Dollar statt in Dong ist eine Gebühr fällig (1–2 %).

Kreditkarten

Kreditkarten (MasterCard, Visa, mit Abstrichen Amex, Diners gar nicht) sind weit verbreitet, und mit ihnen kann man nicht nur in größeren Hotels, Restaurants, Shops und Reiseagenturen bezahlen, sondern auch Bargeld abheben (bis zu 1000 €). **Nachteilig** sind die hohen Gebühren, die bis zu 4 % betragen können. Vor Einsatz der Karte daher immer sorgfältig prüfen, welche Gebühren anfallen! Für den Auslandseinsatz berechnet die Hausbank gemeinhin 1 %.

EC-Karte (Maestro)

Eine preisgünstige Variante ist die EC-Karte (Maestro), mit der man zwar nicht direkt Zahlungen tätigen, aber an allen Geldautomaten (ATMs) mit dem Logo **Cirrus** Geld ziehen kann. Je nach Hausbank wird eine Gebühr von 1,30–4 € bzw. 4–6 SFr. pro Abhebung berechnet.

Geldautomaten (ATM)

Das Netz der ATMs *(Automatic Teller Machines)* wird ständig dichter, nicht nur in Banken, sondern auch in Hotels, Einkaufszentren, Flughäfen usf. Pro **Transaktion** können 2 Mio. VND (rund 105 $) abgehoben werden, allerdings mehrmals hintereinander (der Maximalbetrag hängt auch davon ab, wie gut bzw. schlecht gefüllt der Automat ist!). Die **Gebühr** beträgt üblicherweise 20.000–40.000 đ. Manche Banken berechnen aber 2–3 %, während die *Eximbank* sogar gebührenfrei ist. (Nicht vergessen: Die ausgebende Bank behält in der Regel 1 % der Summe ein.) **Höhere Beträge** abheben kann man bei einigen Automaten der *Vietcombank* (3,5 Mio; man sieht es ihnen aber leider nicht an) sowie der ausländischen Banken *HSBC* (4,8 Mio.), *Citibank* (8 Mio) und *ANZ* (max. 40 Scheine, je nach Füllung 4–20 Mio.), die aber nur in Saigon und Hanoi vertreten sind.

Bargeld

Im Prinzip ist man mit dem **Euro** besser dran, man wechselt nicht zweimal (was immer mit Verlusten verbunden ist), sondern nur einmal in eine andere Währung um. Auch erzielt der Euro einen besseren Kurs als der Dollar. Faktisch allerdings ist der US-Dollar nach wie vor die einzige ausländische Währung, die selbst in der tiefsten Provinz und zu jeder Stunde des Tages in Dong umgetauscht werden kann bzw. die einheimische Währung notfalls zu ersetzen vermag.

Geldverlust

Im Fall von Geldverlust (oder Geldnot, je nachdem) kann man sich schnell und unkompliziert Geld über **Western Union** nachschicken lassen, selbst online über das eigene Bankkonto – es gibt heute kaum noch eine Provinzstadt, in der dieses Unternehmen nicht bei einer Bank vertreten wäre.

Der per Mail avisierte Absender in Deutschland zahlt bei einer Western-Union-Agentur ein (Auskunft Tel. 0800/1807732), erhält eine Bestätigung mit Kontrollnummer und informiert den Empfänger über Nummer, Zeitpunkt und Summe. Binnen 1 Stunde sollte das Geld da sein, man erhält es unter Vorlage des Passes und nach dem Ausfüllen eines Formblatts *(To Receive Money)*, in dem man Absender und Summe einzutragen hat. Auch bei **Buchungen** über Reiseveranstalter in Vietnam empfiehlt sich diese Zahlungsmethode (statt z.B. über Kreditkarte)!

● www.westernunion.com

Fazit

Am ratsamsten ist eine ausgewogene **Stückelung**, die u.a. aber auch davon abhängig ist, wo und wie man in Vietnam unterwegs zu sein gedenkt (Touristenroute oder Provinz, First-Class-Hotels oder Guesthouses usf.). Erfahrungsgemäß sollte man sich außerdem nicht auf die Werbeversprechungen verlassen, dass Reiseschecks und Kreditkarten innerhalb von Stunden oder Tagen auch am fernsten Ort der Welt ersetzt werden (und das gilt nicht nur für Vietnam).

Beste Wahl ist die Stückelung in **Kreditkarte** (für größere Ausgaben, sofern gebühren-

frei oder zu niedrigen Gebühren), **EC-(Maestro)-Karte** (mit der man allerdings nur Geld abheben, nicht zahlen kann) sowie **Bargeld** (Euro und Dollar).

Im Land sollte man am besten durchgängig – es sei denn, man residiert vornehmlich in Luxushotels – in einheimischer Währung bezahlen.

Kosten und Preise

Vietnam ist eines der kostengünstigsten Reiseländer der Welt – zumindest was low-budget-Reisen betrifft (d.h. in einfachen Hotels wohnen, mit öffentlichen Verkehrsmitteln reisen und auch mal „auf der Straße" essen). Da das natürlich nicht jedermanns Geschmack ist, muss man für höhere Ansprüche höhere Preise in Kauf nehmen. Und wer Luxus will, muss mittlerweile ebenso tief (wenn auch nicht tiefer) in die Tasche greifen wie in den Nachbarländern.

Staatliche, d.h. „von oben" festgesetzte **Ausländerpreise,** lange Jahre ein Ärgernis vieler Reisender, sind inzwischen nahezu abgeschafft. Insbesondere das **Zugfahren** sowie **Inlandsflüge** sind für Ausländer dadurch deutlich attraktiver geworden.

Private bzw. lokale Betreiber – z.B. von Buslinien, Fährbooten, Museen und Sehenswürdigkeiten usf. – erheben zwar nach wie vor inoffizielle „Ausländerpreise", aber das ist letztlich auch in anderen Ländern gang und gäbe, wenn auch vielleicht nicht so offensichtlich. Viele Hotels gewähren Einheimischen von sich aus und ungefragt „Rabatte".

Im **Alltagsleben,** d.h. überall da, wo es keine Festpreise gibt, muss der Fremde einfach „preisbewusst" sein. Generell lässt sich sagen, dass es Preise für Vietnamesen, solche für Ausländer, die über die landesüblichen Preise Bescheid wissen und Grundbegriffe der Sprache und des Handelns beherrschen, sowie Preise für den „gemeinen" Touristen gibt. Dass Ausländer immer etwas mehr bezahlen, ist zu akzeptieren, die Frage ist nur, wie viel mehr. Wer Gespür dafür entwickelt, wird sich in Vietnam nur selten „ausgenommen", als „Geldmaschine" behandelt oder „übers Ohr gehauen" vorkommen müssen.

Die landesüblichen Preise für Waren und Dienstleistungen sind in größeren Hotels sowie Touristenzentren generell höher als im Landesdurchschnitt. Zum Vergleich: Das monatliche Grundgehalt der meisten Vietnamesen liegt bei 40–60 € !

Gesundheit

●Siehe auch die **Reise-Gesundheits-Informationen** für Vietnam vom *Centrum für Reisemedizin* im Anhang.

In Vietnam sterben mehr Menschen durch **Verkehrsunfälle** als durch tropische Krankheiten. Und die überwiegende Zahl der akuten Erkrankungen beruht in erster Linie auf der chronischen Mangel- und Unterernährung und dem notorisch geschwächten Immunsystem vieler Einheimischer speziell auf dem Land.

Das heißt selbstredend nicht, dass man sich keine Sorgen zu machen braucht. Das soll nur die Dinge ins rechte Licht rücken. Angst oder gar Hysterie sind nicht nur fehl am Platz, sondern kontraproduktiv.

Sollte einen trotzdem das Unglück ereilen, krank zu werden, ist man in einheimischen **Kliniken** fürs erste im Allgemeinen nicht schlecht aufgehoben (manche Hospitäler führen sogar eigene Abteilungen nur für Ausländer). In ernsteren Fällen, oder auch nur im Zweifelsfall, sollte man allerdings unbedingt eine der neuen (wenn auch teilweise nicht ganz billigen) Privatkliniken in Saigon oder Hanoi aufsuchen.

Apotheken führen manchmal die erstaunlichsten Sachen in ihrem Sortiment. Aber nicht selten handelt es sich um „Ausschussware" (unsachgemäße Lagerung, überschrittenes Verfallsdatum u.Ä.) oder, weit schlimmer noch, um **Kopien** von Markenprodukten, denen allerdings wichtige Komponenten fehlen oder die überhaupt keinerlei Wirkstoffe enthalten (Placebos).

Medikamente, auf die man dringend angewiesen ist – oder im Notfall sein könnte –, sollte man daher in keinem Fall erst während der Reise erstehen. Auch nicht in Bangkok oder sonstwo in Asien. Gefälschte Medikamente sind in der gesamten Region ein Problem, und Verpackungen und Inhalte so täuschend „echt", dass selbst Fachleute sie nicht auf Anhieb als Fake identifizieren können.

Gesundheits-informationen im Internet
●**www.fit-for-travel.de**
Infoservice des Tropeninstituts München
●**www.tropenmedicus.de**

Buchtipp
●*M. Dürfeld, E. Rickels:* **Selbstdiagnose und Behandlung unterwegs,** Praxis-Reihe, REISE KNOW-HOW Verlag

Impfungen
Vietnam verlangt **keine Impfnachweise** (außer gegen Gelbfieber bei Anreise aus einem Infektionsgebiet). Man sollte sich jedoch unbedingt **vor der Reise** bei einem Tropenarzt oder -institut nach dem aktuellen Stand der Dinge erkundigen. Plötzlich auftretende Epidemien sind jederzeit denkbar und möglich.

Drogen

Opium im 19. und Heroin im 20. Jh. traten ihren „Siegeszug" um die Welt von China und Südostasien aus an – und Vietnam liegt im Schnittpunkt der beiden Kulturen. Als die Truppen Hanois 1975 in den Süden einmarschierten, fanden sie über eine halbe Million Drogensüchtige vor, andere Schätzungen liegen noch weit höher. Obwohl in der einheimischen Presse heute relativ freizügig über Drogen diskutiert wird, liegen nur wenige wirklich zuverlässige Daten vor. Die Drogenszene funktioniert, wenn überhaupt, im Untergrund, eindeutige Angebote auf der Straße oder sonst in der Öffentlichkeit sind selten.

Die bestehenden Gesetze gegen Handel und Konsum von Rauschgiften sind drakonisch (bis hin zur Todesstrafe), sind an Ausländern unseres Wissens bislang aber noch nicht vollstreckt worden. Angesichts der wachsenden Touristenströme sollte man sich aber besser nicht darauf verlassen, dass Vietnam diesen Kurs auch in Zukunft beibehalten wird.

Opium

Die Vietnamesen kannten kein Opium, ehe es die Briten, die mit seinem Export ihre Besitzungen in Indien finanzierten, nach China einführten und es über chinesische Händler und Piraten zu Beginn des 19. Jh. nach Vietnam gelangte. Die wiederholten „allerstrengsten" Edikte der Nguyen-Dynastie gegen den Opiumhandel belegen deutlich, wie verbreitet der Stoff um diese Zeit bereits gewesen sein muss. Die „krankhafte Sucht der Eingeborenen nach dem Gift" wurde von europäischen Experten gerne „physiologisch" gedeutet (wie Alkoholismus bei Indianern oder Kleptomanie bei Zigeunern), und kaum ein kolonialer „Erlebnisbericht" oder populärer Indochinaroman erging sich nicht genüsslich schaudernd in melodramatischen Schilderungen florierender Opiumhöhlen.

Die Fakten sehen anders aus. Waren es doch die Kolonialherren selbst, die in Vietnam ein Staatsmonopol auf Opium errichteten (d.h. als einzige daran verdienten) und schon aus diesem Grund ein reges Interesse daran hatten, Konsum wie Handel nach Kräften zu fördern. Im Indochinakrieg stellte Opium das gängige Zahlungsmittel für die Verbündeten dar, ehe 1954 die neuen Machthaber Südvietnams die Praktiken der ehemaligen Kolonialherren übernahmen und Geheimpolizei und Elitetruppen mit Rauschgifthandel finanzierten.

Spätestens 1965 galt Saigon als Drogenzentrum der Welt, und aus dem vergleichsweise „harmlosen" Opium wurde das mörderische Derivat Heroin. Hauptlieferant der Droge, die sich rasch zu einem ernsten Problem für die Einsatzbereitschaft der US-Truppen entwickelte, war ironischerweise der amerikanische Geheimdienst CIA, der als Finanzier der „antikommunistischen" Meo sowohl in Laos wie in den Bergregionen Thailands und Vietnams gezielt den Anbau von Schlafmohn förderte und mittels seiner Luftlinie Air America auch den Großteil des Vertriebs abwickelte.

256vi Foto: kb

Warnung vor den Folgen
des Drogenkonsums

Doc Holiday oder persönliche Ratschläge der Autoren

Das Reisen ist – wie das Leben insgesamt – ein einziges Risiko. Das ist mehr als nur ein Gemeinplatz. Denn was man im einen meist selbstverständlich beherzigt, vergessen beim Reisen sehr viele. **Vorsicht** – ebenso wie Rücksicht! – ist geboten. **Angst** dagegen schadet (und sei es nur darum, weil sie einem jegliche Freude verdirbt). Es ist geradezu ein ehernes Gesetz unter erfahrenen Reisenden, dass es zuverlässig immer die zuerst trifft, die die größten **Sorgen** um ihr Wohlergehen umtreibt. Anders ausgedrückt: Angst und in der Folge davon *übertriebene* Vorsicht schwächen das Immunsystem. Wobei die Alternative selbstredend nicht Sorglosigkeit ist. Es geht viel mehr um das **rechte Maß.** So wäre es nicht „cool", sondern schlichtweg fahrlässig, sich nicht rechtzeitig und ausreichend über die Gefahren zu informieren und dementsprechend zu handeln. Der erfahrene Reisende ist völlig selbstverständlich gegen **Polio, Tetanus, Tollwut** und **Hepatitis A/B** geimpft, wappnet sich per Prophylaxe oder aber Standby-Präparat gegen **Malaria** und macht sich vor Antritt seiner Reise über aktuelle Risiken, Epidemien etc. in der Region schlau. Aber damit hat es sich dann auch. Viel mehr kann man nicht tun. Wer schon bei jedem kleinen Unwohlsein gleich hysterisch von „Malaria" faselt (tausendfach beobachtet!) und bei jedem Salatblatt oder Eiswürfel in Ohnmacht fällt, macht sich selbst (und allen Mitreisenden) das Leben unnötig schwer.

Neben einer Auffrischung des Impfschutzes gegen **Polio, Tetanus** und **Tollwut** ist vor allem eine Impfung gegen **Hepatitis A und B** (Kombinationspräparat) angeraten. „Vietnam hat ein massives Problem mit Hepatitis B. Große ausländische Hotels z.B. machen vor Anstellung einen medical check, insbesondere bei Küche und Gästekontakt. Weitere Übertragungsmöglichkeiten sind der sexuelle Kontakt, und dies bezieht sich nicht nur auf Prostituierte." (Thomas Obst)

Lediglich bei erhöhtem Risiko – sprich bei längeren Aufenthalten in ländlichen Gebieten, Fahrrad-, Motorradtouren u. dgl. – sowie während der Regenzeit von April bis Okt. sind auch Impfungen gegen **Typhus** sowie **Japanische Encephalitis** angeraten.

Das nämliche gilt nach dem letzten Stand der Dinge auch für die **Malaria.** Ohne erhöhte Risikofaktoren (s.o.) ist auf die Prophylaxe u.U. verzichtbar. In diesem Fall sollte man ein **Standby-Präparat** bei sich führen. Eines von beiden sollte allerdings sein. Mit der Malaria ist nicht zu spaßen.

Malaria

Da die Inkubationszeit relativ lange dauert (mind. 7, oft 12–18 Tage, manchmal aber auch Monate!) und die akuten Symptome leicht mit denen anderer Krankheiten verwechselt werden können (Fieberschübe, grippeähnliche Kopf- und Gelenkschmerzen, Schwindelgefühl, Schüttelfrost, Durchfall), wird Malaria oft falsch oder zu spät diagnostiziert. Sicher kann man Malaria nur durch eine **Blutuntersuchung** nachweisen (die jede halbwegs größere Klinik in Vietnam durchführen kann).

Da die Anophelesmücke, der Überträger der Malaria, vor allem in der Abenddämmerung und im Morgengrauen aktiv ist, sollte man besonders zu diesen Zeiten Vorsicht walten lassen (Mückenschutzmittel, Moskitonetz, helle Kleidung usf.). Wo immer dies möglich ist, sollte man unter Moskitonetzen schlafen.

Verbreitung und Resistenzlage der Erreger gegenüber herkömmlichen Mitteln können in verschiedenen Regionen Südostasiens unterschiedlich sein, sodass unbedingt Informationen über ein Tropeninstitut – notfalls auch übers Internet – einzuholen sind. 99 % aller akut erkrankten Mitteleuropäer haben sich in den vergangenen Jahren in Afrika infiziert.

Das **Standby-Präparat** wird erst bei dringendem Verdacht auf eine Erkrankung eingenommen. Danach ist unverzüglich eine größere Klinik aufzusuchen (am besten in Saigon oder Hanoi) und ein Bluttest durchzuführen.

Als **Mückenschutz** ist von Autan (das im Vietnamkrieg entwickelt wurde!) eher abzuraten. Ein gutes und billiges, in Vietnam erhältliches Mittel, ist **Sofell.**

Hepatitis A und B

Virusinfektion der Leber (Gelbsucht). Die Inkubationszeit liegt bei 2–6 Wochen. Der Virus wird meist über verunreinigte Nahrung und Trinkwasser und besonders häufig über Meeresfrüchte und ungekochte Speisen (Hepatitis A) sowie über direkte wie indirekte Körperkontakte (Geschlechtsverkehr, Tätowierungen, unsterile Spritzen, Bluttransfusionen usf.) aufgenommen. Zumal die Hepatitis B kann zu schweren Dauerschäden führen. Eine Impfung ist dringend angeraten.

Aids

Die ersten Fälle von Aids wurden 1991 bekanntgemacht. Der überwiegende Teil der Infizierten oder Erkrankten (75 %) rekrutiert sich aus dem Drogenmilieu, der Rest ist sexuellen Kontakten zuzuschreiben. Eine akute Ansteckungsgefahr, die von vielen übersehen wird, besteht durch Spritzen und Blutkonserven – sprich bei unerwarteten Arztbesuchen oder Klinikaufenthalten, wie z.B. nach einem Verkehrsunfall o.Ä.

Unser Rat: eigenes Spritzen-Besteck bei sich führen (sterile Einwegspritzen und Kanülen), das man zu jedem Arzt- oder Klinikbesuch mitnimmt. Kondome von zu Hause benutzen bzw. parat halten, einheimische

Marken sind oft Ausschussware und „passen" zudem oft nicht.

Cholera etc.

Weitaus größer als die Gefahr, unterwegs an Cholera, Typhus, Gelbfieber, Pocken o.Ä. zu erkranken (was aber natürlich trotzdem nicht auszuschließen ist, doch Angst und Panik helfen da nicht weiter), ist die Gefahr, sich akute Magen- und Darmverstimmungen, Kopfweh, Fieber, Schnupfen oder Grippe einzuhandeln – sofern dies nicht bloß **Symptome** einer anderen Krankheit sind. Was sich aber nur in einer Klinik feststellen lässt. Daher ist auch Zurückhaltung mit übermäßigem Antibiotika-Einsatz anzuraten. Prinzipiell sollte man bei allen **länger anhaltenden Beschwerden,** auch wenn es nur ein einfacher Durchfall ist, ein Hospital aufsuchen. Fürs Erste hilft eine gute Reise-Apotheke.

Hygiene

„Cook it, boil it, peel it – or forget it." Mit dem Spruch aus britischen Kolonialtagen (19.Jh.) verhält es sich wie mit der Bauernregel fürs Wetter. Zweifellos nie falsch. Aber darum noch nicht in jedem Fall richtig. Sich auf Teufel komm raus zu kasteien und prinzipiell auf alles zu verzichten, was Spaß macht (Eiswürfel im Drink, Salate, Kräuter usf.), kann möglicherweise genauso gefährlich sein wie allzu große Sorglosigkeit. Man muss im Einzelfall abwägen.

Ernsthaft zu warnen ist zumindest vor dem Verzehr von **Speiseeis** in ländlichen Gebieten und überall dort, wo ausreichende Hygiene zweifelhaft erscheint. Oftmals wird durch Hitze oder Stromausfall geschmolzenes Eis einfach von neuem eingefroren, was nicht ausreicht, die Erreger abzutöten.

Klagen und Plagen

„Macht doch bitte den Lesern klar, dass sie immer unter einer Aufnötigung von irgendwelchen Sachen während der Reise konfrontiert werden. Nicht alle, aber doch sehr viele versuchen ihre Sachen mit aggressivsten Mitteln loszuwerden. Ich habe viele kennengelernt, die das erste oder zweite Mal unterwegs waren, und genau die sollten doch ein bisschen aufgeklärt werden. Denen versaut es doch oft die ganze Reise mit dem ewigen Aufgedränge. Jeder kann dann für sich entscheiden, ob er hin fährt oder nicht. Schreibt es einfach, dann kann sich keiner danach beschweren."

(Jürgen Eder)

Wer auch nur einen Moment zögert, oder zuviel Neugierde zeigt, zu verbindlich („freundlich"), oder gar hektisch reagiert, hat schon verloren. In ihm, oder ihr, wittern die Plagegeister leichte Beute. Wenn man entschieden und vor allem ohne Anzuhalten verneint (abwehrende Handbewegung) und dazu ein klares, definitives No! äußert, werden die HändlerInnen sich sofort oder zumindest sehr bald einem geeigneteren Opfer zuwenden.

Im Übrigen machen andere Reisende durchaus entgegengesetzte Erfahrungen, wie nicht wenige völlig andersgeartete Leserbriefe zeigen.

„Gemessen an meinen bisherigen Erfahrungen in Asien möchte ich darauf hinweisen, dass ich erstaunt bin über die geringe Anzahl von Bettlern und die doch durchaus starke Zurückhaltung der Straßenverkäufer. Dies ist hervorzuheben und sollte durchaus im Buch erwähnt werden."

(Nik Polak)

Übertriebene Geschäftstüchtigkeit und „permanente Anmache" sind ohne Frage ein Ärgernis, die man durch sein eigenes Verhalten, bewusst oder unbewusst, aber auch geradezu provozieren – respektive umgekehrt: reduzieren – kann.

„... übernachteten wir im XY Hotel in Hanoi und nutzten den Service für die Besorgung von Bahntickets. Einer der Angestellten kalkulierte 78 $ für zwei Tickets nach Lao Cai, und einschliesslich der Übernachtungskosten von 20 $ streckte ich 100 $ vor. Zwei Stunden später erhielt ich die Fahrkarten mit dem Hinweis, dass diese nur 20 $/Person kosteten, ich bekam also 40 $ in Dong zurück. Am Bahnhof bemerkte ich, dass der wahre Preis weniger als 10 $/Person war. Zurück aus dem Norden erklärte ich dem Hotelmanager diesen Vorgang, den ich auch per Quittung und Ticket zweifelsfrei beweisen konnte. Erst eine ernstgemeinte Drohung kurz vor Mitternacht, die Polizei einzuschalten ..." (Bernhard Roger)

Pardon, aber ein solches Vorgehen lädt zum „Betrug" geradezu ein. Wer Preise und Leistungen nicht hinterfragt, bevor er „selbstbewusst" mit Geldbündeln herumwedelt, darf sich letztenendes nicht wundern. Allein im Umkreis des (uns namentlich bekannten) Hotels hätte es Dutzende (!) Reisebüros gegeben, die den Chronisten in Minutenschnelle und ohne vage „Kalkulation" über alle Details hätten aufklären können.

Man kann es leider nur so formulieren: Allzu viele „Opfer" fordern ihr Schicksal selbst heraus.

Kommunikation

Internet und E-Mail

Die Zahl der Internet-Nutzer in Vietnam liegt bei über 23 Millionen. Wachstumsraten und Software-Piraterie (95 %) werden weltweit allenfalls noch von China übertroffen.

Praktisch **alle** Hotels und Guesthouses gewähren **kostenlosen Internet-Zugang** (bzw. schränken allenfalls die Dauer ein, damit nicht ständig alle Leitungen von IT-Süchtigen blockiert werden). Weit verbreitet sind auch bereits **WiFi**-Verbindungen in Hotels, Cafés, öffentlichen Räumen etc., während das klassische **Internet-Café** hingegen schon beinahe eine aussterbende Spezies ist.

Für **E-Mail** empfehlen sich insbesondere die in Vietnam sehr gebräuchlichen Yahoo und Gmail. Am besten schon zu Hause anmelden, falls man dort keine Online-Server nutzt.

Telefon

Ein relativ dichtes, satellitengestütztes Telefonnetz ermöglicht einen effizienten Selbstwählservice in fast alle Welt. Rein statistisch besitzen 93 von 100 Menschen ein Telefon, aufgerechnet in 18 Mio. Festnetzanschlüsse und 105 Mio. Mobiltelefone.

● **Auslandsgespräche.** Gespräche ins Ausland werden von Hotels (teuer!) oder Postämtern vermittelt (2,10 $/Min.) oder können mittels einer IDD-Telefonkarte von dementsprechend ausgerüsteten Hotels und öffentlichen Telefonzellen aus selbst gewählt werden (IDD = *International Direct Dial*). Tele-

fonkarten für internationale Verbindungen gibt es ab 150.000 đ.

● **171-Vorwahl.** Mit der 171- oder 178-Festnetz-Vorwahl der *Vietnam Telecom* (VNPT) kostet ein Auslandsgespräch lediglich um 1 $ pro Min. (171+0049+ ...)

● **Inlandsgespräche.** Ferngespräche kosten je nach Tageszeit und Entfernung bis 5000 đ pro Min. (Saigon – Hanoi); zwischen 22 und 5 Uhr ist es 20 % billiger. Ortsgespräche kosten bei Postämtern und in Telefonzellen rund 3000 đ pro 3 Min., in vielen Hotels und Guesthouses sind sie gratis.

● **Internet Telefon.** Am günstigsten telefoniert man mit **IT-Telefonkarten;** mit einer *SnetFone Card* für 50.000 đ (ca. 2,60 $) z.B. kann man nach Deutschland auf Festnetz für 500 đ pro Min., auf Handy für 9000 đ pro Min. telefonieren. (Das Personal in Internet-Cafés wird in der Regel behilflich sein.) Praktisch und kostenlos sind **Skype**- bzw. **Yahoo**-Accounts, mit denen man über Headphone PC-to-PC zu bester Qualität telefonieren kann; über *Skypeout* kann man auch auf Festnetz weltweit anrufen, nach Deutschland für etwa 2 Cent/Min.

Handy

Mehrere Netzbetreiber, die größten sind *Vinaphone*, *Mobifone* und *Viettel*, betreuen derzeit über 30 Mio. Kunden. Mit einer deutschen **SIM-Karte** telefonieren kann man mit allen Vertragskarten, (D1, D2, E-plus, Vodafone etc.); den aktuellen Stand erfährt man auf den Homepages der Netzbetreiber/Provider.

Nicht zu vergessen sind die **passiven Kosten,** wenn man von zu Hause angerufen wird (Mailbox abstellen!). Der Anrufer zahlt nur die Gebühr ins heimische Mobilnetz, die Rufweiterleitung ins Ausland zahlt der Empfänger. Preiswerter ist es, sich von vornherein auf **SMS** zu beschränken (s.u.).

Eine andere Möglichkeit ist die Nutzung einer vietnamesischen SimCard (s.u.), sofern das Handy kein Sim-lock besitzt.

● **Mit deutscher Karte.** Über das vietnamesische Netz nach Deutschland telefonieren kostet zwischen 1,50 und 4 €/Min., der Versand von SMS um 0,50 €/Min. Empfang von SMS aus Deutschland ist gratis. **(Tipp:** per SMS zum Chat im Internet verabreden – günstig und flexibel.)
● **Mit vietnamesischer Karte.** Kombikarten (SIM + 200.000 đ Gesprächsguthaben) kosten 350.000 đ; das Guthaben kann jederzeit um 50- bis 500.000 đ erneuert werden. Mit der vietnamesischen Karte kann man für rund 80 Cent nach Deutschland telefonieren – für die Kommunikation innerhalb Vietnams allemal die beste Lösung.
  www.vinaphone.com.vn
  www.mobifone.com.vn/web/en
  www.viettel.com.vn
● **Mieten** kann man Mobilphones in Hanoi unter Tel. 8218465, in Saigon unter Tel. 8242382.

Fax

Für eine Faxseite von Vietnam nach Deutschland sind rund 3 $ fällig – kein Wunder, dass diese Technologie im Aussterben begriffen ist, obwohl praktisch alle Hotels, Reisebüros, Institutionen usf. über Faxanschluss verfügen.

● **Nach Vietnam.** Landesvorwahl **0084,** dann Ortskennziffer (ohne Null), dann Teilnehmernummer. Am günstigsten über Call-by-Call-Angebote, siehe z.B. www.billiger-telefonieren.de.
● **Von Vietnam.** Landesvorwahl **0049** (für Dtld.), dann Ortskennziffer (ohne Null), dann Teilnehmernummer.
  Am günstigsten über 171 oder 1717 (1,40 $/ Min.).

Faxe können u.a. auf jedem Postamt aufgegeben werden.

Post

Auslandspost ist vergleichsweise teuer, ein Luftpostbrief nach Deutschland kostet 12-, eine Postkarte 8000 đ. Überseepost ist in der Regel 5–7 Tage unterwegs. Wenn man entsprechende Briefmarken dabei hat, kann man seine Post Reisenden mitgeben, die gerade nach Hause fliegen.

Ein **Luftpost-Paket** (1 kg) kostet rund 25 $ (500 g 20 $), **Surface Mail** (per Schiff) rund 18 $ (+ 1,50 $ für jedes weitere kg), dauert allerdings 3–4 Monate. Viele Shops bieten inzwischen Paketdienste nach Übersee an. In Saigon und Hanoi findet man Expressbüros von DHL und anderen Anbietern.

Die wichtigsten Vorwahlnummern

Hanoi	04
Hoi An	0510
Hue	054
Nha Trang	058
Phan Thiet	062
Saigon	08

Alle Nummern zu jedem Ort in den *Praktischen Informationen.*

Nützliche Telefonnummern

113	**Polizei**
114	**Feuer**
115	**Ambulanz**
110	**International Operator**
117	**Zeitansage**

Medien

Es gibt rund 60 Radio- und TV-Stationen, über 600 Tageszeitungen und Magazine und über ein Dutzend Internet Provider.

Radio und TV

Fast alle Hotels und Guesthouses, zumindest in den Zentren entlang der Küste, zunehmend aber auch Cafés, Bars etc., verfügen über Kabel- oder Satellitenfernsehen mit ausländischen Sendern wie CNN, BBC etc.

Die **Deutsche Welle** (DW-TV) ist täglich 16 Stunden auf DDW-TV Asia und 6 Stunden auf dem neuen Kanal DDW-TV Asia+ mit Nachrichten zu Politik, Wirtschaft und Kultur aus Europa zu empfangen.

Printmedien

Ausländische Zeitungen und Zeitschriften sind praktisch nur in Saigon und Hanoi erhältlich. Auch dort ist die Auswahl allerdings sehr gering (und vergleichsweise teuer).

Die Tageszeitung **Vietnam News** druckt Nachrichten aus Vietnam und aller Welt, dazu den Wetterbericht und Montags sogar die Bundesligaergebnisse (32 Seiten, 5000 đ). Die **Vietnam Investment Review** erscheint wöchentlich und enthält außer Artikeln über Vietnam nützliche Adressen, Anzeigen und Veranstaltungskalender, insbesondere im beigelegten *Time Out*-Magazin.

Eine Fülle an Informationen, Adressen und Tipps zu Hotels, Restaurants, Bars, Sport, Shopping usf. bietet die monatlich erscheinende *Vietnam Economic Times* mit ihrer 62seitigen Beilage **The Guide** (30.000 đ), der in vielen Hotels, Restaurants etc. gratis ausliegt. Nicht ganz so verbreitet, aber nicht minder informativ ist der ebenfalls monatlich erscheinende **Vietnam Pathfinder** (96 Seiten).

Nachtleben

Vietnam geht im Allgemeinen eher früh zu Bett. Selbst in größeren Städten schließen die meisten Restaurants, Cafés und Karaoke-Bars spätestens um 23 Uhr, im übrigen Land wird um diese Zeit schon meist tief geschlafen. Lediglich in Saigon, Hanoi und Touristenzentren haben Lokale, Bars und Diskotheken auch noch nach Mitternacht geöffnet und bei Bedarf bis zum frühen Morgen.

Karaoke. Selbst in den abgelegensten Winkeln des Landes springt einem das magische Wort entgegen. Das im Prinzip freilich nichts anderes bedeutet – typisch japanisch eben –, als dass einem etwas vorgemacht wird, was alle anderen nachmachen müssen. Und worüber sich dann alle krank lachen. Merke: Spaß an Karaoke hat man nur in guter (nein: in bester!) Gesellschaft. (Oder total besoffen.) Und dann zur Not auch in der kleinsten Hütte. Denn der neue avancierte *digitale* Spaß ist keineswegs ganz billig (bessere Etablissements berechnen, pro Gruppe, leicht 10–30 $ die Stunde). Speziell in der Provinz dienen Karaoke-Schuppen

315wi Foto: kb

einschlägige Gewerbe nahezu **unsichtbar** ist und es weder GoGo-Bars, Love-Hotels, Rotlichtbezirke oder etwas ähnliches gibt. Auch ist es Hotels z.B. unter Androhung hoher Geldstrafen oder gar von Lizenzentzug strikt untersagt, Ausländer und Einheimische (es sei denn sie weisen die Ehe nach) in gemeinsame Zimmer einzuquartieren, einschlägige Gesetze sehen sogar vor, nicht nur Anbieterinnen, sondern auch Freier (mit Geldbußen bis zu 400 €) zu bestrafen. Extrem streng geahndet wird auch der sexuelle Missbrauch von Kindern. Zahlreiche in Vietnam lebende Expats zieht es übers Wochenende daher nach Phnom Penh, Bangkok oder Vientiane.

Auf der anderen Seite geben selbst offizielle Statistiken der Regierung mehr als 100.000 professionelle Liebesdienerinnen im Lande zu. Auch wenn nach außen hin der Anschein gewahrt bleibt, blüht das Gewerbe. Zahlreiche Hotels verfügen über **Massagesalons** und **Karaoke-Bars,** in denen „hinter dem Vorhang" auch andere Dienste angeboten werden, viele Friseurläden und Schmuddelhotels fungieren als regelrechte Bordelle (in denen ausländische Besucher allerdings unerwünscht sind). Einer der zahlreichen Namen für Prostituierte lautet im Übrigen *Bia Om*, „Bier umarmen", und kennzeichnet damit die Nebentätigkeit vieler Bedienungen in Kaffeehäusern, Karaoke-Bars usf.

überdies unweigerlich auch als rege Bordelle mit eigenem „Zimmerservice".

Prostitution

Zunehmende Berichte ausländischer Journale und TV-Sender Anfang der 1990er Jahre, westliche (und fernöstliche) Sextouristen seien dabei, nach Thailand auch Vietnam zu „erobern", ließen die Behörden reagieren und in der Folge aufs Schärfste gegen das sog. „soziale Übel" vorgehen. Wenn auch freilich nur was die Außendarstellung, das öffentliche Erscheinungsbild betrifft. Die überwiegende Mehrzahl der ausländischen Reisenden wird Vietnam heute für ein praktisch **„prostitutionsfreies" Land** halten, da das

Notfälle

Verlust von „Plastikkarten"

Bei Verlust oder Diebstahl der Karte sollte man diese umgehend sperren lassen. Für deutsche Maestro-(EC-) und Kreditkarten gibt es die einheitliche **Sperrnummer 0049 116116.** Privatbanken und Postbank haben eigene Hotlines (www.kartensicherheit.de). Für österreicherische und schweizerische Karten gelten:

- **Maestro-(EC),** (A)-Tel. 0043/1-2048800; (CH)-Tel. 0041/44-2712230, UBS: 0041/800-888601, Credit Suisse: 0041/800-800488.
- **MasterCard/VISA,** (A)-Tel. 0043/1-71701 4500 (MasterCard) bzw. Tel. 0043/1-7111 1770 (VISA); (CH)-Tel. 0041/58-9588383.
- **American Express,** (A)-Tel. 0049/69-9797 1000; (CH)-Tel. 0041/44-6596333.

Verlust von Reiseschecks

Wenn man den Kaufbeleg mit den Seriennummern der Reiseschecks sowie den Polizeibericht vorlegen kann, wird der Geldbetrag von einer größeren Bank vor Ort (theoretisch) binnen 24 Stunden zurückerstattet. Also muss der Verlust oder Diebstahl umgehend bei der örtlichen Polizei wie bei der entsprechenden Scheckfirma gemeldet werden (die Rufnummer steht auf der Notrufkarte, die mit den Reiseschecks ausgehändigt wird).

Ausweisverlust / dringender Notfall

Wird der Reisepass gestohlen, muss man dies bei der örtlichen Polizei melden. Außerdem sollte man sich an die Auslandsvertretung seines Landes wenden, damit man einen Ersatz-Reiseausweis ausgestellt bekommt (ohne kommt man nicht an Bord eines Flugzeuges!).

Auch in **dringenden Notfällen,** z.B. medizinischer oder rechtlicher Art, Vermisstensuche, Hilfe bei Todesfällen, Häftlingsbetreuung o.Ä. sind die Auslandsvertretungen bemüht zu helfen.

Deutschland
- **Hanoi:** Botschaft, 29 Tran Phu, Tel. 04/38453836 oder 38453837
- **Saigon:** Generalkonsulat, 126 Nguyen Dinh Chieu, Tel. 08/38291967

Österreich
- **Hanoi:** Botschaft, 53 Quang Trung, Tel. 04/39433050

Schweiz
- **Hanoi:** Botschaft, 44B Ly Thuong Kiet, 15. Stock, Tel. 04/39346589
- **Saigon:** Generalkonsulat, 124 Dien Bien Phu, Tel. 08/38205402.

Orientierung und Routenplanung

Die generelle **Nord-Süd-Ausrichtung** macht Entscheidungen bezüglich der Reiseroute leicht.

Die meisten Vietnamreisenden folgen der Route von Süd nach Nord – oder Nord nach Süd – entlang der **Achse Saigon – Hanoi** und legen ein- oder mehrtägige Stops in **Da Lat** und/oder **Mui Ne, Nha Trang, Hoi An** (Da Nang) und **Hue** ein.

Von Saigon aus bieten sich Exkursionen ins **Mekong-Delta** und zur Insel **Phu Quoc** an. Und von Hanoi aus in die Berge – **Sa Pa** – und/oder ans Meer – **Cat Ba** und **Ha Long-Bucht.**

Praktische Tipps A–Z

Die oben beschriebene Route ist dank ihrer „Geradlinigkeit" extrem leicht und bequem zu bereisen und hat für jeden Erstbesucher **Vorteile,** die auf der Hand liegen. Er sieht viel auf einmal – den Norden, den Süden, die Mitte, die meisten großen Städte, die wichtigsten Kulturdenkmäler, das Meer, die Berge. Er hat die Wahl zwischen den unterschiedlichsten Transportmitteln und einer großen Palette an Unterkunfts- und Verpflegungsmöglichkeiten aller Art. Und er kann sich täglich unter seinesgleichen bewegen, wenn ihm danach zumute ist.

Ob man auf diese Weise das wahre Vietnam – und vor allem: die „wahren" Vietnamesen – wird entdecken können, sei dahingestellt. Zeit und Glück gehören sowieso immer dazu. Andererseits ist es mit dem Abenteuer wie mit der Liebe – Patentrezepte gibt es nicht! Wer unterwegs schon einmal, wir zitieren einen Leserbrief, in einem sogenannten „gottverlassenen Nest" gestrandet ist und dort „die beste Zeit seines Lebens" erlebt hat, kann vielleicht nachvollziehen, wovon wir reden.

Alle großen Städte und Touristenzentren zwischen Hanoi und Saigon (mit Ausnahme von Da Lat) liegen entlang der 1730 km langen **Eisenbahntrasse.** Parallel zu ihr verläuft die **Nationalstraße 1,** die sich per Mietwagen, Tourbus, öffentlichem Bus, Motorrad, Fahrrad und notfalls sogar per Anhalter bewältigen lässt.

Größere Flughäfen liegen in Cam Ranh/Nha Trang, Da Nang und Hue sowie in Vinh, Quang Ngai und Tuy Hoa.

Mit dem **Flugzeug** benötigt man von Saigon nach Da Nang und von Da Nang nach Hanoi je 1.15 Std. (62 $).

Mit dem **Zug** legt man die beiden Strecken in jeweils 15 bis 20 Stunden zurück (ab 28 $).

Mit dem **Bus** (Open-Tour) benötigt man etwa 20 Std. pro Etappe (um 13 $).

Saigon oder Hanoi?

Rein logistisch spielt das keine Rolle. Weniger erfahrenen Reisenden und Asienunkundigen würden wir zwar den etwas „sanfteren" Einstieg über die kosmopolitischere und weltoffenere Südmetropole Saigon ans Herz legen. Letztlich sollten aber eher Kriterien wie **Reisezeit** (siehe dort sowie *Land und Leute, Klima*) und individuelle **Vorlieben** den Ausschlag geben.

Wenn im Norden kühles Nieselwetter herrscht (wie gerne im Januar, Februar), macht es mehr Spaß, von Hanoi aus in den warmen, sonnigen Süden durchzustarten. Wenn Saigon in der Hitze brütet (April, Mai) oder in Schauern versinkt (Oktober, November), kann das angenehm temperierte, trockene Hanoi die wahre Erholung sein. Bei all dem hat man freilich noch nicht die Rechnung mit dem **Zentrum** gemacht. Insbesondere im Oktober, November wird die Region gerne von tropischen Regenfällen heimgesucht, die Hue, Da Nang und Hoi An tagelang unter Wasser setzen und den gesamten Verkehr (auch Flugverkehr!) lahm legen können. Zudem haben Zahl und Stärke der dort auftretenden

Taifune durch den globalen Klimawandel in den letzten Jahren deutlich zugenommen.

Kurz und gut: Einigermaßen zuverlässig lässt sich das Klima immer nur für einzelne Regionen vorherbestimmen. Und seit dem globalen Klimawandel auch dies nur mehr bedingt.

Die Mehrzahl der Reisenden startet vom Süden aus. International wie regional gibt es mehr Flüge nach Saigon, und viele Reisende besuchen auch Thailand, Laos und/oder Kambodscha. Die „antizyklische" Route von Nord nach Süd ist daher, zumal während der Hauptreisezeit zwischen November und März, deutlich weniger überlaufen. Was Vor- wie Nachteile hat. Einerseits trifft man unterwegs weniger häufig immer die gleichen Leute, andererseits kann aber genau das Spaß machen. Wenn man Glück hat, sind Hotels, Züge, Busse usf. weniger voll oder gar überfüllt; Open-Tour-Busse von Nord nach Süd sind außerdem um ein paar Dollar billiger. Hat man Pech, kommt man um Sekundenbruchteile zu spät in einen Ort, in den gerade mehrere Busladungen aus dem Süden eingefallen sind und hat u.U. Mühe, noch ein anständiges Zimmer oder überhaupt ein geeignetes Quartier zu finden.

Hanoi

Von Hanoi ist man in nur wenigen Stunden am **Meer** (Weltkulturerbe **Ha Long-Bucht, Cat Ba** mit seinem Nationalpark), in den **Bergen** (*Mai Chau*, Nationalpark *Cuc Phuong*) und

bei den schönsten Pagoden Vietnams (*Chua Huong, Chua Thay, Chua Tay Phuong, Hoa Lu, Chua But Thap* etc). Zwei- oder Mehrtagesausflüge führen in die faszinierende Bergwelt von **Sa Pa** und **Bac Ha** mit ihren bunten Minoritätenmärkten.

Da Nang, Hoi An und Hue

Wenn die Werbung von *Ancient Da Nang* spricht, meint sie nicht die Stadt selbst, sondern die 30 km südlich gelegene alte Hafenstadt **Hoi An,** ebenso Weltkulturerbe wie das nahe Cham-Heiligtum **My Son** und die „alte" Kaiserstadt **Hue** (19. Jh.) nördlich des Wolkenpasses (100 km).

Zwischen Da Nang und Hoi An erstrecken sich Marmorberge, Reisfelder, Lagunen und der **China Beach.**

Nha Trang

Die Küstenstadt auf halbem Weg zwischen Hoi An/Da Nang und Saigon wird in erster Linie wegen ihrer langen **Strände** und vorgelagerten **Inseln** besucht.

Saigon

Von Saigon ist man in wenigen Stunden am **Meer** (*Vung Tau, Mui Ne, Phu Quoc*), in den **Bergen** (*Da Lat, Nationalpark Cat Tien*) und im **Mekong-Delta** (*Can Tho, Chau Doc* usf.).

Tagesausflüge lohnen sich zu den „Vietcong"-Tunneln von **Cu Chi** und dem Tempel der Cao-Dai-Sekte in **Tay Ninh.**

Reisen bis 14 Tage

Vietnam ist etwa so groß wie Deutschland, erstreckt sich aber fast doppelt so lang von Nord nach Süd (über 2000 km). Angesichts der teilweise immer noch mangelhaften (jedenfalls aber nicht annähernd vergleichbaren) Infrastruktur sowie organisatorischer Unwägbarkeiten und möglicher jahreszeitlich bedingter Störungen (Taifune, Überschwemmungen etc., speziell im Zentrum), sollte man sich kein Pensum vornehmen, das sich angesichts der Verhältnisse dann als zu groß erweist.

Reisende aus dem Süden bleiben fast immer länger als geplant an den **Stränden** (Mui Ne, Phu Quoc) und in **Hoi An,** sodass sie zum Schluss keine Zeit mehr für den Norden haben. Umgekehrt sind die meisten derart fasziniert von Hanoi (und Ha Long, Sa Pa etc.), dass sie den Süden nur mehr im Schnelldurchgang absolvieren.

Merke: Ein dreidimensionaler Readers bzw. *Visitors Digest* von ganz Vietnam ist weniger wert, als wenn man einige wenige Regionen in Ruhe und mit Muße erforschen und unter Umständen einheimische Freunde und Bekannte gewinnen kann.

Sondergenehmigungen

Das „sozialistische" Vietnam gewährt seit dem Entfall der bis dahin obligatorischen Reisegenehmigungen im April 1993 einen freizügigeren Zugang zu seinem Land als die meisten sogenannten „demokratischen" Staaten der Region. Lediglich der Besuch einiger Grenzgebiete zu Kambodscha und Laos, vor allem aber zu China, kann noch heute eine Genehmigung der zuständigen Behörden erfordern. Zur jeweils aktuellen Situation – insbesondere auch für die Übernachtung bei Einheimischen – erkundige man sich am besten direkt vor Ort.

Highlights

Im Norden

ℓ **Hanoi.** Ockergelbe Kolonialfassaden, immergrüne Alleen, Seen, in denen sich Wolken, Pagoden und Drachen spiegeln, und die chaotischste und charmanteste Altstadt, die man sich nur vorstellen kann – Hanoi verzaubert in jedem Licht. Tradition und Stolz, Bürokratie und progressive Künste, Engstirnigkeit und Offenherzigkeit leben hier so eng beieinander wie seine Bewohner. Unzweifelhaft eine der schönsten Städte Asiens. (Selbst ein großes US-Magazin! wählte Hanoi 2003 zur attraktivsten Stadt Asiens hinter Bangkok, aber noch vor Hongkong und Kyoto.)

ℓ **Ha Long-Bucht.** Kalksteindelirium im Südchinesischen Ozean. 3000 bizarre, steil aus dem Meer emporragende Felsinseln, durchzogen von Höhlen und verwunschenen Grotten. Barockes Naturtheater aus versteinerten Drachen und Mythen des Meeres, 1994 von der UNESCO zum Weltnaturerbe ernannt. Eine Passage mit dem Boot – oder noch besser einer Dschunke – durch die Bucht zählt zu den Höhepunkten Vietnams. 160 km östlich von Hanoi. Per Boot von Ha

Praktische Tipps A–Z

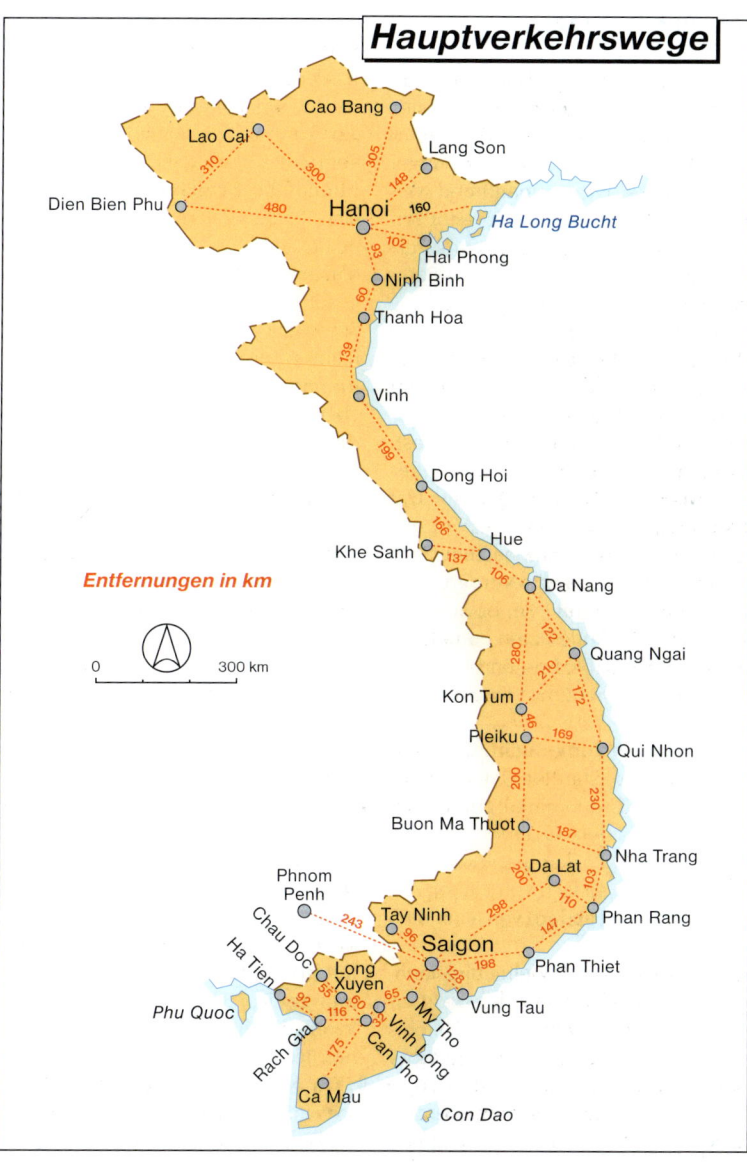

Hauptverkehrswege

Cao Bang

Lao Cai

Lang Son

Dien Bien Phu

310 · 300 · 305 · 148

480

Hanoi 160

Ha Long Bucht

102

Hai Phong

93

Ninh Binh

60

Thanh Hoa

139

Vinh

199

Dong Hoi

166

Khe Sanh 137 Hue

106 Da Nang

122

280 210 172 Quang Ngai

Kon Tum

46

Pleiku 169 Qui Nhon

200

230

Buon Ma Thuot 187

Da Lat Nha Trang

Entfernungen in km

0   300 km

200 103

Phnom Penh

243 Tay Ninh 298 110 Phan Rang

Chau Doc 96 Saigon 147

Ha Tien 70 198 Phan Thiet

Long Xuyen 65 128

92 95 60 My Tho Vung Tau

Phu Quoc 116 Vinh Long

Rach Gia 175 Can Tho

Ca Mau *Con Dao*

Long City, Haiphong und Cat Ba erreichbar.

Cat Ba. Die größte Insel des Nordens, nur wenige Seemeilen von der Ha Long-Bucht entfernt. Das Panorama der Bucht, dazu grüner Dschungel (sehenswerter Nationalpark) und weiße Strände – wer würde da nicht reif für die Insel? Außerdem: kaum Verkehr, schöne Natur – (noch!) ein Paradies für Mountain- wie Moto-Biker.

Haiphong. Größter Hafen und drittgrößte Stadt Vietnams – die dürre Statistik wird Haiphong nicht gerecht. Charmant-französischer Kern und vietnamesische Provinzialität at its best. 100 km östlich von Hanoi (Zug oder Bus). Idealer Ausgangspunkt für Cat Ba und die Ha Long-Bucht.

Bai Tu Long. Die „Fortsetzung" der Ha Long-Bucht gen Norden, mit größeren und teilweise bewohnten Inseln mit wunderbaren Stränden. Noch kaum erschlossen und besucht. Zeit und Abenteuerlust sind Voraussetzung.

Trockene Ha Long-Bucht. Ha Long-Bucht in Grün (statt Blau). Imposante Kalkstein-Kulisse inmitten grüner, mit Pagoden, Grotten, Gräbern, Kirchen, Deichen und Kanälen gespickter Reisfelder. 100 km südlich von Hanoi. Am schönsten (per Fahrrad) von Ninh Binh aus zu erkunden.

Sa Pa. Alpine Hochgebirgslandschaft, bunter Ethnienzirkus und permanentes Markttreiben – wo nichts verkauft wird, wird gebaut – in einer alten französischen Sommerfrische (1600 m) zu Füßen des höchsten, im Winter oft schneebedeckten Berges Vietnams, dem Phan Si Pan (3143 m). Trekking mit Augenschmaus und Homestay bei Hmong, Tay oder Dao 330 km nordwestlich von Hanoi. Mit dem Zug bis Lao Cai.

Rundfahrt Bergland. 3000 km durch eine Region, die noch bis 1994 als eine der unberührtesten und unerreichbarsten der Welt galt. Selbst die hartgesottensten Jäger nach verlorenen Schätzen sind sich einig, dass Nordvietnams ethnische Minoritäten ihre Kultur und Tradition weitaus „ursprünglicher" bewahrt haben als die aller anderen Länder Ost- und Südostasiens. Die Fahrt mit einem Geländewagen dauert – ohne größere Abstecher oder Aufenthalte – mindestens 1 Woche.

Im Zentrum

Phong Nga. Das längste unterirdische Fluss-System der Welt. Höhlen und Grotten und Wunder noch und noch, 2003 von der UNESCO als Weltnaturerbe anerkannt. 540 km südlich von Hanoi. 215 km nördlich von Hue.

Hue. Von wegen „Alte Kaiserstadt", gerade mal 19. Jh.! Und doch voller Flair und Zauber. Eher idyllisch-anachronistisches Wolkenkuckucksheim als auftrumpfende „Majestät" (was andere freilich vermissen). Magical Mystery Tour und ein kräftiger Schuss stimmungsvoller Nostalgie am Fluss der Wohlgerüche. 660 km südl. von Hanoi. 100 km nördl. von Da Nang.

Da Nang. Brodelndes Mini-Saigon mit internationalem Flughafen und dem berühmten China Beach, an der einst die GIs Beachboys spielten. Surferwellen vor Marmorbergen, sehr dekorativ. 760 km südlich von Hanoi. 970 km nördlich von Saigon.

Hoi An. Geschichte, Architektur und die Aura der Vergangenheit: ein Weiler als Gesamtkunstwerk. Tempel, Handelshäuser und Pagoden, die wie vor Hunderten von Jahren Fremde aus aller Welt anziehen. Positiv: gute Stimmung. Negativ: Boutiquenhort auf dem Weg zum Freiluftmuseum und Shoppingparadies. Nur 5 km entfernt die Strände von Cua Dai und An Bang, eine gelungene Kombination aus Flusslandschaft, Lagunen, Reisfeldern und Meer. 30 km südlich von Da Nang.

My Son. Beinahe im Dschungel versunkenes Shiva-Heiligtum der hinduistischen Cham, die einst den gesamten Süden Vietnams beherrschten. Anfang des 20. Jh.s von französischen Archäologen wieder entdeckt, 50 Jahre später als Free Fire Zone von der US-Air Force nahezu ausradiert. 1998 zum Weltkulturerbe erklärt. 45 km südwestlich von Hoi An.

Nha Trang. Das „Nizza" Vietnams. Kilometerlange Strandpromenade mit Dutzenden Cafés und Restaurants unter Palmen und roten Flamboyants. Hotels von Wellness-Luxusresorts bis Backpackerparadiesen. Was Strände, Inseln und Schnorchelriffe für die einen, sind Cham-Türme und malerische Fischerszenen für die anderen, und an der lebhaften Promenade trifft man sich wieder bei einer geeisten Kokosnuss. 450 km nördlich von Saigon.

Zentrales Hochland. Die Bergvölker des *Tay Nguyen* wirken – nicht zuletzt dank französischer und amerikanischer Missionierung – auf Anhieb deutlich weniger „pittoresk" als die des Nordens. Dafür sind ihre Sitten und Gebräuche (Langhäuser, Gong-Festivals, Friedhöfe mit „polynesischen" Holzskulpturen) eher noch spektakulärer und steckt der Tourismus in der Region noch in den Kinderschuhen. Für Pioniere und Fortgeschrittene.

Im Süden

Saigon. Quirlig, wuselig, leichtlebig und kosmopolitisch – ein bisschen Texas, eine tüchtige Prise Südfrankreich, sehr viel Südostasien und ein erster Hauch von Singapur. Trotz seiner 7 Mio. Einwohner *(Ho Chi Minh City*, nicht Saigon allein!) angenehm überschaubar, da im Gegensatz zu anderen südostasiatischen Metropolen über ein gewachsenes „historisches" (d.h. französisches) Zentrum verfügend.

Cu Chi. Ebenso geniales wie gespenstisches Tunnelsystem des „Vietcong" vor den Toren Saigons. Surrealistisch wie Truppenbetreuer Bob Hope, der im Dschungel-Basiscamp „White Christmas" knödelt, während nur wenige Meter unter ihm der Feind seine Feste feiert. Halb Freiluftmuseum, halb Zirkus, aber unbedingt sehenswert. 55 km westlich von Saigon.

Mui Ne *(Phan Thiet)*. Schwarze Felsen, weißer Strand, rote Sanddünen, grüne Kokospalmen und türkisfarbenes Meer – eine einzige Drehung des Kopfes und man reist von der Karibik in die Sahara. Nicht nur einer der schönsten, sondern auch besterschlossenen Strände Vietnams. 200 km nordöstlich von Saigon.

Da Lat. In Stuck, Stein, Mörtel und Fachwerk geronnener Traum heimwehkranker Franzosen inmitten von Bergen, Pinienwäldern und Seen. Für die hitzegeplagten Kolonisten ein heimeliges Stück „Europa", für die Vietnamesen von heute ein Stück „Natur", das sie sonst nicht kennen und darum innig und manchmal bis zur totalen Verkitschung lieben. 300 km nordöstlich von Saigon.

Mekong-Delta. Faszinierendes Kaleidoskop aus Flüssen, Sümpfen, Kanälen, Reisfeldern, Palmenhainen, Obstplantagen, Märkten und Schwimmenden Dörfern. Vietnam, Kambodscha und eine tüchtige Brise Indien über den „neun Drachen" (Mündungsarmen) des längsten Flusses Südostasiens. Am schönsten mit dem Boot zu erkunden. Größte Stadt: Can Tho. Am atmosphärischsten: Sa Dec, Chau Doc (Bootsverbindung mit Phnom Penh und Siem Reap).

Phu Quoc. Immer mehr Menschen wünschen sich dahin, „wo der Pfeffer wächst". Phu Quoc ist Vietnams größte Insel, im Golf von Siam. So weit das Auge reicht Strand, Palmen, Pfeffer, Meer. Im Innern Regenwälder. Dank einer stetig wachsenden Zahl von Bungalows und Resorts schon längst nicht mehr nur ein Tipp für abenteuerlustige Robinsons. 370 km südwestlich von Saigon. 1 Std. Flug oder per Boot ab Rach Gia.

Strände

Wer privat Strandurlaub machen will, sollte nach **Phu Quoc** gehen. Für Atlantik-Fans allerdings womöglich ein zu stilles Wasser. Für die empfiehlt sich das Kiter-Paradies **Mui Ne**.

Wer pauschal 1–2 Wochen Strandurlaub machen will, sollte nach **Mui Ne** gehen. Da sind die meisten Touristen, und da ist – in jeder Hinsicht – am meisten los.

Höheren Standard – und in den jeweiligen Orten jede Menge preisgünstiger Unterkünfte – gibt es an den Stränden von **Hoi An** und **Nha Trang**. Dort kann es im Winter allerdings ungemütlich sein.

Ansonsten – von einigen wenigen Ausnahmen abgesehen – ist Strandurlaub in Vietnam eigentlich nur tageweise zu empfehlen.

Vietnam hat fast ebenso schöne Strände wie das Karibikparadies Cuba, verfolgt aber eine grundsätzlich andere Strategie. Während der einstige „Bruderstaat" dirigistisch auf gigantische Beachresorts und ausländische Pauschaltouristen setzt, die all inclusive 14 Tage vor sich hin brutzeln, vom Land aber nichts mitbekommen, überlassen die Vietnamesen den Strandtourismus vornehmlich privaten Initiativen, schützen ihre Refugien damit vor dem Zugriff globaler Konzerne und kurbeln auch die inländische Nachfrage an. (Trotzdem hat Vietnam höhere Touristenzahlen aufzuweisen als Cuba.)

Die **traditionellen Strandbäder** der Kolonisten und ihrer realsozialistischen Nachfolger wie *Vung Tau, Long Hai, Do Son, Sam Son* usf. sind denn auch vergleichsweise wenig interessant. Rimini auf vietnamesisch, d.h. Hölle und Fegefeuer (im Sommer und an heißen Wochenenden) oder tote Hose. Sand und Wasser nach dem Ansturm verdreckt. Karaoke und Bausünden noch und noch.

Einzige Ausnahme ist **Nha Trang.** Das von den Franzosen mit einer kilometerlangen, palmenbestandenen Promenade angelegte „Nizza" Südostasiens ist noch heute einer der schönsten Stadtstrände Asiens.

Gänzlich anders entwickelten sich **Mui Ne** und **Phu Quoc.** Bis 1995 noch gottverlassene Wüsteneien, verdanken sie ihre Expansion praktisch ausnahmslos der Initiative einiger weniger Ausländer und Einheimischer, denen der Staat lediglich mit dem Ausbau der Infrastruktur unter die Arme griff. Vor Saigons Expats (ausländische Diplomaten, Geschäftsleute usf.) und den ersten Travellern badete dort nie ein Mensch. Zuletzt sind dort sogar **Partyzonen** und Eventbereiche entstanden, die noch vor Kurzem undenkbar waren.

Viele Strände sind bis heute kaum oder gar nicht erschlossen. Nördlich des Wolkenpasses ist es in den **Wintermonaten** in der Regel zu kühl zum Baden. Aber auch im Zentrum, zwischen Nha Trang und Da Nang, herrschen oft bis in den Dezember oder sogar Januar hinein alles andere als „tropische" Temperaturen.

Von Süd nach Nord

- **Phu Quoc.** Siehe *Highlights.*
- **Hon Chong.** Der schönste Festlandstrand des Mekong-Delta 32 km südlich von Ha Tien. Pagoden, Grotten, pittoreske Felsinseln. Für einen echten Strandurlaub nicht geeignet.
- **Vung Tau.** Das traditionelle Strandbad der Saigoner. Bunter Jahrmarkt und nostalgischer Realsozialismus gepaart mit einem Hauch von Pattaya – eher zum Sightseeing als zum Baden geeignet. Per Schnellboot von Saigon in einer Stunde erreichbar.
- **Long Hai.** Die rustikale Alternative zum „umtriebigen" Vung Tau. An Wochenenden vollgepackt, unter der Woche fast geruhsam. Ein Highlight nur für Unerschrockene.
- **Ho Coc.** Von dichten Wäldern und Pfefferplantagen umgeben. Nur wenige km landeinwärts kann man sich in die heißen Quellen von Binh Chau legen. Gute Unterkünfte.
- **Con Dao.** Einst berüchtigte Gefängnisinsel 200 km vor der Küste, heute „Geheimtipp" mit Luxusresort. Strände, Meerjungfrauen, Korallen. Tgl. per Flug von Saigon.
- **Mui Ne.** Siehe *Highlights.*
- **Ca Na.** Hier badeten schon die Cham-Könige. Schöner Strand mit pittoresken Granitfelsen. Nachteil: unmittelbar an der N1. Vorteil: Man kann jederzeit per Open-Tour-Bus flüchten. 10 km südl. Phan Rang, 120 km nördl. Phan Thiet.
- **Ninh Chu.** Strand von Phan Rang (7 km). Lieblingsstrand des Saigoner Regimes in den 1970er Jahren. Gute Unterkünfte.
- **Nha Trang.** Siehe *Highlights.*
- **Doc Let.** Sehr schöner, feinsandiger Strand. Wegen der Nähe zu Nha Trang (50 km) kommen nur wenige Ausländer. Doch es lohnt sich: schöne, ja *außergewöhnliche* Resorts.
- **Dai Lanh.** Halbkreisförmiger Strand nahe der N1 mit kleinen Restos und Bungalows. Ausgangspunkt für Wanderungen auf den gigantischen Dünen der Halbinsel Hon Gom.
- **Dam Mon.** An der geschützten Ostseite der mit Dünen, Sandstränden und Wäldern gespickten Halbinsel Hon Gom, die erst seit 2003 per Auto erreichbar ist.
- **Qui Nhon.** Schöne Strände mit pittoresken Dünen- und Felslandschaften nördlich und südlich der Stadt; im Norden noch uner-

schlossen, im Süden (und am südlichen Stadtrand) sind bereits erste Resorts erstanden.

●**Cua Dai** und **An Bang.** Strände von Hoi An, siehe *Highlights.*

●**Non Nuoc** *(China Beach).* Endlos und noch weitgehend unerschlossen. Wo die GIs einst Beachboys spielten (Surferwellen vor Marmorbergen) stehen und entstehen heute Luxusresorts. Zwischen Da Nang und Hoi An.

●**Lang Co.** Fata-Morgana-Lagune nördlich des Wolkenpasses. Wie viele (vermeintlichen) Paradiese hält es nicht ganz, was es verspricht. Haltestelle der Open-Tour-Busse. Mehrere Bungalowanlagen, ein staatliches Resort. 66 km südl. von Hue, 40 km nördl. von Da Nang.

●**Thuan An.** Strand von Hue (14 km). Wunderschöne Lagunenlandschaft, die herrliche Touren für Biker und Motorbiker bietet. Als Strand nicht unbedingt das Gelbe vom Ei, mehrere Unterkunftsmöglichkeiten.

●**Cua Tung** *(Dong Ha).* Am Ben-Hai-Fluss, bis 1975 Grenze zwischen Nord- und Südvietnam, bei den Tunneln von Vinh Moc.

●**Nhat Le** *(Dong Hoi).* Schöner, weiter Sandstrand mit guten Unterkunftsmöglichkeiten.

●**Cua Lo.** Strand von Vinh (18 km). 10 km lang, Pinienwälder, sehr vietnamesisch.

●**Sam Son.** Strände mit Pinienwäldern und Granitfelsen. Der Nordteil gilt seit über 100 Jahren als *das* Strandbad des Nordens. Französische Villen und sozialistische Betonbunker. Im Winter nahezu ausgestorben. 16 km östlich von Thanh Hoa.

●**Do Son.** Langgezogene Halbinsel mit Stränden, Hügeln und Pinienwäldern zwischen Kolonialismus (franz. Villen), Realsozialismus (Plattenbauten) und Zukunftsmusik (Casino). 20 km südöstlich von Haiphong.

●**Cat Ba.** Ein paar Badebuchten, mehr nicht.

●**Bai Chay** *(Ha Long-Bucht).* Im Sommer und an Wochenenden erinnert der Auftrieb an den künstlich aufgeschütteten Stränden an Mallorca. Berauschend ist nur die Aussicht.

●**Van Don.** Auf der Hauptinsel des gleichnamigen Archipels, auch Bai Tu Long genannt, gibt es einen langgezogenen Strand.

●**Quan Lan.** Insel mit drei wunderschönen, weißen, von Filao-Bäumen gesäumten Sandstränden. Noch in der Entwicklung. Mit dem Fährboot ab Hon Gai oder Van Don.

●**Tra Co** *(Mong Cai).* 18 km lange, von Dünen eingefasste Sandbank unweit der chinesischen Grenze. Interessantes Dorf mit einer der ältesten katholischen Kirchen Vietnams und einem sehenswerten Dinh. 175 km nördlich von Hon Gai.

Nationalparks

Innerhalb von sechs Jahrzehnten ist der Waldbestand um über die Hälfte geschrumpft, von 44 % (1943) auf rund 20 %, wovon nur mehr etwa 1 Mio. ha als natürlich gewachsener Primärwald gilt. Dennoch wurden im letzten Jh. in keinem Land der Welt so viele endemische Säugetiere, Insekten, Reptilien, Vögel, Fische und Pflanzen entdeckt wie allein in den 1990er Jahren in Vietnam. 10 % aller auf der Welt bekannten Säugetiere, Fische und Vögel sind in Vietnam vertreten.

Gegenwärtig verfügt Vietnam über mehr als 60 ausgewiesene Schutzzonen, darunter **12 Nationalparks** (ca. 500.000 ha) und mehr als **50 Naturreservate** (über 2 Mio. ha). Wer es auf Großwild abgesehen hat, sollte freilich lieber nach Afrika auf Safari gehen, von den wenigen noch frei lebenden Nashörnern, Tigern und Leoparden wird man nicht einmal Fußspuren erspähen. Wildschweine, Hirsche, Fasane, fliegende Eichhörnchen und selbst Makaken und Gibbons klingen zwar nicht ganz so aufregend, aber allein die üppige, immergrüne Vegetation ist spektakulär genug.

●**Cuc Phuong.** Der älteste (1962) und bestgeführte Nationalpark Vietnams (25.000 ha). Tropischer und subtropischer primärer Regenwald mit Karstbergen, gigantischen Kalksteinhöhlen und bis zu 1000-jährigen Baumriesen. Dank der geschützten Lage in einer lang gezogenen Talsenke extrem vegetations- und artenreich. Sehr gute Wanderwege und Unterkunftsmöglichkeiten. Angeschlossen ist das *Primate Rescue Center* für gefährdete Arten (endemische Delacour-Languren, Makaken, Gibbons). Trockenzeit Okt. bis März. 100 km südwestl. Hanoi.

● **Pu Luong.** Das Naturreservat nahe *Cuc Phuong* (65 km) mit einzigartiger Biodiversität (Regen- und Bambuswald, Kalksteinberge) ist relativ unbekannt, d.h. noch gibt es richtige Homestays und kaum überlaufene Trekkingpfade. 110 km westlich von Thanh Hoa.

● **Cat Tien.** Schutzzone für Flora und Fauna der durch die chemische Kriegsführung der Amerikaner vernichteten Wälder und Tierarten des Südens (u.a. die letzten Java-Rhinozerosse). Die Seen, Flüsse und Sümpfe sind ein Paradies für Birdwatchers (Kraniche, Störche, Kormorane). 74.000 ha Gesamtfläche. Gute Unterkünfte, Bootsfahrten auf dem Dong-Nai-Fluss. Trockenzeit Nov. bis März. 120 km nordöstl. Saigon, auf dem Weg nach Da Lat.

● **Cat Ba.** 28.000 ha Regenwald und Mangrovensümpfe zwischen Meer, Hügeln und Kalksteindolomiten. Zahlreiche Höhlen und Grotten. Außergewöhnlich viele Reptilien sowie Makaken, Gibbons, im Winter Zugvögel. Gut erschlossene Wanderwege, leicht erreichbar. Trockenzeit Sept. bis Febr. 30 km östl. Haiphong.

● **Bach Ma.** Letztes geschlossenes Feuchtwaldgebiet Zentralvietnams, das sich von der Küstenregion bis zur laotischen Grenze erstreckt (22.000 ha). 1400 Pflanzenarten (1/5 aller Arten Vietnams auf 0,07 % Landesfläche). spektakuläre Wasserfälle und Küstenpanoramen. Vogelparadies (330 Arten). Gute Wanderwege und Unterkünfte. Auf dem Gipfelplateau (1400 m) Reste eines franz. Sommerkurorts. Achtung: Während der Regenzeit (Nov.–Jan.) kann es oft tagelang regnen. 45 km südl. Hue, 85 km nördl. Hoi An.

● **Ba Be.** 5000 ha. Kalksteinberge, Monsunwälder, Wasserfälle und Grotten rund um den größten See des Nordens. Schöne Bootsfahrten, allerdings nur bei entsprechendem Wetter. Gute Unterkünfte. Beste Zeit April bis Nov. 150 km nordwestl. Hanoi.

● **Yok Don.** Zentrales Hochland, 58.000 ha. Hügelplateau mit Trockenwäldern und Grasland, Heimat von Büffeln, Hirschen, Wildrindern wie Banteng und Gaur, Muntjaks, Elefanten (Elefantendorf Ban Don am Nordostrand des Parks). Auf eigene Faust (noch) schwierig zu erkunden. Trockenzeit Okt. bis März. 45 km nordwestl. Buon Ma Thuot.

● **Tam Nong.** 8000 ha großes Vogelreservat in der Ebene der Reetgräser *(Plain of Reeds)* im Mekong-Delta. Brutstätte von über 230 Arten, darunter Störche, Ibisse und die seltenen, bis 1,50 m großen Sarus-Kraniche. Beste Zeit Dez. bis Juni. 180 km südwestl. Saigon.

Baudenkmäler, Tempel und Pagoden

● **Ho-Chi-Minh-Mausoleum** und -Museum, Hanoi. Realsozialistisches Disneyworld für den Mann, der wollte, dass seine Asche über das Land verstreut würde.

● **Van Mieu** (Literaturtempel), Hanoi. Konfuzianische Strenge in Anlage und Architektur; purpurne Schwere, die sich überraschend in Leichtigkeit löst.

● **Chua Huong** (Parfüm-Pagode), bei Hanoi. Wallfahrtsort, in die Kalksteinberge der „trockenen" Ha Long-Bucht hineingebaut.

● **Chua But Thap,** bei Hanoi. Majestätische Steinpagode in asketischer Landschaft mit einer vielarmigen Quan Am von fast magischer Ausstrahlung.

● **Chua Tay Phuong,** bei Hanoi. „Klassische" nordvietnamesische Pagode mit einer Sammlung meisterhaft geschnitzter Holzstatuen.

● **Chua Thay,** bei Hanoi. Vollendete Harmonie von Landschaft, Pagoden und Tempeln am Ufer des Drachen-Sees – ideale Kulisse für das Wasserpuppentheater.

● **Chua Keo,** bei Thai Binh. Bezauberndes Ausflugsziel inmitten künstlicher Teiche und schattiger Bo-Bäume.

● **Kaiser-Gräber,** Hue. Nicht pharaonisch, eher philosophisch: das kurze Leben vor dem langen Tod. Mit Sampan oder Fahrrad erkunden und viel Zeit mitbringen.

- **Zitadelle,** Hue. Ramponierte, aber idyllische Miniatur des Kaiserpalastes von Peking.
- **Chua Thien Mu,** Hue. Noch heute Ziel frommer Pilger: Pagode der Himmlischen Frau am Fluss der Wohlgerüche; ihr siebenstöckiger Turm ist das Wahrzeichen Hues.
- **My Son.** Im Dschungel versunkenes, zu Dschungel gewordenes Shiva-Heiligtum der Cham. Dazu **Cham-Museum** in Da Nang.
- **Cham-Türme,** Nha Trang. Ensemble von Kunst, Kultur und Naturschönheit.
- **Tunnel von Cu Chi.** Surrealistisch wie das Bild von Bob Hope, der im Urwald White Christmas singt, während 10 m unter ihm der „Vietcong" feiert.
- **Heiliger Stuhl der Cao Dai,** Tay Ninh. Pittoreskes Sektierertum in Technicolor und CinemaScope.

Reisen in Vietnam

Wer individuell und auf eigene Faust reisen möchte, wird es in Vietnam leicht haben. Es gibt Reisebüros und Tourcafés wie Sand am Meer. Die Schwierigkeit ist, die seriösen und effektiven von den unseriösen oder gar betrügerischen Anbietern zu unterscheiden. Was selbst dem Insider oft schwer fällt. Denn auf dem einträglichen Markt tummeln sich jede Menge Scharlatane und Ignoranten. Ein undurchschaubares **Netzwerk** von Allianzen, Firmen, Schwester- und Tochterunternehmen, Agenten und Subagenten beherrscht die Szene, durch das selbst die Beteiligten oft nicht mehr durchblicken – und wo letztlich natürlich auch keiner *verantwortlich* ist, oder im Zweifelsfall sein kann oder will. Die durchaus vorhandenen Ausnahmen bestätigen nur die Regel.

Auch wenn **Staatsunternehmen** inzwischen Kapitalfirmen und ihre Büro-

kraten gewiefte Manager sind, möchten unabhängig Reisende verständlicherweise nicht viel mit ihnen zu tun haben, da diese naturgemäß *en gros* kalkulieren und *Massen* (zunehmend auch Reisende aus Nachbarländern) betreuen. Das ist allerdings leichter gesagt als getan. Denn auch das Gros der vermeintlich **„Alternativen"** – wie die in allen Travellerhochburgen allgegenwärtigen *Sinh-, Kim-, Hanh-, Queen Café* usf. – entpuppt sich bei näherem Hinsehen als halbes Staatsorgan oder staatliches Subunternehmen. Tatsächlich **unabhängig** sind nur die wenigsten Veranstalter. Und wenn, sind sie mangels Kapital und Protektion „von oben" meist klein (bzw. notgedrungen klein geblieben). *Big Business* ohne die Mafia (sprich die Partei/den Staat) ist in Vietnam noch heute kaum zu machen.

In der Praxis gilt es zunächst einmal zu unterscheiden zwischen:

- **Exkursionen**
- **Spezialanbietern**
- **Privattouren**
- **Open Tours** (Bus-Service Nord-Süd)

Exkursionen

Zahllose Anbieter betreiben ein- und mehrtägige Exkursionen in die jeweilige **Region.** Die berüchtigten *Kaffeefahrten* von einst (vollgestopfte Minibusse, mürrische Guides bar jeder Ahnung) sind mittlerweile deutlich effizienter und professioneller geworden. Trotzdem sollte man sich darüber im Klaren sein, dass es sich letztlich um nichts anderes als **Pauschalreisen** à la TUI oder Neckermann handelt. Manche finden sie „Klasse", andere „total nervend".

Gegen **Tagesauflüge** ist noch am wenigesten zu sagen, denn selbst nur Cu Chi bei Saigon oder die Parfümpagode bei Hanoi mit öffentlichen Verkehrsmitteln anzusteuern kostet Zeit und Nerven. Auch **mehrtägige Ausflüge** (in der Regel *all-inclusive* mit Übernachtung, Transport und Verpflegung) haben selbstredend ihren Reiz. Man braucht nichts selber zu organisieren, kann sich entspannt zurücklehnen und seine Tage in der Gesellschaft von Gleichgesinnten aus aller Welt verbringen (außer aus Vietnam, versteht sich). Wer allerdings schon mal mehrere Tage und Nächte mit einer Zehnergruppe trinkfreudiger australischer Beach Boys oder hyperaktiver französischer Pfadfinderinnen verbracht hat – plus einem mürrischen Feldwebel-Guide, der einen von Souvenirshop zu Souvenirshop schleift –, wird womöglich anders darüber denken.

Die Qualität der Anbieter wechselt von Stadt zu Stadt, Region zu Region (und leider auch noch von Zeit zu Zeit). Am besten, man vergleicht alle Angebote und tauscht sich mit anderen Reisenden aus. Generell, wenn auch nicht zwingend, bieten **kleine, lokale, unabhängige Anbieter** meist individuellere und weniger in Routine erstarrte Touren an als die, die in landesweite Netzwerke eingebunden sind. Siehe dazu unsere Adressen in den jeweiligen Städten.

Insbesondere in Hanoi und Sa Pa gibt es spezielle Anbieter für **Trekking-, Kayaktouren** usf. Die Ausflüge sind meist kurzfristig organisierbar, werden allerdings nicht durchgeführt – oder entsprechend teurer –, wenn sich nicht genügend Interessenten einfinden.

Tagestouren

Von Saigon zu den Tunneln von Cu Chu, von Hoi An zum Cham-Heiligtum My Son, von Hanoi zur Parfümpagode oder von Sa Pa zum nächsten Hmong-Dorf – alles kein Problem. Es gibt meist nicht zehn, sondern hundert Anbieter, die Ausflugsprogramme zu den Highlights der jeweiligen Region offerieren. Die Unterschiede in punkto Service, Leistungsumfang und Verlässlichkeit differieren von Veranstalter zu Veranstalter allerdings gewaltig, sodass die Erfahrungen vieler Reisender zwischen „grandiosem Erlebnis" und „albtraumhaften Abenteuerurlaub" schwanken.

Um ein möglichst breites Spektrum an Touren nicht nur anbieten, sondern auch *durchführen* zu können, stecken nämlich fast alle Veranstalter – Konkurrenz hin oder her –, letztlich unter einer Decke. In der Praxis bedeutet das, dass sich in ein und demselben Bus Reisende wiederfinden, die nicht nur an den verschiedensten Stellen, sondern auch noch zu den unterschiedlichsten Preisen und Konditionen gebucht haben. Einen Ausweg aus dem Dilemma gibt es nicht. Es sei denn dies: Preise und Leistungen vergleichen. Und vor allem: Bei **identifizierbaren Veranstaltern,** die die Touren selbst durchführen statt bei bloßen Wiederverkäufern (Agenten) und Hotels (deren Anbieter undurchsichtig bleiben) buchen.

Mehrtagestouren

Von Saigon ins Mekong Delta, von Hanoi zur Ha Long Bucht oder von Nha Trang ins Zentrale Hochland, zwei, drei, vier oder fünf Tage inklusive Übernachtung im Hotel, auf der Dschunke, im Ethnien-Dorf (Homestay) – bei mehrtägigen Touren, an denen sich ja auch mehr verdienen lässt, kommen Überschneidungen, Überbuchungen etc. zwar seltener vor. Will man seine Tour jedoch nicht als verunglückten „Abenteuerurlaub" abhaken müssen, ist man allerdings gut beraten, sich seinen Veranstalter – dem man immerhin tagelang sein leibliches Wohl anvertraut (Übernachtung und Verpflegung) und auf dessen Service und Equipment man sich verlassen können muss (Bus, Zelte, Kayaks usf.) – sorgfältigst auszuwählen. Hier geht es schließlich nicht „nur" ums Geld, sondern um ein paar Tage Lebensfreude – oder das genaue Gegenteil davon. Mürrische Guides. Klapprige Busse. Verdreckte Hotels. Ekelfraß.

„Man sollte es sich schon vom Prinzip her gut überlegen, ob man bereit ist, sich auf derartige Pauschaltouren einzulassen, denn nichts anderes ist es ja. Ich sage das deshalb so deutlich, weil euer Buch „Handbuch für individuelles Reisen und Entdecken" heißt, und weil wir alle den Unterschied kennen, ob man selbst etwas entdeckt oder ob einem etwas vorgesetzt wird. Die Busse sind groß und voll, und jeder Schritt der Tour ist vorgeplant. Um es kurz zu machen: Man sieht die schönsten

Sachen, aber man erlebt nichts. Vom Individualtourismus bleibt nicht viel übrig. "
(Alf Jänsch, Bonn)

„Hier trifft sich schwitzend die wortkarge und kritische, mit vollen Geldgurten bewaffnete Wohlstandsgesellschaft mit Kamera um den Hals und Wasserflasche in der Hand, um Abenteuer bequem vom Fließband zu konsumieren. "
(Uwe Speck, Flensburg)

Spezialanbieter

Spezialisten, deren Kerngeschäft nicht nur gängige Pauschaltouren, sondern **maßgeschneiderte** und/oder **Trekking-,** Aktiv- und Abenteuerreisen sind, sind naturgemäß teurer – zuweilen deutlich. Dafür in der Regel aber auch weitaus professioneller, organisierter und mit hochwertigerem, meist ausländischem Equipment (Zelte, Kayaks, Bikes o.Ä.) und besser geschultem Personal versehen. Eine Ausgabe, die sich meistens lohnt.

Privattouren

Fahrzeuge, Fahrer und Guides besorgt jeder Veranstalter. Dass dabei nicht nur der Preis (Endpreis!), sondern auch Qualität und Verlässlichkeit der Firma, über die man sie mietet, entscheidend sein sollte, versteht sich von selbst.

Das größte Problem sind oft die Fahrer, auf die die Veranstalter in der Regel keinen Einfluss haben. Nur wenige Firmen (und dann meist staatliche) verfügen über genügend eigene Fahrzeuge, normalerweise werden diese mitsamt den Chauffeuren erst angemietet. Wer sich tagelang mit einem rabiaten, sturen und pfennigfuchserischen Fahrer herumärgern muss, wird seine Tour nur sehr bedingt genießen können.

Mietwagen – ob Limousine, Kleinbus oder Minivan –, sind relativ preisgünstig, zumal wenn man zu mehreren unterwegs ist. Siehe dazu das Kaptel *Verkehrsmittel*. Der Preis richtet sich nach Zeitdauer und Fahrtziel, als Faustregel sind in etwa 30–40 $ pro Tag zu veranschlagen. (Mitreisende notfalls über das Schwarze Brett in Hotels, Cafés, Guesthouses usw. suchen.) Guides (nicht obligatorisch) schlagen mit 15–20 $ pro Tag zu Buche.

Des Weiteren gibt es hervorragende Spezialanbieter für **Fahrrad-** und **Motorradreisen** (siehe unter *Verkehrsmittel*). Mit Recht äußerst populär – und auch von unserer Seite aus ganz besonders zu empfehlen – sind die **Easy Riders.**

Ökotourismus

Das Etikett Öko/Eco – nachhaltig, verantwortlich, *sustainable* – wird momentan großzügig auf alles geklebt, was nicht schnell genug auf dem Baum ist, suggeriert es doch irgendwie „umweltfreundlich", „heile Welt" usf. Man sollte allerdings wissen, dass sich vietnamesische Vorstellungen von „Eco" – *sinh thai* – z.T. völlig anders interpretieren lassen als das, was *wir* unter Nachhaltigkeit verstehen. Es geht eben nicht nur um ein Reiseziel in schöner Natur mit Kleintierzoo und Karaoke. Sondern darum, diese Natur

zu erhalten, traditionelle Kulturen zu stützen, Bewohner und Produkte einer Region für den Tourismus zu integrieren, kurz: die schamlose Ausbeutung von Mensch, Natur und Ressourcen zu vermeiden. Einige Qualitätsanbieter haben bereits ein eigenes Programm für verantwortliches Reisen, und zumal im Norden Vietnams gibt es einige Eco-Lodges, die ihrem Namen gerecht werden. Dass die ökologische Verantwortung jedes einzelnen Reisenden ein notwendiger Beitrag zum Erhalt von Natur und Umwelt ist, steht noch auf einem anderen Blatt.

Open Tours

Eine sinnvolle Einrichtung, an der letztlich kaum ein Reisender vorbeikommt. Entwickelt von findigen Kleinunternehmern (Tourcafés), inzwischen jedoch längst in enger Kooperation mit Staatsfirmen betrieben – Namen wie *Hanh* oder *Kim Café* dürfen darüber nicht hinwegtäuschen –, bietet sie ein geniales System, Ausländer bequem, sicher und ohne intensive Kontakte mit der Bevölkerung durchs Land zu schleusen.

Your ticket is open. You can stay any number of days at any stop you wish. Im Klartext bedeutet das: Zwischen Saigon und Hanoi pendeln täglich auf festen Routen Busse hin und her, die man im Prinzip nicht nur am jeweiligen Etappenziel, sondern an jedem Punkt der Strecke verlassen und nach Belieben wieder besteigen kann (Anruf am Tag zuvor beim zuständigen Büro genügt). Man kann die Gesamtstrecke Hanoi – Saigon (1700 km) buchen – legt sich dann allerdings auf einen bestimmten Veranstalter fest, der sich womöglich als Katastrophe erweist –, aber auch nur Teilstrecken belegen (und auf diese Weise mehrere Transportmöglichkeiten wie Zug, Flug, Motorrad etc. miteinander kombinieren). Das funktioniert zwar nicht immer perfekt, aber erstaunlich gut, und ist vor allem verblüffend billig. Eine Open Tour von Saigon nach Hanoi oder in die entgegengesetzte Richtung kostet gerade mal zwischen 25 $ und 35 $ – der Preis ist u.a. saisonabhängig! –, sodass man sich an Unzulänglichkeiten aller Art nicht allzu sehr stören darf. Man muss nur wissen, worauf man sich einlässt.

Vorteile

● Open-Tour-Busse fahren (im Gegensatz zu öffentlichen Expressbussen) zu „zivilen" Zeiten ab, man wird in der Regel vom Hotel abgeholt (muss also nicht in aller Herrgottsfrühe zum Busbahnhof) und am Zielort zumindest im Zentrum abgesetzt.

● Das Personal spricht englisch (wenn es Lust dazu hat), die Preise sind fix, und die Mitreisenden meist andere Ausländer, sodass man sich ständig unter „seinesgleichen" bewegt (was Berührungsängste abbaut).

● Unterwegs werden Stopps an obligatorischen Sehenswürdigkeiten eingelegt, man muss weder auf die Marmorberge bei Da Nang, die Cham-Türme bei Phan Rang oder ein Bad am Beach von Lang Co verzichten (sofern man dafür den Lunch ausfallen lässt).

Nachteile

● Zwischen Theorie und Praxis klaffen Welten, und das Klagelied vieler Reisender ist entsprechend.

● Von *Torturen* statt Touren ist die Rede, wenn manche Busse heillos überfüllt sind („rollende Sardinenbüchsen"), und von *Halsabschneiderei*, wenn Nachfrage den Preis in die Höhe treibt, Flauten aber dazu führen, dass man in enge, miefige Minibusse gequetscht wird (weil der versprochene große Bus angeblich „in Reparatur" ist);

● von *unwirschen Begleitern*, die bei Pech, Pleiten und Pannen (die vorkommen können) plötzlich ihr Englisch vergessen, und von *hitzigen Debatten*, wenn angekündigte Besichtigungen schlichtweg „vergessen" oder aus fadenscheinigen Gründen abgesagt werden;

● vom *Ausgenommenwerden* bei Frühstücks- und Lunchpausen, die prinzipiell dort abgehalten werden, wo Alternativen fehlen und die Mahlzeiten ebenso fade wie überteuert sind;

● von *rüdem Stehengelassenwerden*, wenn man die angebotenen Vertragshotels der Veranstalter nicht akzeptiert (und der versprochene Transfer zur gewünschten Unterkunft entfällt);

● oder von *auf verlorenem Posten stehen*, wenn das Zusteigen am verabredeten Ort nicht klappt, weil der Bus kaltlächelnd an einem vorüberrauscht (und es heißt, entweder andere Transportmöglichkeiten aufzutreiben oder einen weiteren Tag mit ungewissem Ausgang auszuharren).

Zu Veranstaltern und Preisen siehe *Verkehrsmittel*.

Praktische Tipps A–Z

Reiseveranstalter in Vietnam

Maßgeschneiderte Reisen

● **Focus Asia.** Für anspruchsvolle, exklusive Individualreisen und Gruppen jeder Größe; unter deutscher Leitung (auch in Laos, Kambodscha, Myanmar). *Thomas Weigelt* lebt seit 1991 in Vietnam und ist seitdem im Tourismus tätig. **Saigon,** 235/3 Vo Thi Sau, Tel. 39320732, www.focus-asia.biz.

● **TerraVerde.** Innovative und extrem zuverlässige Agentur für anspruchsvolle Individualreisen und Kleingruppen (auch für Laos, Kambodscha). Spezialisiert auf nachhaltige, landestypische Erlebnisreisen wie mehrtägige Fahrradtouren im Mekong-Delta, geführte Vespa-Touren in Süd-/Zentralvietnam etc. Ansprechpartner ist Herr *Anh*, der als Bootsflüchtling nach Deutschland kam und dort studierte, ehe er 2004 nach Vietnam zurückging. **Saigon,** 91/10 Tran Quoc Hoan (Tan Binh), Tel. 39484754, www.terraverde travel.com.

● **Exotissimo.** Das größte und erfolgreichste ausländisch geführte Reisebüro in Vietnam, auch Vorreiter für ökologische und Naturkundereisen (Birdwatching etc.). Leiter ist *Richard Craik*. **Saigon,** 20 Hai Ba Trung, Tel. 83272911. **Hanoi,** 26 Tran Nhat Duat. Tel. 38282150, www.exotissimo.com.

● **Handspan.** Spezialist (nicht nur) für Aktiv- und Abenteuerreisen off the beaten tracks (Trekking, Kayaking, Mountainbiking etc.). Nicht billig, aber extrem professionell und zuverlässig. **Hanoi,** 80 Ma May, Tel. 39262828. **Saigon,** 18A Nam Quoc Cang, Tel. 3925 7605, www.handspan.com.

● **Freewheelin Tours.** Maßgeschneiderte Motorrad-Reisen im Norden. Sehr sympathische, verlässliche Leute. Ansprechpartner ist *Fredo*. **Hanoi,** 28 Dao Duy Tu, mobil: 0988.128524, www.freewheelintours.com.

● **SinhBalo Adventure Travel.** *Sinh*, einer der besten Guides Vietnams und Gründer von *Sinh Café* (1992), widmet sich seitdem bevorzugt seiner Fahrrad-Passion, vor allem im Mekong-Delta und Zentralen Hochland. **Saigon,** 283/20 Pham Ngu Lao. Tel. 38376765, www.sinhbalo.com, www.cyclingvietnam.net.

● **HanoiKultour.** Der Journalist *Christian Oster* lebt seit Jahren in Hanoi; seine Touren sind anders – individueller, aber auch bewusster – als alle anderen. **Hanoi,** 56 Nguyen Thai Hoc (Goethe Institut), mobil: 0904. 146240. In **Saigon:** mobil: 0903.770953 *(Ralf Dittko)*, www.hanoikultour.com.

● **Todeco.** Kleine, auf deutschsprachige Touren im Norden spezialisierte Firma; hier kann man noch mit dem Chef reisen (Herr *Du*). **Hanoi,** 91A/5 Ly Nam De, Tel. 38235767, www.todeco-vn.com.

● **TVH** *(Thomas Vietnam Holidays)*. Rad- und Motorrad-Touren und Einblicke in den vietnamesischen Alltag mit *Thomas Weingärtner*, der seit 2002 in Hoi An lebt. **Hoi An,** 50 Hung Vuong, Tel. 3916732, www.8ung.at/tho mas _vn/

● **Delta Adventure Tours.** Gut geführtes, innovatives Unternehmen, für Billig-Reisen im Süden (Mekong-Delta) ohne Zweifel die beste Wahl. Ansprechpartner ist Mrs. *Kim*. **Saigon,** 267 De Tham, Tel. 39202112, www.del taadventuretours.com.

● **Ocean Tours.** Junges, flexibles Team, trotzdem kompetent und zuverlässig, mit vielen *Extras* für den Traveller. Spezialist für die Halong-Bucht. Ansprechpartner ist Mr. *Chien*. **Hanoi,** 22 Hang Bac, Tel. 39260463, www. oceantours.com.vn.

● **ODC Travel.** 1993 erster privater Veranstalter Hanois (Old Darling Café), mit viel Erfahrung, blendender Organisation und durchsichtiger Preisgestaltung. Ansprechpartner ist Mr. *Lan*. **Hanoi,** 43 Hang Bo, 142 Hang Bac. Tel. 38288729, www.odctravel.com.vn.

Open Tours

● **TheSinhTourist** *(ehem. Sinh Café)*. www. thesinhtourist.vn.

Reisezeit

(Siehe auch Klimatabellen *Land und Leute, Klima*)

Im Prinzip kann man Vietnam das ganze Jahr über bereisen. Da im Norden subtropisches und im Süden tropisches Klima herrscht und die Monsune die einzelnen Landesteile zu ganz unterschiedlichen Zeiten bestreichen, sind die **regionalen Unterschiede** allerdings groß. Die einzigen Monate, die wirklich ungünstig sind, sind **Oktober** und **November.** Im Zentrum toben Taifune, und heftige Regenschauer können sämtliche Verkehrsverbindungen für Tage lahm legen. Im Süden ist es bedeckt und regnerisch, und das Mekong-Delta kann unter Wasser stehen. Andererseits ist der November der ideale Monat für den Norden und speziell für eine Tour durch das Bergland des Nordens – nicht zu heiß und feucht, aber auch nicht so kühl wie speziell im Januar und Februar.

Generell sind zwar die Wintermonate zwischen Dezember und März am ehesten vorzuziehen. Aber auch während der Regenzeit zwischen Juni und August (die Ferienzeit der Vietnamesen) ist das Klima durchaus annehmbar. Es regnet in der Regel maximal 1 oder 2 Stunden am Tag, zumeist am späten Nachmittag oder frühen Abend, untertags ist es oft heiter.

Schwule und Lesben

Gleichgeschlechtliche Liebe ist in Vietnam nicht strafbar. Sie wurde einfach verdrängt, war nicht vorgesehen, weil mit dem Ethos Familie nicht vereinbar. Outings einiger Künstler haben in den letzten Jahren eher Erstaunen als Ablehnung hervorgerufen. In Szene-Bars in Saigon und Hanoi mischen sich zwanglos Touristen mit Einheimischen, jedoch sollten Zärtlichkeiten – das gilt auch für heterosexuelle Paare – nicht in der Öffentlichkeit ausgetauscht werden. Während Vietnamesen hier peinlich berührt reagieren, gehen sie ganz selbstverständlich mit Freunden Hand in Hand bummeln – zu verstehen als Zeichen freundschaftlicher Gesinnung und keineswegs als homoerotische Anmache.

Obwohl es keine Gesetze und insofern auch keine legale Handhabe gibt, gegen Schwule und Lesben vorzugehen, neigen lokale Behörden immer wieder dazu – unter dem Vorwand von Prostitution und Drogenkonsum –, ihre Treffpunkte aufzulösen, sodass die Szene ständiger Fluktuation unterworfen ist. Neuigkeiten, Adressen und Reiseangebote finden sich auf der Internetseite www.utopia-asia.com

Sicherheit

Aktuelle Reisehinweise zu allen Transitländern neben Hinweisen zur allgemeinen Sicherheitslage erteilen:

- **Deutschland:** www.auswaertiges-amt.de und www.diplo.de/sicherreisen (Länder- und Reiseinformationen), Tel. 030/18-172000.
- **Österreich:** www.bmaa.gv.at (Bürgerservice), Tel. 0501150-3775.
- **Schweiz:** www.eda.admin.ch (Reisehinweise), Tel. 031/3238484.

Innenpolitische Lage

Nach Einschätzung amerikanischer Medien (sprich Geheimdienste) gilt Vietnam als das zur Zeit sicherste Land Asiens, wenn nicht der Welt. Die Gründe? „Eine stabile, von keinerlei innenpolitischen Turbulenzen bedrohte oder auch nur geschwächte Regierung. Gute bis beste Beziehungen zu allen Nachbarländern. Eine brummende, nach einigen Jahren leichter Stagnation wieder deutlich im Aufwind befindliche Ökonomie. Und die prägnante Abwesenheit von Moslems im Lande, geschweige denn organisierten oder gar militanten."

Kriminalität

„Wie in allen asiatischen Ländern, so auch in Vietnam, fühlte ich mich sehr sicher, hatte nie den Eindruck, dass Gefahr droht. Dass etwas von Vietnamesen gestohlen wird, wage ich zu bezweifeln (eher stiehlt ein Traveller in einer billigen Absteige dein Geld als ein Vietnamese). Was mir sehr positiv auffiel: Hattest du beispielsweise beim Gehen aus einem Lokal etwas liegenlassen, jedes Mal hat dich ein Vietnamese darauf aufmerksam gemacht, es dir hinterhergebracht oder aufbewahrt, bis du wiedergekommen bist." (Peter Gotterbarm)

Vietnamesen scheinen vollauf davon überzeugt zu sein, dass ihre Straßen ein gefährliches Pflaster und ihre öffentlichen Verkehrsmittel ein Hort potentieller Übergriffe sind. Noch in keinem Land wurden wir von Einheimischen derart häufig darauf aufmerksam gemacht, unser Gepäck im Auge zu behalten oder unsere Wertsachen zu verbergen. Irritiert haben uns die ständigen Warnungen lediglich anfangs, mittlerweile hat die Praxis gezeigt, dass von einer „Verbrechensflut" keine Rede sein kann.

Vorsicht sollte man selbstverständlich immer walten lassen. Steigende Lebenskosten, Arbeitslosigkeit, die Verlockungen der Konsumwelt, es gibt so viele Gründe, der (Klein-)Kriminalität Vorschub zu leisten. Nicht nur aus Saigon, lange Zeit die Hochburg der Taschendiebe (Ben-Thanh-Markt, Flusspromenade, Pham-Ngu-Lao-Gegend), sondern jetzt auch aus Hanoi, Nha Trang und von den Stränden kommen Mitteilungen von Diebstählen. Es sind vor allem raffinierte **Trickdiebe** (der freundlich plaudernde Typ im Zug, die verhärmte Frau mit dem Baby im Arm, die charmante Lady auf ihrem Moped, die kessen Straßenkinder), denen es geradezu spielend gelingt, allzu sorglosen Touristen am hellichten Tag um Armbanduhren, Kameras, Halsketten und Geldbörsen zu erleichtern. Auch **Raubüberfälle vom fahrenden Moped** aus, eine Saigoner „Spezialität" schon während des Krieges, haben neuerdings wieder Oberhand gewonnen.

Neuralgische Punkte bilden wie überall auf der Welt größere Menschenansammlungen (Märkte, Feste, Bahnhöfe usf.) und unbeaufsichtigte Hotelzimmer (insbesondere mit umlaufenden Balkonen oder Veranden). Fast alle Hotels, selbst die der untersten Preisklassen, verfügen jedoch über Safes oder entsprechende Einrichtungen. Wertsachen, Reisedokumente und größere Geldbeträge sollte man unbedingt deponieren und niemals mit sich herumtragen. Denn über eines sind sich selbst die vorsichtigen Vietnamesen (und übereifrige Westler) einig: Gewaltverbrechen sind in Vietnam ausgesprochen rar. Bewaffnete Überfälle, Raub, Vergewaltigungen und

Morde passieren hier immer noch seltener als anderswo, und gerade Ausländer sind davon so gut wie nie betroffen. **Kreditkartenbetrug** ist noch relativ selten, aber erste Fälle, dass Karten kopiert und Abbuchungen vorgenommen wurden, gibt es bereits.

Diebstähle sollte man unbedingt der Polizei melden und beharrlich darauf drängen, ein Protokoll (am besten natürlich in Englisch) ausgehändigt zu bekommen (kann u.U. bei der Ausreise sowie für Ersatzansprüche gegenüber der Versicherung wichtig sein).

Polizei und Bürokratie (Regeln und Risiken)

Keine Angst vor dem Gang zur Polizei! Im Gegensatz zu manch anderen Ländern der Region hat die vietnamesische Polizei eindeutige Anweisung, Probleme von Ausländern fernzuhalten. In größeren Städten gibt es eine spezielle **Ausländerpolizei,** an die man sich mit Anzeigen wenden kann. Wichtig ist, dass man „am Ort der Tat" die Meldung macht (d.h. ein Diebstahl in Hanoi muss auch in Hanoi angezeigt werden). Über unkorrektes Verhalten der Polizei gegenüber Reisenden („Abzockerei") kursieren hin und wieder Berichte, in vielen Fällen angebliche Verstöße gegen Verkehrsregeln usf. Tatsache ist: Was bei Vietnamesen oft als „Kavaliersdelikt" durchgehen mag, kann bei Ausländern nach dem Gesetz geahndet und entsprechend abkassiert werden.

Sollte man tatsächlich einmal in eine schwierige Situation geraten, sollte man die Nerven bewahren und unbedingt **ruhig** und **sachlich** bleiben. (Sowie wenn möglich nicht den Pass, sondern lediglich eine Kopie aus der Hand geben.) In der Regel kann man davon ausgehen, dass der Kontrahent einem möglichen Kompromiss nicht zustimmt, wenn er Gefahr läuft, sein „Gesicht zu verlieren". Sturheit, Provokationen und Beleidigungen erreichen daher mit Sicherheit das Gegenteil von dem, was man erreichen will, während der Versuch, bestimmt, aber freundlich (selbst wenn man sich keiner Schuld bewusst sein sollte) eine Buße auf ein erträgliches Maß herunterzuhandeln, immer erfolgversprechender sein wird.

In keinem Fall sollte man den Versuch unternehmen, Beamte oder Funktionäre zu bestechen. Das ist eine „Kunst", die eine genaue Kenntnis der internen Gepflogenheiten voraussetzt, andernfalls droht dem offensichtlich Bestechlichen unweigerlich „Gesichtsverlust". Materielle Werte dürfen nach außen hin immer nur für eine „Sache", aber niemals für eine persönliche „Gefälligkeit" den Besitzer wechseln.

Souvenirs und Einkäufe

„Vietnam ist nicht gerade ein Einkaufsparadies", notierten wir noch vor gar nicht allzu langer Zeit. Das hat sich gründlich geändert – zumindest Saigon, Hanoi und Hoi An sind zu wahren Shoppingparadiesen aufgestiegen (ganze Scharen junger Japaner und zumal Japanerinnen können nicht irren). Außer landestypischen Souvenirs (s. unten) sind vor allem **Schuhe** (Vietnam ist der viertgrößte Schuhexporteur der Welt!) sowie **Stoffe** und **Textilien** aller Art gefragt, aber zunehmend auch Software und Elektronik-Equipment.

Zu unterscheiden ist dabei zwischen rein einheimischen Produkten (auch, aber nicht nur für den Touristenmarkt gefertigt), Lizenzprodukten ansässiger ausländischer Hersteller (wie Adidas, Nike, Cardin, Vuitton, Triumph, ja selbst namhafter Wintersportmarken!) und zollgünstiger Marken- oder Schmuggelware aus aller Welt (Gucci, Ray Ban, Sony, Toshiba), teils **Original** (aber dann absolut nicht billig), teils hervorragender und auf Anhieb allenfalls für den Fachmann erkennbarer Fake, teils aber auch miserables, schundhaftes **Imitat.** Zwischen echten Schnäppchen und täuschend ähnlichem Schrott liegen oft nur wenige Handbreit.

„Mitbringsel"

Zu Vietnams Exportschlagern zählen seit geraumer Zeit auch **Kunsthandwerk** aller Art, **Einrichtungsgegenstände** und Mobiliar von erstaunlicher Qualität und Formschönheit. Natürlich wird allenthalben auch Murks und Kitsch produziert (wenn die Nachfrage nun mal da ist ...), aber die schiere Menge und Variationsbreite wirklich schöner, geschmackvoller Objekte und Gadgets, vom lackierten Bambus-

kästchen bis zum emaillierten Teeservice, ist wahrlich verblüffend.

Ein beliebtes (und preisgünstiges) Mitbringsel sind die typischen **konischen Hüte** *(non)* aus Palmblättern, die richtige kleine Kunstwerke sein können; die schönsten findet man auf dem Zentralmarkt in Hue. Sehr gefragt sind die in Vietnam auf eine lange Tradition zurückblickenden **Holz-, Lack-** und **Keramikarbeiten.** Auch **Seide, Stickarbeiten** und maßgefertigte **Kleidung** sind dank immer pfiffigerer Designs und besserer Qualität in der Gunst der Käufer gestiegen, ebenso wie Handwerkskunst der Ethnien und allerlei Schnickschnack im Ethno-Look.

Tipp: Wer vorhat, sich etwas schneidern zu lassen, sollte u.U. Schnittmuster, Fotos, Fotokopien o.Ä. von zu Hause mitbringen.

Wer sich stattdessen an der Ausrottung bedrohter Tierarten beteiligen mag, findet auch Elfenbein- und Schildpattkunstgewerbe. (Bei der Ankunft in Deutschland hat der Zoll das Recht, Mitbringsel aus Fellen, Häuten und Knochen geschützter Tiere zu beschlagnahmen und Verstöße gegen den Artenschutz zu ahnden.)

Antiquitäten

Die Zeiten, in denen clevere Großeinkäufer aus aller Welt ihren Schnitt machten, sind vorüber. Die wirklichen Schätze, für deren Ausfuhr es einer **Zollgenehmigung** bedarf (die man in der Regel aber nicht bekommt) – das Angebot reicht von kolossalen Möbelstücken über Buddhastatuen, Cham-

Friese, Keramiken und Silberschmuck (Opiumpfeifen) –, befinden sich oft in „Hinterzimmern" und werden erst bei ausdrücklichem Kaufinteresse vorgezeigt. Da alle Gepäckstücke bei der Ausreise geröntgt werden, wird man seine wertvollen Einkäufe ohnehin meist wieder los, keinesfalls sollte man die Zollbeamten zu schmieren oder bestechen versuchen.

Das Gros der Ware in den aus dem Boden sprießenden Antiquitätenläden sind freilich (oft ausgezeichnet gemachte) Kopien und Imitate.

Sport und Aktivitäten

Golf

Die ersten Anlagen entstanden in den frühen 1990er Jahren. Unter der Woche ist die Greenfee deutlich günstiger (um 70 $) als am Wochenende, wenn oft um die 100 $ zu entrichten sind. Die spektakulärsten Plätze sind der **Ocean Dunes Golf Club** bei Phan Thiet und der **Dalat Palace Golf Club.**

- www.vietnamgolfresorts.com
- www.golftrotter.com
- www.vietnam-tours.de

Trekking

Trekking-Zentren liegen vor allem im Norden (Sa Pa, Bac Ha) und im Zentralen Hochland (Da Lat, Dac Lac) sowie in den **Nationalparks,** von denen insbesondere Cuc Phuong, Cat Ba, Cat Tien und Bach Ma zu empfehlen

sind. Die Zahl der Anbieter ist Legion, zumal in Saigon, Hanoi und Sa Pa, häufig kann das ein- bis mehrtägige Trekking mit Homestays (Unterbringung in Dörfern der ethnischen Minoritäten) verbunden werden.

Wer höhere Ansprüche stellt und sich nicht nur auf Glück und Zufall verlassen will, sollte eine Buchung (Gruppen- oder Privat-Tour) über einen Spezialveranstalter wie *Handspan* oder *Topas* in Hanoi oder *SinhBalo Adventure Travel* in Saigon in Erwägung ziehen. Rock-Climbing in der Halong-Bucht veranstaltet *Slopony* in Cat Ba.

- www.handspan.com
- www.topastravel.vn
- www.sinhbalo.com
- www.slopony.com

Kayaking

Traumreviere sind die **Ha Long-Bucht** und das Cat-Ba-Archipel. Angebote für Zweitagestouren ab Hanoi inkl. Übernachtung und Verpflegung auf dem Boot beginnen bereits bei 60 $ pro Person (Minimum 2 Pers.). Vorerst nur Handspan (s.o.) offeriert **Wildwasser-Kayaking** im Bergland – z.T. in Kombination mit Rafting. Auch in einigen Nationalparks (Cat Tien, Yok Don) sowie in Da Lat werden Kayaktouren angeboten.

Tauchen

Gute Tauchschulen mit Padi-Qualifikation finden sich vornehmlich in **Nha Trang.** Rund um die vorgelagerten Inseln gibt es um die 25 Tauchplätze.

Beste Zeit ist von Mai bis Juni, aber auch im Winter sind die Konditionen gut; ungünstig sind lediglich Okt. bis Dez. Die Sicht liegt bei ruhigem Wasser zwischen 12–18, max. 20 m, die durchschnittliche Temperatur bei 25° an der Oberfläche und 22° in 12 m Tiefe. Nennenswerte Strömungen gibt es nicht, **Nachttauchen** ist möglich, da es viel Biolumineszenz gibt. Der ursprüngliche Fischreichtum ist durch Dynamitfischerei z.T. leider dezimiert und steht in keinem Verhältnis zur Vielfalt an **Korallen;** mit fast 350 registrierten Arten werden an einigen Tauchplätzen mehr Arten gezählt als in der ganzen Karibik zusammen.

Die Qualität auf der technischen Seite (Equipment, Kompressoren – durchweg Bauer –, Boote etc.) ist bei den meisten Anbietern gut bis sehr gut, das Briefing ist ausreichend, die Gruppen mit meist 4 Tauchern pro Guide erfreulich klein. Die Preise sind mit 50–70 $ für 2 Tauchgänge dem Gebotenen angemessen, dazwischen werden kostenlos Getränke und ein Imbiss angeboten. Die beiden besten, jeweils von Ausländern geführten Tauchschulen, haben außerdem Filialen auf **Whale Island, Phu Quoc** und **Con Dao** sowie in **Hoi An, Doc Let, Qui Nhon** und **Mui Ne.**

- www.divevietnam.com
- www.cocodivecenter.com

Wassersport

Die meisten **Strandresorts** bieten Wassersport und die dazu nötigen Geräte an: Segelboote, Katamarane, Surfbretter, manchmal auch Wasserski, Jetski, Paragliding usf. In **Mui Ne** treffen sich **Wind- und Kitesurfer** aus aller Welt; verschiedene, zumeist ausländisch geführte Unternehmen sind dort bereits ansässig. Beste Region zum Surfen ist der China Beach bei Da Nang.

- www.kitesurf-vietnam.com
- www.windsurf-vietnam.com

Sprache und Verständigung

Vietnamesisch

Ein großer Vorteil: Die Vietnamesen schreiben im Gegensatz zu allen ihren Nachbarn in **romanischen Lettern.** Das bedeutet, dass man überall alles lesen und, wenn man sich auch nur ein bisschen Mühe gibt, binnen kurzem Aufschriften, Fahrpläne, Plakate, Speisekarten u.Ä. entziffern kann. Die romanisierte Schrift mit Akzenten, die die jeweilige Tonhöhe markieren, setzte sich auf Betreiben der französischen Kolonisten gegen Anfang des 20. Jh. durch, nachdem europäische Missionare sie bereits im 17. Jh. entwickelt hatten. Vornehme Vietnamesen schrieben noch bis zum 1. Weltkrieg Chinesisch (s. *Schrift und Literatur*).

Vietnamesisch ist eine eigenständige und unverwechselbare Sprache, die sich sowohl aus **südostasiatischen** (Mon-Khmer) wie **ostasiatischen** (sino-mongolischen) Elementen zusammensetzt. In Nord-, Mittel- und Südvietnam spricht man einen jeweils anderen **Dialekt,** der Unterschied ist in etwa so groß wie beispielsweise der zwischen Hanseatisch, Kölsch und Hessisch, d.h. die Abweichungen können gravierend sein (zumal für Ausländer), zuweilen verwendet man auch unterschiedliche Wörter für ein und denselben Begriff. Am „reinsten" spricht man im Norden (wo man daher auch vietnamesisch radebrechende Ausländer am besten versteht). Je weiter man nach Süden kommt, desto undeutlicher und verwaschener („breiter") wird die Aussprache.

So simpel vietnamesische Wörter auf den ersten Blick aussehen mögen, so vertrackt ist ihre **Aussprache,** denn Vietnamesisch zählt zu den **Tonalsprachen.** Das bedeutet, dass die gleiche Silbe völlig unterschiedliche Bedeutungen annimmt, je nachdem in welchem **Tonfall** man sie ausspricht. Auch wenn man nach dem soundsovielten Anlauf noch immer nicht den „richtigen Ton" gefunden hat, sollte man nicht entnervt aufgeben, denn irgendwann bekommt man schon ein Gespür für die Sprache – und das ist auch notwendig. Denn auf dem Land, an Busbahnhöfen, Essständen, auf Märkten, einfach überall da, wo Touristen

nicht üblich sind, kommt man ohne einige wenige Grundkenntnisse nur schwer zurecht.

Und wenn es mit den Tönen mal wieder absolut nicht funktionieren will, dann schreibt man das Wort einfach auf einen Zettel. Was allerdings auch nicht immer hundertprozentigen Erfolg verspricht. Für einen Vietnamesen ist ein Wort ohne Akzente wie ein Auto ohne Räder.

Einige wichtige Regeln und Grundbegriffe der Sprache enthält die *Kleine vietnamesische Sprachhilfe* im Anhang dieses Buches.

Französisch

Französisch wird noch heute von Älteren und Gebildeten gesprochen. Da die ehemalige Elite des Südens meist schon vor 1975 auswanderte, bedienen sich heute in der Mehrzahl Funktionäre und Intellektuelle des Nordens der Sprache. Zahlreiche Begriffe, die den Einheimischen bis dato unbekannt waren, wurden während der Kolonialzeit übernommen, d.h. vietnamisiert.

Hier eine kleine Kostprobe:

Vietnam.	Franzö́s.	Deutsch
ga to	gateau	Kuchen
ga	gare	Bahnhof
ga ra	garage	Garage
xà bông	savon	Seife
ốp la	oeufs plats	Spiegeleier
phó mát	fromage	Käse
vang	vin	Wein
cô nhắc	cognac	Kognac
cà rốt	carotte	Karotte
so mi	chemise	Hemd
mu tat	moutarde	Senf

Buchtipp

● *Monika Heyder:* **Vietnamesisch – Wort für Wort,** Kauderwelsch Band 61, REISE KNOW-HOW Verlag

Praktische Tipps A–Z

Englisch

Anders als das „klassische" Französisch der Gebildeten galt Englisch lange Zeit als Sprache der Parvenüs oder Kollaborateure. Das hat sich seit etwa 1990 allerdings geändert. Nachdem nicht nur die Jugend, sondern auch die Älteren die einstmals verpönte Sprache als Einstieg in profitable Joint-Venture-Jobs, notwendige Vorbedingung für eine Beamtenkarriere oder die Gründung eines eigenen Betriebes ansahen, platzten die Englischkurse im ganzen Land bald aus allen Nähten.

Da die Vietnamesen aber sehr viel fixer lernen als adäquate Arbeitsplätze für sie geschaffen werden können, landen sie zur reichlich geringen Freude der Touristen außergewöhnlich häufig gerade im Hotel-, Gaststätten- und Tourismusgewerbe. Es gibt heute kaum ein Land Asiens, in dem nicht nur in großen Hotels und Touristenzentren, sondern auch abseits ausgetretener Pfade so viele Menschen so gut Englisch sprechen (wenn auch vielleicht nicht immer beherrschen).

Deutsch

Nicht nur eine Vielzahl von Arbeitern und Facharbeitern, die heute in allen möglichen Berufen tätig sein können, sondern auch zahlreiche Ingenieure, Ärzte, Anwälte etc. sprechen als Fremdsprache Deutsch (oder Russisch), da sie in der DDR (oder der ehemaligen Sowjetunion) ausgebildet worden sind. Selbst noch in den entlegensten Winkeln des Landes kann die Situation eintreten, plötzlich auf deutsch angesprochen zu werden, denn insgesamt mehr als 200.000 Vietnamesen haben die Sprache in Magdeburg, Leipzig oder Halle gelernt und sprechen sie oftmals sogar erstaunlich gut.

Namen in Vietnam

In jeder vietnamesischen Stadt trifft man auf die gleichen rätselhaften Namen auf den Straßenschildern. Der tägliche Umgang damit wird sicher leichter, wenn man weiß, was sie bedeuten.

Gleichzeitig bieten diese Namen einen kleinen Exkurs zur Geschichte Vietnams wie auch dem Selbstverständnis der Vietnamesen. Helden über Helden, die dem übermächtigen China die Stirn boten. Aber eine im Verhältnis geradezu bescheidene Verherrlichung der jüngeren Vergangenheit und so gut wie überhaupt keine zeitgenössischen Namen. Auch als Sozialisten frönen die Vietnamesen keinem **Personen-,** sondern allenfalls dem **Ahnenkult.**

Personennamen

Vietnamesische Namen sind in der Regel dreigeteilt und setzen sich zusammen aus Familienname, Mittelname und Rufname. Beispiel: *Nguyen Van Quy.* Nguyen ist der verbreitetste Familienname, gut ein Drittel der Bevölkerung heißt so; daneben gibt es etwa 300 weitere Familiennamen wie Le, Tran, Pham, Duong usf. Der Mittel-

Straßennamen in Vietnam

Bach Dang	Fluss bei Haiphong. 939 erkämpfte Ngo Quyen auf ihm die Unabhängigkeit, 1287 verteidigte Tran Hung Dao sie dort gegen die Mongolen.
Dien Bien Phu	„Des weißen Mannes Stalingrad". Der Fall der Dschungelfestung bedeutete 1954 auch das Ende der französischen Kolonialherrschaft.
Hai Ba Trung	Der Heroismus der „Zwei Schwestern Trung", die im 1. Jh. die Chinesen vertrieben und sich zu Königinnen krönten, endete im gemeinsamen Freitod.
Ham Nghi	Der einzige Kaiser, der den Franzosen bewaffneten Widerstand leistete, wurde 1888 ins Exil nach Algerien verbannt.
Hung Vuong	Der legendäre „Ur-König" der frühen Vietnamesen vor der 1000jährigen Kolonialisierung durch China (um 700 v.u.Z.).
Le Duan	Kampfgefährte Ho Chi Minhs. 1931–36 und 1940–45 in französischen Kerkern, von 1960 bis zu seinem Tod 1986 Generalsekretär der KPV.
Le Lai	Doppelgänger Le Lois, der sich im Krieg gegen China 1418 aufopferte.
Le Loi	Vertrieb 1428 nach 10jährigem Guerillakrieg die Besatzungsmacht der chinesischen Ming und wurde als Kaiser Le Thai To Begründer der mächtigsten vietnamesischen Kaiser-Dynastie.
Le Thai To	Le Lois Name als Kaiser.
Ly Thai To	Gründer der Ly-Dynastie. Machte Hanoi 1009 zur Hauptstadt und leitete die Blütezeit des Buddhismus und der Monarchie ein.
Ly Thuong Kiet	General, der 1077 eine Invasion der Chinesen zurückschlug.
Nam Ky Khoi Nghia	„Erhebung des Südens". Erinnert an den Unabhängigkeitskampf Cochinchinas gegen Frankreich und Japan 1944/45.
Ngo Quyen	Besiegte 938 die Chinesen auf dem Bach-Dang-Fluss und wurde der erste Kaiser der vietnamesischen Neuzeit (938–944).
Nguyen Dinh Chieu	Blinder Lehrer und Dichter (1822–88), der zum Widerstand gegen den Kolonialismus aufrief.
Nguyen Du	Der Goethe Vietnams (1765–1820). Verfasste Anfang des 19. Jh. den berühmten Versroman „Kim Van Kieu".
Nguyen Hue	Anführer der Tay-Son-Revolte (1771–1802), die das jahrhundertelang zweigeteilte Kaiserreich wiedervereinigte und reformierte. Als Kaiser Quang Trung der letzte Monarch, der eine Invasion der Chinesen zurückschlug.
Nguyen Thai Hoc	Revolutionär und Gründer der Nationalistischen Partei, 1930 von den Franzosen exekutiert.
Nguyen Trai	Dichter und Stratege (1380–1442). Unterstützte mit Proklamationen, Spottversen und Flugblättern Le Lois Kampf gegen die Chinesen.
Pham Ngu Lao	General der Tran Dynastie, der 1285 und 1288 die Mongolen besiegte und später gegen Cham und Laoten ins Feld zog.
Phan Boi Chau	Nationalist und Republikaner (1867–1940), Symbolfigur des vorkommunistischen Widerstands gegen den französischen Kolonialismus.
Phan Chu Trinh	Antiroyalistischer Mandarin, Gelehrter und Gründer einer Eliteschule, der mit Phan Boi Chau wie mit Ho Chi Minh zusammenarbeitete.
Quang Trung	Kaisername von Nguyen Hue.
Tran Hung Dao	Feldherr, der 1284 und 1287 die Mongolen Kublai Khans, die ganz Asien überrannten und bis vor die Tore Wiens rückten, aus Vietnam vertrieb.
Tran Phu	Erster Generalsekretär der KPV, 1930 von den Franzosen ermordet.
30 Thang 4	Rückeroberung Saigons (30. 4. 1975), gespr. *ba muoi thang bon*.
3 Thang 2	Gründungsdatum der KP (3. 2. 1930), gespr. *ba thang hai*.

name gibt Aufschluss über Geschlecht (Thi beispielsweise ist immer weiblich) oder eine bestimmte Eigenschaft oder -art. Der Vor- oder Rufname ist oft symbolisch und kann ebenso Wünsche oder Gefühle, Blumen oder Gottheiten bezeichnen. Alle drei Namen sollen eine harmonische Einheit bilden.

Bei der **Anrede** verwendet man ausschließlich den Vornamen (im obigen Beispiel also *Quy)*, aber in Ermangelung „persönlicher" Fürwörter wie „ich", „du", „Sie" stets in Kombination mit einer vorangestellen, das Alter oder den Rang des Angesprochenen markierenden Bezeichnung (wie beispielsweise Lehrer, älterer Onkel, jüngere Tante, älterer Bruder, kleine Schwester usf.). Im ersten Moment „neugierig" erscheinende Fragen vieler Vietnamesen nach Alter, Herkunft und Familienverhältnissen ihrer Gesprächspartner sind nur dazu da, die stimmige, „korrekte" Anredeform herauszufinden.

Von Ausländern wird keinesfalls erwartet, dass sie zwischen den Feinheiten der verschiedenen „Onkels" unterscheiden können, allerdings wäre es ein Gebot der **Höflichkeit,** zumindest gegenüber Älteren ein Mister oder Madame vor den Vornamen (!) des Angeredeten zu setzen.

Hotelnamen

Nicht mit dem Namen der Hotels selbst zu verwechseln sind die verschiedenen vietnamesischen Bezeichnungen für „Hotel".

	wörtlich:	
khách sạn	*Gast Stein*	Hotel
nhà khách	*Haus Gast*	Hotel, Gasthaus
nhà nghỉ	*Haus Ruhe*	Hotel, Pension
phòng trọ	*Zimmer Verweilen*	Fremden- zimmer

Stromversorgung

Generell 220 Volt (50 Hz). Stromausfälle sind heute selten geworden und treten meist nur noch auf dem Land, zumeist nach Regengüssen auf, dauern aber selten lange an. Lediglich einige Inseln und abgelegene Dörfer sind noch nicht an das öffentliche Stromnetz angeschlossen und werden meist von Generatoren versorgt. Übliche Batterien (Baby- wie Mono-Zellen) sind überall erhältlich.

Unterkunft

Der Standard von Vietnams Unterkünften ist **mustergültig,** speziell in den **unteren Kategorien** (Unterkünfte zwischen 5 und 20 US$). Ein Vergleich der berühmten Travellermeile Khao San in Bangkok mit entsprechenden Vierteln in Saigon und Hanoi würde schlecht ausfallen für Thailands Metropole. Enge, muffige Verschläge sind selten, ja geradezu verpönt. Selbst Billigunterkünfte verfügen in der Regel über große, luftige Zimmer und sind bestens ausgestattet – Air Condition, Minibar, Sat-TV, IDD-Telefon gehören schon zum selbstverständlichen Standard einfacher Minihotels und Guesthouses.

Die außergewöhnlichsten Unterkünfte

Die *außergewöhnlichsten* sind nicht automatisch „die schönsten & besten" (auch wenn viele von ihnen dazuzählen). Und erst recht bilden sie keine sogenannten „Top Ten". Es sind Orte, die die *Normen* sprengen – in welcher Hinsicht auch immer –, die unverwechselbar sind. Orte, die etwas bieten, etwas „an sich haben", was sie von anderen unterscheidet. Es geht nicht um Luxus oder (messbare) Qualität, sondern um das individuelle, einzigartige Erlebnis.

Stadthotels & -resorts

- **Sofitel Metropole,** Hanoi. Tradition und Noblesse. Das erste Grandhotel Indochinas, teils liebevoll restauriert, teils kongenial nachempfunden.
- **Park Hyatt,** Saigon. Perfekte Symbiose aus Kolonialstil, Hightech-Avantgarde und vietnamesischen Antiquitäten. Vorbildlich.
- **Ana Mandara Villas,** Da Lat. Zwischen Lifestyle und Nostalgie. Zeitgenössische Gemütlichkeit in halb restaurierten, halb neu interpretierten Kolonialvillen.
- **Sofitel Palace,** Da Lat. Intimes Grandhotel-Feeling zwischen dezentem Luxus und einem letzten Hauch Realsozialismus.
- **Victoria,** Sa Pa. Eine *Burg* der Behaglichkeit, nur einen Flügelschlag von Travellerauftrieb und Ethnienzirkus entfernt.
- **La Residence,** Hue. LebensArt am Fluss der Wohlgerüche im coolen Chic der 1920er Jahre. Art Deco bis ins kleinste, liebevolle Detail.
- **Majestic,** Saigon. Moderner Komfort, aber der Hauch der guten alten Zeit ist auf angenehme Weise erhalten geblieben.
- **Life Resort,** Hoi An. Entspannung, Charme, Gastlichkeit, Atmosphäre. Passt genau zum bunten Schatzkästlein Zentralvietnams.
- **Victoria,** Can Tho. Zwischen den Flüssen am Pool – luftig, großzügig, elegant. Eine Delta-Residenz wie aus dem Bilderbuch.

Landhotels & -resorts

- **Pilgrimage Village,** Hue. Ein Haus mit besonderem Charme, Stil und Klasse.
- **Topas Ecolodge,** Sa Pa. Mitten im Dschungel zwischen Komfort- und Abenteuerurlaub.
- **Pan Hou Resort,** Hoang Su Phi. Wohltemperiertes Basiscamp zum Erkunden fremder Landschaften und Menschen; Ethnien mal ohne Zirkus.
- **Hoa Su,** Hoi An. Das Ambiente eines Luxus-Resorts kongenial gepaart mit der Intimität einer Wohlfühl-Pension.
- **Sa Pa Rooms** und **Hmong Mountain Retreat,** Sa Pa. Ökologisch wie ethisch (ethnisch) korrekt – ja, so geht's doch!
- **Belvedere,** Tam Dao. Dschungel am Rand des Pools – und das im Hinterland von Hanoi.

Beach Resorts

- **Ana Mandara,** Nha Trang. Charmante Einfachheit und exquisite Schönheit am Strand des „Nizza" Indochinas. Zum Wohlfühlen.
- **Evason Hideaway,** Nha Trang. Insel-Zuflucht ohne falschen Protz und Prunk – wahrer Luxus ist Überfluss an *Raum* und *Zeit* (und ein *Pool* vor jeder Villa).
- **Victoria,** Hoi An. Finesse und guter Geschmack statt Schablone von der Stange – da können alle Nachahmer nur erblassen.
- **Cham Villas,** Mui Ne. Charme und Intimität ohne bemühten Pseudo-Luxus und aufgesetzte „Exotik". Mustergültig.

- **Whale Island Resort,** Dam Mon. Insel-Entspannung zwischen Hedonismus (Sonnen, Essen, Trinken) und Askese (Schlafen, Wohnen).
- **Mai House,** Phu Quoc. Eigenwillig naturbelassen (no TV, AC, Pool), aber rundum perfekt und unaufgeregt. Ein Ort um zu sich zu finden.
- **La Veranda,** Phu Quoc. Komfort-Refugium mit viel Stil und Individualität – (nicht nur) auf der Insel ein Unikat.
- **Ki-Em Art House,** Doc Let. Anmutig, feminin, idyllisch, überraschend. Die unverwechselbare Handschrift einer Künstlerin.
- **Jungle Resort,** Doc Let. Zurück zu den Wurzeln – auch einfach lebt sichs angenehm. Anarchistisches *Robinson*-Feeling wie nirgends sonst. Außer vielleicht im
- **Freedomland,** Phu Quoc. Basiscamp für kommunikationsfreudige Ästheten, Wanderer und Außenseiter.

Budget Hotels

- **Madam Cuc,** Saigon. Eine gute Stube für alle. Die Herzlichkeit der Madam und ihrer fröhlichen Brigade geben jedem das Gefühl, zu Besuch bei Freunden zu sein.
- **Binh Minh,** Hue. Der nostalgische Charme von Hue gepaart mit Gastlichkeit und Effizienz – eine Kombination zum Wohlfühlen.
- **Dreams,** Da Lat. Leckeres Frühstück, gute Bäder, Internet, familiär aber unaufdringlich – wie man sich eine Herberge wünscht.
- **Binh Duong,** Hue. Blitzblank wäre eine Untertreibung. Und Zimmer mit eigenem PC sind definitiv Avantgarde.
- **Thien Thanh,** Hoi An. Freundliches Boutique-Schatzkästlein mit Pool, viel Grün und pfiffigem Design. Exemplarisch!
- **Backpackers Hostel,** Hanoi. Urig? Nein, chic! Von einer „Jugendherberge" weiter entfernt als Hanoi von Wattenscheid.

Vietnams Nachteil hat sich schon lange zum Vorteil verkehrt – da es vor 2000 nur wenig gab, was internationalen Standards und Gepflogenheiten entsprach, sind fast alle Hotels erst innerhalb der letzten zehn Jahre entstanden. Und da die Konkurrenz groß ist, sind selbst „ältere" Hotels permanent gezwungen nachzubessern, um mit der rasanten Entwicklung Schritt zu halten.

In Großstädten und Touristenzentren wie Hoi An oder Sa Pa ist die Auswahl an Unterkünften schier unerschöpflich. Aber selbst in Orten, in die sich kaum je ein Ausländer verirrt, braucht man heute nicht mehr zu darben. Ein, zwei „Wunschunterkünfte" für jeden Geldbeutel und Geschmack wird man nahezu überall finden – außer vielleicht in der allertiefsten Provinz oder beim Trekking/Biking (wenn man den nächstgrößeren Ort nicht mehr schafft).

Auch an **Luxus-** und **First Class-**Hotels, oft Auslandsinvestitionen und/oder Joint Ventures, ist da, wo sie gebraucht werden, kein Mangel.

Ohne **Spa** und „Wohlfühlzone" kommt kein besseres Hotel oder Resort aus. Aber auch wer bescheidener wohnt, muss nicht verzichten: In allen Großstädten und Touristenzentren sprießen sie wie Pilze aus dem Boden. www.spasvietnam.com.

Wovon es eher nicht genügend gibt, sind größere bis große Häuser der **Mittelklasse,** die auch für Gruppenreisende und Pauschaltouristen geeignet sind.

Engpässe können auch in der Hochsaison trotz allem hin und wieder auftreten, vor allem im höheren Preissegment. Speziell an den **Stränden** von Mui Ne, Hoi An und Phu Quoc – und das gilt für Luxusresorts ebenso wie für preisgünstigere Unterkünfte – ist während der Saison frühzeitige Reservierung angeraten. Und wer sich um Weihnachten und Neujahr an den Stränden tummeln will, kann gar nicht früh genug buchen.

Ein zumindest rudimentäres, meist aber erstaunlich gutes **Englisch** wird praktisch in allen Hotels und Guesthouses gesprochen, in denen Ausländer absteigen. Oft selbst in der Provinz.

Faustregeln

- Niemals das **erstbeste** Zimmer nehmen. Immer mehrere Zimmer, auch unterschiedlicher Kategorien, anschauen, wiederholt nach dem Preis und möglichen Rabatten fragen, bevor man eine Entscheidung fällt.
- Die **besten** Zimmer einer preisgünstigeren Unterkunft sind fast immer den Standardzimmern einer „höherklassigen" vorzuziehen. Das gilt für *jede* Preiskategorie! Für 15–20 $ erhält man in Minihotels bereits eine kleine „Suite" mit Balkon, wofür einem in einem „besseren" Hotel gerade mal ein „Chauffeur-Zimmer" ohne Fenster oder zum Lichtschacht angeboten wird.
- Zimmer **ohne Fenster** oder nur mit Innenfenster sind zwar generell ruhiger, andererseits ist man dann fast zwingend auf die Klimaanlage angewiesen. Außer in Luxushotels funktioniert die aber meist nur eingeschränkt: zu laut, falsch angebracht (z.B. direkt

über dem Bett), nicht regelbar usw. Die Folge: Entweder man friert furchtbar und holt sich eine Erkältung (wenn nicht Schlimmeres) oder man schmort im eigenen Saft.

Kategorien

Das von der vietnamesischen Tourismusbehörde 2002 eingeführte Sternesystem (*-*****) taugt herzlich wenig – staatliche Hotels kommen viel zu gut weg; unterhalb von drei Sternen wird praktisch gar nicht mehr gewertet usf. –, sodass wir bei unserer gewohnten Klassifizierung bleiben.

- **Luxus.** Meist Ableger internationaler Konzerne (Sofitel, Hilton, Renaissance usf.) in Saigon, Hanoi, Da Lat, Nha Trang etc. Ab 200 $.
- **First Class.** Gehobener internationaler Standard, mit kleinen Einschränkungen allenfalls bei Service und Instandhaltung. Ab 100 $.
- **Economy.** Mittelklasse mit allem Komfort, wenn auch nicht immer erster Qualität (Klimaanlagen, Kühlschränke, Bäder, Mobiliar). Dies gilt vor allem für die (oft staatlichen) Hotels außerhalb der Touristenzentren. Staatsmonopolistische Betriebe, die eher an progressiven Strafvollzug denn an Stätten der Gastlichkeit erinnern, sind allerdings definitiv im Aussterben. 40–100 $.
- **Budget.** So viele erstklassige Häuser findet man selten irgendwo. Aircondition, Minibar, Sat-TV, Telefon, eigenes Bad, manchmal sogar mit Badewanne, sind Standard. Aufgrund der typischen Bauweise der Minihotels – sehr großes Zimmer zur Straße, oft mit

Preise und Rabatte

- Alle Preise verstehen sich für **Doppelzimmer** (DZ).
- Alle Preise sind **Public Rates** – Preise, die man an der Rezeption zahlt –, es sei denn, Hotels bieten auf ihren Websites günstigere **Internet Rates** an.
- **Reiseveranstalter** sowie **Online-Hotelagenturen** bieten Preisnachlässe, die oft nur einen *Bruchteil* der offiziellen Raten betragen. Nachteil ist (relativ kleine Kontingente), dass man frühzeitig buchen und seine Reise verplanen muss.
- **Agenturen vor Ort** sind nicht ganz so günstig, aber flexibler, sodass man oft an Ort und Stelle noch kurzfristig mit Discount buchen kann.
- AC   Air Condition
- WW   Warmwasser
- KW   Kaltwasser
- BF   Breakfast (Frühstück)
- ++   10 % Tax (Steuer) und
            5 % Service

Balkon, weniger großes nach hinten, das kleinste in der Mitte – haben Zimmer im Innentrakt oft keine richtigen Fenster. 15–40 $.

- **Low Budget.** Selbst in dieser Kategorie findet man meist geräumige Zimmer mit ordentlichen Betten und eigenem Bad (8–15 $). Einige Minihotels in Saigon, Hanoi etc. führen Schlafsäle (Dorms) mit meist 4–8 Betten (p.P. 3–6 $).

Preise

Vor 1989 durften Ausländer ohne Ausnahme in „Devisenhotels" logieren und mussten ausschließlich in US-Dollar zahlen. Danach gab es zeitweise unterschiedliche Preise für Vietnamesen, Viet Kieu (Auslandsvietnamesen), Angehörige sozialistischer Bruderstaaten und kapitalistische Ausländer. Lang ist's her. Ausländerpreise sind nahezu abgeschafft, und echte Unverschämtheiten leistet sich heute kaum mehr jemand, dafür ist der Konkurrenzkampf zu groß.

● Viele Hotels führen **Preislisten,** die nur das oberste Niveau angeben. Hartnäckiges Fragen nach billigeren Zimmern und **Rabatten** lohnt sich oft. Nicht selten werden Zimmer günstiger abgegeben, wenn man auf die Klimaanlage verzichtet. **Unterschiedliche Preise** beziehen sich in der Regel auf Größe und Lage des Zimmers (s.o., *Budget),* bei mehrstöckigen Häusern ohne Lift auch auf die Etage (je höher, desto billiger). Bei Häusern mit Lift ist es genau umgekehrt.

● Hotels der oberen Preiskategorie berechnen zuzüglich zum Zimmerpreis **10 % Steuer** und **5 % Service;** die gebräuchliche **Abkürzung** dafür lautet ++.

● **Kreditkarten** akzeptieren alle großen Hotels und mittlerweile selbst viele Minihotels. Gebühren von 2–4 % sind dabei allerdings die Regel.

● Hotels, in denen vornehmlich Ausländer absteigen, weisen ihre Preise der Einfachheit halber meist in **US Dollar** aus.

Websites (www.)

● vietnamtourism.com
● hotelvietnamonline.com
● hotels.com.vn
● traveltovietnam.com
● whl.travel/destination/asia
● hotels84.com
● vietnamstay.com
● hotels-in-vietnam.com
● vietnamhotels.biz
● all-vietnam-hotels.com
● discover-vietnam.de (dt.)

009% Foto: kb

Verhaltenstipps

Bereits dem jungen Ho Chi Minh fiel auf: „Die Franzosen in Frankreich sind besser und höflicher als die in Indochina". Auch Touristen treten gern wie Kolonisten auf und benehmen sich in der Fremde auf eine Weise daneben, wie sie es sich zu Hause allenfalls im Karneval gestatten. Wir sind der Meinung, entweder man akzeptiert ein Land und seine Menschen, einschließlich aller Widersprüche, anderer Moralvorstellungen und Zeitbegriffe, oder man sollte besser einen ordentlichen Club-Urlaub machen, wo alles wie gewohnt ist und Exotik Spaß macht und nicht zu einer Herausforderung wird, die man im Grunde gar nicht will.

Um zu Ho Chi Minh zurückzukehren: sich Vietnamesen gegenüber zumindest als höflich und respektvoll zu erweisen kostet nicht viel und bedarf es (eigentlich) wenig.

Begrüßung. Zur Begrüßung reicht man sich nach westlicher Art die Hand, wobei Älteren immer der erste Gruß gebührt. Die vietnamesische Eigenart, die ausgestreckte Rechte mit beiden Händen zu umfassen und ausgiebig zu drücken, haben wir immer als sehr herzlich empfunden. Visitenkarten (auch Geschenke oder Geld) sollten Respektspersonen mit beiden Händen gegeben werden.

Zu Beginn jedes Gesprächs, jeder Verhandlung oder neuen Bekanntschaft wird **Tee getrunken** (neuerdings auch Wasser o.Ä.). Man nimmt sich Zeit, redet von Verwandten, vom Wetter, von Gott und der Welt, entspannt sich, tauscht Zigaretten aus, und lernt sich erst einmal kennen. Nichts wäre falscher und unhöflicher, als sofort mit der Tür ins Haus zu fallen und auf rasche „Ergebnisse" zu drängen. Selbst auf unproblematische Fragen wird man unter diesen Umständen eindeutige Antworten, falls überhaupt, erst nach und nach erhalten.

Gesicht wahren. Oberstes Gebot: Gefühle werden nicht gezeigt, sondern mit einem Lächeln überspielt. Auch wenn der Fremde noch so sehr in Eile ist, Vietnamesen, geschweige denn Polizisten oder Beamte, lassen sich von arrogantem Auftreten, ungeduldiger Drängelei, Besserwisserei oder gar Geschrei (zumindest nach außen hin) nicht beeindrucken. Man wird nur „sein Gesicht verlieren", die Wartezeit um so mehr verlängern und wahrscheinlich sogar unverrichteter Dinge abziehen müssen.

Umgekehrt sollte man aber auch einen Vietnamesen niemals dahin bringen, sein Gesicht zu verlieren. Zum Beispiel, indem man Unmögliches von ihm verlangt. Er wird sich winden und alle erdenklichen Ausflüchte finden, nur um das „unhöfliche" Nein zu vermeiden. Auch allzu direkte Fragen, die womöglich eine „private" (individuelle) Meinungsäußerung erforderlich machen, werden in der Regel allenfalls betretenes Schweigen und verlegenes Lächeln hervorrufen. Unverbindliche Erkundigungen nach Alter, Familie, Kindern und dergleichen werden hinge-

Festgesellschaft mit Sonnenschirm

gen keineswegs als Neugier oder gar Eindringen in die Privatsphäre, sondern als höfliches, wenn nicht gar freundschaftliches Interesse empfunden.

Gesten. Ebenso wie es nicht angebracht ist, Ärger zu zeigen oder laut und aggressiv zu werden, verlangt auch die Körpersprache Zurückhaltung. Man gestikuliert nicht beim Reden, deutet nicht auf Gegenstände oder Menschen mit dem Finger, steigt nicht über Sitzende hinweg und vermeidet, daß die Fußsohlen auf den Gesprächspartner zeigen. Mit einer ruhigen Bewegung der ganzen Hand (Handrücken nach oben) winkt man jemand, z.B. einen Kellner, heran, mit einer drehenden Handbewegung wehrt man ab.

Besuche. Man sollte stets seinen vietnamesischen Bekannten die Entscheidung überlassen, ob sie es für richtig finden, sie in ihrer Privatwohnung aufzusuchen oder nicht. Häufig ist eine Einladung mit einem Essen verbunden, dann wäre eine kleine Aufmerksamkeit für die Gastgeber angebracht. Übernachtungen bei Einheimischen sind zwar erlaubt. Aber auch Privatleute, sei es in Hanoi oder irgendwo auf dem Land, sind verpflichtet, ihre Gäste bei der Polizei anzumelden.

Geschenke. Mit kleinen Geschenken wird man immer Freude bereiten, nur: Was schenkt man denn eigentlich? Denn kaufen kann man ja (fast) alles. Eine Spezialität aus dem Ausland, etwas, das es in Vietnam nicht gibt, kommt immer gut an. Freunde kann man fragen, ob sie (Fach-)Bücher, Kosmetika, Medikamente benötigen, man wird es offen sagen. Bei einer

Essenseinladung sind wie bei uns Blumen, Getränke, Süßigkeiten angebracht. Geschenke sollten verpackt, Geld im Kuvert übergeben werden. Dass man sie nicht sofort nach Erhalt auspackt, ist keine Ignoranz, sondern gehört zum guten Ton.

Schwierig wird es bei unerwarteten Einladungen z.B. in einem Minoritätendorf. Gastgeschenke sollten nur dem Familienoberhaupt übergeben werden. Bonbons oder Geld an Kinder zu verteilen ist die schlechteste Lösung und führt nur zu Bettelei.

Trinkgelder waren lange in Vietnam überhaupt nicht üblich, werden aber natürlich gerne akzeptiert. Auch Einheimische runden in Restaurants die Rechnung auf, geben einen *tip* für kleine Dienstleistungen. Die Rechnungen teurer Restaurants und Hotels beinhalten bereits einen Servicezuschlag (meist 5 %), manche Hotels der Luxusklasse weisen darauf hin, dass ihr Personal keine Trinkgelder erwartet. Es bleibt also dem Ermessen des Gastes überlassen, was er gibt. Nur sollte es ein vernünftiger, der Leistung angemessener Betrag und nicht ein wahlloses „Dollar-in-die-Hand-drücken" sein, das eine Erwartungshaltung weckt, die den nächsten Gast unweigerlich schäbig dastehen lässt.

Fotografieren. Einheimische sind keine exotischen Objekte. Sondern Menschen, die man um ihre Einwilligung bitten sollte, bevor man sie ablichtet. Ein kurzer Blick, eine Geste, ein aufmunterndes Lächeln genügen oft.

Kleidung. Es sollte eigentlich eine überflüssige Bemerkung sein, dass ein einigermaßen zivilisiert gekleideter Reisender einen deutlich besseren Eindruck macht als einer im allzu lässigen Freizeitlook. Vietnamesen sind weit davon entfernt, Kleidung überzubewerten, aber selbst Leute mit geringem Einkommen legen Wert auf gepflegtes Äußeres. Immer häufiger wird das schlampige Auftreten von Touristen, z.B. in Pagoden oder Restaurants, von den Vietnamesen mit deutlichem Missfallen registriert. Wer sich allzu nachlässig kleidet, wertet nicht nur sich selbst ab, sondern zeigt auch Missachtung gegenüber den Menschen, deren Land er bereist.

Vietnamesische Frauen sieht man meist in Hosen: elegant im Ao Dai, modern in Jeans und praktisch in der schwarzen chinesischen Hose. Über Ausländerinnen in Shorts oder Minis wird sich in Vietnam niemand moralisch erregen. Klar sollte aber sein, dass man sich damit auf dem Land einfach lächerlich macht und in der Stadt den „leichten Frauen" zugeordnet wird.

Am Strand gibt man sich locker. Aber: Nur ignorante und unsensible Frauen zeigen sich an öffentlichen Stränden oben ohne. Nackt Baden ist in Vietnam völlig tabu, selbst am einsamsten Strand sollte sich der Fremde niemals allein wähnen.

Kinder, Händler, Bettler. Viele hielten sie für die drei Plagen des Landes, und zwar in genau dieser Reihenfolge, aber die ursprüngliche Neugier vor allem der Kinder hat sich längst gelegt, und ein *Tay* im Dorf oder auf der Straße wird mittlerweile nur mehr selten einen Volksauflauf erzeugen. Es geht

also „professioneller" als früher zu, d.h. auf der einen Seite nehmen die Händler und Bettler zwar immer mehr zu, auf der anderen Seite sind sie erfahrener und erkennen inzwischen schneller, „wo es nichts zu holen gibt". Wichtigstes Gebot ist: nur keine Unsicherheit zeigen. Spielerisch auf Kinder zugehen, entschieden die Angebote von Händlern ablehnen und Bettler ignorieren, sofern man den Eindruck hat, dass es sich um Betrüger handelt (was zugegebenermaßen nicht immer einfach ist). Beim Geben muss man sich nicht als reicher Ausländer aufspielen, ein 2000 Dongschein ist ausreichend.

Pagoden. Pagoden in angemessener Kleidung und ohne Schuhe zu betreten ist höflicher als mit, obwohl man Besuchern in dieser Hinsicht selten Vorschriften macht. Auf die erhöhte Eingangsschwelle sollte man nicht treten. Buddhafiguren gegenüber zeigt man Achtung, indem man sie weder am Kopf berührt, noch ihnen beim Sitzen die Füße entgegenstreckt.

Die Mönche sind sehr freundlich, öffnen Türen, beleuchten den Altar, bieten Tee an. Wir haben die Erfahrung gemacht, dass man respektvolles Verhalten mindestens genauso schätzt wie eine Spende in die „Donation-Box".

Verkehr

Allgemeine Verkehrslage

In Vietnam sterben derzeit mehr Menschen im Straßenverkehr – über 12.000 im Jahr oder 33 pro Tag – als durch tropische Krankheiten wie Malaria oder Dengue Fieber. 80 % aller tödlichen Unfälle passieren auf National- und Provinzstraßen, in über 65 % aller Fälle sind Motorräder verwickelt. Hauptursache sind zu schnelles Fahren und riskante Überholmanöver. Seit 2007 besteht *allgemeine* **Helmpflicht für Motorradfahrer** und Beifahrer, seit 2009 gibt es **Alkoholbegrenzungen** (0 Promille für KFZ-, 0,5 für Motorradfahrer). 2010 waren auf den Straßen Vietnams schätzungsweise **1,5 Mio. Autos** und **30 Mio. Motorräder** unterwegs, jährlich wächst das Verkehrsaufkommen um 12–15 %. Speziell der erst seit relativ Kurzem zu beobachtende Trend zum eigenen Automobil lässt viele Städte jetzt schon an ihre Grenzen stoßen. Satte Importzölle und Luxussteuern sollen dem entgegenwirken – ein Mercedes oder BMW kostet dann etwa das Doppelte wie bei uns –, doch fahren die Behörden ihren Kurs nie konsequent genug; herrscht eine Konsumflaute – und fallen die entsprechenden Steuereinnahmen aus –, wird rasch wieder zurückgerudert. Derzeit werden pro Jahr rund 220.000 Neuwagen zugelassen, davon sind ca. 160.000 in Vietnam hergestellt bzw. montiert.

Abseits der verkehrsreichen Hauptrouten – N1, einige Strecken im Mekong-Delta usf. – geht es auf Vietnams Überlandstraßen aber immer noch halbwegs beschaulich zu.

Infrastruktur

Vietnam verfügt über 2600 Eisenbahn- und rund 260.000 Straßenkilometer, von denen rund 25 % geteert sind, sowie über mehr als ein Dutzend größerer Flughäfen.

Straßen

Die 2300 km lange **Nationalstraße 1** verbindet Lang Son im äußersten Norden mit Ca Mau im äußersten Süden bzw. Saigon mit Hanoi.

Im amerikanischen Krieg mitsamt allen Brücken immer wieder zerstört und meist nur provisorisch geflickt, ist die N1 seit 1993 dank Krediten der Weltbank und des IWF und großteils mit ausländischer Hilfe (Japan, Südkorea, Australien) neu ausgebaut und kontinuierlich verbreitert worden. Ortsumgehungen wurden geschaffen und alle Brücken erneuert. Trotzdem kann der Verkehr auf manchen Abschnitten noch heute zeitweise zusammenbrechen. Speziell im Zentrum können sintflutartige Regenfälle und Taifune die N1 im Nu in eine Schlammpiste verwandeln, halb Sturzacker und halb Dauerbaustelle.

Zumindest etwas Entlastung bringt der 1650 km lange **Ho-Chi-Minh-Highway**, der von Hanoi bis Da Nang parallel zur N1 verläuft, um wie einst der Ho-Chi-Minh-Pfad über Kontum, Pleiku und Buon Ma Thuot und entlang der laotischen Grenze westlich von Saigon zu münden. Der Großteil der Bauphase ist abgeschlossen, allerdings fehlen hier und da noch Verbindungsstücke.

Die N5 von Hanoi nach Haiphong sowie Abschnitte der N1 im Norden sind bereits mehrspurig ausgebaut, ebenso ein erster *Freeway* im Süden zwischen Saigon und My Tho. Im ganzen Land, vor allem im Bergland des Nordens, sind Straßenprojekte im Gange, die zu Verkehrsbehinderungen führen können. Auf einer völlig neuen Trasse wird die Autobahn Hanoi – Lao Cai gebaut, die 2013 fertiggestellt und bis nach Kunming in China reichen soll.

Die **Untertunnelung des Wolkenpasses** (*Hai-Van-Pass*) zwischen Da Nang und Hue wurde 2005 abgeschlossen. Der 6,3 km lange, für 135 Mio. US$ von japanischen und amerikanischen Firmen gebaute Tunnel ist der längste Südostasiens.

2000 wurde die **erste Mekong-Brücke** bei Vinh Long (My Thuan) in Betrieb genommen, 30 km entfernt bei Can Tho wurde 2010 die 2,7 km lange Brücke über den Hau Giang (Unterer Mekong) eröffnet. Dadurch entfällt die bislang zeitraubendste Fährverbindung im Mekong-Delta. Für Nostalgiker gibt es aber noch immer einige Flussarme, die im beschaulichen Fährrhythmus überwunden werden müssen.

Eisenbahnnetz

80 % des bei Kriegsende total zerstörten Netzes, dessen Gleiskörper großteils noch aus der Kolonialzeit stammt, verläuft bis heute eingleisig. Selbst neuwertige Elektro-Loks können nichts daran ändern, dass man im besten Falle 30 Stunden von Saigon nach Hanoi benötigt (zum Vergleich: 1990 waren es noch 72 Stunden). Durch Ausweichstrecken und umfassende Reparaturen an Gleiskörpern und Brücken (viele können nur im Schritttempo befahren werden) will man die Reisezeit auf unter 24 Stunden senken.

1996 wurden die Linien zwischen Vietnam und **China** (Nanning, Kunming) wiedereröffnet; die Strecke nach Kunming ist bis auf Weiteres nicht befahrbar. Eine Reaktivierung der Trans-Asia-Railway (Saigon-Phnom Penh-Bangkok) ist seit Jahren im Gespräch.

Flughäfen

Nicht allein die internationalen Flughäfen von Saigon, Hanoi und Da Nang, sondern auch zahlreiche Provinzflughäfen (Phu Quoc, Dalat, Can Tho, Tuy Hoa etc.) sind seit 1995 systematisch modernisiert und erweitert worden. Der mitten im Ort liegende Airport von Nha Trang wurde 2004 aufgelöst und nach Cam Ranh (35 km südl.) verlegt.

Fluggesellschaften

Vietnam Airlines (VNA)

Das Staatsunternehmen *Hang Khong Viet Nam* fliegt seit 1990 auch im Inland unter dem Namen Vietnam Airlines. 2008 verfügte das Unternehmen über 54 Maschinen und transportierte 9 Mio. Passagiere im In- und Ausland, der Maschinenpark ist relativ neuwertig (Airbus, Boeing, ATR, Fokker).

Hang Khong Viet Nam galt bis Mitte der 1990er Jahre nicht als Muster an Effizienz (daher rührt der alte Spottname „Hang On Vietnam"), ist heute aber IATA-Mitglied und eine der zuverlässigsten Airlines Asiens mit 20 inländischen- und über 40 internationalen Destinationen. Auf der Strecke Frankfurt – Saigon bzw. – Hanoi bietet VNA gegen Aufpreis eine *Deluxe Economy Class* mit größerem Sitzabstand (0,97 m) und mehr Freigepäck (40 kg). www.vietnamairlines.com.

Jetstar

Der 1992 gegründete Carrier ist deutlich billiger als Vietnam Airlines und pendelt bis zu 12-mal tgl. zwischen Saigon und Hanoi via Danang sowie 1–2-mal tgl. zwischen Saigon und Hue, Vinh, Haiphong. Online-Buchung möglich. www.jetstar.com.

Vasco

Vietnam Air Services Company, eine Unterabteilung der Vietnam Airlines, fliegt mit 50–70-sitzigen ATRs tgl. von Saigon nach **Con Dao** (46 $) sowie nach Ca Mau, Chu Lai, Tuy

„Das Büro des Planungsdirektors von Vietnam Tourism war vom Boden bis zur Decke mit rotem Samt ausgeschlagen; ich kam mir vor wie in einer leeren Pralinenschachtel. Mr. Ngoc sagte: ‚In Städten wie Bangkok und Singapur ist doch alles völlig kommerzialisiert. Da geht doch jeder Reiz verloren. Wir dagegen bieten Spontaneität und Gastfreundschaft, und da unsere Hotels nicht immer die besten sind, können wir auch an die Abenteuerlust appellieren. Es gibt viele Menschen, die gern das Unerforschte erkunden.' Ehe ich das Büro verließ, nahm Mr. Chau mich beiseite. ‚Fahren Sie nicht mit dem Zug nach Bien Hoa', sagte er. Ich fragte ihn, warum nicht. ‚Weil das der schlimmste Zug der Welt ist', sagte er."

(Paul Theroux, The Great Railway Bazaar, 1975)

Inlandsflüge Vietnam Airlines

Von Saigon (SGN) nach	US$	km	Flugzeit
Hanoi	96	1150	2:00
Hue	78	630	1:20
Da Nang	78	610	1:10
Nha Trang	46	320	0:50
Pleiku	50	385	1:10
Phu Quoc	50	300	1:00
Da Lat	50	215	0:50
Con Dao	46	200	1:00
Von Nha Trang–Cam Ranh (CXR) nach			
Hanoi	95	830	1:50
Saigon	46	320	0:50
Da Nang	46	540	1:15
Von Da Nang (DAD) nach			
Hanoi	78	555	1:10
Saigon	78	605	1:10
Nha Trang	46	440	1:15
Qui Nhon	50	275	1:00
Pleiku	46	227	0:50
Von Hue (HUI) nach			
Saigon	78	630	1:20
Hanoi	78	550	1:10
Von Hanoi (HAN) nach			
Saigon	96	1150	2:00
Can Tho	96	1221	2:10
Nha Trang	95	830	1:50
Da Lat	95	1065	1:40
Hue	78	550	1:10
Da Nang	78	610	1:15
Buon Ma Thuot	95	780	1:40
Dien Bien Phu	46	470	1:00

Preise variieren je nach Wechselkurs, Saison und Buchungsklasse

Hoa. Tel. 08/38445999, www.vas co.com.vn.

VietJet Air

Vietnams erste private Airline soll Ende 2010 den Betrieb aufnehmen und zunächst zwischen Saigon, Danang und Hanoi verkehren, ehe auch internationale Ziele angesteuert werden. Tickethandel erfolgt vornehmlich im Internet. www.vietjetair.com.

Inlandsflüge

Reservierungen sind am besten so früh wie möglich zu tätigen, da Flüge häufig ausgebucht (überbucht) sind. Wer ein sehr gedrängtes Programm hat, sollte das schon von zu Hause aus erledigen.

Achtung! Im Ausland sind Tickets **deutlich teurer** als in Vietnam selbst. Flüge daher am

Zugfahrplan Hanoi – Saigon

	SE3 (29:30h)	SE5 (32h)	SE1 (34:20h)	SE7 (34h)
Hanoi	23.00	12.25	19.00	05.55
Vinh	04.07	18.00	00.46	11.51
Dong Hoi	07.45	22.01	04.31	16.06
Hue	10.39	01.02	08.01	19.53
Da Nang	13.03	03.33	10.34	22.40
Dieu Tri*	18.13	09.01	16.17	04.32
Nha Trang	21.42	08.41	20.26	08.41
Thap Cham**		10.18	22.04	10.18
Muong Man***		12.55		12.55
Saigon	04.30	16.48	04.10	16.48

Zugfahrplan Saigon – Hanoi

	SE4 (29:30h)	SE6 (31:30h)	SE2 (33h)	SE8 (34h)
Saigon	23.00	12.20	19.00	05.30
Muong Man***		15.38		08.47
Thap Cham**		17.52		11.02
Nha Trang	05.33	19.21	02.34	11.33
Dieu Tri*	08.59	23.04	06.07	16.20
Da Nang	14.02	04.33	12.01	22.29
Hue	16.33	07.10	15.00	01.36
Dong Hoi	19.21	10.11	17.58	05.09
Vinh	23.04	14.06	22.07	09.38
Hanoi	04.30	20.00	04.10	15.51

Die mit * gekennzeichneten Bahnhöfe gehören zu den Orten:
*Qui Nhon **Phan Rang ***Phan Thiet

Preise Saigon – Hanoi (in US$)

	SE1–SE6	SE7–SE8
Hard Seat AC	–	30/33
Soft Seat AC	38	36
Hard Sleeper AC	50–60	43–54
Soft Sleeper AC	58–61	–

besten über Agenturen in Vietnam buchen. Da diese Kommissionen von der Airline erhalten, berechnen die meisten nicht oder kaum mehr, als wenn man direkt bei Vietnam Airlines bucht. Und: Durch eine Vielzahl **limitierter Buchungsklassen** kann der Ticketpreis für ein und dieselbe Strecke oft binnen Stunden gut und gerne bis zu 40 $ variieren!

Im Inland können Flugpreise in bar (VND, US-Dollars, ggf. Euro) oder Kreditkarte (direkt bei der Fluggesellschaft spesenfrei) bezahlt werden. Umbuchungen sind möglich, es kann allerdings problematisch sein, einen Ersatzplatz zu finden. Ungenutzte Flugscheine werden gegen ca. 10 % des Flugpreises zurückgenommen.

Überbuchungen, überraschende Terminänderungen oder kurzfristige Absagen ganzer Flüge sind nicht mehr an der Tagesordnung, können hin und wieder, insbesondere auf

Bahnhof	*(nhà) ga* (frz. gare)
Zug	*xe lửa / tàu*
Ticket	*vé tàu*
Sitzplatz	*ngồi*
hart, weich, AC	*cứng, mềm, lạnh*
Liegeplatz	*nằm*
Fahrplan	*bảng giờ tàu*
WC	*vệ sinh*

Nebenstrecken (Phu Quoc!) und wetterbedingt, allerdings immer noch vorkommen.

Adressen der Inlandbüros sind bei den jeweiligen Städten verzeichnet.

Die Aufstellung der Flugpreise (siehe S. 92) kann nur als Anhaltspunkt dienen (Stand Winter 2009/10). Die offiziellen Preise sind in VN Dong ausgewiesen.

Zug

Das von den Franzosen errichtete Eisenbahnnetz verbindet den Norden mit dem Süden und **Saigon** mit dem mehr als 1700 km entfernten Hanoi. Von Hanoi führen Linien im Osten zur Hafenstadt **Haiphong**, nach Norden nach **Lang Son** (und weiter bis Nanning/Beijing) und nach Nordwesten nach **Lao Cai.**

Seitdem der **Komfort** spürbar zugenommen hat und es **keine Ausländerpreise** mehr gibt, Langnasen also dasselbe wie Vietnamesen zahlen, hat das Reisen mit der Bahn deutlich an Attraktivität gewonnen.

Zwischen Hanoi und Saigon verkehren tgl. fünf staatliche **Express-Züge.** Züge in Richtung Süden tragen jeweils ungerade Nummern (SE1 etc.), Züge nach Norden gerade Nummern (SE2 etc.). Die Fahrzeit beträgt je nach Zugtypus zwischen knapp 30 bis 34 Stunden.

Der vollklimatisierte Spezial-Express SE3/SE4 benötigt für die 1726 km lange Strecke knapp 30 Stunden, was einer Durchschnittsgeschwindigkeit von rund 55 km/h entspricht. Ein normaler, ebenfalls klimatisierter Expresszug (SNT1-2) verlässt sowohl Saigon wie Hanoi tgl. um 10.05 Uhr; er hält häufiger und braucht daher 42 Stunden (Ankunft gegen 3-4 Uhr nachts), dafür kostet der günstigste Platz (soft seat) nur 10 $ und der teuerste Schlafplatz nur 18 $.

Zusätzliche private Expresszüge *(Golden Train)* verkehren ausschließlich zwischen Saigon und **Phan Thiet** (7.05, an 11.30 Uhr, bzw. ab Phan Thiet 13.45, an 18.30 Uhr, *soft seat* 5.50 $) und Nha Trang (20.05, an 5.30 Uhr, bzw. ab Nha Trang 18.40, an 5.15 Uhr, *soft sleeper* 24 $, Einzelabteil 35 $). Reservierung Tel. 08/35261683.

Auf der Strecke **Hanoi** – Dong Hoi – Hue – **Da Nang** werden Waggons des privaten Unternehmens **Livitrans** an den SE1-2 angehängt. Für deutlich besseren Service und Ausstattung zahlt man dementsprechend mehr, auch Online-Buchung ist möglich (www.livitrans.com).

Von **Hanoi** fahren tgl. mehrmals Züge nach **Haiphong, Lang Son** (Di, Do weiter nach Nanning und Beijing) sowie nach **Lao Cai;** auch auf dieser Strecke (Sa Pa) verkehren Spezialwaggons verschiedener Betreiber (s. *Hanoi*).

Die im Krieg zerstörte Bergbahn von **Da Lat** zur Küste nach Phan Rang (Thap Cham) wurde nach 1975 nicht wieder in Betrieb genommen. Von Da Lat aus kann man jedoch eine kurze **Nostalgiefahrt** unternehmen.

Geschichte

Der Ausbau des Eisenbahnnetzes begann 1905, bereits 10 Jahre später erstreckte es sich dank des Masseneinsatzes vietnamesischer Zwangsarbeiter über 1500 km. Allein von den 80.000 Kulis, die die Gleise von Hanoi nach Nanning im Süden Chinas legten, starben 25.000 während der Bauarbeiten. Zwischen 1914 und 1930 kam der Eisenbahnbau fast völlig zum Erliegen, ehe das Ende der Weltwirtschaftskrise zu einem neuen Boom in den Kolonien führte. Die Streckenführung diente ausschließlich den politischen und kommerziellen Interessen der Franzosen. So verkehrten von Saigon zwar Züge nach My Tho (Flusshafen für Waren aus Kambodscha), Loc Ninh (Kautschukzone) und Da Lat (Kurort) und von Hanoi bis weit in den Süden Chinas hinein, die beiden wichtigsten Städte Vietnams wurden aber erst Ende der 1930er Jahre durch den Ausbau der Strecke Nha Trang – Da Nang miteinander verbunden.

In den 1940er und 1950er Jahren unter permanentem Beschuss von Franzosen, Japanern und Viet Minh und in den 1960ern und 1970ern von (je nach Landesteil) Amerikanern, Vietcong und Nordvietnamesen, reichten die Mittel zwischen 1975 und 1990 nicht weiter, als die an zahllosen Stellen unterbrochene Nord-Süd-Verbindung – mit über 1000 zerstörten Brücken! – notdürftig wiederherzustellen.

Kategorien und Preise

Sitzplätze gibt es in Holz- (Hard Seat) oder Stoff/Plastik-Klasse (Soft Seat, Einzelsitz). Die klimatisierten Express-Züge führen ausschließlich Soft Seats.

Liegeplätze (Berths oder Hard Sleepers) sind 6er-Abteile mit Kissen und einer Decke. Die obersten Pritschen sind u.a. wegen des schlechteren Durchzugs am billigsten, aber trotzdem empfehlenswerter als die untersten (teuersten), auf denen es sich zumindest tagsüber das gesamte Abteil bequem macht.

Schlafplätze (Soft Sleepers) sind ausnahmslos, auch in den normalen Expresszügen, klimatisierte **Vierer-Abteile** mit Matratze, Kissen und leichter Decke. Die Preise liegen je nach Zug und Level (oben/unten) zwischen 50 $ und 61 $.

Mahlzeiten sind möglich und werden meist im Abteil verteilt. (Das vietnamesische Essen ist dem sterilen ,western food' meist vorzuziehen.)

Reservierungen für Soft Seats (selbst auf Kurzstrecken wie z.B. Da Nang – Hue!) sollten mindestens einen, für Liege- und Schlafplätze mehrere Tage im Voraus vorgenommen werden. Gegen eine Gebühr von meist 1–3 $ erledigen das auch Hotels und Reiseagenturen.

Die **Preise** ändern sich alle 6 Monate geringfügig und basieren auf vietnamesischen Dong, sodass der Dollarpreis vom jeweiligen Umrechnungskurs abhängt.

Fahrpläne und **Tarife** können von der Website der Vietnam Railways heruntergeladen werden. Allerdings: ohne Gewähr (und etwas mühsam)!

- www.vr.com.vn
- www.gasaigon.com.vn

Bus

Mit dem Bus (xe do) erreicht man jeden noch so entlegenen Winkel Vietnams, vorausgesetzt, man nimmt einige Unbequemlichkeiten in Kauf. Busse auf Nebenstrecken sind oft heillos überfüllt und, da auf Menschen einer durchschnittlichen Körpergröße von 1,60 m zugeschnitten, dementsprechend unbequem. Ansonsten ist das vietnamesische Busnetz durchaus zu empfehlen, auch wenn sich mancherorts eine Bus-Mafia etabliert hat (speziell im Zentralen Hochland), die Ausländern „Spezialtarife" abverlangt. Die Busse fahren für gewöhnlich von festen Busbahnhöfen (meist am Stadtrand gelegen) ab.

Expressbusse (xe do toc hanh) fahren nach Fahrplan ab, meist früh am Morgen, eine Reservierung am Tag zuvor (kann u.U. das Hotel erledigen) garantiert sogar einen Sitzplatz.

Regionalbusse starten in der Regel erst dann, wenn sie voll sind und nehmen unterwegs Fahrgäste auf.

Stadtbusse (xe buyt) mit geregelten Haltestellen, Abfahrtszeiten und Tarifen übernehmen den Regionalverkehr im Umkreis vieler größerer Orte (Radius bis 60 km und mehr). Zu erkennen sind die Busse an ihrer hellgelben bzw. hellgrünen Farbe.

Größere Städte haben meist mehrere **Busbahnhöfe** (ben xe), die in der Regel am Ortsrand liegen. Neben separaten Abfahrtsstellen für Lokalbusse, Minibusse und Expressbusse verfügen Städte wie Saigon und Hanoi auch über Busbahnhöfe, die verschiedene Himmelsrichtungen bedienen.

Hanoi – Saigon (1700 km)	30 $
Hanoi – Hue (650 km)	10 $
Hue – Saigon (1080 km)	21 $

Überlandbus	*xe đồ*
Expressbus	*xe đồ tốc hanh*
Lokalbus	*xe búyt*
Busbahnhof	*bến xe*
Fahrkartenschalter	*bán vé*
Fahrkarte	*vé xe*

Private Busse

Miteinander konkurrierende Privatfirmen übernehmen auch in Vietnam immer größere Anteile des Fahrbetriebs. Die Busse sind etwas teurer, aber sowohl in der Ausstattung wie vor allem im Service (!) deutlich besser als ihre staatlichen Pendants. Auch wenn sie sich – bisher – in der Regel nicht eigens um ausländische Reisende kümmern, stellen sie mehr als nur eine erwägenswerte **Alternative** zu den *Open Tours* (s.u.) dar.

Äußerst zuverlässig (Ausnahmen bestätigen die Regel) ist das Unternehmen **Mai Linh** (das auch die mit Abstand besten Taxis Vietnams betreibt). Die Busse – auf kürzeren Strecken sind es Minibusse – sind giftgrün und starten meist von Busbahnhöfen, haben in manchen Orten aber auch eigene Terminals und/oder einen Zubringerdienst. Nördlich von Danang sind die Busse erst sporadisch vertreten. www.mailinh.vn.

Weitere empfehlenswerte Unternehmen sind **Hoang Long** (im Norden, z.B. Haiphong, Cat Ba, und auf Langstrecken Hanoi – Saigon; www.hoanglongasian.com mit Preisen!) und **Phuong Trang** (www.phuongtrangdalat.com).

Open Tour

(siehe auch *Reisen in Vietnam*)

● **Tarife.** Preise sind **saisonabhängig** – je größer die Nachfrage, desto höher der Preis, variieren aber auch von Anbieter zu Anbieter.

● **Netzwerk.** Es gibt keinen Anbieter, der die gesamte Strecke Hanoi – Saigon (1700 km) in Eigenregie abdeckt. Das führt einerseits zu Verwirrungen (*Kim*-Ticket, aber *Queen*-Bus), andererseits zu starken Qualitätsschwankungen. Viele Reisende haben den Eindruck, es sei letztlich egal, wo und bei wem sie buchen.

● **Day & Night.** Auf praktisch allen Routen verkehren außer Tag- auch **Nachtbusse**. Die Nachfrage ist offenbar groß. Man sieht zwar nichts (von Vietnam), spart aber Zeit und Geld (sprich Übernachtung). Auf der Route Hanoi – Hue (Stopover in Ninh Binh und Vinh möglich) verkehren ausschließlich Nachtbusse.

● **Sleeping Bus.** Seit 2007/08 verkehren auf vielen Strecken doppelstöckige Komfort-Busse mit WC und Sleeper-Sitzen, die sich in relativ bequeme Betten verwandeln lassen. Der Preisunterschied zu den Normalbussen beträgt je nach Strecke nur 2–3 $.

● **Rabatte.** Touren von Nord nach Süd werden wegen geringerer Nachfrage zeitweise günstiger angeboten als umgekehrt.

● **Kundenbindung.** Wenn sie glauben, damit durchzukommen, bieten viele Veranstalter Open Tours nur im „Paket" an (Hanoi – Saigon, Saigon – Hue). Darauf sollte man sich nach Möglichkeit nicht einlassen, selbst wenn es ein paar Dollars mehr kosten sollte. Wer sich mit der „falschen" Firma eingelassen hat, kann nicht mehr wechseln, es sei denn, er zahlt von neuem.

● **Extras.** Außerfahrplanmäßige Stopps werden unverschämterweise von manchen Anbietern extra berechnet (3–5 $).

Open-Tour-Busse					
von	**nach**	**Tag/Nacht**	**Std.**	**km**	**US$**
Saigon	Dalat	T	6	350	6
Saigon	Mui Ne	TN	4	250	5
Saigon	Nha Trang	TN	9	450	7
Dalat	Mui Ne	T	5	220	5
Mui Ne	Nha Trang	TN	5	250	5
Nha Trang	Hoi An	TN	10	530	9
Hoi An	Hue	TN	5	120	3
Hue	Ninh Binh	N	12	550	8
Hue	Hanoi	N	13	650	9
Ninh Binh	Hanoi	N	1	100	3

Praktische Tipps A–Z

● **Provisionen.** Alle Veranstalter halten prinzipiell an Hotels und Restaurants, von denen sie Provisionen erhalten und die dementsprechend überteuert sind.

● **The SinhTourist.** Die Open Tours des Vorreiters und Branchenriesen aus Saigon (vormals *Sinh Café*) sind im Süden zwar deutlich besser organisiert als im Norden, aber von Ausnahmen abgesehen die zuverlässigsten.

● Durchgängig die schlechtesten Noten erhält die Firma **T.M. Brothers,** Nha Trang, vor denen auch zahlreiche Leser immer wieder warnen. *„Von diesem Unternehmen raten wir dringend ab. Alte, nicht verkehrstüchtige, klapprige Busse. Stopps wurden nicht eingehalten. Einheimische wurden schwarz mitgenommen und gaben dem Busfahrer ein Trinkgeld, dafür wurden Touristen auf Plastikstühlen in den Gang gesetzt. Eine Touristin, die bei einer nächtlichen Reparatur im Dunkeln versehentlich auf einen im Gang liegenden Busbegleiter stieg, wurde geschlagen und mit Füßen getreten. Außerdem wurden wir beschimpft, weil wir aus dem heißen Bus – die Aircondition ging natürlich nicht – aussteigen wollten. Bei der Buchung wurden 45 Min. freier Internetzugang, ein T-Shirt, eine CD oder ein Frühstück versprochen; nach der Buchung wollten sie davon nichts mehr wissen.“* (Werner Hutterer)

Erweiterungen

● **Mekong Delta.** Einige Veranstalter bieten Open Tours ins Delta an (Saigon – Can Tho – Chau Doc), teilweise unter Einschluss von Phu Quoc. Oft werden aber lediglich überteuerte Tickets für öffentliche Busse verkauft.

● **Kambodscha/Laos/Thailand.** Hin und wieder bieten Veranstalter Pauschalarrangements für Bus-Transfers nach Bangkok an (über Laos und Kambodscha, ggf. inkl. Übernachtung etc.). Für Eilige mag das eine Option sein, aber garantieren würden wir für deren reibungslosen Ablauf nicht.

Schiff und Boot

Zu den beeindruckendsten Reiseerlebnissen in Vietnam gehören Bootsfahrten durch die **Ha Long-Bucht** und im **Mekong-Delta.** Man kann sie für eine Handvoll Dollar bei Agenturen in Saigon und Hanoi buchen, im ersteren Falle sogar mit **Übernachtung auf dem Boot,** vom Luxus-Nostalgie-Raddampfer bis zur einfachen Dschunke. Es gibt aber auch überall preiswerte, wenngleich zeitaufwendigere und Privatinitiative erfordernde Möglichkeiten vor Ort.

Durch die Inselwelt der Ha Long-Bucht und der benachbarten Archipele Cat Ba und Bai Tu Long führen öffentliche Fähr- und Schnellboote, z.B. von Haiphong, Hon Gai und Van Don aus. Auf den Flüssen und Kanälen des Mekong-Delta bieten private Bootsleute Exkursionen und Touren an (z.B. zu Schwimmenden Märkten) und verkehren immer noch vereinzelt Fährboote und (notfalls) Lastkähne, auf denen man mitfahren kann.

Reguläre Schnellboot-Verbindungen auf dem **Mekong** zwischen Saigon und der kambodschanischen Grenze wurden leider eingestellt. Momentan verkehren lediglich Exkursionsboote (verschiedenster Veranstalter und Qualität) zwischen Chau Doc und Phnom Penh (oder ggf. Siem Reap); siehe *Mekong Delta).*

Eine regelmäßige Schnellboot-Verbindung besteht zwischen Saigon und dem Strandbad Vung Tau.

Inseln, die täglich von Schnellbooten und Fährschiffen angelaufen werden, sind u.a. **Phu Quoc** im Golf von Thailand, **Con Dao** östlich von Saigon sowie im Norden **Cat Ba** und der Archipel **Bai Tu Long.** Auf küstennahen Inseln vor **Nha Trang** und **Hoi An** sind in den letzten Jahren einige Resorts entstanden.

Easy Riders

Die ersten privaten **Motorrad-Guides** tauchten Mitte der 1990er Jahre in Dalat auf. Der Erfolg war so durchschlagend, dass sie sich bald organisierten und mittlerweile fast überall im Süden vertreten sind; mancherorts gibt es heute sogar Konkurrenzunternehmen.

Die Idee war bestechend, und ist es noch! Lokale Guides, unabhängig, mobil und selbstbewusst, die so gar nichts von der duckmäuserischen und staatstragenden Art der meisten offiziellen Tourguides an sich haben. Keine Vermittlung von drögem, angelerntem Wissen, sondern konkrete, gelebte Praxis *on the road!* Und die ausländischen Reisenden waren begeistert! Und der Tenor war immer der gleiche: *So viel über Vietnam – und die Vietnamesen – wie in diesen Tagen haben wir nirgendwo gelernt!* Auch wenn die Easy Riders keineswegs *billig* sind (darauf beruht ihr Erfolg also nicht!), sind ihre Preise doch fair und vor allem *transparent*. ,All inclusive' heißt hier tatsächlich, *alles ist im Preis drin* (außer es ist eigens ausgeschlossen).

Unbedingt zu empfehlen! – für ein, zwei oder drei Tage und in Kombination mit anderen Transportmitteln. (Auch wenn wir uns manchmal fragen, wo all diese supernetten, sympathischen, kundigen und kompetenten Burschen wachsen, von denen alle Welt so schwärmt. Ein paar faule Äpfel werden leider auch hier darunter sein ...) Siehe Websites in den jeweiligen Orten.

Mietwagen

Mietwagen können in jeder größeren Stadt angemietet werden (zur Not über das örtliche Touristenbüro). Ein **Fahrer ist obligatorisch** und im Preis enthalten; Selbstfahren ist für Touristen – noch – nicht erlaubt. Die Fahrer sprechen in der Regel keine Fremdsprache (es sei denn, sie sind auch die Eigner des Fahrzeugs). In Saigon und Hanoi, aber zunehmend auch in anderen Orten, stehen relativ neue, meist japanische oder koreanische Pkw und Minibusse zur Verfügung.

Die üblichen **Preise** für Limousinen betragen 25–35 $ pro Tag oder 0,30–0,35 $ pro km (inklusive Benzin). Minibusse und Vans (7-Sitzer) kosten meist nicht entscheidend mehr. Allradfahrzeuge sind im Prinzip nur während der Regenzeit und abseits der Hauptrouten erforderlich.

Pauschalpreise haben den Vorteil, dass man hinterher weniger unliebsame Überraschungen erlebt, aber den Nachteil (da die Berechnung von vorher vereinbarten km-Leistungen ausgeht), dass die Fahrer jedwede Abschweifung von der Direktroute meist boykottieren (und mit Argumenten – Straßen seien gesperrt, unpassierbar etc.–, die man schwerlich widerlegen kann).

Eindeutig festzulegen ist, ob Unterkunft und Verpflegung des Fahrers zu Lasten des Mieters gehen. Diese sollten nicht mehr als 10 $ pro Tag betragen.

Fährt der Wagen ohne Passagiere zurück, wird für die Rückfahrt gemeinhin nur der halbe Preis berechnet.

Guides sind nicht obligatorisch. In Anbetracht dessen, dass Fahrer in der Regel nur über einen sehr beschränkten englischen Wortschatz verfügen (falls überhaupt), gilt es abzuwägen, ob man nicht doch einen Guide für 15–20 $ pro Tag nehmen will.

Bei der Planung der **Reiseroute** sind das teilweise noch unzulängliche Straßennetz (Baustellen!) und jahreszeitlich bedingte Überschwemmungen, Bergrutsche etc. zu berücksichtigen. Nach dem Motto „weniger ist mehr" sollte man deshalb nicht mehr als 350–400 km pro Tag einkalkulieren.

Motorrad

Motorräder heißen im Süden traditionell *Xe Honda* (auch wenn viele „Hondas" nur Imitate sind) und im Norden *Xe May* (wo man manchmal auch noch die gute alte *Simson* made in DDR finden kann).

Mieten kann man Motorräder in allen größeren Städten und Touristenzentren. Die Preise liegen je nach Kubikgröße bei 4 $ (50 oder 75 ccm) bis 8 $ (125 ccm) pro Tag. Die meisten Verleiher erheben Kautionen, die später verrechnet werden.

Der **Kaufpreis** für (echte) Hondas liegt bei 1500 $. Für Überlandfahrten empfehlenswert sind die ebenso preiswerten wie robusten russischen *Minsk* (125 ccm); neuwertig um 600 $, gebraucht um 400 $ und nach Gebrauch relativ leicht wieder zu verkaufen.

Für Maschinen über 50 ccm benötigt man einen vietnamesischen **Führerschein** (s.u.).

Eine private Versicherung und entsprechende Ausrüstung (z.T. in Saigon und Hanoi erhältlich) sind dringend angeraten; außerhalb der großen Städte gibt es keinerlei Notarztsystem. Selbstfahrer sollten unbedingt die Hackordnung der Landstraße akzeptieren: Recht (und damit Vorfahrt) hat immer der Stärkere, sprich Auto oder Lkw.

- Train ticket
- Bus ticket
- Airplane ticket
2 METERS

Helmpflicht. Seit Dezember 2007 besteht auf allen Straßen strikte Helmpflicht für Fahrer wie Beifahrer.

- www.freewheelintours.com
- www.minskclubvietnam.com
- www.offroadvietnam.com
- cuongminsk@yahoo.com
- www.saigonscootercentre.com
- www.terraverdetravel.com

Führerschein

Infolge des WTO-Beitritts 2007 dürften internationale Führerscheine irgendwann anerkannt werden. Bis dahin gilt:

Leichtmotorräder (50–175 ccm) erfordern den vietnamesischen Führerschein **A1.** Veranstalter in Vietnam besorgen ihn im Voraus für rund 30 $; Bearbeitungszeit 14 Tage, benötigt werden Kopien von Visum, Pass und Führerschein. (Beinhaltet der vorgelegte Pkw-Führerschein keine Motorrad-Erlaubnis, wäre theoretisch eine kurze Praxisprüfung

Tickets gibt's überall

abzulegen, z.B. eine 8 fahren.) Die Fahrerlaubnis erlischt mit Ablauf des Visums.

In Vietnam kann man den Schein binnen 7 Tagen auch selbst erwerben, allerdings ist einiges an Bürokratie nötig (und momentan auch ein 3-Monats-Visum).

Der Führerschein **A2** für Motorräder ab 175 ccm ist momentan praktisch nur über Veranstalter zu haben (Kostenpunkt ca. 250 $), der Pkw-Führerschein **B1** nur für Ausländer mit nachgewiesenem Wohnsitz in Vietnam.

Fahrrad

Noch Mitte der 1990 Jahre war Vietnam ein einig Volk von Fahrradfahrern. Inzwischen jedoch ist das *xe dap* nahezu vom Erdboden verschwunden. Nur Kinder benutzen es, die noch nicht Moped oder Scooter fahren dürfen, und auch in ländlichen (und ärmeren) Regionen ist es noch gang und gäbe.

Als Ausländer sich aufs Rad zu schwingen, ist mittlerweile lebensgefährlich geworden. Provinzstädte und selbst Orte wie Hue oder Nha Trang – oder auch die Umgebung von Hoi An und Mui Ne – lassen sich mit der ge-

botenen Vorsicht durchaus noch mit dem Rad erkunden. Für **Überlandfahrten** jedoch sollte man im eigenen Interesse unbedingt die Dienste eines guten Veranstalters in Anspruch nehmen.

- www.cyclingvietnam.net
- www.onbikevietnam.com
- www.vietnam-tours.de
- www.veloasia.com

Stadtverkehr

Stadtbus

Stadtbusse *(xe buýt)* gibt es mittlerweile in in allen größeren Städten. Sie sind billig, selten überfüllt, zum Teil sogar klimatisiert und in der Regel sehr gut benutzbar.

Cyclo

Die Fahrradriksha *xich lo* (frz. *cyclo pousse*) war noch bis Mitte der 1990er Jahre das Standardverkehrsmittel für Personen- und Lastentransporte in allen Orten, auch in Saigon und Hanoi. Heute sind sie im Aussterben begriffen – die letzten Vertreter ihrer Zunft leben praktisch ausnahmslos nur mehr von Touristen und Vergnügungsfahrten. In den Großstädten sind zahlreiche Straßen für Cyclos gesperrt.

Eine Einigung über den Preis vor Fahrtantritt ist unbedingt erforderlich. Individuelle Fahrten sollten 20.000 đ (rd. 1 $) pro Fuhre

Gefährliche Straße!

(nicht: pro Person) nur in Ausnahmefällen übersteigen.

Motorisierte Varianten des Cyclo finden sich noch in einigen ländlichen Gegenden, so das dreirädrige **Xe Lam** (von Lambretta) und, im Mekong-Delta, das **Xe Loi,** ein von einem Motorrad gezogener Lasten- und Personenanhänger.

Taxi

Taxis – in der Regel mit Taxameter – gibt es in allen größeren Städten, können auch telefonisch gerufen werden und sind **vergleichsweise billig** und bequem (Unerfahrene zahlen mehr fürs Motorradtaxi). Den Betrag sollte man möglichst passend parat haben, beim Wechselgeld zieren sich viele Fahrer. Für längere Fahrten (z.B. auch vom oder zum Flughafen) werden in der Regel Pauschalen ausgehandelt.

Faustregeln: Wenn der Fahrer die Adresse nicht kennt – oder den Taxameter nicht anstellt: sofort aussteigen! Keinesfalls akzeptieren, wenn es heißt, ein Hotel sei voll, existiere nicht mehr oder dergleichen (der Fahrer will nur woanders Provision verdienen).

Xe Om

Wie in vielen anderen Ländern Südostasiens füllen private Motorradfahrer, in Vietnam Xe Om geheißen *(ssä omm,* wörtl.: Fahrzeug umarmen), die Lücken des öffentlichen Nahverkehrs. Nicht nur in den Städten, sondern auch auf dem Land sind sie das mit Abstand gebräuchlichste Verkehrsmittel. Der Preis ist unbedingt im Voraus auszuhandeln. Für Kurzstrecken sind 10.000–15.000 đ üblich.

Mancherorts gibt es Anfänge *organisierter* – d.h. auch einheitlich gekleideter – Fahrer, die in jedem Fall vorzuziehen sind.

Fahrrad

Fahrräder können in vielen Städten für 1–2 $ pro Tag gemietet werden. Große Ansprüche darf man dabei freilich meist nicht stellen, Hauptsache, die Bremsen funktionieren. Andererseits gibt es inzwischen nicht mehr viele Orte, an denen man noch Spaß am Fahrradfahren haben kann (im Delta vielleicht, in Hue ...).

Praktische Tipps A–Z

Fußgänger

Ein Problem für viele Neulinge besteht darin, Straßen zu überqueren, deren Strom an Autos, Motorrädern, Scootern und und und niemals aufzuhören scheint.

Zuallererst: sich an den Einheimischen orientieren, unmittelbar neben oder hinter ihnen die Straße überqueren, um ein Gefühl für den Rhythmus des Straßenverkehrs zu bekommen.

Wichtig: Die anderen Verkehrsteilnehmer müssen immer im Voraus wissen, was sie erwartet. Stets kontinuierlich, zügig und im gleichmäßigen Tempo vorangehen.

- Niemals abrupt loslaufen!
- Niemals abrupt stehenbleiben!
- Niemals abrupt zurückgehen oder anfangen zu rennen!

Das größte Problem sind nicht die unzähligen Motorräder, Scooter usf., sondern **Autos,** die allein durch ihr schieres Volumen die eingespielte, narrensichere Choreografie stören.

Versicherungen

Für alle abgeschlossenen Versicherungen sollte man die **Notfallnummern** notieren und mit der **Policenummer** gut aufheben! Bei einem Notfall sollte die Versicherungsgesellschaft sofort telefonisch verständigt werden!

Auslandskrankenversicherung

Die Kosten für eine Behandlung in Vietnam werden von den gesetzlichen Krankenversicherungen in Deutschland und Österreich nicht übernommen, daher ist der Abschluss einer privaten **Auslandskrankenversicherung unverzichtbar** (ab 5 € pro Jahr).

Zur Erstattung der Kosten benötigt man **Quittungen** (mit Datum, Namen, Art und Umfang der Behandlung, Kosten der Behandlung und Medikamente).

Die **Reiserücktrittsversicherung** für 35–80 € lohnt sich nur für teure Reisen. Sie gilt nicht bei Terroranschlägen, Streiks, Naturkatastrophen etc.

Auch die **Reisegepäckversicherung** lohnt sich selten, da z.B. bei Flugreisen Gepäckverlust oft nur nach Kilopreis und auch sonst nur der Zeitwert nach Vorlage der Rechnung ersetzt wird. Häufig deckt die Hausratsversicherung Einbruch, Raub und Beschädigung von Eigentum auch im Ausland.

Wäsche

Auch im kleinsten Guesthouse kann man seine Wäsche waschen lassen, und seit es überall Waschmaschinen gibt, ist das Ergebnis (fast) immer zufriedenstellend. Während Budgethotels für ein paar Cents innerhalb von Stunden ein T-Shirt reinigen, kann derselbe Service in einem Luxushotel leicht den Kaufpreis eines Shirts übersteigen.

Zeit und Zeitverschiebung

Vietnamesische Uhren gehen **6 Stunden vor** unserer mitteleuropäischen Winterzeit und 5 Stunden vor unserer Sommerzeit. Wenn es in Saigon 12 Uhr mittags ist, ist es in Frankfurt im Winter 6 und im Sommer 7 Uhr.

Vietnam selbst ist seit 1975 in eine einheitliche Zeitzone eingeteilt. In Hanoi wird es im Sommer merklich später und im Winter deutlich früher dunkel als in Saigon.

311 vi Foto: kb

Land und Leute

293vi Foto: kb

013vi Foto: PVT

Abwarten und Tee trinken (Sin Ho)

MobileMe

Stolzer Hahn

Geografie

Vietnam bildet den östlichen Rand der südostasiatischen oder „hinterindischen" Halbinsel im Süden der Landmasse Chinas. Sein nördlichster Punkt (23° 22") liegt ungefähr auf der geografischen Breite von Florida, sein südlichster Punkt (8° 02") ist dem Äquator fast so nah wie die Südspitze Indiens.

Angesichts der enorm langen Küsten (3260 km) und Landesgrenzen (4567 km) ist die tatsächliche Bodenfläche Vietnams eher bescheiden – mit einer Fläche von 329.241 km² ist Vietnam nur etwa **so groß wie Deutschland.** Im Norden grenzt Vietnam an China, im Westen an Laos und Kambodscha, im Süden und Osten an den Golf von Thailand und das Südchinesische Meer.

Trotz seiner Lage am Meer ist Vietnam ein extrem **gebirgiges Land.** Fast 3/4 seiner gesamten Fläche sind von Gebirgen, Höhenzügen und Hochebenen bedeckt, aber seit Jahrtausenden leben hier Menschen, die in den Ebenen Reis anbauen und das Hochland meiden. Während der Großteil des Landes noch bis heute kaum besiedelt ist, drängen sich die Menschen im fruchtbaren Flachland auf engstem Raum. Auf weniger als 1/4 der Fläche lebt und arbeitet mehr als 3/4 der gesamten Bevölkerung.

Aufgrund seiner extrem langgezogenen, S-förmigen Gestalt vergleicht man Vietnam gerne mit **zwei Reisschalen** an den Enden einer langen Tragestange. Die nördliche Reisschale bildet das Delta des Roten Flusses, die südliche das Delta des Mekong. Der schmale, mehr als 1000 km lange Streifen Land dazwischen (der „Bam-

284vi Foto: kb

Geografie in Zahlen

N.–S.-Ausdehnung	1700 km
O.–W.-Ausdehnung	max. 600 , min. 50 km
Gesamtfläche	329.241 km²
Ebenen	25 %
Gebirge	75 %
Kulturfläche	90.000 km²
davon Mekong-Delta	40.000 km²
davon Delta Roter Fluss	15.000 km²
Landesgrenzen	4567 km
Grenze mit China	1350 km
Grenze mit Laos	2067 km
Grenze mit Kambodscha	1150 km
Küsten	3260 km
Flüsse	2860 km
Song Da (Schwarzer Fluss)	540 km
Song Hong (Roter Fluss)	550 km
Song Dong Nai	500 km
Song Ma	430 km
Mekong	230 km
Inseln	über 1000
Größte Insel	Phu Quoc 568 km²
Höchster Berg	Phan Si Pan 3143 m

busstab"), eingezwängt zwischen dem Meer im Osten und der Vietnamesischen Kordillere im Westen, misst an seiner engsten Stelle kaum 50 km.

Über 2300 **Flüsse** und größere Flussläufe durchziehen Vietnam, sodass man entlang seiner Küste rein rechnerisch alle 20 km auf einen Flusslauf stößt. Ohne den ungeheuren Wasserreichtum wäre das typische Bild der vietnamesischen Landschaft nicht denkbar.

Vietnams **Küsten** weisen eine Länge von 3260 km auf. Südlich von Saigon, im Schwemmland des Mekong-Deltas

Am Kap Varella (Dai Lanh)

sowie am Golf von Thailand, sind sie meist flach, sumpfig und oft von dichten Mangrovenwäldern bestanden. Nördlich von Saigon rücken die Ausläufer des langgestreckten Truong-Son-Gebirges immer näher an die Küste heran und bilden im Zentrum eine spektakuläre Abfolge von Kaps, Halbinseln, Buchten, Dünen, Stränden und Lagunen. In den großen Buchten nördlich des Schwemmlands des Deltas des Roten Flusses ragen Tausende Kalksteininseln wie Meeresungetüme steil aus dem Meer empor.

Die Regionen

Trotz seiner verhältnismäßig geringen Fläche ist Vietnam topografisch wie klimatisch überaus vielfältig. Grob gerastert lassen sich 3 Regionen mit insgesamt 7 unterschiedlichen Topografien unterscheiden.

Bac Bo – Der Norden

Der Norden umfasst nur 25 % der Landfläche, aber 40 % der Bevölkerung und ist eine **Region der Gegensätze.** Während sich im Westen die „Alpen von Tonkin" über 3000 m hoch auftürmen, erheben sich die Tiefebenen am Golf von Tonkin kaum über dem Meeresspiegel. Der Norden weist die mit Abstand am dichtesten besiedelten Gebiete ganz Vietnams auf (an der Mündung des Thai Binh), aber auch die menschenleersten (an der Grenze zu Laos). Nirgendwo haben Traditionen intakter überlebt und hängen die Menschen inniger am Brauchtum, trotzdem ist es der industriell fortgeschrittenste Teil des Landes.

Bac Bo ist die **Wiege** der vietnamesischen Kultur und Zivilisation. Schon in der Vorzeit lebten in den fruchtbaren, aber wegen ihrer Naturkatastrophen auch gefürchteten Niederungen Menschen, die Reis ernten konnten, „ohne zu säen". 1883 eroberten die Franzosen **Tonkin** und regierten von Hanoi aus die gesamte „Indochinesische Union" unter Einschluss von Laos und Kambodscha. Im Gegensatz zum Süden Vietnams steht der Norden schon seit 1954 unter ununterbrochener kommunistischer Verwaltung.

Das Delta des Roten Flusses

Wenige Kilometer westlich von Hanoi münden der Schwarze (Song Da) und der Klare Fluss (Song Lo) in den Roten Fluss (Song Hong); von dieser Stelle breitet sich das Delta fächerförmig bis zum Golf von Tonkin aus. Mit 15.000 km^2 entspricht es etwa der Fläche von Schleswig-Holstein. In der fruchtbaren Ebene mit den beiden Millionenstädten Hanoi und Haiphong werden Reis und Industriepflanzen wie Maniok und Mais angebaut, sind aber auch eine Vielzahl von Industriezweigen angesiedelt (Kohle, Stahl, Maschinenbau, Textilien). Über 15 Mio. Einwohner machen die Region zu der bevölkerungsreichsten Vietnams und einer der dichtbesiedeltsten der Welt. Im Stadtstaat Hanoi ballen sich 1500 Menschen auf einen Quadratkilometer (Nordrhein-Westfalen: 492), und selbst in der rein agrarischen Provinz Thai Binh an der Mündung des Roten Flusses ist die Bevölkerungskonzentration noch mehr als doppelt so hoch wie an Rhein und Ruhr.

Der Rote Fluss. Der *Song Hong*, benannt nach seinen rötlichfarbenen Lehmsedimenten, ist der einzige Fluss Südostasiens, der eingedeicht werden muss. Der 1200 km lange Strom, der im südchinesischen Yunnan entspringt, fließt 550 km durch Vietnam, ehe er sich südlich von Haiphong in den Golf von Tonkin ergießt. Aufgrund der Ablagerungen wächst das Delta stetig weiter ins Meer hinaus; Regionen, die vor Jahrtausenden von der See umspült waren („Trockene Ha Long-Bucht"), liegen heute im Landesinneren. Mehrmals im Jahr, zumal während der sommerlichen Regengüsse, kann der Song Hong mitsamt

Long-Bien-Brücke, Hanoi

Land und Leute

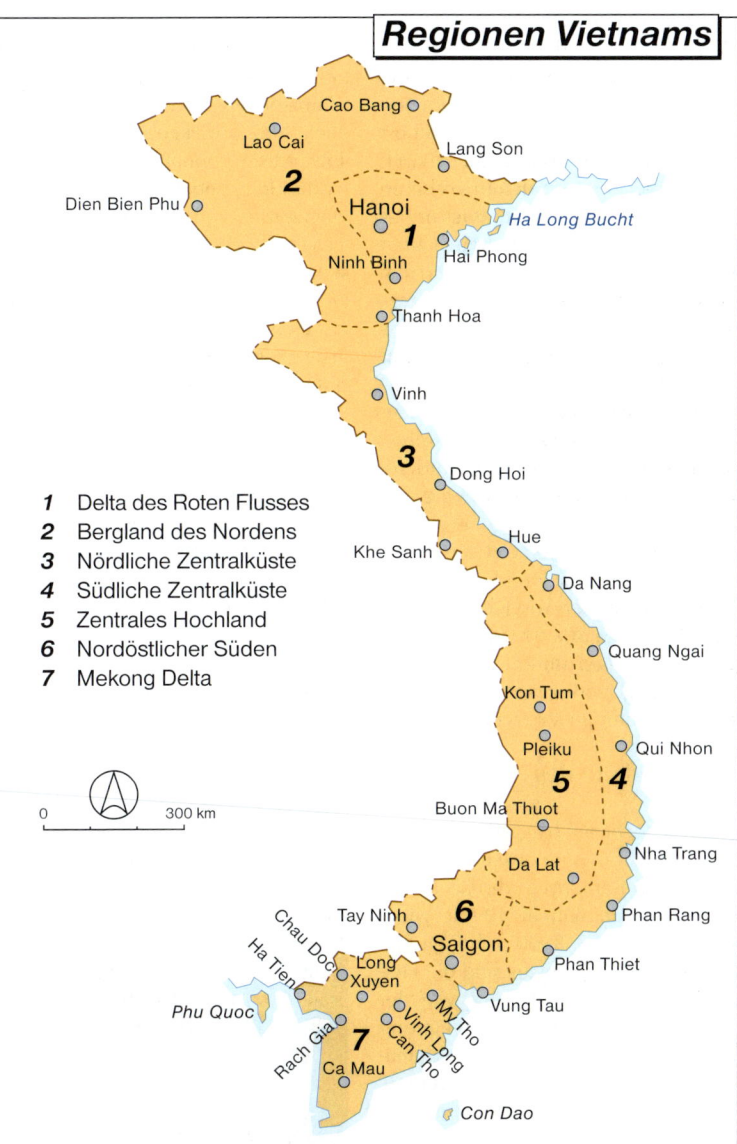

Regionen Vietnams

Cao Bang
Lao Cai
Lang Son
Dien Bien Phu
2
Hanoi
1
Ha Long Bucht
Ninh Binh
Hai Phong
Thanh Hoa
Vinh
3
Dong Hoi

1 Delta des Roten Flusses
2 Bergland des Nordens
3 Nördliche Zentralküste
4 Südliche Zentralküste
5 Zentrales Hochland
6 Nordöstlicher Süden
7 Mekong Delta

Hue
Khe Sanh
Da Nang
Quang Ngai
Kon Tum
Pleiku
Qui Nhon
5 **4**
0   300 km
Buon Ma Thuot
Nha Trang
Da Lat
Tay Ninh
6
Phan Rang
Chau Doc
Ha Tien
Long Xuyen
Saigon
Phan Thiet
Vung Tau
Phu Quoc
My Tho
Rach Gia
Vinh Long
Can Tho
7
Ca Mau
Con Dao

seinen Nebenflüssen binnen Stunden um das Zigfache anschwellen. Dann schießen wahre Springfluten und Schlammlawinen in die Tiefebenen und lassen den Hochwasserpegel bis zu 10 m und mehr ansteigen. Um sich vor den katastrophalen Flutwellen zu schützen, haben die Vietnamesen das Delta schon vor mehr als 1000 Jahren mit einem Netzwerk von Deichen, Dämmen und Kanälen überzogen. Hanoi galt schon als „Venedig des Ostens", als Bangkok nichts weiter war als ein Sumpf.

Aufgrund der Verschlammungen liegt das eingedeichte Flussbett inzwischen oft höher als das umliegende Land, sodass Dammbrüche, erst recht, wenn sie mit Taifunen einhergehen, noch heute ganze Provinzen verheeren, Ernten vernichten und Hunderttausende obdachlos machen können. Die an ihrer Basis bis zu 30–40 m breiten Deiche tragen auf ihren Kronen oft Straßen und Verkehrswege. Ihre Gesamtlänge beträgt mehr als 3000 km.

Das Bergland des Nordens

Das fast sechsmal so große Bergland, das das Delta von Norden und Westen her hufeisenförmig umschließt, beherbergt kaum mehr als 10 Mio. Menschen. Die bis zu 3000 m hohen Gebirge und Hochplateaus sind die Heimat zahlloser **Bergstämme** wie der Tay, Thai, Muong, Nung oder Hmong (Meo), die zum Teil noch heute nomadisieren und Brandrodung betreiben. Fast alle Bodenschätze Vietnams, eingeschlossen die reichen Kohlevor-

kommen am Golf von Tonkin, liegen hier. In vorchristlicher Zeit Quelle früher Kulturen – aus Kupfer und Eisen schmiedete man Bronze –, nährten sie nach 1945 voreilige Ambitionen, das sozialistische Nordvietnam in einen blühenden Industriestaat zu verwandeln.

Die höchsten **Gebirgszüge** erheben sich westlich des Roten Flusses nach Laos hin; der Phan Si Pan, der höchste Berg Vietnams, erreicht 3143 m. Die Provinzen Lai Chau und Dien Bien (mit der einstigen Dschungelfestung Dien Bien Phu) im nordwestlichen Zipfel sind mit einer Bevölkerungsdichte von 40 Menschen pro km² (Niedersachsen: 151) die mit Abstand dünnbesiedeltsten Regionen Vietnams. Die etwas flachere, aber weit umfangreichere Bergregion nördlich und östlich des Roten Flusses bildet „seit An-

© Howi Fotos: kb

beginn der Zeiten" die Nordgrenze zu China; hier gibt es die meisten Bodenschätze wie Eisen, Zinn, Mangan, Phosphat, Kohle und Bauxit sowie Gold und Edelsteine.

Trung Bo – das Zentrum

Zentralvietnam, die über 1000 km lange „Tragestange", in deren Bereich die Gebirgszüge teilweise bis unmittelbar an die Küste rücken und dort steil ins Meer abfallen, umfasst (umgekehrt proportional zum Norden) 40 % des Territoriums, aber nur 25 % der Bevölkerung. Die subtropische Nordküste, die tropische Südküste und das Hochland bilden drei völlig verschiedene Landschaften.

Der schmale **Küstensaum** wird von der mächtigen, parallel verlaufenden Kette des **Truong-Son-Gebirges** („Annamitische Kordillere", höchste Erhebung Ngoc Linh, 2598 m) oft bis auf 10 km oder weniger begrenzt. Der unmittelbar am Meer verlaufende Wolkenpass zwischen Hue und Da Nang ist die Klimascheide zwischen dem subtropischen Norden und dem tropischen Süden und bildete jahrhundertelang die natürliche Barriere zwischen dem „chinesischen" Vietnam und seinen indisierten Nachbarn. Weiter südwärts flacht sich die Kordillere zu den ausgedehnten, teils dschungelbedeckten, teils savannenartigen

Im Bergland des Nordens

Hochplateaus des Zentralen Hochlandes ab.

Die zahlreichen, während der Regenzeit reißenden Flüsse wie der *Song Giang* bei Dong Hoi (fast ein Jahrtausend lang Südgrenze Vietnams), der *Song Ma* oder der *Song Huong* (Parfüm-Fluss) bei Hue bilden fruchtbare, aber relativ schmale und von Berg- und Hügelland umschlossene Ebenen.

Trung Bo mit Hue, der Hauptstadt der letzten vietnamesischen Kaiser-Dynastie (ab 1802), umfasst das Gebiet, das die Franzosen als Annam bezeichneten. Da es weder (wie Tonkin) über Bodenschätze noch über profitable Landwirtschaftsressourcen (wie das Mekong-Delta) verfügt, hat sich der Einfluss der Kolonialmacht hier deutlich weniger bemerkbar gemacht als in den anderen Landesteilen. Zwischen 1954 und 1975 faktisch zweigeteilt, unterlag Trung Bo als „Pufferzone" zwischen dem sozialistischen Norden und dem amerikanisch dominierten Süden im Vietnamkrieg ganz besonders verheerenden Verwüstungen.

Die Nördliche Zentralküste

Die dichtbevölkerte (11 Mio. Einwohner auf 51.000 km²), aber vergleichsweise wenig fruchtbare und oft von heftigen Taifunen beherrschte Region bis zum *Wolkenpass* bei Hue, der den subtropischen Norden vom tropischen Süden trennt, ist traditionell eine der **ärmsten Landesteile.** Das *Hoanh-Son-Massiv* im Süden der Provinz *Nghe An*, Heimat vieler Revolutionäre und auch

Land und Leute

Ho Chi Minhs, bildete bis zum 13. Jh. die Südgrenze Vietnams.

Bis auf das fruchtbare Schwemmland von *Thanh Hoa* (das daher oft noch zum Delta gerechnet wird) grenzen alle Provinzen dieser Region im Westen an Laos. Der *Ben-Hai-Fluss* nördlich des 17. Breitengrads trennte zwischen 1954 und 1975 die Grenze zwischen dem sozialistischen Nordvietnam und dem „demokratischen" US-Satelliten Süd-Vietnam.

Die Südliche Zentralküste

Das Land südlich des Wolkenpasses wurde von den Vietnamesen erst zwischen dem 13. und 15. Jh. im Verlauf endloser Kämpfe mit den hinduistischen Cham eingenommen und besiedelt. Trotz einiger Ballungszentren wie **Da Nang, Qui Nhon** und **Nha Trang,** allesamt ehemalige Militärbasen der Amerikaner, ist die Bevölkerungsdichte (9 Mio. Einwohner auf 45.000 km²) deutlich niedriger als weiter im Norden. Das ganzjährig **tropische Klima** südlich des Wolkenpasses lässt auf den schmalen Küstenstreifen Kokospalmen und Zuckerrohr gedeihen und begünstigt den Anbau von Industriekulturen, andererseits reichen die Gebirgsketten des Truong-Son-Massivs nicht selten bis nahe an die Küste heran und schwemmen die reißenden Flüsse immer wieder fruchtbares Land ins Meer. Die südlichste Provinz der Zentralküste, liegt nur 200 km nördlich von Saigon und gilt als eine der unbewohnbarsten und ärmsten der gesamten Küste.

Das Zentrale Hochland

Das spärlich besiedelte Hochland mit durchschnittlich 80 Einwohnern pro km² (4,4 Mio. auf 55.600 km²) besteht aus undurchdringlichen **Bergwäldern** und teils savannenartigen, teils bewaldeten **Plateaus;** das höchste (1500 m) ist das von **Da Lat,** 300 km nördlich von Saigon. Ursprünglich fast ausnahmslos von ethnischen Minderheiten wie den Jarai, Ede und Sedang bewohnt, die sich nicht nur deutlich von den Vietnamesen, sondern auch von den Bergstämmen des Nordens unterscheiden, sorgte die intensive Umsiedlungspolitik der Regierung in den letzten Jahrzehnten für einen starken Zuzug von Vietnamesen. Auf den Plateaus wird Kaffee, Tee und Kautschuk angebaut, weiden riesige Rinderherden und gedeihen dank des relativ milden „europäischen" Klimas (20°–24°C) Obst- und Gemüsesorten, die es nirgendwo sonst in Vietnam gibt.

Nam Bo – der Süden

Der Süden umfasst 35 % des Territoriums und 35 % der Bevölkerung und ist die an Bodenschätzen zwar ärmste, aber landwirtschaftlich mit Abstand ergiebigste Region Vietnams. Der *Song Dong Nai,* der drittlängste Fluss des Landes, bewässert das flache Nordost-Plateau (100–200 m), weiter gen Süden schließt sich das Delta des Mekong an. *Nam Bo* wurde von den Vietnamesen erst zwischen dem 17. und 18. Jh. erobert und besiedelt und war das **Cochinchina** der französischen

Kolonialherren. Mit der von den Franzosen gegründeten Millionenstadt **Saigon** und dem fruchtbaren **Mekong-Delta** ist er der einzige der drei Landesteile, der mehr als 100 Jahre lang praktisch ununterbrochen westlichen Einflüssen ausgesetzt war, von 1859 als Kolonie der Franzosen und zwischen 1954 und 1975 als neokolonialistischer Vasall der USA.

Der nordöstliche Süden

Der Stadtstaat *Thanh Pho Ho Chi Minh* mit **Saigon** als seinem Zentrum ist mit über 6 Mio. Einwohnern die unangefochtene Wirtschaftsmetropole Vietnams und weist eine höhere Bevölkerungsdichte auf als selbst Hanoi (2000 Menschen pro km²). Ursprünglich ein kleiner Fischer- und Handelshafen der Khmer, wurde Saigon von den Vietnamesen erst 1674 besiedelt, aber als tatsächliche Stadt erst 1859 von den Franzosen begründet. Die teils sandigen, teils sumpfigen Böden der Region zwischen Saigon und der kambodschanischen Grenze sind ideal für Plantagen (Kautschuk und Cash Crops aller Art) sowie für die Viehzucht. Offshore im Südchinesischen Meer liegen reiche Erdölvorkommen, von denen insbesondere die boomende Region Ba Ria-Vung Tau profitiert.

Das Mekong-Delta

Das mit Abstand größte und ertragreichste Reisanbaugebiet ihres Landes erschlossen die Vietnamesen erst im 18. und 19. Jh., nicht lange bevor die Franzosen sich seiner bemächtigten und anfingen, den Reis in alle Welt zu exportieren. Das Delta des Mekong ist mit 45.000 km² dreimal so groß wie das des Roten Flusses, wird aber von der gleichen Anzahl Menschen bewohnt (17 Mio). Die **9 Mündungsarme** (*Cuu Long*), die das Delta bilden, sind von zahllosen Flussläufen, Kanälen und Sümpfen durchzogen. Transport und Kommunikation sind noch heute gebietsweise auf Wasserwege angewiesen und können während der sommerlichen Regenzeit zusammenbrechen. Die Bauern des Deltas erzeugen 90 % der gesamten Ernteüberschüsse Vietnams, Städte wie **Can Tho** und **My Tho** zählen mit profitablen Leicht- und Konsumgüterindustrien, Obstplantagen und Fischzuchten zu den am schnellsten wachsenden des Landes.

Der Mekong. Der Mekong entspringt in Tibet und fließt erst über 4000 km weit durch Südchina, Burma, Thailand, Laos und Kambodscha, ehe er Vietnam erreicht und sich in zahlreiche Arme und Nebenarme aufsplittert. Im Gegensatz zu dem wilden und reißenden Song Hong wirkt der Mekong geradezu gemächlich. Der tiefer als der Fluss gelegene Ton-Le-Sap-See in Kambodscha fungiert als natürliches Staubecken und hält die Wassermenge des Mekong ganzjährig annähernd konstant; bei Hochwasser ändert der Mekong einfach seine Laufrichtung und fließt „rückwärts" in den See ab. Die regelmäßigen Überschwemmungen (mit höchsten Wasserständen zwischen September und Oktober) beein-

Land und Leute

trächtigen zwar Transport und Verkehr, führen aber niemals zu verheerenden Flutkatastrophen und Ernteausfällen wie im nördlichen Delta.

Inseln

Die Vietnamesen sind traditionell Bauern, keine Seefahrer. Die Abertausende Inseln entlang ihrer Küste haben sie nie sonderlich interessiert und sind in ihrer Mehrheit bis heute schwer erreichbar, da entweder gänzlich unbewohnt oder nur sehr spärlich besiedelt.

In der Vergangenheit errangen nur zwei Inseln einigermaßen Bedeutung, als Zufluchtsort für Rebellen oder als berüchtigte Gefängnisinseln: **Phu Quoc** im Golf von Thailand unweit der Grenze zu Kambodscha, die mit Abstand größte Insel Vietnams (568 km²), und **Con Dao** (das Poulo Condore der Franzosen) rund 100 km südöstlich des Mekong-Deltas.

Erst in jüngster Zeit sind die Gewässer zunehmend als **Wirtschaftsfaktor** interessant geworden. Die während des Vietnamkriegs entdeckten **Erdöl-** und **Erdgasreserven** entlang der Küste stellen heute eine der wichtigsten Einnahmequellen des Landes dar. Und im Gefolge des **Tourismus** sind Inseln wie **Cat Ba** und **Phu Quoc,** die größten Inseln des Nordens (350 km²) und Südens, die Eilande nördlich der Ha Long-Bucht sowie vor den großen Zentren der Südküste (Nha Trang, Da Nang, Qui Nhon) als Touristenziele ausgebaut worden.

Seit Jahrzehnten machen sich mehrere Länder, darunter Vietnam und China, die Besitzrechte an den weit von allen Küsten abgelegenen *Paracel-* und *Spratly*-Inseln streitig, in deren Bereich Erdölvorkommen vermutet werden.

Klima

Das extrem lang gestreckte Vietnam hat auf das Klima bezogen Halbinsel-Charakter; der maritime Einfluss macht sich im ganzen Land bemerkbar, bis auf den Norden, der klimatisch eher dem kontinentalen Klima Südchinas gleichkommt.

Grundsätzlich zeichnet sich Vietnam durch ein tropisches Monsunklima mit hohen Temperaturen und hoher Luftfeuchtigkeit aus. Im Jahresverlauf wechseln sich der feuchtwarme, niederschlagsreiche Südwest-Monsun (Sommermonsun, Mai bis Sept.) und der kalte, trockene Festlandsluft mit sich führende Nordost-Monsun (Wintermonsun, Nov. bis März) ab. Aufgrund der geografischen Gegebenheiten in den einzelnen Landesteilen sind die regionalen Unterschiede allerdings erheblich. Vereinfacht lassen sich eine durch eine Übergangszone voneinander getrennte nördliche und südliche Klimazone unterscheiden.

Als Resultat des Einflusses beider Monsune bleibt der Süden ganzjährig feucht und warm und ist lediglich der Zeitpunkt der sommerlichen Regenzeit von Region zu Region verschieden (im Zentrum beginnt die Regenzeit erst, wenn sie im Süden bereits beendet ist). Während im Norden Regen- und Trockenzeiten sich weit weniger stark voneinander unterscheiden und der deutlich kühlere Winter extreme Temperaturschwankungen mit sich bringen kann.

Durch die **globalen Klimaveränderungen** der letzen Jahre ist das Wetter merklich instabiler geworden. Die Temperatur stieg um 1–2°, die Regenzeit setzt immer früher ein, auf verheerende Überschwemmungen und/oder Taifune folgen immer häufiger kaum minder katastrophale Dürren, da der Wechsel von Regen- und Trockenzeit auch die Wasserführung der lebenswichtigen Flüsse bestimmt.

Norden

Die nördliche Klimazone zeigt deutliche **jahreszeitliche Unterschiede.** Das Klima ist subtropisch, mit kalten, nicht ganz trockenen Wintern und feuchtheißen, regenreichen Sommern. Im **Sommer,** zwischen Mai und Oktober, betragen die höchsten Durchschnittswerte 31–33°, die maximalen Temperaturen bis über 40°. Die Monate mit den stärksten Niederschlägen sind Juni bis September; in diesem Zeitraum (Regenzeit) fallen über 80 % der jährlichen Niederschläge und können im Küstenbereich und im Delta auch heftige **Taifune** auftreten.

Die **Wintermonate** (Trockenzeit) sind für die niedrigen Breitengrade (18–23° Nord) unverhältnismäßig kühl, da die Nordostwinde aus dem Innern Asiens eine nicht unerhebliche Temperaturabnahme bewirken. Da die Längs- statt Querausrichtung der Berge an der chinesischen Grenze keine

Südwest-Monsun

Feucht und heiß. Bläst aus dem Golf von Siam und bestreicht zwischen Anfang April und Ende Mai nacheinander das Mekong-Delta, die Region von Saigon und die südliche Zentral-Küste, ehe er, deutlich abgeschwächt, den Wolkenpass überquert und zwischen Oktober und November im Delta des Roten Flusses verhaucht.

Nordost-Monsun

Trocken, kalt und deutlich weniger kräftig. Kommt vom chinesischen Festland, erreicht das Delta des Roten Flusses im Lauf des Oktober und bestreicht nach und nach die nördliche Zentral-Küste, bis der Wolkenpass ihm Einhalt gebietet.

natürliche Barriere bildet, kann die kalte Luft ungehindert bis zum 16. Breitengrad vordringen, wo sie erst von dem hier bis ans Meer reichenden Truong-Son-Gebirge (Wolkenpass) gestoppt wird.

Es bleibt im Tiefland frostfrei, doch sinken die Temperaturen im Winter häufiger auf **unter 10° C.** In Hanoi beträgt die Durchschnittstemperatur im kältesten Monat (Jan.) 16–17° (bei Sonneneinstrahlung mit Spitzenwerten um 20–22°), die niedrigste Temperatur kann bis auf 5° fallen. In den Gebirgsregionen können die Temperaturen bis unter 0° sinken und in höheren Lagen (Sa Pa) zu Schneefall führen. Das Frühjahr (vor allem Febr./ März) ist von einer von Jahr zu Jahr unterschiedlich ausgeprägten trüben und feucht-kühlen Witterung mit Nebel und feinem Sprühregen *(crachin)* bestimmt.

Land und Leute

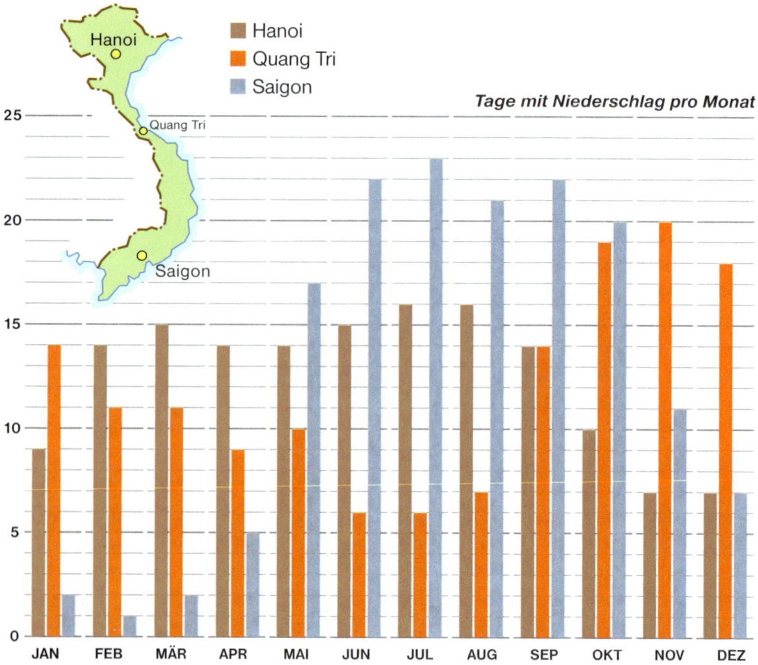

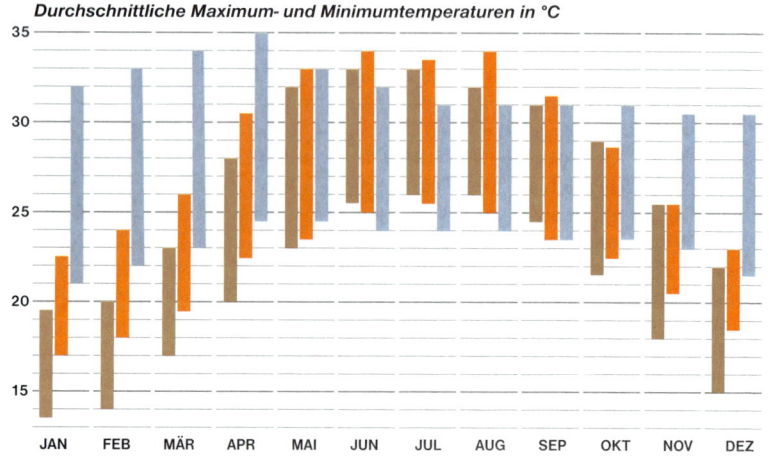

Hanoi
Quang Tri
Saigon
Tage mit Niederschlag pro Monat
25
20
15
10
5
0
JAN
FEB
MÄR
APR
MAI
JUN
JUL
AUG
SEP
OKT
NOV
DEZ

Durchschnittliche Maximum- und Minimumtemperaturen in °C
35
30
25
20
15
JAN
FEB
MÄR
APR
MAI
JUN
JUL
AUG
SEP
OKT
NOV
DEZ

Durchschnittliche Niederschlagsmenge pro Monat in mm

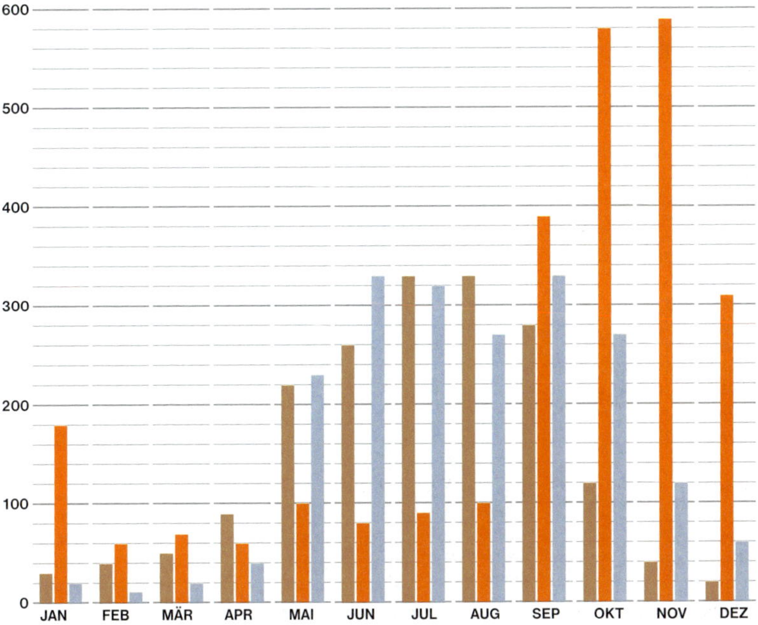

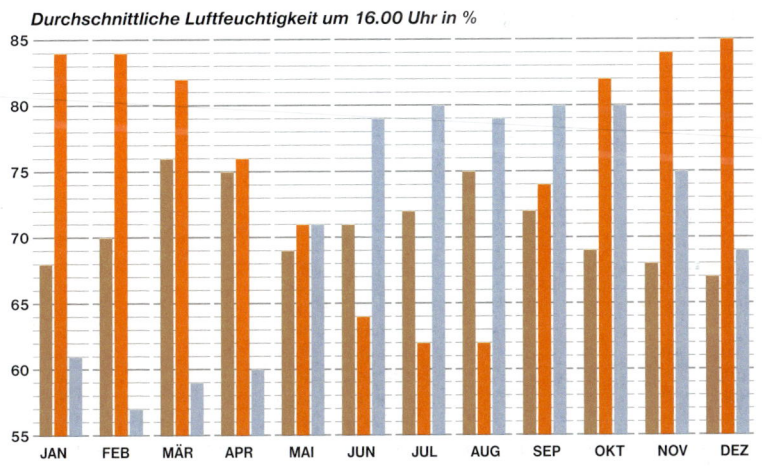

Durchschnittliche Luftfeuchtigkeit um 16.00 Uhr in %

Klimatische Bedingungen in ausgesuchten Städten

	Tag	Nacht	Min.	Nieder-schlag	Regen-tage	Sonnen-stunden	Luft-feuch-tigkeit
Hanoi							
Jan.	20°	13°	5°	18 mm	7	4	78 %
Febr.	21°	14°	6°	28 mm	13	5	82 %
März	23°	17°	8°	38 mm	15	6	83 %
April	28°	20°	10°	81 mm	14	7	83 %
Mai	32°	23°	16°	195 mm	15	7	77 %
Juni	33°	25°	21°	240 mm	14	7	78 %
Juli	33°	26°	22°	325 mm	15	6	79 %
Aug.	32°	26°	21°	345 mm	16	6	82 %
Sept.	31°	24°	17°	250 mm	14	7	79 %
Okt.	29°	22°	14°	100 mm	9	5	75 %
Nov.	26°	18°	7°	43 mm	7	4	74 %
Dez.	22°	15°	7°	20 mm	7	3	75 %
Hue							
Jan.	22°	17°	9°	170 mm	14	3	87 %
Febr.	23°	17°	10°	56 mm	11	5	87 %
März	26°	19°	11°	68 mm	11	6	85 %
April	30°	22°	13°	56 mm	9	7	78 %
Mai	33°	24°	18°	100 mm	10	7	69 %
Juni	34°	25°	20°	76 mm	6	7	65 %
Juli	33°	25°	20°	90 mm	6	6	64 %
Aug.	34°	25°	20°	100 mm	7	6	63 %
Sept.	31°	23°	18°	400 mm	14	5	75 %
Okt.	28°	22°	15°	560 mm	19	5	82 %
Nov.	25°	20°	12°	570 mm	20	4	84 %
Dez.	22°	18°	11°	305 mm	18	3	87 %
Da Nang							
Jan.	22°	17°	10°	115 mm	12	5	86 %
Febr.	23°	18°	11°	35 mm	8	5	85 %
März	24°	19°	12°	30 mm	7	6	85 %
April	30°	22°	16°	35 mm	5	7	82 %
Mai	32°	23°	17°	70 mm	8	8	79 %
Juni	33°	26°	18°	90 mm	9	9	76 %
Juli	33°	26°	19°	70 mm	10	8	75 %
Aug.	33°	26°	20°	110 mm	12	7	78 %
Sept.	31°	23°	17°	335 mm	16	6	83 %
Okt.	29°	22°	15°	615 mm	20	5	85 %
Nov.	26°	20°	13°	380 mm	22	5	85 %
Dez.	23°	19°	12°	225 mm	18	4	86 %

	Tag	Nacht	Min.	Nieder-schlag	Regen-tage	Sonnen-stunden	Luft-feuch-tigkeit
Saigon							
Jan.	32°	21°	14°	15 mm	2	5	70 %
Febr.	33°	22°	16°	3 mm	1	5	66 %
März	34°	23°	18°	15 mm	2	5	63 %
April	35°	24°	20°	43 mm	4	5	63 %
Mai	33°	24°	21°	220 mm	16	4	71 %
Juni	32°	24°	21°	330 mm	21	4	77 %
Juli	31°	24°	20°	320 mm	23	4	79 %
Aug.	31°	24°	20°	270 mm	21	5	77 %
Sept.	31°	23°	20°	340 mm	21	5	78 %
Okt.	31°	23°	20°	270 mm	20	4	77 %
Nov.	30°	23°	18°	115 mm	11	4	74 %
Dez.	30°	22°	14°	56 mm	7	4	72 %

Land und Leute

Süden

Die südliche Klimazone ist durch ein typisches **tropisches Monsunklima** bestimmt. Unbeeinflusst von den polaren Nordostwinden herrschen im feuchtheißen Süden hohe Temperaturen das ganze Jahr über. Die jährliche Durchschnittstemperatur in den Niederungen beträgt 26–27°, die Unterschiede zwischen den höchsten und niedrigsten Durchschnittstemperaturen betragen lediglich 3–4° (im Norden 16°). Deutlich zu unterscheiden ist zwischen einer sommerlichen **Regenzeit** (April/Mai bis September/Oktober) und einer „winterlichen" **Trockenzeit** (November bis April). In der Regenzeit fallen rund 90 % aller Niederschläge. Kühlste und trockenste Monate sind Dezember und Januar, danach steigen Temperaturen wie Luftfeuchtigkeit kontinuierlich an, ehe Mai und Juni die ersten Regenschauer und leichte Abkühlung bringen.

Zentrum

Zentralvietnam bildet eine **Übergangszone** mit tropischem Regenklima, aber spürbar weniger ausgeprägter Trockenzeit. Der Gegensatz zwischen Winter und Sommer nimmt kontinuierlich ab, die Regenzeit verschiebt sich auf September bis Dezember/Januar. Die stärksten Niederschläge fallen im Herbst und frühen Winter (September bis November), wenn im übrigen Land Trockenzeit herrscht. Die Regenzeit ist hier außerdem mit Stürmen und Fluten verbunden, die heftige Verwüstungen anrichten können. Die trockensten Monate sind März/April, dann folgt bis September die heißeste Zeit, wobei es – im Gegensatz zum übrigen Vietnam – sehr sonnig ist und kaum regnet. Dies ist auf die „Föhn"-Einwirkung der heißen Laoswinde auf den Südwestmonsun zurückzuführen.

Das Zentrum ist durch die **Klimascheide** des Wolkenpasses geteilt. Die **südliche Zentral-Küste** ist insgesamt regenärmer als der Süden, dafür verteilen sich die Niederschläge gleichmäßiger und rücken jahreszeitlich nach hinten (September bis Januar). In den Küstenniederungen liegen die Temperaturen etwa wie im Süden.

Im **Zentralen Hochland** dauert die Trockenzeit länger an, etwa wie im Süden (November bis April), während der es aber auch mal zu kurzen, heftigen Güssen kommen kann. Die Temperaturen liegen ganzjährig deutlich niedriger, mit milden („frühlingshaften") Wintern um 10–20° und möglichen Hitzewellen im Frühjahr und Sommer.

Die **nördliche Zentral-Küste** weist insgesamt höhere, aber unregelmäßigere Niederschlagsmengen auf, und man kann bereits zwischen warmen und kühlen Jahreszeiten unterscheiden. Zwischen Mai und August heiß und feucht wie im Süden, kann das Thermometer zwischen Dezember und Februar auch tagsüber unter 20°C sinken. Hue gilt als die regenreichste Stadt des Landes (2890 mm Regen an 150 Tagen gegenüber 1650 mm an 103 Tagen in Da Nang); die jährliche Temperaturschwankung beträgt rund 10°, die niedrigste je in Hue gemessene Temperatur betrug 9°C.

Als Besonderheit können im Küstenbereich **Taifune** (tropische Wirbelstürme) mit heftigen Regenfällen und Überschwemmungen auftreten, vor allem in der Zeit von Juli bis Oktober (an der Nordküste) bzw. Oktober bis Dezember (Südküste).

Flora

Wer einmal ein Tet-Fest in Vietnam miterlebt hat, wird das Land als ein einziges Blumenmeer in Erinnerung behalten. Die Vietnamesen lieben Pflanzen und Bäume aller Art, ob sie ihnen unmittelbaren „Nutzen" bringen oder nicht. Beim Anflug auf Hanoi schweift der Blick meilenweit über monotone Agrarflächen, aus denen die Dörfer wie kleine, von Bambushecken eingefriedete botanische Gärten herausragen, durchzogen von den Grün-Oasen der Obstbäume und Gemüsebeete. Im Süden und im Zentrum umgeben meist schützende Palmenhaine und Kakteenhecken die Dörfer.

Ursprünglich waren mehr als **zwei Drittel** der Landfläche Vietnams mit **tropischem Wald** bedeckt, auf dem pro Quadratkilometer bis zu 150 verschiedene Baumarten stehen können (in Mitteleuropa entfallen auf die gleiche Fläche lediglich 8–10 Arten). Im Landesinneren herrschte immergrüner Regenwald vor, das komplexeste Ökosystem der Erde mit bis zu 50 m hohen Baumriesen, Hochplateaus und Küstengebirge waren von laubabwerfenden Monsunwäldern bedeckt, und die nach dem Amazonasbecken gewaltigsten Mangrovenwälder der Welt schützten die Flachküsten vor den Urgewalten des Meeres. Der sagenhafte natürliche Reichtum des Landes an

Land und Leute

Der Ökozid der USA

Die Taktik der „verbrannten Erde" wurde schon von den Hunnen praktiziert – die planmäßige Vernichtung der Umwelt (Codename *Ranch Hand*) als Teil der militärischen Strategie betrieben erst die Amerikaner in Vietnam.

Um Nachschub und Verstecke des Gegner zu enttarnen, „entfernten" die Amerikaner den Dschungel, der ihn schützte, um ihn seiner Grundlagen zu berauben, vernichteten sie die Reisernten, die Millionen ernährten. Zwischen 1961 und '71 fielen über 76 Mio. l *Herbizide* auf das „befreundete" Südvietnam – allein die 40 Mio. l *Agent Orange* (neuere Studien sprechen von fast der doppelten Menge) enthielten 170 kg Dioxin, die giftigste Substanz, die auf der Welt bekannt ist (bei der Umweltkatastrophe von Seveso waren gerade 300 g freigesetzt worden). Das Gift ist noch heute, Jahrzehnte nach seinem Einsatz, im Erdboden und damit in der Nahrungsmittelkette und im menschlichen Körper nachweisbar. Mehr als 3 Mio Menschen, darunter auch zahlreiche GIs, leiden noch heute an den Folgen. In Vietnam werden noch immer überdurchschnittlich viele Kinder mit Missbildungen geboren, Krebs (Haut-, Leber- und Gebärmutterkrebs), Nerven- und Immunkrankheiten sind unter der Bevölkerung mancher Regionen weit verbreitet.

Landstriche, die nicht vergiftet werden konnten, wurden mit *Napalm* verbrannt, danach von Bulldozern eingeebnet und mit schnellwachsenden Gräsern bepflanzt, die rasch entflammbar waren und Pflanzensprossen niederhielten (in Vietnam, z.B. in Cu Chi, noch heute „Amerikanisches Gras" genannt). Über die Regionen nördlich des 17. Breitengrads regneten mehr als 13 Mio Tonnen Sprengstoff, etwa sechsmal so viel wie die Alliierten im Zweiten Weltkrieg auf das hochtechnisierte Deutschland abwarfen.

Agent Orange-Opfer (3. Generation)

Edelhölzern, Gewürzen, Heilkräutern, Orchideen, Palmen, Bambus, Zuckerrohr und tropischen Früchten lockte zwei Jahrtausende lang Eroberer nach Vietnam.

Im vergangenen Jahrhundert hat sich der Waldbestand Vietnams drastisch reduziert. Während 1945 noch 43 % der Landesfläche bewaldet war, ist der Bestand mittlerweile auf **unter 20 %** zurückgegangen, wobei der Anteil an Primärwäldern auf nur etwa ein Drittel geschätzt wird. Dennoch beherbergen Vietnams Wälder nach wie vor einen unschätzbaren **Reichtum** an verschiedenen Spezies. Mehr als 13.000 Pflanzen, davon über 7000 Großpflanzen, 800 Moosarten und über 600 Pilz- und Schwammarten wurden bisher bestimmt.

Einheimische Wissenschaftler schätzen, dass im amerikanischen **Vietnamkrieg** ca. 2,5 Mio. Hektar Waldland und über ein Fünftel der landwirtschaftlichen Fluren des Landes verloren gingen, als direktes Resultat der

Die Schattenseiten des Sonnen-Kaffees

Kaffee kennt man in Vietnam, seit ihn die Franzosen im 19. Jh. einführten. Schwarz, stark, aromatisch, eher Genussmittel denn Alltagsgetränk (das ist in Vietnam traditionell der Tee).

Um 1992 begann Vietnam gezielt in das „braune Gold" zu investieren – nach Erdöl gilt Kaffee als der meistgehandelte Rohstoff der Welt – und katapultierte sich binnen weniger als zehn Jahren vom Kleinverbraucher zum *zweitgrößten Kaffee-Produzenten der Welt* (nach Brasilien). Die Jahresproduktion beträgt plus/minus 1 Mio Tonnen, von denen rund dreiviertel exportiert wird; das entspricht einem Wert von zuletzt 1,8 Mrd. US$ oder 8 % der vietnamesischen Exportleistung.

Erfolgsgaranten sind die *idealen Anbaubedingungen* im Zentralen Hochland (intensive Sonneneinstrahlung, reiche Niederschläge), von Weltbank und IWF mitfinanzierte *staatliche Förderprogramme* und *Masse* statt Qualität: 99 % der Ernte bestehen aus der billigen, aber ertragreichen und widerstandsfähigen Sorte *Robusta*. (Die teurere *Arabica* macht das eigentliche Aroma im Kaffee aus, aber neue Dämpfungs- und Röstungs-Verfahren konnten die Unterschiede deutlich nivellieren.)

Der Kaffeeboom erschloss Hanoi wichtige Devisenquellen und schuf 6–700.000 neue Arbeitsplätze, diente darüber hinaus aber auch als innenpolitisches Signal. Für den Löwenanteil der Produktion (etwa Zweidrittel) sorgen nicht staatseigene Firmen, sondern Privatunternehmen und mittelständische Betriebe und vor allem die *Minoritäten* des „politisch sensiblen" Zentralen Hochlands, die – ungleich denen des Nordens – aufgrund ihrer Geschichte traditionell regimekritisch wenn nicht gar -feindlich eingestellt sind.

Indem Vietnam den Markt eroberte, d.h. mit preisgünstiger Ware überschwemmte, ruinierte man ihn jedoch zugleich. Als Folge des *Überangebots* gingen die Preise auf Talfahrt; Vietnams Kaffeebauern trieben nicht nur ihre Leidensgenossen in Brasilien, Äthiopien oder Indonesien in den Ruin, sondern auch sich selbst; 2001 gingen die ethnischen Pflanzer auf die Barrikaden. Hanoi stellte die *Unruhen* in den Provinzen Kon Tum, Gia Lai und Dak Lak als „von außen gesteuerte Sabotageakte" dar (tatsächlich verhaftete man einige „reaktionäre" Auslandsvietnamesen und US-Missionare), doch in Wahrheit ging es nicht um Ideologien, sondern um handfeste ökonomische Interessen. Um die drohende Verelendung einer Region, die zu Boomzeiten auf Anraten der Regierung auf Kaffee gesetzt hatte; und um die Wut auf die Hanoier Bevölkerungspolitik, die Zigtausende Vietnamesen aus dem aus dem übervölkerten Norden ins Hochland umgesiedelt hatte, wo sie sich mit Billigung der Behörden illegal Land aneigneten und gleichfalls Kaffee anbauten. In den letzten Jahren sind die Preise wieder gestiegen, und die Exporteinnahmen überstiegen erstmals sogar die von Reis!

Auf lange Sicht verhängnisvoller ist die *ökologische Katastrophe* des Kaffeebooms. Den Bauern bleibt angesichts des Preisverfalls keine Wahl als aufzugeben oder den Ausstoß zu erhöhen – d.h. immer neues Land zu roden und noch mehr Kaffee zu pflanzen. Was eine folgenreiche Kettenreaktion in Gang setzt. Da *Robusta*-Pflanzen Sonne brauchen, müssen *Wälder abgeholzt* werden, und anstelle artenreicher Ökosysteme (in denen sich die Schattenpflanze Arabica wohlfühlt) entstehen immer mehr *Monokulturen,* die nur mithilfe ebenso teurer wie schädlicher *Pflanzengifte* erhalten werden können, die die einheimische Flora und Fauna vernichten.

Vietnam versucht dem Dilemma Herr zu werden, indem es die Robusta-Pflanzen schrittweise verringert und durch Arabica ersetzt, internationale Qualitätsstandards einführt und den Konsum im eigenen Land anheizt. Die überaus erfolgreiche Café-Kette *Trung Nguyen* ist inzwischen sogar schon auf amerikanischen Märkten präsent.

Bombenabwürfe, der Landrodung durch Panzer, des Einsatzes von Napalm und des Entlaubungsmittels Agent Orange. Nahezu ein Drittel des Landfläche (wenn auch nicht immer auf den ersten Blick erkennbar) gilt seitdem als Brachland, das nur noch zur Viehhaltung und zum Anbau bestimmter industrieller Kulturen Verwendung finden kann.

Jedoch führte auch der eigene **wirtschaftliche Wiederaufbau** Vietnams zur Zerstörung der Natur. In Ermangelung anderer Baustoffe griff man nach dem Ende des Krieges zwangsläufig auf das Holz zurück – für Millionen Vietnamesen noch heute die einzige Energiequelle. Bis 1987 gingen durch Einschlag, Brandrodung, gewerbsmäßige Gewinnung von Feuerholz und Holzkohle sowie die Gewinnung neuer landwirtschaftlicher Ressourcen mindestens ebenso viel Waldreservoir verloren wie während des gesamten Krieges. Insgesamt wurde mehr als doppelt so viel Waldfläche abgeholzt als aufgeforstet wurde.

Ho Chi Minh hatte bereits 1955 die **Wiederaufforstung** als eine der vordringlichsten Aufgaben des neuen sozialistischen Staats bezeichnet, und bis heute werden jährlich 150–200.000 ha wiederaufgeforstet, die den fortgesetzten Verlust des Waldbestandes allerdings kaum wirklich aufhalten können. Außerdem mögen Kiefern und schnellwachsender Eukalyptus zwar der Bodenerosion entgegenwirken und Feuerholz liefern, das in Jahrhunderten gewachsene Ökosystem von Primärwäldern vermögen sie keines-

falls zu ersetzen. Zudem vernichten immer wieder **Naturkatastrophen** die gerade erst wiederaufgeforsteten Regionen – sei es durch die starken Monsunregen, sei es durch die aufgrund des immensen Waldverlusts bereits deutlich nachweisbaren **Klimaveränderungen,** deren Folgewirkungen (Dürreperioden, Überschwemmungen, Erosion) zunehmend mehr Landstriche verwüsten.

Fauna

Aufgrund der Längenausdehnung (mehr als 1600 km über 16 Breitengrade hinweg) und der äußerst unterschiedlichen klimatischen und geografischen Gegebenheiten zeichnet sich Vietnam durch eine extrem hohe und z.T. einzigartige Diversität an Tierarten und genetischen Ressourcen aus. Im weltweiten Vergleich gilt Vietnam heute unbestritten als „einer der Hot Spots der Biodiversität". Zahlreiche Arten werden zudem als endemisch eingestuft, d.h. sind ausschließlich in Vietnam zu finden. Von den 49 endemischen Vogelarten Indochinas z.B. hat Vietnam 33, davon 11, die einzig und allein in Vietnam vorkommen.

Sensationelle Entdeckungen von Spezies, die selbst in Vietnam bereits als ausgestorben galten, wurden nach 1990 vor allem in den entlegenen Regenwäldern des Hoang-Lien-Son-Gebirges im Nordwesten (Provinz Lai Chau) gemacht, wo seltene Arten lange beinahe im Verborgen überleben konnten. 1994 entdeckte man in der

Land und Leute

Seltene und bedrohte Tierarten

Vu-Quang-Wildrind (Sao La). Der sensationellste Fund (1994), die sechste Großsäugetierart, die weltweit im 20. Jh. entdeckt wurde. Halb Rind, halb Antilope, Schätzungen zufolge leben noch 20–30 Exemplare.

Riesen-Muntjak. Ein bisher unbekannten Vertreter des Großsäugers, der doppelt so groß wie der Indische Muntjak wird. Die Gattung, die im Tertiär auch in Europa vorkam, gilt als der Vorfahr unserer Hirsche.

Kouprey. Das einheimische Wildrind, das bereits 1950 als ausgestorben galt, wurde in den letzten Jahren wieder mehrfach gesichtet. Der Bestand der im Übrigen auch in Laos und Kambodscha vorkommenden Koupreys, die in kleinen Herden leben und sich bevorzugt in Steilwäldern aufhalten, wird auf insgesamt 200 geschätzt.

Delacour-Langur. Im Nationalpark Cuc Phuong haben deutsche Biologen die „Kurze-Hosen-Affen" wiederentdeckt, die bereits als ausgestorben galten. Die Anzahl der sich meist in Baumwipfeln aufhaltenden Tiere mit der markanten Schwarz-Weiß-Zeichnung wird auf unter 200 Exemplare geschätzt; sie kommen ausschließlich in Vietnam vor.

Elefant. Pro Jahr werden an die 100 Exemplare von Elfenbeinjägern erlegt, sodass es schon im nächsten Jahrzehnt, sollte die illegale Jagd nicht drastisch zurückgehen, keine wildlebenden Elefanten mehr geben wird. Zwar hat der vietnamesische Elefantenkult nie die quasi „religiöse" Inbrunst wie bei den buddhistischen Nachbarn Kambodscha, Siam und Burma angenommen, aber Elefanten waren als Prestigeobjekte und „lebende Kriegspanzer" seit je her hoch begehrt, schon weil die Todfeinde der Viets, die Chinesen, sie nicht kannten und daher fürchteten. Darstellungen von Nationalhelden wie den Trung-Schwestern, die auf dem Rücken von Kriegselefanten Chinesen aus dem Land vertreiben, jagen noch heute jedem Vietnamesen wohlige Schauer über den Rücken. Im 19. Jh. führten die Herrscherhäuser Vietnams und Siams endlose Kriege um die Kontrolle über die Elefanten Kambodschas. Wilde Exemplare leben heute nur noch in der Provinz Dak

Artenreichtum im Vergleich

	Vietnam	weltweit	Anteil VN
Fische	2470	19.000	13 %
Amphibien	80	4184	2 %
Reptilien	180	6300	3 %
Vögel	820	9040	9 %
Säugetiere	275	4000	7 %

Land und Leute

Lak und vereinzelt in Lai Chau und Lam Dong.

Tiger. Noch vor einem halben Jahrhundert waren streunende Tiger in den Straßen der Höhenkurorte Tam Dao und Da Lat fast selbstverständlich. Im 19. Jh., einzigartig in Südostasien, fanden in der Arena von Hue Kämpfe zwischen Tigern und Elefanten statt. Heute sind die Tiere vor allem durch den schwunghaften Handel mit Knochen und Penissen bedroht, denen in der traditionellen Medizin „sagenhafte" Wirkung zugeschrieben wird. Die Tiger-Population hat seit 1900 um über 99 % abgenommen, gegenwärtig leben nur noch knapp 50 in freier Wildbahn.

Java-Nashorn. Eines der seltensten Großsäuger überhaupt. Weltweit gibt es noch etwa 75 Exemplare, davon 10–15 in Vietnam (u.a. im Nationalpark Cat Tien). Die scheuen Kolosse (ausgewachsene Tiere wiegen fast 2 t) sind ausgesprochene Einzelgänger. Hauptschuld an ihrer Ausrottung trägt die Nachfrage nach dem angeblichen Wundermittel aus ihrem „steifen" Horn, als Pulver oder Elixier in der „Heilkunde Asiens" (trotz Viagra) so gefragt wie nie zuvor.

Region von Vu Quang, in der Nähe der laotischen Grenze (Provinz Ha Tinh), eine bis dato völlig unbekannte Säugetierart, das sog. *Vu-Quang*-Wildrind, eine ziegen- bis hirschähnliche Huftiergattung mit langem, scharfem Gehörn.

Zu den bedeutendsten Arten zählen u.a. der asiatische Elefant, das Java-Nashorn, Tiger, Kouprey, Krokodile und Pythons. Die 4 einheimischen Affenarten (mit zahlreichen Unterarten) sind die äußerst seltenen, z.T. erst im vorigen Jh. entdeckten Languren sowie Makaken, Gibbons und die kleinen nachtaktiven Loris (siehe www.primatecenter.org).

Mit der Ausweisung von Schutzgebieten wurde in Vietnam gleich nach dem Ende der Kolonialzeit (1945) begonnen; in der Folge wurde 1962 der erste Nationalpark (Cuc Phuong) gegründet. Nachdem Vietnam 1994 dem Washingtoner Artenschutzabkommen beitrat, erarbeiteten Wissenschaftler des WWF zusammen mit dem vietnamesischen Forstministerium neue Entwicklungsprogramme, um die Überlebenschancen bedrohter Tierarten zu erhöhen. Heute verfügt Vietnam über mehr als 100 Naturschutzgebiete mit einer Gesamtfläche von über 15.000 Quadratkilometern, von denen bislang über ein Dutzend als Nationalparks ausgewiesen sind.

Sieht man Warane, Gürteltiere, Tapire, Bären, Pangoline, Pythons oder junge Wildkatzen auf den Märkten, werden sie bestimmt nicht als Haustiere gekauft. Der Handel mit bedrohten Arten ist zwar auch in Vietnam mittlerweile verboten, doch keiner kontrolliert so recht, was in die Kochtöpfe wandert oder über die Grenzen verschoben wird. Zudem setzt die traditionelle Heilkunde bis heute auf tierische Produkte und Bestandteile – je seltener das Tier, umso „exquisiter", sprich wirkungsvoller die Medizin. Bärengallenblasen, Schlangen, Tigerknochen, Vogelnester erzielen vor allem in China

Höchstpreise und sind für Wilderer eine lukrative Einnahmequelle.

Die Küsten werden außer durch die zunehmende Ölförderung durch die polypenartig sich überall ausbreitenden Fisch- und Shrimps-Farmen (Antibiotika, Dünger, Pestizide) und die illegale Korallenförderung zur Herstellung von Zement gefährdet.

Bevölkerung

Anders als in den meisten Ländern Asiens und der Dritten Welt weist die Bevölkerung Vietnams eine **außergewöhnliche Homogenität** auf: fast 90 % aller Einwohner sind ethnische Vietnamesen, die politisch, sozial und kulturell auf eine lange, gemeinsame Geschichte zurückblicken.

Die Reiskultur förderte frühzeitig Organisation und soziale Strukturen, engte den Siedlungsraum der Vietnamesen aber auch geografisch auf die Ebenen ein. Für ihren vielzitierten „Marsch gen Süden", der ihnen nach und nach das hinduistische Champa (das heutige Zentralvietnam) und das zum Khmer-Reich gehörige Mekong-Delta einbrachte und mehr als einmal zum Beweis ihres „aggressiven Charakters" herhalten musste, benötigten die angeblich „von Natur aus kriegslüsternen" Vietnamesen mehr als sechs Jahrhunderte. Als sesshaftes Siedlervolk entwickelten sie eine geradezu kultische Verehrung für die Ahnen und für das **Land.** Nichts hat die Vietnamesen so geprägt wie seine ständige Verteidigung (unaufhörliche Kriege mit

China), seine Verteilung (genossenschaftliche Sozialstrukturen vs. Privatbesitz) und die endlose Suche nach Neuland (vom Marsch gen Süden bis zu den Emigrationswellen der jüngsten Vergangenheit).

Die ethnischen **Minderheiten** des Landes machen kaum 10 % der Gesamtbevölkerung aus, bewohnen aber fast 2/3 der Fläche Vietnams. Während die *Muong* aufgrund von Sitten, Gebräuchen und Sprachverwandtschaft als Zweig eines vietnamesischen „Urvolks" gelten, blicken die Bergvölker Zentralvietnams in der Mehrzahl auf malaiisch-polynesische, die des Nordens dagegen auf südchinesisch-mongolische Vorfahren zurück. Vornehmlich in Städten und Ballungszentren sind Chinesen ansässig und beherrschen wie überall in Südostasien Handel und Wirtschaft.

Die Vietnamesen (Kinh)

Die *kinh*, wie sie sich selber nennen, entstammen einer jahrtausendealten Verschmelzung **austro-indonesischer Rassen,** die über das Meer kamen, mit **mongolischen Völkern,** die aus dem Norden zuwanderten.

Als die Chinesen Vietnam eroberten und kolonisierten, hatten seine Bewohner noch keine Schrift, aber bereits eine eigenständige Sprache, die sowohl südostasiatische (monotonisch, „Mon-Khmer") wie mongolische Elemente (variotonisch, „Thai") aufwies. Ihre Sitten und Gebräuche, wie Totemismus, Tätowierung, Betelkauen, Zähneschwärzen und Frucht-

barkeitsriten, teilten sie mit anderen Völkern Südostasiens, während ihre soziale Organisation eher auf ihre nordischen Vorfahren verwies.

Organisation und Gesellschaft. Die Vietnamesen sind zeit ihrer Geschichte von einer Zentralmacht regiert worden. Ein Jahrtausend lang von den chinesischen Besatzern, nach der Unabhängigkeit (938) vom Kaiser, in der Neuzeit von der französischen Kolonialmacht und ab 1954 (im Norden) bzw. 1975 (im ganzen Land) von der KP.

Im Prinzip kennen die Vietnamesen traditionell nur drei Formen der Ordnung und Organisation, **Familie, Dorf** und **Staat.** Die Familie bildet das Modell für das Dorf, das Dorf ist das Modell für den Staat. Und umgekehrt: wie der Kaiser (die Partei) dem Staat vorsteht, so das Familienoberhaupt der Familie, und wie der Vater für die Familie verantwortlich ist, so der Kaiser (die Partei) für das Volk. Das gesamte Dasein jedes Vietnamesen ist (horizontal) auf gegenseitige Verpflichtungen und (vertikal) auf unumstößliche Hierarchien ausgerichtet. Der Einzelne ist niemals Individuum, sondern in erster Linie Mitglied (mit festgelegten Rechten wie Pflichten) einer Familie, einer Dorfgemeinschaft, einer sozialen Gruppe und der Nation. (Die Vietnamesen, so könnte man sagen, hätten auf den Kommunismus gar nicht besser vorbereitet sein können.)

kömmlingen von Kulturen, die einst ganze Teile des Landes beherrschten, setzen sich die ethnischen Minoritäten Vietnams aus **Bergvölkern** *(Montagnards)* zusammen, die im Bergland des Nordens und auf den Hochplateaus Zentralvietnams auf 65 % der Landfläche leben, insgesamt etwa 8 Mio Menschen. Im Wesentlichen lassen sie sich in vier Gruppen unterscheiden: die **mongolischen** und **sino-tibetischen** des Nordens, und die **malaiisch-polynesischen** und **Mon Khmer-Gruppen** des Zentralen Hochlands.

Die ethnischen Minderheiten

Abgesehen von **Chinesen** sowie **Khmer** und **Cham,** den letzten Ab-

Land und Leute

018kl Foto: kb

Thai-Mädchen bei Son La (Schwarze Thai)

Bevölkerung in Zahlen

Einwohnerzahl	1850	8,1 Mio.
	1910	13,2 Mio.
	1945	22,6 Mio.
	1960	30,1 Mio.
	1976	50,1 Mio.
	1983	57,2 Mio.
	1989	64,4 Mio.
	1991	70,1 Mio.
	1994	73,5 Mio.
	1997	76,5 Mio.
	2005	84 Mio.
	2009	87 Mio.
	2025	*104 Mio.*
Frauen	44,5 Mio.	51 %
Männer	41,5 Mio.	49 %
Landbevölkerung		70 %
Stadtbevölkerung		30 %
Durchschnittsalter		21 Jahre
unter 14 Jahre		34 %
15–64 Jahre		61 %
über 65 Jahre		5 %
Lebenserwartung		73,6 Jahre
Zuwachsrate pro Jahr		1,3 %
Bevölkerungsdichte 1945		21 pro km²
Bevölkerungsdichte 2009		270 pro km²
Ethnische Vietnamesen (Kinh)		87 %
Größte Minorität: Tay		1,3 Mio.
Auslandschinesen (Hoa)		1,1 Mio.
Arbeitskräfte		45 Mio.
Landwirtschaft		67 %
Alphabetisierung		94 %

Die offizielle Statistik weist insgesamt **54 Völker** aus (einschließlich Vietnamesen und Chinesen). Aufgrund von Feldstudien weiß die Ethnologie jedoch schon seit geraumer Zeit, dass diese Klassifikation unzulänglich ist und vor allem zu kurz greift. Denn bei Licht gesehen sind die kulturellen Unterschiede zwischen einzelnen Stämmen der (angeblich) gleichen Ethnie nicht selten sogar größer als die zwischen nominell unterschiedlichen ethnischen Gruppen. Eine neue, und weitaus spezifischere Klassifikation ist überfällig, wird aber mit Sicherheit noch eine Weile auf sich warten lassen.

Manche dieser Völker leben schon seit Jahrtausenden in Vietnam wie die Muong, die als Zweig eines vietnamesischen „Urvolks" gelten, andere sind erst während der letzten Jahrhunderte eingewandert und siedeln nicht allein in Vietnam, sondern beiderseits der Grenzen zu China, Laos und Kambodscha und bis hin nach Nord-Thailand und Burma.

Die meisten sind weder ethnisch noch sprachlich miteinander verwandt, und jedes Volk – das sich wiederum in zahlreiche Untergruppen aufsplittert – hat seine eigenen Kultur- und Gesellschaftsformen. Manche leben schon seit langem als sesshafte Bauern wie die Nung, andere sind Halbnomaden wie die Hmong (Meo), wieder andere führen bis heute eine nomadische Existenz als Pferde- und Rinderzüchter.

Im Gegensatz zu den Vietnamesen, die nach chinesischem Vorbild in festen, ebenerdigen Häusern wohnen, bevorzugen die Bergstämme **hölzerne Pfahlbauten.**

Ihre **religiösen Vorstellungen** reichen von Magie, Animismus und Fetischismus (wie dem Glauben an unsichtbare Geister, die in Menschen eindringen und sich z.B. durch Kopf- oder Bauchschmerzen bemerkbar machen) über Geister- und Ahnenkulte bis zur Assimilation von Buddhismus und Katholizismus.

Rein äußerlich unterscheiden sich die Angehörigen der ethnischen Gruppen durch ihre unterschiedlichen **Trachten,** häufig in kräftigen Grundfarben mit geometrischen oder rituellen Mustern und ergänzt durch Schmuckgegenstände aus Silber, Elfenbein oder Perlmutt. Der geflochtene Tragekorb auf dem Rücken gehört fast zur Grundausstattung jedes Bergbewohners.

Geschichte

Die Vietnamesen schenkten den Bergvölkern lange Zeit wenig Beachtung. Solange sie ihren Tribut entrichteten und sich am Kampf gegen fremde Eroberer beteiligten, ließ man sie weitgehend unbehelligt, und umgekehrt unternahmen die Bergvölker nur selten ernsthafte Versuche, in die Küstengebiete vorzudringen.

Gegenseitige Kontakte beschränkten sich so meist auf den Warenaustausch, Rinder, Pferde, Gewürze und Heilkräuter wechselten den Besitzer gegen Reis, Fisch und Salz. Auf diese Weise bewahrten die Bergstämme ihre ethnische Identität, auch wenn weder die Vietnamesen, für die sie pauschal moi, „Wilde", waren, noch die Kolonialisten, die sie als *montagnards* über einen Kamm scherten, sie jemals als rechtmäßige nationale Bevölkerungsgruppen ansahen.

Die alles in allem kluge und behutsame Minoritätenpolitik der frühen Kommunisten zahlte sich aus, als Ho Chi Minh viele von ihnen zur Zusammenarbeit mit der Widerstandsorganisation gewinnen konnte; besonders die Tay und die Nung spielten eine wichtige Rolle im Befreiungskampf. Während die DRV nach 1954 „Autonome Zonen" mit eigenem Wahlrecht einrichtete, verfolgte die Saigoner Regierung eine strikte „Missionierung" und „Vietnamisierung" der Bergvölker. Die Widerstandsbewegung FULRO („Front Unifié de la Lutte des Races Opprimées") im Zentralen Hochland, die sich ursprünglich gegen Franzosen und Amerikaner richtete,

aber auch stets antikommunistisch blieb, existiert noch immer und wird heute vornehmlich von amerikanischen Exilvietnamesen unterstützt.

Minoritätenpolitik nach 1976. Seit der Wiedervereinigung wird eifrig am Mythos einer „vietnamesischen Nation unter Einschluss der Minderheiten" gewebt. Auch wenn den Minoritäten das Recht auf eine eigene Kultur garantiert bleibt, tendiert die Nationalitätenpolitik Hanois seitdem dazu, „grundlegende Gleichheit" zwischen den Völkern zu schaffen – was einerseits die offene Diskriminierung der Minderheiten ausschließt, andererseits die Gefahr birgt, durch graduale Assimilation ethnische Besonderheiten und Anspruch auf eigene Lebensräume zu ignorieren. Ebenso sind trotz gegenteiliger Garantien deutliche Bemühungen im Gange, die Minoritäten sowohl sprachlich wie kulturell in den vietnamesischen Staat zu integrieren. Die Kehrtwendung Hanois liegt vor allem darin begründet, dass fast alle landwirtschaftlichen Reserveflächen, Rohstoffvorkommen (Bodenschätze, Holz) und Anbauflächen für Exportprodukte (Kautschuk, Kaffee, Tee) im Siedlungsgebiet der Minderheiten liegen, deren Lebensraum daher dringend benötigt wird.

Die Auslandschinesen (Hoa)

Die ökonomisch und (bis 1980 auch zahlenmäßig) bedeutendste Minderheit sind die ethnischen Chinesen (*Hoa*), die zumeist schon seit mehreren Generationen in Vietnam leben, sich aber traditionell von der übrigen Bevölkerung abschotten und unter sich bleiben („Chinatowns"). Durch die Spannungen mit China zwischen 1976 und '79 sank ihre Zahl von einst 2–2,5 auf etwa 1,1 Mio. Die Mehrzahl lebt im Süden und vornehmlich in der ehemaligen Chinatown Cho Lon bei Saigon. Seit dem wirtschaftlichen Auf-

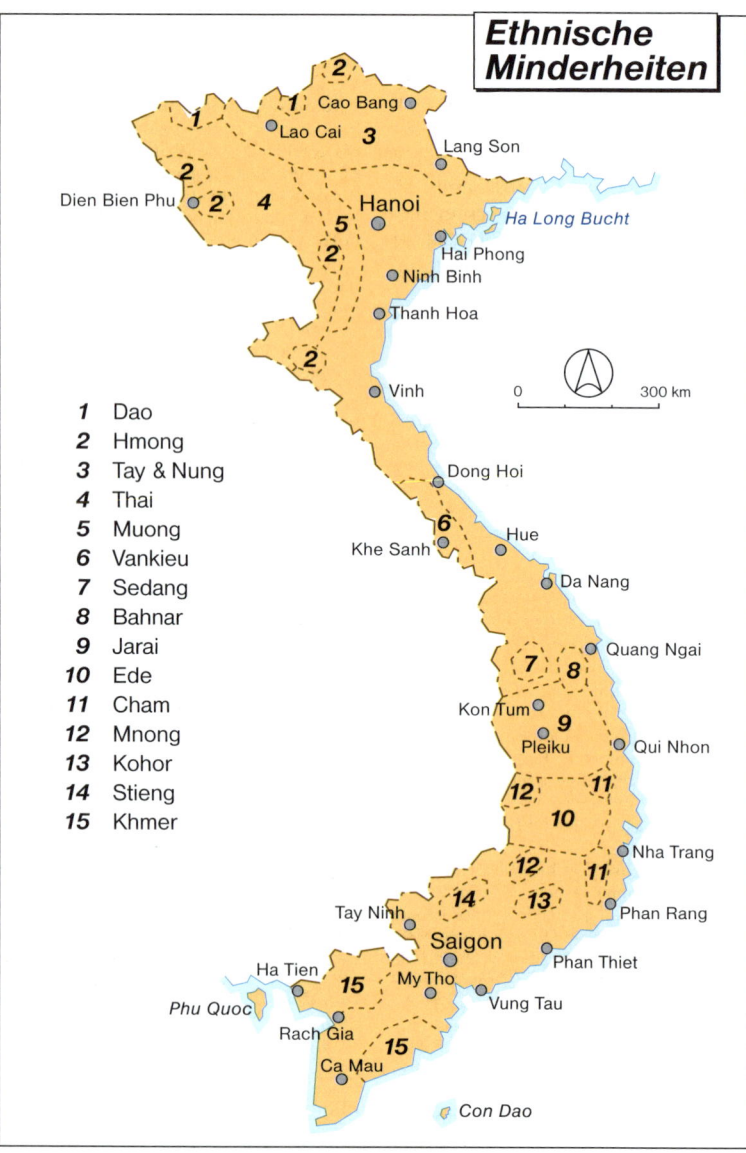

Ethnische Minderheiten

Cao Bang
Lao Cai
Lang Son
Dien Bien Phu
Hanoi
Ha Long Bucht
Hai Phong
Ninh Binh
Thanh Hoa
Vinh

1 Dao
2 Hmong
3 Tay & Nung
4 Thai
5 Muong
6 Vankieu
7 Sedang
8 Bahnar
9 Jarai
10 Ede
11 Cham
12 Mnong
13 Kohor
14 Stieng
15 Khmer

0   300 km

Dong Hoi
Khe Sanh
Hue
Da Nang
Quang Ngai
Kon Tum
Qui Nhon
Pleiku
Nha Trang
Tay Ninh
Phan Rang
Saigon
Ha Tien
My Tho
Phan Thiet
Phu Quoc
Vung Tau
Rach Gia
Ca Mau
Con Dao

schwung haben die Hoa dank ihrer weitverzweigten Geschäfts- und Verwandtschaftsbeziehungen mit Hongkong, Singapur, Festlandschina, Taiwan und den Überseechinesen in Kalifornien, Kanada, Australien schon annähernd wieder die ökonomische Vormachtstellung erreicht, die das sozialistische Regime ihnen nach 1976 mit allen Mitteln streitig zu machen suchte.

019vi Foto: kb

Geschichte

Seit der Unabhängigkeit im 10. Jh. ersuchten immer wieder politische Flüchtlinge aus China um Asyl in Vietnam. Eine der stärksten und einflussreichsten Einwanderungswellen gelangte im 17. Jh. nach dem Sturz der Ming-Dynastie ins Land. 1679 gründeten Ming-Flüchtlinge Cho Lon und besiedelten bis dahin unerschlossene Gebiete des Mekong-Deltas.

Die unterschiedlichen Emigrantengruppen organisierten sich in eigenständigen Sprach- und Herkunftsgesellschaften, sogenannten *bang*, die Steuer- und Polizeigewalt über ihre Mitglieder ausübten und Handel und Gewerbe unter sich aufteilten. Selbst zur Kolonialzeit lag der gesamte Reishandel z.B. fest in der Hand der Hokkien-Chinesen.

Der Zusammenbruch des Saigoner Regimes 1975 machte offenbar, dass die chinesische Bourgeoisie Cho Lons 100 % des Großhandels, 90 % des Import-Exports sowie 80 % der Nahrungsmittel-, Textil-, Maschinenbau-, Elektro- und Chemie-Industrie im Süden kontrollierte. Als Hanoi der Wirtschaftsmacht der Hoa mit bürokratischen Mitteln nicht Herr werden konnte, enteignete man 1978 die gesamte Privatwirtschaft (und damit die Mehrzahl der Chinesen). Dies führte zu einem Strom von Auswanderern und Wirtschaftsflüchtlingen, die weltweit als **Boat People** bekannt wurden (da sie nur auf diese Weise ihr Vermögen nach Übersee retten konnten) und zum endgültigen Bruch Chinas mit dem „undankbaren" Vietnam.

Khmer und Cham

Die Khmer (vietn. *Koh Me*) sind ebenso wie die Cham Nachfahren von Völkern, die einst mehr als die Hälfte des heutigen vietnamesischen Territoriums beherrschten. Die vornehmlich im Mekong-Delta siedelnden Khmer stellen nach wie vor eine starke Minorität (ca. 1 Mio., darunter zahlreiche Flüchtlinge aus dem Pol-Pot-Kambodscha), während die Zahl der malaiisch-polynesischen Cham, deren hinduistische Königreiche dem Expansionsdrang der

Muong-Frau bei Hoa Binh

Land und Leute

Vietnamesen jahrhundertelang widerstanden, heute auf knapp über 100.000 geschrumpft ist. Während die Khmer bis heute praktizierende Hinayana-Buddhisten sind (wie die Thai, aber ungleich den vietnamesischen Buddhisten, die sich zum Mahayana-Buddhismus bekennen), haben sich die Cham im Lauf der Jahrhunderte größtenteils zum Islam bekehrt.

Die Bergvölker des Nordens

Die meisten zählen zur Gruppe der **austro-asiatischen** Sprachfamilie, die sich wiederum in die Sprachgruppen der **Tay-Thai** (Tay, Thai, Nung, Giay, Lao, San Chay etc.), **Viet-Muong** (Muong, Tho, Chut), **Meo-Dao** (Hmong, Dao, Pha Then) usf. unterscheiden lassen. Zu grundlegend anderen Sprachfamilien gehören die **tibeto-burmesisch** sprechenden Tang (Cong, Ha Nhi, La Hu, Phu La, Si La, Lo Lo) vornehmlich im Nordwesten und die **Han** (chinesisch) sprechenden Ngai und San Diu im Nordosten.

Einige, wie die zugewanderten Tay und Nung oder die indigenen Muong, siedeln seit über 2000 Jahren in Vietnam, andere wanderten erst in den letzten Jahrhunderten ein. Großen und homogenen Völkern, die schon seit langem sesshaft sind und sich an die vietnamesische Kultur angepasst haben, stehen andere gegenüber, die im Extremfall nur ein paar hundert Seelen zählen und ihre (halb)nomadische Existenz erst seit kurzem – und oftmals unter Zwang – aufgegeben haben.

Im Gegensatz zu den Ethnien des Südens sind die des Nordens (mehr oder minder rigide) **patriarchalisch** ausgerichtet. Hochzeits-, Tauf- und Beerdigungsriten folgen bei vielen Völkern konfuzianischen Vorschriften. Jagen und Sammeln, zumindest als Haupternährungsquelle, ist für die meisten bereits Vergangenheit. Fast alle kultivieren Reis, Mais, Maniok, Süßkartoffeln, auch Obst (Aprikosen, Pfirsiche, Pflaumen, Orangen, Bananen), Tee, Tabak und Baumwolle, züchten Hühner, Schweine und Ziegen. Erst seit den 1990er Jahren wird der Speisezettel zunehmend durch Gemüse (Gurken, Zwiebeln, Kürbisse etc.) bereichert.

Trachten

Anders als im Zentrum haben sich traditionelle Trachten und landesübliche Accessoires weitgehend erhalten. Die Kleidung ist meist äußerst fantasievoll und aus den unterschiedlichsten Materialien hergestellt, vom einfachen schwarzen oder indigofarbenen Baumwollstoff bis zum schweren, mit aufwendigen Stickereien verzierten Brokatgewebe. Die exakte Zuordnung fällt aber selbst Fachleuten oft nicht leicht – Farben, Muster, Stoffe, Kombinationen und Accessoires variieren traditionell von Region zu Region, ja selbst von Tal zu Tal. Eine zusätzliche Schwierigkeit besteht darin, dass die Ethnien ihre Stoffe heute oft nicht mehr selber weben, sondern auf dem Markt kaufen. Dadurch werden die ohnehin eklatanten Differenzen noch einmal verschärft – neue Farben, neue

Stoffe, neue Kombinationen. Selbst viele Guides kennen sich nicht mehr aus.

Dem Laien bleiben meist nur oberflächliche Signale – die im Einzelfall nicht stimmen müssen. Faltenrock und Wadenwickel: **Hmong.** Schwarzer „Sarong" mit bunter, hauteng geschnürter Bluse: **Thai.** Rasierte Brauen und Haaransätze: **Dao.** Ausnahmen bestätigen die Regel, sind aber häufig. Das Habit der Männer (Jäger und Sammler!) ist traditionsgemäß weitaus schlichter als das der Frauen: weite, dunkle Hose mit Hemd und Joppe, nur wenige farbige Attribute (Halstücher, Westen, Kopfbedeckung).

Im Detail siehe Kapitel *Bergland des Nordens.*

Die Bergvölker des Südens

Die Ethnien des Zentralen Hochlands (Tay Nguyen) unterscheiden sich von denen des Nordens durch ihre Verwurzelung in genuin **südostasiatischen** Sprachen, Sitten und Gebräu-

Hmong auf der Leine

chen sowie durch ihre dunklere Hautfarbe und deutlich weniger ausgeprägten mongoliden Züge.

Zu unterscheiden ist zwischen den (kontinentalen) **Mon-Khmer-** und den (maritimen) **malaiisch-polynesischen** Gruppen. Die von der Küste kommenden malayo-polynesischen Jarai und Ede, entfernte Verwandte der Cham, besiedelten bereits vor unserer Zeitrechnung die fruchtbaren Plateaus, wo sie die Mon-Khmer sprechenden Ureinwohner vertrieben und sich ausbreiteten.

Die Minoritäten des **Tay Nguyen** tragen weitaus seltener – und wenn, weitaus weniger spektakuläre – Tracht als die Völker des Nordens und scheinen sich auch insgesamt von ihren Wurzeln weiter entfernt zu haben als jene – Erbe der französischen und amerikanischen Missionare (und ihrer willigen Saigoner Helfershelfer), die sie teilweise schon vor Generationen zu Katholizismus und Protestantismus bekehrten. Doch das ist oft nur ein dünner Firnis, unter dessen Oberfläche archaische und polytheistische Traditionen und Rituale weiter fort leben.

Die Mehrzahl der Völker ist matrilineal; Gatten werden von der Familie der Braut erwählt und leben in deren Haus; Kinder tragen den Namen der Mutter; Besitz wird an Töchter vererbt. Charakteristisch sind Langhäuser auf Pfählen und die bis zu 60–80 m langen Gemeinschaftshäuser *(rong oder buon)*, in denen Feste, Versammlungen und Zeremonien abgehalten werden, zudem die spektakulären Begräbnisstätten (mit Totenhäusern, Grab-

Land und Leute

beigaben, Holzskulpturen) und ihre Feste und ekstatische Musik (Gong-Festivals).

Im Detail siehe Kapitel *Zentrales Hochland.*

Demografie

Als die Franzosen um 1860 ins Land kamen, lebten etwa **8 Mio.** Menschen in Vietnam, nach dem Krieg waren es 50, heute sind es rund **87 Mio.**

Die momentane Wachstumsrate von 1,3 % bedeutet, dass Vietnam jedes Jahr mehr als 1 Mio. Münder zusätzlich zu füttern hat – eine schwere Bürde für ein Land, in dem noch immer 2/3 der Bevölkerung in der (ökonomisch gesehen) unprofitablen Landwirtschaft tätig sind. Gezielte Familienpolitik hat die Geburtenrate zuletzt deutlich gesenkt, aber noch nicht erfolgreich genug. Über die Hälfte aller Vietnamesen ist heute jünger als 20 Jahre, über ein Drittel (34 %) noch nicht einmal 14 Jahre alt.

Urbanisierung

Als ein Volk von Reisbauern haben die Vietnamesen niemals eine **Stadtkultur** entwickelt. Als die Franzosen Vietnam Mitte des 19. Jahrhunderts kolonisierten, gab es nur eine einzige Stadt, die diesen Namen verdiente, nämlich Hanoi. Die heutigen Millionenstädte Saigon und Haiphong sind ebenso erst Gründungen der Franzosen wie etwa der Badeort Vung Tau, der Kurort Da Lat oder die Häfen Da Nang und Can Tho.

Dramatisch schwollen die Städte erst in den Jahren vor und während des **amerikanischen Krieges** an. Während die Amerikaner den Norden „in die Steinzeit" zurückbombardieren wollten, versuchten sie, den Süden „vom Mittelalter ins 20. Jh." zu katapultieren. Die vorsätzliche Produktion von Flüchtlingsströmen zum Zweck reibungsloserer Kriegsführung entvölkerte ganze Landstriche während sie Militärbasen wie Da Nang, Bien Hoa, Qui Nhon, Cam Ranh und Nha Trang binnen wenigen Jahren auf das 10–20-fache ihrer ursprünglichen Größe anschwellen ließ. Nach dem Fall Saigons 1975 vegetierten 45 % aller Südvietnamesen (im Norden 18 %) in „urbanen Ballungsgebieten", einer beschönigenden Umschreibung für Slums und Shantytowns aus Pappe und Wellblech. Über 10 Mio. Menschen waren obdachlos, und das Grundnahrungsmittel Reis, das die Franzosen zuvor noch in alle Welt verscherbelt hatten, musste aus den USA (später aus der Sowjetunion) importiert werden.

Vietnams Statistiken berechnen administrative Großräume und nicht Städte in unserem Sinn – gut zu wissen, will man nicht angesichts von „Provinzhauptstädten mit 100.000 Einwohnern" an seinem Verstand zu zweifeln beginnen.

Boat People

Allein zwischen 1975 und 1982 verließen mehr als **1 Mio.** Menschen Vietnam. 150.000 zogen 1975 mit den letzten Amerikanern ab – Offiziere,

Die größten Städte

Thanh Pho Ho Chi Minh	7,1 Mio.
davon Saigon	3,9 Mio.
davon Cho Lon	1,5 Mio.
Thanh Pho Hanoi	6,4 Mio.
Hanoi	2,5 Mio.
Thanh Pho Can Tho	1,2 Mio.
Can Tho	330.000
Thanh Pho Haiphong	1,1 Mio.
Haiphong	850.000
Thanh Pho Da Nang	887.000
Da Nang	485.000
Bien Hoa	435.000
Nha Trang	400.000
Qui Nhon	400.000
Hue	300.000
Da Lat	250.000
Buon Ma Thuot	200.000
Vung Tau	200.000
Long Xuyen	195.000
Rach Gia	180.000
Vinh	165.000
Nam Dinh	160.000
My Tho	160.000
Thai Nguyen	160.000
Phan Thiet	150.000
Thanh Hoa	130.000

Land und Leute

Funktionäre und Beamte des Saigoner Regimes, die die Rache der Kommunisten fürchteten. 250.000 flüchteten 1978 nach China, nachdem Peking seine Landsleute aufgefordert hatte, Vietnam zu verlassen (nur Monate darauf fielen chinesische Truppen in Nordvietnam ein). Und mehr als eine halbe Million schiffte sich nach der Enteignung der Privatwirtschaft zwischen 1979 und 1982 in Boote ein. Dass die Mehrzahl der „Boat People" Wirtschaftsflüchtlinge chinesischer Abstammung waren, die diesen Weg wählen mussten, wollten sie ihre Kriegsvermögen und Spekulationsgewinne außer Landes bringen (damit aber die Piraten anlockten wie Honig die Bienen), macht ihren Exodus nicht weniger tragisch. Keiner weiß, wie viele die gefahrvolle Überfahrt nach Thailand, Malaysia, Indonesien oder Hongkong nicht überlebt haben – realistische Schätzungen schwanken zwischen 20 % und 40 %.

Als die Industrienationen sie nicht mehr als politische Flüchtlinge anerkannten und die umliegenden Länder sie gnadenlos abschoben bzw. in Lager sperrten, versiegte der Flüchtlingsstrom. Auch wenn Vietnam sich in einem umstrittenen (von der UNO mitfinanzierten) Repatriierungsabkommen verpflichtete, freiwillige Rückkehrer ohne Restriktionen wieder aufzunehmen und ihnen finanzielle Integrationshilfe zu gewähren, sollen derzeit immer noch rund 10.000 „Boat People", die sich weigern, zurückzugehen, in diversen Auffanglagern Ost- und Südostasiens hausen.

Amerasier

American Asians, die illegitimen Sprösslinge von Vietnamesinnen und US-Soldaten, sind fast gänzlich von den Straßen der südvietnamesischen Städte verschwunden, auf denen sie lange Zeit als verachtete und ausgestoßene „Zeugen der Schande" gehaust hatten. Nachdem Washington den Con Lai und ihren Angehörigen die Ausreise auch ohne konkreten Vaterschaftsnachweis zugesagt hatte, sind die meisten von ihnen in die USA ausgereist. Ihre Zahl wird aus begreiflichen Gründen verschleiert (von beiden Seiten), Schätzungen gehen von 40–50.000 aus.

Exportarbeiter

Zurzeit des **Zusammenbruchs des sozialistischen Blocks** befanden sich je etwa 20–30.000 Vietnamesen als „Gastarbeiter" in der Sowjetunion, der ČSSR, der DDR und Bulgarien (sowie in Libyen, Jordanien, Algerien, dem Irak). Im befreundeten Arbeiter- und Bauernstaat der DDR waren zwischen 1980 und 1990 rund 200.000 Vietnamesen tätig. Die westliche Presse berichtete mit Genugtuung („Arbeiterkontingente als Gegenleistung für Auslandsschulden"), unterschlug aber das eigentliche Problem, das sich angesichts von Abermillionen Billiglohnarbeitern weltweit kaum als „typisch sozialistisch" anprangern lässt. Derzeit sind rund 400.000 vietnamesische Arbeiter im Ausland beschäftigt (vornehmlich in Malaysia, Japan, Korea, Taiwan, Singapur, Dubai, Libyen), die rund 10 % ihres Lohns oder Gehalts als „Bearbeitungsgebühr" an das Arbeitsministerium abführen müssen.

Der Export vietnamesischer Arbeitskräfte und „Kulis" war schon während der Kolonialzeit Tradition. Zu fragwürdiger Berühmtheit gelangte in dem Musical *South Pacific* die Tonkin-Bäuerin „Bloody Mary", die Betel kaute und an die GIs Schrumpfköpfe (!) verkaufte. Während beider Weltkriege waren Zigtausende Vietnamesen gezwungen, für die Kolonialherren auf den Schlachtfeldern Europas und Nordafrikas zu kämpfen und zu sterben.

Geschichte

Die Geschichte der Vietnamesen ist von zwei deutlich voneinander unterschiedenen, ja gegensätzlichen Einflusssphären geprägt: der chinesischen und der indischen, dem Rationalismus und der Spiritualität. Mehr als tausend Jahre lang von den Chinesen in ihrem Stammland im Delta des Roten Flusses festgehalten und kolonisiert, befreiten sie sich erst im 10. Jh. von diesem Joch, benötigten aber noch einmal etliche Jahrhunderte, um sich nach Süden auszudehnen und zu der Nation zu werden, die sie heute sind.

Auf ihrem beschwerlichen „Marsch nach Süden" stießen die Vietnamesen in die Tropen vor und verdrängten nacheinander die Kulturen der von Indien beeinflussten Cham und Khmer, die vor ihnen das heutige Zentral- und Südvietnam beherrscht hatten. Als sie 1674 zum ersten Mal den Ort erreichten, der heute Saigon heißt, blickten sie bereits auf eine mehr als 2000-jährige Geschichte zurück und waren seit über 700 Jahren eine unabhängige Nation.

Am Anfang war ... der Reis

Der Reisanbau führt im „natürlich" bewässerten Delta des Roten Flusses schon mehrere tausend Jahre vor unserer Zeitrechnung zu fester Ansiedlung und früher Organisation. Archäologische Funde belegen eine blühende Stammeskultur bereits zur frühen Bronzezeit. Maritime Ornamente wie Schiffe und Seevögel der bis zu 2 m hohen Bronzetrommeln von Dong Son, benannt nach ihrem Fundort im Norden Vietnams (ca. 700–300 v.u.Z.), verweisen auf austropazifische Vorfahren, die über das Meer gekommen waren und sich im Delta des Roten Flusses mit tibetisch-mongolischen Einwanderern aus dem Norden vermischten. Der unversöhnliche Gegensatz zwischen **Wasser** und **Land,** Meer und Gebirge, Nord und Süd prägt nicht nur die Mythologie, sondern auch die Ursprünge der Vietnamesen von Anfang an. Sie selbst identifizieren die Dong-Son-Kultur der späten Bronzezeit mit den 18 *Hung*-Königen

Die Namen Vietnams

Vietnam hat im Lauf seiner jahrtausendelangen Geschichte viele Namen besessen. Der Name Vietnam selbst findet erst seit weniger als 200 Jahren Verwendung.

● *Van Lang* („Land der Tätowierten"). Das Reich der mythischen Hung-Könige (Hung Vuong) fällt in die Bronzezeit und die Dong-Son-Kultur um 700–257 v.u.Z.

● *Au Lac* (257–207 v.u.Z.). Übergang zur Eisenzeit. Die Vietnamesen bezeichnen sich als Lac (abgeleitet von *lach*, Deich). Hauptstadt ist Co Loa, dessen Überreste noch heute bei Hanoi zu sehen sind.

● *Nam Viet* (207–111 v.u.Z.). Souveränes Reich, das das Delta des Roten Flusses und das heutige Südchina umfasst; Yüeh oder Viet heißen „die Nicht-Chinesen im Süden".

● *Giao Chi* („Land der Barfüßigen"). Ab 111 v.u.Z. Name der chinesischen Kolonie. Verballhornt zu „Cochinchine", bezeichnete es unter den Franzosen den heutigen Süden, den die Vietnamesen erst im 17./18. Jh. besiedelten.

● *An Nam* („Befriedeter Süden"). Chinesischer Name nach der Gebietsreform 679. Bezeichnete unter den Franzosen das heutige Zentral-Vietnam.

● *Dai Viet* („Großes Viet"), zeitweise auch Dai Co Viet. Der erste Name des unabhängigen Kaiserreichs hatte von 939 bis 1802 Bestand. Ab 1009 Hauptstadt Thang Long (Aufsteigender Drache), das spätere Hanoi.

● *Viet Nam*. Gia Long, Gründer der letzten Dynastie (1802–1945), nannte sein Reich Viet Nam in Anlehnung an das chinesische Nam Viet vor 2000 Jahren.

Die *Lac* (abgeleitet von Lach, Deich) leben in losen **matriarchalischen** Dorfgemeinschaften, kultivieren mit Hilfe bronzener Sicheln und Pflugscharen Reis, halten Wasserbüffel, Hunde, Schweine und Hühner und pflegen wie alle *indonesischen* Völker (ganz im Gegensatz zu den Chinesen) Totemismus, Körpertätowierung und Betelkauen. Die Ruinen ihrer Hauptstadt, der Zitadelle *Co Loa*, sind noch heute bei Hanoi zu sehen.

Nam Viet. 207 v.u.Z. erobert der abtrünnige chinesische General *Trieu Da* Südchina und das Delta des Roten Flusses und nennt sein von China unabhängiges Reich mit der Hauptstadt Canton *Nam Yüeh* oder „das Reich der Nicht-Chinesen im Süden". *Yüeh* (chin.) sprechen die Lac *Viet* aus.

Tausend Jahre China

Während die Römer das Mittelmeer und halb Europa mit ihrer Pax Romana überziehen, weitet die Han-Dynastie ihre Machtsphäre über ganz Asien aus. Die Menschen am Roten Fluss haben noch keine Schrift, aber eine eigenständige Sprache, als Nam Viet **111 v.u.Z.** überrollt und als **Giao Chi,** „Land der Barfüßigen", nach und nach zu einer chinesischen Provinz domestiziert wird.

Fast 1000 Jahre lang setzen die Chinesen alles daran, den als „Barbaren" verachteten, aber auch als besonders rebellisch gefürchteten Viets ihre „überlegene Kultur und Zivilisation" aufzuzwingen. „Lose und unchinesische", da genuin südostasiatische Sitten und Gebräuche (wie Körpertätowierung, Betel-Kauen, Zähne-Schwärzen), die sich aus der ursprünglich **mutterrechtlichen Familienorganisation** der Viets ergeben und das rationale Ordnungs- und Gesellschaftssystem des Konfuzianismus immer wieder ins Wanken bringen, werden strengstens verfolgt und geahndet.

Als besonders schockierend empfinden die patriarchalisch erzogenen Chinesen die „freizügigen Sitten" der einheimischen Frauen. Als sich 39 n.u.Z. ausgerechnet zwei streitbare Schwestern auf Kriegselefanten – die **Hai Ba Trung** – an die Spitze des revoltierenden Lac-Adels stellen und die Besatzer

des legendären Reichs *Van Lang* (Land der Tätowierten).

Au Lac. König *An Duong Vuong* (257–207 v.u.Z.) ist die erste historisch abgesicherte Figur der vietnamesischen Geschichte, aber alles, was man von ihm weiß, sind Legenden.

zurückschlagen, greifen die Han energisch durch. Trung Trac und Trung Nhi ziehen es vor, sich in die Fluten des Roten Flusses stürzen als den rachedurstigen Chinesen in die Hände zu fallen und werden zu den **ersten Heldengestalten** der vietnamesischen Geschichte.

„Wir haben ihnen beigebracht, wie man die Felder bestellt, Schulen errichtet und ihnen gezeigt, wie man ordnungsgemäß heiratet. Was aber passiert? Die Familienoberhäupter rufen noch immer zu wilden und zügellosen Festen auf, bei denen die Jungen und Mädchen sich in Scharen in die Büsche schlagen und Mann und Frau werden, ohne dass die Eltern das geringste zu sagen hätten. Kurz gesagt, die Menschen hier sind wie die Wanzen."

(Aus dem Bericht eines chinesischen Mandarins, um 200 n.u.Z.)

Während nach und nach eine **sino-vietnamesische** Oberschicht aus Beamten und halbfeudalen Landbesitzern entsteht, die chinesisch spricht, lebt und sich kleidet, widersetzt sich die Masse der Bevölkerung, das **Bauerntum**, hartnäckig jedem Bemühen um „Zivilisierung" und hält unbeirrt an Sprache, Sitten und Gebräuchen der Vorfahren fest.

In der Folge sich ausdehnender Handelsbeziehungen – an der Küste von Giao Chi werden Waren aus Indien, Java, den Philippinen, Ägypten, Syrien, Alexandria und Rom umgeschlagen und Elfenbein, Gold, Silber, Perlen, Schildpatt, Seide und Gewürze exportiert – kommt gegen **Ende des 2. Jh.** teils über China, teils auf dem Seeweg aus Indien, auch der **Buddhismus** ins Land. Als Gegenpol zur Strenge und „Wissenschaftlichkeit" des Konfuzianismus der herrschenden Klassen gewinnt der „sanfte, in sich gekehrte" Buddhismus rasch Anhänger und gewinnt in Verbindung mit traditionellen Ahnen- und Geisterkulten die Rolle einer heimlichen Opposition. Etwa zur gleichen Zeit etabliert sich südlich des Wolkenpasses ein hinduistischer Staat, das spätere **Champa.**

Als die Chinesen ihre Kolonie im **7. Jh.** in **An Nam** umbenennen, was soviel heißt wie „Befriedeter Süden", bleibt dies ein frommer Wunsch: die **Aufstände** der zunehmend landlosen und entrechteten Einwohner nehmen nur noch zu. Attacken der Javaner (Blütezeit von Borobudur) und Übergriffe der Cham wechseln einander ab und Mitte des 9. Jh. fallen die Nan Chao aus dem südchinesischen Yunnan ins Land (während andere Zweige dieses Volkes die ersten Königreiche Siams errichten.

939 gelingt es endlich es dem Provinzfürsten **Ngo Quyen,** die Chinesen zu vertreiben. Er lockt die schweren Kriegsdschunken der chinesischen Armada in das mit spitzen, eisenbewehrten Pfählen präparierte Mündungsgebiet des **Bach Dang**-Flusses; als der Feind bei weichender Flut den Hinterhalt entdeckt, sitzen seine Schiffe manövrierunfähig fest und sind den Angriffen der Vietnamesen schutzlos ausgeliefert. Ngo Quyen wird der erste Herrscher eines unabhängigen Vietnam.

Das Kaiserreich Dai Viet (939–1672)

Das Reich steht von Anfang an vor einem Dilemma. **Chinesische Zivilisation** (konfuzianisch-patriarchalisch) als Machtinstrument der einheimischen Herrscher – militärisch wie ökonomisch vonnöten, das Land vor einer Aufsplitterung in autonome Fürstentümer zu bewahren – und **vietnamesisches Erbe** (südostasiatisch-matriarchalisch, mit einer starken Hinwendung zum Buddhismus) liegen in einem permanenten und letztlich unlösbaren Konflikt miteinander. Der Balanceakt führt zu einem jahrhundertelangen Machtkampf zwischen Zentralmacht und Aristokratie, der das Land je nach Stärke der Dynastie und ihrer Protagonisten mal zu einer beispiellosen kulturellen und humanistischen Blüte führt und mal in Anarchie und Chaos eines „finstersten Mittelalters" stürzt.

Trung-Schwestern, historische Darstellung

Ly-Dynastie (1010–1224)

Mit dem heutigen Vietnam hat das Reich der ersten vietnamesischen Herrscherdynastie, die 1010 unter **Ly Thai To** die neue Hauptstadt **Thang Long (Hanoi)** begründet, noch wenig gemein: der Machtbereich der Viets geht kaum über das Delta des Roten Flusses hinaus. Eingekesselt im Norden von China, das weiterhin eine ständige Bedrohung des jungen Staates bildet, im Westen von undurchdringlichen Dschungeln und Bergen (Laos) und im Osten vom Pazifischen Ozean, bleibt für eine Expansion nur der Süden, wo mit dem hinduistischen Königreich Champa ein weiterer mächtiger Feind lauert.

Unter den Ly-Kaisern, die 1070 die erste Universität des Landes *(Van Mieu, Literaturtempel)* ins Leben rufen, erlebt der **Buddhismus** seine Blütezeit in Vietnam (während er in China unerbittlich verfolgt und nahezu ausgelöscht wird). Gleichzeitig fördern die Ly aus Staatsraison weiterhin **Konfuzianismus** und Mandarinat. Als die zunehmend heikle Balance zwischen den Einflusssphären und den Interessen der Bauern und landbesitzenden Eliten zerbricht, hat das Herrscherhaus verspielt. Das Ende der Dynastie, die nach konfuzianischem Dogma „das Mandat des Himmels" verloren hat, besteht aus einem grandiosen Gemetzel, das jedes Shakespeare-Drama verblassen lässt.

„Eine leidenschaftliche und barbarische Welt. Die vietnamesischen Chronisten erzählen von erzwungenen Abdankungen, ermordeten Kinderkaisern, gewaltsam vermählten Prinzessinnen, von unversöhnlichen Kämpfen feindlicher Brüder, hingemetzelten Dynastien, Rivalität und Thronraub. Und im Hintergrund das Heer der Bauern, stets bereite Aufrührer im Dienste eines Ehrgeizigen, der gegen die bestehende Macht zu Felde zieht."

(Jean Chesneaux)

Tran-Dynastie (1224–1400)

Die konfuzianischen Literatur-Prüfungen, die zu Staatsdienst und Mandarinat berechtigen, werden demokratisiert, und Tausende durchgefallener Prüflinge, die als Privatlehrer

Land und Leute

TRƯNG·VƯƠNG
TRU GIẶC HÁN

TRƯNG TRẮC
TRƯNG NHI

TÔ ĐỊNH

und Gelehrte in ihre Dörfer zurückkehren, sorgen für ein **Bildungsniveau,** das in der damaligen Welt seinesgleichen sucht. Andererseits spitzt sich der Konflikt zwischen Buddhismus und Konfuzianismus, Großgrundbesitz und Zentralstaat immer mehr zu einem unversöhnlichen Machtkampf zu, mit Aristokratie und buddhistischen Klöstern auf der einen und Kaiserhaus und Mandarinat auf der anderen Seite.

Dank seines genialen Schlachtenlenkers **Tran Hung Dao,** der Mitte des 13. Jh. im Lauf eines „Dreißigjährigen Krieges" gleich dreimal den Ansturm der Mongolen Kublai Khans abwehrt, ehe er sie – nach dem Vorbild *Ngo Quyens* – **1288** in der „Speerfalle" am Bach-Dang-Fluss endgültig zurückschlägt, wahrt *Dai Viet* seine Unabhängigkeit, kommt aber nie wirklich zur Ruhe.

Unaufhörliche Kriege mit den Cham verschieben die Grenze im Süden zeitweise bis auf die Höhe des heutigen Da Nang. Andererseits dringen die **Cham** zum wiederholten Male bis ins Delta ein und besetzen und plündern Hanoi. Die Unzufriedenheit wächst, und erneut verliert eine Dynastie ihre Legitimität. 1394 massakriert der Mandarin *Ho Qui Ly* die Herrscherfamilie und krönt sich zum Kaiser.

Chinesisches Intermezzo (1408–1428)

1408 marschieren Truppen der Ming-Dynastie ein und machen Dai Viet wieder zu einer chinesischen Provinz. Um jede Erinnerung an vietnamesische Identität und Geschichte ein für allemal zu tilgen, brandschatzen die Ming sämtliche Archive und Bibliotheken und stellen alle Manifestationen einheimischer Kultur und Tradition unter strengste Strafen. Gemäß einer Volkszählung leben 3 Millionen Viets und 2 Millionen Angehörige von Bergstämmen im Land, das zu dieser Zeit bis zum Wolkenpass reicht.

Le Loi

Nach jahrelangen Guerilla-Aktionen gelingt es dem wohlhabenden Grundbesitzer **Le Loi** unter Mithilfe seines genialen Chefstrategen,

dem Dichter **Nguyen Trai,** eine schlagkräftige Bauernarmee aufzustellen und die Chinesen 1428 wieder zu vertreiben..

Als Kaiser **Le Thai To** baut Le Loi ohne Rücksicht auf Verluste jene zentralistische, konfuzianisch dominierte **Staatsmonarchie** auf, wie sie noch bis zur Ankunft der Franzosen fortbestehen sollte. Ohne Unterstützung oder Vermittlung durch eine verbindende Religionsgemeinschaft oder erbliche Aristokratie herrscht der Kaiser an der Spitze einer leistungsbezogenen und im Prinzip jederzeit ersetzbaren Hierarchie von Beamten und Bürokraten (Mandarinen). Im Idealfall wie ein Vater über seine Familie, im weniger idealen Fall wie ein despotischer Familientyrann.

Die **Le-Dynastie** herrscht nominell 360 Jahre, von 1428 bis 1788, über *Dai Viet,* wird aber de facto bereits nach 100 Jahren (1527) entmachtet.

Le Than Ton

Unter dem vierten Kaiser der Le-Dynastie, der **1460–1497** regiert, erreicht die konfuzianische Staatsbürokratie in Vietnam ihren **Höhepunkt.** Monarchie, Mandarinat und patriarchalische Familienstruktur werden weiter ausgebaut, daneben aber demokratische Reformen und das Wiederaufleben einheimischer Traditionen in die Wege geleitet. Amtssprache bleibt Chinesisch, doch die Volksschrift *chu nom,* die der Kaiser durch eine Dichterakademie fördert, gewinnt immer mehr Anhänger. Ein progressives Gesetzeswerk stellt die Rechte des Einzelnen und vor allem der Frau wieder mehr in den Vordergrund – konträr zu China und der eigenen Staatsideologie, aber in Übereinstimmung mit vietnamesischen Traditionen (Recht auf Besitz und Erbfolge für Frauen, Scheidungsrecht, Gültigkeit von Ehen ohne Zustimmung der Familien usf.).

Bereits unter seinen Nachfolgern werden die **systembedingten Schwächen** der vietnamesischen Monarchie wieder offenbar. Eine zu *starke Zentralregierung* tendiert zum Stillstand, da sie eine unflexible Beamtenschaft konformistischer Jasager erzeugt, eine zu *schwache* fördert Anarchie und lokale Rebellionen allmächtiger Provinzfürsten. Das auf Perfektion (oder konfuzianisch ausgedrückt: *Harmonie)* beruhende System bedarf perfekter Zeiten, um zu funktionieren – und die werden immer rarer.

Der Marsch nach Süden

Aller internen Probleme zum Trotz erweisen sich die Dynamik und relative Fortschrittlichkeit des vietnamesischen Systems allen Nachbarn im Süden als klar überlegen. Zur Zeit der „aufgeklärten" frühen Le-Herrscher fällt das von hinduistischem Gottkönigtum durchdrungene **Khmer-Reich** von Angkor seiner eigenen Dekadenz zum Opfer und hält das indisch orientierte **Champa** dem wachsenden Expansionsdrang Hanois nicht länger stand. Als die Vietnamesen 1471 unter Kaiser Le Thanh Ton *Vijaya,* die letzte Hauptstadt der Cham, erobern, ändert sich der Lauf ihrer Geschichte radikal. Aus einem kleinen, traditionell nach Norden ausgerichteten Feudalstaat im Schatten Chinas wird eine mächtige Nation Südostasiens werden.

Zunächst aber zerreißen **Bürgerkriege** das Land. Nach einem Umsturz (1527) verhelfen zwei „kaisertreue" Fürstengeschlechter den ins Exil geflüchteten Le wieder zum Thron, bekriegen sich danach aber gegenseitig, um die eigentliche Herrschaft an sich zu reißen. Die siegreichen Trinh erben Hof und Armee in **Hanoi,** die unterlegenen **Nguyen** rufen 1620 im „unzivilisierten" Süden einen Gegen-Staat mit der Hauptstadt **Hue** aus.

East meets West I

Auf der Suche nach dem sagenhaft reichen China *Marco Polos* tauchen **1535** die **Portugiesen** vor der Küste Vietnams auf. Sie errichten in *Faifo* (dem heutigen **Hoi An**) eine Handelsniederlassung und mischen sich auf Seiten der Nguyen gewinnbringend in den Bürgerkrieg ein (Forts und Kanonen gegen Gold, Seide, Elfenbein und Gewürze).

Die erste Berührung mit Europa und der wachsende Zustrom christlicher **Missionare** die den Händlern auf dem Fuße folgen, löst in der homogenen konfuzianischen Gesellschaft schwere Spannungen aus. So überlegen das rationale und „aufgeklärte" sino-vietnamesische System sich gegenüber der auf Angst und Sklaverei gegründeten Sozialordnung der hindustischen Nachbarn erwies, so unterlegen erweist es sich gegenüber dem christlich-humanistisch verbrämten Imperialismus der europäischen Eroberer.

1627 entwickelt der französische Jesuit **Alexandre de Rhodes** das *quoc ngu,* das in romanische Schrift übertragene Vietnamesisch mit den Betonungs-Akzenten, wie sie noch heute üblich sind, und publiziert ein vietnamesisches Wörterbuch.

Zwei Reiche (1672–1802)

Die Fürstentümer der **Trinh** im Norden und der **Nguyen** im Süden beanspruchen beide, das „rechtmäßige" Reich zu verkörpern, und gehen von dem gleichen System aus, entwickeln sich aber im Lauf der Zeit immer weiter auseinander.

Im **Norden** führen Schwäche und „Illegitimität" der Trinh zu einem fortgesetzten Verfall zentraler Autorität. Prunk und Luxus am Hof von Hanoi, von dem selbst europäische Augenzeugen beeindruckt sind, stehen in Kontrast zu Korruption und Machtmissbrauch, sodass Bauernrevolten und Mandarinatsintrigen einander abwechseln und zeitweise Staaten innerhalb des Staats entstehen.

Die Nguyen im **Süden** eignen sich zwischen 1620 und 1670 vollends das Terrain der Cham an und stoßen weiter in das Gebiet der Khmer vor, die im fruchtbaren, aber sumpfigen Mekong-Delta siedeln. Pioniergeist und Aufbruchsstimmung stehen Anarchie und Gesetzlosigkeit gegenüber. Die große **historische Chance** – Erschließung ungeahnter Landmassen, kosmopolitischer Kontakt mit dem Westen, „Blutauffrischung" durch Assimilation von Cham- und Khmer-Kultur – bleibt nicht nur ungenutzt, sondern der Hof von Hue wetteifert so lange in Prunk und Pomp mit dem Rivalen Hanoi, bis ihn auch dessen Probleme einholen. Müde der ständigen Steuern und Wehrdienste, der privaten Landaneignung und der Gesetzlosigkeit erheben sich die Bauern.

Die Tay-Son-Revolte (1771–1802)

Die nach dem Herkunftsort der Brüder *Nguyen*, der Führer der Bauernaufstände im Süden, benannte Revolte erfasst in Windeseile das gesamte Land. 1775 nehmen die Aufständischen Hue und 11 Jahre später Hanoi. Die Nguyen, ursprünglich Händler und Kaufleute, setzen die *Le-Familie* wieder in ihre Rechte ein, doch als die alte Herrschersippe mit dem Erzfeind China paktiert, besteigt der jüngste der Brüder, *Nguyen Hue*, kurzentschlossen den Thron von Hanoi.

In seiner kurzen Regierungszeit als Kaiser **Quang Trung** (1789–1792) schafft Nguyen Hue die feudale chinesische Sprache ab und fördert Handel, Handwerk und Kleinindustrie (Minen, Bergwerke, Werften, Papierfabriken), „vergisst" darüber aber seine einstigen Verbündeten, die Bauern, die vergeblich auf eine Neuverteilung von Grund und Boden warten. Nach seinem frühen Tod droht das Reich von neuem zu zerfallen.

East meets West II

1775 rettet der französische Bischof *Béhaine de Pigneau* in einem Akt wohlberechneter christlicher Nächstenliebe den jungen Prinzen **Nguyen Anh** vor den Tay-Son-Rebellen und schifft sich mit dessen kleinem Sohn nach Frankreich ein, um *Louis XVI* zu einer Intervention zugunsten seines Schützlings zu überreden. Nach dem Scheitern seiner Bemühungen rüstet der wackere Gottesmann mit Hilfe interessierter Spekulanten höchstselbst eine Flotte von Abenteurern, Deserteuren und siamesischen Söldnern aus und nimmt Kurs auf Vietnam zurück.

Während im Norden der Bürger Nguyen Hue als Kaiser Quang Trung ein letztes Mal eine Invasion der Chinesen verhindert, erobert der *Prinz* Nguyen Anh **1789**, dem Jahr der französischen Revolution, mithilfe seines Gönners den Süden zurück. Der wackere Gottesmann darf noch miterleben, wie sein Prinz den Thron besteigt und **1802** als **Gia Long** die letzte vietnamesische Kaiser-Dynastie begründet, aber sein Ziele hat er trotzdem

nicht erreicht. Weder hat er den orientalischen Kaiser zum „wahren Glauben" noch Paris zum militärischen Schutz der Missionare in Vietnam bekehrt.

Das Kaiserreich Viet Nam (1802–1883)

1802 erhält das nach langen Wirren wiedervereinigte Reich zum ersten Mal in seiner Geschichte seinen heutigen Namen. Hauptstadt wird Hue, die Heimat des Nguyen-Clans – scheinbar ideal mitten im Zentrum des Landes gelegen, von den tatsächlichen Zentren des Geschehens, Hanoi und dem aufstrebenden Saigon, aber eher gleich weit entfernt.

Gia Long (1802–1820)

Gia Long (ein Kunstname, zusammengesetzt aus *Gia Dinh*, Saigon, und *Thang Long*, Hanoi) ist der erste Monarch, der Vietnam von der chinesischen Grenze bis zum Golf von Siam regiert. Seiner „Aufgeklärtheit" und den französischen Beratern zum Trotz etabliert er nach überliefertem konfuzianischen Mustern von neuem den **traditionellen Staat** seiner Vorväter mitsamt absoluter Monarchie und feudalem Chinesisch als Amts- und Hofsprache. Abertausende Zimmerleute, Holzschnitzer und Zwangsarbeiter werden rekrutiert, um aus dem Provinznest Hue eine prunkvolle Residenz zu machen, die sich seinen Vorstellungen nach mit Peking messen soll. Straßen und Kurierstationen durchziehen sein Reich von Norden nach Süden, und jeder größere Ort erhält eine Zitadelle.

„Als vor der Küste des Kaiserreichs Vietnam das erste Dampfschiff aus Europa auftauchte, sperrte sich der örtliche Gouverneur, ein hochgelehrter Mandarin, in seine Bibliothek ein, vertiefte sich in die Schriften des Konfuzius, schloss daraus messerscharf, es könne sich nur um einen Drachen handeln, und ging beruhigt seinem Tagewerk nach."

(Frances Fitzgerald,
Fire in the Lake, 1972)

Land und Leute

Minh Mang (1820–1842)

Der Rückzug des überzeugten Traditionalisten in **konfuzianische Orthodoxie** und „glorreiche Vergangenheit" führt angesichts des neuerwachten Kolonialstrebens der Europäer fast zwangsläufig zur Katastrophe. Das im Lauf der Jahrhunderte erstarrte System führt zum endgültigen Riss zwischen Zentralmacht und Bauerntum. Während der Hof in Pomp und selbstgefälligem Ritus erstarrt, verfällt die traditionelle Autonomie des vietnamesischen Dorfes mehr und mehr zu einer trügerischen „Idylle", einem Bollwerk nicht nur gegen selbstgefällige Großgrundbesitzer und Mandarine, sondern gegen „Außenwelt" schlechthin. Die beinahe tragikomischen Bemühungen Minh Mangs, das Volk seinem Staat anzupassen, reichen wie bei den Han vor 2000 Jahren bis zu strikten Festtagsverboten und Kleiderverordnungen (Frauen dürfen keine Röcke tragen!), erregen aber nur mehr die resignierte Spottlust oder den Zorn seiner Untertanen.

Tu Duc (1847–1883)

Die außergewöhnlich lange Regierungszeit des Schöngeistes Tu Duc, der trotz aller Bemühungen kinderlos bleibt, füllt wie schicksalhaft exakt die Zeitspanne aus, die nicht einmal sonderlich engagierten Franzosen benötigen, das desolate und in die widersprüchlichsten Interessen zerrissene Reich zu erobern, dessen Obrigkeit, von panischer Angst befallen, sich fast wehrlos fügt.

„Die Frucht ist reif und die Zeit gekommen, sie zu pflücken. Wenn wir es nicht tun, dann tun es andere. Wir sollten nehmen, was wir kriegen können."

(Gouverneur de Vilers, 1881)

„Die Eroberung von fast 15 Millionen neuen Konsumenten und Märkten, auf denen unsere Industrieerzeugnisse gegen wertvolle Rohstoffe eingetauscht werden können, verdient gewiss all unsere Anstrengung."

(Französische
Handelskammer, 1879)

East meets West III

Aus tiefer Sorge, die Briten könnten nach Indien und Singapur auch noch China an sich reißen, erhören die **Franzosen** endlich die jahrhundertealten Klagen ihrer Missionare und entsenden voller Empörung über die Christenverfolgungen im heidnischen Vietnam Kanonenboote. **1847** und **1858** lassen französische Admiräle *Tourane* (**Da Nang**) bombardieren und besetzen im Jahr darauf auf gut Glück **Saigon.** Als Kaiser Tu Duc den völlig verblüfften Franzosen daraufhin Saigon abtritt, um durch den Verzicht auf die südlichen Provinzen womöglich den Rest seines Reiches zu sichern, kennen die Admiräle natürlich kein Halten mehr. Dank der tätigen Mithilfe von Waffenhändlern, Söldnern, Schmugglern und Abenteurern aller Art, die längst die traditionelle Vorkämpferrolle der Missionare übernommen haben, **besetzen die Franzosen** bis **1883 das ganze Land.**

Französische Kolonie (1859–1954)

Erobert eher durch individuellen „Unternehmergeist" (Missionare, Kaufleute, Spekulanten) als durch gezielte Aktionen des Staates, weiß Paris mit dem neuen Besitz lange Zeit nichts anzufangen. Jahrzehntelang wird die Kolonie Cochinchina lediglich von der Kriegsmarine regiert, und jedes der sogenannten Protektorate (Kambodscha, Tonkin, Annam und Laos) verwaltet sich nach einem anderen System.

„Ich hätte nie für möglich gehalten, dass ein derart absurdes und weltfremdes Konzept wie das unserer Kolonialregierung in Cochinchina überhaupt denkbar ist."

(Paul Doumer)

Nachdem es 1888 gelingt, das letzte Aufbäumen der alten einheimischen Ordnung zu zerschlagen – der noch jugendliche Kaiser **Ham Nghi** geht in den Untergrund, wird gefangen genommen und ins Exil nach Algerien verschifft –, entsendet Paris einen „starken Mann" nach Übersee, der endlich für Ord-

„Indochina"

Anfang des 19. Jh. als rein *geografischer Terminus* eingeführt, wird der Begriff *1887* zu einer ebenso absurden wie folgenschweren *politischen Realität*. Vietnam, Laos und Kambodscha – drei Länder, die weder ethnisch noch historisch oder kulturell das Geringste miteinander gemein haben – werden von den Franzosen willkürlich zu einer Einheit zusammengezwungen, während Vietnam selbst zur gleichen Zeit in drei Teile zerstückelt wird.

Der ökonomisch ergiebige *Süden* mit Saigon und dem Mekong-Delta wird *Kolonie Cochinchina*. Der an Bodenschätzen reiche *Norden* mit Hanoi und Haiphong *Protektorat Tonkin*. Und das für die Franzosen politisch wie wirtschaftlich uninteressante *Zentrum* (damit keine „Lücke" entsteht) *Protektorat Annam*.

Die apostrophierte „Einheit" Indochinas führt zu einer eindeutigeren *Vorrangstellung Vietnams* in der Region als je zuvor. Die rassistischen Kolonisten bevölkern die Nachbarländer gezielt mit den „zivilisierteren" (hellhäutigeren) Vietnamesen, die sie den „ungebildeten Eingeborenen" von Laos und Kambodscha als Siedler und Verwalter vor die Nase setzen. Als ein halbes Jahrhundert später Moskau die Umbenennung der gerade gegründeten KPV in KP Indochina verfügt (1930), zementiert ironischerweise ausgerechnet die *Kommunistische Internationale* den folgenschweren Fauxpas des „Klassenfeindes". Vietnamesen in Laos und Kambodscha bilden zeitweise gleichzeitig *Administration* (als Helfershelfer der Kolonialherren) wie *Opposition* (als kommunistische Guerilla) - eine *schizophrene Situation*, aus der sich ein halbes Jahrhundert darauf der „erste Bruderkrieg zwischen sozialistischen Staaten" und der „Kambodscha-Konflikt" entwickelten.

nung sorgen soll. Mittels ebenso ehrgeiziger wie rigoroser Maßnahmen baut Generalgouverneur **Paul Doumer,** der frühere Finanzminister und spätere Präsident Frankreichs (1932 in diesem Amt ermordet), in weniger als fünf Jahren, zwischen 1897 und 1902, einen **funktionstüchtigen Kolonialapparat** auf, der dem Mutterland zumindest nicht mehr auf der Tasche liegt – ein „sozialökonomisches Wunder", das auf dem Rücken von Abermillionen Vietnamesen ausgetragen wird.

Infrastruktur. Um das rückständige Land für den Weltmarkt zu öffnen und als Anlage/Rendite-Objekt für französisches Kapital interessant zu machen, überziehen die Franzosen Vietnam mit einem bis nach Südchina reichenden Eisenbahn- und Straßennetz und bauen die Häfen von Saigon und Haiphong aus, Voraussetzung für die exportorientierte **Plantagenwirtschaft** des Südens (Reis, Kautschuk) und die **Bergwerksprojekte** von Tonkin (Kohle, Eisenerz). Millionen Bauern werden landlos gemacht und als **Kulis** von einem Ende des Landes zum anderen verfrachtet; Hunderttausende sterben allein beim Eisenbahnbau.

Administration. Auch der letzte Anschein einheimischer Autonomie (Mitspracherecht des Hofs und der Mandarine auf lokaler Ebene) wird ausgemerzt und die gesamte Administration vom Gouverneur bis zum Verkehrspolizisten neu organisiert und straff zentralisiert – selbst Briefmarken dürfen nur noch von Franzosen verkauft werden. 1899 verrichten in Cochinchina 1358 Weiße die gleiche Arbeit, die im vorkolonialen Vietnam 50 Mandarinen oblag. 1925 regieren genausoviel Franzosen über Vietnam wie Briten über Indien mit einer zehnmal so großen Bevölkerung.

Opium fürs Volk. Die Finanzierung der „Entwicklungsprojekte" und die Kosten für Verwaltung, Armee und Polizei trägt die Bevölkerung. Haupteinnahmequelle sind die **staatlichen Monopole** auf Alkohol, Opium, Glücksspiel und Salz, die bis zu 70 % des Gesamthaushalts ausmachen. Import und Konsum von Opium, „aus Staatsraison" gefördert, vervielfachen sich in Windeseile. Die auf den ersten Blick „harmlose" Salzsteuer führt dazu, dass Abermillionen Vietnamesen, die sich von (nährstoffarmem) Reis ernähren, sich weder Salz noch aus Salz und fermentiertem Fisch gewonnene nuoc mam leisten können und unter schwersten Mangelerkrankungen leiden.

Wirtschaft. Die drei Säulen der Kolonialökonomie bilden **Reis, Kautschuk** und **Kohle,** deren Exportanteil bei 75 % liegt. Speziell der Süden wird zu einer Region von Latifundien entwickelt, die gezielt für den Weltmarkt produzieren. Obwohl die Reisproduktion ständig steigt und Vietnam zu den klassischen Reisexporteuren Thailand und Burma aufschließt, sinkt der Pro-Kopf-Verbrauch der Bevölkerung in der Kolonialzeit um über 30 %, und immer mehr Vietnamesen müssen hungern.

An einer Entwicklung oder gar Industrialisierung des Landes sind die Kolonisten nicht interessiert. Die Kohlebergwerke von *Hong Gai* liefern Rohstoffe, die sich ohne große Investitionen auf dem Weltmarkt absetzen lassen, aber die nahegelegenen Eisenerzgruben, die eine einigermaßen „moderne" Verhüttungsindustrie erfordert hätten, lässt man nahezu unberührt, und die Lokomotiven Vietnams füttert man mit einheimischem Holz. Die wenigen Fabriken decken fast ausnahmslos typischen Kolonialbedarf ab (Zigaretten, Streichhölzer, Bier, Limonade, Zucker, Flaschen, Papier, Zement), Importe bestehen zu über der Hälfte aus Luxusgütern für die neureichen Colons (Autos, Haushaltswaren, Wein, Cognac, Parfüm, Konserven).

Kollaboration und Widerstand

Das Kolonialregime schafft völlig **neue gesellschaftliche Verhältnisse.** Rang und Status eines Vietnamesen hängen nicht mehr vom jahrelangen Studium konfuzianischer Klassiker ab, sondern von der Gunst der Kolonialherren – wer katholisch wird und ein paar Brocken Französisch lernt, erhält Hemd und Hose und wird zum Dolmetscher, Aufseher oder Sekretär ernannt. Speziell in Saigon entsteht ein „Großbürgertum" aus Kollaborateuren der Oberschicht, die sich ihre Dienste mit Großgrundbesitz entlohnen lassen, neureichen Unternehmern, die Kulis für die Plan-

tagen und den Eisenbahnbau beschäftigen, und chinesischen Kaufleuten, die sich als Groß- und Zwischenhändler unentbehrlich machen. Darunter wächst, zumal in Hanoi, eine einflussreiche, aber politisch ohnmächtige kleinbürgerliche Mittelschicht heran, die sich (Erbe des Konfuzianismus) durch eine ungewöhnlich hohe Zahl von Akademikern und Intellektuellen auszeichnet.

Während etwa zur gleichen Zeit in Ländern wie Indien, Indonesien oder Malay(si)a patriotisch-nationalistische Gruppierungen erfolgreich sind, da sie dort über *religiöse Reformbewegungen* (buddhistisch, hinduistisch oder islamisch) führen und auf diese Weise die Massen mobilisieren, bleibt dieser Weg in dem von der „weltlichen" Kultur des Konfuzianismus geprägten Vietnam versperrt. Progressive **Nationalisten** und **Republikaner** wie der ehemalige Mandarin **Phan Boi Chau** (1867–1940), die sich an den Idealen der Französischen Revolution oder panasiatischen Erneuerungseuphorien à la Japan orientieren, bleiben mit ihren „modernen" Ideen von den breiten Massen isoliert und sehen sich zum Schluss resigniert auf **ohnmächtige Terrorakte** gegen das Kolonialsystem beschränkt..

Die einzige Alternative verspricht die **1930** von **Ho Chi Minh** in Hongkong ins Leben gerufene **Kommunistische Partei.** Wie alle nationalen politischen Gruppen bilden die Kommunisten kaum mehr als eine verschworene Clique von Eingeweihten, im Unterschied zu allen anderen wissen sie jedoch, dass das Kolonialregime weder durch Attentate noch durch Verhandlungen und Reformen zu stürzen ist, sondern allein durch eine Mobilisierung der gesamten Bevölkerung und eine soziale Umwälzung der bestehenden Verhältnisse. Wie alle anderen Widerstandsgruppen werden sie von der französischen Geheimpolizei unnachgiebig verfolgt und können fast nur vom Ausland aus operieren. Bereits ein Jahr nach ihrer Gründung ist die KP fast ihrer gesamten Führung beraubt, die entweder auf der Gefängnisinsel *Poulo Condore (Con Dao)* einsitzt oder von den Franzosen kurzerhand exekutiert wird; Ho Chi Minh selbst wird 1931 in Hongkong festgenommen.

Land und Leute

Der Sieg der *Volksfront* in Frankreich führt nach 1936 zu einer spürbaren Liberalisierung des Lebens und befreit Tausende politischer Gefangener aus ihren Kerkern – in der „Sache" selbst aber, macht Paris den Genossen in Vietnam unmissverständlich klar, gibt es kein Pardon. Der sozialistische „Minister für die Kolonien" in einem Blitztelegramm nach Saigon: „Die öffentliche Ordnung ist mit allen Mitteln aufrecht zu halten! Französisches Recht und Gesetz haben in Indochina auch weiterhin zu herrschen!"

Zweiter Weltkrieg und Okkupation

Als **1939** der Zweite Weltkrieg ausbricht und sich die französische Kolonialverwaltung vom Mutterland abgeschnitten sieht, beschließen die ebenso ohnmächtigen wie reaktionären Kolonisten („Lieber Hitler als die Volksfront!"), sich ohne Widerstand der **japanischen Besatzungsarmee** zu ergeben. Die Kolonie bricht zusammen. Sämtliche Vorräte werden beschlagnahmt, die gesamte Reis-, Kohle- und Kautschukproduktion fließt nach Tokio, aber die eigentliche Zeche bezahlt das Volk von Vietnam, das jetzt von zwei Herren zugleich ausgebeutet wird. Allein 1945 sterben in dem ausgeplünderten Land mehr als zwei Millionen Menschen an Hunger.

Im Februar **1941** kehrt **Ho Chi Minh** nach 30-jährigem Exil nach Vietnam zurück und bereitet im Bergland von *Cao Bang* mit *Pham Van Dong* und *Vo Nguyen Giap* den Aufstand vor. Das Programm des **Viet Minh** (Liga für die Unabhängigkeit Vietnams), ein Bündnis mehr als 40 verschiedener Gruppen und Organisationen, sieht sowohl die *nationale* wie die **soziale Befreiung vom Kolonialismus** vor. Die *kommunistischen* Kader betragen selbst zu dieser Zeit kaum mehr als ein paar hundert Mann, üben aber Vorbildfunktion aus und finden deshalb immer mehr Anhänger. Propaganda-Einheiten gehen in die Dörfer, leben und arbeiten mit den Bauern, lehren sie lesen und schreiben und bewaffnen sie so weit als möglich.

Im März **1945** überrollen die Japaner ohne Vorwarnung die französischen Garnisonen und ernennen *Bao Dai* zum Marionettenkaiser eines japanischen Vietnam. Mitte August, nach den Atombombenabwürfen der Amerikaner auf Hiroshima und Nagasaki, kapituliert Tokio. Der Viet Minh ruft zum **Aufstand** auf und lässt die Vorratsspeicher der Besatzer stürmen; über den Dächern von Hanoi, Hue und Saigon wehen die roten Fahnen.

Am 2. September proklamiert Ho Chi Minh in Hanoi die Unabhängigkeit der Demokratischen Republik Vietnam (DRV) und wird zum Ministerpräsidenten und Außenminister der provisorischen Regierung ernannt. Bao Dai, der letzte Kaiser von Frankreichs (und Japans) Gnaden, dankt ab und überreicht dem Abgesandten des Viet Minh zeremoniell Schwert und Siegel der letzten vietnamesischen Herrscher-Dynastie.

Der Französische Krieg (1946–1954)

Die Franzosen sind nicht gewillt, ihre „Besitztümer" in Indochina aufzugeben, und drängen mit Macht nach Vietnam zurück. Ho Chi Minh evakuiert seine Regierung in den Dschungel von Cao Bang und ruft den **Kriegszustand** aus. Trotz einer bestausgerüsteten Armee von 100.000 Berufssoldaten, darunter zahllose Afrikaner (meist Senegalesen) und Fremdenlegionäre (meist Deutsche), gelingt es den Franzosen nicht, die bewegliche und zwischen allen „Fronten" operierende **Guerilla** des Viet Minh zu zerschlagen. Das Resultat ist ein jahrelanges Patt: Die Franzosen herrschen über die Städte und „strategischen Punkte", der Viet Minh, der immer mehr Rückhalt in der Bevölkerung findet, beherrscht das Land.

Eskalation: Krieg der Stellvertreter

1950 erkennt die neugegründete **Volksrepublik China** die DRV diplomatisch an und unterstützt den Viet Minh mit Waffen und Munition (worauf die Sowjetunion flugs ihrem Beispiel folgt). Im Gegenzug schlagen sich die **USA,** die dem „anachronistischen" Kolonialstreben der Franzosen bis dahin ab-

Der Französische Krieg in Zahlen

Truppen

	1948	1952	1954
Franz. Expeditionskorps	100.000	200.000	270.000
Franzosen		70.000	
Fremdenlegion		20.000	
Afrikaner		60.000	
Indochinesen		50.000	
Indochinesische Armee	90.000	260.000	
Viet Minh	70.000	270.000	350.000
Armee		110.000	
Guerilla	70.000	110.000	
Milizen		50.000	

Opfer

	Tote	Verwundete
Kolonialarmee	93.000	130.000
Franzosen	21.000	53.000
Söldner	72.000	77.000
Indochinesische Armee	17.000	35.000
Viet Minh	500.000	unbekannt

lehnend gegenüberstanden, gemäß ihrer **Domino-Theorie** (nach der der Verlust eines Staates an den Kommunismus den Verlust der gesamten Region nach sich ziehen würde) auf die Seite Frankreichs. Aus einem lokal begrenzten Kolonialkonflikt wird so ein **Stellvertreterkrieg der Weltmächte.**

Auf Druck der Amerikaner benennen die Kolonisten Cochinchina diskret in „Republik Südvietnam" um und installieren in der Hoffnung, Ho Chi Minh eine „westlich orientierte Leitfigur" entgegenstellen zu können, Ex-Kaiser Bao Dai als Regierungschef. Kurz darauf treffen die ersten amerikanischen Militärberater und Waffenlieferungen in Saigon ein. In den folgenden Jahren decken die **USA** über **80 %** der französischen **Kriegskosten**, während die Viet Minh mit Hilfe Chinas zum ersten Mal eine reguläre Armee aufstellen kann.

Gezielter Einsatz von Napalm gegen die Zivilbevölkerung, Bombardements von Deichen und planmäßige Vernichtung von Reisernten, zwangsweise Evakuierung ganzer Landstriche und Kasernierung der Bevölkerung in Lager und Wehrdörfer – die „Errungenschaften", die man gemeinhin erst dem amerikanischen Krieg zuschreibt, sind bereits ab 1951 Mittel französischer Generalstäbe und amerikanischer Militärberater, die insgeheim längst ahnen, dass sie diesen Krieg nicht gewinnen können.

Dien Bien Phu

Die Entscheidung fällt 1954 in der **55-tägigen Schlacht** um Dien Bien Phu. Die strategische Dschungelfestung nahe der laotischen Grenze, die täglich von Transportflugzeugen und Fallschirmjägern versorgt wird,

Ho Chi Minh

1890 als Nguyen Sinh Cung geboren, erhält er nach altem Brauch ab seinem 10. Lebensjahr einen neuen Namen und heißt fortan Nguyen Tat Thanh („Nguyen, der erfolgreich sein wird"). Seine Reisen als Matrose und Küchenjunge unternimmt er unter dem Namen Ba, ehe er sich 1917 in Paris den Namen zulegt, den er die meiste Zeit seines Lebens trägt, Nguyen Ai Quoc („Nguyen, der das Vaterland liebt" oder „Nguyen der Patriot"). Als Ho Chi Minh („Ho mit dem klaren Willen") tritt er erst 1942 auf, als er nach 30-jährigem Exil wieder nach Vietnam zurückkehrt.

1890	Geboren am 19. Mai als Sohn eines Bauern, der das Gelehrtenexamen in Hue bestanden hatte, in dem Dorf Hoang Tru nahe Vinh
1905–1909	Gymnasiastenjahre u.a. am Lycée Quoc Hoc in Hue
1911	Einschiffung als Küchenjunge nach Marseille
1912–1917	Wanderjahre als Matrose, Steward, Heizer und Küchengehilfe mit Aufenthalten in den USA und London
1917–1924	Paris. Arbeit als Koch, Fotolaborant und Journalist (L'Humanité),
1920	Gründungsmitglied der KPF; Herausgeber von „Le Paria"

gilt als uneinnehmbar, ehe es dem Viet Minh und seinen Helfern unter General **Vo Nguyen Giap** „wie durch ein Wunder" gelingt, sie mitsamt schwerer Artillerie einzukesseln. US-Präsident *Eisenhower* und sein Vize *Richard Nixon* erwägen bereits den „taktischen" Einsatz von **Atombomben** (aparterweise *Operation Vulture*, Geier, genannt), werden aber noch rechtzeitig vom Kongress gestoppt. Die **bedingungslose Kapitulation** von Dien Bien Phu am **7. Mai 1954** bedeutet gleichzeitig die Kapitulation der französischen Streitkräfte in Vietnam und das **Ende der französischen Kolonialherrschaft.**

Zwischen den Kriegen (1954–1964)

Die **Genfer Konferenz** der Weltmächte beschließt einen **Waffenstillstand** und teilt Vietnam in **zwei neutrale Militärzonen** nördlich und südlich des 17. Breitengrads; über die weitere Zukunft des Landes sollen innerhalb von zwei Jahren freie und allgemeine **Wahlen** bestimmen. Eine gesonderte Schlusserklärung weist nachdrücklich darauf hin, dass die entmilitarisierte Zone **„in keiner Weise als** eine politische oder territoriale **Grenze",** sondern nur als „provisorische militärische Demarkationslinie" anzusehen sei.

1924–1925	Moskau. Studium an der Universität der Werktätigen und Komintern-Funktionär für Koloniale Fragen
1925–1927	China. Gründung der Thanh Nien (Bund der Revolutionären Jugend Vietnams)
1927–1928	Reisen als Komintern-Funktionär durch Westeuropa (u.a. Berlin)
1929–1930	Thailand. Aufbau revolutionärer Zellen in Siam
1930	Gründungsmitglied der KPV in Hongkong
1931–1933	China. Verhaftung in Hongkong, Gefängnis; Gerüchte über seinen Tod (schwere TBC)
1934–1938	Moskau. Studium an der Lenin-Universität und Komintern-Funktionär für Koloniale Fragen
1939–1940	China. Aufbau des antikolonialen Widerstands
1941	Vietnam. Rückkehr nach 30 Jahren Exil und Gründung des Viet Minh (Liga für die Unabhängigkeit Vietnams)
1942–1943	China. Verhaftung durch die Kuomintang, „Gefängnistagebuch" entsteht
1944–1945	Vietnam. Endgültige Vorbereitungen zum Aufstand
1945	August-Revolution; 2. Sept: Ho Chi Minh verliest in Hanoi die Unabhängigkeitserklärung
1946	März: Wahl zum Präsidenten der DRV, Juni–Sept: Verhandlungen mit Frankreich in Paris, Nov: Die Franzosen bombardieren Haiphong, Dez: erneuter Aufruf zum Widerstand
1947–1954	Exil-Regierung im Dschungel von Cao Bang; Guerillakrieg
1954	Mai: Kapitulation der Franzosen; Rückkehr nach Hanoi; Teilung Vietnams durch die Weltmächte
1956	Kurzzeitige Übernahme des Parteivorsitzes, als es anlässlich der brutalen Landreformen zu Aufständen kommt
1960	Beschluss, die Befreiungsfront in Südvietnam zu unterstützen
1964	Beginn des „Vietnamkriegs"
1969	2. Sept: Ho Chi Minhs Todestag wird offiziell auf den 3.9. gelegt, damit er nicht mit dem Tag der Unabhängigkeitserklärung zusammenfällt.

Land und Leute

„Ich habe niemals mit Leuten, die mit den Verhältnissen einigermaßen vertraut waren, gesprochen oder korrespondiert, die nicht übereinstimmend der Meinung gewesen wären, dass bei Wahlen sehr wahrscheinlich 80 Prozent der Bevölkerung für den Kommunisten Ho Chi Minh gestimmt hätte."

(US-Präsident Eisenhower, 1954)

Die Teilung Vietnams (1954)

Die USA sabotieren die Genfer Beschlüsse und etablieren südlich des 17. Breitengrades einen **eigenständigen Staat Südvietnam,** der ohne Milliarden amerikanischer Hilfsgelder nicht einen Tag überlebensfähig gewesen wäre. Der Diktator **Ngo Dinh Diem,** Washingtons „starker Mann" in Saigon, schmettert alle Initiativen Hanois zu den bevorstehenden Wahlen mit dem Hinweis ab, in einem kommunistischen Staat seien „freie Wahlen" nicht möglich, und lässt sich gleichzeitig mit 98 % aller Stimmen zum Präsidenten Südvietnams wählen (obwohl seine amerikanischen Berater ihm einen Wahlausgang von 60 % empfohlen hatten).

Aufgrund der Genfer Beschlüsse setzt eine gigantische **Völkerwanderung** ein. Über 100.000 Kämpfer des *Viet Minh* ziehen mitsamt ihren Familien aus dem Süden in den Norden, während aufgrund gezielter Gerüchtekampagnen (Pseudoerscheinungen der

Jungfrau Maria, Ankündigungen religiöser Pogrome im Norden) und „Kopfgelder", die amerikanische Hilfsorganisationen verteilen, rund 1 Mio. Katholiken vom Norden in den Süden strömen. Zur gleichen Zeit ziehen die Franzosen aus dem Norden ab und hinterlassen eine Spur der Verwüstung, von überfluteten Bergwerken bis zu vernichteten Röntgenbildern in Krankenhäusern.

Demokratische
Republik Vietnam (Norden)

Im Gegensatz zum „demokratischen" Süden geht der kommunistische Norden zu keinem Zeitpunkt davon ab, die Wiedervereinigung zu fordern. Abgeschnitten von den landwirtschaftlichen Ressourcen im Süden, kämpft das Land mit dem Hunger. Die „Wirtschaftshilfe" aus Moskau und Peking reicht nicht einmal aus, die dringendsten Kriegsschäden zu beheben. Die anders als in anderen kommunistischen Staaten traditionell **kollektive Führungsspitze** der KP ist zerrissen in eine eher gemäßigte, Moskau-orientierte Fraktion um *Ho Chi Minh*, dessen Stellvertreter (und Nachfolger) *Pham Van Dong* und General *Vo Nguyen Giap*, und eine radikale, eher Peking-orientierte um Generalsekretär *Truong Chinh*. Die von den Parteigängern Maos 1955/56 brutal und ohne Rücksicht auf Verluste als „Klassenkampf" durchgezogene **Landreform** führt zu schweren Unruhen im ganzen Land. Truong Chinh wird seines Amtes enthoben und Ho Chi Minh übernimmt für kurze Zeit selbst das höchste Amt der Partei.

Republik Vietnam (Süden)

Ein Sumpf kaum glaublicher **Anarchie** und **Korruption.** Bis an die Zähne bewaffnete Sekten wie *Cao Dai* und *Hoa Hao* bilden Staaten im Staat, und berüchtigte Banditen wie die Bin Xuyen üben die staatliche Kontrolle über Prostitution und Glücksspiel aus. Unverhüllte Intrigen und Machtkämpfe zwischen den Franzosen – die nach dem Verlust der Kolonie um ihre ökonomische Existenz bangen und Ex-Kaiser Bao Dai und die Sekten unterstützen – und den Amerikanern –

die wie üblich auf den „starken Mann" an der Spitze setzen, der zumindest den Anschein von Recht und Ordnung wahren soll – beherrschen die Szene. (Einen exzellenten Einblick in diese Zeit vermittelt Graham Greenes im Saigon von 1953 angesiedelter Roman *The Quiet American*).

Der Katholik und stramme Antikommunist **Diem** macht sich das halbe Land zum Feind, indem er den Katholizismus quasi zur Staatsreligion erklärt, die von dem *Viet Minh* enteigneten Großgrundbesitzer wieder an die Macht bringt und seine Kritiker wahllos als Kommunisten denunziert und verfolgen lässt. Die USA lassen ihn gewähren, um den Anschein zu wahren, Südvietnam sei „selbstständig", und sehen tatenlos zu, wie Milliarden Dollar an Wirtschafts- und Entwicklungsgeldern in den Smokingtaschen einer kleinen Elite versickern, während ein Überfluss an Konsumwaren wie Kaugummi und Coca Cola das Bild eines sprunghaft gestiegenen Lebensstandards vorspiegeln. Tatsächlich sind die USA sogar gezwungen, *amerikanischen Reis* in das darbende Land zu liefern.

Als es **1963** zu den **buddhistischen Protestaktionen** von Hue und Saigon kommt und Diems Schwägerin *Madame Nhu* die öffentlichen Selbstverbrennungen der Bonzen, die sich auf den Straßen Saigons in lebende Fackeln verwandeln, zynisch als „Barbecues" feiert, ermuntern die entsetzten Amerikaner Diems Generäle zum **Putsch.** Der Präsident wird gefangen genommen und kurzerhand liquidiert. Die Saigoner Politik der folgenden Jahre gleicht einer Marx-Brothers-Groteske: Eine Militär-Junta putscht gegen die andere und wird nahtlos von einer dritten abgelöst.

Die Befreiungsfront

Ende **1960** organisiert sich der Widerstand gegen das Diem-Regime (und die Amerikaner) in der **Nationalen Befreiungsfront** (FNL), einer breitgefächerten **Koalition** aus Kommunisten, Sozialisten, Demokraten, Bauern, Bonzen, Arbeitern, Studenten und selbst Fraktionen der Sekten und ethnischen Minderheiten. Die Diemisten denunzieren diese Widerstandsbewegung wie gewohnt als „kommunistisch" und begründen damit jenen Namen, unter dem sie durch die US-Medien wenig später weltberühmt werden sollte: **Viet Cong** (was nichts weiter heißt als *Vietnamesische Kommunisten*). Dank ihrer politischen und moralischen Überzeuungskraft kontrolliert die FNL bereits 1963 mehr als die Hälfte des südvietnamesischen Territoriums mitsamt eigenen Schulen und Hospitälern, Armee und Steuereintreibern. „Le Figaro" am 19.12.1963: „Die Front kontrolliert politisch die Mehrheit der Bevölkerung."

Der Amerikanische Krieg (1964–1975)

Im **August 1964** provoziert der US-Zerstörer *Maddox* einen **„Zwischenfall"** im Golf von Tonkin, der den amerikanischen Kongress veranlasst, Präsident Johnson volle Entscheidungsfreiheit beim Einsatz militärischer Mittel zuzubilligen; wie die *Pentagon Papers* nachweisen, war der Befehl zu dieser Aktion bereits 5 Monate zuvor erteilt worden. Unter dem Codenamen *Rolling Thunder* nehmen die USA ohne Kriegserklärung die **Bombardierung Nord-Vietnams** auf, wenig später, **im März 1965,** landen im Süden erste amerikanische Kampfverbände bei Da Nang, offiziell zur „Sicherung gefährdeter Flughäfen", in Wahrheit als Vorhut eines gigantischen Truppenaufmarschs von insgesamt mehr als 3 Mio. Soldaten.

Die Zahl der stationierten GIs steigert sich von 50.000 (Ende 1964) über 250.000 (Anfang 1966) auf über 550.000 (1968); einschließlich der von Washington ausgerüsteten Armee Südvietnam und SEATO-Verbänden aus Australien, Neuseeland, Thailand, Süd-Korea und den Philippinen stehen zeitweise mehr als **1,5 Millionen Soldaten** auf (süd-)vietnamesischem Boden, die über die avancierteste Kriegstechnologie verfügen, die die Welt je gesehen hat.

„Ein US-Major hat zu Protokoll gegeben: ,Wir mussten die Stadt vernichten, um sie zu retten.' Diese Worte werden in die Geschichtsbücher als richtungsweisend für unser Engagement in Vietnam eingehen. Die Taktik der Verbrannten Erde in seinem eigenen Land zu

verfolgen ist heroisch; sie in einem Land anzuwenden, das man zu retten vorgibt, ist feige und brutal."

(I.F. Stone, Polemics and Prophecies, 1968)

Apocalypse Now

Anstelle einer klar definierten Front, die weder ideologisch noch militärisch existiert (Nord gegen Süd, Sozialismus gegen Freiheit), sehen sich die amerikanischen Truppen einem diffusen und letztlich un(an)greifbaren Gegner gegenüber, der sich allen gewohnten militärischen Kategorien und Technologien entzieht und „wie der Fisch im Ozean der Bevölkerung schwimmt". Der Feind kommt nicht von „außen", wie man ihnen gesagt hatte, sondern ist *mitten unter ihnen.*

In Ermangelung gültiger Kriterien betreiben die amerikanischen Generäle den Krieg bald wie die Vernichtung lästiger Insekten und ermessen den Erfolg ihrer Aktionen in immer zynischeren und rassistischeren Slogans wie *body count, search and destroy* oder *low-ratio kill.* Binnen kurzem wird das Land, „dessen Freiheit unter allen Umständen verteidigt werden muss", zum **meistbombardierten, − vergifteten und -vergasten Land** der Weltgeschichte – trotzdem pflegen die amerikanischen Militärs noch heute die Dolchstoßlegende, die Politiker und die Medien seien ihnen „in den Rücken gefallen" und hätten sie an der Ausübung ihres „Jobs" gehindert.

„Im Ganzen gesehen, begriffen die Generäle die Logik des Kriegs in Vietnam vollkommen: Will man dort bleiben, braucht man immer mehr Männer und immer mehr Waffen, man muss den Norden bombardieren und, je früher desto besser, den Hafen Haiphong verminen und die Deiche zerstören. Angesichts ihres Zieles hatten sie Recht, und vielleicht hatte sogar General Curtis LeMay Recht: Wollte man wirklich gewinnen, musste man Hanoi in die Steinzeit zurückbomben. Es war der einzige Weg."

(Mary McCarthy, Sons of the Morning, 1974)

Land und Leute

Der Amerikanische Krieg in Zahlen

Truppen (nur in Südvietnam)

	1964	1965	1968	1972
USA	16.000	185.000	536.000	25.000
Alliierte	–	22.000	60.000	40.000
Republik Vietnam	500.000	640.000	820.000	1 Mio.
FNL/NVA	130.000	130.000	280.000	320.000
davon NVA	13.000	36.000	100.000	250.000

1955–1975

US-Truppen	3,6 Mio. (2,6 Mio. in Südvietnam)
US-Militärausgaben	165 Mrd. US$*
US-Hilfe Südvietnam	24 Mrd. US$

Opfer

	Tote	Verwundete	Invaliden	Selbstmorde
USA	58.000	300.000	80.000	150.000**
FNL/NVA	920.000	unbekannt	unbekannt	unbekannt
Rep. VN	280.000	800.000	unbekannt	unbekannt
Zivil-bevölkerung	800.000	unbekannt	unbekannt	unbekannt

Zerstörungen

Luftkrieg USA	8 Mio. t Bomben (3-mal soviel wie im 2. Weltkrieg)
	7 Mio. t Chemische Stoffe
	20 Mio. Bombenkrater
Bodenkrieg USA	15 Mio. t Munition
Vernichtete Wälder	6 Mio. ha (im Süden)
Flüchtlinge	10 Mio. (im Süden)

*nach heutiger Umrechung 495 Mrd. US$. (Unmittelbar nach Ende des Irakkriegs wurde kalkuliert, dass Friedenssicherung und Wiederaufbau das 4–6fache der militärischen Ausgaben ausmachten.)

** nach der Rückkehr in die USA

Der Ho-Chi-Minh-Pfad

Der Norden greift erst zurzeit der Gründung der Befreiungsfront 1960/61 aktiv in den Widerstand im Süden ein. Zwischen *Vinh* und *Dong Hoi* nahe dem 17. Breitengrad wird ein **Versorgungspfad** angelegt, der auf der anderen Seite des Truong-Son-Gebirges auf laotischem Gebiet weiterführt. Auf den Schultern endloser Trägerkolonnen wandern Waffen, Munition und Medikamente, zentnerschwere Artilleriegeschosse und Kanonenrohre in den Süden; die schwersten Teile werden mit bambusverstärkten Fahrrädern oder auf dem Rücken von Ponies und Elefanten durch den Dschungel transportiert. Als Saigoner Truppen 1964 erste Abschnitte des *Ho-Chi-Minh-Pfads* entdecken, besteht der „Pfad" längst aus einem **Tausende Kilometer umfassenden Netzwerk** von Haupt-, Neben- und Parallel-Wegen.

Da weder Moskau noch Peking große Bereitschaft zeigen, das „abenteuerliche Unternehmen" der Genossen in Hanoi mitzutragen, halten sich die Hilfsmaßnahmen in Grenzen, erst als die Nachfolger des gestürzten Chruschtschow Ende 1964 der DRV uneingeschränkte Unterstützung versprechen, lässt auch Mao die Grenzen öffnen und liefert Kriegsmaterial und Transportmittel.

Unter ständigem Beschuss amerikanischer B-52-Bomber bauen Soldaten und Helfer die Dschungelwege zu Lkw-Trassen mitsamt versenkbaren Brücken, unterirdischen Reparaturwerkstätten und Sanitätsstationen aus. Das Zentrale Hochland und die Ost-Provinzen von Laos werden zum Experimentierfeld amerikanischer Hochleistungstechnologien: Infrarotluftbilder und Computeranimationen messen und analysieren jeden Quadratmeter Regenwald, elektronische Sensoren melden geringste Bodenerschütterungen im Umkreis von Meilen. Von 1000 Lkw bringen weniger als die Hälfte ihre Ladung in den Süden durch, und wer nicht von Bomben zerfetzt und von Giftgasen erstickt wird, geht an Malaria, Typhus oder Cholera zugrunde.

„Die Bars von Saigon gewähren einen Einblick in die Mentalität der Stadt. Viele der Mädchen, die sehr genau wissen, wie der Vietcong über die Verbrüderung mit den Amerikanern denkt, ändern bereits ihren gewohnten Trinkspruch ‚Chin chin, auf deine Gesundheit!' in ‚Chin chin, Ho Chi Minh!'"

(Time Magazine, 8.3. 1968)

Die Tet-Offensive (1968)

Drei Jahre bereiten sich Hanoi und die Befreiungsfront auf den entscheidenden Schlag vor. Am Morgen des **31. Januar 1968,** mitten während des vietnamesischen Neujahrsfestes, greifen Truppen der FNL und der DRV

beinahe jede Provinz Südvietnams an, erobern Städte wie Hue und Quang Tri und stürmen sogar die amerikanische Botschaft in Saigon. Militärisch erweist sich die Offensive als Desaster, denn die düpierten US-Truppen legen im Kampf um die Städte auch die letzte Rücksicht ab (200.000 Tote, 2 Mio. Flüchtlinge) und notfalls ganze Orte in Schutt und Asche (wie Ben Tre, die Stadt, die man *„vernichten musste, um sie zu retten"*), sodass sich die Befreiungstruppen an allen Fronten wieder zurückziehen müssen.

Politisch aber erweist sich die Offensive als voller Erfolg. Die **amerikanische Öffentlichkeit,** von ihren Politikern und Militärs jahrelang mit überoptimistischen Berichterstattungen und getürkten „body counts" in Sicherheit gewiegt, erlebt **live und unzensiert** auf den Fernsehschirmen mit, wie ein „längst besiegter Gegner", „zahlenmäßig kaum der Rede wert" und „in den Dschungel abgedrängt", fast ohne Gegenwehr die hilflosen Regierungstruppen überrollt und den eigenen „Boys" blutige Schlachten liefert. Die **Protestkundgebungen der Kriegsgegner** werden zu Massendemonstrationen, und selbst die großen Meinungsblätter wie *Time,*

Land und Leute

David gegen Goliath

Life und *Newsweek* ergreifen Partei gegen den Krieg. Die Milliarden, die täglich wirkungslos im Dschungel verpuffen, werden zu einem ernsten Problem für die amerikanische Wirtschaft, und die Dollarkrise führt beinahe zu einem Zusammenbruch des Weltwährungssystems. Präsident *Johnson* zieht seine Nominierung für eine erneute Präsidentschaft zurück und kündigt Friedensgespräche mit Hanoi an.

Die Vietnamisierung des Krieges

Richard Nixon gewinnt **1968** die Präsidentschaftswahlen mit dem Versprechen, den Krieg zu beenden. Stattdessen sterben in den darauffolgenden drei Jahren mehr Menschen in Vietnam als je zuvor und weitet sich der Krieg auf die Nachbarländer **Kambodscha** und **Laos** aus. Der einzige Unterschied ist, dass weniger Amerikaner sterben, denn um Kosten zu senken und seinen Wählern den Anblick gefallener GIs zu ersparen, verkündet Nixon im Juli 1969 die „Vietnamisierung" des Krieges – eine zynische Umschreibung für den *Abbau* amerikanischer und die *Aufrüstung* zusätzlicher südvietnamesischer Truppen. Zählt man Polizei, Verwaltung und Milizen hinzu, steht nahezu die gesamte männliche Bevölkerung, die nicht auf Seiten des Gegners kämpft, im Sold der USA.

Mit der Eröffnung der **Pariser Friedensgespräche** im **Mai 1968** hat Hanoi einen ersten politischen Erfolg errungen, ansonsten ist die Lage verzweifelt. Häfen, Städte, Eisenbahnen und sämtliche Industrien sind zerbombt und lahmgelegt. Mehr denn je ist Hanoi auf die Hilfe der „Bruderstaaten" China und Sowjetunion angewiesen, die zur gleichen Zeit immer weiter auseinanderdriften und wechselweise mit Washington flirten. Als am 2. September 1969 **Ho Chi Minh stirbt,** der es jahrelang verstanden hatte, Hanoi aus dem wachsenden Konflikt zwischen Peking und Moskau nicht nur herauszuhalten, sondern die beiden Widersacher gegeneinander auszuspielen, scheint zumindest der Bruch mit Maos China immer unvermeidlicher.

Nach Visiten in Peking und Moskau ordnet Nixon **Ende 1972,** um sich in eine bessere Verhandlungsposition zu bringen, erneut

GI Joe in 'Nam

Über 3 Mio. Amerikaner dienten in Vietnam, zumeist als 18–19-jährige Wehrpflichtige oder Freiwillige. Einberufen wurden bevorzugt Arbeiter, Ungelernte, Südstaatler und Farbige (die Zahl der gefallenen Schwarzen war doppelt so hoch wie ihr Bevölkerungsanteil). Jeder GI wusste auf den Tag genau, wann er das Land wieder verlassen würde; die normale Dienstzeit (tour of duty) war auf 365 Tage beschränkt und schloss einen Erholungsurlaub (rest & recreation, im GI-Jargon: intoxication & intercourse) ein.

Entgegen dem von Hollywood vermittelten Bild war von 10 GIs nur einer aktiv „im Feld" – die übrigen neun dienten in der „Etappe", bereiteten Einsätze vor usf. Jeder Vierte nahm mehr oder minder regelmäßig Drogen (Heroin, Marihuana, Opium) zu sich. Größenwahnsinnige und rassistische Massaker an Frauen, Kindern, Greisen (My Lai!) waren zwar nicht die Regel, aber auch keine Ausnahmen.

Dank dem Einsatz von Hubschraubern und moderner Kommunikation überlebten mehr als 90 % aller Schwerverwundeten, viermal so häufig wie in jedem Krieg zuvor aber als lebenslänglich Behinderte. Hunderttausende leiden bis heute unter den Spätfolgen von Agent Orange und anderer Giftgasen.

Aufgrund des Rotationssystems kehrten die GIs, anders als die Veteranen anderer Kriege, einzeln nach Hause zurück, wo man sie entweder als Versager oder als Killer empfing. Mehr als dreimal soviel GIs als auf den Schlachtfeldern Vietnams fielen nach ihrer Rückkehr in die USA von eigener Hand.

„Wir haben den Feind getroffen/Es waren wir selbst."

(Gedicht
eines Vietnamveteranen)

massive **Bombardierungen von Hanoi** an, ehe *Henry Kissinger* und *Le Duc Tho* am **27. Januar 1973** ein „Abkommen über die Beendigung des Krieges und die Wiederherstellung des Friedens in Vietnam" unterzeichnen. Das Vertragswerk, das ihren Unterzeichnern den Friedensnobelpreis einbringt (den Le Duc Tho freilich ablehnt), sieht sofortigen Waffenstillstand und den vollständigen **Rückzug der US-Truppen** vor, ist aber ansonsten vage genug gehalten, um keine der beiden Seiten vor der Weltöffentlichkeit als „Verlierer" dastehen zu lassen.

Der Fall Saigons (1975)

Als im **März 1973** die letzten US-Truppen aus Vietnam abziehen, stehen zum ersten Mal seit über 100 Jahren keine Besatzungssoldaten mehr auf vietnamesischem Boden. Als der amerikanische Senat im Jahr darauf die Militär- und Wirtschaftshilfe für Saigon drastisch kürzt (Präsident Nixon muss wegen des Watergate-Skandals zurücktreten), bricht die vom geschenkten Dollar abhängige Ökonomie des Südens zusammen. Präsident *Nguyen Van Thieu* versucht, der wachsenden Opposition mit bürgerkriegsähnlichen Säuberungsaktionen Herr zu werden, aber nicht mal seine Truppen gehorchen ihm noch, als Hanoi im **Frühjahr 1975** eine Offensive unternimmt, die ursprünglich nur dazu vorgesehen war, das morsche Regime in Saigon weiter zu destabilisieren. Zur Überraschung der „Befreier" entwickelt sich die Attacke jedoch zu einem Landrutsch. Am 26. März fällt **Hue**, am 29. **Da Nang**, am 30. April **Saigon**. In einer dramatischen Rettungsaktion verlassen die letzten Amerikaner die Stadt mit dem Hubschrauber vom Dach ihrer Botschaft.

Die Wiedervereinigung (1975/76)

Die Wiedervereinigung der beiden Vietnams kommt für alle Beteiligten nicht weniger **überraschend** (und unvorbereitet) als die der beiden deutschen Staaten 15 Jahre später, aber ansonsten könnten die Unterschiede nicht größer sein. Denn hier schluckt ein **maroder sozialistischer Staat,** zermürbt von drei aufeinanderfolgenden Kriegen, einen **noch maroderen kapitalistischen,** der schon seit langem verlernt hat, sich aus eigener Kraft am Leben zu erhalten.

Hatten sich die beiden Landesteile schon während der Kolonialzeit deutlich voneinander weg entwickelt – im Süden Plantagenwirtschaft, Handel und Markt-Ökonomie, im Norden Entwicklung von Bergbau und Schwerindustrie neben traditioneller Kleinbauern-Wirtschaft –, so erst recht während der vergangenen beiden Jahrzehnte.

Der Norden. Zentralistische Volksrepublik mit kommunistischer Einheitspartei und weitgehender, wenn auch wenig erfolgreicher Kollektivierung von Wirtschaft und Gesellschaft. Zur gleichen Zeit extrem konservativ und durchdrungen von den traditionellen konfuzianischen Elementen der bäuerlich-patriarchalischen Familie und der allumfassenden Bürokratisierung des gesamten Lebens. Antiwestlich, antikapitalistisch, isoliert und bitterarm. Praktisch alle Straßen, Brücken, Häfen, Eisenbahnlinien, Kraftwerke, Fabriken, Schulen und Hospitäler sind zerstört. Über drei Millionen Tote, Hunderttausende Kriegsinvaliden, Witwen und Waisen. *„In die Steinzeit zurückgebombt. "*

Der Süden. Zu 90 % von den USA finanzierte Militärdiktatur, die selbst Reis einführen muss und in der mehr als 60 % der Bevölkerung Dienstleistungen als Schuhputzer, Kellner, Kaugummiverkäufer, Taxifahrer, Rikschakulis, Wäscherinnen oder Prostituierte verrichten. Kulturell heterogen und ohne gemeinsame Traditionen: 2,5 Mio. Anhänger von Sekten, 2 Mio. Katholiken, 1,5 Mio. Auslandchinesen. Vor dem Krieg lebten 15 % der Südvietnamesen in den Städten, bei Kriegsende waren es 65 % – in einem Land ohne Industrie. 10 Mio. Flüchtlinge, je etwa eine halbe Mio. Drogensüchtige und Geschlechtskranke, rund 2 Mio. Soldaten, Polizisten und Beamte einer faschistoiden und außer Landes geflohenen Junta. Abermillionen Hektar Acker- und Reisland wurden verwüstet, vergiftet und vergast. *„Aus dem Mittelalter ins 20. Jahrhundert katapultiert. "*

Daten zur vietnamesischen Geschichte

ca. 800–300 v.u.Z.	Bronzezeit. *Dong-Son*-Kultur und Reich *Van Lang* der legendären *Hung*-Könige.
257–207 v.u.Z.	Eisenzeit. Königreich *Au Lac* mit der Hauptstadt *Co Loa*.
207	Eroberung durch *Trieu Da*, souveränes Reich *Nam Yüeh* (Nam Viet).
111 v.u.Z.	Eroberung von *Nam Viet* durch die Han-Chinesen.
111 v.–939 n.u.Z.	Vietnam ist chinesische Kolonie bzw. Provinz *Giao Chi*.
39–43 n.u.Z.	Aufstand, Herrschaft und Freitod der *Trung*-Schwestern.
939	*Ngo Quyen* besiegt die Chinesen am *Bach-Dang*-Fluss und wird erster Kaiser des unabhängigen *Dai Viet*.
1010–1225	*Ly-Dynastie.* Blütezeit des Buddhismus und Beginn der Expansion nach Süden.
1010–1028	Kaiser *Ly Thai To* gründet die Hauptstadt *Thang Long* (Hanoi).
1054–1072	*Ly Thanh Ton* annektiert Champa bis *Quang Tri* und lässt 1070 den Literaturtempel in Hanoi errichten.
1225–1400	*Tran-Dynastie.* Mongolen-Einfälle. Kriege gegen Champa.
1288	*Tran Hung Dao* besiegt die Mongolen am Bach-Dang-Fluss.
1408–1428	*Dai Viet* wird wieder chinesische Kolonie.
1428	*Le Loi* besiegt die Chinesen und reformiert als Kaiser *Le Thai To* (1428–1433) die konfuzianische Monarchie.
1460–1497	Höhepunkt der vietnamesischen Monarchie unter Kaiser *Le Thanh Ton*. Die Eroberung von *Vijaya* (1471) bedeutet das Ende Champas.
1535	Portugiesen landen in *Da Nang*. Erste Niederlassung in *Faifo*.
1672–1786	Teilung Dai Viets in die Fürstentümer der *Trinh* (Hanoi) und *Nguyen* (Hue).
1679	Gründung *Cholons* durch chinesische Emigranten.
1771–1802	*Tay-Son-Revolte.* Kaiser *Quang Trung* schlägt 1789 die Chinesen.
1802–1820	*Gia Long* gründet die letzte Kaiser-Dynastie mit Sitz in Hue. Das Reich heißt erstmals Viet Nam.
1820–1841	*Minh Mang* stabilisiert die konfuzianische Ordnung der Vorfahren. Kriege mit Siam um die Vorherrschaft über Kambodscha.
1847–1883	Kaiser *Tu Duc* verliert Vietnam an Frankreich.
1847/1858	Bombardierung von *Tourane* (Da Nang) durch die Franzosen.
1859	Besetzung Saigons.
1862	Abtretung von Cochinchina als französische Kolonie.
1883	Die Franzosen erklären Annam und Tonkin zu Protektoraten und etablieren 1887 die Indochinesische Union.
1890	Geburt Ho Chi Minhs.
1897–1902	Gouverneur *Paul Doumer* baut den frz. Kolonialapparat auf.
1904	Erste Widerstandsbewegung durch *Phan Boi Chau*.
1930	Gründung der KPV in Hongkong unter dem Vorsitz Ho Chi Minhs.
1940–1945	Okkupation durch Japan.
1941	Gründung des *Viet Minh* (Liga für die Unabhängigkeit Vietnams).
1945	Ho Chi Minh ruft in Hanoi die Demokratische Republik Vietnam aus.
1946–1954	Der französische Krieg *(Indochinakrieg).*
1950	Anerkennung der DRV durch Peking und Moskau und Beginn der amerikanischen Militärhilfe für Frankreich.
1954	Kapitulation von *Dien Bien Phu*. Die Genfer Konferenz trennt Vietnam in zwei Militärzonen und schreibt landesweite Wahlen vor.

	Ngo Dinh Diem bildet mit Unterstützung der USA eine Regierung in Südvietnam und verweigert die Wahlen.
1960	Gründung der FNL („Viet Cong"). Hanoi beschließt die aktive Unterstützung des Befreiungskampfes im Süden.
1963	Buddhistische Opposition in Saigon und Hue. Sturz und Ermordung Diems. Die FNL kontrolliert über 50 % des Südens.
1964	Aug.: Tonkin-Zwischenfall. Erste Bombardierungen der DRV.
1965	März: Erste reguläre US-Truppen (25.000 Marines) landen in Da Nang. Juni: General *Nguyen Van Thieu* wird Staatschef in Saigon. Aug.: Erste Einheiten der DRV greifen in Südvietnam ein. Nov.: 150.000 US-Soldaten in Vietnam.
1968	Jan.: Tet-Offensive. März: Präsident *Johnson* kündigt Pariser Friedensgespräche an (Mai). Aug.: 550.000 US-Soldaten in Vietnam.
1969	Amtsantritt *Nixons*. Ausweitung des Kriegs auf Kambodscha und Laos. Beginn des amerikanischen Truppenabbaus in Vietnam. Sept.: Tod Ho Chi Minhs.
1973	Jan.: Pariser Friedensabkommen zwischen *Le Duc Tho* und *Henry Kissinger.* April: Abzug der US-Truppen.
1975	März: Frühjahrs-Offensive der DRV. 30. April: Einnahme Saigons. Mai: Erste Kriegshandlungen der Khmer Rouge gegen Vietnam.
1976	April: Wahlen zur ersten Nationalversammlung. Juli: Offizielle Wiedervereinigung und Ausrufung der SRV.
1977	Eskalierende Grenzzwischenfälle mit Kambodscha. Sept.: Aufnahme Vietnams in die UNO.
1978	März: Verstaatlichung des privaten Handels in Südvietnam. Fluchtwelle von Auslands-Chinesen (Boat People). Juni: Einstellung der chinesischen Wirtschaftshilfe. Nov.: Freundschaftsvertrag mit Moskau.
1979	Jan.: Invasion Kambodschas und Sturz des *Pol-Pot*-Regimes. 17.2.–19.3.: Chinesischer Straffeldzug gegen Hanoi.
1986	Der 6. Parteitag führt Wirtschaftsreformen ein *(Doi Moi)*.
1989	Rückzug Vietnams aus Kambodscha.
1990	Moskau stellt den Handel auf harte Währung um. Erste Gespräche zwischen Washington und Hanoi seit 11 Jahren.
1991	Juli: Der 7. Parteitag nimmt das Recht auf Privatbesitz in die Verfassung auf und beschließt stärkere Trennung von Partei und Regierung. Formelle Versöhnung zwischen Peking und Hanoi. Bonn beschließt die Wiederaufnahme der Entwicklungshilfe.
1994	Februar: Präsident *Clinton* hebt das Embargo auf.
1995	Wiederaufnahme diplomatischer Beziehungen mit den USA. Voll-Mitgliedschaft im ASEAN-Bund.
1996	Mai: Der Vietnamveteran *Douglas Peterson* wird 1. Botschafter der USA in Hanoi.
1997	31.7.: *Bao Dai*, letzter Kaiser Vietnams, stirbt im Exil. Nov.: Partei- und Regierungsspitze werden verjüngt.
1999	Neues US-Generalkonsulat in Saigon eröffnet.
2001	Erstes Handelsabkommen mit den USA.
2007	Beitritt zur Welthandelsorganisation WTO

Land und Leute

Die Sozialistische Republik (SRV)

Ursprünglich hatte man geplant, die beiden Staaten fünf Jahre lang einen selbstständigen Kurs nehmen zu lassen, aber das unvorstellbare Chaos im Süden und die Furcht vor separatistischen Tendenzen lässt Hanoi keine Wahl. Im April 1976 finden die ersten gesamtvietnamesischen Wahlen statt, im **Juli 1976,** mehr als ein Jahr nach Kriegsende, proklamiert die neugewählte Nationalversammlung die *Sozialistische Republik Vietnam (SRV)* mit der Hauptstadt Hanoi.

Verstaatlichung und Kollektivierung

Den an jahrelange Entbehrung und Disziplin ausgerichteten Kadern aus dem Norden kommt der chaotische und „lebenslustige" Süden wie ein einziger Sumpf vor, den man „austrocknen" muss, wenn man nicht in ihm versinken will. Aller Vorsätze zum Trotz gestaltet sich die Annexion des Südens wie eine **Fortsetzung des antikapitalistischen Kriegs mit anderen Mitteln.** Zwar rotten zigtausende ehemalige Beamte und Offiziere des Saigoner Regimes auf Jahre hinaus (in extremen Fällen bis zu 10 oder mehr) in sogenannten **„Umerziehungslagern"** dahin, aber ein **Blutbad,** wie im Westen allgemein vorhergesehen, findet nicht statt.

Unfähig, dem florierenden **Schwarzmarkt** und der Korruption im Süden mit bürokratischen Mitteln Herr zu werden, beschließt Hanoi im März **1978** eine **„zweite Schlacht um Saigon".** Eine überraschende **Währungsreform** und die **Enteignung** der blühenden Privat- und Spekulationswirtschaft (speziell der chinesischstämmigen Handelsbourgeoisie von Cholon) führt zu einem Exodus Hunderttausender, die in der **Flucht übers Meer** *(Boat People)* die einzige Möglichkeit sehen, ihre in Gold und Devisen angelegten Vermögen aus der Kriegswirtschaft zu retten. Das durch den Zusammenbruch der Privatwirtschaft entstandene Vakuum und die realsozialistische Dreieinigkeit aus Inkompetenz, Korruption und Bürokratismus schaffen in dem von jahrelangen Kriegen geschundenen Land ein **Chaos** ohnegleichen.

Das ohnehin arme Vietnam wird zu einem der ärmsten Länder der Welt.

Erst der Parteitag vom Dezember **1986** leitet fällige **Reformen** ein. *Nguyen Van Linh,* acht Jahre zuvor für „den Fehlschlag der Sozialisierung Saigons" noch degradiert, wird Generalsekretär und verkündet **Doi Moi,** die „Erneuerung"; *Vo Van Kiet,* der erste sozialistische Bürgermeister Saigons, wird Planungsminister und 1991 zum Ministerpräsidenten ernannt. Im gleichen Jahr wird der Privatbesitz erstmals verfassungsrechtlich garantiert.

Boykott und Isolation (1975–1990)

„Die Regierung der Vereinigten Staaten wird zum Wiederaufbau Nordvietnams ohne jede politische Vorbedingung ihren Beitrag leisten."

(Richard Nixon am 1.2.1973)

Alle Bemühungen um Zusammenarbeit mit dem Westen scheitern am Veto der USA, die **1975** das gegen Nordvietnam verhängte **Embargo** auf ganz Vietnam ausdehnen und das ausgepowerte Land zwischen die **machtpolitischen Mühlsteine** der „Brudermächte" China und Sowjetunion treiben. Dank des amerikanischen Boykotts sind selbst humanitäre Maßnahmen und Hilfeleistungen von Seiten westlicher Staaten verpönt.

Die vietnamesische Führung unter Ministerpräsident *Pham Van Dong* sucht aus Rücksicht auf den Westen und um Peking nicht unnötig zu provozieren, eine einseitige Bindung an Moskau um jeden Preis zu vermeiden. Doch die Wut der Chinesen auf die „revisionistischen Verräter in Hanoi", die Maos *Kulturrevolution* eine deutliche Absage erteilt und sich angeblich „Moskau an den Hals geworfen" hatten, kennt keine Grenzen. Ende **1978** nimmt **Peking,** das sich von Hanoi und Moskau zunehmend „eingekreist" fühlt, die Enteignung der Auslandschinesen zum Vorwand, die **Beziehungen zu Vietnam abzubrechen.** Im November 1978, nach einem erneuten Scheitern aller Verhandlungen mit Washington, schließt die SRV einen offiziellen **Freundschaftsvertrag mit der Sowjetunion.**

Der Kambodschanische Krieg

Als 1975 die von Peking geförderten ultranationalistischen **Khmer Rouge** *Pol Pots* in Phnom Penh an die Macht gelangen, kommt es zum tödlichen Konflikt. Mit der gleichen Skrupellosigkeit und Brutalität, mit der sie ihr Land in einen steinzeitlichen Agrarkommunismus treiben, dem 2 Mio. ihrer Landsleute zum Opfer fallen, säubern sie ihr *Kampuchea* von Vietnamesen und „provietnamesischen Elementen" und verüben gezielte Grenzübergriffe gegen Vietnam, die sich mit Unterstützung Chinas zu regelrechten Kriegshandlungen und Massakern ausweiten.

Im **Januar 1979** fallen **vietnamesische Truppen** in Kambodscha ein, **befreien Phnom Penh** und etablieren eine neue, provietnamesische Marionettenregierung. Die ungeschminkte Wahrheit über die *Khmer Rouge* und die *Killing Fields*, die auf diese Weise ans Licht kommt, entsetzt die Welt – aber natürlich nimmt Hanoi niemand ab, es sei etwa aus „humanitären" Gründen in Kambodscha einmarschiert.

Chinesische „Strafaktion". Die günstige Gelegenheit, dem „undankbaren" Vietnam vor aller Weltöffentlichkeit „eine Lektion zu erteilen", lässt Peking sich nicht entgehen. Von *Deng Xiaoping* US-Präsident *Carter* zuvor vertraulich als „zeitlich begrenzte Strafaktion" angekündigt, überschreiten am **17. 2. 1979** 100.000 chinesische Soldaten die Grenze. Der 16-tägige „pädagogische" Krieg, der Vietnams maroder Wirtschaft den Todesstoß versetzen und Hanoi zum Rückzug aus Kambodscha zwingen soll, zerstört allerdings nur Vietnams nördliche Grenzprovinzen.

Der **Feldzug in Kambodscha** gestaltet sich zäh. In einer ironischen Umkehrung der Rolle, die die Amerikaner in Vietnam gespielt hatten, mühen sich die Vietnamesen jahrelang vergeblich ab, die Dschungelpartisanen der Khmer Rouge mit ihrer überlegenen Armee auszuschalten und das Marionettenregime von Phnom Penh der Weltöffentlichkeit als rechtens anzudienen. **1985** kündigt Hanoi unter dem Druck des Westens und der immer prekärer werdenden wirtschaftlichen und militärischen Probleme den **Abzug** seiner Truppen bis **Ende 1989** an. Im Sommer darauf distanziert sich die amerikanische Regierung unter *George Bush* erstmals von den Massenmördern um Pol Pot und führt zum ersten Mal seit über 10 Jahren wieder Gespräche mit Vietnam.

(Weiteres zur politischen Entwicklung siehe unter „*Aktuelle Politik*".)

Staat und Verwaltung

In Vietnam herrscht die Partei, nicht die Regierung. Diese soll lediglich die Vorgaben der Partei in praktische Arbeit umsetzen. Die Partei wird weder durch eine Opposition noch durch eine unabhängige Presse überwacht – gemessen wird sie in der Praxis einzig am Wirtschaftswachstum, das sie zustande bringt. Von der Entwicklung der Wirtschaft hängt nicht nur die gesellschaftliche Stabilität ab, sondern letztlich auch das Überleben der Partei, die ihr Land mit wachsendem Wohlstand zufrieden (und ruhig) stellen muss.

Die **Sozialistische Republik Vietnam** (SRV) ging im Juli 1976 aus der Vereinigung der Demokratischen Republik Vietnam (DRV, Nordvietnam) mit der von den USA ins Leben gerufenen Republik Südvietnam hervor.

Die Kommunistische Partei

Durch ihre **historische Verwurzelung** unterscheidet sich die KPV grundlegend von den ehemaligen „Bruderparteien" des Ostblocks. Das sozialistische Regime kam in Vietnam weder durch einen militärischen Umsturz noch durch einen von außen gesteuer-

Land und Leute

ten Coup an die Macht, sondern durch den Kampf um nationale Unabhängigkeit. Zudem ist die **Führung** der KPV im Unterschied zu anderen kommunistischen Parteien traditionell **kollektiv** angelegt. Das Kollektiv verhindert das Machtmonopol Einzelner – nicht einmal Ho Chi Minh verfügte je über uneingeschränkte Macht – und macht vietnamesische Politik vergleichsweise **berechenbar** – dramatische Säuberungsaktionen und abrupte Kurswechsel à la Beijing hat es in Hanoi nie gegeben –, fördert allerdings auch **Kompromisslösungen** und eine gewisse Unbeweglichkeit.

Der Führungsanspruch der Partei ist seit 1980 in der Verfassung festgeschrieben. Beschlüsse ihrer höchsten Instanz, des Politbüros, besitzen Gesetzeskraft bzw. können Gesetze außer Kraft setzen.

Geschichte

Die KPV *(Dang Cong San Viet Nam)* wird im **Februar 1930** in **Hongkong** unter dem Vorsitz von Ho Chi Minh als Widerstandsorganisation gegen den französischen Kolonialismus gegründet. Von einem „Siegeszug" der Kommunisten kann mehr als 10 Jahre lang keine Rede sein, im Gegenteil, konkurrierende Gruppen und Organisationen werfen den „moskauhörigen" Genossen nationale Defizite und mangelnden Aktionismus vor. Trotzdem werden die Kommunisten mehr als alle anderen Widerstandsgruppen von der französischen Geheimpolizei verfolgt; zeitweise sitzt fast die gesamte Führungsspitze der Partei auf der KZ-Insel Poulo Condore ein, die Generalsekretäre Tran Phu und Le Hong Phong werden hingerichtet bzw. ermordet.

Erst der Ausbruch des Zweiten Weltkriegs und die japanische Besetzung spülen die Kommunisten an die Front. Unter der Führung Ho Chi Minhs, der Anfang 1941 nach 30-jährigem Exil in die Heimat zurückkehrt, ruft die KP zu einer **nationalen Widerstandsfront** auf *(Viet Minh)*, die unter Leitung der Kommunisten die Unabhängigkeit erringt.

Am **2. September 1945** proklamiert Ho Chi Minh die Demokratische Republik Vietnam (DRV) und löst aus taktischen Gründen kurz darauf die KP auf, ehe sie 1951 als Lao Dong (Partei der Werktätigen) wiederaufersteht. Unter dem Namen Lao Dong regieren die Kommunisten ab 1954 die Demokratische Republik Vietnam und unterstützen ab 1960 die Nationale Befreiungsfront in Südvietnam. Als KP fungiert die Partei offiziell erst wieder seit der Wiedervereinigung Vietnams 1976.

Struktur. Die Mitgliederzahl der KPV betrug nach offiziellen Angaben 2006 3,1 Mio. Höchste Instanz ist der **Parteitag,** der in der Regel alle 5 Jahre zusammentritt. Das **Zen-**

Ho Chi Minh-„Altar"

tralkomitee als höchstes Machtorgan zwischen den Parteitagen tritt ein- bis zweimal im Jahr zusammen und beruft als sein ständiges Verwaltungsorgan ein neunköpfiges Sekretariat, dem ein **Generalsekretär** vorsteht, und ein 13-köpfiges **Politbüro,** die mächtigste Institution der Partei.

Der alle 5 Jahre stattfindende Parteitag ratifiziert letztlich nur, was zuvor in monatelangen Debatten und Diskussionen zwischen Distrikts- und Provinzkongressen, Politbüro und ZK ausgehandelt wurde. Die nach außen hin „einhelligen" Beschlüsse stellen lediglich Kompromisse dar, denen oft heftige Fehden und Fraktionsstreitigkeiten vorangegangen sein können. Ähnlich wie sich in den 1950er und 1960er Jahren Anhänger der Moskauer und der Pekinger Linie gegenüberstanden, so heute „Reformer", die auf eine möglichst rasche Liberalisierung (zumindest der Wirtschaft) drängen, und „Dogmatiker", die aus Furcht vor sozialen und politischen Veränderungen die Entwicklung zu bremsen suchen und weiterhin auf die „Überlegenheit des Sozialismus" setzen.

Verfassung

Die erste Verfassung des wiedervereinigten Vietnam (1980) verankerte die Führungsrolle der KP konstitutionell und unterschied sich darin grundsätzlich von den von Ho Chi Minh verfassten bzw. mitverantworteten von 1946 und 1959. Ungewöhnlich für einen sozialistischen Staat (und im krassen Gegensatz z.B. zu China), dass ausdrücklich die Familie als Urzelle der Gesellschaft bezeichnet wurde.

Die letztgültige Verfassung (1992/94) stärkt die Rechte von Regierung, Parlament und Gesetzgebung und führt zu einer stärkeren Trennung von Partei und Staat (u.a. können auch Nicht-Parteimitglieder der Regierung angehören), hält aber allen Bekennt-

nissen zur Marktwirtschaft zum Trotz am sozialistischen Weg (Machtmonopol der KP) fest.

Erstmals wird Privateigentum geschützt und jedermann das Recht zugestanden, private Geschäfte zu betreiben und Produktionsmittel zu besitzen. Grund und Boden bleiben grundsätzlich im Staatsbesitz, können jetzt aber langfristig gepachtet werden. Nicht mehr garantiert wird im Zeitalter des „sozialistischen Kapitalismus" das Grundrecht auf Arbeit, Unterkunft, Bildung und ärztliche Versorgung.

Nationalversammlung

Die Nationalversammlung wählt alle 5 Jahre den **Präsidenten** und beruft den 15-köpfigen **Staatsrat,** der praktisch eine Art „kollektiver Präsidentschaft" ausübt, internationale Verträge ratifiziert usf., sowie das eigentliche Regierungsorgan, den Ministerrat.

Die **Kandidaten der Nationalversammlung** werden von den Massenorganisationen der Provinzen und Stadtstaaten (Gewerkschaften, Jugendorganisationen usf.) aufgestellt und stellen sich „freien Wahlen". Die Abgeordneten repräsentieren theoretisch die ganze Bandbreite der Gesellschaft, doch wie auch in westlichen Parlamenten dominieren Beamte, Angestellte, Intellektuelle. Im Zeichen der **Wirtschaftsreformen** hat die Zahl der Kader (Vollzeit-Parteiarbeiter) kontinuierlich abgenommen, dafür aber auch die der Frauen und ethnischen Minderheiten.

Land und Leute

Vietnam

CHINA

LAOS

Hanoi

① Lai Chau
② Dien Bien Phu
③ Lao Cai
④ Ha Giang
⑤ Cao Bang
⑥ Son La
⑦ Yen Bai
⑧ Tuyen Quang
⑨ Bac Kan
⑩ Thai Nguyen
⑪ Lang Son
⑫ Viet Tri
⑬ Vinh Yen
⑭ Bac Giang
⑮ Bac Ninh
⑯ Hoa Binh
⑰ Hanoi
⑱ Hai Duong
⑲ Hung Yen
⑳ Ha Long
㉑ Thanh Hoa
㉒ Ninh Binh
㉓ Nam Dinh
㉔ Ha Nam
㉕ Hai Phong
㉖ Thai Binh
㉗ Nghe An
㉘ Ha Tinh
㉙ Dong Hoi
㉚ Dong Ha
㉛ Hue
㉜ Da Nang
㉝

Lai Chau, Lao Cai, Ha Giang, Cao Bang, Yen Bai, Bac Kan, Dien Bien Phu, Tuyen Quang, Son La, Thai Nguyen, Lang Son, Viet Tri, Vinh Yen, Bac Giang, Bac Ninh, Hai Duong, Hoa Binh, Phu Ly, Hung Yen, Hai Phong, Nam Dinh, Thai Binh, Ninh Binh, Thanh Hoa, Vinh, Ha Tinh, Dong Hoi, Dong Ha, Hue, Da Nang

Provinzen

1 Lai Chau
2 Dien Bien
3 Lao Cai
4 Ha Giang
5 Cao Bang
6 Son La
7 Yen Bai
8 Tuyen Quang
9 Bac Kan
10 Thai Nguyen
11 Lang Son
12 Phu Tho
13 Vinh Phuc
14 Bac Giang
15 Bac Ninh
16 Hoa Binh
17 Thanh Pho Ha Noi
18 Hai Duong
19 Hung Yen
20 Quang Ninh
21 Thanh Hoa
22 Ninh Binh

23 Nam Dinh
24 Ha Nam
25 Thanh Pho
   Hai Phong
26 Thai Binh
27 Nghe An
28 Ha Tinh
29 Quang Binh
30 Quang Tri
31 Thua Thien –
   Hue
32 Thanh Pho
   Da Nang
33 Quang Nam
34 Kon Tum
35 Quang Ngai
36 Gia Lai
37 Binh Dinh
38 Dak Lak
39 Dak Nong

Anschluss Rechts

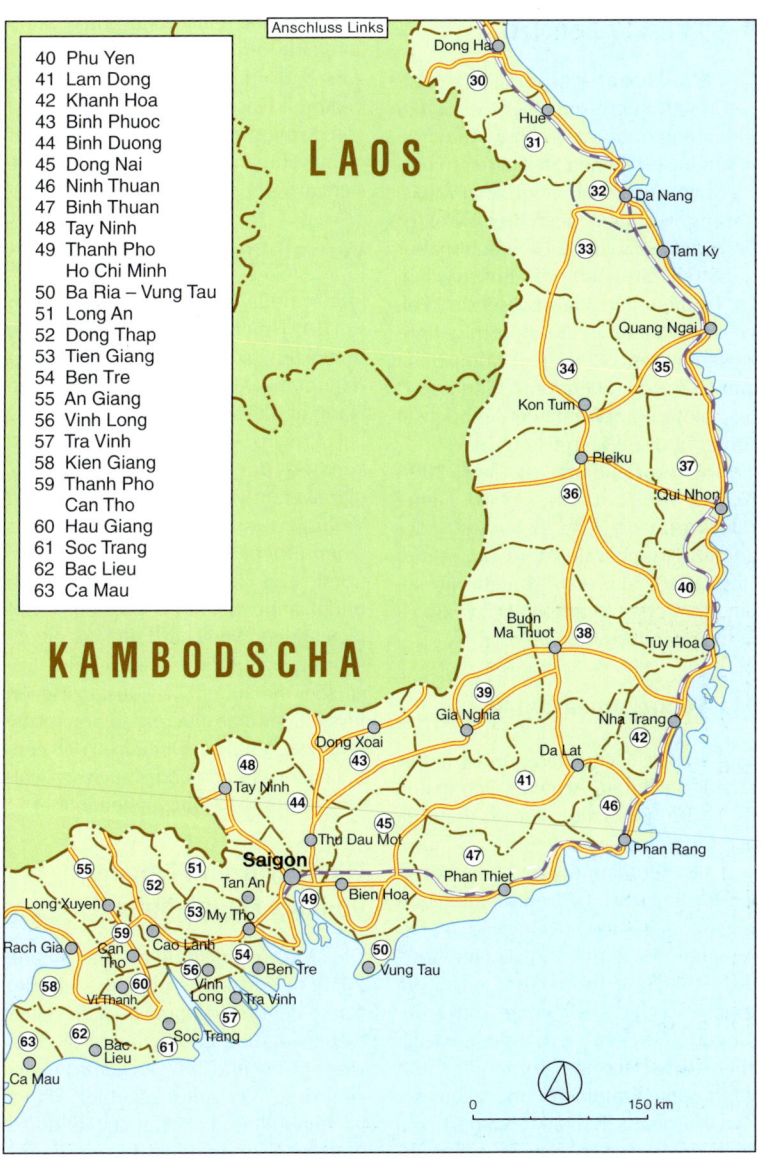

Anschluss Links

40 Phu Yen
41 Lam Dong
42 Khanh Hoa
43 Binh Phuoc
44 Binh Duong
45 Dong Nai
46 Ninh Thuan
47 Binh Thuan
48 Tay Ninh
49 Thanh Pho
   Ho Chi Minh
50 Ba Ria – Vung Tau
51 Long An
52 Dong Thap
53 Tien Giang
54 Ben Tre
55 An Giang
56 Vinh Long
57 Tra Vinh
58 Kien Giang
59 Thanh Pho
   Can Tho
60 Hau Giang
61 Soc Trang
62 Bac Lieu
63 Ca Mau

LAOS

KAMBODSCHA

Dong Ha
30
Hue
31
32 Da Nang
33 Tam Ky
Quang Ngai
34 35
Kon Tum
Pleiku 37
36 Qui Nhon
40
Buon
Ma Thuot 38 Tuy Hoa
39
Gia Nghia Nha Trang
Dong Xoai 42
48 43 Da Lat
Tay Ninh 41
44 46
45
Thu Dau Mot
47 Phan Rang
55 51 Saigon Phan Thiet
52 Tan An
Long Xuyen 53 My Tho 49 Bien Hoa
59 Cao Lanh 54 50
Rach Gia Can 56 Ben Tre Vung Tau
Tho Vinh
58 60 Long Tra Vinh
Vi Thanh 57
63 62 Bac 61 Soc Trang
Lieu
Ca Mau

0   150 km

Regierung

Der **Ministerrat** entspricht in Aufgaben und Befugnissen einer westlichen Regierung und setzt sich aus dem Premierminister, seinen Stellvertetern und Fachministern zusammen; über Ministerrang verfügen auch der Direktor der Staatsbank, der Oberbefehlshaber der Streitkräfte und der Oberste Richter. Häufige Personalwechsel sind Folge des waltenden „Kompromiss-Prinzips", das ungeachtet ihrer Kompetenz immer wieder „verdiente Genossen" und bloße Repräsentanten in höchste Ämter und „Beraterposten" hievt.

Ministerpräsident ist seit 2006 *Nguyen Tan Dung* (Jhg. 1948). **Generalsekretär** der KPV ist seit 2001 der gemäßigte Liberale *Nong Duc Manh* (Jhg. 1940), der erste Angehörige einer ethnischen Minderheit (Tay) auf einem Spitzenposten der Partei.

Massenorganisationen

Laut sozialistischer Doktrin ist jedermann, ob Bauer, Arbeiter, Schriftsteller, Mann oder Frau, „automatisch" einer Organisation zugehörig. Schirmherr aller Organisationen ist die **Vaterländische Front.** Gewerkschaften und Jugendorganisationen fungieren als PR-Agenten der Partei und „langer Arm" des Staates, erfüllen aber auch die gleichen Zwecke wie Interessenvertretungen und Berufsverbände in westlichen Gesellschaften. So hat die 1930 gegründete **Frauen-Union** im Lauf der Zeit durchaus Rechte erkämpft, die auch im Westen keineswegs selbstverständlich sind (Urlaubsanspruch, Krankengeld, Kindergartenplatz, Schwangerschaftsurlaub, Anrecht auf Weiterbildung). Dass diese Rechte aufgrund von Kriegs- oder Misswirtschaft oft nicht wahrgenommen werden können, steht auf einem anderen Blatt.

Verwaltung

Immer neue Gebietsreformen haben seit 1991 mehr als ein Dutzend neue Provinzen sowie fünf Stadtstaaten (Hanoi, Ho Chi Minh, Haiphong, Da Nang und Can Tho) entstehen lassen. Die Provinzverwaltungen und Volkskomitees der Städte sind angehalten, eigenverantwortlich auf Gewinn und Verlust zu wirtschaften, was einerseits einen erheblichen Zuwachs an Autonomie und Handlungsfreiheit mit sich bringt, andererseits aber regionale Ungleichheiten verschärft. Relativ eigenständigen, „unternehmerischen" Provinzen, die zudem von ausländischen Investitionen profitieren, stehen relativ unbewegliche, auf Direktiven der Zentralmacht wartende oder auch schlichtweg korrupte Provinzen gegenüber.

Die Provinzen Vietnams und ihre Hauptstädte

Die Liste entspricht dem Stand Anfang 2010. In der rechten Spalte steht der Name der Provinzhauptstadt. Bei einer Neugliederung 2008 wurden die Provinz Ha Tay und Teile weiterer Provinzen dem Verwaltungsgebiet Hanoi hinzugefügt und die Hauptstadt durch diesen Kunstgriff deutlich vergrößert.

Land und Leute

Mekong-Delta

Tien Giang	My Tho
Thanh Pho Can Tho	Stadtstaat
Hau Giang	Vi Thanh
Soc Trang	Soc Trang
Kien Giang	Rach Gia
An Giang	Long Xuyen
Vinh Long	Vinh Long
Tra Vinh	Tra Vinh
Ben Tre	Ben Tre
Ca Mau	Ca Mau
Bac Lieu	Bac Lieu
Dong Thap	Cao Lanh

Süden

Long An	Tan An
Thanh Pho Ho Chi Minh (inkl. Saigon, Cho Lon)	Stadtstaat
Dong Nai	Bien Hoa
Ba Ria – Vung Tau	Vung Tau
Tay Ninh	Tay Ninh
Binh Duong	Thu Dau Mot
Binh Phuoc	Dong Xoai

Zentrales Hochland

Lam Dong	Da Lat
Dak Lak	Buon Ma Thuot
Dak Nong	Gia Nghia
Gia Lai	Pleiku
Kon Tum	Kon Tum

Südliche Zentralküste

Binh Thuan	Phan Thiet
Ninh Thuan	Phan Rang
Khanh Hoa	Nha Trang
Phu Yen	Tuy Hoa
Binh Dinh	Qui Nhon
Quang Ngai	Quang Ngai
Thanh Pho Da Nang	Stadtstaat
Quang Nam	Tam Ky

Nördliche Zentralküste

Thua Thien – Hue	Hue
Quang Tri	Dong Ha
Quang Binh	Dong Hoi
Ha Tinh	Ha Tinh
Nghe An	Vinh

Delta des Roten Flusses

Thanh Hoa	Thanh Hoa
Nam Dinh	Nam Dinh
Ha Nam	Phu Ly
Ninh Binh	Ninh Binh
Thai Binh	Thai Binh
Thanh Pho Ha Noi	Stadtstaat
Phu Tho	Viet Tri
Vinh Phuc	Vinh Yen
Bac Giang	Bac Giang
Bac Ninh	Bac Ninh
Hai Duong	Hai Duong
Hung Yen	Hung Yen
Thanh Pho Haiphong	Stadtstaat
Quang Ninh	Ha Long

Bergland des Nordens

Lang Son	Lang Son
Thai Nguyen	Thai Nguyen
Bac Kan	Bac Kan
Cao Bang	Cao Bang
Ha Giang	Ha Giang
Tuyen Quang	Tuyen Quang
Yen Bai	Yen Bai
Lao Cai	Lao Cai
Dien Bien	Dien Bien Phu
Lai Chau	Lai Chau
Son La	Son La
Hoa Binh	Hoa Binh

Die Provinzen *(thinh)* sind unterteilt in Distrikte *(huyen)* und Kommunen (Dörfer/Städte), die von ihren jeweiligen Volkskomitees verwaltet werden.

Aktuelle Politik

Mit dem Kommunismus in Vietnam verhält es sich wie mit dem einbalsamierten Ho Chi Minh: ein Leichnam mit deutlich sichtbarem Verfallsdatum, öffentlich zur Schau gestellt, damit die Massen ergriffen vorbei defilieren. Um Ideologien – oder gar Weltanschauungen – geht es längst nicht mehr, sondern einzig um Gesten der Loyalität und Unterwerfung. Vietnam ist ein **autoritärer,** wenn auch **kein totalitärer Staat.**

Doi Moi

Doi Moi (Erneuerung) wurde 1986 als vietnamesisches Pendant zur sowjetischen Perestroika ins Leben gerufen. Doi Moi setzte zwar radikal auf ökonomische Reformen – Übergang von der Plan- zur Marktwirtschaft – und konsequente Öffnung zum Westen – politisch wie wirtschaftlich –, suchte aber zur gleichen Zeit das sozialistische Modell und die Macht der Kommunistischen Partei zu zementieren.

Die Liberalisierung der Wirtschaft – Privatisierung der Landwirtschaft, Förderung des privaten Unternehmertums, Öffnung für ausländische Investitionen – zeitigte binnen verblüffend kurzer Zeit ökonomische Erfolge. Gleichzeitig trieben viele der nicht mehr subventionierten Staatsbetriebe und staatlichen Einrichtungen – inkl. Erziehung und Gesundheit! – in den Bankrott und wurden Kräfte und Mechanismen freigesetzt, die zunehmend die innere Stabilität gefährdeten.

Partei und Regierung sagten dem Wildwuchs der beiden konkurrierenden, miteinander aber unvereinbaren Systeme Sozialismus und Marktwirtschaft (Wucher, Schmuggel, Korruption, Kriminalität etc.) zwar von Anfang an den Kampf an, können sich aber über deren Ursache – zu viele oder noch zu wenig Reformen? – bis heute nicht einig werden.

Vietnams Revolutionäre wurden vor Jahrzehnten Kommunisten weniger aus ideologischer Erleuchtung – was gerade auch für Ho Chi Minh gilt –, sondern aus Verzweiflung über das Elend ihres Landes, an dem sie dem Kolonialismus die Hauptschuld gaben. Sie sahen im Kommunismus das beste (ja einzige) Instrument, die französischen Kolonialherren zu vertreiben und Vietnam unabhängig, respektiert und wohlhabend zu machen. Das sind zwar die gleichen Ziele wie heute. Aber die neue Zeit verlangt eigentlich neue Instrumente.

Im Alltag hat sich vieles, ja fast alles verändert – an den grundlegenden Koordinaten der vietnamesischen Politik jedoch fast nichts. Pluralismus und Demokratie nach westlichem Muster werden nach wie vor strikt abgelehnt – wer auch nur die leisesten Forderungen danach stellt, muss noch heute mit seiner Verhaftung rechnen. Zumal die Ereignisse in der ehemaligen Sowjetunion gelten als warnendes Beispiel für die Uneffektivität und Anarchie von Demokratisierungstendenzen. Am ehesten könnte man sich noch an dem **Modell Singapur** erwärmen, einem System mit vergleichsweise Rechtssicherheit und freien Wahlen, aber dominierender Partei und autoritärem Regierungschef.

Außenpolitik

Das **Ende der Isolation** (US-Embargo) zeichnete sich 1989 ab, war angesichts des Zusammenbruchs des sozialistischen Lagers allerdings auch eine Frage des puren Überlebens. Den ersten notwendigen Schritt, den Rückzug aus Kambodscha, erbrachte man Ende 1989. Bereits im Jahr darauf waren Taiwan, Hongkong, Südkorea und Japan (anstatt Russland) die wichtigsten Handelspartner, und nahmen Länder wie Italien und Frankreich wieder **Entwicklungshilfe** und wirtschaftliche

Zusammenarbeit auf. Ende 1991 folgte auch Deutschland. Trotz des Entfalls der sowjetischen Hilfe und der Fortsetzung des US-Embargo konnte Vietnam bereits 1992 sein Bruttosozialprodukt um über 5 % steigern.

1992 schloss man mit dem bis dato strikt antikommunistischen **ASEAN**-Bund einen Freundschaftsvertrag, der schon drei Jahre später in die Vollmitgliedschaft mündete.

Schritt um Schritt wurden auch die Differenzen mit **China** beigelegt. Ende 1992 besuchte zum ersten Mal seit 20 Jahren ein chinesisches Staatsoberhaupt Hanoi *(Li Peng)*. Bereits im Jahr zuvor waren die seit 1979 geschlossenen Grenzen wieder geöffnet worden.

Den endgültigen **Durchbruch** schaffte Vietnam 1993, als nacheinander Weltbank, Internationaler Währungsfonds (IWF) und Asiatische Entwicklungsbank erstmals seit 1979 wieder Kredite bewilligten und umfangreiche Schuldentilgungen ermöglichten. Nachdem die USA kein Veto gegen die Hilfe für den einstigen Kriegsgegner eingelegt hatten, war es nur eine Frage der Zeit, bis das 1964 gegen Nordvietnam verhängte (und 1975 auf ganz Vietnam ausgeweitete) Embargo Washingtons fallen würde. Im Februar 1994 verkündete Präsident Clinton das **Ende der Blockade.** Seit 1996 gibt es wieder eine US-Botschaft in Vietnam, und 2001 wurde das erste Handelsabkommen zwischen beiden Ländern ratifiziert, das die Zölle vietnamesischer Ausfuhren in die USA von rund 40 auf 4 % reduzierte und als erster Schritt zur Aufnahme Vietnams in die

WTO *(World Trade Organisation)* gewertet werden konnte.

Vietnam und Deutschland

„Die Soldaten, die in Indochina Blut und Leben lassen, tun dies nicht bloß für Frankreich allein, sondern im Dienste der Freiheit der ganzen Welt."

(Konrad Adenauer, 1954)

„Es ist selbstverständlich, dass wir in dem harten Kampf, in dem Amerika steht, um in Vietnam die Freiheit zu verteidigen, uns angesprochen fühlen müssen. Denn wehe, wenn die Vereinigten Staaten dort versagen würden, dann frage ich Sie: Wie steht es um die Sicherheit Berlins und um die Sicherheit Europas?"

(Ludwig Erhard, 1966)

„Wir sind darauf vorbereitet, in beiden Teilen Vietnams gemeinsam mit anderen beim Aufbau dieses gequälten und verwüsteten Landes zu helfen, wenn endlich die Waffen schweigen."

(Willy Brandt, 1973)

Nur wenige Ereignisse der Nachkriegszeit haben das Bewusstsein vieler Deutscher so geprägt – aber auch so gespalten – wie die Kriege im fernen „Indochina". Während die DDR noch in ihrem Gründungsjahr (1949) diplomatische Beziehungen zur DRV aufnahm, wurde das Vietnambild von jahrzehntelang von der Phrase der „Verteidigung Berlins am Mekong" bestimmt. Mehr als 100.000 deutsche Fremdenlegionäre (manche sprechen von bis zu 200.000) standen Anfang der 1950er Jahre „im Dienste der Freiheit", über 3000 fielen allein in Dien Bien Phu. Und als die weltweiten Proteste und Demonstrationen gegen die „Friedenspolitik" der USA in Vietnam 1967 auch Berlin und München erreichten, ging ein weiteres Mal ein tiefer Riss durch die (west)deutsche Öffentlichkeit.

Im **April 1991** bezogen die diplomatischen Vertreter der BRD (seit 1976 in Hanoi) die Villen der ehemaligen DDR-Botschaft (seit 1949 in Hanoi), und noch im gleichen Jahr wurden die nach 1979 eingefrorenen **Entwick-**

Das Embargo

Das US-Embargo stellte jegliche politische oder wirtschaftliche Unterstützung Vietnams unter Strafe (Trading with the Enemy Act). Anders als die USA hatten die meisten westlichen Staaten nach 1975 zwar diplomatische Beziehungen zur SRV aufgenommen, schlossen sich nach dem Einmarsch Vietnams in Kambodscha aber dem Boykott an. Von 1979 bis 1989 besaß das vom Krieg verwüstete Vietnam weder Zugang zu modernen Technologien noch zu Krediten von Weltbank oder IWF und wurde zu einem der isoliertesten Staaten der Welt.

Auch als die meisten Staaten das Embargo nach dem Rückzug der Vietnamesen aus Kambodscha aufhoben oder lockerten, zögerte Washington die Entspannung trotz aller von Hanoi erfüllten Bedingungen weiter hinaus. Erst Präsident Bushs Stoßseufzer nach dem ersten Golfkrieg („Bei Gott, jetzt haben wir das Vietnam-Syndrom überwunden!") ließ erstmals hoffen. Am 3. Februar 1994 – nach einer Reihe großangelegter Suchaktionen beider Länder nach amerikanischen Toten und Vermissten auf vietnamesischem Boden und nicht zuletzt auf Drängen der großen US-Firmen – fiel das Embargo. Von den Vietnamesen wurde die längst überfällige Entscheidung aufrichtig begrüßt, doch von Euphorie konnte nach so langer Zeit keine Rede sein.

lungshilfe und **wirtschaftliche Zusammenarbeit** wieder aufgenommen. Mit (allerdings großem) Abstand nach Japan und Frankreich ist Deutschland heute der drittgrößte Geldgeber. Seit 1991 wurden über 700 Mio. Euro bewilligt, die in erster Linie zur Armutsbekämpfung (Beratung, Ausbildung, Kredite usf.) sowie zum Aufbau von Marktwirtschaft und Gesundheitsvorsorge bereit gestellt wurden.

Rund 100.000 Vietnamesen, die in der ehemaligen DDR gearbeitet haben oder dort zur Ausbildung waren, bilden heute eine – in Asien einzigartige – Brücke zwischen Deutschland und Vietnam.

Die DDR hatte in Vietnam zwischen 1980 und 1988 rund 1 Mrd. Ostmark Entwicklungshilfe geleistet, die außer in Wiederaufbaumaßnahmen, Krankenhäuser, technische Werkstätten etc. vor allem in Plantagen floss (Kautschuk, Kaffee, Tee, Pfeffer), deren Produkte für den Export in die DDR bestimmt waren. Im gleichen Zeitraum kamen mehr als 200.000 Vietnamesen als „Gastarbeiter" in die DDR und wurden zeitweise bis zu 80 % aller ins Ausland entsandten vietnamesischen Physiker, Techniker, Ingenieure, Ärzte und Wissenschaftler dort ausgebildet.

Wirtschaftliche Beziehungen

Die Lufthansa war (nach der Air France) die erste nichtasiatische Gesellschaft, die Vietnam wieder anflog (ab 1990). Siemens engagierte sich frühzeitig in der Telekommunikation und wird die erste U-Bahn des Landes bauen (ab 2010 in Saigon). Seit 1994/95 rollen bei Hanoi BMW und bei Saigon (eingeweiht von Helmut Kohl) Mercedes vom Band. Büstenhalter, Rucksäcke, Trachtenjanker, Turnschuhe (Triumph, Steilmann, Adidas), Banken, Speditionen und Handelsriesen (Metro) bilden weitere prominente Vorreiter der deutsch-vietnamesischen Freundschaft.

Obwohl bereits über 250 deutsche Firmen und Organisationen ständige Repräsentanzen in Vietnam unterhalten, rangiert die BRD unter den ausländischen Investoren nach wie vor nur unter ferner liefen. Anders sieht es dagegen beim Handel aus, zu dessen guter Position nicht zuletzt die zahlreichen Fachkräfte, die in der früheren DDR studiert oder gearbeitet haben, beitrugen. 2009 beliefen sich die deutschen Exporte auf 1,4 Mrd. US$, und die Einfuhren aus Vietnam auf 3,2 Mrd. (lediglich die USA, Japan und Australien nahmen mehr vietnamesische Waren ab).

Die wichtigsten Exportgüter aus Vietnam sind neben Schuhen und Textilien Kaffee, Fischereiprodukte und Keramikwaren, Hauptimportgüter aus Deutschland sind Maschinen, Kraftfahrzeuge, chemische und pharmazeutische Produkte sowie Messgeräte, Spezialgarne usf.

Innenpolitik

Vietnams Innenpolitik ist **Kader-Kapitalismus plus Bürokratie** – der Rest ist Schweigen (sprich Zensur). Der einst so hoch gehaltene Kommunismus ist zum **Konsumismus** verkommen (alle Macht dem Bruttosozialprodukt, Bangkok statt Marx und Coke statt Lenin). Menschen- und Bürgerrechte werden mit Füßen getreten. Die **Korruption** wuchert überall, weil die Partei sich weder einer unabhängigen Justiz noch einer unabhängigen Presse aussetzen will (auf dem Korruptionsindex von Transparency International belegt Vietnam Rang 85 unter 102 Nationen, in der Region schneidet nur Indonesien schlechter ab). Die Gemeinschaft der Gleichen (wenn auch nur „gleich Armen") ist innerhalb weniger Jahre zerfallen und die **Kluft zwischen Arm und Reich** wächst rapide weiter, auch oder gerade wegen der unseligen Allianz von Parteikadern und Neureichen, die unverfroren dem Kapitalismus frönen, aber keinesfalls einem fairen und freien Markt. Der zum Scheitern verurteilte Balanceakt zwischen liberalen Wirtschaftsreformen und dem absoluten Herrschaftsanspruch der Partei führt allenfalls zu blumigen Wortschöpfungen à la „Demokratischer Sozialismus" und halbherzigen Kompromissen, die auf lange Sicht weder der Wirtschaft noch der Partei dienen.

Opposition

Protest gegen das herrschende Einparteiensystem kann sich nahezu ausnahmslos in Form von **Flucht** oder (nötigenfalls *innerer*) **Emigration** äußern. Auch wenn die wachsende Zahl der Kritiker selbst innerhalb der Partei Hanoi nicht wenig Kopfschmerzen bereitet.

Organisationen – seien es soziale, politische oder religiöse – , die sich nicht staatlicher Kontrolle unterstellen, werden radikal verfolgt. Notorische Regimekritiker werden ohne Anhörung inhaftiert. Informationen, Medien, Presse und Internet unterliegen der Zensur. Streiks, Protestkundgebungen und Aufrufe zu mehr Demokratie werden unterdrückt (in der Regel freilich gewaltlos). Die Justiz ist auf einem Auge blind (und zur Not auf beiden). Die Todesstrafe wird vollstreckt (in der überwiegenden Zahl wegen Drogendelikten).

Alles in allem: **kein Klima für eine Opposition.** Allenfalls für vereinzelte Stimmen. Die freilich zunehmend zahlreicher – und lauter – werden. Die Reformverlierer – allen voran die Bauern – beginnen zu meutern. Im Zentralen Hochland rebellieren die Minoritäten, denen man das Land wegnimmt. Arbeitslose und unterbeschäftigte Jugendliche und Intellektuelle in den Städten lassen ihrer Unzufriedenheit immer freieren Lauf.

Von *außen* gesteuerte Oppositionsbewegungen wie die konservative Minderheitenfront FULRO (Front Unifié de Lutte des Races Opprimées)

Land und Leute

oder die von kalifornischen Exilvietnamesen gesponsorte „National United Front for the Liberation of Vietnam" stellen jedenfalls keine ernsthafte Gefahr für das Regime dar – auch wenn Hanoi Aktionen dieser und ähnlicher Gruppen zuweilen als willkommenen Vorwand für interne Repressionen nimmt.

Wirtschaft

Gemessen an **Wachstumsraten** von durchschnittlich **7,6 %** seit 1991 zählt Vietnam zu den am schnellsten wachsenden Volkswirtschaften der Welt, übertroffen nur von China: 2006 8,2 %, 2007 8,5 %. Selbst 2009, im Jahr der großen Weltkrise, noch 5,3 %!

Ja, Vietnam wächst und wächst, aber von welcher Basis aus? Von Null *konnte* es nur in eine Richtung gehen – bergauf. *Wie steil* bergauf, hat die Welt allerdings verblüfft.

Ein Markt von 80 Mio. Kunden – was für ein **Potential!** Eine lernbegierige, disziplinierte und verhältnismäßig gut ausgebildete Arbeiterschaft. Eine am Boden zerstörte Infrastrukur, die nach Innovationen und Investitionen buchstäblich schreit. Bodenschätze noch und noch. Ölreserven vor der Küste.

Und was für eine **Performance!** Durch Re-Privatisierung der Landwirtschaft in wenigen Jahren vom Hungerleider zum zweitgrößten Reis-Exporteur der Welt! Trotz US-Embargos und Entfalls der traditionellen sozialistischen Absatzmärkte (Zusammenbruch des Kommunismus) bereits 1992 ein Wachstum um 5 %! Die Armut hat sich seit 1993 von 51 auf 14 % reduziert!

So beeindruckend die Zahlen sind, so zweischneidig sind sie.

Ebenso wenig wie in Vietnam noch der Kommunismus herrscht, hat die Planwirtschaft tatsächlich Platz für den *Markt* gemacht. In Vietnam regiert keinesfalls eine freie, sondern allenfalls eine sozialistische Marktwirtschaft – sprich **Kaderkapitalismus.** Nicht der Wettbewerb macht Menschen (und Firmen) reich, sondern ihre Interessens- und Beziehungsgeflechte. Politik und Kapital gehen eine geschmierte Symbiose ein. Die **Korruption** wuchert.

Rund die Hälfte des BIP (Bruttoinlandsprodukts) sind **Anlage-Investitionen,** die zu rund 60 % vom Staat ausgehen. Gelder, die außer in die Taschen von Kadern und Funktionären in Fabriken, Immobilien und Straßenbau fließen, aber ebenso in Bürotürme, Vergnügungsparks, Golfplätze und Villen-Resorts, in Stahlwerke und Staudämme, die keiner braucht, in Bier- und Motorradfabriken, die nie einen Dong erwirtschaften.

Unter dem Stichwort „soziale Stabilität" müssen die staatlichen **Banken** marode Staatsunternehmen künstlich am Leben erhalten und **„politische Kredite"** für verlustbringende Geschäfte oder protzige Prestigeprojekte von Lokalregierungen garantieren. Zwar werden kurzfristig Arbeitsplätze gesichert (und die Führung in Hanoi braucht sich nicht mit Arbeiterprotesten herumzuschlagen), aber der Finanzsektor ächzt unter faulen Krediten, die Privatwirtschaft unter der Knute der subventionierten Staatskonkurrenz und der Mittelstand unter mangelndem Kapital und hohen Zinslasten.

Eine wirkliche Erfolgsgeschichte ist der **Außenhandel** – Steigerungsraten von jährlich 20–30 % erreicht weltweit nur noch China.

Es sind aber nur bedingt vietnamesische Waren, die hier ausgeführt werden – annähernd die Hälfte der Exporte sind **Produkte ausländischer Firmen,** die sich Vietnams billiger Arbeitskräfte bedienen: Schuhe für Adidas, Hemden für Ralph Lauren, Tische für Ikea, Tintenstrahldrucker für Canon, PCs für Samsung.

Die Abhängigkeit vom Export **agrarischer Produkte** (Reis, Kaffee, Tee, Kautschuk, Fischereiprodukte) macht das Land extrem verwundbar für Preisschwankungen auf den globalen Märkten.

Und trotz der beeindruckenden Bilanzen schreibt Vietnam ein ständig wachsendes **Handelsdefizit,** dessen Ausmaße beängstigend wirken. 2009 tätigte Vietnam Exporte im Wert von 56,6 Mrd. $, musste aber gleichzeitig Güter im Wert von 68,8 Mrd. $ importieren, insbesondere Stahl, Zement, Dünger, Treibstoffe, Maschinen, Verkehrsmittel und Konsumgüter.

Hinzu kommt ein rapide wachsender **Preisanstieg;** 2007 betrug die Inflation 12, 2009 noch 7,6 %.

Mindestens so entscheidend wie das Wachstum an sich ist seine **Struktur,** d.h. die Art und Weise, wie dieses Wachstum erreicht wird. Zwischen

1990 und 2007 haben sich die Anteile von **Landwirtschaft** (inkl. Forst- und Fischereiwirtschaft) und **Industrie** (inkl. Baugewerbe und Logistik) am nationalen Einkommen genau umgedreht – von 39 auf 20 % respektive von 23 auf 42 %! Ein mehr als deutliches Indiz für den rapiden **Übergang** Vietnams vom Entwicklungs- zum **Schwellenland.**

Vietnams lang ersehnte **Aufnahme in die Welthandelsorganisation** (WTO) im Januar 2007 ist Chance und Risiko zugleich. Mit dem Beitritt hat sich Hanoi neue weltweite Märkte erschlossen, muss aber im Gegenzug den eigenen Markt für ausländische Produkte und Direktinvestitionen öffnen. Insbesondere die Ärmsten, die Arbeiter der Staatsbetriebe und die Bauern, sehen schweren Zeiten entgegen, wenn immer mehr internationale Konzerne ins Land drängen, gleichzeitig aber Schutzzölle, staatliche Zuschüsse etc. abgebaut werden müssen. Und inwieweit Vietnams Industrie und Dienstleistungssektor (Banken, Telekommunikation etc.) der wachsenden Konkurrenz aus dem Ausland stand-

Land und Leute

Bruttosozialprodukt (GDP) 2009	
pro Kopf	1035 $
Wachstum	5,3 %
Anteil am Wirtschaftswachstum	
Industrie	40 %
Dienstleistungen	38 %
Landwirtschaft	22 %
Beschäftigte	
Industrie	21 %
Dienstleistungen	27 %
Landwirtschaft	52 %

Exporte

Total	62,7 Mrd. $
1. Rohöl	10,3 Mrd. $
2. Textilien	9,1 Mrd. $
3. Schuhe	4,7 Mrd. $
4. Seafood	4,5 Mrd. $
5. Holzprodukte	2,8 Mrd. $
6. Elektronik, PC	2,8 Mrd. $
7. Reis	2,8 Mrd. $
8. Kaffee	2,1 Mrd. $
9. Maschinen	2,0 Mrd. $
10. Kautschuk	1,1 Mrd. $

Importe

Total	80,7 Mrd. $
1. Maschinen	13,9 Mrd. $
2. Treibstoffe	10,7 Mrd. $
3. Stahl	6,7 Mrd. $
4. Stoffe	4,4 Mrd. $
5. Elektronic/PCs	3,1 Mrd. $
6. Textil/Lederwaren	2,3 Mrd. $
7. Kunststoffe	2,3 Mrd. $
8. Autos, Motorräder	1,8 Mrd. $
9. Chemieprodukte	1,8 Mrd. $
10. Holz	1,3 Mrd. $

Exporte nach Ländern

1. USA	11,9 Mrd. $
2. Japan	8,5 Mrd. $
3. China	4,5 Mrd. $
4. Australien	4,2 Mrd. $
5. Singapur	2,6 Mrd. $
6. Deutschland	2,1 Mrd. $
7. Malaysia	2,0 Mrd. $
8. Großbritannien	1,6 Mrd. $
9. Südkorea	1,5 Mrd. $
10. Taiwan	1,5 Mrd. $

Importe nach Ländern

1. China	15,6 Mrd. $
2. Singapur	9,4 Mrd. $
3. Taiwan	8,3 Mrd. $
4. Japan	8,2 Mrd. $
5. Südkorea	7,0 Mrd. $
6. Thailand	4,9 Mrd. $
7. Malaysia	2,6 Mrd. $
8. Hongkong	2,6 Mrd. $
9. USA	2,6 Mrd. $
10. Deutschland	1,5 Mrd. $

(alle Zahlen für 2008)

halten kann, werden erst die nächsten Jahre zeigen.

Staatsbetriebe

Radikal gekürzte oder gestrichene Subventionen für unrentabel wirtschaftende Staatsbetriebe sorgten 1990–2000 für Bankrotte und Massenentlassungen in vielen Schlüsselindustrien. Noch heute arbeitet fast die Hälfte der über 3000 verbliebenen staatlichen Unternehmen **mit Verlust** und untergräbt damit auch das **Bankensystem,** das im Sinne „sozialer Stabilität" mit Hilfe fauler Kredite für die Fortführung verlustbringender Geschäfte einstehen muss. Mit Gewinn produzieren fast ausschließlich Export- und Konsumgüterbetriebe, die keine reinen Staatsbetriebe mehr sind.

Privatwirtschaft

Die aus Kapitalmangel bedingte Neigung zu Einzelhandel und Dienstleistungen beschert Vietnam eine vergleichsweise effiziente Versorgung, führt aber zu hohen Defiziten bei der Produktivität. Das **Überangebot an Konsumgütern** braucht anderweitig benötigte Devisen auf, bringt Steuer-

Land und Leute

verluste mit sich und drosselt die einheimische Produktion. Bis zu einem Drittel aller Waren setzt sich aus illegalen oder halblegalen Importen zusammen, von Thermoskannen und Nähmaschinen bis zu Fahrrädern, Fernsehapparaten, Zigaretten und Bier. Die „Auswüchse" des wildwuchernden Marktes rufen den Staat auf den Plan, aber Bereicherung und Korruption seitens unterbezahlter Funktionäre und Beamter, ja ganzer Armee-Einheiten bewirken, dass jede Maßnahme gegen die **Schattenwirtschaft** sie eher zu fördern droht.

Investoren 1988–2008

Länder

1. Japan
2. Singapur
3. Taiwan
4. Südkorea
5. Hongkong
6. Niederlande
7. USA
8. British Virgin Islands
9. Frankreich
10. Malaysia

Sektoren

Öl
Schwerindustrie
Leichtindustrie
Infrastruktur
Nahrungsmittelindustrie
Energie
Landwirtschaft
Fischverarbeitung
Baugewerbe
Logistik/Kommunikation
Gastgewerbe/Tourismus

Die mit Abstand größten Erfolge zeitigt die **private Nahrungsmittelproduktion.** Private und genossenschaftliche Erzeuger produzieren heute praktisch alles Obst und Gemüse, 95 % der Reisernte und über 80 % der Kaffee- und Tee-Exporte.

Auslandsinvestitionen

Vietnams Investitionsgesetze zählen seit 1991 zu den freizügigsten der Welt, mangelhafte Rechts- und Finanzsysteme sowie die schleppende Bürokratie lassen viele Anleger jedoch noch heute verzweifeln.

Dennoch flossen bereits zwischen 1989 und 2000 über 35 Mrd. Dollar ins Land, seit 1992 außer in die drei Ursprungsbereiche Erdöl, Agrarproduktion und Tourismus zunehmend in Schwer- und Leichtindustrie, Logistik und Kommunikation, Bau- und Finanzgewerbe. Auslandsinvestoren sind heute für rund ⅓ **der Industrieproduktion** und über ¼ **aller Exporte** (inkl. Rohöl) verantwortlich.

Das Ausland führt neue Technologien ein und schafft hochqualifizierte Arbeitskräfte, sorgt aber auch für einen Überfluss an Investitionen im Dienstleistungssektor (z.B. Tourismus) und an Konsumgütern (Bier, Automobile usf.). Großen Einfluss auf die Entstehung eines wachsenden **Mittelstands** üben die rund 3 Mio. **Auslands-Vietnamesen** *(Viet Kieu)* aus, die allein zur Unterstützung ihrer daheim gebliebenen Verwandten pro Jahr Waren und Devisen im Wert von mehr als 6 Mrd. Dollar ins Land schicken.

Landwirtschaft

Vietnams Nahrungsmittelproduktion hat sich seit der Wiedervereinigung 1976 nahezu verzehnfacht. Während man bis 1988 selbst das Grundnahrungsmittels **Reis** importieren musste, stieg Vietnam nach der Reprivatisierung der Bauern und des Handels bereits 1997 zum zweitgrößten Exporteur der Welt nach Thailand auf (2009: 6 Mio. t).

Auch mit anderen landwirtschaftlichen Produkten konnte Vietnam die Weltmärkte erobern. Im Export von **Pfeffer, Cashew-Nüssen, Kaffee** und **Meeresfrüchten** belegt es den 1. und 2. Platz der Weltrangliste, rapide zugenommen haben auch Produktion und Ausfuhr von **Früchten** und **Gemüse** sowie von **Cash Crops** wie Baumwolle, Mais, Sojabohnen, Cassava, Erdnüssen usf.

Das Tiefland und die Küstenebenen wurden schon vor Generationen für den landwirtschaftlichen Nutzen gerodet. Neben Reis werden Getreide- und Gemüsearten angebaut (Mais, Yams, Maniok), die auch als Futter für Rinder, Wasserbüffel, Hühner, Enten und Schweine dienen. Während der Kolonialzeit wurden Industriepflanzen wie Kautschuk eingeführt, die noch heute größtenteils exportiert werden. Zu den häufigsten einheimischen Nutzpflanzen zählen Zuckerrohr, Bambus, Tee, Pfeffer, Zimt, Kokos-, Areca- und andere Palmen. Im Tiefland gedeihen tropische Früchte wie Mangos, Papaya, Rambutan und Durian, und im zentralen Hochland werden sogar „europäische" Früchte wie Erdbeeren, Weintrauben und Äpfel sowie Gemüsesorten wie Artischocken, Zucchini und Blumenkohl geerntet.

Neben Hühnern, Enten und Schweinen („vietnamesisches Hängebauchschwein") werden **Rinder** (4 Mio.) und **Wasserbüffel** (1,8 Mio.) gezüchtet, die auf dem Land noch heute als Nutztiere für Transportwesen wie Reisanbau unersetzlich sind. „Töte einen Büffel und du vernichtest das Leben von 10 Vietnamesen", wussten schon die Kolonisten. Seit einigen Jahren wird auch vermehrt Milchwirtschaft betrieben.

Noch immer ernähren sich mehr als die **Hälfte der Vietnamesen** (52,5 %) von der Landwirtschaft, erschaffen damit aber heute nur mehr 20 % des BIP. Während die Bauern vor eineinhalb Jahrzehnten noch zu den Gewinnern der Wirtschaftsreformen zählten, hat sich ihre Lage in den letzten Jahren – Stichwort: Globalisierung – stetig verschlechtert. Hinzu kommt, dass nur etwa 25 % des Territoriums (Thailand: 50 %) kultivierbar ist und sich die Anbauflächen durch Bevölkerungswachstum und Verstädterung Jahr für Jahr weiter verringern.

Fischereiprodukte

Fischereiprodukte, die in über 50 Länder, darunter die EU und die USA, exportiert werden, bilden eine der wichtigsten Devisenquellen Vietnams (2008: 4,5 Mrd. $).

Eine immer stärkere Rolle spielt dabei die **Aquakultur** (Fischzucht). In ei-

Land und Leute

Wasser und Reis

Reisanbau, die arbeitsintensivste, aber auch ergiebigste aller landwirtschaftlichen Kulturen – Reis ernährt auf einer gleichgroßen Fläche etwa viermal soviel Menschen wie Weizen –, führte im Delta des Roten Flusses schon vor 3000–4000 Jahren zu Besiedlung und früher Organisation. Der ruhige und immerwährende, *ewig gleichförmige Zyklus* von Aussaat, Umpflanzung, Bewässerung und Ernte bestimmt den Lebensrhythmus der Vietnamesen seit Jahrtausenden. „Zeit" ist die Spanne zwischen Regen und Trockenheit oder, wie lange es dauert, eine Schale Reis zu kochen, und vietnamesische Geschichte erzählt sich konsequenterweise als die Geschichte von „immer zu wenig Land für zu viele, die Reis essen wollen". Glück und Wohlstand ermessen sich an der Menge Reis, über die man verfügt, und Herrschaft definiert sich als Besitz von Land, das man kultivieren kann; noch in den 70er Jahren des letzten Jahrhunderts pflegten reiche Südvietnamesen ihr Vermögen fast ausschließlich in Landbesitz anzulegen. Der Anbau von Reis ist mehr als nur eine ökonomische Aktivität, es ist eine *Lebensweise* und eine *Weltanschauung*.

Jeder Hektar eines Reisfelds, der zwischen 4 und 5 t Reis produziert, benötigt Tausende Hektoliter *Wasser*. Die Schößlinge müssen 2 Monate lang in Saatfeldern gezogen werden, ehe sie einzeln, Stück für Stück, in das bewässerte Reisfeld umgesetzt werden. In jedem Stadium des Wachstums muss der Wasserspiegel gleich hoch sein, damit die Sprösslinge weder verfaulen noch vertrocknen. Und

damit das Korn zum Schluss reifen kann, muss das Wasser abgelassen werden. Nach dem Ernten folgen Dreschen, Schwingen und Schälen.

Auch ohne die ständige Gefahr von zu viel oder zu wenig Wasser, d.h. von Dürren oder Überschwemmungen, erfordert die Reiskultur genaueste Arbeitseinteilung und *soziale Organisation*. Effektive Bewässerungskontrolle geht weit über die Fähigkeiten einer Familie oder eines Clans hinaus, das Überleben hängt von der Kooperation ganzer Dörfer, ja Distrikte, Provinzen und zuletzt landesweiter Planung und Kontrolle ab. Schon im 11. Jh. wurde im Delta des Roten Flusses das Amt der „Deichinspektoren" eingeführt; Ende des 19. Jh. betrug die Gesamtlänge der Deiche über 4000 km.

Extrem *arbeitsintensive Zeiten*, in denen weitaus mehr Arbeitskräfte benötigt werden, als zur Verfügung stehen, wechseln mit Wochen und Monaten *erzwungener Untätigkeit* ab. Größe, Struktur und Zusammenhalt der Familie und des vietnamesischen Dorfes hingen jahrhundertelang eng mit diesem Faktum zusammen.

nem Land, in dem fast alle Felder nahe dem Meer, einem Fluss, Kanal oder See liegen, sind Fische, Frösche, Garnelen etc. die traditionelle Grundlage der Ernährung (und sei es auch nur in Form des flüssigen Extrakts *nuoc mam*,

der salz- und vitaminhaltigen Fischsauce). Fischzucht in Teichen und überfluteten Reisfeldern wird in Vietnam seit Jahrhunderten betrieben, neu ist die „industrielle" Aufzucht (Shrimps- und Fischfarmen), die zwar zu einem

wichtigen ökonomischen Faktor angewachsen ist, andererseits aber zunehmend **Umweltschäden** verursacht
(Einsatz von Antibiotika und Dünger,
Versalzung, Zerstörung von Mangrovenwäldern).

Forstwirtschaft

Trotz der hohen Verluste durch die
chemische Kriegsführung der USA
und den eigenen Raubbau (für Millionen Vietnamesen stellt Holz noch heute die einzige Energiequelle dar) üben
Vietnams Wälder auf das Ausland
einen unwiderstehlichen Reiz aus.

Die schon von Ho Chi Minh geförderten Wiederaufforstungskampagnen
halten mit dem Einschlag (60.000 ha
jährlich) nicht Schritt und vermögen
den Verlust der primären Regenwälder
ohnehin nicht zu ersetzen. Verkarstung, Klimaveränderungen und zunehmende Flutkatastrophen sind die un-
ausweichliche Folge.

Bodenschätze

Der Norden Vietnams ist reich an Bodenschätzen wie Kohle, Bauxit (aus
dem Aluminium hergestellt wird), Eisen, Eisenerz, Titan, Chrom, Nickel,
Gold, Silber und Edelsteinen. Die **An-
thrazit-Vorkommen** von Hon Gai zählen trotz ihrer veralteten, z.T. noch aus
der Kolonialzeit stammenden Maschinerie und Abbaumethoden zu den
größten Aktivposten der vietnamesischen Außenhandelsbilanz (2005
16 Mio. t); Hauptabnehmer sind Japan,

257xi Foto: kb

Schweden, Australien und Süd-Korea. Thailändische und australische Firmen schürfen nach Gold und Rubinen.

Erdöl

Während des Vietnamkriegs entdeckte die amerikanische *Mobil Oil* riesige Ölreserven vor der vietnamesischen Küste. Die Rohölförderung bildet seit 1987 eine der bedeutendsten Einnahmequellen des Landes. Mangels Raffinerien musste die staatliche Ölgesellschaft die gesamte Fördermenge (2007 18 Mio. t) jedoch exportieren und die Derivate (Treibstoffe, Dünger) teuer wieder einführen. Erst die Einweihung der ersten eigenen Erdölraffinerie 2009 (bei Quang Ngai) und der Ausbau der Gasindustrie werden ein jährliches Einnahmeplus von 1 Mrd. $ erbringen.

Industrie

Aufgrund ausbleibender staatlicher Subventionen, fehlender Roh- und Treibstoffe und dem Wegfall der Absatzmärkte in Osteuropa verloren nach 1987 Hunderttausende Arbeiter der Kohlegruben von Hon Gai, der Maschinenfabriken von Haiphong und Hanoi, der Stahlkomplexe von Thai Nguyen oder der Textilfabriken von Nam Dinh ihren Lebensunterhalt.

Heute werden weit mehr als die Hälfte aller Industriegüter nicht mehr von Staatsbetrieben, sondern von der **Privatwirtschaft** und von **ausländischen Firmen** gefertigt. Die jährliche Wachstumsrate liegt seit 1993 kontinuierlich bei 14 %. Speziell im Umkreis von Metropolen wie Saigon, Hanoi, Haiphong und Da Nang sind Sonderwirtschaftszonen nach chinesischem Muster entstanden.

Seit 2000 ist Vietnam auch in der Elektronik- und **PC-Produktion** tätig. Rund 3/4 aller PCs sind mittlerweile selbst gefertigt, wenn auch noch zu einem Großteil aus importierten Komponenten zusammengesetzt.

Textilien und Lederwaren

Einen **dramatischen Aufschwung** hat seit Mitte der 1990er Jahre die Produktion von Textilien, Kleidung und Lederwaren genommen, die zusammen genommen bereits den **Löwenanteil von Vietnams Exporterlösen** (2005: 7,8, 2008: 13,8 Mrd. $) ausmacht. Gut die Hälfte der verarbeitenden Betriebe sind allerdings reine Auslandinvestitionen. 2008 stellte Vietnam über 600 Mio. Paar **Schuhe** im Wert von 3,5 Mrd. $ her (u.a. im Auftrag von Branchenriesen wie Nike oder Adidas) und stieg damit zum viertgrößten Schuhfabrikanten der Welt (nach China, Hongkong und Italien) auf.

Reisterrassen bei Mu Cang Chai

Land und Leute

Gesellschaft

Vom Sozialismus ist nur noch geblieben, was dem Land Kopfschmerzen bereitet: marode Staatsfirmen, bankrotte Banken und eine Einheitspartei, die der Zukunft des Landes mehr und mehr im Wege steht. Die Erfolge der letzten Jahre – das phänomenale Wachstum und die Modernisierung in Städten und Küstenregionen – hat man immer nur dort erreicht, wo man den Sozialismus preisgegeben hat. Vietnam steht an einem Scheideweg. Auf der einen Seite steht die Vision eines modernen, vergleichsweise hochentwickelten Schwellenlands. Auf der anderen die Angst vor stetig wachsendem Wohlstandsgefälle und damit der Zunahme sozialer Spannungen. Das Bruttoinlandsprodukt pro Kopf liegt mit 640 $ im Jahr noch weit unter den Werten anderer Länder der Region, auf dem Land sind bis zu 30 % der arbeitsfähigen Bevölkerung arbeitslos oder unterbeschäftigt.

Zwei Systeme

Durch die Wirtschaftsreformen sind erstaunliche Erfolge erzielt worden und geht es den meisten besser als je zuvor. Gleichzeitig hat aber die Unsicherheit zugenommen, da keiner mehr weiß, was er darf – bzw. *wie weit* er gehen darf –, und es beginnt sich ein **tiefer Riss** durch die Gesellschaft zu ziehen.

Während die einen zu Wohlstand und Ansehen gelangen (Städter, Händler, Gewerbetreibende), können die anderen (Angestellte, Beamte und ein Großteil der Arbeiter) von den staatlichen Löhnen weder leben noch sterben, während die Landbevölkerung (Bauern) sich zunehmend hilflos dem globalen Wettbewerb ausgesetzt sieht. Der neue Wohlstand ist ungleich verteilt, die **Kluft zwischen Arm und Reich, Stadt und Land** wächst rasant und bedroht nicht nur die Stabilität des Landes insgesamt, sondern aller seiner Teile.

Im Süden hat fast jede zweite Familie Verwandte im Ausland, wird von ihnen unterstützt, baut, investiert und treibt Handel. Andererseits muss jede zweite Familie ohne diese Hilfe auskommen, und praktisch jede im Norden. Seit 1990 haben allein Staatsunternehmen (inkl. die Armee) Millionen Menschen entlassen, die mit Schulabgängern und Bauern konkurrieren, die als Tagelöhner in die Städte ziehen. Jobs verspricht vor allem die boomende Privatwirtschaft, aber nicht jeder ist zum Unternehmer geboren und verfügt über ausreichende Qualifikation. Mangelndes Startkapital, Konkurrenzkampf und die Unwägbarkeiten des globalen Dorfs (weltweite Konjunktureinbrüche, ausbleibende Touristen o.Ä.) lassen täglich fast ebenso viele Firmen scheitern wie neue gegründet werden.

Unternehmen und vor allem soziale Einrichtungen, die sich naturgemäß nicht selber tragen können und in die der Staat einst vorbildlich investiert hat, verkommen, und schon sind Bildung und Gesundheit nicht mehr für alle frei.

Die Grabenkämpfe um Ausmaß und Beschleunigung von Reformen und Liberalisierungen selbst innerhalb der Spitzengremien von Partei und Regierung verunsichern und demoralisieren Bevölkerung wie Kader.

„Wer will, kann im Sozialismus oder Kapitalismus leben. Er kann in einem Privatbetrieb arbeiten, seine jüngeren Kinder von Privatlehrern erziehen und seine älteren von Privatdozenten unterrichten lassen; er kann in privaten Videotheken amerikanische Filme angucken, in privaten Restaurants dinieren und sich privat verarzten lassen ... Sein Nachbar zieht es vor, im Sozialismus zu leben: Er arbeitet im Staatsbetrieb, begnügt sich für seine Kinder mit staatlichen Lehrern und Professoren, schaut Staatsfernsehen und geht in staatstreue Filme; isst in staatlichen Restaurants und konsultiert staatliche Ärzte ... So entstand Schritt für Schritt, Flicken für Flicken eine Zwei-Systeme-Gesellschaft, in groben Umrissen zwar erst, aber wenn das noch zwei, drei Jahre so weitergeht, dann hat Vietnam einen Staat neuen Typs kreiert, ohne es so recht zu wollen und gemerkt zu haben."

(Cordt Schnibben,
Saigon Export, 1989)

Arbeitslosigkeit

Die offiziellen Arbeitslosenquoten – 5–6 % in den Städten, 10–14 % auf dem Land – verschleiern das Problem. Landesweit dürfte wahrscheinlich fast **jeder Dritte** beschäftigungslos oder zumindest unterbeschäftigt sein. Hauptursache ist das unglückliche Zusammenfallen notwendiger Rationalisierungsmaßnahmen (Ausdünnung von Armee, Bürokratie und unrentabler Staatsbetriebe) und globaler Krisen, die seit 1997 mal zu stagnierenden Auslandsinvestitionen und Touris-

muszahlen, mal zu sinkenden Weltmarktpreisen und Handelsdefiziten führten. Annähernd 40 % aller Jugendlichen finden keine oder zumindest keine adäquate Beschäftigung, wo selbst „verdiente Helden der Arbeit" und „tapfere Soldaten" auf der Straße stehen. Auch die **verdeckte Arbeitslosigkeit** unzähliger Straßenhändler und Kleinstunternehmer täuscht über die wahren Verhältnisse hinweg. Durch das nach wie vor hohe Bevölkerungswachstum entsteht Jahr für Jahr Bedarf an zusätzlich über 1 Million Arbeitsplätzen.

Armee

Die Armee, die Frankreich und Amerika schlug und mit 1,2 Mio. Mann einmal die viertgrößte der Welt war, wurde im Zeichen von Abrüstung und Kosteneinsparung um 70 % reduziert. Die 1944 gegründete Volksarmee verstand sich stets als Instrument der politischen Bewegung, ihr legendärer Gründer Vo Nguyen Giap, der Sieger von Dien Bien Phu, schied erst 1991 aus höchsten politischen Ämtern. Tatsächlich sind Armee und Partei in Vietnam nicht wirklich getrennt, was zur positiven Folge hat, dass die Armee keine separate Interessensclique darstellt und im öffentlichen Leben eine verblüffend geringe Rolle spielt.

Bildung und Erziehung

Das Bildungsniveau ist **traditionell hoch.** Der Anteil der Analphabeten liegt bei nur 6 % (Kambodscha 40 %,

Singapur 8 %). Das **konfuzianische Wertesystem** sorgte bereits in der Vergangenheit dafür, dass ein ungewöhnlich hoher Prozentsatz der Bevölkerung des Lesens und Schreibens kundig war. Das Kolonialsystem setzte dagegen ganz auf städtische Eliten, die nach französischem Muster erzogen wurden, während Bauern und Arbeiter allenfalls zu 15 % eine Schule von innen sahen. Bildung für alle war denn auch eines der Hauptanliegen der frühen Kommunisten; Ho Chi Minhs berühmte Alphabetisierungskampagnen im Norden setzten schon lange vor 1945 ein.

Nach einer Studie der Weltbank liegt der Prozentsatz der Kinder, die eine Schule besuchen, sogar höher als in Indonesien oder China, bemängelt werden allerdings praxisferne Lehrstoffe und doktrinäres Pauken (konfuzianisches Erbe). Die Grundschulpflicht beträgt 5 Jahre. An den rund 220 Hochschulen und Universitäten des Landes sind rund 5,8 Mio. Studenten eingeschrieben.

In den letzten Jahren kam es zu einer drastischen **Verschlechterung** des Schulwesens vor allem auf dem Land. Bildung macht sich nicht mehr „bezahlt". Bauern und Kleinhändler spannen ihre Sprößlinge lieber in den täglichen Arbeitsprozess ein, andererseits wandern Jahr für Jahr Zigtausende unterbezahlte Lehrkräfte in Handel, Export und Tourismus ab. Zusätzliche Dramatik trat durch die Abschaffung des traditionell unentgeltlichen Schulbesuchs ein – quasi im Gegenzug etablierten sich in den Städten immer mehr Privatschulen und -universitäten für Privilegierte. Wer es sich leisten kann, schickt seine Kinder ins Ausland.

Gesundheitswesen

Vietnam verfügt statistisch über eine höhere Lebenserwartung (69,5 Jahre) und mehr Ärzte und Hospitalbetten als fast alle Vergleichsländer in der Region. In der Praxis aber sind Ausbildungsstand, Versorgung und Ausrüstung der Hospitäler und Kliniken zumindest auf dem Land als **unzureichend** zu bezeichnen. Seit 1990 ist die einstmals freie Krankenhausbehandlung kostenpflichtig, eine weitere Maßnahme, die sozial Schwachen zu benachteiligen. Fast jedes vierte Kind leidet an Unter- oder Mangelernährung, fast 10 % der Bevölkerung leidet noch heute unter den **Folgen des Krieges,** sei es direkt (Schwerbeschädigte, Invaliden, Krüppel) oder indirekt als Opfer der auf Generationen hinaus wirksamen ökologischen Kriegsführung der USA, die sich in Form von Haut-, Leber-, Gebärmutterkrebs, Fehl- und Missgeburten manifestiert.

Aufgrund von Immunschwäche erkranken während der Regenzeit jährlich mehr als 1 Mio. Menschen an Malaria (vornehmlich in den Bergregionen), weit verbreitet sind auch Tuberkulose, Durchfallerkrankungen und Kinderkrankheiten. Aufklärung und Kampf gegen Aids wurden seit Bekanntwerden des ersten Falls 1991 landesweit verstärkt; 2009 gab es offiziell 32.000 HIV-Positive (vorsichtige Schätzungen sprechen von weit über

150.000 Infizierten), der Großteil sind Drogenabhängige und Prostituierte.

Presse

Vietnams Medien sind in den letzten Jahren bunter geworden, was vor allem daran liegt, dass sie ihr Geld mittlerweile selbst verdienen müssen. Das hat manche Beobachter zu der Annahme verleitet, die Presse sei freier geworden. Tatsächlich ist sie ähnlich wie in China lediglich **Sprachrohr** für Informationen von Partei und Regierung. Die Propaganda-Abteilung erlässt regelmäßig Edikte, welche Themen Tabu sind bzw. welche Sprachregelungen gelten. Wer gegen die Zensur verstößt, muss mit Konsequenzen rechnen. Die *Reporter ohne Grenzen* zählen Vietnam zu den 40 Ländern mit den stärksten Einschränkungen der Pressefreiheit – in der Region nur noch übertroffen von China, Laos, Burma und Nord-Korea.

Entsprechend dem vergleichsweise hohen Bildungsstand seiner Bürger verfügt Vietnam über eine **Vielzahl** von Publikationen und Presseorganen (ca. 800). Mögen sie sich in ihrem Erscheinungsbild auch noch so bunt und liberal gebärden – Zeitungen, Zeitschriften und Internetportale sind Organe des Staates und seiner Unterorganisationen und unterliegen regelmäßiger Kontrolle und Zensur. Über **Auswüchse,** die der Staat bekämpft – Arbeitslosigkeit, Wohnungsnot, Korruption, Drogen, Kriminalität, Aids, Prostitution – darf heute viel und erstaunlich offen geschrieben werden

(vorausgesetzt man trifft nicht die „Falschen"), empfindlich allerdings reagiert die Partei weiterhin auf **Systemkritik** jeder Art.

Einflussreichste und auflagenstärkste Tageszeitung (ca. 500.000) ist das 1946 gegründete Parteiorgan *Nhan Dan* (Das Volk). Als vergleichsweise progressiv und kontrovers gilt die seit 1975 vom Volkskomitee der Stadt publizierte *Sai Gon Giai Phong* (Befreites Saigon), das entsprechende Organ im Norden ist *Ha Noi Moi* (Neues Hanoi).

Eine kleine Zahl englisch- und französischsprachiger Zeitungen und Zeitschriften berichtet über Tagesgeschehen, Wirtschaft und Kultur und widmet sich den Ereignissen in aller Welt (s. Reisetipps A–Z, Medien).

Rundfunk und Fernsehen

Die *Stimme Vietnams* nahm ihr Programm 1945 mit der Übertragung der Unabhängigkeitserklärung Ho Chi Minhs auf. Nachrichten und Musikprogramme werden rund um die Uhr gesendet, ein Auslandsdienst sendet in Englisch, Französisch und neun weiteren Sprachen. Mit einem Kurzwellengerät kann man *BBC*, *Voice of America* und die *Deutsche Welle* empfangen.

Fernsehen wurde 1966 in Süd- und 1970 in Nordvietnam eingeführt. Es gibt 6 Kanäle, Nachrichten werden zu bestimmten Zeiten auch auf Englisch und Französisch ausgestrahlt. Über Satellit ist Vietnam mit verschiedenen asiatischen sowie französischen und australischen Programmanbietern verbunden. 2005 waren schätzungsweise

Land und Leute

100 Mio. TV-Apparate im Umlauf, ein Großteil davon aus eigener Produktion (Farbfernseher und Videogeräte werden seit 1995 im Land gefertigt).

Löhne und Gehälter

Laut Weltbank beträgt das statistische **Pro-Kopf-Einkommen** rund 820 $ im Jahr (2007) – in der Stadt (Saigon 2180 $) ist es jedoch ungleich höher als auf dem Land, und das offiziell festgelegte *Mindestgehalt* für Staatsbedienstete (Krankenschwestern, Lehrer, Polizisten) beträgt – ohne Prämien und Überstunden – gerade einmal die Hälfte davon (monatlich 540.000 d oder umgerechnet 36 $). Tatsache ist, dass die Mehrzahl der Vietnamesen von einem einzigen Lohn oder Gehalt nicht leben kann und regelmäßig einem oder mehreren Zusatzjobs nachgeht.

Wenn sich die – nicht selten halb- oder illegalen – **Nebentätigkeiten** in vielen Fällen als profitabler erweisen als der eigentliche Beruf, mag das für die Betroffenen ein Segen sein, bedeutet aber eine Katastrophe für das Gemeinwohl. Lehrer, die mit Privatstunden und Abendkursen das 3–4-fache ihres Grundgehalts verdienen, vernachlässigen die Schule, Ärzte, die es nicht zu Privatpatienten bringen, verschieben Medikamente und Klinikausrüstungen, Polizisten und Beamte halten die Hand auf statt für Sicherheit und Ordnung zu sorgen.

Unter diesen Vorzeichen verwundert es kaum, dass Vietnam den zweifelhaften Ruf als eines der **korruptesten** Länder Asiens genießt. Auf dem Länderindex von Transparency International belegt Vietnam Rang 80 (unter 105 Nationen), in der Region schnitten nur Indonesien und Kambodscha noch schlechter ab. Zwar gibt es strenge Gesetze zur Bekämpfung der Korruption (bis hin zur Todesstrafe!), tatsächlich ermittelt und verfolgt werden aber nur wenige ausgewählte und besonders spektakuläre Fälle. Kein Wunder, wenn systemimmanent Gesetzesbrecher und Gesetzeshüter in vielen Fällen identisch sind.

Religion

Die Neigung der Vietnamesen zu pragmatischen Lösungen und praxisorientiertem Verhalten hat in Vietnam niemals eine einheitliche religiöse Gemeinschaft entstehen lassen, die die Geschichte und das Selbstverständnis des Landes und seiner Bewohner auch nur annähernd so geprägt hätte wie der Buddhismus Kambodscha, Burma und Thailand oder der Islam den Iran und Irak. Ein Vietnamese kann heute Buddhist und morgen Daoist sein (und dazwischen auch als Kommunist die Ahnen verehren) und trotzdem noch der gleiche bleiben. Das schmälert keineswegs seinen Glauben, es ändert nichts an seiner Identität. Vietnamesen betrachten sich nicht als Mitglieder einer Religionsgemeinschaft, wie es Christen oder Moslems tun, sondern als Teilhaber an einer gemeinsamen Tradition und Kultur, und sie bleiben auch dann in erster Linie Vietnamesen und glühende Patrioten, wenn sie schon seit Jahrzehnten praktizierende Katholiken sind und im Exil leben.

Dennoch ist Vietnam nicht etwa ein *unreligiöses Land*, sondern ganz und gar das Gegenteil ist der Fall – die verschiedenen Glaubenszugehörigkeiten sind lediglich derart miteinander verwoben und verknüpft, dass **keine eindeutigen Trennungslinien** mehr zu ziehen sind. Vietnamesen machen sich Religionen zu eigen, sie lassen sich nicht von ihnen beherrschen. Keine buddhistische Pagode, in der sich nicht auch daoistische Gottheiten fän-

den und volkstümliche Ahnen ihren Platz gleich neben animistischen Kultgegenständen hätten, denen wundertätige Wirkung zugeschrieben wird – mit großer Hingabe werden sie alle bedacht. Der Vietnamese neigt sich ehrfürchtig vor Buddha, fleht mit der gleichen Frömmigkeit Schutzgeister um Beistand an, betet vor Bildern von Tigern und Ikonen von Ho Chi Minh und vertraut der magischen Kraft eines Talismans. Religion ist ein Mittel, die Erscheinungen der übermächtigen Natur zu erklären oder zumindest zu bannen, Götter und Geister sind dazu da, Trost im Alltag zu spenden und das Schicksal in eine günstige Richtung zu beeinflussen. Die strengen Dogmen der Hochreligionen haben ihre Spuren, aber kein festgefügtes religiöses Bewusstsein hinterlassen. Ahnenkult und Animismus, Konfuzianismus, Dao-

Auf dem Nui Sam (Chau Doc)

297vi Foto: kb

Land und Leute

ismus und Buddhismus – alle zusammen formen sie eine *Lebensweise* (eher als eine „Religion"), die den Alltag der Vietnamesen durchdringt und ihr Verhalten bestimmt.

Animismus

Wie in allen traditionellen Bauerngesellschaften glaubt man auch in Vietnam daran, dass die **Natur beseelt** sei: Bereits die Schöpfungsgeschichte spricht vom Wasser- und Berggeist, aber auch heute noch respektiert und verehrt man die mächtigen **Naturgeister:** Mitten in Hanoi kann man alte knorrige Bäume sehen, die mit Räucherwerk, bunten Bändern und frischen Blumen geschmückt sind. Genien, häufig weiblichen Geschlechts, können böse oder gut, dumm, dreist oder lustig, den Menschen wohl oder übel gesonnen sein. Mit Opfergaben und Riten besänftigt man vor der Aussaat oder einem Hausbau den Geist des Bodens, man spricht höflich vom Steingeist, da ihm als **Schutzgeist** besondere Abwehrkräfte zugesprochen werden. Denn ein markanter Stein oder Fels an einer Brücke, am Rand eines Ackers oder vor einem Hauseingang kann böse Geister vertreiben. Zudem hat jedes Dorf seine eigenen Schutzgeister – meist lokale Helden –, die im Tempel des Dinh, des Gemeindehauses, verehrt werden. Erfüllen Schutzgeister die Hoffnungen nicht, die man in sie gesetzt hat, können sie verstoßen und durch andere ersetzt werden.

Ahnenkult

„Die Menschheit setzt sich aus mehr Toten als Lebenden zusammen." Dem **Tag des Todes** wird in Vietnam mehr Bedeutung zugemessen als dem Geburtstag, denn die Beziehungen zwischen den Lebenden und den Toten spielen eine große Rolle. Deshalb vereinigt der Ahnenkult alle Vietnamesen egal welchen Glaubens oder welcher weltanschaulichen Überzeugung, er bildet die Grundlage aller Tugenden (Pflicht und Verantwortung) und das Fundament für Familie und Staat.

Der Glaube an die Existenz von Geisterseelen (die nach dem Tod weiter ihre alten Wohnstätten aufsuchen und der Nahrung bedürfen) verbindet nicht nur die Toten mit den Lebenden, sondern auch die Lebenden mit zukünftigen Generationen. Der Einzelne ist niemals „allein", er ist aufgehoben und geborgen als Glied einer langen Kette von Vor- und Nachfahren. Noch in den schlechtesten Zeiten muss er sich niemals als losgelöstes und unsicheres Individuum fühlen, sondern findet Beistand bei seiner Familie, seinem Dorf, seinem Vaterland – den Ahnen schlechthin. Auch der scheinbare „Heldenkult" der Vietnamesen ist eine Form des Totenkults: Tran Hung Dao, Le Loi und Ho Chi Minh sind gemeinsame Ahnen des „Vietnamesentums".

Auch wenn im heutigen Alltagsleben die **Zwiesprache mit den Ahnen** nicht mehr den prominenten Platz wie früher einnimmt, entzieht sich niemand der Fürsorge für die Seelen der Toten. Denn die Ahnen müssen zufrieden sein, damit sie die Lebenden nicht unglücklich machen. In fast jedem vietnamesischen Haus, jeder noch so schäbigen Hütte gibt es einen **Ahnenaltar,** um die Toten der letzten drei Generationen zu ehren und mit Opfergaben zu versehen. Normalerweise stehen auf dem Altar zwischen zwei Öllämpchen (Symbol für Sonne und Mond) Räucherstäbchen in ungerader Zahl, Wasser (oder Alkohol) und frische Früchte. An Festtagen kommen Klebreis, ein Huhn und Papiergeld dazu. Die Speisen werden nach angemessener Zeit (frühestens nach dem Abbrennen der Räucherstäbchen) wieder vom Altar genommen und verzehrt.

Konfuzianismus

Der Konfuzianismus ist keine Religion im eigentlichen Sinne, sondern eine praktische Anleitung zum richtigen Leben und eine Philosophie der gesellschaftlichen Organisation. Auch wenn sich heute kein Vietnamese als Konfuzianer bezeichnen würde, prägen die Ideen noch heute als Verhaltenskodex und bis in die Sprache hinein das alltägliche Leben.

Konfuzius (vietn. *Khong Tu*, 551–479 v.u.Z.) sieht sich nicht als Religionsstifter, sondern als Bewahrer der Sitten und alten Werte. Seine Lehre knüpft an die Ahnenverehrung an und stellt die **Familie** in den Mittelpunkt – und die Familie ist das Vorbild für die gesamte hierarchisch abgestufte Gesellschaft, für den Staat schlechthin. Verhaltensregeln und moralische Vorschriften bestimmen die **Fünf** zwischenmenschliche **Beziehungen** (Herrscher – Untertan, Vater – Sohn, Älterer – Jüngerer, Mann – Frau, Freund – Freund). Der zusätzliche Erwerb der **Fünf Tugenden** (Treue, Rechtschaffenheit, Aufrichtigkeit, Sittlichkeit und Weisheit) soll Menschlichkeit und Harmonie des menschlichen Zusammenlebens gewährleisten.

Ein schönes, positives Gedankengebäude, das in Vietnam früh zu einem hochzivilisierten und vergleichsweise egalitären Staat geführt hat. Die dynastischen Kaiser waren keine göttergleichen Wesen wie in den indisierten Nachbarstaaten der Cham, Khmer und Laoten, und nach dem Modell des Mandarinats sollten weder Herkunft noch Abstammung (Adel und feudalistische Erbfolge) über Rang und Einfluss in der Gesellschaft bestimmen, sondern **Bildung** und **Qualifikation,** die erst erworben und nachgewiesen werden mussten (Literatur-Examina).

Die negativen Seiten der Lehre zeigten sich im Lauf der Jahrhunderte, als unter den Schülern des Konfuzius die Lehre in immer komplizierteren Ritualen erstarrte, die harmonischen fünf Beziehungen allzu oft als autoritäres Abhängigkeitsverhältnis interpretiert wurden und jegliche Veränderung und Erneuerung auf Ablehnung stieß. Als Ideologie des Kaiserhofs, der Mandarine und Notablen (Oberschicht) konservierte sich der Konfuzianismus bis ins 21. Jahrhundert. Die Unfähigkeit, Geschichte als einen dynamischen Prozess zu begreifen, und seine bornierte Abscheu vor Handel, Wissenschaft und Technik machten das Kaiserreich zu einer leichten Beute des westlichen Kolonialismus, der zwar das bürokratische Staatsmodell abschaffte, aber die von konfuzianischer Tradition geformte (und daher leicht manipulierbare) Gesellschaftsordnung zu seinem eigenen Nutzen weitgehend bestehen ließ.

Konfuzianismus und Sozialismus

Der Sozialismus verwirrte die Konfuzianer keineswegs, im Gegenteil, sie sahen in ihm eine Fortführung ihrer traditionellen Ideologie, die die Verpflichtung gegenüber der Gesellschaft schon immer höher gestellt hatte als das Recht des Einzelnen.

Die Kommunisten der ersten Stunde waren fast ausnahmslos ehemalige konfuzianische Gelehrte, denen gesellschaftliche, ja kollektive Disziplin und die Ablehnung von Anarchie und bürgerlichem Individualismus schon ihr Leben lang vertraut waren. Der Funktionär ist Vorbild der Kader und die Partei das Modell für den Staat.

Die Vietnamesen waren, so gesehen, aufgrund ihrer konfuzianischen Anschauungen auf den Kommunismus gut vorbereitet. Die tiefe Verwurzelung in alten Traditionen und Denkweisen erklärt auch zu einem großen Teil, weshalb der weltweite Zusammenbruch des Sozialismus bisher weder Hanoi noch Peking zu einem radikalen Umlenken gezwungen noch ins Chaos geführt hat.

Daoismus

Der Daoismus verbreitete sich etwa zur gleichen Zeit in Vietnam wie der Konfuzianismus und fußt auf der mystischen Lehre des **Lao Tse** (vietn. *Lao Tu*, um 500–600 v.u.Z.) und seinem Buch „Tao Te King" („Buch vom Dao und seiner Kraft"). Quasi als Gegenpol zum Konfuzianismus, wird nicht der Mensch, sondern die **Natur** mit ihren wechselseitigen Kräften *yin* und *yang* in den Mittelpunkt des Kosmos gerückt. Dao (chin. Weg, Vernunft) bedeutet das Sein aller Dinge, die Harmonie der ewigen Weltordnung, das Urprinzip, das das Weltall bestimmt; es kann durch das Handeln der Menschen nicht beeinflusst

Buchtipp

● *Hanne Chen:* **Konfuzianismus erleben,** Praxis-Reihe, REISE KNOW-HOW Verlag
● *Hanne Chen:* **Daoismus erleben,** Praxis-Reihe, REISE KNOW-HOW Verlag

werden, das Schicksal der Menschen wird nicht auf Erden beschlossen.

Die komplizierte esoterische Lehre hat sich in Vietnam nie durchsetzen können, bewahrt haben sich jedoch populäre Praktiken der Zauberei und Dämonenbeschwörung, der Astrologie, Wahrsagerei und Magie, versetzt und angereichert mit volkstümlichem Animismus, Aberglauben und Mystizismus, einheimischen Schutz- und Naturgeistern und vergöttlichten Gestalten der Geschichte wie *Tran Hung Dao*.

Die **Mächte der beseelten Natur** erscheinen in übernatürlicher Gestalt in den Geistern, Göttern und Dämonen der daoistischen Kosmologie wieder, über die der Jadekaiser *Ngoc Hoang* herrscht, ihm zur Seite seine Minister *Bac Dau*, der Stern des Nordens mit dem Buch der Toten, und *Nam Tao*, der Stern des Südens, der über die Lebenden Buch führt. Auch Lao Tu selbst, auf einem Wasserbüffel reitend, wird als Gottheit verehrt. Dem Kult der Mütter ist im daoistischen Tempel (*den* oder *dien*) oft ein eigener Raum gewidmet. *Tu Phu*, die vier Mütter, stehen für die Himmelsrichtungen, repräsentieren aber auch Himmel, Erde, Wasser und Wald, und sind umgeben von Helfern (u.a. fünf Tigern) und Kindern, die die bessere Welt nach der Wiedergeburt symbolisieren.

In fast jeder buddhistischen Pagode finden sich auch Statuen der taoistischen Götterwelt; Seitenaltäre sind dem Kult der Mütter geweiht, und in den Höfen sind Grotten für die Naturgeister angelegt.

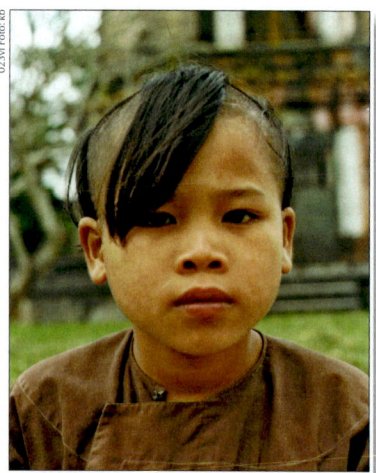

Buddhismus

Auch wenn sich noch so viele Vietnamesen als Buddhisten bezeichnen mögen (oder als solche bezeichnet werden), ist der Buddhismus in Vietnam kaum mehr als ein **Konglomerat** aus einheimischen Ahnen- und Geisterkulten, taoistischer Götzen- und Dämonenanbetung und buddhistischen *Praktiken* und hat auch zu keiner Zeit eine allesbeherrschende Rolle wie in den südostasiatischen Nachbarländern von Kambodscha bis Burma gespielt. Für den westlichen Beobachter greifbarer und fassbarer als Animismus, Ah-

nenkult, Konfuzianismus und Daoismus und „historisch abgesichert" durch wertvolle Baudenkmäler der Vergangenheit und jüngste Ereignisse (außerparlamentarische Opposition, Selbstverbrennungen), erregt(e) der vietnamesische Buddhismus im Westen eine Aufmerksamkeit, die er rein faktisch jedoch nur bedingt verdient.

Der Buddhismus kam in den ersten Jahrhunderten unserer Zeitrechnung fast zur gleichen Zeit auf dem Landweg über China wie auf dem Seeweg über Indien nach Vietnam. Die Legenden um Geburt und Leben des **Siddharta Gautama** (um 560–480 v.u.Z.), eines Fürstensohns aus Nordindien, der bis zu seiner Erleuchtung unter dem *Bodhi-Baum* verschiedene Stadien menschlicher Existenz durchlief, trugen zur raschen Verbreitung und Popularität der Lehre bei. Als Korrektiv zum nüchternen Rationalismus und zur patriarchalischen Strenge des Konfuzianismus fand der „sanfte" und „kontemplative" Buddhismus rasch Anhänger und übernahm so etwas wie die Rolle einer indirekten Opposition gegen die Zwangsherrschaft der

Ein Novize

Chinesen. Die Ära nach der Unabhängigkeit, vom 10. bis etwa zum Ende des 14. Jh., war denn auch die Blütezeit des Buddhismus in Vietnam (der zur gleichen Zeit in China bereits verfolgt und unterdrückt wurde), ehe er ab dem 15. Jh. mehr und mehr der Staatsraison geopfert wurde und sich mit Elementen des Konfuzianismus, Daoismus und Geisterglaubens vermengte.

Mahayana-Buddhismus

Der Buddhismus strebt die Überwindung des Daseins an, das als Leid, Begierde, Elend und Schmerz interpretiert wird, um das *Nirvana* zu erreichen. Das Schicksal jedes Menschen – Wohlstand, Armut, sozialer Status, ja sogar Geschlecht – ist Resultat seines Handelns in einem früheren Leben. Durch gute Taten (Verdienste, selbstloses Handeln) kann jeder sein *Karma* (Schicksal) beeinflussen, um im Kreislauf der ewigen Wiedergeburten eine höhere Daseinsstufe zu erlangen und dereinst im vollständigen Erlöschen (Nirvana) aufzugehen.

Schon vor der Verbreitung des Buddhismus in Vietnam hatte sich die ursprüngliche Lehre in zwei Strömungen gespalten, den *Hinayana-* (Kleines Fahrzeug) und den *Mahayana-*Buddhismus (Großes Fahrzeug). Während der strengere und dogmatischere Hinayana (auch *Theravada*, Lehre der Alten, genannt) an der „reinen Lehre" festhält und die Gläubigen dazu anhält, durch Ansammeln von Verdiensten nach individueller Selbsterlösung zu streben, führt das „Große Fahrzeug" zur Erlösung für alle und kennt schier grenzenlose Erleuchtungswesen und Manifestationen Buddhas, die als „Nothelfer" angerufen werden können und auf dem beschwerlichen Weg zur Erleuchtung den Gläubigen beistehen.

Obwohl beide Glaubensrichtungen etwa zur gleichen Zeit nach Vietnam einströmten, versteht es sich, dass die pragmatischen Vietnamesen sich für das Große Fahrzeug als Weg der Erlösung entschieden, konnte man sich doch aus einem breiten Spektrum von Gottheiten diejenigen aussuchen, die am meisten Schutz und Hilfe versprachen.

Unter der Ly-Dynastie im **11.** und **12. Jh.** erreichte der Buddhismus, von den Kaisern als

Die Legende der Quan Am

Thi Kinh, eine jungverheiratete Frau, sah am Kinn ihres schlafenden Gatten ein Haar und wollte es mit dem Messer entfernen. Da erwachte der Mann und rief Haus und Hof zusammen, da er glaubte, sie wolle ihn töten. Thi Kinh wurde verstoßen und suchte, als Mann verkleidet, in einem Kloster Zuflucht. Dort verliebte sich die Tochter des Dorfältesten in den jungen „Mönch". Zurückgewiesen, gab sie sich voller Wut einem anderen hin, wurde schwanger und bezichtigte den jungen Mönch der Verführung. Thi Kinh wurde aus dem Kloster verstoßen, zog als Bettelmönch durchs Land und sorgte für das Kind. Erst bei ihrem Tod enthüllte sich, wer sie war und welches Unrecht man ihr angetan hatte. Der Himmelskönig, gerührt von ihrem Schicksal, machte Thi Kinh zu einer Göttin der Gnade.

Gegenpol zum Konfuzianismus gefördert, seine geistige und künstlerische Blütezeit und gelangte der buddhistische Klerus auch zu wirtschaftlicher und politischer Macht. Dennoch mussten die Bonzen bereits unter den Ly-Kaisern das nach der Unabhängigkeit errungene Bildungsmonopol wieder an konfuzianische Gelehrte abgeben, und reicherte sich der Buddhismus zunehmend mit einheimischen und daoistischen Kulten an; ab dem 14.–15. Jh. sogar mit hinduistischen Elementen der besiegten Cham-Kultur. Unter Kaiser Le Thai Tho (Le Loi, 1428–34) und seinen Nachfolgern verlor er auch die letzten staatlichen Privilegien und Protektionen an den Konfuzianismus, auch wenn manche Kaiser ihn weiter förderten und öffentlich unterstützten. Bis heute ist der Buddhismus die Religion der Bauern und einfachen Leute und vor allem der Frauen geblieben.

Zu Beginn der **1920er Jahre** setzte eine Erneuerungsbewegung ein, inspiriert und geleitet von studierten Bonzen, die sich an dem sozialen und karitativen Engagement der Katholischen Kirche orientierten. **1951** wurde die Allgemeine Buddhistische Vereinigung gegründet. Während der Regierungszeit des Katholiken Diem in Südvietnam führten die Gegensätze zwischen Buddhisten und Regierung zur Überraschung selbst der Vietnamesen, dazu, dass die traditionell apolitischen Mönche sich aktiv in die Politik einmischten; Hue wurde Zentrum der **Opposition,** die in spektakulären Selbstverbrennungen ihren extremsten Ausdruck fand. Auch nach dem Sturz Diems spielte die Vereinte Buddhistische Kirche um Thich Tri Quang eine entscheidende Rolle, mehrere südvietnamesische Regierungen mussten unter dem Druck der Buddhisten zurücktreten, und im Frühjahr 1966 kam es erneut zu Protestmärschen, Selbstverbrennungen und Hungerstreiks.

Buddhistische Heilsgestalten

Das Pantheon buddhistischer Pagoden (**chua**) ist reich und vielfältig, aber überschaubar, da es sich auf einen bestimmten „Personenkreis" beschränkt. Den höchsten Rang nehmen die Buddhas der Drei Generationen *(Tam The)* ein, Thich Ca, A Di Da und Di Lac, sie repräsentieren Gegenwart, Vergangenheit und Zukunft.

Thich Ca, der historische Buddha Siddharta Gautama (Gegenwart), wird meist als Lehrender mit erhobener Hand dargestellt, oft auch als Kind Thich Ca Mau Cuu Long (von neun Drachen umgeben) oder liegend auf dem Weg ins Nirvana.

A Di Da, der Gnaden- oder Fastenbuddha (Vergangenheit), wird als magerer Asket dargestellt. Er steht den Menschen auf dem Weg der Läuterung bei und wird oft von gnadenreichen Bo Tat (Bodhisattva) begleitet.

Di Lac verkörpert die Zukunft als fröhlich lachender dickbäuchiger Mönch.

Weitere Dreiergruppen können die drei mystischen Körper Buddhas (Tam Than) und die Trinität der Drei Kostbarkeiten (Tam Bao) bilden, die sich aus Buddha, Dharma (Lehre) und Sangha (Gemeinschaft der Mönche) zusammensetzt.

Bodhisattva sind Wesen, die bereits Erleuchtung erlangt haben, zugunsten anderer, die ihrer Hilfe bedürfen, auf den Eintritt ins Nirvana noch verzichten. Am beliebtesten

unter ihnen ist die barmherzige **Quan Am** in ihren vielfältigen Darstellungen: als die Reine mit der bauchigen Wasserflasche oder auf der Lotosblüte, als die Hilfreiche mit 16, 100 oder gar 1000 Armen und Augen oder als die Gnadenbringende mit einem Kind im Arm.

Grimmige Wächterfiguren und die Gruppen der **10 Höllenkönige** und der **18 La Han** (Arhat) runden das Bild der Heilsgestalten im buddhistischen Chua ab, zuzüglich Statuen der Pagodenstifter, verdienter Äbte, Ahnengeister, Heroen und anderer nicht-buddhistischer Gottheiten. Vor allem daoistische Götter haben ihren festen Platz in den Pagoden, allen voran der Jadekaiser **Ngoc Hoang** mit seinen Gehilfen. In chinesischen Versammlungshallen (Hoi Quan) dürfen **Thien Hau,** die Himmelsgöttin und Patronin der Seefahrer (eine Variante der Quan Am), und **Quan Cong,** der chinesische General der Drei Königreiche mit Helfern und Zauberpferd, nicht fehlen.

Pagode oder Tempel?

Prinzipiell unterscheidet man zwischen buddhistischen Pagoden *(chua)*, daoistischen Tempeln *(den)* und Gemeindehäusern *(dinh)*. Zeremonien und Kulthandlungen finden überall statt und exakte Abgrenzungen sind wie immer, wenn es um „Religion" geht, nicht vorgesehen.

Chua

Der Chua bestand ursprünglich oft nur aus einem Stupa, der Reliquien des historischen Buddha *barg*. Charakteristisch für die aus dem indischen Stupa weiterentwickelten Stockwerktürme (thap) sind der quadratische Grundriss und die ungerade Zahl der übereinandergestaffelten Geschosse. Diese Form kommt unserer Vorstellung von „Pagode" am nächsten.

In Vietnam aber ist der von einer Mauer umschlossene Chua meist dreigegliedert, entweder durch drei getrennte rechteckige Gebäude, drei ineinander übergehende Hallen oder die Aufteilung in drei Altäre: den erhöhten Hauptaltar, den Altar der Rauchopfer und das Sanktuarium im dritten, dem Haupt-

Religiöse Begriffe

A Di Da	Amitabha, Buddha der Vergangenheit
At Nan Ananda	Lieblingsschüler des Thich Ca Buddha
Bo (De) Tat	Bodhisattva; Wesen, die Erleuchtung erlangt haben, aber auf den Eintritt ins Nirvana verzichten, um anderen zu helfen.
Ca Diep	Kasyapa, Lieblingsschüler des Thich Ca Buddha
Dia Tang Vuong	Ksitigarbha, Bodhisattva, der die Seelen Verstorbener aus der Hölle leitet
Di Lac Maitreya	Buddha der Zukunft
Ho Phap	Dharmapala, Wächter, Beschützer der Lehre
La Han Arhat	„Ehrwürdiger", „Verdienstvoller"
Long Than	Gottheit der Drachen
Ngoc Hoang	Jadekaiser, *Nam Tao* (Südstern) und *Bac Dau* (Nordstern), seine Gehilfen
Phap	die Lehre
Phat	Buddha, seine Persönlichkeit
Pho Hien	Samantabhadra, Bodhisattva, der „Glückbringende"
Quan (The) Am	Avalokitesvara, Bodhisattva, die „Gnadenbringende"
	– Thien Tu – mit 100 Armen
	– Thi Kinh – die Kinderbringerin
Tam Bao	die 3 Kostbarkeiten
Tam Phat	die 3 Buddhas
Tam The	die 3 Generationen
Thanh Quan	General der 3 Königreiche (chin. Quan Cong), *Quan Binh* und *Chau Xuong*, seine beiden Gehilfen
Thap Dien Vuong	die 10 Könige der Hölle, Höllenrichter
Thich Ca (Mau Ni)	Sakyamuni, Buddha der Gegenwart, der historische Siddharta Gautama
Thien Hau (Thanh Mau)	Königin des Himmels, Beschützerin der Seeleute und Fischer
Thien Vuong	Lokapala, Wächter der 4 Himmelsrichtungen
Tu Phu	die daoistischen Mütter
Van Thu	Manjusri, Bodhisattva, Gottheit der Weisheit

Land und Leute

raum. Neben den Statuen der Buddhas und Bodhisattva, deren Zahl wie Anordnung nicht festgelegt ist und in jedem Chua verschieden sein kann, finden sich fast immer auch Statuen daoistischer Gottheiten, Ahnengeister und lokale Götter. Nebengebäude dienen als Kult- und Wohnstätten der Mönche bzw. sind dem Andenken verstorbener Bonzen und Mäzene geweiht.

Im Süden Vietnams, z.B. in Cho Lon und Hoi An, findet man viele chinesische Pagoden, die gleichzeitig als Versammlungshallen *(hoi quan)* der chinesischen Gemeinden dienten.

Den

Als *Den* bezeichnet man einen Gedenktempel, auch *dien*, *tinh* oder *mieu* genannt. Es ist ein Ort, an dem die Götter, Geister und Dämonen des Daoismus, lokale Schutzgeister und/oder vergöttlichte Heroen wie Tran Hung Dao, die Trung-Schwestern usf. verehrt werden. Der rechteckige Grundriss ähnelt dem des Chua. Helden werden zuweilen durch Statuen, häufig aber auch nur durch einen Thron mit einer Gedenktafel oder durch Symbole wie Waffen oder Kleidungsstücke verehrt. Ein *nghe* ist ein kleinerer Schutzgeisttempel.

O2wi Foto: PVT

Dinh

Das Gemeindehaus eines Dorfs hatte als Versammlungs- und Gerichtsort der männlichen Dorfbewohner und ihrer gewählten Ältesten große Bedeutung. Zugleich ist ein Dinh immer Kultstätte und Tempel des Dorf- und Schutzgeistes, einer als gemeinsamer „Ur-Ahn" aller Dorfbewohner verehrten Person der Geschichte oder der Legende. Ursprünglich im „indonesischen" Stil aus Holz und auf Pfählen gebaut, wurden sie später auch aus Ziegeln errichtet und glichen dann mehr chinesischen Tempeln.

Katholizismus

Als im 16. Jh. Portugiesen, Spanier und Franzosen nach Vietnam kamen, wollten sie nicht nur Waren tauschen, sondern auch den christlichen Glauben verbreiten; **Mission** und

Rauchopfer am Altar

Handel waren von Beginn an untrennbar miteinander verknüpft.

Perioden zähneknirschender Toleranz wechselten mit strikten Missionierungsverboten und sogar Enthauptungen von Missionaren ab. Um den Katechismus ins Vietnamesische zu übersetzen, entwickelte der französische Jesuit *Alexandre de Rhodes* Anfang des 17. Jh. das **quoc ngu,** die noch heute verwendete romanische Umschrift des Vietnamesischen mit den Betonungsakzenten. Schon 1663 soll es 200.000 Christen in Tonkin gegeben haben, etwa 10 % der damaligen Bevölkerung; allerdings waren Massentaufen ganzer Dörfer und Regionen die Regel. Den meisten Vietnamesen machte es wenig aus, außer zu Buddhas, Naturgeistern und Höllendämonen auch noch zu Maria und Jesus zu beten.

Als die Konfuzianer die Tätigkeit der Missionare energischer einzuschränken begannen, war es bereits zu spät, die Christenverfolgungen bildeten vielmehr den willkommenen Vorwand für militärische „Strafaktionen", in deren Verlauf Frankreich sich das Kaiserreich einverleibte. Da Katholiken von den Kolonisten einseitig gefördert und bevorzugt wurden, erfreute sich die christliche Kirche regen Zulaufs, hatte aber natürlich auch mit dem Vorwurf der Kollaboration und des Opportunismus zu kämpfen.

1954 bauten die Amerikaner den Katholiken Diem zum „starken Mann" des antikommunistischen Südvietnam auf und lockten zur Stärkung seiner Machtbasis mit Hilfe von Radiokampagnen und gefälschten Flugblättern, die allen Christen schlimmste Repressalien durch die gottlosen Kommunisten verhießen, fast 1 Mio. Nordvietnamesen in den Süden. Ganze Dörfer und Gemeinden brachen vom Roten Fluss auf, um sich „mit der Jungfrau Maria zu vereinen, die sich in Saigon nach ihren Kindern im Norden verzehrt", und unter dem Deckmantel humanitärer Hilfe heizten amerikanische Hilfsorganisationen die Flüchtlingsströme durch Kopfprämien an. Als Diem den Katholizismus quasi zur Staatsreligion erklärte, hatte er seine Rechnung allerdings ohne die „apolitischen" Buddhisten gemacht, deren wütende Opposition und spektakuläre Selbstopfer ihn letztlich zu Fall brachten.

Obwohl viele begüterte Katholiken Vietnam zwischen 1973 und 1975 verließen, gehören Katholiken noch heute meist zu den „Bessergestellten" im Land. Über das Seelenheil der über 6 Mio. Gläubigen wachen Erzbischöfe in Hanoi, Hue und Saigon. 2009 besuchte Präsident *Nguyen Minh Triet* als erster vietnamesischer Staatschef seit 1975 den Vatikan und wurde von Papst Benedikt empfangen.

Caodaismus

Die Anfang der 1920er Jahre von dem Spiritisten Ngo Van Chieu nach einer übernatürlichen Begegnung mit dem höchsten Wesen (Cao Dai) gegründete Sekte ist ausnahmslos im Süden Vietnams verbreitet und zählt dort noch heute etwa 1,5 Mio. Anhänger. Ausgangspunkt des Caodaismus, einer eklektizistischen **„Ideal-Religion"**, die alle großen Lehren des Ostens und Westens zu vereinen sucht, sind die drei historischen Offenbarungen des Göttlichen, in frühester Zeit durch Moses und mythische Gestalten des Buddhismus, Daoismus und Konfuzianismus, in geschichtlicher Zeit durch Jesus, Siddharta Gautama, Lao Tse und Konfuzius und schließlich vereinigt in der Gestalt des *Cao Dai*, der höchsten Gottheit, die zur Erlösung der gesamten Menschheit führen wird. Außer buddhistischen Bodhisattva, vietnamesischen Heiligen und daoistischen Geistern offenbaren sich den Anhängern in spiritistischen Sitzungen auch Gestalten der Weltgeschichte wie Victor Hugo, Jeanne d'Arc, Churchill, Newton oder Pasteur als Sprachrohr des Cao Dai.

In den 1940er Jahren nahm die Sekte derart zu, dass die Franzosen die Verbreitung ihrer Lehren verboten, zumal sie sich zunehmend dem antifranzösischen Widerstand anschloss und während des 2. Weltkriegs offen mit den Japanern paktierte. Mit Hilfe einer schlagkräftigen Privatarmee kontrollierten die Caodaiisten weite Teile des Südens und bildeten einen „Staat im Staat", um dessen Gunst sowohl Franzosen als Viet Minh buhlten. Erst unter dem Druck der Amerikaner und der Armee Diems mussten sie ihre Gebietsansprüche aufgeben und wurden aus dem politischen Geschehen gedrängt.

Der Heilige Stuhl, das religiöse Zentrum der Sekte, befindet sich bei Tay Ninh 100 km nordwestlich von Saigon (Kapitel „Tay Ninh").

Hoa Hao

Auch der **Reform-Buddhismus** der Hoa-Hao-Sekte, 1939 von dem „verrückten Bonzen" Huynh Phu So im Mekong-Delta gegründet, illustriert den Drang zu einer unabhängigen politischen Bewegung mit (pseudo-) religiöser Grundlage. Die lautstark gepredigte Rückkehr zur „Einfachheit" der frühen Buddhisten – Verzicht auf reichgeschmückte Pagoden, aufwendige Zeremonien und Priesterschaft, stattdessen strikte Abstinenz und täglich viermaliges Gebet – stand von Beginn an in krassem Gegensatz zur radikalen Militanz der Sekte, die abwechselnd mit den Japanern, Franzosen und den Viet Minh kollaborierte, jedoch auch die Bordelle und Spielhöllen Saigons kontrollierte.

Land und Leute

Die Hoa Hao sollen im Mekong-Delta noch immer annähernd 500.000 Anhänger haben, treten aber nach außen hin so gut wie nicht in Erscheinung, da sie weder Kirchen haben noch eine bestimmte Tracht tragen.

Islam

In fast jeder größeren Stadt Vietnams findet man eine Moschee, aber die Minarette sind verstummt. Errichtet wurden sie von Zigtausenden Indern, die in den 1930er Jahren von den Franzosen als Antwort auf die Demonstrationen und Massenstreiks der Einheimischen ins Land geholt worden waren. Da Vietnamesen nur in seltensten Fällen zum Islam übertraten, gehören heute in erster Linie Angehörige der Cham-Minderheit und die wenigen Inder, die das Land nach 1975 nicht verlassen haben, zu den Moslems Vietnams (0,5 % der Bevölkerung).

Religionsfreiheit heute

Bedingt durch restriktive Maßnahmen der Regierung war die Zahl der Mitglieder aller religiösen Gemeinschaften nach 1975 stark rückläufig. Als Sitz oppositioneller Kräfte und Quelle antikommunistischer Aktivitäten wurden nach der „Befreiung" Kirchen und Klosterschulen geschlossen, Pagoden in öffentliche Gebäude umgewandelt, Priester und Bonzen unter Hausarrest gestellt und „umerzogen", die Sekten enteignet und einige ihrer Führer sogar hingerichtet.

Obwohl die Verfassung Religionsfreiheit garantiert, stehen alle religiösen Gruppen weiterhin unter staatlicher Beobachtung und Kontrolle und unterliegen Druck und Verbreitung ihrer Schriften der Zensur. Politisches und soziales Engagement sind nach wie vor untersagt. Gegenüber der Religionsausübung zeigt die Regierung heute aber größte Toleranz. Seit 1989 ist eine umfassende Renaissance aller Religionen zu beobachten. Kirchen, Pagoden und Tempel wurden renoviert und wieder ihrer ursprünglichen Bestimmung zugeführt, an Fest- und Feiertagen sind sie heillos überfüllt. Auch Priesterseminare und buddhistische Novizen sind in begrenzter Anzahl wieder zugelassen.

Schrift und Literatur

Schrift

Von den Anfängen der vietnamesischen Kultur bis in unser Jahrhundert hinein existierten **Chinesisch** und **Vietnamesisch** als *Sprachen* nebeneinander, als *Schrift* dagegen kannte man bis zum 10. Jh. lediglich das chinesische **chu nho,** die „Gelehrtenschrift".

Aus dem Bedürfnis nach nationaler Identität und eigenständiger Kultur passte man die chinesischen Schriftzeichen an die vietnamesischen Lautwerte an und entwickelte das einheimische **chu nom.** Da aber auch diese stark vereinfachte Schrift das Studium des Chinesischen voraussetzte, blieb das Schreiben weiterhin einer gelehrten Elite vorbehalten, während umgekehrt das neue Zeichensystem derart „degeneriert" war, dass die Chinesen es nicht mehr entziffern konnten. Die meisten konfuzianischen Gelehrten, die mühselig Tausende komplizierter chinesischer Zeichen auswendig gelernt hatten, brachten für das simplifizierte System wenig Sympathie auf, während Reformer, Patrioten und progressive Literaten gezielt versuchten, das *nom* – und damit die einheimische Sprache – zu fördern und festgefahrene gesellschaftliche und politische Konventionen aufzureißen.

Beide Schriften existierten jahrhundertelang nebeneinander, die Mehrzahl der Bauern beherrschte keine von beiden. Als Anfang des 19. Jh. der reaktionäre Traditionalist *Minh Mang* nicht nur das *chu nom*, sondern selbst die vietnamesische Sprache von seinem Hof in Hue verbannte, war der Bruch endgültig vollzogen: Das Volk sprach die Landessprache, konnte sie aber nicht schreiben, die Oberschicht sprach und schrieb wie vor der Unabhängigkeit Chinesisch.

Der französische Jesuit **Alexandre de Rhodes** (1591–1660) veröffentlichte 1651 neben einem Katechismus in romanischer Umschrift ein annamitisch-portugiesisch-lateinisches Lexikon in **quoc ngu** („nationale Schrift"). Seine Transkription der vietnamesischen Laute in **lateinische Buchstaben mit Akzenten,** die die jeweiligen Tonhöhen markieren, wird noch heute verwendet, blieb aber mehr als 200 Jahre lang fast ausschließlich auf den Wirkungsbereich der christlichen Missionen beschränkt.

Erst durch die Ankunft der Kolonisten, die verständlicherweise eine leserliche (und kontrollierbare!) Schrift einem System „unentzifferbarer Zeichen" vorzogen, gewann das *quoc ngu* rasche Verbreitung. Erste Zeitungsgründungen, literarische Übersetzungen und die wachsende Notwendigkeit einer Übertragung westlicher Begriffe trugen zur Popularität des *quoc ngu* auch unter vietnamesischen Intellektuellen bei, sodass es sich um 1910 endgültig als offizielles Schreibsystem durchsetzte. Nur wenige Jahre darauf (1918) kapitulierte auch der Kaiserhof und stellte die jahrhundertealten Mandarinats-Prüfungen ein.

Literatur

Literatur und Poesie haben im geistigen und politischen Leben Vietnams von jeher eine große Rolle gespielt. Seit der Einführung der konfuzianischen Prüfungen für höhere Staatsbeamte Ende des 10. Jh. musste jeder Vietnamese, der politisch und gesellschaftlich mitreden wollte, auch „literarische" Fähigkeiten nachweisen: Ein guter Konfuzianer, der die *Rituale* beherrscht, so sagte man, weiß sich auch in *Versen* auszudrücken. Ob Kaiser oder Mandarin, Gelehrter, Bonze oder General, poetische Produktion blieb für die vietnamesische Elite bis in die Neuzeit selbstverständlich. Als Folge davon verstand man unter Literatur bis in unser Jahrhundert fast ausschließlich **Versdichtung** – auf der einen Seite eine gewaltige Überproduktion voll von tradierten Klischees und Stereotypen, auf der anderen eine literarische Tradition, die immer wieder Meisterwerke hervorbrachte.

Zu allen Zeiten haben patriotische Themen im Zentrum vietnamesischer Literatur gestanden. Die „Berge und Flüsse" des Landes, Synonym für die Heimat, wurden immer dann besonders aktuell, wenn es einer Bedrohung von außen zu widerstehen galt. Als General **Ly Thuong Kiet** 1076 das Land von den chinesischen Sung befreien wollte, feuerte er seine Landsleute mit Versen an – und siegte natürlich. Für **Nguyen Trai,** den konfuzianischen Gelehrten und Feldherrn Le Lois, galt es als Bestandteil der Kriegsführung, den Feind mittels Flugblättern, Spottliedern und Offenen Briefen zu überzeugen, dass es besser sei, „die Herzen zu erobern als die Zitadellen". Nicht zuletzt seinem rhetorischen Geschick war es zu verdanken, dass die Ming

Land und Leute

*Berge und Flüsse des südlichen Reiches/
Gehören dem Herrscher des Südens/Das
Buch des Himmels hat es so bestimmt/
Warum also wagen eure Horden unser
Land zu überfallen/Ihr werdet sehen: eure
Niederlage ist gewiss.*

(Ly Thuong Kiet, 11. Jh.)

*Die Ruhe ist wiederhergestellt/Berge und
Flüsse haben ihr Aussehen verändert/Das
in Unordnung geratene Universum hat seine Harmonie wiedergefunden/Sonne und
Mond kehren aus der Finsternis ins Licht
zurück.*

(Nguyen Trai, 15. Jh.)

*Unsere Berge, unsere Flüsse, unsere Men-
schen werden immer bleiben/Ist der Feind
erst geschlagen, bauen wir das Land wieder auf zehnmal schöner denn je.*

(Ho Chi Minh, 20. Jh.)

sich 1427 wieder aus Vietnam zurückzogen
und eine Periode des Friedens beginnen
konnte: Die „Große Proklamation über die
Befreiung von der chinesischen Herrschaft"
preist diesen Zustand. Mehr als ein halbes
Jahrtausend später, als Vietnam erneut der
größten Weltmacht seiner Zeit gegenüber-
stand, war es **Ho Chi Minh**, der zur Konti-
nuität des Themas beitrug.

Aber die Vietnamesen dichteten auch in
Friedenszeiten. Eine kulturelle Blüte erlebte
das Land unter Kaiser *Le Thanh Tong* (1460–
97), der nicht nur ein fortschrittliches Gesetzeswerk schuf, sondern eine Dichterakademie gründete und zur Abfassung historischer
und philosophischer Schriften sowie zur Ar-
chivierung von Legenden und Lyriksammlun-
gen aufrief. Zu einer ähnlichen Entwicklung
kam es im 17. Jh. unter den Trinh, als immer
mehr Werke in *chu nom* entstanden. Die ersten überlieferten Gedichte in der Nom-Schrift
hatte bereits 1282 Han Thuyen verfasst, aber
das gelehrte Vietnam verhielt sich weiterhin
ablehnend und scheute davor zurück, seine

hohen Gedanken in derart niederen Schriftzeichen auszudrücken. Erst unter *Le Loi* und
als Reaktion auf die Schreckensherrschaft der
Ming (1407–1727) wurde das Nom auch in
Gelehrtenkreisen populärer, zahlreiche literarische Arbeiten entstanden, und selbst chinesische Klassiker wurden in Nom übertragen.

Obwohl das patriarchalische Bildungs-
system **Frauen** wenig Möglichkeit bot, sich
Wissen anzueignen, geschweige denn an die
Öffentlichkeit zu treten, durchbrachen einige
Damen der Oberschicht diese Regel. Die erste Poetin war *Dieu Nhan* (1072–1143), die
Tochter eines Prinzen, die sich nach dem Tode ihres Gatten ins Kloster zurückzog und
Verse schrieb. Im 18. Jh. verfasste *Dang Tran
Con* das bewegende Antikriegsepos „Die
Klagen einer Kriegersfrau". Die herausragende Gestalt aber war *Ho Xuan Huong*, die sich
nicht mehr damit begnügte zu klagen, sondern vehement die verlogene Gesellschafts-
moral des späten 18. Jh. attackierte; die Kon-
kubine eines Präfekten scheute nicht einmal
davor zurück, an absolute Tabus wie freie Liebe und Sexualität zu rühren, wenn auch
natürlich „elegant", in raffinierten Wortspie-
len und poetischen Bildern.

Als Nationalepos Vietnams gilt *Kim Van
Kieu*. Jeder kennt es oder weiß zumindest ein
paar Verse zu zitieren, man sagt, es würde
„der vietnamesischen Seele Ausdruck verleihen". **Nguyen Du** (1765–1820), der seine
letzten Jahre am Hof Gia Longs in Hue verbrachte, erzählt die tragisch-anrührende Geschichte seiner Heldin in 3354 Versen. Kieu
trennt sich voller Schmerz von dem Geliebten, um ihren hochverschuldeten Vater vor
dem Kerker zu bewahren, verkauft sich als
Kurtisane an ein Bordell, wird Mätresse eines
Banditen und fällt in die Hände immer skru-
pelloserer Menschen; als sie nach zahllosen
Leiden und Abenteuern schließlich ihren Geliebten wiederfindet, hält sie sich – unschuldig schuldig geworden – seiner nicht mehr
für würdig und verzichtet auf seine Liebe. In
der heftigen Anklage gegen das herrschende
Unrechtssystem, das die Rechte des Einzelnen und insbesondere der Frauen brutal mit
Füßen tritt, konnten (und können?) Millionen
von Vietnamesen immer wieder anschaulich
ihr eigenes Schicksal wiederfinden.

Die künstlerischen Ausdrucksmittel eines Versepos wie *Kim Van Kieu* waren aufgrund der Kolonisation an einem Endpunkt angelangt; neue Formen und Themen mussten gefunden werden. Die Einführung des lateinischen Alphabets und die Anfänge eines eigenständigen Journalismus führten zu neuen Schreibweisen und ab 1920 zu ersten Beispielen moderner Prosa. Der anfangs noch starke französische Einfluss schwand mit wachsendem Selbst- und Nationalbewusstsein, kämpferische, patriotische und sozialistische Literatur entstand. „Mit Feder und Gewehr kämpfen", hieß fortan die Devise, eindringliche Zeugnisse des Widerstands sind die Gedichte von *To Huu*.

Seit der „Befreiung" wendet man sich (notgedrungen) neuen Themen zu. Die Autoren scheinen damit weniger Probleme zu haben als ihr einziger „Verleger", der Staat, wie überall in autoritären Staaten gehen Zensur und vorbeugende Selbstzensur eine innige Verbindung ein. Dennoch konnten Romanciers wie **Nguyen Huy Thiep, Duong Thu Huong** oder **Bao Ninh** mit ihren realistischen Porträts der sozialistischen Gesellschaft Aufsehen erregen. Der Trend zu kritischer Meinungsäußerung existiert, auch wenn in letzter Zeit wieder schärfer als früher gegen Dissidenten vorgegangen wurde. Den Wandel kultureller Werte, den neuen Vietnamesen schlechthin, zeichnet **Pham Thi Hoai** mit Witz und Ironie. Die Schriftstellerin, die heute zeitweise in Deutschland lebt und deren poetische Erzählungen auch auf Deutsch erhältlich sind, gilt als Vertreterin der „neuen Generation" der Hanoier Literaten – selbst wenn ihre Texte im Ausland veröffentlicht werden und staatliche Kampagnen sie von Zeit zu Zeit als „Nestbeschmutzerin" diffamieren.

Musik und Theater

Die volksnahen Kunstformen Musik und Theater sind eng miteinander verbunden und entwickelten sich schon früh in Vietnam. Obwohl das Theater spätestens seit dem 13. Jh. als „hoffähig" galt und Musikdarbietungen bei keiner kaiserlichen Festivität fehlen durften, waren die Künstler selbst, nicht anders als in unserem Mittelalter, von der Gesellschaft geächtet und ausgestoßen. So war es Schauspielern strikt untersagt, sich an den Gelehrtenprüfungen zu beteiligen, und selbst ein großer Förderer und Liebhaber des Theaters wie Kaiser Tu Duc (1847–83) traf die Feststellung, dass Schauspieler schlicht nicht zur menschlichen Rasse gehörten.

Musik

Pauschal gesagt, folgt die Musik des Nordens der **chinesischen** Tradition, mit einer Fünftonleiter ohne Halbtöne, schnellen Tempi und kräftigen Tönen, während im Süden der Einfluss der von den Cham übernommenen **indischen** Musik mit Trommeln und improvisierten Vorspielen vorherrscht – man spricht von einer *dieu hat nam*, einer Melodie des Südens, und einer *dieu hat bac* des Nordens.

Jede Volksschicht und jeder Berufsstand hat seine spezifischen Lieder, die alle Vietnamesen von der Wiege bis zum Tod begleiten: einfache Kinderlieder, Spottverse und Schüttelreime, Lieder, die das schwere Los im Reisfeld erträglicher machen oder die Arbeit der Fischer auf hoher See, burleske Bänkelgesänge blinder Wandersänger, patriotische Weisen voller Stolz und Nationalgefühl, wehmütige Liebeslieder (*nam ai*), sehnsuchtsvoll bis zur Rührseligkeit, und Balladen, die die Meisterwerke der Literatur verbreiten halfen. Als Kunstformen wurden der *hat a dao* („Gesang der Sängerinnen") und der *ca Hue* („Gesang von Hue") an den Höfen gepflegt.

Das Ende der Hofkultur und die Entwurzelung der traditionellen Dorfgemeinschaft durch Krieg und Sozialismus haben die alten Gesangsformen fast aussterben lassen. Zwar singt man gern und viel, aber doch lieber westlichen Pop im Karaoke-Schuppen als eigene Musik. Ry Cooder spielte mit dem großen alten Mann *Kim Sinh*, aber es wurde keine Wiederholung der kubanischen Erfolgsgeschichte, Auslandsvietnamesen wie *Nguyen Le* sind auf internationalen Jazzfestivals erfolgreich, aber im eigenen Land kennt man sie nicht, und *Trinh Cong Son*, der populäre Protestsänger und Poet, ist tot. – Um traditionelles Liedgut unverfälscht zu hören, muss man zur rechten Zeit an einem unspektakulären Ort sein. Die süßlichen Darbietungen, die Touristen geboten werden, treffen nur bedingt die Originalität alter, oft genial einfacher Lieder und Musikformen.

Instrumente

Die traditionelle Musik Vietnams kennt etwa 30 Grundinstrumente. Blas- und Blechinstrumente sind selten – sie verstimmen im feuchten Klima permanent (werden aber – aus diesem Grund? – bei Beerdigungen gespielt). Wichtig sind Trommeln, Gongs und andere Schlaginstrumente, die für Zeremonien und Theateraufführungen unentbehrlich sind, und die vielfältigen Saiteninstrumente (Monochord, Zither, Mondlaute), die der vietnamesischen Musik zusammen mit dem Taktschlaginstrument *Song Lang* ihre spezielle Note geben. Originell ist das *Dan Bau*, das lediglich aus einer Saite und einem Resonanzkörper besteht und fremdartige Töne erzeugt, deren Höhe mit dem Handballen und einem Tremolo-Hebel reguliert werden.

2003 wurde die „elegante Musik" *(nha nhac)* der Kaiserzeit von der UNESCO zum immateriellen unersetzlichen Kulturerbe erklärt, eine Auszeichnung, die hoffentlich dazu beiträgt, alte Kunstformen vor dem Untergang zu retten. In Hanoi kann man z.B. wieder das höfische Singspiel *Ca Tru* erleben (s. dort).

Theater

Hat Cheo

Die Bauernoper ist die älteste Theaterform Vietnams. Das „Theater des Lachens" soll um 1000 im Delta des Roten Flusses entstanden sein – ab dem 15. Jh. wurde es am Hof verboten – und umfasst Drama, Lyrik, Musik, Gesang und Tanz. Teils spottlustige Satire, die sich oft genug gegen die Herrschenden richtete, war es stets mehr als nur bloße Volksbelustigung, sondern trug in spielerischer und unterhaltsamer Weise zur **Bewusstseinsbildung** der Bauern bei. Aufführungsverbote seitens der Obrigkeit waren häufig, ließen sich aber nie lange durchsetzen. Das Volkstheater ist im Norden noch heute populär und erlebt, nicht zuletzt durch Vorführungen für Touristen (meist eine Revue von Ausschnitten aus den populärsten Stücken), eine Renaissance.

Ca Tru

Das im 11./12. Jh. im Norden etablierte Singspiel, das seit 2009 auf der UNESCO-Liste der Weltkulturgüter steht, wird traditionell von drei Personen aufgeführt: einer Sängerin, die mit einem Schlaginstrument den Takt vorgibt, einem Lautenspieler und einem Trommler.

Hat Boi

Das „Schauspiel der Gebärden und des Gesangs" ist die vietnamesische Variante der chinesischen Oper. Bis ins letzte Jahrhundert die beliebteste Unterhaltung am Kaiserhof, hat heute kaum jemand mehr Zeit, sich auf

Hofmusik

Mua Roi Nuoc (Wasserpuppentheater)

Wasserpuppentheater gehört heute zum Pflichtprogramm jedes Hanoi-Besuchers. Der *„Tanz der Marionetten auf dem Wasser"*, eine schon seit dem 10. Jh. im Delta des Roten Flusses existierende Kunstform, war fast ausgestorben, bis ausgerechnet der Tourismus die Wiederbelebung dieses einzigartigen Puppenspiels einleitete. Heute reist die Truppe des Hanoier Thang-Long-Theaters von Festival zu Festival.

Das Verfahren ist einfach: Man benötigt eine Wasserfläche, es kann auch ein überflutetes Reisfeld sein, und aus dem Holz des Feigenbaums geschnitzte und bemalte Figuren. Heutzutage stehen die unsichtbaren Puppenspieler statt im Dorfteich auf einer Bühne hüfttief im Wasser. Durch eine Bambuswand verborgen lassen sie die beweglichen bis zu 70 cm großen Puppen scheinbar ohne jede Anstrengung die unglaublichsten Bewegungen ausführen. Ein komplizierter Mechanismus von Fäden, Seilzügen und Bambusstangen macht es

möglich. Am faszinierendsten für den Zuschauer ist die *Leichtigkeit* und *Wendigkeit*, mit der die auf den ersten Blick plump erscheinenden Figuren in und auf dem Wasser agieren.

Teu, Moderator und Spaßmacher, führt humorvoll durch die Vorstellung – auf einem Dorffest ist seine Figur der Publikumsliebling. Ein Trommelwirbel kündigt die erste Szene an und erst jetzt wird klar, wie wichtig das Wasser für das Geschehen ist, es wird zum wesentlichen Bestandteil jeder der kurzen Szenen: Heftige Wellen provoziert der Tanz des feuerspeienden Drachen *Rong*, rein wie ein Spiegel ist die Wasseroberfläche beim Auftritt der Feen, es spritzt gewaltig, wenn der Fuchs den Entchen nachstellt oder Kinder beim Bootsrennen wetteifern. Weitere Effekte werden durch Rauch, Licht und Musik (Trommel, Gong, Xylophon) erzielt.

Auch auf dem Land wird das kulturelle Erbe in seiner ursprünglichen Form wieder belebt: Die sehenswertesten Aufführungen „im Dorfteich" finden wie schon vor Jahrhunderten beim *Fest des Chua Thay* im März statt.

den Gesang der langatmigen schwierigen Texte – untermalt von dramatischer Musik – und die kodifizierten Gesten und Bewegungen der Charaktere einzulassen.

Man muss sehr viel Glück haben, eine der seltenen klassischen Aufführungen mitzuerleben. Die schrillen Fernseh-Soaps, vor allem bei Frauen und Kindern größter Beliebtheit erfreuen, haben mit den klassischen Vorbildern nichts mehr gemeinsam.

Cai Luong

Das „erneuerte" oder „reformierte Theater" entwickelte sich Anfang des 20. Jh. und ist, basierend auf Hat-Boi-Stoffen, auf das Hier und Jetzt zugeschnitten. Hauptsache jedoch sind Musik und Gesang. In einem einzigen Stück können bis zu 40 Gesangseinlagen vorkommen, und wegen dieser „Ohrwürmer" sind die Vorstellungen beim Publikum so beliebt.

Kunsthandwerk und Malerei

Kunsthandwerk

„Das einheimische Handwerk hat sich in Indochina in stärkerem Maße als in vielen anderen Kolonialländern erhalten. Die Ursache dafür ist der hohe Grad der kolonialen Ausbeutung durch die Franzosen. Jeder ökonomische Aufschwung, der etwa geeignet wäre, die Kaufkraft der Bevölkerung zu heben, muss hier ausbleiben; infolgedessen war die Masse der Bevölkerung stets zu arm, um französische Waren, gleich welcher Art, kaufen zu können. Sie waren einfach gezwungen, auf die Erzeugnisse des Handwerks alter Art zurückzugreifen."

Eine Einschätzung
aus den 1950er Jahren

Trotz Plastik und Massenproduktion, man hängt immer noch am Altherge-brachten. Gerade in den letzten Jahren ist ein vermehrtes Traditionsbe-wusstsein zu beobachten, das alte Techniken wiederaufleben lässt, so-dass äußerst geschmackvolle Artikel gefertigt werden – nicht nur für Souve-nirläden, sondern auch für den Eigen-bedarf.

Holzschnitt

Schwarz-weiß-Holzschnitte wurden schon im 11. Jh. hergestellt, etwa 400 Jahre später produzierte man auch farbig. Meist waren ganze Dörfer und Dorfgemeinschaften auf die Herstellung dieser populären Volkskunst spezialisiert, von der Fertigung des Papiers und der Druckstöcke über Druck und Kolo-rierung mit Naturfarben bis zum Vertrieb auf Wochenmärkten. Heute werden vor allem noch die *tranh tet* oder **Neujahrsbilder** her-gestellt. Als Symbol des Wohlstands er-scheint das Schwein und verheißt Frucht-barkeit mit einer Schar Ferkel. Glück bringen Pfirsich- und Pflaumenblüten, Chrysanthe-men oder der Hahn. Die bunten, plakativen Darstellungen werden heute auch gerne als Postkartenmotive verwendet. In ganz Viet-nam berühmt ist das **Handwerksdorf Dong Ho** nördlich von Hanoi.

Lackarbeiten

Das Handwerk kam im 15. Jh. aus China, wo es schon seit 2000 Jahren bekannt sein soll. Mit dem Lack aus dem weißlichen oder bräunlichen Harz des *cay son* oder Lack-baums kann man im Prinzip alle möglichen Materialien überziehen, meistens verwendet man aber Holz (Teak, Jackfruit, Lorbeer). Nach der Vorbehandlung der Oberfläche mit einer Fixierschicht werden nacheinander hauchdünne Lackschichten aufgetragen, von denen jede einzelne mindestens eine Woche trocknen muss, bevor sie geschliffen, poliert und mit einer weiteren Lage überzogen wer-den kann. 11 Schichten gelten als Minimum, außergewöhnliche Kostbarkeiten können von 100 und mehr Schichten überzogen sein, wobei der Fertigungsprozess sich unter Um-ständen Jahre hinziehen kann. Weniger auf-wendige Techniken werden natürlich für die Souvenirproduktion bevorzugt.

Charakteristisch für vietnamesische Lack-waren sind Einlegearbeiten aus Perlmutt, zu-weilen findet man aber auch Gold- und Sil-berplättchen oder, als einfachste Variante, zerstoßene Eierschalen. Bevorzugte Farben sind Grün, Braun und Schwarz, doch auch mehrfarbige Schichten sind möglich.

Keramik

Vietnamesische Töpferkunst wird gerühmt und war selbst in China und Japan zeitweise hoch begehrt. Jede Dynastie bevorzugte un-terschiedliche Tönungen und Techniken, mal jadefarben oder elfenbein, mehr oder weni-ger transparent, glatt oder gesprenkelt gla-siert. Die berühmtesten Keramiken mit Far-ben zwischen „Mondschein" und „Meer-grün" und metallischem Klang sind die der *Thanh-Hoa*-Schule der Ly-Dynastie (1009–1225). Die *Blau-weiß-Keramik* des 15. Jh. (Bat Trang) wurde bis nach Japan exportiert, kaum minder angesehen ist die kräftig blaue *Hue-Keramik* aus der Zeit der Nguyen-Fürsten (17. Jh.), die anfangs von chinesi-schen Töpfern in Long Tho bei Hue herge-stellt wurde.

Seidenmalerei

Wohl nicht zuletzt aufgrund der ge-stiegenen Nachfrage hat die seit dem 13. Jh. in Vietnam bekannte Kunst der Seidenmalerei in den letzten Jahren

Kunst am „Fließband"

einen enormen Aufschwung erlebt, verbunden mit einer Rückbesinnung auf traditionelle Themen. Anders als in der chinesischen Malerei verwendet man viele Farben, die Künstler stellen auch Menschen dar und richten ihre Sujets nicht allein auf die symbolische Darstellung der Natur aus.

Moderne Kunst

Doi moi, die Zeit der Erneuerung, brachte dem ganzen Land neben politischen und sozialen Veränderungen auch einen enorem Kreativitätsschub. Vietnam wurde von einem „Kunstboom" erfasst und mit Galerien und Bildern überschwemmt, die keineswegs alle überragend waren. Jedoch mit der Erweiterung des Weltbilds der Künstler entwickelte sich die junge Kunst fort, wurde fantasievoll, poli-

tisch, aufbegehrend – ohne je auf dem Weg zur Moderne mit den Traditionen zu brechen. Die *Gang of Five* war nach dem berühmtesten Maler Vietnams *Bui Xuan Phai* die erste Malergruppe, die internationale Bekanntheit erlangte, Neo-Realisten wie *Hong Viet Dung* oder der Expressionist *Tran Luong* gehörten dazu. Die Nachfolgegeneration, alle nach 1970 geboren, verschaffte sich mit neuen Formsprachen, Installationen, Performances und versierter Maltechnik internationale Anerkennung: *Nguyen Van Cuong* mit surrealistisch anmutenden Arbeiten, *Nguyen Quang Huy* mit ruhigen klaren Bildelementen und *Nguyen Minh Thanh*, dessen Selbstporträts immer auch Selbstfindungen sind, können nicht die Vielzahl der Namen repräsentieren, die einen starken Eindruck hinterlassen und sich der „Tradition des Neuen" verpflichtet fühlen.

Land und Leute

290/kl Foto: kb

Architektur

Typisch für vietnamesische Gebäude ist ihre horizontale Ausdehnung, sodass selbst die Paläste der Vergangenheit niemals monumental wirkten und sich stets harmonisch in ihre natürliche Umgebung fügten – für die Paläste der Gegenwart gilt diese Regel, Erde, Mensch und Himmel miteinander zu versöhnen, freilich nicht mehr.

Ein traditionell vietnamesisches Haus ist einstöckig und rechteckig, die Zahl der Räume (darauf achtet man auch heute noch bei Neubauten) immer ungerade. Je nach geografischer Lage und sozialem Status der Bewohner sind die Wände aus Lehm oder Backstein, die Dächer mit Palmblättern oder Ziegeln gedeckt.

Der Eingang weist traditionell nach Süden, bietet aber nach Möglichkeit keinen direkten Zugang zum Innern, um bösen Geistern den Zutritt nicht zu leicht zu machen. Gegenüber dem Eingang im Hauptraum befindet sich der Ahnenaltar. Außerhalb des Hauses, auf dem Hof, liegen Küche, Brunnen und Stall. Eine Mauer umgibt den Hof im Idealfall.

Eine Besonderheit der Stadtarchitektur sind die **„Röhrenhäuser"** in *Hanois Altstadt.*

Deutlich anders sind die Häuser der Bergstämme, die nach wie vor den südostasiatischen Pfahlbaustil aus Holz und Bambus bevorzugen, der – wie Felszeichnungen der Jungsteinzeit und Ornamente der Dong-Son-Trommeln zeigen – schon in der Frühzeit Vietnams verbreitet war.

Wirklich „historische" Gebäude sind rar in Vietnam. Nicht nur Jahrhunderte der Kriege forderten ihren Tribut, sondern auch das Klima: Holzkonstruktionen, Lehmwände, Palmblattdächer können den Witterungseinflüssen der Tropen nur eine begrenzte Zeit widerstehen. Turnusmäßige Renovierungen aber waren stets auch Anlass zu „Modernisierungen". Wenn vietnamesische Denkmalschützer „historische Monumente" (meist Pagoden) benennen, bedeutet das nur bedingt historische Originale – der Geist, in dem ein Gebäude errichtet wurde, zählt für die Vietnamesen mehr als das Alter und die Authentizität der Materialien.

Am ehesten erhalten haben sich Überreste von Steinbauten (meist Befestigungsanlagen, z.B. Co Loa). Die Paläste und Hauptstädte der älteren Kaiserdynastien sind praktisch nicht mehr vorhanden – die „alte" Kaiserstadt Hue stammt gerade mal aus den ersten Jahren des 19. Jh.

Auch die einstige Hafenstadt Hoi An, deren außergewöhnlich chinesisch-vietnamesisch-japanische Anlage und Architektur geradezu „mittelalterlich" anmutet, ist kaum älter als 200 Jahre.

Siehe auch **Sakralarchitektur.**

Cham-Heiligtümer

Von den Tempelanlagen der Cham, von deren Existenz die Welt erst Anfang des 20. Jahrhunderts erfuhr – damals schätzten die französischen Archäologen, die sie entdeckten, ihre

Zahl auf etwa 300 –, sind durch die nachfolgenden Kriege kaum mehr als 100 übriggeblieben, die meisten in einem Zustand, der mit „Baufälligkeit" nur unzureichend umschrieben ist.

Nachdem im französischen Kolonialkrieg bereits das Klosterheiligtum *Dong Duong* dem Erdboden gleichgemacht wurde, entging *My Son* im amerikanischen Krieg dem gleichen Schicksal nur mit knapper Not. Von den ursprünglich 70 Tempeln My Sons haben, mehr oder minder stark zerstört, nur knapp 20 die Flächenbombardements der Amerikaner überlebt. Die Vietnamesen versuchten seit 1981 zu retten, was zu retten ist. Der Wettlauf mit der Zeit und dem tropischen Klima hat sich gelohnt. My Son wurde von der UNESCO zum Weltkulturerbe erklärt, und die Monumente werden mit internationaler Hilfe sachgemäß restauriert und vor weiterem Verfall bewahrt. Unqualifizierte Restaurierungsarbeiten an Cham-Denkmälern durch unzureichende Kenntnisse oder Nachlässigkeit hatten in den letzten Jahren manchem Heiligtum eher geschadet als es zu erhalten.

Cham-Heiligtümer

Hanoi
Thanh Hoa
Vinh
Ron
Dong Hoi
Quang Tri
Hue
Da Nang
Qui Nhon
Nha Trang
Tay Ninh
Saigon
Phan Rang
Phan Ri
Phan Thiet

AMARAVATI
VIJAYA
KHAU-TARA
PANDU-RANGA

0   300 km

Land und Leute

Cham-Türme

Die roten Ziegeltürme der Cham, die unvermittelt aus der Landschaft ragen oder sie weithin sichtbar von Anhöhen und Hügeln aus beherrschen, sind das markanteste Kennzeichen Zentralvietnams. Während die Architektur der Vietnamesen stets bestrebt war, im Einklang mit der Natur zu bleiben und sich harmonisch in sie einzufügen, passte sich der vergleichsweise monumentale Baustil der Cham niemals an, sondern stellte sich in Kontrast zur natürlichen Umwelt. Wie ihre gesamte Kultur, war auch die Baukunst der Cham bewusst elitär; zu ihren von der Idee des Gottkönigtums geprägten Tempeln und Heiligtümern hatten nur die Herrscher und ihre Priesterschaft Zutritt.

Die Cham-Türme erreichen eine Höhe von bis zu 35 m. Der *Kalan*, das Turmheiligtum, erhebt sich nach indischer Lehre auf einem quadratischen Sockel (als Symbol des Himmels). Das Eingangsportal liegt gen Osten, zur aufgehenden Sonne hin. Pfeiler, Säulen, Giebel, Friese und Schmuckbänder aus Sandstein, figürliche Darstellungen von Musikern,

Champa - das Königreich der Cham

Die austro-asiatischen, ursprünglich vermutlich aus Indonesien zugewanderten Cham beherrschten mehr als ein Jahrtausend lang das heutige Zentralvietnam zwischen Dong Hoi und Phan Thiet und lieferten sich während dieser Zeit endlose Kämpfe mit den Chinesen und Vietnamesen im Norden und den Khmer im Süden ihres Machtbereichs. Unter dem Namen *Lin Yi* wurde ihr Reich erstmals um *200* von Geschichtsschreibern erwähnt. Ende des 5. Jh. sahen sich die Chinesen gezwungen, eine definitive Grenze zwischen Giao Chi (dem damaligen Vietnam) und Lin Yi festzulegen (am Hoanh-Son-Massiv nördlich von Dong Hoi), und untersagten strengstens jeglichen kulturellen Kontakt zwischen den Völkern. Der Name Champa selbst taucht in Sanskrit-Schriften erstmals um das Jahr *600* auf.

Als gefürchtete *Seefahrer* und Piraten unterhielten die Cham Kontakte mit Südindien und den indonesischen Inseln und beherrschten zwischen dem 4. und 10. Jh. als Händler, Kaufleute und Korsaren fast den gesamten *Gewürz- und Seidenhandel* zwischen Java, China, Indien und Arabien. Ihr Reichtum galt noch im 13. Jh. als so groß, dass die Mongolenhorden Kublai Khans Vietnam nur als „Aufmarschgebiet" zu nutzen gedachten, um das sagenhafte Gold- und Gewürzland der streitbaren Cham zu erobern.

Im Gegensatz zum chinesisch-konfuzianischen Vietnam basierte die soziale Ord-

nung der Cham auf *hinduistischem* Gottkönigtum, elitären Kastensystemen und Sklaverei. Die Herrschenden sahen sich als Inkarnation Shivas und verfügten über unumschränkte weltliche wie sakrale Macht; daran änderte sich auch nichts, als ab dem 9. Jh. der Buddhismus an Einfluss gewann und zeitweise sogar zur Staatsreligion erklärt wurde. Über Lebensweise und religiöse Kulte des einfachen Volkes (Animismus, Erd- und Muttergöttinnen?) ist bezeichnenderweise so gut wie nichts bekannt.

Auf dem Höhepunkt seiner Macht setzte sich Champa aus dem Nordreich *Amaravati* (in der Region des heutigen Da Nang) und dem Südreich *Panduranga* (zwischen Nha Trang und Phan Rang) zusammen. Das weitaus bedeutendere Nordreich mit der Hauptstadt *Sinhapura* (Tra Kieu) und dem religiösen Zentrum *My Son*, das sich zwischen dem 4. und 8. Jh. ausschließlich auf den Hinduismus gestützt hatte, verlegte seine Machtzentren unter dem wachsenden Einfluss des Buddhismus 875 nach *Indrapura* (Hauptstadt) und *Dong Duong* (buddhistische Klosterstadt), hielt der heiligen Tempelstadt My Son als Sitz des Shiva- bzw. Lingam-Kults aber noch bis ins 13. Jh. hinein die Treue.

Im 10. Jh. befreiten sich die Vietnamesen von den Fesseln der Chinesen, zur gleichen Zeit begann im Süden der Aufstieg des Khmer-Reichs von Angkor. Gegenseitige und im Lauf der Zeit immer erbittertere Beutezüge, Strafexpeditionen und Eroberungskriege prägten die folgenden Jahrhunderte. Nach der ersten Plün-

Tänzerinnen und Göttern verzieren den quadratischen Baukörper, über dem sich das nach oben zu verjüngende, pyramidenförmige Dach erhebt.

Einzelne Kalane findet man vor allem in der Region von Qui Nhon, aber meist stehen sie in Dreiergruppen zusammen; sind nur noch zwei Türme vorhanden, wurde ein dritter zerstört. Bis zum 7. Jh. wurden sie aus Holz und

Lehm errichtet, die ältesten Exemplare datieren erst aus der Zeit, als sich die Ziegelbauweise durchsetzte. Das Geheimnis der glatt und fugenlos aufgetürmten Backsteine ist bis heute ungeklärt, ursprüngliche Vermutungen in Richtung pflanzlicher Bindemittel und Harze (wie sie häufig bei älteren vietnamesischen Holzpagoden nachweisbar sind) scheinen sich nach neuen Analysen nicht zu

derung und Brandschatzung Indrapuras durch die Vietnamesen (982) verlegten die Cham ihre Hauptstadt 300 km weiter südlich nach *Vijaya* (nahe dem heutigen Qui Nhon). 1177 nahmen die Cham vorübergehend Angkor ein, wurden von den Khmer aber ebenso zurückgeschlagen wie 200 Jahre später von den Vietnamesen, die die Cham nach der Eroberung Hanois 1371 in einem 20-jährigen Krieg weiter nach Süden zurückwarfen als je zuvor. Nach dem Verlust Vijayas *1471* war der Verfall Champas nicht mehr aufzuhalten, das Königreich zersplitterte in tributpflichtige Fürstentümer und Vasallenstaaten, in die nach und nach landlose Vietnamesen als Siedler einströmten. Die heute noch etwa 95.000 Nachfahren der Cham leben von den Küstenregionen abgedrängt in meist sehr ärmlichen Verhältnissen.

250w foto: kb

Lingam mit den Gesichtszügen von Po Klaung Garai

bewahrheiten. Während sich an dem architektonischen Grundaufbau der Anlagen über Jahrhunderte hinweg praktisch nichts änderte, waren ihre Verkleidungen und Ausschmückungen (Friese, Reliefs und Rundplastiken aus Sandstein) einem ständigem Wandel unterworfen und lassen sich in verschiedene Epochen und Kunststile unterteilen.

Das fensterlose Innere des Kalan ist dunkel und völlig schmucklos, alle Aufmerksamkeit soll sich auf das Kultbild des Gottes oder der Göttin (oder stellvertretend auf *lingam* oder *yoni*) konzentrieren. Die blutigen Stieropfer – einige Forscher vermuten wie bei den Kali-Kulten in Indien auch ursprüngliche Menschenopfer – entwickelten sich im Lauf der Zeit zu rituellen Waschungen.

Von den anderen Bauten eines Cham-Heiligtums sind, falls überhaupt, meist nur noch Ruinen erhalten. Das *Mandapa* ist eine große freistehende Säulenhalle mit einem flachen Balkendach, es diente zur Vorbereitung der Kulte, hier fanden Tempeltänze statt usf. Außer in My Son kann man die Überreste einer solchen Halle gut in Nha Trang (Po Nagar) studieren. Die *Bibliothek*, ein kleines, rechteckiges Gebäude mit zwei Räumen und einem schweren gewölbten Dach, bewahrte das Tempelgerät auf.

Kleidung

Chinesische Eroberer wie vietnamesische Kaiserdynastien trugen jahrhundertelange Kämpfe gegen die Bevölkerung und zumal deren weiblichen Teil aus, um die „korrekte", d.h. chinesische Bekleidung mit Hemd und Hose durchzusetzen, und selbst im 19. Jh. noch musste Kaiser Minh Mang strengste Maßnahmen ergreifen, den unbotmäßigen Frauen seines Landes das Tragen von Röcken und bunten Farben abzugewöhnen.

Farben waren den zeremoniellen Gewändern des Hofs und der Oberschicht vorbehalten, exakte Vorschriften legten fest, wer zu welchen Farben berechtigt war: Gelb stand nur dem Herrscher und seiner Familie zu, Rot, Violett und Blau kennzeichneten die Rangordnungen der Mandarine, Weiß (oder genauer: ungefärbt) war die Farbe der Trauer (weshalb noch heute bei Beerdigungen zumindest eine weiße Kopfbinde angelegt wird).

Die Kleidung der Bauern und einfachen Leute war somit traditionell auf schwarzes, graues oder dunkelblaues Tuch beschränkt, und so ist es in vielen Teilen Vietnams bis heute geblieben. Das kragenlose Hemd und die weitgeschnittene dreiviertellange Hose, die bei der Arbeit im Reisfeld bis über die Knie hochgekrempelt werden kann, werden gleichermaßen von Männern wie Frauen getragen und haben nichts mit „Maoismus" oder realsozialistischem Einheitslook zu tun.

Die optimale Kopfbedeckung gegen Sonnenbestrahlung wie Regenschauer zugleich ist der federleichte (nur von Frauen getragene) kegelförmige Hut aus Reisstroh (**non la**), der mit einem Band unter dem Kinn befestigt wird. Das männliche Gegenstück dazu ist im Norden der grüne Tropenhelm, der früher aus Kork bestand und heute aus Schaumstoff hergestellt wird, und der im Süden mehr und mehr der amerikanischen Baseballmütze weicht.

Das mit Recht berühmteste Kleidungsstück Vietnams ist das elegante Festtagsgewand **ao dai,** dessen schmal geschnittenes Oberteil bis zu

Das Edikt von Minh Mang/das den Rock unter Strafe stellt/entsetzt jede Frau./ Wenn man nicht zum Markt gehen darf/kann man nichts verkaufen/aber wie soll man es übers Herz bringen/seinem Gatten die Hosen auszuziehen?

(Spottvers, um 1840)

den Knien herabfällt und seitlich bis zu den Hüften geschlitzt ist; darunter trägt man eine weite Hose. Ursprünglich trugen auch Männer den (in diesem Fall meist schwarzen und etwas kürzeren) Zeremonienrock zusammen mit einem Turban. Von den Sozialisten zunächst als dekadent verpönt, beginnt der *ao dai* sich heute wieder durchzusetzen, ganz in Weiß als bezaubernde Schuluniform höherer Mädchenschulen, mit bunten Mustern bei jungen Hotel- und Büroangestellten oder, kühner geschnitten und oft aus bestickter Seide, als gewagterotisches Ausgehkleid, das garantiert alle Blicke auf sich zieht.

Feste

Mondkalender

Die offizielle Zeitrechnung erfolgt wie bei uns nach dem Gregorianischen Kalender, Feste und Zeremonien dagegen richten sich nach wie vor nach dem (chinesischen) **Mondkalender,** der bei Neumond den Monatsbeginn und bei Vollmond die Monatsmitte hat.

Mondmonate sind kürzer als Sonnenmonate, sie bestehen nur aus 29 bzw. 30 Tagen, daher wird zum Ausgleich alle 3 Jahre ein zusätzlicher Monat eingeschoben. Der Beginn des Mondjahres fällt auf den ersten Neumond zwischen dem 15. Januar und dem 19. Februar, d.h. das vietnamesische Neujahrsfest liegt 3–7 Wochen später als unseres. **Tipp:** In Vietnam, aber auch in hiesigen Asien-Läden, gibt es Kalender mit beiden Zeitrechnungen zu kaufen.

Tet Nguyen Dan

Das Tet- oder **Neujahrsfest** ist *die* Festlichkeit des Jahres, ähnlich unserem Weihnachtsfest, und markiert zugleich den ersten Tag des neuen Mondjahres wie den Beginn des Frühlings. Ein Fest für sich sind schon die Vorbereitungen. Familienbesuche werden arrangiert, neue Kleider angeschafft, Schulden zurückgezahlt, das Haus entrümpelt, denn ein gründlicher Hausputz soll den Herdgeist *Ong Tao* günstig stimmen, wenn er am 23. Tag des letzten Monats auf einem Karpfen zum Himmel steigt, um dem Jadekaiser Bericht zu erstatten. Auch die **traditionellen Tet-Speisen** werden vorbereitet: *banh day* und *banh chung*, runde und viereckige, in Bananenblätter gehüllte Klebreiskuchen, die Himmel und Erde symbolisieren und mit Schweinefleisch, Ei und Bohnen gefüllt sind.

Ganze Straßenzüge ertrinken in einem Meer von Kumquat-Bäumchen, Blumen und Blüten (Pfirsich- und Pflaumenzweige gelten als besondere Glücksbringer), und spezielle **Tet-Märkte** bieten bunte Süßigkeiten, Kuchen, kandierte Früchte und Fruchtliköre dar. Die Preise steigen, der Verkehr nimmt zu, die Märkte quellen über. Am letzten Tag des alten Jahres besucht man die Gräber der Ahnen, die Opfer am Ahnenaltar sind dem Anlass entsprechend, mancherorts stellt man *cay neu* vor den Häusern auf, an langen Bambusstangen befestigte Glocken, Gongs und Pfeile, die böse Dämonen fernhalten sollen, und durch die Straßen tanzen farbenfrohe Papierdrachen. Seit Feuerwerkskörper verboten sind, entfällt die wilde Knallerei um Mitternacht, aber ein (Staats-) Feuerwerk findet schon statt.

Nach all den hektischen Aktivitäten verlaufen die eigentlichen Feiertage eher still, es sind die Tage der Familienbesuche und Geschenke, der Glückwünsche und opulenten Festmähler. Nicht Tet *feiern* sagt man in Vietnam, sondern Tet *essen (an Tet)*. Selbst wer das ganze Jahr über bescheiden leben musste hält sich an das Sprichwort „Das ganze Jahr über hungrig, aber an Tet drei Tage lang voll".

Dem ersten Tag des neuen Jahres wird besondere Bedeutung zugemessen: Vom ersten Besucher soll Glück oder Unglück des kommenden Jahres

Land und Leute

Tierkreise des Mondjahres

2010	Jahr des Tigers
2011	Jahr der Katze
2012	Jahr des Drachens
2013	Jahr der Schlange
2014	Jahr des Pferdes
2015	Jahr der Ziege
2016	Jahr des Affen
2017	Jahr des Hahns

Tet-Termine

2011	3. Februar
2012	23. Januar
2013	10. Februar

Festkalender (Auswahl)

Erster Mondmonat

1.–3. Tag	Tet Nguyen Dan, Neujahr und Frühlingsbeginn, bedeutendstes Fest in ganz Vietnam
5. Tag	Dong-Da-Fest, Hanoi, zum Gedenken an den Sieg Quang Trungs 1789
5. Tag	Quang-Trung-Fest, Tay Son, Demonstrationen der Vo-Vi-Kampftechnik
6. Tag	Co-Loa-Fest, Hanoi, zum Gedenken an An Duong Vuong, den Erbauer der Zitadelle (3. Jh. v.u.Z.). Prozession, Spiele etc. 10 Tage lang
8. Tag	Vieng Pha Markt, Nam Dinh; nur 1x im Jahr, ab Mitternacht bis morgens
13.–15. Tag	Lim-Fest bei Hanoi; traditioneller Gesangswettbewerb
15. Tag	Buddhas Todestag, Zeremonien in allen Pagoden
15.Tag	Fest der Vinh-Nghiem-Pagode, Saigon

Zweiter Mondmonat

12.–16. Tag	Dinh-Bang-Tempelfest, Bac Ninh, Cheo- und Wasserpuppentheater, Ringkämpfe, Hahnenkämpfe, Drachentanz
15. Tag	Beginn der Pilgerfahrten zum Chua Huong, Prov. Ha Tay (bis gegen Ende des 3. Mondmonats)
15. Tag	Höhepunkt der Nui-Ba-Den-Wallfahrten, Prov. Tay Ninh (1./2. Mondmonat)

Dritter Mondmonat

5. Tag	Tet Thanh Minh, Totengedenktag in ganz Vietnam
5.–7. Tag	Fest der Thay-Pagode bei Hanoi, Wasserpuppentheater, traditionelle Musik u.a.
8. Tag	Pagodenfest Chua Lang, Hanoi
8.–12. Tag	Tempelfest der alten Hauptstadt Hoa Lu bei Ninh Binh
8.–10. Tag	Hung-Tempelfest, Viet Tri; Märkte, Wettkämpfe usf.
9.–10. Tag	Dam-Fest, Hanoi; Bootswettrennen
23. Tag	Prozession der Thien-Hau-Pagode, Cho Lon
24. Tag	Fest der But-Thap-Pagode, Prov. Bac Ninh

Vierter Mondmonat

8. Tag	Buddhas Geburtstag; festliche Zeremonien und nächtl. Lampionprozessionen
14./15. Tag	Khmer-Neujahr; Festlichkeiten in allen Khmer-Pagoden des Mekong-Deltas, z.B. in Tra Vinh
22.–26. Tag	Nui-Sam-Wallfahrt, Chau Doc

abhängen, selbst Kleidung, Geschenke, Gesprächsthemen können als gute oder schlechte Omen angesehen werden. Kindern wird in roten Umschlägen *li xi*, happy money, geschenkt, Kollegen und Freunde schauen vorbei, um *Chúc mùng nam mói*, ein gutes neues Jahr, zu wünschen.

Für den Reisenden, der nicht die Gelegenheit hat, bei einer gastfreundlichen Familie eingeladen zu sein, kann dies unter Umständen eine sehr triste Zeit sein. Die zuvor so hektischen Straßen sind plötzlich ausgestorben, fast alle Geschäfte drei Tage lang geschlossen und die wenigen offenen Restaurants überfüllt. Auch nach den eigentlichen Festtagen läuft der Alltag nur schleppend wieder an. Sämtliche Hotels, Flüge und Eisenbahnplätze für

Land und Leute

Fünfter Mondmonat
2. Tag   Tempelfest Hai Ba Trung, Hanoi
5. Tag   Tet Doan Ngo, Mittsommerfest, in ganz Vietnam; Drachenbootrennen

Sechster Mondmonat
16.–18. Tag Dorffest der Insel Quan Lan, Bootswettbewerbe

Siebter Mondmonat
1.–10. Tag   Cham Kate. Wichtigstes Fest der Cham, in Phan Rang, Nha Trang,
             My Son
7.–10. Tag   Hon-Chen-Tempelfest, Hue
15. Tag   Tet Trung Nguyen, Fest der Geisterseelen, an dem in ganz Vietnam
             der Ahnen gedacht wird

Achter Mondmonat
1. Tag   Le-Van-Duyet-Tempelfest in Saigon
10. Tag   Con-Son-Tempelfest, Prov. Hai Duong, zu Ehren des Dichters und Feldherrn
             Nguyen Trai (15. Jh.)
9. Tag   Do-Son-Tempelfest, Haiphong; Büffelkämpfe u.a.
15. Tag   Tet Trung Thu, Mittherbstfest in ganz Vietnam; Laternenprozessionen,
             Löwentänze u.a.
18.–20. Tag Kiep-Bac-Tempelfest, Prov. Hai Duong, zum Andenken an Tran Hung Dao
             (13. Jh.)

Neunter Mondmonat
1.–3. Tag   Cham-Neujahr (Kate), Festlichkeiten und Prozessionen in allen Cham-
             Siedlungen, vor allem in Phan Rang und Umgebung
10.–16. Tag Fest der Keo-Pagode, Prov. Thai Binh; Bootsrennen u.a.
15.–20. Tag Fest der Pagode Co Le, Nam Dinh

Zehnter Mondmonat
10. Tag   Tet Thong Tan, Fest des neuen Reises, Opfergaben
14./15. Tag Ok-Om-Bok-Fest (Mondfest) in allen Khmer-Siedlungen des
             Mekong-Deltas, Bootsrennen in Soc Trang

die Zeit vor, während und nach dem Fest sind seit langem ausgebucht.

Traditionelle Feste

Da alle Festlichkeiten eng mit dem **Leben der Landbevölkerung** verknüpft sind, fallen die meisten Feste auf Frühling und Herbst, die Zeit der Aussaat und der Ernte von Reis. Tet- oder Jahreszeiten-Feste finden fast in jedem Mondmonat statt. Die oft mehrtägigen Pagoden- oder Tempelfeste künden quadratische bunte Fahnen schon von weitem an. Meist bestehen solche Feste aus einer (religiösen) Zeremonie und Opferdarbringung, an die sich dann der unterhaltsame Teil *(hoi)* mit Wettkämpfen, Tänzen, Theateraufführungen etc. anschließt.

Vietnam im Brennpunkt

258vi Foto: kb

259vi Foto: kb

Total vernetzt ...

... zwischen realem ...

... und Waren-Sozialismus

Visit Beautiful Vietnam!

„Jawohl: ‚Besuchen Sie das schöne Vietnam',
so heißt es in der Broschüre, die das vietname-
sische Reisebüro herausgegeben hat, und so
noch im Januar 1967. Der Ruf ist in der Tat
nicht im Leeren verhallt. Das Sankt Moritz
von Vietnam, Da Lat, 200 km von Saigon ent-
fernt, genießt als Höhenkurort besondere Be-
liebtheit, die rasche Flugverbindung zwischen
Saigon und dort funktioniert nach wie vor -
kurz: ‚Relax in Da Lat!' Wer es dagegen mehr
auf Kultur abgesehen hat, mehr auf Photos als
auf Hautbräunung, der begibt sich etwas wei-
ter, in die ehemalige Residenzstadt von An-
nam, nach Hue, um dort die Tempel und die
Paläste der ehemaligen Könige zu knipsen,
oder um sich - denn auch die Anmut asiati-
scher Jungfrauen ist als Kulturwert ja nicht zu
verachten - von jungen Mädchen auf dem
Hue-Fluss herumrudern zu lassen - kurz: ‚Be
a Pasha in Hue!' - während, ein paar Kilome-
ter davon entfernt, die Napalmbomben fallen,
die Dörfer in Flammen aufgehen, und die Kin-
der sich in Gelee verwandeln.“

(Günther Anders, 1968)

Visit Beautiful Vietnam! ließ man noch
auf bunte Hochglanzposter drucken,
als sich an den Traumstränden des
Landes bereits Panzerfäuste und Granaten tummelten, geheimnisvolle kleine Männer in schwarzen Pyjamas die
avancierteste Militärmacht der Welt
zum Narren hielten und ein hagerer
und ziegenbärtiger Asket mit Sandalen
an den Füßen von Berkeley bis Paris
und Berlin zum Symbol des Widerstands gegen Autorität und Establish-
ment wurde.

Über „Werbung" durften sich die
Vietnamesen auch in der Folge nie beschweren. Amerikanische Vergangen-
heitsbewältigung à la *Rambo* und *Pla-*

toon überschwemmte jahrzehntelang
die Bildschirme und Unterhaltungs-
center von Kiel bis Yokohama, und für
verdammende oder bestenfalls mitlei-
dige Schlagzeilen der Weltpresse
(Armut! Rückständigkeit! Sozialismus!
Boat People!) eigneten sich die „Erben
Ho Chi Minhs" allemal. So oder so, an
Vietnam und den Vietnamesen schie-
den sich die Geister. Medien und Politik vermittelten unermüdlich das Bild
eines „unergründlichen" (eben asiatischen) und „quasi von Natur aus" **ru-
helosen** und **aggressiven Volkes**
(halb Chinesen, halb Hunnen), das
sich ebenso wahllos wie halsstarrig gegen alle „Friedenbemühungen" der
freien Welt stemmt, „wehrlose Nachbarn" (Pol Pots Kambodscha) überfällt
und die eigene Bevölkerung derart
knechtet, dass sie lieber die Flucht aufs
Meer ergreift als weiter in den „grau-
en, freudlosen Mauern" von Hanoi
und Ho Chi Minh City zu hungern und
zu darben.

Wenn einem da nicht die Tränen kamen. Vor Mitleid. Vor Wut. Aber Gerüchte hatten schon immer die längsten Beine.

Cam on heißt auf Vietnamesisch danke. *Come on!* brüllten die Amerikaner
und meinten damit, na los, auf gehts,
dalli dalli! Die Vietnamesen verstanden *danke*, und wunderten sich sehr
über den rüden und „unhöflichen"
Ton. So fangen Missverständnisse an.

Chin heißt neun. Die amerikanischen
Geheimdienste rätselten jahrelang ob
der Bedeutung des gängigen Trink-
spruchs in den Rotlichtbars von Saigon

und Da Nang. In einem Land, in dem das populärste Bier *bababa* (333) hieß, und der Präsident Nordvietnams die Zigarettenmarke *namnamnam* (555) rauchte, konnte man ja schließlich nie wissen, ob *Chin Chin*, *Ho Chi Minh* nicht etwa eine geheime Botschaft beinhaltete.

Vietnam und Gerüchte, Gerüchte und Vietnam sind schon seit langem fast Synonyme.

Über kein Land der Welt ist jahrzehntelang so viel **Unsinn** verzapft worden wie über Vietnam. Und hat es etwa aufgehört? Keineswegs. Von „Ho Chi Minh City, dem früheren Saigon" wird man in Berlin, Washington und Paris vermutlich noch in hundert Jahren faseln. Die einen konnten (können) nicht verzeihen, dass dort „der Sozialismus" gesiegt hat. Die anderen, dass er auch dort nie „zum Blühen" geriet.

Wie auch immer, **Vietnam war niemals ein „Schurkenstaat".** Weder Stalinismus (wie in Nordkorea) noch Maoismus (wie ehedem in Kambodscha) hatten in dem Land je eine Chance, ebenso wenig durchgeknallte Despoten à la Saddam oder fanatische Terrorregime à la Taliban.

Kriege „auf Verdacht" sind nicht erst seit jüngster Zeit eine Spezialität der USA. Wie zuletzt angebliche Massenvernichtungswaffen und Terrornetze, war es damals eine vermeintliche „kommunistische Gefahr", die die Amerikaner dazu brachte, aus einem kleinen, regionalen Krisenherd – Vietnam war dabei, sich vom Kolonialismus zu befreien – mittels Lug und Betrug einen jahrzehntelangen Kriegs-

schauplatz zu zünden, der zeitweise die halbe Welt unter sich zu begraben drohte. Von der **Teilung Vietnams** – aus Angst vor einem Sieg Ho Chi Minhs verhinderten die USA die 1954 von den Weltmächten beschlossenen Wahlen in Vietnam – über den angeblichen **„Tonkin-Zwischenfall"** – der Washington 1964 als Vorwand diente, Hanoi und Haiphong zu bombardieren – bis zu den **„Body Counts"**, die der amerikanischen Öffentlichkeit Tag für Tag suggerierten, man habe die Situation, den Vietcong, das Land voll im Griff – alles inszeniert, getürkt, erstunken und erlogen.

Die Amerikaner gewannen Schlachten, verloren aber den Krieg (den ersten ihrer Geschichte) und handelten sich ein **Trauma** ein, unter dem sie noch heute leiden. Die Vietnamesen gewannen den Krieg, verloren aber den Frieden, da sie nicht den Hauch einer Chance hatten, weil die eine Hälfte der Welt sie im Stich ließ und die andere, die *sozialistische*, sich ihrer wechselseitig zu bemächtigen suchte.

Nie werden wir den Ausruf *lien xo! lien xo!* vergessen, mit denen die Vietnamesen jeden Weißen anfänglich bedachten, und ihre offene Freude und Herzlichkeit, wenn sie gewahr wurden, dass sie *keine Russen* vor sich hatten, die sich durch ihre barsche Arroganz und Herrenattitüde im Nachkriegsvietnam so unbeliebt gemacht hatten. Und nie die herzzerreißenden Tränen und das fassungslose Staunen der ersten jungen Amerikaner, meist Söhne ehemaliger GIs, anlässlich des Empfangs, den ihnen die Vietnamesen bereiteten – alles hätten sie sich vorstellen können, nur nicht, dass gerade sie hier mit offenen Armen aufgenommen werden würden.

Vietnam war **bitterarm,** und doch traf man nirgendwo auf das himmelschreiende Elend der Gossen und Slums, das überall blüht, wo Hunger und Resignation im Schatten von Luxus und Überfluss vegetieren und feudale oder religiöse Intoleranz ganze Bevölkerungsgruppen zu Ausgestoßenen degradiert. Vietnam war **sozialistisch,** aber von einem „grauen Einheitsstaat" konnte keine Rede sein. Markige Spruchbänder und Parolen des Realsozialismus sah man ebenso wenig wie die martialische Allgegenwärtigkeit kurzgeschorener Komissköpfe von Militär und Polizei oder die kalt berechnende Schikane permanenter Kontrollen, Meldepflichten und Straßensperren. Und auch in Vietnam waren keineswegs alle gleich, aber gleicher als anderswo. Keine abgeschottete Nomenklatura ließ sich in Luxuskarossen mit Blaulicht durch die Straßen kutschieren, keine Parteibonzen, Minister oder Generäle feierten rauschende Feste in verborgenen Villen und Datschen. Nicht alle waren gleich, aber alle beinahe gleich arm.

Vietnam … war da nicht mal was?, hört man heute schon manchmal fragen. Aber ja doch. Der **Vietnamkrieg** – für die Vietnamesen der „amerikanische Krieg". Der **Indochinakrieg** – für die Vietnamesen der „französische Krieg". Und davor der **Zweite Weltkrieg** (in dem die Japaner das Land besetzt hielten und mehr als 2 Mio. Hungers starben). *Generationen* von Vietnamesen kannten nie etwas anderes als Besatzer, Feinde, falsche Freunde, zerrissene Familien, Bruderkriege, Tote, Verwundete und Verkrüppelte.

Und als der letzte Krieg endlich vorbei war, wurde es auch nicht besser. Für die meisten Vietnamesen waren die bleiernen, scheinbar nie enden wollenden **Nachkriegsjahre,** die Jahre von 1975 bis 1990, beinahe noch schlimmer als der Krieg selbst. Weil es keine Hoffnung gab. Weil man den Frieden verloren hatte.

Als Hanoi 1989, vierzehn Jahre nach Kriegsende, erstmals wieder Ausländer ins Land einreisen ließ, war Vietnam der Pariah der Weltgemeinschaft. Ein Ausgestoßener. Ein „weißer Fleck" – wenn nicht gar Schandfleck – auf der Landkarte.

Vietnam? Da kann man hin? schrillte es uns jahrelang ins Ohr, halb ungläubig und halb entgeistert. *Exotik mit Klasse!* und *Perle Südostasiens!* trommeln heute längst wieder die notorischen Trendmagazine für Besserverdienende und die umtriebigen Manager, denen wurscht ist, ob sie Schweinehälften, Handyverträge oder die „unberührten Küsten" Vietnams verhökern. Und die gleichen Medien und Geheimdienste, die vor noch gar nicht langer Zeit vor den gottlosen Kommunisten des Landes warnten, lobpreisen es nun als das *sicherste* Land – und Reiseziel – Asiens.

Exotik mit Klasse (Hauptsache frei von Moskitos, Minen und Moslems)! *Visit beautiful Vietnam!*

Entwicklung des Tourismus in Vietnam

Vietnams Aufstieg vom **weißen Fleck** auf der Landkarte (und nicht nur der Globetrotter) zum **populären Reiseziel** ist atemberaubend. Als 1989, vierzehn Jahre nach Kriegsende, zum ersten Mal wieder Touristenvisa erteilt wurden, kamen 70.000 ausländische Besucher nach Vietnam (von denen nur wenige Touristen waren). Nur 5 Jahre später waren es schon 1 Million, im Jahr 2000 wurde die Zwei- und 2005 die Drei-Millionenmarke überschritten.

Dass bei einer solchen Geschwindigkeit nicht alles Gold sein kann, was glänzt, ist klar. Dennoch überwiegen eindeutig die Vorteile, für Einheimische wie Besucher. In einem der ärmsten und isoliertesten Land der Welt (1989) muss heute (2006) so gut wie niemand mehr Hunger leiden und hat sich nicht nur eine einflussreiche Schicht Neureicher, sondern sogar eine aufstrebende urbane **Mittelschicht** herangebilden können. Der Fremde genießt einen Komfort, der noch vor wenigen Jahren selbst den Privilegiertesten des Landes verschlossen war.

Trau keiner Statistik, die du nicht selber gefälscht hast, hat Churchill gesagt. Man braucht keine Statistik, um festzustellen, dass Vietnam „in" ist – doch seine Erfolgsgeschichte ist derart einmalig, dass sie wert ist, in einer kleinen Chronologie dokumentiert zu werden.

1986

Der 6. Parteitag beschließt **Wirtschaftsreformen** *(Doi Moi)* und eine **Öffnung des Landes.** Die wenigen, handverlesenen ausländischen Besucher bestehen aus Mitgliedern sog. Freundschaftsgesellschaften und Solidaritätskomitees.

1989

Erste **Auslandsinvestitionen.** Deutsche Firmen (u.a. Siemens) gründen in Hanoi ein Koordinationsbüro. Die leerstehenden Grandhotels *Metropole* in Hanoi und *Continental* in Saigon werden renoviert, auf dem Saigon-Fluss ankert das australische *Floating Hotel* als **erstes Luxusdomizil** Vietnams. Erstmals werden Touristenvisa erteilt. Reisen im Land darf man allerdings nur „organisiert", d.h. mit Mietwagen, Chauffeur, Guide sprich „Aufpasser" und Übernachtung in ausgesuchten Devisenhotels. Schriftliche *Travel Permits* schreiben die exakte Reiseroute vor. Ausländische Besucher: 70.000 (20 % Touristen).

1990

Die *Lufthansa* fliegt als erste westliche Linie nach der *Air France* nach Saigon (Büro im *Floating Hotel*). In Saigon etabliert sich im Dunstkreis des Hotels *Kim Do* und des *Café Givral* eine erste improvisierte Travellerszene. Ausländer werden als *Lien Xo* (Russen, wörtl. *Sowjets)* bestaunt und verursachen Volksaufläufe. Hotels sind prinzipiell, Restaurants – einst als „überflüssig und dekadent" abgeschafft – meistens staatlich. Ausländische Besucher: 180.000 (30 % Touristen).

1991

Die Verfassung erlaubt Vietnamesen erstmals **Privatbesitz.** Die deutsche Botschaft in Hanoi zieht in die Villa der ehemaligen DDR um. Findige Jungunternehmer treiben Handel mit *Travel Permits* und kutschieren Traveller nach dem Vorbild staatlicher Gruppentouren in gecharterten Minibussen durchs Land. Gründung des ersten **privaten Reisebüros** (*Far East Tourist*, Saigon). Hotels führen vier Preiskategorien: für Einheimische, Angehörige sozialistischer Bruderstaaten, Auslandsvietnamesen und kapitalistische Ausländer. In die ehemaligen US-Quartiere der früheren Bahnhofsstraße Pham Ngu Lao ziehen erste Traveller ein. Besucher: 215.000 (30 % Touristen).

1992

Hotels und Restaurants schießen wie Pilze aus dem Boden. Die erste Auflage des *Reise Know-How* und des *Lonely Planet* (mit Laos, Kambodscha) erscheinen. Die **Insel Phu Quoc** wird für Ausländer geöffnet. Das Wirtschaftswachstum erreicht 8,6 %, Vietnam wird als neuer Tigerstaat eingestuft. Besucher: 360.000 (30 % Touristen).

1993

Durch den Entfall der *Travel Permits* wird Vietnam zum Geheimtipp – mit Ausnahme einiger Grenzgebiete steht das Land jedem Touristen offen. *Sinh-* und *Kim-Café* (Saigon) nehmen den Tour-Betrieb auf. In der Altstadt von Hanoi schießen erste Minihotels und Tourcafés aus dem Boden. Erste (staatliche) Guesthouses öffnen in Hoi An und Sa Pa. Einige Grenzübergänge nach Kambodscha und China werden für Ausländer geöffnet. Besucher: 670.000 (40 % Touristen).

1994

Präsident Clinton hebt das seit 1975 bestehende **US-Embargo** auf. Erste große Traveller-Reisewelle, Vietnam wird als Reiseland salonfähig. Es wird geplant, gebaut und investiert, als würde es nichts kosten. In der Hanoier Altstadt stehen schon mehr Hotels als 1990 in der gesamten Stadt. In Saigon und Hanoi verkehren erste Taxis. Besucher: 1 Mio. (48 % Touristen).

1995

Erste **Hochhäuser** ragen in den Himmel über Saigon und Hanoi. Die Altstadt von Hanoi wird „aufgeräumt" (drastische Reduzierung des Straßenhandels, erste Cyclo-Verbote). Beginnende Erschließung von Cat Ba. In Mui Ne eröffnet mit dem *Coco Beach* das erste Strandresort Vietnams, Gäste sind nahezu ausnahmslos in Saigon lebende Ausländer. Hoi An avanciert zum Boutiquenstadel. Grenzen nach Laos werden für Ausländer geöffnet. Kanzler Kohl besucht Vietnam. Besucher: 1,3 Mio. (47 % Touristen).

Tourismus und Kommerz

1996

Erste **Luxushotels** außerhalb Saigons und Hanois öffnen ihre Pforten (*Furama*, Da Nang, *Ana Mandara*, Nha Trang). Die Preise steigen, die Leistungen stagnieren: Viele Geschäftsleute und Reisende fühlen sich „abgezockt". Die Eisenbahnen nach Nannin/Beijing und Kunming rollen wieder. Besucher: 1,6 Mio. (41 % Touristen).

1997

Die **Asienkrise** schlägt ökonomisch wie touristisch voll durch. Stagnation. *Sinh Café* erwirbt eine Flotte koreanischer Busse und startet seine *Open Tours*. Besucher: 1,7 Mio. (41 % Touristen).

1998

Erstmals seit 1989 Rückgang der Besucherzahlen. Zahlreiche Hotels und Hochhäuser stehen leer oder werden nicht fertig gebaut. Gegen den Trend eröffnet die französische *Victoria*-Kette Firstclass-Hotels in Sa Pa und Can Tho. Besucher: 1,5 Mio. (40 % Touristen).

1999

Neuer **Aufschwung.** Da Nang wird dritter internationaler Flughafen. Phu Quoc entwickelt sich zur Stranddestination. Laos, Kambodscha und Vietnam beschließen engere Kooperation im Tourismus. Besucher: 1,7 Mio. (49 % Touristen).

Vietnam im Brennpunkt

029vi Foto: kb

2000

Unter dem Motto „A Destination for the new Millenium" erleichtert Vietnam die Einreise (Visa on Arrival, Visa für alle internationalen Grenzübergänge). Der **Pauschaltourismus** fasst endgültig Fuß. Hoi An entdeckt seinen Strand (drei neue Resorts). Besucher: 2,1 Mio. (52 % Touristen).

2001

Handelsabkommen mit den USA. Öffnung der Mekong-Grenze zwischen Vietnam und Kambodscha.

Entwicklung der Besucherzahlen

1986	20.000
1989	70.000
1990	180.000
1991	215.000
1992	360.000
1993	670.000
1994	1,0 Mio.
1995	1,3 Mio.
1996	1,6 Mio.
1997	1,7 Mio.
1998	1,5 Mio.
1999	1,7 Mio.
2000	2,1 Mio.
2001	2,3 Mio.
2002	2,6 Mio.
2003	2,4 Mio.
2004	2,9 Mio.
2005	3,5 Mio.
2006	3,6 Mio.
2007	4,2 Mio.
2008	4,2 Mio.
2009	3,8 Mio.

Schrittweiser Abbau der Ausländerpreise. Besucher: 2,3 Mio. (52 % Touristen).

2002

Trotz der weltweiten Stagnation nach 11.9.01 und dem Bali-Anschlag verzeichnet Vietnam („sicherstes Reiseland Asiens") ein weiteres **Rekordjahr.** Fast die Hälfte aller Touristen sind bereits Strand- und Pauschaltouristen. Besucher: 2,6 Mio. (56 % Touristen).

2003

Erste Nonstop-Flüge von Europa (Paris). Vietnam und die USA einigen sich über Direktflüge. Phong Nha wird Weltkulturerbe. Sars-Epidemie und Irakkrieg bewirken Besucherrückgang auf 2,4 Mio. (52 % Touristen.

2005

Erste **Nonstop-Flüge** ab Frankfurt. Tunnel unter dem Wolkenpass eingeweiht. Mui Ne wird zum Mekka der Kitesurfer. Erstmals über 3 Mio. Besucher.

2007

Beitritt zur WTO (Welthandelsorganisation), Auslandsinvestitionen explodieren, erstmals über 4 Mio. Besucher. Deutschland rangiert auf Platz 13 mit 96.000 Besuchern.

2009

Das weltweite Krisenjahr trifft auch Vietnam hart, wenn auch deutlich weniger als alle Nachbarn in der Region (mit Ausnahme Chinas).

Second Hand: der Vietnamfilm

Es ist immer heiß, immer feucht, auf den Straßen wimmelt es, die Mädchen sind wunderschön und lächeln unergründlich, und irgendwo schwirrt immer ein Ventilator an der Decke.

Wir „kennen" Vietnam aus dem Kino. Aber das ist ein doppelter Trugschluss. Erstens ist kein einziger dieser Filme in Vietnam entstanden, sondern bestenfalls in Thailand oder auf den Philippinen. Und zweitens sind „Vietnamfilme" im Grunde nichts anderes als zeitgenössische Western, in denen es weder um den Krieg und schon gar nicht um Vietnam geht, sondern einzig und allein um die **amerikanische Psyche.** Gleichzeitig Täter wie Opfer, unschuldig in der Schuld und siegreich noch in der Niederlage, liegt Amerika mit sich selbst im Krieg – Bewältigung der Vergangenheit und zugleich Beschwörung einer besseren Zukunft.

Die „Erfahrung Vietnam", ob mystisch verschleiert **(Apocalypse Now),** religiös mythisiert **(The Deer Hunter)** oder zum naturalistischen Heldenepos hochstilisiert **(Platoon),** ist in Wahrheit nur der zum Albtraum geronnene Amerikanische Traum, nachdem sich „das Trauma Vietnam" längst in den Straßen von Brooklyn und Detroit eingenistet hatte.

Das diskreditiert sie nicht (notwendigerweise) als Filme. Nur mit Vietnam haben sie nichts zu tun.

Einige der besten Exemplare des Genres haben Vietnam selbst denn auch gar nicht zum Schauplatz, dafür aber um so mehr zum Thema **(Taxidriver** von *Martin Scorsese),* während es zum Grundrepertoire selbst anspruchslosester Seifenopern gehörte, in der Figur eines Vietnamveteranen automatisch einen „Mann mit dunkler Vergangenheit" heraufzubeschwören. Von den „tragischen" (weil immer auch schuldigen) Helden ist der Weg nicht weit zu den mystischen Psychotikern, die wie **Rambo** „aus der Asche wiederauferstehen", um die *Schande der Nation* wenigstens nachträglich noch in einen Sieg umzumünzen.

Vietnam und die Vietnamesen sind in diesen Filmen noch weniger präsent – geschweige denn „wahrheitsgemäß" dargestellt – als die Indianer in den Western. Aber die haben ihren Krieg ja auch schließlich verloren.

Erst nach 1991 wurden wieder internationale Großproduktionen in Vietnam selbst gedreht. Einen sehr intensiven, poetischen Film über das Vietnam der 1950er Jahre schuf der in Frankreich aufgewachsene Tran Anh Hung mit **Der Duft der grünen Papaya** (1993), der allerdings zur Gänze in Studios in Paris entstand. Für sein gewalttätig-schönes Cinépoem **Cyclo** (dieses Mal tatsächlich in Vietnam, in Cholon, aufgenommen), erhielt er 1995 den Goldenen Löwen von Venedig. 1999 drehte der in Kalifornien aufgewachsene Exil-Vietnamese Tony Bui mit **Three Seasons** den ersten amerikanischen Film in Vietnam seit 1957.

Amerika gegen „Altes Europa" – schon vor über 50 Jahren gab *Graham Greene* Antworten auf Fragen, die da noch gar keiner stellte. Provozierte Kriege und Kriege „auf Verdacht" sind der Leitfaden seines **Quiet American,** dessen kongeniale Neuverfilmung (2000/01 in Saigon, Hanoi, Ninh Binh und Hoi An gedreht) als „antiamerikanisch" über ein Jahr auf Eis lag, da er explizit von geheimen Verwicklungen der US-Politik in terroristische Massaker erzählte.

Bao Ninh war geschockt. Jahrelang hatte er sich in einem Plattenbau Hanois die Seele aus dem Leib geschrieben, das Trauma seines siebenjährigen Martyriums auf dem Ho-Chi-Minh-Pfad zu Papier zu bringen, als 1990 die ersten Videos der sagenumwobenen „Vietnamfilme" auf den Schwarzmarkt kamen und der junge Schriftsteller zu seiner Verblüffung feststellen musste, dass die Amerikaner zu nahezu den **identischen Bildern, Symbolen und Metaphern** gefunden hatten, das *Grauen des Krieges* zu beschreiben.

Während *The Sorrow of War* als „erster Antikriegsroman Vietnams" international Furore machte, überschüttete Hanoi das „kontroverse" Werk mit Preisen, ließ die Auflage aber umgehend in Kellern und Archiven verschwinden. (Machte nichts. Vietnams Leserschaft behalf sich mit Fotokopien.)

Für die meisten seiner Landsleute – schon damals hatten über die Hälfte aller Vietnamesen den Krieg nicht mehr aus eigener Anschauung erlebt –, waren *Rambo*, *Platoon* und *Apocalypse Now* willkommener *Thrill* – aber mehr auch nicht. Die heimischen Strände, Palmen, Pagoden und Reisfelder notdürftig nachgestellt in Thailand, Malaysia oder Florida – zum Schießen! Nord- und Südvietnamesen wahllos in einen Topf geworfen und mehr schlecht als recht von martialischen Koreanern oder Chinesen gedoubelt – lachhaft! Zu feige, den Langnasen im offenen, ehrlichen Kampf (haha!) gegenüberzutreten – ja hätten sie etwa mit einem Schlachtruf auf den Lippen (Ho Ho Ho Chi Minh?) der Postkutsche, sorry, dem Panzer hinterherjagen sollen, um sich abknallen zu lassen wie tumbe Turkeys? In jedem Streifen der *Verlierer* zu sein, war leicht zu verschmerzen. Jedes Kind wusste es schließlich besser.

Seitdem der Staat, wie Cuba oder die DDR einst Heger und Pfleger des Dokumentarfilms und der „Filmkunst", voll auf den Markt setzt, hat das **vietnamesische Kino** nicht mehr viel zu sagen – rund 300 TV-Movies stehen 6-8 Kinofilme im Jahr gegenüber; 1987 waren es noch 25 –, fängt aber erstmals an zu *sprechen*. Auch wenn aktuelle Themen wie Wildwest-Kapitalismus, Landflucht, Umweltzerstörung, Korruption und Zensur ausgespart bleiben (müssen), scheuen Vietnams Filmemacher ansonsten auch vor Tabus nicht mehr zurück, die sie noch vor wenigen Jahren ins Abseits wenn nicht in den Knast gebracht hätten (Klassenkampf, Bodenreform, Enteignung, Desertion). **Luu Trong Ninh** (Jhg. 56), ihr größtes Talent, beruft sich offen auf das Vorbild *Iran*. Seine Filme – wie *Nga Ba Don Loc* (Kreuzung Don Loc, 1997), der ganz und gar „unheroische" Todestanz junger Minenräumerinnen auf dem Ho-Chi-Minh-Pfad, oder der pathetisch-anarchische *Ben Khong Chong* (Ufer der Frauen ohne Männer, 2001), dessen einsamer Held sich im Finale an einem Baum erhängt – laufen an den Kassen selbst Hollywoodstreifen den Rang ab. Der Krieg ist noch allgegenwärtig, aber nur mehr als Folie, Rückblende oder Erinnerung. Die Mehrzahl der neuen Filme spielt zwischen 1975 und '86, jenen trostlosen, scheinbar nie enden wollenden *Nachkriegsjahren*, in denen man den Frieden – und sich selbst – verlor. Eine Zeit, die selbst viele Ältere heute als schlimmer empfinden als den Krieg selbst.

Filmografie (Auswahl)

- **The Green Berets.** 1968. R, D John Wayne.
- **The Deer Hunter.** 1978. R Michael Cimino. D Robert de Niro, Christopher Walken.
- **Apocalypse Now.** 1979. R Francis Ford Coppola. D Martin Sheen, Marlon Brando.
- **Rambo.** 1982 (1985, 1988). D Sylvester Stallone.
- **Platoon.** 1986. R Oliver Stone. D Charlie Sheen, Willem Dafoe.
- **Good Morning Vietnam.** 1987. R Barry Levinson. D Robin Williams.
- **Full Metal Jacket.** 1987. R Stanley Kubrick.
- **Born On the Fourth of July.** 1989. R Oliver Stone. D Tom Cruise.
- **Heaven and Earth.** 1993. R Oliver Stone.

In Vietnam gedrehte Filme

- **The Quiet American.** USA 1957. R Joseph Mankiewicz, nach Graham Greene. D Audie Murphie, Michael Redgrave.
- **L'Amant.** F 1992. R Jean-Jacques Annaud, nach Marguerite Duras.
- **Indochine.** F 1992. R Régis Wargnier. D Catherine Deneuve.

- **Dien Bien Phu.** F 1992. R Pierre Schoendoerffer.
- **Cyclo.** F/VN 1995. R Tran Anh Hung.
- **Three Seasons.** USA 1999. R Tony Bui. D Harvey Keitel.
- **The Quiet American.** USA 2001. R Philip Noyce. D Michael Caine.
- **La Verticale de l´été.** F/VN 2002. R Tran Anh Hung.

Der Rock-'n-Roll-Krieg

Vietnam aus der Sicht des Golfkriegs

„Als damals der Marschbefehl kam, haben meine Kameraden und ich uns als erstes kahl rasiert. Nach dem Haareschneiden haben wir uns im Aufenthaltsraum betrunken und uns Kriegsfilme angesehen. Wir mochten vor allem Filme wie Platoon, Full Metal Jacket oder Apocalypse Now. Den Durchschnittszuschauer mögen sie vielleicht abschrecken, aber für einen Jungen, der in den Krieg ziehen soll, sind sie wie der Anblick eines nackten Frauenkörpers. Das ist sexy, das ist aufregend, das ist Krieg! Das ist es, wofür du trainiert hast und wie du vielleicht sterben wirst. Der Vietnamkrieg war einerseits ein sehr ernüchternder Krieg, mit vielen Toten und diesem schalen Gefühl, dass alles umsonst war, auf der anderen Seite wurde er auch sehr romantisiert. Das war der Rock-'n-Roll-Krieg! Da gabs bei jeder Stellung ein Dorf mit Huren und Whiskey, man hat Dope geraucht und Heroin genommen, und alles war total verrückt. Unser Golfkrieg war sehr sauber. Es war fast, als ob wir dafür bestraft wurden, dass die anderen in Vietnam so viel Spaß hatten. Es gab ja nicht mal eine eigene Musik im Golfkrieg. Wir haben die ganze Zeit Jimi Hendrix gehört, die Rolling Stones, Led Zeppelin. "

(Anthony Swofford, Jarhead, 1991)

Vietnam im Brennpunkt

Frauen in Vietnam

Geschichte und Tradition

„Die Cochinchinesen sind starke Liebhaber des anderen Geschlechts, und die Vielweiberei ist bei ihnen eingeführt. Gewöhnlich haben sie soviel Weiber, wie sie ernähren können, und das Gesetz räumt ihnen große Gewalt über sie und ihre Kinder ein. Weiber, die einer Untreue überwiesen sind, werden verurteilt, von den Elefanten zerfleischt zu werden. Wirklich kann man nicht sagen, dass die hiesigen Weiber sehr züchtig wären, sie gehen in der heißen Jahreszeit immer nackt bis an den Gürtel und machen sich nichts daraus, sich angesichts aller Welt zu baden.“

(Abbé Rochon, 1744)

Der weise Konfuzius sprach: „Mit Frauen und Untertanen umzugehen, ist äußerst schwierig", und um die Schwierigkeiten etwas zu verringern, ersann er die „Drei Unterordnungen", derzufolge sich *frau* als Mädchen dem Vater, als Frau dem Gatten und als Witwe dem ältesten Sohn unterzuordnen hat (während *man* seine Frauen verstoßen, Nebenfrauen nehmen und Töchter verkaufen darf). Dennoch ist es eine Legende, dass Vietnamesen stets polygam waren und in Großfamilien lebten, über die Familienpatriarchen schalten und walten konnten wie über ihre Wasserbüffel und Reisfelder. Das *chinesisch-konfuzianische* Ideal blieb auf eine relativ schmale Oberschicht beschränkt, der Institutionen wie Patriarchat, Polygamie, Konkubinat und Adoption männlicher Erben behilflich war, ihre Ländereien und Besitztümer nicht durch fortgesetzte Erbteilung unnötig zu zersplittern – Dinge, die die Mehrzahl der Vietnamesen freilich nie besaß.

Ahnenkult, Autorität des Familienvorstands, Sohnestreue und Gehorsam der Frau bilden wie in China bis heute die Grundlage von Gesellschaft und Staat, doch überlebten in Vietnam allen Anpassungen zum Trotz ursprüngliche **matriarchalische Strukturen,** die die vietnamesischen Frauen von ihren Schwestern in China deutlich unterscheiden. Nationalheldinnen wie die *Hai Ba Trung*, die beiden Schwestern, die vor 2000 Jahren die Erzfeinde ihrer Nation (wie ihres Geschlechts!) aus dem Land jagten, sind in China undenkbar. Polygamie und Konkubinat waren deutlich weniger verbreitet, und die jahrhundertelange Tolerierung (und zeitweise sogar gesetzliche Verankerung) von Besitz-, Erb- und Scheidungsrechten für Frauen ist in der Geschichte der asiatischen Zivilisationen nahezu einmalig.

Bereits in den 1920er Jahren entstand eine bürgerliche Frauenbewegung, und nach Gründung der KP wurde 1930 die **Frauenunion** gegründet, die älteste Unterorganisation der Partei, die noch heute Bestand hat. Die von Ho Chi Minh konzipierte Verfassung von 1946 ermutigte Frauen ausdrücklich, am Aufbau und der Verteidigung des Landes aktiv teilzunehmen; in Kriegszeiten blieb vielen Frauen gar nichts anderes übrig, als „ihren Mann zu stehen". Das nordvietnamesische Ehe- und Familiengesetz von 1960 basierte auf den Grundsätzen Einehe, Freiheit der Partnerwahl,

Gleichberechtigung und Scheidungs-recht. Im Süden stellten Frauen bis zu 40 % der Kämpfer der Befreiungsbe-wegung, eine Frau war stellvertreten-der Befehlshaber. Nach dem Fall Sai-gons 1975 erlahmte der revolutionäre Geist der Partei „in Frauenfragen"

zwar spürbar, erlosch aber nie ganz. Waren zu Beginn des 20. Jhs. (auch dank der französischen Kolonisten) kaum mehr als 1 % der Frauen des Le-sens und Schreibens kundig, stellen Frauen heute mehr als 45 % aller Hochschulabsolventen, sind Ärztin-nen, technische Ingenieure oder Hochschullehrerinnen. In den höhe-ren Entscheidungsgremien von Politik und Wirtschaft sind sie freilich kaum vertreten.

Heute

Wir waren überrascht, wie modern, unkompliziert, pragmatisch und selbst-

Konfuzius? Nie gehört!

bewusst junge Vietnamesinnen sind; die Frauen der Nachbarländer wirken dagegen oft wie aus dem Mädchenpensionat.

Film und Trivialliteratur haben ein gängiges **Stereotyp der vietnamesischen Frau** geschaffen: mandeläugig, elfenbeinhäutig, zierlich, anschmiegsam, katzenhaft exotisch und mit dem gewissen erotischen Etwas. Auch Graham Greenes *Phuong* ist noch mit diesen Klischees belastet, kommt aber der Wirklichkeit schon näher; freilich ist Phuong eine Vietnamesin der 1950er Jahre.

Auch die Vietnamesin von heute hat Schlitzaugen, weiß sie aber so zu schminken, dass das „Mandelförmige" nicht mehr so auffällt, kann sich „exotisch" reizvoll im *ao dai* bewegen, bevorzugt aber Jeans und T-Shirt, versucht voll weiblicher Eitelkeit die „Elfenbeinhaut" mit Hüten und langen Handschuhen vor der bräunenden Sonne zu schützen, trägt High Heels, um nicht gar so „zierlich" zu erscheinen, und träumt von der großen Liebe und einem Scooter. Oft ist es schwer, in Kneipen und Discos professionelle von „normalen" Vergnügungssüchtigen zu unterscheiden, die sich aufgemacht und aufgekratzt ins Nachtleben stürzen und am nächsten Tag wieder züchtig im *ao dai* die Schulbank drücken.

Prostitution ist seit den Tagen von Madame *Nhu*, der ebenso schlitzäugigen wie schlitzohrigen Schwägerin Präsident Diems, laut Gesetz verboten, was aber schon damals nichts daran änderte, dass mehr als eine halbe Million Frauen und Mädchen die Bars und Bordelle Südvietnams bevölkerten und praktisch jedem GI eine *con gai* zur Verfügung stand. Als der Staat nach 1975 „die Würde der Frau" zwangsweise wiederherstellte, gab es natürlich auch keine Prostitution mehr, doch die Realität in vielen Karaoke-Bars, Massagesalons und Friseurläden sieht deutlich anders aus.

Auf dem Land sind neben der Haus- und Feldarbeit noch heute **Markt** und **Geschäft** die traditionellen Domänen der Frau. Die Arbeit auf den Feldern wird wie seit Jahrhunderten unter den Geschlechtern geteilt, der Handel mit dem Überschuss und die Verwaltung der Finanzen obliegt fast immer den Frauen. In den Städten sind nahezu alle Frauen berufstätig und gehen einer Tätigkeit außer Hause nach. Mehr noch als in anderen asiatischen Länder fordert die Gesellschaft (die Partei) die **Doppelbelastung** der berufstätigen Hausfrau, propagiert aber auch weitgehende Sozialisierung von Haushalt und Erziehung. Die Verschiebung der Machtverhältnisse im öffentlichen Leben bewirkt in den hierarchischen Familienstrukturen **Konflikte,** denen die meisten Vietnamesen noch recht hilflos gegenüberstehen. TV, Internet, Tourismus etc. suggerieren neue Rollen und Verhaltensweisen, die für die meisten Frauen unerreichbar sind, aber zusätzliche Normen und Erwartungen erzeugen. Das gehorsame vietnamesische Kind lernte, seinen Eltern und Lehrern nachzueifern – die heutige Jugend imitiert wie überall in der Welt ihre Altersgenossen.

Notizen zum Alltag

Der große Unterschied. In Deutschland ist jeder Vierte über sechzig. In Vietnam ist mehr als jeder zweite unter zwanzig.

Kommunismus. Ein weit verbreiteter Irrtum lautet: In Vietnam herrscht der Kommunismus. Tut er nicht. Tatsächlich herrscht eine Partei, die nur eines im Visier hat – ihren **Machterhalt.** Solange man sich an die Spielregeln des Ein-Parteien-Systems hält, ist das Klima auffallend liberal. Wenn nicht, schlägt das System zurück. Unerbittlich.

Wirtschaftswunder. Legal lassen sich ein gutes Auskommen und vielleicht sogar Wohlstand, aber sicherlich keine Reichtümer erwerben. Im Schatten der widersprüchlichsten Systeme zwischen Staatsmonopolismus und Markt-Anarchie etabliert sich wieder eine **neue Elite,** die keine andere ist als die alte, die man vor drei Jahrzehnten verjagt hat, und die man gewähren lässt, weil man von ihr profitiert. Heimweh und gesundes Gewinnstreben treiben in Scharen Auswanderer zurück, die in Melbourne, Paris und San Diego zu Wohlstand gekommen sind und, wenn sie schon nicht bleiben, ihre daheimgebliebenen Familienmitglieder und Verwandten finanzieren. Die zunehmende Spaltung in eine Zwei-Systeme-Gesellschaft – die einen leben noch im Sozialismus, die anderen bereits in der Privatwirtschaft – lässt die Parteibuchprivilegien von einst immer

mehr schmelzen und über kurz oder lang eine völlig neue Gesellschaftsform entstehen.

Marktwirtschaft. Noch ein verbreiteter Irrtum: In Vietnam macht die Planwirtschaft Platz für den Markt. Ja, es gibt glitzernde Hochhäuser und Designerläden in Saigon und Hanoi, und man sieht immer mehr Reiche in spiegelverglasten Limousinen vor gestylten Restaurants und Luxus-Resorts vorfahren. Reich wird aber nicht der Klügste, Talentierteste oder Ideenfreudigste – sondern der mit **Beziehungen.** Nicht etwa die freie Marktwirtschaft fasst Fuß, sondern der **Kaderkapitalismus** und die Clanwirtschaft. Politik und Kapital gehen eine geschmierte Symbiose ein, weniger höflich könnte man von mafiösen Strukturen sprechen, die von lokalen Ebenen (Kreis, Distrikt, Stadt, Provinz) bis nach ganz oben reichen. Reich wird, wer seine Beschützer teilhaben lässt, zurück in die Armut oder ins Gefängnis stürzt, wer ihnen lästig wird und an dem dann ein „Exempel" statuiert wird.

Geld. *Tien, tien, tien* – Geld – ist das magische Schlüsselwort, das man auf dem Markt, im Bus, auf der Straße und einfach überall hört; das Wort, das den Zugang zur Welt der Waren öffnet, auf die so viele so lange warten mussten. Andererseits redet man übers Geld wie über das Wetter, es ist einfach ein beliebtes (und schier unerschöpfliches) Gesprächsthema. „Was hat das gekostet?" oder „Wie viel Geld hast du dafür bekommen?" – die alten

Vietnam im Brennpunkt

Frauen, die am Straßenrand Lose verkaufen, werfen sich genau die gleichen Fragen zu wie die Bosse in den unterkühlten Lobbies der Hotels. Und auch Funktionäre, Kader und Beamte hegen nicht die leiseste Scheu mehr, über Geld zu reden, seitdem Wohlstand nicht mehr mit Klassenfeind sondern Erfolg gleichgesetzt wird.

Bauboom. In jedem größeren Ort Vietnams künden die neuen Repräsentationsbauten des Markts (stellvertretend für Ökonomie) und der Post (stellvertretend für Kommunikation) von der Aufbruchstimmung im Land. Meist abstoßend hässliche Betonklötze, symbolisieren sie gleichzeitig die allgegenwärtige „Markt"-Orientierung wie die innige Verflechtung mit Staat und Partei. Noch in den hintersten Winkeln des Landes ist mit Behinderungen durch intensive Bauarbeiten zu rechnen. Es werden Berge gesprengt und Wälder gerodet, um neue Straßen anzulegen, und ganze Häuserzeilen und Dörfer versetzt, um schon vorhandene Straßen zu verbreitern. Die forsch begonnenen Arbeiten werden aber nur zögerlich zu Ende geführt, weil die vorhandenen Gelder längst in dunkle Kanäle geflossen sind. Dann fallen Fundament oder Straßenbelag halt ein bisschen dünner aus, und in der nächsten Regenzeit rutscht wieder ein Stück Straße ab, und es gibt neue Gelder und neue Möglichkeiten, sich zu bereichern ...

Englisch. Jeder lernt heute Englisch. (Oder eine andere Fremdsprache).

Der Staatsbedienstete, weil er es laut Dekret der Regierung tun muss, der einfache Arbeiter oder Taxifahrer, weil er Englischlernen mit Geldverdienen gleichsetzt. Und Geldverdienen wird heute, da man sich alles kaufen kann, wenn man die nötigen Mittel hat, ganz groß geschrieben. Deshalb hat auch jeder neben seinem eigentlichen Beruf noch ein oder zwei Nebenjobs oder ein „individuelles Business", um sich ein paar Extras leisten – oder einfach nur um überleben – zu können.

Die Kinder von Marx & Coca Cola nannte der Filmemacher Jean-Luc Godard die rebellierenden Studenten, die 1968–73 in den Straßen von Berkeley bis Berlin gegen den Krieg in Vietnam demonstrierten. *Die Kinder von Marx & Coca Cola*, so könnte man heute die Jungen in Hanoi, Saigon und Da Nang nennen. Mit dem Unterschied, dass sie nicht eine verschwindende Minderheit, sondern die *Mehrheit* sind – zweidrittel aller Vietnamesen sind erst nach 1975 geboren –, und eindeutig mehr auf Coke, Honda und Microsoft als auf Le-Nin und Cac-Mac (Karl Marx) stehen. Politik ist out, *Business* ist angesagt. *Englisch* lernen. Auf eine Honda *Dream* sparen. *Fun* haben. Jahrelang aufgestaut, explodieren 1001 Gelüste nach Überfluss, Amüsement und Verschwendung.

Reisefieber. Der neue „Wohlstand" und die Möglichkeit, das eigene Land entdecken zu können (noch Anfang/Mitte der 1990er Jahre waren Reisen – im eigenen Land! – ohne behördliche Genehmigung nicht möglich), weckt die **Reiselust** der Vietnamesen. Sie benehmen sich wie Touris überall sonst: Sehenswürdigkeiten abklappern, Urlaubsfotos schießen, es sich gut gehen lassen. Und wer die Nase ganz vorn hat, hat auch schon mal nach Thailand, Malaysia oder Singapur reingeschnuppert.

Verkehrschaos. Es stinkt und dröhnt und tost. Für manchen Touristen scheint eine Straßenüberquerung in Saigon oder Hanois Altstadt das größte Abenteuer in Vietnam zu sein. Fahrräder und Cyclos haben die Straßen längst Motorrädern und Autos überlassen. Aber das **unüberschaubare Gewimmel** ist geblieben – vorausgesetzt ein Stau legt nicht wieder einmal alles lahm. Auch wenn man besser mit dem Moped oder Scooter vorankommt, liebäugelt, wer noch vor ein paar Jahren stolz auf seine Honda war (Original oder preisgünstige Kopie made in China), bereits mit einem Auto – auch wenn die Wartezeiten lang und die Kosten (dank „Luxussteuern") immens sind. Gut ein Dutzend Weltfirmen lassen bereits in Vietnam fertigen. 2009 wurden über 200.000 Automobile neu zugelassen (1999: 6000), seit 2006 dürfen auch Gebrauchtwagen eingeführt werden.

Jugend. In den **Internet-Cafés** chatten die Kids rund um die Uhr. Halbwüchsige toben sich in nächtlichen **Motorradrennen** aus, färben sich die Haare und werfen sich in Klamotten, in denen ihre älteren Geschwister noch verhaftet worden wären. Kleine Mädchen werden wie Prinzessinnen in Samt und Seide ausstaffiert, und im Süden tragen die Oberschülerinnen längst wieder den eleganten schneeweißen Ao Dai; graziös wie zerbrechliche Kohlweißlinge schweben sie auf ihren Fahrrädern und Scootern vorbei. Der Wille und der Ehrgeiz, mit der die Mehrzahl der jungen Vietnamesen ihr Los meistert, ist für jeden ersichtlich. Weniger sichtbar ist ihre innere **Orientierungslosigkeit** und **Verwirrung,** von denen kaum einer ahnt, der sie nur oberflächlich kennt. Von der Steinzeit ins grelle Rampenlicht der Globalisierung, das hält nicht jede Psyche aus.

Armut. Wo bleibt die Kehrseite des Fortschritts? Vor lauter neuen Hochhäusern und Strandresorts sollte man sich den Blick nicht verstellen lassen. Vietnam ist nach wie vor eines der ärmsten Länder der Welt. Das Durchschnittseinkommen liegt bei 1035 US$ – im Jahr! Slums und himmelschreiendes Elend wird man nicht so schnell sehen. Auf dem Land wird der Reisende den Fernseher in der einfachsten Hütte, aber nur selten die **Dürftigkeit des Lebens** ihrer Bewohner wahrnehmen: die mangelernährten Kinder, die kilometerweit zur Schule laufen müssen, die abgearbeiteten Frauen, die ein Leben lang gebückt im Reisfeld malochen, die Männer in ständiger Angst vor Naturkatastrophen, Missernten und korrupten Provinzkadern. Bis zu 30 % der arbeitsfähigen Bevölkerung ist beschäftigungslos oder unterbeschäftigt, und in abgelegenen Regio-

Vietnam im Brennpunkt

nen darbt knapp ein Drittel unterhalb der Armutsgrenze. Aber die Menschen resignieren nicht, sie leben ein Leben, wie sie es schon von ihren Vätern und Vorvätern her kennen. Erst wenn ihre Kinder auf die Idee kommen, in der Stadt „ihr Glück zu suchen", werden sie das wirkliche Elend kennen lernen.

Umwelt. Abholzung von wertvollen Tropenhölzern, Raubbau, Wilderei und Umwandlung von Forstland in Landwirtschaftsflächen sind verbreitete Strategien zum Lebensunterhalt armer Bevölkerungsschichten, wo keine oder kaum alternative Erwerbsquellen zur Verfügung stehen. Der **Verlust der biologischen Vielfalt** und die kontinuierliche **Abnahme der verbliebenen Naturwaldflächen** – zunehmend auch dem rapide wachsenden Kommunikations- und Energiebedarf geschuldet (Straßenbau, Staudämme usf.) – führt immer häufiger zu verheerenden **Überschwemmungen** und **Umweltkatastrophen,** wie sie weite Teile Vietnams in den vergangenen Jahren erlitten haben.

Nord – Süd. Ökonomisch ist das Gefälle zwischen den beiden Landesteilen kaum mehr deutlich wahrnehmbar. Spürbar ist, wie die Vietnamesen des Südens immer mehr in die Gegenrichtung schielen, ein bisschen verunsi-

310vi Foto: kb

chert, ein bisschen eifersüchtig, dass auch die Menschen im Norden zu leben verstehen, dass sie aufgeholt haben, selbstbewusst geworden sind und sich nicht minder mit dem Kommunismus – bzw. Konsumismus – arrangieren können wie der Süden seit langem. Vertieft hat sich eher das **zwischenmenschliche Gefälle.** Man lässt kein gutes Haar am anderen, nennt sich voller Vorurteile gegenseitig unehrlich, korrupt, leichtsinnig und falsch – und kann nicht begründen warum.

Krieg. Fast dreißig Jahre ist es her, dass die letzten Amerikaner fluchtartig das Land verließen. Wann immer bei uns der Name Vietnam fällt, ist er mit der Assoziation Krieg verbunden. Soviel Kriegsschrott – auch im übertragenen Sinn – geistert durch unsere Medien, dass die Perspektiven ganz schön verzerrt sind. Tatsache ist: Nach wie vor werden **Kinder mit Dioxinschäden** geboren, kaum jemand kümmert sich um die (noch lebenden) Kriegsopfer, nie mehr werden Vietnams Wälder sich regenerieren. Doch

man wird nicht auf Schritt und Tritt mit Kriegsversehrten und Bettlern konfrontiert, und so manches Kriegsrelikt ist bloß Imitat, auch damit lässt sich verdienen. Die Natur sieht im Großen und Ganzen grün und üppig aus, und wer nie die verbrannten Urwaldriesen sah, möchte glauben, es wäre immer so gewesen.

So what? Zweidrittel aller Vietnamesen sind erst nach 1975 geboren. Eine **neue selbstbewusste Generation** ist herangewachsen – eine „Generation ohne Komplexe" hat man sie genannt. Sie hat sich von Dogmen und Ideologien emanzipiert, spricht Englisch, shoppt im Supermarkt, surft im Internet und kommuniziert per Mobiltelefon. Der Krieg, – „ihr" Krieg – gehört für sie zu den Mythen des Landes; Großvater und Großmutter erzählen manchmal davon. Man ist nicht mehr stolz, weil man den Krieg gewonnen hat. Sondern weil man die schlimmen Nachkriegszeiten überwunden und aufgeholt und Anschluss gefunden hat. Für sie ist die Zukunft *Jetzt*.

Vietnam im Brennpunkt

Knapp ein Drittel unter der Armutsgrenze

Hanoi
Hà Nội

304vi Foto: kb

6,000 1/kg

035vi Foto: kb

Alles sehen! Alles hören! Alles sagen!

Sonderangebot

Partei-Nostalgie

Überblick

Als Bangkok, Jakarta und Singapur noch nichts waren als Sümpfe, priesen europäische Besucher Hanoi bereits als „Venedig des Ostens". Ockergelbe Fassaden, die durch immergrüne Alleen schimmern, stille Seen und Teiche, teils künstlich angelegt, teils abgeschnittene Seiten- und Nebenarme des Roten Flusses, in denen sich Wolken, Pagoden und Drachen spiegeln – Hanoi, allen voran die tausendjährige Altstadt, verzaubert und ist unzweifelhaft **eine der schönsten Städte Asiens.** Auch wenn die *Globalisierung* hier nicht Halt macht. Und die Stadt sich in einem wahrhaft atemberaubenden Wandlungsprozess befindet.

Keine Stadt Vietnams ist so vietnamesisch, aber auch so „französisch" –

im selbstbewussten Hanoi blieb das Fremde fremd und separiert, während es im „Schmelztiegel" Saigon bis zur Unkenntlichkeit aufgesogen wurde. Hanoi hat Stil und Anmut und wirkt im Gegensatz zum umtriebigen und kommerzorientierten Saigon elegant, vornehm, ja großbürgerlich. Die Gegensätze könnten nicht größer sein. Saigon: oberflächlich, leichtlebig, kosmopolitisch. Hanoi: ernst, ehern, verschlossen und ebenso traditionsbewusst wie -verhaftet. Die angestammte Heimat der geistigen, intellektuellen und künstlerischen Elite des Landes, die auf den wankelmütigen, alles Fremde und Neue begierig aufsaugenden Emporkömmling im Süden seit je her herab blickt. Und als „Stadt des Wortes" Wiege von Kultur, Religion, Kunst und Literatur – auf der anderen Seite, sozusagen als Kehrseite der Me-

89. – HANOI. – La Rue du Cuivre

daille, allerdings auch von Bürokratie, Zensur und Autoritätshörigkeit.

Saigon ist wie ein Hund, der sich von jedem kraulen lässt, der ihm eine Wurstpelle hinhält. Hanoi wie eine stolze und weise Katze, die erst mal abwartet, wer sich ihr da nähert.

Und doch ist Hanoi keineswegs die arme, weltfremde Schwester Saigons. Von „grau" oder gar „verschlafen" kann keine Rede sein. Den bezaubernden, wenn auch ein wenig reaktionären Charme als „stille Stadt der Fahrradfahrer" hat Hanoi schon vor vielen Jahren verloren. Legionen von Mopeds und eine stetig steigende Zahl von Autos sorgen für tägliche Verkehrsstaus, Bulldozer und Abrissbirnen wühlen sich durch das unersetzliche Altstadt-Ensemble, da zu fachkundiger Restauration Geduld und Mittel fehlen, und selbst durch die einstigen Prachtstraßen der Kolonialherren, die Avenuen der Banken, Kaufhäuser und Verwaltungen, die bis vor wenigen Jahren noch als öde, realsozialistische Boulevards der Mottenkugeln vor sich hin dämmerten, weht ein frischer, zuweilen sogar schon allzu frischer Wind.

Der **Stadtstaat Hanoi** (seit 2008 mit Ha Tay) ist seit 1945 bzw. 1954 Hauptstadt der *Demokratischen* und seit 1976 der *Sozialistischen Republik Vietnam* und mit 6,4 Mio. Einwohnern die nach Saigon zweitgrößte Stadt des Landes. In der eigentlichen **City** leben dicht gedrängt 2,5 Mio. Menschen.

Geografie und Klima

Hanoi liegt auf dem 21. Breitengrad etwa auf gleicher Höhe wie Kalkutta, Mekka und Havanna rund 1600 km

77. - HANOI. - La Rue Paul Bert et le Théâtre Municipal

nördlich von Saigon und 75 km vom Golf von Tonkin entfernt.

Aufgrund der kontinentalen („sibirischen") Luftmassen aus China kennt das seiner geografischen Lage nach subtropische Hanoi einen **Winter.** Zwischen Dezember und Februar kann das Thermometer trotz milder „Durchschnittstemperaturen" um 20 °C auch mal tagelang **unter 10 °C** absinken und dabei grauer Nebel und Sprühregen die Stadt einhüllen. Im Sommer dagegen, zwischen Mai und September, ist es oft heißer als in Saigon und sind Höchsttemperaturen **um 40 °C** keine Seltenheit. Anders als im Süden gibt es auch keinen ausgeprägten Wechsel von Regen- und Trockenzeit – allerdings sorgen die kurzen, aber oft heftigen Sommergewitter für deutlich höhere Niederschlagsmengen als die feinen Sprühregen der kühlen Jahreszeit.

Orientierung

Hanoi liegt beiderseits des **Roten Flusses,** die städtischen Bezirke *(quan)* befinden sich auf dem rechten (westlichen) Ufer. Innerhalb des Stadtgebiets, auf der Höhe der Altstadt, überspannen zwei Brücken den Song Hong, die 1,7 km lange, nur für Eisenbahn und Fahrräder reservierte *Long-Bien*-Brücke (s. „Sehenswertes – *Paul-Doumer*-Brücke"), und 600 m weiter südlich die im Jahr 1986 fertiggestellte, 2,8 km lange *Chuong-Duong*-Brücke, über die der gesamte motorisierte Verkehr Richtung Norden und Haiphong rollt.

Zentrum Hanois ist der **Hoan-Kiem-See** („See des Zurückgegebenen Schwertes").

Nördlich davon erstreckt sich das Gassengewirr der **Altstadt,** im Osten begrenzt von den Deichen am Roten Fluss, im Westen von der ehemaligen Zitadelle, an die sich noch weiter westlich das Regierungsviertel am **Ba-Dinh-Platz** *(Ho-Chi-Minh-Mausoleum)* anschließt. Der **Ho Tay** oder West-See, mit einem Umfang von 14 km der größte unter den zahllosen Seen Hanois, breitet sich nördlich des Platzes aus.

Südlich sowie östlich des Sees erstreckt sich das gerasterte Muster der einstigen **Ville Française** mit schnurgeraden Alleen, Repräsentationsbauten (Hotels, Banken, Museen, Post) und der ehemaligen Flanier- und Einkaufsstraße des französischen Hanoi, der **Trang Tien** zwischen Oper und Hoan-Kiem-See, die sich westwärts als Trang Thi bis auf die Höhe des Hauptbahnhofs fortsetzt.

Geschichte

Die Ruinen von **Co Loa,** der ersten Hauptstadt der Vietnamesen (um 300 v. Z.), liegen nur 25 km nördlich von Hanoi. Im Lauf ihrer tausendjährigen Herrschaft nannten die Chinesen den Verwaltungssitz ihrer südlichsten Provinz zeitweise **Dong Kinh,** „Hauptstadt des Ostens", was unter den Franzosen zu Tonkin und zum Oberbegriff für den gesamten Norden wurde.

Als Ngo Quyen 938 die Unabhängigkeit errang, bestimmte er zur Hauptstadt Dai Viets wieder das alte Co Loa der Ahnen. Hanoi wurde erst **1010** unter Kaiser **Ly Thai To** Hauptstadt. Der Gründer der Ly-Dynastie hatte die Erscheinung eines emporsteigenden goldenen Drachens und nannte die

Hanoi

Hanoi, Übersicht

Noi Bai-Flughafen 30 km

TAY HO
Ho Tay
Westsee

Song Hong

Long Bien Brücke

Chuong Duong Brücke

237

4 ★ Altstadt

Busbahnhof
Gia Lam 1,5 km,
Haiphong 102 km

BA DINH

Ngoc Khanh

Kim Ma

Son Tay 45km

Bahnhof

HOAN KIEM

Umschlag vorn

DONG DA

Ho Bay Mau

9

HAI BA TRUNG

0   2km

Ninh Binh 93 km, Hue 654 km
Busbahnhof Giap Bat 2 km

Ha Dong 11 km, Hoa Binh 72 km

▲ 1 Chua Kim Lien		▲ 5 Den Voi Phuc
▲ 2 Chua Tran Quoc		▲ 6 Chua Lang
▲ 3 Den Tran Vu		▲ 7 Den Dong Da
★ 4 Zitadelle		▲ 8 Den Hai Ba Trung
★ 5 Ho-Chi-Minh-Mausoleum		

Stadt **Thang Long,** „Aufsteigender Drache". Diesen Namen behielt Hanoi bis ins 19. Jh. Aus der Zeit von Ly Thai To, der Blütezeit des Buddhismus in Vietnam, stammt die *Ein-Pfahl-Pagode* von 1049 (die allerdings nur mehr die Rekonstruktion einer Rekonstruktion ist), unter seinen Nachfolgern wurden 1070 der *Literatur-Tempel* und bald darauf die erste Universität des Landes gegründet.

Die von Wällen und Gräben umgebene **Kaiserstadt** und die Verbotene Stadt innerhalb der Kaiserstadt waren nach chinesischem Vorbild eingerichtet. Die Quartiere der Diener, Soldaten, Handwerker, Bauern, Fischer und Händler lagerten sich um die Zitadelle herum und waren von Wällen, Deichen und Kanälen umgürtet. Der Rote Fluss bildete die Ostgrenze, der Westsee (das alte Bett des

„Die Stadt kann man, was ihre Ausdehnung betrifft, mit vielen Städten Asiens vergleichen, sie übertrifft jedoch die meisten durch die Zahl ihrer Einwohner. Besonders am ersten und fünfzehnten Tag des Monats, wenn der große Markt abgehalten wird, strömt aus den umliegenden Ortschaften eine unglaubliche Menge von Menschen mit Waren aller Art herbei. Die Straßen, die an sich breit und geräumig sind, sind dann derart überfüllt, dass man sich glücklich schätzen muss, wenn man in einer halben Stunde hundert Schritte vorwärtsgekommen ist."

(Samuel Baron, 1683)

„Die Stadt ist von Kanälen durchschnitten, welche den Warentransport erleichtern und zur Bequemlichkeit der zahlreichen Einwohner dienen. Der König unterhält in seinem Palast 12–15.000 Mann, teils zu seiner Leibwache, teils zu seinem übrigen Dienste, und gegen 300 sehr gut gerüstete Galeeren, die in Kriegszeiten zum Transporte der Soldaten und in Friedenszeiten bei den Reisen des Monarchen dienen, der seinen Palast fast nie anders als auf einer Galeere verlässt."

(Abbé Rochon, 1744)

„Die Straßen sind breit und schön, in Abschnitten oder streifenweise gepflastert; einen Teil pflastert man nicht, er ist für die Pferde, die Elefanten, die Wagen des Königs und das Vieh bestimmt. Die Anzahl der Schiffe ist so gewaltig, dass es schwer ist, an die Ufer des Flusses heranzukommen. Unsere belebtesten Flüsse und Häfen, sogar Venedig, können von dem Treiben und dem Gewimmel, das auf dem Fluss [Ha Noi] herrscht, keinen vergleichbaren Eindruck vermitteln."

(Abbé Richard, 1788)

Flusses und damals noch mit ihm verbunden) die Nordgrenze. Die Ausmaße der Metropole sollen bereits nahezu identisch mit denen der heutigen gewesen sein, zeitgenössische Quellen lassen auf eine Einwohnerzahl von mehreren Hunderttausend schließen.

Im 13. Jh. wurde Hanoi gleich dreimal von den Mongolen eingenommen und gebrand-schatzt, ehe **Tran Hung Dao** die Armee Kublai Khans 1288 zurückschlagen konnte. 1407 besetzten die Chinesen unter der *Ming*-Dynastie noch einmal Vietnam, ehe Nationalheld **Le Loi** vertrieb sie 1427 mit Hilfe der *Goldenen Schildkröte* (siehe Legende vom Hoan-Kiem-See) und baute die gebrand-schatzte Stadt wieder auf. Der erste erhaltene Stadtplan stammt aus dem Jahr 1470. 1789 besetzten die Chinesen ein letztes Mal Thang Long, ehe **Nguyen Hue** die 200.000 Mann starke *Manchu*-Armee über die Grenze zurücktrieb und sich zum Kaiser *Quang Trung* krönen ließ.

1802 verlegte **Gia Long,** der Gründer der letzten Kaiser-Dynastie, aus Misstrauen gegen die „rebellische" Bevölkerung des Nordens die Hauptstadt des wiedervereinigten Vietnam in seine Heimatstadt Hue. Zum Ausgleich (und um die Bewohner Hanois zu besänftigen) ließ er die geschleifte Zitadelle neu errichten; die Mauerreste und der *Flaggenturm* stammen aus seiner Regierungszeit. Der Name **Ha Noi** anstelle von Thang Long – der Drache, das Symbol der kaiserlichen Macht, sollte Hue vorbehalten bleiben – taucht erstmals **1831** auf. *Ha* heißt Fluss, *Noi* bedeutet innerhalb, sodass der Name nichts weiter als eine geografische Lage bezeichnet – „Stadt zwischen den Flüssen".

1883 eroberten die **Franzosen** nach Saigon (1859) auch Hanoi und dehnten ihre Macht auf ganz Vietnam aus. Hanoi wurde Hauptstadt der *Indochinesischen Union,* die außer den Landesteilen Tonkin, Annam und Cochinchina auch Kambodscha und Laos umfasste. Die rege Bautätigkeit der Kolonialherren ist noch allerorten sichtbar, allerdings machten sie zu diesem Zweck die halbe Stadt dem Erdboden gleich. Kaiserpaläste und Zitadelle mussten weichen, Flüsse, Seen und Kanäle wurden zugeschüttet oder verkleinert, an die Stelle der bedeutendsten Pagoden traten Post, Kathedrale und Kasernen.

Am 2. September **1945** nutzte **Ho Chi Minh** die Wirren des 2. Weltkriegs und rief auf dem Ba-Dinh-Platz vor dem Palast des französischen Gouverneurs die Unabhängigkeit aus. Die Franzosen eroberten Hanoi im Dezember 1946 nach monatelangen Kämpfen zwar zurück, doch gelang es ihnen trotz amerika-

Hanoi

nischer Finanz- und Waffenhilfe nie mehr, den Widerstand der Vietnamesen zu brechen. Nach dem Debakel von *Dien Bien Phu* gaben sie die Kolonie **1954** als verloren auf und übergaben Hanoi dem siegreichen *Viet Minh.*

Als Hauptstadt der *Demokratischen Republik Vietnam* avancierte Hanoi für die von den USA repräsentierte „freie Welt" zum Synonym für den „Kampf gegen die kommunistische Gefahr". Die ersten amerikanischen Bombenangriffe auf Hanoi erfolgten Anfang 1966, die letzten Ende 1972; allein zum Weihnachtsfest 1972 „rieselten" über 40.000 Tonnen Sprengstoff auf die Stadt nieder. Die Bevölkerung lebte und arbeitete während dieser Jahre nicht selten über Wochen „im Untergrund", in Höhlen, Gräben und Unterständen, die über die ganze Stadt verteilt waren. Ohne die weltweiten Proteste gegen die Bombardements der Amerikaner und die Angst der Präsidenten Johnson und Nixon vor ihren eigenen Wählern würde Hanoi heute womöglich gar nicht mehr existieren.

Das alte Hanoi – ein magischer Ort

Sehenswertes

Altstadt

Ein **Dschungel,** den man nur mit kundigem Führer durchquert, für die einen, ein kleines **Paradies,** aus dem man am liebsten gar nicht mehr weg will, für die anderen. Hanois größte Attraktion sind nicht einzelne „Sehenswürdigkeiten", sondern das einzigartige **Ensemble seiner historischen Altstadt.** Ein magischer Ort. Ein Ort zwischen den Zeiten. Wo das alte Hanoi sich langsam zurückzieht, aber das neue noch nicht nachgerückt ist.

Schrill, turbulent, ohrenbetäubend, gleichsam immer auf dem Sprung, und gleichzeitig in sich ruhend, gelassen, ja entrückt. Ein **chaotisches Labyrinth** kleiner und kleinster, von schat-

036vi Foto: kb

„Hanoi ist sauber, aber entstellt und fleckig; es erinnert an eine Badewanne, die mit scharfen Reinigungsmitteln so oft gescheuert worden ist, bis sie die Glasur verloren hat. Soweit ich sehen konnte, bildete die Behebung von Bombenschäden die einzige Bautätigkeit in der Stadt und ihrer Umgebung. Im Zentrum, wo im August und noch einmal im Oktober zwei dicht bevölkerte Wohnblocks von Bomben getroffen worden waren (als „Industrie"-Ziele kamen nur ein Haushaltswarengeschäft und eine kleine Fahrradreparaturwerkstätte in Frage), steht man noch knietief im Schutt und zwischen verbogenen Federmatratzen. Die Bevölkerung geht wegen des Krieges schon um 6 Uhr morgens zur Arbeit. Die Geschäfte werden um 5, manche schon um 4 Uhr geöffnet. Die Bomber kämen, bedeutete man uns, selten vor 9 Uhr. „Sie wollen wohl damit sagen, dass die Piloten erst noch ein warmes Frühstück zu sich nehmen müssen", sagte ich ironisch. „Wir haben keine Erklärung dafür", erwiderten sie, „aber es ist eine Erfahrungstatsache." In der Innenstadt gibt es alle paar Meter einzelne Betonzylinder, die Ein-Mann-Löchern gleichen; sie sind mit runden Deckeln aus Beton oder geflochtenem Bambus versehen und gewähren Schutz gegen Splitterbomben. Im Notfall bieten sie zwei kleinen Vietnamesen Platz. Hunderte fabrikneuer Betonzylinder lagen auf den Bürgersteigen herum und warteten darauf, in das Pflaster eingelassen zu werden, und tagaus tagein wurden von Lastwagen weitere Zylinder abgeladen."

(Mary McCarthy, 1968)

Am besten, man bummelt einfach kreuz und quer und lässt sich treiben.

Das Gesicht der Altstadt hat sich in den letzten Jahren (seit 1993) dramatisch verändert. Die alten, meist nur zweistöckigen Backsteinhäuser aus dem 18./19. Jh. mit ihren Stuckfassaden, schmiedeeisernen Balkonen und roten Ziegeldächern sind fast gänzlich verschwunden. An ihre Stelle sind fantasielos hingeklotzte 3–5-stöckige Vertikalwaben mit Flachdächern getreten. Noch um 1992 gab es nicht ein einziges Hotel in der Altstadt, und die wenigen Cafés und Restaurants ließen sich an den Fingern einer Hand abzählen. Heute gibt es kaum eine Gasse, die nicht von Minihotels, Guesthouses, Souvenirshops, Reisebüros, Imbissläden, Tour- und Internetcafés überquillt. Verschwunden ist das Allzweck-Verkehrsmittel **Cyclo,** das neben Fahrrädern unvermeidliche Transportmittel nicht nur der Altstadt, sondern ganz Hanois. Fantasie und Handwerk werden zusehends von industrieller Massenware, Plastik und Elektronik verdrängt. Und immer **strengere Gesetze** engen Waren und Händler und damit das Leben ein, teils um Parkplätze für Mopeds zu schaffen, teils damit die Fußgänger auf den Gehsteigen ungestörter *shoppen* können.

Und doch hat, wie durch ein Wunder, bis heute beinahe noch nichts dem anarchischen **Charme** und scheinbar chaotischen, gleichwohl bestens organisierten **Tohuwabohu** dieses Viertels etwas anhaben können.

Wirklich ernst wird es wohl erst, wenn die Stadt sich anschickt, eine ge-

tenspendenden Bäumen gesäumter Gassen, in denen es vor Waren, Menschen, Verkehrsmitteln, Geschäften, Geräuschen und Gerüchen nur so pulsiert, und gleichzeitig ein **Ruhepol,** eine Zuflucht, eine Oase. Manche werden sich dort nie zurechtfinden, andere schreiten mit geradezu traumwandlerischer Sicherheit voran.

Hanoi

267vi Foto: kb

Uns kann man mieten

normte Din-A4-Fussgängerzone nach deutschem Vorbild daraus zu machen.

Gestern und heute

Das alte Geschäfts- und Handelsviertel zwischen Zitadelle (Kaiserhof) und Rotem Fluss (Hauptverkehrsader) hat seinen **Ursprung im 11. Jh.,** als Kaiser Ly Thai To die Hauptstadt seines Landes nach *Thang Long* (Hanoi) verlegte. Handwerker, Bauern und Fischer gründeten Niederlassungen zu Füßen der Zitadelle, um den Hof mit Lebensmitteln und Gebrauchsgütern zu versorgen, und errichteten mit der Zeit, um ihre Waren ausstellen und weiterverarbeiten zu können, feste *Gassen-dörfer*. Zünfte, Handwerksinnungen und Kaufmannsgilden entstanden. Und wie jedes der (ursprünglich) **36 Dörfer** auf ganz spezifische Rohstoffe, Fertigungen oder Produkte spezialisiert war, formierten sich auch die **36 Gassen** gemäß ihrer Zugehörigkeit zu Clans und Genossenschaften, die mit Fleisch, Fisch, Obst, Gemüse, Heilkräutern, Salz oder Blumen handelten oder Materialien wie Leder, Seide, Papier, Metall oder Bambus bearbeiteten.

Darum wechseln die Straßen der Altstadt noch heute alle paar Blocks ihre Namen – sie erinnern daran, welche Funktionen sie einmal erfüllten bzw. welche **Waren** *(hang)* sie einst vertrieben – *Hang Ca* („Ware Fisch") die Fischgasse, *Hang Bo* die Korbgasse, *Hang Buom* die Gasse der Segelmacher, *Hang Tre* die Bambusgasse. Oft

Altstadt-Glossar

Bat Dan	Schüsseln Holz
Bat Su	Schüsseln Keramik
Cau Go	Brücke Holz
Cha Ca	Gericht Fisch
Cho Gao	Markt Reis
Gia Ngu	Boot Fischerei
Hang Bac	Silber
Hang Be	Bambusboot
Hang Bo	Korb
Hang Bong	Baumwolle
Hang Bot	Reismehl
Hang Buom	Segel
Hang Bun	Reisnudeln
Hang Ca	Fisch
Hang Can	Waage
Hang Chai	Flasche
Hang Chi	Faden
Hang Chieu	Matte
Hang Chinh	Keramik
Hang Cot	Sieb/Reuse
Hang Da	Leder
Hang Dao	Seide
Hang Dau	Öl
Hang Dau	Sojabohnen
Hang Dieu	Wasserpfeife
Hang Dong	Bronze
Hang Duong	Zucker
Hang Ga	Huhn
Hang Gai	Hanf
Hang Giay	Schuhe
Hang Giay	Papier
Hang Hanh	Zwiebel
Hang Hom	Truhe
Hang Huong	Räucherstäbchen
Hang Khay	Tablett
Hang Khoai	Kartoffeln
Hang Luoc	Kamm
Hang Ma	Papier, Votivgaben
Hang Mam	Fischsauce
Hang Manh	Bambuswände
Hang Mo	Holzinstrumente
Hang Muoi	Salz
Hang Ngang	Mittelstraße
Hang Non	Strohhut
Hang Phen	Essig
Hang Quat	Fächer
Hang Ruoi	Fliege
Hang Than	Holzkohle
Hang Thiec	Zinn
Hang Thung	Kiste
Hang Tre	Bambus
Hang Trong	Trommel
Hang Vai	Stoff
Hang Voi	Kalk
Lan Ong	(Heil-)Kräuter
Lo Ren	Schmiede
Lo Su	Sarg
Ma May	Rattan
Ngo Gach	Ziegel
Thuoc Bac	Kräutermedizin

haben sich die Zünfte, wenn auch in abgeänderter Form, bis auf den heutigen Tag erhalten, gibt es eine Gewürzstraße, eine Tuchgasse, eine Straße der Leitern und wird in der *Hang Thiec*, der Zinngasse, von früh bis spät geschweißt und gehämmert.

Noch bis ins 19. Jh. bildete das Quartier der Händler und Handwerker eine quasi autarke „Stadt innerhalb der Stadt", von der Außenwelt abgeschottet durch Wälle, Dämme und Deiche, die ihre Bewohner gleichermaßen vor Feinden, Überschwemmungen und unerwünschtem „Fortschritt" schützten. Von den **16 Toren,** durch die man Ein-

lass fand, ist nur noch eines erhalten, am Flussende der *Hang Chieu*, der Mattengasse; es stammt aus dem 16. Jh.

Im vergangenen Jh. sorgten Kriege, Armut und das Spinnwebnetz des Realsozialismus für den unfreiwilligen Erhalt des Ensembles, aber auch für seinen unaufhörlichen Verfall. Wiederaufgebaut oder restauriert sind viele der kleinen **Tempel und Gemeinschaftshäuser,** in denen die Gemeinden und Zünfte ihre Ahnen und Schutzgeister und die Helden der vietnamesischen Geschichte verehrten; kaum eine Gasse ohne *dinh* oder *den*, mehr als ein halbes Dutzend sind es al-

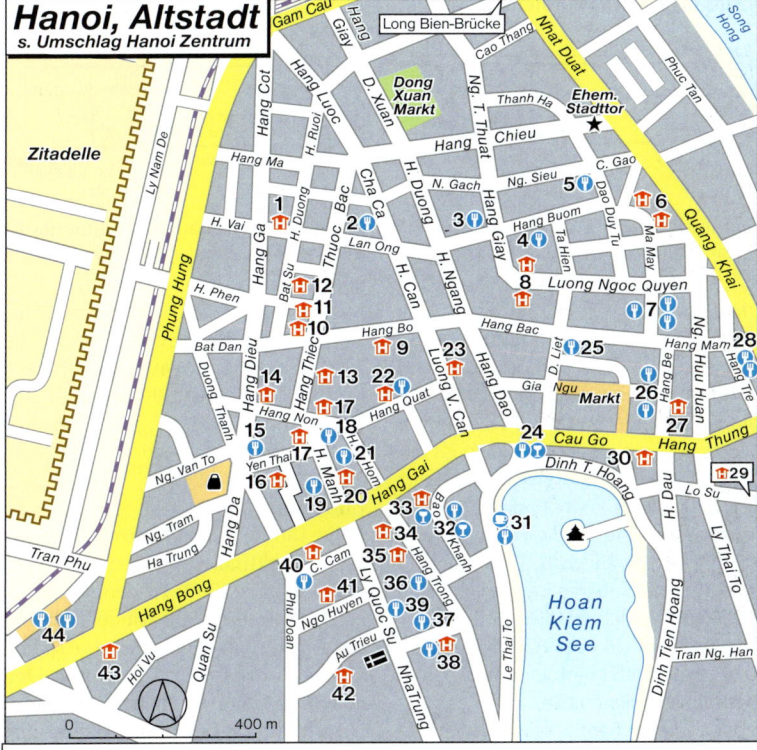

Hanoi, Altstadt
s. Umschlag Hanoi Zentrum

🏨	**1**	Continental	🏨	**17**	Wing, Rose	🏨	**33**	Imperial

🏨 **1** Continental

🛈 **2** Cha Ca Va Long

🛈 **3** Nam Tung

🛈 **4** Bittet Ongloi

🛈 **5** Ket Noi

🏨 **6** Medallion, Elegance 2

🛈 **7** Bo Nuong, 69,
Nola, Tamarind

🏨 **8** Prince, Apple,
Princecafé, A Dong

🏨 **9** Dolce Vita

🏨 **10** Quoc Hoa

🏨 **11** Mike's

🏨 **12** Prince Hanoi,
Hanoi View

🏨 **13** Bach Tung Diep

🏨 **14** Liberty

🏨 **15** Bun Bo

🏨 **16** Manh Dung, North, Thu
Giang, Tung Trang

🏨 **17** Wing, Rose

🛈 **18** Bun Cha Dac Kim

🛈 **19** Hanoi Garden

🏨 **20** Golden Land

🛈 **21** Kiti

🏨🛈 **22** Green Mango

🏨 **23** Phu Hoa, Youth

🛈🛈 **24** Legends, City View,
Avalon

🛈 **25** Bia Minh

🛈 **26** Tandoor,
Green Tangerine

🏨 **27** Pho Co

🛈 **28** Highway 4,
Bia Hoi Hanoi

🏨 **29** Gia Bao Grand

🏨 **30** A 1

🛈🛈 **31** Thuy Ta, Danh Long

🛈🛈 **32** Pepperoni's,
Polite Pub

🏨 **33** Imperial

🏨 **34** Maison d' Hanoi,
Golden Lotus

🏨 **35** Lucky,
Huyen Trang

🛈 **36** Gecko, Puku

🛈 **37** Moca

🛈 **38** La Salsa,
Mediterraneo,
Church

🛈 **39** Là

🏨 **40** Golden Sun 4,
Madame Hien

🏨 **41** Backpackers
Hostel,
Paramount

🏨 **42** Joseph's

🏨 **43** Silk Path

🛈 **44** Essstraßen

Grundriss eines Hanoier Altstadthauses

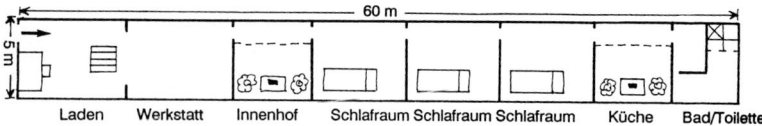

| Laden | Werkstatt | Innenhof | Schlafraum | Schlafraum | Schlafraum | Küche | Bad/Toilette |

lein in der *Hang Bong*, der Baumwoll-straße. Fast alle der alten **Backstein-häuser** aus dem 19. Jh. aber werden statt von Mörtel nur von Sand, Kalk und Zuckerrohrsirup zusammengehal-ten. Fachgerechte Restaurierung und Modernisierung des historischen Be-stands ist teuer, und für die meisten daher unerschwinglich. Der Abriss der alten Häuser ist theoretisch nicht ganz legal, wird aber in der Praxis nur selten verhindert. Dafür ist die Wohnungsnot nach wie vor zu groß. Und sind auf der anderen Seite die Begehrlichkeiten gestiegen – schon ein gutgehendes Minihotel für ein paar Travellerpärchen bringt seinen Eignern eine bescheide-ne Villa im Grünen ein.

Grundriss eines Altstadthauses

Jeder Block, ja jedes Haus ist bis auf den letzten Quadratzentimeter ge-nutzt. Hinter undurchdringlichen Mau-ern und massiven Fassaden tun sich Welten auf. Um so vielen Familien wie möglich eine nutzbringende Straßen-front zu verschaffen, sind die Häuser extrem schmal (in der Regel 5–6 Me-ter), besitzen dafür aber umso mehr Tiefe (bis zu 60 oder 80 Meter). An das Straßengeschäft schließt sich die Werkstätte bzw. das Lager an. Dahin-ter staffeln sich Schlafräume, Küche

und Gemeinschaftsbad. Innenhöfe und Korridore führen Licht und Luft zu und dienen zum Sammeln von Regen-wasser, zur Anlage von Blumen-, Kräu-ter- und Gemüsebeeten, zur Zucht von Hühnern, Schweinen und Fischen. Im Obergeschoss befinden sich der Salon und die Schlafräume des Pa-trons und seiner Familie.

Cho Dong Xuan

Die 1889 von den Franzosen errich-teten **Markthallen** wurden exakt 100 Jahre später (1989) wegen Baufällig-keit und Brandgefahr wieder abgeris-sen – der Neubau fiel fünf Jahre später einem Großbrand zum Opfer. Der zweite Neubau wurde 1997 fertigge-stellt und integriert einen Teil der ur-sprünglichen (kolonialen) Fassade. Annähernd 3000 Menschen sollen hier täglich arbeiten.

Ho-Chi-Minh-Haus

Im Haus 48 **Hang Ngang** verfasste Ho Chi Minh seine berühmte, an die amerikanische *Declaration of Indepen-dence* angelehnte Unabhängigkeits-erklärung, die er am 2. September 1945 auf dem Ba-Dinh-Platz verkünde-

Straße der Bambusleitern, Altstadt

te. Interessant ist vor allem das Obergeschoss. Tgl. 8–11.30, 13–16.30 Uhr,
Eintritt frei.

Memorial House

Im kleinen Hoi An steht über ein
Dutzend sorgfältig und so gut wie
möglich „original" restaurierter historischer Kaufmannshäuser zur Besichtigung frei. In Hanoi bisher nur
dieses eine, aus dem Jahr 1890. 87 Ma
May. Tgl. 8–17 Uhr, 5000 đ.

Paul-Doumer-Brücke

Der Entwurf für die 1,7 km lange
Brücke (heute: *Long Bien*), die bis
1985 die einzige Verbindung der Stadt
mit dem Hafen Haiphong und der Eisenbahn nach Lao Cai und China war,
stammt von *Gustave Eiffel*. 1889 begann eine Pariser Ingenieurfirma den
Bau der Stahlkonstruktion, die zum
Zeitpunkt ihrer Einweihung (1903) die
längste Brücke Indochinas war. Benannt war sie nach dem berühmt-/
berüchtigten Generalgouverneur (und
späteren französischen Präsidenten)
Paul Doumer, der das Eisenbahnnetz
Vietnams ausbauen ließ. Während des
amerikanischen Krieges war sie Ziel
unzähliger Bombenangriffe und wurde mehr als einmal nahezu völlig zerstört. Heute dient sie nur noch dem Ei-
senbahn- und Fahrradverkehr.

Hoan-Kiem-See

Der „See des Zurückgegebenen
Schwertes" war noch im 19. Jh. um ein
Mehrfaches größer als heute, besaß
einen direkten Zugang zum Roten
Fluss und war mit den anderen Seen
der Stadt durch ein Netzwerk von
Kanälen und Wasserläufen verbunden.

Hanoi

034vj Foto: kb

Jedes vietnamesische Kind kennt die Legende von **Le Loi,** der 1418–1428 einen verzweifelten Guerillakrieg gegen die übermächtigen Ming-Besatzer führte. Als der Held in seiner Not schließlich den Beistand des Himmels erflehte, erhob sich eine Goldene Schildkröte aus dem See und überreichte ihm ein Schwert, mit dessen Hilfe er die Feinde endlich vertreiben konnte. Kaum war die Tat vollbracht, tauchte die Goldene Schildkröte von neuem auf, das magische Schwert fuhr von selbst aus der Scheide (wie König Arthurs *Excalibur*) und verwandelte sich dabei in einen jadefarbenen Drachen. Aus Dankbarkeit ließ Le Loi auf der kleinen Insel mitten im See den *Thap Rua* (Schildkröten-Turm) errichten, der seitdem das Wahrzeichen Hanois geworden ist. (Siehe *Den Ngoc Son.*)

Rund um den See, aus dem man während des Kriegs so manchen amerikanischen Bomberpiloten gefischt hat, sind Grünanlagen und Spazierwege angelegt, auf denen sich jeden Morgen hunderte junger und alter Hanoier zum Frühsport (Tai Chi, Jogging) einfinden. An Wochenenden und schönen Sommerabenden wimmelt es von ausgelassenen Cliquen und Liebespaaren, die Musik hören, trinken, reden, Karten oder Schach spielen und sich von Dutzenden mobiler Kleinküchen mit Tee, Snacks, Eis, Hochprozentigem und Wasserpfeifen versorgen lassen.

Den Ngoc Son (Jadeberg-Tempel)
Vom Ostufer des Sees – Lieblingsmotiv zahlloser Fotografen, die hier ihre Stände aufgeschlagen haben – führt eine anmutige **rote Holzbrücke,** *The*

Hanoi

Huc (Brücke der Aufgehenden Sonne, 1885), zur Insel *Ngoc Son* (Jadeberg), die man durch das mit Kalligrafien verzierte *Tor der Schrift* betritt; der überdimensionale steinerne Tuschpinsel *(Thap But)* zuvor erinnert an die Kunst der Literatur.

Der ursprüngliche Tempel stammt aus dem 13., die heutige Substanz aus dem frühen 19. Jh. Aber die Verehrung für *Tran Hung Dao*, den genialen Mongolenbezwinger, sowie für *Van Xuong*, den Schutzherrn der Literatur, und *La To*, den Patron der Ärzte, ist noch die gleiche geblieben. Und wer der Legende nicht traut, wird sich womöglich durch eine über 2 m lange und 250 kg schwere Schildkröte eines Besseren belehren lassen, die man erst 1968 aus dem See fischte; ihr Alter wird auf weit über 400 Jahre geschätzt. Tgl. 7–19 Uhr, Eintritt 3000 đ.

Ville Française

Das ehemalige Europäerviertel mit seinen schattigen Alleen und Fin-de-Siècle-Villen, heute großteils mustergültig restauriert, umschließt den Hoan-Kiem-See und breitet sich südwärts bis etwa auf die Höhe des Bahnhofs aus. An der Südseite des Sees verläuft die Pracht- und Flanierstraße des französischen Hanoi, die von den stolzen Kolonisten einst als „Rue de la Paix des Fernen Ostens" gefeierte *Rue Paul Bert*, heute **Trang Tien,** eine merkwürdige Mischung aus Kolonialnostalgie und

Heilkundiger am Hoan-Kiem-See

Realsozialismus (fast alle Häuser sind in Staatsbesitz). Richtung Fluss erblickt man das 1901 erbaute **Opernhaus,** eine verkleinerte Replica der *Grand Opera* von Paris, noch weiter Richtung Fluss erstreckt sich das langgezogene Gebäude der ehemaligen *École d'Extrême Orient*, in der heute das **Historische Museum** untergebracht ist.

Gleichfalls am Ostufer des Sees lagen Rathaus und Schatzamt, die **Post** mit ihrem markanten Uhrturm und die wuchtige **Banque de l'Indochine** (1930), heute Verwaltungsgebäude der Außenhandelsbank. Die **Residenz des Gouverneurs** (seit 1954 Gästehaus der Regierung) ist das prachtvolle Art-Déco-Gebäude schräg gegenüber dem 1992 restaurierten **Grandhotel Métropole** (1901).

Südlich der Trang Tien erstreckt sich das ehemalige Geschäfts- und Verwaltungsviertel mit seinen schnurgeraden, von mächtigen Bäumen bestandenen Boulevards und Alleen voller prächtiger Villen und Paläste zwischen Neo-Klassik, Art Déco, Jugendstil und Pariser Renaissance.

Die Heiligabend 1886 eingeweihte **Kathedrale Saint Joseph** liegt auf der Westseite des Sees. Die Franzosen ließen dafür die größte und bedeutendste Pagode Hanois, den 10-stöckigen *Chua Bao Thien*, schleifen und veranstalteten danach eine Lotterie, um ihre Kirche zu finanzieren. Die Messen der einst bunt bemalten, heute trist-grauen Kirche (tgl. 18, So auch 4.30, 6.30 Uhr) sind oft so gut besucht, dass viele keinen Einlass mehr finden. Das Hauptportal ist nur während der Messen geöffnet, der Nebeneingang befindet sich auf der 40 Nha Chung.

Rund um den Ba-Dinh-Platz

Auf dem mehrere Fußballfelder großen Paradeplatz, dem einstigen Zentrum der französischen Macht in Indochina (rund 3 km westlich von Altstadt und Zitadelle), proklamierte Ho Chi Minh am 2. September 1945 die Unabhängigkeit Vietnams.

Das *Palais des Generalgouverneurs von Indochina* – später Sitz des vietnamesischen Ministerpräsidenten – dient heute repräsentativen Zwecken wie Staatsempfängen und dergleichen. Direkt gegenüber erholte sich „tout Hanoi" im Schwimmbad und auf den Tenniscourts des *Cercle Sportif*.

Jüngste Pläne, an der Ostseite des gewaltigen Areals eine neue **Nationalversammlung** zu errichten, wurden auf Eis gelegt, nachdem Erdarbeiten die Überreste historischer Kaiserpaläste und Kultstätten zu Tage förderten.

Ho-Chi-Minh-Mausoleum

Über 30 Jahre ist Ho Chi Minh schon tot, aber noch immer lässt er die Partei nicht los. Falsch: Sie lässt ihn nicht los. Sie braucht ihn. Und heute, angesichts wachsender **Korruption** und **Verschwendungssucht** in den eigenen Reihen, mehr denn je. Onkel Ho, der personifizierte revolutionäre Geist harter Arbeit und spartanischen Lebens im Dienste des Volkes.

In seinem **Testament,** das sein Nachfolger *Le Duan* unterdrückte und von der Partei erst 1990, mehr als zwei Jahrzehnte nach seinem Tod, veröffentlicht wurde, hatte Ho sich sowohl ein Staatsbegräbnis wie eine Ausstellung seines Leichnams ausdrücklich verbeten und stattdessen eine einfache Einäscherung verfügt.

Das 1973–1975 aus schwarzem, grauem und rotem Marmor aus den Bergen Da Nangs errichtete **Totenhaus** wirkt – dank der Dimensionen des Platzes – trotz seiner Monumentalität nicht einmal übertrieben klotzig. Eine **Ehrengarde** geleitet die in Reih und Glied angetretenen Besucher feierlich über einen roten Teppich bis zur Eingangspforte. Im Innern verrichtet eine **Klimaanlage** (nahezu 20 Jahre lang die einzige im ganzen Land!) ihr kühles Werk. Schweigend und im Gänsemarsch und ohne zu Verharren defiliert man ehrfürchtig, oder wie auch immer, an dem **gläsernen Sarg** vorüber, in dem wächsern, Formaldehyd sei Dank, im rosigen Spotlight Onkel Ho aufgebahrt ruht.

● Außer Mo und Fr 7.30–10.30 Uhr (April–Sept.), 8–11 Uhr (Dez.–März). Okt./Nov. zwecks „Auffrischung" der Mumie geschlossen. Eintritt ist frei. Taschen und Kameras müssen bei der Rezeption abgegeben und können auf Wunsch hinter dem Mausoleum wieder in Empfang genommen werden.

Tgl. 7 und 21 Uhr (im Sommer 6.30, 20.30 Uhr) marschiert im martialischen Stechschritt die königliche, pardon, *sozialistische* **Ehrengarde** auf und hisst unter Abspielen der Nationalhymne die Flagge bzw. zieht sie wieder ein.

Hanoi

Ho-Chi-Minh-Mausoleum

Onkel Hos Haus

Im weitläufigen **Park des Gouverneurpalastes,** seinem offiziellen Amtssitz als Präsident der Republik, ließ Ho Chi Minh ein schlichtes, im Stil der *Tay* (bei denen Ho nach seiner Rückkehr aus dem Exil Unterschlupf gefunden hatte) gebautes **Holzhaus** errichten, von dem aus er von 1958 bis zu seinem Tod 1969 über die Geschicke des Landes waltete. Es bestand aus kaum mehr als einem wohltuend einfach, ja spartanisch eingerichteten Arbeits- und Schlafzimmer, davor ein kleiner **Lotosteich,** an dem der „Vater des vietnamesischen Sozialismus" zu meditieren pflegte, Gedichte schrieb und seine Goldfische fütterte. Zu schön, um wahr zu sein? Inzwischen hat man das schlichte Häuschen in einen protzigen Hochglanz-Bungalow umgewandelt.

● Tgl. 8–11, 14–16 Uhr. Besuchern des Mausoleums wird oft ein Eintritt abverlangt (5000 đ), wer den regulären Eingang benutzt, zahlt nichts (und kann zuvor Kamera u. Gepäck abholen).

Chua Mot Cot (Ein-Pfahl-Pagode)

Die kleine Pagode, die inmitten eines Lotosteichs wie ein etwas zu groß geratenes Geisterhäuschen auf einem massiven Pfeiler thront, ist **eines der ältesten Baudenkmäler Hanois** (1049), in seiner heutigen Gestalt allerdings nur mehr die Rekonstruktion einer Rekonstruktion.

Der Legende nach erschien dem alternden und kinderlos gebliebenen Kaiser *Ly Thai To* eines Nachts im Traum die Göttin *Quan Am*, die auf einer Lotosblüte ruhte und ihm einen kleinen Jungen entgegen hielt. Als daraufhin ein männlicher Nachkomme geboren wurde, ordnete der überglückliche Monarch den Bau der Pagode in Form einer offenen Lotosblüte an.

Der ursprüngliche Chua stand auf einem gewaltigen Baumstumpf (Annalen sprechen von einer Höhe von bis zu 40 m, was wohl übertrieben erscheint), wurde im Lauf der Jahrhunderte aber mehrfach zerstört und wieder aufgebaut. Als die Franzosen 1954 Hanoi verlassen mussten, machten sie die Anlage in wilder Wut dem Erdboden gleich. Aus den Überresten wurde der heutige Chua rekonstruiert, der seitdem auf einem hässlichen Betonstummel ruht. Eine kleine Treppe führt zum Kultraum mit der Statue der „Kinderbringerin" Quan Am. Die lange Schlange der anstehenden Frauen mit Opfergaben zeigt, dass man auf die Barmherzigkeit der Göttin auch noch heute hofft.

Ho-Chi-Minh-Museum

Die Fortsetzung des Mausoleums mit anderen Mitteln. Als das zu seinem 100. Geburtstag errichtete Gemeinschaftswerk vietnamesischer und russischer Künstler und Architekten 1990 seine Pforten öffnete, mutete es in seinem Protz und Symbolismus noch wie ein Disneyworld des realexistierenden Sozialismus an. Heute, da vom Sozialismus nur noch Lippenbekenntnisse

geblieben sind, ist es nichts weiter als ein **absurdes Mausoleum der Eitelkeiten** und geplatzten Ambitionen. Im 1. Stock die **Vergangenheit:** Dokumente aus Hos Leben (Fotografien, Handschriften, Zeitungsartikel, Memorabilien). Im 2. die **Zukunft:** eine fulminante Abfolge von heimlicher Kunst und unheimlichem Kitsch. Auf seine Art durchaus sehenswert!

● *Bao Tang Ho Chi Minh*. Außer Mo und Fr 8–12, 13.30–16.30 Uhr, Eintritt 5000 đ.

Tay Ho (West-See)

Der Westsee ist ein toter Arm des Roten Flusses und mit einem Umfang von 14 km der größte See Hanois. In der Vergangenheit bauten Kaiser und Mandarine dort ihre **Sommerpaläste,** heute residieren an seinen Ufern Politprominenz, Neureiche und ausländische Diplomaten und Geschäftsleute – die feinste Adresse der Hauptstadt, eine Welt ganz für sich.

Entlang seiner Ufer lagen einst einige der **ältesten Pagoden Hanois;** heute ist von ihnen, selbst wenn sie die Zeiten überdauert haben, vor lauter Neubauten kaum noch etwas zu sehen oder sie sind schlicht der Bodenspekulation zum Opfer gefallen. Ebenso wie die kleinen Handwerksdörfer rund um den See, die noch bis vor gar nicht langer Zeit auf Blumen, Heilkräuter, Obst, Zierfische, Kampfhähne, Schweine, Reiswein, Keramik, Seidenmalerei usf. spezialisiert waren.

Am Südostufer des Sees, knapp 500 m nördlich des Ba-Dinh-Platzes, trennt seit dem 17. Jh. der **Thanh-Nien-Damm** den kleinen **Ho Truc Bach** (Weiße-Seide-See) ab. Er verdankt seinen Namen den unbotmäßigen Konkubinen der *Trinh*-Fürsten, die an seinem Ufer zur Strafe Seide spinnen mussten. Beiderseits des von Flamboyants bestandenen Dammes liegen zahlreiche Cafés und Restaurants, kann man Tret- und Ruderboote usw. mieten.

Pagoden und Tempel

Manche der schönsten Pagoden und Kultstätten liegen nicht im unmittelbaren Stadtgebiet und müssen erst erreist werden (siehe *Umgebung von Hanoi)*. Im Zentrum sollte man aber zumindest dem Literaturtempel einen Besuch gönnen.

Van Mieu (Literaturtempel)

Kaiser Ly Thanh Tong, der dritte Kaiser der Ly-Dynastie, ließ den Tempel **1070** als einen Ort der Verehrung des **Konfuzius** erbauen. Wenig später, 1076, begründete sein Nachfolger Ly Nhan Tong quasi als „Anbau" das *Quoc Tu Giam* (Institut der Söhne des Landes), die erste Universität Vietnams, an der er persönlich die ersten Examina abhielt. Die Gebäude des *Quoc Tu Giam* liegen im Nordhof und sind Rekonstruktionen aus diesem Jahrhundert.

Die Anlage besteht aus einer streng gegliederten, dem eigentlichen Heiligtum vorgelagerten *Abfolge von Toren und Höfen.* Die Benutzung der Hauptallee und der mittleren Tore war dem

Kaiser vorbehalten, die Mandarine benutzten entsprechend ihrem Rang die äußeren Tore und Wege.

Symbolisch für die vier Prüfungsarten passiert man nacheinander **vier Tore.** Vom dreiteiligen Haupttor *Van Mieu Mon*, an dem zwei steinerne Drachen Wache halten, führt die gepflasterte Hauptallee über das Tor *Dai Trung* (Große Mitte) zu dem nach einer bedeutungsvollen Sternkonstellation benannten Tor **Khue Van Cac.** Der 1802 über dem Portal errichtete *Pavillon* war dem Schutzgeist der Dichter und Gelehrten geweiht und als Ort literarischer Debatten und Lesungen berühmt.

Dahinter öffnet sich der wichtigste Hof der Anlage mit dem **Thien Quang Tinh,** dem Brunnen der Himmlischen Klarheit, zu dessen Seiten je **41 Stelen** *(bia)* auf dem Rücken steinerner Schildkröten ruhen, dem Sinnbild für Weisheit und Dauer. Die Tafeln verewigen die Namen der 1306 Preisträger, die zwischen 1442 und 1779 als Sieger aus insgesamt 82 Literaturprüfungen hervorgegangen waren. Die Auswahlkriterien waren äußerst streng; 1733 bestanden von 3000 Kandidaten lediglich acht die 35 Tage dauernde Prüfung.

Durch das Tor *Dai Thanh* (Großer Erfolg) betritt man den letzten Hof mit den Säulenhallen *Ta Vu* und *Huu Vu,* die dem „Kult der 72 Weisen", der besten Schüler des Konfuzius, gewidmet waren (zu denen allerdings nur ein Vietnamese, *Chu Van An*, 1293–1370, gehörte). 1947 zerstört und 1954 wieder aufgebaut, dienen sie heute vor-

Hanoi, Literaturtempel

1   Eingang
2   Stelen mit der Aufforderung, vom Pferd zu steigen
3   Van Mieu Mon (Haupttor)
4a   Seiteneingang
4b   Seiteneingang
5   Hauptallee
6   Wasserbecken
7   Dai-Tai-Tor
8   Thanh-Duc-Tor
9   Dai Trung (Tor Große Mitte)
10   Wasserbecken
11   Khue Van Cac (Tor und Pavillon)
12   Cuc-Van-Tor
13   Bi-Van-Tor
14   Thien Quang Tinh (Hof der Stelen mit Brunnen der Himmlischen Klarheit)
15   Bia Tien Si (Stelen der Gelehrten)
16   Dai Thanh (Tor Großer Erfolg)
17   Kim-Thanh-Tor
18   Ngoc-Tran-Tor
19   Großer Haupthof
20   Ta Vu (Tempel, dem Kult der Weisen gewidmet)
21   Huu Vu (Tempel, dem Kult der Weisen gewidmet)
22   Bai Duong (Haus der Zeremonien)
23   Dai Thanh (Ehrenhalle Großer Erfolg, Heiligtum des Konfuzius)
24   Osttor
25   Westtor
26   Tintensteine
27   Quoc Tu Giam („Institut der Söhne des Staates")
28   Khai Thanh (ein den Eltern des Konfuzius gewidmetes Heiligtum)

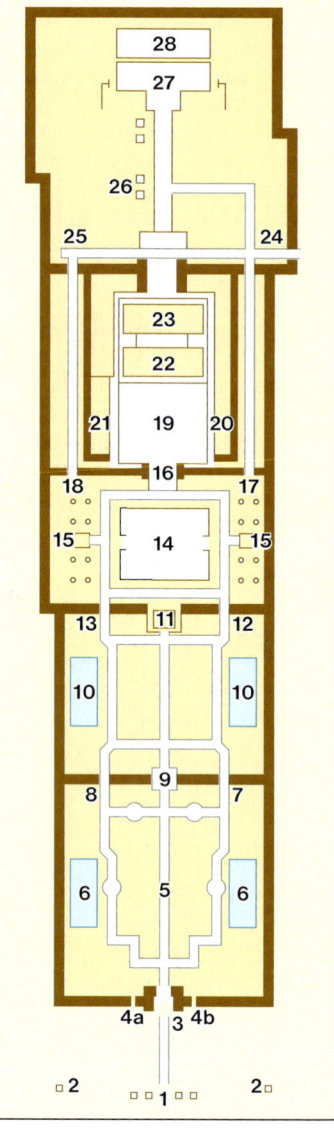

255vi Foto: kb

nehmlich Ausstellungszwecken. An der Stirnseite des Hofs erhebt sich der **Bai Duong,** das Große Haus der Zeremonien, auf dessen geschwungenem Dach sich zwei Drachen gegenüberstehen, die die Mondscheibe halten. Das Innere enthält einen **Altar des Konfuzius,** flankiert von zwei überdimensionalen Bronzekranichen, die dem Meister die Ergebnisse der Prüfungen zu melden hatten.

Unmittelbar im Anschluss beginnt das eigentliche Heiligtum **Dai Thanh,** die Ehrenhalle des Großen Erfolgs. Vierzig rotlackierte Säulen aus Ebenholz tragen das geschwungene, mit den Symbolen des Wissens und der Weisheit verzierte Dach. Im Inneren befindet sich ein **vergoldeter Altar** mit dem Standbild des Konfuzius, ihm zur

Seite je zwei seiner Nachfolger und Gedenksteine außerordentlicher Schüler. Am ersten Tag des Mondmonats pilgerten die Schüler des *Quoc Tu Giam* mit ihren Lehrern hierher, um dem Meister ihre Ehrerbietung darzubringen und den Erfolg der Studien zu erflehen. Im Hintergrund erkennt man eine Sänfte, in der in einer Zeremonie die **Diplome der Preisträger** durch die Straßen getragen wurden. Die Oberfläche der tischhohen Steine wurde zum Mischen von Tinte benutzt.

● Eingang Quoc Tu Giam, tgl. 8–17 Uhr, Eintritt 10.000 d. Während der Dauer des *Tet*-Fests finden traditionelle Wettkämpfe sowie ein Neujahrsmarkt statt.

Den Tran Vu

Als Ly Thai To Hanoi 1010 zur Hauptstadt ernannte, ließ er zum Schutz der Stadt nahe dem Nordtor den Tempel des Tran Vu errichten. Der *Den Quan*

Aus der guten alten Zeit

Thanh, wie er auch genannt wird, wurde mehrfach umgebaut, zuletzt 1893, und gilt als der bedeutendste **daoistische Tempel** Hanois.

Der Kult des Zauberers und Dämons *Huyen Thien Tran Vu* (Großer Herrscher des Schwarzen Himmels) war aus **China** eingeführt. Alle seine Attribute korrespondieren mit denen des *yin:* Norden, Tod, und Nacht. Der Legende nach sandte ihn der Himmel, um die Stadt von einem **neunschwänzigen Ungeheuer** zu befreien. Bei ihrem ungestümen Kampf stampften sie einen großen Krater in den Boden, der sich mit dem Wasser des Roten Flusses füllte und den Westsee erzeugte.

Die 4 m hohe, 4 t schwere und mit schwarzglänzender Emaille überzogene **Bronzestatue** im Innern wurde wie die große Glocke 1677 gegossen; sie zeigt Tran Vu auf sein Schwert gestützt, um das sich zum Zeichen seiner Macht eine Schlange windet, die Schildkröte zwischen seinen Füßen symbolisiert seine Weisheit. Unter den Franzosen hieß der *Den* irrtümlich „Temple du Grand Bouddha", aber nicht jede Statue des Fernen Ostens ist nun mal ein Buddha. Man beachte die Holzschnitzereien, das Schiff über dem Eingangsportal und die Einlegearbeiten der Spruchtafeln, auf denen Bildmotive chinesische Schriftzeichen formen.

● Am Südostufer des West-Sees. Tgl. 8–18 Uhr, 5000 d.

Chua Tran Quoc

Die Pagode geht auf eine Gründung des 6. Jh. zurück und wurde in ihrer heutigen Gestalt im 15. aufgebaut – ursprünglich lag sie am Roten Fluss. Eine **Stele von 1639** im Garten inmitten von Totentafeln und Stupas verstorbener Mönche erzählt ihre Geschichte.

Der hübsche Chua auf einer kleinen Insel im Westsee ist mit dem Thanh-Nien-Damm durch einen schmalen Pfad verbunden. Ein schöner Ort, um zwischen schattigen Bäumen und alten Grabmälern und mit Blick auf den See zu entspannen.

● 7–11.30, 13.30–18 Uhr, Eintritt frei.

Chua Ba Da

1010 kam bei Erdarbeiten für den Bau der Zitadelle eine kleine, steinerne Frauenstatue zum Vorschein, der man magische Kräfte zuschrieb. Zu ihrer Verehrung wurde die **Pagode der Steinernen Frau** errichtet; die ursprüngliche Figur ging verloren und wurde später durch eine hölzerne Nachbildung ersetzt. Der von Gläubigen, meist alten Frauen, stets gut besuchte *Chua* besticht durch seine mystische Zeitlosigkeit und intime Aura.

● 3 Nha Tho, zwischen Hoan-Kiem-See und Kathedrale.

Chua Quan Su

Die **Botschafter-Pagode,** seit dem 15. Jh. eine Art Gästehaus für Gesandte anderer buddhistischer Nationen, wurde 1934 Sitz der Buddhistischen Vereinigung und von Grund auf erneuert und erweitert. Der Chua ist einer der bestbesuchten der Stadt, besonderen Zuspruch findet die Statue der *Quan Am*, der Göttin mit den hundert Armen. Der Versammlungsraum hinter dem Hauptgebäude ist mit Sze-

Examina im Zeichen des Konfuzius

Ziel der in Abständen von drei Jahren abgehaltenen Examina war, fähige und qualifizierte (statt nur durch ihre adelige Herkunft privilegierte) Staatsdiener zu rekrutieren. Im Zeitalter des Gottkönigtums (Angkor Wat) und der genetischen Prädestination („ein Affe bleibt immer ein Affe, ein Nobler produziert immer andere Noble") ohne Zweifel ein großer Fortschritt und Keimzelle nahezu „demokratischer" Prinzipien.

Theoretisch war zu den Prüfungen jedermann zugelassen (außer Frauen und „unzuverlässige Elemente"), der fest auf dem Boden des Grundgesetzes und der bestehenden Ordnung stand. Zigtausende Kandidaten versuchten oft ihr ganzes

04/vi Foto: kb

Leben lang, den Maßstäben gerecht zu werden, da selbst noch die niederste Stufe des Mandarinats mit den höchsten Privilegien verbunden war. Erfolglose Kandidaten gingen als hochgeachtete Privatlehrer, öffentliche Schreiber oder Heilkundige in ihre Dörfer zurück und gaben ihr Wissen an die Bevölkerung weiter.

Die Prüfungen bestanden aus Abhandlungen über Literatur, Ethik, Politik, poetische Komposition und dem „richtigen" Abfassen administrativer Texte. Formelhaft und praxisfeindlich, auf die Verewigung des Status Quo ausgerichtet und im Lauf der Zeit immer realitätsfremder, wurden die Prüfungen zwar mehrfach „reformiert", blieben im Prinzip jedoch über die Jahrhunderte hinweg immer gleich. Gelehrsamkeit und Wissen waren alles, Entwicklung, Forschung, Geschichte und das Bewusstsein von Individualität – alles, was ständigem Wandel unterworfen ist – blieb tabu.

An den Prüfungstagen strömten aus allen Teilen des Landes Aberhunderte Kandidaten herbei, die als Sieger regionaler Tests hervorgegangen waren. Mit Zelt, Bambusliege und Schreibgerät ausgerüstet, nahmen sie eine etwa fußballplatzgroße, von Bambuszäunen eingegrenzte Fläche in Beschlag, auf der sie 30 bis 35 Tage examiniert wurden; von Wachtürmen und auf dem Rücken von Elefanten kontrollierten Aufseher den ordnungsgemäßen Ablauf. Erstmals 1075 im *Quoc Tu Giam* durchgeführt, blieb dieses Ritual bis 1915 (Hanoi) bzw. 1918 (Hue) praktisch unverändert erhalten.

nen aus dem Leben Buddhas ausgemalt.

● 73 Quan Su (zwischen Ly Thuong Kiet und Tran Hung Dao), 7.30–11.30, 13.30–17.30 Uhr.

Den Hai Ba Trung

Der 1143 errichtete Tempel ist den ersten Heldinnen der vietnamesischen

Geschichte gewidmet. Nach ihrem Sieg über die Han-Besatzer im Jahr 39 hatten sich die beiden Schwestern *Trung Trac* und *Trung Nhi* zu Königinnen krönen lassen; angesichts der Übermacht der rachedurstigen Feinde stürzten sie sich in den Roten Fluss, um den Erzfeinden nicht in die Hände zu fallen. Der Schrein mit ihren Statuen – beide kniend, mit zum Himmel erhobenen Armen, bereit, sich in die Fluten zu werfen –, wird nur zum Tempelfest am 5./6. Tag des 2. Mondmonats geöffnet. An den reich ausgestatteten Den schließt sich eine Pagode zu Ehren der daoistischen Muttergöttin *Mau* an, bei der kinderlose Frauen Zuflucht suchen.

● Nördlich des Thanh-Nhan-Sees, Pho 337. Nur So geöffnet.

Museen

Öffnungszeiten und **Eintrittspreise** sind weitgehend vereinheitlicht, lediglich die Ausnahmen sind eigens vermerkt. Tgl. außer Mo 8–11.30, 13.30–16.30 Uhr. 20.000 đ.

Ethnologisches Museum

Trotz seiner etwas abgeschiedenen Lage (8 km vom Zentrum) ist das moderne und innovative, 1997 in Kooperation mit dem Pariser *Museé de l'Homme* entstandene Völkerkunde-Museum inzwischen das beliebteste und am meisten besuchte der Hauptstadt.

Die weitläufige Anlage (3 ha) demonstriert ebenso anschaulich wie attraktiv *Kunst, Kultur und Alltag der ethnischen Minoritäten* – es werden nicht einfach tote Artefakte ausgestellt und aneinandergereiht, sondern praxisorientierte Zusammenhänge und Querverbindungen aufgezeigt.

Der Besucher lernt viel über Siedlungsweise und Arbeitsgeräte, Trachten, Schmuck, Kultgegenstände, Musikinstrumente und Alltagsleben der Minderheiten, erlebt hautnah mit, wie Reisstrohhüte gefertigt, Stoffe gewebt und gefärbt oder Neujahrbilder hergestellt werden und kann sowohl im Haus selbst wie auf dem Gelände

Hanoi

nachgebaute Pfahlhäuser der Bergvölker betreten (selbst gebaut von Hmong, Ede und Jarai). Spezielle Themengruppen sind Topoi wie Ahnenkult oder Wasserpuppentheater gewidmet. Modelle, Grafiken, Dioramen, Videos und mehrsprachige Tafeln – vorbildlich!

● *Bao Tang Dan Toc Hoc*, Nguyen Van Huyen. Tgl. außer Mo 8.30–17.30 Uhr.
 Mit Bus 14 ab *Bo Ho* (Nordufer des Hoan-Kiem-Sees) bis zur vierspurigen *Hoang Quoc Viet* (auf Höhe No. 58, Fahrtzeit 25–30 Min., 3000 đ), dann Straße überqueren (Wegweiser) und knapp 5 Min. zu Fuß. Per *Xe Om* ca. 30.000 đ, per Taxi ca. 60.000 đ.

Historisches Museum

Im kolonialen Prachtbau der ehemaligen Residenz des Generalgouverneurs und späteren *École française d'Extrême Orient* (1932) werden auf 2 Stockwerken über 2000 Exponate ausgestellt, deren thematische bzw. chronologische Gliederung von der **Bronzezeit** (Dong-Son-Trommeln) über den **tausendjährigen Krieg gegen China** bis zum antikolonialen **Befreiungskampf Ho Chi Minhs** reicht. Anschauliche Darstellungen vergegenwärtigen berühmte Schlachten wie die „Speerfalle" Tran Hung Daos am Bach-Dang-Fluss. Ein Kurztrip durch die Geschichte Vietnams mit beeindruckenden Ausstellungsstücken.

● *Bao Tang Lich Su*, tgl. 8–16.30 Uhr, 1 Trang Tien (hinter der Oper).

Müßiggang vor der Pagode

Museum für Kunstgeschichte

Lohnt allein schon wegen der (exzellenten!) Kopien der berühmten tausendarmigen **Quan Am** aus dem *Chua But Thap* und der zwölf überaus lebensnahen **Arhats** des *Chua Tay*, die beide zu den schönsten und gelungensten buddhistischen Holzskulpturen Vietnams zählen. Im Erdgeschoss Artefakte der Bronzezeit und der großen Dynastien des 11.–17. Jh. (darunter wundervolle Holzfriese aus alten Gemeindehäusern!), im Obergeschoss vornehmlich Gemälde des 20. Jh. (Fazit: Selbst während der Kriege gab es nicht bloß sozialistischen Realismus!). In einem Seitentrakt ein gelungener Überblick über populäre Volkskunst wie z.B. *Tet*-Drucke oder die naiv-anrührenden, „polynesisch" anmutenden Holzstatuen der *Jarai* des Zentralen Hochlands.

● *Bao Tang My Thuat*, 66 Nguyen Thai Hoc (gegenüber dem Literaturtempel).

Armeemuseum

Nachdenklich machende Memorabila und Modelle von der Rebellion der *Trung*-Schwestern im Jahr 39 über die Schlacht von Dien Bien Phu bis zum chinesischen „Vergeltungsschlag" von 1979.

Im Hof ein surrealer Trümmerhaufen abgeschossener Bomber, erbeuteter Panzer, siegreicher Flakgeschütze – eindrucksvoll die zusammengestauchten Stahlmassen des Uralt-Dinosaurierbombers **B 52,** mit dem die Amerikaner zuletzt noch den Irakern und Afghanen das Fürchten lehrten.

04 bi Foto: kb

Der sechseckige **Wachturm** *Cot Co* (1812) ist einer der letzten Relikte der alten Zitadelle (s.u.).

● *Bao Tang Quan Doi*, 28A Dien Bien Phu.

Zitadelle

2001 wurden erstmals Abschnitte der Zitadelle – mehr als 50 Jahre lang strengstes militärisches Sperrgebiet – der Öffentlichkeit zugänglich gemacht. 1802–12 unter Kaiser *Gia Long* nach Plänen europäischer Festungsbaumeister errichtet, wurde sie bereits wenige Jahrzehnte später, 1872, von den anrückenden Franzosen gestürmt und streckenweise dem Erdboden gleichgemacht. Zwei der fünf Tore des 6 km langen Mauerwalls – das Nordtor *Cua Bac* und das Zentraltor *Doan*

Brücke der Aufgehenden Sonne am Hoan-Kiem-See

Mon (Eingang auf der Hoang Dieu etwa auf Höhe des HCM-Mausoleums) – sowie Teile des ehemaligen Kaiserpalastes sind bereits restauriert bzw. rekonstruiert.

Frauenmuseum

Das sympathische Museum dokumentiert die Geschichte der vietnamesischen **Frauenbewegung,** die anders als in anderen asiatischen Ländern nicht erst seit den „Märtyrerinnen" des Sozialismus eine große Tradition hat. Angeschlossen ist eine gesonderte Abteilung der ethnischen Minderheiten (Kostüme etc.)

● *Bao Tang Phu Nhu*. 36 Ly Thuong Kiet.

Institut für Musikinstrumente

Über 250 traditionelle Musikinstrumente aus allen Teilen Vietnams – zumeist aus einfachen, alltäglichen Ma-

Hanoi

terialien wie Holz, Bambus, Stein oder Tierhaut hergestellt – sind in einem Showroom des *Vietnamese Musical Instrument Institute* ausgestellt. Das Personal besteht weitgehend aus Wissenschaftlern und Musikern, die diese Instrumente auch spielen können (soweit diese nicht zu alt und wertvoll sind). Dokumentarvideos zeigen, wie sie gemacht, wofür sie benutzt und zu welchen Anlässen sie gespielt wurden oder werden. Entsprechende CDs und Bücher stehen zum Verkauf.

● 32 Nguyen Thai Hoc. Mo–Fr 8–11.30, 13.30–16. 30 Uhr. 10.000 d.

Hoa Lo

Das berühmt-berüchtigte **Zentralgefängnis** von Hanoi („Hanoi Hilton"), in dem zwischen 1964 und 1973 hunderte amerikanische Bomberpiloten logierten, wurde 1997 abgerissen, um zwei Hochhäusern Platz zu machen. Erhalten blieb nur der ursprüngliche Kern, das französische *Maison Central* von 1896. Das gut besuchte Museum erinnert sehr anschaulich – mitsamt Folterinstrumenten, einer Wander-Guillotine usf. – an die brutale Unterdrückung der vietnamesischen Freiheitskämpfer seitens der Kolonialisten.

● 1 Hoa Lo.

B 52

Während der „Weihnachtsbombardierungen" 1972 wurden 20 B 52-Bomber über Hanoi abgeschossen. Einer landete in einem kleinen Tümpel knapp südlich des Westsees, seine Überreste (mitsamt Fahrwerk und Reifen) sind dort noch heute zu sehen.

Von der Hoang Hoa Tham zweigt kurz hinter dem Botanischen Garten ein schmaler Pfad (Wegweiser auf Vietnamesisch) zum Tümpel ab.

Handwerksdörfer

Bat Trang

Keramikelefant oder Essstäbchenhalter? Kaum einer kehrt ohne ein blau-weißes Souvenir aus dem traditionellen **Töpferdorf** *Bat Trang* am Ostufer des Roten Flusses zurück, in dem seit über 700 Jahren hochwertige Keramik geformt, koloriert und gebrannt wird. Kein Haus oder Hof des Weilers ohne qualmenden Brennofen – das war einmal. Die chronisch hüstelnden Bewohner haben sich mittlerweile auf gesünderes (allerdings auch teureres) Gas umgestellt, die zahlreichen Besucher danken es ihnen mit einem Kaufrausch. Donnerstag ist Markt, das bringt noch ein bisschen Leben in die Bude.

● Per Motorrad (über Chuong-Duong-Brücke) oder Fahrrad (über Long-Bien-Brücke) aufs andere Ufer, dann scharf rechts 8 bzw. 11 km immer am Fluss entlang. Alternativ: Buchung über Tourveranstalter. **Tipp:** Der kleine Ein-Mann-Laden *Delicious* – witzig und schön.

Van Phuc

In Van Phuc wird qualitativ hochwertige **Seide** (Brokat, Satin, Crepe de Chine) seit dem 16. Jh. hergestellt. Rund 900 Seidenweber arbeiten im Dorf, viele noch mit alten Webstühlen. Natürlich ist auch hier jedes Haus ein Laden und die Souvenir-Seide nicht

Crash Kurs Hanoi – Was man sehen sollte

1. **Altstadt.** Das Herz Hanois verändert sich täglich, ja stündlich, und mag doch dem Außenstehenden noch heute wie eine Oase aus längst vergangener Zeit erscheinen. Und: **Cyclo Fahren** (solange es noch geht). Kein Hanoier würde sich heute mehr in ein Cyclo setzen, und ihr Bewegungsradius ist eingeschränkt, da viele Passagen für sie tabu sind. Aber was solls? Kann einen Spaziergang durch die Altstadt nicht ersetzen, aber ergänzen. Man sieht Dinge, die man sonst nie sehen würde. Schon weil man nicht dauernd auf den Verkehr achten muss.

2. **Ho Chi Minh.** Einer Legende blickt man nicht alle Tage in die Augen. Wie man auch über die Kluft zwischen dem schlichtem Haus am Fischteich und dem hohlen Pathos der Heldenverehrungsstätte urteilen mag – ein wahrhaft denkwürdiger Ort!

3. **Wasserpuppentheater.** Eine außerordentliche und außerordentlich vietnamesische Kunst, paradoxerweise erst dank dem Tourismus vorm Aussterben bewahrt.

4. **Literaturtempel.** Fast so alt wie Hanoi selbst: 1000 Jahre. Und ein handfestes Symbol der Stadt. Am Anfang war das Wort (des Konfuzius). Am Ende stehen blühende Kultur, aber auch blühende Bürokratie und Autoritätshörigkeit.

5. **Ethnologiemuseum.** Sei es als unerlässliche Vorbereitung für den Trip in den Norden, sei es als *Ersatz* für diesen. Ein Augenöffner. (Vietnams ethnische Minderheiten prägen das Land stärker als es den Vietnamesen jemals einfallen würde zuzugeben.)

immer beste Qualität. Schnäppchen sind möglich, doch sollte man mit der Materie (resp. den Materialien) vertraut sein.

● 8 km südwestlich des Zentrums, Richtung Ha Dong, Bus Nr. 2 (z.B. ab Trang Tien) bis kurz vor Endstation.

Le Mat

Von dem berühmten **Schlangendorf** am Ostufer des Roten Flusses, dessen Bewohner seit Generationen Reptilien aller Art – je giftiger desto besser – sammeln, züchten und wahlweise, die Übergänge sind fließend, zu Gaumenschmaus oder Medizin verarbeiten, ist nicht mehr viel übrig. Das „Dorf" ist Vorstadt geworden, es kamen strengere Gesetze. Dennoch sorgen ein paar Familienbetriebe weiterhin für das Wohl der Gäste (Schlangenmenüs, Elexire, Liköre, Essenzen gegen dieses und jenes Zipperlein usf.).

● Gia Lam. Die Ausfallstraße *Nguyen Van Cu* bis zur *Ngo Gia Tu* (5 km, links), Wegweiser hinter dem Markt *Viet Hung* (Bus 15). **Restaurant-Tipp:** *Trong Khach*, Tel. 38273684. Siehe auch www.lemat.com.vn.

Praktische Informationen

● 6,4 Mio. Einw. (2,5 Mio.). Tel. 04.

Ankunft

Flughafen

● **Der Noi Bai Airport** liegt 35 km nordwestlich der Stadt auf dem linken Ufer des Roten Flusses. www.hanoiairportonline.com.

● **Ein- und Ausreiseerklärung** (*Arrival Departure Declaration*). Die Karte (wird gewöhnlich von der Airline ausgegeben) ausfüllen und gut aufheben, da sie bei der Ausreise wieder abgestempelt werden muss.

● **Zoll.** Kontrollen (bei Ausländern) sind äußerst selten, dennoch ist anzuraten, teure

Hanoi

Wertsachen und höhere Geldbeträge ordnungsgemäß zu deklarieren.

● **Info.** Info-Schalter in der Ankunftshalle. Eher Prospektausgabe als kompetenter Service.
● **Geld.** In der Ankunftshalle befinden sich Bankschalter mit ATM. Korrekter Kurs.
● **Taxi.** Ein Taxi in die Stadt kostet 15 $ bzw. 270.000 đ (Fixpreis). Man kann auch per Mail ein Privattaxi bestellen (noibaitransfer@gmail.com); kostet so viel wie das normale, ist aber deutlich besser/professioneller. Bezahlung nach erfolgter Leistung. Tel. 9132 28980, www.noibaitransfer.com.
● **Minibus.** 35.000 đ. Endstation ist das Gebäude der *Vietnam Airlines*, 25 Trang Thi, am Südende des Hoan-Kiem-Sees. **Vorsicht!** Ganz besonders in Hanoi herrscht die Unsitte, dass Minibus- und Taxifahrer andere als die gewünschten Hotels ansteuern (manchmal sogar gleichen Namens, inkl. gefälschter Visitenkarten etc.). Daher immer auf die genaue **Adresse** achten und sich nicht von **fadenscheinigen Vorwänden** (voll, gibt es nicht mehr, zu teuer o.Ä.) irritieren lassen.
● **Stadtbus.** Mit Linie 7 (rotgelb, hält bei der Ankunftshalle) bis Busbahnhof *Kim Ma*, umsteigen in Linie 18 bis *Phung Hung* (westl. Altstadt) oder Endstation *Long Bien* (nördl. Altstadt): je 5000 đ (rund 0,30 $). Alternativ: mit Linie 17 bis *Long Bien*.

Bahnhof/Busbahnhof

● **Taxi.** Vom *Ben Xe Giap Bat* (Süd-Busbahnhof) zur Altstadt rund 50.000 đ. Vom *Ga Hanoi* (Bahnhof) aus etwa die Hälfte.
● **Xe Om.** Ein Motorradtaxi in die Altstadt kostet rund 15.000 đ (maximal 25.000 đ).
● **Bus.** Vom Bahnhof Linie 1, aussteigen in der *Hang Ga, Hang Dien*. Vom Busbahnhof Linie 3 *(Ben Xe Gia Lam)*, aussteigen in der *Hang Voi, Hang Muoi*. 2500 đ.

Geld

● **Vietcombank** (Bank for Foreign Trade). Bargeld und Reiseschecks (ohne Kommission). ATM (Mastercard, Visa, Visaplus, Maestro-(EC-)Karte) 3 %. VCB Tower, 198 Tran Quang Khai Ecke Le Lai. Mo–Fr 7.30–11.30 Uhr, 13–15.30 Uhr. Bequemer sind die Filialen in der Altstadt.

● **108 Cau Go** (am See). Mo–Fr 8–11.30, 13–17 Uhr. 24h-ATM.
● **120 Hang Trong.** Mo–Fr 8–11.30, 13–16.30 Uhr.
● **ANZ Bank.** Die australisch-neuseeländische *ANZ* war jahrelang die einzige ausländische Bank mit vollem Service. Mo–Fr 8.30–15.30 Uhr, ATM. 14 Le Thai To (am Hoan-Kiem-See).
● **Citi Bank.** 17 Ngo Quyen (bei der Oper).
● **HSBC.** 83B Ly Thuong Kiet.
● **ATM.** Bankautomaten findet man, auch in der Altstadt, allerorten. Am zuverlässigsten sind die von *ANZ*, *Citibank* und *Vietcombank*.
● **Wechselstuben.** Manchmal bessere Raten als bei der Bank. Z.B. 15 und 19 Hang Bong, tgl. 7–19 Uhr.
● **Tourist Information Center.** 7 Dinh Tien Hoang, am Nordufer des Hoan-Kiem-See. ATM, Wechselstube (auch Sa/So), Info-Desk, Buchungsbüro etc. Tgl. 8–21 Uhr. **Achtung:** Es handelt sich nicht um unabhängige, sondern um rein *kommerzielle* Anbieter!

Gesundheit

● **Family Medical Practice.** Renommierte israelische Privatklinik mit Filialen in Saigon und Da Nang. 298 I Kim Ma, Tel. 38430748. Zahnarzt 24 Std. Tel. 38230281.
● **Hanoi French Hospital.** 1 Phuong Mai, Tel. 35771100, Notruf 35741111. Das derzeit vielleicht beste Hospital der Stadt.
● **Peace Dental Clinic.** Sehr empfehlenswert! 51A Nguyen Khac Hieu, nahe Truc-Bach-See. Tel. 37152286, www.peaceclinic.biz.
● **Apotheke.** In der Altstadt: 65 Ma May. 97 Hang Bac. 85 Hang Ma.

Post und Telekommunikation

● **Hauptpost** (mit dem großen Uhrturm) am Ostufer des Hoan-Kiem-Sees, 85 Dinh Tien Hoang. Tgl. 6.30–21.00 Uhr. Zu den Internationalen Schaltern Eingang ganz rechts.
● **DHL.** www.dhl.com.vn.

Internet

●Internet- und e-mail-Service bieten fast alle Hotels gratis.

Bücher, Zeitungen, Karten

●Im Zentrum der Intellektuellen, aber auch der Bürokraten gibt es zwar mehr Kultur, aber auch mehr Zensur als sonst in Vietnam. Ausländische Bücher, Zeitungen und Zeitschriften sind daher deutlich schwerer aufzutreiben als in Saigon. Am ehesten fündig wird man in den großen Buchläden entlang der **Trang Tien** (No. 55, 64, 34) und bei **Xunhasaba**, 32 Hai Ba Trung. **The Bookworm** ist die einzige englische Buchhandlung in Vietnam; über 3000 Titel, Leseraum mit Zeitungen, Zeitschriften, Tee und Kaffee, gute Musik; außer Mo 10–19 Uhr, 4B Yen The (off Nguyen Thai Hoc zwischen Le Duan und Hoang Dieu). Eine kleine Auswahl in der Altstadt führt **Love Planet Café**, 25 Hang Bac. Deutsche Zeitungen können in der Bibliothek des Goethe-Instituts eingesehen werden.

Kulturinstitute

●**Goethe-Institut.** Exzellente Verbindung von **Information** und **Gastronomie** (s. *Essen und Trinken).* In der **Bibliothek** (außer So 10–12, 14–17 Uhr) Print- oder Internetausgaben von SZ, FAZ, *Spiegel, Zeit,* Programme der *Deutschen Welle* auf Flachbildschirm, Multimedia-PCs etc. Auf Anfrage thematische **Stadtführungen** für kleine Gruppen. In zwei Art-Déco-Villen der 1930er Jahre nahe dem Literaturtempel. 56–58 Nguyen Thai Hoc, Mo–Fr 9–17 Uhr, Tel. 37342251, info@ hanoi.goethe.org, www.goethe.de/hanoi.
●**Espace.** Franz. Kulturzentrum. 24 Trang Tien, Tel. 39362164.

Diplomatische Vertretungen

●**Deutschland:** 29 Tran Phu, Tel. 38453836. Geschäftszeit Mo–Fr 8.30–11.30 Uhr. (Seit 1991 in den Villen der ehemaligen DDR-Repräsentanz.) www.hanoi.diplo.de
●**Österreich:** 53 Quang Trung, Tel. 39433050-1.
●**Schweiz:** 44B Ly Thuong Kiet, Tel. 39346589.
●**Niederlande:** 360 Kim Ma, Tel. 38315650.
●**China:** 46 Hoang Dieu, Tel. 38453736.
●**Indien:** 58 Tran Hung Dao, Tel. 38244989.
●**Indonesien:** 50 Ngo Quyen, Tel. 38253353.
●**Kambodscha:** 71 Tran Hung Dao (Ecke Quang Trung), Tel. 39424788.
●**Laos:** 22 Tran Binh Trong, Tel. 39424576.
●**Malaysia:** 45 Dien Bien Phu, Tel. 37343849.
●**Myanmar:** A3 Van Phuc, Tel. 38453369.
●**Philippinen:** 27B Tran Hung Dao, Tel. 39437873.
●**Singapur:** 41–43 Tran Phu, Tel. 38489168.
●**Thailand:** 63–65 Hoang Dieu, Tel. 38235092.

Visa (Januar 2010)

●**Visa Extension.** Eine Visaverlängerung für 1 Monat kostet je nach Visa 14–30 $ (Bearbeitungszeit 3–4 Tage).
●**Kambodscha.** 25 $, Bearbeitungszeit 1 Tag, gültig 1 Monat.
●**Laos.** 32 $ (36 $ Schweiz u. Österreich), Bearbeitungszeit 2 Tage, gültig 1 Monat.
●**China.** 45 $, gültig 1 Monat, Bearbeitungszeit 4 Tage.
●Es handelt sich *nicht* um Fixpreise! Reiseagenturen schlagen normalerweise 3 $ (oder mehr) Servicegebühren auf.

Reiseagenturen

Ein ebenso breites wie unübersichtliches Spektrum von **Reiseagenturen, Tourveranstaltern** und **Travellercafés** – praktisch allesamt in der Altstadt ansässig – bietet schnell

Hanoi

und unbürokratisch Dienste aller Art (Touren, Visa, Hotelvermittlung, Flug- und Zugbuchung, Auto- und Motorradvermietung etc). Das erspart einem Mühe und Arbeit, wird aber natürlich keineswegs als „Freundschaftsdienst" – oder auch nur nach festen Tarifen – erledigt, wie manche Reisende allen Ernstes zu glauben scheinen. Es muss dringend davor **gewarnt** werden, blauäugig und ohne Preisvergleiche beim erstbesten Anbieter (insbesondere bei **Hotels**) Flüge, Touren und dergl. zu buchen! Preise wie Leistungen differieren – selbst ohne betrügerische Absicht – teilweise ganz erheblich!

Ein- und Mehrtagestouren

Es gibt kaum eine Sehenswürdigkeit – Angebot und Nachfrage! –, die sich nicht auf die eine oder andere Weise per „Kaffeefahrt" erreichen ließe. Vorausgesetzt, man treibt genügend Mitreisende auf. Am populärsten sind mehrtägige Touren zur Ha Long-Bucht (inkl. Cat Ba) und nach Sa Pa (mit oder ohne Bac Ha). Wobei zu bedenken ist, dass gerade diese Orte ohne jedwede Probleme auch auf eigene Faust zu erreichen sind.

● **ODC Travel** (seit 1993). Gut organisiert, sehr verlässlich. Touren werden ausschließlich durch eigene Büros verkauft, d.h. wo ODC draufsteht, ist auch ODC drin (keine Verschiebung in andere Gruppen oder Touren); das Tourprogramm ist ein Muster an Präzision bis ins Detail. Verantwortlicher ist Mr. *Lan.* 43 Hang Bo & 142 Hang Bac. Tel. 38288729, www.odctravel.com.vn.

● **Ocean Tours.** Sehr junges, ehrgeiziges und flexibles Team und ebenfalls äußerst zuverlässig. Einer der ganz wenigen Veranstalter, die auf einer Tour sowohl Halong als auch Cat Ba anbieten (wozu ein Schiffswechsel nötig ist) und auf diese Weise dem alltäglichen Desaster in der Bucht entgehen. Verantwortlicher ist Mr. *Chien.* 22 Hang Bac, Tel. 39260463, www.oceantours.com.vn.

● **APT** *(Asia Pacific Travel).* Wohl der billigste – seriöse! – Anbieter. Nicht frei von Pannen oder Überbuchungen (Kunden werden auf andere Touren abgeschoben); trotzdem eine der besseren Optionen. Verantwortlicher ist Mr. *Dai.* 9 Hang Vai, Tel. 39263593, www.vietnamaptgroup.com.

● **Ethnic Travel.** Kleiner, sehr individueller Veranstalter für Neugierige und Abenteuerlustige (z.B. Bai Tu Long); kleine Gruppen, abseits der Massen, eher Homestays statt Hotels. Von vielen Lesern gelobt. Ansprechpartner ist Mr. *Khanh.* 35 Hang Giay, Tel. 39261951, www.ethnictravel.com.vn.

● **Todeco.** Herr *Du* war über ein Jahrzehnt für den DED (Deutscher Entwicklungsdienst) in Hanoi tätig, spricht fließend deutsch und lebte wie seine Mitarbeiter einst in der DDR. Leser loben seine Detailgenauigkeit und Zuverlässigkeit. 91A/5 Ly Nam De, Tel. 38235767, mobil: 0903.412678, www.todeco-vn.com.

● **AEA.** Auf individuelles Reisen ausgerichtet. *Jürgen Eichhorn* lebt mit seiner Frau *Ha* in Hai Duong (auf halbem Weg zwischen Hanoi und Haiphong) und kooperiert eng mit *Thomas Weingärtner* in Hoi An. Mobil: 0904. 364956, www.aea.vn.

● **Hapro.** Zweig eines staatlichen Mischkonzerns, der seit 2008 auch speziell ausländische Gäste anspricht. 11B Trang Thi, Tel. 39365139, www.haprotravel.com.

● **www.ciaotravels.com**
● **www.explorer.com.vn**
● **www.columbusadventures.com**

Spezialanbieter

Teurer, aber dafür auch professioneller und besser organisiert, mit hochwertigerem Equipment (Zelte, Kayaks, Bikes) und besser geschultem Personal.

● **Handspan.** 1997 dezidiert als Alternativunternehmen gegründet (ökologisch, individuell), selbst die Konkurrenz zollt neidlos Respekt („expensive, but the best"). 80 Ma May, Tel. 39262828. Nicht zuletzt für aufwendigere Touren (Trekking, Kayaking, Mountainbiking etc.) zu empfehlen. www.handspan.com.

● **Buffalo Tours.** Vornehmlich Vertragspartner ausländischer Unternehmen, hat aber auch für den Individualreisenden einiges zu bieten. 94 Ma May, Tel. 38280702, www.buffalotours.com.

● **Topas Adventure.** Dänisch-vietnamesische Expeditionsfirma (Trekking, Bergsteigen usf.) mit Filialen in Hanoi und Sa Pa. 52 To Ngoc Van, Tel. 37151005, www.topastravel.vn.

Privattouren

● **Mietwagen.** Der Preis richtet sich nach Fahrtziel und Zeitdauer, generell sind zwischen 40 und 50 $ am Tag zu veranschlagen. Den Preis für eine 6-Tages-Tour mit einem **Landcruiser** durch den Nordwesten – rd. 280 $ inkl. Benzin – können 3–4 Personen unter sich aufteilen (Mitreisende notfalls per Schwarzem Brett suchen). Ein Guide (nicht obligatorisch) schlägt mit 15–20 $ pro Tag zu Buche.

● **Onbike Tour.** Geführte Fahrradausflüge in der Umgebung von Hanoi, bis Ninh Binh, Cuc Phuong etc.; in der Regel zunächst per Auto bis vor die Tore Hanois. *Tong* und *Duong* studierten in Deutschland. Mobil: 0912.073209, www.onbikevietnam.com.

● **Kaiserkaffee.** Herr *Vinh* veranstaltet ausgewählte Touren bzw. ist gegen Entgelt behilflich, solche zu organisieren. Auf der Insel *Quan Lan* betreibt er Strandbungalows. 34A Ba Trieu, mobil: 0912.107969, kaiserkaffee 2000@yahoo.de.

● Per **Motorrad** (Minsk). Voraussetzung sind Fahrkenntnisse auch auf rauhem Terrain, Internationaler Führerschein (nicht legal in Vietnam!), private Versicherung und entsprechende Ausrüstung (in Hanoi erhältlich).

● **Freewheelin Tours.** Spezialist für maßgeschneiderte Motorrad-Reisen von „klassisch" bis „dirt biking". Sehr sympathische, verlässliche Leute, eher ein Team von Guides als von „Tourveranstaltern". Ansprechpartner ist *Fredo*. 28 Dao Duy Tu, mobil: 0988.128524, www.freewheelintours.com.

● **Cuong's Motorbike Adventure.** Kauf, Verkauf, Reparatur und Vermietung von *Minsks*, Tourberatung und -begleitung. 1 Luong Ngoc Quyen, Tel. 39261534, cuongminsk@yahoo.com.

● **www.offroadvietnam.com**

Open-Tour

Zwischen Hanoi und Hue verkehren deutlich weniger Open-Tour-Unternehmen als im Süden (sprich: wer andere bucht, landet in der Regel gleichwohl in den Bussen von drei bis vier Firmen, die dort das Monopol besitzen).

● **Camel.** Verfügt derzeit über die modernste Busflotte im Norden und war Pionier der komfortablen, nur wenig teureren *Sleeping Busse. Nicht zu empfehlen* sind Camel-Busse ab Hue sowie nach Laos (wo man sich in öffentlichen Bussen wiederfindet).

● **SinhTourist.** Der Saigoner Branchenriese ist im Norden weit weniger zuverlässig als im Süden, aber für die Open Tour immer noch eine gute Wahl. 40 Luong Ngoc Quyen und 64 Tran Nhat Duat (die einzigen offiziellen Vertretungen in Hanoi!), Tel. 39261568 bzw. 39290394, www.thesinhtourist.vn.

● Halbwegs akzeptabel – wenn auch nicht immer – sind Busse von **Trekking Travel** und **Hung Thanh.**

● **Hoang Long.** Hanoi-Saigon nonstop im Schlafbus, tgl. alle 2 Std. zwischen 5 und 23 Uhr ab Busbahnhof Luong Yen. 30 Std., ab 650.000 đ inkl. Mahlzeiten, Wasser.

Touren/Führungen

● Studenten der Hochschule für Fremdsprachen und Touristik und Lehrer des **Goethe-Instituts** bieten Stadtführungen an, nach Vereinbarung auch zu bestimmten Themen. Anfragen und Anmeldung mindestens 1 Tag im Voraus beim *Goethe Institut*, Tel. 37342251, info@hanoi.goethe.org.

● **HanoiKultour.** Anlaufstelle für Individualisten, Geschäftsleute und kleine Gruppen, die es schätzen, sich der Kultur Vietnams abseits touristischer Pfade zu nähern. Der Journalist und Eventmanager *Christian Oster* kennt Hanoi und den Norden wie seine Westentasche und ist der ideale Begleiter und Organisator von der Stadtführung bis zum ein- oder mehrtägigen Ausflug. Preise auf Anfrage. 56 Nguyen Thai Hoc, Tel. 22171177, mobil: 0904.146240, www.hanoikultour.com.

Stadtverkehr

Stadtbus

Zuverlässig, sauber, klimatisiert und nicht deutlich langsamer oder unbequemer als Taxi. Die Linien verkehren in der Regel zwischen 5 und 20 Uhr alle 15–20 Min. Start und Endziel sind an der Frontscheibe angezeigt. Pro Fahrt sind 3000 đ, bei Fahrtunterbrechung oder Umsteigen ist neu zu zahlen.

Hanoi

Sehr hilfreich ist der im Buchhandel erhältliche **Stadtplan** *(Ban do du lich va cac tuyen buyt)* mit allen Buslinien.

Interessante Linien für Besucher sind:
- **1** *(Long Bien – Ha Dong).* Zwischen Altstadt (Hang Cot, Hang Ga, Hang Dieu, Tran Hung Dao und Bahnhof.
- **3** *(Giap Bat – Gia Lam).* Zwischen Süd-Busbahnhof *Giap Bat*, Tran Hung Dao, Altstadt (Hang Voi, Hang Tre) und Ost-Busbahnhof *Gia Lam* jenseits der Chuong-Duong-Brücke.
- **7** *(Kim Ma – Noi Bai).* Zwischen Busbahnhof Kim Ma, Zoo (Hotel Daewoo) und Flughafen *Noi Bai.*
- **9** *(Bo Ho – Bo Ho).* Rundkurs zwischen Hoan-Kiem-See (Nordufer), Hang Bong, Dien Bien Phu und Ho-Chi-Minh-Mausoleum (aussteigen Le Hong Phong).
- **14** *(Bo Ho – Co Nhue).* Zwischen Hoan-Kiem-See (Nordufer), Dong-Xuan-Markt und Ethnologie-Museum (aussteigen Hoang Quoc Viet).
- www.hanoibus.com.vn.
- Es gibt Pläne, die Ende 1989 eingestellte **Trambahn,** die bereits seit der Kolonialzeit zwischen Altstadt und Zentrum verkehrte, teilweise wieder zu reaktivieren.

Cyclo und Xe Om

- **Cyclos,** bis Mitte der 1990er Jahre *das* Personen- und Lastengefährt der Hauptstadt, sind als „Verkehrshindernis" inzwischen fast ausgestorben. Die wenigen Fahrer, die noch Lizenzen erhalten, transportieren ausnahmslos Touristen. Ab 20.000 d (1 $) pro Stunde. Mobil: 0903.438048.
- **Xe Om** *(ssä om).* An die Stelle der Cyclos sind die wesentlich schnelleren und billigeren Motorradtaxis getreten, deren Fahrer an allen Straßenecken und belebten Plätzen auf Kundschaft warten. Kurzstrecke je nach Verhandlungsgeschick ab 10.000 d.

Fahrrad und Motorrad

- **Fahrräder** *(xe dap)* sind in Hanoi kaum mehr zu mieten – angesichts der katastrophalen Verkehrslage kein Wunder. (Notfalls können untenstehende Adressen helfen.)
- **Motorräder** *Quan,* 70 Hang Bac, mobil: 0904.244941 und *Cao,* 106 Hang Bac, mobil:

0912.094464, sind zwei zuverlässige Vermieter in der Altstadt. Preise je nach Größe und Zustand ab 5 $ pro Tag.
- Für höhere Ansprüche suche man *Anh Wu* von *Vietnam Motorcycle Adventures* auf. 36 Nguyen Huu Huan, mobil: 0913.047509, www.offroadvietnam.com.

Taxi

- **Meter Taxis** sind günstig – schon zu zweit kommen sie meist billiger als ein Xe Om! – und können auch telefonisch bestellt werden. Die Tarife der verschiedenen Unternehmen unterscheiden sich kaum voneinander, aber als Faustregel gilt: je kleiner, desto günstiger. Für Strecken außerhalb der Stadt werden normalerweise Pauschalen ausgehandelt. Die mit Abstand günstigsten, vor allem aber zuverlässigsten(!), sind

- **Van Xuan** (Mini), Tel. 38222888,
- **Mai Linh** (klein), Tel. 38616161,
- **Mai Linh** (normal), Tel. 38222555.

Unterkunft

Hotel, Mini oder Guesthouse – allein in der Altstadt gibt es *hunderte!* Viele kommen bei genauer Betrachtung allerdings nicht in Frage – ungünstige Lage, enervierend laut (Karaoke, Durchgangsstraße), vollgepackt mit Bausünden (papierdünne Wände, fensterlose Verliese), erbärmlicher Service (Inkompetenz, Abzocke) oder schlicht zu teuer.

Alles in allem ist der Standard jedoch erstaunlich hoch und wird man geräumige, saubere Zimmer mit Fan, AC, Warmwasser, Minibar, Satellite-TV, IDD-Telefon etc. fast überall finden.

Internet. Nahezu alle Hotels bieten kostenlosen Internetzugang (und oft WiFi).

Achtung! Taxi-, Airportbus- und Open-Tour-Fahrer steuern oft Unterkünfte an, von denen sie Kommissionen bekommen, und behaupten gegenüber dem Fahrgast, gewünschte Hotels seien nicht mehr existent oder „voll". **Tipp:** Viele Hotels und Guesthouses lassen ihre Gäste bei Reservierung vom Flugplatz oder Bahnhof abholen, manche sogar unentgeltlich; einfach per E-Mail Flugnummer und Ankunftszeit mitteilen und nach dem Tarif fragen.

Luxus

● **Metropole.** Alle logierten sie hier, von Charlie Chaplin bis Mick Jagger. Schon seit 1901 macht „man" der großen alten Dame von Hanoi seine Aufwartung. Keine Standard-Weltläufigkeit, sondern auf Tradition und Individualität gegründete Unverwechselbarkeit. Das ehemalige *Grandhotel* wurde 1992 von der französischen Sofitel-Gruppe restauriert und 1996 um einen neuen Flügel *(Opera Wing)* erweitert. 364 Zimmer ab 194 $ inkl. BF. 15 Ngo Quyen, Tel. 38266919, www.sofitel.com.

● **Intercontinental Westlake.** Das neueste Luxusdomizil der Stadt (seit 2008) wurde komplett auf Plateaus über dem Westlake errichtet. 360 Zimmer/Suiten mit großen Balkonen, wahlweise Blick auf Pool oder See. Ab 220 $ ++. www.ichotelsgroup.com.

● **Melia Hanoi.** Eine echte Alternative zu manchen weitaus teureren Prestigehotels, überdies günstig zwischen Altstadt und French Quarter gelegen. Pool, Health Club. 308 Zimmer auf 21 Etagen, ab 109 $ ++. 44B Ly Thuong Kiet, Tel. 39343343, www.melia hanoi.com.

Tourist

Der Mangel an guten und zentral gelegenen Mittelklassehotels ist nach wie vor eklatant. Touristenunterkünfte, die halbwegs internationalem Standard entsprechen, sind daher in der Regel notorisch überteuert. Wer nicht über Reiseveranstalter oder Internetanbieter bucht, zahlt deutlich zuviel!

● **Maison d'Hanoi.** Neu 2009. Hell, geschmackvoll, mit eigener Note – Vorreiter einer neuen Hotel-Generation in Hanoi. Mit Resto, Piano Bar, Spa im 13. Stock. 55 Zimmer/Suiten – davon 33 *Classic* mit Innen- – sprich: Milchglasfenstern – 140–180 $++ inkl. BF. 35–37 Hang Trong, Tel. 39380999, www.hanovahotel.com.

● **Silk Path.** Neu 2010. „*Fünf Sterne zum Preis von vier*" (Selbstbeschreibung) am Altstadtrand. 106 Zimmer/Suiten ab 165 $ inkl. BF. 195 Hang Bong, Tel. 32665555, www. silkpathhotel.com.

● **Zephyr.** Zentrale Lage am See, mit Resto, Gym, Dachgarten-Bar. 43 Zimmer, z.T. nur mit Innenfenster, 123–143 $++ inkl. BF. 4 Ba Trieu, Tel. 39341256, www.zephyrhotel. com.vn.

● **De Syloia.** Intimes „Boutique"-Hotel im französischen Viertel mit gutem Restaurant, Fitness- und Business-Center. 33 Zimmer, 75 Suiten 90–130 $ ++ inkl. BF. 17A Tran Hung Dao, Tel. 38245346, www.desyloia.com.

● **Quoc Hoa.** Eines der ersten Altstadt-Hotels überhaupt (seit 1991), seitdem ständig erweitert und modernisiert. Guter Standard, mit Rooftop-Restaurant, Fitness Center. 37 Zimmer 65–95 $, Suite 135 $ inkl. BF. 10 Bat Dan, Tel. 38284528, www.quochoahotel. com.

● **Hanoi Imperial.** Bestlage (u.a. für Nachtschwärmer), großzügige Lobby, „Hotel-Feeling". Mit Resto, Sauna, Fitness Center. 40 Zimmer 85 oder 95 $ ++ inkl. BF (plus Suiten). Zimmer unterhalb des 5. Stocks ohne Blick (Fenster sind zugebaut). 44 Hang Hanh, Tel. 39335555, www.hanoiimperial hotel.com.

Economy

Tipp: Im Zweifelsfall lieber ein teureres Zimmer in einer günstigeren Unterkunft buchen als ein Billigzimmer in einem „gehobeneren" Hotel.

● **La Dolce Vita.** Neu 2009. Chic und gefällig, großzügiger Lobby-Bereich, Restaurant und Bar. 52 Zimmer à 90 (Innenfenster, aber relativ hell), 100 (groß, mit Balkon), 150 $ (Suite) inkl. BF. 53 Hang Bo, Tel. 39233757, www.ladolcevita.com.vn.

● **Gia Bao Grand.** Neu 2009. Die 35 Zimmer auf 10 Stockwerken sind ihren Preis wert: Superior 80 (klein, aber sehr gut ausgestattet, ab 4. Stock sogar mit kl. Fenster), Deluxe 90, Suite (eine Wucht!) 110 $ inkl. BF. Hinzu kommen noch VIP und President Room sowie 28 Zimmer im etwas günstigeren Schwesterhotel wenige Meter entfernt. 23 Lo Su, Tel. 39262222, www.giabaohotels.com.

● **Golden Lotus.** Neu 2009. Hie und da etwas folkloristisch, aber sehr in Ordnung; die Mehrzahl der 40 Zimmer hat jedoch keine

Außenfenster. Ab 59 $ ++ inkl. BF (ein Wunder, was man auf 15 m² alles unterbringen kann!), für 89 $ ++ hat man dreimal so viel Platz bzw. („City View") einen Balkon. 39 Hang Trong, Tel. 39380901, www.golden lotushotel.com.vn.

● **Medallion.** Neu 2010. Das „Businesshotel en miniature" (ex-*Viet Anh*) hat sich maßgeblich vergrößert (um 37 Zimmer) und auch das „alte Haus" mit 25 Zimmern (das gerade mal 4 Jahre alt war) gründlich überarbeitet. Superior im alten Flügel: kleine Fenster, nagelneue Bäder (67 $ inkl. BF), Deluxe im neuen Flügel: AC mit Heizfunktion, elegante schöne Bäder, große Fenster mit Austritt vulgo „Balkon" (93 $ inkl. BF); Suiten ab 173 $. 11 Ma May, Tel. 39261302, www.me dallion-hanoi.com.

● **Green Mango.** Anders als alle anderen „*amidst the hustle and bustle of the burgeoning Communist Paradise*" (Selbstbeschreibung). Klein, intim, mit modernem Design, dazu ein exzellentes, vielgerühmtes Resto und Lounge-Bar im Innenhof. 7 Zimmer à 55 $ (nach innen), 85 $ (mit Balkon), 100 $ (60 m², mit Jacuzzi, für bis zu 4 Pers.) inkl. BF. 18 Hang Quat, Tel. 39283916, www. greenmango.vn.

● **Elegance 2.** Bestens ausgestattet (Fön, Wasserkocher, Safe etc.), hübsch anzusehen (hell, luftig, mit Holzböden), professionell geführt. Lift. 25 Zimmer 35 $ (z.T. mit Fenster), 55/60 $ (Balkon), 75 $ (große Suite) inkl. BF. 85 Ma May, Tel. 39263451, www.hanoiele gancehotel.com.

● **Church.** Klein, aber fein. Holzböden, geschmackvolle Einrichtung, schicke Bäder, Lift, guter Service. In der südlichen Altstadt bei der Kathedrale. 16 Zimmer 55 $ (kleine Fenster), 63 $ (große Fensterfront), 90 $ (2 Suiten) inkl. Büffet-BF. 9 Nha Tho, Tel. 3928 8118, www.churchhotel.com.vn.

● **Joseph's.** Neu 2009. Gut geführt, freundlich, mit Blick auf die Kathedrale. 10 Zimmer, 2 mit großem Balkon und kleinem Bett 45 $ ++, 8 mit Kingsize-Bett und Zierbalkon 50 $ ++, jeweils mit BF und AC/Heater. 5 Au Trieu, Tel. 39381048, www.josephshotel.com.

● **Hanoi A1.** Neu 2009. Dezidiert chic, bestens ausgestattet und auf dem neuesten Stand der Technik (Bäder!). 24 Zimmer: Innenzimmer (39 $) haben vom 5.–7. Stock kleine Fenster, Balkonzimmer kosten 54 $. 1 Cau Go, Tel. 39264512, www.hanoia1.com.

● **Hanoi View.** Neu 2009. Alle 26 Zimmer mit eigenem PC; gute Bäder. Innen ohne Fenster 40 $, größer mit Fenster 45 $, Suite 70 $, jeweils mit BF. 35 Bat Su, Tel. 3923 3738, www.hanoiviewhotel.com.

● **Golden Land.** Neu 2009. Nur 10 Zimmer, die meisten mit Balkon, alle mit eigenem PC. Gute Bäder. 55 $ inkl. BF (im Zimmer), Suite 75 $. 31 Hang Manh, Tel. 39381218, www. goldenlandhotel.com.vn.

● **Golden Sun 4.** Neu 2009. Freundlich, alle 14 Zimmer geräumig und mit PC, Flachbildschirm, Coffeemaker etc.; Rooftop-Resto. 36 oder 42 $ inkl. BF. 10 Chan Cam, Tel. 3938 1411, www.goldensunhotel.com.

● **Paramount.** Neu 2009. Sehr gutes Preis-/Leistungsverhältnis. 9 Etagen relativ ruhig am Rande der Altstadt. Resto-Bar. 30 Zimmer 40, 50, 60 $ inkl. BF. 28 Ngo Huyen, Tel. 39381188, www.paramounthotel.vn.

● **Pho Co.** Das erste richtig modern gebaute Mini der Altstadt (1998) ist immer noch eine Empfehlung. 15 geräumige Zimmer mit großen Fenstern und Komplettausstattung (einziges Manko: sehr schmale Betten), 30–35 $ inkl. BF. 41 Hang Be, Tel. 38252421, www.classicstreet-phocohotel.com.

● **Huyen Trang.** Ein Klassiker (seit 1993); mit Resto, Billard-Bar. 20 sehr solide, geräumige Zimmer im altvietnamesischen Stil, 40, 50, 60 $ inkl. BF. 36 Hang Trong, Tel. 38268480, www.huyentranghotels.com.

● **Lucky.** Wie *Huyen Trang*, mit Lift, Resto, freundlichem Service. 20 Zimmer 40, 50, Suiten 55, 60 $ + inkl. BF. 12 Hang Trong, Tel. 38251029, www.luckyhotel.com.vn.

● **Prince Hanoi.** Solide eingerichtet, geräumig, mit Holzböden und großen Fenstern, Lift. 25 Zimmer 35–40 $, für 48 $ inkl. PC und BF. 41 Bat Su, Tel. 39233239, www.princehanoihotel.com.

● **Army.** Für den, der nicht in der Altstadt wohnen will. Sozialistisch, aber sauber renoviert, ruhig und mit Salzwasserpool (!); viele Expats wohnen hier, da zentral und günstig. 69 Balkonzimmer, EZ 45, DZ 60 $ inkl. BF, Pool, Sauna, Gym. 33C Pham Ngu Lao, Tel. 38259276, armyhotel@fpt.vn.

●**Mike's.** 22 Zimmer in 2 Gebäuden (kein Lift); sehr zu empfehlen sind die 4 großen, hellen Suiten mit Balkon, Parkett und PC für 38 $ inkl. BF. 1 Hang Phen, Tel. 39233411, www.hanoimikeshotel.com.

●**Prince.** Bewährtes Haus, funktionell, aber geschmackvoll. 11 Zimmer 18, 22, 27 $ inkl. BF. Super Zimmer 303 für 22 $, hell, geräumig und ruhig. 51 Luong Ngoc Quyen, Tel. 8280155, www.hanoiprincehotel.com.

●**Bach Tung Diep.** Elegante Lösung: 2 Häuser hintereinander, getrennt durch einen lichten Hof; Resto-Café. 15 Zimmer, z.T. mit Hofbalkon, je höher man wohnt, desto weniger zahlt man: 18–28 $, Suiten 40 $. 25 Hang Thiec, Tel. 39232979, www.bachtungdiephotel.com.

●**Continental.** Seit Jahren das erklärte Lieblingshotel der Deutschen, in punkto Freundlichkeit und Hilfsbereitschaft nach wie vor vorbildlich. 2006 umfassend renoviert und neu ausgestattet. 15 Zimmer 32, 37, 42 $ inkl. BF. 24 Hang Vai, Tel. 38282897, www.hanoicontinental.com.

●**Rose.** 5 Zi., nur 1 pro Etage, alle hell und geräumig, mit 2 Fenstern und z.T. PC. 25–28 $ inkl. BF (auch als Triple nutzbar), Family (bis 4 Pers.) 35 $. Kein Lift. 12B Hang Manh, Tel. 38285639, www.hanoihotelrose.com.

Budget

In der Regel **Minihotels** nach folgendem Grundschema: 3 Zimmer pro Etage, nach vorne zur Straße groß und mit Balkon, nach hinten mit Fenster und etwas kleiner, in der Mitte klein und ohne Fenster.

●**Manh Dung.** Bewährt und seit 1993 eine kleine Oase mitten im Herzen des Old Quarter. Seit dem Neubau (2007) funktionstüchtiger (Lift!) und so warm und herzlich wie gewohnt – so als wär jeder Gast ein Teil der Familie. Die 9 Zimmer sind beengt, aber gut ausgestattet mit einem kleinen Austritt. 16–18 $, mit AC 18–20 $. 2 Kammern à 10 $. 2 Tam Thuong, Tel. 38267201. Nur wenige Schritte entfernt das **Haus 2** mit 4 Zimmern 8–12 $, 16D Duong Thanh, tranmanhdungvn@yahoo.com.

●**North.** Schräg gegenüber, halbwegs akzeptable Alternative. 7 Zimmer 14–20 $. 5 Tam Thuong, Tel. 38285030, north-hotel@fpt.vn. Besser, aber auch lauter, ist **Haus 2**, 10 Zimmer 14–22 $. 15 Hang Ga.

●**Thu Giang.** In der gleichen Gasse, noch mal rustikaler. 8 Zimmer mit Gemeinschaftsbad 8, mit AC 10 $. 5A Tam Thuong, Tel. 38285734, thugiang@hotmail.com. Im **Haus II**, 35A Hang Dieu, 5 Zimmer 12, mit AC 15 $.

●**Tung Trang.** Sehr sauber und ordentlich. 11 Zimmer mit AC/Fan 13, 16, 20 $. Vorderzimmer haben Balkon und schönen Blick auf eine Pagode, Mittelzimmer immerhin Seitenfenster. 13 Tam Thuong, Tel. 38286267, tungtranghotel@yahoo.com.

●**Wing.** Für den Preis sehr okay. 16 Zimmer 12 $ (z.T. mit Fenster), 14, 16 $ (im obersten Stock mit großer Veranda). 23 Hang Non, Tel. 39285304, minhtoan_wingtour@hotmail.com.

●**Apple.** Schlicht, aber sauber, nahezu alle 9 Zimmer haben Fenster. 7–10 $. Zu empfehlen sind Zi 301 (hell, großes Fenster, AC, Fan, Fridge) und 201 (mit Balkon). 53B Luong Ngoc Quyen, Tel. 39281403, applehotel53@hotmail.com.

●**Princecafé.** 10 Zimmer, 6 davon mit Fenster 10–15 $. 53A Luong Ngoc Quyen, Tel. 39281482, princecafehotel@yahoo.com.vn.

●**A Dong.** Wohnlich, mit Resto. 12 Zimmer 10–12 $, mit Balkon 15 $, Vierer 18 $. 46 Luong Ngoc Quyen, Tel. 38256948. adonghotels@gmail.com.

●**Phu Hoa.** Guesthouse von altem Schrot und Korn; immer voll. 10 geräumige Zimmer à 10, mit AC 13 $. 16 Luong Van Can (zweite Reihe), Tel. 38285173, phuhoa_hotel@yahoo.com.vn.

●**Liberty.** Sehr kleine Zimmer (7), aber ausgesprochen sauberes, freundliches Haus. 15 $ inkl. BF. 78B Hang Non, Tel. 39233721.

●**Youth.** 17 Zimmer 15–25 $, z.T. sehr groß, im 4. Stock (Treppe) alle mit Fenster. **Dorm** mit 4 Betten à 5 $. 32 Luong Van Can, Tel. 38285822, www.hanoiyouthhotel.com.

●**Backpackers Hostel.** Das von Australiern ins Leben gerufene Hostel ist derart erfolgreich, dass es bereits erweitert wurde. Blitzblank sauber, ja schick! 120 Betten in großen, luftigen AC-Räumen, darunter 3 nur für Frauen, mit picobello Bädern à 7,50–8,50 $ inkl. BF, Kaffe/Tee 24 Std., IT, Küchenbenut-

Hanoi

zung, Gepäckaufbewahrung. Dazu 7 AC-DZ/Triple 30–36 $. Gemütliche Aufenthaltsräume, Dachgarten-Bar (BBQ). Muss man mögen, aber ...! 48 Ngo Huyen, Tel. 3828 5372, www.hanoibackpackershostel.com.

●**The Drift Backpackers Hostel.** Neu 2009. In etwa gleicher Stil, gleiche Qualität. 80 Betten in 10 AC-Räumen (1 nur für Frauen) jeweils mit Dusche/WC à 7,50 $ inkl. BF. TV-/Billardzimmer, Rooftop-Bar (bis 22 Uhr). In sehr lebendiger, von Touristen noch weitgehend unentdeckter Gegend, zu Fuß zur Altstadt ca. 15 Min. Tel. 39448415, www.the driftbackpackershostel.com.

●**Artist.** Abseits der Altstadt: nicht toll, aber ruhig zum Innenhof (1. Stock), mit Veranda und dem netten Café der Cinemathèque. 12 Zimmer 22, 26 $ (Triple), 28 $ (4–5 Pers.). 22A Hai Ba Trung, Tel. 38244433, artist-hotel@yahoo.com.

Essen und Trinken

Stärker als irgendwo sonst macht sich in Hanoi noch der französische Einfluss bemerkbar (und deutlich weniger als z.B. in Saigon der chinesische). So wird ein *Bittet*, ein Beefsteak, in Hanoi traditionsgemäß nie mit Stäbchen, sprich mundgerecht zurechtgeschnippelt, sondern immer im Ganzen und „französisch" mit Messer und Gabel verspeist. *Fast Food*-Schilder müssen im Übrigen nicht Wunder nehmen, die sind *bistromäßig* gemeint, im Sinne von einfacher Hausmannskost.

Vietnam Light

Zwischen *verschlankter* und *verfeinerter* Küche und braver, zaghafter, temperamentloser *Folklore-Cuisine* liegen oft nicht Welten, sondern lediglich Fingerspitzen. Genau wie zwischen einem *stimmigen Ambiente* und einer aus dem Katalog zusammengewürfelten *Pseudo-Exotik*. Vietnamesische „Hochküche" für Touristen, in Hanoi lebende Ausländer und neureiche Einheimische, schmeckt oft fader als in jeder einigermaßen ambitionierten Garküche. Aber es gibt Ausnahmen.

●**La Verticale.** Der Bretone *Didier Corlou* (seit 1992 Hanoier) komponiert vietnamesische Gerichte mit französischem Flair und

Know how – nicht umsonst zählt ein gut bestückter Gewürzladen zum Inventar des kleinen feinen Restaurants im minimalistischen Kolonial-Look. Weder „Fusion" noch biederer Folklore-Chic. À la carte und Menüs zu 28/68 $ ++. (Das ist zwar viel Geld, aber das gibt man zu Hause ungerührt bei jedem besseren Italiener aus; und: ein teurer Wein muss nicht sein, ein gutes Bier tut's auch). 19 Ngo Van So, Reservierung Tel. 39446317, www.verticale-hanoi.com.

●**Madame Hien.** *Didier Corlous* Zweit-Restaurant (seit 2010; der Name ist eine Hommage an die Großmutter seiner Frau) konzentriert sich im Wesentlichen auf die Neuinterpretation der vietnamesischen Küchenklassiker wie *Pho, Bun Cha, Bun Bo Hue* etc. (Speisekarte hängt aus!). In der sonnenblumengelben Villa des französischen Architekten der Oper, mit schöner Terrasse im Innenhof. 15 Chan Cam. Tel. 39381588.

●**Wild Rice.** Fantasievolle Küche in schickem Zen-Dekor auf zwei Geschossen einer restaurierten Kolonialvilla. 6 Ngo Thi Nham. Tel. 39438896. **Wild Lotus.** Von den gleichen Betreibern. Ebenso schick – und hochpreisig –, aber eher mit *Fusion*-Küche. 55A Nguyen Du, Tel. 39439342.

●**Brother's Café.** Im Hof eines alten Tempels. Lunch-, Dinner-Büffet. Ambiente toll, Verköstigung solala (zumindest kann man sich äußerst gepflegt satt essen). 26 Nguyen Thai Hoc, Tel. 37333866.

●**Hoa Sua.** Wunderschönes Resto der *Hoa-Sua-Ausbildungsstätte* für unterprivilegierte Jugendliche. Im Erdgeschoss kleiner Garten, oben weite, offene Terrassen, im 2. Stock Cafeteria. Vietnamesische Gerichte um 1–5 $, auch Pizza, Pasta und französische Küche. Tgl. 11–22 Uhr, Sa/So Breakfast-Brunch. 28A Xom Ha Hoi.

●**Green Tangerine.** Der Koch, der den Ruhm der französisch-vietnamesischen Crossover-Küche begründete, ist weitergezogen – die ambitionierten (und auch nicht gerade billigen!) Gerichte gelingen leider nicht immer. Geblieben ist der schöne, gelassene Rahmen (Gärtchen, Villa) mitten im Altstadt-Trubel. Hang Be 48. Tel. 38251286.

●**Quan An Ngon.** Wer das Schwesterlokal in Saigon mag, wird jeden Umweg auf sich

Am Literaturtempel

● **Koto.** Café, Resto, Bar. Straßenkinderinitiative (www.koto.com.au) in gepflegten Räumlichkeiten. Vietnamesisches sollte man freilich meiden, superlight und überteuert! 59 Van Mieu.

● **Pho 24.** Straßenküche für Hygienefanatiker. 61 Van Mieu.

● **Bun Cha.** Unser Leibgericht. 3 Van Mieu.

● **Café Smile.** Ableger der vielgerühmten Hoa-Sua-Kochschule. 7–22 Uhr. 5 Van Mieu.

● **Maison des Arts.** Boutique, Galerie, Teestube, Dachgartencafé. 31A Van Mieu.

● **Truong Xuan.** Bildschöne Teestube (über 50 Sorten) in einem antiken Holzhaus. 13 Ngo Tat To (off Van Mieu).

● **Goethe Institut.** 56-58 Nguyen Thai Hoc. Mit schönem Garten und (nicht nur) deutscher Küche.

● **The Windmill.** Herrlicher tschechischer Biergarten mit gutem Essen. 31 Dang Tran Con (Seitenstraße der Cat Linh, der Verlängerung der Quoc Tu Giam).

Am Ethnologie Museum

● **Baguette & Chocolat.** Der süße Ableger des Hoa Sua serviert außer Kuchen, Gebäck und Desserts sehr gute Snacks. 8.30–18 Uhr.

nehmen. Typisches Straßenessen im Garten einer hübschen Villa mit verschiedenen Garküchen, die Spezialitäten aus allen Regionen anbieten. Groß, lecker, ungezwungen und sauber. Gemäßigte Preise. 18 Phan Boi Chau.

● **Danh Long.** Im Pavillon-Café am Hoan-Kiem-See, unbestritten touristisches Ambiente, aber überraschend gutes Essen; ab 19 Uhr Livemusik. Tel. 38267984.

● **Garden Hanoi.** Mitten in der Altstadt, nette Atmosphäre im Innenhof, etwas zaghafte, aber ordentliche und nicht überteuerte Küche, große Auswahl. 36 Hang Manh.

● **Kiti.** Hier sieht es aus wie beim „Vietnamesen" in Gütersloh – kein Wunder, Herr *Kien* hat lange Jahre in Deutschland gekocht. Umfangreiche Karte von Vietnamesisch bis Pizza

und Steak, angemessene Preise. 38 Hang Hom. (Ein zweites, etwas einfacheres Lokal, **Trong Khach,** auf der 63 Hang Thiec.)

Vietnam Strong

● **Highway 4.** *Back to the roots.* Aus dem Bestreben, traditionelle Kräuter- und Wurzelmedizin mit modernsten Qualitätskriterien zu raffinieren (resp. zu destillieren), entstand die Idee, auch seltene Rezepte der einheimischen Kochkunst wiederzubeleben – kein Zufall also, dass ausgerechnet ehemalige Traveller eine der aufregendsten und „authentischsten" Küchen der Hauptstadt betreiben. Über 40 Sorten Selbstgebrannte und nord-vietnamesische Küche at its best auf 2 Etagen. Tgl. 8–24 Uhr. 5 Hang Tre und 54 Mai Hac De. www.highway4.com.

● **Pho Bien.** Die überdachte *Meeres-Straße* bietet ein Füllhorn fangfrischer Fische, Shrimps, Krebse, Muscheln, Schnecken etc. Angenehme, lockere Atmosphäre, fast ausnahmslos einheimische Gäste. Ordert man nicht gerade Lobster oder Tiger Prawns, durchaus kein teures Vergnügen. 14 Trang Thi.

● **Bittet Ongloi.** Steak Frites gehört zum französischen Kulturerbe Hanois und ist nicht etwa eine Konzession an den Tourismus. Schon seit 1989 – eines der ersten privaten Restos von Hanoi – einer unserer erklärten Lieblinge. Wer kein Steak mag, kann sich an Tauben, Scampis, Krebsen oder Pastete gütlich tun, ein Muss ist die köstliche „Bouillabaise" *Sup Tom Ca* mit Scampi, Fisch und knusprigen Croutons. Nur abends (17–21 Uhr). 51 Hang Buom.

Nur keine Schwellenangst!
Es schmeckt!

Hanoi

●**Nam Tung.** Alternative zum *Bittet* an heißen Abenden. Lebhafte Straßenkneipe Ecke Hang Buom/Hang Giay, nur abends.

●**Bia Minh.** Seit Jahren angesagtes Traveller-Resto mit Backpacker-Food von Bratwurst bis Spaghetti, aber auch überraschend guten vietnamesischen Gerichten (selbst Aal, Frosch, Schnecken usf.) und gutem offenem Bier *(Bia Hoi)*. Terrasse im 1. Stock. Bis Mitternacht. 7A Dinh Liet.

●**Cha Ca La Vong.** Die Hanoier Institution serviert seit 5 Generationen nur ein einziges Gericht, das *Cha Ca*, eine Art „Fischpfanne mit Nudeln", die man sich auf einem Holzkohleofen am Tisch selbst zubereitet. Tipp: unbedingt die „Stinkesauce" *mam tom* aus fermentierten Shrimps dazu bestellen, wie es die Einheimischen tun (aber nur tröpfchenweise verwenden) – schmeckt unvergleichlich! Längst eine Art Touristenattraktion, hat man das „nostalgische" Ambiente nahezu unverändert gelassen (und die meisten Gäste sind denn auch nach wie vor Einheimische). Nicht ganz billig – und manche klagen über „Abzocke". 14 Cha Ca.

●**Cha Ca.** Etwas günstiger, aber auch bekannt gut, ist das *Cha Ca* im Resto **Thang Long,** 31 Duong Thanh.

Kneipen, Garküchen, Biergärten

●**Bun Cha,** Hackfleischröllchen und Speck vom Holzkohlengrill mit Reisnudeln in einer würzigen Brühe, zählen zu den größten Köstlichkeiten der Hanoier Küche. Am besten im **Dac Kim,** 1 Hang Manh. Filialen 67 Duong Thanh, 24 Hang Ga. Oder, beinahe noch besser, der Straßenstand auf der **Nguyen Khac Nhu** Ecke Hang Bun.

●**Bun Bo.** Die reich mit Fleisch, Kräutern und Erdnüssen garnierte Hanoier Spezialität schmeckt am besten in der rustikalen Garküche **67 Hang Dieu.**

●**Pho.** Die berühmte „Hanoi-Suppe" schmeckt in Hanoi eher in kleinen, bescheidenen Garküchen als in der gehobenen Gastronomie. Die großen Kessel signalisieren dem Kenner, dass man die Knochen für die Brühe noch selber auskocht (anstatt Suppenpulver o.Ä. verwendet). Gute Adressen für *Pho Bo* (mit Rind) sind u.a. **32** und **49 Bat Dan, 10 Ly**

264vi Foto: kb

Quoc Su, 34 Au Trieu (Kathedrale), **4 Ly Thai To.** Für *Pho Ga* (mit Huhn) **40 Can Go** und **33 Hang Hom** (sehr neu, sehr sauber).

● **Lau.** Das vietnamesische „Fondue" – mit *Bo* (Rind), *Ga* (Huhn), *Hai San* (Seafood) usf. – findet man auf nahezu jeder Speisekarte. Berühmt für diese Suppenspezialität sind die Garküchen der **Phung Hung** in der westlichen Altstadt, z.B. die No. 21 oder, pittoresk direkt an den Bahngleisen, 50 und 52.

● **Bo Nuong.** Nichts für Zartbesaitete – und ja nicht die besten Klamotten anziehen! Großer Spaßfaktor, turbulent, gut und billig. *Bo Nuong* heißt Rind vom Grill (mit Gemüse, aber Brot extra), man zeigt auf der Speisekarte den Preis (es gibt große und kleine Portionen und außerdem *de*, Ziege), und schon wird der Grill auf den Tisch gehievt. Es raucht und stinkt und spritzt, dass es eine Freude ist, schmeckt herrlich! Immer voll, nur abends (ab 17 Uhr; im Umkreis, wie immer, zahllose Nachahmer). 47 Ma May.

● **Mien Luon.** Glasnudeln mit Mini-Aalen – delikat! 87 Hang Dieu.

● **Banh Goi.** Frittierte Teigtaschen, gefüllt mit Glasnudeln. Pilzen, Schweinefleisch. 52 Ly Quoc Su.

● **Oc Ghe.** Schnecken *(oc)*, Muscheln, kleine Krebse *(ghe)* sind perfekte Straßenküchen-Gerichte. Auf der *Cau Go* werden sie von der Zivilisation verdrängt; eine gute Adresse ist noch **15 Hang Luoc** (nahe den Eisenbahngleisen).

● **Nem Chua Ran.** In Bananenblättern fermentierte gegrillte Hackfleischröllchen – ein ebenso populärer wie billiger Wintersnack. Hochburg dieser Spezialität ist die schmale *Ngo Tam Thuong* (off Hang Bong).

● **Khoa Ngan.** Gans *(ngan)*, eine eher seltene Spezialität serviert die kürzlich modernisierte Traditionsgarküche nahe dem Bahnhof: Gans in der Suppe, auf Nudeln oder Reis usf. 77 Hai Ba Trung.

● **Cola Chicken.** Eine unverhoffte, spottbillige Köstlichkeit! Ein halbes Stubenküken *(Ga Nua Con)* wird 9 Stunden lang mit Gewürzen in einer (leeren) Cola-Dose geköchelt. Entbeinen, mit Ingwer, Zitrone, Chili, Kräutern

würzen, geröstetes Zuckerbrot eindippen: Zergeht auf der Zunge! 6–24 Uhr, 12C Hang Cot.

● **Ga Tan.** Hühnerschlegel in einer würzigen, mit Lotus und medizinischen Kräutern angereicherten Brühe, ist die Spezialität der Fressgasse *Tong Duy Tan* am Westrand der Altstadt (unsere Lieblingsadresse ist *Cay Si*, No. 29). Tauben, Frösche und (für Wagemutige) Rinderhoden *(Pin Bo)* sind weitere Tipps.

● **Bia Hoi.** Der Übergang vom Biergarten zum Lokal ist nicht nur in Bayern fließend – wer dem Gerstensaft zuspricht, knabbert auch gern was dazu, und in Hanoi sind das bevorzugt *oc* (Schnecken), *de* (Ziege), *mi xao* (gebratene Nudeln), *so* (Muscheln) oder *lau* (Feuertopf). Leider hat die Grundstücksspekulation die Bia Hoi immer mehr an die Peripherie verdrängt, aber hier und da findet man immer noch einige.

● Etwas Besonderes sind die **Bia Hoi Ha Noi,** 15 Hang Tre, eine veritable *Bierhalle* mit vorzüglicher Küche und großer Speisekarte (nur vietnamesisch) und **19C Hoang Dieu** mit Blick auf ein Sportstadion und die Flugzeugwracks des Militärmuseums. Exzellente *Bia Hoi*-Gaststätten sind auch **2 Trang Tien** (hinter der Oper, an der Ecke ggb. dem *Historischen Museum*) und **18B Hang Cot** (neben und unter der Eisenbahnbrücke.)

● **Com Binh Danh,** *Reis für den kleinen Mann,* meint solide Hausmannskost für den schmalen Geldbeutel. Korrekt und gut präsentieren sich die kleinen Garküchen *2C Quang Trung* (schräg gegenüber von *Vietnam Airlines)* und 29 An Trien (bei der Kathedrale). Das *Mot Ngay Moi* oder **New Day,** 72 Ma May, hat sich sogar zu einem regelrechten Restaurant gemausert und präsentiert eine *Speisekarte.*

● **Viet Delight.** Springrolls, Nudeln und *Banh* (Crêpes) aller Art in heller, sauberer Fastfood-Atmosphäre. Günstig. 29 Duong Thanh.

● **Hue Delights.** Eine von mehreren Fastfood-Küchen im 5. Stock der *Trang Tien Plaza* am Hoan-Kiem-See. Panorama-Terrasse.

● **Café 36.** Nichts Aufregendes, aber sauber, korrekt, mit typischer Bierhallenkarte (manchmal sogar mit Dogmeat). 36 Hang Giay.

● **Hot Dogs.** Kulinarischen Abenteurern empfehlen wir *Cay To Bay Mon*, Hund auf siebenerlei Art (gegrillt, pfannengerührt, als Suppe, kalter Aufschnitt usf.). Einfach nach den Schildern *Thit Cho* oder *Thit Cay* Ausschau halten – besonders stilvolle Open-Air-Restos findet man entlang der *Au Co* am Roten Fluss. Oder, und sei es auch nur als Fotomotiv, auf der **Nguyen Khac Nhu** in der nördl. Altstadt, z.B. No. 61. Hundefleisch schmeckt wie Pferd leicht süßlich und ist ausgesprochen sättigend, weshalb es vor allem in der kühlen Jahreszeit gern gegessen wird.

● **Che.** Köstliche Desserts aus Kokosmilch, bunten Gelées, Früchten, Trockenfrüchten etc. 63 Hang Dieu (zu empfehlen *Che Chuoi* mit frischer Grillbanane).

● Eine leckere Variante für kühle Tage: **Banh Troi Tau,** heißes Ingwersüppchen mit Sesam-Kokos-Klößchen. 30 Hang Giay.

Allround & Vegetarisches

● **69 Ma May.** Resto-Bar mit Pfiff in einem schick restaurierten Altstadthaus des 19. Jhs. Vietnamesisches und Internationales (auch Pizza), sehr gute BF-Auswahl. Nettes Ambiente, anständige Preise. Tgl. 8.30–24 Uhr.

● **Avalon Café Lounge.** Designer-Café auf 3 Etagen inkl. Dachgarten mit spektakulärem Panoramablick auf den Hoan-Kiem-See. Für alle Tageszeiten: Kaffee, Pho, Bier, Eis, Steaks, Cocktails. 73 Cau Go (Lift).

● **Gecko.** Gemütlich & günstig – ein Dauerbrenner. Umfangreiches Angebot von Springrolls bis Pizzapasta, Vegetarisches, Cocktails etc. Berühmt-berüchtigt: die Wendeltreppe! 8.30–23 Uhr. 56 Hang Trong.

● **Stop Café.** Zwischen Bistro und Diner, sehr guter Kaffee, Burger, Pizzen, auch Viet-Snacks. 11 Bao Khanh.

Grabplatte, Portrait oder Werbetafel – die Steinmetze der *Hang Mam* können einfach alles

●**Ket Noi.** Intime, lebhafte Café-Bar mit Küche (und Reisebüro), Schulungsprojekt für junge Dao aus dem Nordosten. Bis 24 Uhr. 28 Dao Duy Tu.

●**Tamarind.** Vegetarische Leckereien total global. Korrekt, aber nicht gerade billig. 80 Ma May.

●**Nang Tam.** Die weitaus bessere, authentischere (und deutlich preisgünstigere) Wahl für beste vegetarische (buddhistische) Küche. An manchen Tagen findet man kaum einen Platz. 79A Tran Hung Dao.

●**Moca.** Crossover zwischen Soho-Loft und Wiener Kaffeehaus mit passabler Multikultiküche. 16 Nha Tho.

●**Legends.** Deutsches Fass-Bier, Kaffee, Eis, Softdrinks und Fast Food (preisgünstig, aber qualitativ Kantine) auf einer Terrasse mit Blick auf den Hoan-Kiem-See. 1 Dinh Tien Hoang, 1. Stock.

●**City View Café.** Das gleiche in Grün, aber ohne Fassbier und mit noch besserer Aussicht/Weitsicht. Tgl. 7–23 Uhr. 1 Dinh Tien Hoang, 5. Stock (Lift).

Ausländische Küche

●**Jewel of the Delta.** Sunset Cruise mit Cocktails und/oder Dinner auf dem Roten Fluss, Do, Fr, Sa 18–21 Uhr (Cover Charge 10 $ inkl. 1 Drink), BBQ-Cruise So 15–18.30 Uhr. Büro 94 Ma May, mobil: 0128.2471716, www.jewelofthedelta.com.

●**Luna d'Autunno.** Der schönste Name, die authentischste italienische Küche, die besten Weine. Außerdem sind *Gino* und *Alex* waschechte Italiener aus Berlin. 11B Dien Bien Phu, schöner Innenhof. Ebenfalls gut, wenn auch nicht gerade billig, ist **Mediterraneo,** 23 Nha Tho.

●**Kaiserkaffee.** Hier schaut man immer wieder gern vorbei, wegen Herrn *Vinh*, der seinen Gästen gute Tipps und Touren bietet (s. *Reiseagenturen),* und seiner Frau, die Thüringer Bratwurst mit Bratkartoffeln, aber auch vietnamesische Gerichte zubereitet. Dass es *Tiger* vom Fass gibt und beide deutsch sprechen, versteht sich und erklärt auch, dass man hier viele Deutsche trifft, die im Land arbeiten. 34A Ba Trieu.

●**Goethe-Institut.** Man speist gepflegt Rindsrouladen, Krautwickel, Gulasch oder Bratwürste (aber auch Vietnamesisches, Seafood usf.). Große Portionen, wunderschöner Innenhof. Außer So 8–21 Uhr. 56–58 Nguyen Thai Hoc.

●**Hoa Vien Brauhaus.** Gigantische Bierhalle auf 3 Stockwerken mit Garten/Terrasse. Tschechische Biere (das dunkle ist toll), umfangreiche Speisekarte (aber nicht ganz billig). 1A Tang Bat Ho.

●**Là.** Nette, ungezwungene Atmosphäre, französische und vietnamesische Küche, gute Salate und Desserts, viele Stammgäste. 25 Ly Quoc Su. Eine Alternative ist das nahe **La Salsa,** spanische und südfranzösische Küche, 25 Nha Tho.

●**Petit Bruxelles.** Bistro in einer alten Kolonialvilla mit hübscher Terrasse. Belgische Biere, am Wochenende eingeflogene Atlantik-Muscheln. 58B Tran Quoc Toan.

●**Bobby Chinn.** *Fusion Food* (asiatisch-pazifisch-amerikanisch), wie man es auch in London oder Brüssel finden könnte. Kleine Karte, hohe Preise, exzellente Drinks, 77 Xuan Dieu, am Westsee. www.bobbychinn.com.

●**Sawasdee.** Die beste Thai-Küche in schickem Ambiente. 52A Ly Thuong Kiet.

●**Khazaana.** Der beste Inder Hanois, sagen viele. 1C Tong Dan. Nicht schlecht auch **Tandoor,** aber nicht billig und zu kleine Portionen; 4 Hang Be.

●**Foodstall 45.** Der beste Inder Hanois, sagen andere. Sehr günstig und sehr lecker, und man sitzt wunderbar ruhig und entspannt und schaut auf den See. 59 Truc Bach.

●**Café Mot.** Garantiert die billigste japanische Küche Hanois (weshalb man hier auch keine Sushi o.Ä. finden wird). Der Chef *ist* Japaner. Urig. 50 Bui Thi Xuan.

●**Pepperoni's.** Pizzapasta, Salate und preisgünstige All-you-can-eat-Büffets. 31 Bao Khanh, 29 Ly Quoc Su.

Cafés

●**Café Nola.** Loft-Atmosphäre in einem Hanoier „Röhrenhaus", exzentrisch und gemütlich zugleich – ein Hort der Ruhe (nicht immer, aber meistens) inmitten des Chaos der Altstadt. Zum Ruhen/Lesen/Chillen/Ratschen (und notfalls sogar Essen). Bis 24 Uhr. 89 Ma May.

Hanoi

●**Puku.** Lässiger Hangout-Coffeeshop im Alt-berliner Hippie-Look, zweites „Wohnzim-mer" zahlreicher Expats (hohe Laptop-Dich-te). 7.30–23 Uhr. 60 Hang Trong.

●**Café Giang 1946.** Vater Giang, einst Kellner im *Grandhotel Metropole*, hatte das damalige In-Café Hanois 1946 gegründet; 1959–1976 blieb es zwangsweise geschlos-sen, danach führte der Sohn das Etablisse-ment bis Ende 2007 weiter, ehe die Grund-stücksspekulation ihn an den Rand der Alt-stadt vertrieb. Unerreicht (und tausendmal vergeblich kopiert) ist sein *Nau Trung Sua* – oder einfach *Ca Phe Trung* –: heiß mit Zucker, Ei (!) und anderen Ingredienzien aufgeschlagener Kaffee. Schmeckt wie Es-presso-Zabaione – macht süchtig! 106 Yen Phu.

●**Café Pho Co.** Bezaubernder Innenhof und noch bezauberndere Veranda im obersten Stockwerk (Wendeltreppe) mit tollem Blick auf den Hoan-Kiem-See. Ein Juwel! 11 Hang Gai (Durchgang!).

●**Hanoi Cinemathèque.** Ruhiges, schönes Café in einem grünen Innenhof, eine Oase der Ruhe im französischen Viertel. 22A Hai Ba Trung.

●**Thuy Ta.** Das schöne Pagoden-Café am Hoan-Kiem-See bietet außer Eisbechern, Drinks, Kaffee und Kuchen auch verschiede-ne Snacks wie Nem oder Sandwiches an. Touristisch!

●**Bon Mua.** Tipp: Ruhiges Open-Air-Eiscafé im 6. Stock (Lift im Hof) mit Panoramablick auf den Hoan-Kiem-See. 38 Le Thai To.

●**Mondo Gelato.** 30A Ba Trieu.

●**Fanny.** 48 Le Thai To. Das beste Eis Hanois; seit 1994.

●**Café Lam.** Seit 1949 betreibt *Nguyen Van Lam* sein Kaffeehaus, das außer für seinen exzellenten Kaffee wegen der zahlreichen Gemälde seiner Malerfreunde wie *Bui Xuan Phai* berühmt ist. 60 Nguyen Huu Huan.

●**Bäckereien.** In der Altstadt: **11 Cha Ca.** Große Auswahl, auch dunkles Brot und Ge-bäck. **Donkey Donuts.** Donuts, Sandwiches, Brot für einen guten Zweck. 18 Ta Hien. Das Beste vom Besten: **Le Croissant,** Ableger des *Hoa-Sua*-Resto ein paar Häuser weiter, 21 Ha Hoi; Verkauf auch im *Café Smile* am Literatur-Tempel, s. dort.

Märkte u. Supermärkte

●**Intimex.** Gut sortierter Supermarkt in Alt-stadtnähe. Zahlreiche Importe, von Käse- und Wurstkonserven bis Spreewalder Gurken. Tgl. 8.30–22 Uhr, gezahlt werden kann mit Kredit-karte. 30 Le Thai To (am Hoan-Kiem-See).

●**Gia Ngu.** Lebendiger Straßenmarkt in der südlichen Altstadt zwischen Dinh Liet und Hang Be. Kleine Leckerbissen und Snacks al-ler Art zum Mitnehmen.

●**Cho Dong Xuan.** Der größte Markt Hanois, in der nördlichen Altstadt. Die französischen Hallen von 1889 wurden exakt 100 Jahre da-nach wegen Baufälligkeit abgerissen und durch einen Neubau ersetzt; lediglich ein Stück der Fassade blieb noch übrig. Lebens-mittel werden vornehmlich in den Straßen und Gassen hinter dem Markt gehandelt.

●**Cho Dem.** Der Nachtmarkt zwischen Nord-ufer des Hoan-Kiem-Sees *(Hang Dao)* und *Cho Dong Xuan* (s.o.) findet jedes Wochenende (Fr–So) ab 19 Uhr statt. Vornehmlich Billigkla-motten und Trödel, wenige Food Stalls (Spieße, Chicken Wings, Döner!, Bratwürste! vom Grill).

Unterhaltung u. Freizeit

Bars und Discos

Hanois Nachtleben wird von den Behör-den derzeit stark gegängelt – die Zeiten wa-ren schon mal deutlich liberaler! Um Mitter-nacht ist so gut wie alles gelaufen (bzw. kann nur noch intern weitergemacht werden).

●**Apocalypse Now.** Der Hanoier Ableger ist weit nach draußen verlegt. *Superbowl Center,* Pham Ngoc Thach. Per Taxi.

●**Polite Pub & Co.** Populärste Nachtschwär-merstraße ist die Bao Khanh am Hoan-Kiem-See mit lebhaften Expat- und Schwulen-Hangouts wie *Polite Pub* und *G/C* (Gold Cock).

●Andere Alternativen sind **Funky Buddha,** 2 Ta Hien, **Mao's Red Lounge,** 7 Ta Hien, **Dragonfly** (Sheesha), 15 Hang Buom, **Finne-gan's Irish Pub,** 16A Duong Thanh oder der Dauerbrenner **R & R Tavern** (seit 1995),

10 Tho Nhuom, www.rockandrolltavern-hanoi. com.
- **Minh's Jazz Club.** Tgl. Live Gig. Empfehlenswert, aber auf die Preise achten. 31 Luong Van Can, www.minhjazzvietnam.com.
- **Ho Guom Xanh.** Tgl. Live Music (Vietnam Pop, Girlie Groups) mit aufwendiger Bühnenshow und guter Stimmung. Eintritt ist frei, wird über die Getränke erwirtschaftet. 18–23 Uhr. 32 Le Thai To, 1. Stock.
- **Cuba Café Lounge.** Definitiv Havanna-Feeling! 3 Etagen, unten kann man essen (auch im Hof), ganz oben wird getanzt. Super Cocktails (Passionfruit-Mojitos!), Salsa-Abende. 10–24 Uhr. 46 Le Duan, an den Bahngleisen.
- **Phuc Tan.** Wenn alles zu hat ... Legendäre Bar mit Tanzboden und Veranda am Roten Fluss ... an guten Tagen bis zur Morgendämmerung. 51/4A Phuc Tan.

Kulturveranstaltungen
- www.hanoigrapevine.com

Theater
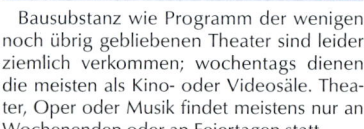

Bausubstanz wie Programm der wenigen noch übrig gebliebenen Theater sind leider ziemlich verkommen; wochentags dienen die meisten als Kino- oder Videosäle. Theater, Oper oder Musik findet meistens nur an Wochenenden oder an Feiertagen statt.
- **Hat Cheo.** Die traditionelle „Volksoper" wird regelmäßig, wenn auch nur in Auszügen, im *Cheo Theatre*, 15 Nguyen Dinh Chieu, gepflegt. Tel. 39434205.
- **Ca Tru.** Das elitäre, höfische Singspiel wird erst seit 2009 wieder professionell aufgeführt. Tgl. 16.45, 18 und 19.15 Uhr im Thang Long Ca Tru Theater (*Van Hoa Ca Tru Thang Long*) auf dem Gelände des Revolutionsmuseums, 25 Tong Dan. Dauer 45 Min., 35.000 đ. Tel. 39351375, www.vietnamcatru.com.
- **Nha Hat Tuong.** Die Staatstruppe führt Exzerpte verschiedener vietnamesischer Theater- und Musikformen im *Hong Ha*-Theater vor. 51 Duong Thanh (Altstadt), Mi, Do 17–18 Uhr, 50.000 đ. www.vietnamtuongtheatre. com.
- **Opernhaus.** Das 1901–11 von den Franzosen erbaute Haus wurde Ende 1997 nach

mehrjähriger Restaurierung wiedereröffnet. Auf dem Programm stehen Konzerte und Aufführungen aller Art, zumeist Gastspiele. Den aktuellen Spielplan entnehme man der Tagespresse (*Vietnam News*).

Wasserpuppentheater
- Im **Thang Long** Theater am Hoan-Kiem-See (57 Dinh Tien Hoang) finden täglich bis zu 6 Aufführungen des traditionellen *roi nuoc* statt (wechselnde Zeiten; So auch 9.30 Uhr). Eintritt 40- oder 60.000 đ (first class inkl. Musikkassette). Dauer 45 Min.
- Auf dem Gelände des *Ethnologischen Museums* (siehe dort) finden unregelmäßige Gastspiele von Truppen aus ganz Vietnam statt. Siehe Ankündigung in *Vietnam News* oder anrufen (lassen).

Kunstgalerien

- Die Kunstszene im traditionsreichen und „intellektuellen" Hanoi ist weitaus fruchtbarer und lebendiger als die Saigoner. Fast alle bedeutenden und/oder talentierten Künstler Vietnams ist in Hanoi ansässig.
- **Art Vietnam Gallery.** Die mit Abstand größte und beste Galerie der Hauptstadt, auf mehreren Etagen, geführt von der Amerikanerin *Suzanne Lecht*. Ständig wechselnde Ausstellungen, Inventar-Katalog mit Preisen. Mo–Sa 10–18 Uhr. 7 Nguyen Khac Nhu, Tel. 39272349, www.artvietnamgallery.com.
- **Viet Art Centre & Cafe.** 42 Yet Kieu.

Kino

- **Megastar Cineplex.** Zeigt tgl. mehrere Filme in Originalversionen. 191 Ba Trieu.
- **Hanoi Cinemathèque.** Exzellentes „Privatkino" des Amerikaners Gerald, hervorragende Projektion, tgl. wechselndes Programm. 22A Hai Ba Trung, Tel. 39362648.

Zirkus
- Der staatseigene **Rap Xiec** hält noch die Tradition der sowjetischen Zirkuskunst aufrecht. Tran Nhan Tong, beim Nordeingang des *Thong Nhat* (ehemals Lenin-)Parks. Fr, Sa, So, 50.000 đ.

Zoo

● Der Zoo *(Cong Vien Thu Le)* liegt im Westen Hanois beim *Daewoo Hotel* an der Kim Ma. Während der US-Bombardierungen hatte man Raubtiere wie Löwen und Tiger evakuiert und in den Bergen ausgesetzt. „Um die Bevölkerung im Fall eines Bombentreffers vor den wilden Tieren zu schützen", sagten die Behörden. „Weil Hanoi es sich nicht mehr leisten kann, sie mit Fleisch zu füttern", verbreiteten die westlichen Medien. Tgl. 7–17 Uhr, Eintritt 10.000 đ.

Schwimmbäder

● **Army Hotel.** 33C Pham Ngu Lao (beim Historischen Museum). Großer Salzwasserpool, Eintritt 45.000 đ.
● **Thang Loi Hotel.** Ein Geschenk Fidel Castros an den einstigen „Bruderstaat" mit 20 m-Pool direkt am West-See. 200 Yen Phu. Eintritt 40.000 đ.

Shopping

Beste Einkaufsstraßen für Besucher sind die **Hang Gai** in der südwestlichen und die **Hang Bac** in der südöstlichen Altstadt (jeweils mit ihren Seitenstraßen), die **Nha Tho** östlich des Hoan-Kiem-Sees bei der Kathedrale und die **Trang Tien** am Südende des Sees bei der Oper.
● **Trang Tien Plaza.** 2002 anstelle des ältesten französischen Warenhauses der Stadt errichtet. Shops, Cafés, Supermarkt etc. Trang Tien Ecke Hang Bai.
● **Vincom City Towers.** Das größte Warenhaus Hanois – aber nicht unbedingt eine Reise wert. 191 Ba Trieu.
● **Film und Foto.** *Fong Prolab*, 55 Ma May. Alle Fotoarbeiten, auch digital. Herr Fong hat 8 Jahre in Westberlin gelebt. Tel. 38269331. *Vu Nhat Camera*, 20 Trang Thi. Kleines Familiengeschäft.
● **PC.** Bewährte Läden gibt es auf der **Ba Trieu** südlich vom Hoan-Kiem-See (z.B. No. 2, 19, der *DTIC*-Superstore No. 156) und auf der **Ly Nam De** am Westrand der Altstadt (No. 34B, 16A, 95D).
● **CD/DVD.** Spottbillige Raubkopien, zumeist aus China (2–3 $), findet man an nahezu jeder Ecke der Altstadt. Der beste Laden ist *Victory*, 128 Hang Bac (8–23 Uhr), ok sind auch *Fox*, Bao Khanh 3B, und *Hollywood*, Bao Khanh 9A und 110 Hang Bac.
● **Optik.** *Hanoi Optic*, 48 Trang Tien (1. Stock). Weitere Läden auf der Straße.
● **Poster.** *Hanoi Gallery*, 110 Hang Bac. Alte Propaganda-Poster, Kopien klein 10 $, groß 25 $, Originale 100 $.
● **Porträts.** *Nguyen Bao Nguyen*, 47 Hang Ngang. Faszinierende s/w-Porträts, live oder nach Fotos gemalt, 2–3 Arbeitstage, ab 30 $. Ein liebenswertes Stück altes Hanoi.
● **Modeschmuck.** *Crystal*, 97 Hang Bong & Trang Tien Plaza. Selbstgefertigter Schmuck mit *Swarovsky*-Komponenten.
● **Schneider.** *Handmade Tailor*, 18 Nha Tho. Kreativ und preisgünstig. *Thoi Trang*, 12 Bat Dan. Readymade-Hemden und -Hosen, angenehme Stoffe.
● **Kleidung.** *Boo Skateshop*, 84 Hang Dieu. Günstige Schuhe und Kleidung in Langnasen-Größen. *Be Xim*, 18 Ma May. Witzige Kindermode.
● **Seide** (Stoffe. Design. Prêt-à-Porter). Protagonist und unumstrittener Star der Szene ist **Khai Silk**. *Khai* begann 1989 in einem handtuchbreiten Verschlag auf der Hang Gai und verfügt heute über ein Imperium von Shops, Hotels *(Riverside Resort*, Hoi An), Restaurants *(Brother's Café*, Hanoi) etc. 96 Hang Gai, Hauptgeschäft 121 Nguyen Thai Hoc (3 Stockwerke). Erster Nachfolger war *Kenly Silk*, 108 Hang Gai, alle anderen Läden der „Seidenstraße" Hang Gai entstanden erst später. Sorgfältig auf die Verarbeitung, insbesondere Nähte und Säume achten, will man spätestens nach dem ersten Waschen keine böse Überraschung erleben.
● **Schuhe.** *Schuhmarkt* auf der Hang Dau, billig, made in Vietnam und China. *Adidas*, 27 Hang Dong.
● **Antiquitäten.** Echtes ist kaum mehr zu finden resp. von (nahezu) adäquaten Nachbildungen zu unterscheiden. Eine herausragende Ausnahme bildet die von einer Vietnamesin *(Nhung)* und einem amerikanischen Sammler *(Mark)* geführte **54 Traditions Gallery.** Gut 90 % der auf mehreren Etagen ausgestellten Antiquitäten und Artefakte sind *on sale* (und nicht wenige werden von Museen

aus aller Welt angekauft). Schwerpunkte der erstaunlichen Sammlung: Kunst der ethnischen Minderheiten (daher der Name der Galerie) und Schamanismus. 30 Hang Bun, Tel. 37150194, www.54traditions.com.vn.

● **Elektronik.** *Media Mart*, 25F Hai Ba Trung (zw. Ba Trieu/Hang Bai). *Pico Plaza*, 35 Hai Ba Trung (Ecke Ba Trieu, tgl. 10–21 Uhr).

● **Kunsthandwerk.** *Craft Link*, 43 Van Mieu; non-profit-organization, die „faire" Handwerkskunst vertreibt (www.craftlink-vietnam.com). *Kim Bac Art*, 19 Trang Tien. *Clay & Fire*, 47 Gia Ngu. Originelle Keramik.

Sprach- und Kochkurse

● **Hidden Hanoi.** Das etwas andere Konzept (s. Website)! 5–6-Tage-Intensivkurs ab 140 $. Auch Stadtführungen (15–20 $) und Kochkurse (40 $). 137 Nghi Tam (Westsee), mobil: 0912.254045, www.hiddenhanoi.com.vn.

● **Highway Four.** 5 Hang Tre, Tel. 39260639, www.highway4.com.

● **Hanoi Cooking Centre.** 44 Chau Long, am Truc-Bach-See. www.hanoicookingcentre.com.

Beauty & Wellness

● **Thu Cuc Exotical Spa.** Gut & günstig; 9–21.30 Uhr. 57 Nguyen Khac Hieu (beim Truc-Bach-See), Tel. 37150316.

● **Anam Qt.** Highend Spa, inkl. Haarsalon. 28 Le Thai To (Hoan-Kiem-See). Tel. 3928 6116, www.anam-qtspa.com.vn.

● **Dinh Hair Salon.** Guter und günstiger Damen- und Herrenfriseur. 2A Cua Bac (beim Truc-Bach-See), mobil: 0987.718899.

● **Foot Massage.** Preiswert und effektiv; 10–23.30 Uhr. 18 Ly Quoc Su, Tel. 22188833.

Weiterreise

Entfernungen

● Von Hanoi (in km): Hoa Binh 75, Ninh Binh 90, Nam Dinh 90, Haiphong 100, Thai Binh 110, Do Son 120, Thanh Hoa 150, Lang Son 155, Bai Chay (Ha Long-Bucht) 160, Hon Gai 165, Cao Bang 270, Vinh 290, Son La 310, Ha Giang 320, Lao Cai 340, Sa Pa 370, Dien Bien Phu 480, Dong Hoi 490, Dong Ha 620, Hue 660, Da Nang 760, Saigon 1710.

Flug

● **Minibus** zum Flughafen alle 30–60 Min. vom Büro der *Vietnam Airlines*, 25 Trang Thi (Ecke Quang Trung). 35.000 đ (s. auch *Ankunft*). Tel. 38250872.

● **Stadtbus.** Ab Busbahnhof *Kim Ma* oder ab *Long-Bien*-Brücke mit Linie 7 bzw. 17. Der Bus hält direkt vor der Abflughalle. Je 3000 đ.

● **Vietnam Airlines.** 25 Trang Thi (Ecke Quang Trung), tgl. 8–11.30, 13.30–17 Uhr. Tel. 62700200.

Zug

● Der **Ga Ha Noi** liegt in der Stadtmitte an der Einmündung Le Duan und Tran Hung Dao. Reservierungsschalter sind tgl. 7.30–12, 13.30–18.30 Uhr geöffnet (Schalter 10 ist in der Regel englischsprachig besetzt). Tickets für Züge nach Norden – Lao Cai (Sa Pa) und Lang Son (China) – haben separate Schalter (zuletzt 13). Tel. 39423697.

● **Nach Süden.** Fast ein Dutzend Züge fahren tgl. Richtung Hue (11–16 Std.) und Saigon (30–42 Std.). Alle Züge unterscheiden sich in punkto Stationen, Fahrzeit, Ausstattung und Preis. Siehe Kapitel „Praktische Tipps A–Z".

● **Nach Norden.** Züge nach Norden und nach Haiphong starten von **Station B** hinter dem Hauptgebäude (ca. 450 m), Eingang *Tran Quy Cap*. Tel. 38252628. Einige dieser Züge kann man auch an der Station **Long Bien** (Altstadt) unmittelbar an der gleichnamigen Brücke besteigen.

● **Nach Haiphong.** Tgl. ca. 7x, Fahrzeit ca. 2–3 Std.

● **Nach Lang Son.** Tgl. 2x, Fahrzeit ca. 4 Std.

● **Nach Lao Cai** *(Sa Pa)*. Tgl. 5x (4 Nachtzüge zwischen 20.40 und 21.45 Uhr, 1 Tagzug 8.20 Uhr) über (u.a.) *Phuc Yen, Viet Tri, Phu Tho, Yen Bai*, Fahrzeit 8–9 Std. Liegeplatz *(hard sleeper*, 6 Pers.) ab 12 $, Schlafplatz *(soft sleeper*, AC, 4 Pers.) ab 20 $.

Gut zu wissen: Bei der **Ankunft** werden die Fahrkarten kontrolliert, also nicht schon im Schlafwagen entsorgen!

●**Spezialwaggons.** Mehrere Privatfirmen (die jedoch nicht bei jedem Zug vertreten sind, führen Schlafwaggons, die in der Regel besser, aber auch teurer sind als die normalen staatlichen. Abgesehen vom Luxuswaggon des *Victoria Hotels* gelten derzeit *TSC* und *Livitrans* (www.livitrans.com) als die beste Wahl. Siehe auch www.sapatrain.com.

●**Nach China.** Tgl. nach *Nanning* (12 Std.). Hanoi – *Beijing* (2967 km) Di, Fr 18.50, an Do, So 16.55 Uhr, ca. 182 $. Die Verbindung nach *Kunming* ist (vorläufig?) eingestellt; bis Lao Cai, von *Hekou* weiter per Bus (3x tgl.).

Bus

●**Nach Süden und Osten.** Vom **Ben Xe Giap Bat** im südl. Stadtbereich an der *Giai Phong*, die 5 km weiter nördl. als *Le Duan* auf den Hauptbahnhof *(Ga Ha Noi)* trifft, starten Busse u.a. nach Thai Binh, Nam Dinh, Ninh Binh, Vinh, Hue, Da Nang, Buon Ma Thuot, Nha Trang, Da Lat, Saigon. Jede Destination hat einen eigenen Schalter, Fahrpreise sind

angeschrieben. Abfahrtszeiten sind vormittags, zu näheren Zielen (Ninh Binh, Nam Dinh, Thai Binh, Haiphong) auch noch nachmittags. Tickets besser schon am Vortag kaufen und sich nach der genauen Abfahrtszeit erkundigen.

●**Nach Nordwesten.** Vom **Ben Xe My Dinh** 11 km westlich verkehren Busse u.a. nach Bien Hoa, Son La, Dien Bien Phu, Lai Chau, Lao Cai (Sa Pa), Tuyen Quang, Ha Giang, Cao Bang. Auf dem modernsten Busbahnhof Vietnams gibt es bereits elektronische Tickets.

●**Nach Sa Pa.** Sleeping Bus ab *Tran Quy Cap Station* tgl. 18 und 19 Uhr, Fahrzeit 9–10 Std., um 10 $. Tel. 36337575. Billiger als der Zug, aber auch *deutlich* beschwerlicher!

●**Nach Haiphong/Cat Ba.** Vom **Ben Xe Luong Yen** auf dem rechten Ufer des Roten Flusses verkehren Busse u.a. nach Lang Son, Cao Bang, Ha Giang, Xin Man etc. Nach Haiphong alle 20–30 Min., nach Cat Ba (direkt!) alle 30 Min. mit der Privatlinie *Hoang Long*.

●**Nach Nordosten.** Vom **Ben Xe Gia Lam** auf dem linken Ufer des Roten Flusses starten Busse nach Haiphong, Bai Chay (Ha Long), Hon Gai, Mong Cai, Lang Son, Cao Bang, Ha Giang usf. Auch hier hat jede Destination ihren eigenen Schalter mit Preisangabe.

●**Bus 8** verbindet Nord- und West-Bahnhof *(Gia Lam-My Dinh)*, Bus 3 Süd- und Nord-Bahnhof *(Giap Bat-Gia Lam)*. Siehe auch unter *Stadtbus*.

●**Nach Laos.** Reiseagenturen bieten Busverbindungen nach Vientiane oder Savannakhet an. Die Preise können gewaltig differieren (zwischen 20 und 30 $). Seit 2006 verkehren Mo, Mi, Fr reguläre Busse zwischen Hanoi *(Giap Bat*, Süd-Busbahnhof) und Vientiane. Fahrzeit ca. 24 Std., 22 $ inkl. Mahlzeiten, Softdrinks.

Taxi

●Von der City zum Flughafen ist es billiger als umgekehrt (z.Zt. 15 statt 18 $)! Zum Vorbestellen s. *Ankunft*.

308⁴ Foto: kb

Umgebung von Hanoi

047vi Foto: kb

254vi Foto: kb

Des Menschen bester Freund ...

Wasserpuppen

Dorfleben

Überblick

Tausendjährige **Geschichte** und die abwechslungsreiche Landschaft des Delta ergeben ein fast unschlagbares „Paket" – ein Mehr an Tradition, Atmosphäre und Sehenswertem ist in Vietnam kaum zu haben.

Weite Ebenen mit Deichen, Kanälen und Zugbrücken, abgeschiedene, von Bambushainen umfriedete Weiler und das schachbrettartige Muster der Reisfelder vor dem pastellenen Blau ferner Hügelketten prägen das Gesicht der Landschaft bereits in den ländlichen Bezirken der Hauptstadt. „Friedvolle Idylle, rege Aufbruchstimmung und trostlose Rück-ständigkeit liegen hier so nahe beieinander wie nur selten irgendwo auf der Welt", notierten wir 1990 auf unserer ersten Fahrt vom Flughafen Noi Bai nach Hanoi. Das sind natürlich vergangene Zeiten.

Und dennoch – gerade hier, rund um die krakenartig sich ausbreitende Hauptstadt, findet man immer wieder noch ein **anderes Vietnam.** Kleine Oasen in der Zeit. Inseln der Zeitlosigkeit. Manchmal verborgen hinter Deichen und umschlossen von festungsartigem Grün. Manchmal umstellt von Schrott und Schund, von Industrieanlagen im Fadenkreuz mehrspuriger Highways. Und gleich daneben: VIETNAM! Wie es einmal war. Und vermutlich nicht mehr lange sein wird.

Tagesausflüge

Die lohnendsten Ausflüge führen zu außergewöhnlichen Pagoden, Kultstätten und Dörfern Nordvietnams.

- **Co Loa,** 18 km N.
- **Chua Huong,** 65 km S.
- **Chua Tay Phuong,** 39 km SW.
- **Chua Thay,** 33 km SW.
- **Chua But Thap,** 28 km O.
- **Chua Phat Tich,** 30 km O.
- **Ba Vi,** 65 km W.
- **Mong Phu,** 51 km W.
- **Cu Da,** 25 km SO.
- **Dinh Tay Bong,** 58 km W.
- **Dinh Bang,** 16 km N.
- **Tam Dao,** 85 km NW.
- **Thai Nguyen,** 80 km N.
- **Den Hung,** 85 km NW.

Co Loa

Die **Zitadelle** von Co Loa, der Hauptstadt des Königreichs *Au Lac*, wurde gegen Ende der Bronzezeit von König *An Duong Vuong* (um 257–208 v.u.Z.) begründet. Von den ursprünglich 9 Befestigungsringen, die die mächtige Zitadelle spiralförmig umschlossen und ihr den Namen „Muschelstadt" verliehen, sind noch die Überreste dreier Erdwälle zu sehen. Jeder der Wälle, die eine Fläche von 5 km² bedeckten, war bis zu 10 m hoch und von schiffbaren Kanälen umgürtet.

Mitten im Ort steht der Tempel **Dinh Ngu.** Sein 50 m langes Dach wird von 22 massiven Holzsäulen getragen, nicht mitgerechnet die rotlackierten „Ziersäulen" im Innern der Versammlungsstätte, in dem die legendäre *Goldene Schildkröte* verehrt wird, die der Sage nach dem König beim Bau der Zitadelle zur Hand gegangen sein soll. Der

Umgebung von Hanoi

Umgebung von Hanoi

Tam Dao Nationalpark
Thai Nguyen
Thang
0   20 km

Dai Lai

nh Yen
Huong Canh
Soc Son
Bich Dong
Bac Giang
Lang Son

2
3
Dinh Tho Ha ★
Song Cau

Phuc Yen
Flughafen Noi Bai
Cho
Bac Ninh

Dong Anh
Dong Ky
1A
Pho Moi
★ Co Loa
★
★ Lim
Song Duong
★ Dinh Bang

Dan Phuong
Chua Van ★ Phuc
32
★ Ho
Tram Troi
Chua But Thap
Cau Dien
Duc Giang
★ Chua Thay
Chua Phap Van
Tay
ng.
HANOI
Quoc Oai
Ha Dong
Van Dien
Van Phuc ★
Quynh Nhu
★ Bat Trang
21A
1A
5
My Hao
Hai Phong
Ke Sat
Cu Da
Thanh Oai
Thuong Tin
Yen My

kleine *Den* zur Linken, halb verdeckt von einem mächtigen Banyan-Baum *(cay da)*, ist seiner unglückseligen Tochter *Mi Chau* geweiht, die aus blinder Liebe zu ihrem chinesischen Gatten ihr Vaterland an die Feinde verriet und damit den Anfang vom Ende Au Lacs, dem legendären Vorläufer des heutigen Vietnam, einläutete.

● 18 km nördlich. Bus 17 ab Long-Bien-Brücke (von der Station Co Loa 2–3 km zu Fuß oder Xe Om). Eintritt 10.000 đ.

Chua Huong

Die Parfüm- (oder besser: Duft-)Pagode besteht aus einem ganzen Komplex in die Grotten, Höhlen und Felsvorsprünge des *Huong Tich* (Berg der Duftenden Spuren) gesetzter Pagoden, Tempel und Schreine. Allein schon die grandiose Landschaft der „Trockenen Ha Long-Bucht" macht den Ausflug zu einem einmaligen Erlebnis.

Die alljährlich nach dem Neujahrsfest stattfindende **Wallfahrt** (die längsten Festlichkeiten Vietnams, von Tet bis zur Mitte des dritten Mondmonats) ist in den letzten Jahren zu einem regelrechten Massenspektakel ausgeartet – zigtausende Pilger und Schaulustige schieben und drängen die Treppen hinauf und hinunter. Man sollte auf überladene Boote und unverschämte Preise gefasst sein.

Der **Lehr- und Andachtspfad** des Pilgers und Touristen beginnt am Fuß des Berges am *Trinh-Schrein*, dem „Registrierungstempel", der vor der *Thien-Tru-Pagode* (15. Jh.) liegt. Weitere Wegstationen bilden die Höhlen-

pagoden *Tien Son* und *Giai Oan*. Der steile, stufenreiche Pfad führt gut zwei Kilometer durch **Kalksteinklippen** und üppige Vegetation, bis der Gipfel mit der **Huong Tich-Grotte** erreicht ist. Die Legende erzählt von einer verstoßenen Prinzessin, die sich nichtsdestotrotz für ihren hartherzigen Vater aufgeopfert hat und als *Quan Am*, Göttin der Barmherzigkeit, wiedergeboren wurde; die Bronzestatue ihr zu Ehren wurde von der *Tay-Son-Armee* zu Kanonen geschmolzen und 1793 durch eine Statue aus Stein ersetzt. Über dem Eingang der Grotte (für den Pilger ein Drachenmaul) ließ ein Angehöriger der Trinh-Familie die Worte „Die schönste Grotte unter dem Südlichen Himmel" in den Fels hauen.

Seit ihrer Gründung im 17. Jh. zog die Pagode neben Pilgern auch Dichter und Gelehrte an, die literarische Zirkel bildeten und deren Verse auf Stelen graviert sind.

● 60 km östlich, an der Buslinie Ha Dong – My Duc. In diesem Fall ist eine **Tourbuchung** wirklich empfehlenswert (um 14 $ inkl. Eintrittsgelder, Boote, Brücken- und Wegzölle), man erspart sich viel Ärger und Gefeilsche.
● Der Huong-Tich-Berg ist vom Pier *Ben Duc* per **Boot** erreichbar. Die schöne Fahrt auf dem *Yen-Vi*-Fluss vorbei an Kalksteinformationen dauert flussabwärts ca. 45 Min., zurück etwas länger. Aufstieg zur Grotte, Besichtigung der Höhlen und Rückweg nehmen ca. 1–2 Std. in Anspruch und können in der heißen Jahreszeit oder bei Regen u.U. anstrengend sein (festes Schuhwerk ratsam).
● 2006 wurde eine 1200 m lange **Seilbahn** eingeweiht, die die Thien-Tru-Pagode mit der Grotte auf dem Gipfel verbindet. Jede der 33 Kabinen fasst 6 Personen, die Fahrt kostet 60.000 đ (hin und zurück) bzw. 40.000 đ (einfache Fahrt) p.P. www.chuahuong.info.vn.

Chua Tay Phuong

Die Pagode auf einem 50 m hohen, unvermittelt aus der Ebene ragenden und von schattigen Bäumen bestandenen Kalksteinfelsen (260 Stufen) geht auf Gründungen aus dem 8. und 17. Jh. zurück. Erst 1794 erhielt die für ihre ausdrucksstarken Holzstatuen weit über Vietnam hinaus berühmte Pagode ihren heutigen Namen.

Der Chua besteht aus drei gestaffelten, einstöckigen Bauten aus Eisenholz mit doppelt geschwungenen Dächern, die in geschnitzten Drachen auslaufen und mit Phönix, Schildkröte und Einhorn verziert sind. Das erste Gebäude, der **Chua Phat Ba,** ist Quan Am, der hundertarmigen und hundertäugigen Göttin der Gnade geweiht, die sich aus einer Lotosblüte erhebt, dem Symbol der Reinheit. Der **Chua Trung** wird von drei mächtigen Buddhafiguren aus schwarzem Eisenholz beherrscht: dem Gnadenbuddha A Di Da, im Lotossitz Di Lac, fröhlich und dickbäuchig, und dem von der Askese gezeichneten „Fastenbuddha" Tuyet Son, jeder mit Wächtern zur Seite. Rechts vom Altar trägt ein grimmiger grünköpfiger Höllengeist Phat Ba auf der Lotosblüte, links findet man Quan Am Thi Kinh als die „Kinderbringerin".

Im **Chua Tuong,** dem dritten Gebäude, reihen sich die berühmten **Statuen der 18 La Han** oder „Erleuchteten" (Sanskrit Arhat), die das Ziel des religiösen Lebens erreicht und Erleuchtung erlangt haben.

Die Statuen – jede zeigt eine typische Haltung oder Tätigkeit der heiligen Männer – sind aus dem harten, dauerhaften Holz des Jackfruit-Baums geschnitzt und bestechen durch ihre individuelle Ausdruckskraft. Alle haben geschorene Köpfe und sind in Mönchsgewänder gehüllt, und doch gleicht keine Figur der anderen. (Recht gelungene Kopien findet man im Museum für Kunstgeschichte in Hanoi.) Insgesamt beherbergt die Pagode 62 Holzstatuen aus dem 18. und 19. Jh., von denen jede wegen ihrer meisterhaften Ausarbeitung beispielhaft ist.

● **Anreise** siehe unter *„Chua Thay"*.

Chua Thay

Chua Thay, **die Pagode des Meisters** (auch *Chua Thien Phuc*, Pagode des Himmlischen Glücks genannt), erstreckt sich malerisch an einem See zu Füßen eines Kalksteinberges. Sie ist dem „Meister" *Tu Dao Hanh* geweiht, einem Wunderheiler und Magier des 12. Jh., der seine Pilgerfahrt nach Indien aufgeben musste und sich auf den Berg zurückzog, um zu meditieren und die Lehre Buddhas zu verbreiten. Er gilt auch als **Patron der Wasserpuppenspieler,** die ihm jedes Jahr ein großes Fest bereiten. Die Anlage geht auf das 15. Jh. zurück und umfasst eine Reihe kleinerer Tempel und Pavillons, die sich teils um den eigentlichen Chua gruppieren, teils verstreut beiderseits des Pfads zum Gipfel liegen.

Zwei furchteinflößende *Ho Phap*, Beschützer der Lehre, wachen über das Sanktuarium. Hinter den Statuen von *Tu Dao Hanh* und Kaiser *Ly Than Tong*

Umgebung von Hanoi

14˚vi Foto: kb

(1127–1138), der als Reinkarnation des „Meisters" gilt, reihen sich die drei Buddhas der Gegenwart, Vergangenheit und Zukunft nebst Bodhisattva und Wächterfiguren. Die Gestaltung des Steinaltars lässt deutlich *Cham*-Motive erkennen; man nimmt an, dass Sklaven aus Champa am Bau der Pagode mitgewirkt haben (so werden auch die beiden vor dem Kaiser knienden Diener als Cham gedeutet). In dem Schrein rechts wird noch einmal der „Meister" vergegenwärtigt, sein hinter gelbem Tuch verborgenes Antlitz wird nur zum alljährlichen Pagodenfest enthüllt. In den Seitengalerien sind je neun La-Han-Statuen (Statuen der Erleuchteten) aufgestellt, die allerdings weit weniger beeindrucken als die des Chua Tay Phuong.

Über eine **überdachte Holzbrücke** aus dem Jahr 1602 gelangt man zum **Den Tam Phu,** dem Heiligtum des daoistischen Jadekaisers Ngoc Hoang, der am Altar zwischen dem Erdgeist Tho Than rechts und dem Wassergeist Thuy Than links thront.

Während des Pagodenfests (5.–7. Tag des 3. Mondmonats) finden am See neben anderen Veranstaltungen besonders sehenswerte Aufführungen des **Wasserpuppentheaters** statt.

●Chua Tay Phuong und Chua Thay liegen 5 km voneinander entfernt 33 bw. 38 km südwestlich von Hanoi (26 km Richtung Son Tay, ab Wegweiser 7 km zum Chua Tay). Anfahrt mit öffentlichen Verkehrsmitteln ist nicht empfehlenswert. Eintritt je 5000 d.

Räucherstäbchen für die Pagode

Ba Vi Nationalpark

(Ba Vì)   ♫ VIII/B1

Eher Naherholungszentrum und Vergnügungspark für großstadtmüde Hanoier als ernstzunehmender Nationalpark. Die Ba Vi („Drei Berge") liegen in einer Waldlandschaft mit zwei künstlich angelegten Seen, *Ho Suoi Hai* und (weitaus schöner, aber auch belebter) *Ho Dong Mo*. Auf den Gipfel des mittleren Berges, den 1287 m hohen *Nui Tan Vien*, führt eine Straße bis auf 1200 m Höhe; vom Gipfel (1250 Stufen) spektakuläre Aussicht über das Delta mit dem Zusammenfluss von Rotem und Schwarzem Fluss.

Im 74 km² großen Nationalpark gibt es u.a. einen Vogel- und Orchideenpark, beim Tan Da-Resort kann man (außer Übernachten) nach einer Wanderung im heißen Quellwasser baden oder ein Schlammbad nehmen (www. tandasparesort.com.vn).

● 65 km westlich über die N 32, Eintritt 10.000 d.

Mong Phu (Duong Lam)

Ein Weiler aus alter Zeit, der noch gut ein Dutzend **historischer Häuser** aus dem frühen **16. Jh.** beherbergt, die aus **Laterit,** einem für diese Gegend typischen Material, entstanden sind. Japanische Archäologen tauften ihn bereits „Hoi An des Nordens" – was ein wenig übertrieben sein mag. Aber die archaische Stille und Verlassenheit, einige Häuser, einige Gassen, die schlicht-schönen Ziegeldächer, die all-gegenwärtigen Brunnen, die zuvorkommenden Menschen: Vieles erinnert tatsächlich an die Zeiten Hoi Ans vor dem Boom. Parkplatz und Eintritt allerdings zeigen, dass die Entwicklung Richtung „Museumsdorf" geht. Hanoi scheint trotzdem Äonen entfernt.

Ortskern ist ein außergewöhnlich ausladender Platz mit dem alten Gemeindehaus **Dinh Mong Phu** (1533, ausgebaut und erweitert 1859), dessen weit geschwungenes mit Drachen verziertes Dach auf 40 massiven Eisenholzsäulen ruht. Ausnehmend schöne Holzschnitzereien am Mittelportal (Drachen mit Drachenkindern). Außerhalb der Umfriedung ein Andachtshaus, heute als Verkaufskiosk für Tee, Zigaretten und Kaugummi umfunktioniert. Rechterhand ein nagelneues „Kulturhaus" mit der Statue Ngo Quyens, der 939 die tausendjährige Herrschaft der Chinesen beendete und in diesem Dorf geboren und auch begraben wurde (s.u.).

In der Gasse an der gegenüberliegenden Seite des Platzes, links, eine Gedenkstätte *(Nha Tho Ho)* zu Ehren des lokalen Gelehrten *Giang Van Minh,* dessen Name im Hanoier Literaturtempel auf der Stele von 1628 verewigt ist.

Das älteste Haus stammt noch aus der Zeit der Gründung des *Dinh* und wird heute in der 12. Generation von der Familie *Chin Giap* bewohnt. Typisch die Bauweise aus den aufwändig herzustellenden und schwer zu handhabenden großquaderigen **Laterit**-Ziegeln, die spätestens seit dem 19. Jh. so gut wie ausgestorben ist.

Die Gedenktempel zu Ehren der Kaiser *Phung Hung* und *Ngo Quyen*, die beide hier geboren wurden (wie ganz nahebei auch die Heroinen *Hai Ba Trung*) liegen stadtauswärts, sind aber kunsthistorisch nicht interessant.

In derselben Kommune, *Duong Lam*, liegt weiter nördlich in *Dong Sang* der sehenswerte **Chua Mia** (Zuckerrohr-Pagode). Die Anlage – mit Stelen von 1632, einem mehrstöckigen Glockenturm von 1734 und einem Kompendium von 287 Holz- und Lehm-Statuen aller Größen – geht auf das frühe 17. Jh. zurück, basiert aber auf einer Gründung der Tran-Dynastie (1225–1406).

● 51 km westlich. Bis Son Tay (45 km), nach 4 km Wegweiser *Duong Lam* links. Mong Phu liegt im Umkreis der alten Kirche. Eintritt 15.000 đ.

Cu Da

Ein weiteres Beispiel eines **außergewöhnlichen Dorfes** ist das noch im Großraum Hanoi gelegene Cu Da. Der Lage am *Nhue*-Fluss hattte es zu verdanken, dass es einst ein geschäftiger Umschlagplatz für Getreide, Salz und Baumwolle war. Die Händler wurden reich, sie bauten sich Häuser. Erst traditionell, aus Holz, mit geschnitzten Balken, Säulen und repräsentativen Ahnenaltaren. Und später, im frühen 20. Jh., modern, sprich im Stil der französischen Kolonialherren. Rund 25 dieser bis zu 3-stöckigen Häuser gibt es noch in Cu Da. Majolikafliesen an bröckelndem Gemäuer. Stuckverzierungen mit sino-vietnamesischen Dekors. Vom Rost zerfressenes Schmiedeeisen. Man muss sich treiben lassen, die schmale Hauptstraße verlassen und in den von Bögen gesäumten Gassen mäandern, um zu entdecken. Nichts Spektakuläres, aber der Hauch einer vergangenen Zeit. Und aktives vietnamesisches Dorfleben. Die Zeiten des Flusshandels sind vorbei, heute haben sich die Bewohner auf die Herstellung von Sojasoße und Reisnudeln *(mien)* spezialisiert. Die archaischen Produktionsstätten und -methoden sind ein zusätzliches Erlebnis.

● 25 km südöstlich Richtung Ha Dong. Von da auf der 21B bis Thanh Oai, jenseits der Flussbrücke liegt Cu Da.

Dinh Tay Dong

Das aus massivem Eisenholz errichtete Kult- und **Gemeindehaus** gilt als eines der schönsten und besterhaltenen des Nordens. Seine Grundstruktur stammt aus dem 16. Jh. Das Areal ist auf drei Seiten von einer Mauer geschützt, die vierte wird von einem Teich abgeschlossen. Rechts und links des Hauptgebäudes zwei Nebengebäude mit außergewöhnlichen Doppeldachkonstruktionen. Massive Säulen mit schön geschnitzten Giebeln tragen das vierteilig geschwungene und mit den glückbringenden Symbolen Drache, Phönix, Einhorn und Schildkröte verzierte Dach der Haupthalle. Der Innenraum ist durch mächtige Säulen in fünf Teile unterteilt, mit dem Schutzgeisttempel in der Mitte. An den Oberteilen der Säulen und im Gebälk

Dorf bei der Thay-Pagode

einzigartige **Meisterwerke bäuerlicher Schnitzkunst.** Holzfäller und Fischer, Jäger und Musikanten, Frauen, die einander das Haar bürsten, Kinder, die Wasserbüffel hüten – anrührend heitere und lebendige Szenen aus dem Alltagsleben, die einen deutlichen – und bezeichnenden – Kontrast zu der sino-vietnamesischen „Hoch"-Kunst jener Zeit darstellen.

● 58 km westlich. Von Mong Phu (s.o.) 7 km weiter Richtung Hung Tra.

Den Hung

In der flachen Ebene im Nordwesten Hanois, wo der Schwarze (Song Da) und der Klare (Song Lo) in den Roten Fluss (Song Hong) münden und schon

die ersten Hügelketten des Berglands spürbar sind, erhebt sich der 175 m hohe Hügel *Nghia Linh*, an dem nach vietnamesischer Geschichtsschreibung die Hauptstadt ihres ersten Reiches *Van Lang*, das Land der sagenumwobenen **Hung-Könige** (ca. 700–250 v.u.Z.), gelegen war. Archäologen fanden in der Umgebung Keramik, Werkzeuge und Artefakte der frühen Bronzezeit (um 2000 v.u.Z.), doch ein letztgültiger Beweis für die These der Vietnamesen steht aus.

Vier auf unterschiedlichen Ebenen des Hügels angelegte Tempelgruppen aus dem 15. Jh. (erneuert im 19.) feiern die Vorfahren und Gründer der Nation. *Den Ha*, am Fuße des Berges, ist der Urmutter *Au Co* geweiht, auf

050vi Foto: kb

halber Strecke, im Haupttempel *Den Trung*, gedenkt man der 18 Hung-Könige, und auf der Kuppel des Hügels, auf den 523 Stufen führen, verehrt man im *Den Tuong* die Götter des Himmels und der Erde. Vom Gipfel führt der Weg hinunter zum vierten Tempel am Fuße des Berges *(Den Co)*, in dem an einer Quelle die Töchter des letzten Hung-Königs verehrt werden.

● 85 km nordwestlich, 14 km hinter Viet Tri (ausgeschildert). Tempelfest am 9.–11. Tag des 3. Mondmonats.

Tam Dao   ↗ IV/B3

(Tam Đảo)

Das 930 m hohe *Cascade d'Argent* („Da Lat des Nordens") wurde zwischen 1904 und 1925 als **Kurort** und Sommerfrische für wohlhabende Kolonisten errichtet; die Temperaturen liegen ganzjährig 6–8°C niedriger als in der Ebene. 1954 sprengten die wütenden Franzosen, die Vietnam verlassen mussten, ihre Besitzungen in die Luft, einige der erhaltenen Villen hat man als Erholungsheime oder Hotels wieder hergerichtet. Tam Dao, „Drei Inseln", verdankt seinen Namen den Gipfeln dreier Berge (alle um 1500 m hoch), die oft wie Inseln über dem Meer der Wolken schweben. Zu Füßen des *Thien Thi* stürzt sich die Silberkaskade *(Thac Bac)* zu Tal, die der französischen Ansiedlung ihren Namen verlieh. Der Ort ist inzwischen reichlich kommerzialisiert (inkl. Golfplatz), aber ein guter Ausgangspunkt für Wanderungen.

Der seit 1996 bestehende **Tam-Dao-Nationalpark** (35.000 ha) ist 11 km von dem Ort Tam Dao entfernt. Er ist etwas ganz Besonderes in punkto Arten- und Pflanzenvielfalt. Die isolierte Lage des Gebietes am Schnittpunkt unterschiedlicher Klimazonen – hier tropischer Regenwald, dort subalpine Wälder – bietet Lebensraum für über 2000 Tier- und Pflanzenarten, darunter den rotbäuchigen **Tam-Dao-Salamander** und unzählige Reptilien, Schmetterlinge, Vögel und Orchideen.

Die markant gezeichneten Kragenbären findet man hier zwar nicht mehr in freier Wildbahn, aber in der neu eingerichteten Bärenstation des Parkes, einem Auffanglager für (vor Köchen und Pillendrehern) gerettete Bären. Für „Naturforscher" gibt es einen 6 km langen Trekkingpfad (ca. 4 Stunden, nicht allzu schwierig, aber z.T. steil).

Praktische Informationen

● 1000 Einw. 930 m. Tel. 0211.
● **Belvedere Resort.** Allein schon eine Reise nach Tam Dao wert (wenn auch besser nicht am Wochenende). Endlos großzügige Chalets mit Wahnsinnspanorama – auch vom schönen Pool! – mit 48 Zimmern à 68 und 88 ++ $ (Suite 200 $) inkl. BF. Mit Spa und Tennis. www.belvedereresort.com.vn.
● **Mela.** Chalet-Hotel mit Pool und Sauna unter algerischer Leitung. 26 Zimmer ab 40 $ (ab 65 $ mit Balkon) inkl. BF. Thailändische, italienische und vietnamesische Küche. Tel. 3824321, melahotel@yahoo.com.
● **Nationalpark.** Guides können für 5–8 $ pro Tag angeheuert werden.
● **Anreise.** 85 km nordwestlich. Bus ab Hanoi (My Dinh) nach *Vinh Yen* (62 km), von dort per Xe Om bis zum Headquarter (13 km, ca. 30.000 đ). Xe Om vom Park zum Ort Tam Dao (11 km, ca 40.000 đ).

Umgebung von Hanoi

Thai Nguyen ↗ IV/B3

Die florierende Industrie-Metropole (Stahlproduktion) am *Cau*-Fluss ist seit jeher ein Schmelztiegel der Völker (Vietnamesen, Tay und Nung leben gleichberechtigt nebeneinander) und zugleich die unbestrittene **Tee-Hauptstadt** Vietnams.

Seit 1960 beherbergt sie außerdem das erste und **größte ethnologische Museum** des Landes. Ausstellungstechnisch und didaktisch dem neueren *Ethnologischen Museum* in Hanoi sicherlich unterlegen, bietet es auf 3000 m² Fläche eine vergleichbare Fülle von Artefakten aller Art.

Geruhsamer Alltag in Mong Phu

Praktische Informationen

- 160.000 Einw. 30 m. Tel. 0280.
- **Museum der Ethnischen Kulturen** *(Bao Tang Van Hoa Cac Dan Toc)*. Klassizistisch-sozialistischer Bau mit Erweiterung 2006. Die meisten Säle sind thematisch geordnet, z.B. nach Ethnien (Tay, Muong, Dao etc.). 1 Doi Can, außer Mo 7.30–11.30, 13.30–17 Uhr, 10.000 d. www.mcve.org.vn.
- **Anreise.** 80 km nördlich über die N3. Bus ab Hanoi (Gia Lam) 2½ Std.

Unterkunft

- **Da Huong.** 50 Zimmer à 30 $ inkl. BF, mit Restaurant im 9. Stock. 50 Luong Ngoc Quyen, Tel. 37756780, dhhotel@hn.vnn.vn.
- **Cao Bac.** 25 Zimmer 10–15 $. 70 Hoang Van Thu, Tel. 3855372, Fax 3855372.
- **Huong Tram.** Resto-Bar im Zentrum, auch Pizzen, Burger und Kuchen! 19 Hoang Van Thu.
- **Duc Tin.** Einfache, aber gute Garküche. 648 Luong Ngoc Quyen.

Dinh Dinh Bang

Die Provinzen im Nordosten Hanois *(Bac Ninh, Bac Giang)* sind berühmt für ihre traditionelle Volkskultur und den schier unerschöpflichen Reichtum an Pagoden und Gemeindehäusern. Über 60 Bauwerke, mehr als in jeder anderen Region, stehen in der Heimat der Ly-Dynastie (1009–1225), die den Buddhismus in Vietnam zur Blüte führte, unter Denkmalschutz.

Der Weiler Dinh Bang spielte in der Geschichte des Landes gleich zweimal eine wichtige Rolle, als Heimatstadt von Kaiser *Ly Thai To*, der 1010 die Hauptstadt *Dai Viets* nach Hanoi verlegte, und 1946 als Ort der ersten *Nationalversammlung* unter Ho Chi Minh. Das ursprünglich aus dem 12. Jh. stammende, in seiner heutigen Form 1736 aus Eisenholz errichtete **Kult-** und **Gemeindehaus** gilt als das größte seiner Art in ganz Vietnam. Das gedrungene, 25 m lange und 14 m breite Gebäude ruht auf über 60 massiven Säulen mit einem Durchmesser bis zu 65 cm. Schöne Holzschnitzereien an Säulen und Dachgebälk. Aber auch viel Partei-Nostalgie.

Unweit davon der weitläufige Komplex des **Den Do**, 1010 errichtet, im gleichen Jahr als Hanoi Hauptstadt wurde, nach französischen Bombardements 1952 zerstört und 1989 unter Verwendung alter Teile wieder aufgebaut. Im Innern Statuen der 8 Ly-Kaiser in Gelb, bis auf Ly Thai To, der rot gewandet ist. In der Galerie rechts eine schöne Sammlung bunter Prozessions-Pferde, vor der Haupthalle ruhen zwei steinerne Elefanten. Berühmt sind die alljährlichen **Tempel-Festlichkeiten** (12.–16. Tag des 2. Mondmonats) mit *Cheo-* und Wasserpuppentheater, *Quan-Ho*-Gesängen, Ring- und Hahnenkämpfen.

● 16 km nördlich, an der alten Straße nach Bac Ninh.

Chua Phat Tich (Van Phuc)

Kaum hatten französische Kunsthistoriker den Ruf der 1057 unter Kaiser Ly Thanh Tong erbauten Pagode als eine der schönsten und bedeutendsten Vietnams begründet – ihr Stupa war einst bis in die Hauptstadt sichtbar –, wurde sie 1949 von Kolonialtruppen nahezu vollständig zerstört. Die heutige Anlage ist eine Rekonstruktion von 1992. Erhalten sind außer einigen wertvollen Schnitzarbeiten und Steinreliefs der berühmte meditierende **A Di Da-Buddha** aus blauem Stein auf einer Lotosblüte aus der Gründungszeit des Chua (11. Jh., Nachbildung im *Historischen Museum* von Hanoi).

● 30 km östlich. 7 km auf der N 5 Richtung Haiphong, abbiegen auf die N 1A Richtung Lang Son bis Tu Son (15 km), von dort weitere 8 km. PS. Wegen eines noch nicht überbrückten Flusses erfordert die Anfahrt zur nahe gelegenen *But-Thap-Pagode* (s.u.) leider einen Umweg.

Chua But Thap

Die **schönste** und wertvollste vollständig **erhaltene Pagode** Vietnams. Die großzügige Anlage und ungewöhnlich

Umgebung von Hanoi

reiche Ausstattung des Chua, der 1647 auf den Überresten eines 400 Jahre älteren Heiligtums errichtet wurde, lässt ihn als ein Auftragswerk der Kaiserfamilie erkennen. Benannt ist er nach seinem fünfstöckigen, wie ein Schreibpinsel sich verjüngenden „**Federkiel**"-Turm *Bao Nghiem*, der wie der Glockenturm außerhalb der Umfriedung des Chua liegt.

Im Innern der Anlage gelangt man an Wächterfiguren vorbei in eine Halle mit außergewöhnlich schön geschnitzten, rot-blau-weiß kolorierten Drachen und Phönixen. Das anschließende Sanktuarium mit dem rotlackierten Hauptaltar weist eine Vielzahl bemerkenswerter Statuen auf,

darunter ein wunderbarer sitzender *Fastenbuddha*, aber neben einer verblassen sie alle: Die unvergleichliche Darstellung der **Quan Am** mit tausend Armen und tausend Augen (auch die göttlichen Augen in der Handfläche zählen) erhebt sich fast 4 m hoch auf einem reichgeschmückten Lotos-Sockel, den Drachen und mythische Meerestiere säumen. Der zentrale Kopf der Göttin, flankiert von zwei weiteren, seitlichen, trägt eine Tiara mit dem Gnadenbuddha *A Di Da* in der Mitte, und ist wie ein turmartiger Strahlenkranz von weiteren Köpfen umgeben. Die außergewöhnliche Wirkung der Statue findet ihre Vollendung in der irisierenden Lackierung in Rot und Gold. Im Spiel von Licht und Schatten scheinen sich ihre Arme und Hände zu bewegen. Eine Inschrift im

Auf dem Dorfplatz

Sockel nennt den Stifter und die Jahreszahl 1665. (Nachbildung im *Kunsthistorischen Museum*, Hanoi.)

Eine mit den Reliefs von Drachen, Phönixen, Pferden, Hirschen, Vögeln und Fabelwesen reich verzierte Steinbrücke bildet den Übergang zu den drei folgenden Gebäuden. Das erste, das „Haus des Neunstufigen Berges" *(Toa Cuu Pham)*, birgt, für den vietnamesischen Pagodenbau sonst völlig unüblich, eine immense, fast 8 m hohe Gebetsmühle, die zu bestimmten Festtagen in Bewegung gesetzt wurde. (Heute nur noch am Pagodenfest am 24. Tag des 3. Mondmonats.) Sie ist

mit 32 Bildern dekoriert, die buddhistische Legenden und Szenen aus dem Alltagsleben zeigen. Die anschließenden Hallen dienen als Versammlungsraum der Mönche bzw. sind daoistischen Gottheiten und dem Gründer der Pagode, dem Mönch *Minh Hanh*, geweiht.

Die Gegend um But Thap ist reich an bedeutenden Pagoden inmitten von Reisfeldern, hier soll sich ein erstes machtvolles buddhistisches Zentrum ab dem 11. Jh. entwickelt haben. Sehenswert ist u.a. auch **Chua Dau,** der früher wegen seines weithin sichtbaren Glockenturms berühmt war. Am Hauptaltar wird *Phap Van*, die Wolkengöttin, verehrt. Eine Stele im Hof trägt die Jahreszahl 1737, aber viele Elemente des Chua sind deutlich älter. Beim Pagodenfest am 8. Tag des 4.

Die tausendarmige Quan Am

Theaterbühne am Chua Thay

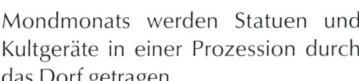

Mondmonats werden Statuen und Kultgeräte in einer Prozession durch das Dorf getragen.

● 22 km östlich (ab Long-Bien-Brücke). Auf der N 5 Richtung Haiphong geht bei km 8,7 *(Phu Thuy)* ein unbeschilderter Weg zu den Weilern *Cho Sui – Kep – Cho Dau* ab. Stadtbus Linie 204 hält in Cho Dau vor dem Chua Dau. Ab hier noch 4 km *(xe om)* bis zum Chua But Thap. Eintritt 15.000 đ.

Der Rückweg ist über die N 1A mit einem Zwischenstop in **Dong Ho** (7 km) möglich, das in ganz Vietnam für seine bunten Holzschnitte und **Tet-Bilder** bekannt ist. Das nahezu ausgestorbene Kunsthandwerk wurde nur noch von wenigen Familien am Leben gehalten, hat aber in letzter Zeit, auch wegen des touristischen Interesses, wieder an Bedeutung gewonnen.

Lim-Fest

Der **Sängerwettstreit von Lim** findet jedes Jahr vom 13. bis 15. Tag des 1. Mondmonats statt. Die früher auf dem Land weit verbreitete Zeremonie geht auf traditionelle Frühjahrs- und Heiratsmärkte zurück, die Unverheirateten Gelegenheit verschaffen sollten, einander zwanglos zu treffen und zu umwerben. *Quan Ho* sind volksliedhafte Wechselgesänge zwischen Frauen und Männern und bestehen teils aus überlieferten, eher lyrischen, teils aus spontan improvisierten derb-witzigen Versen. Das heute rein folkloristische Fest zieht viele Schaulustige an.

● 22 km nordöstlich rechts der N 1A kurz vor *Bac Ninh.*

Umgebung von Hanoi

054vi Foto: kb

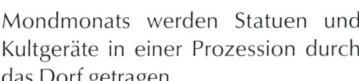

265vi Foto: kb

Die Nordküste

266vi Foto: kb

057vi Foto: kb

Der Hafen von Van Don

Villa auf Quan Lan

Alltag am Cam-Fluss

Überblick

Die knapp 300 km lange Küste zwischen der Hafenstadt **Haiphong,** der drittgrößten Stadt Vietnams, und der chinesischen Grenze zählt zu den faszinierendsten des Landes. Vom Rand des Deltas bis nach Tra Co im äußersten Nordosten erstrecken sich von Pinien- und Mangrovenwäldern unterbrochene Felsküsten und die einmalige Welt der pittoresken Kalkstein-Archipele **Lan Ha, Ha Long** und **Bai Tu Long** mit ihren zahllosen Inseln, Inselchen, Felskegeln, Höhlen, Grotten und Buchten.

Die nördliche Küste hat alles, was das Herz begehrt. Spektakuläre Naturschauspiele rund um das **Weltwunder Ha Long-Bucht,** feinsandige Strände, lebendige Städte, wertvolle Kulturdenkmäler und einen der schönsten und besterreichbaren Nationalparks des Landes, Cat Ba. Was sie leider nicht hat, ist ein günstiges **Klima.** Die Winter sind oft zu frisch und zu neblig. Und die Sommer zu heiß und zu regnerisch. Allzu hochfliegenden touristischen Plänen stehen zudem die traditionellen Industriereviere dieser Region entgegen, die 90 % aller **Kohle-** und Eisenerzvorkommen des Landes birgt.

Nach 1989 trieben der Ausfall der osteuropäischen Absatzmärkte und die radikal gekürzten Subventionen für Staatsbetriebe hunderttausende Werktätige in Kurzarbeit oder Arbeitslosigkeit. Anders als bei den großen Auswanderungswellen der späten 1970er und frühen 1980er Jahre, die fast ausnahmslos den Süden betrafen, stammten die **Boat People** der frühen 1990er Jahre (die meist in Kasernierungslagern Hongkongs landeten und später wieder nach Vietnam zurückkehren mussten) vornehmlich aus den Industriegebieten um Haiphong, Hon Gai und Cam Pha.

Ha Long Bay oder Lan Ha Bay (Cat Ba)?

Zwar hat nur die Ha Long Bucht den Status eines offiziellen UNESCO-Weltnaturerbes. Doch die Unterschiede zur Lan Ha Bucht weiter südlich (wie auch zur Bai Tu Long weiter nördlich) sind eher geografischer und administrativer als natürlicher (sprich geologischer) oder gar ästhetischer Natur. Während Ha Long jedoch aus allen Nähten platzt und mehrere hundert Pseudo-Dschunken Tagesausflügler und Übernachtungsgäste durch ihre Gewässer schippern, präsentieren sich Lan Ha und Cat Ba noch vergleichsweise intim, ja geradezu „unerforscht".

Ha Long wird von Bai Chay („Halong City") aus erkundet; die einstige Sommerfrische der Franzosen, ein – für vietnamesische Verhältnisse – mondäner Komplex von Hotelsilos und Freizeitparks, ist von Hanoi in 3½ Autostunden zu erreichen. Lan Ha erkundet man von Cat Ba aus, der mit Abstand größten Insel des Archipels, die man in 4½ Std. über Haiphong (Zug oder Auto) mit dem Fährboot oder direkt per Bus und Fähre erreicht. Aber: Während man von Bai Chay noch ca. 1 Std. braucht, ehe man in der Bucht ist – die **phänomenale Silhouette** ist allerdings stets präsent und die Besonderheit von Ha Long –, ist man in Cat Ba bereits mitten drin.

Bai Chay ist ein Eldorado für Gruppen, viele davon aus China, Taiwan, Korea usf., folgerichtig wimmelt es dort von Touristenhotels aller Art, während die kleinen Unterkünfte eher schlecht als recht sind. In Cat Ba gibt es gute und günstige Unterkünfte noch und noch, dafür fehlt es an Komforthotellerie. Wie auf dem Land, so auf dem Wasser. Hier Massenbetrieb, sprich Schwimmende Hotels, die sich nächtens auf engstem Raum ballen (die Behörden verbieten schon aus „Sicherheitsgründen", dass jeder ankert, wo er will). Dort vergleichsweise idyllische Ruhe (zumindest im Winterhalbjahr), Paare, Kleingruppen.

Fazit:

Ha Long Bay. *Pro:* Das einmalige Panorama. Günstige Pauschalen (ab Hanoi). Vergleichsweise günstige Bootspreise. *Contra:* Massenbetrieb an Land. Massenbetrieb in der Bucht. Übernachtung auf dem Boot kann die Hölle sein. Viele ziehen daher nicht ganz zu Unrecht Tagestouren vor (man sieht eher mehr als weniger).

Lan Ha Bay. *Pro:* Authentischer, ruhiger, intimer. Man kann ungleich mehr unternehmen. Auf Booten übernachten – auf einsamen Inseln – in Hotels – in Homestays – in der Natur. Im Nationalpark Trekken. Und paradiesisch Fahrrad- und Motorradfahren (da es kaum Verkehr gibt). *Contra:* Das Panorama fehlt. Reisen ohne Massenbetrieb ist exklusiver und daher etwas teurer und/oder zeitaufwendiger.

Beste Lösung: beide Buchten miteinander verbinden.

Auf dem Fährboot durch die Bai Tu Long

Nordküste

Haiphong ↗ IX/C1

(Hải Phòng)

Überblick

Die 1876 von den Franzosen gegründete Industrie- und **Hafenstadt** am Golf von Tonkin ist die drittgrößte Stadt Vietnams und wird wie Hanoi und Ho-Chi-Minh-City selbstverwaltet. Im Stadtstaat Haiphong leben rund 1,8 Mio., in der Stadt selbst etwa 850.000 Menschen.

Erste Überraschung: Vietnams größter Hafen liegt nicht am Meer, sondern an einem Fluss, rund 20 km vom Golf entfernt. Und da das Hafengebiet selbst weitflächig abgesperrt ist und nur wenige Zugänge zum *Song Cam* erlaubt, hat man als Besucher kaum je den Eindruck, sich in einer wichtigen, freilich auch alles andere als „tristen" oder gar „schmutzigen" *Hafenstadt* zu befinden.

Zweite Überraschung: Das **Zentrum** ist **französisch** geprägt, mit ockerfarbenen Kolonnaden, Villen, Palästen, Theatern und Hotels, und verströmt dezidiert urbanes Flair. Der Grundriss zeugt noch von einem großzügig von Flussläufen und Kanälen durchzogenen franko-vietnamesischen „Klein-Venedig"; die meisten dieser Wasserwege allerdings wurden in den 1990er Jahren leider in schattige Avenuen, Parks und Vergnügungszentren umgewandelt. Wie zur Kolonialzeit dominieren Business und Entertainment das Herz der Stadt, das „eigentliche" Leben pulsiert am Rand der *Cité*.

> „Haiphong bietet ein exemplarisches Beispiel für die Struktur der kolonialen Ausbeutung in Vietnam. Für jede Tonne, die eingeführt wurde, wurden 10 Tonnen ausgeführt. Der Hauptanteil jeder Tonne, die eingeführt wurde, diente so gut wie ausschließlich den Bedürfnissen der französischen Kolonialisten, Waffen für ihre Truppen, Automobile, Konserven, Weine und Konsumwaren aller Art. Den Hauptanteil der 10 Tonnen, die dafür ausgeführt wurden, machten Bodenschätze, Edelhölzer und andere natürliche Reichtümer des Landes aus. Zurzeit des Waffenstillstandsabkommens waren in Haiphong 218 Personen im Import-Export-Geschäft tätig, 161 davon waren Franzosen, 24 Chinesen, 20 Inder und nur 13 Vietnamesen. Die Zement-Fabrik, der mit Abstand größte französische Industriebetrieb in Haiphong, beschäftigte bis zu 6000 Arbeiter; zwischen 1925, als die Fabrik die Produktion in großem Maßstab aufnahm, und 1949 wurden 60 % der Erzeugnisse exportiert, der Rest fand Verwendung bei französischen Forts, Baracken, Gefängnissen, Verwaltungsgebäuden und Villen der französischen Kolonialisten."

> (Wilfred B. Burchett,
> *North of the 17th Parallel*, 1955)

Haiphong hat ohne Zweifel seinen Reiz. Nichts „Sehenswürdiges", nichts Weltbewegendes. Aber ihren dekadent-nostalgischen Provinzcharme aus der realsozialistischen Epoche hat die Stadt in diesem Jahrtausend zunehmend überwunden. Eine quirlige *Metropole* (Haiphong ist Millionenstadt!) ist sie immer noch nicht, aber eine sympathische und lebendige Großstadt, in der längst nicht mehr um 20 Uhr die Bürgersteige hochgeklappt werden. Am leblosesten (ähnlich wie in Hanoi) wirkt noch die einstige Prachtstraße der französischen Ära,

Haiphong

Cam Fluss

Cat Ba 25 km,
Hon Gai 75 km

0   250 m

Ben Bach Dang

Dao Ha Li

Phan Dinh Phung

Hoang Dieu

Tran Hung Dao

Tran Phu

Ben Binh

Cu Ch. Lan

Ben Van Don

Tri Phuong

Ng. Dinh

Ho X. Hoang

Minh Khai

Ly tu Trong

Bach Dang

Hoang V. Thu

Thien

Dien Bien Phu

Tran Quang Khai

Hoang

Le Dai Hanh

Tran Hung Dao

Tr. B. Trong

Tran Phu

Luong Khanh Thien

Lach Tray

Ly Thuong Kiet

Tam Bac

Ton Dan

Phan Boi Chau

Quang Trung

Tran Nhat Duat

Ng. Khuyen

Bahnhof

Nguyen Duc Canh

Me Linh

Ca Cuu

Hai Ba Trung

Cau Dat

Hang Kenh

Le Loi

Stadion

Tran Ng. Han

Hanoi 102 km

To Hieu

Ho Sen

Busbahnhof
Niem Nghia 1 km,
Thai Binh 49 km

Chua Du Hang 800 m

Dinh Hang Kenh 700 m

Do Son 21 km

🟧	**1**	Sat-Markt
Ⓑ	**2**	Tam Bac Busbahnhof
✚	**3**	Krankenhaus
Ⓑ	**4**	Busse nach Bai Chay
🚢	**5**	Binh-Fähre
✉	**6**	Post,
Ⓑ		Busse nach Do Son
Ⓢ	**7**	Vietcombank
🏠	**8**	Harbour View
Ⓜ	**9**	Museum
🏠	**10**	Monaco
ⓘ	**11**	BKK
🏠	**12**	50 Dien Bien

🏠	**13**	Hatraco
ⓘ	**14**	Big Man
ⓘ	**15**	Hoa Thach
★	**16**	Oper
●	**17**	VN Airlines
🏠	**18**	Viet My
🌲	**19**	Den Nghe
ⓘ	**20**	Thanh Nga
☾	**21**	Moschee
🔒	**22**	Cho Ga (Markt)
🏠	**23**	Hoang Hai

Nordküste

die von den siegreichen Viets 1954 ironischerweise flugs in *Dien Bien Phu* umgetauft worden war.

Orientierung

Zentrum ist das einstige *Quartier Français* mit der Hauptstraße Dien Bien Phu, an der auch die meisten Hotels, Restaurants und öffentlichen Gebäude liegen. Von ihr zweigen südwärts die *Minh Khai* zum Bahnhof und die *Dinh Thien Hoang* zur Oper und nordwärts die *Ben Binh* und *Cu Chinh Lan* zu den Bootsablegestellen ab. Die Altstadt *(Quartier Indigène)* mit den großen Märkten *Cho Sat* (Gebrauchswaren) und *Cho Tam Bac* (Lebensmittel) schließt sich westlich davon an.

Geschichte

Der **Bach-Dang-Fluss** im Norden des Stadtstaats spielte gleich zweimal eine entscheidende Rolle in der vietnamesischen Geschichte. 939 beendete der Sieg **Ngo Quyens** die 1000-jährige Fremdherrschaft der Chinesen, und 1288 vertrieb **Tran Hung Dao** dort die als unbesiegbar geltenden Mongolen Kublai Khans. Beide lockten die gegnerische Flotte in das flache, mit eisenbewehrten Holzpfählen gespickte Mündungsgebiet des Flusses; bei Einsetzen der Ebbe saßen die schweren Kriegsdschunken ma-növrierunfähig fest und waren den Angriffen der Vietnamesen schutzlos ausgeliefert. Modelle der berühmten „Speer-Falle" am Bach Dang sind in zahlreichen Museen Vietnams zu sehen.
Als sich **1876** die **Franzosen** der Stadt bemächtigten, war Haiphong kaum mehr als ein großes Fischernest. Mithilfe zigtausender Zwangsarbeiter aus ganz Vietnam stampften französische Architekten binnen weniger Jahre eine städtische Siedlung mitsamt Opernhaus und Kathedrale aus dem Boden, bauten die Fluss-Anlegeplätze zum größten Hafen Indochinas aus und verbanden die Stadt durch Eisenbahnlinien mit Hanoi, Südchina und den Kohlegruben von Hon Gai. Schon 1930 zählte Haiphong mehr als 100.000 Einwohner. Als die wütenden Kolonialisten ein Vierteljahrhundert später die Stadt verlassen mussten, hinterließen sie eine Wüstenei gesprengter Fabriken, überfluteter Hafenanlagen und gebrandschatzter Verwaltungsgebäude.
Als einziger Hafen des Nordens, über den Rüstungsgüter in die DRV gelangen konnten, erfuhr Haiphong im **amerikanischen Krieg** eine liebevolle „Sonderbehandlung". Zwischen 1964 und 1973 regneten Zigtausende Tonnen Bomben und Sprengstoffe auf die Stadt nieder, im Frühjahr 1972 ließ Präsident Nixon die Hafenausfahrt verminen.

Sehenswertes

Opernhaus

Das 1904 eröffnete, über 400 Zuschauer fassende Theater im Herzen der Stadt wurde, vom Kristalllüster bis zum Samtvorhang, ausnahmslos aus Materialien erbaut, die seinerzeit aus Frankreich eingeschifft worden waren. Zu seinem 100. Jahrestag wurde es 2003/04 mit französischer Hilfe aufwendig restauriert.

Dinh Hang Kenh

Das wuchtige und doch leicht wirkende, auf 32 Eisenholz-Säulen ruhende Gebäude, einst Versammlungshaus und Kultstätte der Gemeinde *Hang Kenh*, besticht durch mehr als 200-jährige Schnitzarbeiten, meist Drachen; eifrige Forscher wollen insgesamt 308 gezählt haben. Nahezu alle Reliefs befinden sich noch im Originalzustand.

Den Nghe

Der knapp hundertjährige Tempel ist *Le Chan* geweiht, einem weiblichen General der Trung-Schwestern, die sich 38 n.u.Z. gegen die Chinesen aufgelehnt hatten. Schon damals bestand die kleine Ansiedlung *An Bien*, die von Le Chan befestigt wurde und aus der später Haiphong entstand. Das Innere wird von einem kunstvoll verzierten Steinaltar beherrscht. Den Dachfries um den offenen Innenhof zieren bunte Keramikfiguren, die Kriegsszenen darstellen. Die vergoldeten Sänften stammen aus dem 19. Jh.

Chua Phuc Lam

Großzügige Anlage, auch *Du Hang* genannt, mit mehreren Gebäudeteilen, Höfen und Schildkrötenteichen und einer Pagode aus dem 17. Jh., deren dreistufiger Altar *(tam bao)* einige bemerkenswerte Statuen birgt *(Quan Am*, Buddhas der Vergangenheit, Gegenwart und Zukunft). Schöne Schnitzarbeiten.

Cho Ga

Im Gegensatz zu den inzwischen „aufgeräumten" und kommerzialisierten traditionellen Großmärkten am Fluss bietet der kleine Cho Ga mit seinen Seitengassen noch pures, unverfälschtes, exotisches *Markttreiben*. Am schönsten und lebhaftesten sind die Straßen *Nguyen Khuyen* und *Tran Nhat Duat* – mit zahllosen Ess-Ständen! – zwischen 16 und 18 Uhr.

Praktische Informationen

● 850.000 Einw. (Großraum 1,8 Mio.) Tel. 031.

Information

● **Haiphong Travel.** 28 Ly Tu Trong, Tel. 3821776, www.haiphongtravel.com.vn.
● **Geld.** *BIDV Bank*, 68 Dien Bien Phu. *Vietcombank*, 11 Hoang Dieu.
● **Post.** 3 Nguyen Tri Phuong Ecke Hoang Van Thu, tgl. 7–21 Uhr.
● **Taxi.** Tel. 3841999, 3828282.
● **Vietnam Airlines,** 166 Hoang Van Thu (ggb. Oper), Tel. 3921242.
● **Sulimart.** Department Store u. Supermarkt (bis 22 Uhr). Tran Phu Ecke Pham Ngu Lao.

Unterkunft

● **Harbour View.** Eines der bestgeführten Hotels Vietnams. Eleganter Kolonialstil, aufmerksamer Service, zwei Restaurants, Pool, Fitness Center etc. Sehr guter Tour-Service, Exkursionen u.a. nach Do Son und in die Ha Long-Bucht. 122 Zimmer mit allem Komfort 130–170 $ inkl. BF. 4 Tran Phu, Tel. 3827827, www.harbourviewvietnam.com.
● **Hoang Hai.** Gutes Mittelklassehotel in lebendigem Viertel mit kompetentem Service und anständigen Preisen. Lift, Resto. 34 DZ, Standard 20–25, Superior 30–35 $ inkl. BF. 109 Cau Dat, Tel. 3846666, hoanghai_ho tel@hn.vnn.vn.

303vi Foto: kb

Mobile Boutique

Nordküste

●**Monaco.** Neu 2007 – nicht schlecht (aber auch nicht wirklich gut): auf der einen Seite etwas verwahrlost wirkend, auf der anderen wird schon erweitert und ein Lift eingebaut. 30 Zimmer 25, Suite 35 $. 103 Dien Bien Phu, Tel. 3746468, monacohotel@hn.vnn.vn.

●**Viet My.** Neu 2009. Sehr gute Ausstattung für diesen Preis (vor allem die Bäder!). 15 Zimmer 22 $ (ohne Fenster), 27/30 $ (mit Fenster) inkl. BF. 5 Nguyen Duc Canh, Tel. 6252627, Fax 3260866.

●**Hatraco.** Sauber, geräumig, gute Ausstattung inkl. der Bäder. 27 Zimmer 16/25 $ (4 Pers.). 33 Minh Khai, Tel. 3810646, hatraco@vnn.vn.

●**50 Dien Bien.** Überbleibsel aus dem Realsozialismus in einem Kolonialgebäude, gut von der Polizei besucht (Sicherheit!). Rustikale Einrichtung, aber geräumige, helle Zimmer mit vielen Fenstern (z.B. Zimmer 200, 208). Double 200-, Twin 220.000 d. Tel. 3842409.

Essen und Trinken

●**BKK.** Respektable Thai-Küche (thailändischer Besitzer), aber nicht billig (plus 15 %!). Internationales Publikum, abends Musik. 22A Minh Khai.

●**Big Man.** Große Open-Air-Brauerei mit umfangreicher Speisekarte (auch engl.), auf der jeder etwas finden kann (Schwerpunkt Seafood, aber auch Wild aller Art; kein Pizzapasta). 7 Tran Hung Dao.

●**Thanh Nga.** Köstliche *Nem Cua*, mit Krebsfleisch gefüllte gebratene Frühlingsrollen mit Brühe und Kräutern. Man bezahlt pro Stück, für einen Mittagssnack reichen eineinhalb pro Person. 90 Tran Nhat Duat.

●**Sup Cua.** Schöne Alternativen auf der gleichen Fress-Gasse sind Krebssuppe und *Banh Xeo* (Crêpes). 45 Tran Nhat Duat.

●**Hoa Thach.** Muscheln, Schnecken, Krebse, Fische in lockerer, ungezwungener Atmosphäre. (Preise oft nach Gewicht, unbedingt zuvor klären!). 25 Tran Hung Dao.

●**Dac Loi.** Sauberes kleines Resto mit guten Suppen, aber auch Bittet. 93 Cau Dat.

●**Com Nong** (Leckerer Reis). Sehr gute Garküche, auch abends. 38 Tran Phu.

●**Bo Nuong.** Rind vom Tisch-Grill, gut und günstig. Mehrere Stände (nur am Abend) an der Tran Quang Khai Ecke Minh Khai.

●**Texas BBQ.** Sollte es einen nach Fast Food hungern. 22L Minh Khai.

●**Haiphong Club.** Gutes, gehobenes Café, im 1. Stock schöne Terrasse. 17 Tran Quang Khai.

●**Maxim's.** Café, Resto und Bar. Viele Expats aus der Ölbranche. 51B Dien Bien Phu.

Anreise und Weiterreise

Entfernungen

●Von Haiphong (in km): Hanoi 102, Do Son 21, Cat Ba 25, Bai Chay 70, Hon Gai 75, Tra Co 275, Thai Binh 68, Nam Dinh 95, Ninh Binh 120.

Bus

●**Von Hanoi** alle 10 Min. ab Luong Yen oder Gia Lam (2 Std.), **nach Hanoi** ab Busbahnhof Tam Bac oder Niem Nghia. Bei Ankunft der Fähren aus Cat Ba und Hon Gai stehen Minibusse nach Hanoi am Anleger.

●**Nach Bai Chay** und **Mong Cai** alle 20–30 Min. ab Ben Xe *Lac Long*, 22 Cu Chinh Lan.

●**Nach Do Son** alle 30 Min. ab 2 Hoang Van Thin (bei der Post). Fahrzeit 30 Min., auch Minibusse nach Hanoi.

●**Ben Xe Tam Bac** beim Sat-Markt. Tgl. mehrmals u.a. nach Ninh Binh, Kim Ma, Thanh Hoa, Vinh, Lang Son (6, 6.30, 14 Uhr).

●**Ben Xe Niem Nghia,** 277 Tran Nguyen Han. Tgl. mehrmals u.a. nach Thai Binh, Nam Dinh, Hanoi, Hue.

●**Nach Cat Ba** mit der privaten Linie *Hoang Long* 6-mal zwischen 6.10 und 16.10 Uhr über Cat Hai (2-mal Fähre); 110.000 d. Station 4 Le Thanh Thong. In Hanoi fahren die Busse jeweils zweieinhalb Stunden zuvor ab (Buswechsel).

Zug

●Bis zu 7mal tgl. Hanoi (Long Bien) – Haiphong, Fahrtzeit knapp 3 Std.

Fährboot

●Die Ablegestelle *(Pha Binh)* erreicht man von der Dien Bien Phu über die *Ben Binh* oder *Cu Chinh Lan.* Im Winterhalbjahr ist der Verkehr – außer an einigen Feiertagen –

deutlich reduziert; auch eine Verbindung mit **Bai Chay** (Halong City) gibt es nur im Sommer.

● **Cat Ba.** Mit *Hoang-Yen*-Schnellboot tgl. 9 oder 10 Uhr, Fahrzeit knapp 1 Std., 130.000 đ. Oder per Slowboat 6.30 oder 12.30 Uhr, Fahrzeit 2½ Std., 80.000 đ. Alternative für Selbstfahrer (Bike, Motorbike, Auto) ab Fährhafen *Dinh Vu* (15 km) 7, 8, 9.30, 11, 12.30, 14, 15.30 Uhr über Cat Hai und eine zweite Fähre nach Phu Long auf Cat Ba.

● **Mong Cai** (an der chinesischen Grenze). Per Hydrofoil 7.30 Uhr, Fahrzeit 4 Std., 250.000 đ. Per Slowboat 6.30 Uhr, Fahrzeit 7 Std., 110.000 đ.

Flug

● Der Flughafen *Cat Bi* liegt 7 km vom Zentrum entfernt. Tgl. von/nach Saigon, 2-mal wöchentlich von/nach Da Nang.

Haiphong Umgebung

Do Son

Das ehemalige Kolonialbad entlang einer 8 km langen, hügeligen Halbinsel ist der meistbesuchte **Strand** Nordvietnams und verfügt über zig Hotelanlagen zwischen protosozialistischem Zementmonolith und preisgünstigem Motel sowie über ein Casino, das erste seiner Art in Vietnam.

Ein sehenswertes Spektakel sind die traditionellen **Büffelkämpfe** am 9. Tag des 8. Mondmonats.

Praktische Informationen

● **Orientierung.** Do Son ist in 3 Zonen *(khu)* aufgeteilt. Khu 2 ist am attraktivsten, mit Promenade, Restaurants, Cafés und (auch) kleineren Hotels. Khu 3 an der bewaldeten Südspitze hat die kleinsten und einsamsten Strände, dort liegt auch das Casino.

● **Anreise.** 21 km südöstlich über die N 14. Busse ab Haiphong, siehe dort.

Achtung: An Wochenenden und während der Hauptsaison (Mai bis Sept.) steigen die Preise bis 50 %.

Cat Ba   ↗ IX/D1

(Cát Bà)

„Auf der Insel gibt es einen Hauptort gleichen Namens mit einem Fischereihafen und einer einsamen Mole, wo man auf Touristen wartet. Es gibt zwei Hotels …"

(Hans Illner, 1993)

Für eine Trauminsel zu rau, zu kalt und ohne „paradiesische" Strände. Und doch tummeln sich heute bereits weit über 100 Hotels im kleinen Hauptort des Eilands.

Der aus über 350 Inseln bestehende **Lan Ha-Archipel** zählt nicht zum *Weltwunder* Ha Long-Bucht, aber das ist nichts weiter als ein „akademischer" Einwand. Geologisch gesehen handelt es sich um die gleichen Karst- und Kalkstein-Formationen wie dort, der Unterschied ist rein geografisch. Dafür ist die 350 km² große **Hauptinsel** Cat Ba nicht nur die mit Abstand größte, sondern auch abwechslungsreichste weit und breit – gut die Hälfte ihres Areals und der angrenzenden Gewässer wurden 1986 zum **Nationalpark** erklärt. Ausländer zog es zu den billigen und unkomplizierten Guesthouses (zumal die damals meist staatlichen Unterkünfte Bai Chays deutlich teurer waren), junge Vietnamesen ka-

Nordküste

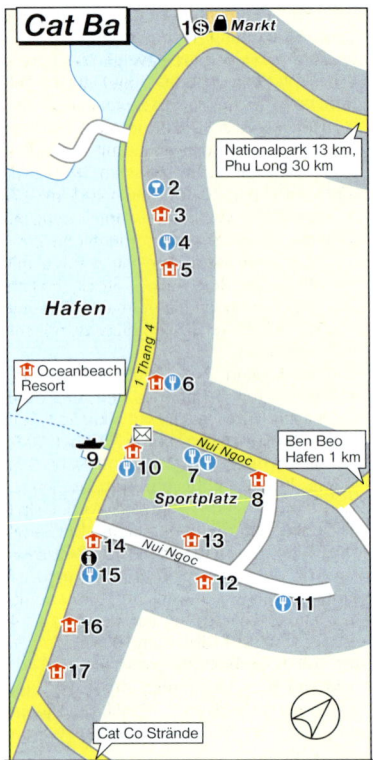

Cat Ba

Nationalpark 13 km,
Phu Long 30 km

Hafen

1 Thang 4

Oceanbeach
Resort

Nui Ngoc

Ben Beo
Hafen 1 km

Sportplatz

Nui Ngoc

Cat Co Strände

⑤	1	Geldwechsel
⊘	2	Flightless Bird Café
⌂	3	Sunset
⊘	4	Hoang Y
⌂	5	Thao Minh
⌂⊘	6	My Ngoc
⊘	7	Nam Phuong, Bien Dong
⌂	8	Sun and Sea
⚓	9	Hydrofoil-Anleger
⌂⊘	10	Noble House
⊘	11	Huu Dung
⌂	12	Princes
⌂	13	Sunflower
⌂	14	Cat Ba Dream
⊘	15	Green Mango
⌂	16	Hoang Ngoc
⌂	17	Holiday View

men, weil sie dort vermeiden konnten, ihre Väter, Vorgesetzten und Parteibonzen zu treffen – Ende der 1990er Jahre war ein neuer Besuchermagnet geboren.

Die bis zu 300 m hohen, teilweise dicht bewaldeten Berge und Schluchten der Insel beherbergen seltene Pflanzen- und Tierarten (Wildschweine, Hirsche, Bergziegen, fliegende Eichhörnchen, Warane, Gibbons, Makaken, das weltweit einzige Rudel *Weißkopf-* oder Cat-Ba-Languren sowie weit über 70 Vogelarten), zahlreiche Höhlen und Grotten bergen Gebeine und Steinwerkzeuge prähistorischer Menschen. Die Ufer sind teils felsig, teils mit dichten Mangrovenwäldern bestanden; an abgelegenen Küsten kann man Delfine und Seehunde beobachten. Schöne Sandstrände und Badebuchten sind zwar vorhanden, für eine Insel dieser Größe aber erstaunlich rar.

Die Bewohner der landwirtschaftlich kaum nutzbaren Insel lebten jahrhundertelang fast ausnahmslos von Fischfang und Piraterie. Nach 1979, auf dem Höhepunkt der sozialistischen Experimente und der vietnamesisch-chinesischen Streitigkeiten, verließen zahlreiche Einheimische und fast alle (oft bereits seit Generationen dort ansässige) Chinesen die Insel und flohen ins Ausland.

Praktische Informationen

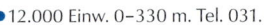

● 12.000 Einw. 0–330 m. Tel. 031.
● *Tourist Information Centre* schräg gegenüber dem Kai; Infos, Tickets usf. www.cat ba.com.vn.

●**Adressen.** Hausnummern gibt es erst seit 2009. Die Promenadenstraße **Mot Thang Bon** (1 Monat 4, in Erinnerung an den Besuch Ho Chi Minhs auf der Insel am 1. April 1959), wird im Folgenden 1-4 geschrieben.

●**Klima.** Saison ist Sommer. Beste Zeit ist September bis November. Dezember bis Februar sind deutlich kühler (10–20° C), oft auch sehr neblig. Spätestens ab März beginnt die Regenzeit. Juni, Juli, August sind feucht und heiß.

●**Verkehr.** Es gibt zwei **Bus**-Linien. Nr. 1 verbindet Cat Ba Town mit *Gia Luan* (Fähre nach *Tuan Chau*), Nr. 2 mit *Phu Long* (Fähren nach Haiphong); beide passieren den Haupteingang zum Nationalpark. 6–14.30 Uhr alle 30–60 Min., 10.000 d. Ansonsten per Taxi oder Xe Om.

●**Geld.** Es gibt keine Bank (Stand: Jan. 2010), aber ein **ATM** der *Agribank* (209 1-4) und eine kleine **Wechselstube** am Markt (124 1-4). Nur wenige Hotels akzeptieren Kreditkarten.

●**Guide.** *Khan*, mobil: 0914.618308 oder 0169.3078768, khancatba@hotmail.com. Freundlich, kompetent, spricht gut Englisch und ist zuverlässig – sehr zu empfehlen für 1–2-Tagestouren rund um die Insel zu Fuß, per Boot oder Motorbike; 17–25 $ pro Tag.

●**Blue Swimmer Adventures.** Für Bootstouren und Kayaking vorbehaltlos zu empfehlen; informative Website mit Preisangaben. *Vinh*, Mitbegründer von *Handspan*, hat sich 2008 selbstständig gemacht. Office im *Ben-Beo*-Hafen, mobil: 0915.063737, www.blueswimmersailing.com.

●**Slopony Adventures.** Junges Unternehmen des Amerikaners *Onslo*. Rock-Climbing in der Lan-Ha-Bay oder auf der Insel; auch für Laien geeignet. Büro im Noble House, ausführliches Programm mit Preisen auf www.slopony.com.

●www.tuansailing.com

●www.catbaventures.com

Unterkunft

Der kleine Hauptort Cat Ba an der Südspitze der Insel quillt von Hotels nur so über. Zu vermeiden sind nach Möglichkeit Wochenenden: Karaoke around the clock und sprunghaft steigende Preise!

●**Holiday View.** Neu 2005. 15-stöckiger Monsterklotz mit 120 Komfortzimmern, im Winter oft fast leer (und günstig). 50 $ (etwas klein), 55 $ (Balkon), 60 $ (Suite) inkl. BF. Tel. 3887200, www.holidayviewhotel-catba.com.

●**Sunflower.** Alle 80 Zi. mit Sat-TV, Badewanne usf., aber nur wenige mit Meerblick (seitliche Balkone). Im obersten Stockwerk (Lift) *Seaview Bar.* 20–25, Suiten 40 $ inkl. BF. Tel. 3888429, www.sunflowerhotels.com.vn.

●**Princes.** Guter Service, ordentliche Zimmer, aber viele ohne Fenster, wenige mit Meerblick. Lift, Resto im 7. Stock, Health Club, Dachgarten mit Panorama. 80 Zimmer 23–39 $ inkl. BF. Tel. 3888899, www.princeshotel-catba.com.

●**Cat Ba Dream.** Neu 2009. 30 Zimmer, nach vorne mit 2 Panoramafenstern (Bad eher mickrig) 12 $, nach vorne/zur Seite mit Fenstern (großes, wenn auch kahles Bad) 10 $, nach hinten mit Fenster zu Brandmauer 8 $. Schöne, luftige Lobby plus Terrasse im 2. Stock – bei kaltem/windigem Wetter sitzt man freilich bei heruntergelassen Rolläden! Lift. 226 1-4, Tel. 3838274, www.catbadream.com.vn.

●**Noble House.** Ordentliche Ausstattung, aber hauptsächlich Bar und Restaurant. 4 Zimmer, leichte Möblierung, 12–15 $. Tel. 3888363, thenoblehousevn@yahoo.com.

●**Sun and Sea.** 32 Zimmer, im Altbau 12 $, im Neubau mit Balkon 15 $ inkl. BF. Sauber und geräumig, ok. Tel. 3888315, www.sunseahotel.com.vn.

●**Hoang Ngoc.** Sehr ordentlich, mit Lift, Rooftop-Bar, freundlichem Service und geräumigen Zimmern (20) und Bädern. 10 Zimmer mit Balkon/Seaview 12 $. 245 1-4, mobil: 0169.6973865 (Mr. *Anh*), btanh2009@gmail.com.

●**Sunset.** Der 11-stöckige Neubau (wir sind gespannt!) soll Ende 2011 fertig sein. 180 1-4. Mobil: 0912.094659 (Mr. *Tung*).

●**Thao Minh.** Etwas labyrinthisch, aber in Ordnung. 45 Zimmer, nach vorne mit Meerblick 10 $, ohne Aussicht mit Fan 5–6 $. 197 1-4. Tel. 3888408, Fax 3888630.

●**My Ngoc.** Solides Haus mit freundlichem Service, ordentlicher Küche und 22 Zimmern à 6–8 $. 212 1-4. Mobil: 0912.843800 (Mr. *Tuan*), www.tuansailing.com.

● **Cat Co 2.** Camping am Strand (15–20 Min. Fußweg vom Ort). Saubere überdachte (!) Zelte, Zweier 200-, Vierer 300.000 đ; mit Umkleidekabinen, WCs, Resto, Strom, WW etc. Dazu 7 Bungalows (winzig!) à 250-, und 2 à 350.000 đ. Mobil: 0912.200974.

● **Whisper Nature.** Kleiner Bach und viel Natur: Die 6 Bungalows am Rand des Weilers *Viet Hai* zwischen Nationalpark und Meer sind geräumig und ordentlich ausgestattet. 22–28 $ inkl. BF und Mountainbikes, im Langhaus mit Dorm gibt es 8 Doppelbetten à 6 $. Von Cat Ba Town 1 Std. per Boot und 5 km per Bike. Tel. 2657678, www.vietbunga low.com.

● **Oceanbeach Resort.** 7 schöne, naturbelassene Bungalows an einem Strand auf einer einsamen Insel gegenüber Cat Ba Town. Als Übernachtungsvariante mit einem Trip von *Ocean Tours*, Hanoi (s. dort) oder auch separat buchbar (70–90 $ inkl. BF und Shuttle Boat nach Cat Ba). www.oceanbeachresort. com.vn.

● **www.monkeyislandresort.com.**

Essen und Trinken

● **Green Mango.** Gute Cocktails und gehobenes Fast Food, aber auch einige anspruchsvollere Gerichte (global, nicht viet). Happy Hour 17–20 Uhr. 231 1-4.

● **Noble House.** Unten Terrasse, im 1. Stock Restaurant, Salate, Pizzapasta, ein bisschen viet, ein bisschen veggie. Im 2. Stock schwungvolle **Bar** mit Blick auf die Bucht. 222 1-4.

● **Huu Dung.** Eines der ältesten Restos vor Ort. „Japanisch", mit viel Holz und Lampions, gemütlich. Und das Essen war schon immer über dem Durchschnitt. 279 Mui Ngoc.

● **Hoang Y.** Vielleicht die beste vietnamesische Küche; sehr breite Palette, nicht nur Seafood. 197 1-4.

● **Bien Dong.** Gutes, frisches Seafood, und ohne „Aufschlag" für Seaview. 8 Mui Ngoc.

● **Nam Phuong.** Einfache, preisgünstige Kost von *Pho* bis *Banh Cuon*. 4 Mui Ngoc.

● **Fligthless Bird Café.** Drinks, Infos, Entspannung, Musik, Spiele und Filme. Im Obergeschoss Balkon mit Meerblick und kleine Bücherei. 17.30–0.30 Uhr. 189 1-4.

Exkursionen

● **Nationalpark.** Die Kombination von Regenwald, Kalkstein und Meer ist eine Wucht! Der Eingang liegt bei *Trung Trang* 13 km nördl. der Stadt, zu erreichen per Bus (10.000 đ). Der Eintritt kostet ab 15.000 đ. Eine sehr schöne, u.U. aber auch strapaziöse (!) Tagestour (5 km, 3–4 Std.) führt über den 3 ha großen *Ao Ech* (Frosch-See) und den Weiler **Viet Hai** (Lunchpause oder Übernachtung; im Homestay oder Bungalow) bis zur Küste, von wo man per Boot zur Stadt zurückkehrt (Badestopp möglich). Es steht einem aber auch frei, allein oder mit einem Park Guide (ganztags 10 $, halbtags 5 $) durch den Park zu streifen, den *Kim Giao* zu besteigen (Aufstieg ca. 45 Min, fantastischer Ausblick) oder die **Grotten** *Hung Son* (im Krieg Armee-Hospital) und *Trung Trang* zu besuchen. Wer sehr früh ohne Gruppe aufbricht, kann womöglich noch Gibbons und andere Wildtiere beobachten. Speziell in der Regenzeit sind Vorkehrungen gegen Moskitos und Blutegel zu treffen!

● **Strände.** Zwei Badebuchten mit feinem Sand, *Cat Co 1* und *Cat Co 2*, sind vom Hauptort bequem zu Fuß erreichbar (15–25 Min.); Cafés, Liegen, Umkleide etc. jeweils vorhanden. Es lohnt, den weiter entfernten, aber deutlich schöneren und saubereren Cat Co 2 anzusteuern.

● **Touren.** Die Insel ist ein Paradies für Fahrrad- und Motorradfahrer, da es – noch – sehr wenig Verkehr gibt (eine Brücke ab Haiphong soll dem in Zukunft abhelfen). Motorbikes werden ab 5 $ pro Tag vermietet.

● **Bootstouren.** Ein Tag mit dem Kajak kostet um 12–15 $, eine *Lan-Ha*-Kreuzfahrt mit Übernachtung auf der Dschunke 50–60 $ (Minimum!). Der Tourist Harbour *(Ben Beo)* liegt in einer Bucht 2 km vom Hauptort entfernt (per Xe Om 5000 đ, per Taxi 20.000 đ). Hier lassen sich u.U. Touren arrangieren – oder eine Passage nach Bai Chay (s.u.).

Anreise und Weiterreise

● **Per Bus.** Ab Hanoi mit *Hoang Long*-Bus vom *Luong Yen*-Busbahnhof 4-mal tgl. (5.15, 7.15, 11.15, 13.15 Uhr). Fahrzeit 4–5 Std. inkl. 2 Buswechsel u. 2 Fähren; 160.000 đ. Zusteigemöglichkeit in Haiphong auf der 4 Le Thanh Tong. Letzter Bus ab Cat Ba 15.15 Uhr. Office auf 217 1-4.

● **Per Boot.** Ab Haiphong per Hydrofoil, Fahrzeit 1 Std. oder Slowboat, Fahrzeit 2½ Std., s. dort. Ab Cat Ba Hydrofoil 5.45, 14.45 Uhr, Slowboat 12.30 Uhr. Nach *Bai Chay* (Luftlinie 30 km) keine reguläre Verbindung (außer im Sommer). Nach *Tuan Chau* in der **Ha Long Bucht** per Hydrofoil tgl. 9.30 und 15 Uhr ab Fährhafen *Gia Luan* (im Norden der Insel, Bus No. 1, 30–40 Min., 10.000 d). Fahrzeit 1 Std., 30.000 d. Tel. 033/2473989. Von *Tuan Chau* per Taxi oder Xe Om nach *Bai Chay* (14 km).

● **Touren.** Fast alle Hanoier Veranstalter bieten Touren mit Übernachtung wahlweise auf Cat Ba oder auf dem Boot an. Eine Zweitagestour kostet in der Regel um 60–90 $ (inkl. Transfer, Mahlzeiten, etc.). Von Ein-Tages-Touren raten wir dringend ab (endlose Hetze).

Ha Long
(Ha Long-Bucht) ⚓ IX/D1

(Hạ Long)

Die verkarsteten Felsnadeln, Bergkegel und Zuckerhüte der über **3000 Kalksteininseln** der Ha Long-Bucht zählen zu den spektakulärsten Sehenswürdigkeiten Vietnams und sind von der UNESCO seit 1994 als **Weltkulturerbe** anerkannt.

Ein **barockes Naturtheater** aus Menhiren, kariösen Drachenzähnen, versteinerten Mammuts, erstarrten Sauriern und Feen. Ein Schachbrett des Meeres.

Ha Long, Herabsteigender Drache (im Gegensatz zu *Thang Long*, Aufsteigender Drache, dem alten Namen Hanois), entstand der Legende nach vor undenklichen Zeiten durch die wüten-

den Schweifhiebe einer gigantischen Drachenmutter, die den Vietnamesen auf Geheiß des Himmels gegen Feinde aus dem Norden (China!) zu Hilfe eilte. Als ihr massiger Leib nach getaner Arbeit schließlich im Meer versank, verdrängte er soviel Wasser, dass Täler und Schluchten schlagartig versanken und nur die schrundigen, zerklüfteten Gipfel übrig blieben.

Nüchtern betrachtet handelt es sich um eine **uralte geologische Formation –** die Überreste gewaltiger Muschelkalkbänke, die vor 300 Mio. Jahren heranwuchsen und stehenblieben, als sich später das hinterindische Festland aus dem Meer empor hob. Der Meeresspiegel stieg und fiel im Rhythmus von Eiszeiten und Wärmeperioden, und Wind und Wellen taten das ihre, das ursprünglich flache Kalksteinplateau im Lauf von Jahrmillionen in abertausende Inseln und Felsnadeln zu zersplittern und bizarr zu verformen, als seien sie tatsächlich das Werk eines urzeitlichen Fabelwesens.

Viele der steil aus dem Wasser empor ragenden, skurril geformten Felsen weisen Hohlräume auf und sind durchzogen von gigantischen **Grotten.** Im Innern mancher Inseln erstrecken sich Seen, kreisrund wie ein Auge und eingefasst von schroffen Felswänden. Kein Wunder, dass die Vietnamesen die malerischen Klippen, Riffs, Felstore, Höhlen und Grotten ihrer Bucht seit Alters her nur als Schildkröte, Büffel, Elefant, Fledermaus, Kämpfende Hähne, Essstäbchen, Griffel oder Dschunkensegel kennen. Denn genauso sehen sie aus.

Ha Long und Bai Tu Long

1506

Bình Liêu

Móng Cái

Quang Hà

Trà Cô

Tiên Yên

Đâm Hà

Vinh Thuc

Cái Chiên

Ba Che

Chang Tay

Vân Đôn

Bai Tu Long

Sau Nam

1094

Cái Rông

Cai Lim

Ba Mùn

Cúa Ong

Câm Phà

Bán Sen

Thanh Lam

Ha Long

Thé Vàng

Dông Chén

Minh Chau

Cô Tô

Bai Cháy und Hòn Gai

Quan Lan

Cát Bà

Ha Long Bucht

Van Canh

Quan Lan

Ngoc Vung

Cát Bà

0   20 km

Hang Sung Sot (frz. *Ile de la Surprise*), die meistbesuchte der Inseln, entfaltet in ihrem Inneren eine fantastische Grottenlandschaft mit den Ausmaßen einer Kathedrale, Tropfen für Tropfen in Jahrmillionen geschaffen und für die Touristen von heute in psychedelisches Licht getaucht und mit sicheren, begehbaren Pfaden versehen.

Hang Dau Go, die Grotte der Hölzernen Pfähle, verdankt ihren Namen Tran Hung Dao, der in ihren immensen Hohlräumen heimlich die Bambuspfähle sammeln ließ, mit deren Hilfe er 1288 die Flotte der Mongolen im Bach-Dang-Fluss versenkte. **Hang Luon,** die Tunnelgrotte, besticht durch einen kreisrunden, von Felsbrüchen und Urwald umstandenen kristallklaren See. **Hang Thien Cung,** eine der größten Grotten des Archipels, wurde erst 1993 entdeckt. Die Insel **Ti Top,** nach dem russischen Astronauten Titov benannt, der sie 1962 zusammen mit Ho Chi Minh besuchte, besitzt sogar einen vielbesuchten Sandstrand.

Die meisten Inseln sind rau und schroff, sodass sie unbewohnbar sind. Ein ideales Revier allenfalls für Affen, wilde Ziegen und eine Vielzahl tropischer Land- und Seevögel wie Reiher, Kraniche, Papageien und Adler. Noch reicher ist die **Unterwasserwelt** der Ha Long-Bucht. Das milde Klima und große Mengen an Plankton schufen ein paradiesisches Biotop für mehr als 160 Korallenarten, über 1000 Fischsorten und Krebse, Garnelen und Tintenfische im Überfluss. Immer wieder gehen Hochseefische ins Netz, die sonst nicht in Landnähe zu finden sind, sich aber im Schutz der zerklüfteten Insellandschaft wohlfühlen.

Doch die Artenvielfalt ist **gefährdet.** Wichtige Schifffahrtslinien verlaufen durch die Bucht, am Festland liegen große Industriestädte, die vor über 100 Jahren von den Franzosen gegründet wurden, um die reichen Kohlevorkommen der Region abzubauen und in alle Welt zu verschiffen; noch heute werden jährlich über 7 Mio. Tonnen gefördert. Hinzu kommt der explosionsartig wachsende Tourismus mit seinen Ausflugsbooten und Hotelsilos.

Jahrhundertelang waren die zahllosen Höhlen und Buchten das Versteck von Piraten und Rebellen, die in den umliegenden Gewässern für Angst und Schrecken sorgten. Noch heute leben in geschützten Buchten nahe Grotten, in denen sie vor heran nahenden Taifunen Schutz suchen können, einige hundert alteingesessene Fischerfamilien, aber auch Boat People, entwurzelte Vietnamflüchtlinge, in ihren **Schwimmenden Dörfern** aus Holz und Bambus, unter Wasser mit Käfigen und Netzen versehen, in denen sie Fische, Krebse und Langusten, aber auch Perlen züchten.

Die archaische Schönheit der Bucht ist **bei jedem Wetter** faszinierend. Gerade im Nebel scheint alles um einen herum zu schweben – steter Wellenschlag hat die Fundamente der Inseln unterspült, jeder Felsen wirkt wie ein Eis am Stiel -, und die fast unmerklich aus dem Nichts auftauchenden Menhire und Solitäre sehen *wirklich* wie Geister, Feen und Drachen aus.

Die hölzernen **Dschunken** mit rostroten Segeln, noch bis 1990 ein alltäglicher Anblick in der Bucht (die meisten transportierten Kohle), sind heute allerdings nur mehr Postkartenmotiv. Im Zuge von Modernisierung und Motorisierung abgewrackt, verschwanden sie fast über Nacht. Heute hissen nur mehr oder weniger edle Touristendschunken die Segel.

Orientierung

Das 1994 ins Leben gerufene Konglomerat **Ha Long Stadt** vereinigt zwei Orte, die gegensätzlicher kaum sein könnten, die Hafenstadt **Hôn Gai** und die Sommerfrische **Bai Chay** beiderseits eines schmalen „Fjords", der erst seit 2006 überbrückt ist (900 m, zuvor gab es Fähren). Praktisch alle Hotels und touristischen Einrichtungen befinden sich in Bai Chay, das auch über einen eigenen Busbahnhof verfügt.

Klima

Hauptsaison sind die Monate Mai bis September mit Temperaturen um 30° oder mehr, aber auch die Zeit der heftigsten Regenfälle und u.U. **Taifune.** Im Oktober/November beruhigt sich das Wetter, es ist oft sonnig und Niederschläge gibt es bis Januar kaum noch. Dafür kann ab Dezember trübfeuchtes **Nebelwetter** einsetzen, das zu Abkühlungen bis um 10° führen kann (aber nicht muss!). Ab Februar/ März wird es wieder wärmer, mit Werten um 20° C oder mehr, doch können dann ebenso gut wieder erste Regenfälle einsetzen. Kurz: Das Wetter an der Bucht ist reine Glückssache!

Hôn Gai ⇗ V/D3

(Hồn Gai)

Ende des 19. Jh.s waren es nicht zuletzt die reichen **Kohlevorkommen** von Hon Gai, die die Franzosen nach Tonkin lockten. Ab 1888 mit Hilfe Zigtausender Kulis erschlossen, lieferten die Gruben bereits 1913 über 1 Mio. t Steinkohle und Brikett. Der Löwenanteil wurde auf dem Weltmarkt verscherbelt, während die Lokomotiven Vietnams weiter mit dem Holz der einheimischen Wälder gefüttert wurden. Die Maloche in den Gruben galt als Hölle auf Erden, aber da man an Kulis zum Verheizen keinen Mangel hatte, waren noch 1939 gerade mal 6 % der Anlagen auch nur halbwegs mechanisiert. Umso mehr wird heute die Modernisierung der Kohleförderung für

den Export (Japan, Südkorea) vorangetrieben, oder um lokale Energieerzeuger zu beliefern.

Wer einen grauen und schmutzigen *Kohlehafen* erwartet, dürfte jedoch überrascht sein. Zu Füßen des 106 m hohen „Dichterberges" *Nui Bai Tho*, in dessen Flanke Kaiser Le Thanh Tong 1468, verzaubert vom Genius Loci des Orts, ein Poem einmeißeln ließ (grandioser Ausblick vom Grat des Hügels), erstreckt sich heute eine moderne, vitale Stadt, die nahezu täglich über ihre Grenzen hinauswächst.

Bai Chay ⇗ V/C3

(Bãi Cháy)

Ein Dorf in Goldgräberstimmung. Wo sich früher (1992!) lediglich ein paar weit verstreute französische Villen und sozialistische Hotelkomplexe im Grün sanfter Hügelwellen versteckten und entlang der 3 km langen Uferpromenade gerade mal zwei, drei kleine Cafés zu finden waren, breitet sich heute ein **vietnamesisches „Klein-Mallorca"** mit Bars, Diskotheken, Amusementparks, Souvenirshops, wuchernden Siedlungen und in die Höhe strebenden Hotelbauten aus. Man hat die Promenade verbreitert und verlängert, Palmen und Flamboyants gepflanzt, Strände aufgeschüttet, wo nie welche waren, die Infrastruktur (Touristenhafen) an die Peripherie verlegt und immer neues Bauland erschlossen. Und doch, oder gerade deswegen, wird aus dem Märchen zusehends ein Albtraum, feiern die Bausün-

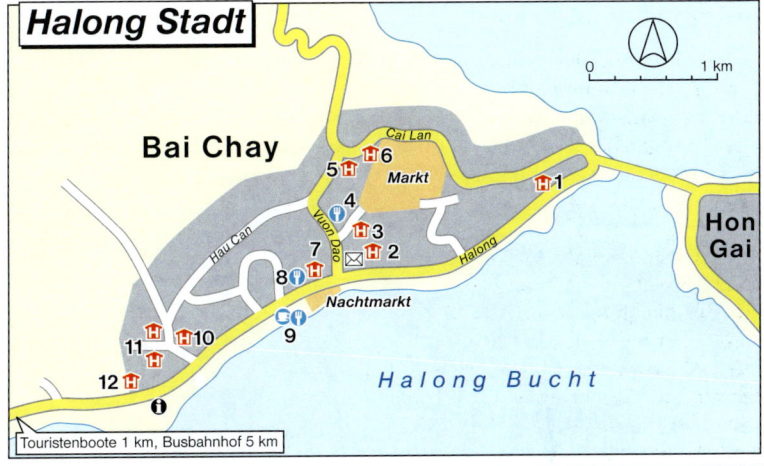

Halong Stadt

Bai Chay

Cai Lan

Markt

Hau Can

Vuon Dao

Halong

Hon Gai

Nachtmarkt

Halong Bucht

Touristenboote 1 km, Busbahnhof 5 km

0   1 km

1	Plaza	8	Seafood-Restaurants
2	Thuy Duong	9	Emeraude Deli
3	Quoc Khanh	10	Hanoi-Halong
4	Quang Vinh	11	Halong I,
5	Hoang Thao		Ha Long Bay
6	Hong Hoa	12	Novotel
7	Thong Nhat		

den und Disneyfizierungen des Mittelmeerraums fröhliche Auferstehung.

Die meisten Besucher kommen in Gruppen – Vietnamesen, Pauschaltouristen, Tagesausflügler aus China. Aber auch Mallorca besteht schließlich nicht nur aus Bettenwaben und Ballermännern – man muss eben nur wissen, worauf man sich einlässt (und möglichst die Wochenenden vermeiden).

Praktische Informationen

● 140.000 Einw. Tel. 033.
● **Information. TIC** *(Quang Ninh Tourist Information Centre)* im Kiosk ggb. Novotel. Viel Lärm um nichts und ohnehin meist geschlossen. Tel. 3628862, www.halongtourism.com.

vn. – **Herr Vinh** spricht deutsch und ist eine gute Quelle für Tipps und Informationen aller Art, vermittelt Touren, Bootsfahrten usf. (Aber Achtung: An ihm scheiden sich leider die Geister; nicht wenige bezeichnen ihn als ein gehöriges Schlitzohr)! Restaurant Quang Vinh, 24 Vuon Dao, mobil: 0913.395357, dauquangvinhquangninh@yahoo.com.
● **Geld.** *Vietcombank*, an der Uferpromenade, Bai Chay. ATMs auf 2 Vuon Dao und vor Halong Pearl/Novotel. 472 Le Thanh Tong, Hon Gai.
● **Post** *(Buu Dien).* An der Uferpromenade, Bai Chay. Auch Geldwechsel und Internet.
● **Taxi.** *Mai Linh*, Tel. 3628628.

Unterkunft

An Wochenenden und im Sommer potenzieren sich die Preise, sofern man überhaupt noch eine akzeptable Bleibe findet. An man-

06i/vi Foto: kb

chen Tagen überschwemmen Kurzurlauber aus dem nahen China den Ort (die Grenze ist nur 200 km entfernt).

First Class

● **Novotel.** Als einziges ausländisch geführtes Hotel vor Ort absoluter Vorreiter in punkto Qualität und Service. Gelungene Anlage mit Pool, Spa und 215 Zimmern ab 90, mit Balkon und Bayview 125 $++. Tel. 3848108. www.novotelhalongbay.com.

● **Plaza.** Das einzige Haus, das noch diese Note verdient. Pool, Disco, und alles, was der Mensch so braucht. 200 Zimmer ab 80 $++. Tel. 3845810, www.halongplaza.com.

Tourist

● **Ha Long Bay.** Auch Staatsbetriebe schlafen nicht. Ingesamt wohnlich und gemütlich, mit schönem Pool. 58 Zimmer 70–78 $ inkl. BF. Tel. 3845209, halongbayhotel@hn.vnn.vn.

● **Ha Long I.** Atemberaubende Metamorphose vom Kolonistentraum (1930) und Funktionärsparadies (1960) zur Touristenherberge mit Pool (2000). 22 Zimmer 35–95, Suiten 75 $ inkl. BF, Tel. 3846320, Fax 3846318.

● **Hanoi-Halong.** Renoviertes Haus aus der „Russen-Ära", sehr gutes Preis-/Leistungsverhältnis, schöner Blick auf die Bucht. 37 Balkonzimmer 25 $ inkl. BF, 2 Suiten mit Riesenbalkon 40 $ inkl. BF. Tel. 3846445, hanoi halong09@gmail.com.

● **Viethouse Lodge** auf der mit dem Festland verbundenen Insel *Tuan Chau* (14 km; per Taxi oder Xe Om). Nette, originelle Anlage, sehr gemütlich und entspannt, mit Resto, Bar und Pool. Die drei an traditioneller Pfahlhaus-Architektur angelehnten Ziegelhäuser liegen auf einer kleinen Anhöhe mit Blick auf die

Am Hafen von Cai Rong

Bucht. Gastgeber sind Frau *Ly*, die 30 Jahre in Deutschland lebte und ihr Mann *Heiko*. Etwas Besonderes! 22 Zimmer, DZ 40–50, Family 70 $ inkl. BF. Tel. 3842207, www.viet houselodge.com.

Budget
● **Thong Nhat.** Nach erstem Augenschein ein, tatsächlich aber vier Hotels mit je 15 Zimmern um 15–25 $ (handeln). Lift. Die Zimmer sind geräumig, von Fenstern oder Seitenbalkonen hat man einen Blick auf die Bucht. Tel. 3846145 (Haus 1), 3844814 (Haus 4).
● **Hong Hoa.** Haus in den Hügeln mit 6 Stockwerken (Lift) und phänomenalem Blick über Ort und Bucht. 40 Zimmer mit geräumigen Bädern, angenehm möbliert. 10, 12, 15 $ (Vierer). Stadtbus 3 hält nahezu vor der Haustür. Ngo 3 Hai Quan, Tel. 3845014.
● **Hoang Thao.** Sympathisches und ruhiges Haus hoch in den Hügeln. 12 geräumige Zimmer mit Panoramablick 8, mit AC 10 $. 110 Vuon Dao, Tel. 3846703, Fax 3846923.
● **Thuy Duong.** Sieht besser aus als es ist, ist aber zumindest relativ sauber. Tolle Location, aber zahllose Treppen. Die Chefin spricht Englisch, ist aber penetrant aufdringlich. 20 Zimmer 10 (ohne Blick), 12, 15 $ mit Balkon. Tel. 3836137, www.thuyduong.vn.
● Die meisten Traveller steuern unbeirrt die hässliche, von Minihotels gespickte Straßenzeile **Vuon Dao** an, vertrauenerweckend ist hier wenig. Eine kleine Spur besser – und neuer – sind die Häuser der benachbarten **Anh Dao**, z.B. das **Quoc Khanh** (No. 4) mit 10 Zimmern 7–9; Tel. 3846004.
● Es gibt auch zahlreiche, und nicht einmal die schlechtesten Unterkünfte in *Hon Gai*. Z.B. **Ngoc Quynh,** Zimmer mit AC ab 10 $, Tran Hung Dao, Tel. 3622345, oder nahe Fährhafen und Markt, **Hai Long,** AC-Zimmer ab 8 $, 1 Pho Cang Moi, Tel. 3826643.

Essen und Trinken
● **Quang Vinh** (Asia). Gutes Essen und faire Preise; unser Favorit sind die gefüllten Tintenfische. Herr *Vinh* erweist sich immer wieder als äußerst hilfsbereit (s. auch *Information*). 24 Vuon Dao.

● **Seafood.** An der Uferpromenade zwischen Post und Ha Long-Hotels gibt es eine ganze Reihe kleiner Seafood-Lokale. Keines ist ganz schlecht, keines aber auch wirklich gut. Erfreulich (und neu): alle mit Speisekarte und Preisen!
● **Emeraude Deli.** Kuchen, Sandwiches, Pizza, Burger oder ein Glas Wein in einem gepflegten Strand-Pavillon. 9–21 Uhr.**.
● **Ngoc Suong.** Meeresfrüchte par excellence und en gros in lebhafter Esshalle; garantiert untouristisch. Beim Wiegen nach Preisen fragen. In der Neustadt 1,5 km westlich des Hafens. Dort liegen auch die beiden Seafood-Restaurants von Bai Chay, **Thien Anh** (beim Hotel Mithrin) und, eine Spur vornehmer, **Cua Vang** (*Golden Crab*, 9 Cai Dam).

Bootstouren
● **Touren vor Ort.** Der Hafen *(Ben Tau)* liegt am Westrand des Hotelzentrums (3 km; Xe Om vom/zum Zentrum 10.000 d). Der **Eintrittspreis** für die Bucht (inkl. Höhlenbesuche) beträgt rund 2,50 $ (45.000 d). Charter-Boote werden von den staatlichen *Ha Long Tourist* und *Quang Ninh Tourist* („Boat Renting Offices"), aber auch von Privatfirmen angeboten. Preise hängen von Saison und Verhandlungsgeschick ab. Abfahrt ist generell zwischen 7 und 8 (Tagestouren) bzw. 12 und 13 Uhr (nach Ankunft der Busse aus Hanoi/Übernachtungsboote). Der Preis für ein kleines Boot (8–12 Pers., ggf. schließt man sich mit anderen Reisenden zusammen) beträgt über den Daumen gepeilt 10 $ pro Stunde; Lunch wird in der Regel gesondert berechnet, meist 6 $ p.P. (Achtung: die Boote benötigen allein rund 1 Stunde, um das Zentrum der Bucht zu erreichen.)
  PS: Da der Hafen mit gut 500 Booten längst aus allen Nähten platzt, sollen die Hotel-Boote (derzeit ca. 200) in Zukunft nach Hon Gai und Tuan Chau ausgelagert werden.
● **Package Tours.** „Einbooten, ausnehmen, ausbooten." Touren Hanoier Veranstalter inkl. Transport, Bootsfahrt, Übernachtung im Hotel oder auf dem Boot werden oft in Kombination mit Cat Ba angeboten (s. dort). Viele davon sind Mogelpackungen (von Cat Ba

06i vi Foto: kb

z.B. keine Spur) und auch sonst mit Vorsicht zu genießen, im Winter z.B. sog. „Aktivtouren" (Kayakfahren etc.) Manche Veranstalter verfügen über grottenschlechtes Bootsmaterial und ungeschultes Personal, sodass Pannen und Unfälle nahezu vorprogrammiert sind. Lieber etwas mehr Geld ausgeben und bei seriösen Firmen buchen (s. Hanoi) als unnötige Risiken eingehen!

● **Floating Hotels.** Tarife für eine Kreuzfahrt durch die Bucht (inkl. Transfer Hanoi und Vollpension), bewegen sich normalerweise zwischen 80 und 120 $ pro Person und Übernachtung und kennen nach oben keine Grenze (Luxus-Dschunken). Die meisten Boote weisen 5 oder 6 Kabinen auf, es gibt aber auch welche mit 2–4 oder auch 32 und mehr Kabinen.

Generell zu empfehlen sind die Mehrtages-Touren der Hanoier Veranstalter *Ocean Tours* (mittleres) und *Handspan* (oberes Preissegment). Als guter und zuverlässiger Spezialist für Ha Long gilt auch *Bai Tu Long Travel*.

● **Information.** Für eine erste Übersicht siehe die Website des Veranstalters (!) www.halong bayboat.com. Siehe weiterhin:
hailongjunk.com,
halongdiscovery.com,
tropical-sails.com,
indochinasails.com,
bhayacruises.com,
emeraude-cruises.com,
baithojunks.com,
halongcruisejunk.com.

Anreise und Weiterreise

● **Entfernungen** von Bai Chay (in km): Hanoi 160, Haiphong 70, Ninh Binh 190, Van Don 50, Mong Cai 175, Lang Son 230.

Bus

● **Hanoi.** Ab *Gia Lam* oder *Luong Yen* alle 30 Min., Fahrzeit 3½–4 Std. Vom Busbahnhof *Bai Chay* (5 km außerhalb, Stadtbusse 1 und 3 halten z.B. an der Post) nach Hanoi, Haiphong (2–3 Std.), Thai Binh, Nam Dinh, Ninh Binh, Vinh, Da Nang, Saigon usf. Achtung: nach 11 Uhr fahren fast keine Busse mehr (auch nicht nach Ninh Binh)! Nach Van Don mit Stadtbus 1 (6–17 Uhr).

●**Regionalbusse** nach Cam Pha, Cua Ong, Van Don, Tien Yen, Mong Cai (5–6 Std.), Tra Co, Lang Son (1–2-mal tgl.) fahren auch in *Hon Gai* ab. Transfer per Stadtbus 1, Taxi oder Xe Om.

Boot

●**Cat Ba.** Tgl. 8 und 14 Uhr ab *Tuan Chau* (14 km, per Xe Om um 70.000, per Taxi um 130.000 đ). Fahrtzeit 1 Std. Tel. 2473988. Ankunft am Fährhafen *Gia Luan* im Norden der Insel, mit Bus 30–40 Min. nach Cat Ba Town.

●**Van Don.** Per Hydrofoil ab Bai Chay 8 Uhr, Fahrzeit 1 Std. 70.000.

●**Quan Lan.** Per Slowboat ab Hon Gai, 13 Uhr, Fahrzeit 4 Std., 80.000 đ. Über *Cong Dong* und *Ngoc Vung* (2½ Std.) sowie ggf. *Van Canh* (Gefängnisinsel). Besser und schneller ist die Verbindung ab Van Don (s. dort). Von Hon Gai außerdem u.a. nach Cua Ong, Tien Yen.

Bai Tu Long ♫ V/D3

Nur wenige Seemeilen nördlich der Ha Long-Bucht bis nahe an die chinesische Grenze erstreckt sich ein weitere, faszinierende **Bucht** mit tausenden Inseln und Inselchen, von denen **Van Don** die nach Cat Ba größte des Nordens ist.

Das abgesunkene Kalksteinplateau *Bai Tu Long* (Kinder des Drachens) umfasst 600 größere Inseln, von denen etwa 25 besiedelt sind. In der Frühzeit, unter den Ly- und Tran-Dynastien (11.–15. Jh.), hatte die Region große strategische Bedeutung als Sitz der **ersten Häfen des Landes,** von denen aus der gesamte Handelsverkehr mit China, Japan, Java oder Siam abgewickelt wurde.

Bai Tu Long ist touristisch wie infrastrukturmäßig noch wenig erschlossen. Ausländer sind hier eher rar, doch die Situation ändert sich rasch. Nördlich der Insel **Quan Lan** mit ihren drei Stränden wird ein **Marine National Park** aufgebaut, diverse Inseln werden für Resorts erschlossen, die Zahl der Bootsverbindungen hat sich bereits jetzt multipliziert.

Ausgangspunkte für die Bucht sind Hon Gai und die Hauptinsel Van Don, 50 km nördl., die seit 2005 durch eine Brücke mit Cua Ong verbunden ist.

Van Don

Van Don (oder Cai Bau) ist mit 30 km Länge und bis zu 15 km Breite die mit Abstand größte und bevölkerungsreichste Insel des Archipels und bekannt für üppige Flora und Fauna. Entlang der Ostküste, unterbrochen durch vorgelagerte Felsenkaps, erstreckt sich der kilometerlange **Strand** *Bai Dai* (Long Beach).

Van Hoa an der Nordküste war bereits im 12./13. Jh. Hafen der Tran-Dynastie, in dem Schiffe aus Java, Siam, Japan und China Handel trieben. Jahrhunderte später Hauptquartier des französischen Abenteurers *Jean Dupuis*, einem der legendären Anführer der ersten *Tonkin-Expedition* von 1873, errang Van Hoa im 19. Jh. unter dem Namen *Port Wallut* den zweifelhaften Ruf als einer der größten Kohlehäfen des Nordens.

Der lebhafte Fischereihafen **Cai Rong** im Südteil der Insel dient als Sprungbrett für alle weiteren Inseln des Archipels.

Nordküste

Praktische Informationen

- Tel. 033.
- **Anreise. Von Hanoi** 1-mal tgl. ab *Ben Xe Luong Yen* (10 Uhr) direkt bis **Cai Rong;** zurück um 16 Uhr. Alternative: Umsteigen in *Cua Ong* mit Bus von/nach Mong Cai (mehrmals tgl.). Von **Bai Chay/Hon Gai** mit Stadtbus alle 30 Min. bis Cai Rong. Zum Hafen (5 km) per Xe Om.
- **Orientierung.** Hafen und Ort (Markt) von **Cai Rong** sind 2 km entfernt. Alle Hotels befinden sich am Hafen. Zum Strand *Bai Dai* 6–8 km, nach *Van Hoa* 25 km.
- **Van Hoa.** Die eines Industriemuseums würdige Anlage steht unter Militärverwaltung, aber hin und wieder drücken die Wachtposten angeblich ein Auge zu ...

Unterkunft und Verpflegung
- **Harbour View.** Neu 2009, sauber, funktionell, erstes Hotel mit Lift. 23 Zimmer 16–18 $. Mobil: 0912.292115, vandonharbourview@ yahoo.com.vn.
- **Viet Linh.** Giftgrünes Haus 100 m vom Kai entfernt. Komfortabel, freundlich. 21 Zimmer 10–16 $, nach hinten mit Superaussicht auf die Bucht. Tel. 3793898.
- **Hung Toan.** 50 m vom Kai entfernt. 10 Zimmer 8–10 $, nach hinten besser/ruhiger und z.T. mit Balkon. Tel. 3874220.
- **Sy Long.** Am Kai. 6 Zimmer 8–10 $, einige mit Balkon. Ordentliches Resto (gut *Ca Sot*, Fisch in Tomatensauce). Tel. 3874854.
- **Bai Tu Long Eco Resort** am Bai-Dai-Strand (5 km). Sehr vietnamesisch, im Winterhalbjahr nahezu verwaist. Öko? Zum Kichern. 24 Pfahlhäuser (2–4 Pers.) und 46 Zimmer in Holzbungalows ab 18–20 $. Tel. 3793156, www.atiresorts.com.

Weiterfahrt
- **Mong Cai.** Per Hydrofoil 8.30 Uhr (1 Std., 80.000 đ).
- **Quan Lan.** 7, 14 Uhr (2½ Std., 50.000 đ), Schnellboot 8.15, 15.15 Uhr (50 Min., 80.000 đ).
- **Ngoc Vung.** 7, 14 Uhr (2 Std., 40.000 đ).
- **Ban Sen** (Tra Ban). 7, 13 Uhr (2 Std., 40.000 đ).
- **Co To.** 7 Uhr (5 Std., 80.000 đ).

Quan Lan

Quan Lan hat so viel feinsten **Sand,** dass er exportiert wird! Zur Glasherstellung und Aufschüttung von Stränden anderswo. Es ist die flachste Inseln weit und breit, und die mit dem größten touristischen Potential. Gleich drei kilometerlange, von Filao-Bäumen gesäumte **weiße Strände** gibt es an der 25 km langen Südostküste: *Minh Chau*, *Son Hao* und *Quan Lan*.

Der im 18. Jh. versandete Hafen **Van Don,** nach dem heute Archipel und Hauptinsel benannt sind, war 1149 der erste bekannte Hafen der vietnamesischen Geschichte, von ihm sind lediglich Ruinen übrig geblieben.

Rund ein Dutzend km trennen die beiden einzigen größeren Weiler, **Minh Chau** im Norden und **Quan Lan** an der flachen, marschigen Südwestküste mit einem bemerkenswerten, nahezu unverändert aus dem 18. Jh. überkommenen **Dinh** auf 32 Eisenholz-Säulen. Ursprünglich 1573 am alten Hafen Van Don errichtet, wurde er 1728 abgetragen und an neuer Stelle wiederaufgebaut. Tausende pilgern zum alljährlichen **Tempelfest,** dem größten Ereignis des Archipels, bei dem u.a. kostümierte Ruderleute die Seeschlachten der Tran-Dynastie gegen die Mongolen (1288) nachstellen. Der Chua nebenan ist dem einheimischen General *Tran Khanh Du* gewidmet, einem der wichtigsten Befehlshaber der Flotte Tran Hung Daos.

Die Strände sind sauber, aber wenig erschlossen. Weitere als die genannten Unterkünfte sind in Planung.

Praktische Informationen

- 6000 Einw., Tel. 033.
- **Orientierung/Verkehr.** Kleinbusse verkehren „nach Bedarf" zwischen dem Pier und dem Hauptort Quan Lan (1.5 km) sowie Minh Chau (13 km). Der Strand *Son Hao* liegt auf halber Strecke zwischen den beiden Orten. Am Nordpier *Cua Doi* (16 km) kann man Boote zur benachbarten Insel *Ba Mùn* (s.u.) mieten. Gängiges Verkehrsmittel ist das *Tuk-Tuk* oder *Xe Lam* (von Lambretta). Fahrräder und Mopeds vermieten die Hotels.
- **Tempelfest.** 16.–18. Tag des 6. Mondmonats.
- **Anreise & Weiterreise.** Ab Hon Gai über *Cong Dong* und *Ngoc Vung* (s.u., 2½ Std.) 13 Uhr, Fahrzeit 4 Std., 80.000 đ, ab Van Don 7, 14 Uhr, Fahrzeit 2.5 Std., 50.000 đ, Schnellboot 8.15, 15.15 Uhr, Fahrzeit 50 Min., 80.000 đ.

Unterkunft

- **Villa Hoa Giay.** Geschmackvoll eingerichtetes Guesthouse im Ort. 7 Zimmer ab 11 $, auch 5-Bett-Zimmer; schön Zi. 301. Mobil: 0986.458868, www.quanlanvillahoagiay.com.
- **Ngan Ha.** Auch Gemischtwarenladen und das beste Restaurant vor Ort. 10 Zimmer, DZ 11 $ (im Sommer das Doppelte); neue Bäder. Tel. 3877296, nganhaquanlan@gmail.com.
- **Villa Song Chau.** Solides, dreistöckiges Haus mit schönem Garten und 16 Zimmern ab 25 $, im Winter z.T. geschlossen. Mobil: 0988.558388, www.songchauquanlan.com. Weitere Unterkünfte, alle um 10 $, an der Hauptstraße, aber weniger akzeptabel.
- **Quan Lan Eco Resort.** Weitläufige Anlage in Gehweite zum Ort. Ganz auf einheimische Sommerurlauber eingestellt und weit überteuert (ab 30 $), dennoch sind im Winter u.U. „Schnäppchen" möglich. Café und Resto. Tel. 3877971, www.atiresorts.com.
- **Minh Chau Beach Resort.** Dreistöckiges Haus, nur wenige Schritte vom Strand entfernt. Sehr saubere, funktionelle Hotelzimmer, aber weder „Seaside-Charme" noch Meerblick. Pool, Resto. 60 Zimmer, DZ 20, 25, 30 $ inkl. BF (nur im Winter!). Mobil: 0904.081868, www.minhchauresort.com.

- **Van Hai Xanh Resort** am Son-Hao-Strand. 50 Bungalows aus Holz oder Stein (ab 25 $), im Winter meist leer, aber: „Öko" meint hier: Bärenzucht für Potenzmittel. Mobil: 0986.198248, vanhaieco@dulichvanhai.com.
- **Robinson.** Nomen est Omen. Hier ist man wirklich allein mit Sand und Wellen am endlos langen *Minh-Chau*-Strand. Intim, gemütlich-rustikal und die einzige Anlage, die vornehmlich auf Ausländer eingestellt ist. 7 Zimmer mit AC/WW ab 17 $; Zi 6 und 7 mit Terrasse. Gute Küche. Mobil: 0912.107969 (Herr *Vinh* spricht deutsch), kaiserkaffee2000@yahoo.de.

Ba Mùn (Cao Lo)

Die einzige (unbewohnte) Insel des Archipels mit Resten von primärem **Regenwald** und großem Artenreichtum (Hirsche, Gibbons, Warane, Wildschweine, Adler, früher auch Tiger und Elefanten). Die 18 km lange, im Durchschnitt nur 1 km breite und rund 2000 ha große Insel knapp nördlich von Quan Lan besteht im Gegensatz zu den meisten anderen Inseln des Archipels nicht aus Schwemmland und Kalkstein, sondern aus Schiefer (höchste Erhebung 307 m). 1997 zum *Naturreservat* erklärt, um der illegalen Jagd und Abholzung Einhalt zu gebieten, bildet Ba Mùn seit 2001 unter Einschluss weiterer Inseln und ihrer Gewässer *(Tra Ngo Lon, Tra Ngo Nho, Sau Dong, Sau Nam* u.a.) das Zentrum des 15.000 ha großen **Bai Tu Long Marine National Park.**

Es ist möglich, auf Ba Mùn zu trekken und u.U. zu campen. Einrichtungen irgendwelcher Art wird man dort aber (noch?) vergeblich suchen.

Ban Sen (Tra Ban)

Die zweitgrößte Insel nach Van Don, aber vornehmlich waldig, hügelig und daher, außer von Wild und Vögeln, nur relativ spärlich besiedelt. Schöne Trekkingmöglichkeiten, u.U. vom bei Ebbe beinahe zu Fuß erreichbaren Quan Lan aus.

Ngoc Vung

12 ha große bewohnte Insel mit Relikten aus der Zeit der Tran-Dynastie und einem schönen kilometerlangen Strand an der Südseite der Insel. Militär treibt den Straßenbau voran, eine weitere Erschließung der Insel ist vorprogrammiert. Per Schiff zu erreichen von Hon Gai, Quan Lan und Van Don (s. dort).

●**Anreise.** Per Schiff zu erreichen von Hon Gai, Quan Lan und Van Don (s. dort).
●**Unterkunft.** *Du Lich Hanoi*, im Bungalow 17 $, im Langhaus für 40–50 Pers. 4 $ p.P. Mallzeiten vorbestellbar. Tel. 125/8103668 (Mr. *Tien*).

Co To

Die vom Festland am weitesten entfernte (bewohnte) Insel (ca. 5000 Einw.), berühmt u.a. für ihre exzellenten Perlen und den größten Fischmarkt der Region. Die Westküste ist derart flach, dass das Hafenpier 500 m weit ins Wasser gebaut werden musste. In den letzten Jahren sind zahlreiche Umsiedler aus dem Delta (Thai Binh, Nam Dinh usf.) gekommen, die bis dahin weitgehend brachliegenden Ebenen urbar machen und die Selbstversorgung der Insel garantieren sollen. Die Ostküste ist felsig, weist aber zumindest einen schönen Strand *(Bac Van)* auf.

●**Unterkunft.** *Mai Lan Guesthouse* im Hauptort *Co To*, 16 Zimmer 10–15 $, Tel. 033/388 9666. Es gibt ein oder zwei weitere *Nha Nghi*.

The Vang

Die kleinen Strände der unbewohnten Insel 13 km südl. von Cam Pha sollen künstlich vergrößert und mit einem Resort und Guesthous(es) versehen werden. Momentan gibt es nicht einmal eine Schiffverbindung.

Mong Cai

7 km vor *Tien Yen* zweigt von der gut ausgebauten N 18 die N 4B nach **Lang Son** (100 km) ab. Die größtenteils nicht asphaltierte Piste ist – außer während und nach der Regenzeit! – relativ problemlos befahrbar. Einmal tgl. fährt ein Bus ab Hon Gai (5–6 Std.).

Von Tien Yen nach Norden zu flacht die Küste zunehmend ab und geht teils in Mangrovenwälder, teils in langgezogene Dünen und Strände über.

Die **Grenzstadt** Mong Cai am Delta des *Song Ka Long* ist nur durch eine Brücke von China getrennt. Seit der Versöhnung zwischen China und Vietnam Ende 1991 ist Mong Cai eine hektische *Boomtown* mit überquellenden Märkten, Warenlagern und einem gigantischen Casino – man kommt sich schon geradewegs wie in China vor!

Praktische Informationen

- 28.000 Einw., Tel. 033.
- **Geld.** *Vietcombank.*
- **Grenze.** Geöffnet tgl. 7.30–16.30 Uhr. Reisende mit chinesischem Visum können die Grenze überschreiten. Von der Nachbarstadt *Dongxing* (Provinz Guangxi) nach Nanning sind es rund 250 km.
- **Anreise.** Mehrmals tgl. per Bus von Hanoi (350 km), Haiphong und Hon Gai (175 km, 4–5 Std.). Von/nach Haiphong, Hon Gai und Van Don auch per Hydrofoil oder Fährboot (s. dort).
- **Unterkunft.** Es gibt Dutzende Hotels. Sollte es für das 400-Betten-Casinohotel *Li Lai* nicht reichen (ab 75 $, Tel. 3887888), ist die Auswahl also groß. *Binh Minh*. Huu Nghi, nahe der Grenze, mit Flussblick. 14 Zimmer 8–10 $. Tel. 3881185. *Phuong Dong*. Wie oben. 20 Zimmer 7–10 $. Tel. 3881250. *Nam Phong*. Hung Vuong, mit Resto, 12–15 $, Tel. 3887775.

Tra Co   ↗ V/D3

(Trà Co)

Der 18 km lange **Strand** der Halbinsel von Tra Co – eigentlich eher eine langgezogene, mit dem Festland durch einen Damm verbundene, von Dünen gesäumte Sandbank – ist 9 km von Mong Cai entfernt und galt als der **schönste** Nordvietnams, ehe er nach der chinesischen Invasion von 1979 lange Zeit für off limits erklärt wurde. Erst seit wenigen Jahren ist wieder Leben in die kleine 5000-Seelen-Gemeinde eingekehrt, die immerhin über eine der ältesten katholischen Kirchen (1880) Vietnams verfügt sowie über einen außergewöhnlich schönen und wertvollen **Dinh.** Das seit 1436 bestehende, zuletzt 1993 restaurierte Kult- und Gemeindehaus ruht auf 48 bis zu

4,65 m hohen und 1,50 m breiten Eisenholz-Säulen, die noch original aus dem 15. Jh. stammen. Gewaltiges Wölbedach im chinesischen Stil und wunderbare Holzschnitzereien, die u.a. Feen zeigen, die auf Drachen reiten.

Das spektakuläre, eine Woche dauernde **Tempelfest** (30. Tag des 5. bis 6. Tag des 6. Mondmonats) beginnt mit einer großen Bootsprozession, am Tag darauf wird ein prächtiger goldener Thron mit der Ahnentafel Tran Hung Daos umhergetragen, darüber hinaus finden u.a. Schweinerennen, Kochwettbewerbe und zum Abschluss ein großer Blumentanz statt.

Unterkunft

- **Tra Co Beach Hotel.** Staatliche Motelanlage, von der man gerne sagen würde, sie hätte schon bessere Zeiten gesehen. Nur wann? 50 Zimmer 10–25 $. Tel. 3881273.
- **Sao Bien.** Ordentlich, aber überfrachtet; vor lauter Pool sieht man das Meer nicht mehr. 25 Zimmer 10–15 $. Tel. 3881264.
- **Gio Bien.** Typ Familienpension, freundliche Leute. 10 Zimmer, teilweise mit Balkon und Meerblick 10 $. Tel. 3881635.

Das Bergland des Nordens

065vi Foto: kb

064vi Foto: kb

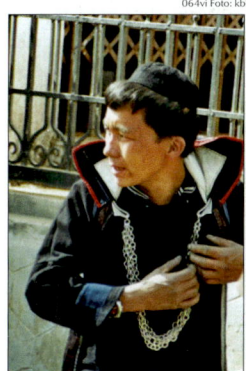

Zum Markt von Dong Van

Rote Dao-Frau in Lao Cai

Schwarzer Hmong in Sa Pa

Überblick

Die bis zu 3000 m hohen Berg- und Dschungelregionen beiderseits des Roten Flusses bilden die natürliche Grenze zu China und Laos und sind die Heimat zahlloser, zum Teil noch heute nomadisierender Bergstämme.

Der Rote Fluss trennt das Bergland in zwei geologisch wie klimatisch unterschiedliche Regionen, den **Nordwesten** und den **Nordosten.**

Auf mehr als 80.000 km² lebten noch 1990 kaum mehr als 5 Mio. Bewohner, d.h. 60 Menschen pro km², einer Fläche, auf der sich im Delta rund 1000 und im Großraum Hanoi rund 1500 Menschen drängten. In den vergangenen Jahren ist die Bevölkerung jedoch stark angestiegen, insbesondere durch Umsiedlungen aus den übervölkerten Delta-Provinzen. Im Nordosten leben heute bereits über 9 Mio. (140/km²) und im Nordwesten rund 2,5 Mio. Menschen (65/km²), wobei der Anteil der Vietnamesen gegenüber den ethnischen Minoritäten stetig im Steigen ist.

Klima und Reisezeit

In den weitgehend trockenen Wintermonaten Dezember bis Februar kann es zumal nachts **empfindlich kühl** werden (5–10°, im Extremfall, Sa Pa, bis um 0°), und falls die Sonne die Nebel nicht durchbricht, erwärmt es sich auch tagsüber nur mäßig, während intensive Sonneneinstrahlung das Thermometer bis auf 18–20° C ansteigen lassen kann. Beste Reisemonate sind **November** und März/April mit weitgehend klarem Himmel und angenehm milden Temperaturen (aber auch dann warme Sachen nicht vergessen!). Während der warmen, aber regenreichen Monate Juni bis September ist von längeren Reisen eher abzuraten.

Praktische Hinweise

Die Regionen entlang der chinesischen Grenze galten noch mehr als ein Dutzend Jahre nach der chinesischen Invasion von 1979 als „militärisch sensitiv" (oder wurden kurzerhand dazu erklärt). Erst nachdem 1992/93 im Zeichen der „neuen Freundschaft" mit Beijing die Grenzen nach China wieder geöffnet wurden, konnte das Bergland auch von Ausländern offiziell besucht werden.

● **Permits.** Nur wenige, leider nicht immer eindeutig definierte Grenzregionen erfordern noch eine schriftliche Reisegenehmigung (z.B. der Norden von Ha Giang). Man erhält sie bei die Polizei oder, besser, über die meisten Hotels.

● **Geld.** Banken und Hotels, die Kreditkarten akzeptieren, sind auf weiten Strecken immer noch eine Rarität.

● **Unterkunft.** Es gibt inzwischen selbst in abgelegenen Gegenden saubere und vernünftige, da in der Regel neu gebaute Hotels. Nur sehr wenige (meist staatliche) Billigunterkünfte verfügen noch über realsozialistischen „Charme". Immer mehr Reisegruppen übernachten nicht nur in Hotels von Sa Pa (wo die Wahl aber immerhin noch groß ist), sondern auch in Orten

06600 Foto: kb

Bergland des Nordens

wie Bac Ha, Phong Tho, Sin Ho usf. (und besonders natürlich an Markttagen). Individualreisende sind daher gut beraten, spezielle Unterkünfte vorab zu buchen.

● **Homestay.** In allen touristisch auch nur einigermaßen erschlossenen Gegenden (Sa Pa, Bac Ha, Ba Be, Mai Chau etc.) ist es möglich, in den Dörfern der Bergstämme zu übernachten. Viele Hanoier Tourveranstalter bieten die Wahl zwischen Hotels und Homestay. Bedenken sollte man, dass Homestay mit allzu vielen Gästen ganz schön nervig und im Winter ganz schön kalt sein kann.

Reisterrassen bei Hoang Su Phi

Verkehrswege

● Zwischen **Hanoi** und **Sa Pa,** dem Besuchermagnet des Berglands, gibt es zwei Hauptrouten und eine Nebenroute.

● **Entlang dem Roten Fluss** *(Song Hong).* Die kürzeste Verbindung. Anders als die Eisenbahn folgt die Straße allerdings nicht unmittelbar dem Flusslauf. Die eine Hälfte der Strecke – *Hanoi - Yen Bai* – ist eng bebaut und zersiedelt (wie ein endloser Vorort von Hanoi). Die andere Hälfte – *Yen Bai - Lao Cai* – ist noch weitgehend Natur pur (mit schönen Pfahlhäusern der Tay usf.). Eine Schnellstraße ist in Planung. Fahrzeit 10–12 Std.

● **Entfernungen ab Hanoi (in km):** Yen Bai 180, Bac Ha 330, Lao Cai 345, Sa Pa 385.

● **Entlang dem Schwarzen Fluss** *(Song Da).* Die längste Verbindung. Auch hier folgen die Verkehrswege in der Regel nicht dem Flusslauf, sondern nutzen Ebenen und Hochplateaus. Zwei Dinge haben das Gesicht dieser unterentwickelten und bis vor Kurzem noch vornehmlich von ethnischen Minoritäten bewohnten Region in den letzten Jahren bis zur Unkenntlichkeit verändert – und tun es immer noch: Die *Mega-Staudamm*-Projekte am Schwarzen Fluss bei *Son La* und *Muong Te* (für die Energieversorgung der Hauptstadt und des gesamten Nordens) und die forcierte *Erschließung* (sprich Industrialisierung und „Vietnamisierung") der Orte. Folge sind auf verschiedenen Strecken massive Behinderungen durch **Straßenarbeiten,** die zudem die gesamte Landschaft mit Steinbrüchen, Geröllhalden und Staubschichten verschandeln.

● **Entfernungen ab Hanoi (in km):** Hoa Binh 75, Mai Chau 135, Son La 310, Tuan Giao 405, (Dien Bien Phu 485), Muong Lay 505, Phong Tho 580, Lai Chau 610, Tam Duong 645, Sa Pa 685.

● **Über das Hoang Lien Son Massiv** zwischen Rotem und Schwarzem Fluss. Der Schleichweg durch z.T. fantastische Landschaft. Kaum erschlossen, untouristisch. Die Straßen sind schmal und kurvig, aber gut ausgebaut, und es gibt kaum Verkehr oder Baustellen (ideal für Biker, mit und ohne Motor, siehe S. 345ff.)

● **Entfernungen ab Hanoi (in km):** Son Tay 45, Nghia Lo 210, Mu Cang Chai 310, Than Uyen 350, Tam Duong 410, Sa Pa 450.

● **Der Nordosten.** Die Verkehrswege folgen den Tälern und laufen **fächerförmig** auf Hanoi zu bzw. von Hanoi aus. Die N 1A und die Eisenbahn nach China verbinden Hanoi mit Lang Son, der größten Stadt des Berglands, die N3 führt nach Ba Be und Cao Bang, die N 2 nach Ha Giang. Das Problem sind die **Querverbindungen,** meist enge, schmale Pass-Straßen, die durch unwegsame, weder landwirtschaftlich noch industriell genutzte Regionen führen.

● **Entfernungen von Hanoi (in km):** Lang Son 150, Cao Bang 290, Ba Be 240, Ha Giang 330.

● Die Hauptrouten, wenn auch oft schmal und kurvenreich, sind zumindest während der trockenen Jahreszeit verhältnismäßig problemlos zu befahren, selbst mit normalen Pkw. Lediglich für Nebenstrecken – meist ohnehin die schöneren und interessanteren! – ist ein geländegängiges Fahrzeug zu jeder Zeit anzuraten. Ein kleiner Erdrutsch oder eine weggeschwemmte Furt, und man kann die ganze Strecke wieder zurückfahren! Während der Regenzeit können dagegen selbst Allradfahrzeuge hie und da scheitern. Schotterstraßen verwandeln sich in Schlammpisten, Erdrutsche schwemmen Brücken, Furte und ganze Straßen hinweg.

● Das größte Hindernis stellen derzeit die allgegenwärtigen **Straßenarbeiten** und Ausbaustrecken dar. Die Arbeiten gehen meist auch nur sehr langsam vonstatten; gerade der Einsatz moderner Maschinerie treibt allzu viele und kühne Projekte voran, die mangels Finanzen (Korruption, Provinzstreitigkeiten) dann buchstäblich im Sande verlaufen.

● Für eine **Rundfahrt** – z.B. Hanoi, Muong Lay, Sa Pa, Ha Giang, Cao Bang, Lang Son, Hanoi, alles in allem, Minimum!, rd. 1200 km – sind *wenigstens* 7 Tage zu veranschlagen. Ohne längere Aufenthalte oder gar Abstecher! Die Route führt durch einige der spektakulärsten Landschaften Vietnams, ist aber nach wie vor nicht ganz unbeschwerlich.

Der Nordwesten

Westlich des Roten Flusses gen Laos zu steigen die Gebirgszüge bis auf **2000–3000 m Höhe** an, hier liegt der höchste Berg Vietnams, der *Fan Si Pan* bei Sa Pa (3143 m). Der poröse **Kalkstein** der zerklüfteten Höhenzüge und savannenartigen Plateaus lässt Feuchtigkeit rasch versickern, die sedimentierten Böden sind flach und wenig fruchtbar, Ackerböden und Plantagen müssen künstlich bewässert werden, viele Regionen leiden unter Trockenheit. Während der Regenzeit im Sommer schwellen der **Schwarze Fluss** *(Song Da)* und seine Zu- und Nebenflüsse zu reißenden Strömen an und schwemmen fruchtbaren Boden ins Delta ab; Brandrodung und Abholzung tragen zur fortschreitenden Erosion und Verkarstung ganzer Landstriche bei.

Bergland des Nordens

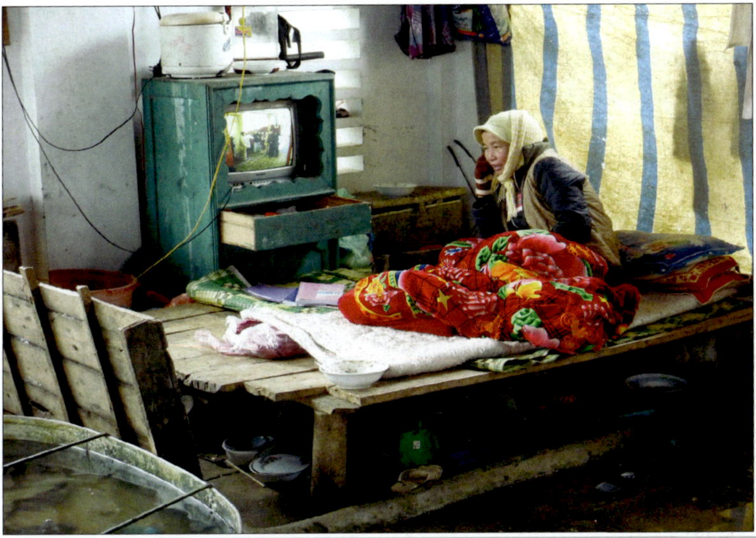

Außer in größeren Ortschaften, die durch permanente Zuwanderung durch Vietnamesen aus dem übervölkerten Delta zuletzt allerdings rapide angewachsen sind, dominieren **ethnische Minderheiten** wie die *Muong, Nung, Thai* und *Hmong*, großteils sog. „Altvölker", die einst von den Viets in die Höhenlagen verdrängt worden waren. Sie sind bis heute deutlich von den Vietnamesen unterschieden, sprechen ihre eigenen Sprachen, pflegen ihre eigenen Riten und Traditionen, leben in Pfahlhäusern usf. (S. Exkurs *Ethnische Minoritäten des Nordens.*)

Der von 2005 bis 2015 projektierte **Song-Da-Staudamm** mit dem dereinst größten Wasserkraftwerk Südostasiens wird das Gesicht der Region bis zur Unkenntlichkeit verändern. Obwohl der Damm bei Son La weitaus kleiner ausfallen wird als geplant, werden beträchtliche Teile des Nordwestens im Wasser versinken. Mit den ersten Maßnahmen, zu denen u.a. die Umsiedlung zigtausender Bewohner, zumeist Ethnien, und der Ausbau der N 6 Hanoi – Son La gehörten, wurde bereits 2003 begonnen.

Hoa Binh   ⤢ VIII/B1

(Hòa Bình)

Für viele Vietnamesen ein Synonym für Desaster. Das von den sowjetrussi-

Wohnen am Arbeitsplatz auf dem Markt

Ethnische Minoritäten des Nordens

Tay 1,35 Mio.

Lang Son, Cao Bang, Thai Nguyen, Bac Can, Yen Bai, Tuyen Quang

Die zahlenmäßig stärkste Minderheit Vietnams. Mehr als alle anderen Völker haben die sesshaften Tay vietnamesische Kultur angenommen, stellen Abgeordnete und selbst hochrangige Funktionäre (KP-Generalsekretär *Nong Duc Manh)* und huldigen neben ihren alten Naturgeistern buddhistisch-daoistischen Göttern und Dämonen. Ihre Vorfahren besaßen schon vor 2000 Jahren mächtige Königreiche im Bergland, im Krieg gegen die Franzosen zählten sie zu den wichtigsten Verbündeten des Viet Minh. Sie kultivieren u.a. Zimt, Anis, Tabak, Tee, Bambus, sind gute Tier- und Fischzüchter und leben in soliden Holzhäusern (oft mit umlaufenden Veranden), tragen aber nur mehr selten
Tracht: Schwarz oder Indigo, aufgelockert durch Halstücher, Schärpen, Seidenbänder, Westen mit Silber- oder Perlmuttknöpfen, nach vorne geknotetem Turban.

Nung 900.000

Lang Son, Cao Bang, Ha Bac, Bac Thai

Eng mit den *Tay* verwandt, haben sie einen guten Ruf als Pferde- und Rinderzüchter sowie Schmiede und werden als exzellente Gärtner angesehen. In der Vergangenheit galten sie als extrem kriegerisch und revoltierten bereits im 11. Jh. mehrfach gegen die Zentralgewalt. Die Nung unterstützten Ho Chi Minh, einige Tausend zogen jedoch 1954 in den Süden, wo sie berüchtigte Eliteeinheiten der südvietnamesischen Armee stellten.
Tracht: Indigo oder Schwarz, weite Wickelhose, weiße Schärpe, rechtsgeknöpfte Jacke oder Weste, schwarzer Turban.

Thai 1,2 Mio.

Son La, Muong Lay, Hoa Binh

Die auch in Laos, Thailand und Burma verbreiteten Thai wanderten zwischen dem 10. und 14. Jh. aus Südchina ein und bevorzugen die mittleren Höhen des Nordwestens. Anders als Tay und Nung kämpften sie meist als Söldner auf Seiten der Franzosen. Obwohl ebenfalls längst sesshaft, haben sie ihre Sitten und Traditionen vergleichsweise gut bewahrt, ihre auf dem Sanskrit basierende Schrift überliefert einen reichen Schatz an Folklore, Legenden, Liedern und Tänzen. Die Klassifikation in Weiße, Schwarze und Rote Thai nach der vorherrschenden Farbe ihrer Tracht ist umstritten. Unverkennbar sind ihre aus Holz oder Bambus errichteten, meist peinlich saubereren Pfahlhäuser mit den typischen („thailändischen") Dächern. Die schlanken, hochgewachsenen Frauen der Weißen Thai gelten als die schönsten Vietnams und erringen regelmäßig Preise bei nationalen Misswahlen.
Tracht: enganliegendes schwarzes Hüfttuch (Sarong), vorn geknöpfte, leuchtend bunte Bluse mit Silber- oder Perlmutt-Knöpfen (manchmal in Form von Schmetterlingen), lebhaft gemusterte Bordüre, hochgestecktes, geknotetes Haar mit charakteristischem Dreieckstuch. Die Schwarzen Thai (Son La, Lai Chau) sind dunkelhäutiger und weniger farbenfreudig gewandet als die Weißen und Roten.

Muong 1,15 Mio.

Hoa Binh, Thanh Hoa

Die Muong gelten nach Sitten, Gebräuchen und Sprachverwandtschaft als direkte Nachfahren der (vietnamesischen) Ureinwohner der Jungsteinzeit und als die ältesten noch lebenden Bewohner des Landes. Ihre Dialekte erinnern an das Vietnamesische, ebenso viele ihrer teils matriarchalischen, teils patriarchalischen, halbfeudalen Riten und Gebräuche; wie früher die Viets, schwärzen sie sich die Zähne. Viele ihrer Lieder, Reime und

Epen wurden ins Vietnamesische übertragen. Ihre Häuser ähneln eher denen der Thai (aber meist ohne Fenster), von denen sie durch engen Kontakt auch viele andere Attribute übernommen haben.

Tracht: Indigo oder Schwarz, breite, bestickte, bis unter die Brust gewickelte Schärpe, weißer Turban.

Hmong 710.000

Lao Cai, Ha Giang, Tuyen Quang, Muong Lay, Son La, Yen Bai

Die halbnomadischen Hmong (oder Meo) wanderten erst im 18./19. Jh. über Laos und Südchina ein und bevorzugten ursprünglich Höhen über 1000 m, wo sie auf Brandrodungsflächen Reis und Mais anbauten; als passionierte Opiumpflanzer wurden sie von der CIA angeworben, um die US-Truppen zu versorgen. Die Hmong gelten als leidenschaftliche Reiter und Pferdezüchter und sind begabte Handwerker (Silber, Bronze, Edelsteine, Stickereien). Anders als die anderen großen Bergvölker verfügen sie über keine eigene Schrift und halten unbeirrt an animistischen und totemistischen Ritualen fest. Ihre rudimentären, schmuck- und fensterlosen Häuser aus Holz oder Bambus stehen, Erbe der überschwemmungsarmen Höhen, fest auf dem Boden. Im Gegensatz zu allen anderen Völkern, die mit wachsendem Wohlstand immer seltener Tracht anlegen, haben die Hmong ihre in den letzten Jahren geradezu reaktiviert (vor allem die Männer, die sie schon fast vergessen hatten).

Tracht: regional extrem unterschiedlich! Bei den Schwarzen Hmong *(H. Den)* rund um Sa Pa dominiert dunkles Indigo. Röcke bis zum Knie, ergänzt durch kunstvoll bestickte Schürzen und Westen, Wadenwickel wärmen die nackten Beine. Dekorativ mit Kämmen gestecktes und mit Bändern durchwobenes Haar, große Silberohrringe. Ganz anders die farbenfrohen Flower Hmong *(H. Hoa)* rund um Bac Ha. Ihre weiten langen Faltenröcke explodieren in allen Farben des Regenbogens, dazu eine bunte, reich

bestickte, mit Glasperlen verzierte Tunika und ein leuchtender Turban, überbunden mit einem karierten Wollkopftuch. Daneben nehmen sich die Blauen Hmong *(H. Xanh Lam)* aus der Gegend um Cao Bang wie ätherische Fabelwesen aus: Von ihrer dunklen Kleidung stehen zartgrüne, wie Feenflügel geformte Krägen ab, ein schwarzweißes Stirnband hält das Haar.

Dao (Man) 650.000

Lao Cai, Ha Giang, Tuyen Quang, Cao Bang

Die Dao (gespr. *Zao*) zählen zur Sprachgruppe der Hmong und zogen nach dem 13. Jh. aus Südchina zu. Auch sie kennen keine Schrift, verfügen aber über eine reiche mündliche Überlieferung und Musik. Die meisten Dao-Frauen rasieren Brauen und Stirnansatz oder sogar den gesamten Kopf und türmen dafür riesige, mit bunten Puscheln, TrODDeln, Perlen oder Silbermünzen *(Dao Tien, Coin Dao)* verzierte Turbane oder toupetartige Haarnester auf.

Tracht: regional sehr verschieden, leicht mit Hmong zu verwechseln. Schwarze Hose (manchmal aber auch Rock), farbenfroh bis etwa zum Knie bestickt, zahlreiche bunte Applikationen (wie Krägen, Manschetten, Kopftücher, Turbane etc.). Speziell die *Dao Do (Red Dao*, Ha Giang, Tuyen Quang) präsentieren sich als eine wahre Orgie in Schwarz und Rot (Ärmel, Rücken, Weste, Schurz).

Giay 42.000

Muong Lay, Lao Cai, Ha Giang

Die Giay (gespr. *Zay*) zählen zur Thai-Tay-Sprachgruppe und kamen vor rund 200 Jahren aus Südchina; sie siedeln häufig in Flusstälern.

Tracht: schwarze Hose, bunt bestickte, bis über die Knie reichende Tunika, farbenprächtige (pink, blau, grün) rechts geknöpfte Bluse, breite, bestickte Bordüre, bunter Turban.

Bergland des Nordens

Lu 4500

Muong Lay, Lao Cai

Auch in China und Laos ansässig.
Tracht: ganz in Schwarz mit leuchtend roten Applikationen, oftmals kunstvoll in Schnecken und Zöpfen mehrfach um den Kopf gelegtes oder hochgetürmtes Haar (Rosshaar-Toupets) und/oder Dreispitzturban, reicher Silberschmuck, geschwärzte Zähne.

Lo Lo 4000

Lao Cai, Ha Giang, Cao Bang

Die tibeto-burmesischen Lo Lo wanderten zwischen dem 15. und 18. Jh. aus Yunnan ein.
Tracht: insbesondere die Lo Lo Hoa (Flower Lo Lo), zählen zu den spektakulärsten überhaupt. Rot, gelb, purpurn, oft mit floralen Mustern bestickte Hose, seitlich geschlitzter Schurz, bunte Tunika, hochgestecktes Haar, mit Perlen dekorierter Turban.

schen „Entwicklungshelfern" 1989 nach mehr als zehnjähriger Bauzeit endlich „fertiggestellte" Kraftwerk am Schwarzen Fluss war dank Planwirtschaft und Moskauer Subventionsstop erst Jahre später zu voller Leistung fähig, weshalb Hanoi noch bis Mitte der 1990er Jahre ständig im Dunkel versank.

In der Region wurden Skelette und Werkzeuge prähistorischer Menschen gefunden – Ethnologen sprechen von einem „Hoa-Binh-Menschen", der ca. 8–10.000 Jahre v.u.Z. als Jäger und Fallensteller gelebt hat. Einige der Funde sind im örtlichen Museum ausgestellt.

Hoa Binh ist Ausgangspunkt für Exkursionen zu Dörfern der *Muong* sowie der *Weißen* und *Schwarzen Thai.*

Praktische Informationen

- 30.000 Einw. 200 m. Tel. 0218.
- **Hoa Binh Tourism,** Tel. 3854374, Fax 3854372.
- **Muong Museum.** Eines der wenigen privaten Museen Vietnams. Original-Pfahlhäuser mit über 3000 Artefakten und Gebrauchsgegenständen der Muong. *Bao Tang Muong,* To 12, Phuong Thai Binh, Tel. 3893688, www.muong.vn.
- Die **Muong-Dörfer** *Ban Dam* und *Giang* liegen nur 6 bzw. 8 km entfernt. Die Groß-

familien leben in Langhäusern auf Pfählen, bauen Nassreis und Gemüse an, halten Hühner und Schweine. Gästen wird „traditionell" ein Reisschnaps angeboten, der mit einem dünnen Bambusrohr aus gemeinschaftlichen Tonkrügen getrunken wird.

Unterkunft und Verpflegung

- **La Ferme du Colvert** bei *Luong Son* auf halbem Weg nach Hoa Binh (40 km). Neokoloniales Komfortwohnen im Muong-Country mit Pool, Spa etc. 10 Häuser, DZ ab 74 $ inkl. BF. www.vietnam-aventure.com.
- **Hoa Binh.** Komfort-Pfahlbauten im Muong-Stil, im Restaurant „traditionelle" Muong-Gerichte und -Tänze. *Hoa Binh* 1, 42 Zimmer 26–30 $, Tel. 3852051, Fax 3852372; *Hoa Binh* 2, 32 Zimmer 24 $, Tel. 3852537.
- **Manh Ngan.** Sehr gutes Resto auf mehreren Etagen am Ortseingang Richtung Hanoi.

Mai Chau ↗ VIII/B1

(Mai Châu)

Das flache, von Bergen eingerahmte und vornehmlich von Weißen Thai besiedelte Tal von Mai Chau ist schon seit 1993 Anlaufstation von „Adventure Tours" aus dem nahen Hanoi (135 km) und wird seitdem auch gerne von der Hanoier Großstadtjugend aufgesucht (Wochenenden daher besser vermeiden!). Übertriebene Erwartungen darf man also nicht hegen, dennoch kann man von dem Besuch keineswegs abraten. Die Thai erweisen sich nach wie vor als verblüffend freundliche, liebenswürdige und unaggressive Gastgeber, und Erlebnishungrige, denen die Dörfer zu überfüllt und/oder zu „unauthentisch" sind, nehmen sich einfach einen einheimischen Guide (5–10 $) und trekken drauflos – das Tal ist wirklich wunderschön und voller Überraschungen. Der Ort Mai Chau selbst ist inzwischen eine vietnamesische Kleinstadt geworden.

Praktische Informationen

● 150–400 m. Tel. 0218.
● **Anfahrt.** Die neue N 6 zwischen Hoa Binh und Son La führt direkt an/über Mai Chau vorbei (tolle Panoramasicht). Die meisten Besucher kommen mit Tourveranstaltern von Hanoi ab My Dinh-Busbahnhof 2-mal tgl. nach Mai Chau. Von Ninh Binh siehe dort.
● **Eintritt.** 10.000 d.

Unterkunft

● **Mai Chau Lodge.** Von schlichter, zweckmäßiger Eleganz – wie eine Fata Morgana erhebt sich das zweistöckige Juwel aus den umliegenden Reisfeldern: „Luxus pur"? Service und Hygiene sind den Preisen allerdings nur zum Teil angemessen! Mit Pool, Spa und 2 Restaurants. 16 Zimmer, z.T. mit Veranda, 140 $, Suite 165 $++ inkl. BF und Transfer von/nach Hanoi. Tel. 3868959, www.maichaulodge.com.
● **Mai Chau Guesthouse.** Staatlich, zuletzt wegen Privatisierung geschlossen.
● **Ngoc Bach.** Mini mit 10 Zimmern 8–12 $. Tel. 3867340.
● **Homestay.** Im *Thai-Langhaus* in den Weilern *Ban Lac* oder *Pom Coong* nur wenige hundert Meter weiter. Im Hauptraum können bis zu 25 Leute zum Schlafen aufgereiht werden (à 5 $), Matratze, Kissen und Moskito-

netz werden gestellt. Empfehlen können wir *Ducs Familie* in Pom Coong, Haus 4, Tel. 3867467. Etwas weniger boutiquenhaft-touristisch ist es im Weiler *Ban Van* in entgegengesetzter Richtung (gut und sauber: Guesthouse No. 1).

Moc Chau ⤢ VIII/A1

Über das langgezogene Hochplateau von Moc Chau (800–1000 m) geht es Richtung Son La. Längs der landschaftlich schönen Route, die streckenweise am **Song Da** (Schwarzer Fluss) entlang führt, begegnet man vereinzelt *Muong* (die man westlich von Son La nicht mehr antrifft) sowie *Weißen* und *Schwarzen Thai*. Seit neuerer Zeit wird intensiv Tee-Anbau und Milchwirtschaft betrieben.

Praktische Informationen

● 5000 Einw. 1000 m. Tel. 022.
● **Markt.** Mo, sehr empfehlenswert. Auf halber Strecke zwischen Hoa Binh und Moc Chau in *Phong Phu* Do.

Unterkunft

● **Huong Sen.** Spätsozialistischer Betonkasten kurz vor dem Ort; etwas gespenstisch, aber die Zimmer sind in Ordnung; 8–14 $, Tel. 3866174, Fax 3866953.
● **Hai Yen.** Minihotel am Ortsausgang. 8–10 $. Tel. 3866265.

Son La ⤢ III/D2

Fast alle Reisenden nach Dien Bien Phu oder Muong Lay machen hier Station. Ein Moloch von Provinzstadt – allein die Hauptstraße *To Hieu* mit Post und protzigem Kulturhaus ist mehrere km lang –, deren Bauboom dem nahen Staudammprojekt zu danken ist.

Auf einem Hügel im Ort erhebt sich eine ehemalige **Strafkolonie** für rebellische „Eingeborene" und antikoloniale Widerstandskämpfer. Das 1908 errichtete Gefängnis – *Pénitencier* ist noch am Tor zu entziffern – wurde von den abrückenden Franzosen 1952 teilweise zerstört (zu sehen sind u.a. noch die unterirdischen Verliese). Das angeschlossene *Museum* zeigt interessante Dokumente zum Widerstandskampf und zur Kultur der regionalen Ethnien.

Praktische Informationen

- 25.000 Einw. 660 m. Tel. 022.
- **Information.** Son La Tourism, 230 Truong Chinh, Tel. 3385991.
- **Geld.** *Vietcombank* (Hauptstraße *To Hieu*).
- **Museum.** Tgl. 7.30–11, 13.30–17 Uhr, 15.000 đ.

Unterkunft

- **Cong Doan** (Union). Mehrfach renoviertes, 2004 um die doppelte Kapazität erweitertes Gewerkschaftshotel mit überraschend freundlichem Service. Annehmbares und nicht überteuertes Resto. 100 Zimmer 15–20 $, im Neubau 25 $ inkl. BF. 4 Xuan Thuy, Tel. 3852804, www.sonlatradeunion.com.vn.
- **Huong Sen.** Relativ neu und funktional, aber nicht besonders gut in Schuss gehalten. 60 Zimmer 10–15 $. 228 Truong Chinh, Tel. 3851980, Fax 3858612.
- **Phong Lan.** Gegenüber dem Zentralmarkt. 30 große, saubere AC-Zimmer 20–25 $ inkl. BF. Tel. 3853515, Fax 3852318.
- **Hoa Anh Dao.** Siebenstöckiges Haus mit Aufzug, super sauber, sehr zuvorkommender Service. 24 große AC-Zimmer, z.T. mit Balkon, Badewanne, Minibar 10–15 $. Nicht ganz zentral (So Nha 45), aber gute Essstube in der gleichen Straße. Tel./Fax 3858667.
- **Hoa Dao.** Unweit des Cong Doan. 18 Zimmer, mit Fan 8 $, mit AC 10 $. Korrekt, wenngleich einige Zimmer ohne Fenster. Resto. Tel./Fax 3853823.
- In der gleichen Straße (26/8) liegen auch **Chung Lan,** 9 Zimmer 8–10 $, und **Viet Trinh,** 5 Zimmer 6 $.
- **Phuong Bac.** Sympathisch, sauber, okay, fast alle 8 Zimmer mit Fenster (8 $). 260 To Hieu, Tel. 3857589.

Essen und Trinken

- **Cong Doan,** s.o. Ordentlich und nicht überteuert.
- **Hai Phi.** Resto an der N 6 Richtung DBP. Lecker: *Lau* (Steamboat) mit Ziege. In der Nähe **Hong Minh,** Spezialitäten vom Grill.
- **Long Phuong.** Gemütliches Stadt-Resto, gegenüber dem Son-La-Hotel.
- **Thanh Lan.** Groß, aber oft von einheimischen Gruppen belegt. 96 To Hieu (bei der Post).

Rote Hmong-Frau mit kunstvoller Frisur

Anreise und Weiterreise

- **Entfernungen** (in km): Hanoi 310, Mai Chau 170, Moc Chau 120, Dien Bien Phu 165, Lai Chau 300, Sa Pa 380.
- **Alternativroute Sa Pa** (210 km). 25 km hinter Son La auf die N 107, an der Brücke über den Schwarzen Fluss *(Song Da)* auf die N 279, die bei Than Uyen auf die N 32 Richtung Lai Chau mündet. Ruhiger und landschaftlich schöner.
- **Bus.** Von/nach Hanoi (My Dinh) 4 bis 12 Uhr stdl., Fahrzeit ca. 12 Std.. Von/nach Dien Bien Phu 2x tgl., Fahrzeit 6–7 Std. Von/nach Sa Pa Umsteigen in Lai Chau. Tgl. von/nach Ninh Binh, Fahrzeit 10 Std. Busbahnhof *(ben xe)* rund 4 km vom „Zentrum" Richtung Hanoi.

Tuan Giao ♫ III/D2

Hinter dem Weiler *Thuan Chau* (35 km, Minoritätenmarkt) gelangt man über den 985 m hohen **Pha-Din-Pass** in die Provinz Dien Bien, die mit der Nachbarprovinz Lai Chau die mit Abstand unwegsamste und dünnbesiedeltste Region des Landes ist. Neben Weißen und Schwarzen Thai, den vorherrschenden Bevölkerungsgruppen, begegnet man immer häufiger *Hmong* (Meo), die früher in größeren Höhen lebten, aber immer mehr in die Täler umgesiedelt wurden.

Tuan Giao (405 km von/nach Hanoi) ist ein freundlicher Marktflecken mit zahlreichen Cafés und Restaurants. Hier gabelt sich die Route in die N 6A nach Muong Lay (98 km) und die N 279 nach Dien Bien Phu (82 km).

Unterkunft u. Verpflegung

- **Tuan Giao.** Ruhig, freundlich. 12 Zimmer 7 $ (4 Betten, Bad außen) und 10 $ (DZ mit

Bad). Gegenüber der Post, an der Straße nach Muong Lay. Tel. 0230/3862613.
- **Hoag Ky.** Hier kehren alle Touren ein, dafür recht akzeptabel; gute Fleischspieße. 4 saubere Balkonzimmer 8–10 $. Tel. 0230/862 355. Ebenfalls an der Route nach DBP liegt das etwas größere **Thanh Thuy.**

Dien Bien Phu ♫ III/C–D2

(Điện Biên Phu)

Überblick

Die **Dschungelfestung** Dien Bien Phu war 1954 Schauplatz einer der berühmtesten Schlachten des 20. Jahrhunderts. Den Grund dafür verdeutlicht drastisch der (deutsche!) Untertitel des viel gelesenen, seinerzeit auch als *Spiegel*-Serie erschienenen Tatsachenberichts von Jules Roy, „Der Fall von Dien Bien Phu – *Des weißen Mannes Stalingrad in Indochina*". Kanzler Konrad Adenauer am 29.4.1954 vor dem Bundestag: „Die Soldaten, die in Indochina Blut und Leben opfern, tun dies nicht bloß für Frankreich allein, sondern im Dienste der Freiheit für die ganze Welt." So dachte man eben damals.

Dien Bien liegt – außer bei Franzosen! – außerhalb der üblichen Touristenrouten. Das garantiert eine zumindest übermäßig große Langnasen-Dichte. Und Schlachtfeld und Museum sind allemal einen Besuch wert.

Geschichte

Im September 1945 nutzte **Ho Chi Minh** die Wirren des Zweiten Weltkriegs, um die Unabhängigkeit zu proklamieren. Als die Kolonialmacht zurückkehrte, evakuierte Ho Chi Minh seine Regierung in den Dschungel von

Bergland des Nordens

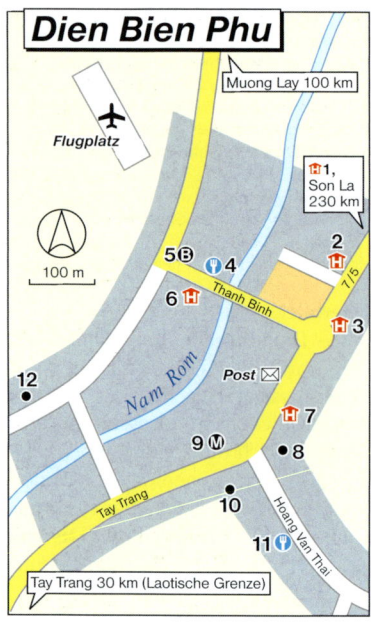

	1	Muong Thanh
	2	Cong Doan
	3	Binh Long
	4	Huong Dong Noi
	5	Busbahnhof
	6	May Hong
	7	DBP-Hanoi
	8	A1-Hügel
	9	Museum
	10	Gedenkstätte
	11	Lien Tuoi
	12	De-Castries-Bunker
		Markt

Cao Bang und rief zum Widerstand auf. Als 1950 die neugegründete VR China sowie die Sowjetunion Partei für die Vietnamesen ergriffen, weitete sich der regionale Konflikt zu einem Stellvertreterkrieg der Weltmächte, in dem die USA bis zu 80 % der französischen Kriegskasse bestritten.

Um dem Viet Minh den Nachschub über Laos und Südchina abzuschneiden, beschloss General Navarre, der Oberbefehlshaber der französischen Streitkräfte, das Tal von Dien Bien Phu zu einer Festung auszubauen und dort eine Entscheidungsschlacht zu erzwingen. Die 16.000 Mann starke Besatzung des abgelegenen Forts wurde täglich aus der Luft versorgt und fühlte sich vollkommen sicher, da sein Gegner weder über Flugzeuge noch LKW verfügte.

General **Vo Nguyen Giap,** der Gründer der vietnamesischen Volksarmee, befahl das Unmögliche. In Rucksäcken, auf Tragestangen, Fahrrädern, Ponys und Büffelkarren schleppten die Partisanen in monatelanger Arbeit und unter Mithilfe der einheimischen Minderheiten Flakgeschütze und schwere Artillerie durch den Bergdschungel bis vor die Festung. Angesichts des wie aus dem Nichts aufgetauchten Gegners verübte der französische Kommandant Selbstmord.

Die Belagerung begann am **13. März 1954.** Unter der genialen Regie ihres Oberbefehlshabers Giap, der erstmals Schützengräben und Tunnel als *offensive* Kriegstaktiken anwandte, zogen die Partisanen trotz permanenter Bombardierungen durch die französische Luftwaffe den Ring um die Festung immer enger. US-Präsident Eisenhower und sein Vize Nixon waren bereits zum Einsatz von **Atombomben** entschlossen, wurden aber nicht rechtzeitig vom Kongress gestoppt. Am **7. Mai,** nach 55-tägiger Belagerung, ergab sich das Fort. Die Kapitulation von Dien Bien Phu bedeutete gleichzeitig das Ende der französischen Kolonialherrschaft. Unter den Toten befanden sich einige tausend deutsche Fremdenlegionäre und Söldner aus Marokko, Algerien und dem Senegal.

Dien Bien Phu-Museum

Fotodokumente, Schaubilder, Dioramen, zeitgenössische Objekte und Waffenarsenale (Bomber, Panzer, Flakgeschütze etc.) vermitteln ein anschauliches und eindrucksvolles Bild der Schlacht. Unter den Exponaten befindet sich auch das berühmte, mit Holz und Bambus verstärkte *Dien-Bien-Phu-Fahrrad*, das Lasten bis 200 kg durch den Dschungel trug.

Die wichtigsten Positionen des Schlachtfelds, die Frauennamen wie *Dominique*, *Eliane* und *Claudine* trugen, können ebenso besichtigt werden wie der (rekonstruierte) Bunker von Colonel de Castries, der die Kapitulation verkündete.

Gegenüber dem Museum und neben dem gewaltigen Heldenfriedhof der Viet Minh die **Höhe Eliane** (A 1); hier befand sich das untertunnelte Hauptquartier des französischen Gouverneurs. Die Viet Minh gruben sich in wochenlanger Fronarbeit unterirdisch an die Bastion heran und ließen sie am Abend des 6. Mai 1954 mittels 1000 Tonnen Sprengstoff in die Luft gehen; am darauf folgenden Tag kapitulierten die Franzosen. Die Bunkeranlagen sind großteils rekonstruiert, von der Höhe hat man einen schönen Rundblick auf Dien Bien und die strategischen Stellungen rundherum.

Praktische Informationen

● 50.000 Einw. 600 m. Tel. 0230.
● **Dien Bien Tourist,** Tel. 3825103, Fax 3825467.
● **Museum.** Tgl. außer Mo 7.30–11.30, 13.30–17.30 Uhr, Eintritt 5000 đ (nur Museum), 10.000 đ (inkl. Höhe Eliane und de-Castries-Bunker).

Unterkunft
● **Muong Thanh.** Für Formel-Eins-Fans: enge Boxen, Luder, Phonstärken. 65 Zimmer, korrekt, aber lau, dafür mit Wasserspender (!) 25–35 $ inkl. BF. Im Innenhof 10 Zimmer im Pfahlhaus 12 $ (Holzsärge mit Matratze und

AC), dazu Pool, Restaurant und Karaoke. 25 Him Lan, Tel. 3810038, Fax 3810713.
● **Dien Bien Phu Hanoi.** Freundliches Haus mit 32 blitzblanken Zimmern 16–20 $. Empfehlenswert. 279A 7 Thang 5, Tel. 3825103, dienbienphu-hnhotel@vnn.vn.
● **Cong Doan.** Die Gewerkschaft ist keine schlechte Alternative. 50 Zimmer 15–25 $, im Hof 4 Fan-Zimmer 8–10 $. 374 7-5, Tel. 3824841, kscongdoandbp@hn.vnn.vn.
● **Binh Long.** Ordentlich und zentral, freundliche Leitung. 14 Zimmer 12–25 $ inkl. BF. 429 Muong Thanh, Tel. 3824345.
● **May Hong.** Gutes Billighotel, Neubau, sauber, korrekt. 13 Zimmer, z.T. mit Balkon, 6–8 $. 69 Thanh Binh, Tel. 3826300.

Essen und Trinken
● **Lien Tuoi.** Gute Küche, große Auswahl, englische und französische Karte. Rund 400 m vom Museum auf der Hoang Van Thai (zwischen Friedhof und Höhe Eliane).
● Auf der gleichen Straße (No. 153) findet man auch das Fisch-Restaurant **Hung Hai**; Spezialität sind ganze Flussfische.
● **Huong Rung.** Sehr populäres, großes Restaurant auf Pfählen am Ortsausgang Richtung Son La.
● **Huong Dong Noi.** 5 Thanh Binh.

Anreise und Weiterreise
● **Entfernungen** (in km): Hanoi 485, Moc Chau 285, Son La 165, Tuan Giao 85, Tay Trang (Grenze Laos) 34, Muong Lay 105, Sa Pa 340.
● **Bus.** Von/nach Hanoi (2–4x tgl., 14 Std., Son La (3x tgl., 5–6 Std.), Tuan Giao (3x tgl., 3 Std.), Muong Lay (5x tgl., 3–4 Std.), Sinh Ho (6–7 Std.), Lai Chau (2x tgl., 7–8 Std.), in Lai Chau Umsteigen nach Sa Pa/Lao Cai.
● **Flug.** Tgl. von/nach Hanoi, Flugzeit 1 Std. Der Flughafen liegt nur knapp 3 km vom Zentrum entfernt. *Vietnam Airlines*, Nguyen Hun Tho, Tel. 3824948, Fax 3825536.
● **Nach Laos.** Der Grenzübergang *Tay Trang* (34 km) ist für Ausländer offen. 1–2x tgl. per Bus nach *Muang Khoua (Meng Khuo,* 100 km), weiter bis *Oudomsay* und von dort per Bus oder Boot (8–9 Std.) nach Luang Prabang.

Muong Lay (ehem. Lai Chau)

↗ III/D1

(Mường Lay)

Eine sterbende Stadt. Nach mehreren katastrophalen Überschwemmungen durch den *Song Da* (zuletzt 1996) beschloss Hanoi, weite Teile der einstigen Provinzhauptstadt (bis 2004) in einem gigantischen Stausee untergehen zu lassen. Die wenigen heute noch übriggebliebenen Menschen und Gewerbe sollen in höhere Lagen umgesiedelt werden, so auch das einzig verbliebene Hotel.

Praktische Informationen

- 3000 Einw. 800 m. Tel. 0231.
- **Lan Anh.** Pfahlhäuser im Thai-Stil, viel Grün, immer belebt, gute Atmosphäre. Ein Hauch von Karawanserei, wo sich jedermann trifft, Honoratioren, Fernfahrer, Vertreter, Traveller, Touristen. Gutes Essen, Tour-Service. 50 Zimmer, im Altbau 10 $, im Neubau 15–25 $ inkl. BF. Tel. 3852682, www.lananhhotel.com.

Anreise und Weiterreise

- **Busbahnhof** 2 km südl. vom Markt Richtung DBP. Tgl. 3–4x von/nach Dien Bien und Lai Chau, Umsteigen nach Lao Cai (ca. 10 Std.).
- **Entfernungen** (in km): Hanoi 505, Tuan Giao 98, DBP 103, Pa So 80, Lai Chau 100, Sa Pa 185.
- **Muong Te.** 900 m hoher Außenposten im Dreiländereck Vietnam, China, Laos, vornehmlich besiedelt von Thai und Viets. Schöne Fahrt entlang dem *Song Da* und *Song Te*. Der **Sonntagsmarkt** ist Treffpunkt u.a. von *Hmong, Ha Nhi, Si La, La Hu* und Besuchern aus China. Unterkunft im rustikalen *Gästehaus des Volkskomitees*. 100 km NW.

Sin Ho

↗ III/D1

Die auf einem über 1000 m hohen, von Bergen umstandenen Plateau gelegene Ansiedlung der **Red Hmong** war bis vor wenigen Jahren nur über eine raue Piste erreichbar und von der Außenwelt nahezu abgeschnitten. Seit es neue Straßen gibt, und der Ort auch kein Sackgasse mehr ist, ist Sin Ho deutlich gewachsen, und haben sich selbst Viets hier niedergelassen.

Attraktiver **Sonntagsmarkt,** der außer von Hmong auch von Dao, Ha Nhi, Sa Phang, La Hu u.a. aufgesucht wird (die Markthalle ist tgl. geöffnet). Schöne Fahrt über Serpentinen mit unberührten Landschaften und weiten Panoramen.

Praktische Informationen

- 4000 Einw. 1050 m. Tel. 0231.
- **Anreise.** Von Muong Lay: 24 km nördl. Abzweiger, dann 38 km bergauf (1½ Std.). Von Lai Chau: 60 km (2½ Std.). 1x tgl. (morgens) Busverbindung. Von Phong Tho/Pa So: 45 km über Nam Pay, bis zum Abzweiger Lai Chau/Sin Ho (9 km) sehr schlechte Piste.
- **Vang Ro Lin.** Nur 4 km vor Sin Ho liegt dieses malerische Dorf der Red Dao mit (noch) sehr intakter Dorfstruktur und freundlichen Bewohnern.
- **Ma Quay.** Von den farbenfreudigen – und seltenen – *Lu* besiedelter Weiler nordöstl. (20 km Richtung Lai Chau, Abzweiger 20 km).
- **Thanh Binh Hotel.** Das vierstöckige „Sin Ho Hilton" auf einer Anhöhe am Ortsausgang Richtung Lai Chau hat 17 saubere, geräumige Zimmer à 25, im Erdgeschoss 23 $. Das ist viel, aber … zumindest nicht völlig aus der Luft gegriffen für diesen kleinen „Hauch von Luxus". Resto und „Pool" (ob da schon jemals Wasser drin war?). Tel. 3870366, thanh binhhotel69@yahoo.com.
- **Hong Ha Guesthouse** am Markt. Die Wendeltreppe außen täuscht: innen sparta-

070vi Foto: kb

Schwarze Dao

nisch und ohne jeden Charme, aber immerhin mit WW! 5 Zimmer 120.000 d. Tel. 0169/5959605.

Phong Tho (Pa So) ⚑ III/D1

Zwischen Muong Lay und Lai Chau (100 km) schöne Fahrt z.T. entlang des **Song Da.** Üppige, **wildromantische Berglandschaft,** Bananendschungel, im Flusstal leben *Weiße Thai* von Ackerbau und Fischfang.

Die weitverzweigte, erst seit 2006 buchstäblich aus dem Lehmboden gestampfte Retortenstadt 80 km nordöstlich von Muong Lay und nur 18 km von der chinesischen Grenze hat das schöne Tal von Pa So bis zur Unkenntlichkeit verunstaltet. Gute Trekkingmöglichkeiten in der Umgebung, Sonntagsmarkt in Pa So.

Unterkunft

● **Lan Anh 2.** Vom Betreiber des *Lan Anh* in Muong Lay. Unmittelbar am Song Da gelegen, aber eine neugebaute Brücke raubt der zunehmend etwas vernachlässigten Anlage seitdem jedes Flair. Restaurant, Café, Tour-Service. 40 Zimmer, mit AC 20–25 $ inkl. BF. Tel. 3896337, www.lananhhotel.com.
● **Hoang Lan.** Ca. 1 km westl. Lan Anh; eines von mehreren neuen Minis im Ort. 10 Zimmer mit Fan/AC 6–10 $. Tel. 3896264.

Lai Chau (ehem. Tam Duong) ⚑ III/D1

Die neue – und neu *benannte* – Hauptstadt der gleichnamigen Provinz (seit 2005) besteht im Wesentlichen aus der langgezogenen Hauptstraße *Tran Hung Dao* mit Markthalle, Hotels und ein paar Essstuben. Drumherum wuchern freudlos Geisteralleen und Trabantensiedlungen. Und in gebührender Entfernung eine gigantische Beton-Menagerie der roten Provinzfürsten mitsamt Freizeitpark und Staatshotel. Man kommt sich vor wie in China.

Markt ist täglich, hauptsächlich aber So. Besucher sind *Black Dao* (bestickte Hosen, schwarze Turbane), *Red Hmong* (mit Faltenrock, ähnlich den *Flower Hmong* von Bac Ha), gelegentlich *Lu* (ganz in Schwarz und Rot, Dreispitzturban oder Turmfrisur, geschwärzte Zähne) und *Lao.*

Praktische Informationen

● 12.000 Einw. 900 m. Tel. 0231.

Unterkunft u. Verpflegung

● **Muong Thanh.** Staatstragende Geschmacklosigkeit, pompös, kahl und unwirtlich. 98

Bergland des Nordens

Zimmer 25–30, Suiten 45, Bungalows 60 $ inkl. BF. Mit Pool, Resto und ATM! 3 km nördl. in der Geisterstadt der Bürokraten. Tel. 3790888, Fax 3878824.

● **Tay Bac.** Biederer Neubau mit 32 Zimmern 12–18 $ (extrem schmale Betten, Twin wählen). Im Holzhaus (150.000 đ) schläft sichs wie im Sarg. Tel. 3875879, Fax 3876237.

● **Phuong Thanh.** Seit Jahren *die* Anlaufstelle für Reisende. Simpel, aber sauber, gut geführt. 60 Zimmer, DZ 10 $, DZ/Triple im Obergeschoss 20 $. Tel. 3875235, phuong thanhhotel@yahoo.com.

● **Anh Huan.** Mini an der Hauptstraße, sauber, ordentlich, Fenster aber nur zum Korridor. 28 Zimmer à 150.000 đ. Tel. 3875456.

● **Huyen Trang.** Guesthouse beim Markt, rudimentär, aber große Zimmer (9) mit großen Fenstern. 150.000 đ. Direkt dahinter gibt es noch 2 Ausweichquartiere, *Hong Ha* und *Ban Hai.*

● **Tuan Anh.** Das erste private Resto vor Ort, und immer noch das Beste! Nettes Wirtspaar. 83 Tran Hung Dao.

● **Pho.** 69 Tran Hung Dao.

● **Bakery.** Gebäck und Kuchen, auch Frühstück. Zwischen Phuong Thanh und Markt.

Deo Tram Ton

Der 40 km lang ansteigende *Tram Ton* mit einer Höhe von 1900 m ist der höchste Pass Vietnams und zugleich **Wetterscheide** zwischen der subtropisch warmen, von laotischen Föhnwinden bestrichenen Provinz Lai Chau und dem frischen, kühlen, vom chinesischen Kontinentalklima diktierten Sa Pa, dem kältesten Ort Vietnams. Nicht

Umgebung von Sa Pa

nur die schöne Aussicht, sondern auch die bizarren, oft ebenso plötzlichen wie radikalen Wetterkapriolen – hier kalter, klammer Nebel, dort milder, wärmender Sonnenschein – haben den Pass bereits zu einem Ausflugsziel von Tourveranstaltern gemacht.

● **Orientierung.** Die N 32 von Nghia Lo/Mu Cang Chai mündet bei *Tam Duong* (ehem. Binh Lu) auf die N 40 westlich nach Lai Chau (34 km), östlich nach Sa Pa (40 km).

Sa Pa   ⊿ III/D1

(Sa Pa)

Noch Anfang der 1990er Jahre ein von der Außenwelt abgeschnittenes Nest von unbeschreiblicher Ödnis und Armut, hat sich Sa Pa allen Prognosen zum Trotz binnen weniger Jahre zu einem begehrten **Mountain Resort** gemausert.

Angefangen hatte alles **1903.** *Cha Pa* – wie man damals noch schrieb – war ein kleiner, unbedeutender französischer Militärposten zu Füßen des *Fan Si Pan*, des höchsten Berges Vietnams (3143 m), irgendwo im Grenzgebiet zu China - gottverlassen und lediglich auf dem Pferderücken erreichbar. Doch die klimatischen Vorzüge des **1600 m** hoch gelegenen Terrains lagen auf der Hand, und so errichteten die hitzegeplagten Kolonialherren schon bald ein Hospital und ein Sanatorium sowie Verwaltungsgebäude, in denen Hanoier Beamte ihrer Arbeit selbst im Hochsommer kühlen Kopfes nachgehen konnten. Der Ausbau der epochalen Eisenbahntrasse von Hanoi

nach Kunming galt zwar in erster Linie der kommerziellen Erschließung Südchinas, versetzte die Kolonisten aber auch in die glückliche Lage, von der Grenzstation Lao Cai aus eine erste Straße in die **„Tonkineser Alpen"** schlagen zu können.

Schon gegen **1920** war Sa Pa *der* **Kur- und Erholungsort** des Nordens schlechthin – das „Dalat von Tonkin", jubelten die französischen Patrioten. Auf seinem Höhepunkt, Mitte der **1930er Jahre,** präsentierte sich der Ort als eine halb mondäne, halb hausbackene Sommerfrische mit ockerfarbenen Villen, Schrebergärten, Familienpensionen, exklusiven Hotels, Sanatorien, Tanz- und Spiel- und Lagerhallen und selbstredend einer katholischen Kirche (1934) für das Seelenheil inmitten all der Wildnis.

Heute ist das einst marode und halbverlassene Nest, in dem *Hmong, Dao* und *Tay* sich mühsam mit Wurzeln, Kräutern, ein bißchen Wild und dem Anbau von Nassreis, Rübchen und Opium über Wasser hielten, eine **turbulente,** stetig wachsende und von *kinh* (Vietnamesen) dominierte Kleinstadt von (je nach Saison) rund 30.000 Einwohnern, die im Sommer – wenn die Vietnamesen kommen – und im Winter an allen Wochenenden – wenn die Touristen Ethnien gucken kommen – aus allen Nähten platzt.

Klima

Achtung: Sa Pa ist im Winter einer der kältesten Orte Vietnams! Speziell von Mitte Dezember bis Mitte/Ende Februar sind Temperaturen **um 0° C**

Bergland des Nordens

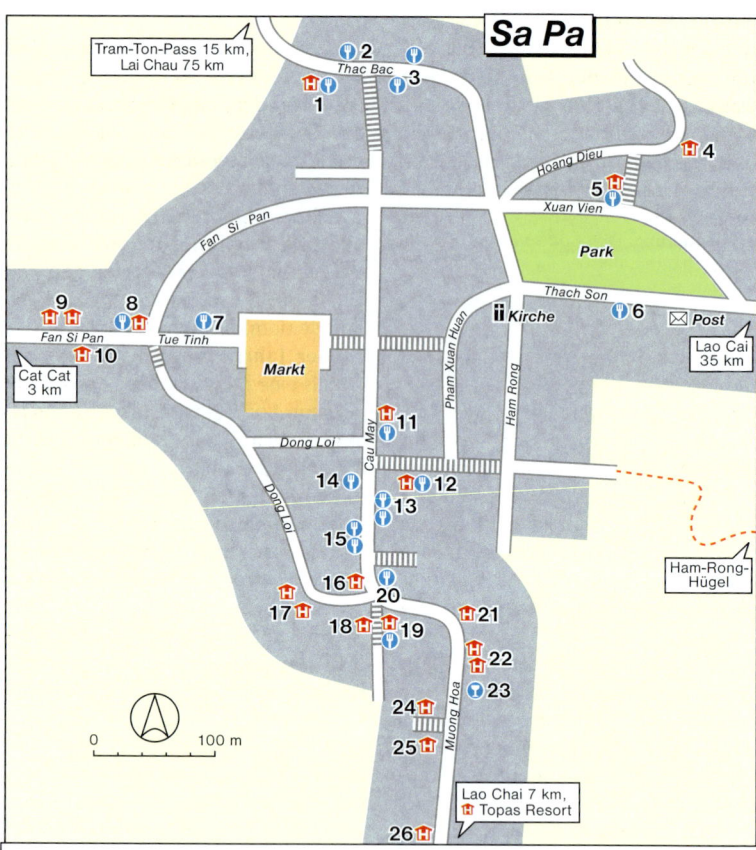

Sa Pa

Tram-Ton-Pass 15 km, Lai Chau 75 km

Thac Bac

Hoang Dieu

Xuan Vien

Park

Fan Si Pan

Thach Son

Fan Si Pan

Tue Tinh

Cat Cat 3 km

Markt

Dong Loi

Cau May

Dong Loi

Pham Xuan Huan

Ham Rong

Kirche

Post

Lao Cai 35 km

Ham-Rong-Hügel

Muong Hoa

0   100 m

Lao Chai 7 km, Topas Resort

1	Baguettes & Chocolat	14 Nature Bar & Grill
2	Nha San Ma Le	15 Romano's, Bom Bay
3	Red Dao House, Thien An	16 Pumpkin
4	Victoria Sapa	17 Hoang Long, Chau Long
5	Fansipan View, Luu Ly	18 Mountain View
6	Gecko	19 Royal
7	Camellia	20 Delta
8	Sapa Rooms	21 Lotus
9	Cat Cat View, Cat Cat	22 Queen, Friendly, Pinochio
10	Boutique Sapa	23 Red Dragon Pub
11	Thien Ngan, T-Bone Steak	24 Holiday Sapa
12	Cha Pa Garden	25 Bamboo Sapa H
13	Fansipan, Viet Emotion	26 Luong Thuy Family

zwar nicht die Regel, aber häufig genug, und zwischen kurzen Sonnenperioden kann oft tagelang dichter, klammer **Nebel** das Tal einhüllen. Klimatisch angenehmste Monate sind Okt./Nov. und April/Mai, die wärmsten, aber auch regenreichsten Juni bis August (im Übrigen auch die bevorzugte Zeit der einheimischen Touristen).

Samstagsmarkt

Als Hauptattraktion gilt der vornehmlich von Black Hmong, Red Dao, Tay und Giay frequentierte Samstagsmarkt, er ist aber im Vergleich zu anderen Märkten der Region ein eher bescheidenes Erlebnis. Als Geld noch unbekannt war, tauschte man hier Kohl gegen Birnen, Rüben gegen Pflaumen, Tabak gegen Reiswein und gelegentlich auch mal die Frauen (wie es heißt), inzwischen geht es um die wirklich wichtigen Dinge des Lebens wie Mopeds und Dollars und die halbwüchsigen Hmong-Schönheiten albern kokett (und in bestem Englisch) mit Touristen im folkloristischen Ethnien-Outfit.

Tatsache ist, dass Sa Pa von **Freitag** Nachmittag bis **Sonntag** früh manchmal heillos **überfüllt** ist und die Preise (in Hotels, Restaurants, Cafés etc.) steigen. Der Markt findet im Übrigen täglich statt, wenn auch deutlich weniger vielfältig als am Samstag, wenn nicht nur die Bewohner der umliegenden Dörfer, sondern auch weiter entfernter Weiler sich „in die Stadt" aufmachen (auch um ihrerseits *Tay*, Ausländer, zu gucken).

Trekking

Die Atmosphäre wirkt dezidiert **alpin,** und nicht nur wegen des alles überragenden, im Winter oft schneebedeckten Massivs der Tonkineser Alpen. Die halb vertraute – eben alpine – und halb fremde, exotische Landschaft mit ihren Reisterrassen und Bambuswäldern lädt zum Trekking geradezu ein und garantiert zudem immer wieder freudige Begegnungen mit Gleichgesinnten, die wie man selbst auf der Suche nach mehr oder minder buntgewandeten Bergbewohnern sind (die sich selbstverständlich jedes Fotolächeln honorieren lassen).

Die gängigsten **Routen** und Anlaufstellen wechseln von Saison zu Saison – permanent sind Scouts auf Achse, immer neue, noch „unverdorbene" Dörfer, Märkte und Pfade aufzutun, die nach spätestens einem Jahr dann schon wieder als alter Hut gelten –, sodass wir von speziellen Empfehlungen bewusst Abstand nehmen wollen.

● **Tagestouren** zu Hmong-Dörfern wie *Cat Cat* oder *Sin Chai* (3–4 Std. hin und zurück) oder zum Felsmassiv *Ham Rong* oberhalb des Orts lassen sich ohne Weiteres auf eigene Faust unternehmen (Wegzoll je nach Route 5–10.000 đ), von längeren Ausflügen ohne ortskundigen Guide ist jedoch abzuraten.
● **Exkursionen.** Exkursionen mit oder ohne **Homestay** (Übernachtung im Ethnien-Dorf) werden reichlich angeboten, in Hanoi wie in Sa Pa. Wo buchen? a) Manche Guides Hanoier Tourveranstalter kennen die Gegend wie ihre Hosentasche, manche aber gar nicht; und die, die einem die Touren verkaufen, haben den Ort in den meisten Fällen nicht mal gesehen. b) Agenturen vor Ort sind in der Regel um keinen Deut weniger professionell als in Hanoi, verfügen aber oft über mehr Erfahrung und Kontakte. c) Die Preis-

unterschiede sind letztlich nicht der Rede wert.

● **Homestay.** Übernachten bei Ethnien in der nahen Umgebung ist nur bedingt empfehlenswert (es sei denn als Etappe eines mehrtägigen Trekking). Weniger auf den Unterschied zwischen „Light", „Medium" oder „Tough Trekking Homestay" kommt es an – das bedeutet meist nur, ein und dasselbe Dorf auf unterschiedlichen Wegen zu erreichen –, sondern auf die faktische Distanz. Rund um Sa Pa ist nicht mehr allzu viel „natürlich" und „authentisch" (von Baustellen mal ganz abgesehen), und wo einem aus jeder Hütte im Dorf Gleichgesinnte fröhlich zuprosten oder misstrauisch entgegenstarren, vergeht einem bald die Lust. Lieber ein paar Dollar mehr ausgeben (d.h. inklusive Anfahrt mit Jeep) und sich ein Homestay 20–30 oder mehr km entfernt suchen (und dort die Gegend zu Fuß erkunden).

● **Fan Si Pan.** In einer 3-Tage-Tour den Fan Si Pan besteigen ist keine Hexerei. Das Gelände ist technisch anspruchslos – Pickel und Seil kann man getrost vergessen – lediglich ausreichend Kondition sollte schon sein. Plötzliche Temperaturstürze oder einsetzender Dauerregen haben allerdings schon manchen wünschen lassen, lieber die Finger davon gelassen – oder zumindest einem Anbieter vertraut zu haben, dessen Guides und Ausrüstung auch mit solchen Eventualitäten fertig werden.

● **Veranstalter.** Siehe Empfehlungen in Hanoi.
● **Topas.** 24 Muong Hoa, Tel. 3871331, www.topastravel.vn.
● **Sapa Nature Tours.** Von Lesern empfohlen. Ansprechpartner ist Mr. *Thang.* 24 Cau May, Tel. 3872094, www.hellosapa. com.
● **Sapa Trekking Tours.** 18 Muong Hoa (Bamboo Hotel). www.sapatravel.com.
● **Handspan.** 8 Cau May, Tel. 3871214, www.handspan.com.
● **APT Travel.** 8 Fansipan. Filiale des Hanoier Veranstalters. www.apttravel.com.vn.
● **Sapa Rooms.** Der Travel Service des Hotels (s. dort) scheint uns sehr kompetent und zuverlässig.
● **Guide.** Einziger deutschsprachiger Guide in Sa Pa ist Herr *Bao*, sehr zu empfehlen. Mobil: 0915.598457, vanbao_sapa@yahoo.com.

● **Markt.** *Muong Hum* (So, 2–3 Std. Bus). *Hmong (Blue, Flower), Black Dao, Giay*, tibetisch-stämmige *Ha Nhi*. Luxuriöses **Homestay** ist über das Victoria Sapa Hotel (s. dort) möglich.

Praktische Informationen

● 30.000 Einw. 1600 m. Tel. 020.
● **Information.** *Sa Pa Tourism Information Center.* In einer Kolonialvilla von 1913 mit Garten, Café, WC. Überraschend effektiv: freies Internet, freundlicher Service, offene und kompetente Auskünfte! In Planung ist ein kleines Museum. Tgl. 7.30–11.30, 13.30–17.30, 19.30–22 Uhr. Im selben Haus auch *Vietnam Airlines*-Büro. 2 Fansipan, Tel. 3871 975, www.sapa-tourism.com.
● **Geld.** *Agribank* mit ATM. Mo–Fr 7.30–12, 13–16.30 Uhr. 1 Cau May. Ein weiterer ATM beim *Royal Hotel*, 54B Cau May.
● **Apotheke.** 19 Cau May.
● **Massage.** 30 Min. um 50.000 đ. *Narcissus Foot Spa*, 43 Fansipan.

Unterkunft

In Sa Pa sieht man vor lauter Hotels bald den Ort nicht mehr. Und von Monat zu Monat kommen neue, immer größere und höhere hinzu – wo man gestern noch eine Panoramaaussicht auf den Fan Si Pan und das halbe Tal genoss, starrt man heute auf Neubauten und Erweiterungstrakts. Der Standard ist dank der großen Konkurrenz dafür erfreulich hoch – AC, Minibar, Sat-TV, Badewanne und sogar Kamin oder Elektroheizung zählen inzwischen fast zur Grundausstattung (zumindest „besserer" Zimmer). Fr/Sa werden die Preise angehoben (resp. je nach Geschäftspolitik des Hauses unter der Woche großzügig „Rabatt" gewährt).

First Class

● **Victoria.** 1999 auf einem Hügel über dem Ort im kolonialen Chalet-Stil errichtet. Komfortabel und gemütlich – eine Klasse für sich. Clou ist ein großer beheizter, im Sommer offener Indoor-Swimmingpool (28°) mit Spa rund 50 m vom Haupthaus entfernt. Sehr gutes Restaurant (Käsefondue!). 77 Zimmer ab 215 ++ $. Tel. 3871522, www.victoria hotels-asia.com.

07.xi Foto: kb

Bergland des Nordens

●**Topas Ecolodge.** Die sehr schöne, von Dänen geleitete Anlage steht mitten im Grünen 18 km südlich von Sa Pa. 25 freistehende, kreisrund um einen Hügel angelegte Granithäuser mit Balkon und Solarheizung ab 86++ $, inkl. BF sowie 3x tgl. Shuttle von/nach Sa Pa. Resto mit gemütlicher Bar. Trekkingtouren und Homestay möglich. Office am Stadtrand, 24 Muong Hoa, Tel. 3872404, www.topasecolodge.com.

Tourist

●**Chau Long.** Nach dem pseudo-gediegenen Motto *My home is my Castle* hat man das Haus gleich wie ein Kastell gestaltet – solider, aber geschmackloser Pseudoluxus (für Unerschrockene gibt's sogar Pool & Spa, zum Fürchten), genauso grotesk wie die offiziellen Preise: 65 Zimmer 90–110 $, Suiten 140 $

31. Januar 2000: Sensation! Schnee in Sa Pa!

inkl. BF. 24 Dong Loi, Tel. 3871245, www.chaulonghotel.com.
●**Holiday Sapa.** Im Vergleich dazu ein Hort der Behaglichkeit. 6 Stockwerke, Lift, 42 Zimmer. Die meisten kosten 70 $ inkl. BF und Panoramabalkon (im Untergeschoss auch 50–60 $), die schönsten außer den beiden Suiten (100 $) sind die Eckzimmer 305, 405 mit Balkon und 3 Aussichtsfenstern. 14 Muong Hoa, Tel. 3873874, www.holidaysapa.com.
●**Cha Pa Garden.** 4 schlicht-elegante Zimmer in schöner Kolonialvilla mit Garten – ein Schmuckstück, errichtet von dem Norweger *Tommy* und seiner Frau *Chai*, einer Hmong. Gutes Restaurant, weitere Zimmer und Mini-Spa in Planung. Groß und mit Balkon 80, ohne und etwas kleiner 65 $ inkl. BF. 23B Cau May, Tel. 3872907, www.chapagarden.com.
●**Sapa Rooms.** Hinter dem profanen Namen verbirgt sich ein Juwel. Mit viel Geschmack und Know-how eingerichtet, zugleich praktisch, wohnlich und schön. Unten Restaurant, Café und Bar, oben hübscher *Relax Room* für

Massagen usf., dazwischen 4 Zimmer à 45 und 2 à 65 $ inkl. BF. Kompetenter Service, auch für Touren und Kochkurse zu empfehlen. Patron ist der Australier *Pete*. 18 Fansipan, Tel. 3872131, www.saparooms.com.

●**Hmong Mountain Retreat.** In den Reisfeldern 6 km südl. beim Weiler *Lao Chai* mit Blick auf das *Muong-Hoa*-Tal. 6 Bungalows – traditionelle Hmong-Häuser, restauriert und am neuen Platz wieder aufgebaut – 52–80 $ inkl. BF sowie 1 Haus mit Lounge und 2 Schlafzimmern 110 $ inkl. BF. Von den Eignern der *Sapa Rooms*, s.o.

●**Boutique Sapa.** Akzeptabler Newcomer, etwas abseits vom Getriebe, mit gutem Service und Restaurant *Bellavista*. 12 Zimmer 35 $ (zur Straße) und 50 $ (groß, mit Balkon, tollem Panorama und Holzbadewanne) inkl. BF. 41 Fansipan, Tel. 3872727, www.sapaboutiquehotels.com.

●**Fansipan View.** Neues, freundliches Hotel, etwas abseits, ruhig, mit Resto und teilweise Prachtblicken. 15 Zimmer 20–22, Deluxe (auch als Triple) 28 $ inkl. BF. 19 Xuan Vien (Treppe), Tel. 3873579, www.fansipanview.com.

●**Bamboo Sa Pa.** 2010 umfassend renoviert. Gut ausgestattete Zimmer, meist mit Kamin und Aussicht (die vermeintlichen Balkone sind bloß Galerien). Großes Restaurant, Lift. 45 Zimmer 55–90 $ inkl. BF. Ein zweites Haus gleich daneben hat etwas kleinere Zimmer. 18 Muong Hoa, Tel. 3871076, www.bamboosapahotel.com.vn.

●**Baguettes & Chocolat.** Hübsche DeLuxe-Pension über dem geschmackvoll eingerichteten Café der gemeinnützigen *Hoa-Sua*-Schule, Hanoi. Sehr aufmerksamer Service, nur 4 Zimmer à 22 $ inkl. BF. Tel. 3871766. baguette&chocolatsp@hoasuaschool.com.

●**Thien Ngan.** Hotel mit angeschlossenem Steakhaus an der Hauptstraße. Ordentlich, auch für den Preis, aber ohne Ausblick. 18 Zimmer 25 $ inkl. BF. 21 Cau May, Tel. 3873222, thienngansapahotel@gmail.com.

●**Cat Cat View.** Der schönste Blick auf Sa Pa und die Berge. 40 Zimmer, im Neubau mit Lift 25–30, im höheren Altbau mit Terrassen 30–35 $ inkl. BF; teurere Zimmer lohnen nicht. Das Ensemble von Terrassen und Ausblicken, einst unverwechselbares Markenzei-

chen des Hotels, ist durch die Renovierung zwar beeinträchtigt, aber noch vorhanden. Gutes Resto. 46 Fansipan, Tel. 3871946, www.catcathotel.com.

Budget

●**Royal.** Gelungene Mischung aus Seriosität und Lockerheit, Traveller und Touristen. Gutes Restaurant, sehr kompetenter Tourservice, gutes Preis-/Leistungsverhältnis. 28 Zimmer, z.T. mit Aussichtsbalkon 15–20 $, Suite 25 $ inkl. BF. 54B Cau May, Tel. 3871313, www.royalsapahotel.com.

●**Mountain View.** Von einigen Zimmern herrliche Aussicht (große Panoramafenster, Balkon), insgesamt ein wenig laut. Populäre Sonnenterrasse, 25 Zimmer 10–25 $, abhängig von Lage und Größe. 54A Cau May, Tel. 3871334. mountainviewsapa@gmail.com.

●**Cat Cat.** 18 Zimmer, z.T. mit Terrassen 15–25 $ inkl. BF. 42 Fansipan, Tel. 3871387, www.sapatravel.biz.

●**Lotus.** Mitten im Ort. 16 große, saubere Zimmer, z.T. mit Balkon 6–10 $. Schöne Caféterrasse. 5 Muong Hoa, Tel. 3871308, lotushotelsapa05@yahoo.com.

●**Hoang Long** (Prince). Sympathisch. 9 große, saubere Zimmer 12–18 $ inkl. BF (im Zimmer serviert), Zi 202 (DZ/Triple) mit Balkon und Sonnenterrasse 20 $. Dong Loi, Tel. 3872089, hotelhoanglong@gmail.com.

●**Queen.** Für den Preis akzeptabel. 20 Zimmer 6–15 $ (je höher, desto teurer), z.T. mit Aussicht und Terrasse. 9 Muong Hoa, Tel. 3871301, sapaqueenhotel@yahoo.com.

●**Pinochio.** 18 Zimmer, fast alle mit View 6–12 $. Super Terrasse. 15 Muong Hoa, Tel. 3871876, pinochiohotel_sapa@yahoo.com.

●**Friendly.** Zwischen *Queen* und *Pinochio*, etwas teurer, aber auch gepflegter und besser ausgestattet. 14 Zimmer 12 $ (nach hinten, aber mit Fenster) bis 18 $ inkl. BF. 11 Muong Hoa, Tel. 3873689, sapatien@yahoo.com.vn.

●**Pumpkin.** Sauber, ordentlich, zentral; einige Zimmer mit PC. 15 Zimmer 14–16 $ inkl. BF. Tel. 3872515, pumpkinsapa@gmail.com.

Blaue Hmong bei Cao Bang

● **Luong Thuy Family.** 8 Zimmer, davon 4 mit Balkon und tollem Blick auf unverbaute Natur, 8–15 $. 28 Muong Hoa, Tel. 3872310, bichfamily@yahoo.com.

Essen und Trinken

Globalisierung bedeutet in Sa Pa, dass überall das Gleiche auf der Speisekarte steht – von Viet Snacks über Sandwiches und Salate bis zu PizzaPasta. Weil jeder Angst hat, nicht das zu bieten, was die Konkurrenz hat. Das Ergebnis ist schaurig – wenn auch in aller Regel ohne Folgen genießbar. Dankenswerterweise haben fast alle Restos Speisekarten aushängen – das mildert zumindest Preisauswüchse und richtig böse Überraschungen.

Für **Pizza** oder Pasta taugen eigentlich nur *Delta* – und danach *Romano's*. **Außergewöhnliche** Gerichte, die kein anderer hat, findet man am ehesten bei *Baguettes & Chocolat*, *Chapa Garden*, *Sapa Rooms* und vielleicht noch *Gecko*. Allgemein einen hohen Standard hat auch *Nature Bar & Grill*. Anständiges günstiges Essen gibts im *Fansipan*.

● **Camellia.** Das älteste Resto von Sapa, gemütlich, recht gute Küche. Spezialität Hot Plates (mit Fisch, Rind, Schwein). 22 Tue Tinh, hinter dem Markt.

● **Delta.** Pizza, Pasta & Co. Hier wurden bereits *Cocktails* gemixt, als Rest-Sa Pa darunter noch Hahnenschwänze verstand. 33 Cau May.

● **Gecko.** Nettes Ambiente, französische und vietnamesische Küche. 4 Ham Rong. Einen *Petit Gecko* für Snacks und Drinks gibt es gegenüber.

● **T-Bone Steak.** Western Food inkl. Pizzapasta usf., Steaks ab 10 $. 21 Cau May.

● **Viet Emotion.** Schick-gemütliche Lounge mit Tapas, französischen Weinen und selbst französischem Käse; Hauptgerichte ab 10 $. 27 Cau May.

● **Nature Bar & Grill.** Entspanntes Ambiente im 1. Stock, ordentliche vietnamesische Küche, viel Wild (Hirsch, Wildschwein), *keine* Pizzen! 24 Cau May.

● **Romano's.** Einer von 3 „Italienern" mit dem Pisa-Turm im Emblem, aber die Pizzen sind hier klar über dem Durchschnitt. 28 Cau May.

073vi Foto: kb

●**Luu Ly** *(Forget me not).* Solide vietnamesische Küche, umfangreiche Karte (sogar Gans), abseits vom Rummel. 19 Xuan Vien.

●**Sapa Rooms.** Spezialitäten sind der Hot Pot, Suppen und „organisches" Fast Food around the clock. Außerdem: tgl. Kochkurse, hausgemachtes Eis und *Segafredo*-Kaffee. 18 Fansipan.

●**Baguettes & Chocolat.** Nette Atmosphäre, interessante Karte, gute Küche. Nicht teurer als alle anderen, auch Set Menus. 31 Thac Bac.

●**Red Dao House.** Eine Marktlücke und abseits vom „Strip", aber letztlich auch wieder das Gleiche wie überall. 4B Thac Bac.

●**Thien An.** Vegetarisch. 2 Thac Bac.

●**Nha San Ma Le.** Ethnien-Restaurant, man sitzt auf Matten, Spezialität ist Pferd, dazu Reisschnaps. 8 Thac Bac.

●**Fansipan.** Vielleicht das günstigste – akzeptable! – Essen. Set Menü 5 $, auch Pizzen, oben Bar. 23 Cau May.

●**Bom Bay.** Der erste Inder Sapas! Gut und sehr günstig. 36 Cau May.

●**Highland Bakery.** Auch Café. 50 Cau May und 24 Fansipan.

●**Red Dragon Pub.** Unten Coffeeshop. Oben gemütliche Bar. Ein Touch von Merry Old England mitten in den Alpen Tonkins *(John* und *Loan).* 21 Muong Hoa.

●**Nachtmarkt.** Seitlich der Kirche findet täglich ein kleiner Nachtmarkt statt, auf dem auch einige Garküchen einen Platz haben.

●**Pink Floyd.** Beer & Burger bis Mitternacht. 43 Fansipan.

●**Royal Bar.** Di., Do., Sa., 20–22 Uhr „Hilltribe Night". 54B Cau May.

Shopping

●Die allgegenwärtigen, geschäftstüchtigen Hmong-Frauen verhökern hübsche Indigo-Decken und -Taschen etc.; Vorsicht, die Stoffe sind nicht fixiert und färben alles blau und grün! Am Abend offerieren sie gelegentlich auch Gras und Opium – aber auch wenn man sie nicht sieht, die Polizei ist überall („Unsere Polizisten in Zivil sehen teilweise aus wie betrunkene Cyclofahrer").

●Entlang der Hauptstraße eröffnen zunehmend Boutiquen und Souvenirshops. Zum Teil gar keine schlechten Sachen. Auch hier:

Bei Stoffen und Kleidung auf Fixierung achten (evtl. Daumen anfeuchten, über den Stoff rubbeln).

●**Mountain Town.** 13 Cau May.

●**Viet Silver.** 34 Fansipan.

Anreise und Weiterreise

●**Per Zug.** 5-6-mal tgl. Hanoi – Lao Cai (340 km). Am günstigsten sind die Nachtzüge 21.15 und 21.55 Uhr, Ankunft 5.30 bzw. 6 Uhr. Preise und **Spezialwaggons** siehe unter Zug, *Hanoi.* Direkter Anschluss nach Sa Pa (35 km, ca. 1 Std.) per Bus (25.000 đ, Ticketverkauf im Bahnhof). Tickets nach Hanoi können gegen eine geringe Kommission im *Train Ticket Office,* 24 Cau May, oder im *Hotel Royal* gelöst werden.

●**Per Auto** oder **Motorrad.** Fahrzeit ab Hanoi 10–12 Stunden. Die gute (allerdings permanent weiter ausgebaute) Straße nach Sa Pa zweigt 5 km vor Lao Cai ab.

●**Per Tour.** Gegen den Preis von Zweieinhalb-Tagestouren für 100–120 $ inkl. aller Transporte, Guide, Trekking, Teilverpflegung und 3 Übernachtungen (2x Zug, 1x Hotel oder Homestay) lässt sich absolut nichts sagen, man sollte dabei aber nicht übersehen, dass man gut die Hälfte der Zeit in Zügen und Bussen verbringt.

●**Nach Bac Ha** (105 km). Zum Sonntagsmarkt von *Bac Ha* verkehren Tour-Busse (Abfahrt 6, Rückkehr ca. 16 Uhr, um 10–12 $). Per Lokalbus Umsteigen in Lao Cai.
●**Entfernungen** (in km): Muong Lay 185, Dien Bien Phu 340 und Hanoi über DBP 765.

Lao Cai ↗ III/D1

(Làо Cai)

Der seit 1994 wieder aufgenommene Handel mit China hat den verschlafenen Grenzposten zum chinesischen Yunnan in eine burschikose Retortenstadt zwischen sozialistischem Pomp und parvenühaftem Protz verwandelt (nur ein schwacher Trost, dass es beim chinesischen Nachbarn *Hekou* noch grauenvoller ausschaut).

Hmong Hoa (Blumen-Hmong) – in Alltagskleidung ...

... und herausgeputzt

Zentrum und Markt liegen auf dem linken, Bahnhof und Grenze, rund 2 km voneinander entfernt, auf dem rechten Ufer des Roten Flusses.

Praktische Informationen

●40.000 Einw. 600 m. Tel. 020.
●**Information.** *Sa Pa Tourism*, am Bahnhof, 306 Khanh Yen, Tel. 6252506, www.sapa-tourism.com. *Pole-Star Travel*, 68 Phan Dinh Phung, mobil: 0912.244650, www.caoson travelguide.com.
●**Geld.** ATM beim Guesthouse *Pho Nui* beim Bahnhof. 82 Ho Tung Mau.
●**Unterkunft.** Es gibt zahlreiche, vornehmlich von chinesischen Besuchern frequentierte Minihotels an der Grenze. **Thien Hai.** Neu 2008, am Bahnhof. Sauber und funktionell. 45 Zimmer, DZ 30 $ inkl. BF. Tel. 3833666, www.thienhaihotel.com.vn. **Song Hong Guesthouse.** 16 Zimmer 10–20 $, z.T. mit Fluss-/Chinablick. 144 Phan Boi Chau, Tel. 3830004. **Le Bordeaux.** Vietnamesisches und Western Food, 5.30–22.30 Uhr. Ruheraum mit Dusche 100.000 đ. 322 Nguyen Hue, am Bahnhof. Tel. 3832948.
●**Essen und Trinken.** Auf der *Hong Ha*, einer hübschen, mit Bäumen bestandenen Straße auf dem linken Ufer (ein Rest „altes" Lao Cai) gibt es mehrere empfehlenswerte Garküchen und Cafés.
●**An- und Weiterreise** siehe *Sa Pa* bzw. *Hanoi.*
●**China.** Mit dem Bus 3-mal tgl. nach *Con Minh* (Kunming) ab *Hekou*, der chinesischen Grenzstadt auf der anderen Seite des Flusses. Die Zugverbindung ist (vorläufig?) eingestellt.

Bac Ha ↗ IV/A1

(Bắc Hà)

Als Alternative zu Sa Pa haben sich die findigen Hanoier Tourcafés schon vor Jahren das nur 900 m hohe (und darum nicht gar so kühle) Bac Ha ausgeguckt. Der in einem Talkessel gelege-

Bergland des Nordens

ne Ort selbst ist ohne Atmosphäre und mit Sa Pa nicht zu vergleichen – einzige echte Attraktion ist der große **Sonntagsmarkt** –, aber für **Trekking** und **Homestay** vielleicht sogar geeigneter. Bac Ha ist deutlich weniger überlaufen (unter der Woche oft nahezu tot), das Klima ist ein bisschen weniger rau, zumal im Winter, und die Dörfer und **Märkte** der näheren Umgebung sind – noch – ein wenig ursprünglicher geblieben.

Eine Besonderheit sind die farbenfreudigen *Flower Hmong*, die mit Abstand vorherrschende Ethnie der Region, des Weiteren wird man Tay, Nung, Dao und Giay sowie, allerdings seltener, Phu La, Lu und anderen Minoritäten begegnen. In den Monaten März und April ist das sanfte Hügelland um Bac Ha in ein Meer weißer Pflaumenblüten getaucht.

2007 wurden die alten französischen Markthallen abgerissen, aber halbwegs „original" rekonstruiert. Dabei wurde das Gelände auch weitläufig asphaltiert und ein nagelneuer See angelegt.

Der **Song Chay** rund 20 km südlich von Bac Ha ist auf ca. 50 km Länge ein ideales Gewässer für Floßfahrten und Wildwasser-Kayaking.

Palast des Hmong-Königs

Der aufwendige, zweistöckige Palast mit Freitreppe und Innenhof wurde 1914–1921 für den von den Franzosen gekürten „König der Hmong" gebaut, um die Hmong auf ihre Seite zu ziehen und gegen aufständische Vietnamesen (und andere Bergvölker) zu

mobilisieren. *Hoang Yen Chao* und sein Sohn *Hoang A Tuong* – nach dem der Palast heute benannt ist – waren skrupellose Ausbeuter, die die lokalen Stämme wie Sklaven hielten. Später paktierte der „König" mit den Amerikanern und floh 1973 mit 8000 Getreuen und einem Goldschatz über Laos nach Kalifornien, wo seine Nachfahren noch heute leben.

● **Dinh Hoang A Tuong.** Tgl. 7–17 Uhr, Eintritt frei.

Praktische Informationen

● 6000 Einw. 900 m. Tel. 020.
● **Information.** *Sapa Tourism Center* im Palast des *Hmong-Königs* (s.o). Sehr effektiv. Tel. 3780662, www.sapa-tourism.com.
● **Touren.** *Bac Ha Tourist* ist entgegen dem Augenschein ein rein privater Veranstalter und äußerst empfehlenswert. Leichte Treks ab 8, Tagestouren ab 18 $. Mr. *Nghe* ist vor Ort im Restaurant *Hoang Yen* anzutreffen. Mobil: 0913.005592, www.bachatourist.com.
● Das Volkskomitee von Bac Ha ist berüchtigt für seine enervierende **Lautsprecherpropaganda,** morgens früh ab 5 Uhr, und dann noch mal am späten Nachmittag.
● **Strom.** Fr./Sa., wenn die Hotels voll sind, fällt oft mehrmals hintereinander der Strom aus. Für die Restaurants ist das kein Problem (die kochen mit Gas), aber in den Hotels ist es dann düster.

Unterkunft

● **Sao Mai.** 95 % aller Touristen und Traveller nächtigen hier – die übrigen haben keinen Platz gefunden –, dementsprechend sind die Preise. Resto, Touren, am Wochenende bunte „Ethnientänze". 65 Zimmer in 3 Gebäuden (von 2000, 2004, 2008), DZ 30, 40, im New Wing mit AC/Heater – im Winter oft ein Segen! – 50 bzw. 70 $ (Suite) inkl. BF (uns wurden vor Ort deutlich niedrigere Preise genannt!). Tel. 3880288, www.saomaibacha hotel.com.

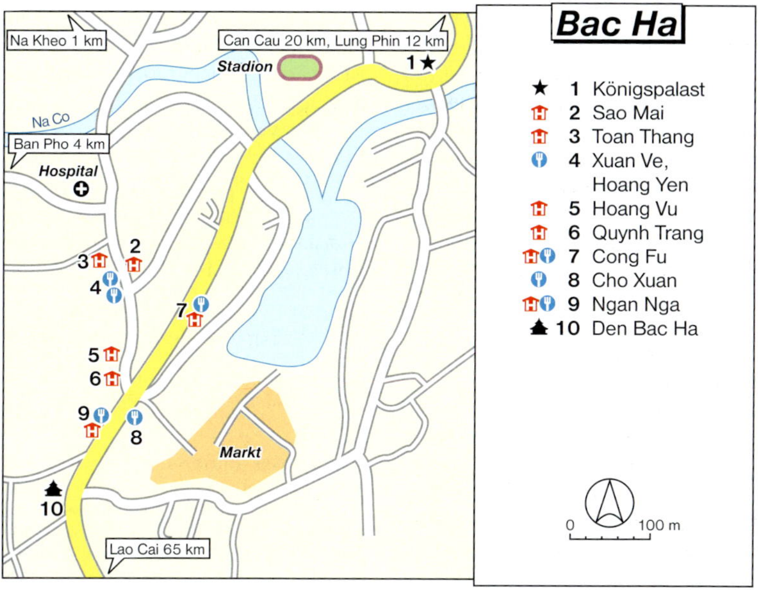

Bergland des Nordens

Bac Ha

★ 1 Königspalast
🏠 2 Sao Mai
🏠 3 Toan Thang
🛈 4 Xuan Ve, Hoang Yen
🏠 5 Hoang Vu
🏠 6 Quynh Trang
🏠🛈 7 Cong Fu
🛈 8 Cho Xuan
🏠🛈 9 Ngan Nga
♠ 10 Den Bac Ha

Na Kheo 1 km · Can Cau 20 km, Lung Phin 12 km · Stadion · Na Co · Ban Pho 4 km · Hospital · Markt · 0 100 m · Lao Cai 65 km

●**Cong Fu.** Ordentlich, ein Muster an Effizienz und mit Restaurant auf 3(!) Stockwerken. 21 Zimmer 20 $, mit Balkon und Aussicht auf die Stadt und den neuen See 30 $; am schönsten die Eckzimmer 108, 208, 308. Tel. 3880254, congfuhotel@gmail.com.

●**Ngan Nga.** Hinter dem alten Guesthouse (7 Zimmer 10 $ inkl. BF) ist Ende 2009 ein nagelneues, siebenstöckiges Haus mit 49 Zimmern entstanden. Die Preise dürften etwas über dem *Cong Fu* liegen. Bekannt gutes Restaurant. Tel. 3880251, camnhyt@yahoo.com.

●**Toan Thang.** Zweistöckiges Holzhaus mit 8 Zimmern, sauber, aber etwas überteuert, 10–15 $. Seit 2008 neuer Flügel mit 10 Zimmern, 20–25 $ inkl. BF. Schräg ggb. dem Sao Mai. Tel. 3880444 oder mobil: 0915.249374.

●**Hoang Vu.** Das vielleicht beste der kleinen Guesthouses. Chef *Nghe* führt auch das Resto *Hoang Yen* und ist der kompetenteste Tourveranstalter vor Ort. 10 Zimmer 6–8 $. Tel. 3880246 oder mobil: 0915.491106.

●**Quynh Trang.** Auch sehr in Ordnung; große Zimmer und Betten. 7 Zimmer 10 $. Tel./Fax 3880450.

●Zahlreiche **Minihotels** liegen in Gehweite.

●**Nga Nghi Chinh Chi.** Neugebautes Pfahlhaus 1 km Richtung *Ban Pho*. Sauber und freundlich, aber ohne Englisch (die Gastgeber sind *Tay*), WW in Gemeinschaftsbädern. Zimmer für 2, aber auch für 8–10 Personen, Bett à 50.000 d. Tel. 33505344.

Essen und Trinken

Lukullische Genüsse sollte man in Bac Ha nicht erwarten. Die Küchen sind darauf ausgerichtet, an den Wochenenden hunderte von Kleingruppen abzuspeisen, während sie an den restlichen Tagen fast nichts zu tun haben. Das färbt natürlich ab.

Am *gemütlichsten* sitzt man im **Hoang Yen**. Und recht wohnlich ist es auch im **Xuan Ve**. Die effektivste Küche ist die des **Cong Fu**, die Abspeisungsorgien an den Wochenenden sind beeindruckend; Mitte der 1990er

Jahre war es das erste Privatresto vor Ort, das Hotel ist erst 2008 dazugekommen. Ähnlich effektiv geht es im **Ngan Nga** zu – wobei es uns zuletzt dort deutlich besser geschmeckt hat. Draußen sitzt man schön im *Cho Xuan (Spring Fair)*, allerdings bei vermutlich eher zweifelhaftem Fast Food.

Anreise und Weiterreise
●**Lao Cai** (65 km). Per Lokalbus (4-mal tgl.) oder Xe Om.
●**Sa Pa** (105 km). Per Tour-Bus (So sowie nach Bedarf, hin und zurück ca. 6 Std., 10– 12 $) oder Lokalbus (Umsteigen in Lao Cai).
●**Ha Giang.** s. dort.
●**Tour.** Fast alle Hanoier Tourcafés laufen Bac Ha an, meist in Kombination mit Sa Pa.

Umgebung von Bac Ha

Ban Pho
Soft Trekking auf eigene Faust (4 km), um Ban Pho leben vornehmlich Hmong, die bekannt für ihren exzellenten selbstgebrannten Schnaps sind. Jedes Dorf, ja jede Familie, verfügt über ein eigenes Rezept für *ruou*, der hier meist aus Mais und Cassava (seltener aus Reis) hergestellt wird. Ein einfacher, sehr schöner Rundweg führt vorbei an weiteren Ansiedlungen, Reisterrassen und Pflaumenhainen bis zum Tay-Dorf **Na Kheo,** das schon fast ein Vorort von Bac Ha ist (1½ Std. ab Ban Pho).

●Vom *Sao Mai*-Hotel bis zum neuen Krankenhaus gehen, dort rechts.
●In *Na Kheo* auch Möglichkeit zu Homestay.

Cao Son
Beinahe hätten sich die Kolonialfranzosen 1880 hier angesiedelt statt in Sa Pa – nur der Wassermangel des 1500 m hoch gelegenen Tals ließ sie weiterziehen; übrig blieb eine kleine Garnison.

Heute wird es vornehmlich von Flower Hmong und Red Dao bewohnt. Markt ist Mi.

●**Anreise.** Entfernungen in km: Lao Cai 80, Bac Ha 125 (über Muong Khuong), 52 (über Coc Ly), Coc Ly 28. Ab Lao Cai 2½ Std. per Bus über Muong Khuong.
●**Cao Son Eco Lodge.** Wir haben sie leider nicht selber erlebt, aber von verschiedenen Stellen viel Positives gehört. 4 Zimmer mit Bad im Haupthaus (*Tay*-Stil), DZ 50 $ inkl. BF. Dazu zwei Lodges, eine im Ort, eine im Wald (um 120 $ für 4–5 Pers.), und Vermittlung von Homestays (5 $ pro Person). Restaurant, Möglichkeiten zum Reiten, Trekking, Camping, Mountainbiking usf. Mobil: 0912. 244650 (Mr. *Bang*), www.caoson-eco-lodge. com.

Märkte der Region
●**Bac Ha.** Tgl. rund um die Markthallen, Haupttag So. mit Tiermarkt. Ab 10–11 Uhr treffen die Touristenscharen aus Sa Pa ein und fotografieren sich gegenseitig – ein Argument dafür, in Bac Ha zu nächtigen. *Flower Hmong, Nung, Tay.*
●**Lung Phin** (12 km N). So. Weniger geschäftig, aber eine Alternative zu Bac Ha.
●**Can Cau** (20 km N). Sa. Der bunteste Markt der Region. Hügelgelände, sehr belebt bis chaotisch. Fast ausschließlich *Flower Hmong*, ab und zu *Tay, Black Dao, Lu*. Karawanen von Kleinbussen aus Bac Ha und Sa Pa verstopfen die Straße, es gibt bereits Verkaufsstände nur für Touristen. Dennoch: sehr lebhaft, lohnend.
●**Si Ma Cai.** (30 km N). So. Bis 2008 war das grenznahe Si Ma Cai (bedeutet „Pferdemarkt") off limits für Ausländer; für die Übernachtung im einzigen Hotel (A 27) benötigt man weiterhin ein Permit. Die 10 km ab Can Cau lohnen wegen der herrlichen (und unverbauten!) Landschaftskulisse, der Ort selbst ist nichtssagend. Weiterfahrt nach *Pha Long* (s.u.) nur mit 4WD.
●**Muong Khuong** (ab Lao Cai 50 km NW). So. Distrikthauptstadt, 2–3 Guesthouses. 20 km von der chinesischen Grenze entfernt. *Flower Hmong, Giay, Tay, Black Dao*, mongolisch-stämmige *Y Ty.*

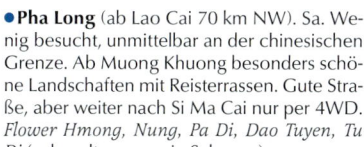

● **Pha Long** (ab Lao Cai 70 km NW). Sa. Wenig besucht, unmittelbar an der chinesischen Grenze. Ab Muong Khuong besonders schöne Landschaften mit Reisterrassen. Gute Straße, aber weiter nach Si Ma Cai nur per 4WD. *Flower Hmong, Nung, Pa Di, Dao Tuyen, Tu Di* (sehr selten, ganz in Schwarz).

● **Coc Ly** (48 km W). Di. Im Flachland, unmittelbar am *Song Chay* gelegen; Touren nutzen das gerne zu Bootsexkursionen. Aufgrund intensiver Straßenbauarbeiten auf beiden Ufern des Flusses eine z.Zt. arg zerfranste Idylle, jedoch verkürzt seit 2010 eine neue Brücke die Strecke nach Bac Ha auf 24 km. *Flower Hmong*, ab und zu *Tay, Black Dao*.

● **Cao Son.** Mi. (s.o.).

● **Lung Khau Nhin** (12 km nördl. Cao Son). Do.

● **Muong Hum** (ab Lao Cai 42 km). So.

Nordwest-Alternativroute über das Hoang-Lien Son-Massiv

● **Entfernungen ab Hanoi** (in km): Son Tay 45, Nghia Lo 210, Tu Le 260, Mu Cang Chai 310, Than Uyen 350, Tam Duong 410, Sa Pa 450.

Son Tay

Am 21. November 1970 wagte die Elitetruppe der *Green Berets* – mit tatkräftiger Unterstützung der US Air Force, die über 100 Flugzeuge für dieses Manöver einsetzte – einen unerhörten Helikopter-Angriff auf nordvietnamesisches Terrain. Doch die 70 amerikanischen Kriegsgefangenen des Lagers *Son Tay*, die man befreien wollte, waren just am Tag zuvor verlegt worden. Als *Son Tay Raid* ist dieses Ereignis in die Militärgeschichte eingegangen.

Knapp 100 Jahre zuvor hatten die *Franzosen* in Son Tay eine bedeutende Schlacht ausgefochten. Die Belagerung der mächtigen, 1822 von Kaiser *Minh Mang* erbauten **Zitadelle,** forderte viele Opfer, war aber am Ende erfolgreich. Erhalten sind Reste der einst 1,3 km langen Festungsmauer, des 20 m breiten Wassergrabens und das relativ intakte **Südtor** (das Nordtor wurde notdürftig restauriert).

Im unmittelbaren Umkreis von Son Tay liegen **Chua Thay** und **Chua Tay Phuong,** die zu den bedeutendsten Pagoden Vietnams zählen, sowie der Weiler **Mong Phu** mit seinem einmaligen Ensemble an historischen Häusern (s. „Umgebung von Hanoi").

Nghia Lo

Das 10 km lange und rund 4 km breite, von Bergen umringte Tal von Nghia Lo, eingebettet in eine Senke zwischen dem Roten und dem Schwarzen Fluss, war 1951 Schauplatz einer blutigen Schlacht zwischen Franzosen und Söldnern (meist Tay) und dem Vietminh; General *Giap* erlebte hier eine seiner schwersten Niederlagen.

Die Bezirksstadt in der Provinz Yen Bai ist ein lebhafter Ort mit einem florierenden **Markt** (bis zur Dämmerung); Besucher sind *Tay* und *Viets* sowie *Thai, Muong, Dao*.

Unterkunft u. Verpflegung

● **Nghia Lo.** Ein „richtiges" Hotel (wenn man nicht zuviel erwartet) mit 55 Zimmern auf 7 Etagen, DZ 12–16 $. Tel. 029/3870106.

● **Mien Tay.** Motelanlage, simpel, aber sauber, korrekt. 30 Zimmer 8–12 $. Tel. 029/3871223.

● **Restos** findet man z.B. in einer kleinen Gasse ggb. dem Mien-Tay-Hotel.

Bergland des Nordens

Der Nordwesten

Tu Le

Langgezogenes Straßenkaff kurz vor dem 20 km langen *Khau Pha*-Pass mit seinen spektakulären Reis-Terrassen. Ab hier sieht man fast nur noch Hmong.

Unterkunft u. Verpflegung
● **Pho Nui.** Rustikales Guesthouse *(Nha Nghi)* mit 8 Zimmern à 130.000 đ. Großes Restaurant.
● **Xom Vang.** Etwas abseits der Straße, ruhiger, sehr einfach aber sauber. 4 Zimmer 120.000 đ. Mobil: 0982.385440.

Mu Cang Chai

Wer kann, besucht die Region Ende September/Anfang Oktober, wenn der Reis seine Farbe von grün auf gelb zu wechseln beginnt und sich die Felder mit Mensch und Tier beleben, um die bevorstehende Ernte vorzubereiten. (Eine zweite Ernte ist hier und da Ende Mai/Anfang Juni möglich.) Besonders gerühmt werden die Terrassen der Weiler *La Pan Tan*, *Che Cu Nha* und *De Xu Phinh*. – Der Ort selbst ist ohne Interesse.

Unterkunft
● **Suoi Mo.** Ordentlich, solide, etwas über dem Ort gelegen. 14 Zimmer à 200.000 đ. Tel. 029/3878643, nhakhachsuoimomcc@gmail.com.

Than Uyen

Schon wenig hinter Mu Cang Chai - mit Ausblicken auf den *Song Nam Mu*, einem Nebenfluss des Song Da – verlässt man die Provinz *Yen Bai* und er-

071vi Foto: kb

reicht die Provinz *Lai Chau.* Hier trifft die N 279 Richtung *Son La* (s. dort) auf die N 32.

Unterkunft u. Verpflegung

● Es gibt 4–5 **Nha Nghis** (Guesthouses) und ein sehr ordentliches **Restaurant,** das sich unmittelbar an der Südseite der Brücke befindet, mit Veranda, Tischdecken(!) und guter Lokalküche.

Tam Duong

Der Ort hieß bis 2007 *Binh Lu* – bevor das alte Tam Duong zur Provinzhauptstadt Lai Chau wurde. Wie auch immer: Von hier geht es links Richtung Lai Chau (34 km) und rechts über den *Tram Ton*-Pass nach Sa Pa (40 km).

Lebhafter Markt (Do) mit Thai, Dao, Giay und den attraktiven Lu.

Der Nordosten

Die Berge östlich des Roten Flusses sind fächerförmig angeordnet und erreichen im Durchschnitt nur Höhen um **1000–1500 m,** mit den höchsten Erhebungen, um 2000 m, an der Grenze zu China. Anders als im Nordwesten wechseln sich Kalksteinformationen und härteres **Schiefergestein** ab, die Gebirge sind weniger schroff, die Böden deutlich fruchtbarer, die Flusstäler breiter, und hier und da breiten sich große Seen aus *(Ba Be).* Die reichen Bodenschätze des Nordostens (Eisenerz, Phosphat, Bauxit usw.) bilden den Grundstoff für die Industrie des Deltas, und entlang der Küste nördlich der Ha Long-Bucht erstrecken sich reiche Kohlevorkommen.

Der Nordosten ist die Heimat der zahlenmäßig stärksten **Minorität** Vietnams, der *Tay* (1,35 Mio.), die wie ihre Vettern, die *Nung,* vornehmlich in mittleren bis niederen Höhenlagen siedeln und sich bereits stark an den vietnamesischen Lebensstil assimiliert haben. Weitere bedeutende Minderheiten sind *Dao* und *Hmong* (s. Exkurs *Ethnische Minoritäten des Nordens).*

Verkehrswege und Flüsse folgen den Tälern und laufen **fächerförmig auf Hanoi** zu. Die N 1A und die Eisenbahn nach Nanning/Beijing verbinden Hanoi mit Lang Son, der größten Stadt des Berglands. Die N 3 führt nach Ba Be und Cao Bang. Die N 2 nach Ha Giang. Die Eisenbahnlinie nach Kunming folgt dem Roten Fluss gen Nordwesten bis Lao Cai. Das Problem sind die **Querverbindungen,** meist enge,

Hmong auf dem Weg zum Markt

schmale Pass-Straßen, die durch unwegsame, weder landwirtschaftlich noch industriell genutzte Regionen führen und bis heute nicht nur während der Regenzeit nur schwer oder auch gar nicht passierbar sind.

Lang Son ↗ V/C2

(Lạng Sơn)

Ironie der Geschichte: von amerikanischen Bombardements wegen seiner Nähe zur chinesischen Grenze verschont geblieben, wurde die Provinzstadt am *Ky-Cung*-Fluss, Station der Eisenbahnen nach Nanning und Beijing, nur wenige Jahre darauf von dem einstigen Verbündeten China dem Erdboden gleichgemacht. **Die Schlacht um Lang Son,** das den chinesischen Truppen im März 1979 erbitterten Widerstand leistete, dauerte eine Woche, dann war der schöne Ort mit seinen alten Holzhäusern und französischen Villen in Schutt und Asche gelegt.

Nach der inoffiziellen Wiederaufnahme des **Grenzverkehrs** zwischen Vietnam und China 1988 blühten Handel, Schmuggel und Schwarzmarkt auf und führten dank der guten Straßen- und Eisenbahnverbindung mit Hanoi zu einem beispiellosen **Boom.** Tag für Tag schleppten Zigtausende Lastenträger zerlegte Fahrräder, Landmaschinen, Fernseher, Videogeräte, Schuhe, Jeans, Schnaps, Bier und Zigaretten über die grüne Grenze, im Austausch dafür erwarben die Chinesen Fleisch, Gemüse, Obst, Reis, Shrimps, Taschenkrebse und Schwalbennester.

Die Stadt ist heute kaum mehr schön zu nennen, aber nach wie vor überaus betriebsam und weist allein **drei Märkte** auf: *Dong Kinh*, gleich gegenüber *Bo Song*, und *Ky Lua*, der älteste und traditionellste, an dem auch der **Nachtmarkt** (*Cho Dem*, 17–23 Uhr) stattfindet. Die Ethnien, die einst die Region beherrschten, allen voran *Tay* und *Nung*, sind nur noch selten vertreten (bzw. kleiden sich wie Vietnamesen und sind dadurch „unsichtbar" geworden).

Grotten-Liebhaber kommen in den Dong *Nhi Thanh* und *Tam Thanh* am Nordrand der Stadt auf ihre Kosten. In beiden findet man buddhistische Altäre, durch einen fließt ein Fluss, im anderen locken ein Teich und ein schöner Aussichtspunkt auf die umliegenden Berge und Reisfelder (Eintritt je 5000 đ).

Praktische Informationen

- 56.000 Einw. 270 m. Tel. 025.
- **Information.** *Lang Son Tourist*, 41 Le Loi, Tel. 3872036, Fax 3871507.
- **Geld.** *Vietcombank*, 1 Quang Trung.

Unterkunft

- **Hoang Son Hai.** Das modernste Haus am Platz. 8 Stockwerke, Lift, 32 DZ 12–20 $ inkl. BF. 57 Tam Thanh, Tel. 3710479, Fax 3710478.
- **Van Xuan.** Vielleicht die beste Wahl. 30 Zimmer, nach hinten mit Balkon und schönem Blick auf den *Phai Loan*-See und die Berge, je nach Stockwerk (Lift!) 12–20 $. Hell und freundlich. 147 Tran Dang Ninh, Tel. 3710440, khachsanvanxuan@yahoo.com.vn.
- **Hoang Nguyen.** Ordentliches Minihotel, in dem viele Touren absteigen. 13 Zimmer 10 $. 84 Tran Dang Ninh, Tel. 3870349. Eine Alternative ist das benachbarte **Xuan Loc** (No. 68), 11 Zimmer 10 $, Tel. 3870992.

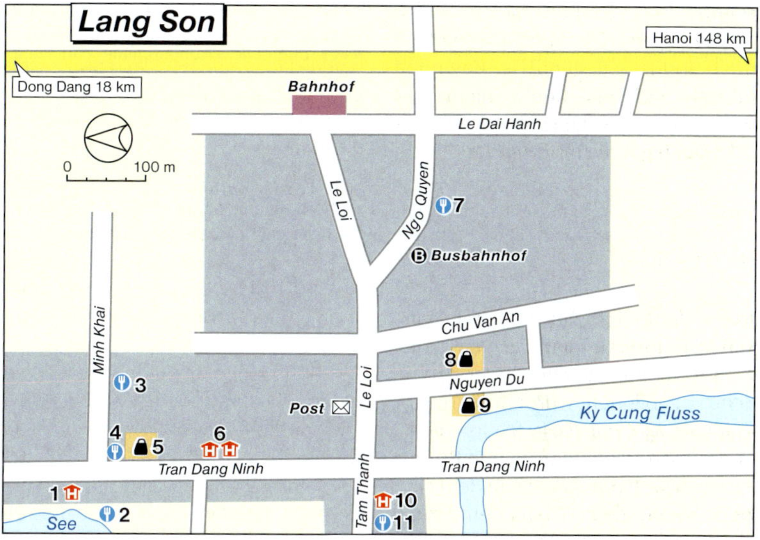

Lang Son

Hanoi 148 km

Dong Dang 18 km

Bahnhof

Le Dai Hanh

0   100 m

Le Loi

Ngo Quyen

7

Ⓑ *Busbahnhof*

Minh Khai

Chu Van An

8

3

Nguyen Du

Post ✉

Le Loi

9

Ky Cung Fluss

4
5

6

Tran Dang Ninh

Tran Dang Ninh

1

See

2

Tam Thanh

10
11

🏠	**1**	Van Xuan	🔵	**7**	Minh Quang
🔵	**2**	New Century	🔒	**8**	Dong Kinh Markt
🔵	**3**	Com Binh Dan	🔒	**9**	Bo Song Markt
🔵	**4**	Pilsner Urquell	🏠	**10**	Hoang Son Hai
🔒	**5**	Ky Lua (Nacht-) Markt	🔵	**11**	Phuong Hang
🏠	**6**	Hoang Nguyen, Xuan Loc			

Essen und Trinken

● **New Century.** Die eleganteste Wahl; mit Nachtclub. Tran Dang Ninh, beim *Van-Xuan*-Hotel.

● **Pilsner Urquell.** Riesige Bierhalle mit Blick auf den See. Neben vietnamesischen Gerichten auch Bratwürste und Schweinshaxen. 208 Tran Dang Ninh.

● **Phuong Hang.** Große Speisekarte, Spezialität sind Lau, Feuertöpfe. 39B Tam Tanh.

● **Minh Quang.** Englische Karte, zu empfehlen ist *Suckling Pig.* 44 Ngo Quyen.

● **Com Binh Dan,** 42 Minh Khai. Gute, saubere Garküche.

Anreise und Weiterreise

● 148 km nordöstlich von Hanoi, per Zug (3x tgl., ca. 5 Std.) oder auf der gut ausgebauten N 1A (2½–3 Std.) zu erreichen.

● **Überlandstraßen** führen südöstlich nach **Tien Yen** (100 km) am Golf von Tonkin und nordwestlich nach **Cao Bang** (135 km). Die Straße nach Tien Yen ist zeitweise nur schwer passierbar (offene Furten, Erdrutsche).

● **Bus.** 4-mal tgl. von/nach Cao Bang (ca. 5 Std.) sowie Tien Yen. Busbahnhof im Zentrum. Nach Dong Dang und Cao Bang verkehren mehrmals tgl. auch Minibusse.

●**Nach Cao Bang.** Die Strecke ist landschaftlich sehr schön, wenn auch wenig belebt. Imposante Passstraße hoch über dem *Song Thuong*, 1947–50 eine der heiß umkämpftesten Routen Vietnams im Unabhängigkeitskampf gegen die Kolonialherren. In **That Khe** (65 km) zwei ordentliche Restaurants. Hinter *Dong Khe* (87 km, großer Markt) erstreckt sich das Tal von *Bong Lau* (93 km) mit einem Mahnmal für die *Viet-Minh*-Kämpfer und den Überresten eines französischen Forts. Am Straßenrand zunehmend Blockhäuser der *Tay* und (je nach Saison) viele Holzfäller und Frauen, die Brennholz verkaufen; von weitem sehen die aufrecht stehenden Holzscheite in den Bastkörben wie knusprige Baguettes aus.

●**Nach China.** Grenzübergang ist das 1992 wiedereröffnete *Huu Nghi Quan* (Freundschaftstor) 3 km nördlich der Grenzstadt **Dong Dang**, 18 km nördlich Lang Son. Die Grenze ist tgl. 7 bis 17 Uhr geöffnet, zwischen den Grenzstationen liegen ca. 500 m Niemandsland. Die nächstgrößere Stadt auf chinesischem Boden ist *Pingxiang* (20 km).

●**Per Zug.** Die Eisenbahnlinie von Hanoi nach Nanning und weiter bis Beijing wurde 1996 wieder in Betrieb genommen. Züge verkehren 2-mal die Woche (ab Hanoi Di und Fr), der Aufenthalt an der Grenze beträgt rund 3 Std., chinesisches bzw. vietnamesisches Visum ist Voraussetzung. Es ist nicht möglich, in Dong Dang in den Zug nach China zuzusteigen! (Siehe auch unter *Hanoi*.)

Cao Bang ↗ V/C1

(Cao Bằng)

Die unwegsame Dschungelregion entlang der Grenze zu China war lange Jahre die unfreiwillige Heimat Ho Chi Minhs: 1941–1945 während der Vorbereitungen zum Aufstand gegen Ko-

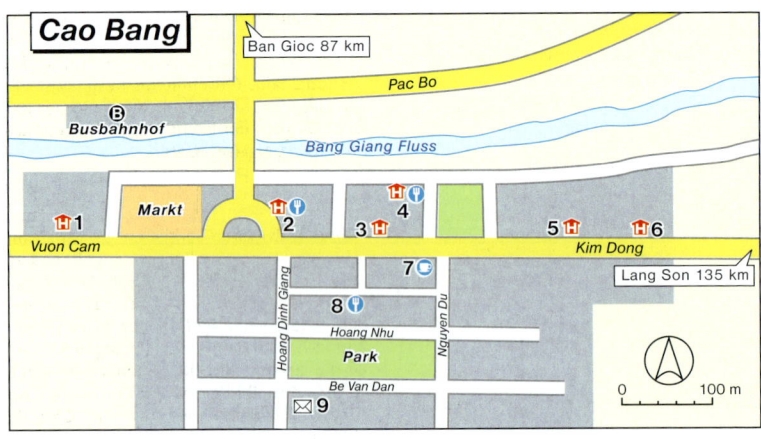

1	Thanh Loan	
2	Bang Giang	
3	Huong Thom	
4	Huong Sen	
5	Anh Duong	
6	Hoang Anh	
7	Trung Nguyen	
8	Men Quyen	
9	Post	

lonialregime und japanische Besatzer, und 1946–1954 als Sitz der Exilregierung, die den bewaffneten Kampf gegen die Franzosen steuerte.

Cao Bang ist noch heute zu weiten Teilen von bewaldeten Bergen und Dschungel bedeckt und verfügt neben wasserreichen Flüssen und Seen über zahlreiche Bodenschätze (Phosphat, Mangan, Wolfram). Die Mehrzahl der Bewohner gehören den ethnischen Minderheiten der *Tay* und *Nung* sowie der *Dao* und *Hmong* an. Zumal die Nung arbeiteten eng mit dem Viet Minh zusammen und boten Ho Chi Minh und den Genossen Unterschlupf.

Die auf einer Halbinsel zwischen den Flüssen *Hien* und *Bang Giang* gelegene **Provinzkapitale** war einst die bedeutendste französische Garnisonsstadt Tonkins (1884–1945). 1979 von den Chinesen in die Bedeutungslosigkeit gebombt, bescherte der zunächst nur schleppende, nach der Neuaufnahme des Grenzverkehrs aber rapide Wiederaufbau dem Ort u.a. eine der größten Markthallen Vietnams.

Praktische Informationen

● 45.000 Einw. 650 m. Tel. 026.
● **Information.** *Cao Bang Tourist*, im Hotel *Bang Giang*.
● **Geld.** *Agribank* ATM, im *Bang Giang* Hotel.
● **Märkte.** Der Große Markt führt nur Hardware. Lebensmittel werden am *Cho Xanh* (Grüner Markt) an der Flussbrücke gehandelt.

Unterkunft

● **Bang Giang.** Das „Grand Hotel" Cao Bangs. Für einen Staatsbetrieb nicht übel, wenn auch hier gilt: Das Kollektiv (Personal und Reisegruppen) geht immer vor. 70 Zi.

16–22 $ inkl. BF, z.T. mit Balkon und Flussblick. 1 Kim Dong, Tel. 3853431, banggiang_dl@yahoo.com.
● **Thanh Loan.** Sehr ordentlich (hell, geräumig, teilweise mit Flussblick), aber übersteuert. 12 Zimmer 18–20 $ inkl. BF. 159 Vuon Cam, Tel. 3852477, thanh_loan_hotel@hn.vnn.vn.
● **Huong Thom.** 1999 eröffnetes Minihotel an der Hauptstraße, seitdem *das* Tourhotel der Stadt. Gut, aber zu teuer. 20 AC-Zimmer 18–25 $ inkl. BF, nach hinten mit Flussblick. 45 Kim Dong, Tel. 3855888, Fax 3856228.
● **Hoang Anh.** Freundliches, effizientes Mini ohne Plüsch und Staub. Sehr gut die Eckzimmer 201, 701 mit Balkon und Flussblick. 18 Zimmer 12–15 $. 131 Kim Dong, Tel. 385 8969, Fax 3852016.
● **Anh Duong.** Ordentlich, freundlich und sehr sauber. 7 Zimmer 8 $, mit zwei Betten 10 $. 78 Kim Dong, Tel./Fax 3858467.

Essen und Trinken

● **Men Quyen.** Das größte und beste Resto der Stadt (eigentlich aber nur eine gute Garküche); sehr lebhaft. Links hinter dem Markt.
● **Huong Sen.** Ordentliches Restaurant mit Flussblick. Auch **Hotel** mit Rooftop-Café. 100 Kim Dong, in der kleinen Gasse gegenüber dem **Trung-Nguyen-Café.**

An- und Weiterreise

● **Überlandstraßen** verbinden mit **Lang Son** (135 km) und westwärts mit **Bao Lac** (135 km, großer Ethnienmarkt alle 5 Tage) und **Ha Giang** (265 km); ab Bao Lac entlang dem tiefgrünen *Song Gam* nur mit 4WD ratsam (z.T. sehr steinige, unbefestigte Straße); für die gesamte Strecke benötigt man mind. 10 Std. Zum Ba-Be-See auf der N 3 bis *Na Phac* (86 km) und von dort bis **Cho Ra** (34 km).
● **Bus.** Tgl. von/nach Lang Son und Hanoi (7 Std.); nach Cho Ra/Ba Be Aussteigen in Na Phac und weiter mit Xe Om). 3-mal tgl. nach *Bao Lam* (10 Std., Übernachtung) und weiter bis Ha Giang (5 Std.).
● **Entfernungen** (in km): Hanoi 287, Lang Son 135, Ha Giang 265, Cho Ra (Ba Be) 120, Pac Bo 55, Ban Gioc 87.

Bergland des Nordens

Pac Bo   ↗ V/C1

(Pắc Bó)

Jeder Vietnamese kennt den Ort, hier betrat „Onkel Ho" Anfang 1941 nach über 30-jährigem Exil erstmals wieder heimatlichen Boden und begann unter Mithilfe der einheimischen Nung den Widerstand gegen die japanischen Besatzer und die vom Mutterland abgeschnittenen Franzosen zu organisieren.

Wie alle Ho-Chi-Minh-Gedenkstätten (mit Ausnahme des gegen seinen ausdrücklichen Willen errichteten Mausoleums in Hanoi) eine verzaubernde Idylle. Ein glasklarer, selbst noch im Nieselregen blaugrün schimmernder Bergbach. Ein pittoresker Lotosteich. Abgerundete Felsblöcke dienen als Sesselgarnitur und Schreibtisch und eine Tropfsteinhöhle als heimeliges Nachtlager. *Suoi Le Nin* (Lenin-Quelle) und *Nui Cac Mac* (Karl-Marx-Berg) hatte der Vater der vietnamesischen Nation augenzwinkernd die Umgebung seines Unterschlupfes getauft. Im Ort leben die Nachfahren der Nung, die mit Ho Chi Minh im Dschungel kämpften, inzwischen vom Verkauf von Souvenirs, Limonaden und Karaoke-Shows. Am Eingang ein kleines Museum (tgl. 7.30–11.30, 13.30–16.30 Uhr).

● 55 km nordwestlich, unweit der chinesischen Grenze. Inkl. Besichtigung ca. 4–5 Std.

Ban Gioc   ↗ V/C1

Die **größten Wasserfälle** Vietnams liegen zur Hälfte bereits auf chinesischem Territorium – vom gegenüberliegenden Ufer des grünen Grenzflusses *Quay Son* grüßen fröhlich Honeymoon-Hotels herüber. Die mächtige, bis zu 300 m breite und 50 m hohe mehrstufige Kaskade ist am eindrucksvollsten während und kurz nach der Regenzeit (Mai bis September), präsentiert sich aber auch in der restlichen Zeit überaus ergiebig (sowie kristallklar anstatt lehmigbraun). Wem danach ist, kann Bambusflöße mieten (50.000 đ/Std.), schwimmen und wandern, ein paar kleine Restos bieten Erfrischungen und einfache Tellergerichte an.

Die Fahrt führt durch eine wunderschöne Hügellandschaft und ist allein schon die Reise wert: Karstberge, Flusstäler, Zuckerrohr, Reisterrassen, hier und da Agaven, Wasserräder, Büffel, Pferde. Einen Besuch wert ist der noch recht ursprüngliche Minoritätenmarkt von **An Lai** (16 km), auf dem man neben *Nung* und *Dao* den seltenen *Hmong Xanh Lam* (Blue Hmong) begegnet, deren hellgrüne, hauchdünne Krägen wie *Libellenflügel* von den Schultern abstehen. In *Trung Khanh* (62 km) findet an wechselnden Tagen ein großer Entenmarkt statt.

2 km vor Ban Gioc kann die 3 km lange Kalksteinhöhle **Nguom Ngao** besichtigt werden. Eintritt inkl. Guide 20.000 đ (Taschenlampe nicht vergessen, zahlreiche Fledermäuse).

● 87 km nordöstlich. Im Gegensatz zu Pac Bo ist ein *Police Permit* nötig (offiziell 10 $); man bekommt es unkompliziert (und meist auch billiger) über die Hotels in Cao Bang.

Ban Gioc Wasserfall

076vi Foto: kb

Bergland des Nordens

Ba-Be-See ↗ IV/B2

(Hồ Ba Bể)

Ba Be („Drei Meere") ist eine schon von den Franzosen für ihre Naturschönheiten gerühmte Region mit Flüssen, Seen, Höhlen und Wasserfällen, die von bis zu 1600 m hohen Bergen und Kalksteinfelsen eingefasst sind. Der *Ho Ba Be* erstreckt sich 9 km lang über drei miteinander verbundene Täler und ist bis zu 35 m tief. Auf dem 23.000 ha großen Gelände, das 1992 zum **Nationalpark** erklärt wurde, leben verschiedene Minoritäten, vornehmlich *Tay* (ohne Tracht) und in höheren Lagen *Hmong* und *Rote Dao*.

Die Mehrzahl der Besucher unternimmt eine mehrstündige Bootspartie. Vom Nordteil des Sees *(Be Lam)* führt der Nang-Fluss *(Nam Nang)* durch eine pastorale Idylle von Bambushainen, Buchten, Regenwald und steil emporragenden Kalksteinfelsen. Man durchmisst die 250 m lange, bis zu 35 m hohe Puong-Höhle *(Hang Puong)* und sagt den dortigen Fledermäusen Guten Tag, unternimmt einen Abstecher zum imposanten *Dau-Dang*-Wasserfall (hin und zurück ca. 1 Std.) und erreicht dann den See. Ein herrliches Stück nahezu unberührter Natur – wenn man die Augen zukneift, mag man sich allerdings auch auf einem Voralpensee wähnen. Nur dass die Vegetation eine andere ist. Tiere sieht man (so gut wie) keine, außer Myriaden von Schmetterlingen, hier und da ein paar bunte *Kingfisher* oder gar fliegende Fische. An einem schönen, warmen, sonnigen Tag ein wahres Vergnügen. (Zumal wenn man von Hanoi kommt. Natur! Stille! Sauerstoff!) Ob das die lange Anfahrt lohnt, wird von vielen Besuchern heiß diskutiert.

Praktische Informationen

- 900 m. Tel. 0281.
- **Eintritt** 10.000 d. Die Parkverwaltung (s.u.) bietet Touren vom Bootstrip bis zum mehrtägigen Trekking inkl. Übernachtung in *Tay*- und *Dao*-Dörfern an. Boote kann man allerdings auch privat mieten.
- **Boote.** Ablegestelle ist am Ortsende von Cho Ra (s.u.). Den See erreicht man nach knapp 2 bzw., mit Abstecher zum Dau-Dang-Wasserfall, 3 Std. Nach einer Schleife über den See (mit oder ohne Exkursionen zu verwunschenen Teichen, Tay-Dörfern etc.) kehrt das Boot entweder zum Ausgangspunkt zurück oder lädt seine Passagiere, sofern diese motorisiert sind, am Pier der Parkverwaltung (2 km) ab. Eine Bootstour kostet 15–20 $ pro Tag oder 3–4 $ pro Stunde.
- **Thai Nguyen** (80 km nördl. Hanoi). Lohnenswertes **Museum der Ethnischen Kulturen** (siehe „Umgebung Hanoi").
- **Cho Ra.** Kilometerlang auseinander gezogenes Straßenkaff ohne Reiz. Guesthouses sind weit verstreut, zahlreiche Cafés, Garküchen und Karaoke-Stuben.

Unterkunft und Verpflegung

- **Ba Be Hotel.** Lange das einzig nennenswerte Guesthouse in Cho Ra. Resultat sind ein professioneller, manchmal allzu routinemäßiger Service sowie überhöhte Preise. 14 Zimmer 10–15 $ inkl. BF. Tel. 3876115.
- **Trung Kien.** Ungefähr der gleiche Standard, aber deutlich preisgünstiger. 9 Zimmer 7–10 $, mit AC/Badewanne 8 $. Tel. 387 6356.

- **Vi Thuy.** 7 Zimmer 7 $. Passabel, wenn auch etwas schmuddeliger als die anderen. Das gilt auch fürs Resto. Tel. 3876184.
- **Ba Be National Park Guesthouse,** zugleich Sitz der Parkverwaltung. Weitläufige Anlage, halb Armeecamp, halb gehobene Jugendherberge. 25 Zimmer 16 $ (groß, kahl, aber mit AC/TV) oder 20 $ (im Bungalow). Tel. 3876302.
- **Homestay.** In Tay-Weilern wie *Pac Ngoi* kann man für 4–5 $ im Pfahlhaus übernachten. Sauber, aber nur bedingt pittoresk.

Anreise

120 km südlich von Cao Bang, 240 km nördlich von Hanoi (5–6 Std., auf der N 3 über *Thai Nguyen* bis *Phu Tong* oder *Na Phac*, von dort 36 bzw. 30 km bis *Cho Ra*). Zwischen Cho Ra und dem Parkeingang liegen 18 km.

Thac-Ba-See   ↗ IV/A/B2

Der vom *Chay*-Fluss gespeiste *Ho Thac Ba* ist mit 80 km Länge, 10–15 km Breite und einer Fläche von 234 km² der größte künstliche See des Landes; 1961 bis 1971 entstand hier mit russischem Know-how das erste und größte Wasserkraftwerk des damaligen Nordvietnam. Der glasklare, bis zu 60 m tiefe See ist extrem fischreich und präsentiert sich mit seinen Fjorden, Klippen und 1000 kleinen Inseln, umgeben von Wäldern und üppiger Natur, als eine ausgesprochene Schönheit. An den Ufern leben vorwiegend *Tay*, *Nung*, *Mong*, *Dao*, *Phu La* und *Cao Lan*.

Unterkunft

- **LaVie VuLinh Resort.** Nachhaltiger Tourismus in seiner besten Form: von jungen, in Hanoi geschulten Dao betrieben (s. *Ket Noi Café*, Hanoi), die jetzt in ihrer natürlichen Umgebung tätig sind. Ein wunderbarer Ort

zum Entspannen, Schwimmen, Trekken, Boot-
fahren, Biken. Übernachtung in Pfahlhäusern
am Seeufer; einfach, aber mit Charme; 10 $
p.P. inkl. BF, im Studio (2–5 Pers.) 95 $. Dao-
Küche und franz. Metzgerei. Tel. 029/
24783278 *(Alain)*, mobil: 0168.3097103, fre
dobinh@hn.vnn.vn.

Anreise

●Von Hanoi bis *Doan Hung* an der N 70
(146 km); von dort ausgeschildert bis Vu
Linh, *Ngoi Tu*-Village (30 km). Von *Yen Binh*
besteht auch die Möglichkeit mit dem Boot
(*Huong Ly*-Anleger) nach Ngoi Tu überzu-
setzen.

Ha Giang   ↗ IV/B1

(Hà Giang)

Ha Giang, die nördlichste Stadt Vietnams auf dem linken Ufer des *Song Lo*
(Klarer Fluss), wurde von den Franzosen 1886 den Weißen Hmong ab-
gerungen und zu einem ihrer wichtigsten Stützpunkte im Norden ausgebaut.
Seit den Massakern der chinesischen
Invasionstruppen (1979) herrscht die
postsozialistische Architektur der
1990er Jahre vor.

Der höchste Gipfel der von Bergwäldern bedeckten Region misst 2419 m,
die Winter sind oft kühl und neblig, in
höheren Lagen kann sogar Schnee fallen. In den über 1000 m hoch gelegenen Weilern **Dong Van** und **Meo Vac**
nahe der chinesischen Grenze finden
zwei der wichtigsten (und nach wie
vor authentischsten) **Minoritäten-
Märkte** des Nordens statt, auf denen
vor allem Weiße Hmong (ca. 80 %)
sowie Tay, Dao, Nung, Lolo etc. Handel treiben.

Praktische Informationen

●30.000 Einw. 700 m. Tel. 0219.
●**Information.** *Ha Giang Tourist*, 103 Tran
Hung Dao, Tel. 3875288, Fax 968261, dulich
hagiang@gmail.com.
●**Geld.** *Agribank* mit ATM. Nguyen Trai.
●**Orientierung.** Zentrum ist die Ecke *Nguy-
en Trai* (am Fluss) und *Tran Hung Dao*
(Brücke über den *Song Lo*); hier befinden sich
die meisten Hotels und Restaurants.

Unterkunft und Verpflegung

●**Huy Hoan.** Bestes Haus am Platz. Lift. 82
Zimmer 14 $, Suite 20 $. Sauna und Massa-
ge. 14 Nguyen Trai, Tel. 3861288, huyhoan.
hg@gmail.com.
●**Hoang Anh.** Neubau in einer ruhigen Seitenstraße der Tran Hung Dao. 30 Zimmer
(Lift) 15 $, Suite 20 $. 20 Yet Kieu, Tel.
3863559, Fax 3863558.
●**Phuong Dong.** Sauberes Minihotel. 17
Zimmer 10–15 $, 19 Nguyen Trai, Tel. 3867
979. In etwa gleiche Qualität bieten **Khanh
Huyen,** Tel. 3867009, **Thanh Thu,** Tel. 386
6306 sowie, eine Spur billiger, **Huong Tra,**
Tel. 3867885, alle unter der gleichen Adresse.
●Ess-Straße ist die **Quang Trung** (Verlänge-
rung der *Nguyen Trai*). Gut ein Dutzend Res-
tos preisen ihre jeweiligen Spezialitäten an
(Ziege, Huhn, Fisch usf.); Speisekarten und
Englisch bilden allerdings Ausnahmen.
●**Truong Xuan Resort** am Lo-Fluss, 5 km
Richtung Dong Van. Mit Restaurant, Sauna,
Bädern, Kayak- und Motorrad-Verleih. 5 Bun-
galows à 15 $ (7 weitere in Planung), im
Langhaus mit 16 Schlafplätzen 50.000 đ p.P.
Tel. 3811102, hagiangresort@gmail.com.
●**Thanh Ha Resort** bei den Hot Springs von
Viet Lam 31 km südl. (4 km ab Vi Xuyen an
der N 34). 35 Zimmer, DZ/Triple 7-8 $. Tel.
219/3838138.

An- und Weiterreise

●**Hanoi** (328 km). Auf der N 2 über Phu To
(102 km, Eisenbahn) u. Tuyen Quang (165 km)
entlang des Tals des *Song Lo*. Per Bus ca. 7 Std.
●**Cao Bang** (265 km). Siehe dort.
●**Cho Ra** (Ba Be). Die N 279 zwischen den
Nationalstraßen 2 (Ha Giang) und 3 (Cao
Bang) ist passierbar.

●**Bac Ha.** Eine fantastische Route verbindet *Tan Quang* 46 km südl. von Ha Giang und Bac Ha (150 km): zu **Hoang Su Phi** und **Xin Man** siehe *Hoang Su Phi*.
●**China.** Der Grenzübergang *Thanh Thuy*, wenige km nördlich von Ha Giang, ist für Ausländer noch gesperrt.

Dong Van ↗ IV/B1

(Đồng Văn)

In dem über 1000 m hoch gelegenen Dong Van findet jeden Sonntag einer der wichtigsten und buntesten **Minoritäten-Märkte** des Nordens statt.

160 km atemberaubende **Traumlandschaft,** scheinbar ansatzlos von einer Klima- und Vegetationszone zur anderen wechselnd. Mal sind die Passhöhen von dichten Regenwäldern, mal von luftigem, alpin anmutenden Nadelgehölz bedeckt, mal taucht man in subtropische Täler voller Palmen, Bananen und Reisterrassen, mal in pittoreske karstige Steinlandschaften ein. Den ersten hohen Pass, der in die Region hineinführt, nennen die Vietnamesen *Quan Ba*, das *Tor zum Himmel*.

Dong Van wurde um 1920 als französischer Vorposten gegen China errichtet; die gedeckten Markthallen stammen noch aus dieser Zeit. Zwar sind etwa 90 % der Einwohner der Region *Hmong Trang* (Weiße Hmong) – der Rest setzt sich aus *Tay*, *Nung*, *Giay*, *Red Dao*, *Lo Lo*, *Co Lao* u.a. zusammen –, aber jedes einzelne Tal scheint unterschiedliche Sitten und Gebräuche zu haben, kleidet sich anders, stickt, webt und färbt anders oder trägt anderen Schmuck.

Der Sonntagsmarkt von **Meo Vac** (22 km, tolle Strecke über den 1500 m hohen **Ma-Pi-Leng-Pass** mit Wahnsinnspanoramen!) ist kaum minder attraktiv. Vorherrschende Minderheiten neben Weißen Hmong und Tay sind Nung, Dao und die besonders farbenprächtigen *Lo Lo;* großer Viehmarkt. Weitere Highlights sind der traditionelle **Liebesmarkt** von *Khau Vai* (22 km) am 27. Tag des 3. Mondmonats (April/Mai) und der von Ausländern nur selten besuchte Markt von **Lung Phin** (zwischen Yen Minh und Meo Vac); Grund: er findet alle 6 (!) Tage statt.

Praktische Informationen

●**Klima.** In den regenlosen Monaten Dez. bis März sinken die Temperaturen auf bis zu 1–5 Grad ab. Beste Reisezeit sind Okt./Nov. und März/April.
●**Permit.** Für Reisen nördlich von Ha Giang ist ein Permit nötig. Erhältlich bei der Polizei, über Ha Giang Tourist (s.o.) oder den Hotels (Mo–Fr). Ohne diese Genehmigung (10 $) wird man zurückgeschickt und muss obendrein u.U. mit einer Geldbuße rechnen!
●**Anreise.** 150 km nordöstlich. Auf dem Weg passiert man weitere sehenswerte Sonntagsmärkte bei *Quan Ba* (50 km) und *Yen Minh* (95 km; 4 km nördl. zweigt die N 180 nach Meo Vac ab). In *Sa Phin* (135 km) steht der außergewöhnliche **Königspalast** *(Nha Vuong)* der Weißen Hmong. Der von 2 m hohen, massiven Mauern umgebene zweistöckige Bau wurde im Auftrag der Franzosen 1902/03 von chinesischen Baumeistern errichtet, um die kriegerischen Hmong Trang um ihren Warlord *Vuong Chinh Duc* (1865–1947), der den Kolonisten 15 Jahre erbitterten Widerstand geleistet hatte, auf ihre Seite zu ziehen. Chinh Duc wurde Jahre später sogar zum General der Französischen Armee ernannt, wandte sich gegen Ende seines Lebens aber dem Viet Minh zu. Kurz nach seinem Tod lei-

tete sein Sohn *Chinh Sinh* die Befreiung Ha Giangs von den Franzosen in die Wege.
- **Bus.** Die Strecke ist gut ausgebaut. 4x tgl. Bus von/nach Ha Giang.

Unterkunft u. Verpflegung

- **Hoang Ngoc.** Am besten, aber überteuert. 10 Zimmer 16 $. Tel. 3856020.
- **Khai Hoan.** Kaum schlechter. 16 Zimmer 10 $. Tel. 3856147.
- **Lung Cu.** Freundlich. 4 Zimmer 8 $. Tel. 3856534.
- **Government GH.** Schäbig, schmutzig; ggb. *Agribank*. 6 $.
- **2 Garküchen.** Etwas gemütlicher die seitlich vom Markt, besser die an der Main Street schräg ggb. dem Markt.

   In Meo Vac:
- **Cao Nguyen.** Guesthouse linkerhand vom Markt, 6 Zimmer 8 $, gleich daneben 2 Garküchen. Oder **Hoa Cuong**, 20 Zimmer 10–15 $, Tel. 0219/3871888.

Hoang Su Phi   ⇗ IV/A1

Die wildromantische, noch kaum entdeckte Bergregion rund um das bis zu 2400 m hohe *Song-Chay*-Massiv an der chinesischen Grenze ist die Heimat der größten Anzahl ethnischer Minderheiten in ganz Vietnam (Experten haben bis zu 22 gezählt). Die **Märkte** der beiden größeren Orte **Hoang Su Phi** und **Xin Man** sind ein kunterbuntes Stelldichein von Black- und Flower-Hmong, Tay, Long-Skirts- und Red-Dao, Nung, Giay, Phu La, San Chi, San Riu, Man Ta Pan u.a. Malerische Schluchten, verwegen geschwungene Reisterrassen, Pflaumenhaine, Wasserfälle und immer wieder neue Panoramen des in der Tiefe mäandernden *Chay*-Fluss prägen diese wundersame Landschaft. Weiterfahrt bis **Bac Ha.**

Praktische Informationen

- 300–900 m. Tel. 019.
- **Märkte.** So in Hoang Su Phi, Xin Man, Mi in Mau Due (Distrikt Xin Man).
- **Pan Hou Resort.** *Michel Galey* hatte schon immer ein Gespür für außerordentliche Plätze (Whale Island!); sein neues Öko-Objekt ist weit genug von Sapa's Busladungen entfernt, um noch auf Jahre hinaus Exklusivität zu garantieren. „Base Camp" nennt er nüchtern seine Bungalows am Fluss, doch dafür ist die Anlage nicht nur zu komfortabel, sondern auch zu schön. Recht hat er freilich insofern, dass man hier weniger seinen „Urlaub" verbringt, als von hier aus zum Erkunden und Trekken aufbricht (stundenweise oder 1–10 Tage mit Koch, Trägern, Local Guides, Homestays). Restaurant, Bar, außergewöhnliches traditionelles Badehaus mit Holzbottichen. 14 Zimmer 40 $ inkl. BF. 20 km ab Tan Quang, 13 km Richtung Thai Nguyen. Tel. 3833535, mobil: 0918.900175, panhouresort@vnn.vn.
- **Hoang Su Phi.** *Unterkunft:* **Song Chay.** 18 Zimmer mit Balkon, AC, Fridge 8 $, etwas kleiner ohne Balkon $ 6. Im Zentrum, Tel. 3831246. **Thuan An.** 18 Zimmer 8 $. Am Ortsende Richtung Xin Man, Tel. 3331444.
- **Xin Man.** *Unterkunft:* **Gia Long.** 12 Zimmer $ 10. Tel. 3836479. **Thanh Dat.** 12 Zimmer 7–8 $; weniger empfehlenswert. Tel. 3826422.
- **An- & Weiterreise.** Für die fantastische Route von **Tan Quang** 46 km südl. **Ha Giang** bis **Bac Ha** (150 km) ist ein 4WD erforderlich. Bis **Xin Man** reicht normal ein Pkw; ab dort schraubt sich die schmale Straße in die Höhe; wohl die menschenleerste Gegend, die wir in Vietnam je gesehen haben. Entfernungen ab Tan Quang: *Hoang Su Phi* 60 km, *Xin Man* (auch *Coc Pai* genannt) 100 km, *Bac Ha* 150 km. Busse fahren 1x tgl. ab Ha Giang und Tuyet Quang bis Xin Man (ab Tan Quang 5x tgl.).

Bergland des Nordens

07vi Foto: kb

Delta des Roten Flusses / Nördliche Zentralküste

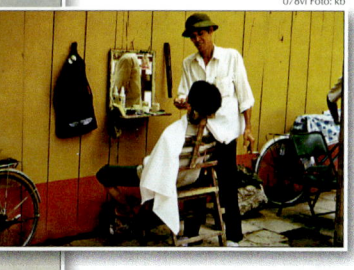

078vi Foto: kb

Flussleben in der trockenen Ha Long-Bucht

Friseur

Überblick

Das Delta des Roten Flusses *(Song Hong)* ist die Wiege der vietnamesischen Kultur und Zivilisation. Das fruchtbare und leicht kultivierbare Schwemmland und die reichen Metallvorkommen der nahen Berge führten schon lange vor der „Zivilisierung" durch das chinesische Weltreich zur Entstehung von **Hochkulturen.**

Ausgrabungen weisen nach, dass schon Tausende von Jahren vor unserer Zeitrechnung Menschen im Delta siedelten. Die *Dong-Son-Kultur* der Bronzezeit 800–300 v.u.Z. wird von den Vietnamesen mit den *Hung-Königen* der Legende identifiziert, auf die sie ihre Abstammung zurückführen.

In dem dichtbesiedelten Delta leben heute fast ein Drittel aller Vietnamesen. Einheimische Ökonomen gehen davon aus, dass etwa 30 % mehr Menschen in der Landwirtschaft tätig sind, als der Boden ernähren kann. Aufgrund der chronischen **Überbevölkerung** werden aller Fortschritte zum Trotz weite Teile seiner Bewohner vermutlich auch in Zukunft nur am Rande des Existenzminimums leben können. Immer mehr ergreifen die Initiative und wandern aus, etwa in den Nordwesten oder das Zentrale Hochland, um ihr Auskommen zu finden.

Vor Jahrtausenden befand sich an der Stelle des heutigen Deltas noch das Meer, ehe es von den Flüssen aus den Bergen Chinas (außer dem Roten, dem Schwarzen und dem Klaren Fluss, *Song Da* und *Song Lo* sowie dem *Bach Dang* und *Thai Binh*) nach und nach mit fruchtbaren Schwemmstoffen aufgefüllt wurde. Noch heute wächst das Delta weiter, an manchen Stellen bis zu 1 m im Jahr.

Der **Song Hong,** „rot" genannt wegen der eisenhaltigen (freilich eher bräunlichen) Lehmsedimente, die er zu Tal führt, entspringt im südchinesischen Yunnan und fließt annähernd 500 km durch Vietnam, ehe er südlich von Haiphong in den Golf von Tonkin

079vi Foto: kb

Mädchen mit Reissieb

mündet. Der Rote Fluss sorgt seit Jahrtausenden für fruchtbare Reisfelder und bescheidenen Wohlstand, wird aber ebenso regelmäßig zur Ursache furchtbarer Katastrophen. Regen, Taifune und Schneeschmelze im Gebirge können ihn völlig unberechenbar binnen weniger Stunden um 3 oder 4 m ansteigen lassen, seine **Hochwasser** erreichen 10 m über Normalpegel und mehr und treten manchmal sogar mehrere Male im Jahr auf, in der Regel zwischen Juni und Oktober, am häufigsten im August. Um sich vor den katastrophalen Flutwellen zu schützen, begannen die Vietnamesen schon vor mehr als 2000 Jahren, das Delta mit einem Netzwerk von **Deichen** und Dämmen zu durchziehen, die heute eine Gesamtlänge von mehr als 3000 km erreichen. Durch Ablagerungen hat sich das Flussbett im Lauf der Zeit allmählich gehoben und liegt inzwischen teilweise sogar höher als das umliegende Land.

Hätten Johnson und Nixon ihre oft geäußerte Drohung wahrgemacht, die Deiche bombardieren zu lassen, wäre die Wirkung der mehrerer Atombomben gleichgekommen.

Das Delta umfasst die Provinzen *Ninh Binh*, *Nam Dinh* und *Ha Nam* südlich von Hanoi, *Thai Binh* und *Hai Duong* östlich Hanois, die Großräume *Hanoi* und *Haiphong* sowie Teile der Provinzen *Vinh Phuc*, *Bac Ninh* und *Hung Yen* rund um die Hauptstadt.

Während die **Temperaturen** im Sommer auf weit über 30°C ansteigen können und selbst die Nacht nur wenig Abkühlung bringt, schwanken sie in den Wintermonaten zwischen milden, sonnigen und „empfindlich" kühlen, nebligen Tagen. Die tiefste je in Hanoi gemessene Januar-Temperatur betrug 6°C, die höchste immerhin 34°C. Die meisten Niederschläge fallen zwischen Mai und August (Überschwemmungen können noch bis in den Oktober hinein auftreten), die wenigsten zwischen November und März.

Entfernungen

- **Von Hanoi** (in km): Nam Dinh 87, Ninh Binh 90, Thai Binh 110, Thanh Hoa 155, Vinh 295.
- **Von Hue** (in km): Thanh Hoa 500, Ninh Binh 565, Hanoi 660.

Thai Binh ↗ IX/C1

(Thái Bình)

Reisfelder, Deiche und Salinen prägen das Gesicht der kleinen Provinz, die sich nur geringfügig über dem Meeresspiegel erhebt und die **dichtbesiedeltste Region** ganz Vietnams ist. Obwohl über keinerlei nennenswerte Industrie verfügend, leben hier 1350 Menschen pro Quadratkilometer, etwa 8-mal soviel wie in Niedersachsen. Jedes noch so kleine Fleckchen Erde wird für den Anbau von Reis, Jute, Rattan, Erdnüssen und Maulbeerbäumen genutzt, und selbst dem Meer trotzt man noch Salz ab, dennoch ist die Region arm, weil die Landwirtschaft allein soviele Menschen nicht ernähren kann. Jahr für Jahr sind Zigtausende gezwungen auszuwandern, um im

Delta d. Roten Flusses/Nördl. Zentralküste

Nordwesten, im Zentralen Hochland oder anderswo ihr Auskommen zu finden.

Die realsozialistische Retortenstadt Thai Binh lohnt – außer als Ausgangspunkt für die Keo-Pagode (s.u.) – kaum einen Besuch. Recht malerisch ist der von Gärten und Salinen umgebene Fischerort **Dong Chau** (30 km) mit seinem 5 km langen **Strand** (nur bedingt zum Baden geeignet).

Praktische Informationen

● 62.000 Einw. Tel. 036.
● **Unterkunft. Thai Binh** (mit Tourismusbüro), 68 Zimmer 15–40 $; 458 Ly Bon, Tel. 383 1789, Fax 3835074. **Thanh Binh**, 12 Zimmer 10–20 $, erstklassiges Restaurant; 142 Ly Bon, Tel. 3838450. **Dong Chau** in *Dong Chau*, 20 Zimmer 6–12 $, Tel. 3824121.
● **Entfernungen** (in km): Hanoi 110, Ninh Binh 48, Haiphong 68.

Chua Keo

Eine der **schönsten Pagoden** Vietnams und eine der wenigen, die nicht während der letzten Kriege zerstört oder geplündert wurde. Ursprünglich eine Gründung der Ly-Dynastie (11. Jh.), entstammen die meisten der heutigen Gebäude inmitten der außergewöhnlich großzügigen, von einer 2–3 m hohen Mauer umfriedeten Anlage mit künstlichen Teichen, Gärten und knorrigen Bo-Bäumen dem 16.–17. Jh. Die Gebäude stehen frei im Raum, ohne verbindende Gänge. Im Verein mit den eindrucksvollen, extrem nach unten gezogenen und die eigentlichen Bauten weit überragenden Dächern wirkt die Anlage größer, ja monumentaler, als sie tatsächlich ist.

Die bildhaften Schnitzereien der mächtigen, dreiflügeligen Eingangspforte aus Eisenholz zeigen einen Himmel mit Wolken, Drachen und gezackter Sonne. Die gedrungene, weit ausschwingende Dachkonstruktion der Haupthalle stützt sich auf Drachen und Phönixe und wird von aus steinernen Lotossockeln emporstrebenden Säulen getragen. Das diffuse Dämmerlicht des Sanktuariums wirkt feierlich und lässt die goldenen Buddhas und Bodhisattva geheimnisvoll schimmern. Mit Ausnahme der tausendarmigen *Quan Am* (17. Jh.) entstammen die Statuen dem 19. Jh.

Ungewöhnlich ist auch, dass sich hinter der Haupthalle noch ein weiterer Tempel befindet; er ist dem Andenken des buddhistischen Mönchs *Minh Khong* gewidmet. Monumental und gleichzeitig miniaturhaft wirkt der mit schönen Schnitzarbeiten versehene dreistöckige Glockenturm mit zwei Bronzeglocken aus dem 17. und 18. Jh. Die in den Galerien sichtbaren Boote kommen beim jährlichen Pagodenfest am 13.–15. Tag des 9. Mondmonats bei traditionellen Bootswettbewerben zum Einsatz.

● 10 km südwestlich von Thai Binh. Z.B. als Abstecher auf dem Weg Haiphong – Ninh Binh (120 km).

Chua Keo

Nam Dinh   ↗ IX/C1

(Nam Định)

Vom **einstigen Glanz** der drittgrößten Stadt des Deltas (nach Hanoi und Haiphong), die noch bis ins 20. Jh. als ein wichtiges geistiges und religiöses Zentrum galt, in dem Mandarinatsprüfungen und Literaturwettbewerbe stattfanden, ist wenig geblieben. Die Franzosen walzten die Stadt nieder, um nach dem Ersten Weltkrieg Textilfabriken und Baumwollwebereien anzusiedeln, und die Amerikaner belegten sie mit Bombenteppichen, um die Straßen und Eisenbahnlinien südlich der Hauptstadt zu unterbrechen. Dennoch – oder vielleicht gerade deshalb – hat Nam Dinh ein angenehmes Flair (lebendig und rückständig zugleich) und eine kleine, mit Bäumen bestandene **Altstadt,** die nahezu als „Klein-Hanoi" durchgehen könnte.

Nam Dinh war die Heimat der **Tran-Dynastie** (1225–1414), deren Kaiser und Heroen (Tran Hung Dao) von ihnen als Heilige verehrt werden. Von den Palästen ihrer Goldenen Stadt *Tuc Mac* existieren nur noch eine Pagode und zwei Gedenktempel aus dem 13. Jh.

Der **Chua Pho Minh,** ursprünglich eine Gründung ihrer Vorgänger, der Ly, wurde zwischen 1305 und 1308 von Kaiser *Tran Anh Tong* um einen 21 m hohen, 13-stöckigen Turm erweitert, der noch vollständig intakt ist. Im Vorort Tuc Mac 4 km nördlich des Zentrums.

Delta d. Roten Flusses/Nördl. Zentralküste

Praktische Informationen

- 160.000 Einw. 2 m. Tel. 350.
- **Information.** *Nam Dinh Tourism*, 115 Nguyen Du, Tel. 3849439, Fax 3646704.
- **Fest.** Der **Vieng Pha**-Markt findet nur einmal im Jahr statt, von der Mitternacht des 7. Tages nach *Tet* bis zum frühen Morgen.
- **Unterkunft.** Günstige Minihotels finden sich nur an den Zufahrtsstraßen der Peripherie, nicht im Zentrum. Bestes Hotel ist das **Vi Hoang** mit Pool und 90 Balkonzimmern 20–40 $ inkl. BF; 153 Nguyen Du, Tel. 3849290, natourimex@hn.vnn.vn. Gut essen kann man im **Quan Vinh**, 7 Mac Thi Buoi.
- **Zug.** Alle Züge außer dem Superexpress halten in Nam Dinh.
- **Bus.** Regelmäßige Verbindungen mit Hanoi (87 km), Haiphong (95 km), Ninh Binh (24 km), Thai Binh, Thanh Hoa, Hue.

Ninh Binh ⇗ IX/C2

(Ninh Bình)

Überblick

Ein angenehmer – und angenehm überschaubarer – Ort weitgehend frei von jener Megalomanie, die so viele Provinzkapitale Vietnams ergriffen hat. Keine Schönheit, aber menschlich (der Wahn tobt sich draußen vor den Toren ab, aber dazu später) mit ausgezeichneten Hotels und Guesthouses **inmitten einer der faszinierendsten Landschaften Vietnams,** der sog. „Trockenen Ha Long-Bucht". Eigentlich besteht nicht der geringste Grund, ihre zahlreichen Attraktionen lediglich von dem knapp 100 km entfernten Hanoi anzusteuern.

Die im amerikanischen Krieg nahezu ausgebombte und in der realsozialistischen Nachkriegszeit waidwund vor sich hin dämmernde Stadt hat sich prächtig erholt. Und ist auf den Besuch von Fremden bestens vorbereitet. Das (noch) recht beschauliche „Bahnhofs"-Viertel rund um die von B 52-Bombern zerfetzte – und 2005 leider als verunglückte „Pagode" wiederaufgebaute – katholische Kathedrale vermittelt noch annähernd ein Bild des alten Ninh Binh der Kolonialzeit. Bis 1954 galt gerade die Region um Ninh Binh und Nam Dinh als Hochburg des Katholizismus, wovon zahlreiche Kirchen zeugen; noch heute ist der Anteil der Christen der höchste im Nordteil des Landes.

Die schlechte Nachricht: Draußen vor den Toren Ninh Binhs zermahlen nicht nur zahllose Zementfabriken den hochwertigen Kalkstein der bizarren Karstkegel zu Baumaterial für halb Vietnam (das wäre noch zu verschmerzen, das geht schon seit Jahren so), die Provinzfürsten der KP haben sich dazu entschlossen, ihre Stadt zu einem **Touristenmagnet** zu machen. Deshalb sind sie eifrig dabei, die wunderbare Idylle rücksichtslos zuzubetonieren und in ein Planquadrat von Highways, Busparkplätzen, Souvenirpagoden und Schuttplätzen zu verwandeln.

Einen kurzen Besuch wert – solange es sie noch gibt – ist die lebendige kleine Marktstraße *Kim Dong*.

Trockene Ha Long-Bucht

Wie in einem Traumbild ragen bizarre **Zuckerhutberge,** Dolomiten und Fels-

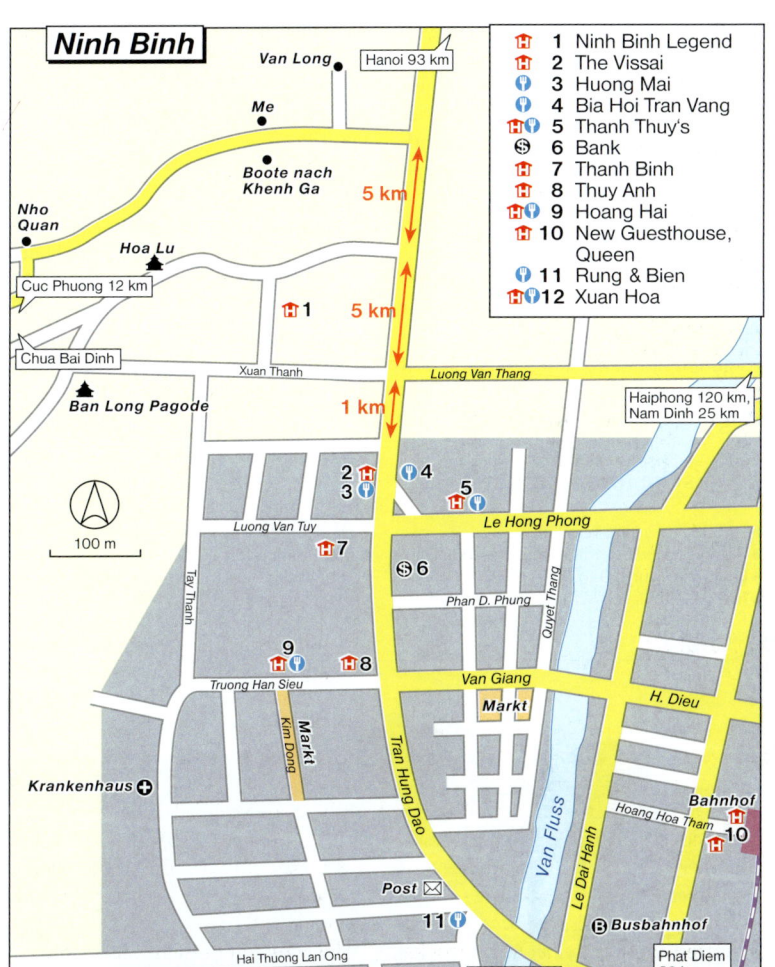

Ninh Binh

Van Long

Hanoi 93 km

Me

Nho Quan

Boote nach Khenh Ga

Hoa Lu

Cuc Phuong 12 km

Chua Bai Dinh

Ban Long Pagode

5 km

5 km

1

1 km

Xuan Thanh

Luong Van Thang

Haiphong 120 km, Nam Dinh 25 km

	1	Ninh Binh Legend
	2	The Vissai
	3	Huong Mai
	4	Bia Hoi Tran Vang
	5	Thanh Thuy's
	6	Bank
	7	Thanh Binh
	8	Thuy Anh
	9	Hoang Hai
	10	New Guesthouse, Queen
	11	Rung & Bien
	12	Xuan Hoa

100 m

2
3

4

5

Luong Van Tuy   Le Hong Phong

7

6

Phan D. Phung

Quyet Thang

Tay Thanh

9   8

Truong Han Sieu   Van Giang   H. Dieu

Markt

Kim Dong

Markt

Krankenhaus

Tran Hung Dao

Van Fluss

Le Dai Hanh

Bahnhof

Hoang Hoa Tham

10

Post

11

Busbahnhof

Hai Thuong Lan Ong

Vinh 200 km

Phat Diem 28 km

12

Delta d. Roten Flusses/Nördl. Zentralküste

kegel ansatzlos aus dem Grün der bis zum Horizont sich erstreckenden Reisfelder, dazwischen Flussläufe, Kanäle und Deiche, verwunschene **Grotten,** Tempel, **Pagoden,** Königsgräber und schmucke Landkirchen – in mancher Hinsicht sogar noch reizvoller als die „echte" Ha Long-Bucht. Tatsächlich handelt es sich geologisch um die gleichen erodierten Kalkstein-Formationen wie dort und war die Region um Ninh Binh vor Urzeiten vom Meer bedeckt. Eine fantastische **Märchenlandschaft,** zumal in der Regenzeit, wo alles unter Wasser steht und tausend Blumen blühen (Aug./Sept.), und im Frühjahr, wenn der junge Reis frischgrün leuchtet (Febr./März). Eine Landschaft wie geschaffen, um entspannt mit dem Fahrrad auf Entdeckungsreise zu gehen und den Alltag am Wegrand hautnah mit zu erleben (soweit noch möglich).

Praktische Informationen

- 56.000 Einw. 1 m. Tel. 030.
- **Geld.** *Vietcombank* mit ATM, Tran Hung Dao.
- **Post.** Tran Hung Dao.
- **Taxi.** *Mai Linh*, Tel. 6252525. 8000 d/km.

- **Arzt/Apotheke.** Dr. *Thao* hat in Deutschland studiert und führt eine Tagesklinik für westliche wie östliche Medizin (Naturheilverfahren). Sprechstunde tgl. 7–11, 14–17.30 Uhr. 257 Hai Thuong Lan Onh, mobil: 0917.709 166.
- **Motorräder** (5–6 $, mit Fahrer 10–12 $) und **Mietwagen** (Minibus ab 12 $) kann man bei jedem Hotel oder Guesthouse mieten. Gute **Fahrräder** gibt es im *Thanh Binh*-Hotel.
- **Touren.** Ein hervorragender Ort nicht nur für Exkursionen zu den Highlights der Umgebung (Tam Coc, Hoa Lu, Cuc Phuong), sondern auch für **mehrtägige Touren** nach Pu Luong, Mai Chau oder sogar bis Sa Pa. Hier ist noch längst nicht alles so kommerzialisiert wie in Hanoi, und die meisten Gäste geraten ins Schwärmen. Anmeldung per e-mail ratsam. Beste Adressen sind die Hotels *Thanh Thuy's* (Herr Tuc spricht deutsch) und *Xuan Hoa*.

Unterkunft

- **The Vissai.** Neu 2010. 14-stöckiges Prestigeobjekt des lokalen Beton-Trusts, dem auch die Fußballmannschaft von Ninh Binh gehört;

im Gastgewerbe freilich völlig unerfahren. 14 Tran Hung Dao.

●**Thuy Anh.** Vorbildlich instand gehalten, sehr guter Service. Im Haus I 20 Zimmer, 15 $ (eher klein und z.T. mit Innenfenster, aber gut ausgestattet), 20, 25 $; ab 20 $ inkl. Büffet-BF. Schönstes Zimmer: 501. Im neueren Haus II mit Lift 17 Zimmer 30, 35 $; modern und geschmackvoll möbliert). Im 6. und 7. Stock Resto, Bar und Dachgarten. 55A Truong Han Sieu, Tel. 3871602, www.thuyanh hotel.com.

●**Hoang Hai.** Auf derselben Straße. Sauber und effektiv. 40 Zimmer in 2 Gebäuden, im Altbau 20–25 $, im Neubau von 2009 mit Lift, modernen Duschkabinen, Schallschutzfenstern etc. 30–35 $ inkl. BF. Gutes Resto. 36 & 62 Truong Han Sieu, Tel. 3875177, www.ninhbinhhotel.com.vn.

●**Thanh Thuy's.** Der erklärte Favorit (nicht nur) deutschsprachiger Gäste. Herr *Tuc* hat 4 Jahre in Deutschland gelebt, gibt sehr gute Tipps und Wegbeschreibungen für Ausflüge in die nähere Umgebung, ist äußerst hilfreich bei der Weiterreise und weiß auf die meisten Fragen eine Antwort. Und wer in seinem familiären Gästehaus nicht unterkommen kann, schaut trotzdem gerne vorbei, denn seine Frau *Thuy* ist eine vorzügliche Köchin (bei schöner Witterung wird im Garten serviert). 20 Zimmer, im Guesthouse 7–8 $, im neuen, weitläufigen Neubau 10–20 $ inkl. BF. 128 Le Hong Phong, Tel. 3871811, mobil: 0915.178903, tuc@nb.vnn.vn.

●**Xuan Hoa.** *Xuan,* einst bester Guide der Region (für Thanh Thuy's), hat sich selbstständig gemacht. Etwas abseits, mit schönem Blick auf einen kleinen See. 21 Zimmer in 2 Gebäuden, im Haus 1 8–12 $, im Haus 2 mit Lift 15–30 $ (ab 20 $ inkl. BF). Gute Küche, sehr familiär, gerne feucht-fröhliche Atmosphäre mit „Ninh-Binh-Wasser" (alias Reisschnaps). 31D Minh Khai, mobil: 0904. 010758, xuanhoahotel@hotmail.com, www. xuanhoahotel.com.

●**Queen.** Sauber, ruhig, freundlich. Am Bahnhof (Frau *Tao* spricht deutsch). 15 Zimmer 5–15 $. Im 9-stöckigen Neubau von 2010 mit Resto und Rooftop-Bar, 24 Zimmer ab 20 $. 21 Hoang Hoa Tham, Tel. 3871874, luongvn2001@yahoo.com.

●**Thanh Binh.** Sehr ordentlich, sehr nette Leute (Chefin ist Mrs. *Xuyen*). Im Altbau 15 Zimmer ab 10 $ (Zimmer 43 mit 2 Fenstern!), für 15 $ inkl. BF mit Riesenbett und Duschkabine, im 9-stöckigen Neubau mit Lift (2008) 26 Zimmer 20–26 $. Restaurant. 31 Luong Van Tuy, Tel. 3872439.

●**New Guesthouse.** Ggb. dem Bahnhof, angeblich „foreigner only", akzeptabel. 6 Zimmer, EZ 5,50, DZ 7–8, Triple 9–10 $. 3 Hoang Hoa Tham, Tel. 3872137, dungpt-nb@ vnn.vn.

Essen und Trinken

●**Rung & Bien.** *Wald & Meer* ist der programmatische Name dieses großen, halboffenen Etablissements, in dem man Wild und Seafood speist. 2 Tran Hung Dao.

●**Huong Mai.** Gute Küche, serviert wird auf 2 Stockwerken. 21 Tran Hung Dao.

●**Bia Hoi Tran Vang** (Goldener Büffel). Populärer Biergarten, gute Snacks und Grillgerichte. 31 Tran Hung Dao.

●**Pho Bo.** Gut und bis spät in die Nacht. 82 Le Hong Phong.

●**Thit Cho.** Wenn schon Hund … in einem Muong-Pfahlhaus, einladend, man sitzt auf Matten (und notfalls gibt's auch *tho*, Kaninchen). 94 Le Hong Phong (Gasse).

●**Gallery Café.** Ein Tipp für kalte oder regnerische Tage. 21 Luong Van Tuy.

In der Umgebung

●**Ninh Binh Legend** auf halbem Weg nach *Hoa Lu.* Neu 2010, vom Besitzer des vorbildlichen *Thuy Anh (Mr. De),* mit Pool, Gym, Tennis und schönem, unverbautem Panorama. 108 Zimmer auf 11 Etagen, DZ 70–95 $ ++ inkl. BF. Tel. 3899880, www.ninhbinh legendhotel.com.

●**The Long** in *Tam Coc.* Rokoko-Mini mit 44 Zimmern 30–40 $ inkl. BF. Nicht schlecht, aber oft von Gruppen überlaufen; Lunch-/Dinner-Büffets. Tel. 3618877, www.hotelninh binh.com.

Ziegelbrennerei bei Ninh Binh

● **Duc Thanh** in *Tam Coc.* Zweckbau mit Resto, Souvenirshop etc. 35 Zimmer 10–14 $. *„We have a young and elegant staff that service professionally and nervously."* Tel. 361 8333, www.ducthanhhotel.com.vn.
● **Lang Khanh** in *Tam Coc.* Zuverlässiges, sauberes Guesthouse mit 10 Zimmern à 10 $. Tel. 3618073, langkhanhtc@yahoo.com.vn.

Anreise und Weiterreise

● **Entfernungen** von Ninh Binh (in km): Hue 565, Vinh 200, Thanh Hoa 70, Nam Dinh 25, Haiphong 120, Hanoi 93. Tam Coc 8, Hoa Lu 12, Kenh Ga 21, Nam Dinh 28, Phat Diem 28, Cuc Phuong 44, Mai Chau 140.
● **Zug.** In Ninh Binh halten die Züge SE5–8. Der Bahnhof liegt im Zentrum.
● **Bus.** Minibusse nach Hanoi kann man an der Hauptstraße anhalten (1½ Std., 42.000 d). Der Busbahnhof wird/ist an den Stadtrand verlegt. Mehrmals tgl. von/nach Hanoi (2 Std.), Haiphong (2½ Std.), Bai Chay, Vinh, Hue sowie Nam Dinh, Thanh Hoa, Kim Son (Phat Diem), Son La (6 Uhr).
● **Laos.** Siehe *Thanh Hoa.*

Ninh Binh, Umgebung

Tam Coc

Eine atemberaubende Szenerie. Tam Coc bedeutet **Drei Grotten,** der Weg zu ihnen führt per Sampan über den schmalen, von Reisfeldern und Kalksteinkegeln gesäumten *Ngo-Dong*-Fluss. Die größte und längste der drei Grotten misst 140 m, aber der Weg selbst ist das eigentliche Ziel. Die wunderschöne Fahrt durch die Reisfelder dauert rund 2 Stunden hin und zurück.

Der Weiler *Tam Coc* (einst *Ninh Hai* oder *Van Lan* genannt) war für seine hochwertigen Stickereien bekannt, lebt jetzt vornehmlich vom Tourismus.

Knapp 3 km entfernt erhebt sich die auf verschiedenen Ebenen in den Fels gebaute Pagode (Chua) **Bich Dong** (seit 1428). Eine steile Treppe führt zur *Grünen Grotte* mit den drei in Stein gehauenen Buddhas der Vergangenheit, Gegenwart und Zukunft. Mit nichts zu vergleichen ist die Aussicht über das weite, leuchtend grüne Meer der Reisfelder, aus dem steinerne Dolomiten wachsen.

Nur 300 m weiter (Hinweis) liegt versteckt über ein Gewirr von Dämmen erreichbar der kleine **Chua Linh Coc.** Die naiven, volkstümlichen Wandmalereien passen vorzüglich zu dem einfachen Gebäude. Auch hier führt ein Pfad bergauf zu einer weiteren Felsenpagode und einer Grotte.

Praktische Informationen

● 8 km südwestlich. Nach 4 km Richtung Thanh Hoa rechts über eine Kanalbrücke. Autobahn, Busparkplatz, Hotels, Souvenirläden und schicke Tour-Restos – aus einer Idylle ist ein **Rummelplatz** geworden. Wochenenden nach Möglichkeit meiden!
● Sampanfahrt inkl. Eintritt 55.000 d (Tarif im Ticket Office angeschlagen). Tipp: Gegen 16 Uhr fahren. Dann ist man fast allein, die Händlerinnen rudern zurück, und man ist bis Einbruch der Dunkelheit in der Unterkunft.
● Die Frauen von Tam Coc sind für ihre aggressive Hartnäckigkeit berüchtigt, wenn es darum geht Stickereien, Getränke und Souvenirs aller Art zu verhökern.

Hoa Lu ⟋ IX/C1

Reisfelder, Zuckerhüte und die Ruinen einer alten Kaiserstadt (968–1009). Von der Zitadelle sind nur Grundmauern erhalten, auf den Fundamenten

082vi Foto: kb

baute man den Kaisern der sog. „Frühen Le-Dynastie" Ende des 17. Jh.s zwei sehenswerte Tempel.

Als das Reich nach dem Tode *Ngo Quyens*, der 939 die Unabhängigkeit errungen hatte, in zahllose Fürstentümer zu zersplittern drohte, ergriff der Mandarin *Dinh Bo Linh* die Macht und verlegte die **Hauptstadt 968** in seinen Heimatort *Hoa Lu*, der ihm durch seine Lage besser vor der Rache der Chinesen geschützt schien als das *Co Loa* der Ahnen. Als Kaiser **Dinh Tien Hoang** baute er einen Hof mit buddhistischen und daoistischen Beratern und einer schlagkräftigen Bauernarmee von 200.000 Mann auf, sein Nachfolger **Le Dai Hanh** führte erste Expansionskriege gegen *Champa* und brandschatzte *Indrapura*. 1009 stürzte Ly Thai To die Dynastie und machte *Thang Long*, das heutige Hanoi, zur Metropole.

Den Dinh. Auf den Fundamenten eines Heiligtums erbaut, das bereits zu Lebzeiten des Kaisers bestand; auf dem steinernen Vorplatz wurden Opferungen und Zeremonien abgehalten. Das niedrige, massig wirkende Gebäude stützt sich auf gedrungene

Trockene Ha Long-Bucht bei Ninh Binh

Delta d. Roten Flusses/Nördl. Zentralküste

Holzsäulen. Üppige Schnitzarbeiten am Dachgebälk, in Säulen geschnitzte und in Steinsockel gehauene Schriftzeichen, deren Ornamente sich noch im Fußboden fortsetzen, ein schöner, von Blüten und Früchten umrankter Ständer für Räucherstäbchen aus dem Holz des Eisenbaums.

Das **Grabmal** Dinh Tien Hoangs ist das älteste Kaisergrab Vietnams. Es ist erst seit 2002 auf dem Vorplatz plaziert, ursprünglich befand es sich auf einer der umliegenden Hügelkuppen (während das Grab Le Dai Hanhs beim *Dinh Le* am Fuße des Hügels lag).

Im zweiten Raum **Statuen** des Kaisers Dinh Tien Hoang und seiner Söhne, ihm zur Seite *Dinh Lien*, der älteste, gegenüber dessen Halbbruder *Hang Lang* und *Dinh Tue*, der jüngste. Ein Shakespeare-Drama im Fernen Osten. Als der Kaiser Hang Lang, den Sohn einer Nebenfrau, zu seinem Nachfolger bestimmte, ließ Dinh Lien dem Rivalen die Kehle durchschneiden, wenig später fand man ihn selbst mitsamt dem Vater ermordet, und Thronfolger war der erst sechsjährige Dinh Tue. An seiner Statt ließ sich General *Le Hoan* 980 zum Kaiser ausrufen und führte unter dem Namen Le Dai Hanh erste Eroberungsfeldzüge gegen Champa. Ihm ist der zweite Tempel geweiht.

Den Le. Entstehungsgeschichte und Architektur ähneln denen des Dinh-Tempels, man merkt, dass er nur ein Imitat ist. Auch hier liegt das Heiligtum im hinteren Raum. Die Statue des Kaisers in der Mitte, auf einer Seite seine Söhne, auf der anderen *Duong Van*

Nga, die Gattin des ermordeten Kaisers und jetzt Mutter seiner Söhne.

Ein kleines *Museum* präsentiert Fundstücke der ehemaligen Zitadelle.

● 12 km nördlich von Ninh Binh. Die Eingangstore mit Brücken und Teichen sind neue Rekonstruktionen der ursprünglichen Anlage. Eintritt 10.000 d.

Kenh Ga

Ein *Floating Village*, ein Dorf auf dem Wasser, mit dem Alltagsleben der Menschen am Fluss – ein herrliches Stück altes Vietnam; wie lange noch? Kinder fangen Frösche. Frauen durchwühlen den Schlamm nach Schnecken. Männer ernten Schilfgras und füttern Zuchtfische in Reusen. Frauen – nein, alle! – rudern die Sampans mit den *Füßen*. Schön. Sieht ungemein entspannt aus!

Schenken kann man sich die sog. „Hot Springs" – nichts weiter als eine gewöhnliche Zisterne. Das Wasser ist allerdings tatsächlich heiß, und angeblich soll das Dorf daraus seinen Namen beziehen: „Wo man die Hühner ins Wasser taucht, und sie kommen geschmort wieder heraus."

Wunderschön ist die rund zweistündige Fahrt auf dem Fluss. Der Entfernungen wegen allerdings leider nicht per Sampan, sondern unromantisch im tuckernden Kahn. Denn da ist noch die Grotte **Van Trinh,** erst 2001 entdeckt, um einiges größer als Tam Coc und nur zu Fuß über schmale Pfade zu erreichen; das Boot kommt bis auf weiteres nur während der Regenzeit durch.

● 21 km nördlich. Ticket Office im Weiler *Me*. Boot für 1–2 Pers. je 80-, für 3–10 Pers. je 40.000 đ.

Van Long

Noch einmal Reisfelder, Sampans, Grotten und Kalksteinklippen – Lebensraum für die ersten wieder **frei lebenden Delacour-Languren.** Die Population wächst, aber die Chance, eines der seltenen Tiere zu sichten, ist sehr klein (am besten vor Sonnenuntergang). 20 km nördlich. Vorteil: Hier ist man oft fast allein unterwegs. Bootsfahrt 35.000 đ.

Trang An

Die Szenerie ist ähnlich wie oben, nur gleitet man eineinhalb Stunden lang sanft mit dem Boot – oft haarscharf! – durch insgesamt neun bis zu 300 m lange Grotten. Das Gelände wurde 2004 geflutet (d.h. **künstlich** angelegt) und erst 2008 eröffnet. 35.000 đ.

Chua Bai Dinh

Der größte **Pagodenkomplex** Vietnams, 2010 von den „Machern" der „Zauberwelt" von *Trang An* zur Tausend-Jahr-Feier Hanois gestiftet.

Eine Fläche von **80 ha.** Darauf **500** übermannsgroße *Arhats* (gemäß der Legende der 500 Arhats, die Buddha *Sakyamuni* zu dessen Lebzeiten dienten und bis zum Erscheinen des nächsten Buddhas in der Welt verbleiben). Eine **16 m** hohe und 100 t schwere Buddha-Statue. Ein Glockenturm mit

einer **36 t** schweren Bronze-Glocke. Alles ist jeweils „das Größte Süostasiens". Hat aber mit *lokalen* – oder auch nur übergeordnet vietnamesischen – Vorbildern nicht das Mindeste zu tun, bedient sich vielmehr willkürlich idealisierter und globalisierter Muster aus China, Indien und Japan. *Simulation* von Geschichte. *Fusion*-Religiosität. (Echt ist eine Reliquie des historischen Buddha Sakyamuni; es gibt davon weltweit offiziell nur acht.)

Auf der Kuppe des 200 m hohen Hügels, der dem Komplex seinen Namen gibt, steht noch die kleine ursprüngliche Pagode.

Phat Diem   ⤢ IX/C2

Der *Kim-Son*-Distrikt gilt seit über 100 Jahren als **Hochburg des Katholizismus** in Nordvietnam. Obwohl 1954 allein aus dieser Region mehr als 100.000 Christen in den antikommunistischen Süden des Katholiken Diem flüchteten, stellen sie noch heute über die Hälfte der Bevölkerung.

Die **Kathedrale** von Phat Diem ist eine der größten Vietnams und ganz sicher die kurioseste. 1880 von dem einheimischen Priester *Père Six* konzipiert, stellt sie eine faszinierend verspielte, aber Ehrfurcht einflößende **Synthese** aus Katholizismus und Buddhismus, französischer und vietnamesischer Architektur dar. Fast jedes Detail – der 6 Türme, des fünftorigen Portals, des gedrungenen doppelstöckigen Schiffs – verweist auf eine Pagode, und doch entsteht auf der Netzhaut letztlich der Eindruck einer

Delta d. Roten Flusses/Nördl. Zentralküste

Kirche. Vom freistehenden Glockenturm ruft eine riesige Glocke, zuweilen aber auch die buddhistische Trommel zur Andacht; und neben den Statuen der vier Evangelisten befinden sich große Steinplatten, auf denen die Mandarine Platz nahmen, um dem merkwürdigen Schauspiel der Fremden zuzusehen. Im Innern erinnern Darstellungen von 6 Märtyrern unter den meterdicken, über 10 m hohen Eisenholzpfeilern des Kirchenschiffs an die Christenverfolgungen im 19. Jh.

Als die Kathedrale 1891 eingeweiht wurde, lag sie noch am Meer; aufgrund der Verlandung des Deltas ist sie heute 10 km von der Küste entfernt. 1933 wurde in ihr der erste Bischof Vietnams geweiht. Im amerikanischen Krieg stark beschädigt, durfte sie im Gegensatz zu vielen anderen danach wieder aufgebaut werden.

Praktische Informationen

- Tgl. 7.30–11.30, 14.30–17 Uhr. Messen: Mo–Fr 5 und 17, Sa/So 5, 10 und 16 Uhr.
- 28 km südwestlich von Ninh Binh. Per Motorrad, Mietwagen oder Lokalbus Richtung Kim Son.
- Für abenteuerlustige Selbstfahrer lohnt ein Umweg über den **Strand** von **Thinh Long.** Weniger um zu Baden, sondern der geisterhaften Atmosphäre wegen. Schöne Fahrten entlang Flüssen, Kanälen und Küsten.

Cuc-Phuong-Nationalpark ↗ VIII/B1

Immergrüner Tropenwald mit üppiger Vegetation, bis zu 70 m hohen Baumriesen und mehrere hundert Meter langen Lianen, die sich wie Pythons über Farne, Orchideen und Würgefeigen schlängeln – wer einmal sehen möchte, wie Vietnams Urwälder vor den Kriegen ausgesehen haben, sollte den Cuc-Phuong-Park aufsuchen. Der 1962 eingerichtete Park war der erste seiner Art in Vietnam und wurde noch von Ho Chi Minh persönlich initiiert. Das Terrain am Südhang eines bis zu 650 m aus der Ebene emporragenden Kalksteinmassivs besteht im Wesentlichen aus **tropischem Primärwald** auf hügeligem und von Höhlensystemen durchzogenem **Karst.** In einigen der Höhlen und Grotten wurden Gräber, Knochen und Steinwerkzeuge prähistorischer Menschen gefunden, die hier

Der Kurze-Hosen-Affe wirbt für den Cuc-Phuong-Nationalpark

vor über 10.000 Jahren lebten. Zuletzt besiedelten Generationen von **Muong** das von der Aussenwelt abgeschlossene Tal. Mit zumindest zwei Dörfern sind sie noch heute im Nordteil des Parks vertreten (6–8 Std. Trek, Unterkunft im Pfahlhaus möglich).

Auf dem vergleichsweise winzigen Areal von 22.000 ha – bei einem Umfang von rund 120 km – ist in Cuc Phuong nahezu 20 % aller in Vietnam vorkommenden Flora vertreten. Und eine nicht minder beeindruckende Fauna: 117 Säugetier-, 110 Reptilien-, 65 Fisch- und 320 Vogelarten. Darunter endemische Arten, die es nirgendwo sonst auf der Welt gibt, wie Landkrabben- und Fasanenspezies oder den langschwänzigen, bis 1987 für ausgestorben geglaubten **Delacour-Langur.** Der wegen seiner prägnanten Fellzeichnung auch als *Kurze-Hosen-Affe* bezeichnete Langur ist einer der seltensten Primaten der Welt, es gibt nur noch rund 200 Exemplare, und zwar ausnahmslos im Norden Vietnams.

1991 kam der Dresdner Biologe *Tilo Nadler* auf der Suche nach dem sagenhaften Langur nach Cuc Phuong und engagiert sich seit dieser Zeit für die Haltung, Züchtung und Wiederaussetzung einheimischer Affenarten. Mit den ersten beiden illegal gewilderten und beschlagnahmten Delacour-Languren gründete er 1993 das zum Park gehörige, aber dank ausländischer Sponsorengelder unabhängig operierende Zucht- und Forschungszentrum **Endangered Primate Rescue Center.** Heute tummeln sich über 120 Tiere

aus 15 Spezies im Zentrum, darunter 6 Arten, die ausnahmslos hier gehalten werden. Außerdem leben hier 10 Langurenarten (neben den besagten *Kurze-Hosen-Affen* auch *schwarze*, *graue* und *rote Kleideraffen* sowie die auf eine Population von nur mehr 55–60 Exemplare geschätzten *Cat Ba*- oder *Goldschopf-Languren*), 3 Gibbonarten und 2 *Loris*-Arten. Das sind über- aus putzige, nachtaktive Halbaffen mit großen, „traurigen" Kulleraugen.

Der Park verfügt über mehr als ein Dutzend **Trekkingpfade,** aber nur die wenigsten sollten – und dürfen – auf eigene Faust exploriert werden. Tieren, geschweige denn Affen, wird man auf freier Wildbahn nur selten begegnen. Obschon ihre Laute allgegenwärtig sind, wird unser ungeübtes Auge im Licht und Schatten des Tropenwaldes gerade mal einen Vogel, eine Fledermaus oder ein Baumhörnchen ausmachen. Allein die Myriaden weißer Schmetterlinge, die vor allem in ihrer Hochsaison Anfang März bis Mitte Mai wie *Schneegestöber* durch die Tropenflora tanzen, sind unübersehbar.

Die gängigen **Tagestouren** umfassen – neben dem Primatenzentrum und dem kleinen *Botanischen Garten* – in erster Linie zwei Ziele. Der 100 m lange **Cave of Prehistoric Man** liegt relativ nahe der Straße, die vom Besucherzentrum bis zur Parkmitte führt, und ist bequem in ca. 45 Min. zu absolvieren. (Vorsicht, z.T. sehr eng, dunkel und schlüpfrig, eine Taschenlampe ist ratsam.) Zum mächtigen **Thousand Year Old Tree** führt ein gehfreundlicher, 7 km langer und großteils asphaltierter Rundwanderweg mit zahllosen Stufen, aber auch Rastplätzen vom Parkzentrum hin und zurück. Wer beim Trekken mehr gefordert sein will, mag sich auf den unwegsamen Pfad zum *Big Tree* (3 km, aber bis zu 3 Std. sind einzuplanen) oder auf den 628 m hohen *Silver Cloudy Peak* begeben.

Praktische Informationen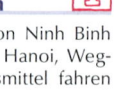

●**Anreise.** 44 km westlich von Ninh Binh (auf der N1 10 km Richtung Hanoi, Wegweiser). Öffentliche Verkehrsmittel fahren nicht bis Cuc Phuong. Ein *Xe Om* (Motorradtaxi) von Ninh Binh kostet ca. 12 $ retour. Am Wochenende ist vom Besuch eher abzuraten.
●**Besucherzentrum.** Das *Visitor Center* liegt am Eingang des Parks, der Eintritt kostet 30.000 d. Guides sind empfehlenswert, für einige Touren sowie für alle mehrtägigen Touren obligatorisch (ab 5 $ pro Tag) – und daran sollte man sich auch halten! Geschichten von orientierungslosen, entkräfteten Touristen, die meinten „auf eigene Faust" trekken zu können, sind keine Ammenmärchen; einige wurden erst nach Tagen aufgefunden. Das Zentrum bietet in einer ausführlichen Broschüre bis zu sechstägige Touren an.
●**Primatenzentrum.** Das *Endangered Primate Rescue Center* ist tgl. 9–11.30, 13.30–16 Uhr geöffnet. Alle 30 Min. werden max. 20 Pers. eingelassen. Die Begleitung eines (kostenlosen) Guide ist obligatorisch. Eintritt 10.000 d, Spenden sind erbeten. www.prima tecenter.org.
●**Unterkunft.** Im Park kann man übernachten, entweder im *Headquarter* am Parkeingang oder im 20 km entfernten *Parc Center* (Achtung, dort liefert der Generator nur Strom für 4 Std.). Die Bandbreite reicht vom Bett im Pfahlbau für 4–6 $ bis zum komfortablen Bungalow mit AC, Bad, WW für 20–25 $. Mahlzeiten gibt es auf Vorbestellung. Eine weitere Unterkunftsmöglichkeit (5 $) gibt es im 16 km entfernten Muong-Dorf *Khanh*. Der Trek dorthin dauert allerdings 6–8 Std. und ist nur mit Guide möglich.

Pu Luong Naturreservat ♫ VIII/B1/2

Geheimtipp für Individualisten! Nordwestlich von Cuc Phuong (65 km) und 22 km südöstlich von Mai Chau schließt sich ein weiterer Naturpark mit grandiosen Landschaften (Kalksteinberge, Regenwald, Bambuswälder, Reisterrassen) und einzigartiger Biodiversität an. Die rührige, von ausländischen Organisationen wie dem DED gut beratene Parkverwaltung stellt interessante Trekkingrouten (4 Stunden bis 4 Tage) vor, ein ökotouristisches Projekt ermöglicht **Homestays** in Thai- und Muong-Dörfern.

Praktische Informationen

●**Besucherzentrum.** Das Park-Headquarter ist 1,5 km von **Canh Nang** (District Ba Thuoc) entfernt. Ranger (ohne Englischkenntnisse) können für 200.000 d/Tag gemietet werden (unbedingt im Voraus buchen) und sollten, vor allem bei mehrtägigen Treks, unbedingt in Anspruch genommen werden, da es unzählige faszinierende Pfade gibt, aber in den Dörfern kein Englisch gesprochen wird. Wer trotzdem alleine losziehen will: Für Homestays bedarf es, außer für Gruppen, keinerlei Anmeldung. Tel. 037/3880671, pu luong@hn.vnn.vn.
●**Anreise.** Per Bus ab Hanoi (210 km; 7 und 13 Uhr ab Busbahnhof *Nuoc Ngam* südl. von Giap Bat) nach Ba Thuoc/Canh Nang (Endstation). Ab Ninh Binh (120 km) mit Bike, Motorbike, Auto oder per Bus über Thanh Hoa (von dort ab Busbahnhof Noi Tinh gegen Mittag nach Ba Thuoc/Canh Nang).
●Durch das Reservat führt eine einst von den Franzosen angelegte **öffentliche Straße** (15C), die zumindest in der trockenen Jahreszeit mit Bikes und Allradfahrzeugen befahren werden kann; der Ausbau ist in Planung.

160vi Foto: kb

Rau ist das Leben der Fischer
von Sam Son

Thanh Hoa   ⤢ IX/C2

(Thanh Hóa)

Die Provinz in der fruchtbaren Ebene des *Song Ma* ist die Wiege der frühesten vietnamesischen Zivilisation, der Bronzekultur von **Dong Son** (800–300 v.u.Z.), benannt nach dem gleichnami-gen Weiler 6 km westlich von Thanh Hoa (Bronzetrommeln).

Thanh Hoa brachte mehr Dynastien hervor als jede andere Region Vietnams: die *Frühen Le* (980–1009), *Le* (1428–1789), *Trinh* (1537–1787) und *Nguyen* (1802–1945). Die **Zitadelle** der Ho-Dynastie, 1397 erbaut, war kurze Zeit Hauptstadt des Landes. Unter dem Namen *Tay Do* („Hauptstadt des Westens") war sie der einzige Festungsbau Vietnams, der aus (bis zu 16 t schweren) Quadersteinen errichtet war. Erhalten sind noch die massiven Stadttore und einige Grundmauern bei *Vinh Loc* (60 km nördlich).

Die im amerikanischen Krieg stark zerstörte Stadt am *Ham Rong*-Fluss (allein an der Brücke verloren die Amerikaner über 70 Flugzeuge) präsentiert sich heute in gesichtslosem Neo-Postsozialismus-Barock.

Praktische Informationen

- 130.000 Einw. 2 m. Tel. 037.
- **Information.** *Thanh Hoa Tourism*, 34 Le Loi, Tel. 3854140.
- **Museum.** Das in einem Pfahlhaus untergebrachte private *Hoang Long Museum*, 41 Doi Cung, stellt 6000 Objekte aus der Vorzeit Vietnams aus, vor allem aus der *Dong-Son*-Ära (Bronzetrommeln).
- **Unterkunft. Sao Mai,** 110 Zimmer 25–50 $, 20 Phan Chu Trinh, Tel. 3712888, www.saomaihotel.com.vn. **Loi Linh,** unweit des Busbahnhofs, 22 Tran Phu; kleine, aber saubere Zimmer 8–10 $, Tel. 3851667. **Ben Ngu.** Ruhiges, sauberes Motel-Guesthouse, 12 Zimmer 8 $. 5 Ben Ngu, Tel. 3854704. **Van Chai Resort.** Bestechend schöne, moderne Anlage mit Pool & Spa am Strand von *Sam Son*. 68 Zimmer in gemütlichen, zweistöckigen Ziegelvillen ab 52 $ ++ inkl. BF. Tel. 3793333, www. vanchai-vn.com.
- **An- und Weiterreise.** Thanh Hoa liegt an der N 1 wie an der Eisenbahnlinie Saigon–Hanoi. Regelmäßig Busse von/nach Hanoi, Hue, Vinh, Ninh Binh, Nam Dinh, Sam Son.
- **Laos.** Der Grenzübergang **Na Meo** (230 km) an der N 217 ist für Ausländer geöffnet, aber schwierig zu erreichen. Per Bus frühmorgens ab *Ben Xe Noi Tinh* (ca. 5 Std.); die Weiterfahrt kann problematisch sein. Umgekehrt gibt es 2–4mal (?) die Woche einen regulären Bus *Sam Neua-Thanh Hoa* (10–12 Std.). Von/nach Na Meo auch Verbindung mit *Mai Chau* (150 km).
- **Entfernungen** (in km): Hue 500, Vinh 140, Sam Son 16, Ninh Binh 60, Hanoi 150.

Thanh Hoa, Umgebung

Sam Son ⬀ IX/C2

Der **Strand** von Sam Son 16 km östlich von Thanh Hoa wurde bereits von den Franzosen geschätzt und gilt noch heute als einer der besten – und erschlossensten – des Nordens. Neben mehrstöckigen Betonkästen, in denen Ostblock-Touristen früher „Riviera-gefühle" auskosteten, findet man auch neuere Hotels und günstige Bungalows.

Das Grab Le Lois

Lam Son ist die Heimat des Nationalhelden **Le Loi,** der 1428 die Chinesen vertrieb und als Kaiser Le Thai To die Le-Dynastie begründete. Von seinem weitläufigen Grabmal und dem ihm zu Ehren errichteten Tempel sind nur Fragmente erhalten. Zu besichtigen sind u.a. die *Vinh-Lang*-Stele, auf der sein Mitkämpfer, der Dichter Nguyen Trai 1433 seine „Große Proklamation" verewigte, und eine 100 Jahre später gegossene Bronzestatue des Kaisers. Auch Reste der kaiserlichen Zitadelle *Lam Kinh* sind noch zu erkennen. – 35 km westlich von Thanh Hoa.

Nördliche Zentralküste

Überblick

Die nördliche Zentralküste, streckenweise noch bis ins 14. Jh. hinein Domäne der **Cham** und während der Kolonialzeit Teil des Protektorats **Annam,** ist die ärmste und unterentwickeltste Küstenregion Vietnams. Die Böden sind sandig und unfruchtbar, die klimatischen Verhältnisse trotz Küstennähe extrem. Die Winter sind rau und neblig, im Sommer führen Hitzewellen zu Dürren, und zwischen August und Oktober fallen Taifune ein und verwüsten das Land. Missernten sind häufig und führen zu Engpässen bei der Versorgung der Bevölkerung. Angebaut werden neben Reis Cash Crops wie Mais, Yams, Cassava und Erdnüsse. Forstwirtschaft, Viehhaltung, Fischerei und Handwerk sorgen für dringend benötigte Zusatzeinnahmen.

Rund 100 km nördlich von Hue begann nach 1954 das Territorium **Nordvietnams**. Keine Region Vietnams war zwischen 1964 und 1973 derart massiv amerikanischen **Bombardements** ausgesetzt wie das Gebiet beiderseits des 17. Breitengrads und bis weit über den 20. (Nam Dinh, Ninh Binh) hinaus. Die amerikanischen „Missionen", vorwiegend von den Airbases im Nordosten Thailands (Udon Thani, Korat, Ubon) geflogen, dienten außer der planmäßigen Vernichtung von Industrieanlagen und Reisernten dem Unterbinden des Nachschubs für die Widerstandsbewegung in Südvietnam. Die Intensität der Flächenbombardierungen nahm auch dann nicht ab, als die Truppen Nordvietnams nach Laos auswichen und den Süden fast ausschließlich über den Ho-Chi-Minh-Pfad mit Waffen und Proviant versorgten.

Großstädte wie Vinh, Dong Hoi oder Thanh Hoa wurden zu fast 100 % zerstört und mussten 1975 von Grund auf neu errichtet werden. Andere, wie Quang Tri, sind bis heute Trümmerfelder geblieben. Sämtliche Eisenbahnlinien und Überlandstraßen der Region waren wieder zu Äckern geworden, und selbst simple Behelfs- und Pontonbrücken blieben selten länger als ein paar Tage oder Wochen unversehrt.

Orientierung

Ein befestigter Wall am *Deo* (Pass) *Ngang* nördlich von Dong Hoi bildete vom 2. bis 13. Jh. die Grenze zwischen Vietnam und dem hinduistischen **Champa.** An gleicher Stelle errichteten die Franzosen später die *Porte d'Annam*, die ihre Protektorate Annam und Tonkin voneinander trennte.

Der **Ben-Hai-Fluss** am 17. Breitengrad südlich von **Dong Hoi** und nördlich von Dong Ha wurde auf der Genfer Konferenz 1954 zur Demarkationslinie zwischen dem kommunistischen Nordvietnam und dem „freien" Südvietnam bestimmt. Die heißumkämpfte **Demilitarisierte Zone** (DMZ) diente bis 1975 als Grenze zwischen den beiden Staaten.

Delta d. Roten Flusses/Nördl. Zentralküste

Entfernungen

- **Von Hanoi** (in km): Vinh 295, Dong Hoi 490, Phong Nha 535, Dong Ha 580, Lao Bao 660, Savannakhet (Laos) 830, Hue 660.
- **Von Hue** (in km): Dong Ha 80, Savannakhet (Laos) 400, Dong Hoi 170, Phong Nha 210, Vinh 365, Hanoi 660.

Vinh ⤵ X/B1
(Vinh)

Die **größte Stadt** zwischen Hanoi und Hue. Die Industrie- und Hafenstadt wurde im 20. Jh. gleich zweimal dem Erdboden gleichgemacht, im französischen Krieg 1946–1954 und im amerikanischen Krieg 1964–1973. Nach 1975 wurde sie mit Unterstützung der DDR wieder aufgebaut, wovon heute glücklicherweise nicht mehr viel zu sehen ist. Seit Beginn der 1990er Jahre hat die Landflucht aus dem Armenhaus der Provinzen *Nghe An* und *Ha Tinh* die Einwohnerzahl mehr als verdoppelt, gleichzeitig sorgten Finanzspritzen der Regierung für einen Bauboom, der das Gesicht der Stadt noch einmal radikal wandelte.

In den Überresten der 1803 unter Kaiser Gia Long errichteten Zitadelle (gleichzeitig das Datum der Stadtgründung) ist ein Museum zu Ehren der *Sowjets* von *Nghe Tinh* (s.u.) eingerichtet. Zahlreiche Besucher pilgern zum **Geburtshaus Ho Chi Minhs** sowie zum **Strand** von Cua Lo.

Geschichte

Die Provinz **Nghe An** gilt seit den Anfängen der vietnamesischen Geschichte als eine Region der Rebellen und Revolten und ist nicht von ungefähr die Heimat von Phan Boi Chau und **Ho Chi Minh.** Während der tausendjährigen chinesischen Okkupation galt sie als „unsicheres und barbarisches Grenzland", von dem aus Aufstände und Revolten ihren Ausgang nahmen, und 1418 sammelte **Le Loi** hier seine Truppen, um die Besatzer für immer aus dem Land zu vertreiben.

Die französische Kolonialregierung siedelte Fabriken an, aber auch unter ihrer Herrschaft blieb die Region ein Unruheherd. Auf dem Höhepunkt der Weltwirtschaftskrise 1930 verbündeten sich Bauern und Arbeiter der Provinzhauptstadt Vinh, die sog. **Sowjets von Nghe Tinh,** und übernahmen die Macht. Französische Elitetruppen und Fremdenlegionäre benötigten mehr als ein Jahr, „die Ordnung wiederherzustellen".

In den 1950er Jahren Schauplatz erbitterter Kämpfe zwischen Franzosen und Vietminh, war die Provinz in den 1960er und -70er Jahren Ausgangspunkt des Ho-Chi-Minh-Pfads und damit das erklärte Ziel amerikanischer Bombardements. Über keiner Provinz Vietnams wurden so viele amerikanische Flugzeuge abgeschossen wie über Nghe An.

Praktische Informationen

- 165.000 Einw. 2–5 m. Tel. 0383.
- **Information.** *Nghe An Tourist*. 8 Quang Trung, Tel. 3844692, Fax 3843635.
- **Taxi.** *Mai Linh*, Tel. 3575757.
- **Geld.** *Vietcombank*, Le Loi Ecke Nguyen Thi Sach.
- **Flug.** *Vietnam Airlines*. 2 Le Hong Phong, Tel. 3595777. *Jetstar*, 46 Nguyen Thi Minh Khai, Tel. 3550550.

Unterkunft

- **Saigon Kim Lien.** 77 Zimmer 34–65 $ inkl. BF, Pool. 25 Quang Trung, Tel. 3838899, www.saigonkimlien.com.vn.
- **Phu Nguyen Hai.** 40 Zimmer 10–15 $. 79 Le Loi, Tel. 3848429, ctpnh@hn.vnn.vn.
- **APEC.** Neu, hell, relativ ruhig. 40 Zimmer 10–14 $. 1 Ho Tung Mau (Gasse), Tel. 358 9466, apec_hotel_na@yahoo.com.

● **Hoa Binh 2.** Einfach, aber geräumig. 12 Zimmer 8 $. 226 Tran Phu (Durchgang), Tel. 3582461.

● **Giao Te.** 22 Zimmer 8–14 $ inkl. BF. 9 Ho Tung Mau, Tel. 3843175, ks_giaote_na@yahoo.com.vn.

● **Kim Anh 2 & Da Dieu.** Einmal Seafood, einmal Fleisch (Strauß), beide bis Mitternacht offen. Ngo Sy Lien 33 u. 78.

● Am Strand von **Cua Lo** (14 km) findet man zahllose Unterkünfte von der Absteige für 5 $ bis zum siebenstöckigen **Saigon Kiem Lien Resort** mit Pool und 79 Zimmern ab 65 $ inkl. BF; Tel. 3952899, www.saigonkimlien.com.vn.

An- und Weiterreise

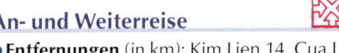

● **Entfernungen** (in km): Kim Lien 14, Cua Lo 16, Dong Hoi 200, Hanoi 295, Hue 365, Da Nang 470.

● **Bus.** Der Busbahnhof liegt bei der Post an der Hauptstraße *Le Loi.* Regelmäßig nach Hanoi, Thanh Hoa, Ninh Binh, Dong Hoi (4 Std.), Da Nang (8–9 Std.), Saigon und Buon Ma Thuot. Regionalbusse und Busse nach Laos verkehren vom Großen Markt am Südende der Le Loi (dort: *Quang Trung*).

● **Zug.** Der Bahnhof *(Ga Vinh)* liegt 1 km westl. der Kreuzung Le Loi/Phan Boi Chau. Alle Züge stoppen in Vinh.

● **Flug.** Tgl. von/nach Hanoi, Saigon, Da Nang, Pleiku, Buon Ma Thuot.

● **Laos.** Die Grenzübergänge **Cau Treo** (Vientiane) an der N 8 (105 km) und **Nam Can** (Phone Savan) an der N 7 (210 km) sind für Ausländer mit gültigem Visum offen. Direktbusse nach Vientiane und Phone Savan mehrmals wöchentlich. Lokalbusse fahren tgl. bis *Tay Son*, bzw. *Muong Xen* je 25 km vor der Grenze, weiter mit *Xe om* und laotischem Bus.

Vinh, Umgebung

Ho Chi Minhs Geburtsort

Ho Chi Minh wurde am 19. Mai 1890 in dem Weiler *Hoang Tru* (auch *Chua* genannt) geboren, aus dem seine Mutter stammte. Als er sechs Jahre alt war, zog die Familie in das 2 km entfernte **Kim Lien** (auch *Sen* genannt), das Heimatdorf seines Vaters, wo man dem frischgebackenen Doktor der Literatur, der gerade sein Examen in Hue bestanden hatte, ein bescheidenes Heim zur Verfügung stellte.

Das einfache, strohgedeckte Haus aus Holz und Bambus, das nach dem Auszug der Familie rasch verfiel, wurde von den Einwohnern des Dorfes 1955 „originalgetreu" nachgebaut. Ho selbst kehrte erst zwei Jahre später auf Besuch zurück und war sehr gerührt. Zu besichtigen sind neben dem schlichten und schönen Haus Schreibpult, Bücher und Spielsachen des Knaben Ho, und verständlicherweise verzichtet man auch nicht auf ein kleines Museum. – 14 km westlich (7.30–12, 13.30–17 Uhr, Eintritt frei).

Cua Lo

Der 10 km lange, von Pinien gesäumte Strand von Cua Lo, einem geschäftigen Hafen und Fischerort 16 km nordöstlich von Vinh, ist mit Xe Om oder Lokalbussen erreichbar.

Porte d'Annam

Das an dieser Stelle bis ans Meer vorspringende *Hoanh-Son*-Massiv (1044 m)

Delta d. Roten Flusses/Nördl. Zentralküste

mit dem **Ngang-Pass** 100 km südlich von Vinh (und 60 km nördlich von Dong Hoi) bildete ein Jahrtausend lang die **Südgrenze Vietnams.** Ein breiter Erdwall trennte die chinesische Kolonie *Giao Chi* von dem hinduistischen Champa; den Einheimischen war jeglicher Kontakt mit den Nachbarn streng untersagt. Bis ins 12. und 13. Jh. hinein lieferten sich die nach Süden drängenden Vietnamesen und die Cham harte Kämpfe um den Pass. Ende des 19. Jh. errichteten die Franzosen an gleicher Stelle die *Porte d'Annam* als Trennlinie zwischen Tonkin und Annam; die Überreste des Tores sind von der N 1 aus zu sehen. Heute verläuft dort die Grenze zwischen den Provinzen *Quang Binh* und *Ha Tinh*.

Dong Hoi ↗ XI/C2

(Đồng Hới)

Der Küstenstreifen zwischen dem Meer und den laotischen Bergen ist hier nur 50 km breit, es ist die schmalste Stelle Vietnams.

Der **Fischereihafen** am *Nhat-Le*-Fluss ist die südlichste Stadt des ehemaligen Nordvietnam und wie alle Orte heute arg zersiedelt, gleichwohl aber noch eine **kleine Perle.** Bäume über Bäume säumen die kleinen, lauschigen Gassen der nach 1975 unaufdringlich wieder aufgebauten Viertel im alten Zentrum am Fluss, auf dem sich dicht an dicht bunt bemalte Fischerkähne an die Kais drängen, und irgendwo mittendrin ragt die pathetische Ruine ei-

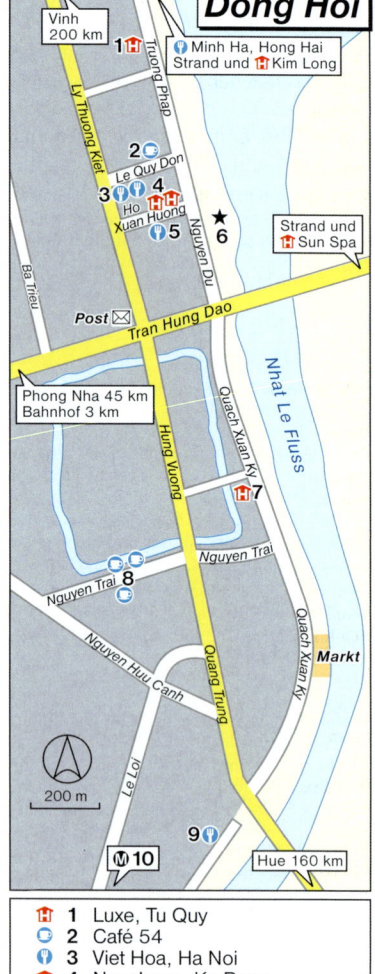

🏨	**1**	Luxe, Tu Quy
☕	**2**	Café 54
🍴	**3**	Viet Hoa, Ha Noi
🏨	**4**	Nam Long, Ke Bang
🍴	**5**	Xuan Hung
★	**6**	Kirchenruine
🏨	**7**	Saigon Quang Binh
☕	**8**	Cafés
🍴	**9**	Anh Dao
Ⓜ	**10**	Vuc Quan Museum 6 km

nes Kirchturms in den Himmel. Nördlich und südlich erstrecken sich endlose, von Sanddünen gesäumte Strände – die kilometerlange, unterwegs mehrfach ihren Namen ändernde Hauptstraße führt immer am Fluss entlang und biegt schließllich zum feinsandigen, noch kaum erschlossenen **Nhat-Le-Strand** ab. Erhalten sind noch Überreste einer Nguyen-Zitadelle (1825) und der Stadtmauer.

Praktische Informationen

- 70.000 Einw. Tel. 052.
- **Orientierung.** Der Bahnhof ist 3, der Busbahnhof 2,5 km vom Zentrum *Tran Hung Dao* Ecke *Ly Thuong Kiet* (Post) entfernt.
- **Information.** Herr *Quan* spricht deutsch und steht bei Planungen (Phong Nha, Stadtführungen etc.) oder Problemen jeder Art gerne zur Verfügung. 54 Le Quy Don, Tel. 3824613, nguyenmauquan1967@yahoo.com. Sein Freund *Tam* ist Anwalt, 72 Tran Hung Dao, mobil: 0989.639596.
- **Taxi.** Tel. 3835835 und 3848484.
- **Geld.** *Vietcombank*, 50 Nguyen Huu Canh. ATMs bei der Post und im *Saigon*-Hotel.

Unterkunft

- **Sun Spa Resort.** Das einzige 4-Sterne-Hotel zwischen Hue und Hanoi. Toller Strand, wenig Kitsch, schöne Balkonzimmer, aber etwas abseits gelegen. 235 Zimmer ab 100 $ inkl. BF. 2 Pools. Tel. 3842999, www.sunsparesortvietnam.com.
- **Saigon Quang Binh.** Seit 2006. 4-stöckiges *Saigontourist*-Haus mit Pool am Flussufer. 95 Zimmer 50, 60, 70 $ ++ inkl. BF. 20 Quach Xuan Ky, Tel. 3822276, www.sgquangbinhtourist.com.vn.
- **Luxe.** Neu, mit Lift, etwas überteuert, aber sehr in Ordnung: 30 Zimmer, 25, 29, Suite 39 $. 63 Truong Phap, Tel. 3845959, www.luxehotel.vn.
- **Tu Quy.** Sauber und effizient. 20 Zimmer 12–16 $, Suiten mit Superblick auf Fluss und Strand. 63 Truong Phap, Tel./Fax 3829909.

- **Thanh Long.** Neues Mini, macht einen guten Eindruck, z.T. mit Balkon und Flussblick. 14 Zimmer 10–14 $. 56 Nguen Du, Tel. 3822462.
- **Nam Long.** In einer ruhigen Seitengasse der Flusspromenade, sehr sauber und korrekt. 10 Zimmer 8–12 $. 22 Ho Xuan Huong, Tel. 3821851.
- **Ke Bang.** Gleich daneben, z.T. mit Balkon und Flussblick. 16 Zimmer 12, Triple 18 $. Tel. 3841063.
- **Kim Long.** Am Strand (zuvor liegt die Straße). 12 Zimmer 7–10 $, z.T. mit Balkon. 9 Truong Phap, Tel. 3827590.

Essen und Trinken

- **Anh Dao.** Gutes Essen, schöner Flussblick vom 1. Stock. 6 Nguyen Van Troi.
- **Viet Hoa.** *Lau* mit Fisch, Wild; 1 Le Quy Don. Akzeptabel auch **Ha Noi,** 5 Le Quy Don.
- **Xuan Huong** ggb. Hotel *Nam Long.*
- **Minh Ha** und **Hong Hai** beim Hotel *Luxe.*
- **QB Teen.** Fast Food, 3 Le Loi.
- Am Nhat-Le-Strand reihen sich Dutzende **Strand-Restos,** die im Winter allerdings wenig Betrieb haben.
- **Café 54.** Getränke im Schatten der Bäume bei Herrn *Quan.* 54 Le Quy Don.

An- und Weiterreise

- **Entfernungen** (in km): Vinh 200, Dong Ha 90, Hue 160, Phong Nha 45.
- **Flug.** Neuer Flughafen seit 2008 (6 km nördl.). 3-mal die Woche von/nach Hanoi und Saigon.
- **Phong Nha.** 3–4-mal tgl. per Bus *(xe buyt)*, 1 Std., 25.000 đ. Per Taxi 500-, per Xe Om 150.000 đ, jeweils hin und zurück. Ein Motorrad kann man für etwa 120.000 đ/Tag mieten.
- **Zug.** Alle Züge halten in Dong Hoi. Der Bahnhof ist 3 km vom Zentrum entfernt.
- **Bus.** Nach *Danang* 2-mal tgl. mit *Mailinh*-Minivan; vom Busbahnhof, 78 Le Loi, Tel. 3835835.
- **Laos.** Internationaler Grenzübergang **Cha Lo** (Lao: *Na Phao).* 170 km nordwestl. an der N12 nach Thakek und Nakhon Phanom (Thailand, 100 km).

Dong Hoi, Umgebung

Vuc Quanh Museum

10 ha großes, privates (!) Freiluft-Museum auf dem Gelände eines ehemaligen Camps der *National Front* (Vietcong) mit Direktverbindung zum Ho-Chi-Minh-Pfad. Teils Original (Bunker, Pontonbrücken, Bombenkrater etc.), teils Rekonstruktion (Dorf, Schule, Hospital etc.), dazu eine umfangreiche Sammlung an Waffen und Werkzeugen aller Art.

● **Van Hoa Vuc Quanh.** 8 km (Taxi oder Xe Om). Eintritt 10.000 d, Anmeldung erforderlich, Tel. 2240042, vucquanh@yahoo.com.

Phong Nha   ⤢ X/B2

So vielen Superlativen konnte die UNESCO nicht widerstehen und erklärte Phong Nha 2003 zum **World Heritage** (Weltkulturerbe) – die älteste und größte Karst-Formation (ca. 400 Mio. Jahre) mit dem **größten Höhlensystem** (65–70 km) und dem **längsten unterirdischen Fluss** des Planeten (7,7 km). Alle Zahlen sind allerdings Schätzwerte, denn obwohl die Grotten bereits 1924 von einem britischen Forscher entdeckt wurden, hat die eigentliche Erforschung des Kalksteinwunders erst begonnen. 2009 entdeckten Wissenschaftler weitere riesige Höhlen, von denen die *Son Dong*-Höhle – ca. fünfmal größer als Phong Nha, 5 km lang und bis 200 m hoch – die größte der Welt sein soll.

Bereits 2001 hatte Vietnam die gesamte, bis zur laotischen Grenze reichende Region, insgesamt 200.000 ha, zum **Nationalpark** erklärt *(Phong Nha-Ke Bang)*. Denn außer Höhlen, Grotten und kristallklaren unterirdischen Flüssen birgt Phong Nha auch nahezu unberührte **Wälder** mit Dutzenden, bis zu 1200 m hoher Karstberge. 20 % des Bestandes gilt als ursprünglicher Primärwald, der die womöglich höchste Biodiversität in ganz Vietnam aufweist und Heimat ist von mindestens 876 Tierarten – eingeschlossen 26 endemischer und gefährdeter Spezies – und 568 Planzenarten. Auch ethnische Minderheiten wie die zahlenmäßig kleine Gruppe der *Ruc*, die noch bis vor kurzem als nomadische, höhlenbewohnende Sammler und Jäger lebten, siedeln hier.

Aber auch historisch (national) ist die Region für Vietnam von immenser Bedeutung. Gesichert ist, dass die Höhlen bereits von den **Cham** erforscht worden waren, die sie als Heiligtum betrachteten, wie zahlreiche (der Öffentlichkeit noch nicht zugängliche) Inschriften und Überreste von Cham-Altären bezeugen. Zudem verlief in unmittelbarer Nähe der **Ho-Chi-Minh-Pfad,** und hatte der Vietcong die Höhlen teilweise als Munitionsdepot und Lazarett genutzt – bis heute sind unschwer Spuren amerikanischer Attacken an der Felswand von Phong Nha auszumachen, und die Reisfelder sind mit kreisrunden Bombenkratern durchsetzt. Heute verläuft hier der neue Ho-Chi-Minh-Highway, die dringend benötigte Paralleltrasse zur überlasteten Nationalstraße 1, deren Ausbau in dieser Region eigens beschleunigt wurde, um den Zugang zum neuen „Weltwunder" zu erleichtern.

Der verständliche Drang, Besucher aus aller Welt anzulocken, kollidiert allerdings mit der Dringlichkeit, das labile Ökosystem des Parks nachhaltig zu schützen. Um den Status als Weltkulturerbe zu wahren (und rufschädigende Unfälle zu vermeiden), ist der Publikumsverkehr im Nationalpark daher bis auf weiteres im Prinzip auf jene Höhle beschränkt, die dem gesamten Komplex ihren Namen verlieh.

Die **Phong-Nha-Höhle** ist 7,7 km lang und bis zu 83 m hoch – je nach Wasserstand des *Son*-Flusses, der das gesamte Höhlensystem mitsamt seinen weitverzweigten Kammern und Korridoren durchfließt, gleitet man mit dem Boot entweder durch schmale Röhren oder domhohe Gewölbe (während der Regenzeit kann der Wasserstand sogar so hoch sein, dass der Zugang zu den Kavernen gesperrt werden muss). Eingangspforte zur Unterwelt ist das schmale, nur 10 m hohe und 25 m breite Felstor *Ham Long* (Drachenmaul). Bis vor nicht langer Zeit herrschte in diesem Hades noch absolute Dunkelheit, und Besucher mussten mit den Booten Scheinwerfer mieten, um überhaupt etwas erkennen zu können; inzwischen ist die Untertagewelt gut ausgeleuchtet. Tatsächlich passierbar sind nur knapp 800 m – danach verengen sich die Fahrrinnen und werden zu gefährlich. Man erlebt eine fantastische Landschaft aus Sand, Granit, Wasser, Kalkstein, Stalagmiten, Stalagtiten, Gewölben, Sandbänken und Riffen – kurz: eine bizarre Wunderwelt für jeden, der dafür empfänglich ist (und sich durch den Auftrieb an Mensch und Boot nicht stören lässt).

Den Rückweg zum Eingang legt man großteils zu Fuß durch höhergelegene, trockene Grotten zurück, ehe man mit dem Boot zum Ausgangspunkt zurückkehrt.

Praktische Informationen

●**Eintritt** 50.000 ₫. Die Tour nimmt mind. 2 Std. in Anspruch, davon je knapp eine halbe Std. für An- und Rückfahrt auf dem Son-Fluss. Ein Boot für bis zu 10 Pers. kostet 150.000 ₫ (Fixpreis), die letzten Boote fahren um 14.30, im Sommer 15 Uhr. Eine weitere, trockene Höhle *(Tien Son)* birgt der Berg gleich über Phong Nha; der Aufstieg über steile Treppen dauert ca. 15 Min. (20.000 ₫). **Achtung:** Während und kurz nach der Regenzeit (Sept.–Okt./Nov.) kann Phong Nha wegen zu hohen Wasserstands unpassierbar sein! www.phong nhadiscovery.com.

●**Nationalpark.** Erst im Aufbau. Der Eingang ist 6 km vom Besucherzentrum am Fluss entfernt, aber bis dato nur unregelmäßig besetzt. Auf dem Weg kann man ein **Primatenzentrum** der Frankfurter Zoologischen Gesellschaft besichtigen (Kleideraffen, Languren, insgesamt 9 Arten; Kontakt: Pascal Fust, pascal.reintro@gmail.com).

●**Unterkunft und Verpflegung.** In Phong Nha (eigentlich: *Son Trach*) gibt es zahllose Minihotels, deren Qualität allerdings oft zu wünschen übrig lässt. Restos und Garküchen gibt es im Umkreis des Besucherzentrums.

●**Saigon Phong Nha.** Kleines *Saigontourist*-Guesthouse unmittelbar am Fluss mit 14 DZ à 25 $ inkl. BF. Tel. 052/3675016, sgphong nhahotel@yahoo.com.vn.

●**Thanh Lieu.** Sauberes Guesthouse mit zumindest etwas Aussicht und 12 Zimmern 80-(Fan) oder 120.000 ₫ (Bad, AC, WW). Tel. 3677012.

●**Von Dong Hoi** (45 km). Per Xe Om rund 10 $, per Mietwagen 25 $ hin und zurück.

Delta d. Roten Flusses/Nördl. Zentralküste

084vi Foto: kb

● **Von Hue** (210 km). Rund 20 km kürzer als die Route über die N1 und Dong Hoi ist die über die N9 (Abbieger bei Dong Ha) und den Ho-Chi-Minh-Highway. Diese ist allerdings reichlich monoton (menschenleere Gegend ohne Städte oder Dörfer). Organisierte Touren mit oder ohne Übernachtung in Dong Hoi bietet jedes Reisebüro in Hue.

Tunnel von Vinh Moc ↗ XI/C2

Im Gegensatz zu den weitaus bekannteren Tunneln von Cu Chi, die Widerstandskämpfern bereits im französischen Krieg als Unterschlupf und Versorgungsbasis gedient hatten, wurden die Tunnel von Vinh Moc erst 1966 angelegt, kurz nach dem Beginn der amerikanischen Bombardierungen der Demilitarisierten Zone (DMZ)

nördlich und südlich des 17. Breitengrades. Das knapp 3 km lange Tunnelsystem liegt bis zu 27 m unter der Erdoberfläche, einige seiner Ein- und Ausstiege liegen unmittelbar an den kilometerlangen **Stränden,** die sich beidseitig des ehemaligen Fischerorts hinziehen.

Praktische Informationen

● **Anfahrt.** 2 Zufahrten ab der N1, jeweils 14 km weit, 7 km nördl. des Ben-Hai-Flusses bei *Ho Xa* sowie unmittelbar an der Brücke; letztere führt an den Stränden von *Cua Tung* entlang.
● **Tunnel.** Tgl. 7–17 Uhr, 20.000 d. Ohne Guide kann man sich leicht verlaufen. Ein kleines *Museum* zeigt Fotos und Dokumente.

Ben-Hai-Fluss ↗ XI/C2

Der Ben-Hai-Fluss etwa auf halber Strecke zwischen Dong Hoi und Dong Ha, unmittelbar am 17. Breitengrad, den die Weltmächte auf der Genfer Konferenz 1954 als militärische Demarkationslinie festgelegt hatten, diente 21 Jahre lang, von 1954 bis 1975, als **Grenze** zwischen dem sozialistischen Norden und der Republik **Südvietnam.** Nach dem Willen der Weltmächte hatte diese Linie lediglich die Truppenverbände der beiden Konfliktparteien voneinander abgrenzen, jedoch niemals eine faktische *Grenze* bilden sollen. Erst der Vertragsbruch des Südens, der die landesweiten Wahlen verweigerte, da US-Präsident Eisenhower mit Recht einen klaren Wahlsieg Ho Chi Minhs fürchtete, führte zu der Etablierung zweier Staaten und in der Folge zum amerikanischen Vietnam-

krieg. Heute verbindet die *Hien-Luong*-Brücke die beiden Ufer, die sich so lange feindlich gegenüberstanden.

Dong Ha ↗ XI/C3
(Đông Ha)

Dong Ha, die Hauptstadt der Provinz Quang Tri, ist außer als Ausgangspunkt für Exkursionen nach Khe Sanh und zur DMZ („Demilitarized Zone") sowie als Station auf dem Weg von und nach Laos von keinerlei Interesse. Der Ort am *Cam-Lo*-Fluss besteht aus nichts weiter als einer megalomanen Markthalle im realsozialistischen Ethno-Look und einer losen Ansammlung hässlicher Gewerbe-, Verwaltungs- und Hotelbauten entlang der N 1 (innerorts *Le Duan*) und der N 9, die westwärts nach Khe Sanh (65 km) und Lao Bao, dem Grenzort zu Laos (80 km), führt.

Praktische Informationen

● 90.000 Einw. Tel. 053.
● **Information.** *DMZ Café.* Mr. *Tinh* und seine Freunde waren für die US-Marines tätig und unternehmen DMZ-Touren ab 15 $. 88 Le Duan, Tel. 3857026, mobil: 0913.427401. *Sepon Travel*, 189 Le Duan, Tel. 3855288, vnsepon@yahoo.com. Bustickets, auch nach Laos, Motorräder etc.
● **Geld.** *Vietcombank* ATM, 189 Le Duan.
● **Unterkunft.** Im Falle eines Falles sollte man abgehalfterte „Touristenhotels" wie *Dong Truong Son* oder *Cong Doan* vermeiden. *Thuan An.* 18 Zimmer 8, Triple 10 $. 9 Le Van

Van-Khieu-Frau bei Khe Sanh

Huu (ggb. Busbahnhof), Tel. 3554554. *Ha Noi 2.* 9 Zimmer, die für 10 $ sind ok. 129 Le Duan, Tel. 3858827. *Phung Hoang 2.* Sauber, guter Service, empfehlenswert. 50 Zimmer 10 (ohne Fenster), 15, 20 $ inkl. BF. 295 Le Duan, Tel. 3853359. *Melody.* Neu, sehr sauber und effektiv. 32 Zimmer 10–12 $. 62 Le Duan, Tel. 3554664, www.melodyhotel.net.
● **Zug.** Die meisten Züge halten in Dong Ha.
● **Bus.** Busse von/nach Hue, Khe Sanh und Lao Bao verkehren mehrmals täglich. Der Busbahnhof liegt genau an der Kreuzung von N 1 und N 9.
● **Laos.** Direktbus nach Savannakhet an allen ungeraden Tagen (außer 31.) 8 Uhr, Fahrzeit ca. 8 Std., 12 $. Tickets bei *Sepon* (s.o.). Anschluss ab Hue um 6 Uhr.
● **Entfernungen** (in km): Quang Tri 12, Vinh Moc 41, Khe Sanh 65, Hue 75, Lao Bao 80, Dong Hoi 90, Savannakhet (Laos) 330.

Dong Ha, Umgebung

Ho-Chi-Minh-Pfad ↗ XI/C3

Die Fahrt auf der N 9 rund 10 km südlich der ehemaligen DMZ Richtung **Khe Sanh** und laotischer Grenze führt durch eine idyllische Mittelgebirgslandschaft. Elefantengras säumt die Straße, Pfeffer rankt an Jackfruit-Bäumen empor, hier und da wird Tee angebaut, links und rechts der Straße tauchen Pfahlhäuser der *Bru* und *Van Kieu* auf. Wüsste man es nicht besser, könnte man denken, es habe hier schon immer so ausgesehen.

Ein erstes Mahnmal, das *Cam-Lo*-Schlachtfeld, belehrt eines Besseren. Das Grün der Hügel ist nur dünnes Unterholz, hier standen einmal Urwälder. 10 km weiter westlich biegt ein Weg zum einstigen US-Stützpunkt

Delta d. Roten Flusses/Nördl. Zentralküste

Camp Carroll ab (3 km); noch bis vor wenigen Jahren pflügten dort Angehörige der Bergstämme den Boden nach Altmetall durch: Granatsplitter, Geschosshülsen, Suppendosen, Reste verrotteter Jeeps und Hubschrauber.

Zurück auf der N 9 überquert man die *Dau-Mau*-Brücke (1000-mal zerstört, 1000-mal wieder aufgebaut), wenig später ragt wie ein Zahnstocher der 200 m hohe **Rockpile** aus der Landschaft, ein hart umkämpfter Observierungsposten der US-Marines.

An der 1976 mit kubanischer Hilfe wieder aufgebauten **Dakrong-Brücke** (50 km) zweigt die schmale N 14, einst wichtiger Bestandteil des Ho-Chi-Minh-Pfads, gen Südosten nach *Aluoi* (65 km) und weiter zur Küste bei Hue ab (60 km). Schlachtfelder über Schlachtfelder, bekannt aus tausenden Filmen, Serien und Romanen säumen die Hügel: *Ashau Valley, Hamburger Hill*.

Khe Sanh ⤢ XI/C3

Die Bergfestung Khe Sanh war zwischen Januar und März 1968 Schauplatz der **erbittertsten Schlacht des Vietnamkriegs.** 75 Tage lang belagerten vier Divisionen der nordvietnamesischen Armee (40.000 Mann) die bestausgerüstete, aber auf einen Angriff dieser Größenordnung unvorbereitete Festung der Marines. Aus Angst vor einem „zweiten Dien Bien Phu" ordneten Präsident Johnson und General Westmoreland an, die Stellung müsse unter allen Umständen gehalten werden, „koste es, was es wolle". Binnen weniger Tage regneten

100.000 t Sprengstoff, Napalm- und Phosphorbomben auf das Bergland nieder, kein Platz dieser Erde wurde jemals einem solchen Bombardement unterzogen. Dutzende Reporter, Fotografen und Kameraleute ließen sich mit Hubschraubern über der belagerten Festung absetzen und waren „live" dabei, um die US-Öffentlichkeit täglich mit neuen Helden und Horrorstories zu versorgen.

Aber der Feind belagerte nur, griff nicht an. Während die Augen der Welt auf Khe Sanh gerichtet waren, bereiteten die Truppen der Nordvietnamesischen Volksarmee (NVA) und der Südvietnamesischen Befreiungsfront (FNL) im Süden den entscheidenden Schlag vor. Die **Tet-Offensive** kam für die Amerikaner wie ein Schock. Einheiten der NVA und FNL überrannten Hue, Quang Tri und andere Städte und brachen selbst in den Hochsicherheitstrakt der US-Botschaft in Saigon ein. Johnson sah sich darauf gezwungen, seine Kandidatur für eine erneute Präsidentschaft zurückzuziehen, und in Paris wurden die ersten Friedensgespräche anberaumt.

Khe Sanh kostete Zigtausende Menschenleben, darunter das von fast 500 US-Marines, und verwandelte eine idyllische Hügelregion, in der französische Siedler blühende Tee- und Kaffee-Plantagen unterhalten hatten, in eine Mondlandschaft.

Lao Bao ⤢ XI/C3

Nur 15 km westlich von Khe Sanh liegt die Grenzstation Lao Bao, der wich-

tigste Grenzübergang nach bzw. von Laos. Von hier sind es nur 250 km bis Savannakhet und Mukdahan an der laotisch-thailändischen Grenze, 420 km bis Ubon Ratchathani und rd. 1000 km bis Bangkok. Bis 1994 passierten fast ausschließlich Edelhölzer aus Laos und geschmuggelte Luxusgüter aus Thailand die Grenze nach Vietnam.

Praktische Informationen

● **Khe Sanh.** Einige Bunker sind rekonstruiert, ein **Museum** stellt Dokumente sowie Waffenarsenale beider Seiten aus. 7–17 Uhr, Eintritt 20.000 đ.

● **Grenze Laos.** Der mit Abstand größte und effektivste Grenzübergang zwischen Vietnam und Laos/Thailand. Geöffnet 7–18 Uhr. Ein- und Ausreise mit gültigen Visa möglich (in Laos Visa-on-Arrival). Sehr gute Übernachtungsmöglichkeiten in Lao Bao, das seit 2000 zu einer kleinen Handelsmetropole aufgestiegen ist, z.B. *Sepon Hotel*, mit Resto, Bar und Travelservice, 26 Zimmer 18–25 $, Tel. 3777129, seponhotel@vnn.vn. Der Grenzfluss liegt 2 km vom Ort entfernt (per Xe Om).

● **Grenzverkehr.** Unbedingt anzuraten sind *Direktbusse* nach Savannakhet ab Hue (10–12 Std., um 15 $) oder Dong Ha (8 Std.). Alle anderen Verbindungen, auch ab Lao Bao, sind umständlich, zeitraubend und teuer (Bus- und Xe-Om-Mafia).

Quang Tri ⤢ XI/C3

(Quảng Tri)

Die Stadt, einst Standort einer Zitadelle Kaiser Minh Mangs, ist seit 1972 praktisch vom Erdboden verschwunden. Im Frühjahr jenes Jahres drangen mehrere Divisionen nordvietnamesischer Truppen über die Grenze und nahmen die Stadt nach heftigen Kämpfen ein. Die Schlacht um Quang Tri dauerte vier Monate, und als sich der Rauch verzogen hatte, hatten südvietnamesische Artillerie und amerikanische B-52-Bomber nur noch Schutt und Trümmer übrig gelassen. In 82 Tagen waren auf das 4 km² große Stadtgebiet Bomben von der 7-fachen Sprengkraft der Atombombe von Hiroshima gefallen.

Mauerreste der *Zitadelle* und die z.T. wiederaufgebaute **La-Vang-Basilika** (2 km abseits der N 1; Wegweiser) sind die einzigen „Sehenswürdigkeiten", die Quang Tri heute noch aufzuweisen hat. Viele Vietnamesen, nicht nur Christen, fahren zum Beten dorthin.

Street Without Joy

Der knapp 60 km lange Abschnitt der N 1 zwischen Hue und Quang Tri erlangte Anfang der 1950er Jahre traurige Berühmtheit als Schauplatz derart grausamer Auseinandersetzungen zwischen der französischen Kolonialarmee und dem Vietminh, dass er von den Franzosen *Route sans Joie*, Straße ohne Freude, getauft wurde. Der amerikanische Historiker *Bernard Fall*, der 1960 ein exzellentes Buch über den französischen Krieg verfasst und ihm den Titel *Street Without Joy (Indochina at War 1946–54)* verliehen hatte, starb, Ironie des Schicksals, nur sieben Jahre später an eben dieser Straße als Berichterstatter des amerikanischen Kriegs in Vietnam.

Delta d. Roten Flusses/Nördl. Zentralküste

277vi Foto: kb

Hue
Huế

252vi Foto: kb

086vi Foto: kb

Flaggenturm der Zitadelle

Hello ...

Thien-Mu-Pagode

Überblick

Hue gehört zu jener Sorte von Stätten, denen man entweder desillusioniert den Rücken kehrt oder die einen noch auf lange Zeit hinaus verzaubern. Eine Stippvisite „auf die Schnelle" wird eher ernüchtern. Denn Hue ist sicherlich eines nicht: spektakulär.

Und von wegen „alte Kaiserstadt", wie es immer heißt! Nicht ein einziges Bauwerk des Ortes ist älter als 200 Jahre – was wohl allenfalls amerikanischen Touristen aus dem Mittelwesten „antik" vorkommen mag –, und die Kaiserstadt als solche, ein verkleinertes, südostasiatisches Faksimile von Peking, entstand gar erst zu Beginn des 19. Jhs. Und selbst die vietnamesischen Kaiserdynastien sind nach Meinung mancher Historiker „nur" als solche von Königen einzustufen.

Was das beweist? Alles und nichts. Die ruhige Schönheit und Anmut der Stadt am „Fluss der Wohlgerüche" berührt das nicht, weil man wider besseres Wissen trotz allem das *Gefühl* hat, in einer ehrwürdigen Kaiserstadt zu weilen (weshalb die gesammelte Kultur des Ortes einen auch nie einschüchtert). Der Zauber Hues lässt sich nicht in Fakten und Zahlen messen und stellt sich auch nicht auf Anhieb ein; man braucht Zeit für Hue. An keinem anderen Ort Vietnams kann man die sentimentale, ja geradezu erotische Wehmut der Kolonialfranzo-

Die Anmut der Frauen
von Hue ist sprichwörtlich

271vi Foto: kb

sen und Auslands-Vietnamesen nach dem „verlorenen Paradies" so gut nachvollziehen wie gerade hier.

Dabei hat die nüchterne Realität Hue im letzten Jh. gleich mehrfach eingeholt. Und am nachdrücklichsten und grausamsten im **Frühjahr 1968,** als nacheinander Amerikaner und Saigoner „Marionetten" die vom „Vietcong" eroberte Stadt mitsamt ihren Baudenkmälern der Feudalzeit ohne viel Federlesens in Schutt und Asche legten. Davon hat sich Hue im Grunde bis heute noch nicht erholt. Die Provinzhauptstadt von 300.000 Einwohnern und Sitz einer der bedeutendsten Universitäten des Landes erwacht langsam aus dem Schlaf, findet sich im Wachzustand aber noch nicht zurecht. Kaum ein Gebäude der „Metropole", von den Touristenhotels abgesehen, misst mehr als zwei oder drei Stockwerke. Die Zahl der Besucher steigt von Jahr zu Jahr, aber die meisten bleiben nur einen Tag und eine Nacht, da die Sehenswürdigkeiten kaum mehr Zeit beanspruchen, um „abgehakt" zu werden.

Hue liegt beiderseits des **Song Huong,** den man (poetisch) als *Fluss der Wohlgerüche* oder (prosaischer) *Parfüm-Fluss* bezeichnet, dessen Name korrekt aber eher mit *Duft-Fluss* übersetzt werden müsste. Von den zahlreichen Namensdeutungen sind die meisten im Reich der Märchen und Legenden anzusiedeln, am plausibelsten erscheint noch jene, die auf die „duftenden" Pollen verweist, die der Fluss zu bestimmten Zeiten des Jahres mit sich führt.

Geografie und Klima

Obwohl Hue nur 14 km vom Meer entfernt ist, wird die Meeresnähe kaum wahrgenommen. Im Gegensatz zum nur 100 km entfernten Da Nang lassen die Nordost-Monsune nördlich des schützenden Wolkenpasses die Temperaturen zwischen Oktober und Februar deutlich, in vielen Fällen bis unter 10–15° C absinken. Zudem zählt Hue aufgrund seiner geografischen Gegebenheiten zu den **regenreichsten** Orten des Landes mit einer durchschnittlichen Luftfeuchtigkeit von 88 %. Während der warmen und trockenen Südwest-Monsune zwischen März und Oktober steigen die Temperaturen dagegen auf 30° C und mehr.

Orientierung

Auf dem linken Ufer des Song Huong befinden sich die Zitadelle und der Zentralmarkt Dong Ba, auf dem rechten Ufer erstreckt sich das ehemalige europäische Viertel mit Bahnhof, Busbahnhof, Post, Bank, Hotels und Restaurants.

●**Linkes Ufer.** Innerhalb der **Zitadelle,** in der noch heute etwa 50.000 Menschen leben, liegt die ehemalige Kaiserstadt. Hauptgeschäftsstraße ist die Uferstraße Tran Hung Dao, die an der Ostseite der Zitadelle auf den **Dong-Ba-Markt** trifft.

●**Rechtes Ufer.** Die Uferstraße **Le Loi** führt auf einer Länge von 3,5 km vom Bahnhof im Südwesten zum Huong-Giang-Hotel im Nordosten und kreuzt

Hue

an der Trang-Tien-Brücke die **Hung Vuong,** die in südlicher Richtung zum Flughafen *Phu Bai* und zur N 1 nach Da Nang führt.

Geschichte

Als Hue zum ersten Mal in seiner Geschichte vietnamesisch wurde, hatten einheimische Kaiserdynastien das Delta des Roten Flusses schon seit über einem halben Jahrtausend regiert. Zwar trat Cham-König Jaya Sinhavarman III. das Land zwischen Ben-Hai-Fluss und Wolkenpass im Tausch gegen eine Tran-Prinzessin aus Hanoi bereits **1306** an das vietnamesische Herrscherhaus ab, aber als die Prinzessin sich weigerte, die Ehe zu vollziehen,

blieb die Region noch lange umstritten und heiß umkämpft.

Als im Nachfolgekampf um die Macht der abgesetzten Le-Kaiser **1558** der Clan der Trinh den rivalisierenden Clan der **Nguyen** in die abgelegene Südprovinz verbannte, sagten sich die erzürnten Nguyen von Hanoi los und gründeten jenseits des 17. Breitengrads ein autonomes Fürstentum, das mitsamt Hofhaltung, Zentralverwaltung und Mandarinen dem von Hanoi wie ein Ei dem anderen glich.

Die beiden gleichen und doch vollkommen verschiedenen Staaten bekämpften sich in einem blutigen **Bürgerkrieg** (1627–1672), in dem das militärisch wie zahlenmäßig weit unterlegene Südreich nicht zuletzt dank portugiesischer Entwicklungshilfe in Form von Waffen, Kanonenfabriken und Befestigungsanlagen dem Ansturm der Trinh erfolgreich standhielt. Während die beiden Staaten auf

★	1	Hoi Quan Quang Dong
♠	2	Chien Ung Pagode
♠	3	Dieu Te Pagode
◐	4	Van Canh
◐	5	Lac Thien
Ⓜ	6	Di-Luan-Pavillon, Provinzmuseum
★	7	Long-An-Pavillon
★	8	Mittagstor, Kaiserstadt
★	9	Kanonen u. Flaggenturm
◒◐	10	Vy Da Xua, Quynh Huong
◐	11	Vuon Ai
⌂	12	Huong Giang
◐	13	Tropical Garden
⌂	14	Ngoc Huong, Orchid, New Star,
◐		Japanese
◐	15	Xuan Trang
⌂	16	Amigo, Impression, Bao Minh, Canh Tien, Phong Lan
◐	17	Omar's, Ushi, La Carambole,
⌂		Backpackers Hostel, Phuoc An DMZ, Asia
⌂	18	Mercure
◐	19	Cathi
⌂◐	20	Ideal, Why Not, Hoa Vien
◐	21	Mediterraneo
◐	22	Quan Hanh
⌂	23	Villa Hue
◒	24	Che Hem
◐	25	Stop & Go
◐	26	Song Huong
◐	27	Paradise Garden
⌂	28	Morin
⌂	29	Thai Binh 2
⌂	30	Imperial
⌂	31	Binh Minh, Thai Binh 1, Binh Duong 1 + 3,
◐		Nina Café
●	32	Quoc-Hoc-Schule
Ⓜ	33	Ho-Chi-Minh-Museum
⌂	34	La Residence
◐	35	Dong Phuong
♠	36	Chua Bao Quoc
♠	37	Chua Tu Dam
★	38	Phan Boi Chau Gedenkstätte
⌂	39	Binh Duong 4
◐	40	Bun Bo Hue
◐	41	Tam Son, Cung An Dinh
Ⓜ	42	Hue Royal Antiquities Museum

Hue

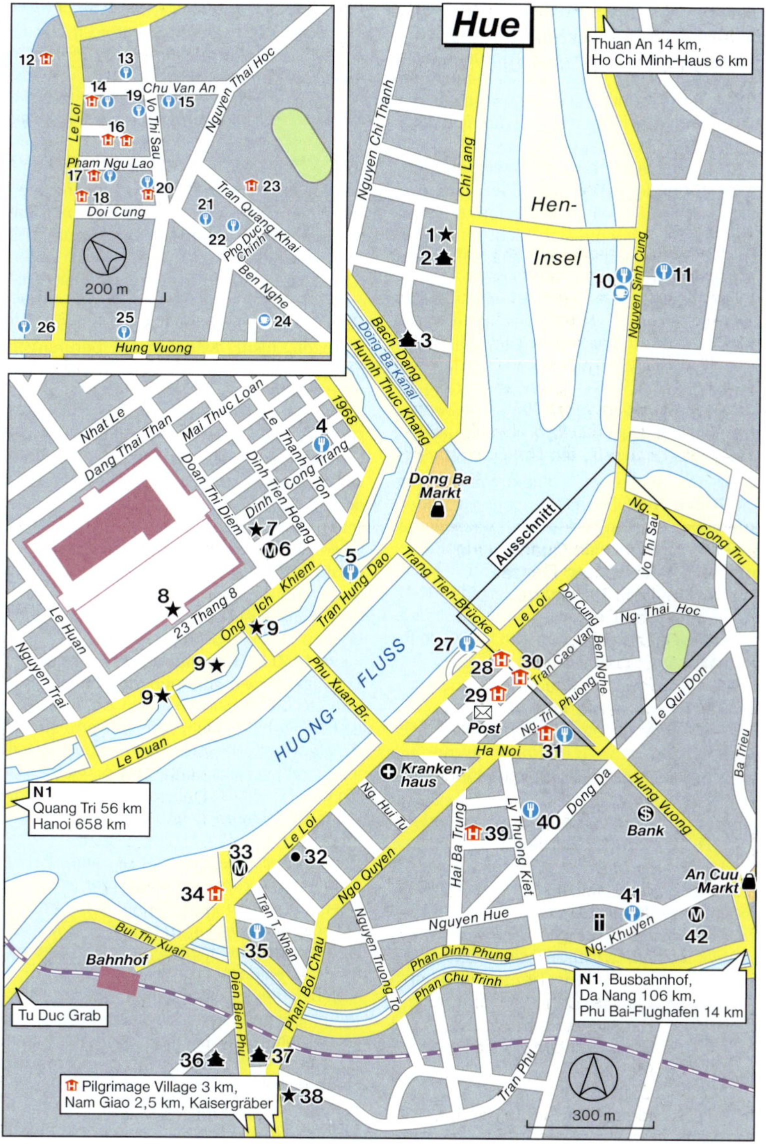

Thuan An 14 km,
Ho Chi Minh-Haus 6 km

Hen-
Insel

12
13
14 19 *Chu Van An*
Vo Thi Sau 15
Nguyen Thai Hoc
16
Pham Ngu Lao
17 18 20 23
21 *Tran Quang Khai*
22 *Pho Duc Chinh*
Doi Cung
Ben Nghe
Le Loi
200 m
26 25 24
Hung Vuong

Nguyen Chi Thanh
Chi Lang

1 ★
2 ▲

10 11
Nguyen Sinh Cung

3 ▲
Bach Dang
Dong Ba Kanal
Huynh Thuc Khang

Nhat Le
Dang Thai Than
Mai Thuc Loan
Le Thanh Ton
Doan Thi Diem
Dinh Tien Hoang
Cong Trang
4
1968

Dong Ba
Markt

Ausschnitt

Hue

Cong Tru
Vo Thi Sau
Ng.
Le Loi
Doi Cung
Ben Nghe
Ng. Thai Hoc

7 ★
6 ▣
8 ★
23 Thang 8
Ong Ich Khiem
5
Tran Hung Dao
Trang Tien-Brücke
9 ★
9 ★
Phu Xuan-Br.
9 ★
Le Huan
Le Duan
Nguyen Trai

HUONG-
FLUSS
HUONG-

27
28 ▣ 30
29 ✉
Post
Tran Cao Van
Ng. Tri Phuong
31 ▣
Ha Noi
Le Qui Don

N1
Quang Tri 56 km
Hanoi 658 km

✚ Kranken-
haus

Ng. Hué Tu
Le Loi
Hai Ba Trung
Ly Thuong Kiet
40 *Dong Da*
39
Hung Vuong
Ⓢ Bank

33 Ⓜ
34 ⓗ 32 ●

Tran T. Nhan
Ngo Quyen
Nguyen Truong To
Nguyen Hue
Phan Dinh Phung
35

Bui Thi Xuan
Bahnhof

Dien Bien Phu
Phan Boi Chau
Phan Chu Trinh

41
Ng. Khuyen
ℹ
42 Ⓜ

An Cuu
Markt ▣

Ba Trieu

Tu Duc Grab

N1, Busbahnhof,
Da Nang 106 km,
Phu Bai-Flughafen 14 km

36 ▲ 37 ▲
⬧ Pilgrimage Village 3 km,
Nam Giao 2,5 km, Kaisergräber
★ 38

Tran Phu

300 m

vietnamesischem Boden länger als ein Jahrhundert nebeneinanderher lebten und jeder der beiden Teile für sich beanspruchte, das wahre Reich zu repräsentieren, setzten die Nguyen ihre Kolonisationszüge gegen die Cham und die Khmer fort und drangen nach und nach bis ins Mekong-Delta vor.

1786 machte die **Tay-Son-Bewegung** dem Spuk ein Ende, verlor aber über dem Versuch, das Land zu einen, ihre reformerischen Ziele und vermochte sich nicht zu halten. Der nach Siam und Kambodscha geflüchtete Thronfolger des Südreichs, *Nguyen Anh*, eroberte dank tätiger Mithilfe französischer Missionare und Abenteurer den Süden zurück, stürmte **1802** auch Hanoi und ließ sich zum Kaiser **Gia Long** krönen. Zur Hauptstadt des wiedervereinigten Reiches, das jetzt zum ersten Mal in seiner langen Geschichte den Namen *Viet Nam* trug, bestimmte er seine Heimatstadt Hue. Unter Gia Long und seinen Nachfolgern **Minh Mang** und **Thieu Tri** blühte das von inneren Widersprüchen zerrissene Kaiserreich noch einmal für kurze Zeit auf, ehe es während der Regierungszeit von **Tu Duc** (1847–1883) buchstäblich unter den Händen zerrann: **1847** bombardierten die Franzosen Da Nang, 1859 besetzten sie Saigon, 1883 gehörte ihnen das ganze Land.

Die Kaiserstadt Hue

„Als Hue von 1802 ab als neue Kaiserstadt aufgebaut wurde, wurde sie als eine bewusste Kopie der chinesischen Hauptstadt Peking konstruiert. Ihre Mauern, Wälle, Tore, Gärten und Paläste wurden errichtet, um ganz bestimmte Mauern, Tore und Paläste in Peking zu imitieren. Wenn der vietnamesische Kaiser (der als einziger hoher Würdenträger seines Landes niemals einen Fuß auf chinesisches

Territorium setzte) durch seine Kapitale ging, vollführte er die gleichen Bewegungen und die gleichen Rituale, die der Sohn des Himmels in Peking vollführte.“

(Alexander B. Woodside, 1976)

Der **Kaiser** steht an der Spitze einer zivilen und einer militärischen Hierarchie von **Mandarinen,** die in jeweils 9 Ränge aufgeteilt sind; jeder Rang definiert sich durch unterschiedliche Kleiderordnung, Gehaltsstufe und Macht am Hof. An der Spitze des Zivilmandarinats stehen die 6 Ministerien für Finanzen, Justiz, Krieg, Riten, Berufungen und öffentliche Arbeiten, auf regionaler Ebene herrschen streng hierarchisch Generalgouverneure über Provinzgouverneure und Distriktspräfekte über Kreispräfekte usf. Gouverneure und Präfekte haben der Zentralverwaltung am Hof detaillierte Protokolle über den politischen, wirtschaftlichen und militärischen Stand ihres Zuständigkeitsgebiets zu liefern, zu diesem Zweck wird die Mandarin-Route errichtet, eine Kette von Post- und Kurierstationen, die von Hue nach Norden bis zur chinesischen Grenze und nach Süden bis zum Golf von Siam reicht.

Um **1850** leben in dem von Hue regierten Viet Nam etwa 8 Millionen Menschen (heute sind es über 80!), doch schon zu dieser Zeit ist kultivierbares Land Mangelware, sodass die Nguyen-Kaiser ihren Beamten fixe Gehälter zu zahlen beginnen, statt sie, wie bis dahin üblich, mittels üppiger Landgüter zu entlohnen. Trotzdem gehen immer mehr entrechtete und landlose Bauern auf die Barrikaden, und eine Revolte jagt die andere. Die Examina, die zum Staatsdienst berechtigen, degenerieren zu stereotypen Abfragungen, die nur noch totes Herrschaftswissen konservieren; käufliche Mandarine und Präfekten terrorisieren das Volk.

Geblendet vom Glanz ihrer eigenen Paläste, Tempel und Pagoden verlieren Kaiser und Hof zunehmend den Blick für die Realitäten. Das starre Festhalten an **Riten und Institutionen,** die sich längst unglaubwürdig gemacht haben, ist nur noch durch die totale Orthodoxie zu erretten: Wenn das konfuzia-

Die Kaiser von Hue I	
● *Gia Long*	1802–1820
● *Minh Mang*	1820–1841
● *Thieu Tri*	1841–1847
● *Tu Duc*	1847–1883

Kaiserpalast – Dynastische Urnen

nische Streben nach Harmonie versagt hat, liegt es nur an der unvollkommenen *Praxis*, aber nicht an den *Regeln*, die es nur um so strenger zu handhaben gilt.

Die Manifestationen dieses Rückzugs in eine „glorreiche Vergangenheit" mag man als beeindruckend oder gar prachtvoll bezeichnen, sind aber tatsächlich nichts weiter als weltfremde und reaktionäre Insignien einer Herrschaft, die von sinnentleerten Zeremonien und Ritualen geprägt und vom eigenen Volk total isoliert ist. Bezeichnend sind die ständigen Klagen des Hofs über „unerträgliches Chaos, Störungen kaiserlicher Prozessionen und ungebührliche Straßenhändler außerhalb der Palastmauern". Tatsächlich müssen sich Respekt und Achtung der einheimischen Bevölkerung vor den pompösen Chinoiserien der imperialen Traumstadt in engen Grenzen gehalten haben. Die Herrscher von Hue sind nicht mehr die „Väter" ihres Landes. Und als sie ihre „Söhne" rufen, um sie gegen die fremden Eindringlinge zu verteidigen, da folgen jene nicht mehr.

Die Provinzhauptstadt Hue

Unter den Franzosen blieb Hue bis 1945 formell „Kaiserstadt", war faktisch aber nur noch die unbedeutende **Hauptstadt des Protektorats Annam,** an dem die Kolonialherren weder ökonomisch noch politisch das geringste Interesse zeigten. Hue erhielt einen Bahnhof und ein kleines Europäerviertel und versank ansonsten in Schönheitsschlaf. Der Hof steckte den Kopf in den Sand und feierte unbekümmert sich selbst, von wenigen Unbotmäßigen abgesehen, die von den Franzosen prompt ins afrikanische Exil abgeschoben wurden.

1945 wehten über Zitadelle und Stadt die roten Fahnen der Republik. **Bao Dai,** der letzte Kaiser von Frankreichs Gnaden, übergab den Abgesandten Ho Chi Minhs die Insignien seiner imperialen Würde und dankte als Kaiser ab. Die Franzosen eroberten Hue schon im Jahr darauf zurück, gewannen aber nie mehr die volle Kontrolle über Umland und Provinz. Die **Zweiteilung Vietnams** durch die Genfer Konferenz 1954 schlug Hue dem Süden zu. Während die geschäftstüchtigen Bewohner Saigons statt Franzosen jetzt Amerikanern das Geld aus der Tasche zogen, braute sich im ‚intellektuellen' Hue der nicht-kommunistische Widerstand gegen Diem zusammen. Von hier brach im Juni 1963 der buddhistische Mönch *Thich Quang Duc* nach Saigon auf, um sich aus Protest zu verbrennen. Das Bild der menschlichen Fackel ging durch die Weltpresse und leitete den Anfang vom Ende des Diem-Regimes ein.

Während der **Tet-Offensive** im Frühjahr **1968** nahmen Truppen der Befreiungsfront und der Nordvietnamesischen Armee die Stadt ein und verteidigten sie drei Wochen gegen die Angriffe der Amerikaner und ihrer südvietnamesischen Verbündeten. Artillerie und Luftwaffe legten die halbe Stadt in Asche, ehe die US-Marines Hue in blutigen Straßenschlachten zurückerobern konnten. Nur sieben Jahre später, am 24.3.1975, räumten die Truppen des Saigoner Regimes die Stadt kampflos.

Sehenswertes

Zitadelle und Kaiserstadt

Das weitläufige, 5,2 km² große Areal mit Befestigungswällen, Kanälen, Toren und Gärten umfasste ursprünglich 136 Gebäude. Schachtelartig umschließen drei Stadtanlagen einander: Die **Zitadelle** *Kinh Thanh* umschließt

---

Die Kaiser von Hue II

- *Duc Duc*, 1883, 3 Tage.
- *Hiep Hoa*, 1883, 4 Monate.
- *Kien Phuc*, 1883/84, 7 Monate.
- *Ham Nghi*, 1884–1885, exiliert wegen Rebellion nach Algerien.
- *Dong Khanh*, 1885–1889, erster Kaiser von Frankreichs Gnaden.
- *Thanh Thai*, 1889–1907, exiliert nach Réunion.
- *Duy Tan*, 1907–1916, exiliert im Anschluss an Rebellion nach Réunion.
- *Khai Dinh*, 1916–1925.
- *Bao Dai*, 1925–1945, Kaiser von Frankreichs und Japans und Präsident von Amerikas Gnaden; starb 1997 an der Côte d'Azur.

---

die **Kaiserstadt** *Hoang Thanh*, die wiederum die **Verbotene Purpurne Stadt** *Tu Cam Thanh* umschließt. Während die Zitadelle außer zu Verteidigungszwecken als Wohnstatt der zahllosen Palastwächter, Diener, Handwerker und Händler diente, waren die Kaiserstadt das administrative und politische Zentrum des Hofes und die Purpurne Stadt die Wohnstätte der kaiserlichen Familie und ihrer Eunuchen. Die beiden inneren Städte werden auch *Dai Noi* genannt.

Alle Anlagen und Gebäude innerhalb der Zitadelle sind nach traditionellen Gesichtspunkten längs der **Nord-Süd-Achse** angelegt und unterliegen einer ausgeklügelten architektonischen Komposition, die einerseits den harmonischen Einklang mit der sie umgebenden Natur sucht, andererseits aber die Außenwelt selbst auf eine Miniatur reduziert: Berge, Wälder und Meere finden ihre Entsprechung in den Steingärten, Bonsaibäumen und künstlichen Teichen der Kaiserstadt. Nichts ist zufällig, alles hat Symbolcharakter und ist zum Schutz und Ruhm des Himmlischen Herrschers und seiner nie endenwollenden Macht da.

Selbst der am Horizont sichtbare Berg **Ngu Binh** ist in diese Kosmologie miteinbezogen und erhebt sich nur deshalb aus der Ebene, um als schützender Schild böse Wetter und übelwollende Geister von dem Haupttor der Zitadelle abzuhalten. Der 170 m hohe „Berg des Kaisers" war ein beliebtes Ausflugsziel des Hofes, dort konnte man die kühle Brise des Meeres genießen und sich gleichzeitig an der Pracht der eigenen Paläste erfreuen. Einen weiteren Schutz des Haupttors bilden die Inseln „Rechter Weißer Tiger" und „Linker Blauer Drache" im Huong-Fluss.

Die Zitadelle

Die Zitadelle bildet außer an der Flussseite, wo sie der leichten Krümmung des Song Huong folgt, ein perfektes Quadrat. Die bis zu 21 m dicken und 6 m hohen Backsteinmauern des äußeren Festungswalls erreichen eine Gesamtlänge von 11 km und sind zusätzlich auf allen vier Seiten von einem System von Kanälen, Wällen und zickzackförmig angelegten Gräben umgeben. Modell für die Befestigungsanlage, deren Bau 1802 begonnen wurde und sich über 3 Jahrzehnte hinzog, standen die Bauten des französischen Festungsspezialisten *Vauban* (1633–1707).

In das Innere der Zitadelle gelangt man durch 10 befestigte Tore und Brücken, das Südtor blickt auf den Song Huong und den Flaggenturm. Die Zitadelle beherbergt noch heute fünf Stadtbezirke, in denen etwa 50.000 Menschen leben. Rege kleine Geschäftsstraßen an der Süd- und Ostseite gehen über in stille Wohnviertel und fast ländliche Gebiete mit ausgedehnten Gemüsefeldern und kleinen Seen. Am äußersten Nordrand liegt das frühere französische Fort *(Mang Ca),* das noch heute dem Militär vorbehalten ist.

Flaggenturm. Vor dem Haupttor der Zitadelle erhebt sich auf einem kolossalen dreistöckigen Sockel der 37 m hohe Flaggenturm *Cot Co,* auch *Ky Dai,* „Ritter des Kaisers", benannt. Der 1809 erbaute Backsteinturm wurde im Lauf der Jahre mehrfach zerstört, u.a. 1904 und 1947, und datiert in seiner jetzigen Gestalt aus dem Jahr 1949. Während der Tet-Offensive 1968 wehte drei Wochen lang die rote Fahne mit dem gelben Stern von seiner Spitze, für viele Vietnamesen das Zeichen, dass sich der Wind endgültig gedreht hat. Zu Kaisers Zeiten wurde die gelbe Flagge der Himmlischen Dynastie nur an Festtagen gehisst.

Neun Kanonen. Das Haupttor schützen neun „magische" Kanonen, die die vier Jahreszeiten und die fünf Elemente (Feuer, Wasser, Erde, Metall und Holz) repräsentieren und daher nie zum ernsthaften Schießen gedacht waren. Kaiser Gia Long hatte sie 1804 als Symbol seiner Unbezwingbarkeit aus erbeuteten Waffen der besiegten

Hue

Tay-Son-Rebellen gießen lassen, jede der Kanonen vom Kaliber 22 ist 5 m lang und wiegt mehr als 10 Tonnen.

Die Kaiserstadt

Die Kaiserstadt, eine Festung innerhalb der Festung, ist von einer 4 m hohen Mauer von 2,5 km Umfang umgeben. Vier Tore führen in jede der vier Himmelsrichtungen.

Mittagstor. Sorgfältig abgeschirmt von bösen Geistern und Winden, missgünstigen Feinden und niederem Volk war es nur der Elite des Landes erlaubt, durch das festungsähnliche *Ngo Mon* oder Mittagstor in die Kaiserstadt einzutreten – freilich nur durch die Seitenpforten und entlang der Pfade links und rechts des Lotosteiches, die Mitte war dem Himmlischen Herrscher vorbehalten.

Die Massigkeit des 1834 erbauten Ngo Mon wird durch den nahezu elegant wirkenden hölzernen Aufbau gemildert, den *Ngu Phung* oder Fünf-Phönix-Pavillon mit neun glasierten Ziegeldächern. Neun steht für die „himmlische" Zahl, die wie die Farbe Gelb des mittleren Dachs allein dem Kaiser zusteht und zu der sich fast alle Bauelemente addieren. Man beachte auch, wie sich in Ziegeln und Giebeln, Maueröffnungen und Pforten immer wieder das chinesische Schriftzeichen für „Glück und langes Leben" findet.

Georg W. Alsheimer

„Auf der 14 Kilometer langen Strecke vom Flugplatz in die Stadt sah ich zum ersten Mal das leuchtende Grün der Reisfelder: Ein tiefes Licht-Grün, das mit der strahlenden Bläue des Himmels und der dunkel aufragenden Kette der bis zu 2000 Meter hohen annamitischen Berge die Farbkontraste bildet, die für die klassische Landschaft Hues charakteristisch sind."
(Georg W. Alsheimer, 1968)

„Die Zitadelle kann als der schönste Teil der Stadt bezeichnet werden: die rechtwinkligen Straßen, die kleinen Häuser mit den Blumengärten, die schattigen Alleen, die Drachentore. Vaubansche Geometrie und fernöstliche Mystik … In diesen Mauern haben die Befreiungskämpfer während der Tet-Offensive wochenlang Bomben, Schiffsgeschützen und dem Angriff der US-Marines standgehalten. Auf dem hohen Mast der Zitadelle dort oben wehte 26 Tage lang ihre Flagge."
(Georg W. Alsheimer, 1979)

Der Psychiater Erich Wulff (1926–2010) lehrte mit anderen deutschen Ärzten von 1961 an Medizin an der Universität Hue und half, das dortige Psychiatrische Krankenhaus aufzubauen. Im November 1967 erklärten die südvietnamesischen Behörden, die in ihm den ‚subversiven Autor' *Georg W. Alsheimer* vermuteten, Dr. Wulff zur persona non grata, kurz darauf legte er vor dem *2. Russell-Tribunal* Zeugnis über die amerikanischen Kriegsverbrechen in Vietnam ab. Die Ausweisung rettete Wulff das Leben, seine langjährigen Kollegen Prof. Krainick und Frau, Dr. Alteköster und Dr. Discher wurden nur wenige Monate später ermordet. Angeblich „durch den Viet Cong", wie Wulff selbst argwöhnt durch „Schwarze Propagandaeinheiten", gedungene Provokateure im Sold der amerikanischen Geheimdienste.

Unter dem Pseudonym *Georg W. Alsheimer* veröffentlichte Erich Wulff zwei der schönsten und lesenswertesten Bücher, die je über Vietnam geschrieben wurden: 1968 die „Vietnamesischen Lehrjahre" und 1979 die „Reise nach Vietnam".

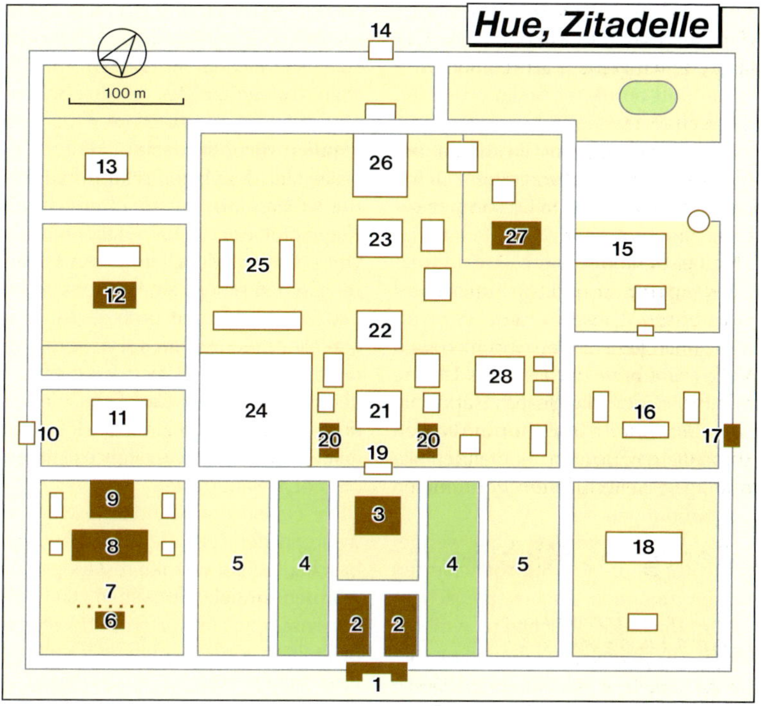

Hue, Zitadelle

(Kartendarstellung mit nummerierten Gebäuden 1–28)

100 m

14 — Nordtor

13, 26, 23, 27, 15, 25, 12, 22, 28, 24, 21, 20, 19, 20, 16, 17, 11, 10, 9, 3, 8, 5, 4, 4, 5, 18, 7, 6, 2, 2, 1

Hue

■ erhaltene bzw. wiederhergestellte Gebäude

Hoang Thanh - Kaiserstadt

1 Mittagstor (Ngo Mon)
2 Brücke des Goldenen Wassers (Cau Trung Dao)
3 Halle der Höchsten Harmonie (Dien Thai Hoa)
4 Park
5 Stallungen und Marstall
6 Pavillon der Berühmten Seelen (Hien Lam Cac)
7 Dynastische Urnen (Cuu Dinh)
8 Generationentempel (The Mieu)
9 Tempel der kaiserlichen Ahnen (Hung Mieu)
10 Westtor (Chuong Duc)
11 Tempel Phung Tien
12 Pavillons und Wohnbereich der Kaisermutter

13 Schatzkammer der Kaisermutter
14 Nordtor (Hoa Binh)
15 Bibliothek (Kham Van Dien)
16 Schatzkammer (Noi Vu)
17 Osttor (Hien Nhon)
18 Generationentempel (Thai Mieu)

Tu Cam Thanh - Verbotene Stadt

19 Goldene Pforte (Dai Cung Mon)
20 Hallen der Mandarine Ta Vu und Huu Vu
21 Palast der Gesetze des Himmels (Dien Can Chanh)
22 Kaiserlicher Palast (Can Thanh)
23 Palast der Kaiserin (Khon Thai)
24 Kaiserlicher Harem (Luc Vien)
25 Wohnbereich der Konkubinen
26 Ruhepavillon
27 Lesepavillon (Thai Binh Lau)
28 Theater

Von der Balustrade des Ngu Phung verfolgte die kaiserliche Familie militärische Paraden, Zeremonien und Feste, und an dieser Stelle erwartete Kaiser Bao Dai am 30. August 1945 die Abgesandten Ho Chi Minhs, um seiner Kaiserwürde abzusagen. Damit endeten über 1000 Jahre vietnamesischer Monarchie.

Halle der Höchsten Harmonie. Über einen Hof und die Brücke des Goldenen Wassers (*Trung Dao*) erreicht man an zwei steinernen Löwen vorbei, Sinnbildern kaiserlicher Macht, die Halle der Höchsten Harmonie (*Dien Thai Hoa*). In dem prunkvollen Thronsaal in Gold und Rot fanden alle wichtigen Festlichkeiten, Zeremonien und Krönungen statt.

Die Drachenmotive des weitgeschwungenen, auf 80 rotlackierten Säulen ruhenden Daches, die sich im Innern der Halle fortsetzen, symbolisieren die Einheit von Himmel und Erde und veranschaulichen das Ausmaß der kaiserlichen Macht. Der Kaiser residierte erhöht auf einem prächtig geschnitzten und vergoldeten Thron in der Mitte der Halle. Vor ihm auf dem terrassenartig ansteigenden und durch 9 Stelen unterteilten **Hof der Feierlichkeiten** (*Dai Trieu Nghi*) nahmen die Würdenträger des Reiches entsprechend ihren 9 Rängen Aufstellung, auf der rechten Seite die zivilen, auf der linken Seite die militärischen Mandarine. Mit niedergeschlagenen Augen dem Thron zugewandt, erwarteten sie in prächtigen Seidenroben in den Farben ihres Ranges den Auftritt der kaiserlichen Majestät und fielen bei seinem Erscheinen zu einem Kotau nieder. Für Normalsterbliche galt es als hohe Auszeichnung, zu außerordentlichen Gelegenheiten diesem Schauspiel beiwohnen zu dürfen.

Hallen der Mandarine. Hinter der Halle der Höchsten Harmonie erstreckt sich als neutraler Bereich ein weiter Hof, der die Kaiserstadt mit der Verbotenen Stadt verbindet. An seinen Längsseiten stehen die Pavillons *Ta Vu* und *Huu Vu*, in denen sich die Mandarine zur Audienz beim Kaiser vorbereiteten, der sie im Palast der Gesetze des Himmels (*Dien Can Chanh*) empfing. Dieser schloss einst den Hof nach Norden ab, von ihm existieren nur noch Mauerreste.

Die Hallen der Mandarine wurden während der Tet-Offensive erheblich beschädigt und wurden restauriert.

Ahnentempel. Die beiden „Generationentempel" im Osten und Westen des Mittagstores dienten dem Kult der kaiserlichen Ahnen: rechts (östlich) der 1804 unter Gia Long errichtete *Thai Mieu*, links (westlich) der 1821 unter seinem Sohn Minh Mang erbaute *The Mieu*. In dessen sanftem Dämmerlicht sind goldverzierte Thronsessel der 13 Nguyen-Kaiser, Totentafeln, Altäre und Opfertische erkennbar. Noch heute finden hier am 30. Januar, dem Todestag Kaiser Gia Longs, Ahnenrituale statt.

Dynastische Urnen. Auf dem Hof hinter dem *The Mieu* reihen sich die neun dynastischen Urnen *Cuu Dinh*.

Mittagstor

Jede der gewaltigen, 2 m hohen Bronzeurnen steht für einen Vorfahren der Nguyen-Herrscher und soll die Macht und Beständigkeit der Dynastie symbolisieren. Die aufwendigen Gussarbeiten nach altchinesischem Vorbild wurden 1835 von Kaiser Minh Mang in Auftrag gegeben und 1837 abgeschlossen. Die zentral stehende größte Urne personifiziert Gia Long, den Gründer der Dynastie selbst, ihr Gewicht soll 2600 kg betragen. Jedes Gefäß trägt einen Namen („Urne des Überflusses", „Urne der Geheimnisse" usf.) und ist mit feinen Ziselierungen geschmückt, die Planeten, Tiere, Pflanzen und Landschaften darstellen.

Der anschließende Pavillon der Berühmten Seelen *(Hien Lam Cac)* erinnert an verdienstvolle Männer der Dynastie.

Die Verbotene Purpurne Stadt

Die Verbotene Stadt innerhalb der Kaiserstadt, der private Bereich des Herrschers und seiner Familie, war von einer 4 m hohen Mauer mit sieben Toren umschlossen, von denen jedes einem bestimmten rituellen Zweck diente. Purpur war wie Gelb ausschließlich dem Kaiser vorbehalten und, daher der Name, die vorherrschende Farbe der Paläste dieses Teils der Stadt. „Verboten" war sie allen Männern mit Ausnahme des Kaisers selbst, sämtliche Diener, Palastwachen usf. waren **Eunuchen.** Außer ihnen und der kaiserlichen Familie lebten hier nur noch die **Konkubinen** des Herrschers, allein Minh Mang sollen mehr als 300 Frauen zur Verfügung gestanden haben, die die fünf Pavillons des Harems bewohnten.

Hue

278wi Foto: kb

Von den Palästen und Pavillons, Theatern, Tempeln und Gärten der Verbotenen Stadt ist so gut wie nichts mehr erhalten. Vieles wurde bereits während der Belagerung Hues durch das französische Expeditionskorps 1947 zerstört, den Rest besorgten die Kämpfe während der Tet-Offensive und das tropische Klima.

Einige Gebäude wurden mit Hilfe der UNESCO renoviert oder nach alten Plänen und Fotografien neu errichtet. Bereits abgeschlossen ist u.a. die Wiederherstellung des **Kaiserlichen Lesepavillons** im rückwärtigen Teil der Verbotenen Stadt. Mit der Rekonstruktion der prachtvollen Dachmosaiken, die sich zu farbenfrohen Ornamenten, Fabelwesen oder Figuren fügen, ist den Arbeitern ein Meisterstück gelungen.

Zugang durch das Ngo-Mon-Tor oder das Osttor, tgl. 7–18 Uhr, Eintritt 55.000 đ.

Kaisergräber

Die sechs Grabmäler *(lang tam)* der Nguyen-Dynastie liegen zwischen 7 und 14 km südlich von Hue idyllisch inmitten von Hügeln und Reisfeldern, Pinienwäldern und Bambushainen. Wer wenig Zeit hat, kann sich auf drei beschränken (**Minh Mang, Tu Duc** und **Khai Dinh**) und trotzdem einen guten Eindruck gewinnen. Von ihrer Anlage und Architektur her sind die Gräber von Tu Duc und Minh Mang die schönsten.

Die Grabanlagen sind inspiriert von den chinesischen Ming-Gräbern, aber trotzdem keine Kopien. Die meisten wurden bereits zu Lebzeiten des Kaisers begonnen und zum Teil auch fertiggestellt. Geomanten berechneten vor Baubeginn die beste Lage, wobei himmlische wie irdische „Strömungen", aber auch Wind- und Wasserverhältnisse eine Rolle spielten. Von ihrem Aufbau her sind alle Grabmäler nach dem gleichen Schema angelegt:

● Jede Grabanlage ist wie die Kaiserstadt von einem **Mauerwall** umgeben.

● Der Eingang führt auf einen gepflasterten **Ehrenhof** mit einer von rituellen Steinfiguren gesäumten **Geisterallee.** In der Regel stehen auf jeder Seite der Allee ein Elefant, ein gesatteltes Pferd sowie je zwei Militär- und Zivilmandarine, erstere mit rundem Hut und Schwert, letztere mit zylindrischem Hut und Jadezepter. Die Figuren sollen den Kaiser schützen und ihm das letzte Geleit geben.

♠	1	Literaturtempel
♠	2	Thien-Mu-Pagode
★	3	Elefantenschrein
★	4	Arena (Ruinen)
	5	Gia-Vien-Insel und Eisenbahnbrücke
	6	Hen-Insel
♠	7	Bao-Quoc-Pagode
♠	8	Tu-Dam-Pagode
●	9	Phan-Boi-Chau-Gedenkstätte
▲	10	Ngu Binh („Berg des Kaisers")
	11	Nam Giao
♠	12	Tu-Hieu-Pagode
★	13	Tu-Duc-Grab
★	14	Dong-Khanh-Grab
♠	15	Dien Hon Chen
★	16	Thieu-Tri-Grab
★	17	Khai-Dinh-Grab
★	18	Minh-Mang-Grab
★	19	Gia-Long-Grab

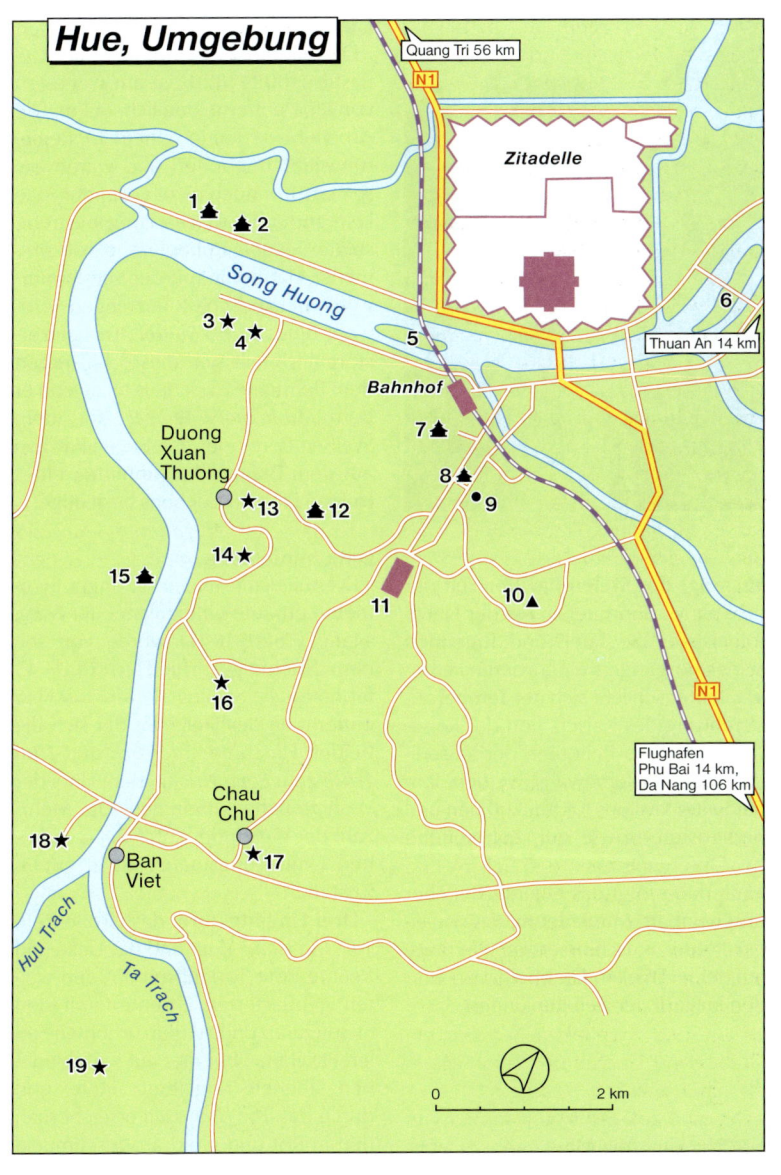

Hue, Umgebung

Quang Tri 56 km

N1

Zitadelle

Song Huong

1 ▲ ▲ 2

3 ★ ★ 4

5

6

Thuan An 14 km

Bahnhof

7 ▲

Duong
Xuan
Thuong ● ★ 13   ▲ 12

8 ▲
● 9

14 ★

15 ▲

11

10 ▲

16 ★

N1

Flughafen
Phu Bai 14 km,
Da Nang 106 km

Chau
Chu ●

18 ★   ● Ban
Viet

★ 17

Huu Trach

Ta Trach

19 ★

0   2 km

Hue

Es folgt der **Stelen-Pavillon** mit der großen Marmortafel, in die der Nachfolgekaiser die Taten und Tugenden seines Vorgängers eingravieren ließ.

Dahinter schließt sich der **Tempel** zur Verehrung des Kaisers und der Kaiserin an, in dem Reliquien der kaiserlichen Familie aufbewahrt werden. Ihm zur Seite Pavillons für Konkubinen und Bedienstete sowie zur Zubereitung der Opfergaben.

Erst dann folgt das eigentliche, eher unscheinbare **Mausoleum,** das von einer Mauer umschlossen ist. Die meisten der wertvollen Grabbeigaben wurden im Lauf der Zeit geplündert.

Grabmal Minh Mang

Lang Gia Long

Das Grabmal des Gründers der Dynastie (1802–1820) ist am weitesten von Hue entfernt, nämlich 14 km. Die Arbeiten wurden in seinem 13. Regierungsjahr begonnen und waren bei seinem Tod noch nicht vollendet. Wie kein anderer war Gia Long bestrebt, seinen letzten Ruheplatz in vollkommener Harmonie mit der von ihm erwählten Landschaft anzulegen. Obwohl beinahe 80 % der Anlage zerstört sind, teilt sich dieses Bestreben dem Betrachter durchaus mit, wenn er den *Minh-Thanh-Tempel* auf dem Weißen Berg oder den Stelen-Pavillon auf dem Blauen Berg inmitten eines kleinen Pinienwäldchens besichtigt.

Lang Minh Mang

Die majestätische, in strenger Symmetrie erbaute Grabanlange für Minh Mang (1820–1841) wurde von seinem Nachfolger Thieu Tri 1841–43 fertiggestellt. Sie liegt 12 km von Hue entfernt an der Stelle, an der sich die beiden Flussarme *Ta Trach* und *Huu Trach* zum *Song Huong*, dem Fluss der Wohlgerüche, vereinigen. Die Mehrzahl der Gebäude hinter der 3 m hohen Umfassungsmauer ist in gutem Zustand.

Drei Eingangstore, das Große Rote Tor *(Dai Hong Mon)* und das Linke und Rechte Rote Tor, führen auf den weiten gepflasterten Ehrenhof mit den Steinfiguren und zu dem erhöhten Stelen-Pavillon. Über drei auf verschiedenen Ebenen angelegte Höfe und durch das Tor *Hien Duc* erreicht man den in Rot und Gold ausgeschmückten **Sung-An-Tempel,** in dem das Herrscherpaar verehrt wurde.

Von der Rückfront des Tempels aus gelangt man durch das *Hoang Trach Tor* und über 3 Brücken über den künstlich angelegten **See der Makellosen Klarheit** *(Trung Minh)* zum **Minh-Lau-Pavillon.** Die immer wiederkehrende Zahl *Drei* repräsentiert die Mächte des Himmels, der Erde und des Wassers. Vom Pavillon aus führt eine weitere Brücke über den **See des Zunehmenden Mondes** *(Tan Nguyet),* ehe man über 36 Stufen zum Grabmal gelangt, das von einer kreisförmigen Mauer, Symbol der Sonne, umgeben ist. Ein schweres Bronzetor lässt kein weiteres Vordringen zu.

Lang Thieu Tri

Das Grabmal von Thieu Tri (1841–1847), einer der 78 Söhne des Minh Mang, ist quasi eine Miniaturausgabe desjenigen seines Vaters. Die im Todesjahr des Kaisers begonnene Anlage wurde im Jahr darauf fertiggestellt und liegt 7 km von Hue entfernt, nur

wird sie selten besucht, obwohl ihre Pavillons und Tempel durchaus sehenswert sind.

Lang Tu Duc

Während der 36-jährigen Regierungszeit des vierten Nguyen-Kaisers Tu Duc (1847–1883) vollzog sich der endgültige Niedergang der Monarchie von der ersten Bombardierung Da Nangs 1847 bis zur Eroberung Hanois 1883. **Tu Duc** war selbst für einen Vietnamesen von extrem geringem Wuchs und blieb trotz einer ausgeprägten Schwäche für das weibliche Geschlecht, von den 104 Gemahlinnen und zahllose Konkubinen zeugen, kinderlos. Der Nachwelt präsentiert er sich als feinsinniger Poet, der sich mit Vorliebe „schwärmerischen Stimmungen" hingab. Entsprechend romantisch ist seine Grabanlage ausgefallen, deren Planung und Bau er bis ins Detail höchstselbst beaufsichtigte.

Zur **Anlage** gehören auch Pavillons zum Schachspielen, Lesen oder Angeln und ein Theater, dessen Aufführungen bis zu 100 Nächte währten.

Die Bauzeit des Gesamtkomplexes mit den mehr als 50 Gebäuden betrug nur 3 Jahre (1864–67), und es wäre sogar noch schneller gegangen, hätten die 3000 Arbeiter, die härteste Frondienste leisten mussten, nicht rebelliert. Der *Chay-Voi-Aufstand* von 1866 wurde niedergeschlagen und das Los der Arbeiter danach noch härter als zuvor; eine populäre Verserzählung der Zeit spricht sogar von 30.000

148vi Foto: kb

Wächterfigur einer Geisterallee

Hue

Aufständischen, eine durchaus plausible Zahl gemessen an den zu bewältigenden Aufgaben.

Lässt man, umgeben von grünen Hügeln, Frangipani und Pinien, den Blick vom **Xung-Khiem-Pavillon** über den Teich mit den Lotosblüten schweifen, kann man verstehen, warum Kaiser Tu Duc sich hierher zurückzog, um zu meditieren und Gedichte zu verfassen. Hier kann man wahrhafte „Hue-Stimmungen" nachempfinden, wenn Farben und Konturen sich im feinen Nebel oder Nieselregen auflösen und die Landschaft im Spiel von Licht und Schatten zu einer chinesischen Tuschezeichnung wird. Der aus Holz errichtete Pavillon mit seinen reichen symbolischen Schnitzereien wurde 1985 mit UNESCO-Hilfe restauriert und liegt in der unteren, „meditativen" Ebene der Grabanlage. Die nächsthöhere Ebene ist dem Tempelbereich vorbehalten, während der Ehrenhof sich in der dritten Ebene befindet.

Eine Treppe führt vom Teich zum Tempel **Hoa Khiem,** in dem der Kaiser und die Kaiserin verehrt werden. Zu seinen Lebzeiten benutzte Tu Duc ihn als Palais, in dem er während seiner Besuche wohnte. In unmittelbarer Nähe befinden sich das Theater, der Tempel der Kaisermutter und ein paar Schritte entfernt der Harem.

Hat man die Ehrengarde der Elefanten, Pferde und Mandarine durchschritten (deren Figuren angesichts der Lebensgröße des Kaisers besonders „zierlich" ausgefallen sind), gelangt man zum **Stelen-Pavillon.** In diese größte Marmorstele Vietnams sind 4916 chinesische Schriftzeichen eingraviert, den 20 t schweren Block schaffte man aus Thanh Hoa, 500 km nördlich von Hue, herbei. Tu Duc hat als einziger der Kaiser die Inschrift, die mit gewählten Worten in vier „Kapiteln" seinen Lebensweg schildert, selbst verfasst. Der letzte Abschnitt besteht aus einer lyrischen Klage über sein unglückliches Schicksal, denn ohne Nachfahren aus der Welt scheiden zu müssen, erscheint ihm wie eine Strafe des Himmels. Auffallend der immer wiederkehrende Begriff *khiem* sowohl bei seiner Lebensbeschreibung wie bei den Bezeichnungen der Anlage, der mit feinem Understatement die *„Bescheidenheit"* seiner Taten und Bauwerke beklagt. Das **Grab** selbst liegt innerhalb eines ummauerten Quadrats, enthält aber nicht die sterblichen Überreste Tu Ducs, die aus Sorge vor Grabräubern vielmehr an einem geheimen Ort bestattet wurden. Sein Adoptivsohn *Khien Phuc* (er starb 1884 und regierte gerade 7 Monate) und die Kaiserin liegen in dem Kiefernwäldchen jenseits des Sees begraben.

● Das 1886 erbaute **Minh-Khiem-Duong-Theater,** das älteste noch erhaltene Vietnams, wurde 2005 nach jahrelangen Restaurierungsarbeiten wiedereröffnet. In diesem stimmungsvollen Rahmen sollte man sich eine Kostprobe der traditionellen **Hofmusik** *Nha Nhac,* die 2003 zum Kulturerbe erklärt wurde (s. auch Kapitel „Musik und Theater", „Instrumente"), nicht entgehen lassen. Tgl. 8.30, 9.30, 14.30, 15.30 Uhr, jeweils 30 Min. 20.000 d.

Lang Dong Khanh

Vom Grabmal des Tu Duc gelangt man nach rund 500 m zum Grabmal von Dong Khanh (1885–1889). Es ist die kleinste Grabanlage, erbaut im Todesjahr des Kaisers, der nur 27 Jahre alt wurde. Obwohl er der erste von der Kolonialmacht eingesetzte Kaiser war, hält sich das Gerücht, er sei von den Franzosen beseitigt worden, seine Todesursache jedenfalls blieb ungeklärt.

Ein kleiner, etwas versteckter Seiteneingang führt zum Haupttempel, der sich deutlich durch farbenfrohe Dekoration (vor allem die leuchtenden Glasfenster) und französischen Einfluss von den anderen Grabanlagen unterscheidet. Die Portraits im Inneren zeigen den Kaiser und seine beiden Gemahlinnen. Weil seine erste Frau unfruchtbar blieb, vermählte er sich mit einer zweiten, die ihm einen Sohn gebar, den Großvater Bao Dais. Ein Großteil des ursprünglichen Mobiliars ist noch im Original erhalten: Vitrinen mit Vasen und Geschirr aus Frankreich und China, halbleere Parfümflakons, goldene Tabakdosen, Schränke mit Kleidungsstücken.

In der näheren Umgebung sind noch weitere Grabmäler kaiserlicher Familienangehöriger zu finden, auf dem gegenüberliegenden Hügel z.B. das von Bao Dais Mutter *Tu Cung*.

Lang Khai Dinh

Das 10 km von Hue entfernte Grabmal ist bereits im 20. Jahrhundert und nicht mehr im traditionellen Stil, sondern als Stahlbetonkonstruktion erbaut, und stellt ein kurioses Exempel dafür dar, welche Wirkung der französische Einfluss auf den vietnamesi-schen Geschmack ausüben konnte. Kaiser Khai Dinh (1916–1925), ein Sohn Dong Khanhs, war ein Lebemann, liebte Pomp und war die perfekte Marionette der Kolonialherren. Die Grabanlage, in seinem 5. Regierungsjahr begonnen, wurde 1931 von seinem Sohn Bao Dai, der bis zu seinem Tod 1997 an der Côte d'Azur residierte, vollendet.

Hue, Grab von Tu Duc

1 Eingangstor Vu Khiem
2 Luu-Khiem-See
3 Tinh-Khiem-Insel
4 Xung-Khiem-Pavillon
5 Du-Khiem-Haus
6 Palast des Kaisers
7 Palast der Kaisermutter
8 Kleiderkammer des Kaisers
9 Minh-Khiem-Duong-Theater
10 Wohnbereich der Frauen des Kaisers
11 Gebäude zur Zubereitung von Opfergaben
12 Ehrenhof
13 Stelenpavillon
14 Wasserbecken
15 Grabstätte von Tu Duc
16 Grabstätte der Kaiserin
17 Grabstätte von Kaiser Kien Phuc

Die Grabstätte schmiegt sich in Etagen an einen Hügel an, auf den eine steile und von Betondrachen gesäumte, von Terrassen unterbrochene Treppenfront zum Thien-Dinh-Palast führt. Eine der Terrassen bildet den Ehrenhof Bai Dinh mit den obligatorischen Steinfiguren und dem achteckigen Stelen-Pavillon, über weitere Höfe gelangt man zum Palast und genießt einen grandiosen Ausblick über die Landschaft.

Das bunt-überladene Dekor im Inneren des Tempels lässt sensible Gemüter am liebsten gleich wieder kehrt machen, aber auch Kitsch muss man gesehen haben. Der Boden ist mit knallbunten Fliesen belegt, den Plafond ziert ein monumentales Decken-gemälde – neun Drachen, die die Wolken durchbrechen –, die Wände sind von Tausenden bunter Glas- und Porzellanscherben bedeckt, die sich mosaikartig zu Bildern fügen. Manche dieser hübschen Blüten sind, wenn man genauer hinsieht, aus Bruchstücken japanischer Bierflaschen zusammengesetzt.

Der zweite Raum mit dem Grab wird von der lebensgroßen vergoldeten Bronzestatue des Kaisers auf einem erhöhten Thron beherrscht. Der stilisierte Sonnenuntergang im Hintergrund – die Sonne als Symbol kaiserlichen Glanzes – vervollkommnet die Wirkung nur noch: Götterdämmerung. Im dritten Raum findet man den Altar zur Verehrung der Majestät.

Wie kommt man hin?

● Die **Kaisergräber** liegen entlang des Parfümflusses zwischen 7 und 17 km südlich der Stadt. Vom Minh-Mang-Grab aus ist es möglich, auf dem Nord-ufer des Flusses über die Thien-Mu-Pagode nach Hue zurückzukehren (12 km). Geöffnet tgl. 7–17, im Sommer 6.30–17.30 Uhr, Eintritt je 55.000 d. Vorsicht beim Bezahlen des Tickets: In letzter Zeit häufen sich Meldungen über massive Betrugsversuche.

● **Billigste Möglichkeit:** mit dem Fahrrad. Man verlässt Hue auf der Dien Bien Phu südwärts und gelangt (vorbei an der Tu-Dam-Pagode links) nach 2,5 km zur Esplanade Nam Giao. Von dort führen Asphaltstraßen rechts (Wegweiser) zu den Grabmälern von Tu Duc (3 km) Dong Khanh und Thieu Tri, links über die Minh-Mang-Straße zu den Grabmälern von Khai Dinh und Minh Mang (11 km).

Alternativ: auf der Bui Thi Xuan beim Bhf. 2,5 km am Fluss entlang, dann links (Nguyen Tran Cong) und an der ehemaligen *Tiger-Arena* vorbei immer geradeaus.

● **Profanste Möglichkeit:** per Bus oder Mietwagen. Bis auf das (selten besuchte) Grabmal von Gia Long sind alle Kaisergräber mit dem Auto erreichbar.

● **Schönste Möglichkeit:** mit dem Boot (plus Fahrrad). Wer sich auf eigene Faust ein Boot mieten will, sollte „antizyklisch" vor oder nach dem großen Touristenauftrieb aufbrechen. Am schönsten ist es auf dem Fluss in den frühen Morgenstunden und kurz vor der Abenddämmerung.

Die Gräber von Tu Duc und Dong Khanh sind vom Fluss aus nach knapp 2 km zu erreichen (ein Xe Om hin und zurück sollte nicht mehr als 15.000 d kosten), das von Khai Dinh nach gut 3 km (Xe Om um 20.000 d).

Xung Khiem-Pavillon, Grabmal Tu Duc

Tempel und Pagoden

Chua Thien Mu

Die besonders schön auf einem kleinen Hügel oberhalb des Flusses der Wohlgerüche errichtete Thien-Mu-Pagode liegt 5 km westlich von Hue.

Nach der **Legende** erschien Nguyen Hoang, dem Gouverneur von Thuan Hoa, der damals südlichsten Provinz Vietnams, 1601 eine Himmlische oder Gnädige Frau (Thien Mu oder Linh Mu), die ihm in der Gestalt eines alten Weibes den Platz seiner künftigen Hauptstadt, nämlich Hue, weissagte. Der Vorfahre der späteren Nguyen-Dynastie folgte ihrer Weisung, brachte seinem Land Wohlstand und Glück und errichtete aus Dankbarkeit an dem Platz, an dem er der Thien Mu begegnet war, die gleichnamige Pagode.

1844 war es Kaiser Thieu Tri, der den 21 m hohen achteckigen **Phuoc-Du-yen-Turm** errichten ließ, der mit seinen 7 Stockwerken als **Wahrzeichen** Hues gilt. Jede der 7 Etagen ist einem Buddha geweiht, der in menschlicher Gestalt erschienen ist.

Die auf einer Schildkröte ruhende Marmorstele von 1714 im Pavillon rechts erzählt von dem Bau der Pagode. Die mehr als 2 Tonnen schwere, 2,50 m hohe Glocke links wurde 1710 gegossen. Für die Herstellung ihre Gussmasse, berichtet eine Stele, waren 50 gleichzeitig brennende Schmelzöfen notwendig, ihr Klang ist über eine Strecke von 10 km zu hören. An Wächterfiguren vorbei gelangt man zu der 1907 nach einem schweren Taifun wieder aufgebauten **Haupthalle** *Dai Hung* mit dem lachenden, dickbäuchigen Buddha Di Lac. Eine schöne Darstellung der *Quan Am* auf einer Lotosblüte ist im folgenden Gebäude zu sehen.

In einem Nebengebäude links wird wie eine Reliquie der klapprige **Austin** aufbewahrt, mit dem der Bonze *Thich Quang Duc* 1963 nach Saigon aufbrach, um sich dort am 11. Juni aus Protest gegen das Diem-Regime mit Benzin zu übergießen und zu verbrennen. Die Fotografien und Filmaufnahmen gingen um die ganze Welt.

●Vom Zentrum aus über die am Nord- ufer des Flusses verlaufende Le Duan, die später zur Kim Long wird. Mit dem Fahrrad (4 km) ca. 20 Min.

Literaturtempel

Als 1802 Gia Long seine Heimatstadt Hue zur Kaiserstadt bestimmte, gründete er auch einen neuen *Van Mieu* für die für den Staat so wichtigen Mandarinatsprüfungen. Die alle 3 Jahre abgehaltenen Examina fanden in Hue bis 1918 statt. Vor allem Stelen mit den Namen der erfolgreichen Kandidaten und einige Pavillons sind heute noch auf dem Gelände unweit der Thien-Mu-Pagode zu sehen (ca. 700 m weiter westlich).

Dien Hon Chen

Weiter flussaufwärts führt eine drachengesäumte Treppe vom Song Huong zu einem malerischen Tempel, der der Prinzessin Lieu Hanh geweiht ist, der Tochter des **daoistischen** Jadekaisers Ngoc Hoang. Weil sie ein kost-

bares Jadegefäß zerbrochen hatte, war sie von ihrem Vater auf die Erde verbannt worden.

Wie verflochten die populären religiösen Vorstellungen sind, wird hier besonders deutlich, denn für viele Vietnamesen ist die (daoistische) *Lieu Hanh* identisch mit der Cham-Göttin *Thien Y A Na*, die mit *Po Nagar* identifiziert wird, welche wiederum Züge der (buddhistischen) *Quan Am* trägt usf.

Der Dien (oder Den) wurde 1832 unter Minh Mang erbaut, zu seinen regelmäßigen Besuchern zählte Kaiser Dong Khanh. Das verborgene Heiligtum im Obergeschoss erreicht man über eine schmale Treppe hinter dem Altar, man sollte einen der Mönche bitten, es einem zu zeigen.

●Hon Chen ist nur mit dem **Boot** erreichbar. Eintritt 22.000 d. Am 15. Tag des 7. Mondmonats findet eine farbenprächtige **Prozession** statt.

Chua Bao Quoc

Die hübsche Pagode liegt unweit der Le Loi auf dem *Ham-Long-Hügel*. Ihre Anfänge datieren aus dem Jahr **1674,** und obwohl sie 1949 schwere Feuerschäden erlitt, ist sie wieder in recht gutem Zustand. Im Inneren herrscht die Ruhe und Bescheidenheit eines Klosters, alle Gebäude gruppieren sich um einen orchideengeschmückten Innenhof.

Der **Altar** des Sanktuariums wird von der Dreiergruppe der Buddhas A Di Da, Thich Ca und Di Lac (Vergangenheit, Gegenwart und Zukunft) beherrscht, eine Stufe tiefer stehen Bodhisattva und der Jadekaiser Ngoc

Hoang mit seinen Wächtern. Über den Innenhof gelangt man in einen Seitentrakt mit Ahnentafeln, vergilbten Fotografien von Angehörigen des Kaiserhauses und einer Statue der barmherzigen Quan Am.

● Auf der Dien Bien Phu stadtauswärts gleich nach dem Bahnübergang rechts abbiegen.

Chua Tu Dam

Die Pagode datiert bis 1695 zurück, aber eine Totalrenovierung Mitte der 1930er Jahre hat alle Spuren historischer Bausubstanz erfolgreich getilgt. 1951 wurde hier die *Vereinigte buddhistische Gesellschaft* gegründet, die die verschiedenen buddhistischen Strömungen des Landes zusammenführte und eine Renaissance des Buddhismus in Vietnam zur Folge hatte. In dem liebevoll gepflegten Garten findet man die Büste des Laien *Dr. Tam Minh*, des Begründers der Bewegung. In den 1960er Jahren war Tu Dam Zentrum des **buddhistischen Widerstands,** an der Stelle, an der heute ein Lotosteich den Betrachter erfreut, hat sich 1963 einer der Mönche verbrannt. Auch während der Tet-Ereignisse 1968 blieb die Pagode nicht von Kämpfen verschont, vereinzelte Einschussstellen im Mauerwerk sind noch heute sichtbar.

● 500 Meter südlich der Bao-Quoc-Pagode in der kleinen Tu-Dam-Straße, die Dien Bien Phu und Phan Boi Chau miteinander verbindet.

Phan-Boi-Chau-Gedenkstätte

Nur wenige Schritte von der Tu Dam-Pagode entfernt stößt man auf das Grabmal mit dem überdimensionalen Bronzekopf des Patrioten *Phan Boi Chau* (1867–1940). Der ehemalige Mandarin, der aufgrund seiner antikolonialistischen und nationalistischen Einstellung als „Vorläufer" Ho Chi Minhs gilt, wurde von den Franzosen 1925 in Hanoi zum Tode verurteilt und erst nach heftigen Protestdemonstrationen der Bevölkerung zu lebenslänglichem Hausarrest in Hue begnadigt.

Nam Giao

Am Nam Giao (Himmelsaltar) brachten die Kaiser alle 3 Jahre in einem Ritual den Mächten des Himmels und der Erde **Schlachtopfer** dar. Die Zeremonienstätte, geografisch der mittlere Punkt einer Linie zwischen dem Hauptor der Zitadelle und dem Berg Ngu Binh, dem „Schild des Kaisers", besteht aus drei übereinandergelagerten Plattformen, Symbol für Himmel und Erde. Die oberste, dem Himmel geweihte **Plattform** beschreibt einen Kreis mit einem Durchmesser von 42 m, die mittlere ist quadratisch angelegt (85x85m), ebenso wie die untere, mit 165 m Seitenlänge, auf der die nächtlichen Opferzeremonien stattfanden. Die drei Esplanaden waren (von unten nach oben) rot, gelb und blau umrandet, das Spektakel dauerte Tage und war das wichtigste Ereignis im kultisch-religiösen Leben von Hue.

● Ca. 2,5 km vom südl. Stadtrand über die Dien Bien Phu oder die Phan Boi Chau.

Arena und Elefantenschrein

Die heute kaum mehr als solche erkennbare Arena *Ho Quyen* wurde 1830 von Minh Mang gebaut und diente noch bis 1904 als blutiger

Hue

Schauplatz von **Kampfspielen** zwischen Tigern und Elefanten. Man findet ihre Überreste am südlichen Flussufer, wenn man die Bui Thi Xuan ca. 2,5 km stadtauswärts geht. – Unweit davon stößt man auf die Reste eines Tempels, der einem Kriegselefanten Kaiser Gia Longs gewidmet ist. Die geschändete Statue (Smaragdaugen und Elfenbeinzähne wurden geraubt) und ein Grabstein erinnern an die heldenhaften Taten des treuen Tieres.

Kathedrale Notre Dame

Die wuchtige Kirche, halb Kathedrale, halb Pagode, wurde 1962/63 auf Veranlassung des berüchtigten Erzbischofs von Hue, Ngo Dinh Thuc, errichtet. Von der einst zartblauen Fassade ist nurmehr verwittertes Grau geblieben, der Komplex dahinter war eine Missionsstation der Redemptoristen. Messen tgl. 5 und 17 Uhr, So auch 7 Uhr. 80 Nguyen Hue.

Eine kleinere katholische Kirche, *Saint Francois Xavier* (um 1910), befindet sich auf der 18 Nguyen Tri Phuong, unweit des Hotels Binh Minh. Messen tgl. 19 Uhr.

Museen

Royal Antiquities-Museum

Der 1845 unter Thieu Tri erbaute Ruhepavillon *Long An* wurde 1923 auf Anordnung Kaiser Khai Dinhs als Museum eingerichtet *(Musée Khai Dinh).* Allein das Gebäude lohnt einen Besuch.

In der außergewöhnlich schönen Halle werden Gebrauchsgegenstände aus dem Besitz der **Nguyen-Kaiser** ge-

zeigt: Truhen, Tische und Kultschränke aus Palisander und Ebenholz, Ruhebetten, Sänften, Gewänder, Geschirr, Keramik und vieles andere mehr. Genau der richtige Ort, eine Vorstellung von höfischer Lebensart zu bekommen.

● *Bao Tang Co Vat.* 3 Le Truc, innerhalb der Zitadelle, nahe dem Hien-Nhon-Tor. Tgl. 7– 17 Uhr, 22.000 d.

Achtung: Wegen Renovierung werden die Ausstellungsstücke bis auf Weiteres im *An Dinh Palast* gezeigt. Das imposante, 1918 von Khai Dinh errichtete Gebäude, diente der Familie von Kaiser Bao Dai bis 1945 als Wohnsitz. 150D Nguyen Hue.

Di-Luan-Pavillon u. Provinzmuseum

Der bemerkenswert gut erhaltene Di-Luan-Pavillon von 1808 war einst eine Schule für Prinzen und Söhne hoher Mandarine. Heute werden dort prähistorische Funde ausgestellt sowie einige Schaustücke zur Cham-Kultur (8.–15. Jh.). Das neuere Gebäude gleich dahinter, erkenntlich durch die übliche Ansammlung von Jets und Panzern im Vorhof, ist das Museum der Provinz, das Dokumente zur Geschichte der Region und der Stadt zeigt.

● *Bao Tang Tinh.* 1 23 Thang 4, tgl. 7–11, 13.30–17.00 Uhr. Eintritt für beide Gebäude 22.000 d.

Ho-Chi-Minh-Museum

● Das Museum liegt in der 7 Le Loi schräg gegenüber der Quoc-Hoc-Schule, deren Schüler Ho Chi Minh war. Tgl. 7–11, 14–17 Uhr, Eintritt frei.

Quoc-Hoc-Schule

Die 1896 gegründete Lehranstalt galt als eine der besten Oberschulen Vietnams und war in der Tradition des konfuzianischen *Quoc Tu Giam* für die Elite unter den jungen Vietnamesen gedacht. Die „Vaterländischen Studien" (Quoc Hoc) vermittelten jedoch in erster Linie westliches Wissen und französische Bildung, geschrieben wurde in *Quoc Ngu*, dem romanisierten Schriftsystem.

Viele berühmte Namen sind mit dem *Lycée Nationale* verbunden, **Vo Nguyen Giap,** der Sieger von Dien Bien Phu, der Widerstandskämpfer To Huu und Pham Van Dong, der langjährige Ministerpräsident, gehörten ebenso zu seinen Schülern wie der Diktator **Ngo Dinh Diem** und **Ho Chi Minh,** der das Institut von 1907–08 besuchte. Ho Chi Minh erinnerte sich an diese Zeit nur ungern: „Die einzige Sorge der französischen Kolonisatoren war, ihnen treu ergebene Diener heranzubilden statt Menschen, die fähig sind, ihrem Volk und ihrem Land nützlich zu sein." (Man hat ihm natürlich trotzdem im Hof ein Denkmal gesetzt.)

● Die roten Backsteingebäude, die noch immer Lehrzwecken dienen, findet man in der 10 Le Loi. Gleich daneben befindet sich die *Hai-Ba-Trung-Oberschule* für höhere Töchter.

Markt

Der massige Betonklotz des **Cho Dong Ba** auf dem linken Ufer entstand 1988, nachdem das alte Marktgebäude durch einen Taifun zerstört worden war. Im Innern der Hallen findet man u.a. die größte und schönste Auswahl der traditionellen *Non*-Hüte aus geflochtenen Palmblättern.

Chinesisches Viertel

Die Chi Lang auf der linken Flussseite hinter der Brücke über den Dong-Ba-Kanal ist die Hauptstraße einer durch den Song Huong und die Kanäle Dong Ba und Cua Hau gebildeten „Insel", auf der sich das chinesische Viertel von Hue befand.

Die **Versammlungshallen** (Hoi Quan) der Gemeinden Hai Nam, Quang Dong und Fukien und ihre typischen, der Meeresgöttin Thien Hau oder dem chinesischen General Quan Cong geweihten Tempel befinden sich seit der Tet-Offensive und der Flucht der meisten Chinesen in den 1970er Jahren in miserablem Zustand oder sind bereits zu Wohn- oder sonstigen Zwecken wegrationalisiert worden. Dennoch kann ein Gang durch die Chi Lang für Liebhaber verwitterter Gemäuer, verblichener Farben und nostalgischer Stimmungen sehr reizvoll sein. Wohlstand und wieder gezeigte Religiösität haben sogar mancher Pagode zu einem neuen Anstrich verholfen.

Bao-Vinh-Viertel

An dieser Straße etwas außerhalb des alten Stadtkerns reihten sich einst Dutzende traditioneller **nha ruong** aus dem 18. und 19. Jh., einstöckige, ziegelgedeckte Holzhäuser aus massivem Jackfruit- oder Eisenholz, die vornehmlich von chinesischstämmigen Kaufleuten errichtet worden waren. Ei-

Hue

nige wenige stehen noch und lassen sich leicht mit dem Fahrrad erreichen. Die Huynh Thuc Khang hinter dem großen Markt 4–5 km immer am Kanal entlang. Eine wirklich lohnenswerte Fahrt in eine andere Welt (ein anderes Hue).

Japanische Brücke

Eine fast unbekannte und kaum besuchte Japanische Brücke *(Cau Ngoi Thanh Toan)*, ähnlich der von Hoi An, liegt in der Südstadt rund 5 km vom An-Cuu-Markt entfernt. Sie wurde zu Beginn des 19. Jhs. von japanischen Gesandten zu Ehren der Nguyen-Kaiser errichtet.

Praktische Informationen

● 300.000 Einw. Tel. 054.

Adressen

● **Geld.** *Vietcombank*, 78 Hung Vuong. Eine günstig gelegene Filiale mit ATM ist im Morin-Hotel, 2A Hung Vuong. Tgl. außer So 8–11.30, 13.30–17 Uhr.
● **Post.** 8 Hoang Hoa Tham (tgl. 6.30–21 Uhr). Auch Geldwechsel möglich.
● **Vietnam Airlines.** 23 Nguyen Van Cu, Tel. 3824709, Fax 3846320.
● **Hospital.** Tel. 3822325, 16 Le Loi.
● **Wasserpuppentheater.** Als Kunstform im feudalen Hue unbekannt, erst 2007 für den Tourismus eingerichtet. Tgl. 15.30, 18.30, 20.30 Uhr, Dauer 1 Std., 80.000 đ. Tel. 3854779, 8 Le Loi (Eingang Phan Boi Chau).
● **Hue-Festival.** Internationale Kunst und Kultur an historischen Stätten. Jedes Jahr 1 Woche Anfang Juni. Programm unter: www.hue festival.com.

Exkursionen

In allen Hotels und Guesthouses kann man Touren und Bootsausflüge buchen usf. Preisvergleiche lohnen sich! Zu den gängigsten Tourangeboten zählen neben Ausflügen zu den Pagoden und Gräbern **Exkursionen** zum Nationalpark **Bach Ma,** zu den Grotten von **Phong Nha** und in die ehemalige **DMZ** (Demilitarized Zone) am 17. Breitengrad.

● **City Tours.** Werden in der Regel ganztägig (ca. 8–16 Uhr inkl. Lunch) sowie per Bus und Boot angeboten, aber auch per Cyclo und/oder Motorbike. Ein Muss sind die Thien-Mu-Pagode, die Kaiserstadt und zumindest zwei der Gräber (Tu Duc und Minh Mang oder Khai Dinh). Besuche des Markts und von „Handwerksdörfern" (Räucherstäbchen, Reisstrohhüte und dergleichen) sind häufig nur verkappte Verkaufstouren. Eintrittspreise sollten im Preis enthalten sein.

● **Kaisergräber.** Zitadelle und Gräber am gleichen Tag ist machbar, aber nicht unbedingt ratsam; am Ende des Tages weiß man kaum mehr zu unterscheiden, was man gesehen hat. Eine Bootstour auf dem Parfümfluss ist natürlich schick (und gleichfalls ganztägig), aber da es auf dem armen Fluss mittlerweile von einer ganzen Armada von Booten aller Art nur so wimmelt, ist das Vergnügen eher gemischt.

„*Von dem überall angebotenen Ausflug mit einem „Dragon-Boat" kann man nur abraten; es bleibt kaum Zeit, die Gräber halbwegs in Ruhe anzusehen, hinzu kommt der An- und Abmarsch usf. Es ist besser, ein eigenes Boot zu mieten und - wenn man nicht laufen will - evtl. Räder mitzunehmen.*" (Marie-Luise Lotter).

Dieser Idealfall ist jedoch nahezu unmöglich geworden, da die Behörden die privaten Bootsleute weitgehend vom Fluss vertrieben haben und nur mehr auf den Massenbetrieb setzen.

● **Cyclo.** Keine Stadt Vietnams hat so viele Cyclofahrer wie Hue – und sie sind eine echte Landplage! Wer sich trotzdem mit dieser

Pagode im Bao-Vinh-Viertel

aussterbenden Gattung einlassen will, sollte sich auf harte Verhandlungen einstellen und sich den ausgehandelten Preis am besten schriftlich geben lassen (z.B. mit dem Kuli auf die Hand; wenn es denn nützt), denn die Burschen können rabiat werden. Eine Stunde sollte nicht mehr als etwa 30.000 đ kosten, eine größere Strecke (etwa zum Dong-Ba-Markt oder zur Zitadelle) etwa 15.000 đ.

Lokale Veranstalter

●**DMZ.** Ganztägige Touren (ca. 6–18 Uhr, davon ist aber ein Großteil Fahrzeit!) werden für 15–20 $ angeboten.

●**Phong Nha** (210 km). Tagestouren kosten ab 25 $ (ohne Eintritt etc.), sind aber besser von Dong Hoi aus zu machen.

●**Bach Ma.** Tagestouren ab 25 $. Wir empfehlen ein Auto/Taxi zu mieten (70–80 $/Tag), mit dem man in Bach Ma bis zur Bergstation fahren kann. (Ggf. weiter über Lang Co, Danang (mit Cham Museum, Marble Mountain) bis Hoi An).

●**Eco Travel.** Einer der wenigen kleinen, unabhängigen Veranstalter, die es noch gibt (und nicht nur in Hue). Ansprechpartner ist Mr. *Hien*. 74/48 Ngo Quyen, Tel. 3829392, www.ecotravelvietnam.com.

●**Café on Thu Wheels.** Die Besitzerin *Thu* bietet sehr empfehlenswerte Motorradtouren (auch ohne Führer) an; unterstützt wird sie von ihrem Bruder *Hue*. 3/34 Nguyen Tri Phuong, Tel. 3832241, minhthuhue@yahoo.com.

●**Easy Riders.** Auch in Hue eine erstklassige Option. Eine ganztägige City-Tour nach Wahl kostet z.B. ohne Lunch und Tickets 15 $ p.P. Mobil: 0905.743858, www.hueriders.com.

●**Binh Duong.** So gut wie ihre Hotels, so zuverlässig und präzise sind ihre Touren. www.binhduonghotel.com.

●**DMZ Bar.** 60 Le Loi, Tel. 2241904, www.dmzbar.com.vn.

●**Stop & Go Café.** 3 Hung Vuong, Tel. 382 7051, www.stopandgo-hue.com.

●**APT.** Filiale des preisgünstigen, zuverlässigen Hanoier Veranstalters. 14 Hung Vuong, Tel. 3845372, www.hueapttravel.com.

Hue

Reiseagenturen

● **Open Tour.** Beste Optionen für den Norden sind die Sleeping Busse von *Camel* und *Trekking*, für den Süden *SinhTourist* (bester Service). In alle Richtungen gibt es **Tag-** und **Nacht-Busse;** gen Hanoi fahren fast alle nachts.
● **SinhTourist.** 60 Nguyen Tri Phuong, Tel. 3848626.
● **Trekking Travel.** 66 Nguyen Tri Phuong, Tel. 3829839.
● **Hanh Café** (Ha Phuong). 62 Nguyen Tri Phuong, Tel. 3837279.
● **Hoang Long.** Eine echte Alternative zu den Open Tours; praktisch stündlich nach Hanoi, Danang, Nha Trang. Einziges Manko: Start ist ab Busbahnhof. www.hoanglongasia.com.

Stadtverkehr

● **Taxi.** *Mailinh*, Tel. 3898989.
● **Stadtbus.** Es gibt 5 Linien, die allerdings nicht sehr häufig verkehren. Mit Linie 5 kommt man zum *Nam Giao*, mit Linie 3 nach *Thuan An*, mit Linie 1 zum Nordbusbahnhof *Phia Bac.*
● **Cyclo.** Fahrten innerhalb des Zentrums sollten nicht mehr als 15.000 ₫ kosten.
● **Fahrrad und Motorrad.** Das weiträumige Hue ist für's Fahrrad fahren geradezu wie geschaffen. Räder sind für rund 1 $/Tag fast überall zu mieten, Motorräder ab 4 $.

Unterkunft

Luxus/First Class

● **La Residence.** In der einstigen Residenz des französischen Generalgouverneurs von Annam lebt das Art Déco der 1920er Jahre wieder auf – ein Riesenlob an Innenarchitekten und Ausstatter; auch die Ausmaße der Anlage empfindet man nie. Die insgesamt 122 Zimmer, alle mit Balkon oder Terrasse, sind allerdings unnötig beengt geraten. Resto, Bar, Terrassen, Pool mit Flussblick, Spa, Health Club, Tennis. Ab 125 $ ++, Colonial Suites ab 180 $ ++. 5 Le Loi, Tel. 3837475, www.laresidence-hue.com.

● **Imperial.** 15-stöckiger, auf „Hue-Stil" getrimmter Mammut der globalen Massenhotellerie. Pool im 3. Stock. 195 Zimmer ab 90 $ ++ inkl. BF. 8 Hung Vuong, Tel. 3882222, www.imperial-hotel.com.vn.
● **Pilgrimage Village.** Überaus gelungenes Ensemble zwei- bis dreistöckiger Villen in einer schönen Gartenanlage 3 km vom Zentrum, auf dem Weg zu den Kaisergräbern. Alles hat Stil und Klasse; Mitglied der *Small Luxury Hotels of the World* und ohne Zweifel das beste Hotel Vietnams ohne ausländische Beteiligung. 74 große, helle DeLuxe-Zimmer, alle mit ausladenden Terrassen oder Balkonen sowie 20 Bungalows (z.T. mit eigenem Pool) ab 179 $ inkl. BF. Pool, Spa, 6-mal tgl. freier Shuttle von/nach Hue. 130 Minh Mang, Tel. 3885461, www.pilgrimagevillage.com.
● **Vedana Lagoon.** 27 ha großes Luxusresort des *Pilgrimage Village* an und über der Lagune (ab Ende 2010). www.vedanaresorts.com.

Tourist

● **Mercure.** Neu 2010. Geräumige Zimmer mit Balkon und hochwertigen Bädern, aber (allzu) sehr auf den Geschmack asiatischer Gäste zugeschnitten (Pool, Lobby, Restos etc.). 110 Zimmer ab 82, mit Flussblick 94 $. 38 Le Loi, Tel. 3936688, www.mercure.com.
● **Saigon Morin.** Das 1998 von Saigontourist restaurierte *Grand Hotel Morin* von 1901 ist eines der stilvollsten Hotels der Stadt (mit kleineren – auch größeren – Servicemängeln). 180 Zimmer ab 100 $ ++ inkl. BF. Schöner Innenhof (Frühstück!) mit Pool. 30 Le Loi, Tel. 3823526, www.morinhotel.com.vn.
● **Huong Giang.** Das älteste staatliche Touristenhotel Hues, selbstverständlich in bester Lage am Fluss, seit Jahren um- und ausgebaut, vergrößert und standardisiert. Pool. 180 Zimmer 80 $, mit Flussblick 90 $, Suiten ab 160 $, jeweils ++ inkl. BF. 51 Le Loi, Tel. 3822122, www.huonggiang hotel.com.vn.

Economy

● **Asia.** Professionell geführt, guter Service, ansprechende Ausstattung. 88 Zimmer auf 12 Stockwerken mit Lift, Resto und kleinem Pool. Internet Rates: 50 $ (nicht üppig dimensioniert, aber teilweise mit Balkon), 90 $ (sehr geräumig), 110 $ (Suite) inkl. Büffet-BF. 17 Pham Ngu Lao, Tel. 3830283, www. asiahotel.com.vn.

●**New Star.** Neu 2009. 56 Zimmer, schon für 40 $ inkl. BF, Badewanne und kl. Balkon – völlig ausreichend; für 45–60 $ wohnt man nur höher und kriegt eine Banane pro Tag. Recht ordentlicher Pool im 1. Stock. 36 Chu Van An, Tel. 3834647, www.newstarhue hotel.com.

●**Ideal.** Neu 2010. Bestes Preis-/Leistungsverhältnis: 35 geräumige Zimmer, mit Fenster 25, mit Balkon/Veranda zum Sitzen 35–45 $ inkl. BF. Nicht ganz so toll sind die Bäder, aber dafür gibt's auf dem Dach einen kleinen Pool. 1/11 Vo Thi Sau, Tel. 3825555, www. idealhotel.com.vn.

●**Ngoc Huong.** 2008 Totalumbau mit Erweiterung, 65 Zimmer à 40, 20 à 50–60 $ inkl. BF; eine seriöse Alternative. Lift, Pool, Dachgartenresto. 8 Chu Van An, Tel. 3830111, www.ngochuonghotel.com.

●**Villa Hue.** Ruhiges, sehr intimes und gut gelegenes „Boutique-Hotel" der Hue-Tourismus-Schule. 12 Zimmer 59, 71 $ ++ inkl. BF (Internet Rate). 4 Tran Quang Khai, Tel. 3831628, www.villahue.com.

●**Orchid.** Ein kleines Juwel im Allerlei der Reihenhotels und mit nur 18 Zimmern (alle mit Fenstern!) klein genug, sich Extravaganzen wie Internetphone in allen Räumen oder aufmerksamen Service leisten zu können. Double 35, Twin 42, mit Balkon 52 $ inkl. BF. Eine Wucht die Honeymoon-Suite 701 mit Jacuzzi, DVD-Player und einmaligem Panorama für 60 $. 30A Chu Van An, Tel. 3831177, www.orchidhotel.com.vn.

Budget

●**Binh Minh** (Sunrise). Sehr solides, gut geführtes Haus mit kompetentem Service und sehr angenehmer Atmosphäre (nicht zuletzt dank der liebenswerten Mrs. *Mai*). 37 AC-Zimmer auf 6 Etagen 15, 20, 25, 30 $ (mit Veranda), 35 $ (mit Balkon) inkl. BF, Lift. 36 Nguyen Tri Phuong, Tel. 3825526, www.binh minhhue.com, binhminhhue@dng. vnn.vn.

●**DMZ.** Neu 2010. Modernes Mini des bewährten Tourveranstalters mit 17 Zimmern,

EZ 18, DZ 20, Twin 25 $ inkl. BF. 21 Doi Cung, Tel. 3838000, www.dmz.com.vn.

●**Thai Binh 2.** Hell, freundlich und effizient, fast alle 38 Zimmer sind geräumig und mit Balkon; in unteren Etagen 20–25 $, in oberen 25–30 $ inkl. BF und z.T. PC. 2 Luong The Vinh, Tel. 3827561. Das Stammhaus **Thai Binh 1** ist auf Backpacker zugeschnitten und sehr okay, aber etwas mehr Mühe sollte man sich schon geben. 24 Zimmer 10, 12, 15, 18 $. 6/34 Nguyen Tri Phuong, Tel. 3828058, www.thaibinhhotel-hue.com.

●**Binh Duong.** Es geht zu wie in einem Bienenschwarm, trotzdem hat das Hotel Klasse (es ist das Lieblingshotel der Japaner). 26 helle, freundliche Zimmer, mit Fan/AC 7 bzw. 8 $ (geräumig, mit Innenfenster), mit Fenster und PC ab 10 $, für 15 $ richtig groß und mit Veranda (Zi. 524). Ab 25 $ schon fast eine Suite mit Balkon. 17/34 Nguyen Tri Phuong, Tel. 3829990. Noch besser das gegenüberliegende **Binh Duong 3** (außerdem mit Lift): Alle 10 Zimmer bieten Privatbalkon und PC (Zi 104 12 $, etwas höher und mit BF 15 $); eine Wucht ist das Penthouse (2–4 Pers.) für 30 $ inkl. BF. 4/34 Nguyen Tri Phuong, Tel. 3830145. Noch eine Stufe höher – und etwas abseits – liegt (seit 2010) das **Binh Duong 4,** ein Neubau mit 10 DZ/Suiten 20–45 $ inkl. BF. 7/25 Hai Ba Trung, Tel. 3829990.

●**Amigo.** Neu 2009. Gut ausgestattetes, ruhiges Minihotel. 15 Zimmer 15, 18, 20, Triple 25 $ inkl. BF. 66/3 Le Loi, Tel. 3838066, www.amigohotel.net.

●**Phuoc An DMZ.** 30 Zimmer, für den Preis sehr annehmbar. 12 $ mit Fenster (wenn auch arg kleinem Bad), 15 $ mit Badewanne. 1A Pham Ngu Lao, Tel. 3826831, phuocan dmzhotel@yahoo.com.vn.

●**Bao Minh.** 12 Zimmer, davon 8 mit Balkon, 7–15 $, alle mit Fridge, AC. 8/66 Le Loi, Tel. 3829953, ksbaominh@yahoo.com.vn.

●**Canh Tien.** Sauber, nett, freundliche Leute, sehr gut in Schuss gehalten. 12 Zimmer 10–20 $, z.T. mit Fridge oder als Triple nutzbar. 9/66 Le Loi, Tel. 3822772, canhtienhotel @tiscal.fr.

●**Phong Lan.** 15 Zimmer, fast alle mit Balkon, 10, 12, 15 $ (2 Riesenbetten). 12/66 Le Loi, Tel. 3826255, phonglanhue@gmail.com.

Hue

●**Impression** (Dong Tam). Clou sind ein veritabler Swimmingpool und ein Garten (sowie ein vegetarisches Resto). Die 21 Zimmer sind einfach und kahl, in den oberen Stockwerken kosten sie normal – d.h. mit Rabatt – 12–15 $ (besonders gut: Zimmer 401 mit Balkon), im Erdgeschoss nur 8 $ (erinnert aber an Strafvollzug). 7/66 Le Loi, Tel. 382 8403, www.hueimpressionhotel.com.

●**Backpackers' Hostel.** Filiale der Hanoier Institution in einer früheren *Pension Francaise* der 1930er Jahre. Hübsche Terrassen und sehr effizient, aber leider auch etwas arg vollgepackt für den eher kleinen Platz. Dorms mit 6 oder 10 Betten 6 bzw. 9 $ p.P. sowie 7 DZ/Triple 20 $. 10 Pham Ngu Lao. Tel. 3826567, www.vietnambackpackershostels.com.

Essen und Trinken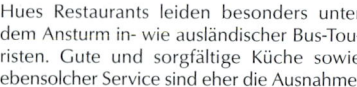

Hues Restaurants leiden besonders unter dem Ansturm in- wie ausländischer Bus-Touristen. Gute und sorgfältige Küche sowie ebensolcher Service sind eher die Ausnahme.

●**Lac Thien.** *Der* Klassiker, der typische Hue-Spezialitäten wie *Banh Khoai* oder *Nem* bereits Anfang der 1990er Jahre wieder hoffähig machte, ursprünglich ausnahmslos von Taubstummen geführt. Zehrt heute vom alten Ruhm. 6 Dinh Thien Hoang.

●**Song Huong.** Floating Resto bei der Trang-Tien-Brücke. Seit seiner Privatisierung bietet der Klassiker anständige Küche und nicht bloß wohlfeile Atmosphäre, billig ist es allerdings nicht, und große Gruppen können einem die Stimmung vergällen.

●**Tropical Garden.** „Tropisch", nun ja ..., aber von den reinen Touristenlokalen noch mit das Anständigste. Tgl. ab 19 Uhr traditionelle Musikshows. 27 Chu Van An.

●**Hoa Vien.** Zwar auch „touristisch", aber in jeder Hinsicht korrekt; und: inzwischen wieder gemütlich (auch mit Tischen im Freien), da für Gruppen viel zu klein. 11 Vo Thi Sau.

●**Paradise Garden.** Angenehmes Freiluftambiente mit Blick auf den Fluss, interessante Karte, gutes Essen. Auch viele Einheimische speisen hier, was immer ein gutes Zeichen ist – nicht zuletzt im Hinblick auf die – sehr gemäßigten! – Preise. 17 Le Loi.

●**La Carambole.** Seit 1999 von dem Franzosen Christian geführt. Französische und vietnamesische Küche, sicherlich das „europäischste" Restaurant von Hue. 19 Pham Ngu Lao.

●**Mediterraneo.** Ableger des italienischen Klassikers aus Hanoi. 7 Ben Nghe.

●**DMZ Café.** Serviert praktisch alle Gerichte des nahen *Little Italy* (gleicher Besitzer), aber in anregenderer Atmosphäre und bis nach Mitternacht. 60 Le Loi.

●**Omar's.** Von vegetarischen Curries bis Tandoori Chicken ... 22 Pham Ngu Lao.

●**Japanese.** Preisgünstige Nippon-Küche „für einen guten Zweck": Die japanische Besitzerin (Lehrerin) leitet eine private Straßenkinder-Initiative. 12 Chu Van An.

●**Cathi.** Zu Recht populär. Einfache, aber gute vietnamesische Küche, günstig, freundlich. 35 Vo Thi Sau.

●**Ushi.** Von Pizzapasta oder Bratwurst bis zu Nem oder Shrimps mit Sauce, hier gibt es alles, tgl. von 7–24 Uhr. 42 Pham Ngu Lao.

●**Hung Vuong Inn.** Kuchen, Snacks, Tellergerichte; Rauchen ist nicht erlaubt. 20 Hung Vuong.

●**Xuan Trang.** Bodenständige Travellerkneipe (u.a. mit Kartoffelpuffer, *banh duc*). 42 Chu Van An.

●**La Boulangerie Francaise.** 7–20.30 Uhr, mit Terrasse. 46 Nguyen Tri Phuong.

●**Tinh Tam.** Tipp für Vegetarier; billig. 12 Chu Van An.

●**Nina Café.** Alle Getränke und Mahlzeiten, zentral und doch abseits vom Trubel und (meist) paradiesisch ruhig. 16/34 Nguyen Tri Phuong.

●**Why Not.** Früher nur Bar, dank der Bestlage jetzt auch Café-Restaurant bis spät. 21 Vo Thi Sau Ecke Pham Ngu Lao.

●**Brown Eyes.** Hues Version von *Apocalypse Now*, ab 17 Uhr, mit Live-DJs und Gärtchen. 56 Chu Van An.

Zum Entdecken

●**Quan Hanh.** Nur 3 Gerichte im Angebot, aber alle absolut köstlich: *Banh Khoai*, gefüllte Hue-Crêpes, *Nem* und *Banh Beo*, hauchdünne Reis-Ravioli mit gerösteten Shrimps. Besser als im Lac Thien! 11 Pho Duc Chinh.

● **Vuon Ai.** Nettes Gartenresto, angenehm zu sitzen, sehr gut und günstig, aber nur vietnamesische Karte. 142/3 Nguyen Sinh Cung.

● **Van Canh.** Open-Air innerhalb der Zitadelle, viele Grillgerichte (Milchferkel, *hoa sua*), günstig, nur vietnamesische Karte. 21 Dinh Cong Trang.

● **Quynh Huong.** Große Halle mit schöner Terrasse am Fluss, immer gut besucht von Einheimischen, große Auswahl an Seafood und allen Klassikern. Preiswert, englische Karte. 133 Nguyen Sinh Cung (400 m ab der Brücke).

● **Cung An Dinh.** *Banh beo, banh ram, banh loc* oder „Hue-Tapas", wenn man so will. Sehr sauber, nett, halboffen. 148 Nguyen Hue (Durchgang).

● **Biergärten.** Zu den Highlights zählt das versteckt gelegene **Tam Son**; gut, billig und immer voll. Spezialität sind Feuertöpfe, *loc hap ban*, im Gemüsemantel gedämpfter Fisch, und, man höre und staune, Bratwurst mit Senf *(xuc xich duc)*. 156 Nguyen Hue (Durchgang). Etwas gehobener ist das **Dong Phuong**, 16 Nguyen Hue.

● **Bun Bo Hue.** Jeder Einheimische schwört auf die Nudelsuppen der kleinen Restos 17 & 19 Ly Thuong Kiet.

● **Vy Da Xua.** Das größte und schickste Café Hues, auf mehreren halboffenen Etagen am Fluss. 6.30–10.30, 14.30–22 Uhr. 131 Nguyen Sinh Cung.

● **Che Hem.** Immer wieder großes Vergnügen – auch wegen des jungen Publikums – macht ein Besuch bei Che Hem. Besonders lecker ist ein Glas *Trai Cay* (mit getrockneten und frischen Früchten) oder *Xoi Nuoc* (mit Kokosmilch, Lotossamen und Reismehlklößchen). 29/2 Hung Vuong.

Anreise und Weiterreise

Entfernungen

● Von Hue (in km): Thuan An 14, Bach Ma 45, Quang Tri 63, Lang Co 65, Dong Ha 75, Da Nang 110, Khe Sanh 137, Lao Bao 155, Dong Hoi 160, Phong Nha 210, Vinh 365, Savannakhet (Laos) 400, Ninh Binh 565, Nha Trang 630, Hanoi 660, Saigon 1070.

Flug

● Der **Flughafen** Phu Bai liegt 14 km südlich von Hue und ist berüchtigt für seine wetterbedingten Ausfälle (speziell Sept. bis Okt.). Ein *Mailinh*-Taxi kostet um 10 $, der Minibus vom VN-Airlines-Büro 50.000 đ pro Person (ab Airport nur 35.000 đ!).

Zug

● Alle Züge Richtung Norden oder Süden halten in Hue. Der renovierte Kolonialbahnhof (*Ga Hue*) liegt am Südwestende der Le Loi, die Fahrkartenschalter sind täglich 7–19 Uhr geöffnet.

● Von/nach Hue besteht die Möglichkeit, im Liegewagen der Privatgesellschaft *Livitrans* zu reisen (s. „Verkehr").

Bus

● Der **Ben Xe Phia Nam** liegt auf dem rechten Ufer 4 km stadtauswärts an der Verlängerung der Hung Vuong. Expressbusse fahren u.a. nach Da Nang, Nha Trang, Buon Ma Thuot, Qui Nhon usf. Der **Ben Xe Phia Bac** liegt 5 km nördlich an der N1; von hier fahren Busse nach Dong Ha, Dong Hoi, Hanoi.

● **Nach Laos.** Busse nach Laos fahren in der Regel zweimal täglich. Nach Savannakhet 6 und 18 Uhr (Fahrzeit 12–14 Std., um 12 $), nach Vientiane 17 Uhr (Fahrzeit 20–21 Std., um 14 $). Auskünfte und Tickets über die einschlägigen Tourbüros. Achtung: nur laotische Busse fahren durch, sonst muss man umsteigen!

Richtung Da Nang

● Eine wunderbare Alternative ist die Fahrt entlang der schmalen **Halbinsel von Thuan An** (s.u.) bis Vinh Hien (20 km), wo eine Brücke zum Festland sowie zur N 1 (ca. 10 km) bei Phu Bai zurück führt. Unterwegs passiert man einige Fischerdörfer und wahrhaft gigantische **Friedhöfe** mit pastellfarbenen Grabstätten und wuchtigen Mausoleen. Ein fantastischer Anblick – und nicht umsonst ist die Gegend in ganz Vietnam für ihre elaborierte Grabkultur bekannt. Die Mehrzahl wurden – und werden noch immer – von wohlhabenden Auslandsvietnamesen gestiftet.

Hue

Umgebung

Ho-Chi-Minh-Haus ⚲ XI/D3

Auf dem Weg zum *Thuan-An*-Strand (s.u.) passiert man nach etwa 6 km ein für diese Gegend typisches Dorf: ein lebhafter Markt, ein Kanal, schmale Pfade, Obst- und Gemüsegärten, ein verwitterter *Dinh*. Inmitten dieser Idylle ein einfaches, strohgedecktes Holzhaus, in dem Ho Chi Minh zwei Jahre seiner Kindheit (1898–1900) verbrachte. Der damals achtjährige *Cung* lebte hier bis zum Tod seiner Mutter. Neben der herausgeputzten Gedenkstätte wurde ein Dokumentationszentrum errichtet.

●Das Dorf heißt **Duong No.** Hinter der Brücke (Hinweisschild *Nha Luu Nhem Cach*) biegt man rechts ein und folgt dem Weg ca. 300 m.

Thuan An ⚲ XI/D3

Der **Strand** von Hue liegt auf einer langen, schmalen, von einer Lagune begrenzten Halbinsel 14 km nordöstlich der Stadt. Ein paar Restaurants und Erfrischungsstände vermieten Liegestühle und Sonnenschirme, schlendert man nur ein paar hundert Meter weiter, ist man gänzlich ungestört. Hochbetrieb ist hier nur im Sommer.

Wer mit einem Leihrad unterwegs ist, sollte unbedingt einige km die fantastische **Lagunenstraße** Richtung Süden verfolgen – es lohnt sich (siehe Hue, *An- und Weiterreise*).

Praktische Informationen

●**Unterkunft.** Es gibt mehrere Hotels und Bungalowanlagen, sowohl am Strand wie im Ort Thuan An, die außerhalb der Sommersaison in der Regel nahezu leer stehen.

●**Anreise.** Stadtbusse fahren von der Le Loi ab. Jenseits der Lagune ist das Dorf Thuan An und dahinter der Strand. Man kann sich aber auch den Luxus einer Bootsfahrt gönnen (8–10 $ per Boot) und ein Fahrrad mitnehmen. Ein Xe Om sollte nicht mehr als 30.000 d kosten.

Bach Ma Nationalpark ⚲ XI/D3

Der 1991 eingerichtete Nationalpark (37.000 ha) bildet das Kernstück des **letzten geschlossenen Waldgebiets** in Zentralvietnam und erstreckt sich von der Küstenebene bis zum 1444 m hohen Gipfel des *Bach Ma*-Berges. Die angenehm frischen Temperaturen in dieser Höhe machten sich die Franzosen bereits in den 1930er Jahren zunutze, um auf dem Gipfelplateau einen kleinen Sommerkurort für Kolonialbeamte zu errichten. Eine befestigte Straße führte seit 1939 zu 139 Villen und Chalets. Mit der Niederlage der Franzosen in Dien Bien Phu (1954) geriet Bach Ma in Vergessenheit.

Während des **Vietnamkriegs** erkannten die amerikanischen Streitkräfte die strategische Bedeutung des Berges zwischen Hue und Da Nang und errichteten auf dem Gipfel einen Hubschrauberstützpunkt; Schützengräben und ein verfallenes Tunnelsystem sind Relikte dieser Epoche. Pläne, einen Teil der Tunnelanlagen für touristische Zwecke wieder instand zu setzen, wurden zu Gunsten des Naturschutzes aufgegeben; die jetzigen Bewohner, vor allem Fledermäuse, wird's freuen.

Nach Kriegsende wurde Bach Ma von Staatsforstbetrieben bewirtschaftet, die im Soll hochgesteckter Produktionsquoten den vormals üppigen Regenwald binnen weniger Jahre lichteten. Tropische Baumriesen wird man daher vergebens suchen, aber nicht umsonst gilt der Park mit mehr als 1400 beschriebenen Pflanzenarten als einer der Orte mit der höchsten biologischen Vielfalt in Vietnam – das entspricht etwa einem Fünftel aller Arten auf nur 0,07 Prozent der Landesfläche. Ein wahres Dorado ist der Nationalpark für Ornithologen. Laut einer am Parkeingang erhältlichen Liste sind es 330 Arten – darunter einige Raritäten wie der endemische Edwardsfasan – die man beobachten kann.

Mehrere gut ausgeschilderte **Wanderpfade** (Karte im Besucherzentrum erhältlich) sind mit festem Schuhwerk und ein wenig Kondition leicht zu bewältigen. Vom höchsten Punkt des Berges hat man bei gutem Wetter einen wunderbaren Rundblick von den Höhenzügen der annamitischen Kette bis zur Lagune und Küste von Lang Co (Frühaufsteher sollten den spektakulären Sonnenaufgang nicht verpassen). Sehenswert sind auch der Rhododendron-Wasserfall (über 200 m stürzen die Wassermassen in die Tiefe, und eine Treppe mit 689 Stufen führt nach unten), sowie die zahlreichen Kaskaden entlang des Fünf-Seen- oder des Fasanenpfads. Guides (10 $) sind nicht obligatorisch, die Parkverwaltung bietet aber mehrere geführte

Trekking-Touren an, darunter eine Fahrrad- und eine Gartentour mit Besuch von Ethnien am Rande des Parks.

Einen Strich durch die Rechnung kann dem Besucher allerdings das **Wetter** machen! Mit mehr als 8000 mm Jahresniederschlag führt der Bach Ma Berg die Regenstatistik Vietnams an, und während der Regenzeit von November bis Januar kann es oft tagelang regnen.

Praktische Informationen

●**Info.** www.bachma.vnn.vn (Website mit Tourenvorschlägen, aktuellen Preisen etc.). Tel. Visitors Center 054/3871330.

●**Anreise.** Bach Ma liegt 45 km südöstl. von Hue und 85 km nordwestl. von Hoi An. Abzweiger zum Park bei Cau Hai (oder Phu Loc), von dort 4 km bis zum Parkeingang (per Xe Om 20.000 đ), bis zum Gipfel 16 km. Im Park darf man sich nur zu Fuß, mit dem eigenen Auto, per Taxi oder mit einem Wagen der Parkverwaltung (ab 15 $, Übernachtungsgäste zahlen weniger) bewegen. Eintritt 20.000 đ.

●**Unterkunft.** 6 einfache Gästehäuser am Parkeingang oder auf dem Gipfelplateau ab 100.000, am Gipfel auch im Dorm (30.000 đ). Im Sommer und an Wochenenden ist fest. Reservierung für Unterkunft und ggf. Transport empfehlenswert.

●**Morin Bach Ma.** 12 Zimmer 40 $ inkl. BF. Tel. 054/3822122, hghotel@dng.vnn.vn.

Lang Co

♫ XIII/C1
und XI/D3

(Lăng Co)

Kurz vor dem Wolkenpass erstreckt sich die paradiesische Landzunge von Lang Co zwischen tiefblauer **Lagune** und kilometerweit leuchtenden **Sandstränden** und silbern schäumender Brandung.

Wie alle (vermeintlichen) Paradiese kann auch Lang Co nicht halten, was es verspricht. Zumal im Zuge der Untertunnelung des Wolkenpasses und des Ausbaus des Straßennetzes nun eine funktionale Allerweltsbrücke die Lagune überspannt. Trotzdem – schön genug ist es noch allemal, und die Strände sind nach wie vor endlos und (fast) menschenleer. Zumindest im Winter, zwischen Dezember und Februar, wenn es in der Regel zu kühl zum Baden ist (beste Badezeit ist von Mai bis September). **Vorsicht:** Der Sog der einsetzenden Ebbe soll schon zur Kolonialzeit so manchem französischen Offizier das Leben gekostet haben!

Lang Co ist eine Gründung katholischer Flüchtlinge aus Nordvietnam, die 1954 zugewandert waren, *„nachdem ihre Bischöfe und Priester auf Anraten des New Yorker Kardinals Spellman den Gläubigen verkündet hatten, die Jungfrau Maria sei vor den gottlosen Kommunisten gen Süden entwichen. Diems Privilegien, Spellmans Gelder und der bemerkenswerte Fleiß der Nordvietnamesen hatten aus einem Streifen sandigen Küstengestrüpps eine Mustersiedlung mit sauberen weißgekalkten Häuschen, grünen Gemüsegärten und mehreren Kirchen gemacht“.* (Georg W. Alsheimer).

Eine schmucke Kirche steht noch heute im Zentrum des Ortes, seine Bewohner gelten nach wie vor als Antikommunisten.

Der Strand von Lang Co

Unterkunft

Ein Strandaufenthalt in Lang Co ist nur bedingt zu empfehlen (Sept. bis Nov. gern regnerisch, Dez. bis März oft kalt). Zudem sind
praktisch alle Unterkünfte vornehmlich auf
einheimische Gäste eingerichtet.

● **Lang Co Beach Resort.** Ehrgeizige Anlage
des staatlichen *Huong Giang Tourist* in Hue.
57 Bungalows 45–65 $, 31 Zi 20 $ (nur Okt.
bis März). Pool, Health Club, Tennis. Tel. 054/
3873555, www.langcobeachresort.com.vn.

● **Thanh Tam.** Haltestelle der Tourbusse. Ru-
dimentäre Bungalows und Zimmer um 10–
15 $. Tel. 054/3874456.

Anreise und Weiterreise

● Lang Co liegt 66 km südl. von Hue und 40
km nördl. von Da Nang und ist sowohl auf
der N 1 wie mit der Eisenbahn zu erreichen
(Expresszüge halten nicht!).

Wolkenpass   ↗ XIII/C1

Der **Deo Hai Van** (frz. *Col de Nuages*)
bildete bis ins 15. Jh. hinein die natürliche **Grenze** zwischen Vietnam und
Champa, ostasiatischer und südostasiatischer Kultur, und ist bis heute die
Wetterscheide zwischen dem tropischen Süden und dem subtropischen
Norden Vietnams.

Die 22 km lange und 496 m hohe
Passstraße, die seit Eröffnung des Tunnels kaum mehr befahren wird, beginnt kurz hinter Lang Co und endet
knapp 20 km nördlich von Da Nang.
An keiner Stelle des Landes reichen
die Ausläufer des Truong-Son-Massivs,
der „Vietnamesischen Kordillere", derart nahe ans Meer heran und erreichen dabei Höhen von bis zu 1400 m.

Noch 1961 notierte Georg W. Alsheimer, „die Serpentinen der Route

Nationale" würden „durch dichtbe-
wachsenen grünen Dschungel" führen, doch das ist seit dem amerikanischen Krieg Vergangenheit. Von den
Kämpfen, die diese Berge im Lauf der
letzten 2000 Jahre gesehen haben,
zeugen heute noch Befestigungsanlagen der Nguyen-Kaiser, Forts und Wehr-
türme der Franzosen, Unterstände der
Japaner, Geschützstellungen des Viet
Minh und des Viet Cong, Betonbunker
der Amerikaner und nicht zuletzt auch
die „Highway"-Dimensionen der heutigen Passstraße. Die 1885–1888 von
den Franzosen erbaute Route konnte
von Fahrzeugen immer nur in einer
Richtung passiert werden, dabei hatten die Kolonisten die ursprüngliche
Mandarin-Straße von Kaiser Gia Long
aus dem Jahr 1805 bereits erheblich
verbreitert. Die reitenden Kuriere des
Kaisers schafften die Strecke Saigon-
Hanoi in immerhin 18 Tagen.

Die Ausblicke auf die Lagune von
Lang Co, grün flimmernde Reisfelder
und schneeweiße Sandstrände oder
die Bucht von Da Nang mit den Marmorbergen im Hintergrund sind wahrhaft spektakulär – es sei denn, der
Pass macht seinem Namen alle Ehre
und schränkt durch tiefhängende Wolken die Sichtweite über Gebühr ein.

Ein guter Grund, den neuen **Tunnel**
durch den Wolkenpass zu benutzen,
sollte nicht einmal ein tüchtiger tropischer Regenschauer sein. Der 300
Mio. teure und 6,7 km lange Tunnel
gilt als einer der 30 größten der Welt
und wurde 2005 eingeweiht.

Hue

Da Nang
Đà Nẵng

Hoi An
Hôi An

096vi Foto: kb

280vi Foto: kb

Am Kai von Hoi An

Ihr erstes Foto

In der Japanischen Brücke

Da Nang

(Đà Nẵng)

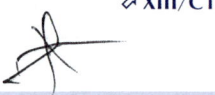

↗ XIII/C1

Überblick

Ein Kuriosum, dass die **größte Stadt Zentralvietnams** (und viertgrößte überhaupt) im touristischen Abseits steht, während ein winziges Städtchen in der Peripherie, das noch vor wenigen Jahren allenfalls als „pittoreskes Ausflugsziel" durchging, zum **Tourismusmagneten** schlechthin aufgestiegen ist.

Der an einer weiten Bucht gelegene und von hohen, bewaldeten Bergen geschützte **Hafen** diente nacheinander den **Cham** (2. Jh.), den **Portugiesen** (1535), den **Franzosen** (1847) und den **Amerikanern** (1965) als „Einfallstor" nach Vietnam.

Während des amerikanischen Krieges konzentrierten sich zeitweise mehr US-Truppen in Da Nang als an jedem anderen Platz Vietnams, und schwoll die beschauliche Kleinstadt am Han-Fluss, in der noch 1955 kaum 50.000 Menschen gelebt hatten, zu einer geschäftigen und von wuchernden Slums umgürteten Massensiedlung von 700.000 Einwohnern an.

Rückflucht aufs Land und gezielte Umsiedlungspolitik reduzierten die Einwohnerzahl nach Kriegsende um mehr als die Hälfte, trotzdem litt die Stadt noch bis 1990 unter den höchsten Arbeitslosenquoten des Landes. Erst seitdem ist ein Aufschwung, allerdings auch ein erneuter Zustrom der Landbevölkerung festzustellen. Seit 1996 hat Da Nang den Status eines Stadtstaates, in dessen Großraum rd. 900.000 Menschen leben.

Geschichte

Die Region um Da Nang, jahrhundertelang Zentrum des hinduistischen **Champa,** wurde erst **1471** von den Vietnamesen erobert und eingemeindet. Nur wenige Jahre später, **1535,** landeten in der Bucht von Da Nang bereits die ersten Europäer in Vietnam. Während die Missionare unter den „Annamiten" den wahren Glauben verbreiteten, zogen die Händler den Einheimischen im Tausch gegen Feuerwaffen und Feuerwasser Gold, Seide, Elfenbein und Gewürze aus der Nase. Dem Ruf der portugiesischen Handelsniederlassung **Faifo** folgten Chinesen, Japaner, Siamesen und Javaner, die aus der kleinen Hafenstadt südlich von Da Nang (dem heutigen Hoi An) ein blühendes Gemeinwesen machten.

1847 und **1858** bombardierten französische Kanonenboote die Stadt unter dem Vorwand, gefangene Missionare befreien zu wollen. Zwischen **1883,** als Da Nang endgültig in französischen Besitz überging, bis zum Ende der Kolonialzeit trug die Stadt den Namen **Tourane** und wurde als einziger Ort des Protektorats Annam von den Kolonialherren selbst verwaltet.

Nach der Niederlage Frankreichs **1954** zogen Militärberater, Geheimdienstler und Wirtschaftsexperten aus den USA in die Villen und Paläste der Kolonisten ein. Als sich auch nach 10 Jahren amerikanischer Waffen- und Finanzhilfe für das antikommunistische Bollwerk Südvietnam die Dinge nicht zum Besseren wendeten, sondern der Einfluss der Kommunisten im Gegenteil ständig wuchs, landeten am **7. März 1965** die ersten amerikanischen Kampftruppen an der Red Beach vor Da Nang, und schon bald darauf standen 185.000 GIs bei Gewehr bei Fuß, die vorgebliche Freiheit Südvietnams vor dem Sozialismus zu schützen.

Da Nang nahm dabei eine Schlüsselstellung ein. Aufgrund seiner geografischen Lage im schmalen Zentrum des Landes und inmitten der Berge höchst anfällig für Attacken, begünstigte das nahe Grenzgebiet zu Laos

Da Nang und Hoi An, Umgebung

Hue

Wolkenpass

▲ 1166   N1

Hai Van-Tunnel

Ba Na 31 km

Nam O-Strand

Bucht von Da Nang   Leuchtturm ★

Nui Son Tra
Monkey Mountain
▲ 693

Thanh Binh-Strand

Da Nang

🇭🇭 My Khe-Strand

Kon Tum, Pleiku   N14

✈

🇭 Furama-Resort

Nuoc Man

Ngu Hanh Son
Marmorberge ▲

🇭 Hoa's Place
🇭🇭 The Old Man
Non Nuoc   🇭 Sandy Beach

China Beach

N538

🇭 The Nam Hai

An Bang-Strand   Cua Dai-Strand

N1

Tra Que ○

Thanh Phuoc An ○

Hoi An ○

Tra Kieu 6 km
My Son 32 km

Dong Xuyen ○

Tam Ky

S Ü D C H I N E S I S C H E S   M E E R

Da Nang, Hoi An

Nachschub und Unterstützung für die Truppen Nordvietnams und der FNL. Allem militärischen und finanziellen Aufwand der Amerikaner zum Trotz blieb die Stadt eine ängstlich gehütete Insel inmitten feindlichen Terrains. Namen wie **Monkey Mountain** und **China Beach** gingen in den amerikanischen Sprachschatz ein, und der durch nichts aufzuhaltende Artilleriebeschuss des Gegners verlieh der Stadt den Beinamen *Rocket City*.

1967–1972 ankerte das mit Bundesmitteln ausgerüstete Lazarettschiff *Helgoland* vor den Kais von Da Nang. Das vom DRK betreute Ärzteteam half amerikanischen Protesten zum Trotz ohne Ansehen der Person und blieb all die Jahre über praktisch unbehelligt. Als im März 1975 100.000 südvietnamesische Soldaten zusammen mit ihren US-Beratern kampflos die Flucht ergriffen, leitete die Kapitulation Da Nangs den endgültigen Fall Südvietnams ein.

Orientierung

Da Nang liegt am Westufer des **Han-Flusses.** Das Ostufer verlängert sich nach Norden zur Halbinsel von Da Nang mit dem 693 m hohen *Nui Son Tra* (Monkey Mountain), der die offene Bucht schützt, und nach Süden zum **China Beach,** den **Marmorbergen** und **Hoi An.**

Zentrum sind die Uferstraße **Bach Dang,** die südwärts zum Cham-Museum führt, sowie die Parallelstraßen **Tran Phu** (Hotels, Restaurants, Kathedrale, Zentralmarkt, Vietnam Airlines) und **Phan Chu Trinh** (Hotels, Geschäfte, Stadttheater).

Sehenswertes

Cham-Museum

Der Bau des Museums wurde **1915** unter der Schirmherrschaft der *École Française d'Extrême Orient* begonnen, als es immer dringlicher wurde, die Funde auszustellen. 1935 wurde das Museum erweitert und bietet heute mit über 300 Exponaten eine Sammlung von Reliefs und Skulpturen aus dem 7. bis 15. Jh. Die englischsprachige Broschüre, die verkauft wird, ist beim Gang durch das Museum sehr hilfreich, ebenso die große Übersichtskarte aller Cham-Fundstätten im Raum 4. (s. Kapitel „Architektur, Cham-Türme").

Die um die offene Eingangshalle angelegten Ausstellungsräume sind periodisch nach Fundstätten geordnet.

Vom Eingang aus gelangt man in den Raum mit Exponaten aus der **Tra-Kieu-Epoche** (7. Jh.), als Sinhapura die Hauptstadt Champas war. Wichtigstes Ausstellungsstück ist der Sandsteinaltar mit Darstellungen aus dem Ramayana-Epos, der in vier aufeinanderfolgenden Reliefs Brautwerbung und Hochzeitszeremonie von Prinz Rama und Prinzessin Sita zeigt. Hier wie auch bei den lebensnahen Plastiken von Elefanten, Löwen und dem heiligen Bullen Nandi zeigt sich noch deutlich der Einfluss Südindiens.

Die Übergangsphase des frühen 8. Jh. wird durch Fundstücke aus dem 30 km südlich Tra Kieu gelegenen **An My** dokumentiert. Die Einflüsse anderer südostasiatischer Kulturen nehmen zu, gleichzeitig werden immer mehr eigenständige Elemente herausgearbeitet. Auffallend sind die zahlreichen Götterdarstellungen mit breiten Backenknochen und Nasenflügeln, gelocktem oder gedrehtem Haar und wulstigen Lippen, ein Zeichen dafür,

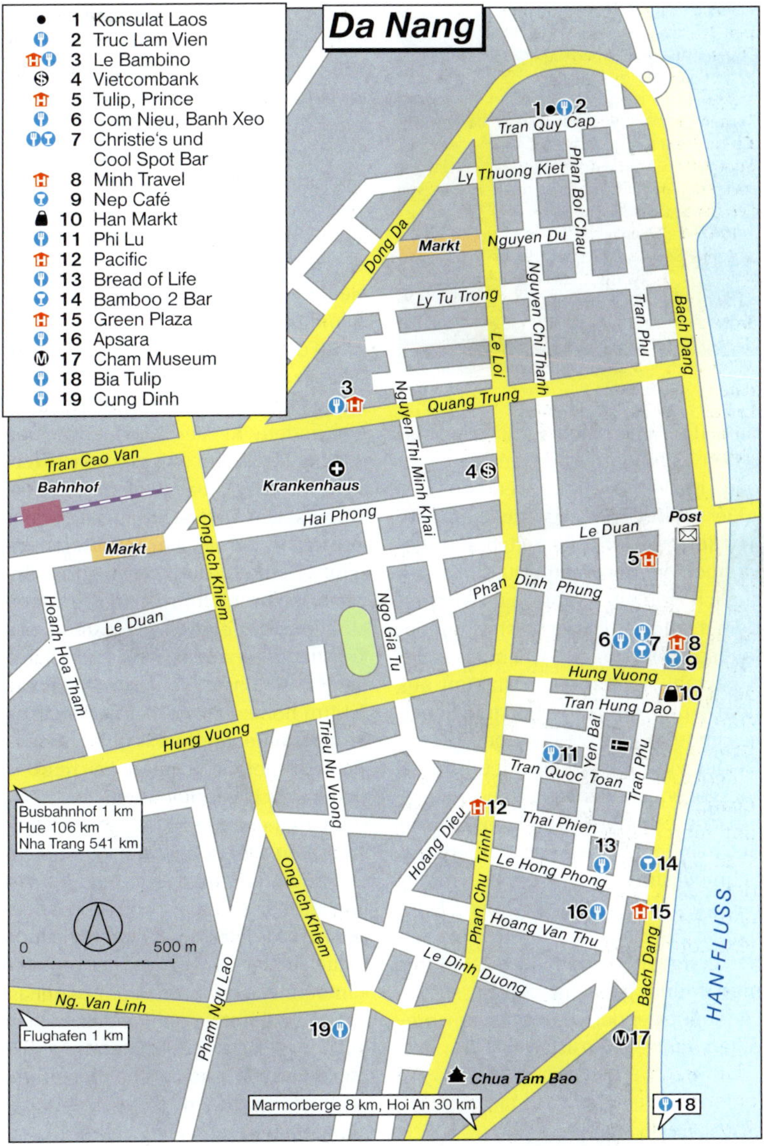

Da Nang

- 1 Konsulat Laos
- 2 Truc Lam Vien
- 3 Le Bambino
- 4 Vietcombank
- 5 Tulip, Prince
- 6 Com Nieu, Banh Xeo
- 7 Christie's und
  Cool Spot Bar
- 8 Minh Travel
- 9 Nep Café
- 10 Han Markt
- 11 Phi Lu
- 12 Pacific
- 13 Bread of Life
- 14 Bamboo 2 Bar
- 15 Green Plaza
- 16 Apsara
- 17 Cham Museum
- 18 Bia Tulip
- 19 Cung Dinh

Tran Quy Cap

Ly Thuong Kiet

Phan Boi Chau

Nguyen Du

Markt

Dong Da

Ly Tu Trong

Nguyen Chi Thanh

Tran Phu

Bach Dang

Le Loi

Quang Trung

Nguyen Thi Minh Khai

Tran Cao Van

Bahnhof

✛ Krankenhaus

Hai Phong

Markt

Le Duan

Ong Ich Khiem

Hoanh Hoa Tham

Le Duan

Post ✉

Phan Dinh Phung

Ngo Gia Tu

Hung Vuong

Tran Hung Dao

Hung Vuong

Triệu Nu Vuong

Tran Quoc Toan

Tran Phu

Busbahnhof 1 km
Hue 106 km
Nha Trang 541 km

Thai Phien

Hoang Dieu

Le Hong Phong

Phan Chu Trinh

Hoang Van Thu

Le Dinh Duong

Ong Ich Khiem

0   500 m

Ng. Van Linh

Pham Ngu Lao

Flughafen 1 km

HAN-FLUSS

♟ Chua Tam Bao

Marmorberge 8 km, Hoi An 30 km

Da Nang, Hoi An

Harfe), Kranke durch Massage heilen und Pillen drehen, auf einer anderen Seite findet sich ein reich geschmückter Lingam. Aus dem 9. Jh. stammt die lebensgroße Statue des Hindu-Gottes Shiva, der als Patron und Beschützer Champas galt, ein anderes Ausstellungstück zeigt ihn tanzend mit dem heiligen Stier Nandi an seiner Seite. Auch die Skulptur von Ganesha, dem elefantenköpfigen Sohn Shivas, entstammt dieser Epoche.

In Fortsetzung des Tra-Kieu-Saals schließt sich der Raum mit Funden aus **Dong Duong** (9.–10. Jh.) an. Das 875 gegründete Kloster wurde während des französischen Kriegs ebenso zerstört wie die damalige Hauptstadt Indrapura. Der Dong-Duong-Stil ist neu, insofern er zum ersten Mal buddhistische Themen und Motive in die Cham-Kunst einführt, und stellt den Höhepunkt eines eigenständigen künstlerischen Schaffens der Cham dar. Am schönsten verdeutlicht das die 1,14 m hohe, erst 1978 aufgefundene Bronzestatue des Bodhisattva *Lokesvara*, deren geradezu grazile Leichtigkeit sich deutlich von der vergleichsweise statuarischen Strenge des My-Son-Shiva abhebt. Der Reliefschmuck eines Altars beschreibt die Geburt Siddhartas und stellt Szenen aus seinem späteren Leben dar. Götterfiguren werfen noch heute Rätsel auf, ob es sich um Inkarnationen Shivas oder um Buddhas (bzw. Bodhisattva) gehandelt haben mag. Die Plastik dieser Periode ist üppig und „voll barbarischer Vitalität", wirkt aber auch zuweilen schwerfällig und unfertig.

dass die Cham sich von ihren indischen Vorbildern zu lösen beginnen und eigene Modelle verwenden.

Der wichtigsten Kultstätte der Cham, **My Son,** ist der linke Seitenraum gewidmet. In der Tempelstadt 60 km südlich von Da Nang lag zwischen dem 4. und 13. Jh. der geistige und religiöse Mittelpunkt Champas. Die Mehrzahl der Exponate stammt aus dem 8. und 9. Jh. Obschon traditionelle Hindu-Motive weiter überwiegen, ist der indische Einfluss deutlich zurückgegangen, der etwas raue, naturalistische Stil der vorherigen Epoche erscheint verfeinert und überhöht. Schmuckstück des Raumes ist der nach seinem Fundort *My Son E1* benannte Altar aus dem 8. Jh. Trotz seiner geringen Höhe (63 cm) wirkt er massiv und gewaltig. Reliefs stellen Hindupriester dar, die meditieren, predigen, tanzen, musizieren (Flöte und

Sockelrelief in My Son

Die nachfolgenden Perioden, die von einer schrittweisen und „staatserhaltenden" Rückkehr zum Hinduismus zeugen, sind von verschiedenen Stilrichtungen beeinflusst, favorisieren einmal javanische, einmal Khmer-Elemente und kehren gegen Ende des 10. Jh. sogar wieder zum frühen Tra-Kieu-Stil zurück. Aus dieser Epoche stammen einige der anmutigsten und elegantesten Darstellungen von *Apsara*, heiligen Tempel-Tänzerinnen, besonders schön zu beobachten an dem Bruchstück eines Hochreliefs aus der „späten" Tra-Kieu-Periode.

In einem Seitenraum werden Exponate aus der **Thap-Mam-Epoche** (12.–14. Jh.) gezeigt, mit der das Kunstschaffen der Cham sich dem Ende nähert. Das Zentrum des Reiches, das dem Ansturm der Vietnamesen nicht mehr gewachsen ist, liegt seit dem Fall von Indrapura um die Jahrtausendwende 300 km weiter südlich in Vijaya (bei Qui Nhon). Khmer-Elemente der zeitlich parallelen Hochkultur von Angkor (Blütezeit im 12. Jh.) finden vermehrt Einlass. *Uroja*, die vorhinduistische Urmutter, wird in dekorativen Brüsten verehrt, die Altäre und Simse verzieren. Fantasiereich und degeneriert zugleich wirken die Tierplastiken wie das Monster *Makara*, ein Fabelwesen halb Krokodil halb Delfin, oder *Gajasimha* mit dem Kopf eines Elefanten und dem Körper des Löwen.

● *Bao Tang Cham*, am Südende der Uferstraße Tran Phu. Tgl. 7–17, im Sommer 18 Uhr, Eintritt 30.000 d.

Praktische Informationen

● 485.000 Einw., Großraum 887.000 Einw., Tel. 0511.

Adressen

● **Information.** *Minh Travel.* Informationsquelle sowie Vermietung von Bikes und Motorbikes; Chef *Raymond* ist Viet-Kanadier. 105 Tran Phu, Tel. 3812661, minhtraveldn@gmail.com.
● **Geld.** *Vietcombank*, außer Sa/So 8–11.30, 13–16.30 Uhr. 140 Le Loi.
● **Post.** Tgl. 6–21 Uhr. 64 Bach Dang.
● **Vietnam Airlines.** Tel. 3811111. 35 Tran Phu.
● **Konsulat Laos.** 12 Tran Quy Cap, Tel. 3821208.
● **Klinik.** *Family Medical Practice.* Ableger der israelischen Kliniken in Saigon und Hanoi, das Beste weit und breit. Sprechstunde tgl. 8.30–16.30, **Notruf** 0913917303. 50 Nguyen Van Linh. www.vietnammedicalpractice.com.
● **Apotheke.** 2 Phan Dinh Phung.

Strandleben

Stadtverkehr

- **Taxi.** *Mailinh*, Tel. 3565656.
- **Cyclo.** Fahrten innerhalb der Stadt sollten nicht mehr als 15.000 ₫ kosten.
- **Stadtbus** *(xe buyt).* Etwa halbstdl. verkehren Busse von/nach Hoi An (via Marmorberge), Abfahrt u.a. an der Nui Thanh (Verlängerung der Tran Phu). 20.000 ₫.

Unterkunft

- **Green Plaza.** Eröffnet 2008. 175 Zimmer auf 19 Stockwerken ab 95 $ ++ inkl. BF (Internet Rate). Pool & Spa. 238 Bach Dang, Tel. 3223399, www.greenplazahotel.vn.
- **Pacific.** Umfangreich sanierter und neu ausgestatteter Bau der US-Ära. 58 Zimmer, EZ ab 28, DZ ab 33 $ (ohne Fenster). 22 Phan Chu Trinh, Tel. 3868777, www.pacifichotel.vn.
- **Tulip Danang.** Neu 2007. Gute Ausstattung, effektiver Service, mit Lift; empfehlenswert. 23 Zimmer 20 (ohne Fenster), 25, 30, DeLuxe 40 $. 58 Tran Phu, Tel. 3840778, tulipdananghotel@dng.vnn.vn.
- **Prince.** Solides Minihotel mit sehr gutem Preis-/Leistungsverhältnis. 20 Zimmer 20 (klein, aber ansprechend, nach hinten mit Fenster) und 24 $ (mit kl. Balkon). 60 Tran Phu, Tel. 3817929, www.danang-hotel.com.
- **Minh Travel.** 10 Zimmer 5,50–10 $, Dorm 3–4 $. 105 Tran Phu, Tel. 3812661.

China Beach

- **Furama Resort.** 1997 das erste große internationale Strandhotel Vietnams. Weitläufige Anlage mit Gärten, künstlichen Lagunen und Sportanlagen, 200 Zimmer ab 195 $ ++ inkl. BF (Internet Rate). 68 Ho Xuan Huong, Tel. 3847888, www.furamavietnam.com.
- **Sandy Beach.** Eine ursprünglich russische Anlage, ansprechend umgewandelt und modernisiert, mit großem Pool, Pizzeria etc. 61 Zimmer ab 85 $, 57 Bungalows ab 135 $ inkl. BF (Internet Rate). Tel. 3836216, www.sandybeachdanang.com.
- **Hoa's Place.** *Rooms for Rent* am Strand hinter den Marmorbergen, wenige Schritte abseits der neuen Küstenstraße auf halbem Weg zwischen Danang (12 km) und Hoi An (20 km). Sehr rustikal und einfach, dafür aber

locker und ungezwungen. *Hoa*, der für das leibliche Wohl der Gäste sorgt, und seine Nachbarn kommen auf insgesamt 22 Zimmer, EZ kosten 5, DZ 7 $, Aufpreis für AC ist 2 $. Surfboards und Motorbikes sind zu mieten. 215/14 Huyen Tran Cong Chua, Tel. 3969216, mobil: 0905.640542, hoasplace@hotmail.com.
- **The Old Man and the Sea.** Guesthouse zwischen *Hoas Place und Sandy Beach*, 20 m zum Strand, 12 DZ mit Bad, zwei davon mit Strandblick. Nette Leute. Essen, Getränke, Internet etc. 300 m weiter bei Hoa. Tel. 3961961, mobil: 0914.177705, theoldmanandtheseahotel@gmail.com.

Essen und Trinken

- **Apsara.** Im Cham-Stil erbautes Feinschmeckerlokal für Touristen. Mittags etwas lieblos (Abspeisung für Busladungen), abends mit Fusion-Küche und trad. Musik. 222 Tran Phu.
- **Truc Lam Vien.** Die Küche des legeren Café-Restaurants in einem schönen Garten ist leicht und frisch, aber immer authentisch. Viele Kaffee-Spezialitäten! Tgl. 6–22.30 Uhr, 8 Le Quy Don.
- **Cung Dinh.** Nettes Wohlfühl-Resto um ein kleines Gärtchen mit Laternen und Volieren. Wenige Gerichte, aber delikat. Man bestelle *Hoanh Thanh*, mit Shrimps gefüllte gefrittete Ravioli, *Ca Kho To*, dazu 2 *Chao Tom* am Zuckerrohr und ein *Com Nieu*, Reis im Tontopf – für weniger als 6 $ werden zwei satt und glücklich. 254/2 Hoang Dieu.
- **Com Nieu.** Gute vietnames. Küche in dezent zeitgenössischem Rahmen. 25 Yen Bai.
- **Banh Xeo.** Leckere Kleinigkeiten wie die frisch gemachten Crêpes (3–4 kosten 1 $) in den Stuben rund um 27A Yen Bai.
- **Phi Lu.** Gutes Essen, niedrige Preise und Öffnungszeiten bis Mitternacht locken auch viele Ausländer an. 225 Nguyen Chi Thanh.
- **Christie's.** Fish n' Chips, Burgers, Pasta, Apple Pie – die australische Resto-Bar ist Treffpunkt aller Expats. **Cool Spot Bar,** Cybercafé, Billard, Pool, Dart etc. 112 Tran Phu.
- **Le Bambino.** Französische und italienische Küche (auch Pizza, Pasta) sowie 3 empfehlenswerte **Zimmer** à 30 und 35 $. 122/11 Quang Trung. www.lebambino.com.

- **Bread of Life.** Taubstummeninitiative mit Brot, Kuchen, Pizza, Pasta, Burgers. Außer So. 7–21.30 Uhr. 12 Le Hong Phong (nahe Cham Museum).
- **Bia Tulip.** Tschechische Bierhalle mit entsprechender Küche; bis 22 Uhr. 174 Duong 2-9 (Verlängerung der Bach Dang) bei der Nguyen-Van-Troi-Brücke.
- **Supermarkt.** Big C, 8–22 Uhr. 255 Hung Vuong (Ecke Ong Ich Khiem).
- **Dong Thanh.** Ausgezeichnete, ofenwarme Sandwiches. 79 Phan Chu Trinh.
- **Bamboo 2 Bar.** Hier findet man fast immer einen Vietnamesen, der deutsch spricht. Tgl. 7–23 Uhr. 230 Bach Dang.
- **Nep Café.** Cooler Indie-Nightspot im Zentrum, mehrmals die Woche Live Bands. 115 Tran Phu.

Anreise und Weiterreise

Entfernungen

- **Von Da Nang** (in km): Saigon 970, Hanoi 760, Nha Trang 530, Qui Nhon 300, Kon Tum 300, Dong Ha 185, Hue 110.
- Marmorberge 8, China Beach 10, Hoi An 30, Ba Na 40, Tra Kieu 40, My Son 60, Wolkenpass 20, Lang Co 40.

Flug

- Der **Airport,** während des Vietnamkriegs einer der geschäftigsten der Welt, ist 4 km vom Zentrum entfernt. *Vietnam Airlines* verbindet u.a. mit Hanoi, Saigon, Nha Trang, Buon Ma Thuot, Pleiku, Quy Nhon, *Jetstar* tgl. mit Hanoi und Saigon.
- Seit 1999 ist Da Nang dritter internationaler Flughafen Vietnams und verbindet u.a. mit Bangkok, Singapur und Siem Reap (*Silk Air*), Gouangzhou (*China Southern*), Taipei (*Trans-Asia*), Osaka (*Vietnam Airlines*).
- **Taxi Hoi An.** Vom Airport (am besten *Mai-linh*) um 15 $. Hotels und Veranstalter berechnen oft nur 10 $. Von Hoi An zum Flughafen kann man zeitweise Fahrten für 7–8 $ bekommen.

Zug

- **Bahnhof,** 122 Haiphong, 1,5 km vom Zentrum.

- Alle Züge stoppen in Da Nang. Richtung Norden können Plätze in Waggons der privaten Gesellschaft *Livitrans* gebucht werden, (s. „Verkehr").

Bus etc.

- Der **Busbahnhof** *(Ben Xe)* liegt 3 km außerhalb des Zentrums in der 33 Dien Bien Phu, die stadteinwärts Hung Vuong heißt.
- **Express-Busse** verbinden u.a. mit Hanoi, Saigon, Hue, Nha Trang, Kontum, Pleiku, Buon Ma Thuot, Vinh, Haiphong.
- **Open Tour.** *SinhTourist* hat ein Office in der 154 Bach Dang (Tel. 3843259); auf Anfrage halten Busse auf dem Weg nach Hue oder Hoi An.
- **Stadtbusse** nach **Non Nuoc** (Marmorberge, China Beach) und **Hoi An** haben Haltestellen *(tram xe buyt)* entlang der Nui Thanh südl. des Cham-Museums.
- **Nach Laos.** Jeden zweiten Tag verkehren Busse nach Savannakhet (über Grenzübergang Lao Bao) und Vientiane (über Grenzübergang Cau Treo).
- **Easy Riders.** Mobil: 0913.473820, www. danangeasyriders.com (s. auch „Hoi An").

Da Nang, Umgebung

Marmorberge

Die Marmorberge, fünf imposante, bis zu 100 m hohe bewaldete **Felskegel,** ragen 8 km südlich von Da Nang aus der Ebene. Die Vietnamesen nennen sie *Ngu Hanh Son,* „Berge der 5 Elemente", und ordnen jedem der Berge ein Element zu: *Thuy* (Wasser), *Kim* (Metall), *Moc* (Holz), *Hoa* (Feuer) und *Tho* (Erde). Der höchste und wegen seiner Grotten und Pagoden am häufigsten besuchte Berg ist der *Thuy Son.*

Der Legende nach Eier eines riesigen Drachens, ragten die Marmorberge einst als Inseln aus dem Meer. In den

Grotten und nahebei fand man Überreste von **Ziegelbauten** und **Steinfiguren** der Cham, denen die Höhlen zu Kultzwecken dienten. 1825 ließ Kaiser *Minh Mang*, der einige der Höhlen angeblich selbst entdeckt und erforscht haben soll, die Pfade und Treppen anlegen, die die einzelnen Stationen noch heute miteinander verbinden.

Der gut einstündige Rundgang führt von der Tam-Thai-Pagode zur Grotte *Hoa Nghiem* mit einer Statue der *Quan Am;* wie so häufig ist sie mit der *fap lam*, der Flasche mit dem **wundertätigen Wasser** dargestellt, dessen Kraft das Böse von den Menschen abhält. Die Grotte *Huyen Khong* ist die größte und beeindruckendste. Aus 30 m Höhe fällt gebündeltes, meerfarbenes Licht durch Felsspalten und

lässt den Rauch der zahllosen Räucherstäbchen, die vor der Statue des *Thich Ca* (Buddha der Gegenwart) und den Schreinen der Schutzgeister glimmen, wie ein geheimnisvolles Nebelgespinst erscheinen. Während des Krieges diente die Höhle als Stützpunkt und Lazarett der Befreiungsfront, eine Gedenktafel erinnert an Helden, die von der Spitze des Berges 19 amerikanische Hubschrauber abschossen.

Wieder im Freien, genießt man einen grandiosen Ausblick auf den **China Beach.** Von *Tang Chon*, der letzten Grotte, führt der Weg bergab zur Linh-Ung-Pagode und dem Dorf Quang Nam, dessen Werkstätten von halbwegs geschmackvollen Cham-Nachbildungen bis zum billigsten Nippes alles Erdenkliche aus Marmor herstellen

099v Foto: kb

und verkaufen. Der Eintritt für den Rundgang kostet 20.000 d. Taschenlampe und gute Nerven (angesichts der zahllosen Händler, Bettler und übereifrigen Guides) sind angeraten.

China Beach   ↗ XIII/C1

China Beach, **Bai Non Nuoc,** bekannt aus unzähligen „Vietnam-Filmen", erstreckt sich kilometerweit nördlich und südlich der Marmorberge. Während des Kriegs tummelten sich hier kriegsmüde GIs auf Urlaub *(rest & recreation).* *„Ein Ort, an dem sie schwimmen und surfen, sich besaufen, kiffen, bumsen, zur Besinnung kommen, in Puffs rumflippen oder einfach am Strand rumhängen konnten"* (Michael Herr, 1968). Die FNL-Kader, die von den Marmorbergen aus zusahen, werden ihre Freude gehabt haben.

Schwimmen ist hier übrigens nicht ganz ungefährlich – so mancher GI hatte hier mehr mit den heimtückischen Strömungen als mit dem Feind zu kämpfen. Speziell zwischen September und Dezember kommen auch noch steife Brisen hinzu, die andererseits aber auch gutes **Surfen** ermöglichen. Auf der Höhe von Da Nang, östlich des Han-Flusses, heißt der Strand **My Khe Beach** und ist leicht per Fahrrad, Motorrad oder Xe Om zu erreichen. Unterkunft und Verpflegung siehe bei *Da Nang.*

Ba Na   ↗ XIII/C1

Das 1919 von den Franzosen gegründete Mountain Resort Ba Na („das Da Lat Zentralvietnams") wurde nach dem Zweiten Weltkrieg abrupt verlassen. Seit dem Bau zweier Gondelbahnen über eine Gesamtlänge von 5740 m (1443 m Höhenunterschied) ist Ba Na ein attraktives Ausflugsziel vor allem für einheimische Touristen geworden. Angenehme Frische auf bis zu 1485 m Höhe (10–15° kühler als an der Küste), spektakuläre Rundumsichten, Reste französischer Villen, die Linh Ung Pagode und kurze Wanderwege sind das Positive. Unmengen lautstarker Cafés, Karaoke-Schuppen sowie reichlich Müll (speziell nach Wochenenden) und Baustellen sind das Negative. Ein Besuch von Bach Ma (s. Hue) bringt sicherlich mehr.

Anreise und Preise

● Ba Na liegt 38 km westl. von Da Nang, von dort per Bus bis zur Talstation *Suoi Mo.* Mit der *Cable Car* bis auf 1300 m (15 Min., 200.000 d hin und zurück), zum Gipfel mit einer weiteren Gondel (knapp 4 Min.).
● **Ba Na Hills Mountain Resort.** 13 Villen und 180 Zimmer ab 35 $ inkl. BF in verschiedenen Gebäuden, hält nicht ganz, was es verspricht. Tel. 3791999, www.banahills.com.vn.

Souvenir gefällig?

Da Nang, Hoi An

Hoi An
(Hôi An)

↗ XIII/D1

„Hoi An? Was wollen Sie in Hoi An? Da gibt es nichts zu sehen!"

Hoi An liegt 30 km südlich von Da Nang am Südufer des Flusses *Thu Bon*. Unter dem Namen **Faifo** – einer Verballhornung von *Hai Pho*, „Geschäfte am Meer" – war Hoi An während des 16., 17. und 18. Jh. einer der *führenden Häfen Südostasiens* und wurde in einem Atemzug mit Malacca und Macau genannt. Chinesische und japanische Kaufleute ließen sich nieder und gründeten Handelsniederlassungen. Dschunken aus Kanton, Nagasaki, Manila und Batavia legten ebenso an wie Segelschiffe aus Lissabon, Bordeaux, Liverpool und Amsterdam.

„Hoi An wirkt auf den Betrachter, als sei vor 150 Jahren die Zeit stehengeblieben – ein architektonisches Gesamtkunstwerk ohnegleichen", schrieben wir in der ersten Auflage von 1992. Noch zwei Jahre zuvor hatten uns die Leute in Da Nang (der viertgrößten Stadt Vietnams) fassungslos gefragt, was wir denn in Hoi An wollten. Tatsächlich war der Ort kaum mehr als ein halbverfallenes und nahezu verlassenes Ruinenfeld, durch das in Zeitlupe der Staub rieselte. In den Straßen Kinder und Alte in Pyjamas. Der Kai eine meterhohe Müllhalde. Der Fluss war nur vom Markt aus sichtbar, auf dem teilnahmslos ein paar alte Frauen vor einer Handvoll Fischlein und vertrockneten Zwiebeln hockten. Kein Hotel. Kein Restaurant. Nichts.

Die romantischen Gassen, die idyllische Lage, die friedliche, intime Atmosphäre und die freundlichen Menschen haben Hoi An in den folgenden Jahren freilich bald zum populärsten Travellerziel Vietnams werden lassen. Heute platzt der Ort aus allen Nähten und gilt als **Touristendestination Vietnams schlechthin.** Wer Hoi An nicht gesehen hat, heißt es, hat Vietnam nicht gesehen. In den restaurierten Häusern logieren Cafés, Guesthouses, Souvenirshops, Schneider, Banken, Galerieen. Kunst, Seide, Klamotten, T-Shirts, Pizza, Fassbier, Keramik, Fuji-Color, für alles ist gesorgt, nur sieht man vor lauter Konsum den Ort nicht mehr. Dutzende und Aberdutzende Hotels erweitern und vergrößern im Halbjahresrhythmus, und die Entdeckung des Strandes – nur 5 km entfernt, aber noch bis 1998/99 so fern wie die Rückseite des Mondes – spült Besucher an, die immer länger verweilen und Entertainment suchen. Die Bewohner werden umgesiedelt in Trabantenstädte auf der grünen Wiese, die sich wie Ringe um den alten Ortskern lagern. Das „kleine idyllische" Hoi An droht am Touristenboom zu ersticken und entwickelt sich mit Riesenschritten zu einem pflegeleichten, possierlichen **Museumsdorf** mit Shopping Centers und Themenparks.

Tipp: Am frühen Morgen, nach dem Sonnenaufgang, aufstehen und durch die dann noch leeren, stillen Straßen ohne bunte Auslagen spazieren. Oder mit dem Fahrrad rausfahren (ein Motorrad wäre viel zu schnell!), denn die

100vi Foto: kb

Umgebung von Hoi An ist wunderschön! Reisfelder, Flüsse, Lagunen, Strände, Pagoden ... Man könnte tagelang rumfahren, einfach so. Vieles ist noch sehr ursprünglich, selbst im engeren Umkreis der Stadt.

Geschichte

Bronze- und Keramikfunde weisen auf eine Besiedlung schon vor mehr als 2500 Jahren hin. Zwischen dem 2. und 10. Jh. war Hoi An **Haupthafen der Cham,** die als Seefahrer und Piraten die Meere unsicher machten, ehe sie auch als Händler und Kaufleute Reichtümer erwarben. Chinesische Dokumente belegen einen schwunghaften Gewürz- und Seidenhandel mit der halben damals bekannten Welt von China bis Java und von Südindien

Wasserfront in Hoi An

bis Persien und Arabien. Während der Blütezeit Champas entstanden längs des Thu-Bon-Flusses auch die Tempelanlagen von *Tra Kieu* und *My Son* weiter landeinwärts.

1535 landeten die **Portugiesen** in Da Nang und errichteten mit Genehmigung der Nguyen-Fürsten von Hue in Faifo ihre erste Handelsniederlassung im Südchinesischen Meer. Der Ruf der portugiesischen Musketen und Kanonen, die sich vermeintlich günstig gegen Naturprodukte wie Zimt, Zucker, Pfeffer, Edelhölzer, Korallen und Rohseide tauschen ließen, lockte Händler und Spekulanten aus China, Japan, Siam und Java nach Hoi An. Annähernd 100 Jahre blieben die Portugiesen die einzigen Europäer in Vietnam, ehe auch Holländer, Briten und Franzosen vorübergehend Handelshäuser in Faifo errichteten.

Aufgrund der Wintermonsune aus Nordosten konnten die Dschunken der Kaufleute aus China und Japan Faifo nur im Frühjahr erreichen und nur mit Hilfe der Sommermonsune aus Südwesten wieder verlassen. Um die Geschäfte auch außerhalb der kurzen Saison kontrollieren zu können, zogen es vie-

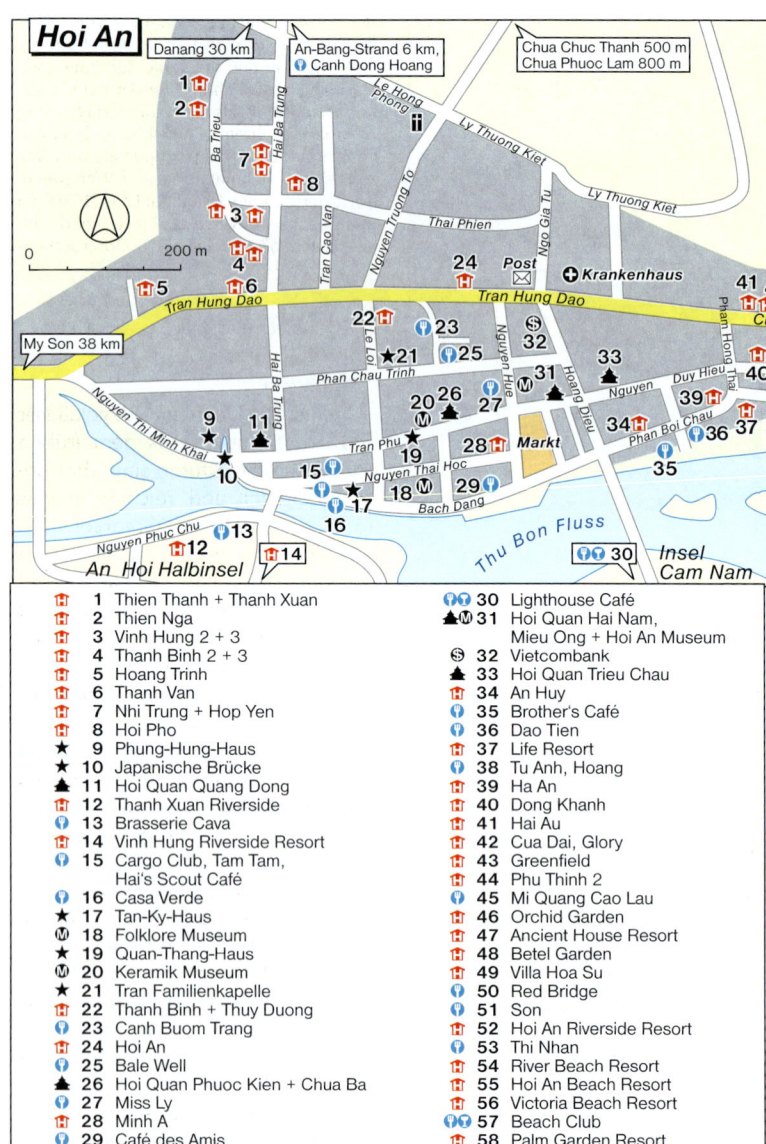

Hoi An

Danang 30 km

An-Bang-Strand 6 km, Canh Dong Hoang

Chua Chuc Thanh 500 m
Chua Phuoc Lam 800 m

My Son 38 km

Post ✉

✚ Krankenhaus

Markt

Tran Hung Dao

Phan Chau Trinh

Tran Phu

Nguyen Thai Hoc

Bach Dang

Thu Bon Fluss

An Hoi Halbinsel

Insel Cam Nam

1	Thien Thanh + Thanh Xuan	
2	Thien Nga	
3	Vinh Hung 2 + 3	
4	Thanh Binh 2 + 3	
5	Hoang Trinh	
6	Thanh Van	
7	Nhi Trung + Hop Yen	
8	Hoi Pho	
9	Phung-Hung-Haus	
10	Japanische Brücke	
11	Hoi Quan Quang Dong	
12	Thanh Xuan Riverside	
13	Brasserie Cava	
14	Vinh Hung Riverside Resort	
15	Cargo Club, Tam Tam, Hai's Scout Café	
16	Casa Verde	
17	Tan-Ky-Haus	
18	Folklore Museum	
19	Quan-Thang-Haus	
20	Keramik Museum	
21	Tran Familienkapelle	
22	Thanh Binh + Thuy Duong	
23	Canh Buom Trang	
24	Hoi An	
25	Bale Well	
26	Hoi Quan Phuoc Kien + Chua Ba	
27	Miss Ly	
28	Minh A	
29	Café des Amis	

30	Lighthouse Café	
31	Hoi Quan Hai Nam, Mieu Ong + Hoi An Museum	
32	Vietcombank	
33	Hoi Quan Trieu Chau	
34	An Huy	
35	Brother's Café	
36	Dao Tien	
37	Life Resort	
38	Tu Anh, Hoang	
39	Ha An	
40	Dong Khanh	
41	Hai Au	
42	Cua Dai, Glory	
43	Greenfield	
44	Phu Thinh 2	
45	Mi Quang Cao Lau	
46	Orchid Garden	
47	Ancient House Resort	
48	Betel Garden	
49	Villa Hoa Su	
50	Red Bridge	
51	Son	
52	Hoi An Riverside Resort	
53	Thi Nhan	
54	River Beach Resort	
55	Hoi An Beach Resort	
56	Victoria Beach Resort	
57	Beach Club	
58	Palm Garden Resort	

le Händler bald vor, **ganzjährige Niederlassungen** zu errichten oder sich selbst in Hoi An anzusiedeln. Auf einer Seite des Flusses entstanden chinesische, auf der anderen japanische Geschäftsviertel, die man durch eine überdachte Brücke miteinander verband.

Der schwunghafte Handel mit Produkten wie Seide, Baumwolle, Papier und Porzellan ließ in Hoi An bald auch Handwerk und Kunstgewerbe aufblühen. Als das japanische Kaiserreich 1637 jeglichen Kontakt mit dem Ausland untersagte, kehrten die meisten Japaner in ihre Heimat zurück. Zur gleichen Zeit (1631) sahen sich die Nguyen-Fürsten zum ersten Mal veranlasst, die weitere Verbreitung des Christentums zu verbieten, da mit den Handelsschiffen der Europäer auch immer mehr Missionare ins Land strömten.

Während der *Tay-Son-Revolte* **1780** teilweise zerstört, wurde Hoi An rasch wieder aufgebaut, verlor aber spätestens gegen Mitte des 19. Jahrhunderts zusehends an Bedeutung. Der Bau immer größerer Schiffstypen und die dramatische Versandung des Thu

Bon (Hoi An liegt heute 4 km von seiner ehemaligen Hafeneinfahrt entfernt) ließ immer mehr Händler und Kaufleute der Stadt nach Da Nang ausweichen. Hoi An blieb auch noch nach 1888, als die Franzosen Da Nang (Tourane) zu ihrem Hauptstützpunkt in Annam erklärten, Provinzhauptstadt und Sitz zahlreicher Manufakturen und Webereien, doch der Bau der Eisenbahnlinie (1930) an der Stadt vorbei versetzte ihr den endgültigen Todesstoß und ließ sie in Dornröschenschlaf versinken.

Sehenswertes

Alte Häuser

Die meisten Holz- und Ziegelhäuser Hoi Ans stammen aus dem frühen 19. Jh., ihre Strukturen sind aber bedeutend älter und reichen bis ins 16. Jh. zurück. Wer frühmorgens seinen Blick über die Dächer der Stadt und den Fluss schweifen lässt, wird sich um Jahrhunderte zurück versetzt fühlen, als hier Dschunken und Segelschiffe aller Herren Länder vor Anker lagen, Tausende von Lastenträgern durch die Gassen hasteten, vietnamesische Mandarine und chinesische Kaufleute aus ihren Sänften stiegen und abenteuerlich gekleidete Seefahrer Opiumhöhlen und Bordellen zutrieben.

Tan-Ky-Haus, 101 Nguyen Thai Hoc. Das für alle anderen Häuser repräsentative Handelshaus wird seit fünf Generationen bzw. annähernd 200 Jahren von einer Familie bewohnt, die aus Südchina nach Faifo kam und ihren Wohlstand dem Handel mit Tee, Zimt und Areca-Nüssen verdankt. *Tan Ky* steht in großen chinesischen Schriftzeichen auf einer Tafel über dem

Da Nang, Hoi An

102vi Fotos: kb

Hauptraum, dies war der Name des Urgroßvaters des jetzigen Bewohners. Keiner erzählt die Geschichte des Hauses besser als *Monsieur Le Chuong* selbst, der bei einer Tasse Tee über alte Zeiten plaudert, die verschiedenen Symbolismen der Holzschnitzereien erläutert, von der genauen Herkunft aller Materialien weiß und kenntnisreich auf Sinn und Vorzüge der jeweiligen Balken- und Dachkonstruktionen hinweist.

Entscheidend beim Bau von Häusern dieser Art war, den drei wichtigsten Elementen im chinesischen Leben den ihnen gebührenden Raum zu schaffen, der **Ahnenverehrung,** dem **Geschäft** und dem **Familienleben,** und zwar in dieser Reihenfolge. Die Häuser wurden von innen nach außen gebaut, zuerst kamen die Säulen, dann erst wurde der Dachfirst errichtet und zum Schluss das Ziegeldach. Durch den großen Innenhof dringen Licht und Luft ins Haus, in großen Tonnen wird Regenwasser aufgefangen. Hinter dem Lichthof erstrecken sich die Küche und das Lagerhaus, dessen Rückfront an die Uferstraße stößt. Die Wohn- und Schlafräume sind im Obergeschoss um den Hof herum angeordnet.

Naturgemäß überwiegen chinesische Elemente im Innern des Hauses, aber viele Details zeugen auf beeindruckende Weise von der kosmopolitischen Offenheit des alten Patriarchats von Hoi An. So sind die gedrechselten Säulen des Portiko im Innenhof mit Trauben verziert, einer Pflanze, die erst die Franzosen nach Vietnam brachten, während Elemente der schweren

Blick auf die Japanische Brücke

reichverzierten Holzdecke in der Vorhalle mit ihren dreifach übereinander gewölbten Stützbalken deutlich japanischen Einfluss verraten.

Das Tan-Ky-Haus ist seit 1975 in kommunalem Besitz, sein rechtmäßiger Eigentümer, *Monsieur Le Chuong*, der bis zu seiner Pensionierung Französischlehrer der Stadt war, genießt lediglich „Wohnrecht".

Quan-Thang-Haus, 77 Tran Phu. Eines der schönsten und zugleich ältesten Häuser der Stadt wurde nun auch der Öffentlichkeit zugänglich gemacht. Man beachte die grünen Keramikziegel am First und die Art und Weise, wie die Vorderfront durch waagerechte Planken verschlossen wird.

Phung-Hung-Haus, 4 Nguyen Thi Minh Khai. Wie bei fast allen Gebäuden Hoi Ans verbinden sich in diesem Haus, das bereits seit 8 Generationen von einer Familie bewohnt wird, chinesische, vietnamesische und japanische Stilelemente zu einer Einheit. 80 Säulen aus Eisenholz und ein Marmorfundament verleihen dem nahe der Japanischen Brücke gelegenen Haus die nötige Stabilität. Als Besonderheiten werden dem Besucher die gedrechselten Fensterläden und der freihängende Ahnenaltar im oberen Stock gezeigt. Als störend kann man empfinden, dass das gesamte Innere des Hauses zu einem Souvenirshop umfunktioniert worden ist.

Kapelle der Tran Familie, 21 Phan Chu Trinh. Mit angenehmer Zurückhaltung wird der Besucher in dem erst seit 1994 wieder zugänglichen Andachtsraum der Familie Tran empfangen. Die Nachfahren der Familie, die vor 300 Jahren aus China einwanderte, verehren hier ihre Ahnen, unter denen ein hochgestellter Mandarin unter Kaiser *Minh Mang* den Ehrenplatz einnimmt. Aus seinem persönlichen Besitz stammen verschiedene Elfenbeinschnitzeren, die Herr *Tran Van Le*, der sympathische Bewahrer der Familientradition, eindrucksvoll beschreiben kann.

Diep-Dong-Nguyen-Haus, 80 Nguyen Thai Hoc. Das schöne Handelshaus neben dem nostalgischen alten Shell-Emblem diente einst als Kontor für chinesische Medizin und Heilkräuter. Die überaus wertvolle Antiquitätensammlung des Hausherrn, Möbel, Porzellan, Keramik, ist im 1. Stock des Hauses zu besichtigen.

Japanische Brücke

Die 18 m lange überdachte Holzbrücke über einen Seitenarm des Thu-Bon-Flusses verband das japanische mit dem chinesischen Viertel von Faifo. Wie die beiden Affen am japanischen Ende der Brücke anzeigen, wurde der Bau **1593,** im Jahr des Affen, begonnen und zwei Jahre später im Jahr des Hundes beendet – dafür stehen die steinernen Hunde am anderen Ende.

Die Pagode *(Chua Cau)* an der Nordseite der Brücke wurde erst nachträglich angebaut und dem daoistischen „Dämonenvertreiber" *Tran Vu* (s. *Den Tran Vu*, Hanoi) gewidmet, um das *Cu*-Monster zu bezähmen. Der Volksmythos machte dieses Wesen, das seinen Kopf in Indien, den Schwanz in Ja-

Da Nang, Hoi An

pan und Teile seines Körpers in Hoi An hatte, für unheilvolle Strömungen im Fluss verantwortlich, die Japaner fürchteten jede Schwanzbewegung, weil sie die Erde beben ließ. Dem Einfluss des mächtigen *Tran Vu* und der soliden Bauweise der Brücke ist es zu verdanken, dass sie die Jahrhunderte erstaunlich intakt und mit wenig Veränderungen überstanden hat.

Tempel und Versammlungshallen

Als ab dem späten 16. Jh. Kaufleute und Händler der chinesischen Südprovinzen den Hafen von Faifo immer häufiger anliefen und ein Teil ihrer Besatzung sich dort anzusiedeln begann, gründeten sie Versammlungshallen (*Hoi Quan*), in denen sie regelmäßig zusammenkamen, um Dinge des täglichen Handels zu besprechen und die gemeinsamen Ahnen und Schutzgötter zu verehren. Mit der Zeit wurden diese Versammlungshallen erweitert und dienten dann oft nur noch religiösen Zwecken. Jede der ursprünglich fünf chinesischen Gemeinden von Hoi An hatte entsprechend der Provinz, der sie entstammte, ihre eigene Versammlungshalle: *Phuoc Kien* (Fukien oder Fujian), *Quang Dong* (Guangdong oder Kanton), *Hai Nam* (Insel Hainan), *Trieu Chau* und *Gia Ung*.

Die Versammlungshallen der ersten chinesischen Siedler auf vietnamesischem Boden ziehen heute, wie man aus Widmungen, Flaggen und Emblemen ersehen kann, Chinesen aus ganz Südostasien an. Viele chinesische Familien, die seitdem in Malacca, Penang, Jakarta oder Singapur zu Wohlstand gekommen sind, führen ihre Abstammung auf Vorfahren in Faifo zurück.

Rückfront des Chua Ba

Chua Ba. Eine Versammlungshalle, die von allen chinesischen Gemeinden Faifos besucht wurde, ist der 1773 gegründete, in anderer Form aber schon früher existierende Chua Ba. Die Pagode ist *Thien Hau*, der Patronin der Seefahrer geweiht, ohne deren tatkräftige Hilfe die wertvollen Handelsschiffe schutzlos der See ausgeliefert gewesen wären.

An der Pforte halten fast lebensgroß ihre beiden Helfer *Thien Ly Nhan* und *Thuan Phong Nhi* Augen und Ohren auf. Der mit dem grünen Gesicht kann mehr als 1000 Meilen weit hören, der mit dem roten Gesicht mehr als 1000 Meilen weit sehen. Ist Gefahr in Verzug, rufen sie Thien Hau, die dem Schiff und seiner Besatzung in eine Wolke gehüllt zu Hilfe eilt. Noch heute legen viele der Fischer von Hoi An ihr Schicksal in die Hand der barmherzigen Ba Thien Hau.

Die Rückfront des Chua an der Tran Phu (No. 46) ist überaus dekorativ mit großen chinesischen Zeichen bemalt – am besten von der Phan Chu Trinh aus (No. 31) zu bewundern.

Hoi Quan Phuoc Kien. Nur wenige Schritte vom Chua liegt die Versammlungshalle der *Fukien*-Gemeinde, deren Gründung auf das Jahr 1697 zurückgeht. Auch sie ist Thien Hau geweiht, nur dass sie reichhaltiger ausgestattet und besser instandgehalten ist.

Das bunte Wandbild am Eingang zeigt die Göttin bei dramatischem Wellengang schützend über einer Dschunke schwebend. Im Innern kann man das maßstabgerechte Modell eines jener Schiffe bewundern, mit denen sich die Chinesen einst auf die große Fahrt machten. Die mit prächtigen Gewändern geschmückte Göttin wird von ihren rot- und grüngesichtigen Helfern flankiert (s. *Chua Ba*).

Der offene Innenhof führt zu dem Raum, der den drei Grundpfeilern der chinesischen Lebensphilosophie gewidmet ist: **Ahnenverehrung, Wohlstand** und **Kindersegen.** Am Hauptaltar gedenkt man der sechs Ahnenväter, die Fukien im 17. Jh. als Erste verließen, um in Faifo zu siedeln. Der Altar zur Linken ist *Tan Tai*, dem Gott des Wohlstands, geweiht. In der Hand der drei Frauen am rechten Altar liegt der Fortbestand der Familie, sie entscheiden, ob eine Frau schwanger wird (die mittlere), das Kind die Geburt überlebt (die linke) und ob es ein Junge oder Mädchen wird (die rechte); entsprechend den 12 Monaten des Jahres sind sie von 12 Ammen umgeben, die dem Neugeborenen erste wichtige Kenntnisse vermitteln sollen. Die handgeschriebenen Zettel sind Bittschriften von Frauen, die am 1. und 15. des Mondmonats hierher pilgern und um den ersehnten Nachwuchs flehen.

Mieu Ong. Der farbenprächtige, 1653 gegründete Tempel im traditionell chinesischen Stil ist *Quan Cong* (Thanh Quan) gewidmet, dem sagenumwobenen **General der Drei Königreiche** (3. Jh.). Quan Cong ruht überlebensgroß mit rotem Gesicht, langem Bart und feistem Schmerbauch auf einem Drachenthron, seine beiden Getreuen, der Zivilmandarin Quan Binh, General Chau Xuong, und sein weißes und rotes Pferd halten Ehrenwache.

Dahinter schließt sich eine vietnamesische Pagode zu Ehren der Göttin *Quan Am* an, die zum Hoi-An-Museum umfunktioniert wurde.

Hoi Quan Hai Nam. Die Versammlungshalle der *Hai-Nam*-Gemeinde (Hainan) stammt vom Ende des 19. Jh. und gedenkt 108 Kaufleuten der Insel, die man irrtümlich für Piraten hielt und unweit von Faifo tötete. Nur wenige Meter östlich des Ong-Tempels, 60 Tran Phu.

Hoi Quan Trieu Chau. Die 1776 erbaute Versammlungshalle der *Trieu-Chau*-Gemeinde beeindruckt durch ihre außergewöhnlich schönen kolorierten Holzschnitzereien um den Altar: In einem verzweigten Weinstock mit üppigen Reben verbergen sich Insekten, Vögel und Mäuse. Auch die Dachkeramiken sind reich mit Blüten und Rankwerk verziert, gedrechselte Dachbalken stützen sich auf Phönix und Drachen. 157 Nguyen Duy Hieu.

Hoi Quan Quang Dong. Die Versammlungshalle der aus *Kanton* (Guangdong) stammenden Gemeinde wurde 1786 erbaut und verehrt ebenfalls General Quan Cong als Schutzheiligen (siehe Chua Ong). 176 Tran Phu, nahe der Japanischen Brücke.

Chua Chuc Thanh. Die von verwitterten Gräbern umgebene Pagode ist die älteste Hoi Ans. Der buddhistische Mönch *Minh Hai* aus China soll sie 1454 gegründet haben. Von der alten Bausubstanz ist mit Ausnahme der Glocken und eines außergewöhnlichen, einen Karpfen darstellenden Holzgongs, nur wenig erhalten. Der Karpfen, Symbol für Ausdauer und Geduld, ist ein sehr beliebtes Motiv, dem man in Hoi An häufig begegnet.

Die Pagode liegt außerhalb des Zentrums, ist aber mit dem Fahrrad leicht erreichbar. Man folgt der Nguyen Truong To bis jenseits der Le Hong Phong und biegt vor einem „Tigertempel" nach links ab. 300 m weiter gelangt man zum Mitte des 17. Jhs. gegründeten **Chua Phuoc Lam.** Die Pagode war in früheren Zeiten ein vielbesuchtes buddhistisches Zentrum, heute leben hier keine Mönche mehr.

Museen

Im Anbau des *Mieu Ong* wurde ein Hoi-An-Museum eingerichtet (7 Nguyen Hue). Auswahl und Zusammenstellung der Exponate wirken etwas willkürlich, ansonsten durchaus ein sehenswerter Ort. Weitere Museen mit Schwerpunkt auf Geschichte und Herstellung von Keramik bzw. Alltagsleben („Folklore") befinden sich in der 80 Tran Phu und 33 Nguyen Thai Hoc.

Markt und Uferpromenade

Unbedingt einen Besuch wert sind der lebendige **Markt** *(Cho Hoi An)* und die **Verkaufsstände der Fischerfrauen** am Thu-Bon-Fluss. Die Uferstraße Bach Dang, bis vor wenigen Jahren noch von Müllhaufen und Schuttbergen übersät und kaum begehbar (geschweige denn anziehend), ist zu einer Promenade mit Dutzenden Cafés und Restaurants geworden. Die Atmosphäre erinnert manchmal von ferne (aber nicht unvorteilhaft) an griechische Inseltavernen.

Cam-Nam-Insel

Die **Holzschnitzer** von Kim Bong galten einstmals als die besten Vietnams, fast alle Tempel Hoi Ans wurden von ihnen ausgestattet. Als Gia Long 1802 Hue zur Hauptstadt machte, musste das halbe Dorf auf seinen Befehl dorthin ziehen und die Kaiserstadt für ihn verschönern.

Die Flussinsel Cam Nam ist mit Hoi An durch eine Brücke verbunden.

Cua-Dai-Strand

Folgt man der Tran Hung Dao gen Osten erreicht man nach 4 km den **Sandstrand von Cua Dai.** An klaren Tagen kann man von hier im Norden die Marmorberge und den Wolkenpass sehen, gen Süden erstrecken sich in ununterbrochener Folge Dünen und Sandstrände fast 50 km lang bis zur Nachbarprovinz Quang Ngai.

Vor dem Strand gibt es einen Parkplatz für Fahr- und Motorräder. Wer weiterfahren will, sollte am besten ein Hotel angeben. **Achtung:** Die Restaurants und Cafés am Strand sind teuer (selbst für Einheimische).

An-Bang-Strand

Folgt man der Hai Ba Trung 6 km nach Norden, erreicht man den noch kaum erschlossenen **Sandstrand** von An Bang. Eine neue Straße führt von hier aus nordwärts zu den Marmorbergen, erschließt so „nebenbei" neue Luxus-Resorts und endet in Da Nang.

Praktische Informationen

- 60.000 Einw. Tel. 0510
- www.quangnamtourism.com.vn

Klima

Achtung: Besonders zu Beginn der Regenzeit im **Oktober,** aber auch noch im November, kann es zu heftigen **Überschwemmungen** kommen – Besucher gondeln dann im Boot durch Hoi An wie durch ein orientalisches Venedig.

Sightseeing

- **Ancient Town By Night.** An jedem 14. Tag des Mondmonats – d.h. am Vorabend des Vollmonds – wird Hoi An ab 17.30 Uhr zu einer von Lampions beleuchteten Fußgängerzone, in der traditionelle **Spiele** und **Musikvorführungen** stattfinden. Sehenswert!
- **Verkehr.** Das historische Zentrum ist tgl. 19–21.30 Uhr für Motorräder gesperrt. Ein löblicher Anfang.
- **Eintrittsgebühr.** Wer in Hoi An nicht nur Shoppen und Flanieren, sondern auch Tempel, Museen und alte Häuser besichtigen möchte, kauft ein **Sammelticket** (90.000 đ), das zum Besuch von 5 Sehenswürdigkeiten nach Wahl berechtigt. Erhältlich im Büro von *Hoi An Travel*, 12 Phan Chu Trinh, im *Hoi An Museum*, 7 Nguyen Hue, und weiteren Verkaufsstellen.

Adressen

- **Hoi An Travel.** 10 Tran Hung Dao, Tel. 3910911, www.hoiantravel.com. Auch Büro von **Vietnam Airlines.**
- **Tourist Information.** Le Loi Ecke Tran Phu. Informationswert Zero.
- **Geld.** *Vietcombank* mit ATM, 37 Tran Hung Dao. *Incombank*, 4 Hoang Dieu und 9 Le Loi. *Agribank*, Tran Hung Dao Ecke Nguyen Truong To (ATM, Western Union).
- **Gesundheit.** Dr. *Tran Quang Dung* spricht Französisch und Englisch; mobil: 0913. 457219. *Pacific Hospital*, 6 Phan Dinh Phung, Tel. 3921656. In ernsteren Fällen wende man sich an die *Family Practice* in Da Nang.
- **Apotheke.** 72 Nguyen Thai Hoc. 84 Tran Cao Van.
- **Spa.** Wir empfehlen *Na Spa*, 7 und 463 Cua Dai. 9–24 Uhr, www. hoianspa.com.
- **Post.** 4B Tran Hung Dao (6–21.30 Uhr).
- **Internet.** *Minh's Computer*. 311 Nguyen Duy Hieu.

Da Nang, Hoi An

Gratis-Tour Hoi An

Wer keine Besichtigungs-Tickets kaufen will, kann sich u.a. Folgendes umsonst ansehen:
- Japanische Brücke
- *Hoi Quan Van Le Nghia*, 64 Tran Phu
- *Hoi Quan Hai Nam*, 10 Tran Phu
- Museum für Handels-Keramik, 80 Tran Phu
- *Phung-Hung-Haus*, 4 Nguyen Thi Minh Khai
- *Diep-Dong-Nguyen-Haus*, 80 Nguyen Thai Hoc
- *Hoi An Workshop*, 9 Nguyen Thai Hoc
- *Museum für Folklore*, 33 Nguyen Thai Hoc
- *Galerien*, 46 u. 60 Nguyen Thai Hoc.

- **Bücher.** *Randy's Book Exchange.* Die größte und beste Auswahl ausländischer Bücher zwischen Saigon und Hanoi. Mobil: 0936. 089483. Cam-Nam-Insel, nach der Brücke 1. Straße rechts. www.randysbookxchange. com.
- **Taxi.** *Mailinh*, Tel. 3929292.
- **Fahrräder.** Zahlreiche Verleihstellen, u.a. um 1 Le Loi, ab 15.000 đ pro Tag.

Lokale Veranstalter

- **TVH** *(Thomas Vietnam Holidays)*. Individualtouren unter dt. Leitung. *Thomas Weingärtner* lebt mit Frau *Kim Yen* und Tochter *Lisa* seit 2002 in Hoi An und bietet – seit 2008 mit staatlicher Firmenlizenz – u.a. Stadtführungen, Rad- und Motorradtouren (ggf. mit Übernachtung auf dem Land) an. Per Mietmotorrad (bis 250 ccm) oder Auto können Tagesfahrten über den Wolkenpass von/nach Hue organisiert werden, beim gemeinsamen Einkaufen und Kochen erfährt man viel über Land und Leute. 72b Nguyen Phuc Tan (An Hoi). Mobil: 0905.196802, thomasweingaertner@web.de, www.tvh-travel.de.
- **Hoi An Motorbike Adventures.** Australisch-deutsches Unternehmen *(Mark, Simone)* mit guten Halb- bis 5-Tagestouren; Tagestour ab 60 $ (als Beifahrer 30, mit Fahrer 75 $). 54A Phan Chau Trinh. Mobil: 0916.340664 (dt.), www.motorbiketours-hoian.com.

- **Easyriders.** Sehr zu empfehlen, auch für Tagestouren; *Leo* spricht fließend Englisch. Mobil: 0906.500129, www.hoianeasyriders.word press.com.
- **Hoi An Eco Tour.** Unter diesem eher abschreckenden Label verbirgt sich ein kleines Juwel: eine einheimische Fischerfamilie, die sich einen anderen Lebensunterhalt gesucht hat. Man studiere ihre Website und staune (die Preise sind nicht niedrig, sind es aber wert, wie man uns sagte). Mobil: 0914. 082850, www.hoianecotour.com.
- **Phat Tire.** Filiale des renommierten Outdoor-Adventure-Spezialisten aus Dalat. 619 Hai Ba Trung, Tel. 3917839, mobil: 0989. 686898 *(Thanh)*, www.ptv-vietnam.com.

Reiseagenturen

Zahllose Booking Offices und alle Hotels vermitteln Zugfahrkarten, Minibustickets, Flughafentaxis, Touren – die Preise können um eine gute Handvoll Dollars variieren!
- **SinhTourist.** 587 Hai Ba Trung, Tel. 386 3948.
- **Hanh Café.** 132 Tran Cao Van, Tel. 3864608.
- **Vietnam-Austria Travel.** Touren und Buchungen aller Art. 115 Tran Hung Dao, Tel. 3622221, www.vietnam-austria.com.
- **Booking Office.** Flüge, Züge, auch Boot-Trips, Visa usf. Sehr individuelle Betreuung (Mr. *Dzung*), sehr zuverlässig. 50 Bach Dang, Tel. 3910452, mobil: 0913.499180, duch 22000 @yahoo.com.

Wassersport/Tauchen

- **Rainbow Divers.** Die erfahrenste Tauchschule in Vietnam. Saison in Hoi An ist März bis Sept. Büro im Hoi An Beach Resort, mobil: 0914.224102, www.divevietnam.com.
- **Cham Island Diving Center.** Tagestour zur Insel inkl. Schnorcheln, Kanu, Lunch 40 $, mit 1 Tauchgang für Anfänger 65 $, mit 2 für Könner 95 $; Übernachtung im Zelt oder Bungalow möglich. Nur Übernachtung ab 25 $ inkl. 3 Mahlzeiten. 88 Nguyen Thai Hoc, Tel. 3910782, mobil: 0918.255521 (Lodovico), www.chamislanddiving.com.
- **Vietnam Sailing.** Tagestour mit Trimaran 80 $ inkl. Lunch. www.vietnamsailing.com.

• **Karma Waters.** Boots-, Kayak- und Jetski-Touren aller Art (Meer, Lagune, Fluss), Homestay auf Cham-Island etc. Mit vegetarischem Resto. 47 Cua Dai (an der Brücke). Tel. 3972632, www.karmawaters.com, www.jetskivietnam.com.

Unterkunft

Es gibt Hotels wie Sand am Meer. Unterkünfte im alten Stadtkern sind dünn gesät und die ältesten. Am nähesten am Geschehen ist man im neu erbauten Stadtviertel **Nhi Trung.** Die besten und teuersten Hotels, die sich alle *Resorts* nennen, stehen am 4 km entfernten **Strand.** Zwischen dem Strand und dem Ort reihen sich zahllose Unterkünfte entlang der **Cua Dai**-Straße.

Luxus/First Class

• **The Nam Hai.** Luxus & Zen-Philosophie. Riesig (31 ha), exklusiv (offiziell ab 750 $) und eigenwillig, so gibt sich das Strandhotel mit 60 Villen und 40 Pool-Villen am noch unerschlossenen *An-Bang*-Strand. Shuttle-Bus nach Hoi An (10 km). www.ghmhotels.com.

• **Victoria Hoi An Beach Resort.** Häuser im Stil des alten Hoi An (ein bis zwei Stockwerke, Ziegeldächer, offene Dachgiebel), dazwischen kleine „Straßen" – eine gelungene Anlage. Die Mehrzahl der 109 Zimmer, davon 52 Bungalows und Suiten, liegen zum Meer, die übrigen zum Fluss. Ab 175 $ ++. BF 10 $. Tel. 3927040, www.victoriahotels-asia.com.

• **Palm Garden Resort.** Solide, teilweise richtig hübsche Strandanlage mit 160 Balkonzimmern in dreistöckigen Häusern und 20 geräumigen, gut ausgestatteten Bungalows. Pool, Spa, Resto, Shuttlebus. Ab 120 $ ++ inkl. BF. www.palmgardenresort.com.vn.

• **Hoi An Beach Resort.** Für einen Staatsbetrieb – Hut ab! Alle Bungalowzimmer haben Balkone, sind geräumig und gut ausgestattet, selbst der Service klappt einigermaßen. Privatstrand (über der Straße), 2 Pools, Tennis, Health Club, Shuttlebus. 110 Zimmer, ab 90 $ inkl. BF. Tel. 3927011, www.hoiantourist.com.

• **Hoi An Riverside Resort.** Schöne Anlage am Thu-Bon-Fluss, gut 1 km von Meer entfernt. Pool, viel Grün, kleines Spa, Shuttlebus. An der Straße ist es allerdings tüchtig laut,

und insgesamt ist alles etwas eng gestellt. 60 Bungalowzimmer ab 99 $ inkl. BF (Internet Rate). 175 Cua Dai, Tel. 3846800, www.hoianriverresort.com.

• **Life Resort.** Nostalgisch-schöne Kolonialatmosphäre am Fluss in Gehweite zur Altstadt. 2 Reihen zwei- bis dreistöckiger „Hoi-An-Häuser", von denen die erste auf den Fluss schaut (obere Stockwerke haben mehr Licht und Luft). Alle Zimmer liegen auf zwei Ebenen (Vorraum und Schlafzimmer mit Bad) und haben eine gemütliche Veranda; nette Details. Pool, Spa, Restaurant, Café Vienna, Gratisfahrräder. 94 Zimmer ab 111 $ ++ inkl. BF. 1 Pham Hong Thai, Tel. 3914555, www.life-resorts.com.

Economy

• **Ancient House Resort.** Boutiquehotel auf halbem Weg zwischen Altstadt und Strand (Gratisbikes, Shuttlebus zur Stadt), erfrischend anders als alle anderen (von Ausnahmen abgesehen alle Räume mit Blick ins Grün). 52 helle, luftige Zimmer (obere Stockwerke wählen) mit großzügigen, lichtdurchlässigen Balkontüren (statt Fenstern), Moskitonetz und vielen hübschen Details. Pool. 70–90 $ ++ inkl. BF. 377 Cua Dai, Tel. 392 3377, www.ancienthouseresort.com.

• **Vinh Hung Riverside Resort.** Im Großen und Ganzen gelungene Anlage auf der An-Hoi-Halbinsel, 5 Gehminuten zur Altstadt. Große, aber z.T. ungünstig geschnittene Zimmer, wirklich wohl fühlt man sich nur in einem der teureren Häuser direkt am Fluss. 82 Zimmer ab 65 $ inkl. BF. Pool, Spa, Healthclub, Tennis. Tel. 3910577, www.vinhhungresort.com.

• **Hoi An Hotel.** Ehemaliger Regierungskomplex mit 160 Zimmern in 4 Gebäuden – das mit Abstand größte Hotel vor Ort. Im Neubau ab 78 $++ (nach vorne mit Balkon und Poolblick), sonst ab 64 $++ inkl. BF. Pool, Tennis. 6 Tran Hung Dao, Tel. 3861445, www.hoiantourist.com.

• **Ha An.** Zweistöckige Anlage mit Stil rund um einen schönen ruhigen Garten mit großzügigen Veranden. Die 25 Zimmer sind allerdings nicht arg geräumig. 50–80 $ inkl. BF. 6–8 Phan Boi Chau, Tel. 3863126, www.haanhotel.com.

●**River Beach Resort.** Zum Beach sind es ein paar Schritte, aber sonst durchaus akzeptabel. 85 Zimmer rund um einen Innenhof mit Pool ab 55 $ ++ inkl. BF, z.T. mit Balkon zum Fluss oder Pool. Tel. 3927888, www.riverbeachresort.com.

●**Villa Hoa Su** (Frangipani). Hoi Ans Nonplusultra – ein intimes Paradies nur für Wenige. Eingebettet in üppiges Grün, mit luftigen Pavillons und einem von Lotusteichen eingefassten Pool. Die ebenerdigen Räume sind dezidiert modern und doch ganz und gar vietnamesisch gestaltet sowie mit Outdoor/Indoor-Bad (sprich Badewanne plus 2 Duschen) ausgestattet – kurz: das Ambiente eines Luxushotels, aber ohne „Butler-Service" (der würde das Vielfache kosten). 5 DZ 75 $ inkl. BF, Bikes; Mahlzeiten sind auf Bestellung möglich. Tel. 3933933, mobil: 0905. 360827 (Mrs. Kyky), www.villahoasu.com.

●**Orchid Garden.** Kleine, luftige Anlage mit 4 Bungalows 65–75 $ und 4 Zimmern 35– 45 $ inkl. BF, Bikes. Gute Ausstattung, Pool und Resto sind vorhanden, das Problem ist die Lage direkt an der Hoi-An-Straße (für unternehmungslustige Gäste womöglich aber ein Vorteil). 382 Cua Dai, Tel. 3863720, www.hoian-homestay-orchidgarden.com.

●**Cua Dai.** Toprenoviertes Boutique-Hotel, 1998 das erste seiner Art in Hoi An. Kleine Veranden auf den zwei oberen Etagen, hinter dem Haus ein neuer Pool mit BF-Terrasse. 16 Zimmer 39 (Innenfenster), 49, 59 $ ++ inkl. BF. 544 Cua Dai, Tel. 3862231, www.hoianhospitality.com.

●**Glory.** Solides Mittelklassehotel mit 62, fast alle zum zentralen Pool ausgerichteten Balkonzimmern. Shuttlebus zum Strand, Gratisräder. Ab 55 $ inkl. BF. 538 Cua Dai, Tel. 3914444, www.gloryhotelhoian.com.

Budget

●**Thien Thanh.** Intim, pfiffig eingerichtet, guter Service, Frühstücksterrasse – ein kleines Schatzkästlein. 12 Zimmer 35–45 $ inkl. BF (Doppelbett oder Twin) mit Balkon zu grünen Reisfeldern. Im pfiffigeren Neubau mit Indoor-Pool (!) 8 Zimmer mit Balkon, Parkett 45–55 $ inkl. BF. 16 Ba Trieu, Tel. 3916545, www.hoianthienthanhhotel.com.

●**Thanh Xuan Riverside.** 36 Zimmer, auf den ersten Blick alles wahre Zimmerfluchten mit Arbeitsecke, PC und Traumbad. Auf den zweiten allerdings ist die Architektur weniger gelungen: für viele Zimmer zu wenige Fenster, zu wenig Aussicht, zu wenig Licht; einige Balkone ragen direkt in das (ansonsten nette) Restaurant hinein; der Pool liegt im Innenhof. Gute Zimmer für 40 $ inkl. BF sind z.B. 305, 205, bei 50 $ hat Zimmer 301 echten Flussblick. 61 Nguyen Phuc Chu, Tel. 3911696, www.longlifehotels.com.

●**Thuy Duong 3.** Solides Haus im Traveller-Viertel mit kl. Pool und 45 Zimmern 35–45 $ inkl. BF. 52 Ba Trieu, Tel. 3916565, www.thuyduonghotel-hoian.com.

●**Vinh Hung 2.** Um einen Innenhof mit Mini-Pool gebautes Haus am Rand der Altstadt mit 35 sehr akzeptablen, aber nicht übermäßig großen Zimmern. 35, 45 $ inkl. BF. 8a Trieu. Tel. 3863717. Das neuere **Vinh Hung 3** hat einen Pool auf dem Dach, aber viele Fenster der 24 Zimmer blicken nur auf Brandmauern. 25–30 $ inkl. BF. www.vinhhunghotels.com.vn.

●**An Huy.** Kleines Privathotel, sehr nett und ruhig, professioneller Service, hübsche Zimmer (nur im Erdgeschoss etwas dunkel). 14 Zimmer 28, 35, 45 $ (riesig, mit Holzboden und Balkon) inkl. BF. 30 Phan Boi Chau, Tel. 3914627, www.anhuyhotel.com.

●**Phu Thinh 2.** Angenehm weitflächige Anlage, alle Zimmer mit Balkon, großer Garten, nach hinten schöner Blick in die Reisfelder – seinen Preis wert. Pool, Gartenresto. 53 Zimmer 35, 40 $ inkl. BF. 488 Cua Dai. Tel. 3923923, www.phuthinhhotels.com.

●**Hai Au.** Das der Altstadt am nächsten gelegene Hotel der Cua Dai, daher viele Zufallsgäste; etwas teuer, mickriger Pool. 33 Zimmer 35–45 $ inkl. BF. 576 Cua Dai, Tel. 3914577, www.haiauhotelha.com.

●**Greenfield.** Einer der Pioniere der Cua Dai, erfolgreich renoviert und aufgewertet. 60 Zimmer 23, 31, 39 $ inkl. BF. Pool, Gartenresto. 423 Cua Dai, Tel. 3836484, www.greenfieldhotel.com.

●**Betel Garden Homestay.** 7 Bungalow-Zimmer im Grünen, sehr sauber und nett, aber auch etwas sehr betulich, vorgartenhaft; mit Garten und Mini-Jacuzzi-Pool. 45–55 $ inkl.

BF. 161 Tran Nhan Tong, Tel. 3924165, www.betelgardenhomestay.com.

●**Thanh Binh 3.** Überdekoriert mit Kitsch-Pool im Hof, aber geht schon. 45 Zimmer 25–40 $ inkl. BF, ab 30 $ mit Balkon. 98 Ba Trieu, Tel. 3916777. Gäste des **Thanh Binh 2** um die Ecke (31 Zimmer 15–25 $ inkl. BF) können den Pool des Schwesterhotels nutzen. www.thanhbinhhotel.com.vn.

●**Thanh Xuan.** Mit einem gewissen Schick, ja Eleganz. 20 Zimmer 25 $ (Fenster zum Hof im obersten Stock), 35, 38 (groß, sehr gut eingerichtet, sehr gute Bäder), 45 (mit Balkon, Blick auf Reisfelder und BF). Clou: schöner, ruhiger Garten nach hinten mit tollem Outdoor-Pool. 26 Ba Trieu, Tel. 3916696-3, www.longlifehotels.com.

●**Thien Nga.** Gute Alternative, auch mit schönem Pool. 18 Zi 25–30 $ nach hinten mit Balkon auf Reisfelder und BF. 52 Ba Trieu, Tel. 3916330, thienngahotel@gmail. com.

●**Dong Khanh.** Einfaches, aber sympathisches Haus in einer ruhigen Straße mit Mini-Pool. 24 Zimmer 15–18 $ (unten mit Fenster), 18–25 $ (mit Balkon und BF). Hübscher Dachgarten. 42 Nguyen Duy Hieu. Tel. 391 4400, www.hoiandongkhanhhotel.com.

●**Nhi Trung.** Freundliches Mini, eine der besseren Optionen am Rand der Altstadt. 25 Zimmer (z.T. zum Innenhof) 24, 25, 30 $ (4 Pers.). 170 Hai Ba Trung, Tel. 3863436, www.nhitrunghotel.com.

●**Minh A.** Schmuckes Lodging in einem Altstadthaus am Markt. 5 Zimmer 15 $ (im Erdgeschoss) und eine hübsche kleine „Suite" mit Holzdielen, Veranda und 2 Betten 20 $ inkl. BF. 2 Nguyen Thai Hoc. Tel. 3861368, mobil: 0903.583671.

●**Hoang Trinh.** Sympathisch-intim und etwas abseits vom Getriebe, mit Blick auf eine Tempelanlage. 16 Zimmer 18–35 $, schön Zimmer 201 mit Balkon und großen Fenstern. 45 Lw Qui Don, Tel. 3916579, www.hoangtrinhhotel.com.

Low Budget
●**Hoi Pho.** Einige Zimmer ohne Fenster, aber insgesamt keine schlechte Wahl. 10 Zimmer 10–15 $. 627 Hai Ba Trung, Tel. 3916382, hoiphohotel@yahoo.com.

●**Thuy Duong.** Oldie. Keine Wucht, aber zumindest ohne allzu viele fensterlose Löcher (Zimmer nach hinten wählen). 10 Zimmer 12–15 $. 11 Le Loi. Tel. 3861574.

●**Thanh Binh.** Same same, aber eine Spur komfortabler. 15 Zimmer 12, mit Balkon 15 $. Unten z.T. ohne Fenster. 1 Le Loi. Tel. 3861740.

●**Phuong Dong.** Relativ neu, gute Wahl. 12 Zimmer 10 $ (z.T. ohne Fenster), 12–15 $ (z.T. mit Balkon zu Reisfeldern!). 42 Ba Trieu, Tel. 3916477, thinhmap@hotmail.com.

●**Thanh Van.** Seriöses, um kleinen Pool gebautes Haus im Zentrum; im Erdgeschoss etwas dunkel und laut, sonst ok. 24 Zimmer 20, 24, 28 $ inkl. BF. 78 Tran Hung Dao, Tel. 3916916, www.thanhvanhotel.com.

●**Hop Yen.** Sieht leider deutlich besser aus als es ist (u.a. Klagen über Hygiene, Ungeziefer, Personal), ist aber z.Zt. die billigste Option. 12 Zimmer 12 $, 6er Dorms 7 $ p.P. 694 Hai Ba Trung (2. Eingang 103 Ba Trieu), Tel. 3863153, hopyenhotel@yahoo.com.

●**Cham Island.** Übernachtung im Zelt oder Bungalow ab 25 $ inkl. 3 Mahlzeiten. Siehe „Wassersport/Tauchen".

Essen und Trinken

●**Café des Amis.** Der frankophile Patron *Kim* trotzt mit seinem kleinen fast unscheinbar wirkenden Resto schon seit über einem Dutzend Jahren beherzt dem Trend zu Fastfood und pseudohistorischem Allerweltsschick. Auf eine Speisekarte wird verzichtet, dafür gibt es 5-Gänge Menüs (wahlweise Seafood oder vegetarisch) zum Fixpreis. Ob mit Krebsfleisch gefüllte *Ban Bao* (Ravioli) oder *gedünsteter Fisch im Bananenblatt*, alles kommt mit seinem spezifischen Eigengeschmack und viel Gemüse auf den Tisch und setzt Akzente, die über das Übliche weit hinausragen. Kenner lassen sich mit ihm für das nächste Mal ein Menü nach Gusto zusammenstellen (Shrimps, Languste, Taschenkrebs), toll ist auch die gefüllte Ente. 52 Bach Dang.

●**Brother's Café.** Das schönste und stimmungsvollste Dekor: Nostalgie-Folklore mit Stil im Innenhof zweier restaurierter Kolonialvillen direkt am Fluss. Wie bei allen *Khaisilk*-Restos (Hanoi, Saigon usf.) hält das Essen freilich nicht annähernd, was das Ambiente

Da Nang, Hoi An

verspricht. Set Menus oder à la carte. 27 Phan Boi Chau.

●**Red Bridge** *(Cau Do)*. Ausnehmend schönes Fluss-Resto mit guter Küche, und trotz des gepflegten Ambientes alles andere als eine Touristenfalle. Man erreicht das 2 km entfernte Lokal gemütlich per Fahrrad (Wegweiser an der Nguyen Duy Hieu) oder kostenlosem Bootstransfer (74 Bach Dang, tgl. 12 u. 13.30 Uhr für Lunch, Fr–So 17.30 u. 19 Uhr für Dinner, wohl auch die beste Kochschule vor Ort); Anmeldung Tel. 3933222 oder im *Hai's Scout Café* (s.u.), www.visithoian.com.

●**Casa Verde** *(Nha Xanh)*. Gustav, der deutsche Koch des französischen *Victoria* Resort, wollte nach seinem Engagement unbedingt in Hoi An bleiben. Sein kleines Restaurant ist jeden Tag voll glücklicher Stammgäste (manche kommen nur wegen seiner köstlichen Schokoladentorte und dem hausgemachten Eis). Ruhetag Mo. 99 Bach Dang, Tel. 3911594, www.casaverde-hoian.com.

●**Brasserie Cava.** Mediterrane Fusionsküche, exzellente Steaks und eine umfangreiche Weinkarte kennzeichnen die elegante, hübsche Restaurant an der Flusspromenade. Der Chef de Cuisine *(Calle)* kommt aus Schweden. 53 Nguyen Phuc Chu.

●**Hai's Scout Café.** In-Treff und völlig auf die Szene zugeschnitten, aber trotz allem fühlt man sich wohl. Auch hier gibt es einen „Kochkurs" (einstündige Demonstration mit Verzehr). 98 Nguyen Thai Hoc. Im Innenhof (Eingang auch 111 Tran Phu) wird allabendlich ein BBQ veranstaltet.

●**Dao Tien.** Nett dekoriert, sauber, gutes Essen (Viet & Western) und etwas abseits des Rummels, daher angesichts der Qualität sehr günstige Preise. Auch die Kochschule ist zu empfehlen. 21 Phan Boi Chau.

●**Miss Ly.** Unkompliziertes, schmackhaftes Viet-Fastfood. 22 Nguyen Hue.

●**Bale Well.** Eine Institution („urig") mit nur 4 Gerichten: *Banh xeo*, *nem*, Satay und Fleischspießchen kommen auf den Tisch, abgerechnet wird nach Anzahl des Verzehrten (da gibts für Ausländer manchmal Ärger, aber da muss man durch). 38 Phan Chu Trinh. – Nur wenige Meter weiter ist der berühmte **Brunnen**, an dem der ganze Ort Wasser für die Cao Lau holt – angeblich dürfen die Nudeln nur mit diesem Wasser gemacht werden, um schmackhaft zu sein.

●**Cao Lau.** Die *lokale Spezialität* mit dicken (angeblich einst von den japanischen Seeleuten eingeführten) Reisnudeln sowie Croutons, Röstzwiebeln, Schweinefleisch und Kräutern kriegt man überall, aber so authentisch und untouristisch wie in dem kleinen **Mi Quang**, 438 Cua Dai (schräg gegenüber dem *Ancient House)* nur selten.

●**62 Bach Dang.** Ausgewiesen als „Eating Place": eine Ansammlung von Garküchen, die Spezialitäten wie *Cao Lau*, *Nem*, *Bun Bo*, *Che* usf. anbieten, aber organisiert, einheitlich, „sauber", an langen Tischen, mit Speisekarten und Preisen. Eine glänzende Idee, die auch auf Anhieb Erfolg hatte! (Ein zweiter Platz ist genau dahinter, 31 Nguyen Thai Hoc.) Allerdings denkt die Stadt offenbar über eine Verlegung ans andere Ufer nach (weil die Restaurant-Besitzer sauer sind?).

Zum Entdecken

●**Thi Nhan.** Das beste und frischeste Seafood von Hoi An. Die Besitzer sind Fischer; ihre Ware ist nie mit Eis in Berührung gekommen oder im Kühlfach gelegen, und das schmeckt man. Außerdem wissen sie, wie man Prawns, Krebse, Muscheln, Clams oder Tintenfisch so delikat wie möglich zubereitet. Total unprätentiös – so wie die kleine Gaststätte selbst –, aber seit der „Entdeckung" durch die *NY Times* preislich etwas abgehoben! 128 Cua Dai.

●**Canh Buom Trang** *(White Sail)*. Unprätentiöses und versteckt gelegenes, aber vorzügliches kleines Seafood-Resto; alles wird frisch zubereitet, ist gut und günstig. Engl. Karte, aber fast ausnahmslos einheimische Gäste. 47/6 Tran Hung Dao (Durchgang).

●**Tu Anh.** Seafood-Garten-Resto direkt am Fluss, fast nur Einheimische; sehr malerisch, außer wenn große Gruppen tafeln – zur Not geht man dann nebenan zu *Hoang*. Tran Quang Khai (209 Nguyen Duy Hieu).

●**Canh Dong Hoang.** Große, unscheinbare, halboffene (und an manchen Abenden turbulente) Halle, in der außergewöhnlich gute – und für vietnamesische Verhältnisse außergewöhnlich gut gewürzte! – Gerichte serviert werden. Eine Institution in Hoi An – aber ohne Touristen und englische Speisekarte. 438 Hai Ba Trung (2 km vom Zentrum).

Cafés und Bars

● **Lighthouse Café.** Kaffee, Weine, Cocktails, gute Küche – das holländisch-vietnamesische Paar Hans & Linh verfügt über den schönsten Aussichtsblick auf Hoi An. Man radelt auf die Can-Nam-Insel (2. Straße rechts Wegweiser) oder lässt sich gratis per Boot fahren (12–18 Uhr, 56 Bach Dang). Fahrradtouren und Cooking Classes. Mobil: 0914.136477, www.lighthousecafehoian.com.

● **Son.** Schöne Fluss-Terrasse mit altem Wasserrad auf halbem Weg zum Cua-Dai-Strand – ohne die Straße gleich daneben Idylle und Beschaulichkeit pur.

● **El Nino.** Populäres Café (wie in Berlin oder Hamburg) am Anfang der Straße zum Strand. 580 Cua Dai.

● **Cargo Club.** Café mit Patisserie und großer Eis-Auswahl (!). Im Obergeschoss Resto mit River View. 107 Nguyen Thai Hoc.

● **Café Tam Tam.** Das von Ex-Travellern gegründete Haus ist eine Institution, Keimzelle ist ein ehemaliges Tee-Lagerhaus. Tgl. 10–1 Uhr. 110 Nguyen Thai Hoc.

● **Before 'N Now.** Zuletzt *der* Nightspot von Hoi An: Tags Chill-Out-Café, abends Indie-Rock-Bar. Bis 2 Uhr. 51 Le Loi.

● **Q Bar.** Die legendärste Bar Vietnams (Saigon und Bangkok) ist neu in Hoi An. 94 Nguyen Thai Hoc.

● **Sleepy Gecko.** Steve's *Chillout*-Café und Bar auf der Cam-Nam-Insel.

● **Beach Club.** Strandclub mit Pool und Restaurant am *Cua-Dai*-Beach. Die **Zero Seamile**-Bar feiert mit Themennächten und Redbull-Vodka im Eimer bis zum Abwinken (zumindest) Mo, Mi, Fr, Sa bis 5 Uhr früh durch; freier Shuttlebus ab Mitternacht vom *Before 'N Now* (s.o.). www.hoianbeachclub.vn.

● **La Plage.** Französisch-amerikanische Variante am An-Bang-Beach mit „games for kids of all ages"; die etwas gemütlichere Version des Beachclub. www.laplagehoian.com.

Shopping

● Dank des Besucherstroms hat sich Hoi An zu einem kleinen, aber feinen **Shoppingpa-** **radies** entwickelt – und sehr viele bleiben auch deshalb länger, als sie eigentlich geplant hatten.

● **Handicraft Workshops.** Hoi Ans Tradition als **Textil- und Seidenstadt,** die nach 1975 schon fast im Erliegen war, zeigt sich nicht nur in einer Fülle von Boutiquen und Schneidern (s.u.), sondern auch in Handicraft Workshops sprich Verkaufsausstellungen z.T. mit Handwerksshows, Tanz und Musik. **41 Le Loi** war der bescheidene, aber immer noch besuchenswerte Anfang. Besuchenswert sind u.a. noch **9 Nguyen Thai Hoc** und das Outlet von *Yaly* in einer ehemaligen Großweberei auf **358 Nguyen Duy Hieu.**

● **SchneiderInnen.** Die Qualität wächst von Jahr zu Jahr (Gewitzte bringen Schnittmuster, Kataloge o.Ä. mit), und die **Preise** sind noch moderat. Abhängig von den Stoffen werden Kleider und Anzüge für 25–50 $, Hemden ab 6–7 $ (kurz/langärmelig) bzw. in Seide ab 7–8 $ gefertigt – und in dringenden Fällen sogar innerhalb von 12 Std. Was freilich wenig ratsam ist, denn nach der ersten Anprobe muss man oft noch nacharbeiten lassen.

● **Dong Duong** (Indochine). Chefin *Kyky* ist sehr herzlich, zuverlässig und achtet auf Qualität. 685 Hai Ba Trung und 115 Tran Phu. Mobil: 0903.597890, chau.ha@dng.vnn.vn.

● **My My** und **Phuong Huy.** Gleichfalls wärmstens zu empfehlen; die Chefin ist Mrs. *Thu*. 164 und 26 Tran Phu, mobil: 0510.386 3816, www.phuonghuysilk.com.

● **Yaly.** Das größte Stoff- und Schneiderimperium Hoi Ans hat Shops auf 1 Nguyen Thai Hoc und 47 Tran Phu sowie ein Outlet auf 358 Nguyen Duy Hieu. www.yalycouture.com.

● **Stoffmarkt.** Eine gute Übersicht über Preise und Qualitäten liefert der Markt auf der 1 Tran Phu.

● **Kunstgalerien.** Nicht alles, was sich so nennt, ist Kunst, aber das Niveau ist dennoch überraschend hoch, da der Ort längst Künstler und Kunsthandwerker anzieht.

● **Mode.** Eine Sondererwähnung verdient das avantgardistische Label **Song** (auch Hanoi, Saigon): 76 Nguyen Thai Hoc, www.asiasong design.com.

● **Schuhe.** Shoe Shops sind eine sehr junge Errungenschaft in Hoi An, die Qualität lässt großteils noch zu wünschen übrig.

● **DVDs.** Legend, 73 Phan Chu Trinh.

● **Bücher.** In der Regel Secondhand Englisch. 81 Tran Phu, 32 u. 52 Le Loi, 43 Phan Boi Chau.

● **Schmuck.** Zwei Läden/Werkstätten ragen weit über das Mittelmaß hinaus. *Lotus Jewellery*, 100 Nguyen Thai Hoc und 82 Tran Phu (www.lotusjewellery-hoian.com) und vor allem *Memory*, 96A Bach Dang und 62 Le Loi.

Anreise und Weiterreise

● Hoi An liegt 30 km südlich von **Da Nang** und ist auf der N 538 entlang der Marmorberge und dem China Beach zu erreichen. Ein Taxi vom Flughafen (40 Min.) kostet ca. 8–10 $.

● **Zug.** Der nächste Bahnhof befindet sich in Da Nang.

● **Bus.** Vom Busbahnhof Hoi An (74 Huynh Thuc Khang, rund 1 km westl. des Zentrums) fahren Busse nach Da Nang, Quang Ngai und in die nahe Umgebung.

● **Stadtbus** *(xe buyt)* von/nach Da Nang halbstündl. am nördl. Ortsausgang an der Le Hong Phong. Fahrzeit 50 Min., 20.000 đ.

● **Xe Om.** Ein Motorradtaxi von/nach Da Nang kostet ca. 70.000 đ.

● **Open Tours.** Busse nach Hue um 2 $, nach Hanoi 8 $, nach Nha Trang (6.30 oder 18.30 Uhr) 6 $, nach Saigon direkt 10 $, über Mui Ne 14 $, über Da Lat 15 $. **Achtung:** nachfragen, ob die angegebenen Besichtigungsstopps tatsächlich eingehalten werden. Wer nach Pleiku bucht, wird in der Regel an der N 19 rausgeworfen; man ist aber meist so „freundlich", die Weiterfahrt mit dem öffentlichen Bus zu organisieren.

● **Nach Laos.** Reiseagenturen bieten tägliche Busverbindungen nach Savannakhet (um 14 $) wie nach Vientiane (um 19 $) an. Wer sparen muss, sollte sich auf dem Busbahnhof von Da Nang nach den Preisen erkundigen.

● **Entfernungen** siehe *Da Nang*.

Hoi An, Umgebung

Cham-Insel ⚐ XIII/D1

Cu Lao Cham, 20 km östlich von Hoi An im Südchinesischen Meer, ist berühmt für ihre Schwalbennester und Badebuchten. An der flachen Westseite liegen das Fischerdorf Tan Hiep sowie einige Strände, von denen der *Bai Chong* der beste ist. Die felsige und steile Ostseite erhebt sich über 500 m hoch, dort nisten in großen Grotten Salanganen.

Anreise und Unterkunft

Einige Veranstalter bieten Tagestouren (8–17 Uhr) an, z.T. auch mit Übernachtung im Zelt inkl. Exkursionen, Lunchs und BBQ am Strand. Zu empfehlen ist neben *Karma Waters* (Homestay im Fischerdorf) vor allem *Cham Island Diving*, das ab Mitte 2010 außer Zelte auch Bungalows anbieten will. Saison für Tauchgänge ist Anfang Febr. bis Mitte Sept., zu dieser Zeit sind auch die Überfahrten mit dem Boot (fast) garantiert. Vonnöten ist für Ausländer nach wie vor(?) eine Registrierung, d.h. die Reisebüros benötigen spätestens am Vortag eine Kopie des Passes. Fahrzeit je nach Bootstyp 30–90 Min.

Marmorberge, China Beach

Siehe Kapitel „Da Nang, Umgebung".

My Son ⚐ XIII/C1

Die Ruinen der Tempelstadt My Son, seit 1998 UNESCO **Weltkulturerbe,** liegen im Unterschied zu anderen Cham-Stätten in einer Talsenke und sind in Tempelgruppen angeordnet (also keine Turm-Heiligtümer wie auf den Hügeln von Nha Trang oder Phan

Rang). My Son war der größte Tempelkomplex Champas – vor dem markanten Profil der Bergkuppe *Hon Quap* („Katzenzahn"), verspürt man noch heute den mystischen Reiz des kulturellen und sakralen Zentrums der Cham.

Die Gründung des Shiva geweihten Heiligtums wird König *Bhadravarman* zugeschrieben, dessen politisches Zentrum sich im 4. Jh. auf dem Gebiet des heutigen Tra Kieu befand. Die meisten Gebäude der Tempelgruppen, bestehend aus Kalan, Mandapa (Kulthalle), Bibliothek und Nebenhäusern, sind nach Osten ausgerichtet. In den Tempeltürmen (Kalan, den hinduistischen Weltenberg Mehru und Wohnsitz der Götter symbolisierend) befand sich das Heiligtum mit dem Symbol Shivas, dem *Lingam*, oder mit Darstellungen des Gottkönigs *Bhadresvara*. Im Mittelpunkt der Kulthandlungen standen Waschungen, bei denen heiliges Wasser über Lingam und Yoni gegossen wurde.

Von rund 70 Bauwerken aus fast allen Epochen Champas, die französische Archäologen Anfang des 20. Jhs. entdeckten (und in Gruppen A-H einteilten), sind heute nur mehr die Überreste von knapp 20 erhalten. Das abgelegene Dschungelgebiet wurde 1968 von der US-Luftwaffe zur *free fire zone* erklärt und zu einem der meistbombardierten Ziele Zentralvietnams. Einschüsse und Bombentrichter sind z.T. noch sichtbar.

Geschichte

My Son war zwischen dem 4. und 13. Jh. **religiöser** und **kultureller Mittelpunkt**

Champas und überlebte damit ungleich länger als fast alle anderen bedeutenden Kultstätten Südostasiens. Aus der Frühzeit My Sons sind keine Überreste erhalten, da die Cham bis zum 7. Jh. ausschließlich Holz und Lehm als Baumaterialien verwendeten. Erst aus der Zeit König *Prakasadharmas* (653 bis ca. 686), unter dessen Herrschaft My Son erweitert wurde, sind erste Zeugnisse überliefert: massige und doch zugleich leicht wirkende Backsteinbauten mit verzierten Giebeln und Reliefs aus Sandstein, die deutlich indischen Einfluss erkennen lassen, aber auch bereits einen eigenständigen Stil hervorgebracht haben. Im 11. Jh. entwickelten *Harivarman IV.* und seine Nachfolger nochmals eine rege Bautätigkeit, die mit dem Niedergang der Dynastie durch die Übergriffe der Khmer und Vietnamesen beendet wurde.

Seit 1981 wird die historische Stätte unter schwierigsten Bedingungen mit internationaler Hilfe wieder instandgesetzt. Die „Freunde der Cham-Kultur" (Stuttgart) unterstützen das Projekt.

In zwei umfunktionierten Hallen (Mandapa) sind einige Fundstücke (Friese, Statuen, Teile von Altären usf.) ausgestellt, wertvollere und interessantere Funde zeigt das sehenswerte Cham-Museum in Da Nang.

Anreise und Preise

● 15 km südlich von Hoi An zweigt von der N 1 kurz hinter der Brücke über den Thu-Bon-Fluss eine Straße nach Kiem Lam ab. Über Tra Kieu (7 km) erreicht man nach 20 km Kiem Lam, von dort sind es noch 12 km bis My Son. Nach dem Ticketcounter am Parkplatz überquert man zu Fuß eine Fluss-Brücke, ein Jeep besorgt den Weitertransport bis zu den Tempelanlagen (2 km).

● Das **Ticket** (65.000 đ) beinhaltet Eintritt, Hin- und Rücktransport. Der Rundgang durch My Son ist knapp 2 km lang.

● Ein **Xe Om** (Motorradtaxi) von Hoi An nach My Son und zurück kostet um 6 $, ein Auto um 15–20 $.

● **Touren** per Minibus oder Boot (nur Rückfahrt) werden in allen Hotels und Reisebüros für 4–5 $ angeboten.

283 vi Foto: kb

Die Südliche Zentralküste

292vi Foto: kb

105vi Foto: kb

Bucht bei Qui Nhon

Sardinen im Korb

Mobile Strandküche

Überblick

Die Südliche Zentralküste gehörte bis zum 15. Jh. und teilweise noch darüber hinaus zum hinduistischen Königreich Champa. Der schmale, **langgezogene Küstenstreifen** zwischen dem *Truong-Son*-Massiv im Westen und dem Südchinesischen Meer im Osten mit einer Nord-Südausdehnung von 700 km zählt mit seinen spektakulären Steilküsten, Naturhäfen, vorgelagerten Inseln und kilometerlangen weißen Stränden zu den abwechslungsreichsten und touristisch **am besten erschlossenen** Regionen Vietnams.

Mal weichen die **Höhenzüge** des Hochlands weit von der Küste zurück und machen flachen, fruchtbaren, von zahlreichen Flüssen bewässerten Ebenen Platz, auf denen Reis, Plantagenprodukte wie Zuckerrohr, Mangos, Kokosnüsse oder Cash Crops wie Mais, Cassava, Erdnüsse und Baumwolle gedeihen, mal schieben sich die Ausläufer der bis zu 2000 Meter hohen Kordillere bis unmittelbar an die Küste heran.

Je nach der Distanz zu den Bergen, die Niederschläge mal eher begünstigen – und saisonale, teils segensreiche, teils katastrophale Überschwemmungen hervorbringen –, mal eher abhalten – und im Extremfall nahezu afrikanisch anmutende Steppen generieren –, variieren **Klima,** Bodenbeschaffenheit und Vegetation teilweise beträchtlich.

Während rund um das sonnenverwöhnte, aber nicht zu heiße Nha Trang mit die besten **Mangos** Vietnams reifen (selbst entlang der N 1 reihen sich die mächtigen Bäume mit ihren dunkelgrünen, langgliedrigen

106vi Foto: kb

Blättern), sind nur 250 km weiter südlich im regenarmen Phan Rang und Phan Thiet die Böden derart sandig und trocken, dass lediglich Weintrauben und die Kakteenfrüchte *Thang Long* gut gedeihen. Seitdem die ursprünglich an Baumstümpfen, heute aber zunehmend an Betonpfählen rankenden **Drachenfrüchte** industriell vermarktet und meist unreif geerntet werden, sind sie leider längst nicht mehr so köstlich wie ehedem.

Entfernungen

● **von Da Nang** (in km): Quang Ngai 120, Sa Huynh 180, Qui Nhon 290, Tuy Hoa 400, Nha Trang 520, Cam Ranh 570, Phan Rang 625, Phan Thiet (Mui Ne) 770, Saigon 970.
● **von Saigon** (in km): Phan Thiet (Mui Ne) 200, Ca Na 315, Phan Rang 345, Cam Ranh 400, Nha Trang 450, Tuy Hoa 570, Qui Nhon 680, Sa Huynh 790, Quang Ngai 850, Danang 970.

Klima

Ganzjährig tropisch warm, die Durchschnittstemperatur in Nha Trang beträgt 26,9° C. Zwischen August/September und Mitte bis Ende Dezember können **Regengüsse** und zwischen Juli und November sogar **Taifune** auftreten.

Infrastruktur

Alle großen Küstenstädte liegen entlang der Nationalstraße 1 und der Eisenbahnlinie Saigon – Hanoi. Nha

Thung Chai – Schwimmender Korb

Trang wird mehrmals täglich, Qui Nhon, Tuy Hoa und Quang Ngai (Chu Lai) werden mehrmals wöchentlich von Saigon wie Hanoi angeflogen.

Chu Lai   ↗ XIII/D2
(Chu Lai)

30 km nördlich von Quang Ngai passiert man inmitten einer kargen Dünenlandschaft die Überreste des ehemaligen US-Luftwaffenstützpunkts Chu Lai. Während des Krieges hausten entlang der Nationalstraße 1 Tausende Vietnamesen, die den Amerikanern als Laufburschen, Schuhputzer, Wäscherinnen und Prostituierte zu Diensten standen, in Verschlägen aus plattgewalzten Cola-Büchsen. Dies war eine der am härtesten umkämpften Regionen Vietnams während des amerikanischen Krieges (s.u.).

Quang Ngai   ↗ XIII/D2
(Quảng Ngãi)

2009 wurde nahe der Provinzhauptstadt, ideal auf halbem Weg zwischen Hanoi und Saigon gelegen, die erste Erdölraffinerie Vietnams eingeweiht (bis dahin musste Vietnam sein Öl noch billig verkaufen, um es „raffiniert" für ein Vielfaches des Preises zurückzukaufen).

„Unsere Stadt wird schöner" lässt sich unter diesen Umständen nicht ernsthaft behaupten. Aber die Lebensqualität ist sprunghaft gestiegen, und für eine Stadt dieser Größe hat Quang Ngai eine Menge zu bieten. Auf dem Südufer des *Tra-Khuc*-Flusses gelegen, ist Quang Ngai nur 15 km vom Meer mit dem 8 km langen **Strand** *My Khe* entfernt.

Schon im französischen Krieg ein Zentrum des Widerstands, wurden auch die Amerikaner der Lage in der aufrührerischen Region nie ganz Herr. Selbst nachdem weite Teile der Landbevölkerung in „strategische Wehrdörfer" umgesiedelt und ganze Landstriche zu „free fire zones" erklärt worden waren, blieb die Situation bis aufs Äußerste angespannt. Die zunehmend ratloseren GIs reagierten mit unkontrollierten Massakern in den Dörfern, von denen das in My Lai lediglich die Spitze des Eisberges darstellte.

Praktische Informationen

- ●58.000 Einw. Tel. 055.
- ●**Information.** *Quang Ngai Tourist.* 310 Quang Trung, Tel. 3825293, www.quangngaitourist.com.vn.
- ●**Taxi.** *Mailinh*, Tel. 3838383.
- ●**Geld.** *Vietcombank*, 45 Hung Vuong.

Unterkunft und Verpflegung

- ●**Central.** Modernes, komfortables First-Class-Hotel mit Pool am Südrand der Stadt. 90 Zimmer 25–46 $ inkl. BF. 784 Quang Trung, Tel. 3829999, www.centralhotel.com.vn.
- ●**Hung Vuong.** Modernes, funktionelles Haus im Zentrum. 64 Zimmer 30, 35 $ inkl. BF. 45 Hung Vuong, Tel. 3710477, www.hungvuong-hotel.com.vn.
- ●**Dong Khanh.** Sauber und freundlich; gute Wahl. 27 Zimmer 8, 10, 12 $. 16 Ba Trieu, ggb. dem Fluss-Park, Tel. 3824481.

- ●**Thang Long.** Für den Preis ok (die billigsten Zimmer sind im 4. Stock). 19 Zimmer 7–10 $. 257 Le Trung Dinh (Seitenstraße der Quang Trung), Tel. 38188777.
- ●**My Tra** am *My Khe*-Strand (s. My Lai). Verschlafen und überteuert. 12 Zimmer 20 $ inkl. BF. Tel. 3686111, ks_mytra@dng.vnn.vn.
- ●**Tandoori.** Indisch – jetzt auch in der Provinz. 3 Quang Trung.
- ●**Com Ga.** Hühnchen mit Reis gilt als Spezialität der Stadt. 243 Nguyen Nghiem (Ecke Quang Trung) oder 370 Nguyen Nghiem.
- ●**Com Binh Dan.** Gut sortierte, saubere Garküche. 30 Phan Chu Trinh (bei der Post).
- ●**Bittet Op La.** Fantastische Sizzling Steaks mit Spiegelei. 34 Phan Boi Chau.

An- und Weiterreise

- ●**Entfernungen** (in km): Hoi An 100, Da Nang 130, Qui Nhon 175, Hue 240, Nha Trang 405, Saigon 860, Hanoi 890.
- ●28 km südl. führt die N 24 (sehr schöne Strecke!) nach **Kontum** (200 km).
- ●**Bus.** Vom Busbahnhof in der Nguyen Nghiem 100 m östl. der Hauptstraße Quang Trung fahren Busse u.a. nach Saigon, Nha Trang, Qui Nhon, Buon Ma Thuot, Kon Tum, Pleiku, Hoi An, Da Nang.
- ●**Zug.** Der Bahnhof *Dieu Tri* liegt 3 km westl. des Zentrums am Ende der Hung Vuong. Per Xe Om 10.000 d. Es halten alle Züge. Ein Zug tgl. befährt nur die Strecke Saigon – Qui Nhon (SQN 1–2). Ab Sgn 19.40, an 8.55 bzw. ab Qui Nhon 17.05, an 6.35 Uhr.

My Lai ♪ XIII/D2

(Mỹ Lai)

„Es war schon toll da drüben. Keiner konnte dir was. Selbst die Army konnte dir nichts. Was hätten sie auch machen sollen? Dich nach Hause schicken?"

Am 16. März 1968 marschierten Soldaten der *Charlie Company* während eines „Routine"-Auftrags, im Militärjargon kurz *search and destroy* genannt, in das Dorf ein und massakrierten mehr als 504 wehrlose Bewohner, fast ausnahmslos Frauen, Kinder und Greise. Die GIs vergewaltigten und verstümmelten Frauen und junge Mädchen, schlitzten ihnen mit Bajonetten die Scheiden auf und zerschmetterten Babys an den Stämmen von Kokospalmen. Mehr als 100 Menschen trieb man wie Schlachtvieh vor einen Graben und ließ sie in Reih und Glied antreten, ehe man sie wahllos niedermähte.

Der Vorfall wurde erst ein Jahr später bekannt, als ein „Verräter" ausplauderte. Amerika war schockiert: brave US-Boys, die Vorkämpfer von Freiheit, Demokratie und Menschenrechten, als brutale Massenmörder, die unschuldige Babys abschlachten? Unter dem Druck der Presse und der Medien setzte die Armee eine Untersuchungskommission ein, die den Vorfall prompt unter den Tisch kehrte, zumal als immer deutlicher wurde, dass My Lai alles andere als ein Einzelfall war.

Leutnant Calley, der von allen Beteiligten als einziger strafrechtlich verfolgt wurde und in erster Instanz noch wegen 22-fachen vorsätzlichen Mordes zu lebenslänglich verurteilt worden war, wurde von einem Teil der Öffentlichkeit zum Märtyrer der „gerechten Sache" gemacht und auf Betreiben Präsident Nixons begnadigt; er verließ das Militärgefängnis nach dreieinhalb Jahren als gemachter Mann. *„Ich habe an diesem Tag in My Lai keinen Menschen getötet. Nicht ich als Person tat es. Ich tat es für die Vereinigten Staaten von Amerika, für mein Vaterland. Wir waren nicht da, um menschliche Wesen zu töten, wir waren da, um eine Ideologie zu töten, um den Kommunismus zu zerstören."*

Der Verteidiger von Lt. Calley über die 18-, 19-jährigen, die man aus den Ghettos von Chicago und den Slums von St. Louis auf die Reisfelder Vietnams geschickt hatte: *„Sie waren gute amerikanische Jungs, die man zum Töten erzogen und zum Töten nach Übersee geschickt hatte – und jetzt sollen sie Mörder sein, nur weil sie ihren Job erledigt haben?"*

My Lai machte die Schlagzeilen der Weltpresse. Tatsächlich war es nur eines von vier Dörfern des Distrikts Son My, in dem zur gleichen Zeit Massaker stattfanden.

Anreise

● 14 km nördl. von Quang Ngai, Wegweiser **Son My** bei der Brücke über den *Tra-Khuc*-Fluss. Nach 10 km Fahrt erreicht man die Gedenkstätte mit einem kleinen, beeindruckenden **Museum** (Eintritt 10.000 đ). Steinerne Stelen lassen ablesen, wie viele Menschen an einem bestimmten Punkt – einer Wegkreuzung, einem Graben, einer Hütte – umgekommen sind: 104, 11, 7 usw.

● Öffentliche Verkehrsmittel gibt es nicht. Einige Hotels in Quang Ngai organisieren Touren für 6–10 $, andernfalls per Xe Om (80-100.000 đ oder Taxi um 500.000 đ).

● Der 8 km lange **My Khe-Beach** liegt, abgetrennt von einer Lagune, 3 km von Son My entfernt und gilt als einer der schönsten der Region. Gutes Strand-Resto, Unterkunft s. Quang Ngai.

Ly Son Insel ↗ XIII/D2

Die 10 km² große Insel 30 km nordöstlich von Quang Ngai ist für ihre spektakuläre Felsküste *(rock paintings)* bekannt. Keramikfunde bezeugen ihre Besiedlung bereits in der *Sa Huynh*-Periode (Jungsteinzeit) und unter den Cham, im frühen 19. Jh., war sie ein wichtiger Hafen der Nguyen-Dynastie. Der vulkanische Ursprung manifestiert sich in Höhlen und (Bade-)Buchten und fruchtbaren Böden (Knoblauch und Zwiebeln der Insel gelten als Spezialität). Auf dem Archipel leben rund 20.000 Menschen; ab 2011 soll es eine Stromversorgung geben.

Praktische Informationen

● **Anreise.** Tgl. 2–3-mal per Fährboot (oder ggf. Hydrofoil) ab Hafen *Sa Ky (Chau Binh)* 25 km nördl.
● **Unterkunft.** 2 Guesthouses, *Binh Yen*, Tel. 3867570, und *My Linh*, Tel. 3867262.

Sa Huynh ↗ XIII/D3

2 km südlich des Fischerhafens Sa Huynh lädt ein schöner, von Palmen gesäumter Strand zum Verweilen ein. Auf das wehrlose Dorf fand während des Krieges eine **Helicopter-Attacke** der US-Luft-Kavallerie statt, die *Francis Ford Coppola* zu seinem berühmten „Walkürenritt" in *Apocalypse Now* inspirierte. 60 km südl. von Quang Ngai, 115 km nördl. von Qui Nhon.

Qui Nhon ↗ XVII/D1
(Qui Nhơn)

Lange eine Metropole im Abseits. Während in Da Nang Industrie und Handel und in Nha Trang Tourismus und Dienstleistungen blühten, wirkte Qui Nhon noch bis weit über 2000 hinaus wie ein abgelegenes Provinznest. Das beginnt sich erst jetzt zu ändern.

Die bereits von den Cham besiedelte **Hafenstadt** war während des Vietnamkriegs eine der vier großen Marinebasen der Amerikaner (die anderen waren Da Nang, Nha Trang und Cam Ranh) und schwoll zu dieser Zeit auf ein Mehrfaches ihrer Größe an.

Das Zentrum bilden die Straßen rund um den neuen Glaspalast des Großen Markts *(Cho Lon)*. Seit 2009 besitzt die Stadt sogar einen Stadtstrand, der fast so lang ist wie der von Nha Trang (bis dahin waren die Strände zersiedelt, mit Fischerdörfern etc. besetzt); doch im Gegensatz zu Nha Trang hat Qui Nhon keine Tradition als Kur- und Badeort.

Thap Doi

Von den ursprünglich drei **Cham-Türmen** von *Thap Doi* (spätes 11. Jh.) sind nur noch zwei erhalten. Sie liegen leicht erreichbar 2 km außerhalb des Zentrums auf dem Weg zur N 1 auf der Höhe 888 Tran Hung Dao.

Südliche Zentralküste

Qui Nhon

Halbinsel Phuong Mai 8 km

Thi Nai Lagune

Dong Da

Sinh Thai See

Bach Dang

Phan Chu Trinh

Phan Dinh Phung

Tran Hung Dao

Ly Thai

Le Hong Phong

Tran Phu

Xuan Dieu

Bahnhof

Thap Doi

Tran Hung Dao

N 1, Dieu Tri 10 km

Nguyen Tat Thanh

Nguyen Hue

Qui Nhon Bay

Nguyen Thai Hoc

Hoang Van Thu

Ngo May

Ly Thai To

Tay Son

An Duong Vuong

Ham Mac Tu

Queens Beach

0   1 km

1 D, Leprakolonie,
🏠 Life Resort 14 km,
Song Cau 56 km

★	1	Cham-Türme Thap Doi
🛈	2	Que Huong 2
▲	3	Long Khan Pagode
✉	4	Post
💲	5	Vietcombank
🔒	6	Lon Markt
🛈	7	Cay Dua, Cine
🏠🛈	8	Barbara's Kiwi Café, Lan Anh
🛈	9	Hoang Huy
🏠	10	Y Linh
🏠	11	Saigon Quy Nhon
🛈	12	Sau Thu
🛈	13	93 Nguyen Du

🛈	14	Essgasse Ngo Van So
🛈	15	Dong
🏠	16	Thien Hai
🏠	17	Hai Au
🏠	18	Au Co, Anh Vy, Huu Nghi
🏠	19	Hoang Anh Resort
Ⓑ	20	Busbahnhof

Qui Hoa Leprakolonie

Die 1929 von einem französischen Priester gegründete Kolonie war (und ist noch) die mit Abstand größte Vietnams. Die vorbildlich in Schuss gehaltene Anlage nahe dem Strand, in der die Patienten gemeinsam mit ihren Familien leben und arbeiten, kann heute besichtigt werden.

Qui Hoa Beach. Per Taxi oder *Xe Om* 5–10 Min. vom Zentrum. Tgl. 8–11.30, 13.30–16 Uhr, 3000 d.

Praktische Informationen

● 400.000 Einw. Tel. 056.

Orientierung

Qui Nhon liegt 10 km östlich der N 1 an der Spitze einer geschützten Halbinsel.

Adressen

● **Information.** *Barbara's*, 102 Xuan Dieu, mobil: 0905.108589, nzbarb@yahoo.com. *Binh Dinh Tourist*, 10 Nguyen Hue, Tel. 3892953, biditour@dng.vnn.vn.
● **Geld.** *Vietcombank*, 148 Le Loi.
● **Post.** 19 Phan Boi Chau.
● **Vietnam Airlines.** 55 Le Hong Phong, Tel. 3825313.
● **Taxi.** Tel. 3818282.

Unterkunft

First Class/Economy

● **Life Resort.** Sehr gepflegte dreistöckige Anlage 16 km südlich der Stadt. Ästhetisch etwas plump („Cham-Stil"), aber alle Zimmer haben Balkon, sind überaus geräumig und blicken auf eine absolut fantastische Strand- und Felsenbucht (für Schwimmer und Wassersportler freilich wenig geeignet, es sei denn, sie lassen sich zur hoteleigenen Insel übersetzen). Pool und Spa. 63 Zimmer 106, 120, 147 $ ++ inkl. BF (Internet Rate). Tel. 3340312, www.life-resorts.com.
● **Saigon Quy Nhon.** Saigontourist-Koloss mit 150 Zimmern und dem Charme eines Gebrauchtmöbellagers, Innenhof-Pool. 50–60 $ inkl. BF. 24 Nguyen Hue, Tel. 3829922, www.saigonquynhonhotel.com.vn.
● **Hoang Anh Resort.** In der Stadt wohl die beste Wahl. Angenehme Strand-Anlage mit zwei- bis dreistöckigen Häusern und 132 geräumigen, sehr korrekten Balkon-Zimmern mit guten Bädern (Wanne plus Dusche). 2 Pools, 2 Restos (Vietnamesisch, Western). Internet Rate: Garden- 64, Seaview 81 $ inkl. BF, Nov.–März gewährt man gewöhnlich fraglos Rabatt (46/60 $ ++ inkl. BF). 1 Han Mac Tu, Tel. 3747100, www.hagl.com.vn/hotel_resort/
● **Hai Au** (Seagull). Am Stadtstrand. 170 Zimmer, im alten Gebäude 45–55 $, im 11-stöckigen Neubau von 2007 75–85 $ inkl. BF. Pool, Panorama-Bar im 11. Stock. 489 An Duong Vuong, Tel. 3846377, www.seagullhotel.com.vn.

Budget

● **Y Linh.** Neu 2010, vierstöckig mit Lift und 24 Zimmern 18–22 $; schön die Zimmerflucht 402 mit Panoramafenster aufs Meer. Tel. 3894455, Fax 3894555. 18 Nguyen Hue.
● **Anh Vy.** Korrektes Mini mit 12 Zimmern, zur Seite mit Fenster je nach Stockwerk 8–10 $, nach vorne mit kl. Balkon 12–14 $. 8 An Duong Vuong, Tel. 3847763.
● **Au Co.** Ordentliche Alternative gleich nebenan, 10 Zimmer 10–14 $. 24 An Duong Vuong, Tel. 3747699, hotel_auco@yahoo.com.
● **Thien Hai.** Neu. 9 geräumige Zimmer mit Strandblick 10–13 $. 5A Nguyen Thiep. Tel. 2470735.
● **Huu Nghi.** Relativ neuwertig, an der Strandpromenade. 19 Zimmer 10, größer und mit Seaview 15 $. 22 An Duong Vuong. Tel. 3846323.
● **Lan Anh.** Über *Barbara's* reservieren (s.u.). 14 Zimmer, im Erdgeschoss ohne Fenster 10 $, ansonsten 12–16 $; hinten mit kleinem Balkon, vorne geräumig mit Seaview (und 1 Balkonzimmer). 102 Xuan Dieu, Tel. 389 3109.

Südliche Zentralküste

●**Barbara's** (siehe *Kiwi Café*). 6 Betten im Dorm mit Fenster und WW à 60.000 đ. 102 Xuan Dieu, Tel. 3892921, mobil: 0905.108 589, nzbarb@yahoo.com.

Essen und Trinken

●**Barbara's Kiwi Café.** Freundlich, jede Menge Fast Food und Infos – was will man mehr? Kiwi Barbara lebt seit Anfang der 1990er Jahre in Qui Nhon und kennt den Ort wie ihre Westentasche. 102 Xuan Dieu.

●**Dong.** Einfaches, mehrstöckiges Seafood-Resto mit Dachgarten; nicht ganz billig, aber angemessen. 26 Nguyen Lac.

●**Hoang Huy.** Frisches Seafood, englische Karte, günstige Preise, gespeist wird auf der Terrasse im 1. Stock – eine gute Wahl. 104 Xuan Dieu. Eleganter ist **Cine,** 94 Xuan Dieu, noch eine Spur lebhafter **Cay Dua,** 98 Xuan Dieu.

●**Que Huong 2.** Bestes Allround-Resto der Stadt; 2 Etagen, engl. Karte und sehr günstige Preise. Spezialität ist *Com Ga*, Huhn mit Safranreis. 185 Le Hong Phong.

●**Ngo Van So.** Vergnügliche kleine Fressgasse voller Nudel-Shops, Eis- und *Che*-Stuben etc.

●**Sau Thu.** Hervorragende, saubere Garküche mit großer Auswahl und Tischen im Freien. 69B Hai Ba Trung.

●**93 Nguyen Du.** Kleine, populäre Bierhalle mit guten Snacks.

●**Seaview Café** im 8. Stock des *Saigon*-Hotels. Gemütlich, schöner Panoramablick, *Fanny*-Eis; bis 22 Uhr. 24 Nguyen Hue.

●**Australia Bakery.** Bäckerei, Café, auch Fast Food (Burger mit Pommes); 543 Tran Hung Dao.

An- und Weiterreise

●**Entfernungen** (in km): Quang Ngai 170, Pleiku 185, Nha Trang 240, Hoi An 270, Da Nang 300, Saigon 680.

●**Von Süden.** Die 2002 eröffnete Küstenstraße 1D führt hinter *Song Cau* durch eine reizvolle, teils wüstenartige Dünenlandschaft und entlang pittoresker Steilküsten direkt bis nach Qui Nhon (36 km).

●**Von Norden.** Eine neue, 7 km lange Brücke über die *Thi-Nai*-Lagune verbindet Qui Nhon

mit der langgezogenen Halbinsel **Phuong Mai.** Pittoreske Landschaften, unerschlossene Strände. Abzweig von der N1 zur **Küstenstraße** kurz hinter *Ngo May* (40 km).

●15 km nördlich zweigt bei *Binh Dinh* die N 19 nach Tay Son, **Pleiku** und Kon Tum ab.

●**Flug.** Der Flughafen *Phu Cat* liegt 30 km nördl. des Zentrums. Verbindungen mit Saigon (tgl.), Da Nang (tgl.) und Hanoi.

●**Zug.** Alle Express-Züge halten am Bahnhof *Dieu Tri* 10 km westl. Zubringer-Bahnhof von/nach Dieu Tri im Zentrum, 291 Le Hong Phong.

●**Bus.** Der Busbahnhof *(ben xe)* liegt an der Kreuzung Tay Son/D 1. Expressbusse fahren u.a. nach Da Nang, Da Lat, Buon Ma Thuot, Pleiku, Dong Hoi, Vinh, Nha Trang, Saigon. Nach Dalat mit *Phuong Trang*, 390 Tran Hung Dao, Tel. 3816777. Nach Nha Trang und Pleiku je 4-mal tgl. mit *Mailinh*, Tel. 3546666.

●**Open Tour.** Alle Veranstalter lassen Qui Nhon links liegen und Passagiere an der N 1 aussteigen *(Xe Om* ins Zentrum um 15.000 đ).

●**Laos.** 4-mal die Woche Bus nach *Pakse* über *Bo Y*, ca. 20 Std.

Qui Nhon, Umgebung

Cha Ban

Die Region um Qui Nhon war jahrhundertelang eine Hochburg der **Cham,** die Ruinen der alten Hauptstadt **Vijaya** (auch als *Cha Ban* bekannt) liegen nur 27 km weiter nördlich. Vijaya wurde nach dem Fall von *Indrapura (Dong Duong)* um 1000 erbaut und blieb trotz aller Attacken der Vietnamesen und Khmer annähernd ein halbes Jahrtausend lang nahezu unversehrt. Erst 1471 gelang es den Truppen Kaiser Le Thanh Tons, die Festung endgültig einzunehmen und dem Erdboden gleichzumachen; ihre

Löwen und Elefanten. Als einziges großes Monument von Bedeutung blieb der 20 m hohe Ziegelturm **Canh Tien** (Kupferturm), dessen Dachaufbau – mit aufgesetzten steinernen Schlangen, Elefanten und Fabelwesen – noch recht gut erhalten ist.

15 km nordwestlich ragen die *Elfenbeintürme* **Thap Duong Long** aus der hügeligen Landschaft. Die drei üppig mit Schlangen und Elefanten dekorierten Türme aus dem 12. Jh. sind 22 und 24 m hoch und lassen deutliche, wenn auch nicht immer geglückte Anklänge an die Khmer-Architektur erkennen. Der Weg dorthin ist der gleiche wie zum *Quang- Trung-Museum* (s.u.), von dort führt die Straße ca. 10 km weiter nördlich.

Ein weiteres Turmheiligtum der Cham – **Banh It** oder *Thap Bac*, Silberturm – befindet sich auf einem Hügel 19 km nördlich von Qui Nhon und ist von der N 1 aus zu sehen. Von der Tempelgruppe aus dem 11. Jh., die ursprünglich sechs Bauten umfasste, sind vier geblieben, von denen der 22 m hohe Hauptturm noch gut erhalten (bzw. restauriert) ist.

100.000 Einwohner wurden bis fast auf den letzten Mann massakriert. Erst der Fall Vijayas ermöglichte den Vietnamesen, ihr Reich auszudehnen und weiter nach Süden vorzustoßen.

Während der Tay Son Rebellion im 18. Jh. diente Cha Ban unter dem Namen *Hoang De* kurze Zeit als **Hauptstadt der Zentralprovinzen** und wurde von *Nguyen Nhac*, einem Bruder Nguyen Hues, gegen die Angriffe des späteren Kaisers Gia Long ausgebaut.

Im Innern der weitläufigen Zitadelle sind noch Überreste der Cham-Metropole zu erkennen – Gräben, Brunnen, Steinwälle, Granitstraßen, Statuen von

Quang-Trung-Museum

Außer für seine Ausstellung zum Tay-Son-Aufstand der Nguyen-Brüder ist das Museum in ganz Vietnam für seine Demonstrationen der *Vo* oder *Vo Vi Nam* genannten **Kampftechnik** bekannt, die Nguyen Hue entwickelt haben soll. Das Tay-Son-Fest am 5. Tag des 1. Mondmonats stellt seinen Sieg über die Chinesen nach und bietet ei-

Cham-Türme Thap Doi bei Qui Nhon

Südliche Zentralküste

ne gute Gelegenheit, den Kampfspielen beizuwohnen.

Bao Tang Quang Trung. 45 km nordwestlich von Qui Nhon. Von der N 19 Richtung Pleiku führt nach 25 km eine beschilderte Abzweigung zum 2 km entfernten Museum. Eintritt 10.000 d. Folgt man der Straße 10 km weiter, gelangt man zu den Elfenbeintürmen (s.o.).

Song Cau ⚲ XVII/D2

Auf halber Strecke zwischen Qui Nhon und Tuy Hoa: Buchten, Lagunen, Salinen, Fisch- und Shrimpsfarmen noch und noch.

Die nahe **Xuan Dai-Bucht** (130 km²) gilt als eine der schönsten der Welt. Ende des 18. Jh.s errichteten die rebellierenden *Tay Son* um Nguyen Hue in der von der 15 km langen Bergkette *Co Ngua* (Pferdehals) geschützten Bucht einen Hafen. Strände mit Dünen und Kokosnusshainen, Inseln und Halbinseln sowie Korallenriffs in den bis zu 18 m tiefen, fischreichen Gewässern wollen noch entdeckt werden.

Praktische Informationen

- **Entfernungen** (in km): Nha Trang 175, Tuy Hoa 55, Qui Nhon 50.
- **Route.** Knapp nördl. zweigt die schöne Küstenstraße 1D von der N 1 ab und schlängelt sich direkt bis **Qui Nhon** (36 km), während die N 1 über den *Cu Mong-Pass* und 10 km an Qui Nhon vorbei führt. Von/nach Qui Nhon per *Xe Buyt* (Stadtbus).
- **Aktivitäten.** Touren ab Nha Trang und Qui Nhon schippern kurz durch die Bucht, besichtigen die bizarren Felsformationen von *Da Dia* und genießen lokale Hummer und

Tay Son

Tay Son war die Heimat der Brüder Nguyen, die sich 1771 an die Spitze der Bauernaufstände des Südens stellten und nach und nach ganz Vietnam eroberten. Der jüngste der drei, *Nguyen Hue,* zerschlug 1789 einen letzten Versuch der Chinesen, mit einem 200.000 Mann starken Heer in der früheren Kolonie wieder Fuß zu fassen und bestieg noch im gleichen Jahr den Thron von Hanoi als Kaiser **Quang Trung**, starb aber bereits 3 Jahre später, lediglich 40 Jahre alt.

Die nach dem Tay-Son-Distrikt benannte Revolte stürzte Ende des 18. Jh. die Macht der Fürstenhäuser *Nguyen* in Hue und *Trinh* in Hanoi, deren Rivalität Vietnam 250 Jahre zuvor ins Chaos gestürzt und in der Folge in zwei Reiche geteilt hatte. Das heutige Regime feiert Nguyen Hue als Revolutionär und die Tay-Son-Revolte als antifeudalen Aufstand.

Krabben, die als die besten weit und breit gelten, ansonsten steckt der Tourismus noch in den Kinderschuhen.

Unterkunft

- **La Perla Hideaway Retreat.** 8 Luxus-Bungalows an privatem Traumstrand ab 570 $; im Lauf der Jahre soll hier eine kleine „Traumstadt" entstehen. Niederländisch. www.baitram.com.
- **Bai Tien.** An der N1. Auf Pfählen über einer Fischfarm errichtetes Resto mit Hotel (12–16 $); vermittelt auch Bootsfahrten. Tel. 057/3711007. Alternative: **Nhu Y** (Tel. 057/371 1012).
- **Laura.** Modernes Mini am nördl. Ortseingang; 22 Zimmer 8–10 $. Tel. 3875510.
- **Cat Vang** (Golden Sand). Zimmer in Strand-Bungalows 5–8 $; akzeptabel, mit Meerblick, aber zum Baden nicht geeignet! Wegweiser an der N 1 südl.

Tuy Hoa ↗ XVII/D2

(Tuy Hòa)

Die Provinzhauptstadt am *Da-Rang*-Fluss, dem längsten und wasserreichsten der Zentralküste, ist eine freundliche Metropole des Zuckerrohrs und der Kokosnüsse. Wahrzeichen der Stadt ist der auf einem Hügel gelegene, 20 m hohe Cham-Turm *Thap Nui Bao*, der im 14. Jh. errichtet wurde. Zu beiden Seiten der Stadt erstrecken sich von Pinien gesäumte Strände; die Strandpromenade im Ort heißt *Doc Lap*.

Praktische Informationen

- 68.000 Einw. Tel. 057.
- **Information.** *Phu Yen Tourist*, 2A Tran Hung Dao, Tel. 3823697.
- **Geld.** *Incombank*, 236 Hung Vuong.
- **Vietnam Airlines,** 87 Phan Dinh Phung, Tel. 3381510. Der Flughafen, eine ehem. US Air-Base, liegt 6 km südl. 2–3mal pro Woche von/nach Saigon.
- **Zug.** Fast alle Züge halten in Tuy Hoa.
- **Entfernungen** (in km): Nha Trang 120, Qui Nhon 110.

Unterkunft und Verpflegung

- **CenDeluxe.** „Five-Star", seit 2009. 218 Zimmer, 4 Restaurants, Pool, Gym etc. DZ 69, 99 $ inkl. BF. Tel. 3818818, www.cendeluxehotel.com.
- **Kim Anh.** Korrektes und gut geführtes Minihotel mit 15 Zimmern 10–12 $. 221 Hung Vuong, Tel. 3893999. Knapp 1 km zum Beach.
- **184 Hung Vuong.** Freundliches, sauberes *Nha Nghi* (Guesthouse) mit 12 Zimmern 8–10 $, mit Fan 6–7 $. Tel. 3821023.
- **Phu Yen Trade Union.** 2008 mustergültig renovierter Realsozialismus am Strand. 100 geräumige Zimmer z.T. mit Balkon und Seaview, DZ 18, 23, 35 $ inkl. BF. 53 Doc Lap, Tel. 3823187, Fax 3825767.
- **Ba Bi.** Frisches Seafood auf 2 Etagen. 319 Nguyen Hue.
- **Lau Vit.** Spezialität Ente, auch Schnecken, Aal, Frosch. 275 Le Duan.
- **Café Tung.** Das interessanteste und schönste Café weit und breit. 123 Nguyen Trai.

Dai Lanh ↗ XVII/D2

Am Fuße des 12 km langen **Dai-Lanh-Passes** 150 km südl. von Qui Nhon (85 km nördl. von Nha Trang) erstreckt sich der halbkreisförmige **Strand** von Dai Lanh. Im Norden von dem mächtigen Felsvorsprung *Mui Dai Lanh* begrenzt, dem ehemaligen *Cap Varella* der Franzosen und östlichsten Punkt des vietnamesischen Festlands, geht der Strand im Süden in die gewaltigen Sanddünen der 30 km ins Südchinesische Meer ragenden **Halbinsel Hon Gom** mit dem Fischerhafen *Dam Mon* (19 km, s.u.) über.

Lohnenswerter Abstecher – knapp 40 km – zum **Mui Dien** (Cap Varella) mit dem 86 m über dem Meer aufragenden französischen Leuchtturm von 1890 und dem 1½ km langen **Mon Beach** (mit Cafés, Seafood-Restos und Bungalows um 100.000 đ). Von Norden ab Flughafen *(San Bai)* Tuy Hoa über Hoa Hiep, von Süden ab dem Fischer- und Tiefseehafen **Vung Ro.**

Dam Mon

Der malerische Fischerhafen an der geschützten Ostseite der mit **Dünen,** Sandstränden und Casuarina-Wäldern gespickten Halbinsel Hon Gom war in der Kolonialzeit als *Port Dayot* (benannt nach einem französischen Marineoffizier des 19. Jhs.) bekannt. 1933 logierte hier *Yves Cousteau*, der nach ersten Tauchgängen in den kristallklaren Gewässern der *Van-Phong-Bucht* beschloss, sein Leben dem Meer zu widmen und zum berühmtesten Meeresforscher des letzten Jhs. wurde.

Anfahrt u. Unterkunft

● **Dam Mon** – bis dahin praktisch nur per Boot erreichbar – seit 2003 ist der Ort durch eine 19 km lange Straße mit der N 1 verbunden.

● **Whale Island Resort.** Charmante Anlage unter franz. Leitung auf der Insel *Hon Ong* (5 Min. per Boot ab Dam Mon). 28 Bungalows mit Fan, WC, Dusche, Moskitonetz, 57 (Gardenview 39 $) inkl. BF. Sehr gute Küche (Mahlzeiten 22 $) und exzellente Wassersportmöglichkeiten und Tauchgründe, aber die Bungalows sind recht spartanisch und bieten nicht viel Komfort. Tel. 058/3840501. Nha Trang: 2 Me Linh, Tel. 3513871, www.whaleislandresort.com.

Ba Ho

Drei Wasserfälle mit idyllischen Seen, die zum Baden und Picknicken einladen. 25 km nördl. von Nha Trang 5 km abseits der N1 am Fuß des *Ro-Tuong-*Passes. 10.000 đ.

Doc Let

Die von schmalen Dünenketten gesäumten **Strände** von Doc Let, 35 km nördlich von Nha Trang, gelten als die schönsten der Region.

Unterkunft

● **Ki-em Art House Resort.** Bildschöne, ganz und gar außergewöhnliche Anlage mit klar erkennbarer, individueller Handschrift. Alte Holzpfeiler, antike Ziegel, verblüffende Installationen, eine Meditationshalle – die lange Jahre in Paris wohnhafte Künstlerin Ki-em ist *beseelt* von ihrer Mission und beseelt ihrerseits die anmutige kleine Idylle. Weitläufiger Garten, Kunstgalerie, historische Sammlungen, sehr gute Küche, Pool mit kl. Spa, vor der Tür der Strand – perfekt! 9 geräumige AC-Zimmer/Häuser, davon 2 mit Seaview 70–90 $ p.P. inkl. aller Mahlzeiten. 15 km ab N 1 Richtung Han Khoi/Dong Hai. Tel. 058/3670952, www.ki-em.com.

● **Paradise Resort.** Gleich neben Ki-em, betont einfach, aber sauber, aufgeräumt und unter seinem franz. Besitzer wohltuend lässig bis chaotisch. Kayaks und Motorboot zum Fischen/Schnorcheln. 25 Fan-Bungalows 30–35, 4 Apartments 60 inkl. aller Mahlzeiten. Tel. 058/3670480, www.vngold.com/doclet/paradise.

● **White Sand Resort.** Solide Anlage (eher) für Pauschaltouristen. 54 Zimmer/Bungalows ab 70 $++. Tel. 058/3670670, www.whitesandresort.com.vn.

● **Jungle Beach Resort.** Manche lästern über „die Hippies". Aber der Kanadier Sylvio und seine vietnamesische Frau haben nicht nur einen fantastischen Platz mit einem kilometerlangen Strand, nach dem sich jedes Luxusresort die Finger lecken würde, es geht bei ihnen einfach lockerer und ungezwungener – und für viele paradiesischer – zu als sonst irgendwo an einem vietnamesischen Strand; ein echtes Unikat! 24 Zimmer in rustikalen, ein-fach(st)en Hütten aus Holz, Bast und Bambus – da kommt Robinson-Feeling auf!

Möglichkeiten zum Trekking (Felsen, Wasserfälle), ein Boot zum Fischen und Tauchen. 20 $ p.P. inkl. aller Mahlzeiten. 22 km ab N1 Richtung Hyundai-Werft/Ninh Phuoc. Tel. 058/3622 384, mobil: 0913.329144, syl@dng.vnn.vn.

Ein Anruf oder eine eMail sollte helfen, die Transportfrage zu klären (evtl. Pickup in Nha Trang?). Per Bus bis zur Abzweigung an der N 1, weiter per Xe Om. Ein Taxi ab NT kostet ca. 300.000 đ.

● **Wild Beach Resort.** Seit 2009 nahe dem Jungle – und entgegen seinem Namen *stinknormal*. 30 Bungalows ab 120 $ ++. Tel. 058/3622694, www.wildbeachresort.com.

Nha Trang ↗ XXI/D1

(Nha Trang)

„Wenn Saigon das Paris des Orients ist, dann ist Nha Trang sein Nizza" notierte ein enthusiastischer Globetrotter Anfang des letzten Jhs. Dutzende Hotels, Restaurants und Cafés säumen die 5 km lange, von üppigen Palmen gesäumte **Promenade** und den gepflegten, einst mit französischen Jugendstilvillen, Verwaltungsbauten und einem *Grand Hotel* bestandenen **Strand.** Die türkisblauen Gewässer rund um die vorgelagerten **Inseln** und **Korallenriffe** sind ein Paradies für Taucher und Schnorchler, und von den **Cham-Türmen** im Norden der Stadt genießt man einen wunderbaren Blick auf die Mündung des *Song Cai.*

Einst Hafen und Stützpunkt der Cham, wurde Nha Trang während der Kolonialzeit zu einem „mondänen" Seebad mitsamt Meeresforschungszentrum und Pasteur-Institut ausgebaut. In den Jahren zwischen 1965 und 1971 schwoll die Einwohnerzahl

🏠	1	La Paloma
🍴	2	Thuy Duong
🍴	3	Lac Canh
🍴	4	Ninh Hoa
★	5	Chua Hoi Phuoc
Ⓜ	6	Pasteur-Institut + Yersin-Museum
🏠	7	Sunrise
🏠	8	Sheraton
🏠	9	Lodge
🏠	10	Vien Dong + Tourist Office
🏠	11	Blue House
🏠	12	Phu Quy 1
🍴	13	Vuon Xoai
🍴	14	Ngoc Trai
🏠	15	Diva, Thuy Duong
🏠	16	Prime
🏠	17	Novotel
🏠	18	Que Huong
🍴	19	Café des Amis
🏠	20	Que Thao, Sea View, Asia Paradise
🏠	21	Rainbow
🏠	22	Dong Hai
🍴🍴	23	Truc Linh, Guava, Crazy Kim
🏠	24	Backpacker's House
🍴	25	Da Ferdinando
🍴🍴	26	Le Petit Bistro, Why Not
🏠	27	Axar
🏠	28	Nice
🏠	29	Ha Thu + Oasis
🍴	30	Sailing Club
🍴🍴	31	Treffpunkt
🍴	32	Ngoc Suong
🍴	33	Louisiane Brewhouse
🏠	34	Phu Quy 2
🏠	35	Starlet
🏠	36	La Suisse, Ha Van
🏠	37	Gia Huy
🏠	38	Ana Mandara

Südliche Zentralküste

Nha Trang, Zentrum

0   500 m

Hai Dao Insel

Qui Nhon 230 km

Ponagar-Türme

Cu Lao Trung

Pham Van Dong

2 Thang 4

Ng. Binh Khiem

Nguyen Cong Tru

Dam Markt

Phan Boi Chau

Chua Lang Son und
Buddhastatue,
Busbahnhof 1 km,
Saigon 443 km

Phan Chu Trinh

Le Loi

2 Thang 4

Trung Nu Vuong

Pasteur

Tran Phu

Tran Qui Cap

Thong Nhat

Hoang Van Thu

Yersin

Bank

Yersin

Le Thanh Ton

Le Loi Phuong

23 Thang 10

Thai Nguyen

Bahnhof

Ly Tu Trong

Quang Trung

Le Hong Phong

Nguyen Trai

Le Thanh Ton

Hoang Hoa Tham

Ng.

Tran Hung Dao

Chanh

To Hien Thanh

Nguyen Thien Thuat

Krieger-
denkmal

Nguyen Thi Minh Khai

Hung Vuong

Biet Thu

Tran Phu

Tran Quang Khai

Cau-Da-Hafen und
Bao-Dai Villen 2 km

ehem. Flughafen

SÜDCHINESISCHES MEER

Detailkarte unten links

Nguyen Thi Minh Khai

Nguyen Thien Thuat

Hung Vuong

Tran Phu

Biet Thu

Tran Quang Khai

Tue Tinh

der Stadt, deren Strände sich auch bei den Amerikanern großer Beliebtheit erfreuten, von 50.000 auf über 250.000 an.

Mit der zivilen Wiederinbetriebnahme des alten US-Militärflughafens im Zentrum der Stadt begann ab 1992 der Aufstieg Nha Trangs zu einer Touristendestination. Seit Mitte der 1990er Jahre breitet sich die Beachfront immer weiter aus, die Promenade wurde um über das Doppelte nach Norden verlängert und völlig neue Straßen und Viertel erschlossen, und auch der längst zu klein gewordene – und wertvollen Baugrund besetzende – **Flughafen** ist gewichen und wurde Mitte 2004 nach *Cam Ranh* 35 km südlich verlegt.

Klima

Die günstige Lage inmitten einer geschützten Bucht sorgt für ein durchgängig angenehmes und **mildes Klima.** Die Regenzeit setzt erst im Juli ein und dauert bis Dezember. In den niederschlagreichsten Monaten Oktober/November kann es dennoch zu heftigen Stürmen und sogar Taifunen kommen.

Hochsaison an den Stränden ist zwischen März und Juli, aber baden, tauchen und schnorcheln ist das ganze Jahr über möglich. Schwimmen und Sonnenbaden sind vor allem am Vormittag angesagt, da die Sonne ab Mittag von hinten kommt und schon relativ früh hinter den Bergen versinkt. Zwischen November und Januar/Februar weht oft eine erfrischende bis kräftige „Nordsee"-Brise.

Orientierung

Die Uferpromenade **Tran Phu** verläuft auf einer Länge von 5 km parallel zum Strand und mündet im Süden (6,5 km) in den Fischer- und Bootshafen von **Cau Da.** Gen Norden führt sie als *Pham Van Dong* zum Strand von Hon Chong und 16 km die Küste entlang, ehe sie 10 km südl. von Ninh Hoa auf die N 1 trifft.

Mittelpunkt der City ist der Zentralmarkt **Cho Dam** mit den Hauptgeschäftsstraßen *Thong Nhat, Phan Boi Chau* und *Le Loi*, die bei der Hauptpost auf die Promenade mündet. Die N 1 verläuft 5–6 km westlich der Stadt.

Sehenswertes

Strände

Der Hauptstrand erstreckt sich über eine Länge von **4 km** und ist für einen Stadtstrand bemerkenswert sauber. An Cafés, Restaurants und Wassersportmöglichkeiten ist kein Mangel.

Der **Hon-Chong-Strand** im Norden der Stadt ist weniger erschlossen und zum Baden geeignet – hier halten sich vorwiegend Einheimische auf –, lohnt aber einen Ausflug. Um das Kap *Hon Chong* mit seinen skurrilen Felsblöcken ranken sich Mythen und Legenden (Fußstapfen Buddhas), am Strand gibt es Cafés, Restaurants und Hotels.

Strände bieten auch einige der **Inseln** wie *Hon Tre* oder *Hon Tam* (s.u.).

Markt

Das Treiben in den kleinen Straßen und Gassen rund um den imposanthässlichen **Cho Dam** ist interessanter als der Markt selbst. Das turbulente Gewirr der alten Holzhäuser und Pfahlbauten der Fischerquartiere entlang den beiden Mündungsarme des Cai-Flusses fällt allerdings immer mehr der Sanierung zum Opfer, und bald wird man auch die spektakulären **Schwimmenden Körbe** *(thung chai)*, mit denen sich die Fischer von Boot zu Boot und zwischen den Ufern bewegen, nicht mehr sehen. Die runden, mit Pech abgedichteten Bambus-Körbe haben einen Durchmesser von bis zu 2 Metern.

Cham-Türme Po Nagar

Die auf einer Anhöhe über dem *Cai*-Fluss errichtete **Tempelgruppe** (Thap Ba) ist Po Nagar, der Muttergöttin der Cham – die im Lauf des Shiva-Kults zu Bhagavati, der Gattin (weiblichen Energie) Shivas umfunktioniert wurde – geweiht. Das Heiligtum der „Herrin der Stadt" *(Yan Po Nagar)* wurde zwischen dem **7.** und **12. Jh.** errichtet. Von den ursprünglich zehn Bauten sind nur noch vier erhalten, da immer wieder Malaien, Javaner und Khmer in die Bucht einfielen, das Heiligtum plünderten und die Kultobjekte von *Kauthara*, wie Nha Trang unter den Cham hieß, raubten. Da die Anlage immer von neuem wieder aufgebaut werden musste, ist sie zwar vergleichsweise gut erhalten, bietet aber kein einheitliches Bild. Nicht allzu fachgerechte Instandsetzungen der letzten Jahre verfälschen den Eindruck weiter.

Einst gelangte man zum Heiligtum durch eine große bedeckte **Säulen-**

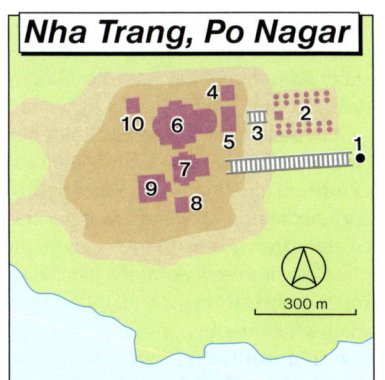

Nha Trang, Po Nagar

1 Eingang
2 Mandapa
3 ehem. Eingangstreppe
4 Museum
5 Vorplatz
6 Nordturm
7 Zentralturm
8 Südturm
9 ehem. Westturm
10 Nordwestturm

halle *(mandapa*, Meditationshalle) am Fuß des Hügels, von der heute nur noch 10 Säulenreste erhalten sind. Auch Spuren der ursprünglichen Treppe, die zum Nordturm führte, sind noch deutlich zu erkennen.

Der 817 errichtete, 24 m hohe **Nordturm** *(thap chinh)* gilt als eines der schönsten Beispiele der Cham-Baukunst. Der *Kalan* erhebt sich über einem quadratischen Grundriss und verjüngt sich nach oben in einer dreistöckigen Pyramide. Über dem Eingang, dessen massive Stützpfeiler mit Sanskrit-Inschriften verziert sind, tanzt der vierarmige Shiva mit dem heiligen Stier Nandi und zwei Musikanten an seiner Seite. Im Inneren prangt auf einem steinernen Lotosthron die schwarze Statue der prächtig geschmückten zehnarmigen **Po Nagar,** der „Großen Mutter". Bis 918 befand sich anstelle der Statue ein goldener Lingam, der von den Khmer geraubt wurde. Der Schrank im Hintergrund enthält die prunkvollen Gewänder der Göttin, die während einer aufwendigen Zeremonie dreimal im Jahr (zum Tet-Fest, am 30. März und 15. Juli) gewechselt werden.

Der **Zentralturm** *(thap nam)* wurde im 12. Jh. aus den Überresten früherer, zerstörter Türme rekonstruiert. Er ist deutlich dem Nordturm nachempfunden, das Dach bildet aber nur eine einfache Pyramide, und die Ornamente sind weniger ausgeprägt. Wie auch im (wiederum verkleinerten) **Südturm** befindet sich in seinem Innern ein Lingam, das Symbol des Weltschöpfers Shiva.

Der heute nicht mehr zugängliche **Nordwestturm** war einst *Ganesha*, dem elefantenköpfigen Sohn Shivas, geweiht.

Fantastischer Blick auf die Mündung des *Cai*-Flusses mit pittoresken Felsen. Eintritt 10.500 đ, im Inneren der Türme sollte man die Schuhe ausziehen.

Chua Long Son

Die bedeutendste Pagode der Stadt wurde 1886 gegründet, aber mehrfach umgebaut. Rechts vom Hauptgebäude führen 152 Stufen auf den Hügel *Trai Thuy* mit einer 14 m hohen, weithin sichtbaren weißen Statue ei-

107vil Foto: kb

Südliche Zentralküste

nes **Sitzenden Buddha.** Schöner Panorama-Blick auf Nha Trang und den Strand. – Von Flammen umrahmte Porträts von Mönchen erinnern an Proteste und Selbstverbrennungen gegen die Buddhisten-Verfolgung des Saigoner Regimes 1963. 7.30–11.30, 13.30–19 Uhr. 23 Thang 10, ca. 500 m vom Bahnhof.

Pasteur-Institut

Das Institut wurde 1895 von **Alexandre Yersin,** dem Lieblingsschüler Pasteurs, eingerichtet; weitere Institute gab es in Saigon, Da Lat und Hanoi. Yersin brachte den Kautschuk nach Vietnam und machte damit indirekt Hunderttausende zu Sklaven der französischen Gummibarone *(Michelin u.a.)*, bleibt aber dennoch (neben Pasteur selbst) der einzige Franzose, der von den Vietnamesen bis heute anerkannt, ja nahezu verehrt wird. Der gebürtige Schweizer entdeckte den Pest-Bazillus, entwickelte Impfstoffe gegen Cholera, Meningitis und Tetanus und half entscheidend mit – oft genug gegen den erklärten Willen seiner Auftraggeber! –, das marode Gesundheitssystem Vietnams zu reformieren. Yersin verbrachte fast ein halbes Jahrhundert in Nha Trang und liegt seit 1943 auf eigenen Wunsch nahe der Stadt begraben.

Yersins Arbeitsräume und Bibliothek sind heute ein kleines Museum. Mo–Fr 7.30–11, 14–16.30 Uhr, 20.000 đ. 10 Tran Phu.

Ozeanografisches Institut

Das 1923 gegründete *Institute of Oceanography* mit dem *National Oceanographic Museum and Aquarium* beherbergt total überfüllte und veralgte Becken und Aquarien mit Haien, Schildkröten und Korallenfischen sowie eine kuriose Sammlung von Meeresgetier aller Art, teils ausgestopft auf Endlosregalen, teils in Spiritusgläsern vor sich hindümpelnd – eher ein unwürdiger Zustand als ein Highlight.

Das Institut liegt im äußersten Süden der Tran Phu zwischen dem Hügel der Bao-Dai-Villen und dem Hafen Cau Da. Tgl. 7–17 Uhr, 15.000 đ.

Thap Ba Hot Springs

Erst vor wenigen Jahren entdeckt und in einem schön angelegten Park zu einem exzellenten (und pieksauberen!) **Thermalzentrum** ausgebaut wurden die 35–40° heißen Quellen in den Hügeln von Thap Ba 2½ km westlich der Cham Türme (Zufahrt dort). Für 60.000 đ kann man es sich in heißem Mineralwasser oder Sodiumchloritschlamm wohl ergehen lassen und ganztägig den großen **Swimmingpool** nutzen (Mineralwasserbecken zu zweit 70.000 đ, Pool alleine 200.000 đ, Badetücher gratis). Zudem stehen Dampfbäder, Massagen, Akupunktur, Café, Restaurant und ein Guesthouse mit Bungalows zur Verfügung. www.thapbahotspring.com.vn.

Fischverkauf am Strand

Praktische Informationen

● 400.000 Einw. Tel. 058.

Adressen

● **Information.** *Khanh Hoa Tourist.* Kiosk an der Tran Phu ggb. dem Lodge-Hotel No. 42. Büro: 1 Tran Hung Dao. Tel. 3526753, www.nhatrangtourist.com.vn.

● **Geld.** *Vietcombank.* 17 Quang Trung, Mo–Fr. ATM auch 5 Hung Vuong, 60 Tran Phu, in den Hotels *Lodge* und *Yasaka.*

● **Post.** 2 Le Loi, tgl. 7–21 Uhr.

● **Gesundheit.** *Ben Vien 87.* Das Armee-Hospital im Traveller-Viertel (am Ende der Biet Thu) ist deutlich effektiver – und billiger – als das städtische Spital (19 Yersin).

● **Zahnklinik.** *Dental Office Tan My.* Wird zunehmend von Ausländern für „große Lösungen" besucht. 41 Le Thanh Phuong, Tel. 3825071, tanmy_nhatrang@yahoo.com.

● **Apotheke.** 7K Hung Vuong. 7–22.30 Uhr.

● **Wellness.** *Crazy Kim Spa Gym,* mit detaillierter Preisliste („Hangover Cure" 250.000 đ), 8–22 Uhr, 1D Biet Thu. *Lotus Beauty & Spa,* mit Preisliste, 9–23 Uhr, 28 Tran Quang Khai.

● **Vietnam Airlines.** 91 Nguyen Thien Thuat, Tel. 3526768.

● **Easyriders.** *Nha Trang Pro Easy Rider,* 29 Hung Vuong, Tel. 6299622, mobil: 0979. 507171 (Tam).

● **Supermarkt.** *Maximark,* 62 Thai Nguyen (beim Bhf.). *Minimart,* 13 Biet Thu.

● **Long Thanh Galerie.** Ausstellung des besten Fotografen Vietnams. 126D Hoang Van Thu. Tel. 3824875, lvntrang50@hotmail.com.

Reiseagenturen

● **Ever Blue Travel.** High-End-Touren und Buchungen aller Art; Verantwortlicher ist Mr. *Hieu.* Tel. 3877922, www.everbluetravel.com.

● **Mr. Vu's Tour Adventure.** Bootstouren *ohne* Partytime und zu weniger überlaufenen Inseln, individuelle Touren in die Umgebung, ins Hochland etc. 2 D Biet Thu, mobil: 0905.008686, www.vutouradventure.com.

● **SinhTourist.** 2A Biet Thu, Tel. 3522982.

● **Hanh Café.** 10 Hung Vuong, Tel. 3527466.

● Einige Veranstalter bieten **Touren durchs Zentrale Hochland** an, die entweder bis Saigon oder Mui Ne (über Pleiku, Ban Don, Da Lat) oder bis Hoi An (über Ban Me Thuot,

28svi Foto: kb

Südliche Zentralküste

Pleiku, Qui Nhon, My Lai) führen. 4 Tage inkl. 3 Übernachtungen ab 80 $.

Exkursionen

● Die legendären **Bootstouren** mit **Mama Hanh** (seit 1994) haben sich mehr oder minder zu reinen Sauf- und Partyveranstaltungen entwickelt (zudem ist sie längst nicht mehr persönlich aktiv). Die von zahllosen Veranstaltern angebotenen Touren kosten um 6 $ und beinhalten in der Regel Schnorcheln, Seafoodlunch mit Tanz und „free flow of wine" und Besuch der Fischfarm von Mieu Island. (9–16.30 Uhr). *Mama Hanh*, 2C Biet Thu, Tel. 3526494, www.biendaotour.com. Wir empfehlen *Mr. Vu* (s.o.).

● **Wassersport.** Siehe *Sailing Club* und *Louisiane* unter *Cafés & Bars*.

● **Vinpearl Land.** Über die Bucht von Nha Trang schweben? Vom *Phu-Quy-Pier* am Hafen führt eine 3,3 km lange **Seilbahn** nach *Hon Tre*, der größten der vorgelagerten Inseln. Tgl. 9–22 Uhr, Fahrtdauer 10 Min. Auf der Insel selbst erwartet einen eine Mischung aus Disneyland und Las Vegas mit Amusement Park, Themen-Restaurants, Aquarium, Shopping Mall sowie das giganteske *Vinpearl Resort* (485 Zimmer), errichtet von einem steinreichen Viet Khieu (Auslandsvietnamese) aus der Ukraine. www.vinpearlland.com.

Tauchen

● Entsprechend der Nachfrage gibt es immer neue Anbieter mit immer neuen Preisen und Konditionen. Scuba Diving-Touren mit zwei Tauchgängen inkl. Lunch werden bereits ab 40 $ angeboten (um 20 $ für Schnorchler). Die Bucht ist 12–32 m tief, von Nov. bis Febr. ist die Sicht eingeschränkt und das Wasser um 3–4 Grad kälter. Siehe auch *Sport und Aktivitäten*.

● **Rainbow Divers** (Jeremy Stein). Der älteste und professionellste Veranstalter („sehr gut organisiertes und freundliches Team mit klei-

nen Tauchgruppen", Frank Ahland). *Rainbow Bar*, 90A Hung Vuong, Tel. 3524351, www. divevietnam. com.

● **Sailing Club Divers.** 72–74 Tran Phu, Tel. 3522788, www.sailingclubvietnam.com.

● **Coco Dive Center.** „Xuan und Jean-Pierre verstehen es, selbst ängstlichen Leuten die Angst vor dem Tauchen zu nehmen" (Sonke Wanzek). 2E Biet Thu, Tel. 3522900, www. cocodivecenter.com.

Stadtverkehr

● **Taxi.** *Mailinh*, Tel. 3838383.

● **Stadtbus.** 5 Linien (4000 d), die Busse sind klimatisiert. Linie 4 fährt zu den Bao Dai Villen und zum Hafen *Cau Da*, No. 3 zu den Po-Nagar-Türmen, von wo man ein Taxi oder Xe Om zu den Hot Springs nehmen kann.

● **Fahrrad.** Verleihstellen entlang der Biet Thu und Hung Vuong, ab 15.000 d pro Tag. Motorräder 5–8 $.

Unterkunft

Luxus

● **Ana Mandara Resort & Spa.** Schon seit 1997 ein absolutes Top-Resort mit makellosem Service und größtmöglichem Wohlfühlfaktor. Die im Grunde ideale Position inmitten einer lebhaften Stadt- und Strandszene wird naturgemäß mit eingeschränktem Platzangebot erkauft; ganz real wird der Traum nur in der ersten Reihe mit Blick auf Strand und Meer (während nicht nur die letzte unter dem Verkehr der geschäftigen Strandpromenade leidet). 2 Restaurants, Bar, 2 Pools, Tennis, wunderschönes Spa, Wassersport. Von den 74 Bungalows liegen 18 unmittelbar am Strand, der günstigste Gardenview liegt bei 279 $ ++. Tel. 3522222, www. sixsenses.com/evason-ana-mandara-nha-trang.

● **Evason Hideaway Ana Mandara.** Die ultimative Alternative zum City-Resort – das Hideaway (Versteck) in der Ninh-Van-Bucht ist nur per Boot erreichbar (20 Min. Shuttle) und bietet Ruhe und Abgeschiedenheit wie auf einem anderen Planeten. Eine riskante, aber gelungene Symbiose aus Robinsonade und Überfluss (Raum, Zeit, Laissez-Faire und Entspannung). Das Ana Mandara und das Hideaway *ergänzen* sich. 32 Beach Villas (je-

Das Nizza von Vietnam

de 176 m² groß und mit eigenem Pool!) 661 $ ++, für Rock-, Water- und Hilltop-Villas muss der Gast noch tiefer in die Tasche greifen (aber diese Preise bezahlt ja ohnehin kein Mensch). www.sixsenses.com.

First Class

● **Novotel.** Neu 2010. Außen pfui, innen von schlichter, funktioneller Eleganz. 154 Zimmer auf 18 Etagen, bis auf 13 Standardzimmer (110 $) alle mit Balkon und Meerblick (ab 133 $). Pool im 3. Stock, Spa, Gym, Strandbad. 50 Tran Phu, Tel. 6256900, www.novotel-nhatrang.com.

● **Sheraton.** Neu 2010. Das höchste und protzigste Bauwerk der Promenade. 284 Zimmer auf 25 Stockwerken ab 165 $. Pool, Gym, Spa, 6 Restaurants/Bars. 26 Tran Phu, Tel. 3880000, www.starwoodhotels.com/sheraton.

● **Sunrise.** Wirkt wie ein Mafiosi-Hotel in Miami – Marmor, Stuck, Säulen und Rokoko, wohin man blickt, aber guter überdurchschnittlicher Komfort und Service. Pool, Spa, Strandbad, 3 Restaurants. 122 Zimmer mit Seaview alle 125 $ ++ inkl. BF. 12 Tran Phu, Tel. 3820999, www.sunrisehotelvietnam.com.

● **Lodge.** In die Jahre gekommenes Hochhaussilo mit 120 Zimmern ab 75 $ inkl. BF. Pool. 42 Tran Phu. Tel. 3521500, www.nhatranglodge.com.

Economy

● **Asia Paradise.** Solides Mittelklassehotel mit Pool und Dachgarten-Resto im 12. Stock. 100 Zimmer, zu über Zweidrittel ansprechend möblierte und ausgestattete Superiors mit großen Fenstern und Minibalkon 63–73 $ inkl. BF. Deluxe-Zimmer und Suiten (84–122 $) sind sehr geräumig und verfügen z.T. über Miniküchen. 6 Biet Thu, Tel. 3524686, www.asiaparadisehotel. com.

● **Que Huong.** Etwas bieder, aber großer Pool, viele Balkonzimmer ab 34 $ inkl. BF. 60 Tran Phu. Tel. 3525047, www.nhatrangtourist.com.vn.

● **Phu Quy 2.** 15-stöckige Luxusvariante des lange führenden Budget-Hotels der Stadt (s.u.). Die Tarife richten sich nach Höhe (ab 6. Stock Holzböden), Lage (Sea- oder City-view) und Ausstattung (Balkon, Dusche/Wanne); alle 60 Zimmer verfügen über Minibar, Safe, Sat-TV etc. Die günstigen (32 $ inkl. BF) haben Innenfenster, ansonsten 37–53 $, Penthouse 84 $ inkl. BF. Panorama-Mini-Pool im obersten Stock. 1 Tue Tinh, Tel. 3525050, phuquy2hotel@vnn.vn, www.phuquyhotel.vn.

● **Starlet.** Neu 2010, mit Indoor-Pool. 72 Zimmer, Standard 42 $ inkl. BF (luftig, gut eingerichtet), mit Seaview 54 $ (teilweise mit Balkon), Suite 68 $. 32 Tue Tinh, Tel. 352 5060, www.starlethotel.com.vn.

● **Prime.** Ein Hauch von Avantgarde, helle Hölzer, Licht und Meer zugewandt; toller Blick vom Pool im 15. Stock.; russische Eigner. 64 Zimmer, davon 44 Standard à 43 $ ++ inkl. BF. 4 Ton Dan, Tel. 3526968, www.primehotel.com.vn.

● **Vien Dong.** Nach fast 20 Dienstjahren und mit einem neuen, dritten Block versehen wird das populäre Pauschaltouristenhotel 2010 mit 170 Zimmern neu eröffnet. Großer Pool, Tennis. 1 Tran Hung Dao. Tel. 3523606, www.nhatrangtourist.com.vn.

Budget

● **La Suisse.** Angenehm professionelles Ambiente, gut in Schuss gehalten, guter Service. 30 Zimmer 15 $ (Innenfenster), 20 $ (Doppelbett), 30 $ (groß, mit Balkon) inkl. BF. 34 Trang Quang Khai, Tel. 3524353, www.lasuissehotel.com.

● **Nice.** Neu 2007, macht seinem Namen alle Ehre. Ruhig, freundlich, preiswert und daher immer gut besucht. 40 Zimmer auf 10 Etagen 10, 12, 15, 18, 20 $, kein BF. 6D Quan Tran (off Hung Vuong), Tel. 3527379, nicehotel@vnn.vn.

● **Sea View.** 60 Zimmer 12 (Erdgeschoss), 15, 20, 25 $ (Suite). Lift, Mini-Pool im Innenhof. 4B Biet Thu. Tel. 3524333, seaviewhotel@dng.vnn.vn.

● **Rainbow.** Nach Totalumbau (2006) jetzt endlich eine gute Option. 45 Zimmer 15, 20, 25 $ inkl. BF. Allerdings extrem schmale Betten; Twin verlangen. 10 Biet Thu, Tel. 352 5480, www.rainbowhotel.com.vn.

● **Phu Quy.** Seit 14 Jahren *das* Budgethotel der Stadt, mit Lift, Dachgarten etc., kürzlich renoviert und neu ausgestattet. 47 Zimmer, z.T. mit Balkon, 10, 12, 15 ohne, 18–25 $ mit

BF. 54 Hung Vuong. Tel. 3524286, phuquy hotel@dng.vnn.vn.

● **Que Thao.** Schon immer anders, mit einem gewissen Stil. Gärtchen, Bar, IT-Café, schöner Dachgarten, guter Service. 21 Zimmer 14–18 $ (Triple), 20–35 $ (Neubau) inkl. BF. 4A Biet Thu. Tel. 3526433, www.perfume-grass.com.

● **Ha Van.** Ausländisch geführt, zuverlässiger Service, freundliches Personal, mit Lift und populärer Rooftop Lounge im 5. Stock. 36 Zimmer, teilweise mit Balkon 24–28 $ inkl. BF. 3/2 Tran Quang Khai, Tel. 3525454, www.in2vietnam.com.

● **Diva.** Kleines, familiäres Haus unter deutscher Leitung *(Trang* und *Helmut)* mit 8 geräumigen Zimmern (4 mit Balkon) 10–13 $, mit Küchenbenutzung. 24/12A Hung Vuong, Tel. 3523115, divahotel@vnn.vn.

● **Axar.** Neu, modern. Alle 5 Zimmer (nur 1 pro Etage!) mit geräumigem Balkon und guten Bädern (Duschkabinen), ruhig, sehr freundlicher Service; 15 $. 148/10 Hung Vuong, Tel. 3521655, axarhotel@vnn.vn.

● **Phu Quy 3.** An der Promenade. 9 Zimmer, mit Balkon und Seaview 15 $ (2–4 Pers.). 84B Tran Phu, Tel. 3523722.

● **La Paloma.** Traumdomizil für Individualisten, weit ab von der Travellerszene wenige Schritte vom *Hon-Chong*-Strand, an dem die Einheimischen baden. Geschmackvolle Zimmer, netter Aufenthaltsraum mit Fotos des exzellenten Fotografen und Hausherrn *Mr. Bu,* schönes, geräumiges Gartenresto, mit gute Küche. 16 Zimmer, EZ 15–25, DZ 25–35, Family 40–45 $ inkl. BF, Dinner, Kaffee, Tee, Früchte, Pickup Bus-/Bahnhof, Stadt-Shuttle. 1 Hon Chong (300 m nördl. Po Nagar oder über die Tran Phu 2). Tel. 3831216, datle@dng.vnn.vn.

Low Budget

● **Blue House.** Intim, sauber, freundlich, mit kleinen Terrassen, am Ende einer ruhigen Gasse („eine Oase im Trubel Nha Trangs", Stefan Roth). 16 einfache, aber geräumige Zimmer mit Bad/WW 6–7 $ (Fan), 9–12 $ (AC, Minibar). 12/8 Hung Vuong. Tel. 3824505, bluehouse128@yahoo.com.

● **Ha Thu.** Hell, luftig, viele Fenster, gute Ausstattung (AC, Minibar, TV, Wanne), relativ ruhig. 14 AC-Zimmer mit kleinen Fenstern 10 $, sonst 12, 14, mit Balkon und Meerblick 15 $. 64/2 Tran Phu. Tel./Fax 3522800.

● **Oasis.** Ähnlich wie oben und in der gleichen Gasse. 10 Zimmer 10, 12 mit Balkon, 15 $ Triple. 64B/12 Tran Phu. Tel. 3524181, oasisnhatrang64@yahoo.com.

● **Que Thao 2.** 9 Zimmer 8, 10, 12 $; nicht arg groß, aber gut ausgestattet, ordentlicher Service. 64B/8 Tran Phu, Tel. 3523209.

● **Dong Hai.** Korrekt; der Besitzer ist Ire. 7 Zimmer 7, 8, 9 $. 55/5 Nguyen Thien Thuat, mobil: 0904.000996.

● **Backpacker's House.** Müde Imitation der Hanoier Institution; überteuerte Touren; nebenan dröhnt der hauseigene *Red Apple Club* bis spät in die Nacht. Mixed Dorm 7 $ p.P., 12 Zimmer mit/ohne Bad 12–28 $ (Vierer). 54G Nguyen Thien Thuat, Tel. 3524500, www.backpackershouse.net.

● **96 Tran Phu.** In der 2. und 3. Reihe der Strandpromenade (die erste ist höllisch laut) liegen zahllose Hotels und Minis, die im Winter meist nahezu leer sind; man wohnt hier halbwegs ruhig, ungestört und günstig (Englisch spricht allerdings kaum jemand). Gut ist z.B. *Gia Huy,* mit Lift, 15 Zimmer, EZ 8, DZ 10, Triple 12 $; geräumig, mit AC, ordentlichen Bädern. 96B/5/11 Tran Phu, Tel. 352 4075, hotelgiahuy@yahoo.com.

● **Thuy Duong.** 11 Zimmer, teilweise ohne Fenster, aber die anderen geräumig, mit Balkon, Fridge, TV. 6 $, mit Fenster 7–8 $. Ruhig. 24/39 Hung Vuong, Tel. 3523468.

Essen und Trinken

● **Ngoc Suong.** Nha Trangs ältestes und bestes Seafood-Resto mit Filialen in Cam Ranh und Saigon) mit luftiger Terrasse. Tel. 382 7030. 96A Tran Phu.

● **Lac Canh.** Bereits eine Legende. Fröhlich-anarchische Garagenatmosphäre, jeden Abend brechend voll, super gut und super Preise. Renner ist das Beef BBQ vom Tischgrill, unbedingt versuchen, zergeht auf der Zunge, *Chao Tom,* Shrimp Pie am Zuckerrohr. Ein Phänomen: An keinem anderen Ort Vietnams lassen sich ganze Busladungen von Touristen auch nur annähernd auf die „Abgründe" der einheimischen Gastronomie

(Hygiene, Rauchschwaden, Geräuschkulisse) ein wie hier. 44 Nguyen Binh Kiem (Ecke Ngo Quyen).

● **Truc Linh.** Erfolgreiches Seafoodlokal in der Travellermeile; statt im Garten jetzt auf 3 Etagen. 18 Biet Thu.

● **Le Petit Bistro.** Sehr korrekte französische Regionalküche (gute Tagesplatte für 5 $), am späteren Abend gemütliche Weinbar. 26D Tran Quang Khai.

● **Treffpunkt.** *Frank Hammerschmidt* ist kein Aussteiger-Wirt, sondern ein echter Profi, dessen Schwarzbrot und selbstgemachte Wurstwaren (köstlich: die Räucherplatte), wunderbar zum Fassbier schmecken. Vom Frühstück (ab 9 Uhr) bis zum späten *NTL* (Nha Trang Libre). 6A Tran Quang Khai, Tel. 6252058. S. auch www.rockyriverresort. net.

● **Da Fernando.** Für Pizza & Pasta: Derzeit wohl der beste Italiener vor Ort. 96 Nguyen Thien Thuat.

● **Thuy Duong.** Das schönste Panorama von Nha Trang, vom Frühstück bis zum Dinner, von Seafood bis zur Bratwurst; gemäßigte Preise. Gepflegte Gartenatmosphäre und schöne Terrasse am Meer, am Nordende der Tran-Phu-Brücke. www.thuyduongrest.com.

● **Pho Huong Bac.** Ordentliche Suppenstube. 109 Nguyen Thien Thuat.

● **Ninh Hoa.** Die besten *Nem* der Stadt; unbedingt probieren! 16A Lan Ong (Ecke Le Loi).

● **Café des Amis.** Seafood und vegetarisch. 2B Biet Thu.

Zum Entdecken

● **Thien Phuoc.** Top frisches Seafood & luftige Terrassen über dem Meer: Das TP gab es schon, als es noch nicht mal eine Straße hierher gab! Die Preise sind nach wie vor gemäßigt (keine Touri-Abzocke!), das einzige Manko: rund 8 km nördl. des Zentrums gelegen: 5 Pham Van Dong; per Taxi aber kein Problem. Genauso gut, aber eine Spur eleganter und auch teurer ist das **Bien Ngoc** ein paar Meter weiter.

● **Cu Lao Trung.** Wo einst der Fischmarkt war, erstreckt sich heute die Promenade *Cu Lao Trung* – zwischen Tran Phu und Cham-Heiligtum *Po Nagar* –, an der sich ein Sea-

food-Resto ans andere reiht. Man sucht sich am besten ein Lokal aus, wo die meisten Leute sitzen. Per Stadtbus *(xe buyt)*.

● **Ngoc Trai.** Wer Einheimische nach dem besten bzw. vergnüglichsten Garten-Resto der Stadt fragt ... Preislich günstig, englische Karte. 75 Nguyen Thi Minh Khai.

● **Vuon Xoai.** Der *Mango-Garten* ist noch etwas größer und die Speisekarte – auch auf Englisch – noch umfangreicher (Meer & Wald). 94 Nguyen Thi Minh Khai.

Cafés und Bars

Achtung: Nach Mitternacht besteht auf der Tran Phu rund um die Nightspots Überfallgefahr (u.a. handgreifliche Mädchengruppen). Keine Wertsachen, Dokumente etc. bei sich führen!

● **Sailing Club.** Die Strandbar unter australischer Leitung (seit 1993) ist längst eine Institution. Tagsüber kann man sich am Strand aalen (Liege mit Sonnenschirm 25.000 d), trinken und speisen oder aufs Meer flüchten (Windsurfen, Wasserski, Katamaran etc.). Und ab 22 Uhr (Eintritt) und bis spät geht die Post ab im heißesten Nightspot der Stadt. 72 Tran Phu, www.sailingclub vietnam.com.

● **Louisiane Brewhouse.** Das frankophone Gegenstück mit eigener Mikro-Brauerei (5 Biersorten). Außerdem Café, Bar, Resto (Tapas, Steaks, Fish & Chips, Kuchen, Eis, Cocktails von 9 Uhr bis spät) sowie Strandbad mit Pool, Liegen, Relax-Center (Massagen), Wassersport usf. 7.30–24 Uhr. 86A Tran Phu. www.louisianebrewhouse.com.vn.

● **Crazy Kim.** Von der *Straßenkinderinitiative* zum *Allround-Pub* im Westernstil (Kim kommt aus Kanada). 19 Biet Thu.

● **Guava.** Cool und doch urgemütlich, besonders im Palmengarten, mit all-day-hangover-breakfasts und guten Burgers. Von 11 Uhr bis weit nach Mitternacht. 17 Biet Thu und 34F Nguyen Thien Thuat.

● **Why Not.** Der zuletzt erfolgreichste Nightspot in Town; wenn der *Sailing Club* zumacht, womöglich immer noch offen. 24 Tran Quang Khai.

● **Romy's Italian Ice Cream.** 1C Biet Thu.

● **Kem Bach Dang.** Eisdiele, 21 Le Thanh Ton.

Anreise und Weiterreise

Entfernungen
●**Von Nha Trang** (in km): Cam Ranh 40, Doc Let 50, Dam Mon 90, Tuy Hoa 90, Phan Rang 105, Buon Ma Thuot 190, Da Lat 215, Qui Nhon 240, Phan Thiet/Mui Ne 250, Saigon 445, Quang Ngai 410, Da Nang 540, Hue 650, Hanoi 1300.

Zug
●**Bahnhof** *(Ga Nha Trang).* 17 Thai Nguyen.
●Express-Züge benötigen nach Da Nang 9–11, nach Hanoi 24–30, nach Saigon 7–10 Std.
●Der Sonderzug SNT1/3 verkehrt ausschließlich zwischen Saigon und Nha Trang.
●Der private **Golden Train** fährt tgl. 18.40 Uhr nach Saigon, s. „Verkehr".

Bus
●**Busbahnhof** *(Ben Xe Lien Tinh)* liegt stadtauswärts an der 58 Duong 23/10. Express-Busse fahren u.a. nach Saigon (9–10 Std.), Da Lat (5 Std.), Qui Nhon (5 Std.), Buon Ma Thuot (5 Std.), Pleiku (8 Std.), Da Nang (10–11 Std.), Hue, Tuy Hoa, Quang Ngai, Vinh und Hanoi.
●**Open Tours.** Tgl. nach Hoi An, Mui Ne, Da Lat und Saigon. Wir empfehlen *SinhTourist* oder *Hanh Café* (s. „Reiseagenturen").
●**Hochland.** Sehr zu empfehlen sind die Minibusse von *Mai Linh*, nach Pleiku (2x tgl.), Buon Ma Thuot (4x) und (Dalat 5x) sowie nach Qui Nhon (4x). 20A Nguyen Thien Thuat, Tel. 3525314. Nach Dalat 4x tgl. auch mit *Phuong Trang*, 5 Le Thanh Ton, Tel. 3524315.

Flug
●**Flughafen.** Seit Mai 2004 in **Cam Ranh** 35 km südl., wo auch größere Maschinen (Airbus etc.) landen können. Neue, sehr schöne Panorama-Straße entlang der Küste.
●**Transport.** Per **Minibus** bis zum alten Airport von Nha Trang (86 Tran Phu) 40.000 đ. Per **Taxi** je nach Größe 150–230.000 đ. Bus- und Taxi-Tickets in Nha Trang bei Vietnam Airlines, 91 Nguyen Thien Thuat.
●Es gibt tgl. Verbindungen von/nach **Hanoi, Da Nang** und **Saigon.**

Nha Trang, Umgebung

Die Inseln

Hon Tre (Bambus-Insel)   ⤤ XXI/D1
Die größte der vorgelagerten Inseln. Es gibt zwei größere Fischerdörfer und das gigantische *Vinpearl Land* (s. *Exkursionen*).

Hon Mun (Elfenbein-Insel)
Gleich unterhalb von Hon Tre gelegen, rund 10 km südöstl. von Nha Trang. Berühmt für seine glasklaren Gewässer und Korallenbänke, ideal zum Tauchen und Schnorcheln. Mit fast 350 registrierten Arten werden rund um Hon Mun mehr Korallentypen gezählt als in der ganzen Karibik zusammen. Meeresbiologen haben außerdem fast 150 Fisch- und 200 Mollusken-Arten gezählt, deren Bestand in den letzten Jahren allerdings rapide abgenommen hat. Zum Schnorcheln hervorragend geeignet ist auch die kleine Nachbarinsel **Hon Mot.**

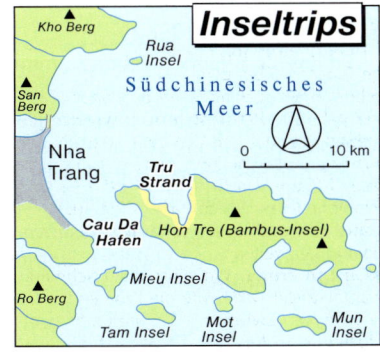

Inseltrips

Kho Berg
Rua Insel
San Berg
Südchinesisches Meer
Nha Trang
Tru Strand
0   10 km
Cau Da Hafen
Hon Tre (Bambus-Insel)
Mieu Insel
Ro Berg
Tam Insel
Mot Insel
Mun Insel

Hon Mieu

(auch *Tri Nguyen)*. Mit der Fähre vom Hafen **Cau Da** zu erreichen. Hauptattraktion sind die großen Fischzucht-Teiche (unterteilt in Speise-, Zier- und Kampffische), außerdem werden Krustentiere und Schildkröten aufgezogen. Das Café *My A* sorgt für das leibliche Wohl.

Hon Hai Yen (Seeschwalben-Insel)

Von Nha Trang aus gerade noch sichtbar als eine von mehreren Kalksteininseln vor der Küste, in deren Grotten Tausende von Salanganen nisten. Die Sammler, die die begehrten Nester von den steilen Felswänden klauben, gehen einem überaus gefährlichen Handwerk nach, die feuchten, glitschigen Höhlen sind von schwindelerregenden Bambus-Leitern durchzogen. Die 5–8 cm großen Schwalbennester bestehen aus dem gelatinösen Speichelsekret der Vögel und gelten außer als Delikatesse auch als Potenzmittel, weshalb sie vornehmlich nach China, Hongkong und Taiwan verkauft werden.

Hon Lao (Monkey Island)

Die hiesige Affenpopulation stammt ursprünglich aus dem Norden Vietnams und war mit dem sowjetischen Weltraumprogramm verknüpft. Aufgrund der Besucherscharen hat sich später ein regelrechter Freiluftpark samt Zirkus (Bären- und Hundeshows, Elefantenreiten etc.) etabliert. Eintritt 45.000 d, Abfahrt s.u.

Bai Dai

Der über 10 km lange, einsame und (noch) total unverbaute *Long Beach* liegt 19 km südlich auf dem Weg zum Flughafen Cam Ranh. Momentan findet man dort nur eine Handvoll Cafés und Seafood-Restos.

Anreise u. Unterkunft

● **Cau Da.** Vom Hafen an der Südspitze von Nha Trang kann man Boote zu den vorgelagerten Inseln mieten. Gut ist der Bootsservice *Sao Mai* (eine Unterabteilung von *Mai Linh)*; eine Tour 9–16.30 Uhr z.B. kostet 300.000 d. 36A Tran Phu, Tel. 3590666.
● **Ben Da Chong.** Von dem Touristenhafen (Tel. 3839446) an der N1 15 km nördl. von Nha Trang fahren tgl. 7–16 Uhr Boote nach *Hon Lao*/Monkey Island (Guesthouse 8–20 $), *Hon Heo* (Wasserfall, Fischen, Bergsteigen, Übernachtung im Langhaus 60.000 d) und *Hon Thi* (Wassersport, Wildpark mit Hirschen, Straußen usf.).

Cam Ranh   ↗ XXI/D1
(Cam Ranh)

Der Naturhafen von Cam Ranh war zwischen 1964 und 1973 die **größte Marinebasis** der Amerikaner in Vietnam. Fahrrinnen für Flugzeugträger und U-Boote wurden ausgebaggert und rund um die Bucht breite Asphaltstraßen angelegt. Die Bauteile für die gigantischen Piers und Docks wurden direkt aus den USA importiert und an Ort und Stelle zusammenmontiert.

Nach dem Abzug der Amerikaner war Cam Ranh für einige Jahre (1980–1989) größter russischer Marinestützpunkt außerhalb der Sowjetunion, seitdem interessieren sich die USA wieder

für die Bucht (u.a. als Ersatz für ihre verlorenen Basen auf den Philippinen). So oder so ist die Bucht bis heute ein Militärgelände und damit off limits für Besucher.

Der Nordteil der Bucht wird zum **Internationalen Flughafen** ausgebaut und hat im Inlandsverkehr seit 2004 den Airport Nha Trang abgelöst.

Praktische Informationen

● **Entfernungen** (in km): Nha Trang 40, Phan Rang 55.
● **Essen und Trinken.** Südlich der Stadt liegen entlang der N 1 zahllose, auf Stelzen ins Wasser gebaute Seafood-Restaurants. Sehr empfehlenswert ist das **Ngoc Suong.** Das *Cau Ba* vermietet auch Zimmer.

Phan Rang ↗ XXI/D1
(Phan Rang)

Die Gegend um Phanh Rang, seit 1992 Hauptstadt der Provinz *Ninh Thuan*, ist die Heimat zehntausender **Cham,** die im Gegensatz zu den moslemischen Cham des Südens noch weitgehend ihren hinduistisch-brahmanischen Glauben beibehalten haben und mehrmals im Jahr ein großes Fest bei ihrem Heiligtum **Po Klaung Garai** unweit der Stadt feiern.

Die Region ist eine der trockensten und dürrsten Vietnams. Außerhalb der dichter besiedelten Zonen bestimmen Dünen, Salinen, Kakteen, Rinderherden und Ochsenkarren das Bild. Die sandigen Böden lassen Weintrauben und Drachenfrüchte gedeihen und bilden die Basis für Glasherstellung.

Wenige km nördlich der Stadt stehen zwei **Cham-Türme** unmittelbar an der N 1. Von den ursprünglich drei sind nur noch zwei erhalten; verwittert und teils schon eingefallen, zeigen sie dennoch deutlich die Merkmale der klassischen Cham-Architektur des 8. Jh.

Am **Strand** von **Ninh Chu** (6 km), in den 1970er Jahren Privatstrand des Saigoner Regimes unter Präsident Thieu, gibt es einige Resorts.

Empfehlenswert ist ein Ausflug nach **Vinh Hy** (35 km nördl.). Das glasklare Wasser der lange versteckten Bucht (einst Militärposten) macht Schnorcheln, Tauchen, Fischen oder eine Fahrt mit dem Glasbodenboot (Boot/Std. um 400-, Person/Std. 45.000 đ) zum Vergnügen.

Cham von heute

110vi Foto: kb

Sehenswertes

Po Klaung Garai

Die drei Ziegeltürme des **Cham-Heiligtums** thronen auf der Spitze eines imposanten, fast 100 m hohen und dicht mit Kakteen bewachsenen Granithügels, der über der flachen Küsten-landschaft aufragt. Kunsthistorisch gibt es wertvollere Zeugnisse der Cham-Kultur, aber die pure Majestät der Anlage springt ins Auge.

Das Heiligtum ist dem legendären Fürsten *Klaung Garai* (1151–1205) gewidmet, der in der Mythologie der Cham den Platz Shivas einnahm und zusammen mit Po Nagar über den (selber als Gottheiten verehrten) Königen rangierte. Es entstand im 13. Jh., als der Niedergang der Cham bereits begonnen hatte. Formen und Schmuck sind schon stark vereinfacht, und der Baustil wirkt deutlich schwerfälliger als weiter im Norden, zudem sind die meisten Friese und Reliefs Nachbildungen der Originale, die z.T. geplündert wurden.

Afrika? Dürrezone Phan Rang!

Über dem Eingang des Hauptturms *(kalan)* tanzt ein sechsarmiger Shiva. Im Innern passiert man den Wächter und Stier *Nandi*, bevor man zum *Mukha-Lingam* (stilisierter Phallus), dem Symbol Shivas, mit dem Antlitz und Insignien von Po Klaung Garai gelangt.

Die Tempelanlage wird von Angehörigen der Cham-Minderheit noch heute als Heiligtum verehrt. Besonders beeindruckend sind die Zeremonien des 10-tägigen Kate-Festivals in den ersten Tagen des 7. Mondmonats. Eine kleine Ausstellung im neu errichteten Besucherzentrum zeigt Kleidung und Alltagsgegenstände der Cham.

7 km westlich von Phan Rang in Sichtweite der N 27. Eintritt 10.000 đ.

Po Rome

Die Türme von Po Rome 15 km südlich von Phan Rang werden als das letzte große Turmheiligtum der Cham angesehen und entstanden Anfang des 17. Jh. zu Ehren des letzten Herrschers eines unabhängigen Champa, König (Po) *Rome*, der 1651 in vietnamesischer Gefangenschaft starb. Die einfach ausgeführten, aber in ihrer trostlosen Verlassenheit beeindruckenden Ziegelbauten mit Statuen von Königinnen und heiligen *Nandi*-Stieren stehen auf einem Felshügel 5 km westlich der N 1 und sind nur auf einem schmalen Pfad zu erreichen.

Praktische Informationen

● 140.000 Einw. Tel. 068.
● **Info.** *Ninh Thuan Travel Center.* 626 Thong Nhat, Tel. 3836405, www.ninhthuantourist.com.vn.

● **Geld.** *Incombank* mit ATM, 468 Thong Nhat.
● **Zug.** Der Bahnhof *Thap Cham* liegt 6 km westl. von Phan Rang.
● **Entfernungen** (in km): Nha Trang 105, Da Lat 110, Phan Thiet 145, Saigon 335.

Unterkunft

● **Ho Phong.** Kitschig wie eine Jahrmarktsbude, aber sauber, mit guten Bädern. 30 Zimmer 17–20 $. 363 Ngo Gia Tu, Tel. 3920333, hophonghotel@vnn.vn.
● **Huu Nghi.** Das ruhigere und bessere der beiden staatlichen Hotels; 2005 renoviert, mit Lift. 32 Zimmer 12, 15, 24 $ (Suite) inkl. BF. 398 Thong Nhat, Tel. 3920434, huung hihotelphanrang@yahoo.com.vn.
● **Fa Ra.** Guesthouse mit 9 Zimmern (zum Innenhof), Fan/KW 7, AC 9 $. 281 Thong Nhat, Tel. 3820641.
● **Thanh Phat** (Mini). 7 Zimmer 6–8 $. 316 Thong Nhat, Tel. 3833381.
   In Ninh Chu:
● **Saigon Ninh Chu.** Die 102 Zimmer sind groß, haben aber nicht mal Fenster, die man öffnen kann – und das am Strand! DZ ab 80, mit Seaview ab 100 $ inkl. BF. Tel. 3876000, www.saigonninhchuhotel.com.vn.
● **Den Gion.** Große, ordentliche Bungalows direkt am Strand für 53 $ inkl. BF (für 35 $ hat man keine Aussicht und muss ein paar Schritte gehen) – außer womöglich am Wochenende ist man hier im Winter an einem *Traumstrand* so gut wie allein! Die im Cham-Stil gebaute Anlage ist zweigeteilt, interessanter als die 4-Sterne-Bungalows – alle sind gleich, je nach Lage 90–130 $ – ist die 3-Sterne-Abteilung nebenan. Pool, Tennis, Beach-Resto. Tel. 3874047, www.dengionresort.com.
● **Tim Paradise.** Neues Haus eines US-*Viet Khieu* mit 10 großen, sehr anständig möblierten Zimmern und guten Bädern 18–22 $. Wenige Schritte zum Strand, für 30.000 đ kann man Pool & Beach des *Saigon* nutzen. Tel. 3873096, www.timparadise.vn.com.
● **Anh Duong.** Seit 2010. Modern, hell, luftig, mit kleinen Balkonen, nahe dem *Tim*. 20 Zimmer 8, 11 (1 Bett), 13–15 $ (2 Betten). Tel. 3890009, hangtam96@yahoo.com.vn.

Ca Na
(Cà Ná)

⚓ XXI/D2

Bildschöner, mit gewaltigen Granitfelsen gespickter **Sandstrand** unweit des idyllisch gelegenen Fischerortes Ca Na, leider unmittelbar an der N 1 gelegen, was das Vergnügen deutlich einschränkt. Angeblich haben hier schon die Cham-Prinzen nach der Elefanten- und Tigerjagd gebadet. Insgesamt kein schlechter Platz für einen Kurzaufenthalt. 32 km südl. von Phan Rang, 115 km nördl. von Phan Thiet.

Unterkunft

- **Ca Na.** Restaurant und Anlaufstelle vieler Tourbusse. 20 Zimmer 8 $, 8 Bungalows direkt am Strand schäbig, aber ruhig 8–10 $. Tel. 3861320.
- **Pandaran.** Kleine, saubere Motelanlage am Strand mit gutem Resto. 12 Zimmer 8 $. Tel. 3761955.
- **Vietnam Scuba Resort.** Unter koreanischer Leitung, mit Pool und koreanischer Küche. 14 AC-Bungalows 45–50 $ inkl. BF. Tel. 385 3917, www.vietnamscuba.com.

Phan Thiet
(Phan Thiết)

⚓ XXI/C2

Phan Thiet, in Vietnam hauptsächlich für seine Fischsauce *(nuoc mam)* bekannt, liegt beiderseits des *Ca Ty*-Flusses und besitzt einen der malerischsten **Fischerhäfen** Vietnams. Der zunächst von Pinien-, dann von Palmwäldern gesäumte feinsandige **Strand** erstreckt sich nördlich der Flussmündung und reicht, unterbrochen nur von einigen Vorsprüngen, Hügeln und Lagunen, bis zu dem auf einer felsigen Halbinsel gelegenen Fischerdorf **Mui Ne** 22 km nordöstlich der Stadt.

Von Interesse sind außer dem Hafen der lebendige Markt und die *Duc Thanh*-Schule, in der Ho Chi Minh 1910–11 unterrichtete und der heute ein kleines Museum angeschlossen ist (39 Trung Nhi, tgl. außer Mo 7–11.30, 13–16.30 Uhr, 10.000 đ).

Auf dem Weg nach Mui Ne (km 6) passiert man die drei Ziegeltürme von **Po Shanu,** einem der südlichsten Cham-Heiligtümer Vietnams aus der Frühzeit des Reichs (8. Jh.).

Praktische Informationen

- **150.000 Einw. Tel. 062.**
- **Information.** *Binh Thuan Tourist*, 82 Trung Trac, Tel. 3819163, www.binhthuan-tourist.com (siehe auch www.muinebeach.net).
- **Geld.** *ICB-Bank*, 261 Tran Hung Dao.
- **Zug.** Bahnhof *Muong Man* 12 km westl.; es halten nicht alle Züge. Der Golden Train verkehrt tgl. nur zwischen Saigon und Phan Thiet (s. „Verkehr").
- **Bus.** Der Busbahnhof *(Ben Xe Binh Thuan)* liegt 2 km nördl. der Flussbrücke an der Hauptstraße *Tran Hung Dao* (später *Tu Van Tu)*. Nach Saigon, Phan Rang, Nha Trang. Besser fährt man mit *Mai Linh* (z.B. nach Saigon, Dalat). 344 19-4, Tel. 3838555.
- **Mui Ne.** Per Stadtbus (s. Mui Ne) 8000 đ, *Xe Om* ab 30.000, Taxi ab 100.000 đ.

Unterkunft und Verpflegung

- **Binh Minh.** Modernes Stadthotel 2 km vom Zentrum am *Doi-Duong*-Beach. 90 AC-Zimmer 17, mit Seaview ab 20 $. 211 Le Loi, Tel. 3823344, www.binhminhhotel.com.vn.
- **19-4.** Nahe Busbahnhof, 60 Zimmer 14–18 $. 1 Tu Van Tu, Tel. 3821794, 19-4hotel@hcm.vnn.vn.

●**Seafood.** Eine ganze Reihe guter, preiswerter Seafood-Lokale finden sich entlang der *Pham Van Dong* nahe der Flussbrücke.

Mui Ne
(Mũi Né)

↗ XXI/C2

Schwarzer Fels, weißer Strand, Kokospalmen, rote Sanddünen, türkisfarbenes Meer – an manchen Stellen ein nahezu surrealer Traum zwischen Karibik und Sahara. So war es früher.

Mui Ne heute: auf **8 km Strand** mehr als 120 Resorts (Stand 2010) – das hört sich auf Anhieb viel an, ist es aber nicht. Die Dimensionen sind bescheiden und werden es auch bleiben; es ist schlicht kein Platz für die Großen mehr da. Unbebaute Grundstücke sind längst eine Rarität, und notgedrungen beginnt man bereits auf die Dünen und Strände jenseits von Mui Ne auszuweichen.

Noch Mitte der 1990er Jahre war Mui Ne ein Ort im totalen Abseits. Einheimische Fotografen und Filmemacher hatten seine Dünen schon landesweit bekannt gemacht, aber die Menschen dort waren elend, hungerten und lebten im Dreck. Der kargen Böden wegen lebten sie fast ausnahmslos von Fischfang und *nuoc mam*-Herstellung, besaßen aber weder Motoren noch Benzin, weit aufs Meer hinauszufahren. Auf die Landkarte kam Mui Ne erst, als Europäer aus dem nahen Saigon 1995 ein erstes Resort dort errichteten.

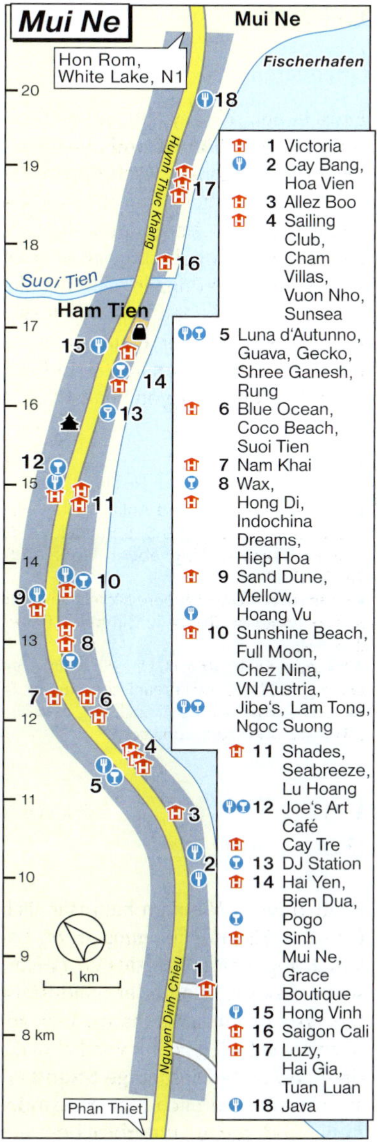

Südliche Zentralküste

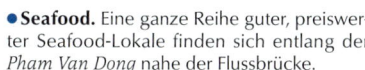

Mui Ne

Mui Ne

Fischerhafen

Hon Rom, White Lake, N1

Huynh Thuc Khang

Suoi Tien

Ham Tien

Nguyen Dinh Chieu

1 km

Phan Thiet

1 Victoria
2 Cay Bang, Hoa Vien
3 Allez Boo
4 Sailing Club, Cham Villas, Vuon Nho, Sunsea
5 Luna d'Autunno, Guava, Gecko, Shree Ganesh, Rung
6 Blue Ocean, Coco Beach, Suoi Tien
7 Nam Khai
8 Wax, Hong Di, Indochina Dreams, Hiep Hoa
9 Sand Dune, Mellow, Hoang Vu
10 Sunshine Beach, Full Moon, Chez Nina, VN Austria, Jibe's, Lam Tong, Ngoc Suong
11 Shades, Seabreeze, Lu Hoang
12 Joe's Art Café, Cay Tre
13 DJ Station
14 Hai Yen, Bien Dua, Pogo, Sinh Mui Ne, Grace Boutique
15 Hong Vinh
16 Saigon Cali
17 Luzy, Hai Gia, Tuan Luan
18 Java

Praktische Informationen

Orientierung

● Das Fischerdorf Mui Ne liegt auf einer hügeligen Halbinsel 21 km östl. von Phan Thiet. Zwischen km 11 und 18 erstreckt sich der Strand (Hauptstrand), mit den schönsten und breitesten Abschnitten zwischen km 11 und 13. Die anderen sind entweder felsiger oder windiger (sodass der Strand abgetragen wird). Bei km 17 liegt das langgestreckte Fischerdorf *Ham Tien*. Hinter der Strandstraße verlaufen Ketten von Dünen. Ein neuer Highway durch die Dünenlandschaft (der auch der zusätzlichen Besiedlung dient) umgeht seit 2009 den Strandabschnitt von km 8 bis 21 (Mui Ne) und verbindet Phan Thiet mit Hon Rom und der Küstenstraße gen Norden (s. auch die sehr interessante (unabhängige) Website muinebeach.net).

● **Adressen.** Die Straßennamen *Nguyen Dinh Chieu* (NDC, ab km 10) und *Huynh Thuc Khang* (HTK, ab km 17) setzten sich erst gegen 2006/7 durch; zuvor versah man jede Adresse mit der Kilometerangabe ab Phan Thiet. Zur besseren Orientierung haben wir dies beibehalten.

● Achtung: Der **Verkehr** auf der Straße ist chaotisch, äußerste **Vorsicht** ist geboten!

● **Transport.** *Suoi Cat*-**Busse** pendeln 7–21 Uhr alle 20 Min. zwischen Phan Thiet (südl. Stadtausgang) und Suoi Cat (ca. 10 km hinter Mui Ne-Dorf). Kurzstrecken 3000 und 5000 đ, ab/bis Phan Thiet 8000 đ. Ein **Xe Om** sollte um 15.000 đ pro Stunde, um 100.000 đ pro Tag kosten; viele Fahrer sind organisiert (einheitlich blaues Uniformhemd), auf sie sollte man zur Sicherheit vor allem am Abend zurückgreifen. **Taxi.** *Mai Linh*, Tel. 38383828

Die Hauptstraße von Mui Ne (1992)

162o1 Foto: kb

(10.000 đ/km klein, 12.500 đ/km groß); von/nach Phan Thiet 70–80.000 đ. *Fahrräder* (ab 20.000 đ) und *Motorräder* (ab 5 $) vermieten fast alle Hotels.
● **Entfernungen** von Mui Ne (in km): Phan Thiet 22, Khe Ga 55, Phan Rang 145, Saigon 220, Da Lat 275, Nha Trang 275, Da Nang 840.

Vor- und Nachteile

Was den Individualreisenden nervt: Mallorca-Feeling. Dichteste Bebauung. Massen von Pauschal-Strandurlaubern (darunter viele Russen, wie unschwer überall zu lesen ist). Ein oft schneidend scharfer Wind am Strand – nicht umsonst ist Mui Ne das Paradies der Kite Surfer! Und zu Zeiten Sandflöhe, die sehr garstig beißen. Vorteile: Ein bisschen Luxus zur Abwechslung. Gutes Essen (zumindest außerhalb der Touristenfallen). Ein Nachtleben. November bis April fast garantiertes Sonnenwetter (s.u.).

Klima

Geschützt durch die Dünen weist Mui Ne ein spezielles **Mikroklima** auf – es regnet spärlicher als selbst im regenarmen Phan Thiet, und es weht rund 200–250 Tage im Jahr beharrlich eine **erfrischende Brise,** die Mui Ne zu einem Dorado der Wind- und Kitesurfer (bester Monat: Januar) gemacht hat.

Südliche Zentralküste

Die Hauptstraße von Mui Ne (2010)

287v Foto: kb

Ihren Höhepunkt (bis zu 35 Knoten) erreichen die Winde – Ausläufer der Taifune über den Philippinen – zwischen Nov. und Febr./März (besonders gerne nachmittags). Die „Regenzeit" von Mai bis Sept. (Nebensaison) ist vergleichsweise regenarm, von Sept. bis Jahresende kann starker Wellengang herrschen (ideal für Surfer).

Adressen

●**Geld.** ATMs bei größeren Hotels *(Swiss Village, Saigon Mui Ne, Dynasty). Banken* nur in Phan Thiet.
●**Post.** Auch *Western Union*, 69 NDC ggb. *Swiss Village*, km 11.8
●**Apotheke.** *Swiss Village*, 44 NDC.
●**Supermarkt.** Vor allem zwischen km 11.5 und 13 gibt es jede Menge Quellen für billiges Bier, Sonnencreme und Junkfood.
●**Schmuck.** *Goldschmiede Thinh & Sabine.* Ein deutsch-vietnamesisches Meisterpaar fertigt geschmackvolle, preisgünstige Schmuckstücke. 79B NDC.
●**Spa.** Aus jeder Massagematte am Strand ist inzwischen ein „Spa" geworden – das Geschäft lohnt sich! Originell und seriös (auch wenn die nostalgische Atmosphäre an ein Kolonialbordell erinnert) ist **Nina Spa** in einem Teak-Haus von 1867. 9–23.30 Uhr. 165 NDC, Tel. 3847577, www.chezninavn.com.

Reiseagenturen

●**Open Tours.** Busse mehrerer Veranstalter fahren 2–3x tgl. nach Saigon und Nha Trang (Nacht- und Tagbus, 4 bzw. 4½ Std., um 5, Sleeping Bus um 8 $) und nach Da Lat (7, 13 Uhr).
●**Touren** zu den *Weißen Sanddünen* (4–5 Std.) werden fast obligatorisch per Jeep angeboten; das ist zwar sicher „zünftig", aber vor allem preistreibend, da dank neuer Straßen unnötig; zu zweit um 12 $. *City Tours* (Cham-Turm, Phan Thiet, Ta Cu Buddha) kosten 8–10 $.
●**SinhTourist.** Im *Mui Ne Resort*, 144 NDC, Tel. 3847542. km 16

●**Hanh Café.** 117 NDC, Tel. 3741168. km 13.5.
●**Phuong Trang.** Tgl. Saigon, Nha Trang, Dalat. 97 NDC, Tel. 3743113.
●**Warnung.** Schlechteste Noten erhalten seit Jahren die Open-Tour-Busse von *TM Brothers;* auch *An Phu* hat zuletzt stark nachgelassen.

Wassersport

●**Jibe's.** Tel. 3847405, www.windsurf-vietnam.com. km 13.3
●**Windchimes** (im *Saigon Mui Ne* 56 NDC). Tel. 3847399, www.kiteboarding-vietnam.com. km 12.2

Unterkunft

Wir beschränken uns auf Unterkünfte – da sich ohnehin alle *Resort* nennen, lassen wir diese Bezeichnung ebenso weg wie den obligatorischen Pool –, die nicht nahezu ausnahmslos von Pauschaltouristen aus aller Welt bevölkert sind. Zwei Resorts wollen wir dennoch hervorheben: **Victoria** (www.victoria-hotels-asia. com) und **Blue Ocean** (www.blueoceanresort.com). Für seinen Preis erstaunlich anständig ist **Saigon Mui Ne** (www.saigonmuineresort.com).

Tourist

●**Cham Villas.** Die intimste und charmanteste Anlage von Mui Ne (was sich jedoch herumgesprochen hat; wenn möglich langfristig buchen!). Alles verrät Geschmack, vom üppigen tropischen Garten bis zu den komfortablen, aber angenehm zurückhaltend dekorierten Räumlichkeiten; weder Protz noch aufgesetzte Exotik. Gute vietnamesische und deutsche Küche (Investor ist ein in Saigon lebender Deutscher). 18 Bungalows 145 $ (Garden Villa), 165 $ (Beach Front) inkl. BF. 32 NDC, Tel. 3741234, www.chamvillas.com. km 11.6
●**Coco Beach.** Für Individualreisende eine gute Wahl: keine großen Gruppen. 1995 das erste Resort von Mui Ne, immer äußerst gepflegt und bestens geführt – die deutsch-französischen Eigner Jutta und Daniel leben vor Ort. Gut gestaffelt, viel Raum, viel Grün. Zwei Restaurants *(Champa* und *Paradise*

Beach Club direkt am Strand), Wassersport, Bibliothek mit TV. 28 Bungalows (ohne TV!) mit gemütlicher Veranda, Bäder mit Regendusche. 135 $, 3 Villen (4 Pers.) 270 $ inkl. BF. 58 NDC, Tel. 3847111-3, www.coco beach.net. km 12.5

●**Sailing Club.** Vergnügliches Resort des populären australischen Strandclubs in Nha Trang mit einem Hauch von New Mexico (ockerfarbene Lehmarchitektur). Blühende Gärten, exzellente Wassersportmöglichkeiten, lebhaftes Nachtleben. Allein der Pool ist etwas kümmerlich geraten, und auch der Strand macht einige Sorgen. 31 Zimmer. Einfach, aber ansprechend im Sapa House mit Gemeinschaftsterrasse (85 $), deutlich geräumiger und besser ausgestattet in den Garden Bungalows (115 $), noch einen Tick größer und feiner in den Deluxe- (135 $) und Beachside-Bungalows (160 $), jeweils inkl. BF. 24 NDC, Tel. 3847440, www.sailing clubviet nam.com. km 11.5

●**Shades.** Gelungen „anders", neuseeländisch geführt. 3 Studios, 4 Apartments mit bestem Equipment und Superküchen, cool, modern, relaxed. Kleiner Strand, großer Pool, schöne Terrassen. 85–390 $ (Penthouse, 2 Schlafzimmer) inkl. BF, Wäsche. Tel. 374 3236, www.shadesmuine.com. km 14.8

●**Allez Boo.** Neu 2009. Gelungene, gepflegte Anlage in üppigem, weitem Grün mit schönem Strand; ein klein wenig abseits (vom Rummel), aber mit lebhaftem Nachtleben (wie in der gleichnamigen Bar in Saigon). 55 Balkonzimmer, davon 50 Deluxe 90–100 $ ++ inkl. BF. 8 NDC, Tel. 3743777, www.allezboo.com. km 10.5

Economy

●**Sunsea.** Harmonisch, freundlich, effektiv, man hat Platz. 12 Bungalows mit großzügigen Veranden; Standardzimmer (75 $) blicken auf den Pool, Superiors (85 $) auf den Garten. 3 Rundbungalows (95 $) sind größer und schicker (u.a. mit CD-Player), das Family Cottage (150 $) hat 2 Schlafräume. 50 NDC, Tel. 3847700, www. sunsearesort-mui ne.com. km 11.9

●**Full Moon Beach.** Ein Klassiker (seit 1996) in neuem Outfit mit korrekten Preisen. Liebevolle Details (die gute alte Thermosflasche!), harmonische Farben, witzige Bäder und gute Ausstattung (jedes Zimmer hat Moskitonetze und Sitzgelegenheiten außen), schöner Pool und Garten. 27 Zimmer, 90 (Beachfront oder Studio für 3–4 Pers.), 65 (Seaview), 55 und 40 $ für Gardenview (würde woanders noch als Seaview verkauft) inkl. BF. Gute, lebhafte Atmosphäre, Surf- und Kitezentrum (dem franz. Besitzer gehört auch Jibe's). 84 NDC, Tel. 3847008, www.windsurf-vietnam.com. km 13.2

●**Grace Boutique.** Neu 2009. Nicht ganz billig, aber der Besitzer, seit 2007 aus Florida in seine Heimat zurückgekehrt, garantiert für Ordnung und Funktionalität. 14 Zimmer, je nach Lage und Höhe (3 Etagen) 69–90 $ inkl. BF. 144A NDC, Tel. 3743357, www.grace boutiqueresort.com. km 16.2

●**Seabreeze.** Klein, intim. Die 10 AC-Zimmer mit großen, hellen Fenstern und geräumiger Terrasse machen was her (50, mit Seaview 60 $ inkl. BF); weniger gelungen sind die 6 „Abenteuer"-Bungalows à 65 $ (Luken statt Fenster, Winzbäder). 100 NDC, Tel. 384 7373, www.muinebreeze.com.vn. km 14.8

●**Cay Tre.** Ein Haus voller Überraschungen jenseits der Straße. Sitzt man am Pool oder auf der Terrasse, vergisst man die Straße und sieht nur Palmen und Beach: das Gilt gelöst! Das gilt auch für die Anordnung der 4 Zimmer zu 40 $ (1 Family 100 $). Kein BF, aber Küche. 173 NDC, mobil: 0938.604590, quancai tre@live.com. km 14.2

●**Sunshine Beach.** Lebhaftes Kiter-Dorado. Offen und weit, viel Platz, aber kein Pool (nur für Weicheier, sagen die Kiter). 20 Zimmer 42, 46 (Seaview), 82 $ (Bungalow) inkl. BF. 82 NDC, Tel. 3847788, www.sunshine-beach. com. km 13.1

●**Suoi Tien.** Familienbetrieb, klein, gepflegt. Hübsches Strandresto, gehobene Preise. 20 Zi./Bungalows 28, 43 (Seaview 47), 72 $ (Beachfront) inkl. BF. 60 NDC, Tel. 384 7146, suoitienmuineresort@yahoo.com. km 12.6

●**Chez Nina.** Klassiker. Gut instandgehalten und modernisiert (Bäder!), etwas beengt zwar, aber guter Service und eines der besten Beach-Restos. 13 Zimmer 35, 45 (Seaview), 50 $ Bungalows (z.T. direkt am Strand) inkl. BF. 86 NDC, Tel. 3847177, www.chez ninavn.com. km 13.2

●**Saigon Cali.** Neu 2009. Gleich neben dem „Fairy Stream" *(Suoi Tien)*, d.h. unverbaubarer Blick ins Grüne; schöner Pool und Strand. 19 Zimmer, davon 4 (übereinander) am Beach 35 $ inkl. BF, sonst 25–30 $. 42A HTK, Tel. 3743505, saigoncali.resort@gmail.com. km 17.9

●**Sinh Mui Ne.** TUI-Club en miniature von *SinhTourist.* Alles ist da, allerdings extrem beengt. 48 Zimmer, davon 28 „Bungalows" 40–50, der Rest „Villen" 45–55 $ inkl. BF. Mickriger Strand, an Wochenenden Aufpreis. 144 NDC, Tel. 3847542, www.thesinhtourist.vn. km 16

●**Indochina Dreams.** Kleine Anlage im Annex der Privatvilla eines kanadischen Auslandsvietnamesen 10 solide, gut ausgestattete Bungalows 40–55 $ inkl. BF. 74 NDC, Tel. 3847271, www.indochinadreams.com. km 13

●**Lucy.** Geschmackvolle, gepflegte Anlage mit hübschem Resto (vietnamesische Küche, aber auch Wiener Schnitzel). Gastgeber sind der Österreicher Alex und seine Frau Lucy. 26 Bungalowzimmer mit Fan 40 $, mit AC/Safe 50 $, 3 Pool-Zimmer mit Miniküche/Fridge 60 $ inkl. BF. 54A HTK, Tel. 3847801, www.lucyresort.net. km 18.5

Budget

●**Hiep Hoa.** Luftig, zu Strand und Meer hin geöffnet, spartanisch, aber sauber. 13 Zimmer 16 (Fan), 20, 30 $, 2 Beach Bungalows 50 $. 80 NDC, Tel. 3847262, www.muinebeach.net/hiephoa. km 13.1

●**Lu Hoang.** Neu. Eher eine Pension als ein Resort; sauber, freundlich, privat. 6 Zimmer 15, mit Balkon 20 $ (super 301 u. 302). 106 NDC, Tel. 3500060. km 14.9

●**Hai Yen.** Neu. Guesthouse mit 20 Zimmern, 13, 15, 20 $ (Twin), mit AC plus 5 $. Mit Pool und Strand! 132 NDC, Tel. 384 7890, www.haiyenguesthouse.com. km 15.5

●**Sand Dune** von *Hanh Café.* Neu. Charme einer sozialistischen Autobahn-Raststätte und weit überteuert (15–35 $). 117 NDC. km 13.1

●**Hai Gia.** Richtiges kleines Resort mit allen Schikanen, aber da auf vietnamesische Gäste eingerichtet, im Winter oft nahezu leer. 35 Zimmer, mit Fan/KW 16, mit WW 20, mit AC 22, mit Seaview 26 $. 72A HTK, Tel. 384 7555, haigia_muine@yahoo.com. km 18.6

●**Tuan Loan.** Netter Familienbetrieb *(Tuan* u. *Loan)*, kein Pool, aber guter Strand. 15 Zimmer, z.T. dreistöckig, mit Fan 14, mit AC 18 $. 76A HTK, Tel. 3847524, tmtmuine@yahoo.com. km 18.8

●**Vuon Nho** (Small Garden). Der Spirit der Pionierzeit ist wegsaniert, den Seaview-Bungalows hat man ein Resto vor die Aussicht gesetzt, Robinsonfeeling adé. 16 Bungalows, „Meerblick" 35, Strandnähe 32, Gartenblick 30 $ inkl. BF. 48 NDC, Tel. 3847012. km 11.9

●**Hong Di.** 30 Zimmer, mit Fan 12, mit AC 20 $. Etwas simpel und chaotisch, aber nicht schlecht. 70 NDC, Tel. 3847014, hdhongdi@yahoo.com. km 13

●**Vietnam Austria House** (Nhu Huong). Etwas beengt, aber freundlich und korrekt; ideal für Kinder (Minipool). 16 Zimmer 15 (Gemeinschaftsbad), 20, 25 $, 3 Bungalows (3–4 Pers.) 30 $. 2 Dorms à 4 Betten, 5–6 $ p./P. 88 NDC, Tel. 3847047. km 13.2

●**Mellow.** Rückversetzt an der Straße, aber immer knallvoll mit Surfern und Kitern, sympathisch chaotisch und unschlagbar billig: 12 Zimmer, simpel, aber mit Netz und sehr korrekt 6 (Gemeinschaftsbad), 10 $ (Minibad), AC 3 $ extra. 117C NDC, Tel. 3743086, paul_clayton@hotmail.com. km 13.1

●**Bien Dua.** Recht anständig für den Preis, die Betten etwas schmal, wenig Strand, aber Liegen, kein Pool. 12 Zimmer, 10 (Fan, KW), 12 (Fan, WW) und 20–25 $ (AC, Seaview). 136 NDC, Tel. 3847241, www.bienduaresort.com. km 16

●**Nam Khai.** An der Straße, für den Übergang, als Ausweiche; korrekt, sauber. 12 Zimmer 15 $. 107 NDC, Tel. 3847728. km 12.6

Essen und Trinken

●An der Straße, vor allem gegenüber den großen Resorts, gibt es unzählige Lokale mit Seafood-BBQ (meist gefroren und wiederaufgetaut) und stark verwestlichten Gerichten, natürlich mit Messer und Gabel. Fast überall netter, aber schlechter Service.

●**Ngoc Suong.** Ableger des berühmten Seafood-Imperiums mit Filialen in Saigon und Nha Trang. Gute Küche, nicht überteuert, schöne Zweiertische direkt am Wasser (Reservierung Tel. 3847515). 94 NDC.

11vi Foto: kb

Mui Ne: Die Große Düne am White Lake

●**Champa.** Gepflegte Mittelmeer-Küche in elegantem Rahmen (Terrasse); nur abends, im *Coco Beach* (Tel. 3847111). Zu empfehlen ist auch das Strandresto **Paradise Beach Club** auf dem gleichen Gelände; abends BBQ.

●**Ratinger Löwe.** Schweinsbraten, Kohlroulade, Rostbratwürste und deutsche Biere; Hauptgerichte 6–7 $. In den *Cham Villas*.

●**Java.** Großes Indoor/Outdoor-Restaurant mit Allwetterküche zwischen Saigon/New York und Traumblick auf den Hafen von Mui Ne. (Manche kommen auch nur des Kaffees wegen.) 152 HTK.

●**Luna d'Autunno.** Der Spitzen-Italiener am Strip. *Alex* und *Gino* kommen aus Berlin. Salate, Pasta, Pizzen, Fisch und Fleischgerichte. 51A NDC.

●**Lam Tong.** Das Plus ist die Terrasse am Meer, weshalb es auch in jedem Guidebook steht. Gerichte um 30.000 d, egal ob Fisch, Fleisch oder Nudeln – das hört sich freilich verdächtig nach „Einheitsküche" an. 92 NDC.

●**Hoang Vu.** Mit Sicherheit einer der seriöseren Anbieter des Strip-Renners „Seafood-BBQ". 121 NDC.

●**Shree Ganesh.** Indisch zu zivilen Preisen in angenehmer Umgebung. 57 NDC.

●**Rung.** Hübsche Dschungelkulisse für etwas zu zaghaftes Ethno-Food, abends traditionelle Musik. 65B NDC.

Zum Entdecken

●**Hong Vinh.** Absolut unprätentiöser Bahnhofsimbiss-Charme, aber das exzellenteste und frischeste Seafood weit und breit – allein der Blick in die Tanks genügt: So sauber und mit so vielfältiger Auswahl sieht man sie selten! 277 NDC.

●**Cay Bang.** Tolle Terrassen am Meer, hervorragendes Seafood, superpopulär bei Einheimischen. Einziges Manko: Karte ohne Preise, da muss man bei der Bestellung tüchtig nachfragen. 2–4 NDC.

●**Hoa Vien.** Ableger des tschechischen Bierimperiums (Saigon, Hanoi). Mehrere Stockwerke, Betonung auf Seafood, aber Klassiker wie Schweinshaxe Bavaria fehlen nicht. 2 NDC.

Cafés und Nightspots

● **Gecko.** Angenehmes Ambiente, Icecream, Lounge, Tapas. 53B NDC.
● **Guava.** Trendy, für die etwas schickere Klientel. 53 NDC.
● **Harmony.** Kleiner Treffpunkt der Deutschen, nur abends. 79B NDC.
● **Jibe's.** Kommt seit Jahren gut an; Kiter-Treff mit Boutique, Resto, Bar, Lounge. 90 NDC.
● **Joe's Art Café.** All-day-all-night (24h) mit WiFi und Fastfood wie Pizza, Pancakes, Sandwiches etc.; abends Filme. 139 NDC.
● **Wax.** Angesagtester Beach-Club mit Bar, Lounge, Mini-Disco und selbst Tischen am Strand. Happy Hour 21–22 Uhr, danach geht's erst richtig los. 68 NDC.
● **DJ Station.** Terrasse am Meer, DJ's aus Saigon, Happy Hour 19–21 Uhr. 120 NDC.
● **Pogo.** *Ediths* Strandclub ist berühmt: heiße Parties, Djs, auch Livebands bis spät in die Nacht. 138 NDC, www.thepogobar.de.

An- und Weiterreise

● **Saigon.** Alternativ zur N 1: Kombination aus N 51 (bis Ba Ria, evtl. Abstecher nach *Long Hai*) und N 55 (über Xuyen Moc, Binh Chau, Ham Tan); von da ab schöne Fahrt über die **Küstenstraße** Ke Ga – Phan Thiet.
● **Phan Rang.** Entlang der spektakulären Küsten- und **Dünenstraße** Mui Ne-Hon Rom-Bau Ba (White Lake), die nach 42 km bei *Luong Son* auf die N 1 trifft.
● **Da Lat.** Alternativ zur N 27 (Phan Rang): über die N 28 bis *Di Linh*. Oder, schöner, von *Luong Son* aus (s.o.) geradewegs nach Norden *(Ninh Gia)*; die an einem Staudammprojekt entlangführende Straße erreicht nach 70 km die N 20 nach Da Lat.

Mui Ne, Umgebung

Suoi Tien (Fairy Springs)

Schönste Möglichkeit, die Dünen zu erkunden: durch das erfrischende Nass eines Baches zu waten. Beiderseits roter Sand und weiße Steine, über einem sattblauer Himmel und das gelegentliche Grün einer Palme. Aber Schuhzeug nicht vergessen, der Sand der Dünen ist brandheiß!

km 19 (Brücke). Besser am Morgen gehen als am Nachmittag, in der Stunde vor Sonnenuntergang tummeln sich des öfteren Schlangen!

Hon Rom

Die Bucht hinter Mui Ne, im Nordosten. Rauher, hügeliger und felsiger, aber nicht minder faszinierend. Vorbei an der zugigen Landspitze *Ganh Mui Ne* im Rücken des Fischerorts (der noch kaum erschlossene „Hintere Strand" *Bai Sau* ist schön einsam und ideal zum Schwimmen und Wandern abseits der Massen, birgt aber auch gefährliche Strömungen) signalisiert eine Ansammlung von Straßenrestos den Zugang zu pittoresken weißen **Sanddünen** und einem roten Canyon. Die Straße führt in der Folge zu einer weiteren, noch größeren Bucht, **Hom Nghe** (Abzweiger, Endstation des *Suoi-Cat*-Busses), zum *White Lake* (s.u., 30 km) sowie zur N 1 (42 km).

Bau Ba (White Lake)

Der Weiße See, auch Lotos-See genannt, erstreckt sich zu Füßen der mächtigsten und **schönsten Dünenformation** der Region und ist unbedingt einen Ausflug wert. Das intensiv blau schimmernde Gewässer vor der imposanten Kulisse der vietnamesischen „Sahara" ist ein Anblick, den man nicht so leicht vergessen wird.

Manchmal ziehen große Rinderherden durch die Dünen, und man wähnt sich vollends in Afrika.

Der fischreiche Süßwassersee, um den sich verständlicherweise zahllose Legenden ranken, misst bis zu 22 m Tiefe (1945 waren es noch 45 m).

Ke Ga

Die Fahrt zum höchsten (54 m) und ältesten **Leuchtturm** Vietnams (1897) führt entlang einer spektakulären Fels-, Strand- und Dünenküste. Wildromantisch, eher an Nordpazifik oder Südatlantik als an „Südsee" erinnernd wie bei Mui Ne (Nadelhölzer statt Palmen!). Per Boot oder *thung-chai*-Korb kann man sich auf die nur wenige Meter entfernte Insel übersetzen lassen und den Leuchtturm besteigen.

Anfahrt und Unterkunft

● Abzweiger ab N 1 4 km westl. von Phan Thiet (Wegweiser), von dort bis zum Leuchtturm 45 km.
● Das Terrain für Dutzende Resorts ist abgesteckt, die bestehenden sind vornehmlich auf einheimische Wochenend-Gäste eingerichtet. Südl. des Leuchtturms gibt es ein Luxus-Resort (www.princessannam.com).

Nui Ta Cu

Ein 588 m hoher Berg in flacher Küstenlandschaft ist eine Attraktion. Deshalb wurde bereits 1861 eine Pagode, *Chua Linh Son*, auf ihm errichtet und 100 Jahre später der größte liegende Buddha Vietnams (49 m lang, bis zu 10 m hoch) hinzugefügt. Der Aufstieg zum Ta-Cu-Berg unweit von Ke Ga – von der N 1 über *Ham Nam* zu er-

reichen – führt durch urwüchsige Landschaft (ca. 1½ Std.) – oder per Seilbahn: 55.000 đ hin- und zurück.

Phu Quy   ⚓ XXI/C2

Die von einem massiven, bis 42 m tiefen Korallenriff umgebene Vulkaninsel mit 9 weiteren vorgelagerten Inseln liegt rund 120 km südöstl. von Mui Ne. Besiedelt ist nur die felsige Nordküste, im flachen Süden erstrecken sich lang gezogene **Strände.** Die höchste Höhe der 16,5 km² großen Insel beträgt 106 m, sehenswert sind neben dem lebhaften Fischerhafen die *Linh-Son-Tu*-Pagode (1747) auf dem Panoramahügel *Cao Cat*. Neben Tintenfisch werden Snapper, Grouper, Thunfische und Haie gefischt und verarbeitet – praktisch die einzige Einkommensquelle der Insulaner.

Praktische Informationen

● 25.000 Einw. 0–106 m. Tel. 062.
● **www.phuqui.info**
● **Transport.** Unregelmäßiger Bootsverkehr etwa alle 2–3 Tage; die Passage ab Phan Thiet dauert 6–7 Std., wird bei stürmischer Witterung (vor allem Sept.–April) aber abgesagt. In Planung ist ein Hydrofoil, das den Transfer auf ca. 1½ Std. reduzieren würde. Einige KiteSurfing-Veranstalter von Mui Ne laufen den Archipel an.
● **Infrastruktur.** *Rooms for Rent* sind keine Seltenheit, z.B. Minh Tan, 5–6 $, Tel. 376 9634. Mit dem Motorbike hat man ein Straßennetz von nahezu 50 km, davon gut 10 km asphaltiert, zur Verfügung.

Das Zentrale Hochland

152vi Foto: kb

153vi Foto: kb

Blick auf das Plateau von Da Lat

Grabfiguren der Jarai

Der Bahnhof von Da Lat

Überblick

Das Zentrale Hochland **(Tay Nguyen)** nimmt 1/6 der Landfläche Vietnams ein, weist aber einen Bevölkerungsanteil von lediglich 4–5 % auf. Noch gegen Ende der Kolonialzeit (1953) siedelten weniger als 30.000 Vietnamesen in der 55.000 km² großen Region, die 2000 Jahre lang die Domäne übers Meer zugewanderter **malayo-polynesischer Minoritäten** (wie Ede und Jarai) und eingeborener **Mon-Khmer-Völker** (wie Bahnar, Sedang und Kohor) war. Erst die großen Emigrationswellen von 1954, als 1 Mio Katholiken aus dem Norden in den Süden flohen, und seit 1976, die Jahr für Jahr einen Zustrom hunderttausender Wirtschaftsflüchtlinge aus dem übervölkerten Norden mit sich bringen, haben die Akzente deutlich verschoben. Heute stellen Vietnamesen bereits mehr als die Hälfte der knapp 4 Mio Hochlandbewohner.

Ungleich dem Bergland des Nordens besteht das Zentrale Hochland weniger aus Bergen und Wäldern (auch wenn erstere Höhen von immerhin 2600 m erreichen), sondern aus **flachen Hochebenen** vulkanischen Ursprungs mit fruchtbaren Basaltböden, aber auch nahezu steppenartigen Savannen. Das höchste Plateau, das *Lam-Vien*-Plateau mit **Da Lat,** der Hauptstadt der Provinz Lam Dong, liegt 1500 m über dem Meeresspiegel. Während die Höhenunterschiede (Abbrüche) zur Küstenebene bis zu 1000 m und mehr betragen, flachen die Plateaus gen Westen zunehmend ab, mit

dem verblüffenden Resultat, dass die meisten Flüsse des Hochlands nicht ins Meer münden, sondern nach Kambodscha und Laos abfließen.

Trotz seiner Abgeschiedenheit und geringen Bevölkerungszahl galt das Hochland stets als **strategisch bedeutsam.** Jahrzehntelang buhlten Franzosen wie Amerikaner um die Gunst der Bergstämme, der *Montagnards*. 1965 fanden bei Pleiku die ersten Gefechte zwischen regulären Truppen des Nordens und des Südens statt, auf dem Höhepunkt des Kriegs diente das Hochland als Rückzugsgebiet der Befreiungsfront und Aufmarschzone der Nordvietnamesen. Zwecks besserer Kontrolle, die sie jedoch nie gänzlich erlangten, fackelten die Amerikaner mit Napalm und Entlaubungsgiften wie Agent Orange weite Teile der Wälder ab.

Regionen wie Da Lat und Buon Ma Thuot versorgen heute nicht nur den Großraum Saigon, sondern halb Vietnam mit Obst und Gemüse. Praktisch der gesamte **Kaffee** des zweitgrößten Kaffeeproduzenten der Welt wird im günstigen Klima des Hochlands geerntet. Auch Tee, Pfeffer, Kautschuk, Forstwirtschaft und Rinderzucht werfen satte Exportgewinne ab und sorgen für einen ständig wachsenden Lebensstandard in der Region.

Zugenommen haben dadurch aber auch die traditionellen **Spannungen** zwischen Vietnamesen und Montagnards – für die sesshaften Bauern des Flachlands seit Alters her *moi*, „Wilde". Die Besiedlungspolitik Hanois sorgt seit Jahren für einen ungehemmten

Zuzug von Landlosen aus allen Teilen Vietnams, die den Lebensraum und die Identität der Ethnien zunehmend beschneiden. 2001 kam es im Gefolge umstrittener Landzuteilungen zu heftigen **Unruhen** und lokalen Aufständen, in deren Verlauf 900 Montagnards über die kambodschanische Grenze flohen und Asyl in den USA erwirkten.

Klima

Trockenzeit ist von November bis April, Regenzeit von Mai bis Oktober. Abzuraten von Reisen ist insbesondere zwischen Juli und September, wenn das Hochland im **Schlamm** versinkt. Aufgrund seiner Höhenlage weist Da Lat ein spezielles Klima auf (s.u.).

Verkehr

Das Straßennetz ist insgesamt hervorragend, selbst Routen, die noch bis vor kurzem nur per Lkw oder Motorrad zu bewältigen waren, sind heute bei jedem Wetter passierbar.

Besonders schön und abwechslungsreich (z.T. alte, ursprüngliche Wälder) sind die N 24 Kontum – Quang Nai und die N 14 Kontum – Da Nang. Bestens ausgebaut, aber weniger reizvoll sind die N 19 Pleiku – Qui Nhon und die N 26 Buon Ma Thuot – Nha Trang. Die N 27 Da Lat – Buon Ma Thuot führt durch eine teilweise pittoreske, aber überaus menschenleere Gegend. Die N 28 Dalat – Phan Thiet sowie die N 723 Dalat – Nha Trang sind neue und kürzere Alternativen zu der herkömmlichen Route über Phan Rang (N 27).

Entfernungen in km

- **Von Saigon:** Da Lat 300, Buon Ma Thuot (N 14) 350.
- **Von Da Lat:** Phan Rang 110, Buon Ma Thuot 200, Nha Trang 230 (N 27) bzw. 140 (N 723), Phan Thiet 175 (N 28), 250 (N 27).
- **Von Nha Trang:** Buon Ma Thuot 185, Pleiku 385, Kontum 435.
- **Von Qui Nhon:** Pleiku 190, Kontum 240.
- **Von Buon Ma Thuot:** Nha Trang 185, Pleiku 200, Da Lat 200, Kontum 250.
- **Von Kontum:** Pleiku 50, Da Nang 320.

Cat-Tien-Nationalpark ♫ XX/B1

Der 74.000 ha große, seit 1998 vom WWF mitbetreute Park entlang dem *Dong-Nai*-Fluss gilt als der topografisch vielseitigste Vietnams, da er sowohl Berge wie Tiefebenen (bis 130 m u. d. Meeresspiegel), Regenwälder wie Sümpfe und Savannen umfasst. Das einstige Jagdrevier der *Chau Ma* und *Stieng* (noch etwa 10.000 siedeln hier) war schon vor 1500 Jahren eine Kultstätte des hinduistischen *Fu Nan*, wie Funde im Nordteil des Reservats (Türme, Shivastatuen, Lingae) belegen.

Cat Tien ist die letzte Heimat der schon für ausgestorben erachteten Java-Nashörner und der *Gaur* (eine Art Ur-Rind). Ein wahres Paradies ist der Park für Vogelliebhaber. Zumal nach der Regenzeit, zwischen Oktober und Dezember, bevölkern Abertausende **Vögel** den Park; Ornithologen haben über 350 Arten gezählt.

Zentrales Hochland

Ethnische Minoritäten des Südens

Die ethnischen Minoritäten Zentralvietnams sind nicht minder faszinierend als die des Nordens – und von ihnen diametral unterschieden! –, haben allerdings das „Manko", im Alltag keine „bunten Trachten" mehr zu tragen und sich scheinbar auch sonst von ihren Wurzeln weiter entfernt zu haben als ihre Vettern im Norden. Dafür sorgten seit 150 Jahren vor allem französische und amerikanische Missionare.

Bei **Festen** und **Riten** lernt man die *Montagnards* des Zentralen Hochlands allerdings noch heute von einer anderen Seite kennen. Eine zentrale Rolle bei vielen Riten hat der **Gong**; in der Art und Weise den Gong zu schlagen, unterscheiden sich einzelne ethnische Gruppen. Die bis zu 80 cm großen Gongs werden von einzelnen Familien als Zeichen von Wohlstand und Ansehen im Innern der Häuser präsentiert. Bei Festen, vor allem im Nov./Dez. nach der Reisernte, werden Sets von bis zu 15 Gongs von der Dorfgemeinschaft gespielt. Eine völlig andere Welt als im Norden zeigen auch die ausladenden, bis zu 100 m langen **Gemeinschaftshäuser** *(nha rong)* und kunstvolle **Grabstätten** mit Totenhäusern und bis zu mannshohen Holzskulpturen.

Jarai

Malayo-polynesisch. 320.000
Gia Lai, Kon Tum, Dak Lak, Khanh Hoa

Die matriarchalischen Jarai (oder *Gia Rai*) brachten die Kultur der Südsee nach Vietnam, ohne sie aber (wie die Cham) zugunsten indisch-hinduistischer Einflüsse preiszugeben. Ihre bis zu 60–80 m langen *rong*-Häuser erinnern an die der *Iban* in Sarawak. Legendär sind ihre aufwendigen Hochzeits- und Begräbnis-Zeremonien mit Büffel-Opfern und ihre Totenhäuser mit mannshohen, kunstvoll geschnitzten Holzplastiken, halb Grabwächter, halb Ehrenmale – ein faszinierender Touch Polynesien (Osterinseln) mitten in Indochina. Berühmt sind auch ihre Musikinstrumente (Trommeln, Gongs, Flöten, Harfen). Viele der ursprünglich halbnomadischen Pferd- und Rinderzüchter wurden in den letzten Jahren sesshafte Pflanzer, die sich dem profitablen Anbau von Kaffee, Tee, Tabak und Baumwolle widmen.

Ede

Malayo-polynesisch. 240.000
Dak Lak, Phu Yen, Khanh Hoa

Die Ede (oder *Rahdé*) zählten zu den ersten, die in Kontakt mit den Franzosen kamen und sesshaft wurden. Ihre Langhäuser in Form von Schiffen maßen bis zu 100 m. Wie die Jarai sind sie Animisten und strikt matrilinear, bemessen Reichtum in Form von Gongs und Bronzekrügen (zur Gärung von Reiswein) und begraben die Toten mit Teilen ihres Eigentums. Zum Zeichen der Reife wurden die oberen Schneidezähne beschliffen, die Ohrläppchen durchstochen und bis zur Schulter gestreckt. Sie sind ausgezeichnete Handwerker (Schmieden, Flechten, Weben, Töpfern) und Musiker.

Bahnar

Mon-Khmer. 190.000
Kontum

Die Bahnar (oder *Ba Na*) trieben jahrhundertelang Handel mit den Cham und Viets der Ebene und sind gute Rinderzüchter und Pflanzer (Mais, Hirse, Tabak, Hanf, Indigo). Die Familien sind bilinear, Männer wie Frauen erben und sind, wenn auch arbeitsteilig, nahezu gleichgestellt. Wie Jarai und Ede errichten sie Totenhäuser, die sie mit Grabbeigaben ausstatten (Gongs, Gefäße, Waffen, Hausrat). Ihre unverwechselbaren *rong*-Häuser weisen steile, bis zu 30 m aufragende Dächer auf, die teilweise mit Holzschnitzereien dekoriert sind.

Sedang

Mon-Khmer. 110.000
Kontum, Gia Lai, Quang Ngai

Die Sedang (oder *Xo Dang*) sind traditionell Viehzüchter und führten oft blutige Kriege untereinander wie gegen die Bahnar, die sie an siamesische Sklavenhändler verkauften. Ursprünglich brachten sie auch Menschenopfer dar. 1888 ließ sich ein exzentrischer französischer Abenteurer, ein Colonel Kurtz *(Apocalypse Now)* des 19. Jhs., zu ihrem „König" küren. Anders als die anderen Ethnien des Südens paktierten die Sedang sowohl mit Vietminh wie Vietcong. Ihre Dörfer sind noch heute häufig befestigt.

Kohor

Mon-Khmer. 100.000
Lam Dong

Zu den Untergruppen der Kohor (oder *K'ho*) zählen die *Lat* und *Chil* von Da Lat. Ob-schon relativ früh christianisiert, spielen Tanz und Musik noch heute eine wichtige Rolle in ihrer totemistischen Geisterwelt. Ihre Langhäuser sind vergleichsweise kurz (max. 30 m), einige Gruppen sind bekannt als exzellente Töpfer und Schmiede.

Mnong

Mon-Khmer. 72.000
Dak Lak, Dak Nong, Lam Dong

Die Mnong sind seit Jahrhunderten als Jäger und Züchter von Elefanten bekannt. Viele Gruppen leben in ebenerdigen Häusern, andere in Pfahlhäusern, deren Strohdächer oft fast bis zum Boden reichen. Tiere werden, wie bei den meisten anderen Völkern, hauptsächlich zu Opferzwecken gehalten. Schmuck (Silber, Kupfer, Zinn) wird von beiden Geschlechtern getragen; ursprünglich wurden die Ohrläppchen zum Tragen von Schmuck aus Elfenbein, Bambus oder Edelhölzern gestreckt. *Litophon* (Steinxylophon) gilt als das älteste bekannte Musikinstrument der Welt. Ihre hölzernen Begräbnisstatuen sind bevorzugt Pfauen und Elefantenzähne.

Bru und Van Kieu

Mon-Khmer. 44.000
Quang Nam, Thua Thien Hue

Als Bewohner des 17. Breitengrads hatten sie das Pech, in der umkämpftesten Zone des Vietnamkriegs zu leben. Beide Völker sind patrilinear und betreiben z.T. noch heute halbnomadische Brandrodung. Die Dächer der Pfahlhäuser sind oval, erinnern an Schildkrötenpanzer und sind teilweise mit hölzernen Vögeln oder Büffelhörnern dekoriert.

Zentrales Hochland

Eine besondere Attraktion ist der *Bai Sau* (Krokodilsee), in dem **Siamesische Krokodile** leben. Ein 5 km langer Trek führt von der Hauptstraße des Parks an den See, auch mit Möglichkeiten zur Vogelbeobachtung und Übernachtung.

Gleich am Parkeingang liegt auf einer abgeschirmten Flussinsel das **Dao Tien Primatenzentrum,** eine Auffangstation für Gibbons, Languren und Loris, die zuvor ein tristes Affenleben auf Märkten und in Vergnügungsparks fristeten und hier für ihre Auswilderung fit gemacht werden. Ein Besuch mit Führung (8 und 14 Uhr, 150.000 đ) ist möglich. www.go-east.org.

Eine Rehastation für geschundene **Bären** (vor allem Kragen- und Malaienbären) liegt gleich hinter dem Headquarter des Parks. www.freethebears. org.

Praktische Informationen

● **Info.** Tel. 061/3669228, www.namcattien. org.

● **Anreise.** Abzweiger von der N 20 im Weiler Tan Phu 125 km nördlich von Saigon und 175 km südlich von Da Lat. Eine 24 km lange Asphaltstraße führt bis zum Parkzentrum an einem Nebenfluss des *Dong Nai.* Eintritt 50.000 d, Krokodilsee 80.000 d.

● **Forest Floor Lodge.** Schicke Ökolodge am Ufer des Dong Nai für den anspruchsvollen Abenteurer – gutes Konzept, aber wenig befriedigende Realisierung: zu selten Strom, zu schlechter Service, zu teuer. Übernachtung wahlweise im Safari-Zelt oder Bungalow 125 $ ++ ohne BF. 1,6 km vom Parkzentrum (Abholservice an der Fähre). www. forestfloorlodges.com.

● **Einfache Unterkünfte** (50 Zimmer) beim Parkzentrum ab 15 $ und am Krokodilsee ab 30 $ inkl. BF. Es können auch Zelte für 8 und 12 $ gemietet werden.

● **Touren** sind u.a. per Jeep, Boot, Kanu und Mountainbike möglich (ab 10 $ p./P.). Ein Jeep kostet um 15 $, ein Guide um 10 $ pro Tag. Empfehlenswerte Veranstalter für Trekkingtouren im Park sind *Sinhbalo Adventures* in Saigon und *Phat Tire* in Da Lat, siehe jeweils dort.

Da Lat ⚐ XVII/C3
(Đà Lạt)

Die einen lieben Da Lat. Die anderen zucken die Achsel: Was solls? Und beide können wir verstehen. Das alte, kolonialfranzösische Da Lat verschwindet immer mehr. Und die Landschaft, für die Viets ein immerwährendes Faszinosum, erinnert uns an Bekanntes wie Schwarzwald oder Vogesen.

Da Lat hat jedoch seinen **eigenen Charme,** und ist anders als alle anderen Städte Vietnams. Das kühle Klima und die französische (Freizeit)Kultur schufen eine für Vietnam außergewöhnliche Infrastruktur, die in vieler Beziehung noch heute manifest wird. Kaffeehäuser. Künstlertreffs. Blumengärten. Kleine, intime Restos. Altstadtstrukturen. Hunderte Hotels (90 % für den einheimischen Markt). Und die Landschaft hat sehr wohl ihren Reiz. Nadelhölzer statt „Urwald". In tropischen Breiten sonst nicht gedeihendes Obst und Gemüse (Erdbeeren! Artischocken!). Und Blumen über Blumen (Rosen! Orchideen!). Aber auch das hat seinen Preis: Seit Gemüse und Blumen exportiert werden, verunstalten Gewächshäuser und Plastikplanen die schönen Täler und Hänge.

Da Lat, „Fluss der *Lat* " (die Lat sind ein Unterstamm der *Kohor)* liegt **1500 m** über dem Meeresspiegel. Für die heimwehkranken Kolonisten bedeutete die Region ein Stück „Europa", für die Vietnamesen von heute ist sie ein Stück „Natur", das sie sonst nicht kennen. Neugierig und aufgeregt durchstreifen sie in Massen die Wälder, Seen und Wasserfälle der Umgebung, und im Frühjahr wird die Stadt zum Ziel unzähliger Liebespaare und Hochzeitsreisender, die sich wie in einem fremden und doch gleichzeitig vertrauten Land vorkommen.

Aber auch als Europäer kann man in Da Lat zuweilen vergessen, wo man sich befindet und sich in der französischen Schweiz, den Seealpen oder im Elsass glauben. Entsprechend verwirklichten die neureichen *colons*, die der

Villa am Xuang-Huong-See

tropischen Hitze Saigons zu entfliehen suchten, hier ihre geheimen kleinbürgerlichen Träume: „herrschaftliche" Villen, „provençalische" Landgüter, „alpine" Chalets mit „elsässischem" Fachwerk oder auch nur simple „Häuschen im Grünen".

Da Lat ist in den letzten Jahren wie rasend gewachsen. Die Ethnien, die man noch Anfang der 1990er Jahre Brennholz, Pilze und Honig gegen Salz und andere Güter tauschen sah, sind vom Erdboden verschwunden. Und mit dem Zuzug der Vietnamesen ist auch der französische Einschlag stark dezimiert. Die alten Villen, sofern man sie noch hat stehen lassen, ducken sich im Schatten zehnstöckiger Minihotels – vietnamesischer Einheitslook macht sich breit. Und trotzdem gilt noch immer: Keine Stadt Vietnams ist so wie Da Lat. Auch wenn die Unterschiede sich mehr und mehr nivellieren.

Geschichte

Da Lat wurde **1897** von dem Pasteur-Schüler *Alexandre Yersin* (1863–1943, s. auch Nha Trang) entdeckt und wegen seines milden, „europäischen" Klimas als idealer Standort für ein Sanatorium für erholungsbedürftige Soldaten und Beamte bestimmt. 1907 entstand ein erstes Hotel, und schon bald darauf begannen Kolonisten und einheimische Neureiche die Pinienhügel mit Villen, Chalets und Schrebergärten zu überziehen. Gouverneure ritten mit ihren Gästen auf Tiger- und Elefantenjagd und vergaben Lizenzen zur Erschließung von Tee- und Kaffeeplantagen, und 1917 wurden die Schienen für eine Eisenbahnverbindung mit Saigon (via Phan Rang) gelegt. Spätestens um 1930 galt Da Lat als eine der mondänsten *Hill Stations* des Fernen Ostens, mitsamt Casino, Golfplatz und Luxushotels, und 1945 zog sich auch der seiner Würden beraubte Ex-Kaiser *Bao Dai* hierher zurück. Ein einheimischer Reiseführer

Zentrales Hochland

113vi Foto: kb

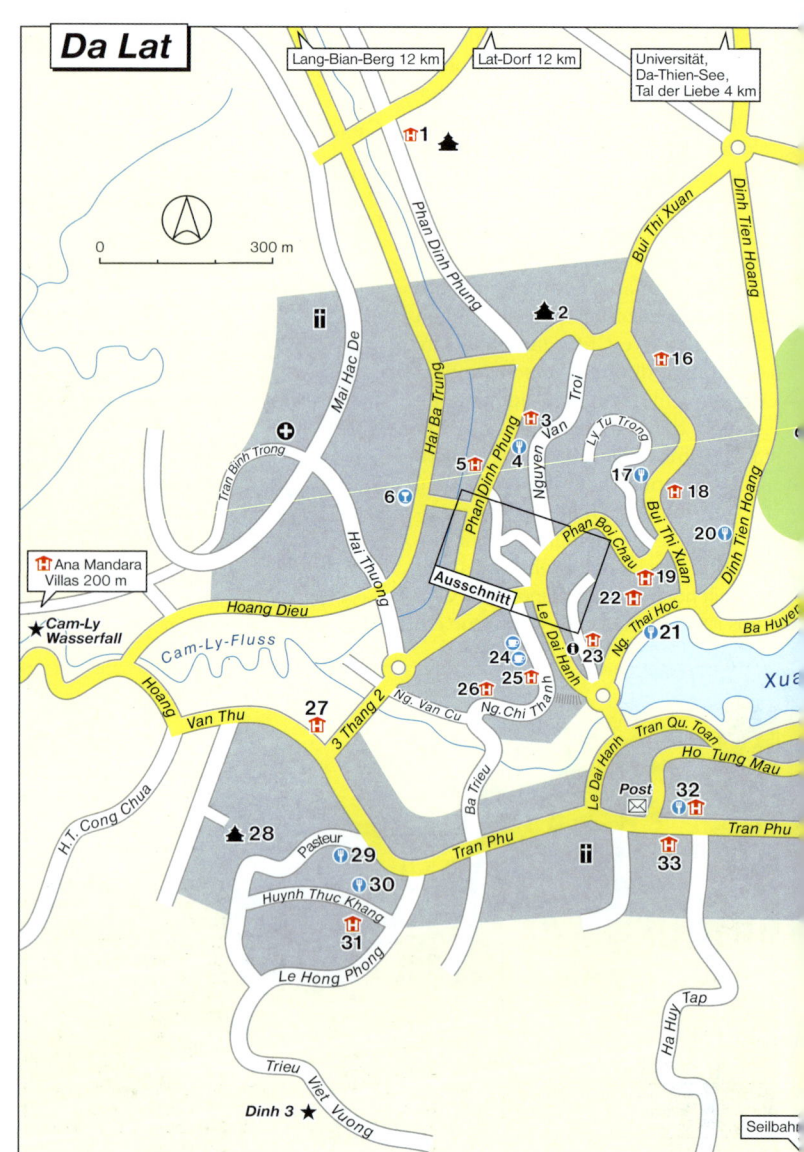

Da Lat

Lang-Bian-Berg 12 km

Lat-Dorf 12 km

Universität,
Da-Thien-See,
Tal der Liebe 4 km

0   300 m

Phan Dinh Phung

Dinh Tien Hoang

Bui Thi Xuan

Mai Hac De

Hai Ba Trung

Tran Binh Trong

Nguyen Van Troi

Phan Dinh Phung

Ly Tu Trong

Bui Thi Xuan

Dinh Tien Hoang

Ba Huyer

Phan Boi Chau

Hai Thuong

Ausschnitt

Le Dai Hanh

Ng. Thai Hoc

Ana Mandara
Villas 200 m

Cam-Ly
Wasserfall

Hoang Dieu

Cam-Ly-Fluss

Xua

Hoang Van Thu

3 Thang 2

Ng. Van Cu

Ng. Chi Thanh

Ba Trieu

Le Dai Hanh

Tran Qu. Toan

Ho Tung Mau

H.T. Cong Chua

Pasteur

Tran Phu

Post

Tran Phu

Huynh Thuc Khang

Le Hong Phong

Ha Huy Tap

Trieu Viet Vuong

Dinh 3

Seilbahn

1   2   16   3   4   5   6   17   18   20   19   22   23   21   24   25   26   27   28   29   30   31   32   33

Zentrales Hochland

Blumen-
garten

Ehem.
Lycée Yersin

Ehem. Bahnhof

Dinh 2

Nguyen Tu Luc

Phan Dinh Phung

Tang Bat Ho

Truong Cong Dinh

Hoa Binh Platz

3 Thang 2

Suong Nguyet Anh

„Seufzersee"

Nha Trang 140 km

Trai Mat 8 km,
Cau Dat 24 km,
Phan Rang 110 km

Phan Chu Trinh

Quang Trung

Hung Vuong

Nguyen Du

Nguyen Trai

Ba H. Th. Quan

Hung Vuong

Khe Sanh

Hoang Hoa Tham

Tran Hung Dao

Prenn-Wasserfall 9 km
Meditationszentrum 5 km
Saigon 298 km

	1	Thien An		19	Blue Moon
	2	Chua Linh Son		20	Ngoc Dung
	3	Dreams 2		21	Thanh Tuy
	4	Hoang Lan		22	Empress
	5	Dreams		23	Golf 3
	6	Saigon Nite Bar		24	Ban & Toi, Why Not
	7	Cam Do		25	Ngoc Lan
	8	Art Café und		26	Chau Au
		Peace Café		27	Saigon Dalat
	9	Hoa Binh 1 + 2		28	Chua Lam Ty Ni
	10	The Hangout,		29	Hoan Viet
		Subterrain		30	Ngoc Duy
	11	Da Quy		31	Crazy House
	12	Phu Hoa		32	Sofitel Palace,
	13	Essgasse			Café de la Poste
	14	Long Hoa		33	Mercure
	15	Markt		34	Ming Dynasty
	16	Viet Thanh		35	Cadasa Resort
	17	V Café		36	Lam-Dong-Museum
	18	Trung Cang		37	Tomato

von 1990 drückte den Sachverhalt etwas parteiisch, aber nicht unzutreffend so aus: „Ein Höhenkurort, der ausnahmslos imperialistischen Aggressoren und einheimischen Schmarotzern vorbehalten war".

1954 kamen zahlreiche aus dem Norden geflohene Katholiken in die Region. Während des Vietnamkriegs wurde Da Lat systematisch zum „Garten Südvietnams" ausgebaut, der die Supermärkte Saigons mit Frischobst und Gemüse zu versorgen hatte.

Orientierung

Zentrum der weitläufigen, durch Seen, Hügel und Täler weit auseinandergezogenen Stadt ist der Hoa-Binh-Platz in der **Oberstadt.** Der zweistöckige, in den 1960er Jahren mit amerikanischen Geldern errichtete **Markt** *(cho)* ist von dort über Treppen erreichbar.

Sehenswertes

Xuan-Huong-See

Der einst von französischen Villen umsäumte See wurde 1919 mittels eines Damms künstlich angelegt. In der Hochsaison umrunden romantische Pferdedroschken die 6 km lange Uferstraße unter blühenden Bäumen und schweben Verliebte und Hochzeitsreisende selbstvergessen auf Tretbooten in Gestalt von Schwänen über den See.

Markt

Der hässliche Betonklotz aus den 1960er Jahren, ein „Geschenk Amerikas an das Volk von Vietnam", erscheint in einem milderen Licht durch den Augenschmaus der bunten **Blumenmärkte** mit ihren Orchideen, Ro-

sen, Narzissen, Gladiolen und Gewächsen, von denen wir allenfalls die vietnamesischen Namen kennen.

Das französische Da Lat

Da Lat ist die Quintessenz der in Stein, Gips und Mörtel geronnenen Träume und Sehnsüchte heimwehkranker Europäer an einem Ort, der beinahe „wie zu Hause" ist und die feindseligen Tropen vergessen machen soll. Im Zentrum bekommt man nur mehr einen sehr unvollkommenen Eindruck davon, man muss dazu das Stadtgebiet per Auto oder Fahrrad erkunden. Zahlreiche schöne (oder auch nur schön kitschige) **Villen** findet man an den Hängen an und unterhalb der Tran Hung Dao sowie der Nguyen Trai.

Nicht weit davon entfernt steht der frühere **Bahnhof.** Die Bergbahn zur Küste nach Thap Cham/Phan Rang wurde ab 1913 errichtet (Fertigstellung der Gesamtstrecke 1932) wobei die Kolonisten angesichts der extremen Höhenunterschiede auf ein Zahnradsystem zurückgriffen, das sie mitsamt den Lokomotiven und Waggons aus den Schweizer Alpen importierten. 1969 wurde die Linie eingestellt. Auf den Gleisen stehen eine japanische Lok von 1936 und ein deutscher Güterwagen (Esslingen 1930); 1989 wurden drei der ursprünglichen Loks in die Schweiz zurückverkauft, wo sie bei Gstaad heute wieder eine Gebirgsbahn ziehen. Eine „nostalgische" Bahnfahrt führt ins 8 km entfernte *Trai Mat,* wo man sich die imposant bunte, aus Abermillionen Scherben zusammengefügte **Linh Phuoc Pagode** mit ihrem siebenstöckigen Glockenturm anschauen kann. Tgl. 8, 9.30, 11, 14, 15.30 Uhr. 5 $. Auskunft Tel. 3834409.

Unweit des Bahnhofs befindet sich die einstige Eliteschule der Kolonisten, das **Lycée Yersin** (1935), eine vielsagende Mischung aus Gymnasium und Kadettenanstalt und noch heute eine Schule. Vom ehemaligen Haupthaus mit dem charakteristischen Turm hat man einen schönen Blick auf den See.

Nach Yersin, dem „Entdecker" Da Lats, war bis 1975 die heutige Hauptstraße Tran Phu mit der 1942 fertiggestellten **Kathedrale Notre Dame** benannt (deren *Wetterhahn* auf dem Kirchturm später zum heidnischen Kultsymbol der Lat wurde). Die Ursprungskirche von 1917 ist heute das Presbyterium.

Die Residenz des französischen Generalgouverneurs (**Dinh 2**, 12 Tran Hung Dao) galt Anfang der 1930er Jahre als Nonplusultra moderner Baukunst. Aus der gleichen Zeit stammt der Sommerpalast Kaiser Bao Dais (**Dinh 3**, 1 Trieu Viet Vuong) mit wertvollen Möbeln, Antiquitäten und Erinnerungsstücken. Er kann täglich von 7–11 und 13.30–16 Uhr besichtigt werden. Eintritt 5000 đ.

Lam Dong Museum

Zu den Exponaten des Provinzmuseums zählen ein über 3000 Jahre altes *Litophon* (Steinxylophon), Kostüme, Schmuck und Musikinstrumente der Ma und Kohor, Ausgrabungsstücke der hinduistischen Fu Nan-Epoche und Dokumente zum Befreiungskampf gegen Frankreich und Amerika.

● *Bao Tang Lam Dong*, 4 Hung Vuong. Außer So 7.30–11.30, 13.30–16.30 Uhr. 4000 đ.

Hang Nga (Crazy House)

Die skurrilen Wohnwelten der aus Hanoi stammenden Konzeptkünstlerin *Dang Viet Nga* (s. auch *Unterkunft)* sind einen Besuch wert. Vorbilder sind Dalí und Hundertwasser.

● *3 Huynh Thuc Khang*, Eintritt 16.000 đ.

Blumengarten

Ein Fest für Liebhaber von Orchideen, Rosen und Blumen aller Art in einer sehr schönen und gepflegten Anlage am Nordufer des *Xuan-Huong*-Sees.

● *Vuon Hoa Dalat*, tgl. 7–18 Uhr, 10.000 đ.

Chua Linh Son

Den Besucher der 1938 errichteten frankovietnamesischen Pagode empfängt am Ende der Aufgangstreppe eine Statue der *Quan Am* auf einer Lotosblüte, dahinter führen drachengesäumte Stufen zur Haupthalle, in der *Sakyamuni* verehrt wird; die 1952 gegossene Bronzestatue des Buddhas wiegt mehr als eine Tonne. Der großen Glocke rechts vom Eingang wird wunderbringende Wirkung nachgesagt.

● *120 Nguyen Van Troi*, auf einem Hügel 1 km nordwestlich des Zentrums.

Dorf der Lat

Die Kohor, zu denen die Lat und Chil zählen, leben in flachen Pfahlhäusern, aber ebenerdige Konstruktionen mit Wellblechdach sind größtenteils

Zentrales Hochland

an ihre Stelle getreten. Viele, die früher mit den Franzosen oder Amerikanern zusammenarbeiteten, sind zum christlichen Glauben übergetreten; die katholische Kirche, 1953 in Holz gebaut, aber 2008 leider totsaniert, wird an Feiertagen selbst von Ethnien der weiteren Umgebung besucht.

● 12 km nördlich des Zentrums (die Phan Dinh Phung stadtauswärts) am Fuß des Lang Bian-Berges.

Lang Bian Berg

Die höchste Erhebung der Provinz (2167 m) bietet eine herrliche Rundumsicht auf Wälder und Seen. Eine gut ausgebaute Straße (5 km) führt bis zum Gipfel. Zu Fuß, teils auf der Straße, teils auf Trekkingpfaden, 3–4 Stunden, oder per Shuttle Bus vom Fuß des Berges (25.000 đ).

Veranstalter in Da Lat (s. Kapitel „Reiseagenturen") unternehmen hier Aktivitäten wie Bergsteigen, Mountainbiking, Paragliding usf.

Populär sind die abendlichen **Gong-Shows** (ab 18 Uhr) in den *Kohor*-Dörfern *Danja* und *Tdung* am Fuß des Berges. Siehe auch *Stadtverkehr*.

Meditationszentrum

Das 1995 gegründete *Thien Vien Truc Lam* ist eines von 7 Zen-buddhistischen Meditationszentren in Vietnam. Über 160 Nonnen und Mönche leben in der gepflegten, parkähnlichen Anlage auf einem Hügel 5 km südlich der Stadt. Sehr schön ist der Abstieg zum idyllischen *Tuyen Lam*-See (auch per Fahrzeug erreichbar), der im Gegensatz zu anderen zumindest bis dato noch nicht vollständig disneyfiziert wurde, sondern noch (?) Natur pur bietet.

● Erreichbar von der N 20 nach Saigon (Wegweiser) oder per Seilbahn *(Cap Treo)* nahe dem Busbahnhof (30.000 đ einfach, 50.000 đ hin und zurück).

Seen und Wasserfälle

Als besondere Attraktion gelten die zahlreichen Seen und Wasserfälle Da Lats und seiner Umgebung – für Vietnamesen „exotische", für uns zwar reizvolle, aber vertraute Landschaften, die man nicht unbedingt gesehen haben muss, so verlockend ihre Namen auch klingen. Der *Seufzer*-See im *Tal der Liebe* ist nichts weiter als ein bunter Vergnügungspark unter Pinien mit Souvenirshops, Karussels, *Dalat Cowboys* auf Ponys und Tretbootvermietung. Und auch die vielgepriesenen Wasserfälle sind kaum mehr als kitschige Rummelplätze mit Ponyreiten und Streichelzoos – und zudem in der Trockenzeit im Winter kaum mehr als dürftige Rinnsale.

Wer *wirkliche* Fälle sehen will, sei auf die *Dray Sap*-Fälle (s. *Buon Ma Thuot*) und die siebenstufigen, bis zu 80 m hohen **Pongour-Fälle** 50 km südl. von Da Lat verwiesen. Abbieger von der N 20 bei *Duc Trong*, danach 8 km. Eintritt 5000 đ.

Tee-Kompanie

Im 1650 m hoch gelegenen *Cau Dat*, 24 km östlich an der (ehemaligen) Eisenbahnlinie nach Thap Cham, pflanzten 1922 Franzosen den ersten Tee in Vietnam an; produziert wurde ausnahmslos Schwarzer Tee für den Export. 1960 wurde die Plantage von Chinesen übernommen und 1975 verstaatlicht; heute werden hier Grüner, Schwarzer und Oolong-Tee hergestellt. Die Fabrik (seit 1927) mit den mächtigen, gusseisernen Originalanlagen zum Trocknen, Säubern, Sortieren, Fermentieren usf. ist noch in Betrieb und kann besichtigt werden. Auch der alte Bahnhof in Cau Dat steht noch.

● **Cadatco.** Eintritt frei, Anmeldung erwünscht, aber nicht obligatorisch. An der N 20 nach Phan Rang (vorbei an Trai Mat) hinter dem Ort Cau Dat links (Wegweiser). Tel. 3838133, www.caudat.com.vn.

Praktische Informationen

● 250.000 Einw. 1500 m. Tel. 063.

Adressen

● **Geld.** *Sacombank*, 32 Hoa Binh Platz, *Vietcombank*, 6 Nguyen Thi Minh Khai.
● **Supermarkt.** 135 Phan Dinh Phung.
● **Post.** 18 Tran Phu, tgl. 6.30–20 Uhr, 2 Le Dai Hanh (am See).
● **Internet.** 18 Hoa Binh, Eingang Tang Bat Ho.
● **Apotheke.** 34 Hoa Binh Platz.
● **Vietnam Airlines.** 2 Ho Tung Mau, Tel. 3822895.

Stadtverkehr

● **Taxi.** *Mailinh*, Tel. 38383838 oder 3511511.
● **Bus.** Zum *Langbian*-Berg alle 30 Min. mit Bus No. 5 *(Lac Duong)*, z.B. ab der Phan Dinh Phung.
● **Motorrad.** Hotels und Reisebüros vermieten Motorräder für 6–8 $ pro Tag, mit ortskundigem Fahrer um 8–10 $.
● **Fahrrad.** Die Höhenunterschiede Da Lats drosseln die Nachfrage, dennoch gibt es in einigen Hotels Räder für 1–2 $ zu mieten.

Reiseagenturen

● **Dalat Travel Service** vom staatlichen *Dalat Tourist* (www.dalattourist.com.vn). Z.B. City Tour, ab 12 $. Kiosk 7.30–11.30, 13.30–20 Uhr, Tel. 3822520, 1 Nguyen Thi Minh Khai.
● **Dalat Easyrider.** Die Keimzelle der *Riders*, hier fing Mitte der 1990er Jahre alles an. Populär sind die Fahrten durchs Hochland bis nach Nha Trang (3–4 Tage), Hoi An (5–6 Tage), Mui Ne oder Saigon (4–5 Tage); ab 60 $ pro Tag inkl. Unterkunft, Eintritt etc. 70 Phan Dinh Phung, mobil: 0903.640643 (Mr. *Quan*). www.dalat-easyrider.com.vn. Ein jüngeres Konkurrenzunternehmen (!) hat seinen Sitz im *Hangout-Café*, 71 Truong Cong Dinh, mobil: 0909.596580, www.easy-riders.net.
● **Phat Tire.** Spezialist für Outdoor-Touren („Trekking, Mountainbiking, Rock Climbing, Abseiling, Canyoning, Kayaking"), Verleih von Mountain- und Motorbikes etc. Professionell, englischer Instructor *Brian*. Interessant: ein- bis zweitägige Biketouren nach Mui Ne und Nha Trang (streckenweise per Auto). 73 Truong Cong Dinh, Tel. 3829422. Filiale 1 Bui Thi Xuan. www.phattireventures.com.

Unterkunft

Luxus
● **Sofitel Palace.** Das luxusrenovierte *Grand Hotel Dalat* (1922) inmitten eines gepflegten Gartens mit Blick auf den *Xuan-Huong*-See bietet Nostalgie und Erholung pur. 43 stilvoll möblierte Zimmer ab 181 $ ++. Nonplusultra sind die 6 Premium-Deluxe-Zimmer mit großer Veranda. 12 Tran Phu, Tel. 3825444, www.sofitel.com.
● **Ana Mandara Villas.** Understatement pur. Innen aufwendig renovierte, äußerlich aber nahezu „naturbelassene" Kolonialvillen in einem Parkgelände am Ortsrand (Fahrgelegenheit zum Zentrum nötig). Spa, beheizter Pool. 70 Zimmer in 17 Villen ab 168 $ ++ (Internet Rate). Tel. 3555888, www.sixsenses.com/evason-ana-mandara-villas-dalat/

Economy
● **Mercure.** Vom ältesten Hotel der Stadt *(Du Parc* 1907, 1932 neugebaut) sind nur mehr Accessoires wie der Lift geblieben – seelen-

los-perfektes Kettenhotel von der Stange. 144 Zimmer 60–90 $ ++. 7 Tran Phu, Tel. 382 5777, www.mercure.com.

● **Dalat Cadasa Resort.** 13 französische Villen in einem weiten Gartenkomplex (auf einer Seite der Durchgangsstraße mit Blick auf den See). Mit Pool, Spa, Tennis, Restaurant; die Zimmer sind behutsam modernisiert und auf den neuesten Stand gebracht (Bäder), je nach Haus aber völlig unterschiedlich. DZ 55–100 $, Suiten 127–152 $ inkl. BF; im Winter sind Rabatte von 30–50 % fast normal. 16 Tran Hung Dao, Tel. 3586699, www.dalat cadasaresort.vn.

● **Saigon Dalat.** Ansprechender Neubau mit Innenpool. 160 Zimmer ab 105 $ ++ inkl. BF. 2 Hoang Van Thu, Tel. 3556789, www.saigon dalathotel.com.

● **Ngoc Lan.** Neubau eines Traditionshauses in Bestlage, außergewöhnlich geschmack- und stilvoll eingerichtet; alles wirkt hell, luftig, freundlich. 91 Zimmer, viele mit Balkon und schon ab der 3. Kategorie riesengroß, 65, 70, 95 $, Suiten ab 125 $ inkl. BF. 42 Nguyen Chi Thanh, Tel. 3838838, www.ngoclanhotel.vn.

● **Blue Moon.** Intim trotz der Größe (71 Zimmer), ruhig und doch zentral, mit Gärten und Innenhöfen zum Sitzen sowie Spa und – großem! – Indoor-Pool. 92 $ inkl. BF (Deluxe 121 $). 4 Phan Boi Chau, Tel. 3578888, www.bluemoonhotel.com.vn.

● **Empress.** Intime Villa über dem *Xuan-Huong*-See. Kein schlechter Platz, sofern man das richtige Zimmer erwischt und der Service funktioniert. 19 Zimmer 47–57 $ ++ inkl. BF, Suite 70 $. 5 Nguyen Thai Hoc, Tel. 3833888, www.empresshotelvn.com.

● **Golf 3.** Zentral, effektiv und überraschend wohnlich, mit Aussicht auf das halbe Stadtzentrum. 78 Zimmer 50–55 $ inkl. BF, Suiten ab 65 $. 4 Nguyen Thi Minh Khai, Tel. 3826042, www.vinagolf.vn.

● **Cam Do.** Neubau 2005. Sauber und ordentlich, aber wenig aufregend. 54 Zimmer 38–45 $ inkl. BF. 81 Phan Dinh Phung, Tel. 3822732, www.camdohotel.com.vn.

● **Hang Nga** (*Crazy House*). Da Lat skurril. Kein Raum der bizarren Fantasiehäuser der Künstlerin *Madame Nga* gleicht dem anderen. Das „originelle Erlebniswohnen" à la *Niki de Saint Phalle* wird freilich arg getrübt

durch den Strom der Besucher, die täglich durch die Zauberwelt wandeln. 12 Zimmer 35–105 $. 3 Huynh Thuc Khang, Tel. 382 2070.

Budget

● **Dreams** (*almost come true*). Familiär, aber angenehm zurückhaltend, genau wie die freundliche, unaufdringliche Gastgeberin Mrs. *Dung*. Exzellentes Frühstück (an einer langen Tafel in der Küche eingenommen), Internet und Sauna mit Jacuzzi auf dem Dach frei. Alle 13 Zimmer mit Holzböden, TV, Minibar, großen, schönen Bädern und z.T. Balkon. 20–25 $ inkl. BF. 151 Phan Dinh Phung. Tel. 3833748, dreams @hcm.vnn.vn.

● **Dreams 2.** Gleichfalls sehr empfehlenswert. 6 Zimmer 20–25 $ (z.T. mit Jacuzzi) inkl. BF. 164 Phan Dinh Phung, Tel. 3833748.

● **Thien An.** Etwas weiter stadtauswärts. 12 Zimmer 10, 13 (Triple), 15 $ (Vierer) inkl. BF. 272A Phan Dinh Phung, Tel. 3520607, thienanhotel@vnn.vn.

● **Chau Au** (Europa). Clou sind die 6 riesigen Balkonzimmer mit schönem Blick auf die Unterstadt (16–18 $ inkl. BF), die übrigen 9 Zimmer sind ordentlich, aber keine Wucht. 76 Nguyen Chi Thanh. Tel. 3822870, europa@ hcm.vnn.vn.

● **Trung Cang.** *SinhTourist*-Hotel mit 27 Zimmern 15 $ (im Keller, aber mit Fenster), 18–25 $. Sofern man sich in einem Tour-Hotel wohlfühlt, recht ordentlich. 4A Bui Thi Xuan. Tel. 3822663, trungcang@thesinhtourist.vn.

Low Budget

● **Viet Thanh.** Freundliches Haus, ordentliche Zimmer, auch mit Balkon, das Frühstück (extra) wird in der Küche oder im Zimmer/Balkon serviert. 12 Zimmer EZ 7 $, DZ 8–10 $. 16 Bui Thi Xuan. Tel. 3823369, savy@hcm. vnn.vn.

● **Hoa Binh** (Peace). Eines der ersten Ausländerhotels von Da Lat. Einfach, aber ok, zumal in den oberen Etagen. 15 bzw. 9 Zimmer mit Fan, Dusche, WC, Moskitonetz 7–10 $ inkl. BF. 64 und 67 Truong Cong Dinh, Tel. 3822787, peacedalat@gmail.com.

● **Phu Hoa.** Einfach, aber zentral und ruhig (zumal nach hinten). 32 Zimmer 7–12 $. 16 Tang Bat Ho. Tel. 3822194.

Essen und Trinken

●**Ming Dynasty.** Chinesisch vom Allerfeinsten in einer Traum-Villa über dem See; 3 Tische auf der Veranda. Dinner-Menüs ab 30 $. Tel. 3813816, 7 Tran Hung Dao.

●**Café de la Poste.** Brasserie für Breakfast, Lunch und Dinner (vietnamesisch, französisch, Fast Food). 6–22.30 Uhr. 7 Tran Phu.

●**Long Hoa.** Seit langem *das* Ausländer-Resto der Stadt, in jedem Reiseführer zu finden. 6 3 Thang 2.

●**V Café.** Eine Art Kopie des *Long Hoa*, aber mit Betonung auf Multikulti und Fast Food für jeden Geschmack. Auf Anhieb ein Erfolg. 1/1 Bui Thi Xuan.

●**Thanh Thuy.** Café-Restaurant am See – zumindest auf der Terrasse das pure Vergnügen. 2 Nguyen Thai Hoc.

●**Da Quy** *(Wild Sunflower).* Nett gedeckt, preiswert, vietnamesische und internationale Gerichte (Pizza, Pasta etc.). 6–23 Uhr. 49 Truong Cong Dinh.

●**Hoang Lan.** Von vielen Einheimischen gelobtes Lokal mit einfacher, aber guter vietnamesischer und chinesischer Küche. 118 Phan Dinh Phung.

●**Art Café.** Ansprechendes Dekor, auch vegetarische Gerichte. 70 Truong Cong Dinh.

●**Markt.** Im obersten Stock des Markts gibt es eine Reihe recht guter Garküchen und Imbissstuben.

●**Nachtmarkt** *(Cho Dem).* Ab Einbruch der Dämmerung beim Hotel Golf 3 auf der Nguyen Thi Minh Khai. Spezialität der meisten Stände ist Seafood, vor allem *sò* (Muscheln) und *ốc* (Schnecken) aller Art.

Zum Entdecken

●**Hoan Kiet.** Gutes Essen, angenehmes Ambiente, sehr korrekt, englische Karte – hier sind die Einheimischen unter sich. 8 Pasteur.

●**Ngoc Dung.** Ein typisches „Männerlokal" – viel Bier, viel Grill, viel Lärm –, das uns von zwei jungen Lehrerinnen empfohlen wurde. 9B Dinh Tien Hoang.

●**Ngoc Duy.** Gute, solide Küche in einer „gutbürgerlichen" Villa nahe dem *Crazy House.* 14B Huynh Thuc Khang.

●**Tomato.** Sehr gutes und günstiges vietnamesisches Essen von einem ex-Koch des *Sofi-*

tel Palace; schöne Terrasse, unweit des Blumengartens. 22 Suong Nguyet Anh.

Cafés und Bars

●**Why Not.** Café-Bar auf zwei Stockwerken; auch Fast Food. 24 Nguyen Chi Thanh. Wem das zu geschmäcklerisch ist, geht ins freundliche **Ban & Toi**, No. 14, oder in eines der Cafés gegenüber, zu empfehlen ist *Nghe Sy Artista.*

●**The Hangout.** Spiele, DVDs, Pool-Table, wartende Easy Riders, entspannte Traveller von 8–24 Uhr. 71 Truong Cong Dinh.

●**Subterrain.** Australische Allzweckwaffe als Café, Pizzeria und Bar mit Wodka und Rum im Eimer; bis spät. 51 Truong Cong Dinh.

●**Peace Café.** Kaffeehaus in alter Da Lat-Tradition mit zeitgenössischem Angebot (auch an Speisen). 6–22.30 Uhr. 64 Truong Cong Dinh.

●**Backwaren.** Exzellente Adressen auf der 3 Thang 2 nahe dem Hoa-Binh-Platz, z.B No. 7, 14, 15, 18.

●**Larry's Bar** im *Sofitel Palace* (Basement, separater Eingang). 16–24 Uhr.

●**Saigon Nite.** Drinks, Fast Food, Billard. Happy Hour 17–20 Uhr. 11 Hai Ba Trung.

Anreise und Weiterreise

Entfernungen

●(in km): Saigon 300 (N 20), Phan Rang 110 (N 27), Phan Thiet 175 (N 28) bzw. 250 (N 27/N 1), Buon Ma Thuot 200 (N 20/N 27).

●**Mui Ne.** Siehe dort.

●**Nha Trang.** Die N 723 über *Da Sa*, *Khanh Vinh* ist rund 90 km kürzer als die Route über die Küste (140 statt 230 km) und passiert den 1700 m hohen *Hon-Giao*-Pass.

Bus

●Der **Busbahnhof** *(Ben Xe Lam Dong)* auf der 3 Thang 4 ist 3 km vom Zentrum entfernt. Per Xe Om 15.000 đ.

●**Saigon.** Mit **Phuong Trang** stdl. (5–1 Uhr, 90.000 đ). Dalat, 11A/2 Le Qui Don, Tel. 3585858, Saigon 274 De Tham, Tel. 38375 570. Das in Dalat beheimatete Unternehmen fährt auch nach Qui Nhon, Danang, Hue,

Totenkammer der Mnong

Can Tho und **Nha Trang** (4x tgl., 60.000 đ).
www.phuongtrangdalat.com.
● **Buon Ma Thuot.** 4x am Tag mit **Mai Linh**
(8, 10, 14.30, 15.30 Uhr, 65.000 đ), ebenso
oft nach **Nha Trang** (7.30, 9.30, 14, 16 Uhr,
60.000 đ). 9 Hoang Van Thu, Tel. 3521111.

Open Tour
● **SinhTourist.** Nach Saigon, Mui Ne (5 Std.,
100.000 đ), Nha Trang (4 Std., 80.000 đ). 4A
Bui Thi Xuan, Tel. 3822663.
● **Hanh Café.** 9 Bui Thi Xuan, Tel. 3510639.

Flug
● Tgl. von/nach Saigon, 4x von/nach Hanoi.
Der *Lien-Khuong*-Airport liegt 30 km südlich.
Shuttle Bus 35.000 đ, Taxi um 10 $.

Buon Ma Thuot ⤢ XVII/C3
(Buôn Ma Thuột)

Die **Kaffeemetropole** Vietnams entstand um 1910 aus einem franz. Miliz-
posten und wirkt überraschend urban,
mit einem klar definierten Zentrum
und rechtwinklig angelegten, dichtbe-
bauten Straßen. Der neue Wohlstand
schlägt sich in gutsortierten Märkten
und einer erstaunlichen Zahl von Geschäften, Hotels und Restaurants nieder. Am Zentralplatz erinnert die Re-
plik eines Panzers *(Victory Monument)*
an den Sieg der nordvietnamesischen
Armee vom 10. März 1975, der zum
Kollaps der Republik Südvietnam
führte.

BMT, auch *Ban Me Thuot* genannt, ist
die Hauptstadt der **Provinz Dak Lak,**

einst Hauptlieferant von Kriegselefanten für die Kaiser von Hue (und selbst
die Könige Siams) und bis heute die
wildreichste Provinz Vietnams. Trotz
ausgedehnter Waldgebiete und Savannen ist Dak Lak dank seines Wasser-
reichtums und seiner vulkanischen
Basaltböden landwirtschaftlich sehr
ergiebig; auf den fruchtbaren Plateaus
reihen sich Kaffee-, Tee, Pfeffer- und
Gummiplantagen, werden Reis und
Mais angebaut und grasen gewaltige
Rinderherden. Ungeachtet der starken
Zuwanderung von Vietnamesen stellen Ethnien wie die **Ede** (oder *Rahde)*
heute knapp 40 % der Bevölkerung.

Sehenswertes

Minoritätenmuseum

Das sympathische Museum stellt
Kleidungsstücke, Handwerks-, Fisch-
und Jagdgeräte sowie Grabfiguren der
Ede und *Mnong* aus. Seit einer Neuauf-
stellung gibt es auch englische Be-
schriftungen.

● *Bao Tang Dan Toc*. 4 Nguyen Du. Außer
Sa/So 7–11.30, 13.30–17 Uhr, 10.000 đ.

Ako Dhong Village

In dem nur 2 km vom Zentrum entfernten Ede-Dorf leben knapp 400
Menschen, zumeist gut situierte Ka-

Zentrales Hochland

⌂	1	Bach Ma
⌂	2	My Linh
▲	3	Chua Khai Doan
▲	4	Markt
Ⓢ	5	Vietcombank
❶	6	Dak Lak Tourist
⌂	7	Thanh Cong
⌂	8	Thanh Binh, Song Tra
❶	9	Nem Thanh Van
❶	10	Bon Trieu
⌂	11	Saigon Ban Me
★	12	Victory Monument
Ⓜ	13	ehem. Gefängnis
Ⓜ	14	Minoritäten-museum

Map labels: Tran Phu, Buon Ma Thuot, Ako Dhong Dorf 2 km, Ninh Hoa, Quan 72 150 m, Hoang Dieu, Phan Boi Chau, Dien Bien Phu, Y Jut, Ly Thuong Kiet, Hai Ba Trung, Phan Chu Trinh, Quang Trung, Ng. Tat Thanh, Xo Viet Nghe Tinh, Le Hong Phong, Ngo Trang Long, Ng. Cong Tru, Dinh Tien Hoang, Post, Le Duan, Tan Thuat, Dray Sap 30 km, N 14 Saigon 350 km, 0, 300 m

tholiken. Manche bauen bereits Häuser im vietnamesischen Stil, nutzen aus Gewohnheit aber weiterhin ihre traditionellen Langhäuser mit sauberen, gepflegten Gärten. Ein Spaziergang die Phan Chu Trinh stadtauswärts bis zur Tran Nhat Duat.

Gefängnis

Das 1930 erbaute Kolonialgefängnis blieb in Teilen erhalten, andere Trakte sind restauriert worden. Ein kleines *Museum* erzählt vom Widerstand gegen die Franzosen. 18 Tan Thuat.

Praktische Informationen

- 200.000 Einw. 500 m. Tel. 050.
- www.daktra.com.vn.
- **Information.** *Dak Lak Tourist.* 7–11, 13.30–17 Uhr, 51 Ly Thuong Kiet, Tel. 3852246, www.daklaktourist.com.vn. *Vietnam Highland Travel.* 24 Ly Thuong Kiet, Tel. 3855009, www.hitravel.com.vn.
- **Geld.** *Vietcombank*, 17 Quang Trung, ATM stadtauswärts am Victory-Monument.
- **Taxi.** *Mailinh*, Tel. 3819819.
- **Vietnam Airlines.** 67 Nguyen Tat Thanh, Tel. 3954442.

Unterkunft

- **Saigon Ban Me.** 18 Stockwerke, neu 2011. 1 Phan Chu Trinh.
- **Dakruco.** Von *Swiss Belhotel* gemanaged, mit Gym, Sauna, Pool; 3 km zum Zentrum. 140 Zimmer in 2 Gebäuden. Im (auch innen!) völlig renovierten Altbau 35–55, im Neubau von 2008 70–90, Suiten ab 150 $, jeweils ++ inkl. BF. 30 Nguyen Chi Thanh,Tel. 3970888, www.dakrucohotels.com.
- **Bach Ma.** Hat bessere Tage gesehen, ist aber auch deutlich günstiger geworden. Restaurant, Bar, Sauna, Massage. 58 Zimmer 15–30 $ inkl. BF. 9 Nguyen Duc Canh, Tel. 3815656, www.bachma.com.vn.

Elefantenparkplatz am Lak See

- **Thanh Cong.** Minihotel mit Lift, 30 Zimmer mit Sat-TV, Minibar etc. 15–20, Mehrbettzimmer 25–30 $ inkl. BF. Viele Zimmer ohne Außenfenster, sonst okay. 51 Ly Thuong Kiet, Tel. 3858243, Fax 3858728.
- **My Linh.** Neu 2007, sehr okay, aber ohne Lift. 21 Zimmer 10 (4. Stock), 12, 14, 15 $. 27 Le Dai Hanh, Tel. 3851122, mylinhhotel@yahoo.com.
- **Song Tra.** Sauber und ordentlich. 20 Zimmer 9, 10, 12 $. 42 Ly Thuong Kiet, Tel. 3817887.
- **Thanh Binh.** 14 Zimmer $ 8–10, Triple 12 $. 24 Ly Thuong Kiet, Tel. 3853812.

Essen und Trinken

- **Bon Trieu.** Preisgünstig und populär. Vietnamesische Karte ohne Preise. Gut: *Sate Hai San*, Feuertopf mit Meeresfrüchten, reicht fast für zwei. 33 Hai Ba Trung.
- **Quan 72.** Einfach, sehr beliebt. Spezialität sind *Lau* mit Fisch, Aal etc. 133 Phan Chu Trinh. Ähnlich, aber eine Spur teurer, ist **Ninh Hoa,** 97 Phan Chu Trinh.
- **Hoa Vien.** Das erfolgreiche *Brauhaus* mit Tschechen-Bier und üppiger Küche; leider weit außerhalb (Taxi, Xe Om)! 89 Ngo Quyen.
- **Thanh Hung.** Auf dem Weg zum Ako-Dhong-Village gibt es entlang der *Nguyen Dinh Chieu* Open-Air-Restos, von denen *Thanh Hung* das mit Abstand beste ist.
- **Nem Thanh Van.** Gute und billige *Nem*-Stube, sauber und erfreulich. 20 Ly Thuong Kiet.
- **Ha Noi.** Kuchenparadies, auch Wurst, Käse, Sandwiches, Konserven. 123 Le Hong Phong.
- **Café.** BMT-Kaffee probieren! 50A No Tran Long. Ein Tipp für abenteuerlustige Ästheten: *Café Bang Khuang*, 176 Phan Boi Chau.

An- und Weiterreise

- **Entfernungen** (in km): Nha Trang 195, Pleiku 200, Da Lat 195 (N 27), Kontum 250, Saigon 350 (N 14).
- **Bus.** Busbahnhof 3 km außerhalb des Zentrums; stdl. nach Pleiku, 3x nach Kontum. Nach Dalat, Nha Trang und Danang besser mit *Mai Linh* (je 4x tgl., Tel. 3819888 oder bei *Dak Lak Tourist*).
- **Flug.** Tgl. von/nach Saigon, 4x die Woche Da Nang, Hanoi. Flughafen 12 km außerhalb.

Buon Ma Thuot, Umgebung

Dray-Sap-Wasserfälle

Der größte Wasserfall des Südens misst an seiner breitesten Stelle fast 200 m und wartet im Gegensatz zu den Wasserfällen rund um Da Lat (die z.T. höher sind) auch in der Trockenzeit mit ansehnlichen Kaskaden auf. Großes Areal zum Trekken entlang des gen Kambodscha fließenden *Serepok*-Flusses.

- 30 km südwestl. N 14 bis Ea Tling, Abzweiger 8 km. Café-Resto, mit Stadtbus Nr. 13 von BMT, Eintritt 15.000 đ.

Lak See

Der 500 ha große, rund 10–15 m tiefe und äußerst fischreiche *Ho Lak* ist der zweitgrößte natürliche Binnensee Vietnams. Auf einem Hügel über dem See thront eine Villa Kaiser Bao Dais. Möglichkeiten zum **Elefantenreiten** (teilweise durch den See) und zum Übernachten in Langhäusern der **Mnong.**

Praktische Informationen

- **Anreise.** An der N 27 150 km nördlich von Da Lat, 50 km südlich von Buon Ma Thuot, beim Weiler *Lien Son*. Busse ab BMT nach *Krong No*.
- **Besucherzentrum.** *Khu Du Lich Ho Lak*. Ausgezeichnetes Floating-Restaurant. Übernachtung im Langhaus 5 $. Gong-Shows, Kanu, Elefantenreiten 30 $/Std. (2–3 Pers.). Per Boot oder Fahrzeug zum Mnong-Dorf *Jun*, Übernachtung im Langhaus am See 5 $.
- **Lak Resort** mit Pool, 32 Zimmer in Bungalows 25 $ inkl. BF. **Bao Dai Villa**, 6 Zimmer 30–40 $ inkl. BF. Tel. 3586184, www.daklak tourist.com.vn. Leser fanden beide Unterkünfte nicht empfehlenswert.

Zentrales Hochland

115wi Foto: kb

Grabrituale des Hochlands

Tote müssen vor Sonne und Regen geschützt werden und erhalten ein Dach mitsamt Grabbeigaben, die aus dem persönlichen Besitz des Toten stammen. Anfangs fast täglich, später nur noch mehrmals im Monat versammeln sich die Verwandten am Grab zu ausschweifenden Gelagen mit Reiswein, Gong-Musik, Tanz und Tieropfern. Nach ein, zwei oder drei Jahren wird das Grab aufgegeben und unter nächtelangen Festlichkeiten ein neues, größeres Haus gebaut, das von Symbolen und Attributen des Toten (Statuen von Tieren, Vögeln etc.) und des Lebenszyklus (Statuen von Männern und Frauen, oft auch dargestellt durch Schwangere und kopulierende Paare) umgeben wird. Dieses Fest, bei dem der Tote endgültig verabschiedet wird, findet meist im Frühjahr statt.

Buon Don

Buon Don (auch *Ban Don)* ist in ganz Vietnam als **Elefanten-Dorf** bekannt. Die **Mnong** jagen noch heute wilde Exemplare, die sie mit Hilfe domestizierter Tiere fangen und zähmen. Knapp 100 soll es noch in der Region geben, im Ort selbst leben etwa 20–30. Im März/April wird ein großes Fest mit Elefantenrennen und anderen Wettbewerben veranstaltet.

Zusätzliche Attraktion ist ein weitverzweigtes, über die Stromschnellen des Serepok führendes Gewirr immenser Bambushängebrücken *(Cau Treo).*

1 km nördlich liegt die **Grabstätte** des legendären Elefantenjägers *Khun Sunop* (1827–1935!), den die Franzosen zur Befriedung der aufständischen Region zeitweise zum „König" ernannt

hatten. Ein großer **Friedhof** mit Totenhäusern und Grabstatuen der Mnong (Pfauen, Elefantenzähne) liegt an der Straße nach Buon Don.

Praktische Informationen

● **Anreise.** 45 km nordwestlich, gute Straße. Per Xe Om ca. 7 $, hin und zurück 10 $. 3–4-mal tägl. Regionalbus ab BMT.
● **Ban Don Tourist,** Tel. 3854903, www.bandontour.com.vn.
● **Besucherzentrum.** Resto-Café. Elefantenreiten 20 $/Std. (2–3 Pers.). Übernachtung im Gemeinschaftsraum 5 $, in Bungalows mit Bad (2–4 Pers.) 12 $. Auch Homestay möglich.
● **Bandon Village & Spa.** „Homestay" Deluxe; gut und sehr effektiv. 21 Zimmer im Lao-Haus 20–29, 9 im Ede-Haus 25, 8 in Bungalows 16 $ inkl. BF. Schlafplatz im Ede-Langhaus 7 $ p.P. Elefanten-Reiten, Bootstouren, MT-Bike-Verleih. Tel. 3957741, www.dakrucohotels.com.
● **Thanh Ha.** Künstliches Ethniendorf am Serepok-Fluss mit Resto und bis zu 90 m langen Häusern der Ede, Mnong und Bahnar. Sehr schöne Landschaft, gute Trekkingmöglichkeiten, halbwilde Elefanten. Übernachtung im Langhaus (2–4 Pers.) 5 $ pro Person. 35 km nordwestl., Abzweiger links an der N 14 nach Buon Don. *Thanh Ha Tourist*, Tel./Fax 050. 3854903.

Yok-Don-Nationalpark

Der 58.000 ha große Park am *Serepok*-Fluss wird von einigen Hundert *Mnong* und *Ede* bewohnt. Das Hügelplateau mit Trockenwäldern und Grasland ist die Heimat von Büffeln, Hirschen, seltenen Wildrindern *(Banteng* und *Gaur)*, Muntjaks, Gibbons, Elefanten und Pfauen. Trockenzeit Okt. bis März.

● 40 km nordwestl., auf dem Weg nach Buon Don. **Unterkunft** im Besucherzentrum 10 $. Ein- und Mehrtagestouren (mit Homestay 5–10 $) im Angebot. Guide 300.000 d. Tel. 3852559, yokdon@dng.vnn.vn.

Pleiku
(Pleiku)

↗ XVII/C1

Die im US-Krieg arg demolierte und unangenehm weiträumig wieder aufgebaute Stadt bietet nur wenig, eine echte Attraktion sind aber die nahen Dörfer und vor allem **Friedhöfe der Jarai** mit ihren aufwendigen Totenhäusern und mannshohen, kunstvoll geschnitzten Holzskulpturen.

Die Provinz **Gia Lai** war eine der umkämpftesten Regionen des Vietnamkriegs. Im Tal von *Ia Drang* unweit der Provinzhauptstadt fanden 1965 die ersten offiziellen Kriegshandlungen zwischen den USA und Nordvietnam statt. Gut 40 % der Bewohner stellen malayo-polynesische **Jarai** (oder *Gia Rai*), die zahlenmäßig größte Minorität Zentralvietnams, sowie Bahnar, Sedang u.a. Auf dem fruchtbaren Vulkan-Plateau werden Kaffee, Kautschuk, Sojabohnen, Mais, Baumwolle und Erdnüsse angebaut.

Praktische Informationen

● 200.000 Einw. 785 m. Tel. 059
● **Information.** *Gia Lai Tourist.* 215 Hung Vuong, Tel. 3874571, www.gialaitourist.com.
● **Gia Lai Museum.** Im Herbst 2009 wurde das neue Museum fertiggestellt, dessen Schwerpunkt auf der Präsentation der traditionellen Kultur der Region und seiner Bewohner liegt. *Bao Tang Gia Lai*, Tran Hung Dao (nahe Pleiku-Hotel), Mo–Fr 8–11, 13–16 Uhr, 10.000 đ.
● **Gongfestival.** Mitte November. Info über *Gia Lai Tourist.*
● **Geld.** *Vietcombank*, 12 Tran Hung Dao.
● **Internet.** 40E Hung Vuong.
● **Taxi.** *Mailinh*, Tel. 3717979.
● **Vietnam Airlines.** 18 Le Lai, Tel. 3824680.

Unterkunft und Verpflegung

● **Hoang Anh.** Professionell und gepflegt, am Ortsrand gelegen; die mit Abstand beste Wahl. 127 Balkon-Zimmer 50, 60, 115 $ (Suite) inkl. BF. (Internet Rate). 1 Phu Dong, Tel. 3718 459, www.hagl.com.vn/hotel_resort/
● **Yaly.** Zentraler und freundlicher als das staatliche *Pleiku*. 51 Zimmer 15, 17, 20 $ inkl. BF. 89 Hung Vuong, Tel. 3824843, ialyhotel @dng.vnn.vn.
● **Duc Long.** Seriöses, gut geführtes Minihotel mit 19 geräumigen Zimmer 18, 22, 25, Suiten 30 $ inkl. BF. Lift. 95 Hai Ba Trung, Tel. 3876303, www.dlglgroup.com.
● **Ho Dien Hong.** Für den Preis ok. 20 Bungalows an künstlichem See im Stadtgebiet mit Café-Resto; 19, 22 $ inkl. BF. Thong Nhat, Tel. 3875014, www.gialaitourist.com.
● **Thanh Binh.** Etwas seltsam angelegt, aber insgesamt ok. 28 Zimmer 6–7 $ (mit Fan, ohne Fenster), mit AC 10 $, gut Zi 202. 93A Hai Ba Trung, Tel. 3871292.
● **Thuan Hai.** Simpel, die meisten der 48 Zimmer ohne Fenster. Fan 5–6 $, AC 8–10 $. 94 Tran Phu, Tel. 3827690.
● **Ngoc Lam.** Gutes Essen auf 3 Stockwerken, günstig, engl. Karte. 127 Phan Dinh Phung.
● **Nem Ninh Hoa.** Saubere *Nem*-Stube, auch *Bittet* u.a. 20 Quang Trung.
● **My Tam.** Passable Essstube, gutes *ga ro ti*. 3 Quang Trung Ecke Le Loi.
● **Thien Thanh.** Der Stolz der Stadt, großes Gartenlokal mit Pavillons und Blick auf Reisfelder. Hem 22 Pham Van Dong (Wegweiser an Hauptstraße), Tel. 3827011.

An- und Weiterreise

● **Entfernungen** (in km): Kontum 50, Qui Nhon 190, Buon Ma Thuot 200.
● **Bus.** Tgl. von/nach Kontum, Buon Ma Thuot, Qui Nhon, Da Nang, Quang Ngai.
● **Flug.** Tgl. von/nach Saigon und Da Nang. Der Flughafen ist 25 km nördl.
● **Kambodscha.** Der Grenzübergang *Le Thanh* (O Yadao) 80 km westl. ist für Ausländer offen (visa-on-arrival in Kambodscha möglich). Per Bus oder Minibus mehrmals tgl. bis *Duc Co*, von dort rd. 20 km per Xe Om. Von/nach *Ban Lung* noch (?) kein öffentl. Transport.

Zentrales Hochland

Pleiku, Umgebung

Jarai Dörfer

Mehr als ein halbes Dutzend Dörfer mit *rong*-Häusern und Friedhöfen befinden sich in der Region der ehemaligen *Yaly*-Wasserfälle (heute Kraftwerk) nordwestlich von Pleiku. Lohnend ist der Besuch von *Plei Phun*.

14 km Richtung Kontum (N 14), Abzweiger links nach Yaly. Bei km 15.5 führt rechts eine Piste nach Plei Phun.

Achtung: zur Sicherheit Erkundigung einziehen, ob *Genehmigung* erforderlich ist.

Daktu

Bahnar-Dorf nahe der N 19 nach Qui Nhon bei km 33. Die Totenhäuser und Statuen der Bahnar sind kleiner als die der Jarai, aber nicht minder schön und aufwendig.

Kon Tum ⚐ XVII/C1
(Kon Tum)

Die kleinste, angenehmste, aber auch „zurückgebliebenste" Stadt des Hochlands am *Dakbla*-Fluss, der nach Kambodscha und in den Mekong fließt. Ursprünglich eine Gründung französischer Missionare, die bereits um 1860 erste Missionsstationen zur Christianisierung der Bahnar einrichteten, wurde Kontum erst 1905 unter koloniale Verwaltung gestellt; 1888 ließ sich ein französischer Abenteurer zum König der Bahnar ausrufen und regierte mehr als zwei Jahre lang die Region.

116vi Foto: kb

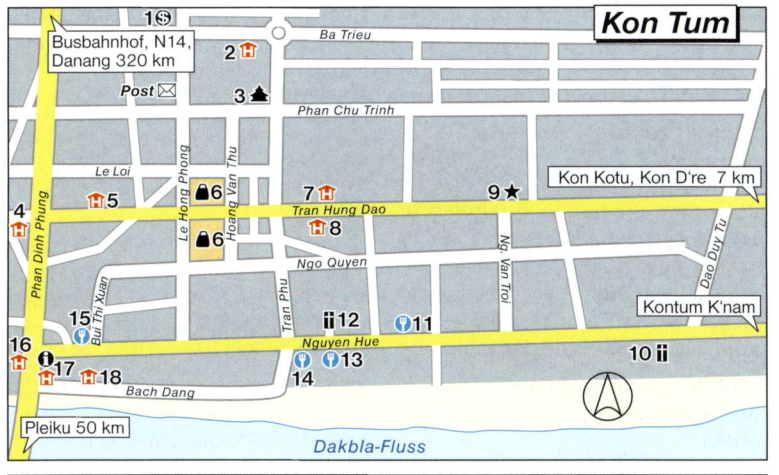

Kon Tum

⑨	1	National Bank	🏠	8	Family	
🏠	2	Huu Nghi	★	9	ehem.	
▲	3	Chua Bac Ai			Bischofsresidenz	
🏠	4	Bich Lan	ⅱ	10	Holzbasilika	
🏠	5	Bich Hai	ⓘ	11	Quan 56	
▪	6	Markt	ⅱ	12	Tan-Huong-	
🏠	7	Bac Huong			Kirche	
ⓘ	13	Hoan Vu				
ⓘ	14	Ngoc Quyen				
ⓘ	15	Dakbla's				
🏠	16	Cong Doan				
🏠	17	Dakbla und				
ⓘ		Kontum Tourist				
🏠	18	Indochine				

Zentrales Hochland

Rund um die Stadt liegen zahlreiche, leicht erreichbare **Bahnar**-Dörfer.

Die **Provinz Kontum** ist mit 300.000 Einwohnern eine der dünnbesiedelsten Regionen Vietnams. Den Großteil der Bewohner stellen Bahnar, **Jarai** (im Süden) und **Sedang** (im Norden und an der Grenze zu Laos). Der *Ngoc Linh* (2598 m) im Norden der Provinz ist der höchste Berg Südvietnams.

Kirchen

Die pastellfarbene **Tan Huong-Kirche** mit einem Relief des Heiligen Georg mit dem Drachen ist eine der ältesten Kirchen Vietnams (um 1865). Wenngleich auf den ersten Blick kaum sichtbar, ruht sie auf Pfählen.

Etwas stadtauswärts, ebenfalls auf der Nguyen Hue, steht eine rührendhübsche dreischiffige **Holzbasilika** *(nha tho go)*, die die Franzosen 1913 für die Bahnar errichteten. Schöne Rosette mit Langhaus und Elefant (!). Davor die Statue des ersten Bischofs

Rong-Haus der Bahnar

Cochinchinas, *Theodore Cuenot*, der 1861, kurz bevor er enthauptet werden sollte, in den Verliesen Kaiser Tu Ducs starb, und naive Holzplastiken eines einheimischen Künstlers.

Gegenüber einer weiteren Kirche auf der Tran Hung Dao entstand um 1925 eine imposante **Bischofsresidenz** mit angeschlossenem Priesterseminar im französischen Stil mit deutlichen Zugeständnissen an die Bahnar Architektur. Im 1. Stock ein kleines *Museum* mit Artefakten der Bahnar.

Bahnar-Dörfer

Charakteristisch für die Bahnar sind ihre *Rong*-Häuser mit den außergewöhnlichen, extrem in die Höhe gezogenen, spitz zulaufenden Strohdächern. Die Weiler **Kon Kotu** und **Kon D're** liegen so nahe (6–8 km), dass man sie beinahe zu Fuß besuchen kann (eine geführte Tour oder ein ortskundiger *Xe Om*, 60–80.000 đ, ist trotzdem vorzuziehen). Der Weg führt über die Tran Hung Dao und deren Verlängerung Bac Kan stadtauswärts. Erste Pfahlbauten mit einem *nha rong* findet man bereits vor der Hängebrücke (212 Bac Kan) über den *Dakbla*-Fluss, dahinter führen mehrere Straßen linkerhand zu den Dörfern (3–4 km). Übernachtung ist in beiden Weilern möglich (um 5 $).

Am Ende der Nguyen Hue, 200 m von der *Wooden Church* entfernt, hat sich in *Kontum K'nam* ein Rest historisches Kontum erhalten.

Nach getaner Arbeit

Praktische Informationen

- 80.000 Einw. 550 m. Tel. 060.
- **Information.** *Kontum Tourist.* 2 Phan Dinh Phung, Tel. 3861625-6, ktourist@dng.vnn.vn, www.kontumtourism.com. Sehr empfehlenswert ist Mr. *Huynh*, huynhguide@yahoo.com.
- **Geld.** *BIDV* mit ATM, 1 Tran Phu und 205 Le Hong Phong.
- **Taxi.** *Mailinh*, Tel. 3955555.

Unterkunft und Verpflegung

- **Indochine.** Neu 2007. Staatlich, mit Lift und schönem Flussblick. 64 Zimmer 28, 30, 33 $ inkl. BF. 30 Bach Dang, Tel. 3863334, www.kontumtourism.com.
- **Dakbla.** Staatlich, abgewohnt. 42 Zimmer 20–25 $ inkl. BF. 2 Phan Dinh Phung, Tel. 3863333-4.
- **Huu Nghi.** Heller, ruhiger Neubau, ordentlich, ohne Lift. 19 Zimmer, meist mit Balkon, 15, 20 (Twin) $. 69 Ba Trieu, Tel. 3911560, Fax 3911556.
- **Bich Lan.** Neu 2007. Gutes, funktionelles Minihotel mit 20 Zimmern 15, 17, 20 $. 233 Tran Hung Dao, Tel. 3913913, bichlantravel@gmail.com.
- **Family.** 20 Zimmer in 2 Häusern, sehr freundlich und nett (Mr. *Duy*), mit tollem Garten zum Lesen, Entspannen oder für BF (2 $); Internet u. Küchenbenutzung frei. 12, groß, z.T. mit Balkon 18, Vierer 25 $. 55 & 61 Tran Hung Dao, Tel. 3862448, phongminhkt@yahoo.com.
- **Bac Huong.** Hell, freundlich, gut ausgestattet. 10 Zimmer 10–12 $. 88 Tran Hung Dao, Tel. 2200424, hotelbachuong@yahoo.com.vn.
- **Bich Hai.** Sauber, okay, etwas penetrante Leute (handeln!). 12 Zimmer 7–10 $. 270 Tran Hung Dao, Tel. 3864167.
- **Cong Doan.** Etwas old fashioned, aber trotzdem nicht schlecht. 15 Zimmer je nach Etage 5–10 $; im obersten Stock 5 $ mit Balkon und Flussblick. 163 Nguyen Hue, Tel. 391 1279.
- **Dakbla's.** Urgemütliches Lokal, freundlich, engl. Karte, aber etwas überteuert. 168 Nguyen Hue.

● **Hoan Vu.** Sehr gutes Essen, billiger als Dakbla's, engl. Karte. Im 1. Stock offener Speisesaal. 81 Nguyen Hue.

● **Ngoc Quyen.** Gute, saubere Garküche mit großer Auswahl und reellen Preisen. 89 Nguyen Hue. Weitere ordentliche Garküchen auf 91–93 Nguyen Hue.

● **Quan 56.** Bierkneipe („Löwen") mit Snacks und Hotspots. 56 Nguyen Hue.

● **Eva Café.** Lohnendes „Designer"-Café mit Garten. 1 Phan Chu Trinh.

An- und Weiterreise

● **Entfernungen** (in km): Pleiku 50, Quang Ngai 210, Qui Nhon 240, Buon Ma Thuot 250, Da Nang 320.

● **Bus.** Mehrmals tgl. nach Pleiku, 1–3-mal tgl. nach Quang Ngai, Qui Nhon, Da Nang, BMT.

● **Laos.** Der Grenzübergang **Po Y** 90 km nordwestl. ist für Ausländer offen; weiter nach Attapeu (200 km), Pakse (420 km). Zwischen Kontum und Attapeu verkehrt tgl. mindestens 1 Bus (ca. 6 Std.).

● **HCM Highway** (N 14). Gute Straße. Fantastischer Bergdschungel mit Pässen zwischen *Plei Kan (Ngoc Hoi)* und *Kham Duc (Phuoc Son,* 120 km). In *Kham Duc* ist das Hotel *Be Chau Giang* sehr empfehlenswert, Tel. 0510/3681555, bechaugianghotel@yahoo.com.vn. Bei *Thanh My* (km 240) zweigt die N 14B nach Hoi An/Danang ab (80–100 km). Zwischen *Prao* (km 290, 3 Hotels, N640 nach Danang) und *Aluoi* (km 400, 3 Hotels, N 49 nach Hue) weitere Pässe und kaum Verkehr, witterungsbedingt kann die Straße hier unpassierbar werden; Weiterfahrt bis Lao Bao (km 530) oder Dong Ha (km 550).

Zentrales Hochland

31/6vl Foto: kb

273 vl Foto: kb

Saigon
Sài Gòn

302vi Foto: kb

272vi Foto: kb

Hochzeit auf Französisch

Saigon auf dem Weg nach oben

Illusion am Bauzaun

„Ich spüre oft ein brennendes Verlangen, wieder nach Saigon zurückzukehren. Von den grünen Palmen träume ich, von den Straßen voller spitzer Hüte, den Militär-Lkws, den Rikschas, der drückenden Hitze, die dich einlullt in geheimnisvolle Mattigkeit und wiedererlangte Weisheit. Saigon steckt wie ein Messer in meinem Leben."
(Oriana Fallaci, 1968)

„Scheiß Saigon! Macht süchtig!"
(Michael Herr, 1969)

„Würde ich heute „Neuromancer" schreiben, würde es nicht in Chiba City spielen, sondern in Saigon. Für mich ist Saigon derzeit der angesagteste Ort in ganz Asien. Eine riesige, verrückte, reiche Stadt mit einer dunklen und pragmatischen Seitenstraßenwelt."
(William Gibson, 1997)

Überblick

Mehr als 100 Jahre lang haben nicht Vietnamesen, sondern **Ausländer** die Geschicke Saigons bestimmt. Von 1859 bis 1954 die Franzosen, die die Stadt als solche überhaupt erst begründeten. Und zwischen 1954 und 1975 die Amerikaner, ohne deren Finanzspritzen die Hauptstadt der Republik Südvietnam nicht einen Tag

Rue Catinat und Kai Rigaud de Genouilly in den 1930er Jahren

überlebensfähig gewesen wäre. Ihre Geschichte ist der Stadt nicht nur deutlich anzusehen, sie begründet ihre Sonder- und Vormachtstellung in Vietnam bis auf den heutigen Tag.

Saigon ist weder eine französische noch eine amerikanische, aber auch nicht gerade eine spezifisch „asiatische" oder gar vietnamesische Stadt – eher von jedem etwas und eine Mischung aus allem. Was für manche gerade den unnachahmlichen Reiz Saigons ausmacht, halten andere aus den gleichen Gründen für „gesichtslos". Tatsache ist, dass von „Realsozialismus" schon seit langem keine Rede mehr sein kann. Schicke Hotels, Restaurants, Banken und Shopping Center sind allerorten aus dem Boden geschossen, und schon nach wenigen Monaten Abwesenheit vermag man ganze Straßenzüge kaum mehr wieder zu erkennen. Die einstige „Perle des Orients" ist dabei, sich mit Riesenschritten in eine glitzernde Metropole des neuen Jahrtausends zu wandeln.

Glücklicherweise wird das aber noch ein paar Jahre auf sich warten lassen. Und glücklicherweise verfügt Saigon, anders als die anderen großen Metropolen der Region wie Bangkok, Jakarta oder Manila, über einen relativ **kleinen** und **überschaubaren,** da ursprünglich europäisch (französisch) geprägten **Kern.** Aller Modernität zum Trotz ist Saigon im Grunde immer noch eine Stadt der *Roaring Sixties* geblieben. Als es noch keiner Fußgängerzonen bedurfte, Urbanität und Weltläufigkeit herzustellen. Wie Hanoi – wenn auch auf eine völlig andere Weise – ist Saigon ein liebenswerter Anachronismus.

Saigon oder Ho-Chi-Minh-Stadt?

Nur Ausländer und Betonköpfe sagen Ho-Chi-Minh-City. Saigon ist **Bestandteil** der 1975 gegründeten Verwaltungseinheit *Thanh Pho Ho Chi Minh,* aber **nicht identisch** mit ihr – von einer radikalkommunistischen Umwertung aller Werte à la Chemnitz und Karl-Marx-Stadt kann keine Rede sein. Das Konglomerat mit mehr als 7 Mio. Einwohnern erstreckt sich über ein Areal von insgesamt 2099 km^2 und umfasst neben den städtischen Bezirken *(quan)* wie **Saigon** und der einstigen Chinatown **Cho Lon** auch die Agrarbezirke *Binh Chanh, Can Gio, Hoc Mon, Nha Be* und *Cu Chi*, die zusammen das ökonomische und kommerzielle Zentrum des Landes bilden, in dem 6 % der Vietnamesen fast ein Viertel des Bruttosozialprodukts erwirtschaften und in dem sich über 30 % aller Klein- und Leichtindustriebetriebe und allen Handels konzentrieren.

Das Sein von Saigon, nicht das Bewusstsein von Hanoi, bestimmt heute Vietnam. Nach Saigon, nicht nach Hanoi, zieht es die Elite und die Jugend des Landes, fließen die Vermögen der über eine Million Exilanten, die nach dem Krieg in die „Große Freiheit" Kaliforniens, Kanadas oder Australiens aufgebrochen waren. Und pilgern die milliardenschweren Investoren, Banken und Konzerne des

Saigon

globalen Kapitalismus, die schon heute die Geschichte von morgen schreiben.

Geografie und Klima

Die Hafenstadt Saigon liegt 50 km vom Südchinesischen Meer entfernt – die Vietnamesen nennen es übrigens *Bien Dong*, „Ostsee" – am Nordrand des Mekong-Deltas inmitten einer weiten Tiefebene am Westufer des Saigon-Flusses *(Song Sai Gon)*. Geografisch – 10° 49' N – liegt Saigon auf der Höhe von Cochin in Südindien, Djibouti und Costa Rica.

Das Klima Saigons ähnelt dem von Bangkok, mit einer Regenzeit von Mai bis Oktober, einer Trockenzeit von November bis April und ganzjährigen Durchschnittstemperaturen zwischen 23 und 32 Grad. Die heißesten Monate sind April und Mai, die kühlsten Dezember und Januar, die stärksten Niederschläge fallen im August und September.

Orientierung

Thanh Pho Ho Chi Minh setzt sich aus 19 Distrikten *(Quan)* zusammen, von denen die innenstädtischen nummeriert sind. Das Zentrum Saigons heißt Quan 1, das von Cho Lon Q 5.

●**Hauptgeschäftsstraße** und älteste Straße der Stadt ist die **Dong Khoi**. Die schmale, von immergrünen Bäumen bestandene Straße erstreckt sich über 1,1 km vom Saigon-Fluss über die

Auf der Travellermeile Bui Vien

Oper bis zur Kathedrale Notre Dame und der Hauptpost.

● Auf Höhe der Oper zweigt im rechten Winkel die **Le Loi** ab, die auf den Zentralmarkt *(Cho)* **Ben Thanh** zuführt. Parallel zur Dong Khoi verläuft der Boulevard **Nguyen Hue,** der kurz hinter der Kreuzung mit der Le Loi (Hotel Rex) am Rathaus endet.

● Von dem Verkehrsknotenpunkt Ben-Thanh-Markt führt die **Ham Nghi** zum Saigon-Fluss, die **Pham Ngu Lao** zum Quartier der Billighotels und die **Tran Hung Dao** nach 5 km ins Zentrum von Cho Lon an der Chau Van Liem.

● Die **Nguyen Van Troi,** die den *Tan-Son-Nhat-Airport* mit dem Zentrum verbindet (7 km), geht stadteinwärts in die **Nam Ky Khoi Nghia** über, die zwischen Oper und Ben-Thanh-Markt die Le Loi kreuzt und bis zum Saigon-Fluss führt.

> Für den Neuankömmling ist Saigon allein schon seines *wahnwitzigen Verkehrs* wegen gewöhnungsbedürftig. Mehr als *5 Mio. Motorräder* rasen durch die Stadt – vier sind in Saigon gemeldet, eine weitere fährt hierher zur Arbeit –, dazu kommen etwa *400.000 Autos,* darunter 12.000 Taxis und 4000 Busse. An manchen Tagen ein Pandämonium (nein, eigentlich an jedem)! Siehe dazu unsere kleine „Fußgängerkunde" auf S. 101.

Geschichte

Vietnam blickt auf eine fast 2000-jährige Geschichte zurück und ist schon seit über 700 Jahren eine unabhängige Nation, als **1674** Vietnamesen zum ersten Mal den Ort erreichen, der heute Saigon heißt. Sie vertreiben die an-

sässigen Khmer und errichten rund um den **Fischerhafen Gia Dinh** erste Ansiedlungen. Mit Genehmigung der Nguyen-Fürsten (das Kaiserreich ist zweigeteilt in die Fürstentümer der Trinh in Hanoi und Nguyen in Hue) lassen sich reiche Flüchtlinge aus China nieder und gründen den **Handelsumschlagsplatz Cho Lon** (*cho* = Markt, *lon* = groß). Noch während die Tay-Son-Revolte Ende des 18. Jh. versucht, den verfeindeten Clans den Garaus zu machen und Vietnam zu einen, erobert der Prinz von Hue, Nguyen Anh, mit Hilfe privater Waffenhilfe aus Frankreich den Süden zurück und errichtet **1790** die Zitadelle von Gia Dinh. Unter seinem Nachfolger Minh Mang umfasst die Zitadelle bereits den heutigen Stadtkern von Saigon, um den sich an Flussläufen und Kanälen entlang elf Dörfer und die Chinesenstadt Cho Lon gruppieren.

Das französische Saigon

> *„Saigon ist die Entstellung von Taingon (Tingan), wie die 1787 in Cho Lon angesiedelten Chinesen ihre dortige Niederlassung bezeichneten. Ehe die Franzosen Saigon besetzten (1859), zählte die Stadt 50.000 Einwohner, wurde aber von den Mandarinen bei ihrem Rückzug grossentheils zerstört. Bis jetzt bildet die Citadelle mit dem von Europäern bewohnten Quartier den Kern der Niederlassungen, um den sich die Eingeborenen in elf Dörfern gruppieren."*
>
> (Adolf Bastian, Reise durch Kambodja nach Cochinchina, Jena 1868)

1859 besetzen französische Admiräle die Zitadelle. Kaiser *Tu Duc,* der vergebens hofft, auf diese Weise wenigstens

Saigon

Der Fall Saigons

30. April 1975. Die dramatischen Fernsehbilder von der Evakuierung der letzten Amerikaner vom Dach ihrer eigenen Botschaft begründen das *„Vietnam-Trauma"* der USA. Überrumpelt von dem Zusammenbruch der südvietnamesischen Verbündeten, bleibt den einstigen Herren des Landes nur noch die überstürzte Flucht durch die Lüfte. Während die Bajonette amerikanischer MPs unerbittlich die einstigen Verbündeten, deren Frauen und Kinder in Schach halten, hoppelt Botschafter *Graham Martin*, den eingerollten Sternenbanner unterm Arm, wie ein Kaninchen die Stufen zum rettenden Helikopter empor. Ein anderer Hubschrauber, an dessen Kufen sich Dutzende Verzweifelter klammern, die gleichfalls das Land verlassen wollen, röchelt metallisch, trudelt, verliert an Höhe und schlägt mit dumpfem Krachen auf dem Dach der Botschaft auf.

Dabei hatte man sich an Leichen in der Embassy schon früh gewöhnen müssen. Nur wenige Monate nach Fertigstellung des nagelneuen Gebäudes, zu Tet *1968*, drangen vor den Augen von Millionen entsetzter amerikanischer Fernsehzuschauer „Vietcong" in das schwer bewachte Gelände ein und lieferten den „Boys" (Wachsoldaten und Botschaftspersonal) einen Kampf bis aufs Messer, ehe sie sich überwältigen ließen. Dies bedeutete den Wendepunkt. Die amerikanische Öffentlichkeit entzog den Politikern und Generälen, die ihnen jahrelang vorgelogen hatten, alles unter Kontrolle zu haben, das Vertrauen und zwang Präsident Johnson zur Aufgabe seines Amtes.

den Rest seines Landes behalten zu können, tritt ihnen **1862** Saigon und die umliegenden Provinzen Gia Dinh, Bien Hoa und My Tho ab. Die französische Kriegsmarine, die die neue **Kolonie Cochinchina** regiert, baut mittels privater Spekulationsgelder den Hafen aus und legt jenes Netz von Boulevards und Avenuen an, das den Stadtkern Saigons bis heute prägt. Stadt und Hafen wachsen rasch dank der französischen Handels- und Exportunternehmen, die den einheimischen Reis auf dem Weltmarkt vertreiben und die Kolonie mit gewinnbringenden Kautschuk-, Kaffee- und Teeplantagen überziehen.

1897 verlegen die Franzosen die politische Macht der „Indochinesischen Union" nach Hanoi, doch die wirtschaftliche Vorrangstellung Saigons bleibt bestehen. Der Zweite Weltkrieg und die japanische Okkupation lassen die Einwohnerzahl auf eine dreiviertel Million anschwellen. **1945** schließt sich Saigon der von Ho Chi Minh ausgerufenen Demokratischen Republik an, wird von den Franzosen aber zurückerobert. Wenige Jahre später, im Verlauf des Indochinakriegs, überschreitet die Einwohnerzahl erstmals die Millionengrenze.

„Saigon ist eine angenehme, aber etwas farb- und charakterlose französische Provinzstadt am südchinesischen Meer. Der bessere Teil der Stadt beherbergt zahlreiche Geschäfte, Cafés und Kinos und eine kleine, einfache Kathedrale aus rotem Backstein. 20.000 Europäer, die sich in den schattigen, mit Tamarinden bestandenen Straßen des Zentrums möglichst unter ihresgleichen aufhalten, sind von annähernd einer Million Vietnamesen und Chinesen umgeben. Die Hälfte der einheimischen Bevölkerung lebt in Zehntausenden von Sampans auf dem Wasser."

(Norman Lewis,
A Dragon Apparent, London 1951)

Das amerikanische Saigon

Nach der Teilung Vietnams durch die Weltmächte wird Saigon **1954** Hauptstadt der von den USA politisch wie wirtschaftlich gestützten Republik Südvietnam. Aus dem kolonialen „Paris des Ostens" wird eine betriebsame Garnisonsstadt und Konsummetropole, die mit dem 5 km entfernten Cho Lon zusammenwächst. Zwischen 1955 und 1956, als Präsident Diem und amerikanische Wohltätigkeitsorganisationen Hunderttausende Katholiken in den Süden locken und „zur Sicherheit" ganze Landstriche von ihren Bewohnern säubern, wächst die Stadt auf fast 2 Millionen Einwohner an.

Militärkomplexe, wie der Tan-Son-Nhat-Airport, und die ersten Hochhäuser, die Hotels Caravelle und Palace, entstehen, und aus der eleganten Flanierstraße *Rue Catinat* wird die „Hure Vietnams", die neonflackernde Amüsiermeile **Tu Do** (Freiheit) mit Tausenden von Tanzbars und Stundenhotels. Diplomaten und Kriegsberichterstatter aller Herren Länder tauschen auf der Terrasse des Continental Informationen aus und observieren vom Dachgarten des Rex und Caravelle bei einem Martini die Aktivitäten des „Viet Cong" auf der anderen Flussseite. Rund um die Stadt entstehen Slums und Shanty-Towns aus Bierkästen und Colabüchsen, die Einwohnerzahl überschreitet die 3- und die 4-Millionengrenze.

„Als wir uns durch einen Verkehrsstau in die Innenstadt von Saigon vorkämpften, hatte ich den schockartigen Eindruck, in einer amerikanischen Stadt zu sein, einem schäbigen Ort an der Westküste mit Chinatown und einer schlitzäugigen Minorität. Nicht nur Militärfahrzeuge aller Art, sondern Chevrolets, Mercedes-Benz, Volkswagen und Triumphs, und überall Weiße in Freizeitkluft. Die zivile Übernahme der Stadt ist noch erstaunlicher als ihre militärische. Für einen Amerikaner ist Saigon heutzutage weniger exotisch als Florenz. Wirkt Saigon tagsüber noch wie ein gigantischer PX-Supermarkt, erstrahlt es des Nachts wie ein Jahrmarkt in einem amerikanischen Provinznest."

(Mary McCarthy, Vietnam, New York 1967)

„Das Stadtzentrum erweckte Erinnerungen an die Provence, an Orange oder Montélimar, mit den zweistöckigen pastellfarbenen Häusern, den Arkaden, den sauberen Läden und den kleinen Feinschmeckerlokalen. Und vor allem mit den riesigen, schattenspendenden Bäumen, die die Straßen überdachten. (Während ich dies niederschreibe, sind manche von ihnen der Verkehrsplanung zum Opfer gefallen, die durch die Tausende amerikanischer Militärfahrzeuge notwendig wurde.) Das war noch die Perle des Orients. In den Seitenstraßen wimmelte es freilich auch damals schon von schmuddeligen, schwärenbedeckten Kindern, Bettlern und Krüppeln."

(Georg W. Alsheimer, Vietnamesische Lehrjahre, Frankfurt 1968)

Das sozialistische Saigon

Als die Truppen Hanois Saigon am **30. April 1975** einnehmen, erben sie eine Stadt, die seit zwei Jahrzehnten nur von amerikanischer Unterstützung am Leben gehalten worden war. 2 Millionen haben kein Dach über dem Kopf oder hausen in zusammengeschusterten Wellblechbaracken, Hunderttausende Drogensüchtige, Kriminelle, Prostituierte, Bettler, Krüppel, Waisen- und Mischlingskinder bevölkern die Straßen. Als einzige Wirtschaftsmacht ist der von den Chinesen Cho Lons kontrollierte Schwarzmarkt übrig geblieben, die Elite Saigons, darunter die meisten Ärzte, ist ins Ausland geflüchtet.

Der notwendige, aber übereifrige Versuch der Kader, die Einwohnerzahl der von Versorgungsengpässen bedrohten Stadt durch Um- und Aussiedlung zu reduzieren, schlägt fehl. Als man **1978** dem Schwarzmarkt den Krieg erklärt und die Wirtschaft Saigons im Handstreich verstaatlicht, fliehen Hunderttausende Cho Lon-Chinesen mitsamt ihrem Vermögen als **Boat-People** nach Übersee. Wie zu-vor schon der gesamte Beamtenapparat werden sie von Partei-Kadern ersetzt, denen Ho Chi Minh City nach den jahrelangen Entbehrungen im Dschungel teils wie Sodom und Gomorrha, teils wie das Paradies auf Erden vorkommen muss. Bürokratie, Korruption und Chaos nehmen kein Ende und verbünden sich mit realsozialistischer Ignoranz und Inkompetenz. Der Westen lehnt jede Hilfe ab, das gedemütigte Amerika will seine Rache.

Von Hanoi jahrelang als „Dorn im Fleisch" der jungen Volksrepublik betrachtet, ist Saigon seit einigen Jahren wieder zum Hoffnungsträger und Trendsetter Vietnams aufgestiegen. Saigons erster sozialistischer Bürgermeister, *Vo Van Kiet*, wurde 1991 sogar zum Ministerpräsidenten gewählt und war der erste Südvietnamese in einem hohen Staatsamt des wiedervereinigten Vietnam.

120vi Foto: kb

Die Bauwerke Saigons – eine Chronologie

Saigon ist schön, aber fast wie Amerika: Kein einziges Gebäude der Stadt, so wie es dasteht, ist älter als 100 oder vielleicht 150 Jahre. Das Älteste an Saigon sind die Bäume im Botanischen Garten.

1744	Chua Giac Lam (1804 restauriert)
1791	Zitadelle von Gia Long (zerstört)
1804	Chua Giac Lam
1810	Chua Thien Hau
1816	Chua Quan Am
1820	Chua Go
1832	Zitadelle von Minh Mang (zerstört)
1863	Nha Rong (Drachenhaus)
1865	Botanischer Garten
1872	Hôpital Grall
1873	Palais Norodom (zerstört)
1874	Lycée Chasseloup-Laubat
1875	Banque de l'Indochine
1883	Kathedrale Notre Dame
1883	Eisenbahnlinie Saigon – My Tho
1885	Hotel Continental
1886	Palais Gia Long
1891	Hauptpost
1891	Institut Pasteur
1895	Mariamman Tempel
1895	Kirche Cho Quan
1899	Oper
1900	Rennbahn Phu To
1900	Kirche Cha Tam, Cho Lon
1900	Grand Hôtel de la Rotonde (zerstört)
1908	Rathaus
1909	Chua Ngoc Hoang
1914	Zentralmarkt Ben Thanh
1925	Continental Hotel (heutige Größe)
1925	Hotel Majestic
1929	Historisches Museum
1930	Flughafen Tan Son Nhat
1935	Moschee Musulmane
1966	Palast der Einheit

Saigon

Sehenswertes

Dong Khoi

Als **Rue Catinat** elegante Flanier- und Ausgehstraße der Kolonisten und im Namen der „Freiheit" – **Tu Do** – sündige Rotlichtmeile der Amerikaner, ist die heutige „Straße der Volkserhebung" mit ihren Hotels, Restaurants, Cafés, Buchhandlungen, Boutiquen und Souvenirshops auch weiterhin das Herz der Stadt.

Ein Spaziergang entlang der Dong Khoi sollte am Saigon-Fluss beginnen. Das 1925–28 errichtete **Hotel Majestic** (No. 1) hat wahrlich wechselvolle Zeiten gesehen. Die Cocktailstunde auf dem Dach, „wo ein frischer Wind vom Saigonfluss heraufwehte", genossen außer *Graham Greene* japanische Besatzer, amerikanische Kriegsberichterstatter, Hanoier Funktio-näre, russische und deutschdemokratische „Entwicklungshelfer" und nach 1989 die ersten kapitalistischen Besucher von „Ho-Chi-Minh-Stadt". Im glitzernden **Maxim's** daneben (No. 13– 17) ging's garantiert frivoler zu als heutzutage.

Erst Mitte der 1990er Jahre wiederauferstanden ist das **Grand Hotel** (8–24), nachdem es schon fast zum

Die Dong Khoi 1992

Gespensterhaus verkommen war. Ein Jahr lang beherrschte seine unvergleichliche Fassade (1923) die kleine Seitenstraße Ngo Duc Khe, heute duckt es sich im Schatten von Hochhausriesen, die gerade noch einen Blick auf den Mongolenbezwinger *Tran Hung Dao* am Me-Linh-Square freigeben.

Die meisten Repräsentanten der „guten alten Zeit" sind bereits der Abrissbirne zum Opfer gefallen oder wurden bis zur Unkenntlichkeit neu gestylt. Wer würde schon im **Brodard** (131) das älteste erhaltene Café Saigons wieder erkennen, in dem in den Roaring Sixties Michael Herr und „die Cowboys und vietnamesischen ‚Studenten' herumhingen", oder im **Givral** (169), in dem Saigons Elite Hof hielt, bevor dort die Kriegskorrespondenten

ein- und ausgingen, den einstigen Nabel der Stadt, in dem sich noch Anfang der 1990er die ersten Traveller versammelten und heiße Tipps austauschten?

Von hier schweift der Blick über den Lam-Son-Platz zum **Caravelle,** Mitte der 1950er Jahre das erste (damals zehnstöckige) Hochhaus Saigons, dessen Dachterrasse Oriana Fallaci und ihre Kollegen als „die grandiose Bühne des sterbenden Saigon" beschrieben haben.

Die 1899 vollendete **Oper** war jahrzehntelang der gesellschaftlicher Mittelpunkt der Stadt, ehe sie während der kurzen amerikanischen Ära die „demokratisch" gewählte Nationalversammlung der Republik Südvietnam beherbergte und erst nach 1975 von den kommunistischen Kulturbanausen wieder als Theater eröffnet wurde.

121vi Foto: kb

Gleich neben der Oper das älteste Hotel Saigons, das **Continental** (132–134), seit seiner Einweihung 1885 freilich vielfach umgebaut. Über seine legendäre, der Wiedereröffnung 1989 zum Opfer gefallene Terrasse kann man bei Somerset Maugham, Noel Coward, Graham Greene, Michael Herr und vielen anderen nachlesen. Die einst nach Pariser Vorbild gestaltete **Eden-Passage** gegenüber – auch sie 2010 ein Opfer der Abrissbirne – spielte in vielen Büchern Marguerite Duras eine Rolle; ihre Mutter begleitete dort mehr als 10 Jahre lang Stummfilme am Piano.

Einige Schritte weiter, an der Ecke Le Thanh Ton, kann man linkerhand ein Auge auf die „barocke Patisserie" des 1901–08 erbauten **Hôtel de Ville** (Rathaus) werfen, das heute Sitz des Volkskomitees von Ho Chi Minh Stadt ist.

Am „Platz der Pariser Kommune" (während des amerikanischen Krieges John-F.-Kennedy-Platz genannt) endet nach gut 1 km die Dong Khoi. Rechts das sorgfältig restaurierte Kolonialgebäude der **Sûreté,** der französischen Staatssicherheit, in deren berüchtigten Untersuchungsgefängnissen zehntausende „Rebellen" schmorten, ehe sie auf die „Teufelsinseln" Con Dao und Phu Quoc verbannt wurden. Unmittelbar vor einem zwei der ältesten noch erhaltenen Kolonialbauten der Stadt, die von *Gustave Eiffel* mit-

entworfene **Post** (1886–1891) und die neoromanische **Kathedrale Notre Dame** (1877–1883), deren Backstein-Türme mehr als ein Jahrhundert lang das Wahrzeichen Saigons waren.

Biegt man hinter der Kathedrale nach links in die Le Duan ein, öffnet sich eine weite, von hohen Tamarinden bestandene Anlage, die im Volksmund noch heute als Reeducation- oder **Umerziehungs-Park** bekannt ist. Noch bis Ende der 1980er Jahre trafen sich hier Tag für Tag abertausende ehemalige Beamte und Offiziere des Saigoner Regimes, die nach ihrem Aufenthalt in den Umerziehungslagern der Regierung vor der „Behörde für Auslandsbeziehungen" auf eine Zulassung für die Auswanderung in die USA hofften. Auch zahllose *Amerasier,* Mischlingskinder von amerikanischen GIs, warteten hier auf ihre Chance auf eine bessere Zukunft.

Die trutzig-kalte Fassade am Ende der Le Duan schließlich ist der ehemalige ...

Präsidenten-Palast

Die Bilder gingen um die Welt, als am Morgen des **30. April 1975** nordvietnamesische Panzer durch die schmiedeeisernen Tore der Palastmauern brachen und General „*Big*" *Minh*, nach der überstürzten Flucht seines Vorgängers *Thieu* gerade mal 43 Stunden im Präsidentenamt, im Namen der Republik die Kapitulation verkünden musste. Seitdem an diesem Ort 1975/76 die Vereinigungsgespräche zwischen dem Norden und dem Süden

Barocke Patisserie:
Rathaus mit Ho-Chi-Minh-Statue

Saigon

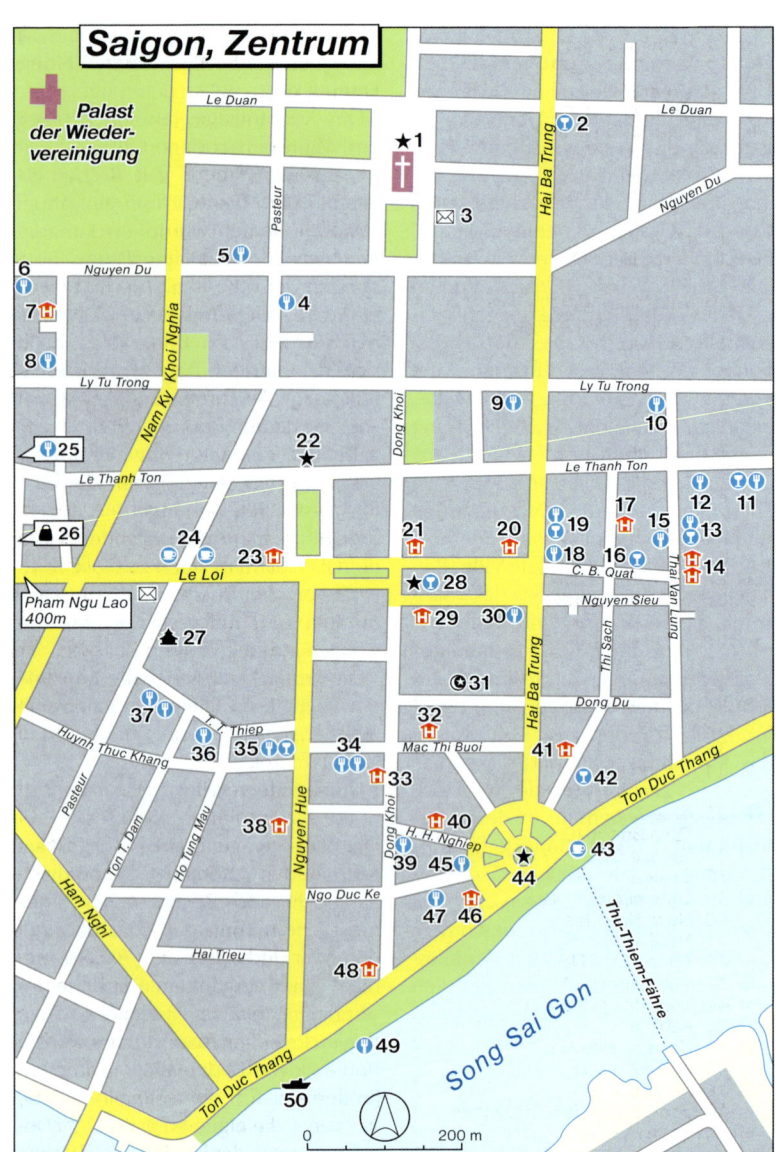

Saigon, Zentrum

Palast der Wieder-vereinigung

Le Duan
Pasteur
Nguyen Du
★1
☒3
Hai Ba Trung
2
Le Duan
Nguyen Du

6
Nguyen Du
5
7
4
8
Ly Tu Trong
Nam Ky Khoi Nghia
Dong Khoi
9
Ly Tu Trong
10
25
22
Le Thanh Ton
Le Thanh Ton
12 11
26
24
23
21
19
17
15
13
20
18
16
14
Thai Van Lung
Le Loi
28
C. B. Quat
Pham Ngu Lao 400m
27
29
30
Nguyen Sieu
31
Hai Ba Trung
Thi Sach
32
Dong Du
37
Thiep
36 35
34
Mac Thi Buoi
41
33
42
Ton Duc Thang
38
Dong Khoi
40
H. H. Nghiep
39 45
44
43
Nguyen Hue
Pasteur
Ton Y Dam
Ho Tung Mau
Ngo Duc Ke
47 46
Thu-Thiem-Fähre
Hai Trieu
48
Ham Nghi
Ton Duc Thang
49
50
Song Sai Gon
0   200 m

★	1	Kathedrale Notre Dame
☺	2	Hard Rock Café
✉	3	Hauptpost
♦	4	Quan An Ngon
♦	5	Nguyen Du Brauhof
♦	6	Huy Long Vien
⌂	7	Tao Dan
♦	8	Saigon Xua va Ngay
♦	9	Huong Xua
♦	10	Le Jardin
♦♦	11	Texas Bar BQ
♦	12	Bibi
♦♦	13	Wild Horse Saloon + Scoozi
⌂	14	A & Em, King Star, Medal
♦	15	Skewers
☺	16	La Habana
⌂	17	May
♦	18	Tandoor
♦♦	19	Hoa Tuc, Refinery
⌂	20	Park Hyatt
⌂	21	Continental
★	22	Rathaus
⌂	23	Rex
☯	24	Bach Dang Eiscafés
♦	25	Nam Giao
⬛	26	Ben-Thanh-Markt
♠	27	Sri Thendayyuttya Hindu-Tempel
★♦	28	Oper + Q Bar
⌂	29	Caravelle
♦	30	Pacharan
☾	31	Zentralmoschee
⌂	32	Kim Long
⌂	33	Catina
♦	34	Saigon Indian, Quan An + Warda
♦♦	35	Café Central
♦	36	Com Ba Ca (Garküche)
♦	37	Temple Club + Quan Nuong
⌂	38	Duxton
♦	39	Gartenstadt
⌂	40	New, Nga Quan
⌂	41	Northern
☺	42	Apocalypse Now
☯	43	Vuon Kieng
★	44	Tran-Hung-Dao-Statue
♦	45	Ashima
⌂	46	Renaissance Riverside
♦	47	La Fourchette
⌂	48	Majestic
♦	49	Schwimmende Restaurants
⛵	50	Schnellboote

stattfanden, heißt der Palast *Dinh Thong Nhat* oder **Palast der Wiedervereinigung.**

Das vierstöckige, zwischen 1963 und 1968 entstandene Gebäude mit über 100 Zimmern galt damals als Nonplusultra avantgardistischer Architektur. Errichtet wurde es auf den Grundmauern des alten *Palais Norodom*, in dem die französischen Gouverneure seit 1869 residiert hatten, der 1962 jedoch zu Bruch ging, als ein desillusionierter Pilot der südvietnamesischen Air Force einen Angriff auf seinen eigenen Präsidenten flog. Der katholische Diktator *Ngo Dinh Diem*, seit 1954 „der starke Mann" der USA in Saigon, ließ unbeeindruckt einen neuen Palast in Auftrag geben, in den er freilich niemals einziehen sollte. Entsetzt von den öffentlichen Selbstverbrennungen buddhistischer Bonzen und aufgerüttelt von der Reaktion der Weltöffentlichkeit, ließen die Amerikaner Diem 1963 fallen und gaben ihn zum Abschuss durch seine eigenen Generäle frei.

Der Wiedervereinigungs-Palast wird heute für Empfänge, Kongresse und Ausstellungen genutzt. Die sorgfältigst restaurierten Konferenzräume, Sitzungssäle und Privatgemächer des Präsidenten (mitsamt Privatbar und -kapelle) sind sehenswerte Zeitzeugnisse einer vergangenen Epoche. Im obersten Stockwerk befand sich ein gigantischer Tanzsaal mitsamt Kasino und auf dem Dach ein Hubschrauberlandeplatz für die schnelle Flucht, während die eigentliche Kommandozentrale im Keller lag. Was für Zeiten!

Saigon

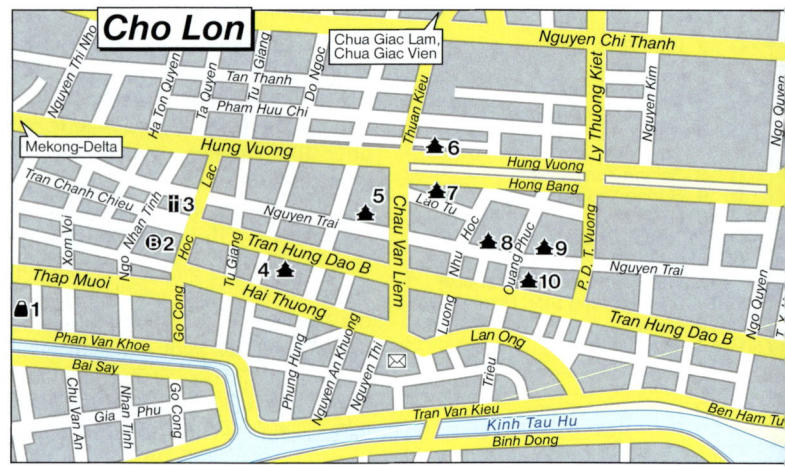

🔒	**1**	Binh Tay Markt
Ⓑ	**2**	Busbahnhof
♔	**3**	Cha-Tam-Kirche
⛰	**4**	Chua Ong Bon
⛰	**5**	Hoi Quan Ha Chuong
⛰	**6**	Hoi Quan Phuoc An
⛰	**7**	Chua Quan Am
⛰	**8**	Chua Thien Hau
⛰	**9**	Chua Nghia An
⛰	**10**	Hoi Quan Tam Son
🛈	**11**	Phung Vy
🔒	**12**	An-Dong-Markt
🛈🏨	**13**	Windsor-Plaza
🛈	**14**	Duyen Hai
🛈	**15**	Ca 3
🛈	**16**	Quan 01 + Phuc An Khang

● Tgl. 7.30–11. 13–16 Uhr. Besuchereingang
135 Nam Ky Khoi Nghia. Eintritt 15.000 đ
inkl. Führung.

Ben-Thanh-Markt

Der *Cho Ben Thanh* mit seinem Uhrturm ist ein Wahrzeichen der Stadt

und der **größte Markt Saigons**. Obst,
Gemüse, Fleisch, Fisch, Gewürze, Tabak, Sandalen, Hüte, Haustiere, Werkzeuge, Stoffe und und und – es gibt
(fast) nichts in Saigon, was sich dort
nicht finden ließe.

Die **1914** von den Franzosen errichteten Hallen bilden noch heute den
Verkehrsknotenpunkt des Zentrums.
Die *Le Loi* führt zu Oper, Rathaus,
Dong Khoi und den großen Hotels,
die *Ham Nghi* zum Fluss und den
Bootsanlegestellen, die *Tran Hung Dao*
nach Cho Lon. Genau gegenüber
dem Markt lag einst der **Hauptbahnhof** – das Gelände zwischen Le Lai
und Pham Ngu Lao –, und hier starten
und enden heute fast alle städtischen
Buslinien.

Die beiden Denkmäler in der Mitte
des Platzes erinnern an den erfin-
derischen *Tran Nguyen Han*, der im

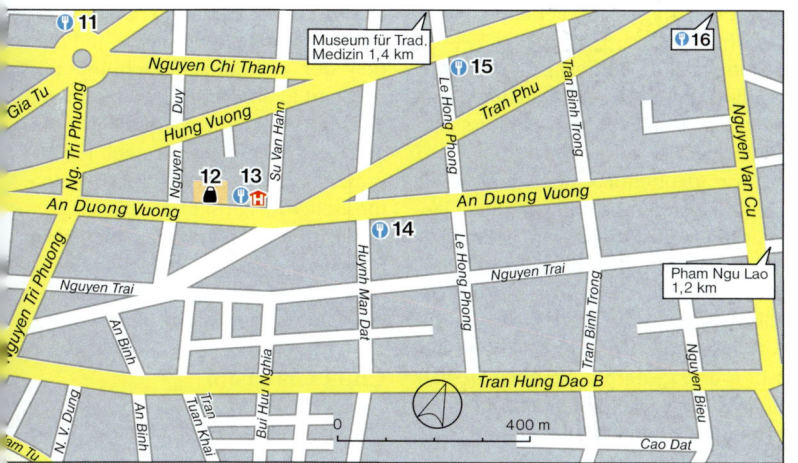

13. Jh. erstmals Brieftauben als Kuriere einsetzte, und an die Studentin *Quach Thi Trang*, die 1963 bei Protestdemonstrationen gegen den amerikanischen Statthalter Diem von der Polizei erschossen wurde

Weitere Märkte

● Der **Cho Binh Tay** in Cho Lon, nur wenige Schritte vom Busbahnhof Cho Lon entfernt, ist der zweite große Zentralmarkt der Stadt und gemäß der Mehrzahl von Cho Lons Einwohnern in jeder Hinsicht deutlich chinesischer geprägt (Lebensmittel, Medizin, Essstände usf.) als der Ben-Thanh-Markt von Saigon. Architektonisch hat man dem Kolonialbau durch den Einzug neuer Decken und Fundamente (Rolltreppen etc.) den Garaus gemacht. Tgl. 7–23 Uhr.

● Im Dreieck zwischen Nguyen Hue, Ham Nghi und Le Loi erstreckte sich einst der gigantische **Schwarzmarkt** Saigons. Noch Anfang der 1990er Jahre konnte man nur hier ausländische Spirituosen (an der Ham Nghi), Arzneimittel (sinnigerweise an der Pasteur), Fernseher oder Videogeräte (an der Huynh Thuc Khang) erstehen. Mitten hindurch führt die kleine Marktstraße **Ton That Dam,** deren Angebot von Jahr zu Jahr freilich dürftiger ausfällt.

● Noch relativ untouristisch und dabei sehr gut sortiert ist der **Tan-Dinh-Markt** bei der gleichnamigen Kirche an der Hai Ba Trung. Um die Markthalle drängen sich Obst- und Blumenstände, das Warenangebot kann mit jedem der großen Märkte konkurrieren, die Preise sind moderater. Und etwas dahinter kann man die besten

banh xeo Saigons genießen (s. Essen und Trinken).

● Eine absolute Kuriosität ist der **Dan-Sinh-Markt.** Man geht achtlos vorüber, wenn man nicht weiß, dass sich hinter der Fassade von Elektronik- und Motorradzubehör eine eigene Welt der **Kriegsmemorabilia** auftut: Gasmasken, Kampfstiefel, Tarnjacken, Patronengürtel oder die unvermeidlichen *dog tags* (Erkennungsmarken gefallener GIs) – alles wird hier in derartigen Massen angeboten, als hätte der Krieg erst gestern aufgehört. Freilich sind schon so viele dog tags über den Ladentisch gegangen, dass die Zahl der noch Vermissten steil nach oben korrigiert werden müsste; auch darf man nicht glauben, dass alle Militaria aus dem vietnamesischen Krieg stammten. Aber die Illusion ist perfekt, und so manches Brauchbare (solide Regenponchos, Moskitonetze etc.) wird ja auch angeboten. 104 D Yersin.

Tempel und Pagoden

Wie jede größere Stadt Vietnams weist Saigon eine Vielzahl von Pagoden und Tempeln auf (offiziell werden 180 gezählt), von denen viele sehenswert sind, die man aber nicht alle ge-sehen haben muss. Von Ausnahmen abgesehen befinden sich die schönsten und bedeutendsten Pagoden fast allesamt in Cho Lon oder der Umgebung Cho Lons. Auch der eilige Rei-sende sollte wenigstens drei oder vier davon aufsuchen, die sehr unterschiedlich in ihrem Stil und gleichzeitig sehr charakteristisch für ihren Typ sind:

● **Chua Giac Lam** und **Chua Giac Vien,** traditionell buddhistische Pagoden der orthodoxen Richtung und berühmt für ihre antiken Holzstatuen;
● der farbenprächtige **Chua Ngoc Hoang,** ein typisches Beispiel für die pragmatische Vielschichtigkeit vietnamesischer Religiosität;
● oder die reichverzierte **Thien-Hau-**Pagode in Cho Lon, repräsentativ für die Pagoden und Versammlungshallen der chinesischen Stilrichtung.

Chua Giac Lam

Die Entstehungsgeschichte der Pagode reicht bis 1744, als hier ein kleiner Tempel existiert haben soll. 1804 von dem buddhistischen Mönch Hai Tinh zu einer Pagode erweitert und letztmals unter Kaiser Khai Dinh (1916–1925) renoviert, gilt Giac Lam als die **älteste Pagode** Saigons.

Betritt man den Chua durch den rechten Seiteneingang, fallen in der Vorhalle die lackierten Ahnentafeln ins Auge, die die Namen und Ehrentitel der verstorbenen Mönche bewahren. Das anschließende Sanktuarium beeindruckt durch seine **118** goldüberzogenen **Holzstatuen,** die sich auf dem Altar drängen. In der ersten Reihe des Altars findet man den historischen Buddha *Thich Ca*, an seiner Seite je zwei Bo Tat (Bodhisattva), die wie Buddha selbst zur Erleuchtung verhelfen können. Hinter Thich Ca sitzt der lachende Buddha *Di Lac*, über dessen massigen Körper fünf Kinder krabbeln, neben ihm der daoistische Jadekaiser *Ngoc Hoang*, gefolgt von einer weiteren Thich Ca-Statue, die das Kind *Siddharta* darstellt. Auch die folgende Reihe huldigt dem Buddha, dem zwei Wächter und seine Lieblingsschüler At Nan und Ca Diep (Ananda und Kasyapa) zur Seite stehen. Die Spitze der Altargruppe bildet *A Di Da*, der Buddha des unermesslichen Glanzes.

Die kunstvollen **Schnitzarbeiten** des Altars stellen die neun Drachen dar, die der Geburt des historischen Buddhas beiwohnten, stehen aber auch symbolisch für die 9 Arme des Mekong (*Cuu Long*). Schnitzwerk und Symbolik der **98** massiven **Holzsäulen** zu beschreiben würde Seiten füllen. Einige der Szenen aus dem Leben Buddhas erinnern verblüffend an mittelalterliche Freskenmotive (Giotto, Duccio). An den Seitenwänden sind in Fünfergruppen die zehn **Höllenrichter** (Thap Dien Vuong), umgeben von weiteren Bodhisattva, platziert; jede der Holzfiguren ist ein kleines Kunstwerk für sich, ausgearbeitet bis ins kleinste Detail und mit den jeweils charakteristischen Merkmalen ihrer Träger ausgestattet.

Der vielarmige Wunschbaum linker Hand des Altars trägt auf jedem seiner Zweige ein Kerosinlämpchen und einen mitfühlenden *Bo Tat*, an den man sich in der Not um Schutz und Hilfe wenden kann. Der Gläubige entzündet eines der Lämpchen, heftet einen Zettel mit seinem Namen und Wunsch an den Zweig und hofft auf baldige Erfüllung.

Der Chua ist stets gut besucht und sichtlich wohlhabend. Zahlreiche Mönche leben auf dem Gelände.

●Tgl. 5–12, 14–18 Uhr. 163 Lac Long Quan. Vom rückversetzten Eingangsportal führt ein Pfad vorbei an Stupas, den Grabstätten ehemaliger Bonzen, zum rechten Nebeneingang (der Haupteingang ist verschlossen). Per Xe Om rund 20 Min. vom Zentrum.

Chua Giac Vien

Der Bonze *Hai Tinh*, Gründer des Chua Giac Lam, gilt auch als Patron der Pagode Giac Vien, seine Statue wird in einem der Nebenräume verehrt. Historische Schriften berichten, dass das sumpfige Gelände, auf dem der Chua errichtet wurde, erst aufgefüllt werden musste, ihr früherer Name *Chua Ho Dat* erinnert daran. Auch wenn die Anlage beider Pagoden sich sehr ähnelt, erscheint Giac Vien weniger streng und verbreitet im Einklang mit ihrer Umgebung eine Atmosphäre fast ländlicher Einfachheit. Giac Vien wird vergleichsweise wenig besucht, von Überfluss ist hier keine Rede.

In dem über einen kleinen Innenhof erreichbaren Sanktuarium reihen sich wie im Giac Lam über hundert Holzstatuen aus dem buddhistischen Pantheon: der historische Buddha *Thich Ca* in seinen verschiedenen Erscheinungsformen, Schüler, Wächter, Bodhisattva. *Quan Am*, Göttin der Gnade, steht an der Spitze der Altargruppe rechts von *A Di Da* (Amitabha), dem Buddha der Vergangenheit. An den Seitenwänden weitere Bodhisattva sowie die Statuen der zehn Höllenrichter. Schöner, einfacher Wunschbaum.

●Tgl. 7–19 Uhr. 247 Lac Long Quan, auf der gleichen Straße wie Giac Lam, aber nicht ganz einfach zu finden. Das Eingangstor rechts der No. 247 führt in eine lange schma-

Saigon

le Gasse, an deren Ende man nach links abbiegt; man geht auf einen Tempel zu, folgt der Gasse rechts und gelangt an Stupas vorbei zur Pagode.

Chua Ngoc Hoang

Auch wenn der Tempel dem Jadekaiser *Ngoc Hoang*, der höchsten Gottheit des Daoismus, geweiht ist, nennt er sich nicht zu Unrecht Chua, da in dem rosafarbenen zweistöckigen Gebäude **buddhistische** *und* **daoistische** Gottheiten gleichberechtigt vertreten sind.

Der Haupteingang mit den Wächterfiguren führt auf einen buddhistischen Altar mit Bodhisattva und der Buddha-Trinität *Tam Phat*, beschützt von zwei grimmig aussehenden Generälen, die in Siegerpose über dem Blauen Drachen und dem Weißen Tiger thronen. Das Sanktuarium wird beherrscht von der prächtigen **Statue des Jadekaisers,** umgeben von seinen Ministern *Bac Dau* (Stern des Nordens) und *Nam Tao* (Stern des Südens) und den Wächterfiguren „Vier Diamanten". Zur Rechten des Jadekaisers die 18-armige *Chuan De*, zur Linken eine Reinkarnation des Ngoc Hoang mit Schildkröte und Schlange.

Die Seitenräume beherbergen den Höllenfürsten *Thanh Hoang* (rechts hinter dem Altar) und Figuren, die die Foltern der zehn Höllen demonstrieren, überragt von den zehn Höllenrichtern links. Auf der anderen Seite findet man dafür zwei barmherzige Bodhisattva, die den Schrecken des Höllenfürsten zu mildern wissen, *Dia Tang Vuong*, der sich der Seelen der Verstorbenen annimmt, und die gnadenreiche *Quan Am*. Der kleine Raum, durch den man den Chua verlässt, birgt zwölf Frauenfiguren aus bunter Keramik, jede von ihnen demonstriert eine bestimmte (gute oder schlechte) menschliche Eigenschaft und steht repräsentativ für ein Jahr des chinesischen Kalenders. Im ersten Stock wird noch einmal Quan Am, die Göttin der Gnade, verehrt.

● Tgl. 7–18 Uhr. 73 Mai Thi Luu (etwas nördlich des Zentrums, vergl. Karte *Saigon, Übersicht).* Die Straße zweigt links von der Dien Bien Phu ab, kurz bevor sie den Thi-Nghe-Kanal überquert.

Chua Thien Hau

Die Thien-Hau-Pagode in Cho Lon gilt als die älteste im chinesischen Stil, sie wurde zu Beginn des 19. Jh. von der Kanton-Gemeinde gegründet und ist der barmherzigen Göttin *Thien Hau Thanh Mau,* der **Patronin der Fischer und Seeleute,** geweiht.

Wann immer ein Schiff in Seenot gerät, wird Thien Hau von ihren beiden Gehilfen gerufen, *Thuan Phong Nhi*, der 1000 Meilen weit hören kann, und *Thien Ly Nhan*, der 1000 Meilen weit sehen kann, und eilt den Seeleuten zu Hilfe. Ein Schiffsmodell erinnert an die ersten Kaufleute aus Kanton, die unter dem Schutz Thien Haus nach Cho Lon segelten. Auf dem Hauptaltar findet man gleich drei Statuen der Göttin, flankiert von ihren Gehilfen, der Göttin der Fruchtbarkeit (rechts) und der Gattin des Herrschers des Südens (links). Unter den farbenprächtigen Dekorationen mit Motiven chinesischer Legenden fallen besonders die glasierten **Keramikfiguren** um den offenen Innenhof auf, dessen Figuren sich zu Episoden und ganzen Geschichten fügen: wie eine Prinzessin ihren Freier erwählt, die Preisträger der Mandarinats- Prüfungen in ihr Heimatdorf zurückkehren usf.

Die Mönche werden von der Gemeinde gewählt und bekommen ein kleines Gehalt ausbezahlt, außerdem dürfen sie einen Teil der Opfergaben verkaufen, um von dem Erlös alte und bedürftige Gemeindemitglieder zu unterstützen. Opfergaben werden in Cho Lon heute wieder reichlich dargebracht, und die für chinesische Pagoden typischen **Räucherspiralen** glimmen unaufhörlich. Die großen Bronzegefäße für die Räucherstäbchen und die bronzene Glocke, die immer ertönt, wenn eine Spende dargebracht wird, wurden im Jahr 1830 gegossen. Der Ofen dient dem symbolischen Verbrennen von Papiergeld, mit dem man die Angehörigen im Jenseits unterstützt. Die (lebendigen) **Schildkröten,** die die Pagode beschützen, findet man in einem offenen Verbindungsgang links.

●Tgl. 6–17.30 Uhr. 710 Nguyen Trai (Ecke Trieu Quang Phuc). Am Festtag Thien Haus am 23. Tag des 3. Mondmonats wird ihre Statue in einer Prozession um das Gelände getragen.

Pagoden in Cho Lon und Umgebung

In unmittelbarer Nachbarschaft der Thien-Hau-Pagode findet man drei weitere Chua bzw. *Hoi Quan*, Versammlungshallen, die die verschiedenen, untereinander rivalisierenden chinesischen Gemeinden Cho Lons im 19. Jahrhundert errichteten und im Lauf der Zeit immer mehr zu kultischen Zwecken ausbauten. Zur Lage der Pagoden siehe Karte „*Saigon, Cho Lon*".

Chua Nghia An. Der Chua schräg gegenüber der 1932 erbauten Moschee von Cho Lon ist Quan Cong sowie Thien Hau und dem bärtigen Glücksgott Ong Bon geweiht. *Quan Cong* (chin. Kuan Kung), ein sagenumwobener General der späten Han-Dynastie, findet seiner sprichwörtlichen Tapferkeit wegen in fast jeder chinesischen Pagode einen Schrein, ihm zur Seite stehen seine Gehilfen General Chau Xuong und Mandarin Quan Binh und nicht zu vergessen sein rotes Pferd mit den übernatürlichen Kräften. 678 Nguyen Trai.

Hoi Quan Tam Son. Die im 19. Jh. von der Fukien-Gemeinde errichtete Versammlungshalle ist der Fruchtbarkeitsgöttin *Me Sanh* geweiht. Auch hier findet man den rotgesichtigen General Quan Cong mit seinem Zauberpferd sowie Thien Hau, Ong Bon und Quan Am, die Göttin der Barmherzigkeit. Die leuchtend roten Säulen mit goldenen Schriftzeichen auf schwarzem Grund sind hier besonders dekorativ. 118 Trieu Quang Phuc.

Chua Quan Am. Der vielbesuchte, 1816 von der Fukien-Gemeinde errichtete Chua ist Quan Am, der Göttin der Barmherzigkeit, geweiht, ihre Statue findet man zwischen dem historischen

Saigon

122vf Foto: kb

Buddha Thich Ca und dem (sitzenden) Buddha der Zukunft Di Lac platziert. In einem Seitenraum noch einmal Quan Am, diesmal ganz in Weiß, zusammen mit General Quan Cong und seinen Gehilfen und der Himmelsgöttin A Pho. Seitlich des Altars kann man einen Blick auf das Bett von Quan Am

werfen – auch ein Bodhisattva muss einmal entspannen. Den Chua findet man in der 12 Lao Tu, nahe der Chau Van Liem.

Hoi Quan Ha Chuong. Die dritte Versammlungshalle in der Nguyen Trai nach Thien Hau (Kanton-Gemeinde) und Nghia An (Trieu-Chau-Gemeinde) wurde von der Fukien-Gemeinde errichtet. Man scheint miteinander im Wettstreit gelegen zu haben, wer Thien Hau, der Beschützerin der Seefahrer, die schönste Pagode widmen kann, denn auch hier steht sie im Mittelpunkt. 802 Nguyen Trai.

Chua Ong Bon. Der bärtige Ong Bon ist der Patron des Glücks, aber auch der Tugend. Der Eingang zu seinem stets geschäftigen Tempel liegt in der 264 Hai Thuong Lan Ong.

Thien-Hau-Pagode, Cho Lon

Hoi Quan Phuoc An. Die erst zu Beginn des 20. Jahrhunderts errichtete Fukien-Versammlungshalle ist eine der schönsten Cho Lons, man beachte die Dachkeramiken und Eingangstore, die Holzschnitzereien und zahlreichen Kultgegenstände aus Porzellan und Bronze. Der Hoi Quan ist General Quan Cong gewidmet, links des Eingangs findet man sein lebensgroßes Zauberpferd. 184 Hung Vuong, unweit der Chau Van Liem.

Khanh Van Nam Vien. Dieser zweigeschossige, während des Zweiten Weltkriegs entstandene daoistische Tempel ist eine Rarität am Rande Cho Lons (und eine interessante Abwechslung nach all den Fukien-Pagoden). Neben daoistischen Gottheiten wie Huynh Dai Tien, einem Schüler des Lao Tse, dem der rechte Seitenaltar geweiht ist, findet man Statuen der buddhistischen Quan Am oder des konfuzianischen Dichters Van Xuong.

Das Obergeschoss ist ganz **Lao Tse** und seiner Lehre vorbehalten, hier werden Bildnisse des Gründers, Meditationsregeln und alte Schriften des Daoismus aufbewahrt. Die Steintafeln links der Statue des Lao Tse, die auf den ersten Blick Landschaftsbilder darzustellen scheinen, sind tatsächlich Anleitungen zur Atemtechnik, die einzelnen Abbildungen entsprechen Organen und illustrieren deren Funktion beim Ein- und Ausatmen: Die Leber ist ein Bambushain, der Magen ein Bauer, der mit seinem Wasserbüffel pflügt, der Mund wird von einem Regenbogen repräsentiert usf. 46/5 Lo Sieu (von der Hung Vuong stadtauswärts

rechts in die Nguyen Thi Nho einbiegen, zwischen No. 269 B und 271 B liegt die Lo Sieu).

Chua Go (auch *Phung Son Tu*). Bei Ausgrabungsarbeiten für diese (vietnamesische) Pagode im nördlichen Cholon stieß man auf Überreste aus der Zeit von *Oc Eo* (2.–6. Jh.). Der Chua selbst wurde Anfang des 19. Jh. gegründet und gilt als „Historisches Monument" wegen seiner antiken Kultobjekte und Statuen aus seltenen Hölzern. 1408 3 Thang 2 (kurz vor der Einmündung in die Hung Vuong).

Chua An Quang. Die Pagode war der letzte Aufenthaltsort des Mönchs *Thich Quang Duc* aus Hue, bevor er sich am 11. Juni 1963 in der Le Van Duyet mit Benzin übergoss und in Brand steckte. Die öffentlichen Selbstverbrennungen buddhistischer Bonzen machten weltweite Schlagzeilen und führten dazu – erst recht nachdem seine schöne Schwägerin Madame Nhu auch noch höhnisch von „Barbecues" geschwärmt hatte, mit denen die „Kommunisten in der gelben Kutte" sich selbst ausrotten würden –, dass die Amerikaner Präsident Diem 1963 fallenließen.

Die Pagode, Sitz der Vereinigten Buddhistischen Kirche Süd-Vietnams, blieb noch bis 1975 (und später!) ein Sammelplatz oppositioneller Kräfte. Sie steht in der 243 Su Van Hanh.

Pagoden im Zentrum

Mit Ausnahme der Pagode des Jadekaisers Ngoc Hoang sind die Kultstätten des zentralen Saigon weniger bedeutend. Sie sind häufig vietnamesischen Helden gewidmet und wer-den daher *den*, Tempel, genannt. Zu ihrer Lage siehe Karte „*Saigon, Übersicht*".

Den Tran Hung Dao. Bereits im schönen Vorhof des 1925 gegründeten Tempels hat man dem allseits verehrten Tran Hung Dao, der 1288 die Mongolen Kublai Khans bezwang, eine Statue errichtet. Die „dunkle" Seite des Kultes um den Nationalhelden – er gilt als Patron der Verwirrten und Geisteskranken und der (auch erotischen) Träume und Exzesse. Sein Tempel befindet sich in der 36 Vo Thi Sau.

Den Hung Vuong. Der Tempel erinnert an die legendäre Hung-Vuong-Dynastie vor unserer Zeitrechnung, auf die die Vietnamesen ihre Ursprünge zurückführen. Das mit den vier heiligen Tieren Phönix, Drache, Einhorn und Schildkröte verzierte geschwungene Dach ruht auf 12 massiven Pfeilern aus Ebenholz; aus über 300-jährigen Baumstämmen gearbeitet, repräsentiert jeder von ihnen ein Jahr des chinesischen Mondkalenders. Auch der schwarz schimmernde, sich auf dem Rücken von vier Schildkröten erhebende Altar ist aus massivem Ebenholz gefertigt.

2 Nguyen Binh Khiem auf dem Gelände des Zoos gegenüber dem Historischen Museum.

Chua Vinh Nghiem. Der zwischen 1964 und 1971 während des Vietnam-Kriegs errichtete Chua ist für die buddhistische Gemeinde Saigons heute die wichtigste Pagode. Die Anlage mit den breitgeschwungenen, in Phönixfiguren auslaufenden Dächern und den drei hintereinanderliegenden Altarräumen folgt (bewusst oder unbewusst?) dem traditionellen Stil des Nordens, obwohl vordergründig auch japanische Vorbilder eine Rolle gespielt haben mögen. Die vietnamesisch-japanische Freundschaftsgesellschaft gehörte zu den Hauptsponsoren und spendete u.a. die „Große Glocke" für den Glockenturm Gac Chuong.

Im Zentrum der mittleren Halle steht eine 6 m hohe Buddha-Statue des „Verkünders der Lehre" *Thich Ca*, ihm zur Seite der „glückhafte Jüngling" *Van Thu* (Manjusri) und der „ringsum glückbringende" *Pho Hien* (Samantabhadra), der eine Weisheit, der andere rechte Sammlung symbolisierend. Die Reliefarbeiten des Altars stellen berühmte vietnamesische Pagoden dar.

Der Zugang zu den sieben Stockwerken des 40 m hohen **Pagodenturms,** der auf jeder Etage einen der Göttin Quan Am geweihten Schrein birgt, ist nur an wichtigen buddhistischen Festtagen und am 15. Tag des 1. Mondmonats möglich. Den Chua in der 339 Nam Ky Khoi Nghia passiert man auf dem Weg von und zum Flughafen.

Chua Xa Loi. Die Pagode war ein Zentrum des buddhistischen Protests gegen die Regierung Südvietnams. Im August 1963 stürmten Spezialeinheiten des Bruders von Diem, Ngo Dinh Nhu, die Pagode und verhafteten über 400 Mönche und Nonnen. Das nüchterne Sanktuarium der 1956–1958 erbauten Pagode wird von einer überdimensionalen Buddhastatue beherrscht. Tgl. 7–11, 14–17 Uhr. 89 Ba Huyen Thanh Quan.

Kirchen

Kathedrale Notre Dame

Die neoromanische Backsteinkirche *Nha Tho Duc Ba* (Kirche Unserer Lieben Frau) wurde nach nur 6-jähriger Bauzeit 1883 eingeweiht und ist damit eines der ältesten erhaltenen Bauwerke der französischen Kolonialzeit. Als man auf dem schmalen Plateau, das sich über das umliegende Sumpfland erhob, die Fundamente für das künftige Gotteshaus aushob, stießen die überraschten Colons außer auf Überreste einer Steinzeitsiedlung auf Spuren einer Kultur, deren Existenz bis dahin noch vollkommen unbekannt war und erst sehr viel später dem alten hinduistischen Königreich *Fu Nan* zugeordnet werden konnte.

Notre Dame steht auf dem Platz der Pariser Kommune (Cong Xa Pari), was durchaus nicht unlogisch erscheint, da die Mehrzahl der vietnamesischen Freiheitskämpfer zunächst nicht Marx und Lenin, sondern die Ideale der französischen Revolution beim Wort zu nehmen versuchten, ehe ihnen die Kolonisten unsanft beibrachten, dass auch Demokratie „teilbar" ist.

Erst seit 1989 finden wieder Messen statt, normalerweise täglich zwei, an Sonntagen sogar bis sechs.

Cha-Tam-Kirche

Im Herbst 1963 eskalierte der Unmut gegen das Diem-Regime, am 1. November putschten die Generäle. Präsident Diem und sein Bruder Nhu suchten Zuflucht im Schoß der Katholischen Kirche und flüchteten in die Cha-Tam-Kirche in Cho Lon, ehe sie sich ergaben und eine Überführung in „Sicherheitsverwahrung" akzeptierten. Noch auf der Fahrt dorthin wurden sie von ihrer Eskorte exekutiert.

Die um 1900 erbaute pastellfarbene Kirche im Herzen Cho Lons befindet sich in der 25 Hoc Lac am Westende der Tran Hung Dao. Messen werden täglich abgehalten, Sonntag 7 und 17 Uhr auch in chinesischer Sprache.

Saigon

Kathedrale Notre Dame

Weitere Kirchen

Die größte katholische Kirche Saigons ist die *Cho Quan*, 133 Tran Binh Trong auf halbem Weg zwischen Saigon und Cho Lon. Die *Tan-Dinh*-Kirche, 289 Hai Ba Trung, besticht durch ihre Backsteinfassade. Cho Lons Hauptkirche *Nga Sau* befindet sich an der Einmündung der Ngo Gia Tu und der Hung Vuong.

Moscheen

Die wenigen tausend Moslems (Inder, Indonesier, Malaien und Cham) haben heute die Wahl zwischen einem Dutzend Moscheen. Die meisten wurden Anfang der 1930er Jahre errichtet, als die verärgerten Kolonisten die Massenstreiks der Einheimischen mit dem Import billiger Arbeitskräfte aus Indien beantworteten. 1975 verließen fast alle Inder Saigon.

Die 1935 erbaute **Zentral-Moschee** erhebt ihre vier Minarette nur wenige Schritte abseits der Dong Khoi in der 66 Dong Du. Die größte Moschee Cho Lons findet man in der 641 Nguyen Trai.

Hindu-Tempel

Mariamman. Der 1895 erbaute Tempel wurde der kleinen tamilischen Gemeinde Saigons nach Jahren der Zwangsschließung 1990 wieder zurückgegeben. Der Hindu-Göttin Mariamman werden außergewöhnliche Wunderkräfte zugeschrieben, entsprechend gut besucht (vor allem am 1. und 15. Tag des Mondmonats) ist ihr Heiligtum. 45 Truong Dinh (nahe Ben-Thanh-Markt).

Sri Thendayyuttya. Der ungewöhnlich großzügige Schrein mit seinen buntgefliesten Wänden und Böden und den mit Götter- und Tierfiguren gespickten Tempelturm (Zugang möglich) ist das beeindruckendste Hindu-Heiligtum im Zentrum. 66 Ton That Thiep.

Museen

Historisches Museum

Das 1929 von der *Societé des Etudes Indochinoises* gegründete Museum vermittelt einen ersten Überblick über die wichtigsten Epochen der vietnamesischen Geschichte und die unglaubliche Bandbreite an Kunst- und Architekturstilen (indisch, chinesisch, indochinesisch).

14 Säle, die sich um zwei Innenhöfe gruppieren, sind jeweils bestimmten Epochen zugeordnet: 1. Prähistorie, 2. Hung-Vuong-Zeit, 3. Widerstand und Unabhängigkeit (1.–10. Jh.), 4.–6. Ly-, Tran- und Le-Dynastie, 7. Tay-Son-Aufstand, 8. Musikinstrumente und Kaisergewänder, 9. Keramik, 10. Oc Eo (1.–6. Jh.), 11. Frühe Kulturen im Mekong-Delta, 12. Champa, 13. Khai-Tuong-Pagode, 14. Ethnische Volksgruppen Südvietnams.

Zahlreiche Exponate sind allerdings lediglich (und z.T. auch noch schlechte) Repliken. Am meisten lohnt der Besuch der Säle 11 und 12 mit Originalstatuen und -friesen und dem berühmten Dong-Duong-Bronzebuddha aus der Frühzeit der Cham-Kultur.

● *Bao Tang Lich Su.* Tgl. außer Mo. 8–11.30, 13.30–17 Uhr. Eintritt 15.000 d. 2 Nguyen Binh Khiem, auf dem Gelände des Zoos.

Liebhabern von Militaria sei zusätzlich das *Museum der Ho-Chi-Minh-Kampagne* schräg gegenüber, 2 Le Duan, empfohlen.

Kriegsmuseum

Das *War Remnants* Museum – bis vor wenigen Jahren noch Museum der Kriegsverbrechen genannt – ist das zu Recht bekannteste und meistbesuchte der Stadt. Wer möchte nach dem Besuch dieser ebenso erschütternden wie lehrreichen Ausstellung noch an den „Wert" von Kriegen glauben.

Selbstredend handelt es sich um „Propaganda". Um einen parteiischen, „einseitigen" Standpunkt. Um die vietnamesische Sicht der Dinge. Und wie auch nicht? Sollen die, die unter Untaten leiden, etwa auch noch die Rechtfertigungen – sprich Propaganda – derer vertreten, die ihnen diese Untaten zufügten? Die Franzosen waren nur aus einem Grund in Vietnam: sich auf Kosten der Einheimischen zu bereichern. Die Motive, mit denen die Amerikaner das Land verwüsteten, waren keinen Deut weniger an den Haaren herbeigezogen als die im Irak. Und die militärische „Vergeltungsaktion" der Chinesen 1979 nichts als das zynische Kalkül, einem verhassten Nachbarn den Todesstoß zu versetzen. Viele der verstörendsten Fotos und Dokumente dieser Horrorsammlung stammen im übrigen aus Quellen der einstigen Gegner!

Ältestes Ausstellungsstück ist eine mobile französische **Guillotine,** die noch Ende der 1950er Jahre durch ganz Südvietnam gezogen wurde, um einheimische Patrioten und Aufsässige

Gefangenschaft im Tigerkäfig

„Das Besondere an den Tigerkäfigen war, dass die Häftlinge darin den letzten Rest Freiheit verloren. Alle anderen Arten von Zellen, Kerkern und Verliesen, so schrecklich sie sein mochten, standen ihnen nach: Hatte sich dort die Tür hinter dem Gefangenen geschlossen, gehörte der Verschlag ihm. Mit anderen Worten: Bei aller Enge und Dunkelheit blieb dem Gefangenen die Freiheit, auf sich allein gestellt zu leben. Doch die Tigerkäfige ließen keinem auch nur eine Spur von Freiheit. Hier lebtest du bei Tag und Nacht unter den Augen des Feindes. Er ging fortwährend auf der Zinne der Mauern auf und ab und beobachtete dich durch die Gitterstäbe. Der Gefangene sollte nie das Gefühl haben, sich selbst zu gehören. Das hatte einen schrecklichen seelischen Zustand zur Folge. Immer auf der Hut. Immer auf das Schlimmste gefasst. Immer mit gesträubtem Haar."
(Nguyen Duc Thuan, *In den Tigerkäfigen von Con Son*, in: *Erkundungen, 16 vietnamesische Erzähler,* Ostberlin 1977)

zu exekutieren; die letzte Hinrichtung mit ihrer Hilfe soll 1960 in Saigon stattgefunden haben. Das unmenschliche Gefängnissystem wird durch eine maßstabsgerechte Nachbildung der berüchtigten **Tigerkäfige** der Gefängnisinsel Poulo Condore (Con Dao) dokumentiert, in denen sowohl unter Franzosen wie Amerikanern Männer und Frauen jahrelang dahinvegetieren mussten.

Verständlicherweise nimmt die Darstellung der Kriegsverbrechen der „US-Aggressoren" den größten Platz ein. Ein Ausstellungssaal ist ausschließlich **Folterungen** und Massakern ge-

Saigon

widmet – My Lai war bei weitem keine Ausnahme, sondern nur eine Station unter vielen! Ein weiterer Raum demonstriert die verheerenden Auswirkungen chemischer Waffen an Mensch und Natur. Konservierungsgläser mit Föten und Missgeburten aus der Sammlung des Tu-Du-Krankenhauses (s.u.) veranschaulichen die grausige Effektivität von Dioxin-Killern wie *Agent Orange* (um deren Erfindung, Herstellung und Vertrieb sich im Übrigen eine deutsche Firma verdient gemacht hat).

In Nebengebäuden gibt es Ausstellungen zu verschiedenen Themen: Ein Raum widmet sich der Arbeit von im Krieg getöteten Fotojournalisten (u.a. *Dana Stone*, *Henri Huet)*, ein weiterer der internationalen Solidarität mit Vietnam während des amerikanischen Krieges. Das Kriegsgerät des Gegners – Skyraider, Panzer und Granaten – wird im Hof gezeigt.

Das Museum ist in dem ehemaligen Komplex des *US Information Service* untergebracht, dessen Hauptquartier das heutige Rex-Hotel war.

●Tgl. 7.30–12, 13.30–17 Uhr, 15.000 ₫. 28 Vo Van Tan, Ecke Le Qui Don.

Stadtmuseum

In den früheren Ballsälen und Salons des prunkvollen Gia-Long-Palastes, der neo-klassizistischen Villa des Gouverneurs von Cochinchina (1886), werden heute die Etappen des antikolonialen (und antiimperialistischen) Widerstands dokumentiert sowie zeitgenössische Ausstellungen veranstaltet. Im Garten des einstigen Revolutionsmuseums steht u.a. der amerikani-

276vi Foto: kb

sche Jet, mit dem ein südvietnamesischer Dissident den Präsidentenpalast in Schutt und Asche legte.

● *Bao Tang Thanh Pho Ho Chi Minh.* 65 Ly Tu Trong. Tgl. 8–17 Uhr, Eintritt 15.000 đ.

Nha Rong (Ho-Chi-Minh-Museum)

Das „Drachenhaus" Nha Rong an der Einmündung des Ben-Nghe-Kanals in den Saigon-Fluss wurde 1863 von einer französischen Schifffahrtsgesellschaft im Kolonialstil mit „orientalischem" Dach errichtet und ist heute dem Andenken Ho Chi Minhs gewidmet. An dieser Stelle heuerte er 1911 als einfacher Küchenjunge Ba auf dem Passagierdampfer „Admiral Latouche Tréville" an, um erst nach 30 Jahren Exil wieder nach Vietnam zurückzukehren.

● Tgl. 7.30–11.30, 13.30–17 Uhr. 10.000 đ. 1 Nguyen Tat Thanh.

Frauenmuseum

Das Museum birgt eine Fülle dokumentarischer Materialien zur Geschichte der Frauenbewegung in Vietnam. In 9 Sälen werden vor allem die Heroinen des Landes gewürdigt, von den Hai Ba Trung, den Schwestern auf Kriegselefanten, die vor 2000 Jahren lieber den Freitod wählten, als den chinesischen Besatzern in die Hände zu fallen, bis zu Ut Tich, einer Mutter von 6 Kindern, die im Befreiungskampf gegen die Amerikaner fiel, und der buddhistischen Studentin Quach Thi Trang, die 1963 bei einer Demonstration vor dem Ben-Thanh-Markt (wo man ihr ein Denkmal errichtet hat) von den Schergen Diems ermordet wurde. Die Auszeichnung als „Heldin" im amerikanischen Krieg erhielten 150 Frauen. Für interessierte Besucher/Innen ist auch die Bibliothek zugänglich.

● Tgl. außer Mo 8–11.30, 14–17 Uhr, 10.000 đ. 202 Vo Thi Sau.

Kunstmuseum

In einer restaurierten Villa des Fin de Siècle wird Kunst des 20. Jhs. präsentiert. Zu den Exponaten zählen neben Gemälden der „revolutionären Phase" auch Plastiken, Porzellan, Keramik und Mobiliar. Interessant sind die wechselnden Ausstellungen, die einem bestimmten Sujet oder zeitgenössischem Künstler gewidmet sind.

Rund um das Museum, in der *Le Cong Kieu*, sind zahlreiche **Trödler** und **Antiquare** angesiedelt.

● *Bao Tang My Thuat.* Tgl. außer Mo 9–17 Uhr, 10.000 đ. 97A Pho Duc Chinh.

Museum für Trad. Medizin

Eine Augenweide sind nicht nur ein Großteil der über 3000 Exponate zum Thema Heilkräuter, sondern mehr noch die sie umgebende *Architektur:* Teils sind wertvolle alte Holzhäuser, teils Rudimente davon, teils Nachbauten in bestem Kunsthandwerk in den

Nur drei Schritte vom Zentrum

Saigon

5-stöckigen Neubau einer privaten Pharmafirma integriert. Über traditionelle Medizin selbst erfährt man eher wenig, umso beeindruckender ist dafür der Einblick in eine vergangene Zeit.

● *Bao Tang Phito*. Tgl. 8.30–17.30 Uhr, 32.000 d. 41 Hoang Du Khoang (10); Bus 2 ab Ben-Thanh-Markt bis Ba Thang Hai (3/2) Ecke Le Hong Phong, von dort 250 m. www.fitomu seum.com.vn.

Tu-Du-Hospital

Das **Frauenkrankenhaus** Saigons ist kein Museum, aber auch hier befindet sich eine Sammlung, die man so schnell nicht vergisst: die grausig deformierten Föten, Fehl- und Totgeburten, die die Frauen Südvietnams nach dem Einsatz chemischer Kampfstoffe durch die Amerikaner zur Welt brachten. Selbst heute noch werden missbildete Kinder geboren, da die Gifte langfristig die Erbanlagen geschädigt haben. Eine Station der Klinik ist ausschließlich zur Betreuung und Operation Siamesischer Zwillinge eingerichtet.

● *Benh Vien Tu Du*, 284 Cong Quynh. Anmeldung (Tel. 38392722) ist empfehlenswert.

Crash Kurs Saigon
(1 Tag/1 Nacht)

Wie Hanoi hat auch Saigon einen echten, in diesem Fall freilich nicht vietnamesisch-chinesischen, sondern französisch-kolonialen, Stadtkern und ist daher relativ einfach und bequem zu erkunden.

1. **Dong Khoi.** Walk on the wild side. Die eineinhalb Kilometer lange, sich permanent neu erfindende einstige *Rue Catinat* ist die älteste von den Franzosen angelegte Straße der Stadt und verbindet sinnigerweise Hafen (Ausbeutung) und Kathedrale (Bekehrung).

2. **Cyclo Fahren.** Egal wo und wohin. Bevor die Fahrradrikschas endgültig aussterben.

3. **Kriegsmuseum.** Mit den Untaten der Franzosen und Amerikaner in Vietnam konfrontiert zu werden, ist nicht angenehm, ja teilweise drastisch, aber notwendig. Ein Muss für jeden Saigonbesucher.

4. **Cu Chi.** Die Amerikaner glaubten, einen *Rock 'n' Roll*-Krieg gegen die Viets führen zu können. Diese rächen sich heute mit einer *Rock 'n' Roll*-Version von Heroismus. Pervers ist beides, oder: Man darf nicht alles glauben, was man sieht. Es aber *nicht* gesehen zu haben, wäre ein Versäumnis erster Klasse.

5. **Ben-Thanh-Markt.** Der Knotenpunkt Saigons. Kolonialismus, Sozialismus, Wildwest-Kapitalismus und Globalisierung, alles auf engstem Raum. Dazu Gewürze, Tropenfrüchte, Computerspiele, Suppenküchen, Schweinehälften, Jeans und junge Hunde (für Aufzucht wie Verzehr).

6. **Cho Lon.** „Chinatown"-Exotik gibt es kaum, allenfalls in seinen prächtigen Pagoden. Eher der (politisch so gewollte) arme, etwas verwahrloste Bruder des neureichen Saigon, der von all dem lebt, was dort nicht mehr überlebensfähig war (oder nicht überleben durfte).

Praktische Informationen

- 7 Mio. Einw. (City 3,9 Mio.). Tel. 08.

Ankunft

Flughafen

- Der **Tan-Son-Nhat**-Airport, in den 1960/70er Jahren zeitweise der geschäftigste Flughafen der Welt, liegt nur 7 km außerhalb des Zentrums. *Man beachte die ovalen Betonunterstände noch aus der Zeit der US-Air-Force. Die Straße ins Zentrum ist nach einem Attentäter benannt, dem 24-jährigen Nguyen Van Troi, der an der Brücke auf halbem Weg zur City 1964 einen Sprengsatz zündete, dem US-Verteidigungsminister Robert McNamara lediglich durch Zufall entging. Während McNamara sich in der Folge als unbeugsamer Kriegstreiber hervortat, der das verbündete Südvietnam zum meistbombardierten Land der Geschichte machte, landete sein Kontrahent vor einem Exekutionskommando, dem er die Worte „Lang lebe Ho Chi Minh!" entgegenschleuderte.*
- **Ein- und Ausreiseerklärung** *(Arrival Departure Declaration)*. Die Karte (wird gewöhnlich von der Airline ausgegeben) ausfüllen und gut aufheben, da sie bei der Ausreise wieder abgestempelt wird. **Achtung:** Der am Flugticket angeheftete Gepäckschein wird häufig am Ausgang kontrolliert – parat halten!
- **Zoll.** Kontrollen, zumal bei westlichen Ausländern, sind rar. Dennoch ist anzuraten, Wertsachen und höhere Geldbeträge ordnungsgemäß zu deklarieren.
- **Info.** Ein Schalter in der Ankunftshalle bietet u.a. kostenlose Broschüren und Stadtpläne.
- **Geld.** In der Ankunftshalle ist ein Bankschalter mit ATM. Euro und US-Dollar werden zum normalen Bankenkurs gewechselt.
- **Taxi.** Die Fahrt zum Zentrum kostet 5 $ oder die entsprechende Summe in Dong. Darauf bestehen, zum gewünschten Ziel gefahren zu werden – viele Fahrer versuchen mit Tricks (Hotel kostet das Doppelte, gibt es nicht mehr etc ...), Neuankömmlinge dorthin zu bringen, wo sie Provision kassieren.

- **Bus.** Bus 152, der unmittelbar vor dem Terminal hält, fährt alle 15 Min. über den Ben-Thanh-Markt direkt bis zum Hotelviertel Pham Ngu Lao. 3000 đ, Gepäck kostet extra.

Geld

- **ATM-Schalter** (Bankautomaten) mit 24-Std.-Service (Visa, VisaPlus, Mastercard, Maestro = Cirrus) sind seit 2003 ein gewohntes Bild in der Stadt. Bevorzugt ATMs der *Vietcombank* oder einer der drei ausländischen Banken (s.u.) wählen.
- **Sacombank.** 211–213 Pham Ngu Lao, Mo–Fr 7.30–11.30, 13–16.30 Uhr. ATM. Wechsel von TC und Banknoten fast aller Währungen (auch Baht, Rupien usf.).
- **Eximbank.** 135 Dong Khoi. Sehr günstige Wechselstube, tgl. 7–22 Uhr.
- **ANZ-Bank,** 2 Ngo Duc Ke (Me Linh Square).
- **Hongkong Shanghai Bank,** 235 Dong Khoi.
- **Citibank,** 115 Nguyen Hue.
- Mit einem Repräsentationsbüro vertreten ist die **Deutsche Bank,** 65 Le Loi (14. Stock), Mo–Fr 8.30–16.45 Uhr.

Tourist Info

- **TIC.** Zur Zeit der Drucklegung ohne Büro. www.ticvietnam.com.

Gesundheit

- **Family Medical Practice.** Empfehlenswerte israelische 24-Std.-Privatklinik. Diamond Plaza, 34 Le Duan. Tel. 38227848. Auch Zahnklinik, www.vietnammedicalpractice.com.
- **Victoria Healthcare Clinic.** Kleine Privatklinik, z.T. deutlich preisgünstiger als andere. 79 Dien Bien Phu, Tel. 39104545, www.victoriavn.com.
- **Hospital of Traditional Medicine.** 197 Nam Ky Khoi Nghia, Tel. 39326579.
- **Apotheke.** 197–199 Dong Khoi, Tel. 3829 0577. *Drugs Center Ngoc Chau*, 335A Nam Ky Khoi Nghia, Tel. 38469108.
- **Massage.** Sehr zu empfehlen ist die traditionelle **Blindenmassage** (mit AC 50-, mit Fan 40.000 đ die Stunde). Viele begeisterte Leserbriefe! 185 Cong Quynh (nahe PNL), Tel. 38596697.

Saigon

●**Spa.** Gut ist u.a. **L'Apothiquaire,** 63 Le Thanh Ton, Tel. 38221218, www.lapothiquaire.com.

Post und Telekommunikation

●**Hauptpost.** Das stilvoll restaurierte Gebäude mit seinen Jugendstil-Lampen und Decken-Ventilatoren – und dem überlebensgroßen Ho Chi Minh – entstand zwischen 1886 und 1891 und lohnt unbedingt einen Besuch. Auch **Wechselbüro** sowie Schalter der **Paketdienste** *Fedex* und *DHL.* Am Ende der Dong Khoi, rechter Hand der Kathedrale auf dem Platz der Pariser Kommune (2 Cong Xa Pari). Tgl. 6.30–22 Uhr.
●**Postamt Bezirk 1.** Saigon Center, 65 Le Loi, nahe Ben-Thanh-Markt.

Kulturinstitute

●**Goethe-Institut.** Filiale der Hanoier Zentrale mit interessanten Veranstaltungen. 335/4 Dien Bien Phu. Tel. 38326716, www.goethe.de/vietnam.
●**IDECAF** (Institut d'échanges cultures avec la France). Französischer Kulturaustausch mit Bibliothek und vielbeachteten Kinovorführungen (auch deutsch!). 31 Thai Van Lung. Tel. 38295451, www.consulfrance-hcm.org.

Diplomatische Vertretungen

●**Deutschland:** Das deutsche Generalkonsulat wurde im Sommer 1991 in Betrieb genommen. Tel. 38291967. 126 Nguyen Dinh Chieu. www.ho-chi-minh-stadt.diplo.de.
●**China:** 39 Nguyen Thi Minh Khai, Tel. 38292457.
●**Indonesien:** 18 Phung Khac Khoan, Tel. 38251888.
●**Kambodscha:** 41 Phung Khac Khoan, Tel. 38292751.
●**Laos:** 93 Pasteur, Tel. 38297667.
●**Malaysia:** 2 Ngo Duc Ke, Tel. 38299023.
●**Niederlande:** 29 Le Duan, Tel. 38235932.
●**Schweiz:** 124 Dien Bien Phu, Tel. 38205402.
●**Singapur:** 65 Le Loi, Tel. 38225173.
●**Thailand:** 77 Tran Quoc Thao, Tel. 39327637.

Polizei

●**Notruf 113.** Tel. 38387255 ist eine rund um die Uhr besetzte Not- und Infonummer der Saigoner Polizei (auch im Falle von Beschwerden und Schwierigkeiten mit der Polizei selbst!).

Visa

●In allen Visa-Angelegenheiten wende man sich an die von uns genannten Reiseagenturen.

Reiseagenturen und Tourveranstalter

Es muss davor **gewarnt** werden, beim erstbesten Anbieter (geschweige denn in Hotels!) Flüge, Touren und dergl. zu buchen! Selbst bei gleichen Preisen sind die Unterschiede in punkto Leistungsumfang, Service und Zuverlässigkeit gewaltig. Zumal *Agenturen* (die Touren nur vermitteln, aber nicht selber durchführen) berechnen Aufschläge und reduzieren gleichzeitig die Leistungen.

Citytouren und **Tagesausflüge** nach **Cu Chi** und/oder **Tay Ninh** (ab 5 $) sowie ins **Mekong-Delta** (ab 10 $) werden von zahllosen Veranstaltern angeboten. Wichtig: Preise vergleichen, Kleingedrucktes studieren.

Mehrtägige Touren ins **Delta,** zum **Cat-Tien-Nationalpark** oder nach **Phu Quoc** schließen gewöhnlich Unterkunft und (teilweise) Verpflegung ein. Hier differieren die Leistungen der Veranstalter naturgemäß besonders kräftig (Qualität der Unterkünfte, Mahlzeiten usf.).

Preise richten sich generell nach der Teilnehmerzahl; entweder man trägt sich in Wartelisten ein oder sucht selber Gleichgesinnte (zu zweit sind die Kosten oft nahezu so hoch wie für 4 oder 5).

●**Delta Adventure Tours** Der beste und zuverlässigste Veranstalter für Pauschaltouren. Kompetent, innovativ, z.B. Cu Chi per Boot oder Homestay im Delta, überhaupt wird mehr als bei allen anderen Boot gefahren. Außerdem: Busse und Boote nach Kambodscha, Bikes, Mietwagen, Privattouren, Hotel- und Visa-Service etc. Verantwortlich ist Mrs. *Kim*. 267 De Tham, Tel. 39202112, mobil: 0903.977976, www.deltaadventuretours.com.

● **Kim Travel.** Ein Ableger von *Delta Adventure*. Individuellere Touren für anspruchsvollere Kunden. 189 De Tham, Tel. 39205552, www.kimtravel.com.

● **SinhBalo Adventures.** *Sinh*, einer der besten und erfahrensten Guides Vietnams (Gründer von *Sinh Café)* bietet neben Fahrrad-Touren durchs Delta und Zentrale Hochland alle *gängigen* Exkursionen an. Etwas teurer, aber individueller, authentischer. Unbedingt empfehlenswert. 283/ 20 Pham Ngu Lao, Tel. 38376765, mobil: 0913. 922669, www.sinhbalo.com.

● **SinhTourist.** Der Branchenriese im Billigsegment; viel Erfahrung, aber auch viel *Routine* sind garantiert. 246 De Tham, Tel. 38367338, www.thesinhtourist.vn.

● Auch wenn nur bedingt auf Publikumsverkehr eingestellt, können u.U. folgende Veranstalter helfen, die normalerweise auf Vorausbuchungen eingestellt sind.

● **Terraverde.** Sehr zuverlässig, propagiert verantwortliches Reisen; nicht nur der Chef, Herr *Anh*, sondern auch viele seiner Guides sprechen deutsch. 91/10 Tran Quoc Hoan, Tel. 39484754, www.terraverdetravel.com.

● **Exotissimo.** Seit 1993 einziger rein ausländisch geführter Veranstalter in Vietnam. Absolut professionell. 20 Hai Ba Trung, Tel. 38272911, www.exotissimo.com.

● **Handspan.** Filiale des Hanoier Luxusanbieters für Aktivreisen. 18A Nam Quoc Cang, Tel. 39257605, www.handspan.com.

● **Guide.** *Ralf Dittko* lebt seit Mitte der 1990er Jahre in Saigon und kennt die Stadt wie seine Westentasche. Anfragen an mobil: 0903.770953, dittko@hanoikultour.com.

Open Tour

Für rund 30 $ – der Preis ist saisonabhängig! – kann man sich mit dem Bus durch halb Vietnam (Saigon–Hanoi) kutschieren lassen. Kein Wunder, dass die Geschäftsidee erfolgreich ist – aber auch Trittbrettfahrer anlockt. Open-Tour-Erfinder **SinhTourist** hat das größte Know-How und die besten Busse. Die meisten anderen Veranstalter sind finanziell und organisatorisch überfordert, die Tour in Eigenregie zu bestreiten, sodass sie die Strecken oft untereinander aufteilen. Nachteil: Man weiß nie, mit wem man fährt, keiner

trägt die Verantwortung. Auch SinhTourist baut Mist, ist aber alles in allem zwischen Saigon und Hue allemal die beste Lösung. Siehe *Verkehrsmittel, Open Tours.*

● **SinhTourist.** 246 De Tham, Tel. 38366833, www.thesinhtourist.vn.

● **Hanh Café.** 221 Pham Ngu Lao, Tel. 9205679.

Rein technisch gesehen keine „Open Tours", aber u.U. sogar empfehlenswerter:

● **Phuong Trang.** Das sehr zuverlässige Busunternehmen fährt tgl. 9x Dalat, 4x Nha Trang, 3x Danang, je 2x Mui Ne, Can Tho. 272 De Tham, Tel. 38375570, www.phuong trangdalat.com.

● **Mai Linh.** Wie bei den Taxis gibt es nichts Effizienteres in Vietnam. Speziell für Fahrten ins Zentrale Hochland, nach Kambodscha und zu „ausgefallenen" Zielen wie Qui Nhon. Oder einfach wenn man die Open Tours gründlich satt hat. Tel. 39292929, Büros 201 PNL und 64 Hai Ba Trung (an der Oper).

Stadtverkehr

Stadtbus

Stadtpläne mit Busrouten gibt es beispielsweise in der Pham Ngu Lao. Im Zentrum starten die meisten Busse vom Ben-Thanh-Markt aus, ihre Route ist an der Frontscheibe angezeigt. Die Busse fahren alle 10–20 Minuten von 4.30 bis gegen 19 Uhr, der Fahrpreis wird im Bus entrichtet. Eine normale Strecke kostet 3000 đ, zu den Busbahnhöfen in der Peripherie bis zu 5000 đ.

● **Cholon.** Vom Me-Linh-Sqaure über Le Loi – Ben-Thanh-Markt – Tran Hung Dao – Chau Van Liem zum Binh-Tay-Markt.

● **Cholon.** Von der Ham Nghi gegenüber dem Zentralmarkt fährt ein Bus mit anderer Route (d.h. nicht über die Tran Hung Dao), aber gleicher Endstation.

● **Ben Xe Mien Dong.** Vom Ben-Thanh-Markt zum Busbahnhof Mien Dong (nördl. Richtung).

● **Ben Xe Mien Tay.** Vom Ben-Thanh-Markt über Cholon zum Busbahnhof Mien Tay (Richtung Mekong-Delta).

Saigon

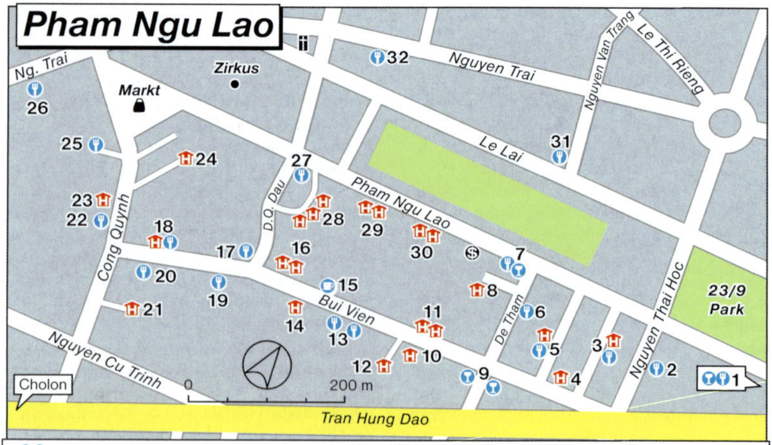

Pham Ngu Lao

	1	17 Saloon		12	Quan San + Nhat Dao		24	Madame Cuc 184
	2	Bao		13	Pepperonis, Stella		25	Dinh Y
	3	Le Pub + Lac Vien		14	N & N		26	Banh Xeo
	4	An An		15	Sozo			Muoi Xiem
	5	Happy Inn + Zen		16	Happy Inn 2 +Viet Nghi		27	Pho Quynh
	6	Kim Café		17	Santa Café		28	283 PNL
	7	Allez Boo		18	Hong Han + Mumtaz		29	An Phuong 2,
	8	Yellow House		19	Coriander			Vien Dong
	9	Go2 + Crazy Buffalo		20	Lac Thien		30	Elios, Liberty 4
	10	Yellow House 2		21	Saigon Mini 1		31	Quan Com So 7
	11	Madame Cuc 64 +		22	Cuu Long		32	Wrap & Roll
		Beautiful Saigon		23	Madame Cuc 127			

● **Bus 152** befährt die „Hotelroute" zwischen Flughafen (Start und Ziel direkt vor dem Terminal) und Pham Ngu Lao. 3000 d.

Cyclo und Xe Om

● **Cyclos,** nach einem Beschluss der Stadtverwaltung seit 1996 im Aussterben begriffen, fahren nur mehr für Touristen. Geeignet für Spazierfahrten außerhalb der Rush Hour, Preis pro Stunde rund 30.000 d; verlangt wird natürlich deutlich mehr. Achtung: Viele Straßen sind für Cyclos gesperrt.

● **Xe Om** *(ssä om)*. An die Stelle der Cyclos sind die wesentlich schnelleren und billigeren Motorradtaxis getreten, deren Fahrer an allen Straßenecken auf Kundschaft warten (Kurzstrecke ca. 20.000 d).

Fahrrad und Motorrad

● **Fahrräder** *(xe dap)* sind wegen des mörderischen Verkehrs in der Stadt kaum noch gefragt. Die gängige Tagesmiete bewegt sich zwischen 15- und 30.000 d.

● Tourenräder und Mountainbikes (made in Vietnam oder China) kann man ab etwa 100 $ kaufen – ob sie für längere Touren geeignet sind, sei dahingestellt.

● **Motorräder.** 70- oder 100cc Hondas werden um 5–8 $, russische Minsks (125cc) um 6–8 $ pro Tag gehandelt. Verleihstellen auf der Pham Ngu Lao (z.B. 18, 201). Sehr schön das von Ausländern betriebene **Saigon Scooter Centre** mit Showroom und „Museum", Tel. 38487816, www.saigonscootercentre.com.

Taxi

● **Taxis** sind günstig und können auch telefonisch bestellt werden. Die Tarife der über 2 Dutzend Unternehmen unterscheiden sich letztlich kaum voneinander, der Durchschnittspreis beträgt 15.000 d für 1½ km. Kleine Fahrzeuge (z.B. von *Mai Linh*) sind billiger als große. Für Strecken außerhalb der Stadt werden normalerweise Pauschalen ausgehandelt.

● **Vina,** Tel. 3811111.

● **Mai Linh,** Tel. 38383838 oder 39620620.

Unterkunft

● Die Liste beschränkt sich auf Unterkünfte im **Zentrum.** Zimmer ab etwa 100 $ bucht man deutlich günstiger im Internet oder über Reiseveranstalter.

● An der **Pham Ngu Lao** unweit des Ben-Thanh-Marktes gibt es eine rege Traveller-Szene, die nicht von ungefähr an die Khao San Road in Bangkok erinnert. Die Preise sind etwa gleich, die Qualität der Unterkünfte ist aber deutlich besser.

Luxus/First Class

● **Park Hyatt.** Das Nonplusultra Saigons – ausnahmsweise mal *kein* Highrise – zwischen avancierter Postmoderne und kongenialen – antiken – Viet-Elementen und Accessoires. 2 Restos mit offenen Show-Küchen, Pool, Spa und Health-Club im 3. Stock. Genial geschnittene „Kolonial"zimmer mit Deckenventilatoren und Fenstern, die sich *öffnen* lassen (zum Hof mit Pool ruhiger). 252 Zimmer (bis auf 30 alle „Standard") ab 220 $ ++ inkl. BF. 2 Lam Son Square, Tel. 38241234, www.saigon.park.hyatt.com.

● **Caravelle.** Während des Vietnamkriegs war das Mitte der 1950er Jahre entstandene Caravelle berühmt für seine rauschenden Dachgartenpartys. Der von 10 auf 24 Stockwerke gestreckte Neubau im Herzen Saigons (1998) war lange die Nummer 1 der Stadt. Pool und Health Club im 7., die nostalgisch-schöne *Saigon Bar* im 10. Stock. 335 Zimmer/Suiten ab 195 $ ++. 19 Lam Son Square, Tel. 38234999, www.caravellehotel. com.

● **New World.** Funktionelles Business-Hotel im Hongkong-Stil, mit 538 Zimmern das größte der Stadt. Weiträumige Pool-Landschaft mit Health-Club und Jogging-Pfad (!) im 2. Stock, 3 Restos, sachlich-nüchternes Komfortklima. Ab 159 $ ++. 76 Le Lai, Tel. 38228888, www.newworldhotels.com.

● **Windsor Plaza.** Gigant in Cholon mit dem umfangreichsten Gesamtpaket der Stadt: riesige Shopping Mall, drei Restos, Diskothek, Pool & Gym im 24. Stock; 10–21 Uhr stdl. Shuttle Bus von/nach Saigon (ca. 20 Min.). 405 Zimmer ab 72 $ ++ (bei Rack Rate von 200 $). 18 An Duong Vuong, Tel. 38336688, www.windsorplazahotel.com.

● **Renaissance Riverside.** 1999 eingeweihter Highrise mit spektakulären Riverviews (auch vom Pool im 21. Stock aus zu genießen). Teilweise hellhörig, sehr guter Service. 349 Zimmer ab 144 $ ++, mit Flussblick 153 $ ++. 8–15 Ton Duc Thang, Tel. 38220033, www. renaissance-saigon.com.

First Class/Tourist

● **Rex.** Das sechsstöckige ehemalige Hauptquartier des *US Information Service* wurde erst 1985 in ein Hotel umgewandelt und gilt seitdem als eines der profitabelsten Vietnams. Das Flaggschiff von Saigon Tourist wurde bereits mehrfach erweitert, zuletzt 2009 mit neuem Pool. Berühmt ist der Dachgarten mit schönem Ausblick. Korrekter Service, Gäste aus aller Welt. 286 Zimmer ab 115 $ ++ inkl. BF. 141 Nguyen Hue, Tel. 38292185-6, www.rexhotelvietnam.com.

● **Majestic.** Das schöne Traditionshotel (1925) am Saigon-Fluss, seit Mitte der 1990er Jahre mehrfach saniert, bietet stilgerechte Räume mit Flusspanoramen oder insgesamt ruhigere, zum Innenhof mit kleinem Pool gelegene Zimmer. Allerdings gibt es auch sehr verbaute und welche ganz ohne Fenster! Alles in allem aber ein charmantes Hotel mit viel Flair (inkl. Dachgarten-Café 10–24 Uhr), und auch der Service ist verbessert. 175 Zimmer ab 160 $ ++ inkl. BF (die Mehrzahl der Gäste zahlt um die 70 $). 1 Dong Khoi, Tel. 38295514, www.majestic saigon.com.vn.

● **Continental.** Das älteste und berühmteste Hotel Saigons (1885), jahrzehntelang Treffpunkt der Zelebritäten von Somerset Maugham bis Graham Greene, bietet 80 geräumige, aber etwas antiquierte Zimmer (Betten und Bäder zumindest sind neueren Datums). Im Raum steht eine Luxussanierung, bis dahin ab 112 $ ++ inkl. BF. 132–34 Dong Khoi, Tel. 38299201, www.continentalvietnam.com.

● **Duxton.** Ein „Boutique-Hotel" mit 200 Zimmern ist ein Widerspruch in sich, trotzdem keine schlechte Wahl. Ordentlicher Service, Health Club, kleiner Pool, etwas ungemütlicher Frühstücksraum. 203 Zimmer ab 120 $ ++ inkl. BF. 63 Nguyen Hue, Tel. 38222999, www.duxtonhotels.com/saigon.

Economy/Zentrum

● **A & Em.** Kleine, expandierende Hotelkette, die zu Recht für ihre schicken, pfiffigen Lösungen und die verblüffend preisvollen Preise bekannt ist. Von den bislang 6 Häusern (Mitte 2010) sind vor allem 3 sehr empfehlenswert: **132 Ly Tu Trong** mit 58 Zimmern, alle mit großen Fenstern, hellen Holzböden, guten Bädern, LCD-TV und PC; Standard mit Dusche 35, mit Wanne 40 $ + inkl. BF, größere Größen 45, 50, 55, 60, Triple 70 $; Tel. 38233329. **39 Thu Khoa Huan,** mit 80 Zimmern das größte Haus, alle mit Fenster, Wanne, PC; 40–65 $+ inkl. BF, Tel. 3823 9292. **8A/1D2 Thai Van Lung** im Nachtclub-Viertel, das erste Haus (2007), mit 60 Zimmern 40–60, Suite 75 $ + inkl. BF; Tel. 3844 2292, www.a-emhotels.com.

● **Catina.** Neu 2009. Für den hohen Anspruch nur eingeschränkt gelungen. 43 eher kleine, wenn auch bestens ausgestattete Zimmer, von denen allerdings nur 10 Deluxe-DZ sowie 2 Suiten Außenfenster haben. Mit Resto und Weinbar. DZ ab 104 $ ++ inkl. BF. 109 Dong Khoi, Tel. 38296296, www.hotelcatina.com.vn.

● **Northern.** Neu 2009. Etwas nüchtern, aber professionell. 99 Zimmer, alle mit großen Fenstern, eine Seltenheit in Saigon, DZ ab 79 $++ inkl. BF; sehr gut die großen Eckzimmer 709, 809, 909 für 89 $++. 11A Thi Sach, Tel. 38251751, www.northernhotel.com.vn.

● **Sanouva.** Neu 2009. Ansprechendes Haus mit gutem Service. 53 Zimmer ab 59 $ ++ (klein, aber oho, mit 2 schmalen Fenstern und guten Bädern) inkl. BF. 175 Ly Tu Trong, Tel. 38275275, www.sanouvahotel.com.

● **New.** Freundliches Mini mit Lift und 16 Zimmern 30, 40, 45 $ inkl. BF; exzellent die Zimmer nach hinten für 45 $ (groß, ruhig, mehrere Fenster, gute Bäder). 14 Ho Huan Nghiep (off Dong Khoi), Tel. 38231343, www.newhotel.vn.

● **May.** Sehr gut und effektiv, mit Resto, Bar, Pool (12. Stock). 117 Zimmer, die Mehrzahl davon mit Balkon, 80, 90, 100, Suite 130 $ ++ inkl. BF. 28 Thi Sach, Tel. 38234501, www.mayhotel.com.vn.

● **Kim Long.** Klein, intim, 17 Zimmer ab 28 $ inkl. BF. Zu empfehlen sind die Zimmer nach hinten (ruhig, geräumig, 38 $) und vorne (45 $). 58 Mac Thi Buoi, Tel. 38228558, kim longhotel@hcm.vnn.vn.

● **Medal.** Nicht auf dem allerneuesten Stand, aber seit Jahren bewährt und gut. 45 Zimmer 40, 45 $ inkl. BF. 8A6/D2 Thai Van Lung, Tel. 38238764, www.medalhotel.com.

● **King Star.** Frisch renoviert, eine gute Alternative. 28 Zimmer 40 (ohne Fenster), 45 (kl. Fenster), große Fenster ab 50 $ inkl. BF. 8A/4D Thai Van Lung, Tel. 38226424, www.kingstarhotel.com.

● **Tao Dan.** Aufgemöbeltes staatliches Hotel mit Lift, einfach, aber sauber, ruhig und gut gelegen (nur der Service schnarcht noch immer). 93 Zimmer, EZ 29, DZ 31 $, Triple 34 $ inkl. BF. 35A Nguyen Trung Truc, Tel. 3829 1177, www.taodan.gov.vn.

● **Nga Quan.** Ruhig und für die Lage top („City-Absteige"). 10 Zimmer, EZ 20, DZ 25 $. 10/1 Ho Huan Nghiep, Tel. 38242471, Fax 39202947.

Economy/Pham Ngu Lao

● **Liberty 4.** Eines von drei Hochhaushotels aus der US-Ära der PNL, vor einigen Jahren umfassend renoviert. 75 Zimmer, 63, 73, 83 $ ++ inkl. BF. 265 PNL, Tel. 38364556, www.libertyhotels.com.vn.

● **Vien Dong.** Frisch herausgeputzt, aber relativ leblos, steril; viele Zimmer mit Hoffenster. 100 Zimmer 55–65, Suite 90 $ inkl. BF. 275A PNL, Tel. 38368941, www.viendong hotel.benthanhtourist.com.vn.

● **Elios.** Hell, ansprechend möbliert, gut ausgestattet, mit ausgezeichneten Bädern, 2

Saigon

16dw Foto: kb

Lifts, Frühstück im Panorama-Resto im 12. Stock. Andererseits: Viele Standardzimmer nur mit Innen- oder Schießscharten-Fenstern. 90 Zimmer 58, 66, 76 $, Suite 107 $ inkl. BF. 231 PNL, Tel. 38385585, www.elioshotel.vn.

●**An An.** Ein alter Bekannter, aber stets vorbildlich in Schuss. 11 stöckiger Bau mit Lift und 22 hellen, geräumigen, gut ausgestatteten Zimmern 40 und 50 $ (auch als Triple nutzbar). Kein BF. 40 Bui Vien, Tel. 3837 8087, www.ananhotel.vn.

●**Lac Vien.** Relativ ruhiges „Business"-Hotel mit Lift, Resto und 26 Zimmern 32, 36, 40 $. 28/12 Bui Vien (Gasse), Tel. 39204899, www.lacvienhotel.com.

●**Saigon Mini 1.** Neu. Kleiner Chic in einer ruhigen Gasse etwas abseits vom Getriebe; 15 Zimmer, 35 $ (1 Bett), 38 $ (2 Betten) inkl. BF. 102/1A Cong Quynh, Tel. 3836 1008, www.saigonminihotel.com.

●**Beautiful Saigon.** Neu. Modern, sauber, effizient. 22 Zimmer 30, 40, 55 (4 Pers.) $ inkl. BF. 62 Bui Vien, Tel. 38364852, www. beautifulsaigonhotel.com.

Budget

Die einstige Bahnhofsstraße und Amüsiermeile der GIs **Pham Ngu Lao** war eine gottverlassene Gegend, ehe sich Anfang der 1990er Jahre eine turbulente **Travellerszene** etablierte. So manche, die der ewige Small Talk bei Tiger Beer und Banana Pancake und die permanente Anmache der Cyclofahrer, fliegenden Händler und hilfreichen Kids nervt, beginnen dieses Ghetto schon wieder zu fliehen, andere suchen es, und aus genau den gleichen Gründen.

„Luxusausstattung" mit AC, Sat-TV, Warmwasser, Telefon, Minibar und freiem Internetzugang sind Standard. Angesichts der schier unüberschaubaren Masse (nahezu jedes Haus ein Minihotel oder Rooms for Rent) wählen Kenner inzwischen wie bei Spitzenweinen nach **Lage.**

Französische Reminiszensen in Saigon

● **Pham Ngu Lao** und **De Tham.** Laut, turbulent, geschäftig, mit Bars, Shops, Restos, allen Tourcafés und hohem Verkehrsaufkommen.

● **Bui Vien** und **Cong Quynh.** Nur wenig leiser, aber dafür mit einigen ausgesuchten Spitzengewächsen.

● **175 PNL** und **185 PNL** (ab Mitte der Straße **40 Bui Vien**). **Verbindungsgassen** zwischen Pham Ngu Lao und Bui Vien, vergleichsweise ruhig und ohne viel Verkehrslärm. Deutlich am ruhigsten ist aber **283 PNL** (s.u.).

Wo im übrigen äußerlich fast alles gleich ist, entscheidet der **„innere Kern"**, der sich nicht auf den ersten Blick erschließt: Freundlichkeit, Hilfsbereitschaft, Service und Familienanschluss statt Business as usual (im Sinne von was schert uns der Gast von heute, irgendwelche Trottel finden sich immer).

● **Madame Cuc 127.** In punkto Herzlichkeit, Hilfsbereitschaft und Zuverlässigkeit unübertroffen (oder besser: unübertreffbar) – zählt schon seit Jahren zu unseren Favoriten.

Säfte, Früchte, Tee und Kaffee sind ebenso selbstverständlich im Preis inbegriffen wie einfache Mahlzeiten (!), gute Ratschläge und kompetente Tourberatung. Man fühlt sich wie in einer großen Familie aufgehoben, schreiben zahlreiche Leser, und das können wir nur bestätigen. 20 Zimmer 25 $ (Doppelbett) oder 30 $ (zwei Betten). 127 Cong Quynh, Tel. 38375928, mobil: 0903.906250. Wer es etwas ruhiger mag, geht ins **MC 184** schräg gegenüber (22 Zimmer 15, 20, 25 $; Tel. 38361679), wer etwas näher am „Geschehen" sein will, ins **MC 64,** 64 Bui Vien (24 Zimmer 15, 20, 25 $). www.madamcuchotels.com.

● **N&N.** Neu 2010. Alles etwas eng, aber sonst bestens ausgestattet. 14 Zimmer, 25 $ zum Luftschacht, recht klein, aber selbst hier mit Duschkabine, 28 $ nach hinten, ruhig, 30 $ mit großem Fenster nach vorn. 99 Bui Vien, Tel. 73044388, www.nn99hotel.com.

● **Viet Nghi.** Neu. Hell, freundlich, gute Bäder (Duschen), Lift. 21 Zimmer 22 (ohne Fenster, aber gut ausgestattet), 27, 30 $ (geräumig, extrem große Fenster). 198 Bui Vien, Tel. 38368009, www.vietnghihotel.com.

Auf dem Binh Tay Markt

● **Happy Inn 2.** Neu. Etwas kahl und nüchtern, aber sauber, funktional, effektiv, mit Lift. 19 Zimmer 20, 22, 25 (Balkon) $. 178 Bui Vien, Tel. 38369749, www.happy-inn.net.

● **Nhat Thao.** Clou: Hübscher kleiner Innenhof zum Frühstücken, Lesen, Ruhen; in einer kleinen Gasse, daher ruhiger als normal. 14 Zimmer, 18 ohne, 20 $ mit Fenster inkl. BF. 35/4 Bui Vien, Tel. 38368117, nhatthaohotel@yahoo.com.

● **Quan San.** In der gleichen Gasse; sehr sauber, ruhig. 14 Zimmer 18, 20 (Twin), 22–25 $ (Triple). 35/10 Bui Vien, Tel. 38364745, quansan_guesthouse@yahoo.com.

● **Hong Han.** Seriöses kleines Mini (allerdings ohne Lift) mit 9 Zimmern 22, 27 $ (Triple) inkl. BF. 238 Bui Vien, Tel. 38361927, www.honghan.netfirms.com.

● **Anh Phuong 2.** Neu. 15 Zimmer 20, 25, 30 $. Nur 2 Zimmer pro Etage, d.h. überall Fenster; die zu 30 $ sind riesig, mit Balkon und können 4 Leute beherbergen. 295 PNL, Tel. 38368248, hotelanhphuong2@yahoo.com.

● **Happy Inn.** Kleine, modern möblierte Zimmer mit guten Bädern (Duschkabinen). 9 Zimmer, alle mit Fenstern, 14, 15, 20 $ (kl. Balkon). Freundlich. 40/13 Bui Vien, Tel. 38369048, happyinn@hcm.vnn.vn.

● **Nga Hoang** (Yellow House). Sehr simpel, aber ruhig, freundlich, engagiert; man spricht Deutsch. 19 Zimmer, EZ 17 $, DZ 14–18 $ inkl. BF. 269/19 De Tham (Gasse), Tel. 3920 3356. Neuer, funktioneller, aber nicht ganz so „gemütlich" ist **Yellow House 2,** 15 Zimmer 15–17 $ inkl. BF; Clou: ein kleines **Mixed Dorm** mit 7 Betten à 7 $ inkl. BF; 31 Bui Vien, Tel. 38368829, www.ngahoanghotel.com.

● **283 Pham Ngu Lao.** Eine ganze Gasse als Empfehlung! Kurz, eng und sehr ruhig, da es weder Durchgangsverkehr, Restos, Cafés oder Shops gibt. Zugänge sind auf der Pham Ngu Lao und der Do Quang Dau. Nahezu alle Guesthouses hier sind freundlich, intim, sauber und eine Empfehlung wert – und servieren im Preis inbegriffen ein kleines Frühstück, eine Rarität im Viertel!

● **Ngoc Minh.** Hell und gefällig eingerichtet: eine gute Wahl. 20 Zimmer 17 $ (mit Fenster und separater Dusche), 20, 22 (groß und mit Balkon) inkl. BF. 283/11 PNL, Tel. 38376407, ngocminh.hcm@gmail.com.

● **Giang Son.** Sehr hilfsbereit, vieles ist kostenlos, kleine Dachterrasse. 14 Zimmer 16 $ (ohne Fenster), 20, 25 $ inkl. BF. 283/14 PNL, Tel. 38377547, www.giangson.netfirms.com.

● **Lin Phuong.** 7 Zimmer 17, 20 $ inkl. BF. Sauber, okay, der Besitzer ist Arzt. 283/29 PNL, Tel. 38377709, linphuonghotelvn@yahoo.com.

● **Blue River.** Solide, sehr freundlich, über dem Durchschnitt. 14 Zimmer 22, 25, 30 $ inkl. BF. 283/2C PNL. Tel. 38376483, www.blueriverhotel.com.

● **Ngoc Linh.** Bäder etwas mickrig, aber sonst sehr okay. 14 Zimmer 14 (Innenfenster), 16, 20 $ inkl. BF. PNL 283/21, Tel. 3837 5159, www.ngoclinhhotel.com.

● **Nguyen Khang.** Guter Standard, Nichtraucherhaus. 13 Zimmer 18, 22, 25 $ inkl. BF. PNL 283/25, Tel. 38373566, nguyenkhanghotel@yahoo.com.vn.

Essen und Trinken

Die Auswahl an Restaurants, Garküchen und Essständen ist unerschöpflich. Neben der vietnamesischen haben die französische und chinesische – und in Maßen noch indische – Küche eine Tradition, alles andere ist in den letzten Jahren neu in die Stadt gekommen. Die so genannten Chic-Restaurants Saigons sind dabei – anders als in Hanoi – nur sehr bedingt zu empfehlen; renommierte Etablissements wie **Mandarin, Hoi An** oder **Au Manoir de Khai** leben allenfalls von Dekor und Atmosphäre, aber gewiss nicht von ihrer – obendrein heillos überteuerten – Küche.

Vietnam light

● **Quan An Ngon.** Großes, hübsches In-Lokal in und rund um eine alte französische Villa, lebhaft bis chic und überraschend preisgünstig, da großteils von Einheimischen frequentiert. Unter den Arkaden bunte „Straßenstände" und „Garküchen", an denen man typische Gerichte bestellen und auch gleich bei ihrer Zubereitung zusehen kann; sehr vergnüglich und empfehlenswert (*ngon* heißt nicht umsonst *lecker!*). 60 Pasteur.

Saigon

●**Temple Club.** Eine Oase der Ruhe und Entspannung. Resto, Bar und Lounge im 1. Stock eines ehemaligen indischen Tempels mit rustikalen Ziegelwänden, Antiquitäten, urgemütlichen Sofas und Clubsesseln. Ein guter Tipp eher für Lounge Lizards als für ausgesprochene Gourmets, denn sowohl die vietnamesischen wie die westlichen Gerichte sind gut, aber alles andere als perfekt. 10 % Service. 29 Ton That Thiep, Tel. 38299244.

●**Ngoc Suong.** Das meistbesuchte Lokal des Seafood-Imperiums. Frischer wird man Fische, Krebse, Muscheln und anderes Meeresgetier kaum bekommen. Es ist hektisch, chaotisch und laut, zu Zeiten spielt eine Kapelle auf. 19C Le Quy Don.

●**Marina.** Das neue Flaggschiff von *Ngoc Suong* (s.o.) gleich um die Ecke wirkt deutlich schlichter und eleganter zugleich; mit schöner Open-Air-Terrasse und ohne aufdringliche Musik. 172 Nguyen Dinh Chieu.

●**Song Ngu.** Erstklassiges Seafood-Resto in angenehm unverkrampftem Ambiente. Am Abend traditionelle Live Musik. Gehobene, aber keine unverschämten Preise. 70 Suong Nguyet Anh, Tel. 38325017.

●**Ashima.** Ein Muss für Pilz-Liebhaber (21 Sorten), serviert im Feuertopf mit Brühe und Beilagen nach Wahl (die Preise sind für 4 Pers.). Me Linh Square, Tel. 38238799. Auch 35A Nguyen Dinh Chien, Tel. 38241966.

●**Tib.** Renommierte Hue-Küche ohne die meist dazugehörige dekorative Verballhornung. 187 Hai Ba Trung. Die Familie von *Trinh Cong Son*, dem 2001 verstorbenen „Bob Dylan Vietnams", betreibt auch das vegetarische **Tib Chay,** 11 Tran Nhat Duat.

●**Quan An.** Ordentliche Küche in nettem Ambiente (ruhiger Hof); an der Dong Khoi zahlt man sonst mindestens das Doppelte, isst aber nur halb so gut. 71/5 Mac Thi Buoi. Sehr zu empfehlen ist in dieser Hinsicht auch das **Hoang Yen,** 7 Ngo Duc Ke.

●**Hoa Tuc.** Zum Ausgehen, nicht zum Essen. Was aber für alle schnieken Etablissements (*Refinery, Vasco's* etc.) im Hof der ehemaligen französischen Opiumfabrik *(Legal? Aber ja, und wie! Die Kolonie verdiente sich dumm & dämlich dran!)* gilt. Die Atmosphäre ist Klasse, die Preise gesalzen, aber die Qualität der Küche hält sich in Grenzen. 74 Hai Ba Trung.

●**Quan Nuong.** Vergnügliches BBQ auf dem Dach eines alten indischen Tempels (17–23 Uhr). Und danach auf einen Digestiv oder Espresso in den *Temple Club* (s.o.). 29 Ton That Thiep.

Zum Entdecken

Nicht nur die vielen schönen Biergärten, praktisch die einfachen, aber guten, preisgünstigen Lokale sind aufgrund der wahnwitzigen Grundstückspreise nach und nach aus dem Zentrum verschwunden. Es gibt sie noch, aber etwas weiter draußen.

●**Hai Lua.** Wunderbar kitschiges Open-Air-Resto der neureichen Bourgeoisie (nicht Oberklasse!); reichhaltige Speisekarte mit vielerlei Spezialitäten, auf denen jeder etwas finden kann. Nicht billig, aber keinesfalls überteuert. 10 Ngo Van Nam.

●**Nam Bo.** Riesig, turbulent, fröhlich, jeden Abend brechend voll, hervorragendes Essen, guter Service und deutlich preiswerter als etwa an der PNL (auch das Bier; da lohnt sich selbst ein Taxi für ca. 25.000 đ). Immense Auswahl an Klassikern, Grillgerichten, Seafood wie auch eher Abseitigem, zu den Spezialitäten zählt *hoa sua*, Milchferkel vom Grill. 283/C14 5 Cach Mang Thang Tam.

●**Cay Tre.** Kleines, preisgünstiges Gartenlokal wie sich's gehört, mit fast ausnahmslos einheimischen Gästen. Ausprobieren: Grill-Gerichte, Rind im Bambusrohr, Schnecken mit Pfeffer, gefüllte Bong-Blüten. Bis 23 Uhr. 37 Le Quy Don.

●**An Thu.** Nettes, einfaches, unaufgeregtes Lokal, halb drinnen, halb draußen, mit den besten *banh xeo* von Saigon, köstlichen Crêpes aus Reismehl, Eiern und einer Füllung aus Shrimps, Schwein, Zwiebeln, Sojasprossen und Kräutern. Viele Spezialitäten in relaxter Atmosphäre. 46A Dinh Cong Trang (gegenüber der Tan-Dinh-Kirche, Hai Ba Trung).

●**Huong Xua** (Duft der vergangenen Zeit). Preiswerte Spezialitäten aus dem Norden, einfaches Ambiente, originelle Speisekarte. Probieren: die gefüllten Schnecken mit Ingwer und *Thit Dong Dua Chua* (eine Hanoier Sülze). 43 Ly Tu Trong.

●**Saigon Xua va Ngay** *(Saigon Gestern und Heute).* Einer der wenigen Orte im Zentrum, wo man noch auf dem Gehweg essen und

Pham Ngu Lao Special

Pizza, Pasta, Pommes, Pancakes, no problem! In Saigons Travellerquartier wird unkompli-ziertes Fast Food serviert, wenn auch meist weder „schnell" noch preiswert (billig schon, aber seinen Preis wert?). Mit etwas Glück kann man zwar auf seine Kosten kommen, aber warum nicht mal auf Entdeckungstouren gehen?

- **Fast Food.** Ein guter Kompromiss ist **Kim Café,** wo, eine echte Rarität, sowohl das Western Food wie die vietnamesische Küche schmeckt. 268 De Tham.
- **Italienisch.** Populär ist das **Santa Café** – man sitzt im Freien wie auf einer italienischen Piazza. 1A Do Quang Dau Ecke Bui Vien. Trendiger, aber steril, wirkt das mehrstöckige **Stel-la,** 119 Bui Vien. Nicht fehlen darf das Hanoier **Pepperoni's** mit seinen All-you-can-eat-Ange-boten für hungrige Mäuler (111 Bui Vien).
- **Seafood.** Da von allererster Qualität kein Schnäppchen, aber seinen Preis wert, und mit schöner Terrasse: **Cuu Long,** 117 Cong Quynh.
- **Thai.** War mal gut, ehe der Koch ging: **Coriander,** 185 Bui Vien.
- **Indisch.** Viel gelobt: **Mumtaz.** Tandoor und Curries im 226 Bui Vien.
- **Sozo.** American Cookies für einen guten Zweck (www.sozocentre.com); 176 Bui Vien.
- **Hue-Küche. Lac Thien:** Ableger des Originals in Hue. 207 Bui Vien.
- **Pho.** Eine ausgezeichnete Suppenküche ist **Pho Quynh** (24h!), 323 PNL. **Pho 24,** 271 PNL, ist ein Ableger der superhygienischen Erfolgs-Kette.
- **Bia Hoi.** Eine kleine *Bierstube* findet man auf der 102 Bui Vien.
- **Garküchen.** Selbst auf der **Bui Vien** kann man noch einige finden, so auf den Nummern **77** und **168.** Tipp: **Quan Com So 7,** 7 Nguyen Van Trang (von der De Tham geradeaus durch den Park). Immer gestopft voll, man kann innen oder auf der Straße essen.
- **Bao.** Es gibt gegrillte Schlange, Fisch, Frosch, Aal, Feuertopf, man sitzt auf einer halboffenen Terrasse im 1. Stock, und im Erdgeschoss gibts Bier kübelweise. 132 Nguyen Thai Hoc.
- **Allez Boo.** Fast schon eine Institution. Allzweck-Café-Bar-Resto auf mehreren Etagen für je-de Gelegenheit und Tageszeit. 187 PNL.
- **Le Pub.** Die Hanoier Mischung aus Café und Pub kommt auch in Saigon an. 175/22 PNL.
- **Vegetarisch. Zen,** 185/30 PNL. **Dinh Y,** 171B Cong Quynh, sauber und spottbillig.
- **Banh Xeo.** Eine Köstlichkeit sind die gefüllten vietnamesischen Crêpes. Zahllose Sorten und ein schönes *Che*-Büffet gibt's im **Muoi Xiem,** 225 Nguyen Trai; 7–22 Uhr.
- **Bäckerei.** Große Auswahl an Brot und Kuchen: **ABC,** 223 PNL.
- **Bars** wechseln mit dem Rhythmus der Regenzeiten. Chic und „in" ist **Go2,** auf zwei Eta-gen. 187 De Tham, nicht zu übersehen der **Crazy Buffalo** genau gegenüber, Tipp der außer-halb der Travellermeile gelegene **17 Saloon,** 101 PNL.
- **Geld. Sacombank,** 211 PNL. Mo.–Fr. 7.30–11.30, 13–16.30 Uhr, 24-Std.-ATM, auch auf der 37 Bui Vien. Korrekter **Geldwechsel** 239 PNL (tgl. 8–21 Uhr).
- **Wäsche** erledigt jedes Hotel, aber nicht jedes gut, wie die wachsende Zahl der Laundries bezeugt. Tipp: Je weiter man sich von der De Tham weg bewegt, desto billiger.
- **Apotheke.** 307 PNL. 154 Bui Vien.
- **Supermarkt.** Nur wenige Schritte entfernt: **Coop Mart,** 189C Cong Quynh.
- **Bücher.** Guides, Novels, jede Menge Nachdrucke von Klassikern über Vietnam findet man u.a. auf der 173, 179, 185 PNL.
- **Shopping.** Eine exzellente Shoppingmeile mit Boutiquen, Schuh-, Leder-, Reisegepäckge-schäften usf. sowie der **Zen Plaza** (No. 54–56) ist die **Nguyen Trai.**

Saigon

trinken kann; tagsüber Café, mittags einfache, aber gute Reisegerichte, abends Hot Pots, Bier und wilde Nächte. 33 Nguyen Trung Truc.

● **Si Phu.** Lebhafte, dreistöckige Bierhalle – ganz oben ist es am ruhigsten und luftigsten – mit kessen Animiermädchen (aber nur zum Bier!) und superguten, supergünstigen Gerichten von *Suckling Pig* bis Hot Pot. 542 Cach Mang Thang Tam.

● **Quan 01.** Noch eine dreistöckige Bierhalle mit gutem Essen und flotten Bedienungen. An der riesigen Kreuzung von Tran Phu (No. 01, daher der Name), Nguyen Thi Minh Khai und Nguyen Van Cu gibt es auch den Garten *Bia Tuoi Duc* (dt. Fassbier) **Phuc An Khang** (01 Pham Viet Chanh), in dem man recht ordentlich (wenn auch nicht deutsch) essen kann.

● **Phung Vy.** Seafood in Cholon, wahlweise innen mit AC (hässlich) oder auf dem Bürgersteig (nur abends, dann bis 2 Uhr morgens). Extrem gute Hot Pots (vor allem der *Lau Thai*). 222 und 291 Nguyen Tri Phuong. Fast so gut, aber ein wenig gesitteter speist man im **Duyen Hai,** 473 An Duong Vuong.

● **Ca 3.** Der Bürgersteig vor dem *Ca Ba* wird von 18 Uhr bis zur Morgendämmerung von Tausenden Saigonern in die größte Open-Air-Kneipe der Stadt verwandelt; wenn auf dem 70x12 m breiten Trottoir kein Platz mehr ist, werden die Stühle einfach auf die Straße gestellt. Gutes, billiges Essen, wilde Atmosphäre (ab 21 Uhr) und jede Menge Bier. 290 Le Hong Phong.

Schwimmende Restaurants

● Die *Floating Restaurants* auf dem Saigonfluss sind eine uralte Tradition. Die Schiffe legen je nach Jahreszeit gegen 19 Uhr (an Wochenenden auch vormittags) von den Anlegestellen an der Ton Duc Thang schräg gegenüber dem *Majestic-Hotel* ab und landen nach ca. 2 Std. wieder am Ausgangsort. Etwas gehobener ist die **Bonsai** (www.bon saicruise.com.vn).

Fast Food

● **Com Binh Dan** heißt wörtlich „Reis für kleine Leute" und meint solide Hausmannskost für den schmalen Geldbeutel. Speisekarten gibt es nicht, am Eingang ist „aufgetischt", was die Küche zu bieten hat. Seit 1989 so gut wie unverändert (und unverändert populär und billig) ist das **Com Ba Ca,** 11 Ton That Thiep. Besonders lecker *bo la lot*, in würzige Blätter gehüllte, scharf angebratene Hackfleischröllchen, gefüllte Tintenfische, Omelette und die würzige Gemüsesuppe *canh cua rau day*. Eine Filiale gibt es nahe dem *Ben-Thanh*-Markt auf der 42 Truong Dinh.

● **Pho.** Die köstliche vietnamesische Nationalsuppe mit Rind *(bo)* oder Huhn *(ga)* schmeckt in den (nahezu klinisch reinen) **Pho 24**-Stuben, z.B. an der Dong Khoi (5 Nguyen Thiep, 89 Mac Thi Buoi), sind allerdings nicht ganz billig. Fans wallfahren zu **Pho Hoa,** 260C Pasteur, das seit Jahrzehnten die beste Pho der Stadt machen soll.

● **Nam Giao.** Hue-Küche im blitzsauberen Imbiss-Stil, nur 8 Gerichte. 136/15 Le Thanh Ton (im Hof), hinter dem Ben-Thanh-Markt.

● **Wrap & Roll.** Frühlingsrollen, Glücksrollen und vieles andere mehr. 97B Nguyen Trai, 11 Nguyen Hue, auch in den Kaufhäusern *Parkson Plaza*, Dong Khoi, und *Diamond Plaza*, 34 Le Duan. www.wrap-and-roll.com.

● **Pho Ngheu.** Pho mit Muscheln und/oder Fisch – das ist echt neu. Nette, saubere Stube voller Snacks und Desserts. 279 Le Thanh Ton nahe *New-World*-Hotel.

● **Vegetarisch. Tib Chay.** Spitze! Siehe *Vietnam Light*.

● **Viet Chay.** Auf dem Gelände der Vinh Nghiem Pagode. Hervorragendes Essen, freundlicher Service, am 1. und 15. des Mondmonats sagenumwobenes Büffet für 90.000 d. 339 Nam Ky Khoi Nghia.

● **Phap Hoa.** Nahe der PNL, alteingesessen, einfach und gut. 200 Nguyen Trai.

Asiatica

● **Spice.** Gute nordthailändische Küche, angenehmes Ambiente, mittelteuer. 27 Le Quy Don.

● **Saigon Indian.** Indischer gehts kaum nimmer – geradlinig, unscheinbar, scharf und billig. 73 Mac Thi Buoi, 1. Stock.

● **Huy Long Vien.** Erstklassige chinesische Küche von *Dim Sum* und Seafood bis Peking-Ente. Außergewöhnlich für Chinesen: viele Tische im Freien. 99 Nguyen Du.

● **Tandoor.** Die Hanoier Institution erstreckt sich in Saigon gleich über mehrere Stockwerke. 74/6 Hai Ba Trung.

● **Warda.** Libanesisch, mit einem kleinen Garten im Innenhof. 71/7 Mac Thi Buoi.

Internationale Küche

● **Bibi.** Französische Regional-Küche (Südwesten) und gute – halbwegs bezahlbare! – Steaks und Entrecotes. 17A Le Thanh Ton, Tel. 38242487.

● **La Fourchette.** Intimes Bistro mit einem Hauch Pariser Vorstadt. 9 Ngo Duc Ke.

● **Gartenstadt.** Eines der ältesten europäischen Restos Saigons, an Wochenenden Treffpunkt von deutschen Expats zum Bundesliga-Schauen. Von Garten kann freilich keine Rede sein, und die Preise sind gesalzen. Kleine Veranda im 1. Stock. 34 Dong Khoi.

● **Hoa Vien Bräuhaus.** Pilsener Urquell vom Fass, Schweinshaxen, Bratwürste und gute Stimmung. Die Gäste sind vornehmlich Einheimische, das drückt die Preise, allerdings auch etwas den Anspruch an die „exotische Küche". Vietnamesisches erhält man übrigens auch. 28B Mac Dinh Chi.

● **Nguyen Du Brauhof.** Resto mit Biergarten. Herr *Hai* hat in der Pfalz Bierbrauen gelernt und bietet neben zwei Biersorten *(Adlerbräu)* auch deftige deutsche Küche (Saumagen, Haxe, Würste etc.). Außer So 11–23 Uhr. 98 Nguyen Du.

● **Le Jardin.** In der Garten-Oase des französischen Kulturzentrums, außerhalb der Mahlzeiten auch Café, werden typische herzhafte Bistro-Gerichte, aber auch vietnamesische Speisen serviert. Reelle Preise, besser reservieren. 31 Thai Van Lung, Tel. 38258465.

● **Skewers.** Seit vielen Jahren ein Liebling der Expats, die interessante Speisekarte führt rund ums Mittelmeer. 9A Thai Van Lung, Tel. 38224798.

● **Scoozi.** Saigons Pizza-Himmel (Gegenstimmen gibt's immer); man kann drinnen (AC) und draußen essen. 6 Thai Van Lung.

● **Bia Tuoi Tiep.** Noch eine Bierhalle mit Selbstgebrautem und deutsch-tschechischer Küche; neu und viel gelobt. 107 Pasteur.

● **Luna d'Autunno.** Der bewährte *Herbstmond* leuchtet nach Hanoi und Mui Ne jetzt auch über Saigon. Italienische Küche innen oder auf luftigen Terrassen. 102 Suong Nguyet Anh.

● **Au Lac do Brasil.** All-you-can-eat für Fleischwölfe – *Rodizio* von Rind, Lamm, Schwein, Würsten vom Holzkohlengrill mit Bergen von Pommes und Salaten. Mit rund 20 $ ist man dabei. *Al fresco* auf der Terrasse oder in einem der Speisesäle. 238 Pasteur.

● **Pacharan.** Fröhliche *Tapas*-Bodega auf 3 Etagen mit Penthouse-Cocktailbar bis 2 Uhr nachts. Sonntags all-you-can-eat Paella & Sangria. 97 Hai Ba Trung, Tel. 38256024.

Allround-Cafés

● Trend ist das Allround-Café, das bereits gegen 7 American, Continental oder vietnamesisches Frühstück serviert, zum Lunch eine Auswahl gängiger Schnellgerichte bietet, für den kleinen Appetit zwischendurch mit Kuchen- und Eis-Theke aufwartet, zur Happy Hour Happy Cocktails mixt und sich auch nach 22 Uhr noch um Dinnergäste bemüht – immer unter der Devise anything goes (und zu teilweise gesalzenen Preisen).

● **Rex.** Der berühmte, inzwischen weitgehend „entkitschte" Dachgarten des Rex-Hotels ist nach wie vor ein Muss für Saigon-Besucher aus aller Welt. 141 Nguyen Hue.

● **Highlands Café.** Wuchert überall, aber schön ist das Freiluftambiente im obersten Stock des alten französischen Kaufhauses. Nguyen Hue Ecke Le Loi, per Lift hinauf bis zum 3. Stock.

● **Vuon Kieng.** WiFi-Café mit schöner Terrasse am Saigon-River, eine Wohltat für müde Beine (und Ohren!); vom Frühstück bis zum Dinner. 108 Ton Duc Thang.

● **Café Central.** Trendige Resto-Bar im New-York-Stil mit gemütlichen Korbsesseln auf dem Boulevard und Live Music bis Mitternacht. Zu den Attraktionen zählen Diebels Alt und Schneider-Weisse. 115 Nguyen Hue.

● **Café Central,** Cholon, Outdoor/Indoor 6–24 Uhr. Legendär ist das gigantische Dinner-Büffet (13 $ ++, 18–22 Uhr) im 4. Stock der *Windsor Plaza*, 18 An Duong Vuong.

Saigon

- **Level 23.** Bar und Lounge im 23. Stock des Sheraton Tower, 88 Dong Khoi; 16–1 Uhr. Noch höher ist das **Panorama 33** des Saigon Trading Center, 37 Ton Duc Thang. „Gehoben" sind jeweils auch die Preise.
- **Saigon Saigon Bar.** Für viele der vergnüglichste Ort für den späten Nachmittag oder Abend, im 10. Stock des Caravelle-Hotel. 11 Uhr bis spät, außer Mo 20–24 Uhr Live Music. 19 Lam Son Square.

Eiscafés & Bäckereien

- **Bach Dang.** Lange Jahre waren die beiden Eisdielen an der Kreuzung Le Loi/Pasteur die einzigen Plätze Saigons, an denen man Eis schlecken konnte. Renner ist noch heute *Kem trai dua*, Eiscreme in Kokosnuss.
- **Fanny.** Hervorragendes französisches Eis (bis zu 30 Sorten) in einem alten indischen Tempel. Einfach schön! 29 Ton That Thiep.
- Back- und Naschwerk ist eine gute alte (französische) Tradition, die man in Saigon auch in den schwersten Jahren des Realso-

sozialismus nie ganz aufgegeben hat. Ofenfrische Baguettes, Croissants und Hefegebäck bekommt man im *Nhu Lan* (50 u. 62 Ham Nghi), größer und cremiger fällt die Auswahl in der Traditions-Patisserie **Brodard,** 11 Nguyen Thiep (tgl. 6.30–22 Uhr) aus.
- **German Bakery.** Deutsches Brot und deutscher Kuchen *(Bee Sting! Mekong Wave!)* zum Mitnehmen oder im Café (7–22.30 Uhr). 27 Han Thuyen (nahe der Kathedrale).
- **Voelker Bakery.** 7–20 Uhr, 17/A7 Le Thanh Ton.

Do It Yourself

- **Kleine Mahlzeiten** aus franz. Stangenbrot, Wurst und Käse kann man sich auf Märkten oder bei Straßenhändlern zusammenstellen.
- **Supermärkte.** Wer deutsche Butter, Nescafé, englischen Tee oder französische Konfitüren braucht, kann sich z.B. im **Diamond Plaza,** 34 Le Duan, im **Minitax** im alten französischen Kaufhaus, 135 Nguyen Hue, im **Maximark,** 65 Le Loi, oder im **Annam Gourmet,** 16 Hai Ba Trung, eindecken.
- **Nhu Lan.** Eine hervorragende Adresse für Wurst, Pasteten, Käse, Sandwiches, Brot und

Ben Thanh-Markt bei Nacht

Gebäck. Riesenauswahl und angeschlossener Imbiss. 50 und 62 Ham Nghi.

Unterhaltung u. Freizeit

Bars

„Offiziell" ist um Mitternacht Schluss, aber die besten Plätze füllen sich erst gegen 23 Uhr. Hauptzentrum der Nachtschwärmer in der City ist das **„französische Viertel"** hinter der Oper.

● **Q Bar.** Die legendäre Bar des „Stillen Amerikaners" David, einst als „schönste Südostasiens" gefeiert, ist 2002 nach mehrjähriger Schließung auferstanden (David allerdings ist in Bangkok geblieben, wo er eine noch erfolgreichere Q Bar aufgemacht hat.) Cool und minimalistisch, Treff der modebewussten alternativen Szene, einige Tische im Freien. 7 Lam Son Square im rechten Flügel des Opernhauses, tgl. 18–2 Uhr.

● **Wild Horse Saloon.** Es wird gezecht und gefuttert (Steaks Steaks Steaks), bis der vietnamesischen Cowboy-Band die Puste ausgeht und sich die Blockhausbalken biegen. 8A/1 Thai Van Lung.

● **Apocalypse Now.** Kahl, ganz in schwarz, mit großem Deckenventilator und 1992 allein schon als Name eine Provokation, auf Geheiß der Behörden mehrfach geschlossen und zwangsumgesiedelt (stereotyper Vorwurf: Drogen und Prostitution) und bis heute ein Garant für heiße Nächte. 2C Thi Sach.

● **Texas Bar BQ.** *Old Cowboys never die, they just smell that way ... Wayne* serviert Texas-Frühstück, Steaks und gute Laune. Originell. 15/1 Le Thanh Ton.

● **La Habana.** Beliebter Deutschen-Treff; Bar-Lounge mit guten Cocktails, Salsa und Latino-Küche. 6 Cao Ba Quat, hinter der Oper.

● **Ngo Van Nam.** Ein erster, zarter Hauch von Bangkok weht seit kurzer Zeit durch diese hübsche kleine Straße zwischen Le Thanh Ton und Ton Duc Thang.

Live-Musik

● **Sheridan's.** Lebhafter Irish Pub. Sa Auftritt der bizarren Band *Whisky in the Jar* von Gastgeber Michael. 17/13 Le Thanh Ton.

● **HiFi.** 21 Uhr bis spät, Do Ladies Night (free flow of cocktails); 69 Dong Khoi, im *Lucky Plaza.*

● **Cage.** Live Djs, Do Ladies Night; 3A Ton Duc Thang, neben dem *Legend* Hotel.

● **Hard Rock Café.** Lizensiert, ausnahmsweise keine Kopie; außer Di. tgl. live 20–24 Uhr. 39 Le Duan, nahe der Kathedrale.

● **17 Saloon.** Tgl. ab 20 Uhr philippinische und einheimische Bands. 101 Pham Ngu Lao.

● **Sax n' Art.** Der erste Jazz-Club der Stadt, tgl. ab 20.30 Uhr Live. 28 Le Loi.

Schwule und Lesben

● **Phuong Cac Café.** Gartencafé, in dem sich die Gay Community trifft (Sunday Brunch). In der Seitenstraße Bui Thi Xuan gibt es einige Friseure „for men only" und entsprechende Hotels. 213 Nam Ky Khoi Nghia.

● **Nam Spa,** namspa.net und **Nadam Spa,** adamspa.com.vn.

● Siehe auch **utopia-asia.com** und **dragon castle.net/vietnam**

Kino, Musik und Theater

● **Kino.** Regelmäßige Vorführungen ausländischer Filme im Original ohne Untertitel im **Diamond Cinema** in der Diamond Plaza, 13. Stock, 34 Le Duan. Gute Adressen sind auch **Fafilm,** 6 Thai Van Lung, und das französische Kulturinstitut **Idecaf,** 31 Thai Van Lung. Das **Galaxy,** 116 Nguyen Du, hat eine 3D-Leinwand und ist zudem bekannt für seine „adult movies". Man beachte die Ankündigungen in den *Vietnam News.*

● Wer hofft, in der **Oper** einer Aufführung des traditionellen **Hat Boi** beiwohnen zu können, wird enttäuscht werden. Shows und Popkonzerte sind populärer als klassische Stücke. Eher schon kann man in einem der kleinen **Theater Cholons** fündig werden, z.B. im *Nhan Dan,* 372–374 Tran Phu, aber auch dann nur unregelmäßig.

● **Wasserpuppentheater** (Roi Nuoc). Die Saigoner Ensembles halten keinen Vergleich mit denen von Hanoi aus, aber wenn man keine andere Gelegenheit hat ... 55B Nguyen Thi Minh Khai, Tel. 39272635. Tgl. 18.30, 20 Uhr, 65.000 đ.

Saigon

● **Konservatorium.** Aufführungen klassischer wie traditioneller vietnamesischer Musik. Tel. 38243774. 112 Nguyen Du.

Kunstgalerien

● Es gibt mehr als 100 Galerien in Saigon, und auch wenn man, im Gegensatz zu Hanoi, meist mit billigem Kunstgewerbe oder Touristenramsch abgespeist wird, findet man trotzdem eine ganze Reihe interessanter Salons. Hier nur einige Adressen: *Tu Do*, 53 Ho Tung Mau. Seit 1989 als erste Privatgalerie Vietnams von der Künstlerin Tran Thi Thu Ha betrieben (www.tudogallery.com). *Galerie Quynh*, 65 De Tham. www.galeriequynh.com.

Zoo und Botanischer Garten

Der Zoo bietet keine Sensationen, kann aber nach dem Besuch des Historischen Museums, das sich auf dem gleichen Gelände befindet, eine Abwechslung sein. „Die Haltung ist im Vergleich zu vielen anderen asiatischen Zoos vorbildlich, und es ist ein gutes Artenmanagement zu beobachten. Die Tiere sind zudem viel aktiver und verspielter als in unseren Breiten", schrieben uns Leser. 2 Nguyen Binh Khiem. Tgl. 9–21 Uhr, Eintritt 10.000 đ.

● Der angeschlossene, 1864 von den Franzosen angelegte *Hortus Botanicus Saigonensis* enthält neben Orchideen-Raritäten einige schöne alte Baumriesen. Auch Bonsai-Fans kommen auf ihre Kosten.

Pferderennen

Großer Beliebtheit erfreuen sich die seit 1989 wieder stattfindenden Pferderennen auf der *Phu-To-Rennbahn*. Die Kinderjockeys, kaum einer ist älter als 11 oder 12 Jahre (legal sind 14 Jahre), auf ihren kleinen Pferden und die wettfreudigen Zuschauer sind ein Erlebnis. Rennen finden jeden Sa/So 12.30–16.30 Uhr statt. 2 Le Dai Hanh Ecke 3 Thang 2. Der Stadtbus Richtung Busbahnhof Mien Tay hält davor.

Sport

● **Tai Chi.** Wer in den frühen Morgenstunden am Saigonfluss oder einem der Parks – zumal dem Tao-Dan-Park – unterwegs ist, erlebt sein blaues Wunder. Fitness heißt die Devise, und Saigons Jugend ertüchtigt sich zum Aerobic-Sound so begeistert wie die Alten, die in stoischer Ruhe schattenboxen.

● **Health Clubs.** Die Gyms der großen Hotels können gegen Gebühr oft auch von auswärtigen Gästen benutzt werden. Zünftiger geht es im **Workers' Club** im Tao-Dan-Park zu, wo man neben Tennis (11 Courts) auch im Pool schwimmen und noch die letzten Überreste des kolonialen *Cercle Sportif* beschnuppern kann. 55B Nguyen Thi Minh Khai. Empfehlenswert ist auch der **Lanh Anh Club** (Gym, Pool, Tennis) in der 291 Cach Mang Thang Tam.

● **Schwimmbäder** (Ho Boi). Preisgünstig (20.000 đ) schwimmt man im **Yet Kieu Pool,** 1 Nguyen Thi Minh Khai sowie im größten Schwimmbad der Stadt, dem **Lam Son** in Cholon (tgl. 8–20 Uhr, 25.000 đ), 242 Tran Binh Trong. Viele **Luxushotels** gestatten auswärtigen Gästen **Pool-Benutzung** gegen Gebühr, z.B. *Grand Hotel* (50.000 đ), *Renaissance Riverside* (10 $ inkl. Gym), *New World* (20 $ inkl. Gym).

● **Zusätzliche Adressen** (Bowling, Martial Arts, Waterparks, Golf etc.) im monatlich erscheinenden *The Guide* (siehe *Zeitungen und Zeitschriften.*)

Shopping

Souvenirs

Souvenir- und Antiquitätenläden bevölkern die **Dong Khoi** und ihre Seitenstraßen wie Wespen einen Pflaumenkuchen. Porzellan, Keramik, Lackwaren, Seidenmalerei, Wasser- und Opiumpfeifen, Gläser und Lampen aus der Kolonialzeit, Sturmfeuerzeuge aus US-Beständen, alte Kameras und Brillengestelle, falsche Rolex und echte Russen-Uhren, Antiquitäten und Kuriositäten, Kitsch und Ramsch, Preziosen und Imitate – auf der Dong Khoi gibt es fast nichts, was es nicht gibt. Wer sich die Zeit nimmt, einen Nachmittag herumzustöbern, kann immer noch unverhoffte Entdeckungen machen, und manchmal gerade da, wo man es am wenigsten erwartet. Adressen und Läden ändern

sich allerdings derart rasch, dass langfristige „Tipps" nicht viel wert sind.

● **Antiquitäten.** Im Umkreis des *Kunstmuseums* (s. dort), vor allem auf der auf das Museum zulaufenden **Le Cong Kieu** gibt es zahlreiche Trödler und Händler mit einem witzigen Angebot zwischen Flohmarkt und Antiquität.

Total global

Mode, Schuhe und Accessoires namhafter Hersteller gibt es nur in Saigon, und da fast nur auf der Dong Khoi. *Gucci* und *Cavalli*, *Vuitton* und *Ferragamo*, *Bally* und *Hermès*, alle sind schon da. Und wer sagt da, die Preise wären günstiger als in München, Paris oder Florenz? Sind sie nicht, das sind nur die Imitate auf dem Ramschmarkt.

Die besten **Kaufhäuser** – in der Regel geöffnet tgl. von 9.30–22 Uhr – für Luxusartikel, Kosmetik, Mode etc. sind:

● **Diamond Plaza,** 34 Le Duan (mit Supermarkt).

● **Parkson Plaza,** 39 Le Thanh Ton (mit Supermarkt).

● **Hung Vuong Plaza,** 126 Hung Vuong (Cholon).

● **Vincom Center Mall.** Seit 2010; 6-stöckig, mit Supermarkt, Foodshops und Apotheke im Basement, tgl. 9–22 Uhr. 70 Le Thanh Ton Ecke Dong Khoi.

Weniger anspruchsvoll im Angebot, dafür aber auch deutlich günstiger sind:

● **Bach Hoa** *(Tax Trading Centre),* 65 Le Loi (mit Supermarkt). 1920 erstes Kaufhaus des kolonialen Saigon *(Grands Magasins Charner)* mit prachtvollem Interieur (Glaskuppel, Freitreppen, Kristalllüster), nach 1975 realsozialistisches Paradies der Mottenkugeln, 2001 notdürftig restauriert. Im 4. Stock das hübsche Dachgartencafé **Highlands.**

● **An Dong Plaza,** 18 An Duong Vuong (Cholon). Mit rund 1500 Shops das größte und schillerndste Kaufhaus der Stadt.

● **Saigon Square.** Billigeinkaufsparadies, auch „Russenmarkt" genannt. In Vietnam hergestellte Markenartikel (Ralph Lauren, Camel, Adidas, Nike etc. – oft Ausschussware) zu Spottpreisen. Manchmal findet man sogar Winterklamotten, Skikleidung usf. 77–89 Nam Ky Khoi Nghia und 7–9 Ton Duc Thang.

Asian Chic statt Einheitslook

● *Avantgarde.* **L'Usine,** Saigons erster lokaler Lifestyle-Store, Boutique, Galerie und Café in einem. 151 Dong Khoi, 1. Stock.

● *Traditionell.* **Cham Khanh,** Ao Dais readymade und auf Bestellung, 256 Pasteur.

● *Gediegen.* Variationen aus Seide, **Khaisilk,** 107 Dong Khoi, **Song,** 26D Le Thanh Ton.

● *Schrill.* Mix aus Folklore, HipHop und Trash, der schrägste Shop der Stadt. **Mai Lam,** 132 Dong Khoi.

Bücher, Zeitschriften, Karten

● Buchhandlungen, die ein schmales Sortiment an ausländischen Büchern, Zeitungen und Magazinen führen, sind *Fahasa,* 40 Nguyen Hue und 38 *Dong Khoi,* wo man sogar gebrauchte Bücher auf deutsch finden kann.

● Auf der Pham Ngu Lao (s. PNL-*Special)* und der Dong Khoi nahe der Oper gibt es zahlreiche Bücherstände mit Raubkopien von aktuellen Reiseführern, Romanen etc. bis hin zu echten Raritäten (prüfen, ob Seiten fehlen!).

Varia

● **Nguyen Kim Shopping Center.** Fünfstöckiger Supermarkt für Elektronik, Telekommunikation, Internettechnologie. Neueste Modelle von Sony, Toshiba, Panasonic etc., meist früher als bei uns. 63–65 Tran Hung Dao, gleich bei der Pham Ngu Lao.

● **Foto und Film.** Die meisten Geschäfte findet man auf der Nguyen Hue (z.B. 50 oder 66B) führt Reparaturen durch.

● **Schreibwaren** aller Art, Taschenlampen, Vorhängeschlösser, Feuerzeuge usf. kauft man auf der Le Loi zwischen Rex-Hotel und Ben-Thanh-Markt.

● **Postkarten** kann man in der staatlichen Buchhandlung 40 Nguyen Hue günstiger bekommen als im Straßenhandel, ebenso Stadtpläne usf.

● **Goldläden** boomen. Kenner schätzen, dass in keinem Land Asiens so viel Gold gehortet wird wie in Vietnam. Große Auswahl an Schmuck, Perlen, Jade, Edelsteinen findet man an der Ecke Nam Ky Khoi Nghia / Le Loi und in der Le Thanh Ton hinter dem Ben-Thanh-Markt.

Saigon

●**Optik.** Preisgünstige Läden in der Le Thanh Ton zwischen Nam Ky Khoi Nghia und Pasteur. Eine Leserin empfiehlt wärmstens 1 Truong Dinh beim Ben Thanh Markt.

●**Schuhe** und preiswerte **Schuster** findet man in der Le Thanh Ton (z.B. No. 107) zwischen Phan Boi Chau und Nguyen Trung Truc. Lederschuhe werden ab 30–40 $ maßangefertigt.

●**Hair Salons.** Haareschneiden kostet ab 5–6 $, Dauerwelle ab 8–10 $. Wir gehen meist zu *Kim*, 92G Le Thanh Ton.

Weiterreise

Entfernungen von Saigon

●My Tho 70, Tay Ninh 96, Vung Tau 125, Vinh Long 130, Cao Lanh 170, Can Tho 170, Long Xuyen 190, Phan Thiet/Mui Ne 200, Phnom Penh 250, Chau Doc 250, Rach Gia 250, Da Lat 310, Ha Tien 340, Phan Rang 335, Ca Mau 350, Phu Quoc 370, Nha Trang 450, Buon Ma Thuot 510, Qui Nhon 680, Hoi An 930, Da Nang 970, Hue 1075, Hanoi 1730.

Flug

●**Bus 152** fährt ab Pham Ngu Lao und Ben-Thanh-Markt alle 15 Min. zum **Flughafen.** 3000 đ. Siehe ansonsten Ankunft.

●**Vietnam Airlines.** Mo–Sa 7.30–19, So 8–12, 13.30–17 Uhr. Tel. 38320320. 5B Dinh Tien Hoang.

Zug

●Der etwas provisorische **Ga Sai Gon** (vor dem Amerikanischen Krieg befand er sich auf dem Gelände gegenüber der Pham Ngu Lao) liegt in einer Stichstraße 1 Nguyen Thong, Tel. 38466528, rechts der Ausfallstraße Cach Mang Thang Tam. Ein Xe Om vom Zentrum sollte nicht mehr als 25.000 đ kosten. Vom Ben-Thanh-Markt fahren u.a. Busse Richtung Cu Chi die Cach Mang Thang Tam entlang (aussteigen an der Hoa Hung).

●**Reservierungsschalter** sind tgl. 7.30–12, 13–18.30 Uhr geöffnet. Tickets erhält man aber genauso gut in Reisebüros oder beim **Railway Service,** 275C Pham Ngu Lao.

●Mehrere Züge fahren tgl. Richtung Hue (11–16 Std.) und Hanoi (29–41 Std.), andere lediglich bis Phan Thiet, Nha Trang und Da Nang. Näheres siehe in *Verkehrsmittel, Zug*.

Bus

●**Nach Norden.** Der Busbahnhof (Ben Xe) *Mien Dong* liegt 6 km vom Zentrum an der Xo Viet Nghe Tinh. Stadtbusse fahren alle 10–20 Minuten ab Ben-Thanh-Markt, Fahrzeit ca. 30 Minuten, 5000 đ. Express-Busse u.a. nach Nha Trang, Qui Nhon, Da Nang, Buon Ma Thuot sowie Vung Tau, Phan Thiet, Da Lat.

●**Nach Süden.** Der *Ben Xe Mien Tay*, der das Mekong-Delta bedient, liegt 10 km außerhalb im Vorort An Lac westlich von Cho Lon. Stadtbusse fahren ab Ben-Thanh-Markt, Fahrzeit ca. 45 Min., 5000 đ. Jede Destination hat ihren eigenen Schalter, Fahrpreise sind angeschrieben. Expressbusse starten ab 5 Uhr u.a. nach My Tho, Vinh Long, Can Tho, Long Xuyen, Chau Doc, Rach Gia und Ca Mau.

●**Nach Dalat.** Stdl. von 5–1 Uhr nachts mit *Phuong Trang*-Bus ab 274 De Tham; 90.000 đ, Tel. 38375570.

Boot

●**Vung Tau.** Zwei Gesellschaften, *Greenlines* und *Vina Express*, betreiben Speedboot zum Strandbad der Saigoner. Abfahrt zwischen 6 und 17 Uhr bis zu zehnmal tgl. ab Pier Ton Duc Thang Ecke Ham Nghi. Fahrzeit 70 Min., Preis 8–10 $ (Plätze sind nummeriert).

●**Con Dao.** Die Schnellboot-Linie ab Saigon wurde eingestellt; siehe *Vung Tau* und *Con Dao*.

●**Mekong-Delta.** Speedboot-Verbindungen bis Chau Doc wurden vor einigen Jahren leider als unrentabel abgesetzt.

●**Phu Quoc.** Tickets für Speedboote ab **Rach Gia** (versch. Gesellschaften, gegen 8 und gegen 13.30 Uhr) können bereits in Saigon ge-

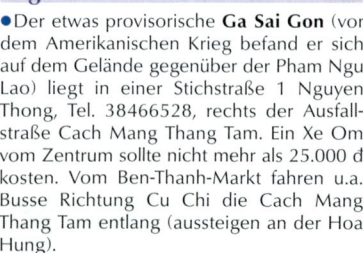

Mit der Fähre über den Mekong

bucht werden (z.T. mit Bus-Anschluss, spart Übernachtung in Rach Gia). Die einfache Passage kostet je nach Boot um 250.000 đ. Ab **Ha Tien** fahren Schnellboote um 8 und 13 Uhr (unzuverlässig!) ab, 190.000 đ.

● **Slowboats** (langsamer, aber schöner & billiger; Reservierung nicht möglich) legen in Rach Gia gegen 8 und 13 Uhr ab.

● **Achtung:** ohne Gewähr! Änderungen und Ausfälle sind vorprogrammiert!

Nach Kambodscha

● **Flug.** Tgl. mit *Vietnam Airlines* von/nach Phnom Penh und Siem Reap.

● **Bus.** Tgl. nach Phnom Penh über Moc Bai/Bavet u.a. mit *SinhTourist* oder *Delta Adventure Tours.* Fahrzeit 7–8 Std., um 10 $. Direktbusse, d.h. ohne Bustransfer an der Grenze, sind deutlich schneller, aber auch teurer (ab 10 $).

● Alternativ: **Sapaco** *(Saigon Passenger Transport Co.)*, bis zu 8x tgl., 12 $. 309 und 327

PNL, Tel. 39206920, www.sapacotourist.com. Nach Siem Reap, Sihanoukville, Battambang, Poipet muss man in Phnom Penh umsteigen, kann aber bereits – soweit man das für nötig hält – ein Ticket buchen (ebenso nach Bangkok; 29 $).

● **Boot.** Es gibt zwei Optionen ab Chau Doc. Per **Slowboat** mit Umsteigen an der Grenze und etwa einstündigem Bustransfer ab *Nek Luong* (ca. 8 Std.). Oder per **Expressboot** (Aussteigen nur für Grenzformalitäten) direkt bis Phnom Penh (ca. 4 Std.). Das Slowboat ist unserer Meinung nach vorzuziehen (Flussatmosphäre). **Achtung:** Viele Veranstalter behaupten, in Chau Doc würden keine Bootspassagen verkauft; dem ist nicht so.

● **Bootstour.** Schönste Möglichkeit. 2- oder 3-Tagestouren von Saigon nach Phnom Penh per Bus und Boot mit Übernachtung auf dem Boot oder im *Floating-Hotel* in Chau Doc veranstaltet z.B. *Delta Adventure Tours.*

● **Visa-on-arrival** für Kambodscha sind für den Land- wie Flussweg möglich.

Saigon

251vi Foto: kb

Umgebung von Saigon

127vi Foto: kb

128vi Foto: kb

Salzgewinnung ist Schwerstarbeit

Kommerz und „Viet Cong"

Cao-Dai Dienerinnen
während der Zeremonie

Überblick

●**Die Tunnel von Cu Chi.** Das System unterirdischer Gräben und Stollen des Vietcong ist ein vielbewundertes „Freiluftmuseum" und ein Muss für jeden Vietnamreisenden. 60 km W.

●**Tay Ninh.** Das Zentrum der skurrilen und farbenfreudigen Cao-Dai-Sekte verstört oder begeistert. 100 km W.

●**Nui Ba Den.** Der Berg der Schwarzen Frau ist der populärste Wallfahrtsort Südvietnams. 115 km W.

●**Can Gio.** Undurchdringliche Mangrovenwälder vor den Toren der Stadt unweit der Mündung des Saigon-Flusses. 55 km SO.

●**Vung Tau.** Das traditionelle Strandbad der Saigoner ist per Speedboat in einer guten Stunde zu erreichen. 130 km SO.

●**Long Hai.** Die ruhigere und rustikalere Alternative zu Vung Tau. 125 km SO.

●**Ho Co und Binh Chau.** Strände und heiße Quellen. 150 km O.

●**Con Dao.** Insel-Geheimtipp mit Stränden, Meerjungfrauen und berüchtigten Gefängnissen im Südchinesischen Meer. Per Schiff oder Flug. 200 km S.

Cu Chi ⤿ XXIII/D1
(Củ Chi)

Die Tunnel von Cu Chi stellen nicht nur ein Symbol für den Widerstand des vietnamesischen Volkes gegen Fremdbestimmung und Unterdrückung dar, sondern sind auch ein ein-

drucksvolles Beispiel für den herrschenden Pragmatismus. Gegen harte Dollars kriechen in Ehren ergraute „Vietcong" gemeinsam mit ihren einstigen Feinden durch das unterirdische Labyrinth.

„Die anderen brachten mir bei, wie man VC [Vietcong] von Zivilisten unterscheidet. Rennen sie, müssen sie VC sein. Bleiben sie stehen, sind sie besonders raffinierte VC. So oder so musst du sie kaltmachen."

„Wenn wir eine Leiche fanden, gingen wir wie folgt vor. Hatte der Tote keine Waffe bei sich, war er als VC verdächtig. Konnte man ihm heimlich eine unterschieben, war er einer. Und wenn er außer der Waffe noch etwas anderes bei sich hatte, war er ein Nordvietnamese."

„Wenn du in Vietnam bist, kannst du nicht rumsitzen und dir überlegen, ob der VC nicht vielleicht Recht haben könnte. Er kann nicht Recht haben. Er will dich töten."

(Aus: *Robert Jay Lifton*, Home from the War. Vietnam Veterans: Neither Victims nor Executioners, 1973)

Geschichte

Die ersten Tunnel trieb man **1948** im Kampf gegen das **französische Kolonialregime** in den roten Lehmboden von Cu Chi. Bauernfamilien brachten in ihnen ihre Vorräte und manchmal auch sich selbst in Sicherheit, örtliche Widerstandskämpfer verbargen in den Stollen Waffen, Munition und Nahrung. Als anderthalb Jahrzehnte später die Amerikaner in der strategisch wichtigen Region nur wenige Kilometer vor den Toren Saigons das Hauptquartier ihrer 25. Division errichteten, ahnten sie zunächst nicht, dass der Feind direkt unter ihren Stiefeln lauerte.

Eine beinahe unglaubliche Geschichte, die man sich immer wieder erzählt, spielt am Weihnachtsfest 1966. Während der aus den USA eingeflogene Superstar *Bob Hope* die Truppen der 25. Division mit seinen Sketchen unterhielt und inbrünstig *White Christmas* knödelte, spielte zur gleichen Zeit und praktisch unmittelbar unter seinen Füßen der vietnamesische Entertainer *Pham Sang* für die Genossen Partisanen auf.

Als die Amerikaner die Existenz der Tunnel entdeckten, die sich zu diesem Zeitpunkt bereits über Hunderte von Kilometern erstreckten, erklärten sie Cu Chi zur **free fire zone.** Sie siedelten die Zivilbevölkerung, Zigtausende Männer, Frauen und Kinder, zwangsweise aus, kasernierten sie in „strategische Wehrdörfer" und belegten die „gesäuberten" Landstriche mit Bombenteppichen. Sie pflanzten schnellwachsende Grassorten, nur um sie

rasch wieder niederzubrennen, und besprühten das Gelände nacheinander mit Napalm, Giftgas und Dieselöl. Alles vergebens. „Tunnel rats", kleinwüchsige Soldaten, meist Thais oder Koreaner, wurden in die Tunnel geschickt, kamen aber meist nur mit durchschnittener Kehle oder von Tellerminen zerfetzt wieder ans Tageslicht. Der deutsche Bundesgrenzschutz lieferte Schäferhunde, die sich durch die Tunnel schnüffeln sollten, doch die Partisanen führten sie mit Chilipfeffer und amerikanischer Rasierseife an der Nase herum. Die Anzahl der VC nahm auch nicht ab, sondern ständig zu, denn immer mehr Zwangsumsiedler in den stacheldrahtumgürteten Wehrdörfern, deren Ernten von den Amerikanern systematisch vernichtet wurden, schlossen sich ihnen an.

Zurzeit der Tet-Offensive **1968** reichte das unterirdische Netzwerk, mit allen seinen Zweigen und Querverbindungen mehrere hundert Kilometer lang, von der kambodschanischen Grenze bis direkt vor die Tore Saigons. Teile dieses Netzes, das sich durchschnittlich 5–6 m unter der Oberfläche be-

Unterirdischer Kommandostand der FNL (Rekonstruktion)

fand, bestanden aus drei oder gar vier Stockwerken, die bis zu 20 m tief in die Erde reichten. Mittels geheimer Falltüren verbunden wie getrennt, enthielten sie unterirdische Lazarette, Konferenzräume, Schlafsäle, Werkzeugdepots, Frischwasserbrunnen, Vorratslager und sogar Pagoden sowie Feldküchen, deren Kamine ihren verräterischen Rauch erst Hunderte Meter entfernt ableiteten. Einige Tunnel verliefen sogar unter Flussläufen oder besaßen Aus- und Eingänge, die nur unter Wasser zu erreichen waren.

Ein ganzes **Heer von Widerstandskämpfern** verbrachte ohne Unterbrechung oft Wochen, ja Monate in den unterirdischen Stollen und Verliesen, und mehr als 10.000 Partisanen sind in ihnen umgekommen. Ihr spektakulärster Erfolg war die zeitweilige Besetzung der amerikanischen Botschaft in Saigon am Tet-Fest 1968; nachdem sie durch die Tunnel nach und nach in die Stadt eingesickert waren, verbargen sie sich so lange bei unverdächtigen Helfern, bis sie gemeinsam losschlagen konnten.

Die Tunnel heute

Zwei Sektionen, **Ben Dinh** und **Ben Duoc,** wurden für Besucher „renoviert" und ihre Tunnel selbst so erweitert, dass auch ausgewachsene Mitteleuropäer und amerikanische Vietnam-Veteranen sich bequem in ihnen bewegen können, während die „benutzerfreundliche" Rekonstruktion von Feldküchen, Lazaretten, OP-Räumen, Kommandozentralen oder Konferenzräumen z.T. schon soweit geht, dass man nicht einmal mehr das Tageslicht verlassen muss.

Unter diesen Umständen macht es umso mehr Sinn, die nicht nur deutlich „authentischere", sondern auch erheblich weniger überlaufene der beiden Stationen aufzusuchen. Viele Touren laufen jedoch die vermeintlich „attraktivere" Station an, die an den meisten Tagen eher einem Rummelplatz oder Vergnügungspark denn einem ehemaligen Kriegsschauplatz gleicht.

Ben Duoc. Souvenirshops, Cafeterias, von überall her herangekarrte Waffenarsenale, Schießstände *(one shot, one dollar,* wahlweise mit russischer AK 47 oder amerikanischer M 14) und ein pompöses, mit Pagoden gespicktes *War Memorial* (1996) beherrschen die Szene. Fehlen nur noch Micky Maus und McDo.

Ben Dinh. Die rund 5 km entfernte Station ist ehrlicher und authentischer. Man sieht vielleicht etwas weniger, erlebt aber mehr. Man ist näher an der Landschaft. Die Tunnel sind nicht mannshoch ausgebaggert und grell ausgeleuchtet. Altmodische Schaubilder vermitteln ein Gefühl für die Dimensionen. Kurz: weniger Zirkus. Und zum Schießen antreten, wenn man will, kann man auch hier.

Praktische Informationen

- **Orientierung.** Der Ort Cu Chi liegt 45 km westlich Saigons an der N 22 nach Tay Ninh (96 km), die Sektionen *Ben Dinh* und *Ben Duoc* sind 15 bzw. 20 km vom Ort entfernt.
- **Eintritt.** Je 75.000 đ.
- **Bus.** Stadtbusse nach Cu Chi fahren vom Ben-Thanh-Markt nur zum Ort Cu Chi, danach ist man auf sich selbst angewiesen.
- **Touren.** Tourcafés bieten Halbtagesausflüge nach Cu Chi und Ganztagesausflüge nach Cu Chi und Tay Ninh fast für den gleichen Preis an. Empfehlenswert sind Touren auf dem Saigon-Fluss nach Cu Chi (um 15 $).
- www.cuchitunnel.org.vn.

Tay Ninh
(Tây Ninh)

↗ XX/A2

Die Hauptstadt der gleichnamigen, an Kambodscha grenzenden Provinz ist die Heimat der **Cao-Dai-Sekte,** eine der schillerndsten Religionsgemeinschaften Asiens, wenn nicht der Welt. „Christ and Buddha looking down from the roof of the Cathedral on a Walt Disney fantasia of the East, dragons and snakes in Technicolor", schauderte es Graham Greene, der gleichwohl von der Sekte und ihrem *„Heiligen Stuhl"* derart fasziniert war, dass er ernsthaft einen Beitritt erwogen haben soll. Im Zeitalter von New Age und Esoterik ist diese **Idealreligion** aus Ost und West, aus Buddhismus, Konfuzianismus, Katholizismus, Daoismus, Hinduismus und Islam schon fast wieder *in.*

Nach Jahren der Repression unter dem sozialistischen Regime – nicht ganz unverständlich, hatten die Caodaiisten doch traditionell stets an der Seite der Fremdherrscher gestanden – kann die Sekte ihren Glauben (wenn auch nicht ihre „Politik") seit 1985 wieder so gut wie unbehelligt ausüben. Ihre Privatarmee beherrschte nach der Kapitulation der Japaner 1945 weite Teile des Südens und kollaborierte mit den Franzosen gegen den Viet Minh, bekämpfte andererseits aber auch Diem und den wachsenden Einfluss der Amerikaner.

Während des Vietnamkriegs war die Provinz Tay Ninh einer der Endpunkte des Ho-Chi-Minh-Pfads. Zwischen 1976 und 1979 legten die Khmer Rouge weite Teile der Grenzregion in Schutt und Asche.

Trang Bang
↗ XX/A2

Auf halbem Weg zwischen Saigon und Tay Ninh, bei Trang Bang, passiert man den Schauplatz einer der berühmtesten **Fotografien** (Nick Ut, 1972) des 20. Jahrhunderts. Die Aufnahme der nackten, von Napalm verbrannten neunjährigen *Kim Phuc*, die lautlos schreiend auf uns zuläuft, während sich im Hintergrund ihr Dorf in schwarzem Rauch auflöst, wurde zum Sinnbild nicht nur für die Unmenschlichkeit des Krieges in Vietnam, sondern für Krieg schlechthin. Ein kleines „Museum" im ehemaligen Café der Familie erinnert an das Geschehen. Die mit Aufmerksamkeit überschüttete Heldin floh später nach Cuba und lebt heute in Kanada (s. auch Literaturtipps im Anhang: Chong, Denise: *Das Mädchen hinter dem Foto. Die Geschichte der Kim Phuc*).

Der Heilige Stuhl der Cao Dai

„Religiöses tutti-frutti", „Disneyworld", „doktrinärer Hokuspokus" – die Zitate zur Beschreibung des Caodaismus und seines Hauptquartiers ließen sich fortsetzen. Doch es gab Zeiten, da hatte die Sekte mehr als 4 Mio. Anhänger (100.000 lebten allein auf dem Gelände des „Heiligen Stuhls") und bildete einen Staat im Staat mit eigener Verwaltung, eigenen Schulen und eigener Armee. Noch heute beträgt die Zahl ihrer Anhänger mehr als 500.000 Gläubige, vor allem im Delta.

Tay Ninh wurde 1927 zum **Zentrum des Caodaiismus** erklärt und gleichzeitig auf einem mehr als 100 km² großen Gelände der Bau des „Heiligen Stuhls" begonnen, der zehn Jahre später vollendet wurde und eine imposante Mischung aus Kathedrale, Tempel und Pagode darstellt.

Das beeindruckend bunte **Wandgemälde** im Vestibül stellt programmatisch *Sun Yat Sen* (1866–1925), den Gründer der chinesischen Republik, *Victor Hugo* (1802–1885) und den vietnamesischen Dichter und Gelehrten *Trang Trinh* (auch: Nguyen Binh Khiem, 1492–1587) dar. Victor Hugo, mit Uniform und Dreispitz als Mitglied der *Académie Française* ausgewiesen, schreibt mit einem Federkiel die Worte *Dieu et Humanité/Amour et Justice* nieder (Gott und Menschlichkeit/Liebe und Gerechtigkeit), während der Konfuzianer und Daoist Trang Trinh als Symbolfigur des Ostens die gleichen Begriffe mit einem Tuschepinsel in chinesischen Zeichen malt. Sun Yat Sen, der Inbegriff des asiatischen Nationalismus, hält beiden den Tintenstein.

Strenger Symbolismus und zeremonielle Organisation bestimmen den architektonischen Aufbau genau wie alle kultischen Handlungen. Das **Kirchenschiff** steigt, zusätzlich akzentuiert durch Säulen, in 9 Ebenen an, die den 9 Stufen zum Himmel entsprechen, denen wiederum die 9 Ränge der höchsten Würdenträger entsprechen. Der tiefblaue Himmel mit Sternen aus Spiegelglas, der das Schiff überwölbt, wird von einer doppelten Zwölferreihe drachenumschlungener Säulen getragen. Dem achteckigen Altar mit sechs Stühlen für die Kardinäle und einem Stuhl für den Papst schließt sich der achteckige Nordchor mit der großen Weltkugel an, über die das „Auge, das alles sieht", wacht. Das in ein Dreieck gezeichnete **Auge,** von dem 9 Strahlen ausgehen, ist das Emblem für Cao Dai, das Höchste Wesen, das als Schöpfer und Erlöser verehrt wird. Näheres zu Geschichte und zur Lehre des Caodaiismus siehe Kapitel *Religion*.

Die Zeremonie

Viermal täglich, um 6, 12, 18 und 24 Uhr, findet die Gebetszeremonie statt, sie dauert etwa eine Stunde. Zu den Klängen eines Orchesters mit traditionellen vietnamesischen Instrumenten nehmen im Kirchenschiff links „Dienerinnen", rechts „Diener" (d.h. Laien) in weißen Gewändern Aufstel-

130vi Foto: kb

Der Heilige Stuhl der Cao Dai

lung. Das Mittelschiff ist den höheren Rängen der Hierarchie vorbehalten, deren farbige Zeremonialgewänder ihre Zugehörigkeit signalisieren, rot steht für Konfuzianismus, gelb für Buddhismus und blau für Daoismus.

Die Vertreter der einzelnen Glaubensrichtungen sind mit klar definierten Aufgaben betraut, Ritus und Ordnung untersteht den Konfuzianern, Finanzen und Öffentlichkeitsarbeit den Buddhisten, und Erziehung und innere Angelegenheiten den Daoisten. Die Hierarchie reicht von einfachen „Dienern" bis zu Bischöfen und Kardinälen, der Papstsessel freilich ist seit 1933 unbesetzt. Wie in der römisch-katholischen Kirche, die der Organisation der Sekte als Vorbild diente, werden Konzile einberufen. Alle Ämter können, zumindest theoretisch, jedoch auch von Frauen bekleidet werden. Die Vorschriften bezüglich Kleidung, Haartracht, vegetarischer und einfacher Lebensweise sind äußerst streng, für Laienanhänger aber gelockert.

Praktische Informationen

● **Orientierung.** Tay Ninh liegt 96 km westlich von Saigon an der N 22. 10 km vor der Stadt führt ein Abzweiger über den *Long-Hoa*-Markt nach 2 km zum Heiligen Stuhl. Das von hohen Mauern umgebene Tempelgelände liegt 4 km östlich der Stadt.
● **Bus.** Lokalbusse fahren vom Tay-Ninh-Busbahnhof in der Le Dai Hanh ab (an dem die Stadtbusse nach Cu Chi stoppen). Von Tay Ninh zum Heiligen Stuhl (4 km) per Xe Om.
● **Touren.** Fast alle Reiseagenturen Saigons bieten Touren nach Tay Ninh an, meist in Kombination mit Cu Chi.
● **Unterkunft.** *Hoa Binh.* 40 Zimmer 12–18 $. 210 30 Thang 4.

Nui Ba Den

15 km nordöstlich von Tay Ninh ragt unvermittelt der **986 m** hohe Granithügel *Nui Ba Den* aus der flachen Ebene der *Reisfelder* auf. Der legendenumwobene **„Berg der Schwarzen Frau"** ist seit alters her eine heilige Stätte, man hat menhir-ähnliche Kultsteine aus dem Neolithikum gefunden und Überreste von Cham-Heiligtümern. Heute ist der Berg der populärste Wallfahrtsort des Südens, der vor allem in den ersten drei Monaten nach dem Tet-Fest besucht wird. Die Legen-

Victor Hugo, Sun Yat Sen (li),
Trang Trinh (re)

Umgebung von Saigon

de erzählt von einer jungen Frau, die statt ihres armen Geliebten den Sohn eines reichen Mandarins heiraten sollte und sich deshalb von dem Felsen kopfüber in die Tiefe stürzte.

Der steile, von zahllosen Souvenirständen und Cafés gesäumte Pfad zum *Dien Ba*, dem Tempel- und Pagodenkomplex, ist für Gipfelstürmer in 30 Minuten zu schaffen; wer sich Zeit nimmt und von den überdachten Wegstationen die Aussicht genießt, braucht eine Stunde. Alte Reiseberichte beschreiben einen Weg durch dichten Dschungel mit gigantischen Bäumen. Davon ist heute nichts mehr zu sehen, der Berg war während beider Vietnamkriege ein wichtiger strategischer Punkt und heiß umkämpft. Seit einigen Jahren bringt eine **Seilbahn** (25-, hin und zurück 45.000 đ) Pilger und Ausflügler zu den Tempeln.

● **Eintritt** 6000 đ. Per Xe Om von Tay Ninh 50.000 đ.

Can Gio ⤿ XX/B3
(Cần Giờ)

Ein guter Tipp, wenn man einmal für ein paar Stunden das Getriebe Saigons hinter sich lassen möchte, sind die ausgedehnten Salzsümpfe und **Mangrovenwälder** der nahezu unbesiedelten Insel Can Gio im Mündungsdelta des Saigon-Flusses. Der **Can Gio Forest Park** *(Lam Vien Can Gio)* bietet einen Rundweg (Achtung: freilaufende Affen!) durch die Flora und Fauna des unter Naturschutz stehenden Reservats, noch schöner ist die Bootsfahrt

durch die Kanäle des undurchdringlichen Dickichts. Pythons, Otter, Kleinbären, Hirsche, Wildkatzen und Alligatoren werden in Käfigen und Freigehegen gehalten.

Abenteuerlustige steuern auch den schmalen **Strand** (viele Cafés und Restos) und den gleichnamigen Fischerort mit seinem lebendigen Markt an (Aussicht auf die Halbinsel Vung Tau).

Praktische Informationen

● **Anreise.** 55 km südöstlich. Per Bus 20 ab Ben-Thanh-Markt. Can Gio ist durch eine Brücke mit dem Festland verbunden.
● **Park.** Eintritt 15.000 đ. Rundweg 3–4 km. Wochenenden und Feiertage sollte man meiden! www.cangioresort.com.vn.

Vung Tau ⤿ XX/B3
(Vũng Tàu)

Langnasen zieht es kaum in das traditionelle **Strandbad der Saigoner** – zumindest zum Baden. Zu voll, zu dreckig, zu stressig, zu „asiatisch". Sightseeing ist eine andere Sache. Per Schnellboot ist das von Hotels, Restaurants und Cafés überquellende *Cap Saint Jacques* der Franzosen ohne Mühe in 1 Stunde erreichbar.

Jahrzehntelang am Standard von Urlaubern aus „sozialistischen Bruderländern" ausgerichtet – noch Anfang der 1990er Jahre mit Abstand größte russische Kolonie Vietnams –, lockt Vung Tau heute Gäste von Seoul bis Taipeh und verwandelt sich unaufhaltsam in eine Art „Pattaya des Ostens" (nur ohne Anmache).

Orientierung

Vung Tau liegt auf einer Halbinsel südlich der Mündung des Saigon-Flusses. Der **Bai Truoc** (Vordere Strand) im Zentrum der Stadt ist gesäumt von Cafés, Restaurants und Kiosken der Strandpromenade *Quang Trung*. Die Uferstraße *Ha Long* („Petite Corniche") führt über den Strand *Bai Dua* (1,5 km) nach 3,5 km zum Hauptstrand **Bai Sau** (Hinterer Strand oder Back Beach genannt, da „im Rücken" Vung Taus liegend). Auf dem Weg passiert man einen französischen **Leuchtturm** (1910, einzigartige Aussicht aus 170 m Höhe auf Vung Tau und den Bai Sau) und eine 28 m hohe **Jesus-Statue** hoch oben in den Hügeln (Anfang der 1970er Jahre von reichen Katholiken aus Saigon erbaut, vermutlich um die US-Flotte zu segnen).

Der Hauptstrand Bai Sau erstreckt sich über mehr als 12 km, die Uferstraße heißt *Thuy Van*. An Wochenenden ist hier viel los, und das Angebot an Hotels, Guesthouses, Liegestühlen, Getränken und Snacks lässt kaum zu wünschen übrig.

Praktische Informationen

- 200.000 Einw. Tel. 064.
- **Information.** *OSC*, 2 Le Loi, Tel. 3852318, www.oscvietnamtravel.com. *Vung Tau Tourist*, 207 Vo Thi Sau, Tel. 3856446, www.vungtautourist.com.vn.
- **Geld.** *Vietcombank*, 27 Tran Hung Dao.
- **Taxi.** *Mailinh*, Tel. 3565656.

Unterkunft

- **Binh An Village.** Boutique-Resort in Hügellage am Meer, eine Oase der Ruhe (an Wochenenden immer ausgebucht). Kein Strand, aber 2 Pools (Salz- und Süßwasser). 8 Villen (bis 4 Pers.) ab 200 $, 6 DZ 85–105 $ ++ inkl. BF. 1 Tran Phu, Tel. 3510016, www.binhanvillage.com.
- **Grand Hotel.** Nostalgischer Charme zwischen Kolonialismus und Realsozialismus. 66 aufgehübschte Zimmer 90–110 $ inkl. BF. 2 Nguyen Du, Tel. 3856888, www.grand.oscvn.com.
- **Dic Star.** Einer von vielen Hotelkästen am *Back Beach*, aber gut gelegen und ausgestattet, mit Pool, Tennis, Gym, Rooftop Bar etc. 88 Zimmer 88–100 $ inkl. BF. 169 Thuy Van, Tel. 3585537, www.dicstarhotel.com.vn.
- **Son Thinh II.** Nicht weit vom Strand, mit Lift, Dachgarten und ordentlichen Zimmern für 12–14 $ (So.–Do.). 19 Thuy Van, Tel. 3859288, www.sonthinhhotel.vn.
- **Lan Rung Resort.** Schöner Meerblick, mit Pool und Felsstrand. 72 Zimmer 65–85 $ inkl. BF (So.–Do., sonst 75–95 $). 3–6 Ha Long, Tel. 3526010, www.lanrungbeachresort.com.vn.

Essen und Trinken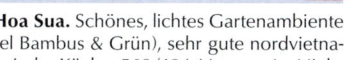

- **Hoa Sua.** Schönes, lichtes Gartenambiente (viel Bambus & Grün), sehr gute nordvietnamesische Küche. 569/19A Nguyen An Ninh.
- **Hai San Song.** Sehr populäres, preisgünstiges Seafood-Resto mit Blick auf die Bucht. 3 Tran Phu, in Verlängerung der Quang Trung knapp 2 km nördlich der *Front Beach*.
- **Cat Bien.** Vielleicht das beste Seafood-Resto vor Ort; Riesenauswahl. 38 Quang Trung.
- **Le Dung.** Meeresfrüchte en gros, auch zum Mitnehmen. 18 Tran Hung Dao.
- **Wild Horse Saloon.** 4 Nguyen Trai.
- **Tommy's.** Australische Café-Bar von 9 Uhr bis spät. 94 Ha Long.
- **Beach Club.** Windsurfer-Hangout und Nightspot, 8 Thuy Van.

An- und Weiterreise

- **Entfernungen** (in km): Saigon 130, Ba Ria 10, Long Hai 25, Ho Coc 50, Con Dao 200.
- **Bus.** Von Saigon alle 15–30 Min. ab Ben Xe Mien Dong, Fahrzeit 3 Std. Nach Saigon ab 46 Tran Hung Dao. Nach Long Hai u.a. ab Busbahnhof 192A Nam Ky Khoi Nghia.

● **Boot.** Speedboote von *Greenlines* und *Petro Express* verkehren alle 2 Std., 8–10 $, Fahrzeit 75 Min. Saigon, 2 Ton Duc Thang. Vung Tau, 122 Ha Long.
● **Con Dao.** Alle 2–3 Tage **per Boot,** meist ab 17 Uhr, an 6 Uhr, einfache Fahrt um 12 $. 1007/36 Duong 30/4 (30. April), Tel. 3838684. Nähere Auskunft erteilt *Vung Tau Tourist.*

Long Hai ⚓ XXIII/D1
(Long Hải)

Fischerort 25 km nordöstlich von Vung Tau mit kilometerlangem **Sandstrand;** in der „guten alten Zeit" zog man sich hierher zurück, wenn einem Cap St. Jacques alias Vung Tau zu überfüllt war. Im Sommer und an den Wochenenden sollte man Long Hai meiden, ansonsten ist es kein übler Platz. Speziell in punkto Gastronomie und „Nachtleben", aber auch bei den Unterkünften sollte man keine hohen Ansprüche stellen.

Unterkunft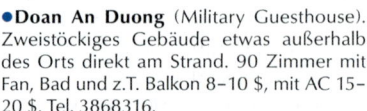

● **Doan An Duong** (Military Guesthouse). Zweistöckiges Gebäude etwas außerhalb des Orts direkt am Strand. 90 Zimmer mit Fan, Bad und z.T. Balkon 8–10 $, mit AC 15–20 $. Tel. 3868316.
● **Anoasis Beach Resort.** Exklusive Anlage (16 ha) mit Privatstrand 2 km nördl. Unter franz. Leitung. Hanglage, rundum Dünen. Pool, Tennis. 30 Bungalows (60 m²) mit Veranda und Meerblick ab 112 $ ++ inkl. BF. Tel. 3868227, www.anoasisresort.com.vn.

Anreise und Weiterreise

● **Bus.** Bis *Ba Ria* oder *Vung Tau,* von dort per Xe Om (12 bzw. 25 km, 15–30.000 đ). Busse von/nach Saigon fahren sporadisch.

Ho Coc ⚓ XXI/C2–3
(Hô Cốc)

Der noch recht ursprüngliche **Strand** von Ho Coc 40 km nordöstlich von Long Hai ist von dichten Wäldern und Pfefferplantagen umgeben. Hier waren bis Anfang der 1990er Jahre noch Elefanten heimisch, und noch heute kann man hin und wieder Affen begegnen. Man kann in einfachen Bungalows übernachten, die schöne Küstenlandschaft erforschen oder sich nur wenige km landeinwärts in die heißen Quellen von **Binh Chau** legen und sich tüchtig durchkneten lassen (Massage, Akupunktur, Kräutermedizin etc.).

Praktische Informationen

● **Anreise.** Zwischen Long Hai und Binh Chau hat die Straße Highway-Qualität, von dort 12 km bis Ho Coc. Weiterfahrt Richtung Phan Thiet/Mui Ne ist möglich (s. dort).
● **Tour.** Saigoner Tourcafés bieten hin und wieder Ho Coc an.
● **Unterkunft.** *Ho Coc Beach,* Bungalowanlage direkt am Strand, ab 55 $ inkl. BF (siehe *Saigon Binh Chau*). *Huong Phong.* An der Strandstraße, Zimmer mit Fan/KW 10, Bungalow mit AC/WW 20 $. Tel. 3878145.
● **Binh Chau Hot Springs.** Schöne, gepflegte Anlage (Eintritt 15.000 đ) mit Pool, heißen Mineralbädern (37–40°, ab 60.000 đ für 2 Pers.) und weitläufigem Park.
● **Saigon Binh Chau Eco Resort.** Auf dem Gelände der Hot Springs. 116 Zimmer 42–63 $, Suiten & Villen bis 270 $ inkl. BF & Eintritt zu den Hot Springs. Tel. 3871131, www.saigonbinhchauecoresort.com.

Con Dao

(Côn Đảo)

↗ XXIII/D3

Der Con-Dau-Archipel besteht aus 14 Kalkstein-Inseln 180–200 km südlich von Vung Tau. Die bis zu 500 m hohe, größtenteils bewaldete Hauptinsel **Con Son** ist 15 km lang, 1–3 km breit und umringt von malerischen Felsenbuchten, **Sandstränden** und **Korallenriffen.**

Schon im 16. Jh. hatten die Portugiesen den strategischen Wert der Inselgruppe erkannt und tauften sie nach dem malaiischen *Pulau Kundur,* Insel der Kürbisse, **Poulo Condore.** Anderen Quellen zufolge verdankt sie ihren Namen dem Weltenbummler *Marco Polo,* der 1294 auf dem Eiland Zuflucht vor einem Taifun gesucht haben soll. In der Folge stritten Franzosen und Briten um ihren Besitz, ehe die französischen Kolonisten Poulo Condore ab 1862 zu einer berühmtberüchtigten **Gefängnisinsel** ausbauten.

Speziell nach 1940 saß hier fast die gesamte Führung des antikolonialen Widerstands ein, Nationalisten wie Kaisertreue, Kommunisten wie Trotzkisten oder progressive Bürgerliche, missliebige Buddhisten, Journalisten, Studenten und Gewerkschaftsführer. Die grauenvollen Zustände auf der KZ-ähnlichen Gefängnisinsel sorgten selbst in Frankreich mehrfach für Skandale; Misshandlungen, Folterungen und ominöse Todesfälle waren an der Tagesordnung. Nach dem Rückzug der Franzosen übernahmen Südvietnamesen und Amerikaner dankbar die Anlagen und „perfektionierten" vor allem die berüchtigten **Tiger-Käfige** (deren originalgetreuen Nachbau man im Saigoner Kriegsmuseum studieren kann).

Der 1993 etablierte **Con Dao Nationalpark** nimmt annähernd zwei Drittel der spärlich bewohnten Inselfläche und umliegenden Gewässer ein. In den **Wäldern** des bergigen Eilands überlebten Baumarten, die auf dem Festland nur noch selten vorkommen, wo sie, wie Teak, Ebenholz und Eisenholz, jahrhundertelang als Baumaterial für Paläste, Pagoden und Gemeinschaftshäuser dienten. Die **Gewässer** werden von hunderten Fischarten sowie Delfinen bevölkert; zwischen April/Mai und September kriechen Seeschildkröten an Land und legen Eier. Die reichen Seegras-Vorkommen rund um das Eiland ernähren einige Herden gewaltiger, bis zu 3 m langer und 300 kg schwerer **Dugongs.** Die auch als *Seekühe* bekannten (genealogisch mit Walen und Elefanten! verwandten) Säugetiere wurden in alter Zeit oft fälschlich als Meerjungfrauen oder *Sirenen* identifiziert. Da sie sich zur Nahrungsaufnahme im Flachwasser aufhalten, sind die Chancen nicht schlecht, sie zu Gesicht zu bekommen. Seit 1995 sind Mitarbeiter des WWF vor Ort, um die Population der Dugongs und Seeschildkröten zu überwachen.

Die touristische Erschließung Con Daos steht erst bevor. Noch verschandeln weder Minihotels noch farbenfroher neovietnamesischer Rokoko den hübschen, schläfrigen Ort, aber das wird sich rasch ändern.

Umgebung von Saigon

132vi Foto: kb

Historische Baudenkmäler

Das **Phu Hai Gefängnis** ist das älteste und größte der Insel (insgesamt gab es nahezu ein Dutzend; eines bauten die Amerikaner noch kurz vor ihrem überstürzten Abmarsch aus Vietnam). Von den Franzosen bereits 1862 installiert, bietet es gewaltige Trakte für 100 und mehr Häftlinge, aber auch düstere Verliese für angekettete „Rädelsführer".

Die an den Decken offenen und vergitterten **Tiger-Käfige** im *Phu Thuong* Gefängnis, über die die Wärter auf langen Gängen spazieren und dabei die Häftlinge observieren konnten, wurden seit 1940 gebaut. Später ließen die Amerikaner einen neuen Ge-

fängnistrakt rund um die *Cages* hochziehen, der sie quasi einmauerte und jedem Blick entzog; die Emissäre der internationalen Hilfsorganisationen, die man bereitwillig durch die Anlagen führte, waren entzückt, doch hinter den Fassaden ging das Grauen unvermindert fort.

Etwa 2000 der mehr als 22.000 politischen Gefangenen der Franzosen blieben für immer auf der Insel. Ihre zum Teil namenlosen Gräber liegen auf dem 3 km vom Ort entfernten **Hang Duong Friedhof,** darunter auch die von *Le Hong Phong* und der erst 19-jährigen „Märtyrerin" *Vo Thi Sau* (nach der zahlreiche Schulen und Straßen Vietnams benannt sind), die 1952 auf Con Dao exekutiert wurden.

Das **Revolutionsmuseum** erzählt von den Torturen der Widerständler anhand von Fotos und Dokumenten.

Die Tigerkäfige von Con Dao

Strände und Inseln

Zwei Strände liegen unmittelbar am Ortsrand; am *An Hai*-Strand steht das Con Dao Resort, am *Lo Voi* tauchen in der Morgen- und Abenddämmerung hin und wieder Dugongs auf. Die schönsten Strände der Hauptinsel sind der *Dat Doc*, 3–4 km nordöstlich des Lo Voi sowie der am Flughafen gelegene *Dam Trau*. Ein gutes Revier zum Sonnenbaden und Schnorcheln findet man an der Felsküste 3 km nördlich des Hafens *Ben Dam*, 16 km vom Hauptort entfernt (Ende der Straße).

Einige der prachtvollsten Strände kann man auf den Nachbarinseln *Cau*, *Tre Lon* und *Bay Canh*, der zweitgrößten Insel des Archipels, finden; dort gehen auch die Schildkröten an Land.

Praktische Informationen

- 6000 Einw. Tel. 064.
- www.condao.com.vn.
- **Klima.** Regenzeit Juni–Sept. Okt./Nov. herrschen heftige Winde.
- **Geld.** Mit Bargeld eindecken (noch gibt es weder Banken noch ATMs).
- **Nationalpark.** Headquarter am Stadtrand, 29 Vo Thi Sau, Tel. 3830150, vqgcdao@hcm.vnn.vn. Pfad bis zum *Ong Dung*-Strand an der Westseite der Insel (2 km).
- **Museum.** Außer So 8–11.30, 14–17 Uhr, 10.000 d; beinhaltet den Zutritt zu den Gefängnissen Phu Hai und Phu Thuong.
- **Tauchen.** Nov.–Febr. ist die See oft rauh und aufgewühlt; beste Zeit ist März–Okt.
- **Rainbow Divers.** Tel. 3630023, www.divevietnam.com.
- **Coco Divers.** Im Saigon Resort. www.cocodivecenter.com.

Unterkunft und Verpflegung

- **Six Senses Hideaway.** Ab Ende 2010. Noch einmal ein anderer Stil und eine andere Dimension. www.sixsenses.com/Six-Senses-Hideaway-Con-Dao/index.php.
- **Saigon Con Dao.** 32 Zimmer in einstöckigen Villen auf einem Gartengelände am Ortsrand, mit Meerblick, allerdings ohne Strand. Resto-Bar, Pool. 40, 50, 80 $ inkl. BF (Internet Rate). Tel. 3830155, www.saigoncondao.com.
- **Con Dao Resort.** Am Strand am entgegengesetzten Ortsrand gelegen. Dreistöckiger Nutzbau mit 40 Balkonzimmern 50–80 $ (Seaview), 95 $ (Suite 4 Pers.) inkl. BF. Große, helle, aber kahle, einfache Zimmer. Resto, Privatstrand und Pool. Tel. 3830939, www.condaoresort.com.vn.
- **ATC.** Weitläufige Anlage beim *Saigon Resort*, mit viel Grün, aber ohne Strand. 15 Zimmer in drei Gebäuden – hübsche, etwas beengte französische Villa, hölzerner Pfahlbau (mit Fan) oder Backsteinvilla – 30–40 $ inkl. BF. Dazu 9 Zimmer 20 $. Tel. 3830666, www.condao.com.
- **Phi Yen.** Im Zentrum, gegenüber dem Hafen. 10 Zimmer, spartanisch, ohne Fenster (Licht fällt durch Milchglastüren ein), aber mit AC/WW 15, 17, 25 $ (4 Pers.). Tel. 3830168, Fax 3830253.
- **Bo Bien.** Garten-Resto mit schönem Meerblick unweit des *Con Dao Resort.*

An- und Weiterreise

- Ab Vung Tau verkehren unregelmäßig alle paar Tage Nachtschiffe, die ca. 12–13 Std. benötigen (s. dort).
- **Flug.** Der *Con Son Airport* wurde 2004 erweitert, bis dahin konnten nur Hubschrauber die Insel anfliegen. Eingesetzt werden 60–70-sitzige ATRs.

3x tgl. Saigon – Con Son – Saigon, Flugzeit 55 Min., um 90 $ hin und zurück, mit Vietnam Airlines bzw. Vasco (www.vasco.com.vn).

Umgebung von Saigon

Das Mekong-Delta

295vi Foto: kb

298vi Foto: kb

Im Mekong-Delta

... ist Reis nicht gleich Reis

... und Fisch nicht gleich Fisch

Überblick

Das topfebene Mekong-Delta ist seit je her ein Land der **Extreme**. Vietnamesen besiedelten die brachliegende Region erst gegen Mitte des 18. Jhs., zuvor zählte sie jahrhundertelang zum Machtbereich der **Khmer,** die die sumpfigen, fieberverseuchten Niederungen jedoch nie kultivierten. Im 19./20. Jh. gebar das Delta patriotische, zu allem entschlossene **Freiheitskämpfer** gegen Franzosen und Amerikaner, aber auch opportunistische religiöse **Sekten** und bis an die Zähne bewaffnete Geheimbünde *(Cao Dai, Hoa Hao)*. Während der Jahre des Realsozialismus leisteten die Händler und Bauern des Deltas **passiven Widerstand** gegen die Kollektivierungen Hanois, heute zählen ihre Volkskomitees zu den treuesten und unkritischsten Anhängern des Status Quo.

Der Mekong

Der Mekong entspringt in den Bergen Tibets und fließt 4000 km durch China, Burma, Laos, Thailand und Kambodscha, ehe er Vietnam erreicht. Wegen der Zahl seiner Arme im Mündungsbereich nennen ihn die Vietnamesen *Song Cuu Long,* Fluss der Neun Drachen. Seine beiden, bereits in Kambodscha aufgesplitterten *Hauptarme* sind der *Tien Giang* oder Obere Mekong, der sich auf der Höhe von Vinh Long in 6 Nebenarme verzweigt, und der *Hau Giang* oder Untere Mekong (auch *Bassac* genannt), der über Long Xuyen und Can Tho dem Meer zufließt.

Mit rund 1300 Fischarten sowie zahllosen Reptilien- und Vogelarten zählt der Mekong zu den fünf *artenreichsten Flüssen* der Welt, fast vergleichbar mit dem Amazonas.

Gut 1 Mio. Khmer – und eine erkleckliche Zahl *Cham* – bevölkern das Delta noch heute. In einigen kleineren, abgelegeneren Provinzen stellen sie bis zu einem Drittel und mehr der Bewohner. 1975 reklamierten die mit China verbündeten ultranationalistischen **Khmer Rouge** das Delta für sich und verübten brutale Grenzübergriffe gegen Vietnam, was zur vietnamesischen Invasion in Kambodscha (1979) und in der Folge zu Kriegsstreitigkeiten mit China führte.

Die südlichste Region Vietnams versorgt als **Reiskammer** des Landes seit dem 19. Jh. nicht nur den Süden, sondern auch die Zentralregion (Hue) und in Notzeiten selbst den Norden. Das durch jahrtausendelange Sedimentablagerungen des Mekong entstandene fruchtbare Schwemmland wächst noch heute zwischen 40 und 70 cm im Jahr. Obwohl die vietnamesischen Herrscher bereits um 1750 begannen, **Kanäle** anzulegen, um ganzjährige Navigation zu ermöglichen und Sümpfe trockenzulegen und zusätzliche Anbauflächen zu gewinnen, wurde das Delta im großen Maßstab erst im späten 19., frühen 20. Jh. von den Franzosen erschlossen. Mit Ausnahme der ausgedehnten **Mangrovensümpfe** um Ca Mau und in der Ebene der Reetgräser *(Plain of Reeds)* nahe der kambodschanischen Grenze steht heute nahezu die gesamte Landfläche unter Kultivierung.

Die ökonomisch wie ökologisch gefährliche **Reis-Monokultur,** die die Franzosen wie die Amerikaner jahrzehntelang nach Kräften gefördert hat-

Touren

Eine *Tagestour* von Saigon kann man sich fast sparen – ohne seine Kanäle, Wasserwege, Schwimmenden Märkte und Flussinseln ist das Delta nichts. Bootsfahrten aber sind zeitaufwendig. Wer eine Tour bucht, sollte zumindest darauf achten, so wenig wie möglich mit dem Bus und so lange wie möglich mit dem *Boot* unterwegs zu sein. Da über 99 % aller Ausflügler täglich den Mekong zwischen *Vinh Long* und *Cai Be* bevölkern, raten wir zu einer Exkursion nach Ben Tre (z.B. mit *Exotissimo*).

● **Bedeutend mehr Erfahrungen bietet die 2-Tages-Tour** mit Übernachtung auf dem Boot (oder auch im Hotel bzw. Homestay). Wer aktiv(er) sein will, kann auch eine kombinierte *Radtour* buchen (z.B. mit *Sinhbalo*) oder eine *Vespatour* (z.B. mit *TerraVerde*).

● **Homestays** bei Farmern und Pflanzern bieten sogar staatliche Veranstalter an (z.B. in Vinh Long, Can Tho, Ben Tre). Leider haben in der Folge des Massentourismus viele inzwischen nichts mehr mit einem *Home* zu tun, sondern sind lediglich rasch zusammengezimmerte „Bambushütten für Touristen", in denen notleidende Bauern nach „Geschäftsschluss" den Animateur spielen.

● **Bootstour.** Der seit Jahren innovativste Veranstalter im Normalsegment – *Delta Adventure Tours* – ist wie kein anderer auf *Boote* fixiert (und betreibt nicht umsonst auch das einzige *Floating Hotel* im Delta!). Ihr Angebot sollte man als erstes studieren, egal ob für einen Kurztrripp oder die Weiterreise nach Kambodscha; außer Touren machen kann man auch Boote (für 2–6 Personen oder mehr) chartern.

● **Bootstour Exklusiv.** Speziell auf der Route Can Tho – Cai Be verkehren exklusive *Vintage Cruiser* verschiedenster Größenordnung; für eine Zweitagestour inkl. Übernachtung auf dem Boot, Exkursionen, Mahlzeiten und Saigon-Transfer sind rund 160–200 $ p.P. zu zahlen. Empfehlen können wir z.B. die deutsch-vietnamesische *Mekong Eyes*. Und dringend empfehlen wir den Einstieg in Cai Be statt Can Tho, um auch den Schwimmenden Markt von Cai Rang mitzuerleben.

● *mekongeyes.com*
● *transmekong.com*
● *lecochinchine.com*
● *mekongdeltatour.net*
● *lamant-cruises.com*
● *vietnam.exotissimo.com*
● *pandaw.com*
● **Auf eigene Faust.** Wer unbedingt einen Schwimmenden Markt erleben will, sollte nach *Can Tho* fahren. Wem es eher darum geht, dem Massentourismus zu entfliehen und etwa durch prototypische kleine Delta-Städte zu bummeln, ist in *Sa Dec* oder *Ben Tre* richtig. Für den Transport empfehlen sich die schnellen und zuverlässigen Minibusse von *Mai Linh*.

---

ten, weicht seit einiger Zeit einer vernünftigeren Vielfalt. Außer Cash Crops wie Soya, Mais, Erdnüsse, Zuckerrohr werden in immer größerem Maßstab Obst- und Gemüseplantagen sowie Fisch- und Shrimpsfarmen angelegt. Der unkontrollierte Einsatz von Chemie schädigt allerdings nicht nur die Umwelt, sondern in zunehmendem Maße auch die Menschen selbst.

Während der **Regenzeit** zwischen Mai und Oktober steigt der Mekong an und setzt weite Gebiete des Deltas unter Wasser. Dank des natürlichen Stau-Regulativs durch den tiefer gelegenen *Tonle-Sap-See* in Kambodscha – bei Hochwasser ändert der Mekong einfach seine Laufrichtung und fließt in den See zurück – kommt es jedoch so gut wie nie zu den verheerenden

Flutkatastrophen, wie sie im Delta des Roten Flusses gang und gäbe sind. Die **jährliche Überflutung** wird im Gegenteil eher als Segen gesehen, da sie sowohl für fruchtbare Sedimente wie für die natürliche Entsalzung des Wassers sorgt. Erst seit jüngster Zeit treten massiv Probleme auf, die schon Ende der 1990er Jahre zu Todesopfern, Massenevakuierungen und Schäden in Milliardenhöhe führten. Durch die vermehrte Abholzung und Eindämmung in Kambodscha und die fortgesetzte Kanalisierung in Vietnam fließt der Mekong deutlich **schneller** als früher ins Meer ab, während zusätzliche Ost-West-Kanäle und nicht zuletzt das rasant gewachsene Straßennetz (befestigte und höhergelegte Schnellstraßen) den Abfluss der Wassermassen behindern.

Geschichte

Das Mekong-Delta ist geschichtlich die letzte Region des heutigen Vietnam, die von den Vietnamesen eingenommen und besiedelt wurde. Zwischen dem 1. und 6. Jh. Zentrum des untergegangenen Reichs **Fu Nan,** unterstand es mehr als tausend Jahre lang den verschiedenen Königreichen der **Khmer,** die über genügend eigene Anbauflächen verfügten und es daher weitgehend unbesiedelt ließen. Vietnamesen und chinesische Ming-Flüchtlinge begannen erst im 18. Jh., das Land nach und nach zu erschließen.

Keine 10 Jahre nach der Einnahme Saigons 1859 besetzten die Franzosen auch das Delta. Erst ihren Agronomen und Ingenieuren gelang es, weite Teile trockenzulegen, zu entsalzen und der Landwirtschaft im großen Maßstab nutzbar zu machen. Dank Plantagenwirtschaft und Großgrundbesitz stieg **Cochinchina** innerhalb weniger Jahrzehnte zu einem der größten Reis-Exporteure der Welt auf; da die Produktionsmittel selbst aber im Wesentlichen die gleichen blieben (nämlich billige vietnamesische Arbeitskraft), litten die enteigneten und landlosen Bauern Hunger. Kaum irgendwo war der **antikoloniale Widerstand,** obwohl politisch kaum organisiert, heftiger als im Delta. Kaum irgendwo flüchteten sich aber auch so viele Menschen in Mystik und Spiritismus (Sekten, Geheimbünde).

Unter den **Amerikanern** änderte sich wenig daran, außer dass korrupte Beamte, Offiziere und Geschäftemacher des Saigoner Regimes an die Stelle der Kolonisten traten. Militärische Kontrolle über das Delta erlangten die US-Streitkräfte zu keinem Zeitpunkt, noch gelang es ihnen je, das geheime Hauptquartier der Befreiungsfront in der Plain of Reeds aufzuspüren.

Nach der Aufhebung der Kollektivierung zählten die Bauern des Mekong-Delta zu den ersten Gewinnern der Wirtschaftsreformen von 1986. Heute, da die Landwirtschaft nicht mehr zu den Prioritäten des aufstrebenden Landes zählt, geht die Entwicklung längst wieder an ihnen vorbei, reüssieren lediglich die Städte und der innerstädtische Handel.

Klima

Das Klima ist ganzjährig tropisch und feuchtwarm. Die Regenzeit dauert von Ende Mai bis September/Oktober, Überschwemmungen können aber ggf. noch bis Ende November einen geregelten Verkehrsbetrieb erschweren. Beste Reisezeit ist zwischen Dezember und April.

Auf dem Mekong

Verkehr

Das **Straßennetz** ist gut bis sehr gut, Regionalbusse steuern auch noch die letzten Winkel an. Seit 2010 gibt es den ersten mehrspurigen **Freeway** (65 km, zwischen Saigon und My Tho), gleichzeitig wurde nach achtjähriger Bauzeit die langersehnte **Brücke** über den *Hau Giang* vor Can Tho – die längste Hängebrücke Südostasiens – eingeweiht. Die Fahrzeit zu vielen Orten des Delta hat sich dadurch deutlich verkürzt, Fähren gibt es jetzt nur noch auf Nebenrouten (wie z.B. Vinh Long – Ben Tre).

Der **öffentliche Bootsverkehr** zwischen Saigon, Can Tho und Chau Doc wurde schon vor Jahren mangels Rentabilität aufgegeben. Dafür gibt es zunehmend mehr **Veranstalter** aller Preisklassen, die mit eigenen Booten a) regelmäßig **Rundtouren** veranstalten – in der Regel ab Vinh Long, Cai Be oder Can Tho, b) bis Chau Doc und weiter bis nach **Kambodscha** schippern (z.T. sogar bis Siem Reap) sowie c) relativ günstige **Charter-Boote** – auch für nur 2–4 Pers. – mitsamt Besatzung zur Verfügung stellen.

Entfernungen

● Von Saigon (in km): My Tho 70, Ben Tre 85, Vinh Long 130, Can Tho 170, Cao Lanh 170, Long Xuyen 190, Tra Vinh 205, Soc Trang 230, Rach Gia 250, Chau Doc 250, Ha Tien 340, Ca Mau 350, Phu Quoc 370.

Mekong-Delta

136vi Foto: kb

My Tho
(Mỹ Tho)

♫ **XXIII/C1**

Weder als Ort noch als *Mekong*-Destination ein echtes Highlight (zu viele eilige Tagesgäste). Die Provinzhauptstadt, Ende des 17. Jhs. von chinesischen Ming-Flüchtlingen gegründet, war lange Hauptumschlagplatz für den Handel mit Kambodscha; die Eisenbahnlinie nach Saigon (1883) war die erste in ganz Indochina.

My Tho ist schachbrettartig nach französischem Muster angelegt. Zentrum sind der Markt und die beiden Uferstraßen *Trung Trac* am *Bao-Dinh*-Kanal und *30 Thang 4*, an denen die meisten Hotels und Restaurants liegen.

Sehenswertes

Chua Vinh Trang

Die älteste Pagode des Deltas wurde 1849 im traditionellen vietnamesi-

My Tho

Busbahnhof 3 km

Ap Bac

Nguyen Tri Phuong

Bao-Dinh-Fluss

Truong Vinh Ky

Nguyen Tri Phuong

T.Q. Tuan

Phan Hien Dao

Yersin

Nam Ky Khoi Nghia

Hung Vuong

Huynh Tinh Cua

Nguyen Trai

Ngo Quyen

Chua Vinh Trang 800 m

Le Dai Hanh

Le Loi

Nguyen Hue

Trung Trac

Thu Khoa Huan

L.B. Can

Rach Gam

Truong Cong Dinh

H. Toai

Post ✉

30 Thang 4

Rach Mieu-Brücke
Ben Tre 17 km

Tien-Giang-Fluss

100 m

- 🔒 **1** Markthalle
- 🏨 **2** Minh Tai
- 🏨 **3** Song Tien
- ℹ **4** Song Tien
- ℹ **5** Chi Thanh
- ℹ **6** Nam Son
- 🏨 **7** Song Tien Annex
- ℹ **8** Quan An Thu
- ○ **9** Lac Hong
- 🏨 **10** Minh Quan
- 🏨 **11** Chuong Duong
- ⛴ **12** Boote zu Inseln
- ℹ **13** Tien Giang Tourist

🔒 **1**

2 🏨

4 ℹ **3** 🏨

ℹ **5**

ℹ **6**

🏨 **7**

ℹ **8**

🏨 **10** **9**

13 ℹ 🏨 **11**

12

schen Stil erbaut und verfügt über ein sehenswertes Pantheon von Buddhas und Bodhisattva, Schnitzarbeiten und Kalligrafien. Leider ist der Chua durch Renovierungen verschandelt, sodass er eher einem Lustschlösschen als einem religiösen Gebäude gleicht. 60 Nguyen Trung Truc, 1,5 km vom Zentrum.

Praktische Informationen

● 160.000 Einw. Tel. 073.
● **Information.** *Tien Giang Tourist.* 8 30 Thang 4, Tel. 3873184. Wenig effektiv, gesalzene Preise. Alternativ: *Mekotours*, 61 30 Thang 4 (Hotel *Cong Doan*), Tel. 3874324.
● **Geld.** *Agribank*, 31 Le Loi. ATM *Incombank*, Le Loi Ecke 30/4.

Bootstouren

● Ausflüge durch die Kanäle, zu Inseln wie *Con Phung* (Insel des Kokosnussmönchs), *Con Tan Long* oder *Thoi Son* (Fruchtfarmen) oder zum Floating Market von Cai Be (ca. 1 Std.) organisiert man sich am besten selbst. Es gibt haufenweise private Bootsanbieter, die Preise sind daher flexibel (ab 70.000 d pro Boot pro Std.).

Unterkunft

● **Chuong Duong.** Staatliche Anlage, 27 Zimmer mit Flussblick. 25–35 $ inkl. BF. Nachteil: entweder voll mit Gruppen oder gähnend leer. 10 30 Thang 4, Tel. 3870875, chuongduonghotel@hcm.vnn.vn.
● **Song Tien.** Relikt aus der US-Ära, zur Zeit der Drucklegung in Renovierung. 101 Trung Trac.
● **Song Tien Annex.** Neu 2009. Staatlich umgebautes Billighotel sowohl aus der US- wie der Realsozialismus-Ära. Beibender Nachteil: kleine Fenster auf Außenkorridore, ansonsten ok, mit Lift und Resto-Bar im 6. Stock. 20 Zimmer 18, ab 3. Stock 24 $ inkl. BF. 33 Trung Trac, Tel. 3937883, songtienannex hotel@gmail.com.

● **Minh Quan.** Neues Minihotel am Fluss, recht ordentlich, mit Lift und Resto-Bar im 6. Stock. 19 Zimmer 21 $ (kl. Fenster zur Seite), 26 $ mit Flussblick (z.T. Triple). 69 30 Thang 4, Tel. 3979979, minhquanhotel@ gmail.com.
● **Minh Tai.** Akzeptabler Mini beim Markt mit 12 Zimmern auf 5 Etagen (kein Lift); 9 $ klein, aber z.T. mit Fenster, 12 $ Twin mit Duschkabine. 1 Nguyen Hue, Tel. 3974858.

Essen und Trinken

● Eine Spezialität der Stadt ist *Hu tieu My Tho*, eine Glasnudelsuppe mit Schweinefleisch und getrockneten Shrimps, hervorragend z.B. im **Nam Son,** 32 Rach Gam.
● **Quan An Thu.** Gute *Nem* und *Banh Xeo.* 11 Trung Trac.
● **Chi Thanh.** Spezialitäten sind *Bittet*, Beefsteak, und *Sup Cua*, Krebssuppe. 17 Rach Gam.
● **Song Tien.** Hinter dem gleichnamigen Hotel, mit Garten und reichhaltiger Karte. 1 Lanh Binh Can.
● **Lac Hong.** Bildschönes Kolonialcafé auf 2 Etagen – entführt in vergangene Zeiten. 3 Trung Trac.

Anreise und Weiterreise

● **Entfernungen** (in km): Ben Tre 17, Vinh Long 65, Saigon 70, Can Tho 105, Chau Doc 180, Rach Gia 180, Ha Tien 270.
● **Bus.** Von/nach Saigon/Cholon, Vinh Long, Can Tho, Ca Mau, Chau Doc mehrmals tgl. Der Busbahnhof *(Ben Xe Khach Tien Giang)* liegt 3 km außerhalb an der *Ap Bac*, die innerhalb des Zentrums *Nguyen Trai* heißt.

Ben Tre ⤢ XXIII/C1
(Bến Tre)

Die kleine Provinzhauptstadt, während des Vietnamkriegs in die Geschichte eingegangen als „die Stadt, die man vernichten musste, um sie zu retten", wird nur alle Jubeljahre von Touristen angesteuert. Dies und seine

Mekong-Delta

❶ 1 Ben Tre Tourist	**▲ 5** Dinh An Hoi	**❾ 9** Hung Vuong
❷ 2 Que Huong +	**🏠 6** Ben Tre	**ⅱ 10** Kirche
Phuong Hoang	**🏠 7** Viet Uc	**○ 11** Hi-End Café
❸ 3 Nem Stube	**Ⓜ 8** Revolutions-	**○ 12** 180 Hung Vuong
❹ 4 Nam Son	Museum	**🏠 13** Ham Luong

üppige tropische Flora, sowie die schmalen, schattigen Kanäle und Pisten machen Ben Tre zu einem außergewöhnlichen Ausflugsziel. Trips per Boot und/oder Fahrrad sind hier – noch – kein Massentourismus-Vergnügen wie andernorts im Delta.

Die Provinz besteht aus drei fruchtbaren Inseln zwischen Mündungsarmen des Mekong, es ist eine der kleinsten Vietnams, hat aber die größte Anpflanzung von **Kokospalmen** (40.000 ha) im Land; pro Jahr werden über 200 Mio. Nüsse geerntet.

Phung Insel

Die vom *Song Tien* umgebene 28 ha große Insel ist wegen ihrer zahlreichen Kanäle inmitten von Kokosnusspflan-zungen ein beliebtes Ausflugsziel. Sie wurde auch durch die *Dao Dua*-Sekte bekannt, deren Mitglieder die Kokosnuss *(dua)* ins Zentrum ihres Lebens und ihrer Ernährung stellten. Tatsächlich gibt es vielfältige Verwertungsmöglichkeiten des Baumes vom Blattwerk über das Holz bis zur Wurzel, nicht zu vergessen die Frucht. Kokosprodukte werden noch heute auf der Insel produziert; kuriose Überreste der Sekte sind ebenfalls zu besichtigen.

My Hoa Vogelpark

Gegen 16 Uhr kehren hunderte Störche zu ihren Nistplätzen zurück und färben die Bäume weiß. Außerdem kann man Reiher, Fledermäuse und mit Glück auch Schlangen beobachten.

Praktische Informationen

- 50.000 Einw. Tel. 075.
- **Information.** *Ben Tre Tourist.* 65 Dong Khoi, Tel. 3829618, www.bentretourist.vn, www.bentre.gov.vn.
- **Revolutions-Museum.** In einer schönen alten Villa an der Uferstraße. Eintritt frei.
- **My Hoa Bird Sanctuary** *(San Chim Vam Ho).* 35 km, je nach Bootstyp 2–5 Std. hin und zurück. Eintritt 15.000 d.

Unterkunft

- **Viet Uc.** Im Bau, vietaustralisch, zehnstöckig, an der Uferpromenade.
- **Ham Luong.** Neu 2009. Korrekt, aber keine Freude, und noch gerade in Gehweite zum Zentrum. 66 Zimmer 20 $ groß, ohne Fenster, 22 $, mit Flussblick 26 $; inkl. BF, aber Fenster lassen sich nirgendwo öffnen, sind zugenagelt! 200C Hung Vuong, Tel. 3560560, www.hamluongtourist.com.vn.
- **Hung Vuong.** Nicht unsympathisch; zwar altmodisch, aber solide und gepflegt. 39 Zimmer z.T. mit Flussblick 12, 16, Suite mit Balkon 22 $ inkl. BF. 166 Hung Vuong, Tel. 3822408, hungvuongguesthouse@vnn.vn.
- **Ben Tre.** Gästehaus der Provinz im Motelstil, einfach, aber sauber. 36 Zimmer 9–12 $. 5 Cach Mang Thang Tam, Tel. 3822339.
- **Phuong Hoang.** Mini mit 10 Zimmern um 7–10 $. 28 Hai Ba Trung, Tel. 3575377.
- **Que Huong.** Wohl die bessere Wahl; ruhig und sauber, wenigstens das. 12 Zimmer 6 (Fan), 8, 10 $. 38 Hai Ba Trung, Tel. 3835888.

Essen und Trinken

- **Hung Vuong.** Der Biergarten des Hotels (ein Resto gibt es auch, mit gedeckten Tischen) ist informell, gut und billig, die Karte ist umfangreich und der Service ordentlich: Eine kleine Oase in dieser Stadt. 166 Hung Vuong.
- **180 Hung Vuong.** Ordentliches Resto, auch fürs Frühstück, mit Blick auf den Fluss. Am Abend öffnen rundherum kleine Garküchen mit Suppen, Schnecken, Muscheln etc.
- **Nam Son.** Eines der wenigen Restos im Zentrum; ordentlich, aber langweilig. 40 Phan Ngoc Tong, am Markt.

- **Nem.** Eine saubere *Nem*-Stube, in der man auch *Bo La Lot* oder *Bun* bekommt. 9/5 Nguyen Trung Truc.
- **Markt.** An der Westseite des *Cho* reihen sich zahlreiche Essstände.
- **Hi-End.** *Der* Nightspot von Ben Tre, tagsüber Café mit Dachgarten und Riverview. 186 Hung Vuong.

Anreise

- **Von/nach Saigon.** Die *Rach-Mieu*-Brücke bei My Tho (seit 2009) hat die Fahrzeit auf ca. 2½ Std. verkürzt. Von/nach Vinh Long (55 km) muss man (vorausgesetzt man fährt nicht über My Tho) nach wie vor zweimal mit dem Fährboot übersetzen.
- **Bus.** 8x tgl. mit *Mai Linh* (in Ben Tre: 10 Dong Khoi, Tel. 3510510).

Vinh Long ♫ XXIII/C1
(Vĩnh Long)

Bei Vinh Long fächert sich der *Tien Giang* (Obere Mekong) in eine Vielzahl von Mündungsarmen auf. Das Resultat sind viele kleine, fruchtbare, bezaubernde **Inseln,** die von Blumengärten und prallen Obsthainen voller Mangos, Rambutans, Longans, Pflaumen, Mandarinen, Pomelos und Jackfruits nur so überquellen. Der Markt zählt zu den bestsortierten des Deltas; allein an Mangos hat man während der Hauptsaison (März bis Juni) die Wahl zwischen über 10 Sorten.

Der einzige Literaturtempel des Südens, **Van Thanh Mieu,** wurde 1864 erbaut und liegt 2½ km stadtauswärts an der Tran Phu; was auf dem Weg dorthin wie überdimensionale Wespennester aussieht, sind *Ziegelfabriken.*

Einen Ausflug wert sind die **Khmer-Pagoden** bei *Tra Vinh* (s.u.).

Mekong-Delta

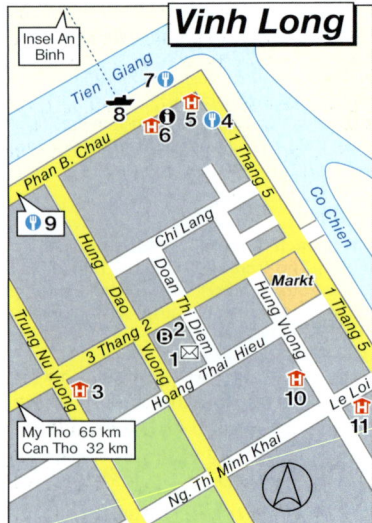

✉	1	Post
ⓑ	2	Busbahnhof (lokal)
🏨	3	Ngu Long
ℹ	4	Nem Nuong
🏨	5	Van Tram
🏨ℹ	6	Cuu Long u. Cuu Long Tourist
ℹ	7	Phuong Thuy
⛴	8	Fähre + Bootsanleger
ℹ	9	Floating Restaurant
🏨	10	Phung Hoang 1
🏨	11	Nam Phuong

An Binh

Von der Flusspromenade kann man mit der Fähre nach An Binh übersetzen, Spaziergänge durch die Dörfer und Gärten der Insel unternehmen und Früchte praktisch vom Baum pflücken (natürlich nicht, ohne hinterher zu zahlen).

Die Touristenorganisation der Provinz vermittelte früher als alle anderen im Delta **Homestays** (Privatunterkünfte).

Achtung! Der einst so geruhsame Ort wird vom Tagestourismus aus Saigon derzeit buchstäblich überrollt; entlang der Flusspromenade reihen sich Karawanen von Bussen, die ihre Ladung auf die Boote nach Cai Be ausgespuckt haben und auf die Passagiere in die Gegenrichtung warten. Am Nachmittag wird es zwar deutlich ruhiger, doch angesichts der Touristenschwemme sind auch die vielgelobten *Homestays* von **An Binh** oft nicht mehr, was sie mal waren.

Praktische Informationen

● 110.000 Einw. Tel. 070
● **Information.** *Cuu Long Tourist.* Für Delta-Verhältnisse ungewöhnlich kooperativ, aber teuer. Bootstouren, Fahrrad- und Motorradverleih, Vermittlung von Homestays. 1 Duong 1/5, Tel. 3823616, www.cuulongtourist.com. *Mekong Travel.* 1 Thang 5, Tel. 383 6252, vinhlongmekongtravel@yahoo.com.
● **Geld.** *Agribank*, 22 Duong 3/2. ATM beim Hotel *Cuu Long.*
● **Bootstouren.** Das staatliche Monopol sorgt für stabile Preise (20–30 $ für 3–4 Std.), lässt aber Raum für private Bootsleute, die die offiziellen Tarife unterbieten; mit Handeln unter 300.000 d für 3 Std.

Unterkunft

● **Cuu Long.** Überteuerte Touristenabsteige. 32 Zimmer 32–35 $ inkl. BF. 1 Thang 5, Tel. 3823658, cuulonghotelvl@hcm.vnn.vn.
● **Ngu Long.** Mit Lift, schöner Blick vom Resto im 7. Stock. 40 Zimmer 20 oder 25 $ inkl. BF. 34 Trung Nu Vuong, Tel. 2240656.
● **Nam Phuong.** Hat stark nachgelassen, aber für den Preis akzeptabel. 48 Zimmer 12–14 $ inkl. BF. 11 Le Loi, Tel. 3822226, khachsannamphuongvl@yahoo.com.
● **Van Tram.** 5-Zimmer-Pension, EZ 12, DZ 15, Twin 18 $. Nicht übel, aber man zahlt für den Flussblick mit, und zeitweise sehr laut. 1 Thang 5, Tel. 3823820.

● **Phung Hoang 1.** Rustikal, aber einigermaßen ok. 12 Zimmer 8, 10, 13 $ (Vierer). 2H Hung Vuong, Tel. 3825185, ksphunghoang@yahoo.com. Nebenan noch weitere, aber deutlich schlechtere Häuser.

● **Homestay.** Privatunterkünfte auf der Flussinsel *An Binh* sind sehr beliebt. Zum Teil in schönen alten Häusern, einfach (KW), aber Delta hautnah und manchmal auch mit „Cooking Classses", d.h. man hilft bei der Zubereitung des Abendessens. Über *Cuu Long Tourist* (p.P. rund 20 $ inkl. Dinner und BF plus Bootsüberfahrt), oder z.B. bei *Delta Adventure Tours* (s. Saigon).

Essen und Trinken

● **Phuong Thuy.** Ordentliches Essen mit Flussblick, gegenüber dem Cuu-Long-Hotel.

● **Nem Nuong.** Zwei einladende, saubere *Nem*-Stuben, 10 und 12 Duong 1/5.

● **Markt.** Zahlreiche Essstände gibt es beim *Cho*, 46 1 Thang 5.

● An der Promenade laden **Cafés** zum Verweilen ein.

301vi Foto: kb

Idylle (verkehrt)

An- und Weiterreise

● **Entfernungen** (in km): Saigon 130, My Tho 70, Ben Tre 50, Can Tho 35, Tra Vinh 65, Sa Dec 25.

● **Bus.** Der Busbahnhof *(Ben Xe Cuu Long)* liegt 3 km westl. Richtung Tra Vinh. Von/ nach Saigon jede Stunde, nach Can Tho fährt Stadtbus *(xe buyt)* 23. Außerdem Tra Vinh, Sa Dec, My Tho, Long Xuyen, Rach Gia.

Cai Be

(Cái Bè)

Von Saigon aus eine der nächstgelegenen Stationen im Delta (nur 2½ Std. Fahrt). Eine reizvolle Kleinstadt mit Obst- und Gemüsegärten, traditionellen Handwerksbetrieben, der imposanten Silhouette einer französischen Kirche (1935) und einem der beeindruckendsten *Ancient Houses* des Delta – aber eines ganz sicher **nicht:** ein **Schwimmender Markt,** wie er allenthalben angepriesen wird (die paar Boote, die dort dümpeln, wirken tatsächlich nur wie gestellt).

Ancient House

Eine Kostbarkeit inmitten von Frucht- und Orchideen-Gärten unweit des Marktes. Im Besitz der Familie *Tran* seit 1838, wurde das Haus 2003 mit japanischer Expertenhilfe restauriert. Die traditionelle Bauweise – z.B. Holzlamellen statt Fenster – gewährleistet ein optimales Raumklima. Vor dem

Mekong-Delta

weitläufigen, ganz in Hartholz errichteten Komplex überdauerte ein (später angebauter) Fassadenrest aus der französischen Ära.

Praktische Informationen

●**Tagestour.** Für einen kurzen Abstecher ins Delta – zumeist in Verbindung mit Vinh Long – an sich gar keine schlechte Wahl (auch wenn oft heillos überlaufen), man darf nur keinen Schwimmenden Markt erwarten, bzw. sollte besser eine Tour wählen, die einen Markt anläuft, der diesen Namen verdient (wie z.B. *Cai Rang* bei Can Tho).

●**Bootstour.** Zwischen Cai Be und Can Tho verkehren regelmäßig Kreuzfahrtboote verschiedener Veranstalter; eine Zwei-Tages-Tour mit Transfer, Übernachtung und Vollpension kostet um 160–200 $ p.P.

●**Unterkunft.** Mittags Anlaufstelle von Bootsladungen, die hier ihren Lunch einnehmen, präsentiert sich das **Ancient House** ansonsten ruhig und als wunderbares Homestay (die Besitzer sind superfreundlich und nett). 2 DZ 60 $, im exquisiten „Schlafsaal" 20 $ p.P. Tel. 073/3824498, mobil: 0913.684617, Fax 073/3925051.

Tra Vinh ⤢ XXIII/C2
(Trà Vinh)

Schattige Alleen, ein Kanal, verwitterte Kolonialfassaden, ein bunter, lebhafter Markt – nichts Weltbewegendes, einfach ein hübsches sympathisches Städtchen. In der Region leben mehr als 300.000 Khmer, zumeist Anhänger des Hinayana-Buddhismus, die ungebrochen an ihren Traditionen festhalten. Hauptattraktion sind die **Khmer-Pagoden** 4 km vor der Stadt; in der gesamten Provinz gibt es rund 140 Khmer-, aber nur 40 vietnamesische Pagoden.

Im Ort der hübsche chinesische **Chua Ong,** 1556 gegründet, aber mehrfach umgebaut. Man beachte die Bemalung der Türflügel und Holzsäulen und die Keramiken am Haupttor, die Szenen aus dem Hofleben schildern. Der Tugendwächter und Glückbringer Ong Bon wird am Hauptaltar verehrt, neben ihm *Quan Am,* die Göttin der Barmherzigkeit.

55 km westlich der Provinzhauptstadt erstreckt sich der kilometerlange **Strand** von **An Bong,** der vielleicht schönste des – an Stränden armen! – Delta; den Kolonialisten, Soldaten wie Pflanzern der Region, war er jedenfalls jede Reise wert. Einfache Unterkunftsmöglichkeiten sind vorhanden.

Sehenswertes

Chua Sam Rong Ek

Die Pagode, von den Vietnamesen auch *Chua Kho Me* genannt, reicht in ihren Ursprüngen mehr als tausend Jahre zurück und wurde von den hier siedelnden **Khmer** (Kho Me) mehrfach umgebaut. Der Chua unterscheidet sich deutlich vom vietnamesischen Stil. Die Dachform erinnert an einen thailändischen Wat, die Schriftzeichen sind in Pali, der heiligen Sprache des Buddhismus. Ausschließlich der „Erleuchtete" in seinen verschiedenen Erscheinungsformen wird verehrt. Stützfiguren, mythologische Fabelwesen, halb Mensch, halb Vogel. Das strenge, asketische Interieur entspricht ganz der Lehre des Hinayana.

Die vergoldeten **Deckenschnitzereien** auf purpurnem Grund und das in Handarbeit aufgetragene Golddekor der Holzsäulen bilden einen prächtigen Rahmen für die Schar Hunderter goldener Buddhafiguren, die sich um den Altar gruppieren. So manche kunstvolle Holzfigur freilich steht neben einem billigen Zementguss.

Chua Ang

Vom Chua Sam Rong Ek kommt man nach 2 km zur Ang-Pagode und dem verträumten **Ao Ba Om,** einem „Heiligen See" der Khmer, dessen Ufer von schattigen Baumalleen mit skurrilen Wurzeln gesäumt sind.

Die bunten **Wandmalereien** illustrieren Szenen aus früheren Existenzen Buddhas. Bei einer Renovierung 1939 wurden Episoden aus der jüngsten Vergangenheit hinzugefügt, deutlich erkennbar an allgegenwärtigen französischen Uniformen und Fahnen.

Während des Neujahrfestes der Khmer (13.–15. Tag des 4. Mondmonats), ebenso am **Ok Om Bok**-Fest, das die Wassergottheiten feiert und an den Sieg der Khmer über die Cham-Invasoren im 7. Jh. erinnert (15. Tag des 10. Mondmonats mit traditionellen Pirogenwettkämpfen), sind beide Pagoden Mittelpunkt bunter Prozessionen und Festivitäten.

Praktische Informationen

● 30.000 Einw. Tel. 074.
● **Information.** *Tra Vinh Tourist*, 64 Le Loi, Tel. 3858556, Mr. *Nanh* mobil: 0919.196099, tvtourist@yahoo.com.
● **Geld.** *Incombank*, 15A Dien Bien Phu. ATM im *Cuu-Long*-Hotel.

Unterkunft und Verpflegung

● **Cuu Long.** Das beste Haus am Platz, aber staatlich, sprich, etwas vernachlässigt. 42 Zimmer 17–24 $. 999 Nguyen Thi Minh Khai, Tel. 3862615, cuulonghoteltravinh@ hcm.vnn.vn.
● **Hoan My.** Neubau mit Lift und moderner Ausstattung. 18 Zimmer 10 (ohne Fenster), 16, 20 $ (Suite mit Balkon). 105A Nguyen Thi Minh Khai, Tel. 3862211.
● **Van Thanh.** Zentral am Markt, 10 Zimmer, eher klein, aber sauber 8–10 $. 151 Le Loi, Tel. 3858133.
● **Phuong Dong.** Rustikal. Mit Fan 5–6, mit AC 8–9 $. 1A Phan Dinh Phung, Tel. 386 5486.
● **Ba Dong Beach.** Bungalows und Zimmer von *Tra Vinh Tourist*, WW und Resto vorhanden; 8–12 $. Tel. 3739559, badongresort@ hcm.vnn.vn.
● **La Trau Xanh.** Das zum Hotel *Cuu Long* gehörige Restaurant ist das beste vor Ort.
● **Thuy Hoang.** Am Markt mit engl. Karte.
● **Viet Hoa.** Chinesisch, gut sind Fish Kebab und Hotpots. 80 Tran Phu.

Anreise und Weiterreise

● 65 km von Vinh Long (wer nur die Pagoden besichtigen will, kann vor Tra Vinh aussteigen und für den Rückweg einen Bus Richtung Vinh Long anhalten). Weiterfahrt nach Ben Tre (110 km, 2 Fähren) und Saigon (205 km) möglich.

Sa Dec ⤢ XXIII/C1
(Sa Đéc)

Wir wollten nur einen Tag bleiben. Und blieben zwei.

Man kann nicht sagen, die Zeit sei an Sa Dec vorbeigegangen – aber der Tourismus ist es (auch der einheimische!), und das, eingerechnet ihren sonstigen Reizen, macht Sa Dec zu einer kleinen **Perle** des Delta.

Mekong-Delta

Der herrlich anarchische, chaotische Markt am Fluss! Freundliche Einheimische, die ehrlich verblüfft sind, Fremde zu sehen! „Sehenswürdigkeiten", die nicht aufgeschickt und aufgeplustert sind bis zum Vergessen! Tage, ohne je auf eine andere weiße Nase zu treffen! Alles ist lässig und unaufgeregt und noch sehr authentisch. Allein die weidenbestandene *Phan Boi Chau* mit ihrem kleinen „japanischen" Kanal oder die Uferstraße *Nguyen Hue* mit ihren Kaffeehäusern, Marktständen und der alten französischen Kirche im Hintergrund – einfach schön!

An einem Nebenfluss des *Tien Giang* gelegen war der kleine Ort Schauplatz des autobiografischen Romans *L'Amant* von **Marguerite Duras,** die als Tochter der örtlichen Schulleiterin hier einen Großteil ihrer Jugend verbrachte. Fast alle Szenen des Films von *Jean-Jacques Annaud*, die in Sa Dec spielen, wurden vor Ort gedreht. Die *Schule* (1902), an der Madame Donnadieu von 1924 bis 1930 unterrichtete, steht ebenso noch (Hung Vuong/Ecke Ho Xuan Huong) wie das **Maison Bleue** (um 1860) des „Liebhabers", *Huyen Thuy Le*, Sohn eines chinesischen Mandarins (255 Nguyen Hue, heute weiß statt blau). Besuchenswert auch das Mandarin-Haus *Kien An Cung* (1916, heute Pagode, Ecke Tran Hung Dao/Phan Boi Chau) und der *Dinh Vinh Phuoc* (1838) mit schönen Plastiken und Malereien (Ecke Tran Hung Dao/Hoang Dieu).

Schon zur Kolonialzeit als „Garten Cochinchinas" gerühmt, ist Sa Dec auch für seine **Blumengärten** be-

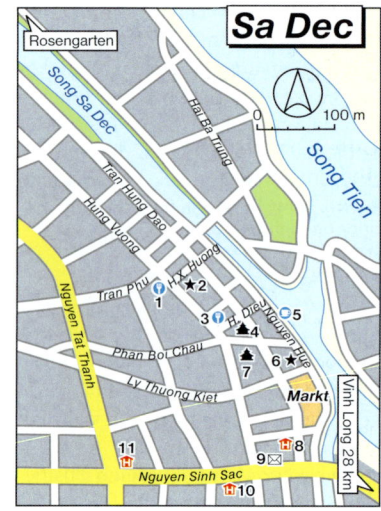

❶	1	Com Thuy
★	2	Schule
❶	3	My Lan
▲	4	Dinh Vinh Phuoc
◯	5	Cafés
★	6	Maison Bleu
▲	7	Dinh Kien An Cung
🏠	8	Thao Ngan
✉	9	Post
🏠	10	Bong Hong
🏠	11	Phuong Nam

rühmt; ihre Rosen, Orchideen und Bonsais sind Schlager auf den Blumenmärkten von Saigon und Can Tho.

Praktische Informationen

- 25.000 Einw. Tel. 067.
- **www.dongthaptourist.com.**
- **Geld.** *Vietcombank* ATM, 251A Nguyen Sinh Sac.

Ziegelbrennerei bei Sa Dec

●**Tu Ton Rose Garden** *(Vuon Hong Tu Ton)*, tgl. 8–11, 13–17 Uhr. Auf dem Ostufer des *Sa Dec*-Flusses.

●**Anreise.** 28 km westlich von Vinh Long, auf dem Weg nach Long Xuyen.

Unterkunft und Verpflegung

●**Bong Hong.** Staatlich *(Dong Thap Tourist)*, aber ordentlich in Schuss gehalten und seinen Preis wert. 47 Zimmer 10 (geräumig, mit Fan, im 3. Stock), 16, 20, 22 $ inkl. BF; die besten Zimmer liegen nach hinten im 1. Stock und haben eine Terrasse. 251A Nguyen Sinh Sac, Tel. 3868287, bonghonghotel @yahoo.com.vn.

●**Thao Ngan.** Neubau, zentral am Markt, mit Lift und 14 Zimmern 10, 13, 16 $; ordentlich, aber schlechte Matratzen. 4–6 An Duong Vuong, Tel. 3774255.

●**Phuong Nam.** Solide, erst kürzlich modernisiert; allerdings recht laut. 22 Zimmer 10–14 $. 384A Nguyen Sinh Sac, Tel. 3867867, hotelphuongnam@yahoo.com.

●**My Lan.** *Bo Kho*, eine Art Ochsenschwanzsuppe – aber mit mehr Fleisch als Suppe – mit Kräutern und *Banh My* (Baguette): köst-

lich! Sauber, freundlich, gut, alternativ *Pho Bo* oder *Bun Bo Hue*. 212 Hung Vuong. Und danach in eines der **Cafés am Fluss** *(Nguyen Hue)* und ein *Sinh To* (Fruitshake) oder *Caphe Da* (Eiskaffee) – das hat was! Das Resto, zu dem einen die Hotels (und Reiseführer) schicken, ist eine Katastrophe (**Com Thuy,** 439 Hung Vuong; eine Garküche, aber eine miese), ansonsten gibt es das Resto des **Bong Hong**-Hotel und am Abend die Stände am Markt.

Cao Lanh   ⤳ XXIII/C1

Protzige Retortenstadt, aber als Kapitale der Provinz *Dong Thap* Ausgangspunkt für **Ausflüge** zu den ursprünglichsten Landschaftsreservaten und **Naturparks** des Delta, die durch ein labyrinthartiges Gewirr von Kanälen, Flüssen und Seen zumeist nur per Boot erkundet werden können.

Die dünnbesiedelte und oft von Überschwemmungen heimgesuchte Pro-

Mekong-Delta

291vi Foto: kb

vinz beiderseits des Tien Giang ist die Heimat der sagenumwobenen **Plain of Reeds** *(Dong Thap Muoi)*. Die sich bis zur kambodschanischen Grenze erstreckenden Sümpfe und Mangrovenwälder der Ebene der Reetgräser (1 Mio. ha) boten Widerstandskämpfern bereits zur Zeit der französischen Kolonisation idealen Unterschlupf. Im amerikanischen Krieg versuchte man die Aktivitäten der Partisanen vergeblich durch den geballten Einsatz von Napalm und chemischen Kampfstoffen zu stoppen; mehr als 15 Jahre lang befand sich hier die geheime Kommandozentrale der Befreiungsfront.

Sehenswertes

Storchenpark Thap Muoi

Die Störche leben das ganze Jahr über in den Mangroven und Bambushainen des rund 2 ha großen Parks und sind einfach aufzuspüren. Morgen- und Abenddämmerung sind die besten Zeiten für einen Besuch. 35 km nordöstlich, nur per Boot erreichbar (s.u.).

Rung Tam Forest

Die letzte ursprüngliche Waldfläche des Mekong-Delta voller Sümpfe, Lianen und Baumriesen. Hier lebten die Führer der Befreiungsfront teilweise 10 oder 15 Jahre lang in kleinen Schilfhütten und unterirdischen Tunneln. Das Camp *Xeo Quyt* ist teilweise erhalten, teilweise rekonstruiert. 20 km nordöstlich, per Boot, streckenweise aber auch per Fahrzeug erreichbar.

Tam Nong Nationalpark

Der 7500 ha große Park beherbergt mehr als 200 Vogelarten, darunter die seltenen, fast mannsgroßen **Sarus-Kraniche** (bis 1,50 m), die nach dem Krieg als ausgestorben galten, ehe man 1989 überraschend wieder Exemplare sichtete. Heute leben hier einige Hundert der stolzen weißen Vögel mit der einprägsamen, den Kopf überziehenden roten Halskrause. In der vietnamesischen Mythologie stehen sie für Stärke, Treue und langes Leben, Kranich-Statuen zieren zahlreiche Pagoden. Während des Höhepunkts der Regenzeit und der Überschwemmungen (Juli–Nov.) halten sie sich gewöhnlich in Kambodscha auf.

● *Tram Chim Tam Nong*, 45 km nordwestl. Da die Kraniche nur in der Morgen- und Abenddämmerung zu sehen sind, ist Leidensfähigkeit vonnöten. Mitten in der Nacht aufstehen, mit Auto oder Speedboot nach *Tam Nong* (45 km) und von dort etwa 1 Std. weiter per Boot fahren (15 $/Std.). Oder am späten Abend retour. Oder in *Tam Nong* übernachten (Hardcore-Schlafstätte mit Fan, Glühbirne und Insekten 10 $). Tel. 3827436, tramchimtamnong@netcenter.vn.net.

Praktische Informationen

● 50.000 Einw. Tel. 067.
● **Information.** *Dong Thap Tourist*, 2 Doc Binh Kieu, Tel. 3855638, dothatour@hcm.vnn.vn. Vergleichsweise effektiv und preisgünstig. www.dongthaptourist.com.
● **Geld.** *Vietinbank* mit ATM, 87 Nguyen Hue.
● **Dong Thap Museum.** Lohnend. Im 1. Stock Ethnologie, im 2. Kriegsgeschichte (Guerillakampf gegen Franzosen und Amerikaner). 7–11.30, 13.30–17 Uhr, frei.
● **Anreise.** Stdl. Busverbindung mit Saigon (3–4 Std.), regelmäßig mit My Tho, Can Tho, Vinh Long, Tra Vinh.

●**Entfernungen** (in km): Saigon 170, Can Tho 45, Sa Dec 35, Long Xuyen 25.

Unterkunft und Verpflegung

●**Song Tra.** Ein Vorzeigeobjekt in Stalinismus, aber durchaus effektiv. 50 saubere, geräumige Zimmer 14–22 $. 178 Nguyen Hue, Tel. 3852502, Fax 3852623.

●**Xuan Mai.** Funktionelles, zentral gelegenes Minihotel. 12 Zimmer 8–12 $. 33 Le Qui Don, Tel. 3852423.

●**Binh Minh.** Sehr einfach, aber freundlich; der Chef ist Englischlehrer. 12 Zimmer 6–8 $. 147 Hung Vuong, Tel. 3853423.

●**Spezialität der Region** sind Reisfeldratten (*chuot dong*) und Schlangen.

●**Ngoc Lan.** An der Hauptstraße. 208 Nguyen Hue.

●**A Chau.** Gute *Banh Xeo.* 42 Ly Thuong Kiet.

●**Tan Nghia.** Openair-Resto am Fluss; 331 Le Duan.

Can Tho ⚓ XXIII/C2
(Cần Thơ)

Die mit Abstand **größte Stadt des Delta** und sein wichtigstes kommerzielles Zentrum, mitten im Herzen des Deltas am rechten Ufer des *Hau Giang*, des Unteren Mekong gelegen. Can Tho verfügt über eine Universität (seit 1966) und eine renommierte Hochschule für Reis- und Agrarforschung und steht seit 2004 unter Eigenverwaltung (Stadtstaat).

Ein lebendiger und dynamischer Ort ohne herausragende „Sehenswürdigkeiten", aber von angenehmem und nahezu großstädtischem Flair.

Die **Ninh-Kieu-Promenade** entlang der Uferstraße Hai Ba Trung (zahlreiche Restaurants und Cafés) hat sich zu einer lebhaften Flaniermeile entwickelt. Der **Markt** wurde in den südlichen Teil der Hai Ba Trung verlagert.

Sehenswertes

Stadtmuseum

Dokumente und Exponate zur Geschichte der Stadt von der hinduistischen Fu Nan-Periode (Oc Eo) über die französische Kolonisation bis zur US-Ära, während der Can Tho zur Großstadt wuchs. Integriert ist das ehemalige Ho-Chi-Minh-Museum.

●*Bao Tang Tinh Can Tho.* Di, Do, Fr 8– 11, 14–17, Sa/So 8–11, 18.30–21 Uhr. Eintritt frei. 1 Hoa Binh.

139vi Foto: kb

Ho Chi Minh wird renoviert

Mekong-Delta

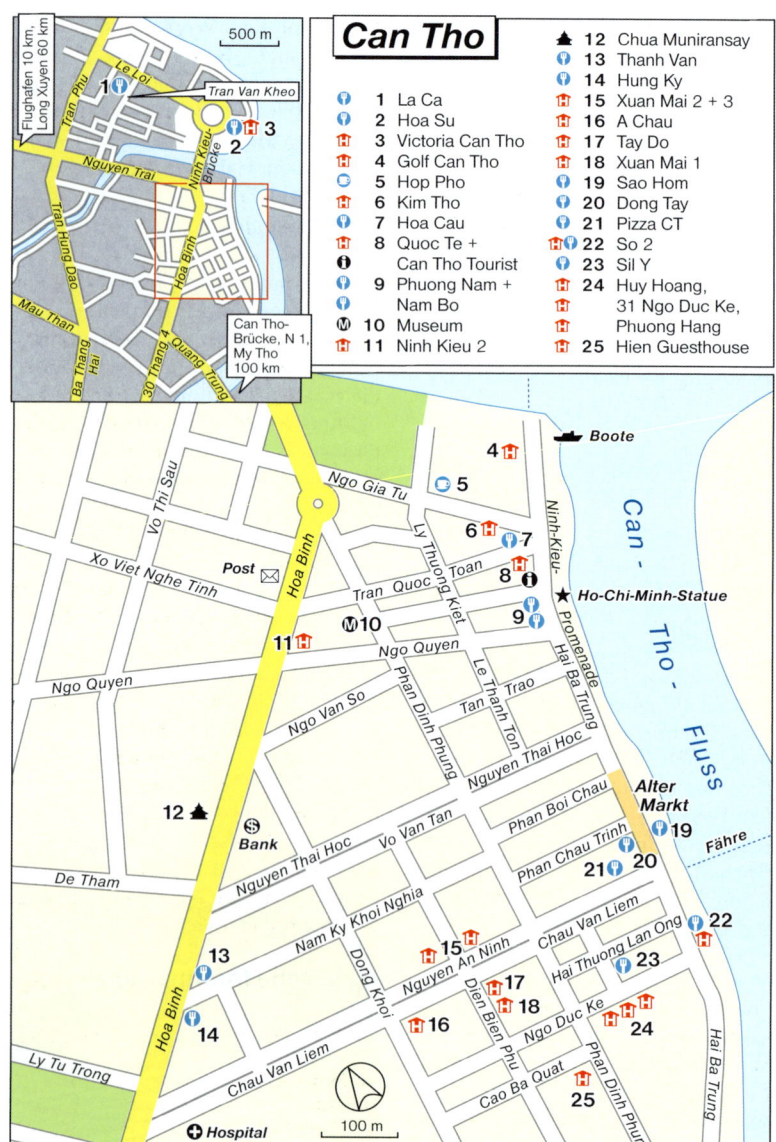

Can Tho

- 1 La Ca
- 2 Hoa Su
- 3 Victoria Can Tho
- 4 Golf Can Tho
- 5 Hop Pho
- 6 Kim Tho
- 7 Hoa Cau
- 8 Quoc Te +
  Can Tho Tourist
- 9 Phuong Nam +
  Nam Bo
- 10 Museum
- 11 Ninh Kieu 2
- 12 Chua Muniransay
- 13 Thanh Van
- 14 Hung Ky
- 15 Xuan Mai 2 + 3
- 16 A Chau
- 17 Tay Do
- 18 Xuan Mai 1
- 19 Sao Hom
- 20 Dong Tay
- 21 Pizza CT
- 22 So 2
- 23 Sil Y
- 24 Huy Hoang,
  31 Ngo Duc Ke,
  Phuong Hang
- 25 Hien Guesthouse

Chua Muniransay

Der Chua der kleinen Khmer-Gemeinde Can Thos mit etwa 3000 Gläubigen ist schon äußerlich durch eine steile drachengesäumte Treppe deutlich von einem vietnamesischen Chua unterschieden. Die Ausstattung des Gebetsraumes beschränkt sich auf das Nötigste; eine Statue des historischen Buddha Thich Ca und Schriftzeichen in Pali, der heiligen Sprache des Hinayana, bilden den einzigen Schmuck. In der 1946 errichteten Anlage leben 8 Mönche. 36 Hoa Binh.

Gefängnis

Das *Prison Provincial* der 1930er Jahre ist eines der wenigen noch erhaltenen französischen Gebäude der Stadt. Außer Sa/So 7–11, 13–17 Uhr, Eintritt frei. 8 Ngo Gia Tu.

Cai Rang

Einer der größten **Schwimmenden Märkte** des Deltas ist nur 6 km vom Zentrum Can Thos entfernt. Hauptbetrieb ist bis gegen 9 Uhr, nach 12 löst sich das Treiben auf dem Fluss allmählich auf. Per Boot oder Xe Om. Rund 20 km weiter erreicht man den Schwimmenden Markt von **Phong Dien**, kleiner, aber ursprünglicher und weniger überlaufen.

Phung Hiep

Bis vor wenigen Jahren der mit Abstand größte Floating Market. Das wachsende Straßennetz hat ihm etwas das Wasser abgegraben, der florierende Schlangenmarkt wurde 1998 aufgelöst. Vorteil: von Touristenbooten kaum noch angelaufen. An einem Schnittpunkt zahlreicher Wasserwege 35 km südöstlich, Anreise per Boot (hin und zurück ca. 5 Std.) oder Bus (Richtung Soc Trang).

Ancient House

Das *Nha Co Vuon Lan* ist ein um 1870 errichtetes Herrenhaus eines Mandarin mitten im kleinen Ort Binh Thuy (6 km Richtung Long Xuyen). Es ist nach traditionellem Muster erbaut: Tor, Garten, großer Hof, Vorzimmer zum Empfang der Gäste, private Räume mit Ahnenaltar. Interessant ist die Kombination von westlichen (französisches Lavabo, Lampen) und vietnamesischen Stilelementen. Das Haus kann besichtigt werden, Herr *Minh*, Besitzer in der 5. Generation, macht selbst die Führung. Eintritt 5000 d. – Direkt an der Brücke ein schöner alter **Dinh,** dessen Ursprung bis 1852 zurückreicht. (Auch per Bus 58, 83 erreichbar.) Rund 20 km weiter, kurz hinter *Thot Not-Thoi Thuan*, lohnt ein Abstecher zu einem **Storchenpark** *(Vuon Co)* nur 1 km abseits der Hauptstraße. In dem Bambuswäldchen sind die Vögel praktisch zu jeder Tageszeit zu beobachten. Schöner Spaziergang entlang eines kleinen Kanals oder per Xe Om. Eintritt frei.

Praktische Informationen

- 330.000 Einw. (Großraum 1,2 Mio.). Tel. 0710.
- **Information.** *Can Tho Tourist.* Touren, Bootstrips, Flug- und Zugtickets, Geldwechsel, Homestays. 20 Hai Ba Trung, Tel. 3821 852, www.canthotourist.com.vn.

Mekong-Delta

- **Geld.** *Vietcombank* mit ATM, 7 Hoa Binh.
- **Post.** 2 Hoa Binh .
- **Internet.** 9 Chau Van Liem.
- **Apotheke.** 70 Hai Ba Trung. 20 Ngo Quyen.
- **Blindenmassage.** *Van Tho*, 1 Std. 30–45.000 d. 1B Ngo Duc Ke.
- **Vietnam Airlines.** 66 Nguyen An Ninh, Tel. 3844320.
- **Taxi.** *Mai Linh*, Tel. 3828282.
- **Fahrradverleih.** Hotel *Quoc Te*. Mountainbikes made in China 40.000 d/Tag.
- **Markt.** *Cho Tan An*, Hai Ba Trung, südwestlich des luxussanierten alten Kolonialmarkts.
- **Supermarkt.** *Coop*, 7.30–22 Uhr, 1 Hoa Binh.

Bootstouren

- Motorboote (2–6 Pers.) können am Kai mit etwas Glück für 80–100.000 d die Stunde angemietet werden. Zum Floating Market *Cai Rang* (noch im Stadtbezirk) fährt man 30 Min., von/nach Phong Dien 2 und von/nach Phung Hiep ca. 5 Std. Alternative ist Hin- oder Rückfahrt per Bus oder Xe Om. Boote und Touren können auch über *Can Tho Tourist* gebucht werden (Fixpreise).
- **Fährboote.** Vom Pier *(Ben Tau Khach)* an der Hai Ba Trung fahren tgl. Schnellboote u.a. nach Soc Trang und Ca Mau.
- **Touren.** Zwischen Can Tho und Cai Be verkehren Kreuzfahrboote verschiedener Veranstalter; siehe Einleitung *Mekong-Delta*.

Unterkunft

First Class

- **Victoria Can Tho.** 1998 das erste ausländische Hotel im Delta. Zweistöckige, im Kolonialstil erbaute Anlage mit zentralem Swimmingpool und Blick auf den Mekong. Uneingeschränkt zu empfehlen. Spa, Fahrradverleih, Touren. 92 Zimmer ab 159 $ ++ inkl. BF. Tel. 3810111, www.victoriahotels-asia.com.

Economy

- **Golf Can Tho.** Ein *Hochhaus* am breiten Mekong, die Aussicht ist superb. Gutes Mittelklassehotel, ansprechend eingerichtet. Lift, Pool im 1., Dachterrasse im 10. Stock. 107 Zimmer je nach Stockwerk ab 112 $ inkl. BF.

2 Hai Ba Trung, Tel. 3812210, www.vina golf.vn.
- **Ninh Kieu 2.** Im Retro-Stil erbautes neues Haus, sehr ordentlich, leider ohne Flussblick. 108 gut ausgestattete Zimmer 35 (Standard ohne Fenster), 50, 85 $ inkl. BF. 3 Hoa Binh, Tel. 2252414, www.ninhkieuhotel.com.
- **Kim Tho.** Für ein vietnamesisches Haus geradezu leicht, ja beinahe pfiffig. 50 Zimmer, 40 (arg klein), 50, 60 (Riverview), Deluxe 80 $ inkl. BF. 1A Ngo Gia Tu, Tel. 2222228, www. kimtho.com.

Budget

- **Quoc Te** (International). Das Urgestein aus der US-Ära sieht mittlerweile ganz schön alt aus: hinten Sozialismus, vorne immerhin Ikea. 40 Zimmer 19–27 $ (hinten), 34–88 $ (mit Flussblick und z.T. Balkon) inkl. BF. 12 Hai Ba Trung, Tel. 3822080, www.canthotourist. com.vn.
- **So 2** (No.2). Nicht so lapidar wie der Name. Mit Lift, neuer, heller Möblierung und schöner Resto-Terrasse am Fluss. 26 Zimmer 18 oder 32 $ (mit Balkon zum Fluss) inkl. BF. 5 Hai Ba Trung, Tel. 3811619, nkso02hotel@ hcm. vnn.vn.
- **A Chau** (Asia). Korrekt, aber etwas abgewohnt; trotzdem besser als viele neue. 55 Zimmer 25, 30, 34 $ inkl. BF. 91 Chau Van Liem, Tel. 3812800, asiahotel@hcm.vnn.vn.
- **Tay Do.** Funktionelles, sauberes Hotel mit 50 hellen, geräumigen Zimmern. 30, 35, 45 $ inkl. BF. 61 Chau Van Liem, Tel. 3827009, www.taydohotel. com.vn.

Low Budget

- **Xuan Mai 3.** Neu 2010, mit Lift, 25 Zimmer 15, 20 $, ab 4. Stock alle mit Fenster. 60 Nguyen An Ninh, tet20042010@yahoo.com (Mr. *Duc*). Gut ist aber auch das etwas ältere **Xuan Mai 2**, 25 Zimmer auf 7 Etagen mit Lift 12 $ (Fan, z.T. ohne Fenster), 15 $ (AC, nach vorne, auch als Triple). 94 Nguyen An Ninh. Tel. 3815217. Das **Xuan Mai 1**, 17 Dien Bien Phu, hat 42 Zimmer für 10 $, Tel. 3823578.
- **Huy Hoang.** Frisch und hell nach großer (notwendiger) Renovierung der 30 Zimmer. Die Räume mit großem Deckenventilator im 3. Stock (8 $, 4er 12 $) sind sauber und luftig,

mit AC zahlt man 2 $ mehr. 35 Ngo Duc Ke. Tel. 3825833.

● **31 Ngo Duc Ke.** Gleich daneben, mit einem guten, auch von Einheimischen besuchten Resto. 20 Zimmer mit Fan 6 $, mit AC/WW 10–15 $. Tel. 3825287.

● **Phuong Hang.** 12 Zimmer mit Fan 7 (ohne Fenster) und 8 $, mit AC 10 $. 41 Ngo Duc Ke, Tel. 3814978.

● **Hien Guesthouse 2.** Beliebter Backpacker-Hangout; man spricht Englisch. Kleine Zimmer, z.T. Balkon, aber nur Waschbecken, Dusche und WC extra. 10 Zimmer mit Fan 6 $, mit AC 8–10 $. Fahrradvermietung. 106/3 Phan Dinh Phung, mobil: 0913.973320, www.vngold.com/ct/hien.

Essen und Trinken

● **Hoa Cau.** Gartenresto mit aufmerksamem Service und guten, preisgünstigen Gerichten. Eine Delikatesse sind die mit Pfeffer gedünsteten Schnecken. 4 Hai Ba Trung.

● **Nam Bo.** Nostalgische Kolonialatmosphäre, Speiseraum mit Veranda im ersten Stock. Das Essen ist gut, aber verwestlicht. 9–23 Uhr, auch Menüs. 50 Hai Ba Trung. Eine akzeptable Alternative ist das **Phuong Nam** gleich daneben.

● **Sao Hom.** Die zweite Restaurant-Bar des umtriebigen Benoît, in der alten Markthalle (1913). Große Auswahl; Weine und Cocktails; oft mit Gruppen belegt.

● **Thanh Van.** Sehr gute, günstige *Nem*-Stube, englische Karte. 17 Hoa Binh.

● **Hung Ky.** Für Chicken-Fans: mit Reis, mit Nudeln, gebraten, gegrillt, in der Suppe, Flügel, Köpfe, Füße. 17A Hoa Binh.

● **Dong Tay** (Cappuccino). Beliebter Touri-Hangout mit Pizza, Pasta, Eis und Bier. 138 Hai Ba Trung.

● **Pizza CT.** Fastfood-Internet-Café von Springroll bis TexMex. 9 Chau Van Liem.

● **Miss Donut.** Kuchen und Gebäck aller Art, auch Eis und Desserts. 13 Vo Van Tan.

● **Cho Dem.** Der Nachtmarkt mit seinen Ständen von Pho bis BBQ-Fleisch oder -Fisch und Tischen direkt an der Flusspromenade ist der Renner (und macht die Restaurants arm)! Ab 18 Uhr, Hai Ba Trung Einmündung Nguyen Thai Hoc.

● **Hop Pho.** Gigantische Café-Bar auf mehreren Ebenen einer rekonstruierten Kolonialvilla, sehr schick und angesagt. 6 Ngo Gia Tu.

Zum Entdecken

● **La Ca.** Großer BBQ-Garten, sehr beliebt bei Einheimischen, engl. Karte, günstig; ein halbes Suckling Pig (gegrilltes Milchschwein) kostet rund 10 $. 118/15A Tran Van Kheo.

● **Hoa Su.** Gigantischer Open-Air-Komplex mit Café, Restaurant und Biergarten mit selbstgebrautem *Munich Beer* und schicken Bedienungen auf Rollschuhen. Jenseits der *Ninh-Kieu*-Brücke, beim *Victoria*-Hotel.

● **Sil Y.** Lebhaftes Resto, das zur besten Metzgerei der Stadt gehört, in einer kleinen Gasse im Zentrum. Grillgerichte, Hot Pots, keine engl. Karte. 13 Hai Thuong Lan Ong.

An- und Weiterreise

● **Entfernungen** (in km): Vinh Long 35, Sa Dec 50, Long Xuyen 60, Soc Trang 60, My Tho 100, Chau Doc 115, Rach Gia 115, Saigon 170, Ca Mau 175.

● **Mekong-Brücke.** Seit April 2010 überspannt die 2,75 km lange *Can-Tho*-Brücke, die längste Hängebrücke Südostasiens, den *Hau Giang* (Bassac) 4 km südöstl. der Stadt. Die Fahrzeit von/nach Saigon – bis dahin per Fährboot! – verringert sich um eine gute Stunde (oder mehr) auf etwa 4 Std. (Die Brücke sollte bereits 2008 fertig sein, doch im Herbst 2007 kollabierte ein von japanischen Bauträgern gebauter Brückenteil und begrub über 60 Arbeiter unter sich.)

● **Bus.** Der Busbahnhof *(Ben Xe Can Tho)* liegt 2 km außerhalb. Regelmäßige Verbindungen nach Saigon und in alle Zentren des Deltas.

● **Phuong Trang.** Stdl. von/nach Saigon; 13 Hung Vuong, Tel. 3769768. (In Saigon: 272 De Tham.) Mit **Mai Linh** von/nach Saigon, Ben Tre, Ca Mau, Cao Lanh, Chau Doc, Ha Tien, Long Xuyen, Rach Gia, Soc Trang, Tra Vinh, Vinh Long. Tel. 3739333.

● **Flug.** Seit der Erweiterung des Flughafens (10 km Richtung Long Xuyen) tgl. von/nach Hanoi und regelmäßig nach Saigon und Phu Quoc (anfangs 5x die Woche, nach Bedarf öfter).

Soc Trang
♫ XXIII/C2

(Sóc Trăng)

Schläfrige Provinzstadt am Xang-Kanal 60 km südöstl. von Can Tho mit nahezu 30 % Khmer-Anteil. Oktober/November wird hier das größte **Khmer-Fest** des Deltas gefeiert.

Chua Doi

Die reich dekorierte, innen mit bunten Wandmalereien aus dem Leben Buddhas bedeckte **Khmer-Pagode** (auch *Mahatup* genannt) 3 km östl. von Soc Trang wird auch wegen der großen, buntgesichtigen **Fledermäuse** besucht, die die Bäume des Heiligtums buchstäblich zu Tausenden bevölkern. Tagsüber hängen sie allerdings nur schlafend in den Ästen, aktiv sind sie am Morgen und späten Nachmittag. Der 400 Jahre alte Chua brannte 2007 aus und wurde 2010 neu eingeweiht.

Chua Kh'leang

Eine der ältesten **Khmer-Pagoden** des Deltas, um 1530 in Holz errichtet, bevor sie 1905 in Ziegelbauweise rekonstruiert wurde. Innen schöne Säulen und Schnitzereien, das Dach ist mit Garudas verziert. Gelbgewandete Mönche, Schüler und Andächtige verleihen einem das Gefühl, nach Kambodscha versetzt zu sein.

Gegenüber befindet sich ein *Khmer-Museum*, in dem Kostüme, Musikinstrumente etc. ausgestellt werden (Sa/ So geschl., Eintritt frei). Zeitweise finden Tanz- und Musikvorführungen statt.

● Nguyen Chi Thanh Ecke Mau Than, 200 m vom Busbahnhof.

Chua Dat Set

Die originelle Lehmpagode wurde in 40-jähriger Arbeit von einem 1970 verstorbenen Mönch errichtet. Alles ist aus Lehm – Buddhas, Drachen, Löwen, Elefanten, ein 4 m hoher Turm. Kurios. 68 Mau Than.

Oc Om Boc Fest

Spektakuläre Khmer-Bootsrennen zu Ehren des Mondgottes und zur Feier des Endes der Regenzeit. In jedem der rund 30 *Ngo*-Boote (schmale, an den Enden gebogene Pirogen) sitzen an die 50 Ruderer, die Ufer sind von zehntausenden Zuschauern gesäumt. 14. und 15. Tag des 10. Mondmonats.

Praktische Informationen

● 80.000 Einw. Tel. 079.
● **Information.** *Soc Trang Tourist.* 131 Nguyen Chi Thanh, Tel. 3821498, www.soctrangtourism.com.
● **Transport.** Ein *Xe Loi* (Dreirad) zu den beiden Khmer-Pagoden kostet 20–25.000 đ.
● **Anreise.** Per *Bus* von Can Tho.

Unterkunft und Verpflegung

● **Ngoc Suong.** Zweistöckiger Hotelkomplex im Grünen 2 km vor den Toren der Stadt mit Pool, Tennis usf. 120 Zimmer 22–30, Suiten ab 33 $ inkl. BF. Tel. 3613108, www.ngocsuonghotel.com.
● **Que Huong.** Realsozialismus in Reinkultur; dafür zentral und „üppig" ausgestattet. 48

Zimmer 12, 22, 28 $ inkl. BF. 128 Nguyen Trung Truc, Tel. 3616122, khachsanque-huong@yahoo.com.

● **Hung Vuong.** Neues Mini am Ortsrand; sauber, relativ ruhig. 18 Zimmer 8–12 $. 6/24 Hung Vuong. Tel. 3624666.

● **Phong Lan 2.** *Soc-Trang-Tourist*-Hotel mit 28 Zimmern 8–12 $. 133 Nguyen Chi Thanh, Tel. 3821757, stt@hcm.vnn.vn.

● **Hung.** Große Esshalle mit Spezialitäten vom Grill. 6/24 Hung Vuong.

● **Mai.** Bestes Fischlokal vor Ort. 85A Hung Vuong.

● **Hang Ky** und, für Snacks, **Café 88,** beide am Busbahnhof.

Long Xuyen ⤢ XXII/B1
(Long Xuyên)

Die großzügig angelegte Stadt am Westufer des Hau Giang trägt schon deutlich südostasiatische Züge. Lebendiger Markt am Fluss, gute Infrastruktur (Banken, Hotels, Restaurants, Cafés). Die während des Krieges (1965–1973) errichtete katholische Kirche ist die größte des Deltas und fasst über tausend Gläubige.

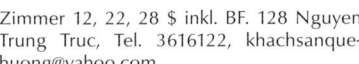

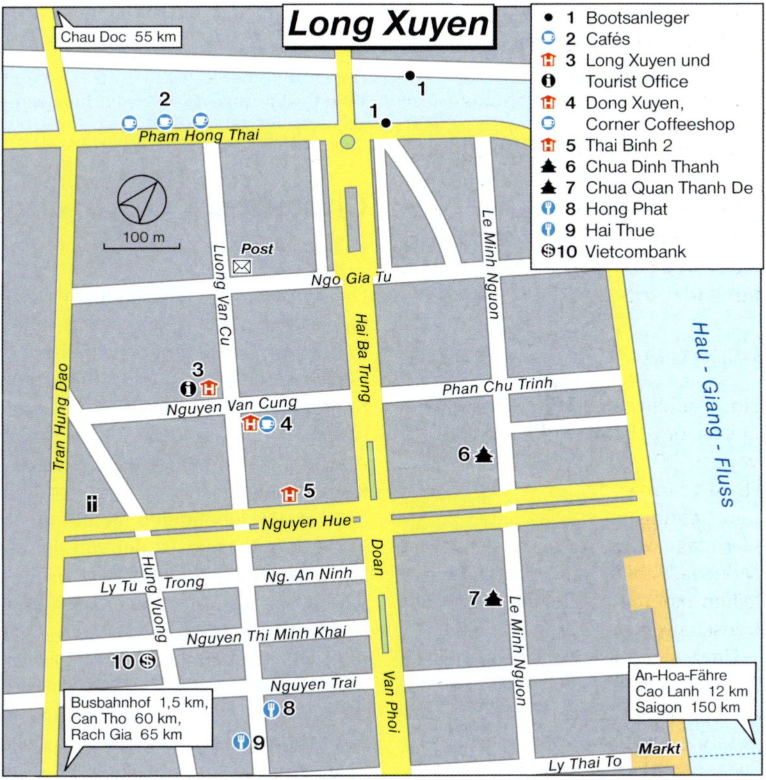

Long Xuyen

Chau Doc 55 km

Pham Hong Thai

Post

Ngo Gia Tu

100 m

Luong Van Cu

Tran Hung Dao

Hai Ba Trung

Le Minh Nguon

Nguyen Van Cung

3
4

Phan Chu Trinh

5

6

Nguyen Hue

Doan

Ly Tu   Trong

Hung Vuong

Ng. An Ninh

Nguyen Thi Minh Khai

10

Nguyen Trai

8

Van Phoi

7

Le Minh Nguon

9

Busbahnhof 1,5 km,
Can Tho 60 km,
Rach Gia 65 km

An-Hoa-Fähre
Cao Lanh 12 km
Saigon 150 km

Markt

Ly Thai To

Hau - Giang - Fluss

- 1 Bootsanleger
- 2 Cafés
- 3 Long Xuyen und Tourist Office
- 4 Dong Xuyen, Corner Coffeeshop
- 5 Thai Binh 2
- 6 Chua Dinh Thanh
- 7 Chua Quan Thanh De
- 8 Hong Phat
- 9 Hai Thue
- 10 Vietcombank

Mekong-Delta

Long Xuyen war Mitte des letzten Jhs. Hochburg der 1939 gegründeten **Hoa Hao-Sekte,** die zeitweise über 2 Mio. Anhänger zählte und wie die Cao Dai einen Staat im Staate bildete. Nach der Ermordung ihres Gründers, des „wiedergeborenen Buddhas" *Huynh Phu So,* durch die Viet Minh (1947), zerfiel die Sekte in rivalisierende Räuberbanden und Privatarmeen und ist heute im Gegensatz zu den Cao Dai kaum mehr aktiv. Long Xuyen verfügt über die zweitgrößte Universität des Delta (seit 2000) und über einen kaum bekannten, sehr sehenswerten **Floating Market.**

Praktische Informationen

- 195.000 Einw. Tel. 076.
- **Information.** *An Giang Tourist.* 17 Nguyen Van Cung, Tel. 3841036, www.angiangtourimex.com.vn.
- **Geld.** *Vietcombank,* 1 Hung Vuong. *Incombank,* 20 Ngo Gia Tu.
- **Taxi.** *Mai Linh,* Tel. 3838383.
- **Supermarkt.** *Coop,* Nguyen Hue/Luong Van Cu, der größte des Delta.

Unterkunft und Verpflegung

- **Dong Xuyen.** Bestes Haus am Platz (Neubau). 58 Zimmer, davon 48 à 20, Deluxe 30, Suite 37 $ inkl. BF. 9A Luong Van Cu, Tel. 3942260, dongxuyenag@hcm. vnn.vn.
- **Long Xuyen.** Sozialisiertes US-Hotel ohne Charme, aber erschwinglich. 35 Zimmer 13, Twin 18 $ inkl. BF. 21 Nguyen Van Cung, Tel. 3841927, longxuyenhotel@hcm.vnn.vn.
- Jahrelang bewährte Billighotels im Zentrum – wie das **Thai Binh 2,** 4 Nguyen Hue – waren zuletzt für Ausländer gesperrt. Die größte Hoteldichte findet man entlang der Tran Hung Dao Richtung Busbahnhof.

- **Hai Thue.** Sehr gute Küche. Tische im Freien. Die engl. Karte umfasst nur einen Bruchteil der Gerichte. 245/3 Luong Van Cu.
- **Hong Phat.** Etwas mehr Upmarket und mit AC; 242/4 Luong Van Cu.
- **Corner.** Urbaner Coffeeshop im NY-Stil, mit Terrasse. 9A Luong Van Cu.
- **Cafés.** Entlang der Flusspromenade Pham Hong Thai.

An- und Weiterreise

- **Entfernungen** (in km): Chau Doc 55, Can Tho 60, Rach Gia 65, Saigon 190, über Cao Lanh 150.
- **Bus.** Der Busbahnhof *(Ben Xe Long Xuyen,* 96 Tran Hung Dao) liegt 1,5 km südl. des Zentrums. Von/nach Saigon, Can Tho, Rach Gia, etc. Mit **Mai Linh** (414 Tran Hung Dao, Tel. 39222229) nach Saigon, Can Tho, Chau Doc.
- **Boot.** Vom *Long-Xuyen-Kanal* fahren unregelmäßig Frachtboote u.a. nach Can Tho, Chau Doc, Sa Dec, Rach Gia (8–10 Std.).

Chau Doc ⚐ XXII/B1
(Châu Đốc)

Die sympathische Kleinstadt am Westufer des Hau Giang nur wenige Kilometer von der kambodschanischen Grenze entfernt wird von zahlreichen Khmer und Cham bevölkert und war in den 1970er Jahren das Ziel zahlloser Attacken der von Beijing unterstützten **Khmer Rouge.**

Herz der lebendigen Stadt, mehr noch als anderswo, ist der von der alten französischen Markthalle dominierte und bis zur Flusspromenade ausufernde **Straßenmarkt.** Seit der Öffnung der Grenzübergänge *Song Tien* (Fluss) und *Tinh Bien* (Straße) im Jahr 2000 hat das beschauliche Städtchen einen sichtbaren Aufschwung in punkto Handel und Tourismus erlebt.

Eine Besonderheit Chau Docs sind die **Schwimmenden Häuser,** unter denen die Bewohner in heruntergelassenen Netzen und Drahtkörben Fische und Süßwassershrimps züchten. Die rapide Kommerzialisierung hat allerdings dazu geführt, dass die neuen Wellblechcontainer eher an Retortensiedlungen denn an Hausboote erinnern. Die überall brennenden Öfen sind für die Futterzubereitung der Tiere da.

Dinh Chau Phu

In dem 1926 erbauten Tempel an der Uferstraße Gia Long wird Nguyen Huu Canh, ein Nachfahre des berühmten Dichters *Nguyen Trai* (15. Jh.) verehrt.

Chau-Giang-Moschee

Ein Ausflug über den Fluss mit der Chau Giang Fähre führt auf eine Flussinsel mit Dörfern, die überwiegend von moslemischen Cham bevölkert sind. Ihre Frauen tragen z.T. noch den traditionellen Schleier und widmen sich der Seidenproduktion. Unweit vom Fähranleger (ca. 80 m links) liegt die Hauptmoschee mit einer Koranschule. Nach rund 800 m kommt man zum Dorf *Chau Phong* mit „Tourist Center", Café und Fahrradvermietung.

Nui Sam

Wie ein gigantischer Taschenkrebs *(sam)* erhebt sich der 230 m hohe Berg *(nui)* nur wenige Kilometer von Chau Doc entfernt aus der flachen Ebene. Dutzende kleiner Tempel und Pagoden liegen ihm zu Füßen bzw. sind in seine Felsen und Höhlen gebaut. Zwischen dem 22. und 26. Tag des 4. Mondmonats ist er Ziel Hunderttausender Wallfahrer, die sich Glück, Segen und Reichtum von der sagenumwobenen **Ba Xu** erflehen. In dem ihr gewidmeten Tempel **Mieu Xu Thanh** (um 1820, 1972 bis zur Unkenntlichkeit restauriert), befindet sich ein mit kostbaren Gewändern geschmückter Stein, der bereits seit dem 4./5. Jh. verehrt wird.

Weitere Ziele der Pilger – im letzten Jahr sollen es bis zu 2 Mio. gewesen sein! – sind das Grabmal von *Thoai Ngoc Hau*, dem Erbauer der Kanäle, und der 1847 erbaute **Chua Tay An.** Die im indisch-hinduistischen Stil errichtete, aber auch islamische Einflüsse verratende Pagode ist für ihre kunstvoll geschnitzten Holzstatuen bekannt.

Die Attraktion ist der Berg selbst. Die **Aussicht vom Plateau** bis weit nach Kambodscha hinein ist spektakulär. Oberhalb des Tempelkomplexes führen Fußpfade, an der Ostflanke des Berges führt eine Straße hinauf.

●5 km südwestlich. Anfahrt per Stadtbus oder Xe Om. Es gibt zahllose Hotels und Unterkünfte jeder Preisklasse.

Praktische Informationen

●65.000 Einw. Tel. 076.
●**Geld.** *Incombank*, 69 Nguyen Huu Canh. ATM *Vietcombank* im Hotel Hang Chau 2.

Lokale Veranstalter

●**Delta Adventure Tours.** Bootstouren von/ nach Saigon über Vinh Long/Cai Be oder

Mekong-Delta

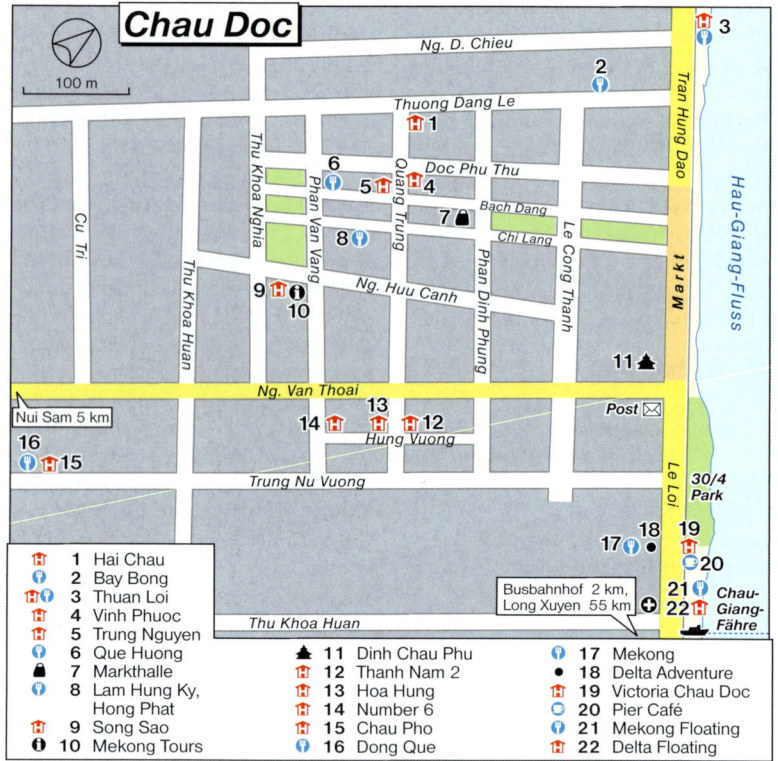

Chau Doc

1 Hai Chau
2 Bay Bong
3 Thuan Loi
4 Vinh Phuoc
5 Trung Nguyen
6 Que Huong
7 Markthalle
8 Lam Hung Ky, Hong Phat
9 Song Sao
10 Mekong Tours

11 Dinh Chau Phu
12 Thanh Nam 2
13 Hoa Hung
14 Number 6
15 Chau Pho
16 Dong Que

17 Mekong
18 Delta Adventure
19 Victoria Chau Doc
20 Pier Café
21 Mekong Floating
22 Delta Floating

Can Tho mit Übernachtung auf dem Boot oder im Homestay (inkl. Mahlzeiten und Bustransfer um 27–32 $ p.P.). Expressboot nach Phnom Penh (8–13.30 Uhr) oder Hausboot bis *Nek Luong* (4 Std.) und Weiterfahrt mit Bus (1 Std.) jeweils um 18 $. 53bis Le Loi, Tel. 3563810, mobil: 0906.480480, www.delta adventuretours.com.

● **Mekong Tours.** Touren, Homestays, Geldwechsel, Motorradvermietung, Boote nach Kambodscha oder zum Mieten (z.B. nach Can Tho oder Ha Tien). 14 Nguyen Huu Canh, Tel. 3868222, www.mekongvietnam. com.

● **Hang Chau Tourist.** Boote, Touren, Visa etc. 14 Phan Dinh Phung, Tel. 3562771, www. hangchautourist.vn.

● **Guide.** Mr. *Long*, mobil: 0913.777978, long nguyen49@yahoo.com.

Unterkunft

● **Victoria Chau Doc.** Unmittelbar am Mekong gelegen, nur wenige Gehminuten vom Zentrum entfernt. Terrasse mit Pool, Restaurant und schönem Ausblick auf den Fluss. 93 Zimmer 130 $ (Straßenseite), 149, 187 (Suite) inkl. BF. 32 Le Loi, Tel. 3865010, www. victoriahotels-asia.com.

●**Chau Pho.** Moderner Neubau. Etwas kahl und prosaisch, aber zumindest nicht kitschig; sauber und funktionell. 50 Zimmer 30, 40 $. Trung Nu Vuong, Tel. 3564139, www.chau-phohotel.com.

●**Hai Chau.** Neu 2010. 16 Zimmer, bis auf 2 mit Fenster und sehr in Ordnung. 15 $ klein, aber sehr gut ausgestattet (WW, WiFi, Fridge, Schreibtisch, Wanne), 20 größer, 25 mit Balkon, jeweils inkl. BF. Mit Lift und Mini-Resto; guter Service. 61 Thuong Dang Le, Tel. 6260066, www.haichauhotel. com.

●**Delta Floating Hotel.** Etwas ganz Besonderes, das erste „Schwimmende Hotel" im Delta. Haus I liegt auf der Stadtseite des Flusses und hat 11 AC-Kabinen à 15, 20 $ inkl. BF; das schönere und idyllischere Haus II liegt am gegenüberliegenden Ufer und hat 13 Zimmer mit Fan 10, mit AC 15 $ ohne BF, kann aber nur per Shuttleboot erreicht werden. 44/3 Le Loi, Tel. 3550838, dangdung@kimtravel.com.

●**Song Sao.** Kleine, aber gut ausgestattete Zimmer. Lift, Dachgartenbar. Frühstück muss außerhalb des Hauses bestellt werden. 26 Zimmer 13 $ (zum Lichtschacht), 16 (größer und mit Balkon), 20 (Triple). 12–13 Nguyen Huu Canh, Tel. 3561776, songsaohotel@yahoo.com.

●**Trung Nguyen.** Hell, modern und mit sehr viel Geschmack eingerichtet. Hübsche Lobby mit Frühstücksraum, sehr freundlicher Service. 15 Zimmer, alle mit Balkon, 14 und 18 $, inkl. BF. 86 Bach Dang, Tel. 3866158, www.trungnguyenhotel.com.vn.

●**Thuan Loi.** Schöne Lage am Fluss, hält aber nicht, was es verspricht. Wenige Zimmer mit Flussblick, extrem hellhörig. Versöhnlich stimmt nur die Frühstücksterrasse. 26 Zimmer mit Fan/KW 6 $, mit AC/WW 10 $. 18 Tran Hung Dao, Tel. 3866134, hotelthuanloi@hcm. vnn.vn.

●**Vinh Phuoc.** Arg rustikal, trotz neuer Fassade. 12 Zimmer 6–7 $, mit AC Aufschlag 3 $. 12 Quang Trung, Tel. 3866242, vinhphuochotel @yahoo.com.

●**Hoa Hung.** Das angenehmste Billighotel: Neubau, ruhig, unten mit nettem Café. 10 Zi. mit Fan 6–8 $, mit AC 10–14 $. 5 Quang Trung, Tel. 3866417, tranvinhco81@yahoo. com.

●**Thanh Nam 2.** Freundlich und aufgeräumt. 9 Zimmer, mit Fan 6–8, mit AC 10–12 $. 8 B Quang Trung, Tel. 2212616, thanhnamhotel @yahoo.com.

●**Phan Van Vang.** Auf dieser Straße im Zentrum gibt es eine Reihe von Guesthouses – z.B. No. 2, 6, 8, 10, 49 –, von denen das **Number 6** das mit Abstand größte ist. Die obere Etage ist für Ausländer reserviert, mit Fan 6, 8 (Twin), mit AC 9, 11 $. Tel. 3867622.

Essen und Trinken

●**Mekong Floating.** Vorzügliche Küche, angenehme Atmosphäre, erstklassiger Service, hauptsächlich Einheimische – Genuss ohne Reue auf dem Schwimmenden Restaurant, das nicht umsonst jeden Abend gestopft voll ist (nur Freunde von Pizzapasta kommen ausnahmsweise mal nicht auf ihre Kosten). 44/3 Le Loi.

●**Thuan Loi.** Viet Fast Food im Floating Restaurant des gleichnamigen Hotels. Total mittelmäßig – aber tolle Location!

●**Mekong.** Gartenlokal im Hof einer franz. Villa. Ordentliches Essen (u.a. *Lau*), reelle Preise, etwas erratischer Service. 41 Le Loi.

●**Bay Bong.** Populäre Abfütterungsstelle für Tourgruppen. Nicht schlecht, aber homöopathische Dosen (man geht hungriger als man kam). 22 Thuong Dang Le.

●**Dong Que.** Intimes Gartenresto mit ausgezeichnetem Essen und nicht teuer. Manko: weder engl. Karte noch fremdsprachiges Personal (kann sich ändern). Trung Nu Vuong.

Mekong-Delta

Kanäle

Die Kanäle *Thoai Ha* zwischen Long Xuyen und Rach Gia und *Vinh Te* zwischen Chau Doc und Ha Tien erschlossen um 1780-90 Regionen Vietnams, die mit Ausnahme weniger Khmer-Niederlassungen bis dahin praktisch unbesiedelt waren. Ihr Baumeister *Thoai Ngoc Hau*, ein hoher Mandarin im Dienste Nguyen Anhs, des späteren Kaisers *Gia Long*, wird in der Region sehr verehrt. Sein Grab liegt am Nui Sam nahe Chau Doc.

● **Markt.** Einige nicht gerade tolle, aber passable Restos sind rund um die Markthalle verstreut. **Que Huong,** 110 Bach Dang. **Lam Hung Ky** und **Hong Phat,** 71 und 79 Chi Lang. Am Markt selbst gibt es einige ordentliche Garküchen (gegenüber 29/31 Chi Lang).
● **Pier Café.** Beim Tourist Boat Pier *(Ben Tau)*. Ideal zum Chillen, gemäßigte Preise, da vornehmlich einheimische Gäste.
● **Kuchen.** Banh Kem, 42 Bach Dang, beim Markt.

An- und Weiterreise

Entfernungen
● Von Chau Doc (in km): Long Xuyen 55, Ha Tien 95, Can Tho 115, Saigon 250, Phnom Penh 165.

Bus
● Der Busbahnhof *(Ben Xe Chau Doc)* liegt 2 km südlich des Zentrums an der Verlängerung der Le Loi. Cyclo 10.000 đ. **Regelmäßige Verbindungen** mit Long Xuyen, Can Tho, Soc Trang, Ca Mau, My Tho, Vinh Long, Rach Gia (6.45, 12 Uhr).

● **Von/nach Saigon** (6 Std.) alle 60 Min. Schneller und bequemer sind Minibusse von *Mai Linh* (110.000 đ), Tel. 3565222.
● **Ha Tien.** 6.45, 9, 12 Uhr, Fahrzeit 3 Std. Über den *Nui Cam* (mit 716 m höchster Berg des Deltas, Aufstieg 3–4 Std.), *Triton* und *Ba Hon.*
● **Kambodscha.** Grenzübergang *Tinh Bien (Phnom Den)* zwischen Chau Doc (20 km) und Takeo (43 km). Von der Grenze sind es 2 km bis Tinh Bien, von dort mit dem gelbgrünen Stadtbus *(xe buyt)* nach Chau Doc.

Boot
● **Frachtboote** fahren zu unregelmäßigen Zeiten nach Long Xuyen, Vinh Long und **Ha Tien** (8–10 Std.).
● **Kambodscha.** Tgl. von/nach Phnom Penh mit **Express-** (5–6 Std., um 18–20 \$) oder **Slowboat** (Umsteigen an der Grenze) und einstündigem Bustransfer ab *Nek Luong*, s. Lokale Veranstalter.
● **Visa** für Kambodscha werden an der Grenze ausgegeben. 25 \$ plus 2 Passfotos.

Siesta auf dem *Xich Lo*

Ha Tien
↗ **XXII/B1**
(Hà Tiên)

Das malerische, nur 6 km von der kambodschanischen Grenze entfernte Städtchen am Golf von Thailand hat mehr als 25 Jahre gebraucht, sich von den **Greueltaten der Roten Khmer** zu erholen. Die abgeschiedene Grenzlage trug jahrelang ihren Teil dazu bei, dabei sind es kaum 200 km bis *Phnom Penh* oder 300 km (Luftlinie) bis zum thailändischen *Trat*.

Eine sehr angenehme, **atmosphärische Stadt,** mit ungewöhnlich vielen alten Häusern und Tempelchen. In wenigen Gehminuten ist man in hübschen Vororten mit von getrockneten Garnelen gelb leuchtenden Trottoirs. Strände und Felsbuchten, romantische Seen und einsame Inseln liegen in unmittelbarer Umgebung.

Die Stadt erstreckt sich im Schutz einer von Hügeln eingefassten Bucht entlang den Ufern des *Song To Chau* und des *Dong-Ho-Sees* (s.u.). Eine funktionstüchtige Straßenbrücke wurde erst 2003 angelegt. Seitdem ist das Stadtbild radikal im Umbruch. Die großen Markthallen am Fluss sind Grünanlagen gewichen, und der alte kolonial geprägte Stadtkern wird immer lebloser, während jenseits davon und zur Brücke hin ein neovietnamesisches „Businesscenter" *(Trung Tam Thuong Mai)* mit neuen Markthallen im Aufbau begriffen ist.

Geschichte

Die Geschichte der Stadt wie der gesamten Region westlich des Unteren Mekong ist untrennbar mit der chinesischen Familie der **Mac** verbunden, die sich 1708 in dem nominell zu Kambodscha gehörigen, praktisch aber nahezu unbesiedelten, allenfalls von Piraten und Schmugglern bevölkerten Sumpfland zwischen den damaligen Machtbereichen Vietnams und Kambodschas niederließ. Fast 100 Jahre lang Objekt der Begierde von Khmer, Thais und Vietnamesen, die in wechselnden Koalitionen Kriege um das Fürstentum der Mac führten, fiel Ha Tien erst 1798 endgültig an Vietnam.

Sehenswertes

Gräber der Mac

Nachdem Gia Long auf seiner Flucht vor den Tay-Son-Rebellen bei den Mac Unterschlupf gefunden hatte, ließ er 1802 nach seiner Krönung zum Kaiser aus Dankbarkeit die Gräber errichten, die man heute auf einem Hügel am Rande der Stadt sehen kann.

Die in einer gepflegten Anlage ruhenden 46 Familiengräber sind im traditionellen chinesischen Stil errichtet. Das größte, flankiert von Wächterfiguren und Löwen, ist das des Familienpatriarchen **Mac Cuu,** der sich angesichts der Wirren in Kambodscha 1708 dem Schutz Hues unterstellt hatte. Schöner Blick auf die Stadt.

Nui Binh Son (oder *Nui Lang*, Grabhügel). Ein Spaziergang die Mac Cuu stadtauswärts führt zum Fuß des Hügels mit vorgelagerten Lotosteichen und dem kleinen chinesischen *Den Mac Cuu* (1899). Wer den Hügel in nördlicher Richtung umrundet, gelangt zum *Chua Phu Dung* (ähnliche Geschichte und Ausstattung wie der Chua Tam Bao, s.u., aber mit separater daoistischer Dämonologie).

Mekong-Delta

Map legend:

♠	**1**	Chua Tam Bao	🏠 **8**	Ha Tien,
🏠	**2**	My Tran	⚫	Giang Thanh
🏠	**3**	Hai Yen	ⓘ **9**	Ha Tien Tourist
⚫	**4**	Thuy Tien	🏠 **10**	Du Hung
🏠	**5**	To Chau,	🏠 **11**	Hai Van
🏠		Dong Ho	🏠 **12**	Hai Phuong
⚫	**6**	Pho 66,	🏠 **13**	Kim Co 2,
⚫		Xuan Thanh	🏠	Long Chau
🏠	**7**	Sokha	⚫ **14**	Huong Bien

Chua Tam Bao

1730 von Mac Cuu und seiner zweiten Frau *Nguyen Thi Xuan* als Tempel *(den)* gegründet, aber schon seit vielen Jahren ein buddhistischer Chua. Im Zentrum der heute von Nonnen geführten Pagode stehen daher ebenso *Quan Am*, die Barmherzige, wie der *A Di Da*-Buddha und der daoistische Jadekaiser *Ngoc Hoang*.

Alt Ha Tien

Chua Thach Dong

Grotten-Pagode (auch *Thanh Van* genannt) 3.5 km westlich auf dem Weg zum *Mui-Nai*-Strand. Schöne Ausblicke auf Kambodscha. Eine *Stele des Hasses* erinnert an das grausame Massaker an 130 vietnamesischen Zivilisten durch die Schergen Pol Pots am 14. März 1979.

Bai Mui Nai

Als Strand kein Highlight, aber akzeptabel für einen Ausflug. Zu Füßen eines Felsmassivs mit der Ruine eines französischen Leuchtturms und Blicken auf Kambodscha und Phu Quoc. 6 km westlich. Zwei weitere Strände, *Bai No* und *Bai Bang*, liegen in der Nachbarschaft.

Dong Ho

Der Dong Ho oder Ost-See, eigentlich nur eine Erweiterung des *To-Chau*-Flusses, liegt malerisch eingebettet zwischen den Granitkegeln des Ngu Ho und des To Chau. Das Seeufer wird am Abend zur beliebten Flaniermeile – und in klaren Mondnächten, heißt es, sollen dort die Elfen tanzen.

Praktische Informationen

- 50.000 Einw. Tel. 077.
- **Information.** *Ha Tien Tourist.* So wünscht man sichs: Informativ und effektiv (dabei aber, Achtung, durchaus geschäftstüchtig!).

Internet-Café, Kambodscha-Visa (15 Min., 25 $), Fahr- und Motorrad-Vermietung (50-/150.000 d/Tag), Boots-Tickets etc. Mit kambodschanischem Bus direkt ab dem Office(!), siehe An- & Weiterreise. 1 Phuong Thanh, Tel. 3959598, hatientourism@gmail.com.
- **Geld.** *Vietcombank*, ATM. 4 Phuong Thanh. *Agribank* mit ATM, 37 Lam Son.
- **Apotheke.** 48 Tran Hau.
- **Post.** 3 To Chau.

Unterkunft

- **Ha Tien.** Neubau 2005, ordentlich eingerichtet und ausgestattet, aber ohne Lift (3 Stockwerke). 32 Zimmer 20 $, Deluxe 30 $, Suite 40 $ inkl. BF. 36 Tran Hau, Tel. 3952093, khachsanhtien@vnn.vn.
- **Kim Co 2.** Neu 2009, in der Neustadt am Fischmarkt; das Schwesterhotel ist unser Favorit in Rach Gia. 30 Zimmer, DZ 12, Twin 15, Triple 18, Suite 24 $. 21–23 Lo 7, Tel. 3957957, www.kimcohotel.com.
- **Long Chau.** Neu 2009, in der Neustadt, sauber und sehr ordentlich. 32 Zimmer 13, Twin 18 $. 36–38 Lo 7, Tel. 3959189, hotel longchau@yahoo.com.

Mekong-Delta

299vi Foto: kb

Cafè Nhung

●**Hai Phuong.** Neu 2010. Hell und sauber, zwei nette alte Leute, die richtig stolz auf ihr Haus sind. 22 Zimmer 10 $. 52 Dang Thuy Tram, Tel. 3852240.

●**Hai Van.** 35 AC-Zimmer im Neubau mit Lift, Resto etc., z.T. mit Balkon 15 $. Im Altbau 15 Zimmer mit Fan 6 $, mit AC 8–10 $. 55 Lam Son, Tel. 3852001, Fax 3851685.

●**Du Hung.** Neu 2005, mit Lift. Gut ausgestattete, aber eher kleine Räume. 25 Zimmer 12 $ (innen), 15 $ (z.T. Flussblick), 18 $ (Twin, nach vorne). 17A Tran Hau, Tel. 3951555, duhunghotel@yahoo.com.

●**Sokha.** Das einst erste Haus am Platz wirkt vernachlässigt. Lift, Resto. 40 Zimmer 8–10 $. 14 Phuong Thanh, Tel. 6260019, sok hahotel@gmail.com.

●**Dong Ho** & **To Chau.** Zwei nebeneinanderliegende, verstaatlichte Kolonialhotels, akzeptabel, aber leider ohne besonderen Flair. 18 bzw. 12 Zimmer, mit Fan 6, mit AC 10 $. 2 Tran Hau, Tel. 3852141, 56 Dong Ho, Tel. 3852148.

●**Hai Yen.** Alle 34 Zimmer können mit Fan (11 $) oder AC (13 $) genutzt werden. Schöner Blick von den großen Eckzimmern 304/404 und vom 5. Stock. 15 To Chau, Tel. 385 1580, Fax 3851889.

●**My Tran.** Nicht berauschend, aber sehr ruhig, mit Blick auf den See. 20 Zimmer 8 $ (Fan), 10 (AC), 12 (Balkon). 4 Dong Ho, Tel. 3851799.

Essen und Trinken

●**Huong Bien.** Das erstklassige Traditionslokal ist in die Neustadt umgezogen. Eine echte Delikatesse sind die mit Fleisch und Pfefferkörnern gefüllten gefritteten Tintenfische! Trung Tam Thuong Mai.

●**Giang Thanh.** Ansprechendes Gartenlokal an der Marktstraße. Angenehmes Ambiente, freundlicher Service. 36 Tran Hau.

●**Xuan Thanh.** Gute Aussichtslage gegenüber dem Markt. Suppen, Fisch, Schweinefleisch (eine Spezialität der Region vom schwarzen Schwein). 20 Tran Hau.

●**66.** Einfache Gerichte, gut und billig, z.B. die Pho. 6 Tran Hau Ecke Bach Dang.

●**Thuy Tien.** Floating Resto in der Lagune, gut zum Träumen und Biertrinken.

An- und Weiterreise

●**Entfernungen** (in km): Ba Hon 20, Hon Chong 30, Rach Gia 92, Chau Doc 95, Can Tho 205, Saigon 340, Phnom Penh 190, Sihanoukville 145, Kampot 75, Kep 47.

●**Kambodscha.** Der Grenzübergang *Xa Xia (Prek Chak)* ist seit 2007 für Ausländer offen. 7–18 Uhr, Visa on Arrival für Kambodscha erhältlich (25 $). Transport zwischen Ha Tien und Grenze per Xe Om ca. 40–50.000 đ.

Bus

●Der Busbahnhof *(Ben Xe Ha Tien)* liegt an der N 80 Richtung Xa Xia/Kambodscha 2 km in Verlängerung der *To-Chau*-Brücke. Mehrmals tgl. u.a. von/nach Saigon (8½ Std.), Rach Gia, Can Tho, Chau Doc (3x). Besser, wenn auch etwas teurer, sind die grünen Minibusse von *Mai Linh.*

●**Nach Kambodscha.** Vietnamesische Busse haben keine Erlaubnis, die Grenze zu überqueren. Kambodschanische fahren ab *Ha Tien Tourist,* 1 Phuong Thanh, direkt nach Kep (12, 16 Uhr, 1 Std.), Kampot (12, 16 Uhr, 1½ Std.), Sihanoukville (6, 12 Uhr, 4 Std.), Phnom Penh (6, 12 Uhr, 5 Std.).

Boot

●**Nach Phu Quoc.** Tgl. 8 Uhr mit *Vinashin,* Ankunft Phu Quoc *(Bai Vong)* 9.30 Uhr, Rückfahrt 14 Uhr: 190.000 đ. 11 Tran Hau, Tel. 3959060. www.cawaco.com.vn. Eine zweite Linie, *Hong Tam,* verkehrt tgl. 13 Uhr, ist aber äußerst unzuverlässig. Bei schlechter Witterung kann die Passage entfallen.

Ha Tien, Umgebung

Hon Chong ⤢ XXII/B2

Der 3 km lange **Strand** *(Bai Duong)* 32 km südlich von Ha Tien gilt als schönster Festlandstrand des Mekong-Delta. Pagoden, Grotten, pittoreske Felseninseln und *Filao*-Bäume (eine Pinienart, die dem Strand seinen Namen verlieh), runden das Bild ab. In der

Umgebung Pfefferplantagen, allerdings auch ein paar gewaltige Zementfabriken (von denen man am Strand freilich nichts mehr spürt).

Der Strand ist feinsandig, aber nicht breit, immer leicht feucht und teilweise vermüllt. Außer im Sommer und an Wochenenden herrscht kein Betrieb, aber für einen **Badeurlaub** sollte man Hon Chong **nicht** in Betracht ziehen!

Chua Hang

Die Grotten-Pagode am Südende des Strandes lockt das ganze Jahr über Einheimische an. Der Zugang zur Grotte (an die sich natürlich zahllose Sagen und Legenden knüpfen) liegt hinter dem Altar der in den Fels hineingebauten *Hai-Son*-Pagode. Im Inneren ist eine schöne hölzerne *Quan Am* mit hundert Armen und Attributen zu sehen. Durch eine weitere Grotte gelangt man an eine Meeresbucht mit dem malerischen Felspaar *Hon Phu Tu* (Vater und Sohn) – eine fotogene Miniatur-Ha Long-Bucht mitten im flachen Mekong-Delta.

Praktische Informationen

Unterkunft / Essen

●**Hon Trem Resort.** Geschlossene Anlage auf einer hügeligen Halbinsel, auf den ersten Blick eine Pracht, auf den zweiten eher „Staatshotel aus dem Bilderbuch". 15 Villen, 80 Zimmer, 30–50 $ inkl. BF. Tel. 3854331, Fax 38583654.
●**An Hoi Son Resort.** Gute, gepflegte Anlage, wenn auch wenig „Resort-Feeling". 55 Zimmer 14–22 $ inkl. BF. Tel. 3759226, anhoison@hcm.vnn.vn.

●**Green Hill.** Hübsche weiße Villa auf einer kleinen Anhöhe über dem Strand mit großzügiger Terrasse. 9 AC-Zimmer 15 und 25 $ inkl. BF. Resto. Tel. 3854369.
●**My Lan** (Milan). Von Auslandsvietnamesen aus Italien geführte Bungalowanlage (Sohn Andrea) mit 24 Zimmern 10, 12, 14 $ (4 Pers.). Picobello sauber, aber nicht aufregend. Resto. Tel. 3759044, Fax 3759040.
●**Diem My.** Minihotel neben dem staatlichen *Cong Doan*. 10 Zimmer mit Fan 6 $, nach vorne mit Terrasse und Meerblick 8, etwas größer mit AC 10 $. Einfach, aber ok. Tel. 3759216. Alternative ist das *Bai Duong* daneben.
●**Restaurant.** *Hon Chong* ist ein Paradies für Freunde von **Meeresfrüchten.** Nirgendwo in Vietnam haben wir so viele Restos mit Muscheln, Schnecken und Austern aller Art gesehen.

An- und Weiterreise

●**Abzweiger** von der N 80 bei dem Städtchen **Ba Hon** 20 km südl. von Ha Tien bzw. 70 km nördl. von Rach Gia. Zum *Bai Duong* 12–15 km. Per Xe Om ca. 20.000 đ.

Rach Gia   ↗ XXII/B2
(Rạch Giá)

Die einstige Schmuddelstadt am Golf von Thailand war die erste im Delta, die aufräumte, Markt und Hafen vom Zentrum in die Peripherie verlegte, an ihrer Statt Parks und Promenaden anlegte und mit breiten Ausfallstraßen neue Stadtteile erschloss. Vielleicht schön für die Einwohner (außer für die Ärmsten). Schlecht für den Besucher: öder, **steriler Einheitslook** à la deutsche Fußgängerzone. Neuestes Projekt ist die Erschließung des Strandes, wo neue Hotels und Restaurants aus dem Boden schießen sollen (und mitt-

Mekong-Delta

lerweile vielleicht auch schon entstanden sind, was allerdings auch dringend notwendig wäre).

Für Phu-Quoc-Reisende ist Rach Gia wie der zähe Brei, durch den man sich fressen muss, um ins Schlaraffenland zu gelangen. Es gibt nichts zu sehen. Die Unterkünfte sind mies. Und selbst im besten Hotel vor Ort ist Englisch eine Fremdsprache geblieben.

Das **Zentrum** liegt auf einer Flussinsel zwischen zwei kanalisierten Armen des *Song Cai Lon*.

Sehenswertes

Markt, Hafen, Strand

Von Markt und Hafen sind im Zentrum entlang der Uferstraße **Bach Dang** nur mehr Rudimente übrig geblieben. Der „Strand" lädt weniger zum Baden als zum Flanieren, Kaffee- und Biertrinken und Liegestuhlen ein. Das Meer ist braunes Schlabberwasser.

Museum

Zu sehen sind interessante Ausgrabungsstücke des alten **Oc Eo**, das nur wenige Kilometer landeinwärts gelegen war; Knochenfunde und Pfeilspitzen weisen sogar noch wesentlich frühere menschliche Ansiedlungen nach (2–3000 v.u.Z.). Eine weitere Abteilung widmet sich wie üblich dem revolutionären Widerstand.

● *Bao Tang Kien Giang.* 21 Nguyen Van Troi, außer Mo 7.30–11, 13.30–16.30 Uhr, Eintritt frei.

Den Nguyen Trung Truc

Dem lokalen Widerstandskämpfer Nguyen Trung Truc sind nicht nur eine Straße und eine Statue am Hauptplatz, sondern auch ein Tempel gewidmet. Nachdem er 1861 das Kanonenboot *Espérance* in die Luft gesprengt hatte, nahmen die Franzosen seine Familie als Geisel und drohten, sie an seiner Statt zu erschießen. Truc stellte sich daraufhin und wurde 1868 auf dem Marktplatz öffentlich hingerichtet. Sein Porträt ist am Altar des Tempels zu sehen. 18 Nguyen Cong Tru.

Bac De-Tempel

Bac De, einer Reinkarnation des Jadekaisers sind zwei Tempel aus dem 19. Jh. gewidmet: **Hoi Quan Ong Bac De,** eine Versammlungshalle der chinesischen Gemeinde (14 Nguyen Du) und **Chua Bac De,** eine Pagode im chinesischen Stil mit sehenswerten Wandmalereien (134 Tran Phu).

Praktische Informationen

● 180.000 Einw. Tel. 077.
● **Information.** *Kien Giang Tourist.* Einigermaßen effektiv. 11 Ly Tu Trong, Tel. 3862103, www.kiengiangtourist. com.vn.
● **Geld.** *Vietcombank* mit ATM, 1 Huynh Man Dat. Gegenüber liegt die *Post.*
● **Vietnam Airlines.** 16 Nguyen Trung Truc, Tel. 39244320.
● **Taxi.** Tel. 3878787.

Unterkunft

● **Kim Co.** Noch die beste Wahl und immer voll, da Preis und Leistung top (reservieren!). Helle, luftige Räume, ordentliche Bäder, halbwegs effektiver Service. 50 Zimmer 12 $, 15 $ (größer, mit 2 Betten). 141 Nguyen Hung Son, Tel. 3879610, www.kimcohotel. com.
● **Gia Thao.** Insgesamt sympathisches Haus, korrekt und sauber. Die günstigsten der 20 Zimmer liegen im 4. Stock (ohne Lift) und kosten 9 $ (Zi 401 mit 2 großen Betten und

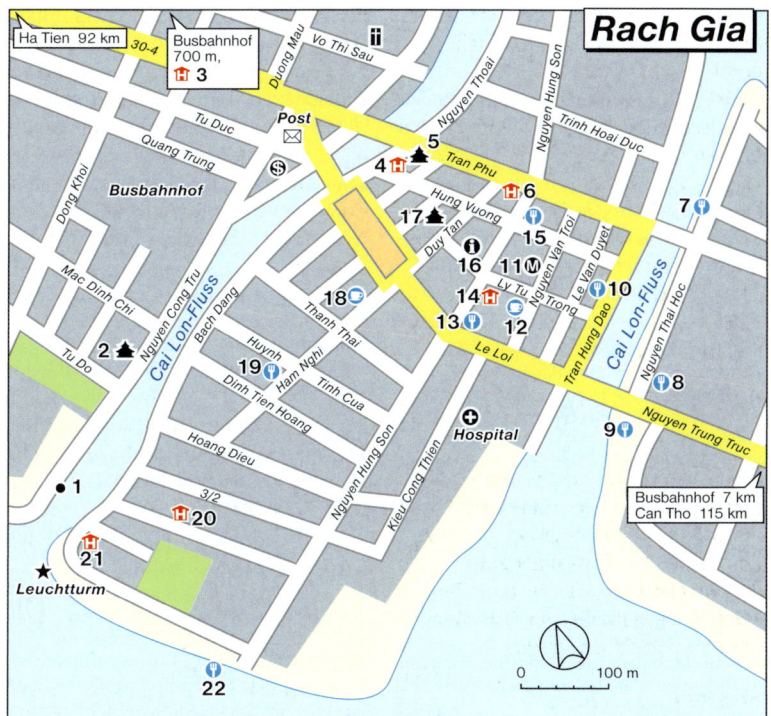

Rach Gia

Ha Tien 92 km 30-4

Busbahnhof 700 m, 🏠 3

Busbahnhof

Post ✉ 💲

Cai Lon-Fluss

Tu Duc
Quang Trung
Dong Khoi
Mac Dinh Chi
Tu Do
Nguyen Cong Tru
Bach Dang
Huynh
Hoang Dieu
Dinh Tien Hoang
Ham Nghi
Tinh Cua
Thanh Thai
3/2
Hung Tai
Duong Mau
Vo Thi Sau
Nguyen Thoai
Nguyen Hung Son
Trinh Hoai Duc
Tran Phu
Hung Vuong
Duy Tan
Le Van Duyet
Le Van Troi
Nguyen Van Troi
Ly Tu Trong
Tran Hung Dao
Nguyen Thai Hoc
Nguyen Trung Truc
Le Loi
Nguyen Hung Son
Kieu Cong Thien

Leuchtturm ★

5 Tran Phu
4 🏠
🏠 6
17 ▲
15
16 ℹ 11 Ⓜ
18 🔵
14 🏠
13 🏠 12
19 📍
✚ Hospital
9 📍
7 📍
8 📍
10 📍
2 ▲
1 ●
20 🏠
21 🏠
22

Busbahnhof 7 km Can Tho 115 km

0   100 m

Mekong-Delta

●	1 Phu Quoc-Boote	📍	7 Song Hien	📍	15 Valentine
▲	2 Dinh Nguyen Trung Truc	📍	8 Thanh Binh	ℹ	16 Kien Giang Tourist
🏠	3 Hoang Gia 2 und Hung Tai	📍	9 Hai Au	▲	17 Hoi Quan Bac De
🏠	4 Tam Xuan	📍	10 Vinh Hong	🔵	18 Thanh Thanh
▲	5 Chua Quan De	Ⓜ	11 Museum	📍	19 Thien Thanh
🏠	6 Gia Thao	🔵	12 Thao Nguyen	🏠	20 Hoa Bien
		📍	13 Ao Dai Moi	🏠	21 Huynh Khang
		🏠	14 Kim Co	📍	22 Hoa Bien

Balkon 10 $), ansonsten 12, einige Vierer 14–17 $. 164 Tran Phu, Tel. 3878576, Fax 3868091.

● **Hoa Bien.** Gut ausgestattetes Mini mit 12 Zimmern 15, 17, 20 $, geführt von *Robert*, einem amerikanischen Viet-Kieu. Nette Atmosphäre, aber etwas überteuert. In einem neuen Stadtteil beim „Strand", noch in Gehweite

zum Zentrum. L 15–No 1,2–16ha Ward, Tel. 3898898, hoabien@yahoo.com.

● **Huynh Khang.** Neu 2009. Nett, von den besseren Zimmern Blick auf Meer und die Fährboote, aber auch ein wenig abgelegen von allem. 10 Zimmer 12, Twin 15, mit Panorama 18 $. 22 Nguyen Huu Cau, Tel. 3895999, Fax 3895998.

●**Tam Xuan** (Wild Rose). Nicht gar so toll, sieht von außen weit besser aus als es ist. 10 Zimmer 10, 12 $ (Twin). 19 Tran Quang Dieu, Tel. 3920325.

●**Hoang Gia 2.** Im Neubauviertel am (öden!) Zentralmarkt und Busbahnhof; sauber, gemütlich. 19 Zimmer 10–12, Vierer ab 15 $. 31 Le Thanh Ton, Tel. 3920980, www.hoang giahotels.com.vn.

●**Hung Tai.** Für den Preis in Ordnung: 15 Zimmer, mit Fan im 4. Stock 6, mit AC 8, 9, Twin 12 $. 30/4 Le Thanh Ton, Tel. 3877508.

Essen und Trinken

●**Valentine.** Unten Café-Bar, im 1. Stock Resto, oben Karaoke. Entspricht im Zentrum noch am ehesten dem, was man unter einem Restaurant versteht. 35–39 Hung Vuong.

●**Hai Au.** Anspruchsvolles Seafood-Resto mit schöner Fluss-Terrasse, die allerdings fast immer von Gruppen (Hochzeiten etc.) belegt ist. 2 Nguyen Trung Truc.

●**Hoa Bien.** Seafood-„Palast" mit großer Veranda zum Meer; mehr Atmosphäre geht nicht. Khu 16ha.

●**Vinh Hong.** Solides Seafood-Lokal, leider nur innen. 31 Tran Hung Dao.

●**Thanh Binh.** Lebhafte Garküche, auch am Abend noch sehr belebt; große Auswahl. 2 Nguyen Thai Hoc.

●**Ao Dai Moi.** Suppen (Pho, Won Ton) und Reisgerichte. 161 Nguyen Hung Son.

●**Thanh Thanh.** Café in einem hübschen kleinen Kolonialhaus, auch Suppen, Reis- und Nudelgerichte. 6 Ham Nghi.

●**Thien Thanh.** Einfaches, immer gut besuchtes Resto mit den üblichen Standards, aber auch Seafood. 22 Ham Nghi.

●**Song Hien.** Für Mutige. Kleine Bierhalle am Fluss, mit Glück erwischt man einen Tisch auf der Veranda. Gutes und billiges Essen, aber kein Englisch. Nguyen Thai Hoc, gleich an der Brücke.

●**Café Thao Nguyen.** Treffpunkt der besser gestellten Jugend, 21 Nguyen Van Troi. Schöner und luftiger ist das Café im Museums-Garten gegenüber.

●**Kuchen.** 9 Ly Tu Trong (beste Auswahl). 42 Pham Hong Thai (am großen Platz).

An- und Weiterreise

Entfernungen
●Von Rach Gia (in km): Long Xuyen 65, Hon Chong 85, Ha Tien 92, Can Tho 115, Phu Quoc 120, Ca Mau 130, Saigon 250.

Bus
●Der zentrale **Busbahnhof** liegt 2 km nordwestl. des Zentrums an der Nguyen Binh Khiem beim neuen Trade Center. Im Stundentakt nach Saigon (6 Std.) sowie mehrmals tgl. nach Long Xuyen, Can Tho (3 Std.), Ba Hon, Ha Tien (3 Std.); schneller und bequemer sind Minibusse von Mai Linh, die auch bis in die Nacht starten (bis 24 Uhr, Tel. 3929292). Ein zweiter, größerer Busbahnhof (Ben Xe Rach Soi) liegt 7 km südl. der Stadt.

Boot
●Nach **Ca Mau** 2–3x tgl. ab Ben Pha Rach Meo 2 km südl. der Stadt (3–5 Std.).

●Nach **Phu Quoc.** Ableger am Westende der Nguyen Cong Tru. Mehrmals tgl. **Schnellboote** verschiedener Gesellschaften gegen 8 und gegen 13 Uhr. Fahrzeit bis Bai Vong 2½ Std., 270.000 đ. Schnell, aber kein sonderlicher Spaß: Video-Gedudel, Aircondition-Kälte, Flugzeug-Gefühl. Das beste Morgenboot ist **Duong Dong Express** (18 Nguyen Cong Tru, Tel. 3879765, www.duongdong express.com.vn), die besten am Nachmittag sind **Hai Au** (Seagull, Tel. 387 9455) und **Vinashin** (6 Tu Do, Tel. 6254062, www.ca waco.com.vn). Achtung: Die Boote fahren z.T. überpünktlich ab! Tipp: Tickets bereits in Saigon besorgen, in Rach Gia gibt es oft Engpässe und verteuerte „Resttickets".

●**Slowboats.** Tgl. 9 und 13 Uhr, Fahrtdauer 7–8 Std., 70.000 đ. Vorteil: Sonne, Frischluft, Meeresaroma, Inselngucken. Nachteil: langsam, bei rauer See wird die Passage gestrichen. **Achtung:** Wegen genauer Abfahrtszeiten sich zuvor in Saigon erkundigen, sie ändern sich häufig.

Flug
●Tgl. nach **Phu Quoc,** Flugzeit 25 Min., und **Saigon.** Der Flughafen Rach Soi (ehemals US-Airbase) liegt 10 km östlich der Stadt, Tel. 3923477.

Phu Quoc
(Phú Quốc)

⚓ XXII/A1, 2

Phu Quoc ist immer noch so etwas wie ein kleines Paradies: naturbelassen, mit unverbauten Traumstränden, Sand fein wie Pulverschnee, kristallklarem Wasser. Der Grund ist, dass die Insel sich – ganz im Gegensatz zum Rest des Landes – seit Jahren vergleichsweise kaum verändert hat. Warum das so ist, weiß keiner genau – Tatsache ist nur, dass nichts voran geht. Weder der Straßen- und Brückenbau. Noch die Stromversorgung. Noch der schon seit Jahren angekündigte Internationale Flughafen. Ein – in diesem Fall freilich glücklicher – Teufelskreis: ohne Strom und Infrastruktur kein neuer Airport, ohne diesen keine Erschließung im „globalen" Maßstab, d.h. keine internationalen Hotelketten, keine Casinos, keine Jumbos und Kreuzfahrtschiffe etc. Wunderbar! Hanoi droht schon seit geraumer Zeit, der zuständigen Provinz (Kien Giang) die Insel abzunehmen und sie unter die Fuchtel der Zentralregierung zu stellen, aber selbst das wird eher endlos diskutiert als mit Macht forciert. Phu Quoc „stagniert" also – noch! –, und das ist gut so!

Dao Phu Quoc, rund 50 km westlich des Festlands im Golf von Thailand gelegen, ist mit einer Fläche von 568 km² die **größte Insel Vietnams.** Ihre Nord–Süd-Ausdehnung beträgt annähernd 60, ihre breiteste Stelle misst 30 km. Die von **Regenwäldern** bedeckten **Berge** im Norden und Osten der Insel erreichen Höhen bis zu 600 m, entlang der flacheren Westküste, aber nicht nur dort, erstrecken sich Fischerdörfer und langgezogene **Strände.**

Phu Quoc zählt geografisch nicht zum Mekong-Delta. Seine kargen Sandsteinböden sind für Reisanbau und Obstplantagen ungeeignet. Neben Fischfang und -verarbeitung sind traditionell Kobra-Gewinnung und Pfefferanbau Haupteinnahmequelle der rund 90.000 Inselbewohner. In den wenigen größeren Ansiedlungen wie **Duong Dong** (40.000 Einw.), **An Thoi** und **Ham Ninh** wird die Spezialität der Insel hergestellt, die in ganz Vietnam gerühmte und bis nach Europa und die USA exportierte **Nuoc Mam** (Fischsauce).

Phu Quocs immenses **Tourismuspotential** – noch 1992 gab es nur ein einziges, staatliches Hotel im Hauptort Duong Dong – verlief bisher glücklicherweise weit weniger dynamisch als auf dem Festland (Mui Ne, Hoi An). Die Zeichen stehen allerdings dafür, dass die Erschließung in den nächsten Jahren Fahrt aufnehmen wird.

Geschichte

Das nahezu unbesiedelte Eiland trat **1765** in die vietnamesische Geschichte ein, als der französische Missionar (und spätere Bischof) *Pigneau de Béhaine* hier operierte und zehn Jahre darauf mit dem auf der Flucht vor den Tay-Son-Rebellen von Hue nach Phu Quoc geflüchteten Prinz **Nguyen Anh** paktierte. Zwar gelang es ihm nicht, König Louis XVI zu einer bewaffneten Intervention zugunsten seines Schützlings zu bewegen, doch kehrte er mit einem zusammengekauften Söldner-

Mekong-Delta

Phu Quoc

0 — 5 km

Mt. Chao
382

Rach Tram

Bai Thom

Mt. Ham Rong
368

Ganh Dau

Rach
Vem

Mt. Bai Dai
224

Doi Moi

Mt. Chua
603

NATIONAL PARK

Mt. Vo Quap
478

Mai Phuong H

Bai Bon

Cua Can

1 Bo Resort
2 Thang Loi
3 Freedomland
4 Mango Bay
5 Chen La

*Bai Ong
Lang*

1 H
2 H H 3   Khu Tuong
4 H H
5 H
Ong Lang

Mt. Chop Chai
333

Cua Duong

Ganh Gio

Mt. Da Bac
448

Golf von Thailand

Ben Tram

Suoi Da Ban

Du'o'ng Đông

Suoi Tranh
410

Ham Ninh

Du'o'ng Đông

Leuchtturm

Markt

Bach Dang

Ng. Trai

Ly Tu Trong

30 Thang 4

Buddy

Nachtmarkt

Vo Thi Sau

Post

0 — 400 m

*Bai
Truong* Perlenfarm

Tran Hung Dao

Bootstickets

Restos,
Vietcombank

**Golf von
Thailand**

Boote
nach Rach Gia u. Ha Tien

Bai Vong

Suoi Lon

Duong Co

Moon, Kim Hoa,
Kim Nam Phuong,
Mai Spa u. Sao Bien

German B

Duong Dam

Bai Dam

Peppers
Ganesh

Hieu, Chez Carole

M Museum

Tropicana u. Hiep Thanh
Cassia u. Thanh Kieu

Dat Do

H   Ai Xiem
H *Bai Sao*

Mai House

Thanh Hai

My Lan u. Gecko Jacks

La Veranda
Lien Hiep Thanh, Kim Lien,
Viet Thanh u. Nhat Lan
Lam Ha, Thai Tan Tien
Beach Club
Paris Beach

Le Bistro, Oasis, Palmtree

Bai Khem

An Thoi
26 km

Cay Dua An Thoi

Kap Ong Doi

Dua   *Dam*

Thom   *Roi*

heer aus Frankreich zurück, mit dessen Hilfe Nguyen Anh seine Widersacher bezwingen und sich selbst zum Kaiser **Gia Long** krönen konnte. Der Beginn der Nguyen-Dynastie und die Anfänge des französischen Kolonialismus in Vietnam wurden beide auf Phu Quoc geboren!

1869 besetzten die Franzosen die Insel, bauten an der Jahrhundertwende das größte **Gefangenenlager** Cochinchinas und ließen sich von den Sträflingen **Pfefferplantagen** in den Urwald schlagen. Zur Zeit des Vietnamkriegs saßen bis zu 40.000 Inhaftierte des Saigoner Regimes hier ein.

Seit den Übergriffen der **Khmer Rouge,** die zwischen 1975 und 1978 regelrechte Massaker auf der Insel verübten und deren Nachfolger Phu Quoc nach wie vor als „ihr" Territorium reklamieren, hat sich die Präsenz von Armee und Partei hier in besonders starkem Ausmaß konserviert.

Sehenswertes

Weite Teile der Insel, insbesondere der waldige und gebirgige Nordosten, wurden 2001 zum **Nationalpark** erklärt. Noch ist eine Fahrt durch die halbwegs unberührten, wenn auch schon seit langem ihres Wildreichtums beraubten Wälder des Nordens, z.B. Richtung *Bai Thom* oder *Ganh Dau*, das pure Vergnügen – doch wie lange noch?

An dieser Stelle muss auch von dem **Phu-Quoc-Hund,** dem besten Jagdhund Vietnams, die Rede sein. Diese domestizierte Wildhundrasse, leicht erkennbar an dem auffälligen, langgezogenen Haarwirbel auf dem Rücken, gibt es ausschließlich auf dieser Insel; weitläufig verwandt sind sie mit dem *Thai* und dem *Rhodesian Ridgeback*.

Nur 6 km südöstlich der Hauptstadt laden die klaren Wasserstrudel und -

becken der **Suoi** (Quellen) **Da Ban** zum Baden und Picknicken ein. Eintritt und gebührenpflichtiger Parkplatz. Noch etwas weiter südlich und etwas schwerer zugänglich sind die **Suoi Tranh.**

Das **Kokosnuss-Gefängnis** *(nha lao cay dua)* 5 km nördl. von An Thoi wurde zunächst von den Franzosen errichtet; auf seinem Höhepunkt, nach der Tet-Offensive 1968, beherbergte es über 40.000 Gefangene des Saigoner Regimes. Ein kleines Museum (s.u.) dokumentiert die unmenschlichen Zustände dieser Folter-Institution; bis heute werden verborgene Massengräber auf der Insel entdeckt.

Strände

Im Zentrum

Hauptstrand ist der von Kokospalmen und kristallklarem Wasser gesäumte **Bai Truong** (Long Beach), der sich an der dem offenen Meer zugewandten Westküste über eine Länge von 20 km von *Duong Dong* bis fast zum Fischerhafen *An Thoi* an der Südspitze der Insel erstreckt. Nördlich der Hauptstadt ist die Küste unwegsamer und hügeliger, hier erstreckten sich, teilweise inmitten von Pfefferplantagen, die Buchten des Strandes **Ong Lang** (7 km) bis auf Höhe des malerischen, an einer Lagune gelegenen Fischerhafens *Cua Can*.

Im Norden

Schönste Strände sind der verschwiegene **Bai Thom** (Aussicht auf

Kambodscha, bei Ebbe kann man zu einer kleinen, vorgelagerten Insel wandern) und der flache, 7 km lange **Bai Dai** mit der vorgelagerten, von Korallenriffen gesäumten **Hon Doi Moi** (Schildkröteninsel). Die Straße führt bis kurz vor *Cua Can* direkt am Strand entlang, an dem rechts und links *Nuoc-Mam*-Manufakturen gären.

Der von Hügeln und Stränden eingerahmte Fischerhafen **Ganh Dau**

(35 km) an der Nordwestspitze ist ein beliebter Ausflugspunkt. In den Cafés kann man Boote zu den nahen Inseln *Hon Ban* (für Ausländer gesperrt) und *Doi Moi* mieten. Eine ganz besondere Empfehlung ist das noch sehr idyllische (d.h. auch sehr arme) Fischerdorf **Rach Vem** mit seinen pulverweißen Stränden.

Im Süden

Seine Unberührtheit und sein unglaublich klarer, feiner Sand machen den **Bai Sao** – *Sternenstrand* – zum schönsten der Insel; man unternimmt selbst Touren von der knapp 30 km entfernten Hauptstadt hierher. Keinerlei Einrichtungen (Cafés, Restos, Bungalows o.Ä.) gibt es an dem schneeweißen **Bai Khem** 2 km nordöstlich von An Thoi (z.T. gesperrt, da Militärzone!).

Uniform aus der Kolonialzeit

Klima

Klima und Wassertemperaturen sind das ganze Jahr hindurch zum Baden geeignet. Regenzeit ist Mitte Mai bis Oktober mit dem Höhepunkt im September/Oktober. Beste Reisezeit ist November bis Mai.

Praktische Informationen

- 90.000 Einw. 0–600 m. Tel. 077.
- **Reisebüro.** *Phu Quoc Explorer* bietet außer Fahrzeugen und Buchungen aller Art (auch von Hotels) u.a. Inselrundfahrten an. Verantwortlicher ist Mr. *Dung*. www.phuquocexplorer.com.
- **Geld.** *Vietcombank* mit ATM an der 30 Thang 4 (No. 20). Automaten diverser Banken findet man auch entlang der Strandstraße *Tran Hung Dao*.
- **Apotheke.** 26 Tran Hung Dao. 70 Nguyen Trung Truc.
- **Museum.** *Cay Dua*-Gefängnis, 5 km nördl. An Thoi. Außer Mo 7.30–11, 13.30–17 Uhr. 3000 đ.
- **Infrastruktur.** Etliche Straßen, so auch die entlang des *Bai Truong*, sind noch immer ungeteert! Geteert ist unter anderem die Verbindung durch den Nationalpark nach Ganh Dau und von dort an der Küste entlang bis Cua Can.
- **Transport.** Öffentliche Verkehrsmittel sind praktisch unbekannt. Die gängige Miete für Motorräder liegt bei 8–10 $ pro Tag, für Mountainbikes (z.B. 60 Tran Hung Dao) bei 50.000 đ pro Tag. Das eindeutig beste und günstigste **Taxiunternehmen** ist *Mai Linh* (Tel. 3979797). *Xe Om* (Motorradtaxis) können nahezu auf der ganzen Insel angeheuert werden (s. auch *Anreise)*.
- **Strom.** Phu Quoc ist noch nicht an das festländische Stromnetz angeschlossen. In fast allen kleineren Resorts gehen daher immer mal wieder die Lichter aus.
- **Entfernungen** (von Duong Dong in km): Cua Can 11, Ham Ninh 18, Bai Thom 30, An Thoi 32, Ganh Dau 35.

Aktivitäten

- **Touren.** Für Trekking- und Schnorcheltouren – oder das beliebte abendliche Squid-Fishing, s.u. – empfehlen sich außer *Phu Quoc Explorer* (s.o.) auch *Anh Tu Tours*, mobil: 0987.350320, www.anhtutour.com und *John's Tours* (143 THD, mobil: 0919.107086). Die Preise bewegen sich je nach Transportmittel, Zeitdauer und Aufwand (Ausrüstung, Lunch u.Ä.) bei 15–40 $ p.P.
- **Tauchen und Schnorcheln.** Insbesondere die Korallenriffe des nahen *An Thoi*-Archipels, z.B. bei den Inseln *May Rut* und *Mong Tay*, sind bestens geeignet.

Nuoc Mam

Ohne Nuoc Mam, wörtlich „Wasser vom salzigen Fisch", wäre jedes vietnamesische Gericht unvollkommen, und Nuoc Mam aus Phu Quoc gilt in Vietnam als die mit Abstand Beste und Begehrteste. Kein Wunder, dass die Jahresproduktion der Insel längst die 15 Mio. Liter Marke übersteigt (und selbst die Thais inzwischen Phu-Quoc-Etiketten auf ihre Flaschen kleben). Die cognacfarbene, streng riechende Vitamin- und Eiweiß-Bombe wird aus winzigen silbernen Sardinen, *Ca Com*, gewonnen, die erst an der Luft getrocknet werden, um dann wenigstens neun Monate in einem mit Salz und Wasser luftdicht verschlossenen Holzbottich ohne jede Konservierungsstoffe zu fermentieren. Die erste „Pressung" ergibt die hervorragendste Fischsauce, deren Qualität in Prozent gemessen wird. Je höher der Vitamin- und Eiweißgehalt, desto hochprozentiger und desto teurer und kleiner die Flasche. Alles unter 36 % wird man in Phu Quoc als verwässert abtun, 40 % sind exzellent. Ab einer Konzentration von 42 % (bis 60 %) gilt der Extrakt bereits als Medizin. Sowohl Magenverstimmungen als auch Halsschmerzen lassen sich mit Nuoc Mam kurieren.

Mekong-Delta

Rainbow Divers. Das renommierte Unternehmen aus Nha Trang hat Büros im *Sasco Blue Lagoon* (64 THD) und in der *Rainbow-Bar* am Strand. Mobil: 0913.400964, www.divevietnam.com.

Squid Fishing. Die Gewässer rund um Phu Quoc sind ein Dorado für Tintenfische; während der Saison kommen Trawler aus Thailand, Singapur und Malaysia hierher zum Kaufen. Gefischt wird in mondlosen Nächten, die Schwärme werden mit taghellen Scheinwerfern angelockt.

Unterkunft

**Von wenigen Ausnahmen abgesehen liegen alle Resorts am *Bai Truong* (Long Beach) in einer Entfernung von 2–5 km südl. von Duong Dong. Die Preise außerhalb der Hochsaison (s.u.) sind deutlich niedriger, die wenigen Pauschaltouristen-Ghettos für reine Strandurlauber finden hier keine Erwähnung.

Achtung: In der Hochsaison von Nov. bis März können alle Quartiere schon mal komplett ausgebucht sein – rechtzeitig reservieren (und rückbestätigen lassen!) ist dringend angeraten (und sei es nur für die erste Nacht)! Zwischen Weihnachten und Neujahr sowie zu Tet sollte man die Insel ohne feste

Reservierung von Logis & Flug gänzlich meiden.

**Viele Resorts bieten bei Vorausbuchung kostenlosen Pickup vom Airport (bei Reservierung anfragen).

First Class

La Veranda. Das erste ausländische Top-Resort der Insel. Klein, aber fein, und trotz einer gewissen (grundstücksbedingten) Beengtheit das Nonplusultra von Phu Quoc, hoch professionell und doch warm, gemütlich! Pool, Spa, WLAN. 41 Bungalowzimmer ab 195 $ ++. Tel. 3982988, www.laverandaresort.com.

Chen La. Neu Ende 2008. Architektonisch und vom Design her ein Genuss (ästhetisch und durchdacht wie selten), freilich werden Management und Service dem (bisher) in keinster Weise gerecht. Schönes, weitläufiges Gelände mit Privatstrand, zu anderen Restaurants, Bars etc. benötigt man ein Taxi. 36 Bungalows, noch der kleinste (Beachfront!) bietet 78 m², ab 300 $. Tel. 3995895, www.chenla-resort.com.

Economy

Mai House. Gérard und seine Frau Mai haben mit einfachen Mitteln das nach unserer Ansicht geschmackvollste Domizil der Insel geschaffen. Eine großzügige Anlage mit angenehm entspannter Atmosphäre; eigenwillig und konsequent naturbelassen – (ganz wichtig: garantiert keine Gruppen!); kein TV, kein Pool! –, aber trotzdem nahezu perfekt. Sehr gutes Restaurant. 17 Bungalows 70 ohne AC, sonst 85, 90, 105 $) inkl. Büffet-BF. Tel. 3847003, mobil: 0918.123796, maihouse resort@yahoo.com.

Cassia Cottage. Einst Privatresidenz eines amerikanischen Gewürzhändlers aus Hanoi, mittlerweile veritables Resort. Man kann nicht grundsätzlich viel daran aussetzen (viel Grün, Pool etc.), außer dass es an der rechten Würze – sprich echter Atmosphäre – mangelt: alles ist ein bisschen zu viel (oder zu wenig), wirkt gewollt und künstlich. Zudem sind die Preise gesalzen: 10 Gartenzimmer 120, 12 Bungalowzimmer 130–140 $ inkl. BF. Tel. 3848395, www.cassiacottage.com.

Am Strand von Phu Quoc

Mango Bay am *Ong-Lang*-Beach 6 km nördl. Duong Dong. Schöne, weiträumige Anlage in australischem Besitz, teils an Felsküste, teils an kleinen Strandbuchten. 31 Zimmer und Bungalows, auch hier wohnt man „natürlich", d.h. ohne AC, Fridge, TV etc. Sehr gut, auch von der Lage her, gefallen uns die 5 Zimmer mit großer Holzveranda (britisch-afrikanischer Kolonialflair) 60 $ inkl. BF, ansonsten je nach Größe und Ausstattung 70–100 $. Hübsches Resto. Mobil: 0903. 382207, www. mangobayphuquoc.com.

Mai Spa. Ein Kleinod in Teak, mit allen Vorzügen und Nachteilen einer sog. „Boutique"-Herberge: Sehr viel Flair, aber auch einiges sehr Unpraktisches. 18 Zimmer in intimen, z.T. antiken (auf dem Festland abgetragenen) Holzhäusern; 7 versteckt im gepflegten Garten (60–75 $), 3 am Strand (90 $), 8 in zwei neuen Gebäuden (2010) über dem Strand (90–110 $), jeweils inkl. BF. Mobil: 0773. 702992, maispa.resort@gmail.com.

Tropicana. Resort der ersten Stunde und immer noch akzeptabel, auch wenn an der Anlage seit Jahren wenig getan wird. Relaxte Atmosphäre, Pool, schöner Strandbereich, Resto-Terrasse mit Meerblick. 32 AC-Bungalows 45–65, Beachfront 75–85 $ inkl. BF. Tel. 3847127, tropicana_vn@yahoo. com.

Bo Resort am *Ong-Lang*-Beach 7 km nördlich. Sehr nette, am Hügel in üppiger Gartenlandschaft gelegene Anlage mit 17 soliden, geschmackvollen Bungalows 60–84 $, Family 90–98 $. Französische Leitung. Tel. 398 6142, www.boresort.com.

Budget

Kim Hoa. Einer der Pioniere von Phu Quoc, stetig erweitert, sogar mit Pool. 55 Zimmer in mehreren Gebäuden 25–30 $, 8 Bungalows 38–45 $, 8 am Strand 49 $ inkl. BF, allesamt mit AC, WW, TV, Minibar. Strandbar. Tel. 3848969, www.kimhoaresort. com.

Sao Bien (Sea Star). Klar die bessere Wahl. Sauber und aufgeräumt, geräumig und ansprechend möbliert, jeweils mit AC, Fridge, etc. 12 Seaview-Bungalows 45 $, 12 Beach Villas 60 $, 7 Zimmer 30 $ inkl. BF. Tel. 3982161, www.seastarresort.com.

Hiep Thanh. Nüchtern, Reihenhauscharakter, aber sauber und praktisch. 15 Bunga-

lows 55–65 $ (am Strand 75 $), 14 Zimmer in zweistöckigem Haus 20 $ inkl. BF, AC, TV, Fridge. Tel. 3981199, www.hiepthanhresort. com.

Thanh Kieu. Gepflegte weitläufige Anlage, z.T. etwas eng bestückt, aber sehr sauber und aufgeräumt. 32 Bungalows, Gardenview 44–49 $, Seaview 55–59 inkl. BF. Tel. 3848394, www.thanhkieuresort.com.

Beach Club. Unter englischer Leitung (Mike), sehr freundlich und etwas abseits vom Getriebe. 4 Bungalows 30–35 $ (Fan, WW, zumal die beiden Beachbungalows ausgesprochen geräumig, hell und freundlich sind), 6 Zimmer (KW) 25 $. Mobil: 0918. 484951, www.beachclubvietnam.com.

Paris Beach. Neu, schöne Lage neben *Beach Club*; Frau Hà und ihr franz. Ehemann sind aus Paris zugezogen. 6 Zimmer im Haus 20–30, 5 in 2 modernen Bungalows 45–55 $ inkl. BF. Geplant sind allerdings weitere 20–30 Zimmer, und damit wohl ein Ende der bisherigen Intimität. Tel. 3994548, www.phu quocparisbeach.com.

Kim Nam Phuong. Gleich neben *Kim Hoa*. Schlicht, aber gemütlich, und mit viel Platz; andererseits sehr vietnamesisch, das muss man mögen. Ein- bzw. Zwei-Bett-Zimmer kosten 8 und 10 $, Bungalows (z.T. direkt!) am Strand 25–35 $ mit AC/WW, etwas kleiner mit Fan 16–18 $. Tel. 3846319, kimnam phuonghotel@yahoo.com.vn.

Moon Resort. 30 Robinsonhütten aus Naturmaterialien, aber leider ohne Zauber (mit Fan 25, mit AC/WW 45, Zimmer 15 $); aufgender sind da eher *Coffee Lounge* und *Luna Bar* am Strand. Mobil: 0937. 007683, quo chuy_dinhky@yahoo.de.

Lien Hiep Thanh. Einfach, aber sauber, freundlich, und mit vergleichsweise gutem Service (Badetücher). 13 Bungalows à 45 (AC/WW) und 25 $ (Fan) – keine Wucht, aber funktional; und fast genausogut, nur weiter vom Strand entfernt, die 20 Zimmer (10–15 $). Tel. 0913758034, lienhiepthanh 2007@yahoo.com.vn.

Viet Thanh. Unprätentiös und etwas schludrig, aber insgesamt „gemütlich". 13 Bungalows mit Fan/KW 15, am Beach 20–25, dazu 6 Zimmer 8–10 $. Tel. 3847716, mobil: 0914. 212304.

●**Nhat Lan.** Ähnlich wie *Viet Thanh* daneben, aber eine Spur ambitionierter, aufgeräumter. 22 Bungalows 25, am Strand 30–35, dazu 5 Zimmer 15 $. Tel. 3847663, nhatlan resort@yahoo.com.

●**Thang Loi** am *Ong-Lang*-Beach 7 km nördlich. Urgestein unter deutscher Leitung (Reinhard, Nov.–März). 15 Bungalows à 18, 25, Family 28, Beach 30 $. Gemütliche Resto-Bar. Schmaler und etwas felsiger, aber hübscher Strand mit Badesteg. Tel. 3985002, www.phu-quoc.de.

●**Freedomland.** *Back to the roots:* für *Peter*, kanadischer Viet Khieu und einst in der halben Welt tätiger Modefotograf. Und für seine Gäste, die in bildschön gestalteten Häusern aus Bambus, Holz und Naturstein in einem weitläufigen Grundstück scheinbar im „Dschungel" kampieren. Nur 7 Bungalows, je nach Größe und Ausstattung 15–30 $ sowie in einem „Dorm" mit 3 Betten 10 $ p.P. Bis zum nächsten Strand sind es zu Fuß nur 10 Min., und abends kann man gemeinsam kochen und essen, wenn man will. Mal was ganz anderes – wenn auch vielleicht nicht jedermanns Geschmack. Mobil: 0122.658 6802, www.freedomlandphuquoc.com.

●**Thai Tan Tien.** Auf einer kleinen Anhöhe rund 50 m vom Strand entfernt, aber mit vollem Seaview. 14 Bungalow-Zimmer, sehr geräumig, auch die Bäder, davor große Terrassen, sehr ordentlich und solide. 18–20, in der ersten Reihe mit WW/Fridge 30 $ (3–4 Pers.). Tel. 3847782, mobil: 0169.3919129.

●**Lam Ha.** Ideal für Langzeitgäste. Sehr ruhig, in einem Riesengelände mit viel Grün (Park, Baumschule, Vogelvolieren) und nur rund 150 m zum Strand. 7 Zimmer mit AC/Fridge 17, 5 Bungalows zusätzlich mit Kochstelle 22 $. Tel. 3847369, Fax 3847513.

●**Ausweichquartiere** in der zweiten Reihe finden sich überwiegend oberhalb des *Mai House*, z.B. **Thanh Hai** (20 Zimmer/Bungalows 10–25 $), **Thanh Kim Nga** (10 Zimmer/Bungalows 15–20 $) oder **Huong Giang** (7 Bungalows 10 mit Fan, 20 mit AC/WW). Etwas geschmackvoller als üblich sind die 7 Bungalows (25 $, 2-4 Pers.) von **The Lounge** (theloungephuquoc@hotmail.com).

●**Mai Phuong.** Unmittelbar am Strand, sehr einsam und weitab vom Schuss. 14 Bunga-

lows 25–45, Family 55–70 $. Resto, Wassersport etc. (Achtung: Die Brücke bei Cua Can ist für Autos nicht passierbar.) Mobil: 0918. 288647, www.maiphuongphuquoc.com.

●**Bai Sao.** Am schönsten und feinsandigsten Strand der Insel gibt es 2 hervorragende Seafood-Restaurants, die – freilich arg rustikale! – Zimmer vermieten: **My Lan,** 10 Zimmer 12–17 $ (Tel. 3990779, Fax 3991010), und **Ai Xiem,** 7 Zimmer 12–15 $ (Tel. 3990510). Das feine **Gecko Jacks** (um 60–80 $) wurde wenige Monate nach der Eröffnung Ende 2008 von seinen australischen Besitzern wieder verlassen, sein Schicksal ist ungewiss.

Essen und Trinken

●**Mai House.** Französisch-vietnamesische Cuisine, sehr gepflegt, mit viel Atmosphäre, unmittelbar am Strand.

●**La Veranda.** Schönes Kolonialflair und exzellente Küche auf der offenen Veranda im ersten Stock; Themenabende oder auch BBQ am Beach – wenn man sich mal wirklich etwas gönnen will (reservieren!).

●**Cassia.** Gepflegtes Strand-BBQ mit ausgezeichneten Produkten, etwas teurer, aber durchaus angemessen. Legendäre Burger und Funny-Icecream für den Hunger zwischendurch.

●**Sand.** Das (derzeit!) vergnüglichste und seriöseste Strand-Resto; unterhalb des *Lien Hiep Thanh*. (Die Fluktuation ist leider groß; die besten unabhängigen Lokale werden offenbar planmäßig in die zweite Reihe zurückgetrieben, während die meisten Resorts ihre Gastronomie immer mehr zum teuren *Event* – viel Profit, aber schlechtes Essen – herunterfahren.)

●**Hieu.** Vielleicht die beste – und obendrein preiswerteste! – einheimische Küche; oberhalb des *Kim Hoa*. Genauso gut ist allenfalls noch **The Palmtree**, oberhalb von *La Veranda*. Beide begannen einst am Strand.

●**Pepper's Pizza & Grill.** Von deutscher Bratwurst bis zur Pizza – sollte man da nicht misstrauisch werden? Nein, denn *Norberts* Pizzen (auch delivery!) sind die besten auf der Insel, und selbst seine Thai-Gerichte haben Pfiff. Mobil: 0903.217065. 89 Tran Hung Dao.

●**German B (Bar Bakery).** Ab 8 Uhr serviert *Dennis* deutsches Frühstück mit selbstgemachtem Brot und Gebäck, tagsüber Kuchen und Eis und am Abend – bis Mitternacht oder später – Cocktails und Longdrinks. Außerdem Internet, Motorradverleih und jede Menge Tipps. 78 Tran Hung Dao.

●**Strand I** (an der Straße oberhalb *Mai House*). Solide Kost bietet das franko-vietnamesische **Le Bistrot.** Alternativen sind **The Lounge** und das britische **Oasis.**

●**Strand II** (an der Straße oberhalb *Kim Hoa*). Auf der Terrasse des **Kim Hoa** serviert man gute, authentische vietnamesische Küche (die meisten Hotelgäste sind Einheimische!). Das französische **Chez Carole** (88 Tran Hung Dao) peppt seine Küche gern mit Live Music auf (tgl. ab 18.30 Uhr), und mit dem – sehr guten – **Ganesh** (97 THD) hat es endlich auch der obligatorische Inder auf die Insel geschafft. *Der* Spot für Nachtschwärmer – an guten Tagen bis 2, 3 Uhr geöffnet – ist Jimmy's **The Dog.**

●**Duong Dong.** Gemeinhin besser als am Strand speist man im Ort. Auf dem täglich ab 17 Uhr stattfindenden **Nachtmarkt** bieten zahlreiche Stände leibliche Genüsse, darunter das *Crêpes House* (No. 29) von *Klaus*, der eines der ersten deutschen Lokale in Saigon betrieb *(Bavaria)* und natürlich auch Bratwürste serviert. Eine deutlich feinere Adresse ist *Michelles* **Ocean Bar & Grill** mit angeschlossener Weinhandlung (60 Tran Hung Dao). Die besten vietnamesischen Seafood-Restaurants reihen sich entlang der (endlos langen) 30/4-Straße. **Zen.** Groß, halboffen, das eleganteste (nach hinten durchgehen). **Trung Duong** *(Marina)*, das intimste. **Song Xanh,** mit einer schönen Veranda über dem Fluss. Und **Sang Tuoi,** das bodenständigste mit seiner großen Fluss-Terrasse.

●**Buddy.** Icecream aus Neuseeland, schon nahezu legendär. 26 Nguyen Trai.

An- und Weiterreise

Flug

●**Von/nach Saigon** 4–5-mal tgl., bei Bedarf bis zu 9-mal; 1 Std., um 45 $, einmal von/nach **Rach Gia** (um 30 $). Seit April 2010 auch regelmäßig Saigon – *Can Tho* – Phu

Quoc. **Achtung:** In der Hochsaison oft ausgebucht! Unbedingt so früh wie möglich reservieren!

●**Vietnam Airlines.** Im Airport. Tel. 384 6086. Achtung: *Nuoc Mam* darf offiziell nicht im Flugzeug transportiert werden.

●**Transport.** Vom Airport zu den Resorts am Long Beach per Taxi (70–90.000 đ) oder Xe Om (25–30.000 đ).

Schiff

●**Rach Gia.** Mehrmals tgl. **Schnellboote** verschiedener Gesellschaften gegen 8 und gegen 13 Uhr von/nach *Bai Vong*, Fahrzeit 2.30 Std., 270.000 đ. **Slowboats** tgl. 8, 13 Uhr, Fahrtdauer 7–8 Std., 70.000 đ. Am Pier in Rach Gia warten Minibusse nach Saigon (s. Näheres bei *Rach Gia)*.

●**Ha Tien.** Mit *Vinashin* tgl. 13 Uhr ab *Bai Vong* (8 Uhr ab Ha Tien), Fahrzeit 1.30 Std., 190.000 đ. Khu pho 5, Nguyen Trung Truc, Tel. 3996456. Siehe auch *Ha Tien Tourism,* 37A Tran Hung Dao, Tel. 3982688.

●**Tickets.** Wenn möglich, Tickets bereits in Saigon kaufen! Die Boote sind oft voll oder werden als voll ausgegeben, um (doppelt so teure) Schwarzmarkt-Tickets zu verkaufen.

●**Transport.** Von Bai Vong nach Duong Dong per Minibus 12.000 đ (Tickets werden auf den Booten verkauft). Zu den Resorts am Long Beach per Taxi (um 200.000 đ) oder Xe Om (um 60–70.000 đ).

●**Inseltripps.** Von An Thoi fahren unregelmäßig Boote zu den vorgelagerten Inseln wie *Hon Thom*, der größten der 15 Eilande des *An Thoi*-Archipels. Charterboote vermitteln die meisten Resorts. Ein Boot für 4–8 Passagiere sollte um 35–45 $ am Tag kosten.

Tour

●Von Phu-Quoc-Touren Saigoner Veranstalter ist abzuraten, vor allem wenn sie Übernachtungen beinhalten. Wer einige Tage im düstersten Loch einer düsteren Anlage verbracht hat, sinnt nur noch auf Flucht.

Ca Mau

⤢ **XXII/B/C3**

(Cà Mau)

Ausländer in der südlichsten Provinz Vietnams sind rar, aber auf ihre Kosten kommen Ornithologen, Botaniker, Biologen und Abenteurer. Auch wenn die einst bitterarme Region dank profitabler Fisch- und Shrimpszuchten zuletzt zu halbwegs bescheidenem Wohlstand gelangt ist, fühlt sich der Fremde hier immer noch wie in einem anderen Land.

Da das Schwemmland der Halbinsel Ca Mau nicht mehr dem „reinigenden" Einfluss des Mekong unterliegt, breiteten sich aufgrund des hohen Salzgehalts der Flüsse riesige Sümpfe und **Mangrovenwälder** aus, die mit einer Fläche von 200.000 ha als die größten der Welt nach denen des Amazonasbeckens gelten. Ein idealer Unterschlupf der Guerilla bereits im antikolonialen Kampf, unterlagen die Wälder zwischen 1964 und 1973 intensivsten Attacken durch amerikanische Giftgase und Napalmbomben. Aller Wiederaufforstung zum Trotz sind immer noch mehr als ein Fünftel des ehemaligen Bestands verrottetes Ödland, halb Steppe halb Sumpf, ein Paradies für zahllose Vogelarten, Schlangen, Schildkröten, Krokodile und Insekten aller Art. Heute muss man die Bestände vor den profitablen und sich explosionsartig ausbreitenden **Shrimps-Zuchten** schützen.

Praktische Informationen

- 175.000 Einw., Tel. 078
- **Ca Mau Tourist** organisiert Bootstouren für 100–140 $ pro Tag (1–10 Pers.); s.u. 1 Ly Bon, Tel. 3831828, Fax 3837022.
- **Geld.** *Vietinbank*, 94 Ly Thuong Kiet.
- **Taxi.** *Mai Linh*, Tel. 3822266.

Exkursionen

- **Ca Mau Vogelpark** *(San Chim Ca Mau)* bei *Dam Doi* 45 km südöstl. Shrimpsfarmen und Taifune haben die Zahl der Störche, Ibisse, Kormorane etc. stark reduziert, lohnt aber nach wie vor. 15.000 đ.
- **Mui Ca Mau Nationalpark** bei *Ngoc Hien* an der südlichsten Spitze *(mui)* Vietnams. Seit 2009 als Biosphärenreservat von der UNESCO anerkannt. Per Schnellboot ab Ca Mau (2 Std.) oder *Nam Can* 50 km südl.
- **U Minh Nationalpark.** Der 80 qkm große, erst 2006 gegründete Untere-U-Minh-Park *(U Minh Ha)* beginnt bereits wenige Kilometer nordwestl. Zugang nur per Boot.
- **Hon Dac Ba.** Die *Silber-Stein-Insel* aus eisenhartem Granit mit bis zu 50 m aufragenden Felskegeln glitzert wie ein surrealer Steingarten im Meer. Uralte Bäume, ein Tempel mit einem Wal-Skelett und die besten **Austern** Vietnams locken. Unterkunft im *Hon Da Bac*, 24 Zimmer 8–12 $. Die Insel ist durch eine 700 m lange Brücke mit dem Festland verbunden. 60 km nordwestl., evtl. per Boot über den *Hoi Dong Thanh*-Kanal.

Unterkunft & Verpflegung

- **Anh Nguyet.** Der Stolz der Stadt, in dem man quasi ohne Unterlass Hochzeiten feiert; mit Pool und 70 Zimmern 29–39, Suiten bis 59 $ inkl. BF. 207 Phan Ngoc Hien, Tel. 3567666, www.anhnguyethotel.com.
- **Quoc Te.** Auch gut, mit Pool und 55 Zimmern 20–35, Suiten bis 55 $. 179 Phan Ngoc Hien, Tel. 3826745, www.quoctehotel.com.vn.
- **Phuong Nam.** Sauber, funktionell, 24 Zimmer z.T. mit Balkon 12–18 $ inkl. BF. 91 Phan Dinh Phung, Tel. 3831752.
- **Ca Mau.** Für diese Preisklasse freundlich. 20 Zimmer 8–14 $ inkl. BF. 20 Phan Ngoc Hien, Tel. 3830575.

●**Trieu Phat.** Große Auswahl an Shrimps und Krebsen. 26 Phan Ngoc Hien.

●**Pho Xua.** Solide Küche, mit Garten und kleiner engl. Karte. 126 Phan Ngoc Hien.

An- und Weiterreise

Entfernungen

●Von Ca Mau in km: Bac Lieu 70, Soc Trang 120, Rach Gia 130, Can Tho 185, Saigon 350.

Bus

●**Von Saigon** über Can Tho und Bac Lieu 8–9 Std. **Von Ca Mau** regelmäßig nach Bac Lieu, Rach Gia, Soc Trang, Can Tho, Saigon mit *Mai Linh*, Tel. 3888888.

Flug

●Tgl. Saigon – Ca Mau und zurück.

Boot

●Ca Mau hat mehrere Piers *(Ben Tau)*. Vom Schnellboot-Pier *Ganh Hao* 3–4x tgl. per Hydrofoil nach **Rach Gia** (3 Std.) und nach *Nam Can* (1 Std.). Vom Pier B 2 km weiter südlich nach *Nam Can*, **Mui Ca Mau** Nationalpark und der Südspitze *Dat Mui* (2½ Std.). Vom Pier A nach **U Minh** und mit etwas Glück per Frachtschiff nach Rach Gia (10–12 Std.). Vom Pier *Cong Ca Mau* 3 km östl. nach **Can Tho** (über *Phung Hiep*, 3x tgl., 4 Std.).

Bac Lieu

↗ XXII/C3

(Bạc Liêu)

Die einladende Provinzhauptstadt beiderseits des *My-Thanh*-Flusses verfügt über 30 außergewöhnlich gut erhaltene **Villen** aus der Kolonialzeit; die reichen Händler und Mandarine des Ortes importierten sämtliche Materialien (Marmor, Stein, Eisen, Stahl) aus Frankreich. Heute beherbergen sie Verwaltungsgebäude, eine Bibliothek, eine Zeitung und auch ein Hotel (s.u.). Weitere Highlights sind der nahe **Vogelpark** und eine **Khmer-Ruine** (s.u.). Zum „Strand" sind es 7 km.

Praktische Informationen

●80.000 Einw. Tel. 0781

●**Information.** *Bac Lieu Tourist*, 2 Hoang Van Thu, Tel. 3824272.

●**Taxi.** *Mai Linh*, Tel. 6250555.

●**Bac Lieu Vogelpark** *(Vuon Chim Bac Lieu)*, 6 km südl. Lohnendes Salzwasser-Reservat während der Brutzeit (Nov. bis Jan.). Eintritt 40.000 d inkl. Guide.

●**Vinh Hung Turm.** Die 9 m hohe Backsteinruine gilt als einziges Khmer-Relikt der Angkor-Periode im Delta; eine nahebei gefundene Stele datiert ihr Alter auf das Jahr 892. Tgl. 16 Uhr Gebet der Mönche. 20 km.

●**Bus.** Mit *Mai Linh*-Minibus von/nach Saigon (280 km), Can Tho, Rach Gia, Soc Trang (50 km), Ca Mau (70 km).

Unterkunft & Verpflegung

●**Bac Lieu.** Staatliches Vorzeigeobjekt mit großem Restaurant. 70 Zimmer 12–40 $. 4 Hoang Van Thu, Tel. 3822437.

●**Bac Lieu Dandy** *(Cong Tu)*. In der großzügigen Villa eines reichen Grundbesitzers und Playboys aus dem Jahr 1919, auch *Nha Lon* (Großes Haus) genannt. Innen dominieren Marmor und Antiquitäten aller Art (Möbel, Keramik, Schmiedeeisen), das Restaurant hat eine schöne Terrasse. 22 Zimmer 16–30 $. Tel. 3953111, Fax 3953305.

●**Hoang Cung.** Einfach, aber sauber, 1½ km Richtung Soc Trang. 14 Zimmer, z.T. mit Balkon 9–14 $. 1B/5 Tran Phu, Tel. 3823362.

Mekong-Delta

Anhang

Neueste Nachrichten unter freiem Himmel

Literatur und Multimedia

- **Websites.** Gute Online-Suchdienste nach vergriffenen Werken sind u.a.
- *www.zvab.com* (dt.)
- *www.bookfinder.com* (engl.)
- *www.abebooks.com* (engl.)
- **Reprints** zahlreicher Werke zum Thema Vietnam, auch längst vergriffener, sind in Saigon, Hanoi und Hoi An zu finden.

Reiselektüre

Als ideale Reiselektüre (im handlichen Taschenbuchformat) und zum Einstimmen empfehlen wir:

- **Graham Greene:** *The Quiet American* (Der Stille Amerikaner). *Der* Kultroman zu Vietnam, spannend, vergnüglich und lehrreich. Amerika gegen „Altes Europa" – schon vor über 50 Jahren gab Graham Greene Antworten auf Fragen, die noch keiner stellte. München TB 2009.
- **Frances Fitzgerald:** *Fire in the Lake. The Vietnamese and the Americans in Vietnam.* Die brillianteste Analyse des Vietnamkriegs und seiner Vorgeschichte (und eines der besten und verständigsten Bücher über das Land überhaupt). New York 1972, TB 2002.
- **Georg W. Alsheimer:** *Vietnamesische Lehrjahre.* Wie ein deutscher Arzt in Hue (1961-1967) lernte, sich auf die Seite des vietnamesischen Volkes und der Gerechtigkeit zu schlagen. Unverzichtbar. Frankfurt 1968.
- **Oriana Fallaci:** *Nichts und Amen* (auch: *Wir, Engel und Bestien*). Die wagemutigsten und einfühlsamsten Reportagen aus dem Vietnamkrieg. München 1974, Köln 1991.
- **Michael Herr:** *Dispatches.* Der Rock'n Roll-Reporter des Vietnamkriegs ist Kult! New York 1968. Mehrere deutsche Ausgaben 1986–90. (teilweise leider grausig übersetzt).
- **Bao Ninh:** *The Sorrow of War.* Der erste authentische Roman eines nordvietnamesischen Soldaten über das Grauen des Krieges schlägt die Konkurrenz aus Amerika zum Teil um Längen. In Saigon und Hanoi erhältlich.

- **Tom Mangold/John Penycate:** *The Tunnels of Cu Chi.* Eine einleuchtende Demonstration an einem exemplarischen Fallbeispiel, warum die Amerikaner den Krieg gar nicht gewinnen konnten. London 1985.
- **Maria Coffey:** *Mond über Vietnam. Streifzüge mit Boot und Fahrrad. (Three Moons in Vietnam).* Aus der Frühzeit des Vietnamtourismus (1994). München 2002.
- **Anthony Grey:** *Saigon.* Populärhistorischer Schmöker durch Vietnams tragische Vergangenheit anhand einer Familiensaga nach dem Strickmuster „wie sich die Geschichte rundet". London 1982.

Reportagen/Analysen (deutsch)

Weshalb gerade Deutsche zu den scharfsinnigsten Beobachtern Vietnams gehören, sei es als Kriegsreporter „mit Durchblick" oder engagierte Reisende durch das problematische Vietnam vor der Wende von 1990, wäre eine Analyse für sich wert.

- **Alsheimer, Georg W.:** *Eine Reise nach Vietnam.* 1979. **Derselbe:** Wulff, Erich: *Vietnamesische Versöhnung. Tagebuch einer Vietnam-Reise 2008 zu Buddhas und Ho Chi Minhs Geburtstag.* Hamburg 2009.
- **Holzer, Werner:** *Vietnam oder Die Freiheit zu sterben.* 1968. Bei den Erben Ho Chi Minhs. 1971.
- **Scholl-Latour, Peter:** *Der Tod im Reisfeld.* 30 Jahre Krieg in Indochina. 1979. *Der Ritt auf dem Drachen. Indochina von der französischen Kolonialmacht bis heute.* München 1990.
- **Scharlau, Winfried:** *Vier Drachen am Mekong. Asien im Umbruch.* 1989.
- **Krebs, Peter:** *Die Kinder von Vietnam. Bilanz eines modernen Krieges.* 1984.
- **Sontheimer, Michael:** *Im Schatten des Friedens. Ein Bericht aus Vietnam und Kamputschea.* 1989.
- **Schnibben, Cordt:** *Saigon Export. Seltsame Berichte aus einem neueröffneten Land.* 1989.
- **Giesenfeld, Günter:** *Land der Reisfelder. Vietnam, Laos, Kampuchea, Geschichte und Gegenwart.* 1988.
- **Skrobanek, Walter:** *Nach der Befreiung. Tagebuch aus Vietnam 1975.* Bad Honnef 2008.

Geschichte allgemein

●**Hodgkin, Thomas:** *Vietnam, the Revolutionary Path.* New York 1981. Herausragend.

●**Buttinger, Joseph:** *Vietnam, a Political History.* London 1969.

●**Duiker, William:** *Historical Dictionary of Vietnam.* London 1989.

●**Chesneaux, Jean:** *Geschichte Vietnams.* Berlin 1963. *Vietnam. Geschichte und Ideologie des Widerstands.* Frankfurt 1968.

●**Fall, Bernard:** *Street Without Joy.* London 1963. *The Two Vietnams.* New York 1963. *Last Reflections on a War.* Garden City 1967. Auswahl, z. T. in dt. Der Star-Reporter des Indochinakriegs fiel zu Beginn des amerikanischen Kriegs.

●**Burchett, Wilfred:** *Vietnam, Inside Story of the Guerilla War.* New York 1965. *North of the 17th Parallel.* Hanoi 1957. Auswahl, z.T. in dt. Der renommierteste westliche Sympathisant des Viet Minh.

●**Woodside, Alexander B.:** *Community and Revolution in Modern Vietnam.* Boston 1976. Brillante Analyse zwischen Ethno- und Politologie.

●**Marr, David:** *Vietnamese Anticolonialism, 1885–1925.* Berkeley 1971. *Vietnamese Tradition on Trial: 1920–1945.* Berkeley 1981.

●**Hammer, Ellen:** *Vietnam. Yesterday and today.* New York 1966. *The Struggle for Indochina.* Stanford 1954.

●**Duiker, William:** *Nation in Revolt.* Boulder/Col. 1983.

●**Lacouture, Jean:** *Ho Chi Minh.* Paris 1966 (dt. 1968).

●**Ho Chi Minh:** *Revolution und nationaler Befreiungskampf. Reden und Schriften 1920–1968.* München 1968.

●**Kapfenberger, Hellmut:** *Ho Chi Minh. Eine Chronik.* Berlin 2009.

●**Roy, Jules:** *Der Fall von Dien Bien Phu.* München 1965.

●**McCoy, Alfred W:** *The Politics of Heroin in South-East-Asia.* New York 1972.

Vietnamkrieg

●**McCarthy, Mary:** *Vietnam-Report.* München 1967. Hanoi/München 1968. Medina. *Die My Lai-Prozesse.* München 1982. Sammelband *The Seventeenth Degree*, New York 1974. Exzellente Essays der berühmten Romanautorin.

●**Sontag, Susan:** *Reise nach Hanoi.* Hamburg 1969.

●**Lifton, Robert Jay:** *Home from the War. Vietnam Veterans: Neither Victims nor Executioners.* New York 1973. Warum mehr GIs von eigener Hand starben als im gesamten Krieg.

●**Shay, Jonathan:** *Achill in Vietnam, Kampftrauma und Persönlichkeitsverlust.* Hamburg 1998.

●**Sheehan, Neil** (Hrsg.): *The Pentagon-Papers*, New York 1971. *A Bright Shining Lie: John Paul Vann & America in Vietnam.* New York 1988.

●**Horlemann, Jürgen, Gäng, Peter:** *Vietnam. Genesis eines Konflikts.* Frankfurt 1966/73, 2008. Standardwerk der 68er-Generation.

●**McNamara, Robert:** *Vietnam, Das Trauma einer Weltmacht.* München 1979. Verspätete Einsichten des größten Kriegstreibers im Vietnamkrieg

●**Sonderheft du.** *Vietnam. Dossier Erinnerung.* Zürich, 7/8 1997.

●**Frey, Marc:** *Geschichte des Vietnamkriegs.* München 1999/2004. Sachlich, gut, objektiv, etwas trocken.

●**Fischer, Erik:** *Die USA im Vietnamkrieg. Kriegsverbrechen amerikanischer Soldaten.* Hamburg 2009.

●**Neale, Jonathan:** *Der Amerikanische Krieg – Vietnam 1960–1975.* Hamburg 2004 (engl. 2003). Der Abstand von einem Vierteljahrhundert tut dem Buch gut.

●**Schneider, Wolfgang** (Hrsg.): *Apokalypse Vietnam.* Berlin 2000. Buch zur TV-Serie. Zur Einführung geeignet.

●**Greiner, Bernd:** *Krieg ohne Fronten. Die USA in Vietnam*, Hamburg 2007. Phänomenaler 550-Seiten-Essay, das Beste, das seit Langem über den Krieg publiziert wurde.

Vietnam nach 1975

●**Beresford, Melanie:** *Vietnam. Politics, Economics and Society*, London 1988. – *Economic Transition in Vietnam*, London 2001.

●**Wiegersma, Nancy:** *Vietnam: Peasant Land, Peasant Revolution.* New York 1988. Einfach brillant!

●**Buro, Andreas, Grobe, Karl:** *Vietnam! Vietnam? Die Entwicklung der Sozialistischen Republik Vietnam nach dem Fall Saigons.* Frankfurt 1984. Standardwerk zwischen Sympathie und Enttäuschung.

●**Will, Gerhard:** *Vietnam 1975 - 79: von Krieg zu Krieg.* Hamburg 1987.

●**Chanda, Nayan:** *Brother Enemy. The War after the War.* London 1986. Vom Schrecken des Bruderkriegs mit Kambodscha.

●**Lamb, David:** *Vietnam Now. A Reporter Returns.* New York 2002. Lesenswerte Reportagen u. Analysen über das Vietnam von heute.

Kunst, Kultur und Alltag

●**Woodside, Alexander B.:** *Vietnam and the Chinese Model,* Cambridge/Mass. 1971.

●**Hickey, Gerald:** *Village in Vietnam,* New Haven/ Conn. 1964. Rthnologie im Dienste des CIA.

●**Weiss, Peter:** *Notizen zum kulturellen Leben in der DR Vietnam,* Frankfurt 1968.

●**Wulf, Anneliese:** *Vietnam. Pagoden und Tempel im Reisfeld - im Fokus chinesischer und indischer Kultur,* Köln 1991. Im Detail veraltetes, aber lesenswertes Standardwerk (die Autorin verstarb 1998).

●**Petrich, Martin, Krücker, Franz-Josef:** *Vietnam, Laos und Kambodscha. Tempel, Klöster und Pagoden in den Ländern am Mekong.* Köln 2004.

●**Chong, Denise:** *Das Mädchen hinter dem Foto. Die Geschichte der Kim Phuc.* Hamburg 2001, TB 2005.

●**Chinn, Bobby:** *Der Geschmack Vietnams. Eine kulinarische Entdeckungsreise mit 110 Originalrezepten.* München 2008. Feine Plaudereien des Hanoier Kultkochs über Vietnam, das Kochen und das Leben im Besonderen.

●**Kotte, Heinz/Siebert, Rüdiger:** *Vietnam hautnah. Ein Land im Umbruch,* Bad Honnef 2006. *Der Traum von Angkor. Vietnam, Kambodscha, Laos.* Bad Honnef 2000. Reportagen, Porträts, Interviews.

●**Keller, Hans-Jörg:** *KulturSchlüssel Vietnam.* Ismaning 2000. Sympathische Kompilation für Einsteiger.

●**Logan, William S:** *Hanoi. Biography of a City,* Washington 2001. Schon ein Klassiker.

●**Radulovic, Veronika:** *Sicherheitsabstand. Vietnam, Kunst, Politik, Freundschaften; eine Annäherung,* Bielefeld 2006. (Hrsg.): *connect. Kunstszene Vietnam.* Bielefeld 2009, Ausstellungskatalog der ifa-Galerie Berlin. Die Künstlerin lebte und lehrte 1993–2006 in Hanoi.

Reiseberichte und Memoiren

●**Lewis, Norman:** *A Dragon Apparent, Travels in Cambodia, Laos and Vietnam* (1951), TB London 1982. Klassiker der Reiseliteratur.

●**Illner, Hans:** *Reiseland Vietnam.* Moers 1989, 1993. Anachronistische Berichte von einem fremden Planeten, bereits bei seinem Erscheinen rührend veraltet.

●**Wintle, Justin:** *Romancing Vietnam. Inside the Boat Country.* London 1991. Erlebnisbericht des ersten Backpackers im „neuen" Vietnam.

●**Downie, Sue:** *Down Highway One, Journeys through Vietnam and Cambodia,* Hongkong 1993.

●**Hunt, Christopher:** *Sparring with Charlie, Motorbiking down the Ho Chi Minh Trail,* New York 1996.

●**Thich Nhat Hanh:** *Der Duft von Palmenblättern, Erinnerungen an schicksalhafte Jahre,* Freiburg 2000. Autobiografische Tagebücher (1962–66) des in Südfrankreich lebenden Zen-Philosophen, von dem im gleichen Verlag weitere Schriften vorliegen.

●**Pham, Andrew X:** *Mond über den Reisfeldern, Einmal Vietnam und zurück. (Catfish and Mandala.)* München 2002. Von der schwierigen Rückkehr eines US-Exilanten in sein Heimatland.

●**Quilitzsch, Frank:** *Hanoi Berlin Nha Trang, Vietnamesische Lebenslinien,* München 2002. Der Autor begleitet seinen Freund zu dessen in Vietnam lebenden Geschwistern.

●**Pohl, Marie:** *Maries Reise.* Hamburg 2002. Die 20-jährige machte sich 1999 auf eine neunmonatige Reise, um in Havanna, Buenos Aires, San Francisco, Hanoi, Jerusalem, Tiblissi und Helsinki „die interessantesten Personen meiner Generation zu suchen".

●**Altmann, Andreas:** *Der Preis der Leichtigkeit. Eine Reise durch Thailand, Kambodscha und Vietnam,* München 2006. Abseits des

„Nasenringtourismus", aber ohne gleich mit Abenteueranspruch. Annehmbar.

Belletristik

● **O'Brien, Tim:** *Was sie trugen (The Things They Carried)*. München 2000. *Die Verfolger (Going After Cacciato)*. Hamburg 1981. *If I Die in a Combat Zone.* New York 1973. Die beste Prosa eines Vietnamveteranen. Exzellent, halluzinatorisch.

● **Wolff, Tobias:** *In der Armee des Pharaohs.* Frankfurt 1996. Apokalyptische Erinnerungen des späteren Faulkner-Preisträgers.

● **Kovic, Ron:** *Geboren am 4. Juli (Born on the 4th of July)*. München 1990. Mit Tom Cruise verfilmter Bestseller eines verkrüppelten Veteranen und Antikriegsaktivisten.

● **Caputo, Philip:** *Stoßtrupp durch die grüne Hölle (A Rumour of War)*. Berg. Gladbach 1989. Einer der besten und authentischsten Romane des Vietnamkriegs.

● **O'Nan, Stuart** (Ed.): *The Vietnam Reader. The definitive collection of American fiction and nonfiction of the war.* New York 1998, London 1999. Anthologie.

● **Duras, Marguerite:** *Heiße Küste.* Frankfurt 1987. *Eden Cinema.* Frankfurt 1988. *Der Liebhaber aus Nordchina.* Frankfurt 1993. *Der Liebhaber.* Frankfurt 2000. In meisterhafte Prosa geronnene Erinnerungen an Kindheit und Jugend in Vietnam.

● **Fried, Erich:** *und Vietnam und.* Gedichte. Berlin 1966/1996.

● **Hougron, Jean:** *Es begann in Saigon.* Hamburg 1958. Der Bestsellerautor der französischen Kolonie liegt in mehreren dt. Übersetzungen vor.

● **West, Morris:** *Der Botschafter.* München 1965. Lehrreicher Vietnam- und Politik-Schmöker.

● **Thürk, Harry:** *Der Tod und der Regen*, Berlin 1968. Lesenswerter Saigon- und Kriegsroman des DDR-Star-Autors.

Literatur aus Vietnam

● **Pham Thi Hoai:** *Die Kristallbotin*, Hamburg 1992. – *Sonntagsmenü*, Zürich 1995. Die Autorin lebt seit Mitte der 1990er Jahre in Berlin und wurde mit mehreren deutschen Literaturpreisen geehrt.

● **Duong Thu Huong:** *Liebesgeschichte, vor der Morgendämmerung erzählt*, Bad Honnef 1992. – *Bitterer Reis*, München 1993. – *Roman ohne Titel*, Bad Honnef 1995. – *Memories of a Pure Spring*, London 2000. Die wichtigste und streitbarste Autorin des „alten" neuen Vietnam bezahlte ihr Engagement mit mehreren Aufenthalten im Gefängnis.

● **Nguyen Huy Thiep:** *Der pensionierte General.* Erzählungen. Halle (Saale) 2009. Mit seiner Titelgeschichte sorgte der Autor 1986 für einen Skandal in Hanoi, heute gilt er als *der* Klassiker der Nachkriegsliteratur.

● **Le Ly Hayslip:** *Geboren in Vietnam. Eine Lebensgeschichte*, Hamburg 1992. Von Oliver Stone verfilmte Erinnerungen einer US-Exilantin an Kindheit und Krieg in Vietnam.

● **Lê, Linda:** *Toter Buchstabe*, Zürich 2005. Das „vietnamesischste" der skurrilen Werke der in Paris lebenden Autorin.

● **Truong, Monique:** *Das Buch vom Salz*, München 2004. Vergnüglicher Roman über den vietnamesischen Koch Gertrude Steins, in einer Nebenrolle Ho Chi Minh.

● **Kothmann, Hella** (Hrsg.): *Frauen in Vietnam. Erzählungen*, München 1994. Zwölf vietnamesische AutorInnen mit Erzählungen rund um das Thema „Frau".

Sprache

● **Heyder, Monika:** *Vietnamesisch – Wort für Wort.* REISE KNOW-HOW Verlag, Kauderwelsch Bd. 61, Bielefeld. Auch als AusspracheTrainer auf Audio-CD und als Kauderwelsch digital als PDF auf CD-Rom erhältlich.

● **Boscher, Winfried:** *Wörterbücher Vietnamesisch – Deutsch, Deutsch – Vietnamesisch*, München 2000. Alte DDR-Ausgaben sind z. T. noch in Vietnam zu finden.

Zeitschriften

● **VietNam Kurier.** Vierteljährlich, ca. 60 S. Lesenswertes zu Literatur, Kunst, Kultur, Politik. Freundschaftsgesellschaft Vietnam e.V., Tel. 0211/490 111, www.fg-vietnam.de.

● **Journal of Southeast Asian Affairs.** Institut für Asien-Studien, Tel. 040/428874-0, www.giga-hamburg.de/ias.

Anhang

Bildbände

- **Hechenblaikner, Lois, Schwarzenauer, Friedrich:** *Vietnam*, München 1992. Wie Vietnam kurz nach der Öffnung aussah. Exzellent zur Einstimmung geeignet.
- **Unger, Anne Helen u. Walter**: *Hue. Die Kaiserstadt von Vietnam*, München 1995. Informativ auch in seinen Texten.
- **Smolan, Rick / Erwitt, Jennifer**: *Passage to Vietnam*, New York 1994.
- **Saitner, Gerhard, Wulf, Annaliese:** *Vietnam*, Luzern 1995.
- **Griffiths, Philip Jones:** *Vietnam Inc.*, Berlin 2001. Reprint des jahrzehntelang vergriffenen Kultwerks (1971) und nach wie vor eines der erschütterndsten Dokumente zum Vietnamkrieg.
- **Page, Tim:** *The Mindful Moment*, Göttingen 2002. – Die besten Fotos (1965–1999) des berühmten Kriegsfotografen mitsamt einer persönlichen Rückschau.
- **Page, Tim:** *Ein anderes Vietnam. Bilder des Krieges von der anderen Seite*. Hamburg 2002. 1954–1975 aus Sicht vietnamesischer Fotografen, mit Kommentaren und Interviews von Tim Page.
- **Miethig, Maria:** *Vietnam, seine Städte und Regionen*, Köln 2007. Nicht allein opulenter Bild-, sondern auch gewichtiger Textband, insofern eine echte Rarität: zum Schmökern, aber auch zum wissbegierigen Lernen!
- **Franchini, Philippe / Lam Duc Hien:** *Mekong. Der Fluss und seine Menschen*. München 2009. Liebevoll gemachtes, sehr persönliches Fotobuch.

Karten

- **Nelles.** Die von Bonn bis Bangkok erhältliche Karte (Vietnam, Laos, Kambodscha, 1:1,5 Mio.) ist übersichtlich und benutzerfreundlich, strotzt im Detail aber von Fehlern und Ungereimtheiten.
- **Saigontourist.** Die Tourist Map im Nelles-Design (gleicher Maßstab) ist detailgenauer und aktueller. Preisgünstig (um 1 $) in Saigon und Hanoi zu erstehen.
- **Sinhbalo Travel Map** (1:1,25 Mio). Das beste und aktuellste auf dem vietnamesischen Markt, mit Stadtplänen Hanoi, Saigon, Hue, Hoi An. www.sinhbalo.com.

- **world mapping project.** *Nord-Vietnam* und *Süd-Vietnam* (je 1:600.000) 2009/10. *Indochina* (1:1,2 Mio) 2006, www.reise-know-how.de.

Spezialbuchhandlungen

- **Geo Buchhandlung.** Rosental 6, 80331 München, Tel. 089/265030, www.geobuch.de.
- **Dr. Götze.** Alstertor 14–18, 20095 Hamburg, Tel. 040/3574630, www.mapshop-hamburg.de
- **Gleumes & Co.** Hohenstaufenring 47-51, 50674 Köln, 0221/211550. www.landkartenhaus-gleumes.de.
- **Travel Bookshop.** Rindermarkt 20, 8001 Zürich, Tel. 0041/44/2523883. www.travelbookshop.ch.
- **Motzko-Reise.** Bahnhofspromenade, 5017 Salzburg, Tel. 0662/883311-55. www.motzko.at.
- **Librairie Sudestasie.** 17 rue du Cardinal Lemoine, 75005 Paris, Tel. 01/43251804.

Musik

- **Ho! Roady Music from Vietnam 2000.** Saigon-Trash-Blues vom Feinsten und Schrillsten. Eine fantastische Einstimmung auf Land und Leute. Trikont, München (www.trikont.de).
- **Nguyen Le:** *Tales from Vietnam*, 1997. Mit Huong Thanh (voc): *Moon and Wind*, 1999. *Dragonfly*, 2001. Neuinterpretation vietnamesischer Songs durch den bekannten Jazzgitarristen aus Paris. ACT Music.
- **Tai Tu Nam Bo:** *Saigon, Masters of Traditional Music*. Wergo.

CD/DVD

- **Passage to Vietnam,** Against All Odds. CD-Rom. Klassiker. 31,96 $.

Kleine vietnamesische Sprachhilfe

Töne

Vietnamesische Wörter setzen sich aus drei Bestandteilen zusammen: Konsonanten, Vokalen und Tönen. Die falsche Aussprache des Tons führt zu Missverständnissen, wenn nicht völligem Unverständnis, da ein und dasselbe Wort je nach Tonlage vollkommen unterschiedliche Bedeutungen annehmen kann. Das Vietnamesische kennt 6 Töne, die in der Schrift durch Tonzeichen voneinander unterschieden werden:

Wort	Ton-zeichen	Ton	Intonation	Bedeutung
ma	ohne	Normalton (1.) **thanh bằng**	normale Sprechlage	Geist, Gespenst
mà	`	fallender (2.) **thanh huyền**	tiefer sprechen	aber
má	´	steigender (3.) **thanh sắc**	höher als 1.	Mutter
mạ	.	tiefer (4.) **thanh nặng**	tief und gepreßt	Reissetzling
mả	?	Frageton (5.) **thanh hỏi**	fragender Tonfall	Grab
mã	~	unterbrochen-steigender (6.) **thanh ngã**	Vokal zweimal sprechen, dazwischen Knacklaut	Pferd

Aussprache

Außer Tonzeichen gibt es Zeichen zur Unterscheidung verschiedener Vokale: z. B. a, ă, â oder o, ô, ơ. Stark generalisierend kann man folgendermaßen unterscheiden:

Vokale

a	=	Name (lang, halboffen)
ă	=	Lamm (kurz, offen)
â	=	Schule (kurz, geschlossen)
e	=	nämlich
ê	=	See
i, y	=	nie
o	=	offen
ô	=	Ofen
ô	=	Ofen
ơ, ư	=	ähnlich ö bzw. ü, aber „kehliger"
u	=	zu
uy	=	üi

Konsonanten

In Klammern steht die Aussprache in Süd- und Zentralvietnam.

ch	=	Tsetsefliege
d	=	Sohn (ja)
đ	=	du
gh, g	=	gut
gi	=	Rose (ja)
ngh	=	lang
nh	=	Signora
ph	=	fein
q	=	klein
r	=	Genie (Radio)
s	=	Messer (schön)
tr	=	Tscheche (Tritt)
v	=	wir
x	=	Messer

Kurzgrammatik

● Die meisten Wörter sind kurz und einsilbig, jede Silbe bildet ein Wort (*bó, em, óc*). Durch Zusammensetzung einzelner Silben entstehen mehrsilbige Wörter, die wie eines gesprochen werden (*ban* Tisch + *ghé* Stuhl = Möbel, *quần* Hose + *áo* Hemd = Kleidung).

● Jedes Wort bleibt grundsätzlich unverändert, d.h. es gibt weder Beugung noch Verben (Konjugation) noch von Substantiven, Adjektiven usf. (Deklination). Das erspart zwar viel Grammatik, macht es für Außenstehende aber trotzdem nicht leicht. Ob ein Wort Substantiv, Verb oder Adjektiv ist, kann man oft nicht an seiner Form, sondern nur aus seiner Funktion innerhalb des Satzes erkennen.

● Die Satzstellung folgt im Allgemeinen der Regel *Subjekt – Attribut – Prädikat – Objekt*. Eigenschaftswörter stehen immer hinter dem Hauptwort, die Verneinung (*không*) immer vor der Satzaussage (Verb bzw. Adverb) oder dem Adjektiv, z.B.:

Người Đức này không nói tiếng Việt.
Mensch deutsch dieser nicht sprechen Sprache Vietnam
Dieser Deutsche spricht nicht Vietnamesisch.

(Da es keine Beugung und kein grammatisches Geschlecht gibt, kann je nach Zusammenhang aber auch „diese Deutsche" gemeint sein.)

● Ein genaues Äquivalent zum *ich* gibt es nicht. Wer von sich selber spricht, nennt sich „Onkel", „jüngerer Bruder", „Schüler", „Lehrer" usf., d. h. bestimmt sich durch die Art seiner Beziehung zu anderen.
Tôi, heute für das individuelle „Ich" benutzt, bedeutet einmal „Untertan des Königs". Für die 2. Person einzahl (du) werden entsprechende Anredewörter *ông, bà, cô, em* usf. verwendet, die 3. Person (er, sie, es) wird meist durch Anfügen von *ấy* gebildet; jede Frage oder Anrede lautet daher verschieden, je nachdem wer sie ausspricht und an wen sie gerichtet wird (ob z.B. eine Frau einen Mann, ein Kind, eine ältere oder jüngere Frau usf. anredet). Für die 1. Person Mehrzahl (wir) gibt es *chúng tôi*, das außenstehende Personen ausschließt, und *chúng ta*, das sie einschließt.
Mit *ông, bà* kann man bei älteren oder höhergestellten Personen nichts verkehrt machen, es ist höflich und unserem Sie bzw. Herr, Frau vergleichbar. *Anh, chị* (älterer Bruder/ Schwester) hingegen setzt bereits ein gewisses Maß an Vertrautheit voraus.

ich	*tôi*	
du, Sie	*ông*	zu einem älteren Mann
	bà	zu einer älteren Frau
	anh	zu einem jüngeren Mann
	cô, chị	zu einer jüngeren Frau
	em	zu jungen Leuten
	cháu	zu Kindern
er, sie, es	*ông ấy, bà ấy, cô ấy* usw.	
wir	*chúng tôi/chúng ta*	
ihr, Sie	*các ông, các bà* usw.	
sie	*họ*	

Begrüßung

Bei der Begrüßung sagt man zu einem älteren Mann *chào ông*, zu einer älteren Frau *chào bà* usf. „Älter" heißt etwa ab 50, aber da Alter und Respekt in Vietnam synonym sind, heißt älter oft auch nur „älter als man selbst". Kommt man in einen Raum mit mehreren Leuten (informell!) kann man als Fremder auch *chào các bạn* sagen, „Guten Tag, Freunde" – wie man sieht, ist es oft eine Frage des Fingerspitzengefühls. Ein „neutraler" Gruß und daher immer richtig ist *xin chào* (bitten grüßen).
Ein Tipp: mit dem kleinen Wörtchen *xin* (bitten) schmuggelt man sich an jeder direkten Anrede vorbei und verhält sich trotzdem korrekt und höflich.

xin chào tôi ... (bitten geben ich ...)
Bitte geben Sie mir ...

Lexikon

Nachgestellte Klammern bezeichnen Begriffe, die nur im Süden gebräuchlich sind, vorgestellte bezeichnen Klassifikatoren (Haus, Fahrzeug usf.), die man auch weglassen kann.

Frageworte	
wann?	*bao giờ?*
wie lange?	*bao lâu?*
wie weit?	*bao xa?*
wieviel?	*bao nhiêu?*
wo, wohin?	*ở đâu?*

● **Wieviel?** Das kleine Wörtchen *bao nhiêu* (richtig ausgesprochen) wird einem auf Märkten, beim Cyclofahren, in kleinen Hotels etc. möglicherweise so manchen Dong ersparen. „Zu teuer" heißt *đắt quá*.
● **Wo?** Wenn man etwas sucht, gibt es zwei Möglichkeiten: „Wo" *ở đâu* wird immer nachgestellt: *chợ ở đâu* = wo ist der Markt?
„Ich suche" heißt *tôi tìm*:
tôi tìm chợ = ich suche den Markt.

Rede & Antwort

Guten Tag!	xin chào
Auf Wiedersehen!	tạm biệt
Entschuldigung!	xin lỗi
Danke!	cảm ơn
Vielen Dank!	cảm ơn nhiều
Bitte!	xin mời
ja	có, vâng
nein	không
es geht mir gut	tôi mạnh
mir ist heiß/kalt	tôi nóng/lạnh
ich bin erschöpft	tôi mệt
ich habe Durst	tôi khát
ich bin Deutsche/r	tôi là người Đức
wenig	ít
viel	nhiều
gut, o.k.	tốt, hay
prima	hay lắm, rất hay

Zahlen

1	một
2	hai
3	ba
4	bốn
5	năm
6	sáu
7	bảy
8	tám
9	chín
10	mười
11	mười một
12	mười hai
13	mười ba
20	hai mười
21	hai mười một
22	hai mười hai
23	hai mười ba
30	ba mười
40	bốn mười
50	năm mười
100	một trăm
110	một trăm mười
111	một trăm mười một
112	một trăm mười hai
200	hai trăm
300	ba trăm
1.000	một ngàn (nghìn)
10.000	mười ngàn
100.000	một trăm ngàn
1.000.000	một triệu

Zeiten

Stunde	giờ
Minute	phút
Tag	ngày
Woche	tuần
Jahr	năm
heute	hôm nay
morgen	ngày mai
gestern	hôm qua
Montag	thứ hai
Dienstag	thứ ba
Mittwoch	thứ tư
Donnerstag	thứ năm
Freitag	thứ sáu
Samstag	thứ bảy
Sonntag	chủ nhật
Vormittag, morgens	sáng (2-10 Uhr)
Mittag	trưa
Nachmittag	chiều (13-19 Uhr)
Abend, abends	tối (19-22 Uhr)
Nacht	đêm
1 Uhr	một giờ sáng
9 Uhr	chín giờ sáng
21 Uhr	chín giờ đêm
Monat	tháng
Januar	tháng giêng
Februar	tháng hai
März	tháng ba
April ...	tháng tư ...
usw. wie Zahlen (Monat 5, 6 ...)	

Unterkunft

Hotel	khách sạn
Hotel, Gästehaus	nhà khách
Pension	nhà nghỉ
Fremdenzimmer	phòng trọ
Rezeption	tiếp tân
ich möchte mieten	tôi muốn thuê
- ein Zimmer	một phòng
- ein einfa- Z.	- bình dân
mit Ventilator	- có quạt trần
mit Aircondition	- có máy lạnh
mit zwei Betten	- có hai giường
ich bin (nicht) zufrieden	tôi (không) hài lòng
das ist	cái này
- sehr schön	- rất đẹp
- schmutzig	- bẩn (dơ)
- laut	- ồn ào
- kaputt	- hư (hỏng)
- zu teuer	- đắt quá

Anhang

Seife	*xà bông*
Badetuch	*khăn tắm*
Handtuch	*khăn mặt*
Decke	*mền (chăn)*
Thermoskanne	*bình thủy*
Moskitonetz	*mùng (màn)*
Schlüssel	*chìa khóa*
Wasser	*nước*
- heiß / kalt	*- nóng / lạnh*
W. läuft nicht	*nước không chảy*
Toilette	*(nhà) vệ sinh*
- Damen	*- nữ*
- Herren	*- nam*
Toilettenpapier	*giấy vệ sinh*
Bad	*nhà tắm*
Wäsche	*quần áo*
- zum Waschen	*- để bỏ giặt*
- zum Bügeln	*- để ủi*

Verkehrsmittel

Fahrrad	*xe đạp*
Cyclo	*(xe) xích lô*
Motorrad	*xe mô tô/xe Honda*
Auto	*xe hơi*
Taxi	*xe tắc xi*
Bus	*xe đò*
Stadtbus	*xe buýt*
Expressbus	*xe đò tốc hành*
Busbahnhof	*bến xe*
Eisenbahn	*xe lửa, tàu hỏa*
Speisewagen	*toa ăn*
Bahnhof	*(nhà) ga*
Schiff	*tàu thủy*
Boot	*thuyền*
Fähre	*phà*
Flussanlegestelle	*bến phà*
Hafen	*cảng*
Flugzeug	*máy bay*
Flughafen	*sân bay*
Fahrkartenschalter	*(quầy) bán vé*
Fahrkarte	*vé xe*
- nach	*- tới*
- 1 Person	*- một người*
Haltestelle	*bến xe đò, trạm*
Abfahrtszeit	*giờ đi*
Ankunft	*giờ đến*
weit	*xa*
langsam	*chậm*
schnell	*nhanh*
links	*trái*
rechts	*phải (mặt)*
geradeaus	*đi thẳng*
Meter	*mét*
Kilometer	*cây số*

Essen & Trinken

siehe auch Kapitel "Essen und Trinken"

Restaurant	*nhà hàng*
einfaches	
Restaurant	*quán ăn*
Speisekarte	*thực đơn*
Getränke	*giải khát*
Rechnung	*tính tiền*

Einkaufen

Markt	*chợ*
Kaufhaus	*bách hóa*
ich suche	*tôi tìm*
ich möchte	*tôi muốn*
wieviel kostet	*bao nhiêu*
- das	*- cái này*
- ein Kilo?	*- một kilô*
- 100 Gramm	*- một trăm gram*
- ein Stück	*- một quả (trái)*
zu teuer	*đắt quá*
ich zahle, gebe ...	*tôi trả, cho ...*
Zeitung	*báo*
Landkarte	*bản đồ*
Buchhandlung	*hiệu sách*
Fotogeschäft	*tiệm chụp hình*
Film (Dia-Film)	*phim (phim dia)*
- entwickeln	*- rửa phim*

Telekom

Post	*bưu điện*
Ansichtskarte	*bưu thiếp*
Brief	*thư*
Briefmarke	*tem thư*
Paket	*bưu kiện*
Telegramm	*điện tín*
Telephon	*điện thoại*
telephonieren	*nói điện thoại*

Geld

Bank	*ngân hàng*
Geld	*tiền*
Geld wechseln	*đổi tiền*
Scheck	*ngan phieu*

Gesundheit

Krankenhaus	*bệnh viện*
Arzt	*bác sĩ*
Apotheke	*nhà thuốc tây*
Bauchschmerzen	*dau bụng*
Fieber	*sốt*
Schmerzen	*dau*
Medikament	*thuốc men*
Durchfall	*đi rửa*
Zahnarzt	*nha sĩ*
Zahnweh	*dau răng*
Ich bin krank	*tôi bịnh*
Zu Hilfe!	*cứu với*

Geografische Begriffe

Fluss	sông
Flussmündung	cửa sông
Kanal (schiffbar)	sông đào
Kanal (auf Feld)	rạch, lạch
Insel	hon đảo
Kap	mũi
Berg	núi
Pass	đèo
See	hồ

Adressen

Adresse	địa chỉ
Brücke	cầu
Büro	văn phòng
Café	quán cà phê
Deutschland/ deutsch	Đức
Haus	nhà
Hochschule	trường đại học
Kino	rạp chiếu phim
Kirche	nhà thờ
Museum	(viện) bảo tàng
Pagode	chùa
Polizei	công an
Stadt	thành phố
Straße	đường/phố
Avenue/Boulevard	đại lộ

Tempel	đền
Theater	nhà hát
Tourismusbüro	nhà du lịch
Versammlungs- halle (Dorf)	đình

Nützliche Verben

bitten	xin
essen	ăn
gehen	đi/đi bộ
fahren	đi/đi xe
haben	có
helfen	giúp
können	có, thể
kommen	đến
machen, tun	làm
mögen, wollen	muốn
schlafen	ngủ
schreiben	viết
sehen	nhìn xem
sein	là
sprechen	nói
trinken	uống
verstehen	hiểu

Aktuelle Reise-Gesundheits-Informationen im Überblick: Vietnam

Stand: 16.6.2010
© Centrum für Reisemedizin 2010

Die nachstehenden Angaben dienen der Orientierung, was für eine geplante Reise in das Land an Gesundheitsvorsorgemaßnahmen zu berücksichtigen ist. Die Informationen wurden uns freundlicherweise vom *Centrum für Reisemedizin* zur Verfügung gestellt. Auf der Homepage: **www.crm.de** werden diese Informationen stetig aktualisiert. Es lohnt sich, dort noch einmal nachzuschauen.

Einreise-Impfvorschriften

Bei einem Direktflug aus Europa sind keine Impfungen vorgeschrieben. Bei vorherigem Zwischenaufenthalt (innerhalb der letzten 6 Tage vor Einreise) in einem der aufgeführten Län-der (Gelbfieber-Endemiegebiete) wird bei Einreise eine gültige **Gelbfieber-Impfbescheinigung** verlangt (ausgenommen Kinder unter 1 Jahr).

Gelbfieber-Impfbescheinigung erforderlich bei Einreise aus:

Angola · Äquatorialguinea · Argentinien · Äthiopien · Benin · Bolivien · Brasilien · Burkina Faso · Burundi · Ecuador · Elfenbeinküste · Franz. Guayana · Gabun · Gambia · Ghana · Guinea · Gui-nea-Bissau · Guyana · Kamerun · Kenia · Kolumbien · Kongo, Rep. · Kongo, Dem. Rep. · Liberia · Mali · Mauretanien · Niger · Nigeria · Panama · Paraguay · Peru · Ruanda · Sao Tomé & Principe · Senegal · Sierra Leone · Somalia · Sudan · Suriname · Tanzania · Togo · Trinidad & Tobago · Tschad · Uganda · Venezuela · Zentralafr. Republik

Empfohlener Impfschutz

Generell: Tetanus, Diphtherie, Hepatitis A

Je nach Reisestil und Aufenthaltsbedingungen im Lande sind außerdem zu erwägen:

Impfschutz	Reisebedingung 1*	Reisebedingung 2**	Reisebedingung 3***
Typhus	x	x	
Hepatitis B [1]	x		
Tollwut [2]	x		
Jap. Enzephalitis [3]	x		

[1] vor allem bei Langzeitaufenthalten und engerem Kontakt zur einheimischen Bevölkerung
[2] bei vorhersehbarem Umgang mit Tieren
[3] bei besonderen Aufenthaltsbedingungen in bestimmten ländlichen Gebieten. Impfstoff in Deutschland nicht zugelassen. Beschaffung über Apotheken mit entsprechender Erfahrung.

*Reisebedingung 1: Reise durch das Landesinnere unter einfachen Bedingungen (Rucksack-/ Treking- /Individualreise) mit einfachen Quartieren/Hotels; Camping-Reisen, Langzeitaufenthalte, praktische Tätigkeit im Gesundheits- oder Sozialwesen, enger Kontakt zur einheimischen Bevölke-rung wahrscheinlich.

**Reisebedingung 2: Aufenthalt in Städten oder touristischen Zentren mit (organisierten) Ausflügen ins Landesinnere (Pauschalreise, Unterkunft und Verpflegung in Hotels bzw. Restau-rants mittleren bis gehobenen Standards)

***Reisebedingung 3: Aufenthalt ausschl. in Großstädten oder Touristikzentren (Unterkunft und Verpflegung in Hotels bzw. Restaurants gehobenen bzw. europäischen Standards)

Wichtiger Hinweis

Welche Impfungen letztendlich vorzunehmen sind, ist abhängig vom aktuellen Infektionsrisiko vor Ort, von der Art und Dauer der geplanten Reise, vom Gesundheitszustand sowie dem eventuell noch vorhandenen Impfschutz des Reisenden. Da im Einzelfall unterschiedliche Aspekte zu berücksichtigen sind, empfiehlt es sich immer, rechtzeitig (etwa 4–6 Wochen) vor der Reise eine persönliche Reise-Gesundheits-Beratung bei einem reisemedizinisch erfahrenen Arzt oder Apotheker in Anspruch zu nehmen.

Malaria-Risiko

Ganzjährig, verstärkt in der Regenzeit, im Norden vermindert in den kühlen Monaten Oktober–April.

Mittleres Risiko (höher in der Regenzeit, geringer in der Trockenzeit) vor allem im zentralen Hochland unterhalb 1500 m südlich des 18. Breitengrades mit den Provinzen Kon Tum, Gia Lai, Dak Lak, Binh Phuoc und Dak Nong sowie im Hinterland der Küstenprovinzen Quang Tri, Ninh Thuan, Quang Nam und Khanh Hoa; weniger ausgeprägt im gesamten Süden mit dem Mekong-Delta und den nach Norden anschließenden Küstenregionen bis Nha Trang, im Norden nördlich und westlich von Hanoi (Grenzgebiete zu Yunnan/China und Laos), dort besonders in den Sommermonaten Mai bis September.

Geringeres Risiko (oder kein Risiko): Umgebung v. Ho Chi Minh-Stadt, in den Küstenregionen nördl. von Nha Trang einschließlich des Red River-Deltas mit dem Großraum Hanoi.

Als **malariafrei** gelten Stadtgebiete.

Vorbeugung: Ein konsequenter Mückenschutz in den Abend- und Nachtstunden verringert das Malariarisiko erheblich (Expositionsprophylaxe).

Ergänzt ist die Einnahme von Anti-Malaria-Medikamenten (Chemoprophylaxe) dringend zu empfehlen. Zu Art und Dauer der Chemoprophylaxe fragen Sie Ihren Arzt oder Apotheker, bzw. informieren Sie sich in einer qualifizierten reisemedizinischen Beratungsstelle (s. nächste Seite). Malariamittel sind verschreibungspflichtig.

Aktuelle Meldungen

Durchfallerkrankungen: In der ersten Jahreshälfte 2010 meldeten die Gesundheitsbehörden eine Zunahme von Durchfall-Erkrankungen. Neben Cholera wurden auch zahlreiche Shigellen-Infektionen registriert. Nahrungs- und Trinkwasserhygiene beachten.

Vogelgrippe: In Nordvietnam (Bac Kan Distrikt) sind ein 22-jähriger Mann und ein 27 Monate altes Baby an H5N1 erkrankt. 11 weitere Verdachtsfälle aus der Gegend werden untersucht. Eine Mensch zu Mensch-Übertragung konnte bisher nicht bestätigt werden. Insgesamt wurden seit 2003 in Vietnam 119 Erkrankungen mit 59 Todesfällen registriert, davon bereits 4 Erkrankungen mit 2 Todesfällen in diesem Jahr. Bei allen Betroffenen ließen sich entsprechende Tierkontakte nachweisen.

Gesundheitsakten auf Reisen

Trotz optimaler Vorbereitung und Beratung im Vorfeld einer Reise durch erfahrene Reisemediziner kann unterwegs sowohl im Inland als auch im Ausland jederzeit ein **plötzliches Gesundheitsproblem** in Form einer Krankheit oder eines Unfalls auftreten.

Der schnelle Abruf bzw. das Vorliegen verlässlicher Informationen über Ihren Gesundheitszustand können in solchen Fällen lebensrettend sein. Gesundheits- oder auch Patientenakten ermöglichen Ärzten im Notfall Ihre persönlichen, medizinischen Daten einzusehen.

Ihre **persönliche Gesundheitsakte** enthält wichtige Informationen über vorliegende Krankheiten, Allergien, eingenommene Medikamente und Kontaktdaten Ihrer behandelnden Ärzte.

Lassen Sie sich von Ihrem Arzt und Apotheker im Rahmen einer reisemedizinischen Beratung zur Gesundheitsakte informieren.

Anhang

HILFE!

Dieser Reiseführer ist gespickt mit unzähligen Adressen, Preisen, Tipps und Infos. Nur vor Ort kann überprüft werden, was noch stimmt, was sich verändert hat, ob Preise gestiegen oder gefallen sind, ob ein Hotel, ein Restaurant immer noch empfehlenswert ist oder nicht mehr, ob ein Ziel noch oder jetzt erreichbar ist, ob es eine lohnende Alternative gibt usw.

Unsere Autoren sind zwar stetig unterwegs und versuchen, alle zwei Jahre eine komplette Aktualisierung zu erstellen, aber auf die Mithilfe von Reisenden können sie nicht verzichten.

Darum: Schreiben Sie uns, was sich geändert hat, was besser sein könnte, was gestrichen bzw. ergänzt werden soll. Nur so bleibt dieses Buch immer aktuell und zuverlässig. Wenn sich die Infos direkt auf das Buch beziehen, würde die Seitenangabe uns die Arbeit sehr erleichtern. Gut verwertbare Informationen belohnt der Verlag mit einem Sprechführer Ihrer Wahl aus der über 220 Bände umfassenden Reihe „Kauderwelsch" (siehe unten).

Bitte schreiben Sie an:

Reise Know-How Verlag Peter Rump GmbH, Postfach 140666, D-33626 Bielefeld, oder per e-mail an: info@reise-know-how.de

Danke!

Kauderwelsch-Sprechführer –
sprechen und verstehen rund um den Globus

Afrikaans ● Albanisch ● Amerikanisch – *American Slang, More American Slang,* Amerikanisch oder Britisch? ● Amharisch ● Arabisch – Hocharabisch, für Ägypten, Algerien, Golfstaaten, Irak, Jemen, Marokko, ● Palästina & Syrien, Sudan, Tunesien ● Armenisch ● *Bairisch* ● Balinesisch ● Baskisch ● Bengali ● *Berlinerisch* ● Brasilianisch ● Bulgarisch ● Burmesisch ● Cebuano ● Chinesisch – Hochchinesisch, kulinarisch ● Dänisch ● Deutsch – *Allemand, Almanca, Duits, German, Nemjetzkii, Tedesco* ● *Elsässisch* ● Englisch – *British Slang, Australian Slang, Canadian Slang, Neuseeland Slang,* für Australien, für Indien ● Färöisch ● Esperanto ● Estnisch ● Finnisch ● Französisch – kulinarisch, für den Senegal, für Tunesien, *Französisch Slang, Franko-Kanadisch* ● Galicisch ● Georgisch ● Griechisch ● Guarani ● Gujarati ● Hausa ● Hebräisch ● Hieroglyphisch ● Hindi ● Indonesisch ● Irisch-Gälisch ● Isländisch ● Italienisch – *Italienisch Slang,* für Opernfans, kulinarisch ● Japanisch ● Javanisch ● Jiddisch ● Kantonesisch ● Kasachisch ● Katalanisch ● Khmer ● Kirgisisch ● Kisuaheli ● Kinyarwanda ● *Kölsch* ● Koreanisch ● Kreol für Trinidad & Tobago ● Kroatisch ● Kurdisch ● Laotisch ● Lettisch ● Lëtzebuergesch ● Lingala ● Litauisch ● Madagassisch ● Mazedonisch ● Malaiisch ● Mallorquinisch ● Maltesisch ● Mandinka ● Marathi ● Modernes Latein ● Mongolisch ● Nepali ● Niederländisch – *Niederländisch Slang,* Flämisch ● Norwegisch ● Paschto ● Patois ● Persisch ● Pidgin-English ● *Plattdüütsch* ● Polnisch ● Portugiesisch ● Punjabi ● Quechua ● *Ruhrdeutsch* ● Rumänisch ● Russisch ● *Sächsisch* ● *Schwäbisch* ● Schwedisch ● *Schwiizertüütsch* ● *Scots* ● Serbisch ● Singhalesisch ● Sizilianisch ● Slowakisch ● Slowenisch ● Spanisch – *Spanisch Slang,* für Lateinamerika, für Argentinien, Chile, Costa Rica, Cuba, Dominikanische Republik, Ecuador, Guatemala, Honduras, Mexiko, Nicaragua, Panama, Peru, Venezuela, kulinarisch ● Tadschikisch ● Tagalog ● Tamil ● Tatarisch ● Thai ● Tibetisch ● Tschechisch ● Türkisch ● Twi ● Ukrainisch ● Ungarisch ● Urdu ● Usbekisch ● Vietnamesisch ● Walisisch ● Weißrussisch ● *Wienerisch* ● Wolof ● Xhosa

Anhang

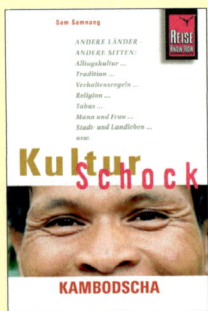
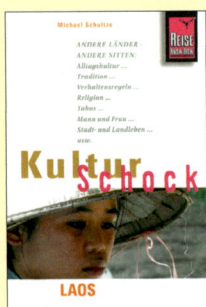

Die individuelle Art des Reisens

Sie suchen das besondere Erlebnis? Werden Sie zum Pionier und kombinieren Sie Natur- und Kulturerlebnisse, genießen Sie stilvolle Hotels mit Charme und gönnen Sie sich wohlverdiente Entspannung! Unser Team hilft Ihnen gerne persönlich bei der Erfüllung Ihres Reisetraums - auch abseits der üblichen Pfade und mit der Erfahrung aus 20 Jahren Vietnamreisen.

Tägliche Abreise und Durchführung von Rundreisen schon ab 1 Person.

Fordern Sie unseren Katalog an!

Geoplan Touristik GmbH / Mohriner Allee 70
12347 Berlin - Germany / Tel.: +49 30 79742279 / www.geoplan-reisen.de

Anhang

Anhang

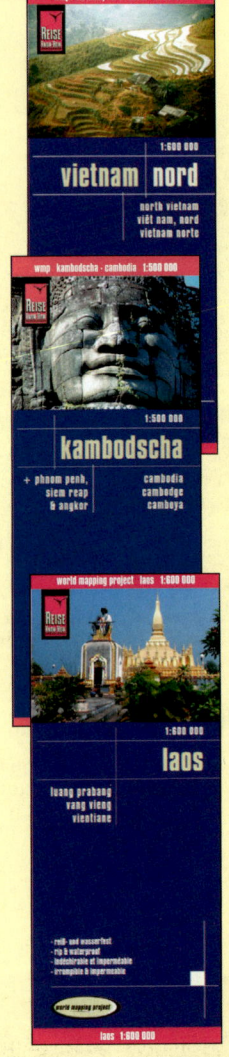

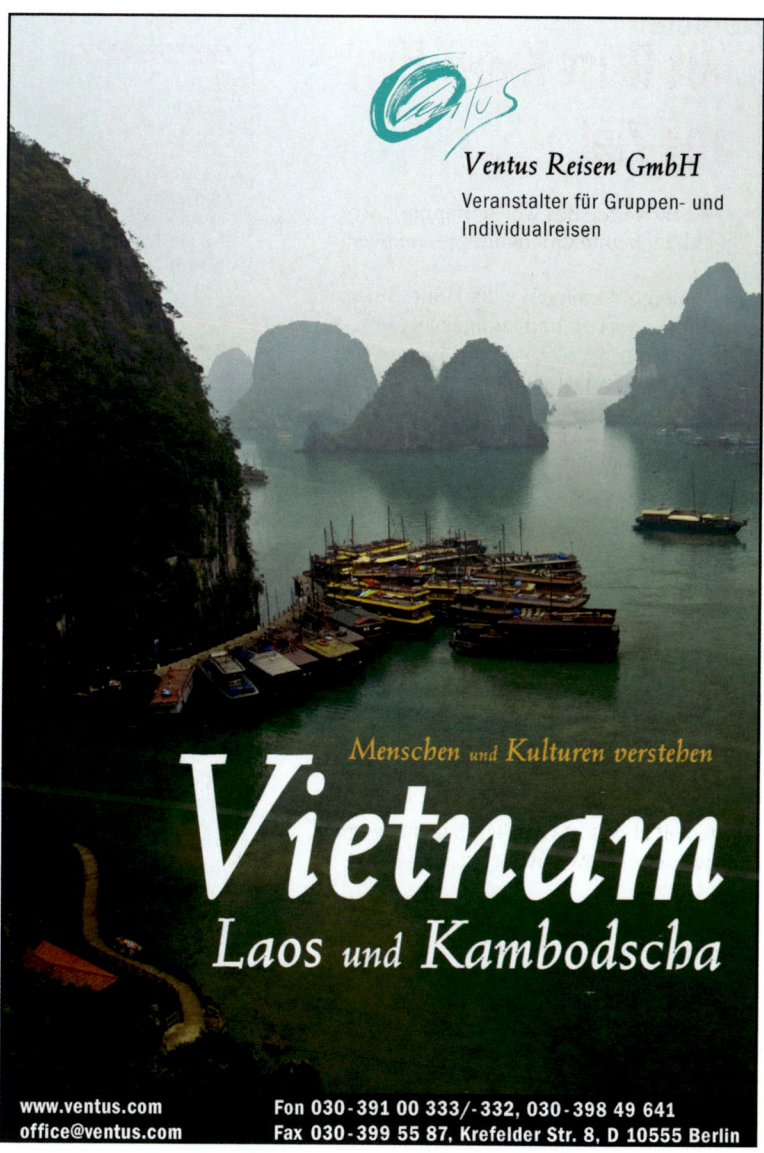
Anhang

Register

A
A Di Da 186
Ahnenkult 182
Aids 49
Aktivitäten 76
Alltag 221
Amerasier 133
Amerikanischer Krieg 149
Analphabeten 177
An-Bang-Strand,
   Hoi An 445
An Binh 592
Ancient House,
   Can Tho 601
Animismus 182
Anreise 21
Anreise, Landweg 25
Anreise, Luftweg 21
Antiquitäten 75
Apocalypse Now 149
Arbeitslosigkeit 177
Architektur 198
Armee 177
Armut 223
ATM 44
Ausländerpolizei 74
Auslandschinesen 127
Auslandsinvestitionen 171
Ausreisebestimmungen 28
Ausrüstung 27
Außenhandel 169

B
Ba Ho 467
Ba Mun 313
Ba Na 435
Ba-Be-See 353
Bac Bo 105
Bac Ha 341
Bac Lieu 629
Bach Ma
   Nationalpark 420
Ba-Dinh-Platz, Hanoi 242
Bahnar 498
Bahnar-Dörfer 518
Bai Chay 306
Bai Mui Nai, Ha Tien 612
Bai Tu Long 311

Ban Gioc 352
Ban Pho 344
Ban Sen 314
Banh 38
Banken 43
Bargeld 45
Bat Trang, Hanoi 253
Bau Ba 492
Baudenkmäler 65
Befreiungsfront 148
Ben-Thanh-Markt,
   Saigon 534
Ben Tre 589
Ben-Hai-Fluss 384
Bergland des Nordens 108
Bergvölker 130
Bettler 89
Bevölkerung 124
Bier 41
Bildung 177
Billigflieger 23
Boat People 132
Bodenschätze 174
Bodhisattva 186
Boot 97
Botschaften 19
Bru 499
Buddhismus 184
Buon Don 514
Buon Ma Thuot 510
Buon Ma Thuot,
   Minoritätenmuseum 511
Bürokratie 74
Bus 95
Business Visa 30

C
Cai Rang, Can Tho 601
Ca Mau 628
Ca Na 484
Ca Tru 194
Cai Be 593
Cai Luong 195
Cam-Nam-Insel,
   Hoi An 445
Cam Ranh 480
Can Gio 576

Can Tho 599
   Ancient House 601
   Cai Rang 601

Chua Muniransay 601
   Phung Hiep 601

Cao Bang 350
Cao Dai 573
Cao Lanh 597
Cao Son 344
Caodaismus 189
Cat Ba 299
Cat-Tien-Nationalpark 497
Cha Ban 463
Cham 129
Cham-Heiligtümer 198
Cham-Insel 452
Champa 200
Cham-Türme 199

Chau Doc 606
   Chau-Giang-
   Moschee 607
   Dinh Chau Phu 607
   Nui Sam 607

Chau-Giang-Moschee,
   Chau Doc 607
Cha-Tam-Kirche,
   Saigon 543
China Beach 435
Cho Dong Xuan, Hanoi 238
Cho Ga 297
Cholera 49
Chu Lai 457
Chua 186
Chua Ang 595
Chua An Quang,
   Saigon 541
Chua Ba, Hoi An 443
Chua Ba Da, Hanoi 248
Chua Bai Dinh 371
Chua Bao Quoc, Hue 410
Chua But Thap 286
Chua Dat Set,
   Soc Trang 604
Chua Doi, Soc Trang 604
Chua Giac Lam,
   Saigon 536
Chua Giac Vien,
   Saigon 537
Chua Go, Saigon 541
Chua Hang 615
Chua Huong 278

Chua Keo 362
Chua Kh'leang,
   Soc Trang 604
Chua Linh Son,
   Da Lat 505
Chua Mot Cot,
   Hanoi 243
Chua Muniransay,
   Can Tho 601
Chua Nghia An,
   Saigon 539
Chua Ngoc Hoang,
   Saigon 538
Chua Ong Bon,
   Saigon 540
Chua Phat Tich 286
Chua Puc Lam,
   Haiphong 297
Chua Quan Am,
   Saigon 539
Chua Sam Rong Ek 594
Chua Tam Bao, Ha Tien 612
Chua Tay Phuong 279
Chua Thach Dong,
   Ha Tien 612
Chua Thay 279
Chua Thien Hau,
   Saigon 538
Chua Thien Mu, Hue 409
Chua Tran Quoc,
   Hanoi 248
Chua Tu Dam, Hue 411
Chua Vinh Nghiem,
   Saigon 542
Chua Vinh Trang 588
Chua Xa Loi, Saigon 542
Co To 314
Con Dao 579
Cua-Dai-Strand,
   Hoi An 445
Cu Chi 570
Cu Da 282
Cua Lo 379
Cuc-Phuong-
   Nationalpark 372
Cyclo 100

D
Da Lat 500
   Blumengarten 505
   Chua Linh Son 505

Hang Nga 505
Lang Bian Berg 506
Meditationszentrum 506
Seen und
   Wasserfälle 506
Xuan-Huong-See 504

Da Nang 426
   Cham-Museum 428

Dai Lanh 466
Dai Viet 136
Daktu 516
Dam Mon 467
Dao 323
Daoismus 183
de Rhodes, Alexandre 191
Delta des Roten Flusses 106
Demografie 132
Demokratische Republik
   Vietnam 148
Den 187
Den Hung 283
Den Hung Vuong,
   Saigon 542
Den Nghe,
   Haiphong 297
Den Ngoc Son,
   Hanoi 240
Deo Tram Ton 332
Den Tran Hung Dao,
   Saigon 542
Dien Bien Phu 145, 327
Dien Hon Chen, Hue 410
Dinh 188
Dinh Chau Phu,
   Chau Doc 607
Dinh Dinh Bang 286
Dinh Hang Kenh,
   Haiphong 296
Dinh Tay Dong 282
Diplomatische
   Vertretungen 19, 31
Do Son 299
Doc Let 467
Doi Moi 164
Dong Ha 385
Dong Ho, Ha Tien 613
Dong Hoi 380
Dong Khoi, Saigon 529
Dong Van 356

Dorf der Lat 505
Dray-Sap-Wasserfälle 513

E
Easy Riders 97
EC-Karte 44
Ede 498
Eier 37
Einkäufe 74
Einreise 21
Eiscreme 39
Eisenbahnnetz 91
e-mail 51
Embargo 166
Erdöl 112, 175
Erfrischungsgetränke 41
Erziehung 177
Essen 32
Essstände 33
Exkursionen 66
Exportarbeiter 134

F
Fahrrad 99, 100, 302
Fairy Springs 492
Fauna 121
Fax 52
Feiertage 42
Fernsehen 53, 179
Feste 202
Feste, traditionelle 205
Festkalender 204
Film 215
Filme 28
Filmografie 217
Fisch 37
Fischereiprodukte 172
Fleisch 35
Flora 118
Fluggesellschaften,
   allgemein 22
Fluggesellschaften,
   vietnamesische 91
Flughäfen 91
Forstwirtschaft 174
Foto 28
Fotografieren 88
Französischer Krieg 144
Frauenmuseum,
   Saigon 547
Fremdenverkehrsamt 20

Früchte 39
Fußgänger 101

G
Garküchen 33
Geflügel 37
Gehälter 180
Geld 43
Geldautomaten 44
Geldverlust 45
Geldwechsel 44
Gemüse 39
Geografie 104
Geschenke 88
Geschichte 134
Geschichte,
  Daten im Überblick 154
Gesellschaft 176
Gesten 88
Gesundheit 46
Gesundheits-
  Informationen 46, 642
Gesundheitswesen 178
Getränke 40
Gewürze 39
Gia Long 140
Giay 323
Golf 76

H
Ha Giang 355
Ha Long 303
Hang Nga, Da Lat 505

Ha Tien 611
  Bai Mui Nai 612
  Chua Tam Bao 612
  Chua Thach Dong 612
  Gräber der Mac 611
  Dong Ho 613

Haiphong 294
  Chua Puc Lam 297
  Den Nghe 297
  Dinh Hang Kenh 296
  Opernhaus 296

Halong City 305
Halong-Bucht,
  trockene 364
Han 130

Handelsdefizit 169
Händler 89
Handwerksdörfer,
  Hanoi 253
Handy 51
Hang Dau Go 304
Hang Luon 304
Hang Sung Sot 304
Hang Thien Cung 304

Hanoi 228
Altstadt 233
  Armeemuseum 251
  B 52 253
  Ba-Dinh-Platz 242
  Bat Trang 253
  Cho Dong Xuan 238
  Chua Ba Da 248
  Chua Mot Cot 243
  Chua Tran Quoc 248
  Den Ngoc Son 240
  Geografie 229
  Geschichte 230
  Handwerksdörfer 253
  Hoa Lo 253
  Hoan-Kiem-See 239
  Ho-Chi-Minh-Haus 238
  Ho-Chi-Minh-
    Mausoleum 242
  Ho-Chi-Minh-
    Museum 244
  Institut für Musik-
    instrumente 252
  Klima 229
  Le Mat 254
  Literaturtempel 245
  Memorial House 239
  Onkel Hos Haus 243
  Orientierung 230
  Paul-Doumer-Brücke 239
  Tay Ho 244
  Van Mieu 245
  Van Phuc 253
  Ville Française 241

Hat Boi 194
Hat Cheo 194
Hepatitis 49
Hmong 323
Hoa Lo, Hanoi 253
Ho Chi Minh 146

Ho Chi Minh-Geburtsort 379
Ho Coc 578
Hoa 127
Hoa Binh 321
Hoa Hao 189
Hoa Lu 368
Hoang Su Phi 357
Hoang Tru 379
Hoan-Kiem-See,
  Hanoi 239
Ho-Chi-Minh-Haus 420
Ho-Chi-Minh-Pfad 150, 385

Hoi An 436
  Alte Häuser 439
  An-Bang-Strand 445
  Cam-Nam-Insel 445
  Chua Ba 443
  Cua-Dai-Strand 445
  Hoi Quan Hai Nam 444
  Hoi Quan Phuoc Kien 443
  Hoi Quan
    Quang Dong 444
  Hoi Quan Trieu Chau 444
  Japanische Brücke 441
  Kapelle der
    Tran Familie 441
  Mieu Ong 443
  Museen 444
  Phung-Hung-Haus 441
  Quan-Thang-Haus 441
  Tan-Ky-Haus 439

Hoi Quan
  Ha Chuong, Saigon 540
Hoi Quan Hai Nam,
  Hoi An 444
Hoi Quan Phuoc An,
  Saigon 541
Hoi Quan Phuoc Kien,
  Hoi An 443
Hoi Quan
  Quang Dong, Hoi An 444
Hoi Quan Tam Son,
  Saigon 539
Hoi Quan Trieu Chau,
  Hoi An 444
Holzschnitt 196
Hon Chong 614
Hon Gai 306
Hon Hai Yen 480

Hon Lao 480
Hon Mieu 480
Hon Mun 479
Hon Rom 492
Hon Tre 479

Hue 389
  Arena und
    Elefantenschrein 411
  Bao-Vinh-Viertel 413
  Chinesisches Viertel 413
  Chua Bao Quoc 410
  Chua Thien Mu 409
  Chua Tu Dam 411
  Dien Hon Chen 410
  Di-Luan-Pavillon
    u. Provinzmuseum 412
  Geografie 391
  Geschichte 392
  Ho-Chi-Minh-
    Museum 412
  Japanische Brücke 414
  Kaisergräber 402
  Kaiserstadt 398
  Kathedrale
    Notre Dame 412
  Klima 391
  Lang Gia Long 404
  Lang Minh Mang 404
  Literaturtempel 410
  Nam Giao 411
  Quoc-Hoc-Schule 413
  Verbotene
    Purpurne Stadt 401
  Zitadelle 396

Hund, als Speise 39
Hygiene 49

I
Impfungen 46
Indochina 142
Industrie 175
Inlandsflüge 92
Inlandsflugplan 92
Insel Cam Nam,
  Hoi An 445
Insel Ly Son 460
Inseln 112
Insel Phung 590
Internet 20, 51

Investoren 171
Islam 190

J
Japanische Brücke,
  Hoi An 441
Japanische Brücke, Hue 414
Jarai 498
Jarai Dörfer 516
Jet Lag 25
Jugend 223

K
Kaffee 40, 120
Kaisergräber, Hue 402
Kaiserreich 136
Kaiserreich Viet Nam 140
Kaiserstadt, Hue 398
Kambodschanischer
  Krieg 157
Karaoke 53
Katholizismus 188
Kayaking 76
Ke Ga 493
Kenh Ga 370
Keramik 196
Khan Van Nam Vien,
  Saigon 541
Khe Sanh 386
Khmer 129
Kinh 124
Kleidung 27, 88, 201
Klima 112, 116
Kohor 499
Kollaboration 143
Kommunikation 51
Kommunistische Partei 157
Kon Tum 516
Konfuzianismus 182
Konfuzius 183
Kosten 45
Kräuter 39
Kreditkarten 44
Kriminalität 73
Kunsthandwerk 195

L
Lackarbeiten 196
Lai Chau 331
Lak See 513
Landwirtschaft 172

Lang Bian Berg, Da Lat 506
Lang Co 421
Lang Gia Long, Hue 404
Lang Minh Mang, Hue 404
Lang Son 348
Lao Bao 386
Lao Cai 341
Le Loi 138
Le Loi, Grab des 376
Le Mat, Hanoi 254
Le Than Ton 138
Lederwaren 175
Lesben 72
Lim-Fest 289
Literatur 190
Literaturtempel, Hanoi 245
Literaturtempel, Hue 410
Literaturverzeichnis 632
Lo Lo 324
Löhne 180
Long Hai 578
Long Xuyen 605
Lu 324
Ly Son Insel 460
Ly-Dynastie 137

M
Mac, Gräber der
  Ha Tien 611
Mahayana-
  Buddhismus 185
Mai Chau 324
Malaria 48, 643
Malerei 195
Marmorberge 433
Massenorganisationen 162
Medien 53
Meeresfrüchte 37
Mehrtagestouren 68
Mekong 111, 584
Mekong-Delta 111
Menschen 124
Meo-Dao 130
Mietwagen 98
Mieu Ong, Hoi An 443
Minderheiten,
  ethnische 125
Minh Mang 141
Minoritäten,
  ethnische 322, 498
Mitbringsel 75

Mnong 499
Moc Chau 325
Moderne Kunst 197
Mondkalender 202
Mong Cai 314
Mong Phu 281
Monsun 113
Motorrad 98, 302
Mu Cang Chai 346
Mui Ne 485
Multimedia 632
Muong 322
Muong Lay 330
Musik 193
My Hoa Vogelpark 590
My Lai 458
My Son 452
My Tho 588

N
Nachtleben 53
Nam Bo 110
Nam Dinh 363
Nam Giao, Hue 411
Nationalpark Cat Tien 497
Nationalpark
   Cuc-Phuong 372
Nationalparks 64
Nationalpark
   Yok-Don 514
Nationalversammlung 159
Naturreservat
   Pu Luong 374
Nem 37
Ngang-Pass 380
Nghia Lo 345
Ngoc Vung 314
Nha Rong, Saigon 547

Nha Trang 468
   Cham Türme,
      Po Nagar 471
   Ozeanografisches
      Institut 473
   Pasteur-Institut 473
   Thap Ba Hot Springs 473

Nhat-Le-Strand 381
Ninh Binh 364
Nördliche
   Zentralküste 109

Notfall 52, 55
Nui Ba Den 575
Nui Sam, Chau Doc 607
Nui Ta Cu 493
Nung 322
Nuoc Mam 34, 623

O
Oc Om Boc Fest,
   Soc Trang 604
Öffnungszeiten 42
Ökotourismus 69
Onkel Hos Haus,
   Hanoi 243
Open Tours 69, 96
Opposition 167
Orientierung 55

P
Pa So 331
Pac Bo 352
Pagoden 65
Paul-Doumer-Brücke,
   Hanoi 239
Personennamen 79
Pham Ngu
   Lao Special 559
Phung Hiep,
   Can Tho 601
Phung-Hung-Haus,
   Hoi An 441
Phung Insel 590

Phan Rang 481
   Po Klaung Garai 481
   Po Rome 483

Phan Thiet 484
Phat Diem 371
Phong Nha 382
Phong Nha-Höhle 383
Phong Tho 331
Phu Quoc 619
Phu Quy 493
Phung Insel 590
Pleiku 515
Po Klaung Garai,
   Phan Rang 481
Politik 163
Polizei 74
Po Nagar, Nha Trang 471

Po Rome,
   Phan Rang 483
Porte d'Annam 379
Post 52
Preise 45
Presse 179
Printmedien 53
Privatbusse 96
Private Organisationen 20
Privattouren 68
Privatwirtschaft 170
Pro-Kopf-Einkommen 180
Prostitution 54
Provinzen 162
Pu Luong
   Naturreservat 374

Q
Quan Lan 312
Quan-Thang-Haus,
   Hoi An 441
Quang Ngai 457
Quang Tri 387
Quang-Trung-
   Museum 464
Qui Hoa
   Leprakolonie 462
Qui Nhon 460

R
Rabatte, Unterkünfte 85
Rach Gia 615
Radio 53
Regierung 162
Regionalflüge 22
Regionen 105
Reis 173
Reisekasse 44
Reiselektüre 632
Reisen in Vietnam 66
Reiseveranstalter
   in Vietnam 71
Reisezeit 71
Reis-Monokultur 584
Religion 180
Reportagen 632
Republik Vietnam 148
Rinds-Spezialitäten 36
Routenplanung 55
Rundfunk 179
Rung Tam Forest 598

S
Sa Dec 595
Sa Huynh 460
Sa Pa 333

Saigon 510
  Bauwerke 529
  Ben-Thanh-Markt 534
  Cha-Tam-Kirche 543
  Chua An Quang 541
  Chua Giac Lam 536
  Chua Giac Vien 537
  Chua Go 541
  Chua Nghia An 539
  Chua Ngoc Hoang 538
  Chua Ong Bon 540
  Chua Quan Am 539
  Chua Thien Hau 538
  Chua Vinh Nghiem 542
  Chua Xa Loi 542
  Den Hung Vuong 542
  Den Tran Hung Dao 542
  Dong Khoi 529
  Frauenmuseum 547
  Geografie und Klima 524
  Geschichte 525
  Hindu-Tempel 544
  Historisches
    Museum 544
  Hoi Quan
    Ha Chuong 540
  Hoi Quan Phuoc An 541
  Hoi Quan Tam Son 539
  Kathedrale
    Notre Dame 531, 543
  Khan Van Nam Vien 541
  Kriegsmuseum 545
  Kunstmuseum 547
  Moscheen 544
  Nha Rong 547
  Orientierung 524
  Präsidenten-Palast 531
  Stadtmuseum 546
  Tu-Du-Hospital 548

Sam Son 376
Schiff 97
Schlangen, als Speise 37
Schrift 190
Schwule 72
Sedang 499

Seidenmalerei 196
Sicherheit 72
Sin Ho 330

Soc Trang 604
  Chua Dat Set 604
  Chua Doi 604
  Chua Kh'leang 604
  Oc Om Boc Fest 604

Son La 325
Son Tay 345
Sondergenehmigungen 58
Song Cau 465
Song Hong 360
Souvenirs 74
Sozialistische Republik 156
Speisekarte 36
Spezialanbieter 68
Sport 76
Sprache 77
Sprachhilfe 637
Staat 157
Staatsbetriebe 170
Stadtbus 100
Städte, die größten 133
Stadtverkehr 100
Storchenpark
  Thap Muoi 598
Strände 62
Straßen 90
Straßennamen 80
Street Without Joy 387
Stromversorgung 81
Südliche Zentralküste 110
Suoi Tien 492
Suppen 35
Süßspeisen 39

T
Tagestouren 67
Taifune 113
Tam Coc 368
Tam Dao 284
Tam Duong 331, 347
Tam Nong
  Vogelreservat 598
Tan-Ky-Haus, Hoi An 439
Tauchen 76
Taxi 100
Tay 322

Tay Ho, Hanoi 244
Tay Nguyen 131
Tay Ninh 573
Tay-Son-Revolte 140
Tay-Thai 130
Tee 40
Telefonnetz 51
Tempel 65
Tet Nguyen Dan 203
Tet-Offensive 151
Tet-Termine 203
Textilien 175
Thac-Ba-See 354
Thai 322
Thai Binh 361
Thai Nguyen 285
Than Uyen 346
Thanh Hoa 375
Thap Ba Hot Springs,
  Nha Trang 473
Thap Doi 460
The Vang 314
Theater 194
Thich Ca 186
Thuan An 420
Ti Top 304
Tierarten, bedrohte 122
Tourismus, Entwicklung 211
Tra Co 315
Tra Vinh 594
Trachten 130
Tran-Dynastie 137
Trang An 371
Trang Bang 573
Traveller Cheques 44
Trekking 76
Trinken 32
Trung Bo 109
Tu Duc 141
Tu-Du-Hospital, Saigon 548
Tuan Giao 327
Tuy Hoa 466
TV 53

U
Unannehmlichkeiten 50
Unterkunft, allgemein 81
Unterkunft, Preise 85
Unterkünfte,
  außergewöhnliche 82
Urbanisierung 132

Anhang

V
Van Don 311
Van Kieu 499
Van Long 371
Van Mieu, Hanoi 245
Van Phuc, Hanoi 253
Vasco 91
Verbotene
    Purpurne Stadt, Hue 401
Verfassung 159
Verhaltenstipps 87
Verkehr 89
Verkehr, Infrastruktur 90
Verkehrslage 89
Versdichtung 191
Versicherungen 101
Verständigung 77
Verwaltung 157, 162
Viet-Muong 130
Vietnam Airlines 91
Vietnamfilm 215
Ville Française, Hanoi 241
Vinh 378
Vinh Long 591

Vinh Moc 384
Visa 28
Visa mit Approval-Nr. 30
Visa on Arrival 30
Visaverlängerungen 31
Vogelpark My Hoa 590
Vorwahlnummern 52
Vung Tau 576

W
Währung 43
Wäsche 101
Wasserpuppentheater 195
Wassersport 77
Weiterreise 21
Western Food 39
White Lake 492
Widerstand 143
Wiedervereinigung 153
WiFi 51
Wirtschaft 168
Wissenschaftliche
    Institutionen 19
Wolkenpass 423

X
Xe Om 100
Xuan-Huong-See,
    Da Lat 504

Y
Yok-Don-Nationalpark 514

Z
Zeit 101
Zeitungen 53
Zeitverschiebung 101
Zentrales Hochland 110
Zentrum 109
Zigaretten 41
Zollbestimmungen 32
Zug 94
Zugfahrplan 93
Zweiter Weltkrieg 144

Die Autoren

Wolf-Eckart Bühler

Geboren in Hamburg. Studium der Literatur- und Theaterwissenschaften in München. Redakteur und Mitherausgeber der Zeitschrift *Filmkritik*. Autor, Regisseur und Produzent *(Red Harvest Film)* von Kino- und Fernsehfilmen, darunter *Pharos of Chaos* mit *Sterling Hayden*, *Der Havarist* mit *Burkhardt Driest* und *Amerasia*, ein Dokudrama mit amerikanischen Vietnamveteranen und amerasischen Mischlingskindern in Thailand.

Hella Kothmann

Geboren in Naila bei Hof, Studium der Literatur- und Kommunikationswissenschaft in München. Arbeitet als freie Autorin, Veröffentlichungen u.a. zur Literatur in Thailand (*Frauen in Thailand*, München 1989, *Das siamesische Lächeln*, Köln 1994) und in Vietnam (*Frauen in Vietnam*, München 1994).

Beide unternehmen seit Jahren ausgedehnte Reisen, je unkalkulierbarer, desto besser, zwischen San Francisco und San Salvador, Ouagadougou und Djibouti und bevorzugt zwischen Bombay und Bali. In der gleichen Reihe sind von ihnen die Reisehandbücher **Saigon** (1995, vergriffen) und **Toscana** (seit 1999) erschienen. Sie wohnen in München und Italien.

Die Autoren in Nha Trang

144vi.Foto: Long Thanh

Anhang

Kartenverzeichnis

Bac Ha 343
Ben Tre 590
Buon Ma Thuot 511
Can Tho 600
Cao Bang 350
Cat Ba 300
Cham-Heiligtümer 199
Chau Doc 608
Da Lat 502
Da Nang 429
Da Nang u. Hoi An, Umgebung 427
Dien Bien Phu 328
Dong Hoi 380
Ethnische Minderheiten 128
Ha Tien 612
Haiphong 295
Ha Long und Bai Tu Long 304
Ha Long Stadt 307
Hanoi, Übersicht 231
Hanoi, Altstadt 237
Hanoi, Literaturtempel 246
Hanoi, Umgebung 276
Hanoi Zentrum, Umschlag vorn
Hauptverkehrswege 59
Hoi An 438
Hue 393

Hue, Grab von Tu Duc 407
Hue, Umgebung 403
Hue, Zitadelle 399
Klima-Tabellen 114, 115
Kon Tum 517
Lang Son 349
Long Xuyen 605
Mui Ne 485
My Tho 588
Nha Trang Umgebung,
    Inseltrips 479
Nha Trang, Po Nagar 471
Nha Trang, Zentrum 469
Ninh Binh 365
Phu Quoc 620
Provinzen Vietnams 160
Qui Nhon 461
Rach Gia 617
Regionen Vietnams 107
Sa Dec 596
Saigon, Zentrum 532
Saigon, Cho Lon 534
Saigon, Pham Ngu Lao 552
Saigon Übersicht, Umschlag hinten
Sa Pa 334
Sa Pa, Umgebung 332
Vinh Long 592
Atlas I – XXIV

Übersicht Indochina

0   500 km

CHINA

Kanton
Nanning
Hongkong

Myithkyiria
Yunjinghong (Jinghong)
Lao Cai
Lang Sơn
Pingxian
Maoming
Mandalay
Dien Bien Phu
Hanoi
Hôn Gai
Zhanjiang

MYANMAR (BURMA)
Luang Namtha
Hoa Bình
Hai Phong
Haikou

Pyinmana
Chiang Mai
Luang Prabang
Nam Dinh
Thanh Hoa

Hainan

LAOS
Vinh

Vientiane
Ha Tinh

Pegu
Rangun
Tak
Udon Thani
Đông Hoi

Paracel-Inseln

VIETNAM

THAILAND
Saravane
Huê
Đa Nẵng

Ye
Ubon Ratchathani
Pakse
Kon Tum
Quang Ngai

Tavoy
Ayutthaya
▲ *Angkor*
Pleiku
Qui Nhơn

Bangkok
KAMBODSCHA
Buon Ma Thuot
Tuy Hoa

Mergui
Pursat
Kompong Cham
Nha Trang

Chumphon
Phnom Penh
Long Xuyên
Tây Ninh
Đa Lat
Phan Rang

Kompong Som
Saigon
Phan Thiêt

Ranong
Cần Thơ

Golf von Thailand
Ca Mau

Südchinesisches Meer

Surat Thani
Nakhon Si Thammarat

Phattalung

Songkhla
Pattani

Alor Setar
Kota Bharu

MALAYSIA

Lhokseumawe
Pinang
Kuala Trengganu
Miri

Langsa
Taiping
Ipoh

Medan
Kuala Lumpur
Kuantan

Sarawak

Bakongan
Kelang
Natuna Besar-Inseln
Sibu

Pematang-siantar
Malacca
Anambas-Inseln
Betong
Kuching

Tarutung
Sibolga
Johor Baharu

Nias
Singapur
Singkawang

Sumatra
Palanbaru
Pontianak

Batu-Inseln
Bukittinggi
Lingga-Inseln
Kalimantan

Padang
INDONESIEN
Maya Sukadana

Nördlichstes Laos

II

B

Simao

Jiangxi

Mengsa

A

Menglang

Zhengdong

Zizihix

Lantouy

CHINA

Muang Ou N

Buylon Hong

Lao Meo Chai

Mengyuang

Mengxing

Yiwu

Menghai

Yunjinghong
(Jinghong)

Mengxing

Menghun

Mengyuan

Ngay
Nua

Daluo

Boun-N

Damenglong

Mengla

Yo

2

Möng Hkan

Na Ma

Möng Lai

1730

Wan Tak

Muong Sing

Botene

MYANMAR
(BURMA)

3

Muong Long

Luang Namtha

Natheuy

Xieng Kok

Provinz
Luang
Namtha

Muang Namo

Möng Hpayak

Con Tagne

Muong Sa
(Oudomsay)

Möng Lin

Viangphoukha

Provinz
Bokeo

Ban Nam Kanne

Muang Ben

Houay
Say

Nan Tha

Nan Beng

Chiang
Khong

Provinz
Oudomsay

A

VI

B

Inset map
CHINA

Hanoi

Vientiane

THAILAND

Bangkok

KAMBODSCHA

Phnom Penh

Saigon

Golf von
Thailand

Südchinesisches Meer

Luang Prabang

0   50 km

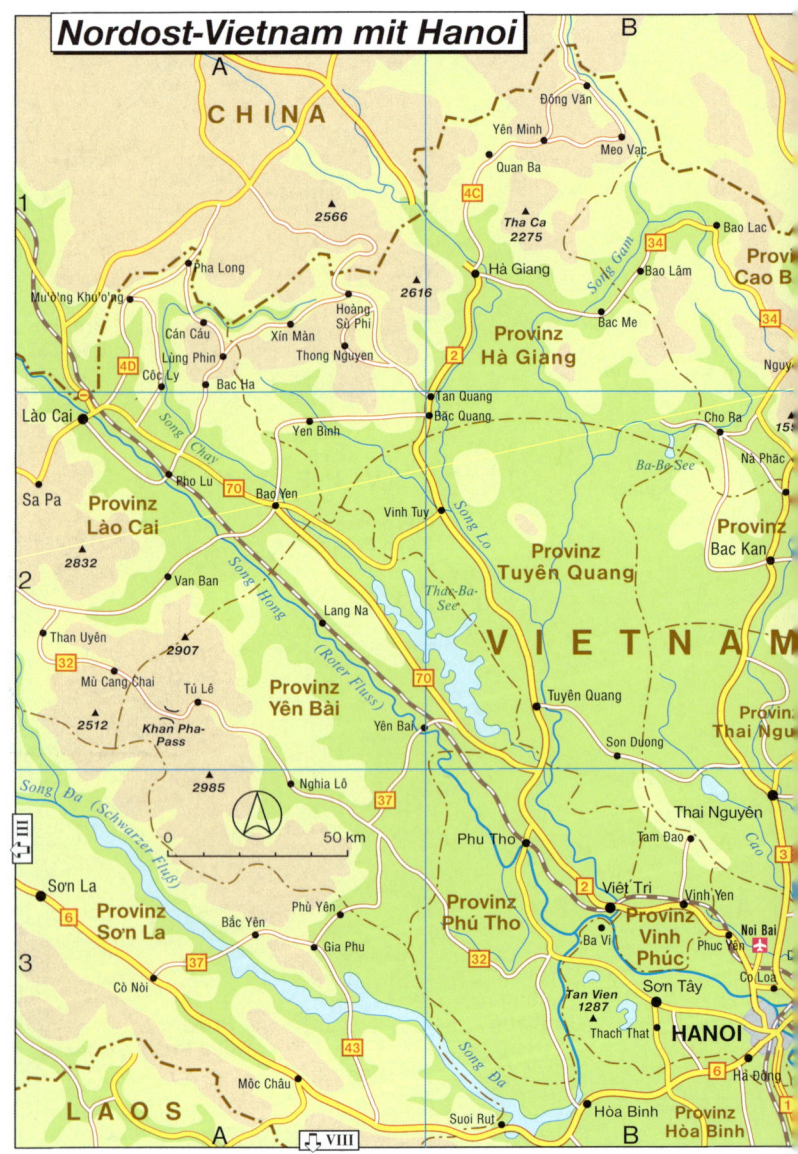

Nordost-Vietnam mit Hanoi

CHINA

A   B

▲ 2566

4C

Đồng Văn

Yên Minh

Quan Ba

Meo Vac

Tha Ca
2275

Bao Lac

34

Provi
Cao B

Hà Giang

▲ 2616

Bao Lâm

34

Pha Long

Hoàng
Sù Phi

Bac Me

Mu'ò'ng Khu'o'ng

Cán Cấu

Xín Màn

Thong Nguyen

**Provinz
Hà Giang**

2

Nguy

Lùng Phìn

4D

Côc Ly

Bac Ha

Tan Quang

Bắc Quang

Cho Rạ

15

Lào Cai

Yen Bình

Nà Phàc

Song Chay

Ba-Bể-See

Sa Pa

Pho Lu

70

Bao Yen

Vinh Tuy

Song Lo

Provinz
Bac Kan

**Provinz
Lào Cai**

Van Ban

Song Hong

Lang Na

Thác-Ba-
See

**Provinz
Tuyên Quang**

V I E T N A M

▲ 2832

2

Than Uyên

▲ 2907

(Roter Fluss)

70

Tuyên Quang

**Provin
Thai Ngu**

32

Mù Cang Chai

Tú Lê

**Provinz
Yên Bài**

Yên Bái

▲ 2512

*Khan Pha-
Pass*

Son Duong

▲ 2985

Nghia Lô

37

Thai Nguyên

3

Song Đa (Schwarzer Fluß)

Phu Tho

Tam Đao

Cao

III

0   50 km

2

Việt Trì

Vinh Yen

Noi Bai

6

Sơn La

Phù Yên

**Provinz
Phú Tho**

**Provinz
Vinh
Phúc**

Phuc Yên

**Provinz
Sơn La**

Bắc Yên

Ba Vi

32

Co Loa

3

Gia Phu

*Tan Vien
1287*

Son Tây

37

Cò Nòi

43

Thach That

HANOI

6

Hà Đông

1

Môc Châu

Song Đa

**Provinz
Hòa Bình**

L A O S

A   VIII   Suoi Rut Hòa Bình B

C — Tiandong

Debao

Lingma

You Jiang

Longan

Tingxi

C H I N A

1

Bán Giôc

Trà Lĩnh

Trùng Khản

Zuo Jiang

Cao Bằng

Fusui

Nanning

3

Đông Khê

Longzhou

Xi Chang

4A

Thất Khê

Pingxian

CHINA

Hanoi

Provinz Lang Sơn

Ning Ming

Vientiane

L A O S

M e k o n g

V I E T N A M

S ü d c h i n e s i s c h e s   M e e r

Bình Gia

Đồng Đăng

1022

Lang Sơn

THAILAND

1B

Bangkok

KAMBODSCHA

1

Phnom Penh

Saigon

Chi Lang

Đình Lập

1166

Mông Cai

Golf von Thailand

4B

1507

Tra Co

Provinz Bắc Giang

Tiên Yên

31

Luc Nagan

Luc Nam

ắc Giang

Provinz Quang Ninh

Vân Đồn

3

Cua Ong

Chi Linh

ắc inh

Tulong-Bucht

18

Uong Bi

Bai Chay

18

Cẩm Phả

huan hanh

Hôn Gai

Quan Lan

5

Hai Dương

Haiphong

Halong-Bucht

G o l f   v o n
B ắ c   B ộ

Provinz
ai Duong

Cat Ba

C

10

♫ IX

D

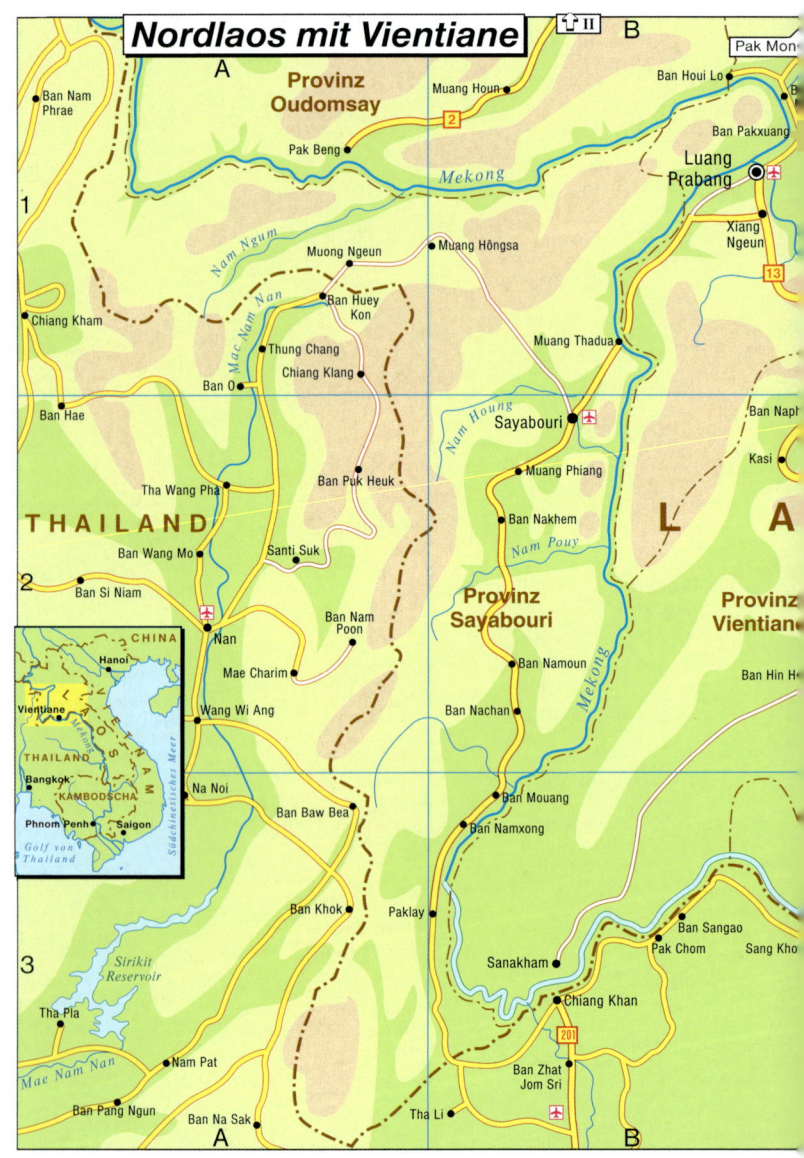

Nordlaos mit Vientiane

↑II   B   Pak Mon

A   Provinz Oudomsay   Muang Houn   Ban Houi Lo   B

Ban Nam Phrae   2   Ban Pakxuang

Pak Beng   Mekong   Luang Prabang

1   Xiang Ngeun

Nam Ngum   Muong Ngeun   Muang Hôngsa   13

Mae Nam Nan   Ban Huey Kon

Chiang Kham   Thung Chang   Muang Thadua

Ban O   Chiang Klang

Ban Hae   Nam Houng   Ban Naph

Sayabouri   Kasi

Ban Puk Heuk   Muang Phiang

Tha Wang Pha   L   A

THAILAND   Ban Nakhem

Ban Wang Mo   Santi Suk   Nam Pouy

2   Ban Si Niam   **Provinz Sayabouri**   **Provinz Vientiane**

Nan   Ban Nam Poon   Ban Namoun   Ban Hin H

Mae Charim   Ban Nachan

Wang Wi Ang   Mekong

CHINA   Na Noi   Ban Mouang

Hanoi   Ban Baw Bea   Ban Namxong

Vientiane   VIETNAM   Ban Sangao

THAILAND   Ban Khok   Paklay   Pak Chom   Sang Kho

Bangkok   LAOS   Sanakham

KAMBODSCHA   3   Sirikit Reservoir   Chiang Khan

Phnom Penh   Saigon   201

Golf von Thailand   Tha Pla   Südchinesisches Meer   Ban Zhat Jom Sri

Mae Nam Nan   Nam Pat

Ban Pang Ngun   Ban Na Sak   Tha Li

A   B

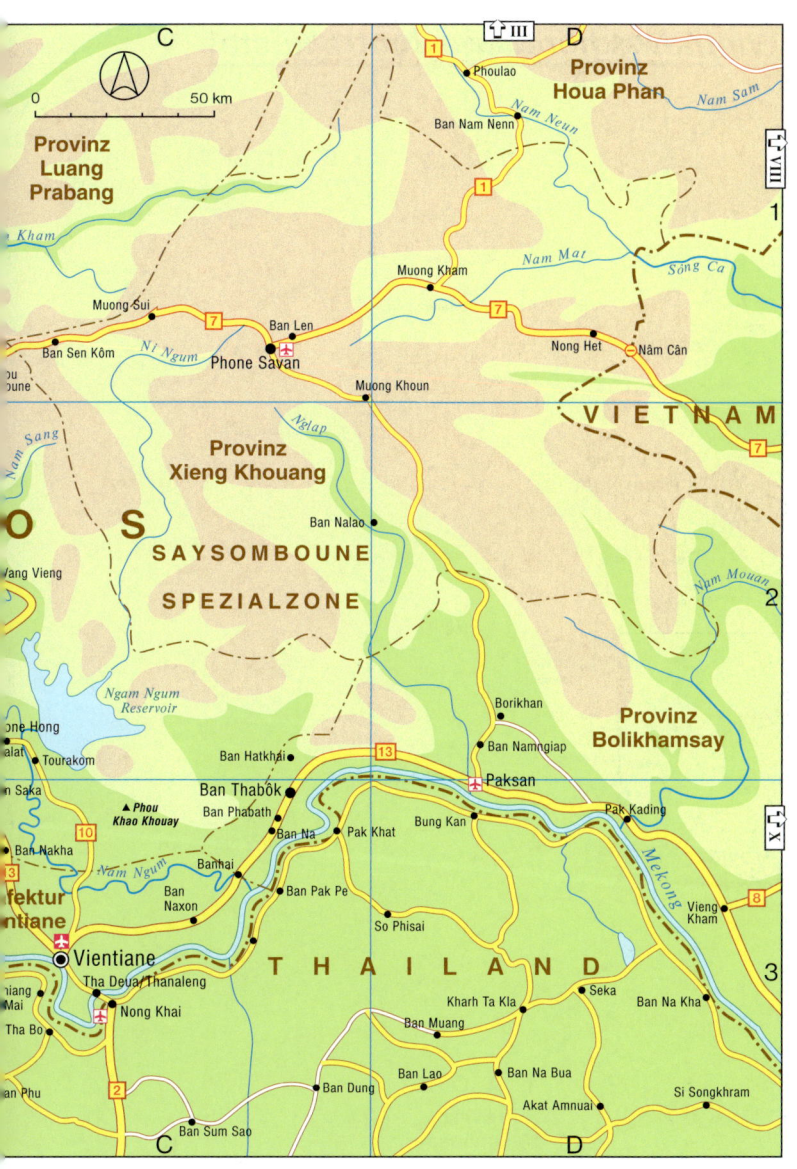

Vietnams nördliche Zentralküste

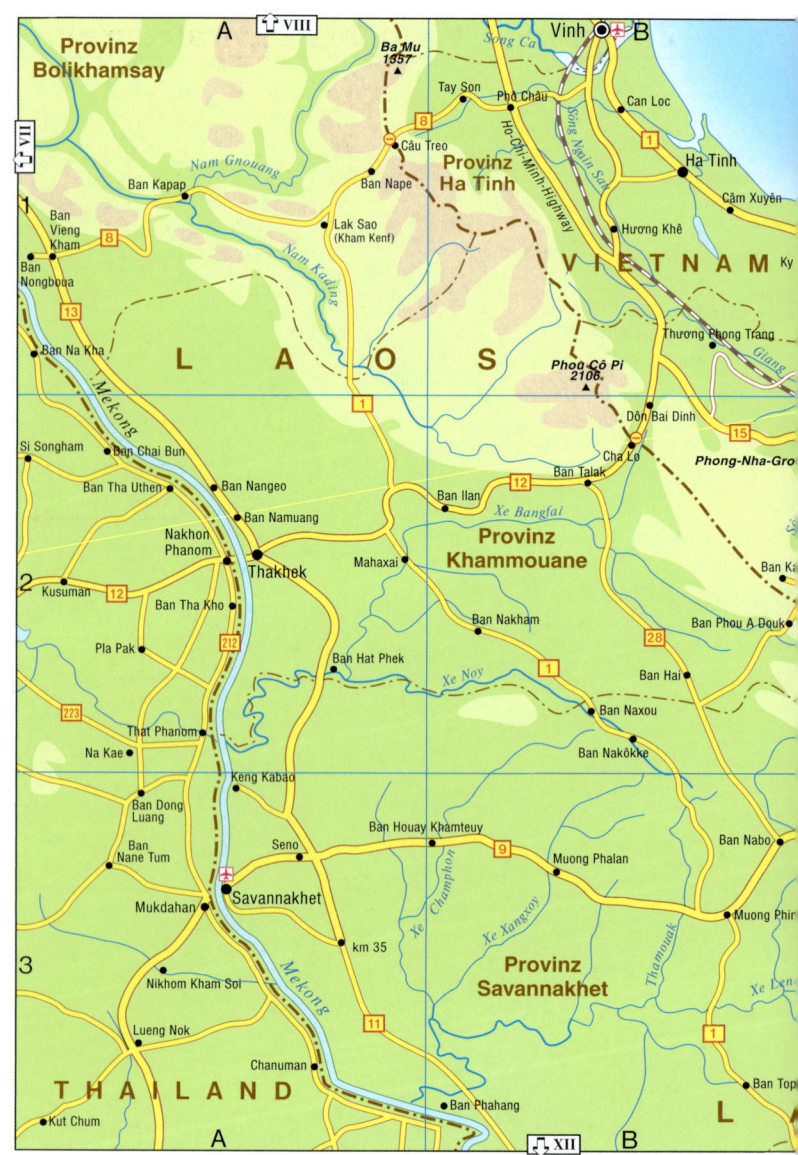

Provinz Bolikhamsay

Provinz Ha Tinh

Provinz Khammouane

Provinz Savannakhet

VIETNAM

LAOS

THAILAND

Vinh
Ba Mu 1357
Tay Son
Phô Châu
Can Loc
Câu Treo
Ban Kapap
Ban Nape
Ha Tinh
Cẩm Xuyên
Ban Vieng Kham
Lak Sao (Kham Kenf)
Hương Khê
Ban Nongbua
Ky
Ban Na Kha
Thương Phong Trang
Phou Cô Pi 2106
Đôn Bai Dinh
Si Songham
Cha Lo
Ban Chai Bun
Phong-Nha-Gro
Ban Tha Uthen
Ban Nangeo
Ban Talak
Ban Ilan
Xe Bangfai
Ban Namuang
Nakhon Phanom
Mahaxai
Ban Ka
Thakhek
Kusuman
Ban Tha Kho
Ban Nakham
Ban Phou A Douk
Pla Pak
Ban Hai
Ban Hat Phek
Xe Noy
That Phanom
Ban Naxou
Na Kae
Ban Nakokke
Keng Kabao
Ban Dong Luang
Ban Houay Khamteuy
Ban Nabo
Ban Nane Tum
Seno
Muong Phalan
Mukdahan
Savannakhet
Muong Phin
km 35
Xe Champhon
Xe Xangxoy
Xe Thamouak
Nikhom Kham Soi
Xe Len
Lueng Nok
Chanuman
Ban Top
Kut Chum
Ban Phahang
Mekong
Nam Gnouang
Nam Kading
Song Ca
Song Ngan Sau
Gianh
Hồ-Chí-Minh-Highway

Zentrallaos, Vietnams Zentralküste

C   D

SÜD-CHINESISCHES MEER

1

Ngang-Pass

Đồn

Bô Trach

Provinz ng Binh

Đông Hôi

Dai Giang

Vinh Lôc

An Đình

Con Co

0   50 km

2

15

1

Vĩnh-Môc-Tunnel

Luât So'n

Bên Quang

Vinh An

Ben Hai

Cam Lo

Đông Hà

9

Quang Tri

Provinz Quang Tri

Lao Bao

Khe Sanh

an Dong

Ho-Chi-Minh-Highway

Tam Giang Lagune

Phong Dien

Thuan An

V I E T N A M

Huê

3

14

Aluôi

49

Ban Mene

Provinz Thua Thien - Huê

Wolken-Pass 496

Lang Co

Bach Mã

O S

Provinz Saravane

C

Ba Na

Ba Na

XIII 1487 D

Đà Nẵng

Inset map

CHINA

Hanoi

Vientiane

THAILAND

Bangkok

KAMBODSCHA

Phnom Penh

Saigon

Golf von Thailand

Südchinesisches Meer

Südlaos, Vietnams Zentralküste

Provinz T

Ban Mene

Provinz Savannakhet

Ban Top

Ban Phahang

Ban Khamouan Tai

1319

Provinz Saravane

Ban Nadou

L   A   O   S

13

Ban Songkon

Saravane

2193

138

Ban Bungxai

Ban Nam Taeng

Muang Khôngsedon

Ban Soung

Ban Beng

Provinz Sekong

Khong Chiam

Ban Houay Hua

20

Tha Teng

Ban Thounia

Ban Phon

23

Sekong

16

Ban Nanai

Bolaven-Plateau

Vangtao

km 21

Pakse

23

Ban Itou

Chongmek

219

Paksong

1

Provinz Champasak

Muong Kao

Sirinthorn Reservoir

1507

Champasak

Phou Kao 1407

Ban Pathoumphone

Provin Attope

Attopeu

Wat Phou ★

Buntharig

Ban Mai

18

Ban Senlo

Ban Paong

Mekong

13

Xe Kong

3

K   A   M   B   O   D   S   C   H

Ban Hatsaykhoun

Khong

Siempang

Phum Chantuh

Siphandone

Ban Xot

Ban Boungngam

Provinz Preah Vihear

Khong Pha Pheng (Mekongfälle) ★

Weun Kham

Viracheay

Provinz Stung Treng

Provinz Rattanakir

194

Banlung

A   **B**

Nördliches Kambodscha

A

B

Prang Ku

Nong Ki

Nang Rong

T H A I L A

Lam Duan

Khukhan

Sangkha

24

Kap Choeng

Ban Na San

Pa Kham

Lahan Sai

Smach

CHINA

Hanoi

Ban Kruat

Phum Roe

Vientiane

LAOS

Ban Som Poi

Prasat
Rovieng

69

THAILAND

Phum Roe

KAMBODSCHA

Phnom Penh

Saigon

Stung Sisop Chek

Phum Samraong

Anlong Veng

Golf von
Thailand

Südchinesisches Meer

Ta Phraya

Phum Banteay
Chhmar

Chong Kal

Provinz
Siem Reap

Stung Sreng

Ban Na Ngam

Phum Thma Pok

Ban Ra Lom Tim

Provinz
Banteay
Meanchey

Phum Moung

Aranyaprathet

Poipet

Phum Tnaot

Sisophon

6

B O

487 ▲ Phnom

Phum Kob

Kralanh

Phum Prey Chruk

Angkor

Phum
Krapeu

2

Phum Kiliek

Siem Reap

Stung Mongkol

Phum Kouk
Kduoch

Roluos

Dam Deik

Phum
Banhchok Kon

Stung Sangke

Battambang

Kompong Khleang

Phum Ta Krei

Phnom Sampou

Tonle Sap

Ban
Puk Kad

Phum
Ba Tang

Sado

10

Reang Kesei

Stung Don Tri

Pailin

Treng

5

Provinz
Battambang

Moung Roessei

3

Bo Rai

Pursat

Phum Tuk Sok

Krakor

1551
▲
Phnum Tumbot

Phoumi Angkrong

Leach

Khao Saming

Trat

Phum Pramaoy

Provinz
Pursat

0   50 km

A

1717
▲

♫ XVIII

B

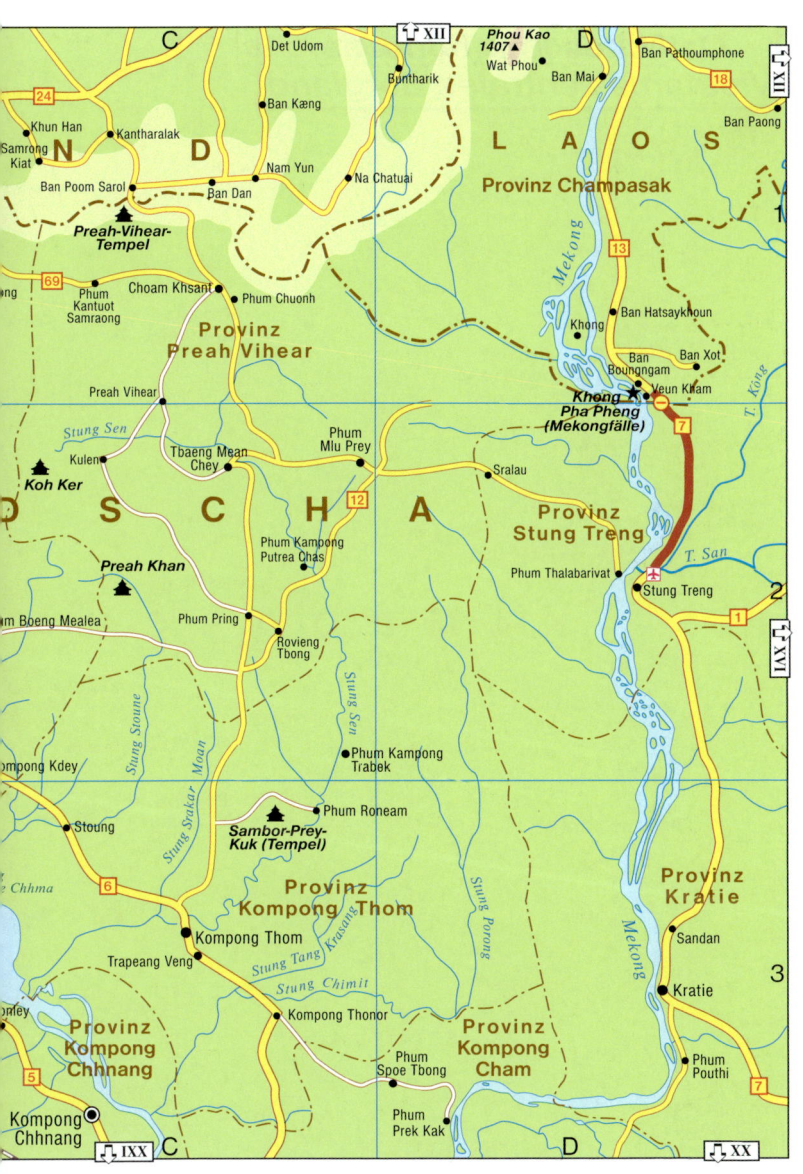

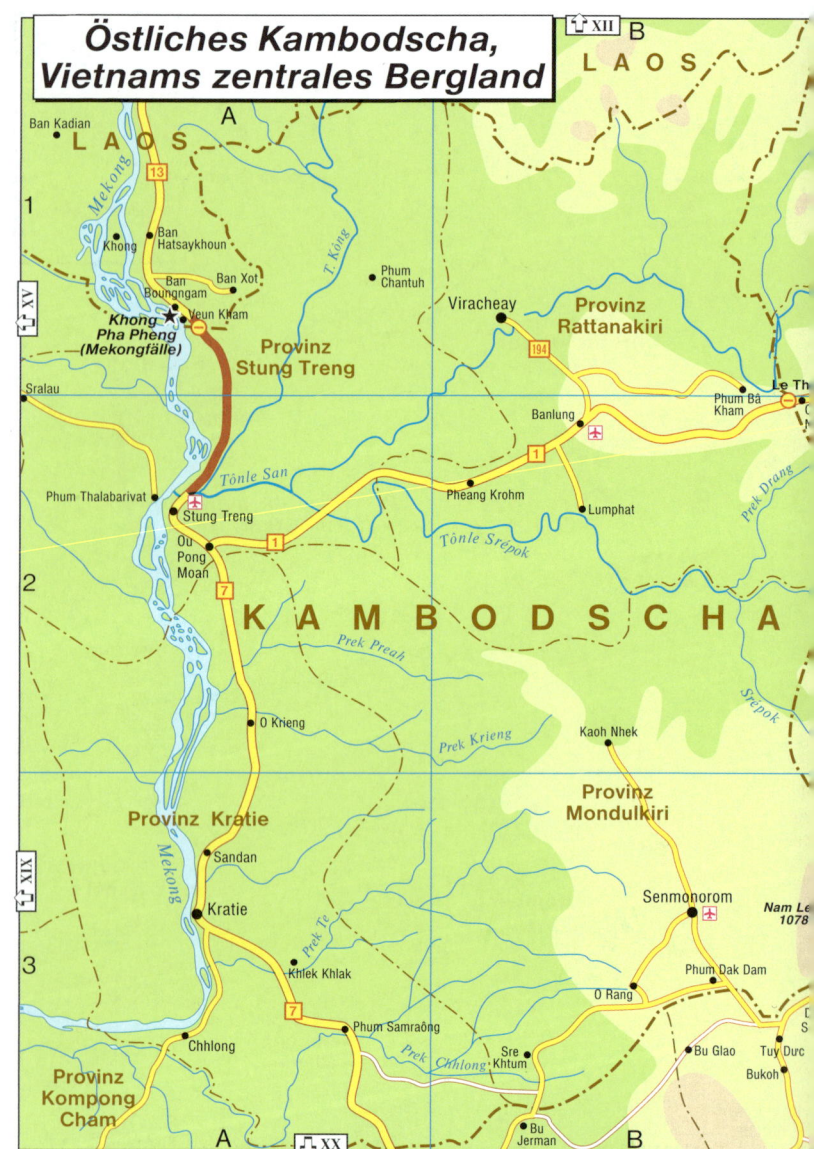

Östliches Kambodscha,
Vietnams zentrales Bergland

L A O S

Ban Kadian
L A O S
A

13

Mekong
Khong
Ban Hatsaykhoun

Ban Xot
Ban Boungngam
Phum Chantuh

Veun Kham
Viracheay
Provinz Rattanakiri

Khong
Pha Pheng
(Mekongfälle)

T. Köng

194

Provinz Stung Treng

Sralau
Le Th

Banlung
Phum Bâ Kham

Phum Thalabarivat
Tônle San
1

Pheang Krohm
Stung Treng
Lumphat
Prek Drang

Ou Pong Moan
7

Tônle Srepok

K A M B O D S C H A

Prek Preah

Srepok

O Krieng
Prek Krieng
Kaoh Nhek

Provinz Kratie
Provinz Mondulkiri

Mekong
Sandan

Senmonorom
Nam Le 1078

Kratie
Prek Te

Khlek Khlak
Phum Dak Dam

7
O Rang

Phum Samraông
Chhlong
Sre Khtum
Bu Glao
Tuy Duc

Prek Chhlong
Bukoh

Provinz Kompong Cham
A
XX
B
Bu Jerman

Südliches Kambodscha

B

Pailin · Treng · A

Battambang

Moung Roessei

Svay Don Key

5

Pursat

Bung Tonle Chh

Tonle Sap

Krakor

Ponley

5

Phum Tuk Sok

1551 Phnum Tumbot

Phoumi Angkrong

Phum Pramaoy

L'each

Provinz Pursat

THAILAND

1

K A M B O D

1717

Veal Vêng

Phnum Aoral 1771

Provin Kompo Chhnar

▲1549

Koh Kut

Hat Lek

Dong Tong

Pak Klong

Im Bau

Provinz Kompong Speu

Kompong Spe

Lam Dam

Phum Kaôh Kŏng

Trâpeang Rung

Provinz Koh Kong

Phum Dâmnak Trach

Koh Kong

Phum Yeay Sên

Im Bau

4

Chimeal

Sre Ambel

Koh Sdach

Stoeng Hav

Provinz Kompong Som

Provinz Kampot

Phum Chhuk

GOLF VON THAILAND

Koh Rong

Veal Rean

Bokor

3

Kampot

Kampong-Tra

Sihanouk Ville

Prey Nob

Phum Angk

Kep

Phum Pong T

Phsar Ream

Bai Thom

Ha T

2

0 · · · 50 km

Phu Quoc

A

B

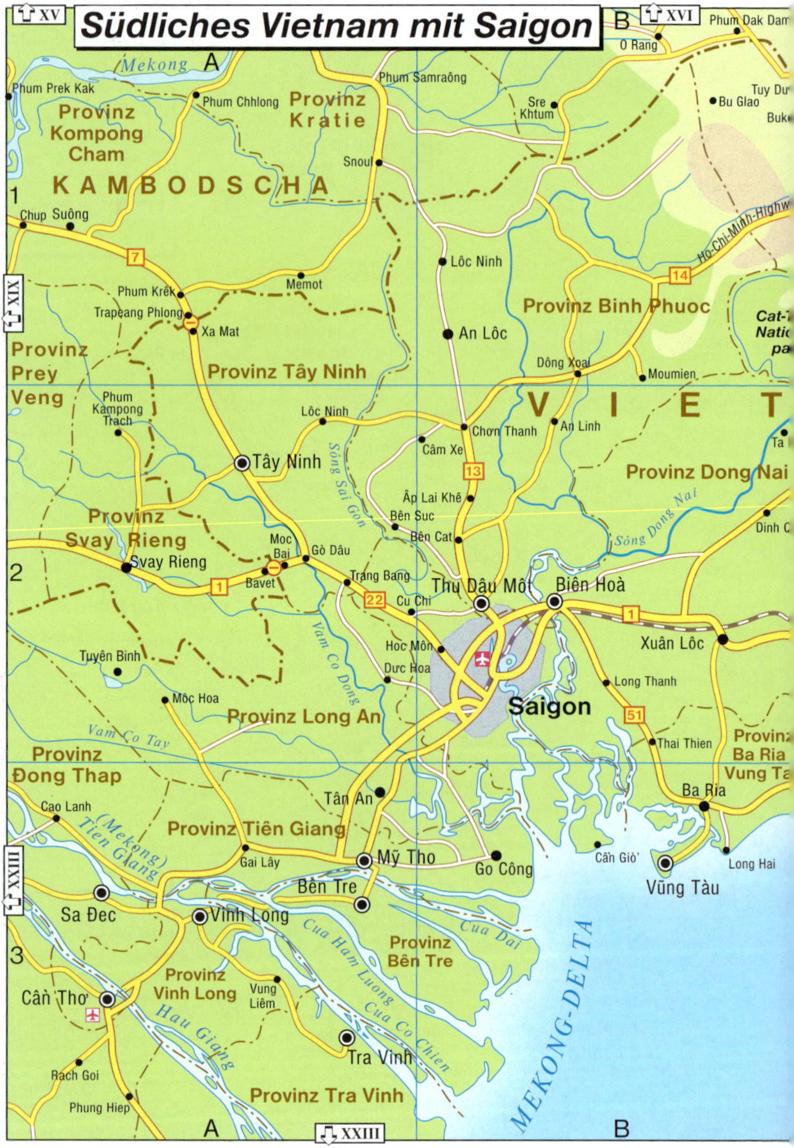

Südliches Vietnam mit Saigon

XV · B · XVI

Mekong A · Phum Dak Dam
O Rang
Phum Prek Kak · Phum Chhlong · **Provinz Kratie** · Phum Samraông · Tuy Du
Bu Glao
Provinz Kompong Cham · Sre Khtum · Buk
Snoul
KAMBODSCHA
Chup Suông
1
7 · Lôc Ninh · 14 · Ho-Chi-Minh-Highw
Phum Krêk · Memot · **Provinz Binh Phuoc** · Cat-i
XIX · Trapeang Phlong · Xa Mat · An Lôc · National pa
Provinz Prey Veng · Phum Kampong Trach · **Provinz Tây Ninh** · Dông Xoai · Moumien
Lôc Ninh · VIET
Chơn Thanh · An Linh
Tây Ninh · Câm Xe · 13 · **Provinz Dong Nai** · Ta
Ấp Lai Khê · Dinh C.
Provinz Svay Rieng · Bên Suc · *Sông Dông Nai*
Moc Bai · Gô Dâu · Bên Cat
Svay Rieng · 1 · Bavet · Trang Bang · **Thu Dâu Môt** · **Biên Hoà**
2 · 22 · Cu Chi · 1
Tuyên Binh · Hoc Môn · **Xuân Lôc**
Dưc Hoa
Môc Hoa · Long Thanh
Provinz Long An · **Saigon** · 51
Provinz Dong Thap · *Vam Co Tay* · Thai Thien · **Provinz Ba Ria Vung Ta**
Cao Lanh · Ba Ria
Provinz Tiên Giang · Tân An
XXIII · (Mekong) Tiên Giang · Gai Lây · Cân Giò' · Long Hai
Mỹ Tho · Go Công
Sa Đec · **Bên Tre** · **Vũng Tàu**
3 · **Vinh Long** · *Cua Dai*
Provinz Bên Tre · MEKONG-DELTA
Cân Thơ · **Provinz Vinh Long** · Vung Liêm · *Cua Ham Luong*
Hau Giang · *Cua Co Chien*
Rach Goi · **Tra Vinh**
Phung Hiep · **Provinz Tra Vinh**
A · XXIII · B

C · 2405 · ⌂ XVII · D

Lak · Đông Trang · Nha Trang

1578 ▲ · Khánh Vinh · Hòn Tre

27

vinz Đak Nông · 1500 · Đa Sa

2167 ▲ · 2289 ▲ · Don-Duong-Stausee

Gia Nghia · Đà Lạt · Câu Đat · Provinz Ninh Thuan · Cam Ranh · 1

Kinh Đưc · Dran · 27

1465 ▲ · Provinz Lam Đong · Phu Hôi · Ngdan-Muc-Pass · Tan My · Vinh Hy

1528 · Thap Cham

Bao Lôc · 20 · Di Linh · Phan Rang

A · M

Ma Da Gui · Cà Ná

1648 ▲ · Gia Bắc · Bac Binh · Tuy Phong

Provinz Binh Thuan · 28 · Lương Sơn

inh Linh · 1302 ▲ · Mương Man · Dünen · Hon Rom

Mui Ne · 2

Phan Thiết

1 · Sông Phan

Kê Gà

Chau · Ham Tân · Phú Quý

Họ Cốc

Atlas Indochina

CHINA

Hanoi

Vientiane

THAILAND

Bangkok

KAMBODSCHA

Phnom Penh · Saigon

Golf van Thailand

SÜDCHINESISCHES MEER

3

0 — 50 km

C · D

Südlichstes Vietnam, Mekongdelta

A · B

Provinz Kampot

KAMBODSCHA

Provinz Kompong Som

Provinz Takeo

Prey Veng

Dinh

Ang Tasom

Takeo

Stoeng Hau

Phum Chhuk

Sông Tiên

Hồng N

Veal Rean

Angkor Borei

Bokor

Tani

Châu Đốc

1

Sihanouk Ville

Prey Nob

3

Kampot

Kompong Trach

Nui Sam

Hậu Giang

Basac

Phum Ăngk

2

Ream

Koh Thmei

Kep

Phum Pông Tôek

Xa Xia

Hà Tiên

Tinh Biên

Provinz An Giang

602

Ba Chuc

Tri Ton

Chau Thanh

Dương Đông

Hàm Ninh

Ba Hon

Kien Luong

Long Xuyê

Phú Quốc

Bai Vong

Hon Chong

Provinz Kien Giang

Thoại Hà

An Thoi

Rạch Giá

Tho Son

Hon Rai

Sông Cai Lớn

2

An Biên

Go Quan

U Minh

Phươ Long

Tân Lộc

Prov

Thới Bình

Provinz Cà Mau

Xom Lơn

GOLF VON THAILAND

Cà Mau

Sông Ông Đốc

Sông Ganh

Hưng My

Thân Hoa

Dam

3

Xom Rach Thung

Cua Lon

0   50 km

Năm Căn

MUI CÀ MAU

A · B

Blattschnitt Indochina

CHINA

Nanning

Yunjinghong (Jinghong)
Lao Cai
Pingxian
Lang Sơn
Dien Bien Phu
Hanoi
Hôn Gai
Luang Namtha
Hoa Binh
Hai Phong
Nam Định
Luang Prabang
VIETNAM
Thanh Hoa
LAOS
Vientiane
Vinh
Ha Tinh
Đông Hoi
Savannakhet
Huê
THAILAND
Saravane
Đa Nẵng
Ubon Ratchathami
Pakse
Quang Ngai
Bangkok
Angkor
VIETNAM
KAMBODSCHA
Qui Nhơn
Battambang
Tuy Hoa
Tonle Sap
Kompong Cham
Nha Trang
Pursat
Tây Ninh
Đa Lat
Phnom Penh
Saigon
Phan Rang
Kompong Som
Chau Doc
My Tho
Phan Thiêt
Golf von Thailand
Phu Quôc
Long Xuyên
Cần Thơ
Côn Đao

MYANMAR
Hainan
Mekong

II, IV, VI, VIII, X, XII, XIV, XVI, XVIII, XX, XXII

200 km

Legende
für die Ortspläne

- ℹ️ Tourist Information
- 🏨 Hotel, Guest House
- 🍴 Restaurant
- ☕ Café
- @ Internet-Café
- 🍸 Bar
- 💿 Disco
- 🎬 Kino
- 🛍️ Shopping, Markt
- ★ Sehenswürdigkeit
- Ⓜ Museum
- ♠ Tempel
- ☪ Moschee
- $ Bank, Geldwechsler
- ✚ Krankenhaus
- 💊 Apotheke
- ✉ Post
- ☎ Telefon
- ✈ Flughafen
- ✖ Taxi
- Ⓑ Busbahnhof

Zeichenerklärung

1000 m
500 m
0

Mehrspurige Straße
Nationalstraße
Hauptstraße
Nebenstraße
⊖ Grenzübergang

0   50 km

Maßstab 1 : 2.100.000

Vo Thi sau str.